2017
中国信息产业年鉴

YEARBOOK OF CHINA INFORMATION INDUSTRY

《中国信息产业年鉴》编委会 编

電子工業出版社
Publishing House of Electronics Industry
北京 · BEIJING

内容简介

本年鉴主要反映2016年中国电子信息产业的发展情况和所取得的成就，较全面地展示中国电子信息产业发展的技术现状和经济运行的有关数据等。

本年鉴原名《中国电子工业年鉴》，首次出版于1986年，2017年版为第32卷。从2009年版起更名为《中国信息产业年鉴》，主要提供给关注中国信息产业发展的各级领导，以及从事信息产业科研、生产、进出口贸易与市场营销的有关人员参考。

图书在版编目（CIP）数据

2017中国信息产业年鉴 /《中国信息产业年鉴》编委会编 . -- 北京 : 电子工业出版社 , 2017.12
ISBN 978-7-121-33166-4

Ⅰ . ① 2… Ⅱ . ①中… Ⅲ . ①信息产业－中国－2017 －年鉴 Ⅳ . ① F492-54

中国版本图书馆 CIP 数据核字（2017）第 292569 号

策划编辑：徐　磊
责任编辑：高莹莹
特约编辑：伦朝丽　　　　文字编辑：桑　昀　李　蕊
印　　刷：北京金特印刷有限责任公司
出版发行：电子工业出版社
　　　　　北京市海淀区万寿路173信箱　邮编：100036
开　　本：889×1 194　1/16　印张：42.5　字数：1 360千字
版　　次：2017年12月第1版
印　　次：2017年12月第1次印刷
定　　价：518.00元

ISBN 978-7-121-33166-4

凡所购买电子工业出版社的图书有缺损问题，请向购买书店调换。若书店售缺，请与本社发行部联系，联系电话：（010）88254888，88258888。

质量投诉请发邮件至 zlts@phei.com.cn，盗版侵权举报请发邮件至 dbqq@phei.com.cn。

本书咨询联系方式：（010）88686098，88686260，nianjian@etiri.com.cn。

2017
中国信息产业年鉴

主管 工业和信息化部

主办 国家工业信息安全发展研究中心

中国电子信息行业联合会

《中国信息产业年鉴》
编　委　会

委　　员　（按姓氏笔画排序）

工业和信息化部及部属单位

史晓光　工业和信息化部人事教育司副司长
乔跃山　工业和信息化部电子信息司副司长
刘九如　电子工业出版社副社长兼总编辑
安筱鹏　工业和信息化部信息化和软件服务业司副司长
李　颖　工业和信息化部信息化和软件服务业司巡视员
李新社　国家工业信息安全发展研究中心副主任
吴胜武　工业和信息化部电子信息司副司长
张更生　中国电子技术标准化研究院纪检书记
范书建　工业和信息化部科技司副司长
胡　燕　工业和信息化部电子信息司巡视员
郭秀明　工业和信息化部政策法规司副巡视员
彭红兵　工业和信息化部电子信息司副司长

地方工业和信息化主管部门

卜江戎　湖北省经济和信息化委员会副主任
马　军　吉林省工业和信息化厅副厅长
马　勇　江西省工业和信息化委员会副巡视员
王　晓　山东省经济和信息化委员会副巡视员
王文胜　四川省经济和信息化委员会副主任
王厚亮　安徽省经济和信息化委员会副主任
王海峰　甘肃省工业和信息化委员会副主任
卞　成　青岛市经济和信息化委员会副主任
方安儒　黑龙江省工业和信息化委员会副主任
厉　敏　浙江省经济和信息化委员会总工程师
任世强　北京市经济和信息化委员会委员
许蒲生　陕西省工业和信息化厅党组副书记
苏国平　新疆维吾尔自治区经济和信息化委员会副主任
杜永华　宁波市经济和信息化委员会副主任
李　飞　宁夏回族自治区经济和信息化委员会副主任
谷云彪　天津市工业和信息化委员会副主任
邹　生　广东省经济和信息化委员会巡视员
张占祥　山西省经济和信息化委员会副主任

张远刚　新疆生产建设兵团工业和信息化委员会副主任
张建明　云南省工业和信息化委员会巡视员
陈万馨　海南省工业和信息化厅副厅长
陈汝义　辽宁省工业和信息化委员会副主任
陈松岭　湖南省经济和信息化委员会副主任
陈建业　福建省经济和信息化委员会副主任
陈富刚　河南省工业和信息化委员会副主任
居　琰　重庆市经济和信息化委员会副主任
胡晓清　深圳市经济贸易和信息化委员会副主任
柯继安　厦门市经济和信息化局局长
姜万中　青海省经济和信息化委员会副主任
姚　轶　贵州省经济和信息化委员会总经济师
夏继泽　大连市经济和信息化委员会产业政策处处长
徐　飞　西藏自治区工业和信息化厅厅长
徐莉青　广西壮族自治区工业和信息化委员会副主任
陶少华　宁夏回族自治区信息化建设办公室副主任
黄　瓯　上海市经济和信息化委员会副主任
龚怀进　江苏省经济和信息化委员会副主任
龚晓峰　河北省工业和信息化厅厅长
康克岩　贵州省大数据发展管理局副局长
鞠树文　内蒙古自治区经济和信息化委员会副主任

其他单位

王小兵　农业部市场与经济信息司副司长
吕新杰　中国广播电视设备工业协会秘书长
李德芳　中国石油化工集团公司信息化管理部主任

《中国信息产业年鉴》编辑部

《中国信息产业年鉴》特约编辑

（按姓氏笔画排序）

编写说明

《中国信息产业年鉴》是一部全面反映中国电子信息产业发展状况的综合性、资料性工具书，原名《中国电子工业年鉴》，创刊于1986年，逐年连续出版，曾更名为《中国信息产业年鉴(电子卷)》，从2009年起更名为《中国信息产业年鉴》，2017年版为第32卷。

《中国信息产业年鉴》由工业和信息化部主管，国家工业信息安全发展研究中心(原工业和信息化部电子科学技术情报研究所)、中国电子信息行业联合会联合主办，《中国信息产业年鉴》编委会编。

2017年版《中国信息产业年鉴》全面、系统地反映2016年中国电子信息产业发展状况和所取得的成就，展示中国电子信息产业经济运行相关数据。

2017年版《中国信息产业年鉴》内容采用文章、条目、图表等多种表现形式，体例采用分类编辑法，全书由类目、分目、条目三个层次组成。2017年版《中国信息产业年鉴》设类目13个，类目下设分目83个、条目672个、图84个、表486个、文章40篇，包括特载、大事记、产业概况、产业数据、电子信息制造业、软件服务业、信息技术应用、政策法规、科技管理、国际合作、进出口贸易、地区概况、附录等多方面的内容。2017年版《中国信息产业年鉴》卷首提供详细的目录，卷末建有按汉语拼音顺序排列的主题分析索引，方便读者检索信息。

2017年版《中国信息产业年鉴》稿件及数据来源于工业和信息化部的有关单位、海关总署、中国广播电视设备工业协会、中国电子元件行业协会、中国电子仪器行业协会、中国电子专用设备工业协会、中国真空电子行业协会、中国电子材料行业协会、中国光学光电子行业协会，各省、自治区、直辖市，以及信息技术应用部门。其中产业数据部分由工业和信息化部运行监测协调局提供并核准。其他系统的有关数据，均由各系统主管部门审核提供。

2017 年版《中国信息产业年鉴》在编辑加工和印装等方面尚有许多不足，敬请广大读者批评指正。

《中国信息产业年鉴》编辑部

2017 年 11 月

目　录

特　载

大　事　记

产业概况

产业数据

软件产业统计数据

电子信息制造业

软件服务业

信息技术应用

政策法规

科技管理

国际合作

进出口贸易

地区概况

附　录

索 引

特　载

深化改革创新　促进融合发展
为加快建设制造强国和网络强国不懈努力

——工业和信息化部部长苗圩在全国工业和信息化工作会议上的报告（节选）

（2016 年 12 月 26 日）

一、2016 年工作

（一）多措并举保持工业经济平稳增长

狠抓工业稳增长调结构增效益重点工作落实，研究提出 50 多项政策措施建议并推动出台实施，推动出台石化、机械、船舶、纺织等行业脱困发展行动方案，加强对地方稳增长工作的督促指导。着力稳定有效投资，通过技改项目带动总投资超过 1.6 万亿元。推动设立工业转型升级（中国制造 2025）专项资金和先进制造业产业投资基金。国家集成电路产业投资基金带动作用和放大效应进一步增强，国家中小企业发展基金实体基金投入运营。重大技术装备进口免税近 145 亿元。产融合作稳步推进，推动金融机构为制造企业发放贷款超过 6 000 亿元，产融合作试点城市达到 30 个。积极扩大消费需求。开展“增品种提品质创品牌”专项行动，推动出台消费品标准和质量提升规划。汽车消费、信息消费、绿色消费、健康消费快速增长，1—11 月新能源汽车销量达到 40.2 万辆，同比增长 60.4%，位列全球第一。持续深化“放管服”改革，推动出台降低实体经济企业成本工作方案，进一步清理规范涉企收费，取消、减免行政收费 190 多亿元，检查通报一批违规行为。

（二）多方发力实施“中国制造 2025”

“1+X”规划体系编制完成，五大工程率先启动实施，一批重大标志性项目取得突破性进展，横向联动、纵向贯通、多方协作的良好工作格局进一步形成。首家国家制造业创新中心——动力电池创新中心挂牌成立，国家增材制造创新中心进入创建阶段，19 家省级制造业创新中心开始培育建设。工业强基工程重点支持 84 个示范项目，确定 19 家产业技术基础公共服务平台，高端航空紧固件、高标准轴承钢等一批“卡脖子”问题得到解决。“核高基”等国家科技重大专项取得新突破，航空发动机及燃气轮机重大专项启动实施，中国航发集团成功组建。高端装备创新发展亮点纷呈，重大技术装备自主化步伐加快，长江三峡升船机刷新世界纪录，ARJ21 新型支线客机正式商用，AG600 大型灭火救援水陆两栖飞机总装下线，基于自主芯片的“神威·太湖之光”蝉联全球超级计算机榜首。首台（套）保险补偿机制政策覆盖范围扩大，投保项目达到 170 项、保额超过 340 亿元。制定“中国制造 2025”分省市指南，批复 5 个城市和 3 个城市群开展试点示范，新型工业化产业示范基地建设水平进一步提升。“中国制造 2025”国内外认知度和影响力显著提升。

（三）坚持不懈推进结构调整优化

坚决打好去产能这场硬仗，推动出台钢铁行业化解过剩产能以及处置“僵尸企业”指导性文件，配合制定奖补资金、职工安置、环保、金融等 8 个配套政策。会同相关部门组织开展淘汰落后、违法违规建设项目清理和联合执法 3 个专项行动，严肃处理一批违法违规企业。钢铁、煤炭行业去产能分别超过 6 500 万吨、2.9 亿吨，超额完成压减产能年度目标任务，企业生产经营状况整体好转。超大型钢铁企业宝武钢铁集团正式成立，6 家大型稀土企业集团组建通过验收。加大创新支持力度，新认定 69 家国家技术创新示范企业、28 家部重点实验室，完成 3 052 项强制性标准的整合精简，50 项标准提案成为国际标准。增材制造、机器人、新型显示、移动智能终端、国产医疗设备、应急产业等发展势头良好。实施绿色制造工程，启动 83 个重大项目建设，支持首批 300 个绿色信贷项目，发布 119 项绿色设计产品；出台工业节能管理办法，对 20 个省区市开展节能监察专项督查；建设 44 个京津冀工业资源综合利用示范工程，推动创建 51 个国家低碳工业园区。落实国家区域发展战略取得新成效，引导京津冀、长江经济带产业协同发展、升级转移，支持东北等重点地区装备制造和国际产能合作。全面完成年度脱贫攻坚计划，定点帮扶的四川省南部县首批实现脱贫摘帽，援疆、援藏等对口支援工作取得新进展。

（四）适应新趋势新要求大力推动融合发展

牵头推动出台深化制造业与互联网融合发展的指导意见。实施智能制造工程，重点支持 133 个项目，新遴选 63 个示范项目，标准体系框架初步形成，一批核心技术装备研发应用取得新突破，部分智能制造新模式开始复制推广，基于互联网的“双创”平台快速成长。出台促进智能硬件、大数据、车联网、人工智能等产业发展的政策和行动计划，推动延续软件和集成电路产业税收优惠政策，批复建设 8 个国家大数据综合试验区，成功举办首届世界物联网博览会、世界工业设计大会和世界智能制造大会，协同研发、个性化定制、服务型制造、分享经济等新模式新业态快速发展，工业设计等生产性服务业不断壮大。推动工业互联网发展进入快车道，指导成立产业联盟，近 300 家国内外知名企业和科研机构加入；发布工业互联网体系架构（版本 1.0），支持 20 多家单位和骨干企业开展试点示范。两化融合管理体系贯标扎实推进，新增试点企业 600 家，自评估自诊断自对标企业超过 7 万家。军民融合深度发展取得新成效，第二届军民融合高技术成果展览成功举办，国家军民融合公共服务平台的功能和影响力持续提升，军工开放进一步扩大，民口单位取证占比超过 2/3。军工核心能力建设扎实推进，武器装备科研生产取得新突破。天宫二号和神舟十一号载人飞行任务圆满完成，中国最大推力新一代运载火箭首飞成功，天通一号移动通信卫星投入试用。“中国航天日”获批设立。

（五）统筹推进信息通信业发展、管理和安全

初步完成网络强国战略研究报告。提速降费工作取得新的重要进展，完成投资超过 4 300 亿元，全国所有地市基本建成光网城市，光纤宽带用户占比达到 72%，4G 用户突破 7 亿户；新增 3 个互联网骨干直联点，网间带宽新扩容 950G；全国固定宽带平均接入速率达到 2015 年年底的 2 倍，固定宽带单位带宽和移动流量平均资费水平进一步下降。宽带接入网业务扩大试点，累计吸引民间投资超过 100 亿元。电信普遍服务试点项目进展顺利，下达中央财政补助资金 87 亿元，带动基础电信企业投资 230 亿元，支持 3.1 万个贫困村在内的 10 万个行政村宽带建设和升级改造，超额完成全年目标任务。5G 研发成效明显，率先启动技术研发试验，5G 网络架构、灵活系统设计、编码方案等技术被国际标准采纳。监管转型取得新进展。三网融合全国推广稳步推进，向中国广电发放两项基础电信业务经营许可，全国 IPTV 用户达到 8 200 万。出台相关管理规定，加强移动互联网全流程监管。组织开展互联网基础管理专项行动，处置违法违规网站 2 329 个。初步建成国家互联网金融风险分析技术平台，为互联网金融风险专项整治提供有力支撑。服务质量监管和用户权益保障进一步加强。防范和打击通讯信息诈骗专项行动取得阶段性成效，关停违规语音专线 2.3 万条、“400”号码 67.5 万个，下架改号软件和产品 1 700 余个，全面实现电话用户实名登记。网络安全工作迈上新台阶，网络安全试点示范覆盖全行业，新技术新业务跨部门安全评估体系进一步健全。修订后的无线电管理条例正式施行，打击治理“黑广播”、伪基站专项行动深入开展。出色完成重大活动通信、网络信息安全和无线电安全保障，以及洪涝、台风等抢险救灾通信和应急工业产品保障。

二、面临的形势和要求

综合看，当前中国工业通信业新常态特征更加明显，正处于新旧动能接续转换、结构转型升级的关键时期。做好 2017 年工作，要重点把握以下几点：

（一）围绕解决行业发展面临的突出问题，更加注重深化供给侧结构性改革

要紧盯满足需求这个最终目的，深入研究市场变化，理解现实需求和潜在需求，在解放和发展社会生产力中更好满足人民日益增长的物质文化需要。要把准提高供给质量这个主攻方向，紧紧围绕“中国制造 2025”的实施，着力减少无效供给，坚定不移化解产能过剩和处置“僵尸企业”，推进企业兼并重组，加大企业技术改造力度，加强质量品牌建设，加快传统产业转型升级；着力扩大有效供给，实施创新驱动发展战略，加强关键核心技术攻关，提升工业基础能力，促进产业中高端发展。要抓住深化改革这个根本途径，充分发挥市场配置资源的决定性作用，更好发挥政府作用，进一步深化“放管服”改革，推进电信、军工等重点领域改革，降低各类交易成本特别是制度性交易成本，增强微观主体的内生动力和活力，提高劳动生产率和全要素生产率。

（二）立足我国经济社会发展实际，更加注重务实推进制造强国建设

要强化协同，统筹“1+X”规划体系的实施，加强部门协同、部省互动，制定年度任务计划，做好责任分工，排好时间进度，加强沟通衔接，通盘考虑资金使用，更好地把各方资源力量汇聚到“中国制造 2025”重点任务、重大部署上来。要找准抓手，选好载体和着力点，切实把工作做细做深做实。对一些具有普遍意义的做法，要做好总结推广；针对各行业各领域不同特征、薄弱环节，要深入探索实践各具特色的抓手，增强工作针对性、实效性。当前，根据经济社会发展和国防建设亟需，要以重大技术装备为切入点，依托重点工程、重大项目，突破一批关键技术、核心部件，开发一批标志性、带动性强的重点产品和短板装备，实现一批重大装备的工程化、产业化应用。要优化环境，切实抓好已有政策的落实，对一些原则性政策要进一步细化实化。同时，加大改革创新力度，再研究制定一批针对性更强的财税、金融、土地、人才、进出口等政策措施，构建支撑制造强国建设的良好生态体系。

（三）顺应全球信息化发展趋势，更加注重积极谋划和推动网络强国建设

要持续深化网络强国战略研究，紧紧把握服务于党和国家大局的战略定位，坚持战略导向、问题导向，统筹把握安全和发展、开放和自主、管理和服务的关系，细化明确网络强国战略的目标、路径、重点任务、重大举措，研究布局一批重大工程、重点项目、重大政策。要及早谋划和推动各项重点工作。要按照网络强国建设目标，积极谋划、有序推进各项工作，特别是对一些突出矛盾和问题，尽快研究提出解决的思路办法。要把网络信息安全保障摆在突出位置，统筹网络关键基础设施防护和数据安全管理、网络信息安全技术能力建设、网络环境综合治理、健全网络信息安全责任体系，不断提升网络信息安全工作水平。需要强调的是，网络信息技术发展及广泛深入应用，推动新技术、新产业、新业态、新模式孕育发展。要本着鼓励创新的原则，区分不同情况，积极探索适合新兴产业发展特点的行业管理和服务方式，促进新兴产业业态规范有序发展。

三、2017 年重点工作任务

2017 年工作总的要求是：全面贯彻党的十八大和十八届三中、四中、五中、六中全会及中央经济工作会议精神，更加紧密地团结在以习近平同志为核心的党中央周围，坚持稳中求进工作总基调，牢固树立和贯彻落实新发展理念，适应把握引领经济发展新常态，坚持以提高发展质量和效益为中心，坚持以供给侧结构性改革为主线，立足制造强国、网络强国战略全局，全面实施“中国制造 2025”，深化创新驱动，全面做好稳增长、促改革、调结构、深融合、惠民生、保安全各项工作，加快新动能培育和传统动能修复，努力实现工业通信业平稳增长和提质增效，以优异成绩迎接党的十九大胜利召开。

主要预期目标是：全国规模以上工业增加值增长 6% 左右，规模以上企业单位工业增加值能耗下降 4%，单位工业增加值用水量下降4.5%；电信业、互联网行业、软件和信息技术服务业收入分别增长4%、26%和14%左右。

重点抓好六个方面工作：

（一）坚持创新驱动发展，全面实施“中国制造2025”

细化落实“1+X”体系目标任务，重点组织实施30项基础条件好、关联程度大、长期制约产业发展、未来1～2年有望取得突破的重大标志性项目。

（1）实施国家制造业创新中心建设工程。启动动力电池、增材制造创新中心能力提升项目，再布局2～3家国家创新中心。重点产业集聚的省市可选择优势领域，创建省级制造业创新中心。继续推进国家技术创新示范企业和部重点实验室认定，开展产业知识产权协同运用推进行动，支持建设重点产业知识产权服务平台。

（2）大力推进工业强基工程。在新一代信息技术、轨道交通装备、高档数控机床等领域，选择20项左右基础零部件、15项左右先进基础材料、10项左右基础工艺，实施“一揽子”突破行动。在工程机械高压油泵、控制器、IGBT器件等领域，开展“一条龙”应用计划。修订产业关键共性技术发展指南，建成一批产业技术基础公共服务平台，指导地方、企业加大工业基础投入。

（3）实施高端装备创新工程。抓好高档数控机床与基础制造装备、大飞机、“两机”等国家科技重大专项，加快ARJ21新支线飞机示范运营并实现批量交付，实现C919大型客机、AG600大型灭火救援两栖飞机首飞。启动实施大型邮轮、智能船舶创新专项，出台海洋工程装备制造业健康发展的意见。积极参与“科技创新2030重大项目”，推动智能制造和机器人、深海空间站、天地一体化信息网络、大数据等重大工程实施方案论证。支持重大专项专业机构发挥作用，支持部属高校科研能力与条件平台建设，培育一批新技术新产品推广应用中心。

（4）加快新材料产业创新发展。推动实施重点新材料研发及应用重大工程，研究设立新材料产业投资基金，抓紧组建新材料测试评价平台，建立核电等生产应用示范平台。选择优势企业，围绕石墨烯、轻量材料、高温合金等重点方向，力争突破8种关键新材料，形成一批典型应用示范成果。

（5）大力拓展重大技术装备及工业“四基”应用。落实和完善首台（套）重大技术装备保险政策，将新材料纳入首批次应用保险保费补偿范围。实施乘用车企业平均燃料消耗量和新能源汽车积分交易管理。完善新能源汽车财税政策，调整补贴办法，健全监管体系，形成扶优扶强的财政补贴机制。改革汽车生产企业和产品准入管理，加快建立基于平台车型的申报体系和汽车生产企业诚信体系。研究制定政策性文件，促进增材制造、工业机器人、智能网联汽车、民用航空规范发展。

（6）修订“中国制造2025”分省市指南，引导地方差异化发展和重点领域生产力合理布局。深化城市（群）试点示范，推进20～30个基础条件好、示范带动强的城市先行先试。启动国家新型工业化产业示范基地卓越提升计划，确定首批“中国制造2025”卓越提升试点示范基地，推动形成中央、省、试点城市、产业基地协同推进的网络化发展格局。

（7）做实军民融合发展这篇大文章。推动出台国防科技工业军民融合深度发展的意见，发挥部际协调机制牵头作用，重点突破资质、标准、财税等瓶颈问题。开展军民融合专项行动，完善国家军民融合公共服务平台功能，继续编制“军转民”“民参军”目录，联合军地部门举办军民两用技术创新应用大赛和军民融合发展高技术成果展览，促进军民技术双向转移转化。在重点领域实施一批军民融合重大项目。推进军民融合创新示范区和产业基地建设。

（二）深化制造业和互联网融合发展，培育壮大新业态新模式

把促进制造业数字化、网络化、智能化摆在实施制造强国战略的突出位置，聚焦智能制造主攻方向，打好政策措施组合拳，培育融合发展新生态，促进新动能发展壮大。

（1）深入实施智能制造工程。持续推进智能制造专项，在流程制造、离散型制造、网络协同制造、大规模个性化定制、远程运维服务等方面新遴选90个左右试点示范项目，制修订50个以上智能制造标准。选择一批产业特色鲜明、转型升级需求迫切、地方政府积极性高、有一定工作基础的地区，探索建设智能制造示范区。继续分类推进石化、钢铁、建材、有色、稀土、装备、电子、危险化学品等重点行业智能工厂、数字车间、数字矿山和智慧园区建设。编制智能制造系统解决方案供应商推荐目录，培育10个以上主营业务收入超过10亿元的智能制造系统解决方案供应商。

（2）着力打造“双创”平台。支持大型制造企业建设一批基于互联网的开放式“双创”平台，支持大型互联网企业、基础电信企业建设面向制造企业特别是中小企业的“双创”服务平台。继续推进国家小型微型企业创业创新示范基地创建，办好“创客中国”大赛。各地要做好对骨干企业“双创”平台建设、应用的跟踪和服务，培育一批支持制造业发展的新型众创空间和融合创新技术产业孵化基地。

（3）夯实融合基础和安全支撑。实施“芯火”创新计划和传感器产业提升工程，采取部省共建方式，鼓励和支持产业集聚区建设完善产业化平台。指导推进车联网试验区建设。制订发布工业互联网发展战略和标准体系框架，实施年度集成创新应用项目，部署标识解析体系建设和 IPv6 地址项目。开展工业云、工业大数据、工业电子商务等行业应用示范，支持建设一批面向重点行业和区域的信息物理系统、工业互联网关键技术验证平台和试验床。出台工业控制系统信息安全防护能力评估方法，加快组建国家工业信息安全发展研究中心。

（4）全面推进两化融合管理体系建设。出台推进两化融合管理体系工作的指导意见，绘制全国两化融合发展数据地图。组织企业开展两化融合自评估、自诊断、自对标，分行业遴选一批贯标示范企业。完善两化融合标准体系，加快国际化步伐。

（5）开展服务型制造专项行动，遴选发布示范企业 30 家、示范项目 60 个、示范平台 30 个。制定新形势下推动工业设计发展的指导意见，推动建设国家工业设计研究院，新认定一批国家级工业设计中心。

（三）着力化解突出矛盾和问题，努力保持工业经济平稳增长

更加注重供给端发力，坚持综合施策，促进供给改善、消费升级和有效投资良性互动。

（1）继续狠抓工业稳增长政策措施的落实和督促检查。进一步完善运行监测系统和工作体系，加强政策研究储备，适时推动出台新的政策措施。制定工业企业应急管理指导意见，实施电力需求侧管理行动，培育发展应急产业，做好要素保障协调。

（2）实施制造业重大技术改造升级工程。推广技改升级投资指南，完善“中国制造 2025”重大项目库，推动扩大固定资产加速折旧政策适用范围。争取保留一定规模的中央预算内技术改造专项资金，发挥好先进制造产业投资基金对重点领域技术改造的支持带动作用。

（3）拓展工业通信业投资资金来源渠道。落实促进民间投资的支持政策，进一步放开基础电信、国防科技工业等重点行业竞争性业务，推进移动转售、宽带接入市场开放。深化产融合作，完善产融对接平台，引导各地建立重点企业和重点项目的融资需求清单，组织开展银企对接。

（4）促进消费升级扩容。深入开展消费品工业“三品”专项行动，编制发布升级和创新消费品指南。开展国际对标和产品品质对比活动，跟踪培育 100 家左右服装家纺重点自主品牌，巩固轻工、纺织等领域民族工业品牌及传统工艺优势。实施中国软件名城发展提升计划。实施能效领跑者计划，加大绿色产品推广力度。健全上下游合作机制，加快航空铝材、交通运输铝材、海洋工程装备用钢、碳纤维等重点牌号研制和应用推广。积极培育智慧家庭、可穿戴设备、游艇、房车、低空旅游及冰雪运动装备等新型消费市场。

（5）推进国际产能和装备制造合作。统筹国内发展与对外开放，聚焦重点地区、重点国别、重点项目，扩大市场渠道、打造国际品牌，增强企业核心竞争力。对外转移产能要分行业研究、区别对待。

（四）加快结构调整优化，提升供给质量和水平

制造业转型升级正处于攻坚阶段，产业发展面临许多短板，必须加大政策支持力度，促使传统动能焕发生机。

（1）坚定不移“去产能”。制定出台利用综合标准依法依规推动落后产能退出的意见，推进钢铁等行业处置“僵尸企业”。分解落实 2017 年化解钢铁过剩产能计划，继续开展淘汰落后、违法违规项目清理和联合执法 3 个专项行动，严厉打击“地条钢”等违法违规生产行为。严格落实产能置换方案，严禁新增产能。

（2）开展工业质量品牌提升专项行动。大力推广先进质量管理方法，组织一批行业非竞争性共性质量技术攻关及应用推广项目，加快建设质量品牌专业化服务和信息共享平台。实施标准化和质量提升工程，制定培育发展团体标准实施意见，完成 2 000 项左右工业通信业行业标准制修订任务。推进“一带一路”沿线国家标准化互联互通项目。发布工业文化发展的指导意见，持续推进企业创新管理提质增效，大力弘扬工匠精神。

（3）实施绿色制造工程。持续推进绿色制造专项，支持百家绿色示范工厂、百家生态设计试点企业建设，培育一批绿色园区、绿色转型城市。发布长江经济带工业绿色发展实施方案，出台环保装备产业发展指导意见，开展第二批工业资源综合利用基地建设。继续开展国家重大工业节能专项监察，推进绿色数据中心和煤炭高效清洁利用试点，加快高效节能电机、锅炉等技术产品推广应用，培育一批高水平、专业化节能服务公司。制定新能源汽车动力蓄电池回收利用管理办法，启动试点工作。

（4）落实国家“三大战略”“四大板块”区域发展战略，促进区域协调发展。实施京津冀化工企业转移退出行动，制定长江经济带产业转移指南和市场准入负面清单，抓好产业转移合作示范园区建设。加大精准扶贫精准脱贫推进力度，支持革命老区、新疆、西藏等重点地区发展。

（五）加快推进信息通信业转型发展，夯实网络强国建设基础

瞄准网络强国战略任务，进一步细化明确政策措施和重大工程，全面提升信息通信业发展、管理与安全保障水平。

（1）深入实施网络提速降费。加快高速宽带网络建设，打通入户“最后一公里”，增强网站服务能力，加快农村及偏远地区 4G 网络覆盖。2017 年要实现全国城市家庭具备 100Mbps 光纤接入能力，部分城市提供 1G 超高带宽服务，80% 以上的行政村实现光纤到村；完成互联网网间带宽扩容 1 000G，新增 3 个互联网骨干直联点。促进市场竞争，重点推动移动流量平均资费进一步下降。大力推进 5G 技术产品研发、标准制订和产业链成熟，完成二阶段集成性技术方案测试，协同国内外产业界推动制定统一的 5G 国际标准。

（2）实施电信普遍服务试点项目，支持 3 万个以上行政村宽带建设升级，力争宽带网络再覆盖 8 000 个贫困村。完善地市遴选、竞标机制等规范和流程，鼓励基础电信企业推出面向农村及试点地区的优惠资费。

（3）组织好“核高基”重大专项，重点突破高端存储设备、传感器、基础软件、新型显示、人工智能、虚拟现实等核心关键环节。

（4）推进监管转型。进一步落实三网融合推广方案。全面开展互联网基础管理专项行动，统筹域名、IP 地址、网站联动管理，清理整顿互联网域名、网络接入服务市场，强化对移动智能终端、应用商店的管理。深入治理垃圾短信、骚扰电话。推进行风建设和纠风工作，切实维护用户权益。推动完善“互联网 +”融合业务联合管理政策，出台云服务市场监管规则，发挥好互联网金融风险分析技术平台的作用。积极参与国际互联网治理。

（5）抓好新修订的无线电管理条例的宣贯落实，推进配套规章建设。加强无线电频谱资源管理，维护空中电波秩序和频率使用安全，做好无线电频率和卫星轨道资源的国际协调。

（6）持续深入推进防范和打击通讯信息诈骗专项行动。巩固电话用户实名登记成果，提升登记信息准确率。强化语音专线和“400”等重点电信业务的规范管理。强化内外部举报受理、监测处置和考核追责协同治理机制。

（7）进一步提升网络信息安全管理水平。完善行业网络安全防护、公共网络安全威胁监测处置、新技术新业务安全评估等管理办法。强化网络安全风险防控，健全安全威胁监测处置机制。加强网络数据管理和个人信息保护。

（六）持续深化改革、创新管理，营造工业通信业发展良好环境

进一步解放思想、更新观念，着力破解体制机制和政策性障碍，增强行业发展的动力和活力。

（1）深化重点领域改革。加快政府职能转变和“放管服”改革，探索编制工业和信息化部权力清单和责任清单，全面推进“双随机一公开”，加快构建事中事后监管体系。做好电信、军工企业混合所有制改革和国内自贸区电信领域开放试点。

（2）加强法治建设。落实法治政府建设实施纲要。开展制造强国战略、网络强国战略配套立法研究，提出中长期工业立法建议。加快电信法、稀有金属管理条例、道路机动车辆生产管理条例等立法进程。

（3）实施更加精准的产业政策。围绕创新驱动、激活存量和绿色发展，聚焦补齐短板、鼓励竞争，推动产业政策加快向普惠性、功能性转变，加强产业政策与财税、金融、贸易等政策的联动配合，健全政策间协调配合的长效机制。强化行业准入规范管理，引导社会资源向符合行业规范条件的企业汇聚。研究建立产业政策执行情况监督、评估机制。强化稀土行业监管，继续做好控烟履约、禁化武履约工作。

（4）持续推动减轻企业负担。加快建立涉企保证金清单制度。拓展涉企收费目录清单查询系统功能，完善企业调查和举报平台，打造全国减轻企业负担综合服务平台。

（5）加大对中小企业的政策支持。加强沟通协调，推动落实已出台税收优惠等政策措施。继续推进国家中小企业发展基金设立运营。推动设立国家融资担保基金，协调加大对担保机构的财税支持，推进省级再担保机构建设。启动小微企业应收账款融资专项行动，支持小微企业融资模式创新。

（6）开拓国际合作新局面。深化智能制造、5G、工业互联网、无线电管理、核与航天以及G20框架下新工业革命领域国际交流合作。积极推进中小企业中外合作区建设，制定实施中小企业国际化发展行动计划，支持建设海外中小企业中心。大力推进国际信息大通道建设，加快实施互联互通合作项目，继续共建“东非信息高速公路”。

（7）更好发挥各方面作用。全面落实部省合作协议，支持部属高校、科研院所加强与地方主管部门、重点企业和产业化基地的深度合作。深入推进部属高校综合改革，着力加强思想政治工作，支持建设一流学科，创办一流大学，在国家重大科技项目、重大工程中承担关键任务。健全重点协会联系制度和政府购买服务机制，支持行业协会发挥桥梁纽带作用，当好参谋助手。

潮起海天阔　扬帆正当时

——工业和信息化部副部长陈肇雄在2016（第十五届）中国互联网大会上的主旨报告（节选）

（2016年6月21日）

一、中国互联网发展现状

自1994年全功能接入国际互联网以来，中国互联网从蹒跚起步到阔步前行，从根植本土到走向世界，对国民经济和社会发展的战略支撑和创新引领作用日益凸显。2015年，国务院先后出台促进云计算健康发展、宽带网络提速降费、积极推进“互联网+”行动计划、促进大数据发展行动纲要等多份文件，推动中国互联网发展再上新的台阶。

（一）基础建设扎实推进，网络供给能力大幅提升

2015年，全行业加大投资力度，加快光纤网络和4G网络建设进程。到2016年一季度末，全国光纤到户端口达到3.9亿个，其中光纤用户占比提升至62.8%，仅次于日本和韩国；4G网络覆盖全国所有城市和主要的乡镇，基站总数接近200万个，4G用户达到5.3亿户，超过美国和欧洲4G用户的总和。

（二）大数据产业势头强劲，推动传统经济转型升级

自2015年一年多来，各类大数据研发中心、创新中心、交易中心不断涌现，数据开放取得积极进展，产业链初步形成。大数据在公共管理、交通、零售、健康医疗等领域的应用，对提升政府治理能力、促进资源配置优化、推动经济转型升级产生重要影响。

（三）融合创新走向深入，发展成果惠及百姓民生

互联网与各行各业融合创新步伐加快。在消费领域，中国成为全球最大的网络零售市场，网络零售交易额占社会消费品零售总额比重逐年攀升。在生产领域，个性化定制、智能化生产、网络化协同和服务化延伸等新模式新业态，不断拓展制造业发展空间。在公共服务领域，“互联网+教育”“互联网+医疗”等推动公共服务供给创新，大幅提升公共服务能力和普惠水平。

（四）行业资源整合加速，国际化拓展取得新成绩

互联网企业加速资源整合，优化生态布局，不断增强竞争优势。2015年以来，多家大型互联网公司完成合并重组，涉及金额超过千亿美元。同时，互联网企业主动走出去，积极拓展海外市场，在大数据、人工智能、虚拟现实等新兴领域整合全球优势资源，加快全球研发布局，在跨境电商等领域进一步拓展业务覆盖范围。

二、中国发展互联网的意义和机遇

“潮起海天阔，扬帆正当时”。当前，新一轮科技革命和产业变革与中国加快转变经济发展方式形成历史性交汇，党中央、国务院审时度势，提出：要牢牢把握信息技术变革趋势，实施网络强国战略，加快推动信息经济发展壮大；要推进信息技术与制造技术深度融合，促进制造业朝高端、智能、绿色、服务方向发展；要积极适应把握引领经济发展新常态，确保全面建成小康社会。落实好党中央、国务院的战略部署，建设好、利用好、发展好互联网，意义重大、机遇难得。

（一）从建设网络强国的要求来看

2014年以来，习近平总书记多次就“网络强国”做出重要论述，指出建设网络强国的战略部署要与“两个一百年”奋斗目标同步推进。2015年10月，中央关于十三个五年规划建议中提出“实施网络强国战略，加快构建高速、移动、安全、泛在的新一代信息基础设施”。2016年3月，国家“十三五”规划纲要也将“实施网络强国战略”作为“十三五”重要任务；4月19日，习近平总书记在网络安全和信息化工作座谈会上指出，“同世界先进水平相比，同建设网络强国战略目标相比，我们在很多方面还有不小差距。”建设“网络强国”，任重道远，需要我们行业上下、社会各界共同努力。

（二）从建设制造强国的要求来看

制造业是国民经济的主体，是实施“互联网＋”行动的主战场。2015年5月，国务院印发《中国制造2025》，明确“三步走”实现制造强国的战略目标。2016年5月，国务院下发关于深化制造业与互联网融合发展的指导意见，提出把制造业互联网“双创”平台作为促进制造业转型升级的新动能来源，初步形成跨界融合的制造业新生态，制造业数字化、网络化、智能化取得明显进展。“制造强国”战略为中国互联网发展提供新机遇，同时也提出更高的要求。

（三）从全面建成小康社会的要求来看

“十三五”时期是全面建成小康社会决胜阶段。当前中国经济发展进入新常态，有效需求乏力和有效供给不足并存，结构性矛盾更加凸显。推进互联网的创新成果与经济社会各领域深度融合，推动供给侧结构性改革，实现技术进步、效率提升和组织变革，提升实体经济创新力和生产力，对于主动适应和引领经济发展新常态，形成经济发展新动能，实现中国经济提质增效升级具有重要意义。

三、中国要发展现代互联网产业体系

“知是行之始，行是知之成”，我们要充分认识互联网发展规律，准确把握互联网发展趋势，积极投身互联网发展实践，促进互联网深度广泛应用，发展现代互联网产业体系。

（一）要积极探索，主动践行，全面落实新发展理念

党的十八届五中全会提出的“创新、协调、绿色、开放、共享”的新发展理念，不仅是对新时期中国经济社会发展的总要求，同时，也是中国互联网发展的重要指引和根本遵循。一要创新发展，加快互联网技术创新，推进基于互联网的商业模式、服务模式、管理模式等各类创新，重塑产业链、供应链和价值链；二要协调发展，加快农村信息基础设施建设，发展农村电子商务等，进一步缩小城乡和区域数字鸿沟；三要绿色发展，加快云计算、大数据、物联网等新一代信息技术在经济社会各领域深度应用，实现绿色低碳循环发展，同时加强互联网治理，建设风清气正的网络空间；四要开放发展，搭建更多沟通合作平台，推进互联网领域全球合作，促进网络空间优势互补；五要共享发展，让人民群众在共享互联网发展成果上有更多获得感。

（二）要多方协同，创新驱动，全力拓展网络经济空间

拓展网络经济空间是落实网络强国战略的重要任务，是应对激烈国际竞争的战略选择。“十三五”期间，网络经济发展潜力无限、前景广阔，要切实抓好五个“着力”：着力提升网络基础设施支撑能力，加快构建泛在高效的信息网络，推动网络演进升级；着力突破信息通信核心关键技术，加强新技术成果转化和应用推广，提升信息通信业自主创新能力；着力拓展融合产业发展空间，加快推进互联网与经济社会各领域的深度融合；着力转变政府职能、创新监管方式，营造开放包容、公平有序的发展环境；着力加强数据资源保护，强化重要基础设施安全防护，持续提升网络信息安全保障能力。

（三）要夯实基础，融合创新，推动互联网和制造业深度融合

推动互联网与制造业深度融合，推进中国制造2025，是抢占新一轮产业变革制高点、深化供给侧结构性改革的重要举措。实现制造业与互联网融合发展，需要抓好三方面工作：一要构筑制造业融合新基础。夯实自动控制与感知技术基础，发展核心工业软硬件，建设工业云与智能服务平台，推动工业互联网研发应用。二要培育制造业融合新动能。打造智能工厂、协同制造、个性化定制等网络化生产新模式，培育制造业“双创”服务平台等新业态，发展基于互联网应用的智能化新产品。三要营造制造业融合新生态。构筑多部门协同、多主体参与、跨领域协作的协同发展机制，引导各类社会资源集聚，打造融合产业生态系统。

（四）要担当律己，和谐发展，切实履行企业社会责任

“一个企业既有经济责任、法律责任，也有社会责任、道德责任。企业做得越大，社会责任、道德责任就越大，公众对企业这方面的要求也就越高”。广大互联网企业除了在扶助弱势群体、参与社会公益、倡导环保理念等方面进一步履行社会责任外，还需要与时俱进，结合互联网发展的新态势和经济社会发展的新要求，在推动互联网普及、净化网络环境、保障网络和信息安全、带动全社会创新创业等方面发挥主体作用，主动担当，严于律己，坚持经济效益和社会效益相统一，切实增强使命感、责任感，促进互联网持续健康发展。

在两化深度融合与制造强国建设论坛上的讲话（节选）

工业和信息化部副部长 怀进鹏

（2016 年 4 月 9 日）

工业是一个国家综合实力的根基，是财富创造的源泉，西方发达国家的服务业占比达到 70%，由制造业产生的服务业占整个服务业的 70%。面对未来，许多国家都在反思和探讨制造业创新发展、永葆可持续竞争能力的重大问题，出现许多新的动态、新的趋势，以及在转型过程当中可能遇到的新的挑战。在中国产业转型升级过程中，特别是新旧动能转换中，我们应该如何面对自身发展的问题、如何更有效地抓住机遇提高竞争能力，借鉴和把握产业发展的趋势和规律，不仅借鉴西方发达国家，也要参考和我们同样的新兴经济体产业发展的当前模式和思考重点，以及他们所关注的问题。我们也应该有效地回顾发达国家成长过程中推动产业发展和技术进步相结合的一些现实情况，这对我们的思考将会提供有效的借鉴。

一、当前两化深度融合面临新的形势

经济增长新常态对推进两化融合提出新的要求。当前社会处于新一轮科技革命和产业变革的交汇区，在这样一个交错迭代的发展过程中，我们面对很多机遇和挑战，特别是智能制造、网络制造、绿色制造、服务型制造。德国工业 4.0、美国工业互联网为代表的西方经济体在加速推进面对科技变革和产业重构的过程中所推动的内容，会对我们有新的借鉴和启示。对全球未来产业的发展和当下的调整和变革，我们需要积极应对，推动产业方式的转型，推动现有工作与国际的接轨。

近年来，工业和信息化部积极探索如何将两化融合的管理体系作为推动两化融合的重要抓手，特别是通过分析全球发达国家和经济体在新一轮产业变革的战略布局和实践；作为国家战略，更多地思考国家的产业前途和产业竞争力，因此，从《中国制造 2025》研究制定和发布过程，以及现在仍然持续研究世界各国的产业发展战略和实践，我们发现，各国在战略任务、战略目标以及实施路径和方法上，存在着异曲同工和极大相似性，在对未来产业发展和战略格局的理解和发展途径上，中国与世界处于同一个认识和实践的过程中。我们在战略目标谋划上，根据经济增长的新常态对两化融合提出的新要求，需要更有效地认识这些理念、实现这些目标，并且推动工作的发展。

截至 2016 年 4 月，工业和信息化部在全国部署 1 000 多家贯标试点企业，推动各地近 3 000 家企业开展贯标工作，培育一批贯标咨询和评定的服务机构，组织开放式、扁平化和平台化的管理模式，为企业提供有效和积极的服务。在贯标工作当中，不仅是一种贯标，还是发展理念、工作任务和推进方法三个部分的有机结合。只有当企业和社会共同面对新的挑战，在战略目标、发展理念和工作任务进行有效结合，找到管理的流程和业务的流程，并且通过实践共同串起来，这样的两化融合指标反映在不同企业的目标和层次以及生产任务上，都会有不同的提升和发展。

二、推进两化融合是智能制造的主攻方向

2015 年 5 月、7 月，国务院先后颁布《中国制造2025》和《关于积极推进“互联网 +”行动的指导意见》，这两份重要文件在“十二五”末期完成发布，也成为当前和“十三五”期间国家推动制造业变革、推动互联网与制造业融合的重要意见。2016 年的政府报告进一步阐述信息技术与制造业融合发展的重大价值，也是中国由制造大国向制造强国转型跨越的最基本途径。制造业是国民经济的主体，也是“互联网 +”的主战场，如果达到制造业强国的话，制造业可发挥的创造经济价值的空间至少还有一倍以上，这也为经济发展创造新价值、培育新动能提供很大空间。

不同企业在实施两化融合中，通过自身和其他行业对比，会有很多体会，也创造很多的经验模式，特别是中国加快推动制造业与互联网的融合，将有利于发挥中国制造业门类齐全、规模庞大、体系完整的优势，同时，互联网创新活跃、产业领先、资源富集的优势叠加将会有利于在聚合资源上形成倍增效应和叠加效应。《中国制造 2025》的目标就是期望通过智能制造和智能化工厂实现企业内部智能化，通过企业之间构造新生态链实现全生命周期、全过程服务的有效化，是从企业内的制造工厂到企业之间的互联和建立新的企业生态结构的一种重要方式。当然，不同行业面对的问题不同，解决方案也有很大差异，通过企业的实践和学术机构的研究创造出鲜活案例，以此为试点，不断推动实践过程，为每一类行业、每一个企业以及不同的地方形成各自优势、差异化发展，进而实现中国在行业和产业发展的可持续优势。

对目前制造业产业生态将会出现的新的变化，既要客观冷静地分析，也要积极寻找新的政策，需要审慎、客观并且积极有效地把握住实践模式，加强信息领域和制造业领域的有效沟通理解。在两化融合中，我们应该主动地、务实地了解制造业的基本问题，不是现在信息技术最新的手段和方法就能解决制造业的问题，有相当一部分问题，如控制的问题、流程管理的问题，还没有用到大规模的数据分析以及云计算，对企业发展状态的有效诊断和当下紧缺问题特别是在竞争能力和生存发展的比对当中，需要进行既有前瞻性但更务实的思考。智能制造是主攻方向，作为国家战略大力推动的一种方式，需要考虑到中国发展阶段、不同行业、不同地区，特别是不同的企业在阶段当中的特征，进行整体规模的判断，通过咨询机构、两化融合不同阶段的标准、试点标杆企业的引领，我们能够有效提供服务支撑、解决方案和对应用发展中可能出现问题的咨询。制造业的强大是中国的主战场，互联网和信息技术是重要的工具和支撑，结合好就能融合好，就能够推动好。

三、数据对于推动两化融合具有重要意义

中国在选定战略目标和推动方式上，作为国家战略，与发达国家是一致的，特别是兼顾和审慎地思考中国企业发展的另外一个方面——还在不断地跟随和补课的过程，因此，两化融合特别需要企业的支持，需要学术机构的帮助，我们需要把这些战略目标和理念解构为可操作的业务流程和重要的问题要素及相应的指标。通过流程的解构、要素的研究更有针对性地建立以问题为导向的两化融合实施路径，形成面向行业的多种解决方案，通过持续的探索和实践，以及实践的反馈来迭代优化、推动产业发展。在这个过程中，两化融合联盟积累、记录了中国实践中企业的真实情况，并且通过学术界和企业界的共同分析，反映出不同区域、行业以及不同经济类型、规模的企业发展中的基本能力和可能遇到的问题，特别是总体上如何进一步推进这些工作。这些数据成为非常宝贵的、实践过程中的要素。数据是对客观事物的真实反映，既有利于我们发现问题、总结经验、发现规律，也有利于预测趋势、辅助决策和不断优化方案、拓展在实践中的认识和对发展的重要思考。两化融合联盟提出，希望将这些数据向各个行业、各个地区进行发布，并且提供持续分析和跟踪。我们期待这样能够更有效地建立一种服务企业、服务地方政府、服务行业的方式。通过这种边服务、边反馈、边优化的方式，进一步获得企业的不同意见和积极建议、地方政府和行业部门对这个领

域的意见和发展方式的趋势分析，以便更有效地指导和推动实现《中国制造 2025》和《“互联网 +”行动指导意见》。

四、两化融合评标诊断和对标引导工作进展

两化融合是一项系统工程，也是不断发展、不断探索的过程，还有大量工作值得探索和反思。如何建立一种有效的评估方式，以阶段性的目标、面对的问题和方法建立一种有效桥梁，对实现的效果进行有效把握，进一步提升对问题的认识。推动两化融合不是一场运动，更不是走形式，我们希望借助两化融合助力于企业发展和持续能力的提升，通过两化融合加强智能制造能力的提升，在全球的大市场下，中国与世界对话，中国与世界交流。

探索两化融合评估诊断和对标工作是我们工作的重要内容。在这项工作中，通过企业的实践和研究梳理出发展的重点，形成两化融合四个大类阶段，即基础建设、单项应用、综合集成和协同创新。特别是把集成作为两化融合的核心内容和重要标志，也是评估反映企业能力提升的有效手段。希望两化融合联盟通过不断总结企业经验创造出新的机会，特别是通过实践、认识，再实践、再认识，在企业真实的过程中推动工作，特别是通过地方政府，通过整体研究组和面向行业和区域的工作平台和工作机制推广这些工作。同时也希望这样的工作平台能够进行政策研究和制度设计，有效推动这些工作，让企业更有效地发挥作用。

习近平总书记指出，改革特别要提高精确发力和精准落地能力。为了有效推动两化融合工作，我们一定要坚持从实际出发，开展贯标工作，并得到有效反馈。这种反馈就是要进行诊断评估和对标引导。特别是以有效的服务使企业自身认同两化融合的重要价值，企业自身推进自评估、自诊断、自对标，通过真正有价值的服务帮助企业、配合企业、服务企业，实现企业发展。两化融合不是一个模式，需要不同的行业、不同的企业结合自身要求建立两化融合发展重点，特别是通过差异化发展和优势方向选择创造出更大的空间。

最后想说几句话。第一，坚定不移地加强战略选择，推动好两化融合的发展，为中国制造提供有效的实施路径。第二，深入研究实施路径，推动两化融合贯标体系评估，特别是建立符合规律、具有优势的发展路程，加强实践，使企业在实践中有更多的获得感，切实提高企业的行业竞争能力；作为政府，我们将加大服务力度，通过政策和制度提供有效的方法。第三，我们特别期待企业为主体的实践能力的提升，作为政府和行业，要坚持服务好企业，把企业的示范引领作用作为重要的方法和手段之一，期待着能把“盆景”变成“风景”，从一个个案成为行业的指导。通过一个行业、一个企业、一个地区的发展，整体工作能够做到更有效的提升。

工业文明的发展过程和工业强国的经验表明，工业化和信息化的融合发展是必由之路，也是当下各国竞争的战略选择。未来的发展向我们揭示出工业格局的重构也需要两化融合的不断深化。中国目前面临着重大挑战，就是我们如何更有效地审视发展中的问题，提高解决问题的能力，进一步把两化融合的理念转化为行动。把智能制造落实在工作中的可操作性上，使企业、行业、国家制造业受益。随着我们一件一件地做，一步一步地做，不断地反思和总结，两化融合助力产业、智能制造转型是大势所趋，也大有可为。

“一带一路”倡议下中国信息产业国际合作应分类施策

中国电子信息行业联合会副会长兼秘书长 周子学

信息化是“一带一路”沿线国家互联互通的基础，伴随着互联互通的深入推进，“一带一路”沿线国家经济发展迅速，信息产品消费需求以及信息基础设施投资需求旺盛，信息产业市场空间广阔，潜力巨大。当前，“一带一路”沿线国家大多处于经济发展的上升期，信息化水平普遍低于全球平均水平。中国是信息产业大国，经过几十

年的持续发展，已在国内和国际市场上积累了丰富的经验，有条件为沿线国家互联互通、畅通信息丝绸之路提供良好支撑。通过与沿线国家展开合作，中国信息产业发展可在提升原材料保障能力及产业链延伸、开拓海外市场、提升中国企业国际影响力、吸收先进技术等方面受益。

一、中国信息产业国际合作现状

2016 年，中国信息产业收入规模超过 17 万亿元。手机市场规模、电子元器件市场规模位居全球第一，PC 和平板、通信网络设备、服务器市场规模全球领先。《2016 年中国 IT 产业发展报告》指出，2016 年，中国信息产业整体得分 67.5 分，比上年增加 2 分，排名第六，发展速度增速很快，产业规模保持稳定增长；电子制造业整体业务收入超过 12 万亿元，增速 8.4%；软件和信息技术服务业收入 4.9 万亿元，增速 14.9%。同时，产业结构不断优化，以软件为核心的人工智能、云计算、大数据迅猛发展，带动 IT 产业软硬比例的变化。这充分表明，随着信息产业的快速发展，中国部分信息企业已经具备大规模“走出去”的实力，企业国际合作需求强烈。

“一带一路”倡议带来巨大的商机和国际合作机会。“一带一路”建设的推进，使中国信息企业与沿线国家开展更多的合作项目，参与“走出去”的信息企业遍布信息产业的每一个细分行业。

二、分类施策，推进“一带一路”信息产业国际合作

“一带一路”建设覆盖 60 多个国家，范围十分广阔。沿线国家的实力各不相同，既有发达国家，也有和中国实力相当的国家和相对落后国家。为此，应根据沿线国家的发展水平分类施策，可通过合作学习、合作互补、合作提升三种方式来促进合作，共同发展。根据中国电子信息行业联合会北京研究院发布的《“一带一路”国家工业和信息化发展指数》，“一带一路”沿线国家按照工业和信息化的发展现状可分为“优越型”（200 ~ 100 分）、“良好型”（100 ~ 70 分）、“潜力型”（70 ~ 35 分）、“薄弱型”（35 分及以下）四个等级。

（一）对于优越型（200 ~ 100 分）和良好型（100 ~ 70 分）国家，采取合作学习策略

“一带一路”沿线国家中，西欧、南欧、中东部分国家以及新加坡、马来西亚等国较为发达，信息技术以及基础设施建设水平较高，可以通过合作学习先进技术。通过对“一带一路”信息产业较为发达的国家高新技术企业的投资，以及在这些国家高新技术企业和研究机构聚集区进行研究与开发性投资，可以增强国内企业研发能力。

（二）对于潜力型（70 ~ 35 分）国家，采取合作互补策略

“一带一路”有助于中国进一步开拓国际市场，构建对外开放新格局，让能够充分展示中国创造实力的优势产业“走出去”，实现合作双方供需互补、各施所长、各尽所能的良好状态。通过“一带一路”，企业能在更广阔的空间进行产业结构调整和资源优化配置，使中国信息产业原材料供应得到更充分的保障，并且上游产业的投资、并购能使中国信息产业链得到延伸和完整。中国和中东欧部分地区都是新兴市场，双方的互补性很强，应该继续努力共同打造合作的新亮点。中东欧部分地区处于经济转型期，亟需兴建信息基础设施，而中国可向中东欧部分地区提供资金与成熟的技术。

（三）对于薄弱型（35 分及以下）国家，采取合作提升策略

“一带一路”沿线薄弱型国家与中国相比仍存在较大的“数字鸿沟”，对信息产业的需求巨大，将带来技术、产品以及建设等方面的需求。针对不同的国家应派遣不同的机构。在这一点上，应学习发达国家的经验，比如美国派遣在中国的信息产业机构，每年都会撰写一份十分详尽的报告，指出中国信息产业在发展中存在的各种问题。中国可以学习这种做法，派遣不同的机构到不同的国家，推动落后国家工业和信息产业的发展。此外，中亚腹地诸国在网络建设方面较落后，中国可以“共商、共建、共享”为原则，加强同这些国家的务实合作，包括网络基础设施建设、技术开发（包括开发新型电商模式）等合作，消除“信息壁垒”，缩小“数字鸿沟”，让信息资源充分涌流，让更多国家和人民通过互联网掌握信息、获取知识、创造财富，过上更加幸福美好的生活。这样既提升“一带一路”沿线国家信息化水平，又便于信息沟通、数字共赢，还有利于增强政治互信，服务于实现“一带一路”倡导的“五通”目标。

大　事　记

2016 年电子信息产业大事记

1 月

6 日　工业和信息化部、国家发展和改革委员会、科学技术部等八部委联合发布《电器电子产品有害物质限制使用管理办法》，自 2016 年 7 月 1 日起施行。2006 年 2 月 28 日公布的《电子信息产品污染控制管理办法》同时废止。

7 日　工业和信息化部在北京召开 5G 技术研发试验启动会。工业和信息化部总工程师张峰出席会议并致辞。

8 日　中共中央、国务院在北京举行国家科学技术奖励大会，2015 年度国家科学技术奖揭晓。信息技术领域取得多项突破性成果。其中，多光子纠缠及干涉度量项目获得国家自然科学奖一等奖，硅衬底高光效 GaN 基蓝色发光二极管项目获得国家技术发明奖一等奖。

8 日　由中国电子工业标准化技术协会、中国电子技术标准化研究院、中关村科技园区管理委员会共同主办的第八届电子信息产业标准推动会暨中国信息技术服务标准年会（2016）在北京召开。工业和信息化部党组成员、办公厅主任莫玮出席会议并讲话。

8 日　中国电子信息行业联合会与平安银行在北京签署战略合作协议，正式建立全面战略合作伙伴关系。双方将以“基金 + 平台”合作模式，共同筹建 2 000 亿元规模的电子信息产业基金。

10 日　工业和信息化部与江西省人民政府在江西南昌共同签署关于贯彻落实《中国制造 2025》深化战略合作协议。工业和信息化部部长苗圩出席会议并签约。

14 日　工业和信息化部公布天津西青经济技术开发区等 34 个产业集聚区为第七批国家新型工业化产业示范基地。其中，电子信息、软件和信息服务领域的基地有 7 个。

18 日　智能汽车与智慧交通产业创新示范区成立发布会在北京召开。工业和信息化部、北京市人民政府、河北省人民政府共同签署基于宽带移动互联网的智能汽车与智慧交通应用示范合作框架协议，15 家企事业单位发起设立智能汽车与智慧交通产业联合创新中心，4 家企业发起设立北京未来车联网创新基金。工业和信息化部副部长怀进鹏出席会议并签约。

19 日　由中国互联网协会主办的 2016 年中国互联网发展调研会暨互联网企业领袖及专家座谈会在北京召开。会议以“网络强国”建设为主要议题。工业和信息化部副部长陈肇雄出席会议并讲话。

19 日　京微雅格（北京）科技有限公司召开国家科技重大专项核高基项目首颗高性能 FPGA 芯片暨京微雅格 CME-C1（祥云）系列新品发布会，宣布其面向大容量 FPGA 市场的“云”系列首款 FPGA 芯片 CME-C1（祥云）正式发布。

20 日　由中国集成电路知识产权联盟、工业和信息化部电子知识产权中心、工业和信息化部电子科学技术情报研究所共同主办的 2016 中国集成电路知识产权高峰论坛在北京召开。中国集成电路知识产权联盟宣布正式成立。

22 日　由中国电子信息行业联合会、中国软件行业协会、中国电子商会共同主办的 2016 年中国电子信息行业发展大会暨高峰论坛在北京召开。工业和信息化部副部长怀进鹏出席并讲话。

22 日　工业和信息化部副部长怀进鹏会见香港特别行政区创新及科技局局长杨伟雄，双方就加强内地与香港特别行政区在创新科技方面的交流合作交换意见。

27 日　国务院总理李克强主持召开国务院常务会议，确定金融支持工业增效升级的措施，壮大实体经济基础；决定推动《中国制造 2025》与“互联网 +”融合发展。

27 日　工业和信息化部、重庆市人民政府在四川重庆共同签署基于宽带移动互联网的智能汽车与智慧交通应用示范合作框架协议。工业和信息化部副部长怀进鹏出席会议并签约。

2 月

1 日　工业互联网产业联盟成立大会在北京召开。该联盟立足于搭建工业互联网的合作与促进平台，聚集工业界和信息通信界的中坚力量及相关机构，推进工业互联网发展。工业和信息化部部长苗圩出席大会并讲话，副部长陈肇雄、总工程师张峰出席会议。

4 日　工业和信息化部、财政部、商务部、科学技术部联合公布电器电子产品生产者责任延伸首批试点名单，确定四川长虹电器股份有限公司、珠海格力电器股份有限公司等 15 家电器电子产品生产企业，以及中国电子节能技术协会等第三方机构。

14 日　中国人民银行、国家发展和改革委员会、工业和信息化部等八部委联合印发《关于金融支持工业稳增长调结构增效益的若干意见》。

14 日　国务院办公厅印发《关于加快众创空间发展服务实体经济转型升级的指导意见》，提出重点在电子信息、生物技术、现代农业、高端装备制造等产业领域加快建设一批众创空间。

17 日　工业和信息化部办公厅印发《关于做好 2016 年工业质量品牌建设工作的通知》。

18 日　工业和信息化部、国家海洋局在北京召开促进海洋经济发展战略合作座谈会，并签署促进海洋经济发展战略合作协议。工业和信息化部部长苗圩出席会议并签约。

23 日　工业和信息化部、国家安全监管总局就两化融合促进安全生产工作进行座谈。工业和信息化部部长苗圩出席座谈会并讲话。工业和信息化部副部长怀进鹏出席座谈会。

25 日　由中国电子信息产业发展研究院、中国电子报社联合主办的第六届中国家电网购高峰论坛在北京召开。论坛发布《2015年中国家电网购分析报告》。报告显示，2015年，中国B2C家电网购市场（含移动终端）规模再创新高，达到3 007亿元，同比增长49%。

3月

2日 工业和信息化部、安徽省人民政府在北京签署部省关于共同推进安徽制造创新发展战略合作框架协议。工业和信息化部部长苗圩出席仪式并签约。

11日 工业和信息化部、中国人民银行、中国银行业监督管理委员会在北京联合召开加强银企对接促进产融合作工作电视电话会议。工业和信息化部部长苗圩出席主会场会议并讲话。

17日 中央网络安全和信息化领导小组办公室、教育部、工业和信息化部等六部门联合印发《国家网络安全宣传周活动方案》，提出网络安全宣传周统一于每年9月份第三周举办。

18日 由工业和信息化部、韩国产业通商资源部共同主办的第二次中韩产业合作部级对话在北京召开。工业和信息化部部长苗圩、韩国产业通商资源部长官周亨焕出席会议并致辞。中韩双方就产业发展政策、集成电路等议题进行交流。

21日 由国务院发展研究中心主办的中国发展高层论坛2016年会在北京召开。工业和信息化部部长苗圩出席“构建产业新体系，加快建设制造强国”分论坛，就中国制造业的发展发表演讲。

22日 工业和信息化部部长苗圩在北京会见来访的诺基亚集团总裁苏立。双方就诺基亚未来在华发展战略，以及大数据、物联网等新一代信息技术创新应用等议题进行交流。

25日 中国首个网络安全领域的全国性社会团体——中国网络空间安全协会在北京成立。工业和信息化部总工程师张峰出席成立大会并致辞。

28日 总投资240亿美元（约1 600亿元）的存储器基地项目在湖北武汉东湖高新区正式启动。该项目是国家发展集成电路产业的重大战略部署，将填补中国主流存储器领域的空白。工业和信息化部副部长怀进鹏出席启动仪式并致辞。

30日 工业和信息化部印发《两化深度融合创新推进2016专项行动实施方案》。

4月

1日 工业和信息化部印发《工业强基2016专项行动实施方案》。

6日 国务院总理李克强主持召开国务院常务会议，部署推进“互联网+流通”行动，促进降成本扩内需增就业。

8日 由中国电子学会等部门共同主办的2016亚洲智能机器人论坛暨亚洲智能机器人联盟成立大会在深圳召开。工业和信息化部副部长怀进鹏出席会议并讲话。

8日 工业和信息化部与深圳市人民政府在深圳举行合作共建中国国际消费电子展示交易中心框架协议签约会。工业和信息化部副部长怀进鹏出席会议并签约。

8—10日 由工业和信息化部、深圳市人民政府共同主办的第四届中国电子信息博览会在深圳召开。本届博览会的主题为“创新·智能·融合”。工业和信息化部副部长怀进鹏出席开幕式并致辞。由工业和信息化部、深圳市人民政府主办的新一代信息技术产业发展高峰论坛同期举办。工业和信息化部副部长怀进鹏出席论坛并发表主旨演讲。

9日 中德智能制造联盟成立大会在深圳召开。该联盟由中国电子信息产业发展研究院、中国电子学会联合中德两国智能制造企业、科研机构、大学、行业组织和产业园区共同发起成立。工业和信息化部副部长怀进鹏出席会议并讲话。

9 日 由中国两化融合服务联盟主办的“两化深度融合与制造强国建设论坛——首届全国两化融合发展数据地图发布会”在深圳召开。工业和信息化部副部长怀进鹏出席会议并讲话。

9 日 工业和信息化部电子信息司联合国家卫生和计划生育委员会家庭发展司、民政部社会福利中心在深圳召开信息技术和健康养老融合发展论坛。论坛发布《智慧健康养老产业发展白皮书》。

10 日 由工业和信息化部科技司、电子信息司共同主办的 2016 信息技术领域专利态势发布会暨 4·26 知识产权发展论坛在深圳召开。论坛发布《2015 年信息技术领域专利态势分析报告》。报告显示，截至 2015 年 12 月 31 日，中国信息技术领域专利申请总量达到 300.6 万件，同比增长 19%。

12 日 由中国国际贸易促进委员会电子信息行业分会等部门共同主办的第四届中国国际云计算技术和应用展览会暨论坛在北京召开。本届论坛的主题为“创新驱动、融合发展、云领未来”。工业和信息化部副部长刘利华出席会议并致辞。

12 日 工业和信息化部、国家发展和改革委员会、科学技术部、财政部联合印发制造业创新中心建设、工业强基、智能制造、绿色制造和高端装备创新五大工程实施指南。

15 日 绿色计算产业联盟在北京召开成立大会。该联盟由多家国际领先厂商以及国内高校、科研机构共同发起组建。工业和信息化部副部长怀进鹏出席大会并讲话。

19 日 国家主席、中央网络安全和信息化领导小组组长习近平在北京主持召开网络安全和信息化工作座谈会并讲话，强调推进网络强国建设，推动网信事业发展，让互联网更好造福国家和人民。

20 日 工业和信息化部副部长怀进鹏会见美国思科公司首席执行官罗卓克，就进一步加强智能制造、智慧城市等领域合作交换意见。

27 日 由中国信息通信研究院主办的 2016 大数据产业峰会在北京召开。工业和信息化部总工程师张峰出席会议并致辞。

29 日 第三届首都网络安全日启动仪式在北京举行。本届首都网络安全日的主题为“网络安全同担，网络生活共享”。工业和信息化部副部长陈肇雄出席启动仪式并致辞。

5 月

4 日 国务院总理李克强主持召开国务院常务会议，部署推动制造业与互联网深度融合，加快“中国制造”转型升级。

5 日 工业和信息化部副部长冯飞会见德国工业联合会总干事马库斯·克贝尔，就“中国制造 2025”与“德国工业 4.0”对接、中国工业转型升级等议题进行交流。

6 日 中国电子技术标准化研究院和新华网联合举办虚拟现实和增强现实国家及行业标准征集发布会暨新华网 VR/AR 频道上线仪式。工业和信息化部党组成员、办公厅主任莫玮出席活动并致辞。

6 日 工业和信息化部副部长刘利华在埃塞俄比亚首都亚的斯亚贝巴与埃塞俄比亚联邦副总理兼通信和信息技术部长德布雷齐翁共同签署两部间合作谅解备忘录。双方将推动企业在宽带骨干网、信息中心、智慧城市等领域开展合作。

8 日 国务院办公厅印发《关于建设大众创业万众创新示范基地的实施意见》，确定首批共 28 个双创示范基地，包括北京市海淀区等 17 个区域示范基地、清华大学等 4 个高校和科研院所示范基地、海尔集团公司等 7 个企业示范基地。

11 日 由中国工程院、工业和信息化部共同主办的 2016 智能制造国际会议在北京召开。工业和信息化部部长苗圩出席会议并作主旨报告。

13 日 国务院印发《关于深化制造业与互联网融合发展的指导意见》，部署深化制造业与互联网融合发展。

13 日 由工业和信息化部信息中心、上海市经济和信息化委员会、美国消费电子技术协会共同主办的“创客中国”——2016 年中美创客大赛在上海召开。工业和信息化部党组成员、办公厅主任莫玮出席大赛并致辞。

16 日 国家发展和改革委员会、工业和信息化部、财政部、国家税务总局联合印发《关于印发国家规划布局内重点软件和集成电路设计领域的通知》，明确国家规划布局内重点软件和集成电路设计领域的有关事项。

17 日 工业和信息化部部长苗圩会见美国苹果公司首席执行官蒂姆·库克。双方就苹果公司进一步扩大在华业务，深化研发和产业链合作等议题进行交流。

17 日 工业和信息化部部长苗圩在北京会见来访的埃及通信和信息技术部部长亚西尔·艾尔卡迪一行。双方就进一步加强中埃双边信息通信领域合作，推动落实中非合作论坛约翰内斯堡峰会成果等议题进行交流。

18 日 由中国电子学会主办的第八届中国云计算大会在北京召开。本次大会的主题为“技术融合、应用创新”。工业和信息化部副部长怀进鹏出席大会并致辞。

18 日 国家发展和改革委员会、科学技术部、工业和信息化部、中央网络安全和信息化领导小组办公室联合印发《“互联网+”人工智能三年行动实施方案》，明确要培育发展人工智能新兴产业、推进重点领域智能产品创新、提升终端产品智能化水平。

19—20 日 工业和信息化部副部长陈肇雄一行赴贵州贵阳、贵安新区调研考察大数据相关产业发展，出席推进贵州省大数据产业发展第一次部省联席会议。

24 日 工业和信息化部办公厅发函授予贵州省“贵州·中国南方数据中心示范基地”称号。

25 日 工业和信息化部办公厅公布 2016 年两化融合管理体系贯标试点企业名单，遴选确定 600 家两化融合管理体系贯标试点企业。

25—29 日 由国家发展和改革委员会、工业和信息化部、商务部、中央网络安全和信息化领导小组办公室、贵州省人民政府共同主办的中国大数据产业峰会暨中国电子商务创新发展峰会在贵州贵阳召开。本次峰会的主题为“数据创造价值，创新驱动未来”。国务院总理李克强出席峰会开幕式并致辞。工业和信息化部部长苗圩出席峰会。

26 日 《工业和信息化部关于废止 10 件规章的决定》公布，其中包括《电子信息产业统计工作管理办法》（2007 年 2 月 8 日原信息产业部令第 42 号公布）、《软件产品管理办法》（2009 年 3 月 5 日工业和信息化部令第 9 号公布）。

26—28 日 由工业和信息化部主办的 2016 年第 20 届中国国际软件博览会在北京举行。本届软博会的主题为“促进两化深度融合，服务制造强国建设”。工业和信息化部部长苗圩出席开幕式并致辞，副部长怀进鹏主持开幕式并出席高峰论坛。

31 日 由中国、欧盟、美国、日本、韩国的 5 个 5G 推进组织共同主办的第一届全球 5G 大会在北京召开。大会的主题为“构建 5G 技术生态”。工业和信息化部部长苗圩出席大会并致开幕词。

5 月 国务院印发《国家创新驱动发展战略纲要》，提出到 2020 年进入创新型国家行列、到 2030 年跻身创新型国家前列、到 2050 年建成世界科技创新强国的“三步走”战略目标。

6 月

1—7 日 由科学技术部、国家发展和改革委员会等四部委共同主办的国家“十二五”科技创新成就展在北京举行。本次展览的主题为“创新驱动发展，科技引领未来”，重点展示“十二五”期间在核高基、集成电路装备等领域的部分专项成就。

7日 工业和信息化部、北京市人民政府、天津市人民政府、河北省人民政府联合发布《京津冀产业转移指南》，指出构建“一个中心、五区五带五链、若干特色基地”的产业发展格局。

7日 苗圩在《紫光阁》2016年第6期发表署名文章《着力推进工业供给侧结构性改革》。

7日 工业和信息化部副部长怀进鹏赴工业和信息化部电子科学技术情报研究所调研。

8日 国务院总理李克强主持召开国务院常务会议，确定发展和规范健康医疗大数据应用的措施，通过“互联网+医疗”更好满足群众需求。

13日 工业和信息化部副部长怀进鹏在北京与德国经济和能源部国务秘书马赫尼希进行第四轮中德政府磋商前的部门对口磋商，就中德智能制造及生产过程网络化合作进行交流。

13日 第四轮中德政府磋商会议在北京召开。国务院总理李克强和德国总理默克尔主持磋商全体会议。工业和信息化部部长苗圩向两国总理汇报中德工业领域合作最新进展，包括《中国制造2025》与德国“工业4.0”战略交流，智能制造标准化合作，以及中德企业开展务实合作的成效等。

20日 全球超级计算机500强榜单公布，使用中国自主芯片制造的“神威·太湖之光”取代“天河二号”登上榜首，成为全球最快的超级计算机，3项在“神威·太湖之光”超级计算机上开展的应用课题获得“戈登贝尔奖”提名，中国超算上榜总数量为167台套，首次超过美国名列第一。

21日 国务院办公厅印发《关于促进和规范健康医疗大数据应用发展的指导意见》，部署通过“互联网+健康医疗”探索服务新模式、培育发展新业态，建设人民满意的医疗卫生事业。

21日 由中国互联网协会主办的2016年（第15届）中国互联网大会在北京召开。本届大会的主题为“繁荣网络经济，建设网络强国”。工业和信息化部副部长陈肇雄出席并作主旨演讲。

23日 工业和信息化部信息化和软件服务业司在北京组织召开《面向新工业革命的信息化和工业化深度融合研究》开题报告会。工业和信息化部副部长怀进鹏出席会议并讲话。

28日 由中国电子信息行业联合会、工业和信息化部电子第五研究所、广州开发区管理委员会共同主办的2016中国（广州）智能装备及机器人产业发展大会在广东广州召开。

30日 中美商贸联委会信息产业工作组会议在北京召开。中美双方就美对华出口管制、中国半导体产业发展规划等问题交换意见。

7月

3—8日 中国电子质量管理协会在安徽合肥组织召开中国电子信息行业第36次质量管理小组暨质量信得过班组代表会议。本次会议评选出电子信息行业优秀质量管理小组一等奖208个（其中创新型课题成果20个）、二等奖18个，优秀质量信得过班组23个以及9个杯赛会场的前十名。

8日 国务院办公厅印发《〈国务院关于新形势下加快知识产权强国建设的若干意见〉重点任务分工方案》。

12日 中国电子信息行业联合会在贵州安顺召开2016年中国电子信息百强企业发布会暨重点企业监测工作座谈会。第30届中国电子信息百强企业名单揭晓。华为技术有限公司连续九届位居榜首，联想集团、中国电子信息产业集团有限公司分列第二、第三名。工业和信息化部党组成员、办公厅主任莫玮出席会议并致辞。

14日 工业和信息化部副部长怀进鹏与欧盟通信网

络、内容与技术总司副总司长盖尔·肯特在北京共同主持召开第七次中欧信息技术、电信和信息化对话会议。中欧双方围绕信息通信技术政策与数字经济、智慧城市建设、物联网和工业数字化等议题进行交流。

14 日 由中国电子元件行业协会主办的 2016 中国电子元件产业峰会在山东青岛召开。会议发布《中国电子元件行业"十三五"发展规划》，公布 2016 年（第 29 届）中国电子元件百强企业名单，亨通集团有限公司、中天科技集团有限公司、瑞声科技控股有限公司分列前三名。

16 日 福建省晋华存储器集成电路生产线项目开工仪式在福建泉州举行。该项目一期投资 370 亿元，将打造成为国内首家具有自主技术及世界级制造工艺水平的存储器研发制造企业。工业和信息化部副部长陈肇雄出席并致辞。

20 日 国务院总理李克强主持召开国务院常务会议，通过"十三五"国家科技创新专项规划，以创新型国家建设引领和支撑升级发展；部署推进"互联网 +"物流，降低企业成本便利群众生活。

22 日 工业和信息化部组织召开智能制造发展对策研究重大软课题部长专题会。工业和信息化部副部长辛国斌主持会议并讲话。

24 日 工业和信息化部在广东东莞召开 2016 年全国智能制造试点示范经验交流会。工业和信息化部部长苗圩出席会议并讲话，副部长辛国斌主持会议。

25 日 工业和信息化部在山东威海召开全国信息化和软件服务业工作座谈会。工业和信息化部副部长怀进鹏出席会议并讲话。

27 日 中共中央办公厅、国务院办公厅联合发布《国家信息化发展战略纲要》。该战略纲要是根据新形势对《2006—2020 年国家信息化发展战略》的调整和发展，是规范和指导未来 10 年国家信息化发展的纲领性文件。

28 日 国务院印发《"十三五"国家科技创新规划》，明确提出未来 5 年国家科技创新的指导思想、总体要求、战略任务和改革举措。

28 日 工业和信息化部发布 2016 年（第 15 届）中国软件业务收入前百家企业名单及发展报告。华为技术有限公司以软件业务年收入 1 786 亿元连续 15 年蝉联软件前百家企业之首，中兴通讯股份有限公司、海尔集团公司分列第二、第三名。

28 日 工业和信息化部在河北张家口召开京津冀产业协同发展推进会，进一步推进国家京津冀协同发展战略实施，启动工业和信息化系统部省联系协作机制，交流工作经验。工业和信息化部副部长刘利华出席会议并讲话。

28 日 全球首款人工智能电视——长虹 CHiQ（启客）人工智能电视在北京面世。

28 日 中俄总理定期会晤委员会通信与信息技术分委会第十五次会议在浙江杭州召开。工业和信息化部副部长陈肇雄与俄罗斯通信与大众传媒部副部长阿尔哈佐夫共同主持会议。会议就信息技术与网络安全等领域交流合作进行协商，并对下一步工作进行部署。

29 日 工业和信息化部召开"中国制造 2025 政策法律体系研究"重大软课题专题会。工业和信息化部副部长刘利华主持会议并讲话。

31 日 中国高端芯片联盟在四川成都成立。该联盟由 27 家国内高端芯片、基础软件、整机应用等产业链的重点骨干企业、著名院校和研究院所共同发起成立，旨在打造"架构—芯片—软件—整机—系统—信息服务"的产业生态体系。

8 月

2 日 由中国电子信息产业发展研究院主办的 2016 中国大数据产业生态大会在北京召开。会上成立中国大数据产业生态联盟。工业和信息化部副部长怀进鹏出席大会并致辞。

8 日 中国电子信息产业发展研究院发布《2015 年度中国两化融合发展水平评估报告》。《报告》显示，2015 年中国两化融合发展总指数为 72.68，基础环境指数为 75.38，工业应用指数为 66.04，应用效益指数为 83.25。

9 日 由中国电子信息产业发展研究院、中国电子报社联合主办的第七届中国家电网购高峰论坛在北京召开。论坛发布《2016 上半年中国家电网购分析报告》。报告显示，2016 年上半年，中国 B2C 家电网购市场（含移动终端）规模达到 1 848 亿元，同比增长 35%。

13 日 由贵州省大数据发展领导小组办公室等部门共同主办的 2016 中国企业互联网大会在贵州贵阳召开。此次大会的主题为“融合互联、商业谋变”。工业和信息化部副部长怀进鹏出席大会并讲话。

18 日 工业和信息化部、中国工程院、新华社和宁波市人民政府联合召开“中国制造 2025”城市试点示范新闻发布会。宁波市获批成为全国首个“中国制造 2025”试点示范城市。工业和信息化部副部长辛国斌出席发布会并讲话。

19 日 工业和信息化部副部长怀进鹏率队赴国家标准化管理委员会，与国家标准化管理委员会主任田世宏就工业和通信业标准化工作进行座谈。双方就建立跨部门协商机制、推进标准信息化建设等工作进行交流。

22 日 国家智能制造标准化协调推进组、总体组和专家咨询组成立大会暨第一次全体大会在北京召开。工业和信息化部副部长辛国斌出席大会并讲话。

25 日 工业和信息化部副部长怀进鹏在北京会见来访的德国思爱普公司全球董事会成员柯雷曼一行，就进一步开展中德智能制造领域务实合作、推动数字转型等议题进行交流。

25 日 工业和信息化部副部长怀进鹏会见美国 IBM 公司全球高级副总裁罗思民，就进一步加强 POWER 技术领域合作交换意见。

26 日 由国家互联网应急中心和中国互联网协会共同主办的国家互联网金融安全技术专家委员会成立大会在北京召开。工业和信息化部总工程师张峰出席会议并致辞。

26—27 日 由中国两化融合服务联盟主办的 2016 中国两化融合大会在北京召开。本届大会的主题为“制造业与互联网融合、创新 · 发展 · 转型”。会上举行中国制造业与互联网融合发展联盟揭牌仪式。会议发布 2016 中国两化融合系列报告及优秀成果。工业和信息化部副部长怀进鹏出席会议并讲话。

27 日 由中国企业联合会、中国企业家协会共同主办的 2016 中国 500 强企业高峰论坛在湖南长沙召开。本届高峰论坛的主题为“创新与转型：‘十三五’的大企业发展”。工业和信息化部总工程师张峰出席论坛并致辞。

31 日 工业和信息化部部长苗圩在《求是》2016 年第 17 期发表署名文章《弘扬工匠精神，打造中国制造新名片》。

9 月

1 日 由中国信息通信研究院、中国通信标准化协会共同主办的 2016 可信云大会在北京召开。工业和信息化部总工程师张峰出席大会开幕式并致辞。

2 日 由中国电子信息产业发展研究院主办的首届工业软件与制造业融合发展高峰论坛在北京召开。工业和信息化部副部长怀进鹏出席论坛并作主题报告。

2 日 工业和信息化部部长苗圩会见智利经济、发展和旅游部部长路易斯 · 费利佩 · 塞斯佩德斯一行，就深化中智产业合作交换意见。

2—5 日 由江苏省人民政府主办的第 12 届中国（南京）国际软件产品和信息服务交易博览会在江苏南京举行。本届博览会的主题为“贯彻落实‘中国制造 2025’和‘互联网 +’国家战略，建设国际软件名城”。工业和信息化部党组成员、办公厅主任莫玮出席博览会并致辞。

3 日 由人力资源和社会保障部、工业和信息化部共同主办的“智能制造－百千万人才工程创新讲坛”在北京举行。工业和信息化部副部长怀进鹏出席讲坛并作主旨报告。

5 日 国务院印发《政务信息资源共享管理暂行办法》。

6 日 由中国电子工业标准化技术协会、中国通信标准化协会、华聚产业共同标准推动基金会共同主办的第13 届海峡两岸信息产业和技术标准论坛在黑龙江哈尔滨召开。会议公布半导体照明、太阳能光伏、云计算 3 个领域的 7 项两岸共通标准和云计算产业案例汇编 2.0 版，签署《海峡两岸推动智能制造共通标准制定合作备忘录》。工业和信息化部副部长怀进鹏出席开幕式并致辞。

8 日 中国电子信息行业联合会与平安银行联合召开《中国电子信息行业产融合作行动白皮书》发布会暨平安银行电子信息产业金融事业部开业典礼。工业和信息化部副部长怀进鹏出席并致辞。

9 日 由国家制造强国建设战略咨询委员会主办的2016 国家制造强国建设专家论坛在北京召开。国务院副总理、国家制造强国建设领导小组组长马凯出席开幕式并致辞。工业和信息化部部长、国家制造强国建设领导小组副组长苗圩作主题演讲。

9 日 国家重点研发计划“网络空间安全”等 3 个重点专项项目启动会在北京召开。工业和信息化部副部长怀进鹏出席会议并讲话。

11 日 国务院印发《北京加强全国科技创新中心建设总体方案》，明确北京加强全国科技创新中心建设的总体思路、发展目标、重点任务和保障措施。

13 日 由中国电子技术标准化研究院主办的制造业与互联网融合发展经验交流会暨信息物理系统发展论坛会议在北京召开。工业和信息化部副部长怀进鹏出席会议并讲话。

14 日 国务院总理李克强主持召开国务院常务会议，部署加快推进“互联网＋政务服务”，以深化政府自身改革更大程度利企便民。

14 日 第 39 届国际标准化组织大会公开研讨会在北京召开。工业和信息化部副部长怀进鹏出席大会并作主旨演讲。

16 日 国务院印发《关于促进创业投资持续健康发展的若干意见》。

19 日 工业和信息化部、国家发展和改革委员会联合印发《智能硬件产业创新发展专项行动（2016—2018年）》，提出到 2018 年，中国智能硬件全球市场占有率超过 30%，产业规模超过 5 000 亿元。

19—23 日 由中央组织部、工业和信息化部、国家行政学院共同主办的省部级干部深化制造业与互联网融合发展专题研讨班在北京召开。国务院副总理马凯出席开班式并作主题报告。工业和信息化部部长苗圩、副部长怀进鹏分别作专题授课。

19—25 日 由中央网络安全和信息化领导小组办公室、教育部、工业和信息化部等六部门共同主办的2016 国家网络安全宣传周在湖北武汉举行。本届宣传周的主题为“网络安全为人民，网络安全靠人民”。

20 日 由中国电子技术标准化研究院、浙江省经济和信息化委员会、中国电子工业标准化技术协会联合主办的 2016 年新一代信息技术产业标准化论坛在浙江杭州召开。本届论坛的主题为“标准、创新、融合”。

20—23 日 由工业和信息化部、中国国际贸易促进委员会共同主办的 2016 年中国国际信息通信展览会在北京举行。本届展览会的主题为“网聚万物、融合创新”。工业和信息化部部长苗圩出席开幕式并致辞，副部长陈肇雄主持开幕式。

23 日 工业和信息化部第七次与日中经济协会访华团举行交流活动。双方就结构调整和转型升级、战略性新兴产业、物联网、标准化和创新等议题进行交流。工业和信息化部副部长刘利华出席活动并致辞。

24 日 工业和信息化部部长苗圩在哈瓦那出席国务院总理李克强与古巴国务委员会主席兼部长会议主席劳尔·卡斯特罗举行的会谈，并在两国领导人见证下，与古巴工业部长萨尔瓦多·帕尔多·克鲁兹共同签署工业领域合作文件。

25 日 国务院印发《关于加快推进"互联网＋政务服务"工作的指导意见》，对加快推进"互联网＋政务服务"工作作出总体部署。

26 日 由中国电子学会主办的中德产业技术合作座谈会在北京召开。工业和信息化部副部长怀进鹏出席会议并讲话。

27—28 日 家电业智能制造创新战略联盟成立大会在山东青岛召开。该联盟由海尔集团牵头，联合从事智能制造技术和服务的高校、国内外科研机构、家电产业链上下游企业和相关行业组织共同组成。工业和信息化部副部长怀进鹏出席大会并为联盟揭牌。

29 日 虚拟现实产业联盟成立大会在北京召开。该联盟由中国电子信息产业发展研究院、北京航空航天大学虚拟现实技术与系统国家重点实验室、歌尔股份有限公司、宏达通讯有限公司等虚拟现实领域主要企业、研究机构联合发起成立。工业和信息化部总工程师张峰出席成立仪式并讲话。

10 月

9 日 中共中央政治局就实施网络强国战略进行第三十六次集体学习。中共中央总书记习近平在主持学习时强调，加快推进网络信息技术自主创新，朝着建设网络强国目标不懈努力。

12 日 工业和信息化部印发《信息化和工业化融合发展规划（2016—2020）》，提出到 2020 年，全国两化融合发展指数达到 85，进入两化融合集成提升与创新突破阶段的企业比例达到 30%。

13 日 国务院办公厅公布《互联网金融风险专项整治工作实施方案》，对互联网金融风险专项整治工作进行全面部署安排。

17 日 工业和信息化部印发《工业控制系统信息安全防护指南》。

18 日 在国家主席习近平和乌拉圭总统塔瓦雷·巴斯克斯的共同见证下，工业和信息化部部长苗圩与乌拉圭工业、能源和矿业部部长卡罗丽娜·高斯在北京共同签署《中国工业和信息化部与乌拉圭工业、能源和矿业部关于工业领域合作的谅解备忘录》，双方将在工业政策法规、产业技术创新、工业和信息技术融合发展等领域加强交流。

18 日 中芯国际集成电路制造有限公司宣布正式启动中芯天津产能扩充项目。扩建项目全部达产后，中芯天津月产能达 15 万片 8 英寸晶圆，将成为世界单体规模最大的 8 英寸集成电路生产线，主要产品应用于物联网相关、指纹识别、电源管理、数模信号处理、汽车电子等。

18—20 日 由工业和信息化部、湖北省人民政府共同主办的 2016 年应急产业发展推进交流会在湖北随州召开。工业和信息化部党组成员、办公厅主任莫玮出席会议并作主旨报告。

20—25 日 由工业和信息化部、中国科学技术协会、北京市人民政府联合主办的 2016 世界机器人大会在北京召开。此次大会的主题为"共创共享共赢，开启智能时代"。国务院副总理刘延东出席大会并致辞。

24 日 工业和信息化部副部长刘利华与美国商务部常务副部长安德鲁斯、贸易代表办公室助理贸易代表岳雄飞共同主持召开中美商贸联委会第七次产业和竞争力对话。双方就中美商贸联委会框架下各自关注的议题交换意见，并举行以"集成电路"为主题的产业交流。

26 日 由工业和信息化部电子信息司、中国科学院信息技术科学部共同主办的信息科技与经济发展技术科学论坛在北京召开。本次论坛的主题为“智能ICT产业的机遇与挑战”。工业和信息化部副部长怀进鹏出席论坛并致辞。

27日 工业和信息化部与广东省人民政府在北京签署《工业和信息化部、广东省人民政府“十三五”期间推动工业和信息化发展战略合作协议》。工业和信息化部部长苗圩出席签约仪式并签约。

27日 工业和信息化部公布第四批工业产品质量控制和技术评价实验室名单，包括工业（控制软件）产品质量控制和技术评价实验室、工业（硅材料）产品质量控制和技术评价江苏实验室等23家。

28日 工业和信息化部、财政部联合公布2016年国家技术创新示范企业名单，认定京东方科技集团股份有限公司等69家企业为国家技术创新示范企业。

30日 无锡国家传感网创新示范区部际建设协调领导小组第四次会议在江苏无锡召开。工业和信息化部部长、部际建设协调领导小组组长苗圩出席会议并讲话，副部长怀进鹏主持会议。

30日—11月1日 由工业和信息化部、科学技术部、江苏省人民政府共同主办的2016世界物联网博览会在江苏无锡举行。本届博览会的主题为“创新物联时代，共享全球智慧”。国务院总理李克强为博览会发来贺信。工业和信息化部部长苗圩、副部长怀进鹏参观物联网应用和产品展览会。

31日 由中国电子信息行业联合会、中国软件行业协会共同主办的2016年中国软件和信息技术服务综合竞争力百强企业发布会在江苏无锡召开。会议公布首届百强企业名单，华为技术有限公司、中兴通讯股份有限公司、腾讯科技（深圳）有限公司分列前三名。

11月

1日 工业和信息化部、吉林省人民政府在吉林长春共同举办智能汽车与智慧交通专题研讨会暨基于宽带移动互联网的智能汽车与智慧交通应用示范合作框架协议签约活动。工业和信息化部副部长怀进鹏出席会议并签约。

1—5日 由国家发展和改革委员会、商务部、工业和信息化部等九部委联合主办的第18届中国国际工业博览会在上海举行。本届博览会的主题为“创新、智能、绿色”。工业和信息化部部长苗圩出席开幕式并致辞。

2日 工业和信息化部部长苗圩在北京会见来访的德国联邦副总理兼经济和能源部部长加布里尔，就中德智能制造和生产过程网络化合作等议题进行交流。

2日 工业和信息化部副部长怀进鹏在北京会见来访的德国经济能源部国务秘书马赫尼希及其率领的德国经济代表团。双方就中德智能制造和生产过程网络化合作、数字化转型、知识产权保护和数据安全等议题交换意见。

3日 工业和信息化部、湖北省人民政府在湖北武汉共同签署基于宽带移动互联网的智能汽车与智慧交通应用示范合作框架协议。工业和信息化部副部长怀进鹏出席会议并签约。

3日 由工业和信息化部、湖北省人民政府联合主办的第六届数字家庭技术创新与产业应用年会在湖北武汉召开。本届年会的主题为“光联万物、服务民生”。

7日 十二届全国人大常委会第二十四次会议表决通过《中华人民共和国网络安全法》。这是中国网络领域的基础性法律，明确加强对个人信息保护，打击网络诈骗。该法自2017年6月1日起施行。

7日 由工业和信息化部、中国工程院以及河南、河北、山西、内蒙古、安徽、江西、湖北、湖南、陕西等九省（区）人民政府共同主办的2016中国（郑州）产业转移系列对接活动开幕式暨产业转移系列合作签约仪式在河南郑州举行。此次对接活动签约项目达553项，总投资2 347亿元。工业和信息化部部长苗圩出席开幕式并致辞。

7 日 由国家发展和改革委员会、工业和信息化部等部委与内蒙古自治区人民政府共同主办的 2016 内蒙古大数据产业推介大会在北京举行，正式启动内蒙古国家大数据综合试验区建设。工业和信息化部副部长怀进鹏出席大会并致辞。

7 日 工业和信息化部副部长陈肇雄会见美国工业互联网联盟指导委员会主席约翰·图西罗，就加强工业互联网合作交换意见。

8 日 工业和信息化部与国家开发银行在北京签订《工业和信息化部、国家开发银行共同推进实施“中国制造 2025”战略合作协议》。工业和信息化部部长苗圩出席签约仪式并签约。

9 日 华虹集团举行“909”工程二次升级——华力二期 12 英寸高工艺等级新生产线项目建设启动活动。根据计划，项目将于 2016 年年底正式动工，2018 年年底完成工艺串线、试生产，形成 1 万片生产能力，2022 年前实现达产。

14 日 工业和信息化部、国家标准化管理委员会联合印发《智慧家庭综合标准化体系建设指南》。

16 日 工业和信息化部副部长怀进鹏会见美国高通公司总裁德里克·阿博利，就高通公司在华合作，联合开发集成电路最新技术，开展物联网、工业互联网等领域技术、产品创新合作等议题交换意见。

16 日 创维集团联合京东方科技集团、海思半导体有限公司发布首台中国自主研发的 OLED 电视 M1 系列。

16—18 日 第三届世界互联网大会在浙江乌镇召开。本届大会的主题为“创新驱动、造福人类——携手共建网络空间命运共同体”。大会设置 16 场论坛、20 个议题，涉及互联网经济、互联网创新、互联网文化、互联网治理、互联网国际合作等前沿热点问题。国家主席习近平在开幕式上通过视频发表讲话。工业和信息化部副部长陈肇雄出席由工业和信息化部主办的“一带一路”信息化论坛并致辞，论坛的主题为“网络互通促进民心相通”。

16—21 日 由商务部、科学技术部、工业和信息化部、国家发展和改革委员会等九部门共同主办的第 18 届中国国际高新技术成果交易会在深圳举行。本届交易会的主题为“创新驱动、质量引领”。工业和信息化部副部长怀进鹏出席开幕式并参观工业和信息化宽带中国专题展馆。

17 日 工业和信息化部支持的全国首个工业大数据公共服务平台项目签约仪式在山东章丘举行。该项目由浪潮集团与明水经济技术开发区合作共建，一期投资 1.4 亿元，其中，工业和信息化部支持 2 800 万元。

18 日 由工业和信息化部、中国国际贸易促进委员会和安徽省人民政府共同主办的第十届中国（合肥）国际家用电器暨消费电子博览会在安徽合肥举行。本届博览会的主题为“智创互联智慧 e 家”。工业和信息化部党组成员金书波出席开幕式并致辞。

22 日 工业和信息化部召开两化融合管理体系工作领导小组第三次会议。工业和信息化部部长、两化融合管理体系工作领导小组组长苗圩出席会议并讲话。工业和信息化部副部长怀进鹏主持会议。

24 日 全国工业和信息化科技创新大会在北京召开。会议宣读国务院副总理马凯关于推进工业和信息化领域科技创新工作的批示。工业和信息化部部长苗圩出席大会并讲话。

29 日 国务院印发《“十三五”国家战略性新兴产业发展规划》，对“十三五”期间国家战略性新兴产业发展目标、重点任务、政策措施等作出全面部署安排。

29—30 日 中德智能制造合作首次副部长级会议在德国柏林召开。工业和信息化部副部长怀进鹏率团赴德，与德国经济和能源部国务秘书马赫尼希共同主持会议。

30 日 智能制造系统解决方案供应商联盟成立大会在北京召开。该联盟是由从事智能制造相关领域的系统解决方案供应商、行业用户和研究院所共同发起、自愿组成的行业性、非赢利性社会组织。工业和信息化部副部长辛国斌出席成立大会并讲话。

12 月

1 日 工业和信息化部副部长怀进鹏率团访问瑞士，在瑞士首都伯尔尼与瑞士联邦主席兼经济部长约翰·施奈德–阿曼举行会谈。双方就中瑞开展制造业创新合作、支持重点领域务实合作等内容交换意见。

2 日 由工业和信息化部、浙江省人民政府共同主办的首届世界工业设计大会在浙江杭州召开。国务院副总理马凯出席大会并致辞。工业和信息化部部长苗圩主持大会开幕式。2016 年中国优秀工业设计奖颁奖典礼同期举行。本次获奖作品涵盖轻工、电子信息、装备制造等多个制造业领域。

6 日 由中国互联网协会等部门主办的 2016 中国产业互联网大会在北京召开。本届大会的主题为“赋能·跨越·重构——推动产业互联网共融发展”。工业和信息化部副部长怀进鹏出席会议并致辞。

6—8 日 由工业和信息化部、江苏省人民政府共同主办的首届世界智能制造大会在江苏南京召开。本届大会的主题为“让制造更聪明”。工业和信息化部副部长辛国斌出席大会并讲话。

7 日 国务院总理李克强主持召开国务院常务会议，根据国民经济和社会发展第十三个五年规划纲要，审议通过“十三五”促进中部地区崛起和国家信息化、国家科技重大专项重点规划，推动区域协调发展、经济结构升级。

8 日 工业和信息化部、财政部联合印发《智能制造发展规划（2016—2020 年）》，明确“十三五”期间国家智能制造发展的指导思想、目标和重点任务。

8 日 由工业和信息化部电子科学技术情报研究所主办的 2016 中小企业服务高峰论坛暨“互联网 +”中小企业平台上线活动在北京召开。工业和信息化部总工程师张峰出席活动并致辞。

13 日 工业和信息化部与湖北省人民政府签署《加快推进湖北制造强省建设战略合作协议》。工业和信息化部部长苗圩出席签约仪式。

15 日 国务院印发《“十三五”国家信息化规划》，提出到 2020 年，“数字中国”建设取得显著成效，信息化能力跻身国际前列，核心技术自主创新实现系统性突破，信息基础设施达到全球领先水平，信息经济全面发展，信息化发展环境日趋优化。

20 日 国务院印发《“十三五”节能减排综合工作方案》，明确“十三五”节能减排工作的主要目标和重点任务。

20—21 日 由虚拟现实产业联盟、南昌市人民政府共同主办的 2016 中国虚拟现实产业创新大会暨中国虚拟现实产业展览会在江西南昌举行。本次活动的主题为“加强协同创新，促进产业发展”。

26 日 工业和信息化部在北京召开全国工业和信息化工作会议。工业和信息化部部长苗圩作题为《深化改革创新，促进融合发展，为加快建设制造强国和网络强国不懈努力》的工作报告。

29 日 由国家制造强国建设战略咨询委员会主办的中国工业强基战略推进论坛在北京召开。本次论坛的主题为“推进强基战略，促进制造业由大变强”。工业和信息化部副部长辛国斌出席论坛并讲话。

30 日 中国集成电路行业单体投资最大的项目——总投资 240 亿美元的国家存储器基地项目在湖北武汉正式动工建设。该项目由国家集成电路产业基金、清华控股成员企业紫光集团、湖北省地方基金、湖北省科技投资集团有限公司共同投资建设。工业和信息化部副部长刘利华出席开工仪式并讲话。

[编辑部整理]

产业概况

经济运行

【概况】 2016年，是“十三五”开局之年，也是供给侧结构性改革元年，面对错综复杂的国内外经济环境，中国电子信息行业认真贯彻落实党中央、国务院决策部署，迎难而上，奋发作为，行业整体运行呈现稳中有进态势，增速保持领先，结构调整加快，创新能力提升，辐射带动增强，行业的新基础、新引擎和新动能特性不断凸显，在国民经济和社会发展中发挥积极支撑引领作用。

2016年中国电子信息行业发展稳中有进，进中有难。“稳”是指电子信息行业在工业经济疲软背景下保持较快增长，带动作用突出。“进”是指电子信息行业结构调整深化，发展质量明显提升。“难”是指电子信息行业处于供给侧结构性改革关键时期，新旧增长动力正在切换，深层次结构性问题依然存在，核心、高端和基础产品供给相对不足，整体实力仍有待提升。

【行业规模】 2016年，中国电子信息行业规模稳步扩大，结构调整深化。规模以上电子信息制造业增加值增长10%，高于全国工业平均水平4个百分点以上。电子制造业与软件业收入规模合计超过17万亿元，同比增长10.8%；其中，电子制造业实现收入12.2万亿元，增长9.3%；软件业收入4.9万亿元，增长14.9%。从行业结构看，软件业收入比重持续提高，软硬比例更趋协调。在电子制造业中，内销市场与内资企业贡献度提升，内生动力进一步增强。在软件业中，服务化趋势日趋深化，信息技术服务收入比重达到51.8%，比上年提高0.5个百分点。从产品结构看，智能化、高端化、融合化趋势凸显，智能手机、智能电视市场渗透率超过80%；国产品牌高端彩电、手机和路由器加快涌现；智能手表、智能眼镜、虚拟现实设备、智能家居以及无人机等新兴产品加快成长。

【创新能力】 2016年，中国电子信息行业创新能力提升，体系不断完善。围绕产业关键环节和核心技术，政府部门、研究机构与重点企业等各方力量协同攻关，有效增强产业体系化创新能力。在国家知识产权局公布的2016年国内企业发明专利授权量排名前十强中，华为技术有限公司（简称华为）、中兴通讯股份有限公司（简称中兴）、京东方科技集团股份有限公司（简称京东方）、腾讯科技（深圳）有限公司、联想（北京）有限公司（简称联想）、上海华虹宏力半导体制造有限公司（简称上海华虹）等6家电子信息类企业入围。

在基础电子领域，不断克服短板和空白。全部采用国产CPU的“神威·太湖之光”成为世界首台运算速度超过10亿亿次的超级计算机；采用国产芯片的IGBT模块实现量产；功率型硅衬底LED器件荣获2016年国家技术发明一等奖。

在下游应用领域，创新步伐不断加快。量子点电视、OLED电视、激光电视等新技术产品加速涌现；国产智能电视SoC芯片装机达到800万颗；采用国产芯片的支持北斗导航智能手机出货量突破1 800万部；国产YunOS系统，开始从手机操作系统向万物互联操作系统转变，完成大到汽车、家居，小到手机、手表的产品覆盖。

在标准制定方面，影响力不断提升。2016年，中国主导制定的12项电子信息领域国际标准正式颁布；中国颁布的超高清标准AVS2编码效率超越国际标准；中国主推的极化码（Polar码）被国际标准组织采纳为5G新的控制信道标准方案，有望成为5G时代的“领军者”。

【固定资产投资】 2016年，中国电子信息行业投资快速增长。电子信息行业500万元以上项目完成固定资产同比增长15.8%，高于全国制造业投资增速11.6个百分点。尤其是在政策取向和技术趋势的引导下，财政资金、产业投资基金的撬动作用不断凸显，保障了武汉存储器、华虹“909”二期、成都中电熊猫、成都京东方、深圳华星光电等一批重大项目的顺利开工建设。

【资源整合】 2016年，中国电子信息领域内存量资源整合有序推进：由紫光集团、长江存储、中芯国际等27家重点企业、院校和研究院所共同发起成立“中国高端芯片联盟”，致力于打造涵盖“架构－芯片－软件－整机－系统－信息服务”的产业生态体系；“中国虚拟现实产业联盟”“工业互联网产业联盟”等相继成立，有效整合资源，不断加强战略、技术、标准、市场等方面的沟通协作，对于促进新兴领域健康发展发挥积极作用。

【进出口贸易】 2016年，外需市场疲软，中国电子信息行业龙头企业逆势成长。中国电子信息产品2016年进出口总额12 245亿美元，同比下降6.4%；其中出口7 210亿美元，下降7.7%；进口5 035亿美元，下降4.6%。外需市场低迷倒逼行业加快转变外贸发展方式。2016年，电子信息产品一般贸易出口增长3.2%，增速超过平均水平10.9个百分点；手机、数码相机、路由器、自动柜员机、液晶面板等产品出口均价比上年均有所提升。需求疲软导致竞争加剧，中国电子信息企业苦练内功，直面挑战，助推中国品牌国际影响力不断提升。华为2016年收入规模超过5 000亿元，其中60%以上来自海外市场，成为全球第一电信设备供应商；联想入选世界品牌百强企业，笔记本电脑产量位居世界首位；京东方液晶面板出货量已经跃升至全球第一；海尔收购通用电气家电业务，市场占有率跃居至全球第五位。

【效益水平】 2016年，中国电子信息行业效益水平提高，支撑作用增强。规模以上电子信息制造业2016年实现利润总额约6 464亿元，同比增长16.1%，行业平均利润率达到5.3%，比上年提高0.6个百分点。软件业利润总额6 021亿元，同比增长14.9%，行业利润率超过10%。电子信息制造业收入与利润占全国工业比重达到10.6%和9.4%，分别比上年提高0.6和1.0个百分点。除直接经济贡献外，电子信息行业对社会生产生活的支撑作用不断增强。信息技术与工业融合发展迈上新台阶，2016年中国数字化研发设计工具普及率达到61.8%，工业企业数字化生产设备联网率达到38.2%；异地协同设计、个性化定制、网络众包、云制造等新的研发生产组织模式不断涌现。金融、交通、医疗、教育、水电燃气等行业信息技术应用不断深化，基于安全可靠软硬件的信息系统建设试点和推广应用逐步展开。电子信息技术还在国防和国家重点工程领域发挥重要作用，在“天宫二号”“神舟十一号”和“墨子号”等前沿科技实践中，中国电子科技集团公司等一批电子信息企业做出重大贡献。

【发展趋势】 “十三五”时期，我国经济发展仍处于大有作为的战略机遇期，但下行压力较大，周期性和结构性矛盾相互叠加，短期和长期问题相互交织，总体形势较为复杂。

国际方面，2017年世界经济发展环境依然错综复杂。美国新一届政府内外政策尚不明朗；英国脱欧影响继续发酵，对欧盟政治、经济等方面冲击将进一步显现；德国、法国等欧洲大国进入选举年，保护主义和“逆全球化”倾向抬头；新兴经济体总体增速预计将有所加快，但发展不平衡问题依然存在。与此同时，信息产业日益成为全球竞争的新焦点，“高端回流”与“中低端分流”现象并存。这些因素将给中国高度外向型的电子信息行业发展带来巨大压力。

国内方面，2017 年中国工业和宏观经济有望延续平稳增长态势，但影响经济持续健康发展的因素仍较多，如长期性、深层次、结构性矛盾依然突出；受市场环境偏紧和经营成本较高双重挤压，实体经济发展仍较为困难；新兴产业领域成长发展面临的环境和政策制约仍较多。在这种形势下，对正处于转型升级关键时期的电子信息行业而言，防风险和稳增长的有效结合，全面推进深层次、市场化的供给侧结构性改革仍然任重道远，行业面临的挑战依然严峻。

在承受压力和挑战的同时，行业发展也面临难得的机遇和有利因素：政府部门高度重视实体经济的发展；信息技术改造提升传统产业的作用日益得到广泛认同；“中国制造 2025”“一带一路”“互联网 +”“大众创业、万众创新”“制造业与互联网深度融合”“智能硬件”等发展战略全面部署和产业政策相继推出，都将为电子信息行业发展注入新的活力，开辟新的空间。

2017 年作为实施“十三五”规划的重要一年，供给侧结构性改革的深化之年，对电子信息行业而言，既有机遇也有挑战，但机遇大于挑战，行业将保持中速增长，引领、支撑作用将进一步凸显。

电子信息百强企业

【概况】 2017 年（第三十一届）中国电子信息百强企业（简称百强企业），由地方行业主管部门及相关协会初审推荐，中国电子信息行业联合会组织专家综合评定。

面对错综复杂的国内外经济环境，新一届百强企业认真贯彻落实国家相关战略部署，整体发展呈现稳中有进态势，为全行业转型升级、提质增效发挥积极支撑带动作用。

电子信息百强企业经济规模稳步扩大，转型升级步伐加快，创新能力日益增强，国际化层次显著提升，已经成为引领我国电子信息产业发展的主导力量。

【整体规模】 本届百强企业整体规模继续扩大，实现主营业务收入合计超过 3 万亿元，同比增长 12.9%；总资产合计近 4 万亿元，同比增长 22.8%。新一届百强企业共生产计算机 4 157 万部、彩电 1.3 亿台、手机 5.2 亿部和集成电路 571 亿块，占全行业比重分别达到 14.3%、75.4%、23.0% 和 43.0%。本届百强企业主营业务收入超过 1 000 亿元的有 6 家，超过 100 亿元的有 58 家；入围企业最低主营收入 43.6 亿元，比上届提高 1.5 亿元。

【绩效水平】 本届百强企业 2016 年绩效水平保持领先，共实现利润总额 1 867 亿元，平均销售利润率 6.2%，高于行业平均水平 0.9 个百分点；其中，销售利润率超过 20% 的企业有 7 家，超过 10% 的企业有 26 家。百强企业应收账款周转率达到 5.5 次，存货周转天数 33 天；资产负债率 63.9%，利息保障倍数 5.7 倍；各项绩效指标在全行业中均处于领先地位。

【研发投入】 本届百强企业研发投入不断加强，2016 年研发投入合计 1 890 亿元，同比增长 19.6%，高于收入增速 6.7 个百分点；平均研发投入强度达到 6.3%，比上届提高 0.4 个百分点。百强企业研发人员合计 39 万人，占全部从业人员比重达到 21.4%。截至 2016 年年末，百强企业专利总量 30.7 万件，比上届增加 4.2 万件；其中发明专利 18.9 万件，占比超过 60%。2016 年我国发明专利授权量前十强企业中，电子信息百强企业占据半壁江山，华为技术有限公司、中兴通讯股份有限公司、京东方科技集团股份有限公司、联想集团和上海华虹（集团）有限公司分列第 2、第 4、第 5、第 9 和第 10 位。

【国际竞争实力】 本届百强企业 2016 年加快国际经营步伐，共完成出口交货值 7 572 亿元，同比增长 17.8%，占行业总量比重达到 14.6%。其中，有 14 家企业出口交货值超过 100 亿元，有 17 家企业外销比重超过 50%。面对竞争日趋激烈、形势日益复杂的国际市场，百强企业加快国际布局，助推中国品牌影响力不断提升。华为技术有限公司 2016 年营收中 60% 以上来自海外市场，成为全球第一电信设备供应商；联想连续两年入选全球最佳品牌百强榜，笔记本电脑产量位居世界首位；京东方科技集团股份有限公司面板出货量全球占比超过 20%，排名全球第一；海尔集团收购通用电气家电业务，大型家用电器全球市占率超过 10%，连续八年蝉联世界第一。

【国家战略实施】 本届百强企业加快实施国家战略，深入贯彻“制造强国”与“网络强国”等国家战略部署，在推动经济社会转型发展中发挥重要支撑引领作用。在推行“中国制造 2025”方面，百强企业积极布局智能制造，不断深化融合发展，华为技术有限公司、中兴通讯股份有限公司、海尔集团、比亚迪股份有限公司等企业投资建立智能工厂，浪潮集团有限公司、紫光集团有限公司等与传统制造业企业紧密合作，力求在“工业 4.0”时代掌握新的竞争优势。在推行“互联网 +”和扩大信息消费方面，百强企业贡献突出，产品和服务全面走向网络化和智能化，国产高端智能手机、智能电视不断涌现，市场渗透率持续提高；智能手表、智能眼镜、虚拟现实设备和智能家居等新兴产品加快成长。在推动“大众创业、万众创新”方面，海尔集团、海信集团有限公司、TCL 集团股份有限公司等充分发挥大企业引领作用，整合产学研用资源，为“双创”提供平台和基地。

【经济贡献】 本届百强企业履行责任贡献突出，2016 年实现税金总额 1 179 亿元，从业人员合计 184 万人，分别占全行业总量的 60% 和 15% 以上。

【社会责任】 除经济贡献外，百强企业还积极承担各项社会责任。2016 年，百强企业中 70% 企业发布社会责任报告，向各类公益事业直接捐款超过 10 亿元。百强企业立足市场主体地位，全面推行绿色制造，不断加强质量品牌建设。绿色制造方面，百强企业积极推行绿色制造工程，建立涵盖整个产品研发制造周期的绿色体系，海信集团有限公司、TCL 集团股份有限公司、小米通讯技术有限公司、中芯国际集成电路制造有限公司等企业入围国家首批绿色制造系统集成项目名单。质量品牌方面，百强企业弘扬“工匠精神”，不断完善质量控制体系，全面推行认证检测，创维集团有限公司、亨通集团有限公司等企业入选 2016 年全国“质量标杆”名单。

【统计数据】

表 1　2017 年（第三十一届）中国电子信息百强企业名单

序号	企业名称	序号	企业名称
1	华为技术有限公司	9	北大方正集团有限公司
2	联想集团	10	京东方科技集团股份有限公司
3	海尔集团	11	浪潮集团有限公司
4	TCL 集团股份有限公司	12	小米通讯技术有限公司
5	中兴通讯股份有限公司	13	紫光集团有限公司
6	四川长虹电子控股集团有限公司	14	亨通集团有限公司
7	海信集团有限公司	15	杭州海康威视数字技术股份有限公司
8	比亚迪股份有限公司	16	上海仪电（集团）有限公司

续表

序号	企业名称	序号	企业名称
17	中天科技集团有限公司	47	舜宇集团有限公司
18	创维集团有限公司	48	株洲中车时代电气股份有限公司
19	通鼎集团有限公司	49	陕西电子信息集团有限公司
20	同方股份有限公司	50	新华三技术有限公司
21	中芯国际集成电路制造有限公司	51	广州无线电集团有限公司
22	河南森源集团有限公司	52	南通华达微电子集团有限公司
23	航天信息股份有限公司	53	浙江大华技术股份有限公司
24	晶龙实业集团有限公司	54	闻泰通讯股份有限公司
25	南京南瑞集团公司	55	深圳市三诺投资控股有限公司
26	武汉邮电科学研究院	56	普联技术有限公司
27	富通集团有限公司	57	浙江晶科能源有限公司
28	深圳欧菲光科技股份有限公司	58	天马微电子股份有限公司
29	大唐电信科技产业集团	59	中国四联仪器仪表集团有限公司
30	四川九洲电器集团有限责任公司	60	欣旺达电子股份有限公司
31	永鼎集团有限公司	61	润峰电力有限公司
32	联合汽车电子有限公司	62	广东生益科技股份有限公司
33	东旭集团有限公司	63	芜湖长信科技股份有限公司
34	福建省电子信息（集团）有限责任公司	64	东软集团股份有限公司
35	江苏新潮科技集团有限公司	65	铜陵精达铜材（集团）有限责任公司
36	深圳华强集团有限公司	66	上海龙旗科技股份有限公司
37	歌尔股份有限公司	67	深圳市泰衡诺科技有限公司
38	江苏宏图高科技股份有限公司	68	上海华虹（集团）有限公司
39	宁波均胜电子股份有限公司	69	华讯方舟科技有限公司
40	华勤通讯技术有限公司	70	深圳市共进电子股份有限公司
41	震雄铜业集团有限公司	71	哈尔滨光宇集团股份有限公司
42	万马联合控股集团有限公司	72	浙江南都电源动力股份有限公司
43	许继集团有限公司	73	深圳市兆驰股份有限公司
44	康佳集团股份有限公司	74	东方日升新能源股份有限公司
45	上海诺基亚贝尔股份有限公司	75	万利达集团有限公司
46	浙江富春江通信集团有限公司	76	安徽天康（集团）股份有限公司

续表

序号	企业名称	序号	企业名称
77	福州福大自动化科技有限公司	89	华润微电子有限公司
78	上海与德通讯技术有限公司	90	厦门宏发电声股份有限公司
79	中冶赛迪集团有限公司	91	普天东方通信集团
80	深圳市长盈精密技术股份有限公司	92	浙江星星科技股份有限公司
81	深圳市康冠技术有限公司	93	山东鲁鑫贵金属有限公司
82	宇龙计算机通信科技（深圳）有限公司	94	河南科隆集团有限公司
83	骆驼集团股份有限公司	95	惠科股份有限公司
84	阳光电源股份有限公司	96	北京华胜天成科技股份有限公司
85	横店集团东磁有限公司	97	上海斐讯数据通信技术有限公司
86	风帆有限责任公司	98	利亚德光电股份有限公司
87	深圳市神舟电脑股份有限公司	99	深南电路股份有限公司
88	广州佳都集团有限公司	100	曙光信息产业股份有限公司

注：百强企业从规模、效益、研发创新等方面进行综合评价，通过选取具有代表性的指标并赋予适当的权重进行加权计算，得出企业综合排名。

[供稿：中国电子信息行业联合会]

产业数据

说　明

1. 统计范围：电子信息制造业包括在中国境内注册（不包括港、澳、台地区）年主营业务收入 2 000 万元以上，从事电子信息产品生产及研发的企、事业独立法人单位；电子信息产业固定资产投资统计的是计划总投资 500 万元以上的建设项目。软件产业包括三类，一是在中国境内注册（港、澳、台地区除外），主要从事软件研发、系统集成及相关信息技术服务等业务，且主营业务年收入 100 万元以上，具有独立法人资格的软件企业（含软件认证企业）；二是在中国境内注册，主营业务年收入 500 万元以上，并有软件研发、系统集成服务及相关信息技术服务收入，且该收入占本企业主营业务 30% 以上的独立法人单位；三是在中国境内注册，主要从事集成电路设计的企业或其集成电路设计和测试收入占本企业主营业务 60% 以上，且主营业务年收入 100 万元以上的独立法人单位。

2. 数据来源：电子信息制造业主要经济指标、固定资产投资数据主要来自国家统计局，为全国工业和投资统计快报数据；电子信息制造业主要电子信息产品产销存、生产能力等主要经济指标数据来自工业和信息化部电子信息制造业统计年报；软件和信息技术服务业数据来自工业和信息化部软件和信息技术服务业统计年报；电子信息产品进出口统计数据主要来自国家海关总署。

3. 本统计数据不包括中国港、澳、台地区。软件和信息技术服务业数据暂不含西藏自治区。

4. 由于四舍五入，各项值累加与合计值有可能存在误差。

5. 本统计资料解释权在工业和信息化部运行监测协调局。

表 1　2016 年规模以上电子信息产业主要指标完成情况

项目名称	单位	2015 年	2016 年	增速（%）
主营业务收入	亿元	197 014	169 986	–13.7
其中：制造业	亿元	154 166	121 754	–21.0
软件业	亿元	42 848	48 232	12.6
利润总额	亿元	11 368	13 022	14.5
其中：制造业	亿元	5 602	6 464	15.4
软件业	亿元	5 766	6 558	13.7
固定资产投资	亿元	13 775	16 584	20.4
电子信息产品进出口总额	亿美元	13 088	12 245	–6.4
其中：出口额	亿美元	7 811	7 210	–7.7
进口额	亿美元	5 277	5 035	–4.6

规模以上制造业统计数据

表 2　2016 年按经济类型分列的电子信息产业制造业主要经济指标完成情况（1）

项目名称	企业数（家）	亏损企业数（家）	主营业务收入（亿元）	利润总额（亿元）	平均用工人数（万人）
总计	21 011	3 296	121 754	6 464	1 059
国有经济	56	12	581	25	5
集体经济	32	2	157	8	3
股份合作经济	32	1	53	5	
股份制经济	14 168	1 844	55 147	3 445	457
外商及港、澳、台投资经济	6 419	1 408	65 174	2 947	589
其他经济	304	29	643	34	5

表 3　2016 年大中型工业主要经济指标完成情况（1）

项目名称	企业数（家）	亏损企业数（家）	主营业务收入（亿元）	利润总额（亿元）	平均用工人数（万人）
大中型工业	6 260	835	101 394	5 383	865

表 4　2016 年国有控股企业主要经济指标完成情况（1）

项目名称	企业数（家）	亏损企业数（家）	主营业务收入（亿元）	利润总额（亿元）	平均用工人数（万人）
国有控股企业	789	181	9 439	506	76

表 5　2016 年私营企业主要经济指标完成情况（1）

项目名称	企业数（家）	亏损企业数（家）	主营业务收入（亿元）	利润总额（亿元）	平均用工人数（万人）
私营企业	9 226	1 114	23 962	1 437	211

表 6　2016 年通信设备工业行业主要经济指标完成情况（1）

项目名称	企业数（家）	亏损企业数（家）	主营业务收入（亿元）	利润总额（亿元）	平均用工人数（万人）
合计	1 785	342	30 584	1 224	194
通信系统设备制造	811	111	11 174	823	69
通信终端设备制造	974	231	19 410	401	125

表 7　2016 年雷达工业行业主要经济指标完成情况（1）

项目名称	企业数（家）	亏损企业数（家）	主营业务收入（亿元）	利润总额（亿元）	平均用工人数（万人）
合计	43	5	267	16	2
雷达及配套设备制造	43	5	267	16	2

表 8　2016 年广播电视设备工业行业主要经济指标完成情况（1）

项目名称	企业数（家）	亏损企业数（家）	主营业务收入（亿元）	利润总额（亿元）	平均用工人数（万人）
合计	646	87	1 917	138	23
广播电视节目制作及发射设备制造	46	5	124	9	1
广播电视接收设备及器材制造	420	60	1235	81	17
应用电视设备及其他广播电视设备制造	180	22	559	48	5

表 9　2016 年电子计算机工业行业主要经济指标完成情况（1）

项目名称	企业数（家）	亏损企业数（家）	主营业务收入（亿元）	利润总额（亿元）	平均用工人数（万人）
合计	1 622	291	18 748	683	128
计算机整机制造	186	48	11 044	261	44
计算机零部件制造	577	98	2 778	127	36
计算机外围设备制造	485	91	2 984	153	27
其他计算机制造	41	7	89	3	1
幻灯及投影设备制造	118	18	442	23	6
计算器及货币专用设备制造	215	29	1 412	116	14

表 10　2016 年家用视听设备工业行业主要经济指标完成情况（1）

项目名称	企业数（家）	亏损企业数（家）	主营业务收入（亿元）	利润总额（亿元）	平均用工人数（万人）
合计	1 023	203	7 909	288	60
电视机制造	194	42	4 628	144	21
音响设备制造	550	104	1 325	69	21
影视录放设备制造	279	57	1 956	74	19

表 11　2016 年电子器件工业行业主要经济指标完成情况（1）

项目名称	企业数（家）	亏损企业数（家）	主营业务收入（亿元）	利润总额（亿元）	平均用工人数（万人）
合计	2 885	528	17 202	1 039	164
电子真空器件制造	94	17	200	11	3
半导体分立器件制造	334	56	1 109	59	14
集成电路制造	464	91	3 102	317	29
光电子器件及其他电子器件制造	1 993	364	12 792	652	119

表 12　2016 年电子元件工业行业主要经济指标完成情况（1）

项目名称	企业数（家）	亏损企业数（家）	主营业务收入（亿元）	利润总额（亿元）	平均用工人数（万人）
合计	7 022	988	19 430	1 225	280
电力电子元器件制造	4 673	639	13 349	882	187
电子元件及组件制造	926	180	3 755	190	60
印制电路板制造	1 423	169	2 326	153	33

表 13　2016 年电子测量仪器工业行业主要经济指标完成情况（1）

项目名称	企业数（家）	亏损企业数（家）	主营业务收入（亿元）	利润总额（亿元）	平均用工人数（万人）
合计	919	118	2602	262	22
环境监测专用仪器仪表制造	113	12	266	24	2
运输设备及生产用计数仪表制造	172	18	679	52	5
导航、气象及海洋专用仪器制造	64	11	149	8	1
农林牧渔专用仪器仪表制造	17		61	4	
地质勘探和地震专用仪器制造	56	16	107	8	1
核子及核辐射测量仪器制造	9	1	19	1	
电子测量仪器制造	166	24	368	36	3
医疗诊断、监护及治疗设备制造	322	36	953	130	9

表 14　2016 年电子工业专用设备行业主要经济指标完成情况（1）

项目名称	企业数（家）	亏损企业数（家）	主营业务收入（亿元）	利润总额（亿元）	平均用工人数（万人）
合计	1 841	253	6 448	444	64
电子工业专用设备制造	599	80	1 283	102	14
其他电子设备制造	1 242	173	5 166	342	51

表 15　2016 年电子信息机电工业行业主要经济指标完成情况（1）

项目名称	企业数（家）	亏损企业数（家）	主营业务收入（亿元）	利润总额（亿元）	平均用工人数（万人）
合计	2 764	403	13 571	926	107
微电机及其他电机制造	942	92	2 609	217	33
光纤、光缆制造	277	28	1 855	136	8
光伏设备及元器件制造	781	145	5 831	320	28
锂离子电池制造	656	126	2 824	236	33
镍氢电池制造	108	12	453	18	5

表 16　2016 年其他电子信息行业主要经济指标完成情况（1）

项目名称	企业数（家）	亏损企业数（家）	主营业务收入（亿元）	利润总额（亿元）	平均用工人数（万人）
合计	461	78	3 076	220	17
信息化学品制造	461	78	3 076	220	17

表 17　2016 年按省、自治区、直辖市分列的电子信息产业制造业主要经济指标完成情况（1）

省、自治区、直辖市名称	企业数（家）	亏损企业数（家）	主营业务收入（亿元）	利润总额（亿元）	平均用工人数（万人）
北京市	390	88	2 930	105	12
天津市	413	129	2 570	168	17
河北省	332	40	999	76	13
山西省	48	15	833	30	12
内蒙古自治区	34	8	121	2	1
辽宁省	236	60	729	70	9
吉林省	50	4	141	11	1
黑龙江省	39	11	70	5	1
上海市	692	167	6 086	170	40
江苏省	4 016	648	27 248	1 561	215

续表

省、自治区、直辖市名称	企业数（家）	亏损企业数（家）	主营业务收入（亿元）	利润总额（亿元）	平均用工人数（万人）
浙江省	2 259	307	5 121	420	60
安徽省	787	78	3 028	176	23
福建省	693	74	3 997	261	35
江西省	623	48	3 312	230	33
山东省	1 259	141	7 489	434	46
河南省	552	38	4 565	182	48
湖北省	579	72	2 819	136	22
湖南省	625	39	2 432	109	23
广东省	5 827	1 126	35 495	1 749	367
广西壮族自治区	159	15	1 834	150	11
海南省	5	2	33	1	
重庆市	452	49	4 142	145	23
四川省	517	60	3 676	126	35
贵州省	131	18	395	11	3
云南省	32	9	115		1
陕西省	191	31	1 114	102	7
甘肃省	23	7	85	8	1
青海省	19	5	106	5	1
宁夏回族自治区	11	3	131	10	1
新疆维吾尔自治区	17	4	143	15	1

表 18　2016 年按经济类型分列的电子信息产业制造业主要经济指标完成情况（2）

单位：亿元

项目名称	主营业务成本	销售费用	管理费用	财务费用	利息支出
总计	106 628	2 874	5 899	486	543
国有经济	473	27	52	5	7
集体经济	140	2	6	1	1
股份合作经济	44	1	2		
股份制经济	45 947	1 990	3 689	376	352
外商及港、澳、台投资经济	59 449	844	2 133	100	181
其他经济	575	10	18	4	2

表 19　2016 年大中型工业主要经济指标完成情况（2）

单位：亿元

项目名称	主营业务成本	销售费用	管理费用	财务费用	利息支出
大中型工业	89 026	2 398	4 813	358	443

表 20　2016 年国有控股企业主要经济指标完成情况（2）

单位：亿元

项目名称	主营业务成本	销售费用	管理费用	财务费用	利息支出
国有控股企业	7 830	475	751	102	116

表 21　2016 年私营企业主要经济指标完成情况（2）

单位：亿元

项目名称	主营业务成本	销售费用	管理费用	财务费用	利息支出
私营企业	20 640	555	1 089	137	117

表 22　2016 年通信设备工业行业主要经济指标完成情况（2）

单位：亿元

项目名称	主营业务成本	销售费用	管理费用	财务费用	利息支出
合计	26 230	1 125	2 001	90	101
通信系统设备制造	8 103	835	1 484	56	50
通信终端设备制造	18 127	289	517	34	52

表 23　2016 年雷达工业行业主要经济指标完成情况（2）

单位：亿元

项目名称	主营业务成本	销售费用	管理费用	财务费用	利息支出
合计	229	6	16	1	1
雷达及配套设备制造	229	6	16	1	1

表 24　2016 年广播电视设备工业行业主要经济指标完成情况（2）

单位：亿元

项目名称	主营业务成本	销售费用	管理费用	财务费用	利息支出
合计	1 609	55	114	9	10
广播电视节目制作及发射设备制造	100	5	8	2	2
广播电视接收设备及器材制造	1 048	35	71	5	5
应用电视设备及其他广播电视设备制造	461	16	35	2	3

表 25　2016 年电子计算机工业行业主要经济指标完成情况（2）

单位：亿元

项目名称	主营业务成本	销售费用	管理费用	财务费用	利息支出
合计	17 368	299	497	31	36
计算机整机制造	10 449	168	210	29	18
计算机零部件制造	2 523	30	91	4	7
计算机外围设备制造	2 723	38	96	–5	5
其他计算机制造	79	2	4	1	1
幻灯及投影设备制造	370	23	30	4	1
计算器及货币专用设备制造	1 225	38	67	0	5

表 26　2016 年家用视听设备工业行业主要经济指标完成情况（2）

单位：亿元

项目名称	主营业务成本	销售费用	管理费用	财务费用	利息支出
合计	7 089	260	293	25	29
电视机制造	4 169	206	136	17	21
音响设备制造	1 154	24	73	2	3
影视录放设备制造	1 766	30	83	6	5

表 27　2016 年电子器件工业行业主要经济指标完成情况（2）

单位：亿元

项目名称	主营业务成本	销售费用	管理费用	财务费用	利息支出
合计	15 210	239	851	97	106
电子真空器件制造	173	5	11	1	1
半导体分立器件制造	971	17	63	7	9
集成电路制造	2 596	33	251	12	20
光电子器件及其他电子器件制造	11 471	184	526	77	76

表 28　2016 年电子元件工业行业主要经济指标完成情况（2）

单位：亿元

项目名称	主营业务成本	销售费用	管理费用	财务费用	利息支出
合计	16 918	336	928	46	76
电力电子元器件制造	11 597	225	616	35	49
电子元件及组件制造	3 350	54	176		17
印制电路板制造	1 971	57	136	11	10

表 29　2016 年电子测量仪器工业行业主要经济指标完成情况（2）

单位：亿元

项目名称	主营业务成本	销售费用	管理费用	财务费用	利息支出
合计	2 017	137	207	11	14
环境监测专用仪器仪表制造	215	11	16	1	2
运输设备及生产用计数仪表制造	557	18	48	4	3
导航、气象及海洋专用仪器制造	130	3	8	1	1
农林牧渔专用仪器仪表制造	53	1	2		
地质勘探和地震专用仪器制造	88	3	7	1	1
核子及核辐射测量仪器制造	17		1		
电子测量仪器制造	275	24	32	2	2
医疗诊断、监护及治疗设备制造	681	76	94	2	5

表 30　2016 年电子工业专用设备行业主要经济指标完成情况（2）

单位：亿元

项目名称	主营业务成本	销售费用	管理费用	财务费用	利息支出
合计	5 582	140	300	12	16
电子工业专用设备制造	1 074	33	71	8	5
其他电子设备制造	4 508	107	229	5	11

表 31　2016 年电子信息机电工业行业主要经济指标完成情况（2）

单位：亿元

项目名称	主营业务成本	销售费用	管理费用	财务费用	利息支出
合计	11 736	241	569	124	122
微电机及其他电机制造	2 214	53	120	13	13
光纤、光缆制造	1 611	33	64	20	23
光伏设备及元器件制造	5 163	88	206	68	65
锂离子电池制造	2 343	60	163	20	18
镍氢电池制造	404	8	15	2	2

表 32　2016 年其他电子信息行业主要经济指标完成情况（2）

单位：亿元

项目名称	主营业务成本	销售费用	管理费用	财务费用	利息支出
合计	2 641	38	123	39	32
信息化学品制造	2 641	38	123	39	32

表 33　2016 年按省、自治区、直辖市分列的电子信息产业制造业主要经济指标完成情况（2）

单位：亿元

省、自治区、直辖市名称	主营业务成本	销售费用	管理费用	财务费用	利息支出
北京市	2 585	159	203	20	14
天津市	2 251	51	93	5	9
河北省	860	19	44	8	10
山西省	782	2	20	1	6
内蒙古自治区	109	1	6	4	4
辽宁省	590	25	60	4	5
吉林省	120	3	8	1	1
黑龙江省	56	2	7	2	1
上海市	5 552	103	277	18	20
江苏省	24 320	348	941	106	130
浙江省	4 180	173	381	30	47
安徽省	2 665	54	131	20	19
福建省	3 463	96	196	14	15
江西省	2 928	33	95	22	16
山东省	6 619	175	234	38	29
河南省	4 233	37	91	19	20
湖北省	2 488	80	151	11	11
湖南省	2 150	46	97	9	7
广东省	30 049	1 267	2 485	92	118
广西壮族自治区	1 648	13	29		2
海南省	25	3	3	1	1
重庆市	3 804	54	119	14	11
四川省	3 320	90	138	26	28
贵州省	358	13	11	1	1
云南省	108	1	3	3	2
陕西省	972	18	56	9	9
甘肃省	70	1	8		1
青海省	94	1	4	2	1
宁夏回族自治区	116	1	3	1	1
新疆维吾尔自治区	113	4	6	4	4

表 34　2016 年按经济类型分列的电子信息产业制造业主要经济指标完成情况（3）

单位：亿元

项目名称	流动资产	应收账款	存货	产成品	资产总计	负债合计	亏损企业亏损额
总计	64 972	25 207	11 617	4 185	99 907	56 597	553
国有经济	575	153	208	53	837	509	2
集体经济	47	8	6	4	87	38	
股份合作经济	13	5	2	1	25	8	
股份制经济	32 453	11 074	6 305	2 386	52 304	28 918	273
外商及港、澳、台投资经济	31 691	13 894	5 070	1 733	46 342	26 945	275
其他经济	194	73	27	9	313	179	2

表 35　2016 年大中型工业主要经济指标完成情况（3）

单位：亿元

项目名称	流动资产	应收账款	存货	产成品	资产总计	负债合计	亏损企业亏损额
大中型工业	54 482	21 474	9 462	3 346	82 296	47 461	392

表 36　2016 年国有控股企业主要经济指标完成情况（3）

单位：亿元

项目名称	流动资产	应收账款	存货	产成品	资产总计	负债合计	亏损企业亏损额
国有控股企业	8 144	2 398	1 732	613	14 407	8 002	82

表 37　2016 年私营企业主要经济指标完成情况（3）

单位：亿元

项目名称	流动资产	应收账款	存货	产成品	资产总计	负债合计	亏损企业亏损额
私营企业	10 225	3 639	2 123	759	16 012	9 237	50

表 38　2016 年通信设备工业行业主要经济指标完成情况（3）

单位：亿元

项目名称	流动资产	应收账款	存货	产成品	资产总计	负债合计	亏损企业亏损额
合计	19 242	7 426	3 491	1 213	24 080	16 393	145
通信系统设备制造	8 505	3 094	1 571	584	11 495	6 764	18
通信终端设备制造	10 738	4 333	1 920	628	12 585	9 630	127

表 39　2016 年雷达工业行业主要经济指标完成情况（3）

单位：亿元

项目名称	流动资产	应收账款	存货	产成品	资产总计	负债合计	亏损企业亏损额
合计	212	63	50	12	287	164	1
雷达及配套设备制造	212	63	50	12	287	164	1

表 40　2016 年广播电视设备工业行业主要经济指标完成情况（3）

单位：亿元

项目名称	流动资产	应收账款	存货	产成品	资产总计	负债合计	亏损企业亏损额
合计	1 028	412	214	93	1 600	778	14
广播电视节目制作及发射设备制造	56	14	16	4	78	34	
广播电视接收设备及器材制造	623	279	113	56	1 016	491	11
应用电视设备及其他广播电视设备制造	349	119	84	34	507	253	2

表 41　2016 年电子计算机工业行业主要经济指标完成情况（3）

单位：亿元

项目名称	流动资产	应收账款	存货	产成品	资产总计	负债合计	亏损企业亏损额
合计	7 770	3 742	1 265	399	10 619	6 765	51
计算机整机制造	4 033	2 042	564	184	4 935	3 917	22
计算机零部件制造	1 266	634	224	52	1 993	1 166	12
计算机外围设备制造	1 305	567	232	79	2 016	889	10
其他计算机制造	60	19	11	3	78	45	1
幻灯及投影设备制造	336	146	72	32	521	252	3
计算器及货币专用设备制造	769	334	162	48	1 075	497	3

表 42　2016 年家用视听设备工业行业主要经济指标完成情况（3）

单位：亿元

项目名称	流动资产	应收账款	存货	产成品	资产总计	负债合计	亏损企业亏损额
合计	3 755	1 252	842	335	5 094	3 198	20
电视机制造	2 302	673	502	202	3 044	2 022	11
音响设备制造	521	224	125	45	805	429	3
影视录放设备制造	932	355	215	88	1 245	748	7

表 43　2016 年电子器件工业行业主要经济指标完成情况（3）

单位：亿元

项目名称	流动资产	应收账款	存货	产成品	资产总计	负债合计	亏损企业亏损额
合计	10 172	3 350	1 748	573	19 780	9 712	124
电子真空器件制造	132	41	27	13	274	166	2
半导体分立器件制造	610	184	113	39	1 176	521	15
集成电路制造	2 138	679	360	91	4 763	1 958	30
光电子器件及其他电子器件制造	7 292	2 445	1 248	430	13 566	7 066	78

表 44　2016 年电子元件工业行业主要经济指标完成情况（3）

单位：亿元

项目名称	流动资产	应收账款	存货	产成品	资产总计	负债合计	亏损企业亏损额
合计	8 668	3 697	1 628	605	14 196	6 532	86
电力电子元器件制造	5 399	2 224	1 053	411	8 839	3 973	49
电子元件及组件制造	2 038	936	332	108	3 360	1 628	26
印制电路板制造	1 232	538	243	86	1 997	931	12

表 45　2016 年电子测量仪器工业行业主要经济指标完成情况（3）

单位：亿元

项目名称	流动资产	应收账款	存货	产成品	资产总计	负债合计	亏损企业亏损额
合计	1 390	465	283	100	2 386	999	9
环境监测专用仪器仪表制造	145	50	25	9	243	86	
运输设备及生产用计数仪表制造	301	117	56	29	476	212	2
导航、气象及海洋专用仪器制造	76	35	19	8	121	53	1
农林牧渔专用仪器仪表制造	11	3	3	1	23	8	
地质勘探和地震专用仪器制造	75	30	16	4	125	45	1
核子及核辐射测量仪器制造	10	4	2	1	65	31	
电子测量仪器制造	180	56	31	10	256	102	2
医疗诊断、监护及治疗设备制造	592	172	133	39	1 077	461	3

表 46　2016 年电子工业专用设备行业主要经济指标完成情况（3）

单位：亿元

项目名称	流动资产	应收账款	存货	产成品	资产总计	负债合计	亏损企业亏损额
合计	3 337	1 165	601	227	5 030	2 350	16
电子工业专用设备制造	930	257	173	71	1 441	531	4
其他电子设备制造	2 407	908	428	156	3 589	1 819	11

表 47　2016 年电子信息机电工业行业主要经济指标完成情况（3）

单位：亿元

项目名称	流动资产	应收账款	存货	产成品	资产总计	负债合计	亏损企业亏损额
合计	7 815	3 154	1 259	539	12 990	7 638	68
微电机及其他电机制造	1 032	364	204	88	1 772	817	4
光纤、光缆制造	956	385	163	87	1 752	879	3
光伏设备及元器件制造	3 495	1 503	457	199	5 891	3 868	43

续表

项目名称	流动资产	应收账款	存货	产成品	资产总计	负债合计	亏损企业亏损额
锂离子电池制造	2 174	845	397	151	3 285	1 922	17
镍氢电池制造	158	58	38	14	290	153	2

表 48　2016 年其他电子信息行业主要经济指标完成情况（3）

单位：亿元

项目名称	流动资产	应收账款	存货	产成品	资产总计	负债合计	亏损企业亏损额
合计	1 581	480	236	89	3 844	2 069	20
信息化学品制造	1 581	480	236	89	3 844	2 069	20

表 49　2016 年按省、自治区、直辖市分列的电子信息产业制造业主要经济指标完成情况（3）

单位：亿元

省、自治区、直辖市名称	流动资产	应收账款	存货	产成品	资产总计	负债合计	亏损企业亏损额
北京市	2 614	748	406	146	4 412	2 304	101
天津市	1 197	444	233	74	1 733	839	18
河北省	866	271	99	35	1 376	619	5
山西省	792	202	95	19	1 033	750	3
内蒙古自治区	133	25	47	4	385	174	4
辽宁省	715	234	132	42	1 322	612	9
吉林省	60	13	10	5	121	53	
黑龙江省	89	23	18	7	161	88	1
上海市	3 629	1 601	571	213	5 130	3 045	57
江苏省	11 125	4 764	1 950	711	19 018	9 672	100
浙江省	3 931	1 575	714	299	5 977	3 046	22
安徽省	1 965	899	232	96	3 079	1 750	7
福建省	2 036	778	321	124	3 079	1 600	10
江西省	1 345	471	223	93	2 574	1 539	2
山东省	2 597	797	484	228	4 257	2 195	10
河南省	3 721	1 533	409	195	4 658	3 446	3
湖北省	1 898	744	449	128	2 889	1 666	7
湖南省	642	254	110	44	1 293	818	12
广东省	20 751	7 938	4 214	1 422	28 951	17 223	121
广西壮族自治区	328	177	56	19	480	296	1

续表

省、自治区、直辖市名称	流动资产	应收账款	存货	产成品	资产总计	负债合计	亏损企业亏损额
海南省	56	20	14	4	79	46	0
重庆市	1 266	613	212	82	2 051	1 348	13
四川省	2 070	727	378	135	3 128	2 023	26
贵州省	123	45	32	8	181	112	1
云南省	57	12	12	2	124	77	4
陕西省	611	186	125	40	1 607	832	13
甘肃省	73	22	15	3	175	54	
青海省	53	20	5	1	151	102	2
宁夏回族自治区	90	40	11	2	164	88	1
新疆维吾尔自治区	141	31	42	4	322	182	

表 50　2016 年光通信设备生产量、销售量和出口量汇总表

产品名称	计量单位	企业数（家）	本年生产量	本年销售量	本年实际出口
光端机	部	34	11 960 218	11 958 923	5 549
光缆中继设备	部	35	15 356 055	14 662 941	
光纤放大器	部	23	3 394 828	3 356 676	587 005
波分复用器	部	4	225 658	214 969	116 054
光交叉联接设备	端	8	66 387 291	60 569 953	850
光分插复用设备（ADM）	部	2	2 059	1 953	
多业务传送设备（MSTP）	部	7	27 281	27 291	
电光转换器	部	16	1 792 489 940	1 633 337 325	1 629 556 997
无源光分路器	部	8	7 173 919	8 529 537	539 447

表 51　2016 年卫星通信设备生产量、销售量和出口量汇总表

产品名称	计量单位	企业数（家）	本年生产量	本年销售量	本年实际出口
卫星通信设备合计	部	76	200 578 795	199 985 707	7 010 561
卫星地面接收机	部	11	8 754 487	8 370 263	3 261 029
卫星接收天线	部	10	65 377 806	65 600 002	68 469
GPS 接收机	部	35	14 407 810	13 982 814	3 543 156

续表

产品名称	计量单位	企业数（家）	本年生产量	本年销售量	本年实际出口
GPS 天线	部	5	111 761 620	111 758 807	136 907
卫星通信地面站终端机	部	11	64 312	65 184	1 000
卫星地面站零部件小计	部	4	212 760	208 637	
卫星通信地面站低噪音放大器	部	1			
卫星通信地面站上下变频器	部	1	1 000	1 000	
卫星通信地面站高功率放大器	部	2	211 760	207 637	

表 52　2016 年微波通信设备生产量、销售量和出口量汇总表

产品名称	计量单位	企业数（家）	本年生产量	本年销售量	本年实际出口
微波通信设备合计	部	22	50 716 559	50 331 166	43 430 747
微波收发通信机	部	10	263 112	264 611	100 690
微波终端机	部	5	94 160	92 218	
微波天线、馈线	套	7	50 359 287	49 974 337	43 330 057

表 53　2016 年散射通信设备生产量、销售量和出口量汇总表

产品名称	计量单位	企业数（家）	本年生产量	本年销售量	本年实际出口
散射通信终端机	部	1	500 000	500 000	

表 54　2016 年载波通信设备生产量、销售量和出口量汇总表

产品名称	计量单位	企业数（家）	本年生产量	本年销售量	本年实际出口
载波通信设备合计	部	4	40 465	40 974	1 304
载波终端机	部	1	11 216	12 325	1 304
载波增音机	部	1	22 000	22 000	
电力线载波机	部	2	7 249	6 649	

表 55　2016 年通信导航定向设备生产量、销售量和出口量汇总表

产品名称	计量单位	企业数（家）	本年生产量	本年销售量	本年实际出口
通信导航定向设备合计	部	18	203 777	203 258	68 123
飞机通信导航定向设备	部	2	2 556	2 558	

续表

产品名称	计量单位	企业数（家）	本年生产量	本年销售量	本年实际出口
航用通信导航定向设备	部	8	169 423	169 039	68 123
地面通信导航定向设备	部	8	31 798	31 661	

表 56　2016 年数字程控交换机生产量、销售量和出口量汇总表

产品名称	计量单位	企业数（家）	本年生产量	本年销售量	本年实际出口
数字程控交换机合计	线	20	14 576 945	14 429 618	887 660
用户交换机	线	12	9 545 700	9 402 860	886 121
其他数字程控交换机	线	8	5 031 245	5 026 758	1 539

表 57　2016 年固网软交换相关设备生产量、销售量和出口量汇总表

产品名称	计量单位	企业数（家）	本年生产量	本年销售量	本年实际出口
固网软交换相关设备合计	线	7	4 917 146	4 904 899	
软交换控制设备	台	3	7 117	7 087	
综合接入设备（IAD）	线	1	10 000	10 000	
接入媒体网关（AG）	线	2	4 769 947	4 769 207	
中继媒体网关（TG）	线	1	130 082	118 605	

表 58　2016 年光交换机生产量、销售量和出口量汇总表

产品名称	计量单位	企业数（家）	本年生产量	本年销售量	本年实际出口
光交换机	台	4	685 544	781 132	1 583

表 59　2016 年基站及基站控制器生产量、销售量和出口量汇总表

产品名称	计量单位	企业数（家）	本年生产量	本年销售量	本年实际出口
基站及基站控制器	万信道	13	43 795	43 355	17 172

表 60　2016 年基站天线生产量、销售量和出口量汇总表

产品名称	计量单位	企业数（家）	本年生产量	本年销售量	本年实际出口
基站天线合计	套	23	202 282 254	186 804 362	121 300 422
智能天线	套	14	171 367 889	156 453 307	108 978 892
非智能天线	套	9	30 914 365	30 351 055	12 321 530

表 61　2016 年直放站生产量、销售量和出口量汇总表

产品名称	计量单位	企业数（家）	本年生产量	本年销售量	本年实际出口
直放站	部	12	245 043	249 739	350

表 62　2016 年移动交换机（MSC）及移动软交换设备生产量、销售量和出口量汇总表

产品名称	计量单位	企业数（家）	本年生产量	本年销售量	本年实际出口
移动交换机（MSC）	万门	3	547	545	253
移动交换机媒体网关（MSC MGW）	万门	1	8 000	8 000	8 000
移动交换机服务器（MSC Server）	套	1	100	100	50
IP 多媒体子系统（IMS）	套	1	120	120	110

表 63　2016 年移动通信核心网分组域设备生产量、销售量和出口量汇总表

产品名称	计量单位	企业数（家）	本年生产量	本年销售量	本年实际出口
分组数据服务节点（PDSN）	套	1	6 519	6 519	

表 64　2016 年集群通信系统设备生产量、销售量和出口量汇总表

产品名称	计量单位	企业数（家）	本年生产量	本年销售量	本年实际出口
集群基站设备	信道	4	379 070	379 750	7 361
集群基站天线	套	3	4 134 254	4 138 220	1
集群交换设备	万门	1			

表 65　2016 年无中心选址通信系统设备生产量、销售量和出口量汇总表

产品名称	计量单位	企业数（家）	本年生产量	本年销售量	本年实际出口
无中心选址通信系统设备	部	1	18	19	

表 66　2016 年无源光网络（PON）生产量、销售量和出口量汇总表

产品名称	计量单位	企业数（家）	本年生产量	本年销售量	本年实际出口
光线路终端（OLT）	线	12	2 191 722	2 087 059	603 839
光网络单元（ONU）	部	6	20 551 383	19 903 827	12 432 285

表 67　2016 年有源光网络（AON）生产量、销售量和出口量汇总表

产品名称	计量单位	企业数（家）	本年生产量	本年销售量	本年实际出口
有源光网络（AON）合计	台	3	196 019	193 640	
局端设备（CE）	台	1	25 300	24 959	
远端设备（RE）	台	2	170 719	168 681	

表 68　2016 年铜缆接入设备生产量、销售量和出口量汇总表

产品名称	计量单位	企业数（家）	本年生产量	本年销售量	本年实际出口
高速率数字用户线路调制解调器（HDSL MODEM）	对	1	399 925	371 924	

表 69　2016 年电力线宽带接入设备（BPL）生产量、销售量和出口量汇总表

产品名称	计量单位	企业数（家）	本年生产量	本年销售量	本年实际出口
电力网桥	线	1	293 000	290 000	
电力线调制解调器（电力猫）	部	4	7 439 657	7 119 957	6 500 000

表 70　2016 年固定无线接入设备生产量、销售量和出口量汇总表

产品名称	计量单位	企业数（家）	本年生产量	本年销售量	本年实际出口
WiMAX					
WiMAX 基站	万信道	1	14	14	
其他无线固定接入设备					
基站	万信道	4	1 412	1 518	51
用户端设备	部	6	40 615 121	40 614 875	39 356 464

表 71　2016 年网络控制设备生产量、销售量和出口量汇总表

产品名称	计量单位	企业数（家）	本年生产量	本年销售量	本年实际出口
网络控制设备合计	台	15	6 360 865	6 303 817	2 647 558
通信控制处理机	台	5	14 651	12 580	
集中器	台	1	202 771	202 771	
终端控制器	台	9	6 143 443	6 088 466	2 647 558

表 72　2016 年网络接口和适配器生产量、销售量和出口量汇总表

产品名称	计量单位	企业数（家）	本年生产量	本年销售量	本年实际出口
网络接口和适配器合计	台	6	35 792 854	40 835 921	11 480 326
网络收发器	台	1	569 596	576 101	576 101
网络转发器	台	2	31 243 322	36 324 584	10 897 283
网络分配器	台	2	3 918 676	3 873 976	6 942
通信网络时钟同步设备	台	1	61 260	61 260	

表 73　2016 年网络连接设备生产量、销售量和出口量汇总表

产品名称	计量单位	企业数（家）	本年生产量	本年销售量	本年实际出口
集线器	台	1	2 050 615	2 050 615	
路由器	台	26	189 358 247	189 651 475	12 070 477
二层交换机	台	1	16 913	16 913	
无线局域网接入点（AP）	台	7	26 410 241	26 230 933	9 000 000

表 74　2016 年网络优化设备生产量、销售量和出口量汇总表

产品名称	计量单位	企业数（家）	本年生产量	本年销售量	本年实际出口
网络优化设备合计	台	9	987 868	971 955	349 905
负载均衡器	台	2	332 171	314 066	
流量控制器	台	7	655 697	657 889	349 905

表 75　2016 年网络检测设备生产量、销售量和出口量汇总表

产品名称	计量单位	企业数（家）	本年生产量	本年销售量	本年实际出口
协议测试设备	台	2	1 031	1 031	517

表 76　2016 年固定通信终端设备生产量、销售量和出口量汇总表

产品名称	计量单位	企业数（家）	本年生产量	本年销售量	本年实际出口
收发合一中小型电台合计	部	6	5 672	5 740	117
短波电台	部	1	35	40	
超短波电台	部	2	1 456	1 506	
短波跳频电台	部	1			
超短波跳频电台	部	2	4 181	4 194	117
电话单机合计	部	27	100 711 087	100 673 684	42 232 280

续表

产品名称	计量单位	企业数（家）	本年生产量	本年销售量	本年实际出口
固定电话机	部	24	100 279 931	100 238 940	42 232 279
特种电话机	部	3	431 156	434 744	1
数据终端设备合计	部	4	977 175	977 564	
传真机	部	2	969 675	970 102	
数传机（含机械、电子打字机）	部	2	7 500	7 462	

表 77　2016 年移动通信终端设备生产量、销售量和出口量汇总表

产品名称	计量单位	企业数（家）	本年生产量	本年销售量	本年实际出口
手机	部	231	2 058 193 383	2 051 713 253	741 671 404
其中：3G 手机	部	9	42 575 531	41 429 397	26 167 559
4G 手机	部	91	733 792 903	736 965 651	296 532 606
其中：智能手机	部	233	1 537 640 626	1 533 970 943	585 901 600
其他移动通信终端合计	部	19	5 100 629	4 641 043	671 811
集群通信终端	部	16	3 005 964	2 688 101	671 811
对讲机	部	3	2 094 665	1 952 942	

表 78　2016 年通信配套产品和其他通信设备生产量、销售量和出口量汇总表

产品名称	计量单位	企业数（家）	本年生产量	本年销售量	本年实际出口
通信电源					
一次电源	台	11	51 999 882	83 119 761	68 813 659
二次电源	台	3	141 495	160 535	70 000
配线分线设备	部	8	116 170 278	103 557 457	86 900 804
其他配套设备	部	74	403 202 068	395 276 671	15 306 782
其中：通信用油机	部	1	10	10	

表 79　2016 年广播电视节目制作及播控设备生产量、销售量和出口量汇总表

产品名称	计量单位	企业数（家）	本年生产量	本年销售量	本年实际出口
音频节目制作和播控设备合计	部	5	1 698 754	1 692 286	89 651
广播专用录音、放音设备	部	2	548 345	554 913	

续表

产品名称	计量单位	企业数（家）	本年生产量	本年销售量	本年实际出口
调音台	部	1	139 909	128 074	89 651
音质加工与信号处理设备	部	2	1 010 500	1 009 299	
视听节目制作及播控设备					
广播电视专业录、摄像机	部	3	3 877	2 761	768
视频矩阵	部	1	1 760	1 762	
非线性编辑设备	部	2	10 390	10 390	
虚拟演播室设备	部	1	250	250	
信号源设备	部	4	4 803 315	4 803 323	
视频信号处理设备	部	2	115 000	115 000	
电视信号同步设备	部	1	941 164	944 298	10 536

表 80　2016 年广播发射设备生产量、销售量和出口量汇总表

产品名称	计量单位	企业数（家）	本年生产量	本年销售量	本年实际出口
广播发射设备合计	部	6	60 505	59 004	2
调频同步广播设备	部	4	447	446	2
调幅同步广播设备	部	2	60 058	58 558	

表 81　2016 年电视发射设备生产量、销售量和出口量汇总表

产品名称	计量单位	企业数（家）	本年生产量	本年销售量	本年实际出口
电视发射设备合计	部	8	1 503 719	1 503 806	3
模拟电视发射机	部	2	1 500 018	1 500 018	
数字电视发射机	部	6	3 701	3 788	3

表 82　2016 年卫星电视设备生产量、销售量和出口量汇总表

产品名称	计量单位	企业数（家）	本年生产量	本年销售量	本年实际出口
卫星电视设备合计	部	9	13 608 393	12 752 155	3 016 015
卫星电视接收转发设备	部	5	5 359 487	5 305 478	2 501 568
卫星电视配套设备	部	4	8 248 906	7 446 677	514 447

表 83 2016 年有线电视网络设备生产量、销售量和出口量汇总表

产品名称	计量单位	企业数(家)	本年生产量	本年销售量	本年实际出口
有线电视网络设备合计	部	51	102 486 523	100 427 535	36 745 798
有线电视网络前端设备小计	部	10	7 341 972	6 938 258	952 801
数字电视编码器、解码器	部	4	320 287	317 535	9 075
调制、解调器	部	3	6 773 304	6 399 044	943 659
数字电视复用器	部	2	245 993	219 168	67
视频点播系统设备	部	1	2 388	2 511	
有线电视光缆传输系统设备小计	部	32	92 975 016	91 387 936	34 615 047
工作站	部	4	421 560	407 178	228 166
发射机	部	7	36 872	35 356	9 510
接收机	部	12	44 853 444	44 470 433	23 721 424
放大器	部	5	195 065	196 740	85 546
无源器件	部	4	47 468 075	46 278 229	10 570 401
有线电视电缆分配系统及终端设备小计	部	9	2 169 535	2 101 341	1 177 950
放大器	部	4	1 146 166	1 135 370	1 110 381
分配器	部	2	396 001	396 001	
用户端接口	部	1	69 245	68 948	64 520
电缆调制解调器	部	2	558 123	501 022	3 049

表 84 2016 年通用应用电视监控系统设备生产量、销售量和出口量汇总表

产品名称	计量单位	企业数（家）	本年生产量	本年销售量	本年实际出口
黑白、彩色监控用摄像机	部	10	4 434 061	4 423 880	2 879 238
黑白、彩色视频监视器	部	5	787 165	786 351	697 071
信号控制设备（控制主机）	套	5	82 124	76 614	2
视频信号传输设备	套	3	4 146 211	4 130 208	2 740 773

表 85 2016 年特殊环境应用电视监视设备生产量、销售量和出口量汇总表

产品名称	计量单位	企业数（家）	本年生产量	本年销售量	本年实际出口
特殊环境应用电视监视设备	部	1	67 520	67 425	

表 86　2016 年特殊成像及功能的应用电视设备生产量、销售量和出口量汇总表

产品名称	计量单位	企业数（家）	本年生产量	本年销售量	本年实际出口
特殊成像及功能的应用电视设备	部	2	5 676	4 762	113

表 87　2016 年其他用途的应用电视设备生产量、销售量和出口量汇总表

产品名称	计量单位	企业数（家）	本年生产量	本年销售量	本年实际出口
其他用途的应用电视设备	部	11	107 165 572	105 687 247	6 509

表 88　2016 年广播电视设备专用配件生产量、销售量和出口量汇总表

产品名称	计量单位	企业数（家）	本年生产量	本年销售量	本年实际出口
中频调制器	个	1	89 574	90 366	
双工器	个	1	1 681 210	1 541 411	
输出滤波器	个	1	8 183 600	8 183 600	
天线开关	个	2	87 839 320	90 459 274	
发射天线	套	5	3 391 437	3 422 621	216 276

表 89　2016 年电子计算机整机生产量、销售量和出口量汇总表

产品名称	计量单位	企业数（家）	本年生产量	本年销售量	本年实际出口
计算机工作站合计	台	8	280 106	278 162	
高性能计算机	台	6	163 657	161 422	
工作站	台	2	116 449	116 740	
微型计算机设备合计	台	190	290 085 125	286 346 980	180 071 086
台式微型计算机	台	54	6 324 181	6 167 785	1 591 004
便携式微型计算机小计	台	129	249 376 652	248 390 556	173 411 529
笔记本计算机	台	48	164 981 383	164 365 919	121 424 852
平板计算机	台	81	84 395 269	84 024 637	51 986 677
其他微型计算机设备	台	7	34 384 292	31 788 639	5 068 553
服务器	台	16	16 758 217	16 536 595	2 438 187
电子计算机数字式处理部件合计	台	22	62 425 249	62 417 742	34 030 383
高性能计算机数字式处理部件	台	2	36 997 643	36 997 643	34 029 662
微型计算机数字式处理部件	台	5	23 472 390	23 471 624	
工业控制计算机	台	15	1 955 216	1 948 475	721

表 90　2016 年电子计算机零部件生产量、销售量和出口量汇总表

产品名称	计量单位	企业数（家）	本年生产量	本年销售量	本年实际出口
微机板卡合计	块	29	167 970 414	164 882 503	78 657 701
微机主机板	块	13	43 506 190	40 322 466	32 175 691
内存条	块	7	34 596 573	34 671 263	12 602 729
声卡	块	2	34 835 589	34 678 442	
显卡	块	3	8 928 515	8 936 079	5 088 275
网卡小计	块	4	46 103 547	46 274 253	28 791 006
无线局域网网卡	块	4	46 103 547	46 274 253	28 791 006
电源合计	部	39	274 311 159	274 646 417	49 508 833
开关电源	部	27	222 096 568	220 829 367	48 166 003
UPS 电源小计	部	12	52 214 591	53 817 050	1 342 830
在线式 UPS 电源	台	8	49 669 695	51 266 489	1 049 640
后备式 UPS 电源	台	4	2 544 896	2 550 561	293 190
其他配套产品及耗材					
机箱	万个	30	47 548	47 192	6 726
鼠标器	万只	12	58 675	54 737	5 260
键盘	万只	26	277 764	277 193	9 865
打印头	万只	5	3 519	3 525	3 056
墨盒	万片	7	26 097	25 367	18 977
硒鼓	万只	5	5 514	5 217	
色带	万只	2	2 252	2 425	1 750

表 91　2016 年电子计算机显示器生产量、销售量和出口量汇总表

产品名称	计量单位	企业数（家）	本年生产量	本年销售量	本年实际出口
终端显示设备合计	台	62	135 375 480	134 141 065	77 190 228
字符汉字终端	台	2	7 066 795	7 066 800	
图形图像终端	台	4	105 331	104 631	
显示器小计	台	56	128 203 354	126 969 634	77 190 228
单色显示器（CRT）	台	1	18 900	18 900	
彩色显示器（CRT）	台	17	16 547 082	16 042 033	8 566 319
平板显示器	台	38	111 637 372	110 908 701	68 623 909

表 92　2016 年电子计算机外部设备生产量、销售量和出口量汇总表

产品名称	计量单位	企业数（家）	本年生产量	本年销售量	本年实际出口
输入设备合计	台	64	1 268 666 121	1 269 417 124	259 541 981
扫描仪	台	5	848 561	841 293	20 401
IC 卡读写机具	台	3	213 744	211 751	
数字照相机	台	6	6 702 481	6 704 995	1 733 458
磁卡读写器	台	3	12 568 876	13 465 838	
摄像头	台	18	481 204 567	481 879 172	225 131 067
触感屏	台	18	240 968 798	239 535 965	32 545 261
射频卡机（RFID 读写器）	台	3	210 385	191 245	
生物特征识别设备	台	8	525 948 709	526 586 865	111 794
输出设备合计	台	77	95 262 019	95 352 250	46 570 294
打印设备小计	台	51	78 951 681	78 874 188	42 759 498
针式打印机	台	15	4 910 199	4 824 489	1 305 455
激光打印机	台	9	19 238 062	19 264 686	18 503 573
喷墨打印机	台	8	34 384 775	34 405 684	6 305 760
多功能打印机	台	18	20 416 060	20 376 744	16 644 467
喷绘机	台	1	2 585	2 585	243
语音输出设备	台	1	2 500	2 380	
图形图像输出设备	台	6	12 682 825	12 844 532	2 641 480
投影仪	台	19	3 625 013	3 631 150	1 169 316
外存储设备合计	台	45	911 344 305	889 899 818	643 244 762
硬盘类存储设备小计	台	19	461 236 152	439 347 023	429 854 302
硬盘驱动器	台	10	127 298 605	127 437 128	118 428 767
移动硬盘	台	9	333 937 547	311 909 895	311 425 535
光盘驱动器	台	4	100 633 960	101 120 151	31 197 162
半导体储存器小计	台	20	349 411 882	349 372 353	182 193 298
半导体存储盘	台	13	305 988 949	307 680 773	143 878 552
半导体存储卡	台	2	21 912 108	21 912 108	20 727 227
固态存储器 SSD	台	5	21 510 825	19 779 472	17 587 519
网络存储设备	台	1	12 000	11 970	
磁性存储设备	台	1	50 311	48 321	

续表

产品名称	计量单位	企业数（家）	本年生产量	本年销售量	本年实际出口
阅读机、数据转录及处理机械合计	台	3	43 600	41 854	19
数据转录媒体机械	台	1	573	976	
数据处理机械	台	2	43 027	40 878	19

表93　2016年计算机应用产品生产量、销售量和出口量汇总表

产品名称	计量单位	企业数（家）	本年生产量	本年销售量	本年实际出口
电子出版系统	部	1	2 000	2 000	
计算机辅助教学系统	部	7	51 291	52 880	
计算器	部	5	34 442 803	33 813 390	
金融、商业、税务电子应用产品合计	部	29	6 886 842	7 114 691	141 982
点钞机	部	2	163 411	161 957	2 200
自动柜员机（ATM）	部	3	34 529	33 424	173
银行自助服务终端	部	6	944 615	978 112	13
POS机	部	10	5 648 990	5 865 182	132 002
税控机	部	3	77 830	56 667	
鉴别仪	部	5	17 467	19 349	7 594
汽车电子					
动力总成控制系统	套	20	100 350 345	98 125 919	36 352
新能源汽车电池管理系统	套	9	647 075	644 445	382
电机控制系统	套	30	17 145 967	16 773 026	221 003
ABS	套	6	322 070	314 129	

表94　2016年信息系统安全产品生产量、销售量和出口量汇总表

产品名称	计量单位	企业数（家）	本年生产量	本年销售量	本年实际出口
边界防护类设备和系统					
防火墙、防水墙	台	4	14 997	15 037	
虚拟专用网设备（VPN）	台	4	23 051	23 051	
数据保护类设备和系统					
数据备份系统	套	4	19 723	19 631	
数据防拷贝设备	套	1	3 017	2 846	

续表

产品名称	计量单位	企业数（家）	本年生产量	本年销售量	本年实际出口
安全检测类设备和系统					
入侵检测系统	套	3	1 220	1 220	
安全扫描器	台	2	320	320	
安全智能卡类设备和系统	套	18	442 235 102	446 233 898	295 720 971
密钥管理类设备和系统	套	9	1 472 083	1 470 305	10

表 95　2016 年电视机生产量、销售量和出口量汇总表

产品名称	计量单位	企业数（家）	本年生产量	本年销售量	本年实际出口
彩色电视机合计	台	100	157 696 413	156 996 750	71 880 875
显像管彩色电视机	台	8	559 784	560 151	421 861
平板电视机	台	92	157 136 629	156 400 489	69 355 837
其中：液晶（LCD）电视机	台	88	157 136 037	156 417 742	71 310 010
屏幕尺寸＜ 38cm	台	14	11 151 104	11 268 260	4 371 775
38cm ≤屏幕尺寸＜ 102cm	台	42	79 316 913	79 797 935	40 671 393
屏幕尺寸≥ 102cm	台	32	66 668 020	65 351 547	26 266 841
等离子（PDP）电视机	台	4	592	587	17
屏幕尺寸≥ 102cm	台	4	592	590	37
其中：超高清电视	台	18	89 886 749	91 069 459	24 562 259
其中：智能电视	台	72	93 100 418	92 682 793	28 865 645
黑白电视机	台	2	9 850	11 458	
电视接收机顶盒合计	部	35	77 925 875	77 615 408	28 667 835
有线电视机顶盒	部	27	61 274 931	61 264 222	22 554 888
地面广播机顶盒	部	3	1 056 075	1 096 943	
卫星广播机顶盒	部	5	15 594 869	15 254 243	6 112 947
网络智能机顶盒	部	11	31 491 609	30 880 938	11 706 241

表 96　2016 年摄、录像、激光视盘机生产量、销售量和出口量汇总表

产品名称	计量单位	企业数（家）	本年生产量	本年销售量	本年实际出口
摄、录像、激光视盘机合计	台	35	196 446 817	196 732 436	154 874 465
录像机小计	台	9	5 368 479	5 654 036	73 000

续表

产品名称	计量单位	企业数（家）	本年生产量	本年销售量	本年实际出口
家用摄录一体机	台	4	202 162	186 128	73 000
数码摄像机	台	5	5 166 317	5 467 908	
数字激光音、视盘机	台	26	191 078 338	191 078 400	154 801 465

表 97　2016 年家用音响电子设备生产量、销售量和出口量汇总表

产品名称	计量单位	企业数（家）	本年生产量	本年销售量	本年实际出口
家用音响合计	台	94	157 008 662	156 776 833	53 018 590
组合音响	台	60	129 011 343	128 802 948	44 962 327
MP3、MP4 播放器	台	10	10 208 570	10 189 225	2 462 324
功率放大器	台	10	13 461 483	13 419 990	4 150 135
数字录音机（笔）	台	6	1 935 860	1 917 989	1 443 804
数字化多媒体组合机	台	8	2 391 406	2 446 681	
汽车电子音响设备	台	30	143 442 253	142 053 887	13 621 438

表 98　2016 年家用电子电器主要配套件生产量、销售量和出口量汇总表

产品名称	计量单位	企业数（家）	本年生产量	本年销售量	本年实际出口
音像盘片	万片	8	70 163	69 646	34 867
充电器	万只	16	4 744	4 685	3 049
遥控器	万只	14	22 057	21 612	4 447
光机引擎	套	7	10 962 628	10 029 169	112 392
各种接口合计	万只	33	88 668	81 457	3 264
通用串行总线接口（USB）	万只	6	5 815	5 538	
高清多媒体接口（HDMI）	万只	3	2 419	2 417	
VGA 接口	万只	3	4 657	4 462	
数字视频接口（DVI）	万只	2	3 754	3 637	
其他接口	万只	19	72 024	65 404	3 264

表 99　2016 年电子测量仪器生产量、销售量和出口量汇总表

产品名称	计量单位	企业数（家）	本年生产量	本年销售量	本年实际出口
频率测量仪器合计	台	36	3 628 543	3 639 769	2 993 600
数字脉冲频率测量仪	台	11	134 148	132 806	
模拟式频率测量仪	台	6	77 848	77 802	
计数器	台	6	25 277	25 589	
计数器扩频装置	台	3	4 195	4 497	
时间测量仪器	台	5	3 337 844	3 349 244	2 993 600
特种计数器	台	1	19 711	19 711	
频率标准	台	4	29 520	30 120	
电压测量仪器合计	台	32	33 756 112	33 657 546	7 996 885
直流数字电压表	台	9	2 472 438	2 444 341	
交流数字电压表	台	4	12 367 478	12 075 995	
数字多用表	台	8	13 691 757	13 731 346	3 197 951
电压电源标准装置	台	11	5 224 439	5 405 864	4 798 934
示波器	台	1	87 620	91 263	9 360
器件参数测量仪器合计	台	30	2 639 622	2 641 542	1 785 860
数字 IC 测试仪	台	2	2 065	2 367	
光电器件测试仪	台	9	310 216	308 591	50
电力电子器件测试仪	台	18	2 325 341	2 328 284	1 785 810
半导体器件图示仪	台	1	2 000	2 300	
元件参数测量仪器	台	3	302 430	302 360	
脉冲测量仪器	台	4	1 154 303	1 297 964	
扫描、频谱波形分析仪器合计	台	10	220 489	221 576	9 177
扫频仪	台	5	182 134	182 929	9 177
频谱分析仪	台	3	22 454	22 456	
失真度测量仪	台	1	2 000	2 300	
相位移相器	台	1	13 901	13 891	
微波测量仪器合计	台	4	16 247	15 247	
雷达综合测试仪	台	3	247	247	
微波漏能测试仪	台	1	16 000	15 000	
通信测量仪器合计	台	2	2 438	2 438	

续表

产品名称	计量单位	企业数（家）	本年生产量	本年销售量	本年实际出口
PDH/SDH 传输分析仪	台	1	2 000	2 000	
模拟数字移动通信基台移动台	台	1	438	438	
超低频测量仪器合计	台	6	815 536	798 083	158 127
滤波器、放大器	台	4	814 182	796 729	158 127
相位仪	台	2	1 354	1 354	
声学测量仪器合计	台	3	244 980	243 885	
电源、声震信号发生器	台	1	2 670	2 670	
倍频滤波器	台	1	241 710	240 618	
振动脉击测量仪器	台	1	600	597	
干扰场强测量仪合计	台	1	13 742	13 742	
测试接收机	台	1	13 742	13 742	
稳压电源	台	9	8 104 332	8 062 981	7 708 676
记录显示仪合计	台	12	1 551 499	1 551 241	83 360
记录仪	台	7	188 120	186 017	83 360
显示仪	台	5	1 363 379	1365 224	
信号源合计	台	7	609 103	579 595	859
信号发生器	台	7	609 103	579 595	859
其他测量仪器合计	台	20	525 115 577	529 051 669	370 001 450
晶体振荡器	台	1	524 000 000	528 000 000	370 000 000
标准电感电容电阻器	台	9	1 078 975	1 016 005	
激光测距	台	5	25 928	25 191	1 450
水声设备	台	4	6 283	6 285	
气象仪器	台	1	4 391	4 188	
电子测量仪器零附件	台	18	8 881 215	8 730 236	2 056 087

表 100　2016 年医疗电子设备及器械生产量、销售量和出口量汇总表

产品名称	计量单位	企业数（家）	本年生产量	本年销售量	本年实际出口
医用电子仪器设备合计	台	25	113 195 917	112 831 308	95 401 304
心电、生理示波及记录仪器	台	4	197 612	200 631	
监护仪器	台	8	53 419	53 411	40 600

续表

产品名称	计量单位	企业数（家）	本年生产量	本年销售量	本年实际出口
治疗急救装置	台	2	6 600	6 570	
血液测定仪器	台	3	42 588 922	42 738 060	42 710 608
气体分析测量仪器	台	2	1 808	1 781	
电子体温、压力测量装置	台	6	70 347 557	69 830 855	52 650 096
医用超声仪器	台	11	7 601	7 468	82
医用激光仪器及设备	台	6	2 248	2 247	
医用生化分析仪器合计	台	8	34 081	34 831	
分离制备仪器	台	2	4 005	4 005	
生化分析仪器	台	6	30 076	30 826	
医用高频微波射线核素仪器合计	台	15	67 831	68 316	30 445
医用高频设备	台	2	645	640	
医用微波诊断、治疗仪器	台	6	64 914	65 413	30 035
医用射线诊断、治疗仪器	台	6	2 203	2 194	410
医用核素诊断、治疗仪器	台	1	69	69	
中医用仪器合计	台	11	104 239	104 301	3
诊断仪器	台	7	13 796	13 626	
各种电疗磁疗光疗针麻仪器	台	4	90 443	90 675	3
其他医疗电子仪器合计	台	13	408 720	409 619	62 695
医用光学仪器	台	10	401 720	402 644	62 695
体外循环仪器	台	3	7 000	6 975	

表 101　2016 年应用电子仪器生产量、销售量和出口量汇总表

产品名称	计量单位	企业数（家）	本年生产量	本年销售量	本年实际出口
农业电子应用仪器合计	台	5	109 586	109 606	
土壤测定分析仪器	台	3	6 955	6 975	
牧副渔业仪器	台	2	102 631	102 631	
工交电子应用仪器	台	9	144 732	140 842	64 565
文教电子应用仪器	台	5	83 261 282	83 255 192	
其他仪器	台	100	1 049 030 572	1 048 707 439	2 897 312

续表

产品名称	计量单位	企业数（家）	本年生产量	本年销售量	本年实际出口
电子电表合计	万只	7	1 881	1 868	
直流电流电压表	万只	1	240	230	
交流电流电压表	万只	4	1 611	1 608	
电平表	万只	2	30	30	
电子专用电表合计	万只	46	10 668	10 607	115
特殊用途电表	万只	9	768	803	
IC 卡智能表及远程智能表系列	万只	37	9 899	9 804	115
安规仪器合计	台	6	13 927 481	13 688 787	5 281
耐压测试仪	台	2	5 625 820	5 625 740	
泄漏电流测试仪	台	1	6 360 400	6 122 400	
接地电阻测试仪	台	1	8 468	8 468	
脉冲电压发生器	台	2	1 932 793	1 932 179	5 281
电化学测试仪器合计	台	4	12 979	12 830	
电化学测试系统	台	3	12 653	12 505	
酸度计	台	1	326	325	

表 102 2016 年电子工业专用设备生产量、销售量和出口量汇总表

产品名称	计量单位	企业数（家）	本年生产量	本年销售量	本年实际出口
半导体材料生产、加工设备					
太阳能级半导体材料生产、加工设备小计	台	41	197 693	195 681	6
多晶硅铸锭炉	台	8	5 596	6 198	6
单晶炉	台	19	93 219	90 360	
磨方倒角机	台	1	2 000	2 300	
线切割机	台	7	88 865	88 858	
清洗设备	台	6	8 013	7965	
集成电路、分立器件半导体材料生产、加工设备小计	台	33	1 444 538	1 449 460	1 067 771
单晶炉	台	4	951	949	
滚圆切断机	台	2	2 500	2 800	
倒角机	台	1			
线切割机	台	6	11 201	11 207	

续表

产品名称	计量单位	企业数（家）	本年生产量	本年销售量	本年实际出口
磨片机	台	4	1 063 273	1 067 812	1 067 770
抛光机	台	5	8 895	8 693	
清洗设备	台	11	357 718	357 999	1
半导体器件和集成电路制造设备合计	台	108	879 579	891 158	3 060
晶硅太阳能芯片制造设备小计	台	33	58 886	61 271	
扩散炉	台	2	2 668	2 968	
等离子刻蚀机	台	3	4 583	5 172	
等离子体增强化学气相淀积设备 PECVD	台	2	2 008	2 307	
全自动丝网印刷机	台	4	5 128	5 727	
网带自动烘干炉	台	1	2	2	
网带快速烧结炉	台	4	4 004	4 604	
自动测试分选设备	台	17	40 493	40 491	
薄膜太阳能片制造设备小计	台	9	181 306	181 603	
沉积设备（PECVD）	台	3	178 317	178 317	
激光刻蚀机	台	5	2 944	3 243	
磁控溅射设备	台	1	45	43	
集成电路、分立器件芯片制造设备小计	台	66	639 387	648 284	3 060
外延设备	台	9	98 665	93 419	
扩散设备	台	1	3 755	3 755	
离子注入设备	台	1	550	500	
快速热处理设备	台	5	263 520	276 520	
匀胶、显影设备	台	1	57	57	22
光刻机	台	3	2 026	2 324	2
物理气相淀积设备	台	1	5	5	
化学气相淀积设备	台	5	2 721	2 721	
电镀铜设备	台	1	3 500	3 500	
湿法刻蚀设备	台	1	55	56	
清洗设备	台	1	5	5	
自动探针测试台	台	3	2 615	2 615	
减薄机	台	1	3	3	

续表

产品名称	计量单位	企业数（家）	本年生产量	本年销售量	本年实际出口
划片机	台	3	487	494	21
粘片机	台	2	36	37	
键合机	台	2	25 446	25 446	
自动封装设备	台	11	81 372	81 526	3
老化设备	台	2	48	48	12
自动测试分选设备	台	11	154 087	154 871	3 000
自动打标编带设备	台	2	434	382	
电真空器件专用设备					
真空开关管生产设备	台	8	61 057	62 049	
微波真空管生产设备	台	1	189 326	188 255	
电光源生产设备	台	6	1 345 871	1 341 121	67 985
平板显示器件（FPD）生产设备小计	台	24	101 417 397	101 487 926	23 841 815
液晶显示器件（LCD）生产设备	台	16	87 569 884	87 632 057	23 841 815
等离子显示器件（PDP）生产设备	台	1	4	358	
OLED 生产设备	台	1	39	42	
其他平板显示器件生产设备	台	6	13 847 470	13 855 469	
电子元件专用设备合计	台	87	11 105 952	11 050 631	43 692
电阻、电位器生产设备	台	6	5 144 780	5 144 056	
电容器生产设备	台	8	107 425	107 844	
陶瓷元件生产设备	台	1	100	100	
磁性材料及元件生产设备	台	8	300 021	306 911	
印制电路板生产设备	台	10	3 456 887	3 458 997	3
线缆生产设备	台	6	1 004	994	
敏感元器件及传感器生产设备	台	9	1 230 374	1 210 556	27 923
频率元器件生产设备	台	2	191 521	186 430	15 766
绿色电池生产设备	台	1	41	40	
电感器件、特种变压器生产设备	台	20	357 585	325 512	
电声器件生产设备	台	5	66 333	62 610	
开关接插件生产设备	台	11	249 881	246 581	
气候环境模拟和可靠性试验设备合计	台	14	26 641	26 913	

续表

产品名称	计量单位	企业数（家）	本年生产量	本年销售量	本年实际出口
气候环境模拟试验设备	台	3	19 516	19 481	
力学环境试验设备	台	2	5 074	5 375	
综合试验设备	台	6	1 493	1 514	
可靠性试验设备	台	3	558	543	
水、气净化设备合计	台	39	1 618 106	1 598 323	1
空气净化设备小计	台	27	1 596 478	1 576 772	
净化空气	台	13	1 457 979	1 438 897	
净化工作台	台	2	13 200	13 500	
高效过滤器	台	5	58 113	58 120	
净化检测设备	台	7	67 186	66 255	
水纯化设备	台	4	5 122	5 104	
废水处理设备	台	8	16 506	16 447	1
电子整机装联设备合计	台	50	346 717	347 949	962
自动插片机	台	2	2 054	2 354	
自动贴片机	台	3	349	321	141
装配生产线	台	27	17 068	17 063	789
波峰焊接、再流焊接设备	台	1	1	1	
表面贴装印刷设备	台	1	3 087	3 087	
自动检测仪器（机）	台	11	321 197	322 166	32
自动 X 射线轮廓仪	台	1	1 694	1 694	
自动清洗设备	台	4	1 267	1 263	
电子通用设备合计	台	35	942 693	943 791	16 142
真空获得设备	台	6	74 873	74 224	
超声波设备	台	10	246 329	248 068	
精密焊接设备	台	10	64 068	64 864	12 194
干燥设备	台	3	74 068	73 290	3 948
精密电子丝网印刷设备	台	4	471 570	471 560	
防静电系列产品	台	2	11 785	11 785	

表 103　2016 年电子工业模具及齿轮生产量、销售量和出口量汇总表

产品名称	计量单位	企业数（家）	本年生产量	本年销售量	本年实际出口
模具	付	63	32 229 583	32 015 213	27 248 908
模架	套	6	11 145 868	11 146 001	1
模具标准件	件	22	30 908 030	32 936 015	3 332 010
气动工具	件	13	603 994	609 875	
电动工具	件	28	23 043 560	23 073 818	11 609 230
焊接工具	件	7	1 275 674	1 274 575	133 172

表 104　2016 年其他电子设备生产量、销售量和出口量汇总表

产品名称	计量单位	企业数（家）	本年生产量	本年销售量	本年实际出口
其他电子设备合计	台	31	9 205 878	9 116 350	136
邮政专用设备及器材小计	台	5	43 552	43 052	
邮政营业设备	台	1	7 617	7 617	
邮政投递设备	台	4	35 935	35 435	
激光设备制造	台	18	8 297 953	8 215 498	136
电子垃圾处理设备制造	台	8	864 373	857 800	

表 105　2016 年电子元件及组件生产量、销售量和出口量汇总表

产品名称	计量单位	企业数（家）	本年生产量	本年销售量	本年实际出口
电容器合计	万只	253	123 528 118	124 757 096	79 601 464
纸介电容器	万只	27	127 437	127 334	2 125
塑料介质电容器小计	万只	72	34 241 115	35 602 795	26 897 205
聚酯膜电容器	万只	30	2 086 963	2 090 221	19 910
聚丙烯膜电容器	万只	25	1 340 581	1 335 040	567 217
聚苯乙烯电容器	万只	9	52 565	50 565	285
聚碳酸酯电容器	万只	3	23 074	22 974	
片式有机介质电容器（SMC）	万只	5	30 737 932	32 103 996	26 309 793
瓷介电容器小计	万只	27	76 503 779	76 387 573	51 861 101
圆片瓷介电容器	万只	11	1 183 918	1 176 490	60 256

续表

产品名称	计量单位	企业数（家）	本年生产量	本年销售量	本年实际出口
多层瓷介电容器	万只	16	75 319 861	75 211 083	51 800 845
其中：片式贴装瓷介电容器	万只	3	10 813 088	10 973 342	648 617
超大容量电容器	万只	6	21 080	20 901	222
云母电容器	万只	5	63 667	62 149	
电解电容器小计	万只	97	12 492 610	12 477 641	840 530
铝电解电容器	万只	92	12 440 125	12 426 342	811 048
其中：片式铝电解电容器	万只	1	15 554	15 646	792
钽电解电容器	万只	5	52 485	51 299	29 482
可变电容器	万只	11	69 410	69 627	281
真空电容器小计	万只	8	9 020	9 074	
固定真空电容器	万只	4	529	519	
可变真空电容器	万只	4	8 491	8 555	
电阻、电位器合计	万只	92	118 656 482	120 099 005	67 877 936
固定电阻器小计	万只	69	117 536 977	118 979 061	67 386 070
碳膜电阻器	万只	13	6 410 911	6 686 127	413 157
金属膜电阻器	万只	9	2 892 201	2 897 851	1 271 028
氧化膜电阻器	万只	2	31 345	31 235	
玻璃釉电阻器	万只	2	6 711	6 782	27
线绕电阻器	万只	14	214 344	208 347	4 840
合成膜电阻器	万只	1	18 000	18 000	
实芯电阻器	万只	4	157 965	148 542	79 402
片式电阻器	万只	18	107 709 923	108 887 655	65 562 470
熔断电阻器	万只	6	95 577	94 521	55 146
电位器小计	万只	22	1 118 506	1 118 944	491 866
线绕电位器	万只	6	6 756	6 740	171
碳膜电位器	万只	8	1 077 748	1 078 377	479 751
实芯电位器	万只	1	105	97	
玻璃釉电位器	万只	1	1 657	1 675	
导电塑料电位器	万只	4	23 789	23 747	10 740
片式电位器	万只	2	8 452	8 309	1 204

续表

产品名称	计量单位	企业数（家）	本年生产量	本年销售量	本年实际出口
电阻网络	万只	1	1 000	1 000	
电连接器					
低频连接器小计	万只	168	12 510 563	12 383 283	1 308 463
圆形连接器	万只	26	153 395	151 328	2 433
矩形连接器	万只	19	260 400	261 320	186 590
条形连接器	万只	46	2 022 677	1 983 520	475 899
印制电路连接器	万只	12	77 640	78 111	11 423
带状电缆连接器	万只	17	438 961	431 192	12 823
端子	万只	46	9 539 559	9 459 917	618 549
表面贴装型低频连接器	万只	2	17 930	17 896	745
射频连接器	万只	33	900 709	834 663	69 984
其中：表面贴装型射频连接器	万只	1	127 364	114 705	28 494
光连接器	万只	15	354 287	355 468	17 036
特种连接器	万只	21	334 265	322 398	362
各类开关	万只	71	719 116	715 401	171 093
各类插座	万只	39	259 433	264 794	24 685
各类插塞、插孔	万只	13	126 246	125 684	8 083
控制元件合计	万只	33	184 200	178 975	34 028
电子继电器小计	万只	33	184 200	178 975	34 028
电磁继电器	万只	25	166 564	161 510	33 840
固态继电器	万只	8	17 636	17 464	188
磁性材料元件及感性器件					
软磁材料元件小计	万公斤	46	71 163	71 275	1 141
金属软磁小计	万公斤	16	52 152	52 436	
硅钢片	万公斤	5	3 076	3 016	
金属磁粉心	万公斤	7	48 514	48 903	
铁镍合金	万公斤	4	562	517	
铁氧体软磁小计	万公斤	30	19 011	18 839	1 141
锰锌铁氧体	万公斤	25	18 598	18 412	1 135
镍锌铁氧体	万公斤	4	317	323	

续表

产品名称	计量单位	企业数（家）	本年生产量	本年销售量	本年实际出口
镁锌铁氧体	万公斤	1	96	105	5
硬磁材料元件小计	万公斤	56	120 117	111 960	23 945
铁氧体永磁	万公斤	21	104 182	96 709	23 423
钕铁硼永磁	万公斤	34	10 271	10 168	522
铝镍钴永磁	万公斤	1	5 663	5 083	
其他磁性材料元件	万公斤	10	153 776	145 191	12 968
感性器件小计	万只	255	10 439 829	10 713 561	1 613 962
变压器小计	万只	155	1 077 004	1 068 899	172 463
电源变压器	万只	90	471 241	463 738	146 348
开关电源变压器	万只	20	546 902	546 785	4 191
音频变压器	万只	3	12 115	11 720	
脉冲变压器	万只	2	1 153	1 142	16
其他功能变压器	万只	40	45 593	45 514	21 909
电感器小计	万只	100	9 362 825	9 644 663	1 441 499
小型电感器	万只	54	8 320 236	8 586 140	504 337
电感滤波器	万只	21	56 445	56 779	25 791
扼流圈	万只	5	144 049	160 272	125 786
发射或接收线圈	万只	2	7 349	7 528	399
空心线圈	万只	18	834 745	833 943	785 186
电声器件合计	万只	160	2 883 796	2 854 951	1 133 763
通信传声器件小计	万只	33	488 138	475 623	30 519
送话器	万只	4	12 739	12 600	
受话器	万只	15	213 091	207 161	9 615
组合件	万只	14	262 309	255 862	20 904
传声器小计	万只	15	201 530	198 124	112 049
电容式传声器	万只	5	5 392	4 932	4 328
驻极体传声器	万只	5	53 552	52 139	4 318
硅传声器	万只	4	142 476	140 942	103 403
无线传声器	万只	1	111	111	
扬声器小计	万只	49	1 994 524	1 986 461	977 305

续表

产品名称	计量单位	企业数（家）	本年生产量	本年销售量	本年实际出口
号筒扬声器	万只	18	224 325	216 663	40 689
直接辐射式扬声器	万只	12	1 736 274	1 736 084	932 083
球顶形扬声器	万只	2	7 674	7 674	
汽车扬声器	万只	17	26 252	26 041	4 533
音箱、音柱小计	万只	13	1 163	1 171	599
专业用音箱（厅堂馆所）	万只	4	16	16	9
家庭用音箱	万只	9	1 147	1 155	590
耳机	万只	43	136 023	134 893	8 001
蜂鸣器	万只	5	20 189	19 444	5 290
蜂鸣片	万只	2	42 229	39 236	
频率控制元件					
压电陶瓷及频率元件小计	万只	28	952 492	937 589	134 559
压电陶瓷滤波器	万只	10	620 071	616 344	120 207
压电陶磁谐振器	万只	3	19 077	19 259	3 391
压电陶磁振荡器	万只	2	245 023	234 521	3 241
压电陶瓷检频器	万只	1	311	250	66
片式压电陶瓷器件	万只	9	49 762	49 547	2 984
声表面波滤波器	万只	3	18 247	17 668	4 670
压电石英晶体元器件					
压电石英晶体谐振器	万只	30	698 221	701 154	368 739
压电石英晶体滤波器	万只	4	6 255	6 226	1 329
压电石英晶体振荡器	万只	8	248 669	247 874	101 768
片式压电晶体器件	万只	2	16 567	15 941	
石英晶片	万片	12	1 025 446	909 772	37 853
其他元件及零部件合计	万公斤	28	588 840	588 802	1 401
电子陶瓷零件小计	万公斤	16	4 265	4 247	
氧化铝瓷件	万公斤	16	4 265	4 247	
石英晶体管壳、管座	万公斤	3	1 120	1 098	
电声器件零部件	万公斤	6	582 132	582 131	162
电容器用铝壳	万公斤	3	1 323	1 327	1 239

表 106　2016 年电子印制电路板生产量、销售量和出口量汇总表

产品名称	计量单位	企业数（家）	本年生产量	本年销售量	本年实际出口
电子印制电路板合计	平方米	360	481 826 824	476 924 490	58 166 974
刚性印制电路板小计	平方米	253	266 737 454	264 836 755	44 695 226
刚性单面板	平方米	82	126 462 106	125 215 775	2 105 720
刚性双面板	平方米	77	53 555 347	53 300 828	12 897 117
刚性多层板	平方米	94	86 720 002	86 320 152	29 692 390
挠性印制电路板	平方米	48	52 883 136	52 994 132	6 373 430
刚－挠性印制电路板	平方米	59	162 206 234	159 093 602	7 098 318

表 107　2016 年电力电子元件生产量、销售量和出口量汇总表

产品名称	计量单位	企业数（家）	本年生产量	本年销售量	本年实际出口
继电器合计	万只	43	206 210	203 786	50 779
电磁继电器	万只	31	195 859	192 066	50 779
永磁继电器	万只	1	80	85	
热电继电器	万只	3	769	764	
感应继电器	万只	4	9 002	10 375	
静电继电器	万只	1	5	5	
光电继电器	万只	3	494	492	
继电器保护装置	万只	7	4 690	4 690	126
配电或电器控制设备专用零件	万只	89	223 584	220 244	1 191

表 108　2016 年敏感元件及传感器生产量、销售量和出口量汇总表

产品名称	计量单位	企业数（家）	本年生产量	本年销售量	本年实际出口
敏感元件及传感器合计	万只	167	1 001 141	992 227	174 550
敏感元件小计	万只	78	756 646	757 307	105 532
力敏元件	万只	8	251 982	251 940	2 145
压敏电阻器	万只	15	168 157	167 966	17 489
光敏电阻器	万只	7	7 801	7 821	858
热敏电阻器	万只	30	300 673	303 274	81 120
磁敏感元件	万只	17	27 986	26 262	3 919
湿敏元器件	万只	1	46	45	
传感器	万只	89	244 496	234 920	69 018

表 109　2016 年真空电子器件生产量、销售量和出口量汇总表

产品名称	计量单位	企业数（家）	本年生产量	本年销售量	本年实际出口
电子管合计	万只	54	2 301 964	2 299 718	224 772
收讯放大管	万只	6	2 097	2 097	
发射管小计	万只	10	5 948	5 784	
中小功率发射管	万只	8	5 948	5 784	
大功率玻璃发射管	万只	1			
调制管	万只	1			
超高频管小计	万只	18	484 116	484 136	206 192
磁控管	万只	15	483 116	483 136	206 192
微波气体放电管	万只	2	1 000	1 000	
行波管	万只	1			
稳定管小计	万只	12	1 423 772	1 433 627	
稳压管	万只	11	1 423 760	1 433 615	
稳流管	万只	1	12	12	
离子管小计	万只	8	386 031	374 075	18 580
闸流管	万只	3	2 323	2 323	
放电管	万只	5	383 708	371 752	18 580
电子束管合计	万只	9	2 295	2 198	1
彩色电视显像管（CPT）小计	万只	2	173	185	
54cm	万只	1	150	160	
37cm	万只	1	23	25	
彩色显示管（CDT）	万只	4	1 169	1 071	1
其他电子束管小计	万只	3	954	942	
投影管	万只	3	954	942	
真空开关管合计	万只	16	8 225	8 063	21
高、中压真空开关管（3kV 以上）	万只	9	8 104	7 946	21
低压真空开关管（3kV 以下）	万只	7	121	116	0
其他电真空器件合计	万只	2	16 130	15 426	100
真空规管	万只	2	16 130	15 426	100
真空电子器件零件					
显像管配件小计	万只	5	3 521	3 538	

续表

产品名称	计量单位	企业数（家）	本年生产量	本年销售量	本年实际出口
彩色显象管电子枪零件	万只	1	5	5	
彩色显像管玻壳小计	万只	1	50	50	
37cm	万只	1	50	50	
彩色显象管用荫罩小计	万只	3	3 466	3 483	
其他规格	万只	3	3 466	3 483	
电子管零件	万件	5	20 400	19 367	

表 110　2016 年半导体分立器件生产量、销售量和出口量汇总表

产品名称	计量单位	企业数（家）	本年生产量	本年销售量	本年实际出口
半导体二极管合计	万只	63	18 277 967	18 150 254	8 336 313
小信号二极管	万只	12	3 748 465	3 691 473	598 548
稳压、整流、开关二极管	万只	43	14 143 904	14 089 061	7 424 483
过电流保护二极管	万只	3	63 735	63 625	41 619
高频（微波）二极管	万只	5	321 864	306 095	271 663
小信号晶体管合计	万只	26	1 726 323	1 752 935	138 682
双极晶体管	万只	12	1 064 705	1 117 667	129 855
场效应晶体管	万只	10	545 427	515 516	8 827
高频（射频与微波）晶体管	万只	4	116 192	119 752	
功率晶体管合计	万只	23	814 548	824 129	187 633
高频（微波）功率晶体管	万只	7	412 433	417 244	78 837
通用双极功率晶体管	万只	9	325 072	325 527	104 796
通用双极功率晶体管模块	万只	1	77	77	
通用场效应功率晶体管	万只	6	76 966	81 281	4 000
整流管合计	万只	12	80 550	80 664	150
0.5 ~ 3.0A（含）整流管	万只	4	67 494	67 299	144
3.0 ~ 35.0A（含）整流管	万只	5	11 880	12 174	6
大于 35.0A 整流管	万只	3	1 176	1 191	
半导体敏感器件合计	万只	25	300 712	299 520	7 193
压力敏感器件	万只	12	271 892	271 598	7 193

续表

产品名称	计量单位	企业数（家）	本年生产量	本年销售量	本年实际出口
磁敏器件	万只	1	3 108	3 037	
气敏器件	万只	1	1 548	1 520	
离子敏感器件	万只	1	9 236	9 200	
光敏感器件	万只	4	721	718	
热敏感器件	万只	4	8 787	8 022	
速度和加速度敏感器件	万只	2	5 420	5 425	

表 111　2016 年集成电路生产量、销售量和出口量汇总表

产品名称	计量单位	企业数（家）	本年生产量	本年销售量	本年实际出口
集成电路制造合计	万片	54	1 203 939	1 166 012	136 517
12 英寸集成电路硅片小计	万片	12	884 086	853 486	5 571
线宽 45 纳米及以下	万片	5	17 997	17 718	1 882
线宽 45 纳米以上	万片	7	866 089	835 768	3 688
8 英寸集成电路硅片小计	万片	17	168 201	159 741	129 929
线宽 0.18 微米及以下	万片	6	126 958	122 975	94 384
线宽 0.18 微米至 0.35 微米	万片	6	40 855	36 378	35 389
线宽 0.35 微米以上	万片	5	387	387	156
6 英寸集成电路硅片小计	万片	10	22 459	22 535	1 014
线宽 0.8 微米及以下	万片	7	22 412	22 483	1 014
线宽 0.8 微米以上	万片	3	48	53	
5 英寸集成电路硅片小计	万片	3	79	79	
线宽 0.8 微米及以下	万片	1	9	9	
线宽 0.8 微米以上	万片	2	70	70	
4 英寸集成电路硅片	万片	10	128 864	129 922	3
4 英寸以下集成电路硅片	万片	2	250	249	
集成电路封装测试合计	万只	102	15 307 820	15 243 280	8 075 371
TO 系列	万只	18	1 990 324	1 999 700	331 806
SOT（SOD）系列	万只	12	5 271 545	5 273 574	4 348 772
DIP/SIP/ZIP 系列	万只	12	469 685	458 514	56 621

续表

产品名称	计量单位	企业数（家）	本年生产量	本年销售量	本年实际出口
SOP/SOJ 系列	万只	18	2 987 972	2 977 396	989 601
QFP 系列	万只	14	1 136 620	1 128 148	741 993
BGA/PGA 系列	万只	10	398 846	399 960	101 436
Flip Chip 系列	万只	7	248 036	244 771	104 913
CSP 系列	万只	8	2 779 783	2 736 409	1 398 481
MCP 系列	万只	3	25 009	24 809	1 749
集成电路产品合计	万只	100	1 895 916	1 895 867	1 011 624
MOS 微器件小计	万只	2	91 584	97 664	13 982
MOS MPU	万只	1	14 016	13 982	13 982
MOS MCU	万只	1	77 568	83 682	
逻辑电路小计	万只	8	11 236	11 236	59
数字双极电路	万只	4	10 853	10 853	
MOS 逻辑电路	万只	2	314	313	
现场可编程逻辑电路（FPLD，含 FPGA）	万只	2	69	70	59
MOS 存储器小计	万只	8	97 899	96 477	78 839
DRAM	万只	4	16 815	16 815	16 815
可擦写只读存储器（EPROM、E2PROM）	万只	1	15 267	14 511	
Flash 存储器	万只	2	65 798	65 132	62 024
其他存储器	万只	1	19	19	
模拟电路小计	万只	16	30 872	30 150	14
放大器电路	万只	6	213	209	12
接口电路	万只	3	221	221	1
电源电路（模拟开关、线性滤波器等）	万只	3	21 196	20 517	
数模 / 模数转换电路	万只	3	31	31	1
其他模拟电路	万只	1	9 210	9 171	
专用电路小计	万只	27	384 236	371 590	28 014
消费电子类电路	万只	6	234 092	232 104	457
计算机及外部设备电路	万只	2	32 168	27 780	24 012
通信与网络电路	万只	3	8 333	7 381	1
机动车专用电路	万只	4	3 296	3 292	391

续表

产品名称	计量单位	企业数（家）	本年生产量	本年销售量	本年实际出口
电源管理电路	万只	4	65 945	60 343	672
其他专用电路	万只	8	40 401	40 690	2 481
智能卡芯片及电子标签芯片小计	万只	12	138 368	138 391	109
接触式智能卡芯片	万只	9	137 223	137 316	109
非接触式智能卡芯片	万只	3	1 145	1 075	
其中：RFID 电子标签芯片	万只	1	5	5	
传感器电路	万只	1	2 175	1 958	
微波单片集成电路	万只	9	14 003	14 308	10
混合集成电路	万只	17	1 125 543	1 134 094	890 598

表 112　2016 年显示器件生产量、销售量和出口量汇总表

产品名称	计量单位	企业数（家）	本年生产量	本年销售量	本年实际出口
液晶显示屏合计	万片	72	247 681	245 983	29 879
24 寸及以上	万片	20	33 660	33 404	2 952
7 寸＜尺寸≤ 11 寸	万片	27	109 783	110 298	5 593
2.5 寸≤尺寸≤ 7 寸	万片	25	104 238	102 280	21 334
等离子显示器件 PDP	万片	3	507	492	169
液晶显示模组及主要配套材料	万套	98	618 068	610 560	157 993
有机发光显示器件 OLED	万只	25	74 193	74 001	852
其他显示器件	万只	63	1 172 408	1 152 725	73 841

表 113　2016 年电力电子器件生产量、销售量和出口量汇总表

产品名称	计量单位	企业数（家）	本年生产量	本年销售量	本年实际出口
晶闸管	万只	10	17 871	17 837	
绝缘栅极晶体管及模块（IGBT、IGCT）	万只	7	1 199	1 203	718
快恢复二极管（FRD）	万只	7	28 639	28 639	
肖特基二极管	万只	9	102 631	103 620	1 351
金属氧化物半导体场效应管（MOSFET）器件及模块	万只	5	97 280	95 334	24 800

表 114　2016 年微电子组件生产量、销售量和出口量汇总表

产品名称	计量单位	企业数（家）	本年生产量	本年销售量	本年实际出口
微电子组件合计	万只	107	2 205 221	2 175 350	1 264 663
集成电路模块	万只	59	1 988 363	1 957 087	1 248 894
多芯片封装组件（MCM）	万只	9	5 305	5 296	
其他微电子组件	万只	39	211 553	212 966	15 769

表 115　2016 年光电子器件及其他电子器件生产量、销售量和出口量汇总表

产品名称	计量单位	企业数（家）	本年生产量	本年销售量	本年实际出口
电子束光电器件合计	万只	21	62 731	61 371	1 134
光电倍增管	万只	7	10 446	10 444	17
摄像管	万只	1	1	1	
光电图像器件	万只	13	52 284	50 926	1 117
电真空光电子器件合计	万只	161	4 503 995	4 398 856	1 731 504
发光器件	万只	89	3 098 950	3 019 555	1 080 883
光敏器件	万只	16	96 238	94 831	67 611
光电耦合器件	万只	15	292 608	274 988	269 153
红外器件	万只	6	16 047	16 393	12 715
X- 射线（光）管小计	万只	6	12 210	12 107	
医用 X 射线（光）管	万只	2	3	3	
工业用 X 射线（光）管	万只	4	12 207	12 104	
其他真空光电子器件	万只	29	987 942	980 982	301 141
电光源合计	万只	138	369 794	364 540	63 898
白炽灯	万只	32	53 958	53 109	5 640
荧光灯	万只	60	161 890	159 621	49 511
卤钨灯	万只	21	139 051	137 005	8 297
气体放电灯	万只	8	6 367	6 332	444
汞蒸汽灯（含汽车灯）	万只	15	8 199	8 164	6
钠蒸汽灯	万只	2	329	309	
半导体光电器件合计	万只	154	119 242 165	117 811 344	2 554 970
光电探测器件	万只	9	140 469	140 695	315

续表

产品名称	计量单位	企业数（家）	本年生产量	本年销售量	本年实际出口
发光二极管	万只	145	119 101 696	117 670 649	2 554 655
激光器件合计	万只	31	24 995	25 022	69
半导体激光器件	万只	25	24 109	24 165	69
固体激光器件	万只	4	865	836	
气体激光器件	万只	2	21	21	

表 116　2016 年电子微电机生产量、销售量和出口量汇总表

产品名称	计量单位	企业数（家）	本年生产量	本年销售量	本年实际出口
微特电机合计	万只	393	682 975	715 310	38 213
驱动微电机小计	万只	268	290 315	283 846	32 478
异步电动机	万只	124	15 609	15 279	162
同步电动机	万只	17	9 537	9 481	
直流电动机	万只	65	187 442	177 720	25 746
直线电动机	万只	4	67	66	9
冷却用小型风机	万只	8	795	793	12
平面无刷电动机	万只	2	3 122	3 330	3 299
其他驱动微电机	万只	48	73 744	77 178	3 249
控制微电机小计	万只	59	268 118	312 350	2 273
自整角机	万只	2	6	6	
旋转变压器	万只	4	214	214	
伺服电动机	万只	19	2 404	2 309	3
测速发电机	万只	2	32	29	
步进电机	万只	6	6 523	6 323	400
力矩电机	万只	8	347	342	5
微特电机机组及组合装置	万只	15	258 565	303 101	1 865
伺服测速机组	万只	3	28	27	
专用微特电机小计	万只	16	108 789	103 223	361
计算机外设用电机	万只	1	33	33	
音视盘机用电机	万只	1	2 172	2 172	

续表

产品名称	计量单位	企业数（家）	本年生产量	本年销售量	本年实际出口
手机、BP 机用微型振动马达	万只	13	104 872	99 306	361
录音机电机	万只	1	1 712	1 712	
电源电机小计	万只	28	1 597	1 581	340
手摇发电机组	万只	2	319	319	298
变频、变流电机	万只	15	1 204	1 188	19
发电机组	万只	11	74	74	23
其他电机小计	万只	22	14 155	14 310	2 761
洗衣机电机	万只	4	350	351	70
风扇电机	万只	8	8 650	8 638	2 162
压缩机电机	万只	10	5 155	5 321	529

表 117　2016 年电子电线电缆生产量、销售量和出口量汇总表

产品名称	计量单位	企业数（家）	本年生产量	本年销售量	本年实际出口
安装线缆					
安装线	公里	96	41 372 826	40 129 774	6 457 834
安装电缆	公里	179	24 274 331	24 196 235	360 890
带状电缆	公里	21	6 564 138	6 547 507	4 600
电话机、计算机用弹簧绳	万根	2	102	102	
电源插头线	万根	49	406 557	382 828	61 118
射频电缆合计	公里	65	6 254 378	6 166 183	530 096
柔软同轴电缆	公里	39	5 127 110	5 057 613	315 579
其中：CATV 电缆	公里	1	3 091	3 401	1 013
半硬（半软）同轴电缆	公里	13	753 629	738 786	20 190
硬同轴电缆	公里	6	314 814	307 195	194 200
特种同轴电缆小计	公里	7	58 825	62 589	127
漏泄电缆	公里	2	1 548	1 555	126
稳相电缆	公里	4	56 014	59 769	
水密电缆	公里	1	1 263	1 265	1
综合电缆	公里	208	15 506 596	15 365 403	57 229

续表

产品名称	计量单位	企业数（家）	本年生产量	本年销售量	本年实际出口
通信及电子网络用电缆合计	公里	43	7 738 946	7 635 173	1 687 921
其中：电话电缆	公里	11	3 306 491	3 281 859	98 641
井下及隧道用监控、通信电缆	公里	7	737 751	726 756	652 201
计算机网络用电缆	公里	21	3 660 095	3 609 341	937 079
电子线材合计	吨	197	28 044 598	27 662 779	954 697
电子元器件引线	吨	36	23 647 862	23 311 529	922 586
裸铜线	吨	51	2 353 216	2 319 011	9 612
铜包钢线	吨	10	38 143	38 460	812
铜包铝线	吨	16	132 360	131 722	1 872
微细漆包线（小于 0.6mm）	吨	17	470 752	470 413	1 001
一般漆包线（大于 0.6mm）	吨	56	1 266 343	1 264 919	17 525
纱包线及绕包线	吨	11	135 922	126 725	1 289

表 118　2016 年光纤、光缆生产量、销售量和出口量汇总表

产品名称	计量单位	企业数（家）	本年生产量	本年销售量	本年实际出口
光纤接入设备合计	公里	32	262 641 814	258 743 684	2 874 001
单模光纤	公里	24	261 998 725	258 100 799	2 874 001
多模光纤	公里	5	254 568	253 971	
塑料光纤	公里	3	388 521	388 914	
光缆合计	芯公里	77	245 514 451	249 835 332	15 608 108
通信用室（野）外光缆	芯公里	38	127 598 573	127 915 447	5 861 378
通信用移动式光缆	芯公里	4	30 849 476	31 719 274	2 131 905
通信用室（局）内光缆	芯公里	14	49 997 682	53 173 847	6 564 365
通信用设备内光缆	芯公里	3	1 212 158	1 211 998	
通信用海底光缆	芯公里	2	37 273	35 132	
接入网用光纤带光缆	芯公里	2	30 209 810	30 206 610	
通信用特殊光缆	芯公里	6	1 813 856	1 827 442	1 050 460
非通信用光缆	芯公里	8	3 795 623	3 745 583	

表 119　2016 年电池生产量、销售量和出口量汇总表

产品名称	计量单位	企业数（家）	本年生产量	本年销售量	本年实际出口
碱性蓄电池合计	千瓦时	19	2 046 033	1 891 171	126 204
锌银蓄电池	千瓦时	5	157 278	157 418	4 989
铁镍蓄电池	千瓦时	1	5 420	5 433	
圆柱形密封镉镍蓄电池	千瓦时	1	80	80	
镍氢蓄电池	千瓦时	12	1 883 255	1 728 240	121 215
酸性蓄电池合计	万 kVH	86	47 327	44 661	1 678
密封铅酸蓄电池	万 kVH	84	47 029	44 387	1 678
非密封铅酸蓄电池	万 kVH	2	298	274	
锂蓄电池合计	千瓦时	88	107 920 903	107 632 567	4 102 133
锂离子单体电池（电芯）	千瓦时	61	105 957 871	105 746 602	4 049 051
其中：液体锂离子电池	千瓦时	2	207 596	196 635	
聚合物锂离子电池	千瓦时	6	362 270	353 069	43
锂离子电池组	千瓦时	27	1 963 033	1 885 964	53 082
原电池合计	万只	20	622 131	632 145	198 030
普通锌锰干电池	万只	11	162 460	161 721	9 668
碱性锌锰电池	万只	6	229 128	226 335	181 550
锌锰扣式电池	万只	3	230 543	244 089	6 812
燃料电池合计	千伏安	3	29 795	31 290	
微型燃料电池	千伏安	3	29 795	31 290	
蓄电池充电器	万只	4	19 138	18 974	
电池专用配件					
泡沫镍、纤维镍带	平方米	2	3 528 750	3 437 750	9 710
镍氢电池正负极带	平方米	3	1 220 197	1 072 960	
锂蓄电池专用配件	万只	11	380 031	370 312	13 531

表 120　2016 年太阳能电池生产量、销售量和出口量汇总表

产品名称	计量单位	企业数（家）	本年生产量	本年销售量	本年实际出口
太阳能电池合计	兆瓦	102	156 645	152 997	2 800
多晶硅电池	兆瓦	49	49 764	49 536	2 041

续表

产品名称	计量单位	企业数（家）	本年生产量	本年销售量	本年实际出口
单晶硅电池	兆瓦	20	6 135	6 195	249
硅基薄膜电池	兆瓦	3	36	36	1
其他太阳能电池	兆瓦	30	100 709	97 229	510
太阳能电池组件合计	兆瓦	112	677 136	663 237	5 914
单晶硅电池组件	兆瓦	34	559 334	555 439	288
多晶硅电池组件	兆瓦	72	116 879	106 865	5 625
薄膜电池组件	兆瓦	6	923	933	1

表 121　2016 年电子元件材料生产量、销售量和出口量汇总表

产品名称	计量单位	企业数（家）	本年生产量	本年销售量	本年实际出口
电子元件材料合计	公斤	147	1 132 418 868	1 102 080 699	149 872 136
纸绝缘板	公斤	24	94 097 035	92 143 320	4 406 248
纸基敷铜板	公斤	15	16 294 872	16 312 935	
玻璃布基敷铜板	公斤	11	237 962 319	236 473 994	73 397 519
电子光学玻璃	公斤	33	317 344 845	304 684 470	60 991 435
电解二氧化锰粉	公斤	1	3 200 825	3 115 341	
电容器用材料小计	公斤	41	353 768 303	342 289 762	10 045 933
铝箔	公斤	15	48 106 772	50 997 902	9 075 475
聚酯膜	公斤	10	71 374 580	70 738 059	660 894
聚丙烯膜	公斤	16	234 286 951	220 553 801	309 564
压电材料小计	公斤	4	1 700 784	1 650 733	
铌酸锂单晶	公斤	4	1 700 784	1 650 733	
光纤预制棒	公斤	5	662 847	649 975	
电解铜箔	公斤	13	107 387 039	104 760 169	1 031 001

表 122　2016 年真空电子器件材料生产量、销售量和出口量汇总表

产品名称	计量单位	企业数（家）	本年生产量	本年销售量	本年实际出口
真空电子器件材料合计	公斤	62	462 574 287	458 451 715	4 265 566
钨制品	公斤	1	10 000	10 000	

续表

产品名称	计量单位	企业数（家）	本年生产量	本年销售量	本年实际出口
镍基合金	公斤	4	2 346 659	2 155 294	87 541
复合金属电子材料	公斤	24	63 813 536	61 130 803	1 227 463
触头材料	公斤	4	6 519 585	6 295 832	2 524 000
电真空器件用玻璃	公斤	1	5 430 000	5 100 000	
液晶材料	公斤	20	377 081 074	377 038 595	18 527
合金材料	公斤	8	7 373 434	6 721 191	408 035

表 123　2016 年半导体材料生产量、销售量和出口量汇总表

产品名称	计量单位	企业数（家）	本年生产量	本年销售量	本年实际出口
半导体单晶合计	公斤	51	486 603 466	478 629 541	3 762 517
锗单晶	公斤	2	14 745	14 600	2 657
硅单晶	公斤	17	45 754 556	46 872 827	1 824 406
化合物单晶	公斤	4	392 684	382 593	
多晶硅	公斤	28	440 441 480	431 359 520	1 935 454
半导体片材合计	万片	50	692 561	664 457	48 117
硅抛光片	万片	11	142 276	139 974	1 718
硅外延片	万片	3	511	507	119
其他半导体片材	万片	36	549 774	523 976	46 280
半导体封装材料					
键合用金丝	公斤	6	24 085	24 022	396
键合用硅铝丝	公斤	1	1	1	1
封装用金属管壳	万只	4	874	927	
封装用陶瓷外壳	万只	6	14 588 729	14 591 181	32 918
分立器件塑封引线框架及金属带材	万只	7	7 271 179	7 124 138	69 414
集成电路塑封引线框架及金属带材	万只	11	5 664 704	5 753 327	865 007
封装用模塑料粉及辅料	吨	16	207 322	203 128	17 066
光刻掩膜版	张	1	29 400	29 300	
石英制品	公斤	23	121 043 034	122 887 251	58 530
导电膜玻璃	平方米	11	130 165 142	131 479 521	1 181 288

表 124　2016 年信息化学品材料生产量、销售量和出口量汇总表

产品名称	计量单位	企业数（家）	本年生产量	本年销售量	本年实际出口
荧光粉	公斤	8	13 843 467	12 293 309	
消气剂	万只	2	671	668	
光刻胶	公斤	11	18 079 365	17 845 729	392 270

表 125　2016 年智慧家庭终端设备生产量、销售量和出口量汇总表

产品名称	计量单位	企业数（家）	本年生产量	本年销售量	本年实际出口
智能家居产品	台 / 套	21	5 753 994	5 682 575	3 337 284
智能健康管理终端	台 / 套	3	131 860	130 149	26 000
智能养老看护终端	台 / 套	1	300	300	

表 126　2016 年个人可穿戴智能设备生产量、销售量和出口量汇总表

产品名称	计量单位	企业数（家）	本年生产量	本年销售量	本年实际出口
智能手表	只	6	14 770 606	14 549 420	8 779 250
智能手环	只	6	35 542 499	35 427 464	17 660 042

表 127　2016 年虚拟现实设备生产量、销售量和出口量汇总表

产品名称	计量单位	企业数（家）	本年生产量	本年销售量	本年实际出口
头戴式虚拟现实设备	台	1	1 852 440	1 848 572	1 848 572
虚拟现实相关应用电子设备	台	2	3 510	3496	

表 128　2016 年其他智能硬件设备生产量、销售量和出口量汇总表

产品名称	计量单位	企业数（家）	本年生产量	本年销售量	本年实际出口
智能车载设备	套				
车载导航终端	套	17	6 354 042	6 395 256	4 227 316
其中：北斗导航终端	套	1	12 236	11 396	
车载多媒体终端	套	7	6 678 122	6 164 924	4 210 000
汽车电脑报站器	套	2	10 000	10 300	
其他智能车载设备	套	11	16 487 810	16 521 387	10 041 875

续表

产品名称	计量单位	企业数（家）	本年生产量	本年销售量	本年实际出口
智能无人机	台	1	20 985	20 711	19 913
其他智能化硬件产品	台	83	50 358 385	49 831 155	4 885 831

表 129　2016 年电子信息产业主要产品生产能力汇总表

主要产品名称	计量单位	年初生产能力	年末生产能力
手机	万部	1 102 348	3 208 339
传真机	万部	4 638	4 444
程控交换机	万线	14 791	19 249
台式微型计算机	万台	116 252	113 542
服务器	万台	2 538	32 387
笔记本计算机	万台	27 909	26 351
平板计算机	万台	36 357	75 806
电视机	万台	21 352	24 075
其中：彩色电视机	万台	20 065	22 724
激光视盘机	万台	18 029	2 334 493
数码摄像机	万台	102 918	503 600
显示器	万台	31 244	34 402
集成电路	万块	19 099 709	23 462 538
半导体分立器件	万只	27 849 386	26 305 578
半导体发光二极管（LED）	万只	71 746 548	151 008 615

表 130　2016 年电子信息产业主要产品分省市产量情况

省市名称	微型计算机设备（万台）	笔记本计算机（万台）	彩色电视机（万台）	液晶（LCD）电视机（万台）	智能电视（万台）	移动通信手持机（手机）（万台）	智能手机（万台）	程控交换机（万线）	集成电路（亿块）
总计	29 009	16 498	15 770	15 714	9 310	205 819	153 764	1 458	1 318
北京市	684	33	305	305	193	6 924	6 795		81
天津市			224	224	224	4 973	4 284		16
河北省								14	
山西省						2 693	2 693		
内蒙古自治区			27	27	27				

续表

省市名称	微型计算机设备（万台）	笔记本计算机（万台）	彩色电视机（万台）	液晶（LCD）电视机（万台）	智能电视（万台）	移动通信手持机（手机）（万台）	智能手机（万台）	程控交换机（万线）	集成电路（亿块）
辽宁省			145	145		641	641	37	
黑龙江省	1								3
上海市	3 084	2 099	115	115	93	4 801	4 415	75	228
江苏省	5 285	4 066	1 383	1 383	640	5 352	4 999	1	454
浙江省	183	178	658	658	505	5 100	4 576	219	74
安徽省	1 660	1 492	829	829	571	141	41		2
福建省	847	332	1 016	1 016	1 008	2 569	1 875		2
江西省			20	20		7 414	6 399		
山东省	24		2 067	2 067	1 581	6 083	4 585		
河南省			14	14		25 236	17 158		
湖北省	840		9	9		6 221	4 904		
湖南省	36	11	18	18	6	23		4	4
广东省	3 345	728	7 440	7 384	4 261	95 230	76 497	1 103	219
广西壮族自治区	1		178	178		546	428		
重庆市	6 765	5 842	18	18	18	25 500	10 399		3
四川省	5 937	1 716	1 106	1 106	62	4 469	2 684	1	33
贵州省	317	1	191	191	119	1 859	384		1
云南省			4	4	0	37		5	
陕西省			3	3	3	8	8		1
甘肃省									197

表 131　2016 年电子信息产业制造业固定资产投资主要指标

单位：亿元

指标名称	本年累计	上年同期	增长（%）
一、投资额和新增固定资产			
自年初累计完成投资	16 584.2	13 775.3	20.4
建筑工程	7 040.1	6 164.2	14.2
安装工程	1 416.4	968.8	46.2
设备工器具购置	7 244.4	5 940.9	21.9
其他费用	883.4	701.3	26

续表

指标名称	本年累计	上年同期	增长（%）
本年新增固定资产	9 203.5	9 658.9	–4.7
二、投资项目个数			
施工项目个数	16 058	13 193	21.7
其中：本年新开工	12 120	9 614	26.1
本年投产项目数	10 337	9 478	9.1
三、固定资产投资资金来源			
上年末结余资金	646.1	416.2	55.2
本年资金来源小计	15 799.3	14 109.2	12
国家预算内资金	76.8	50	53.5
国内贷款	1 176.9	1 007.6	16.8
债券	9.2	2	355.7
利用外资	587.6	710.2	–17.3
其中：外商直接投资	297.8	412.3	–27.8
自筹资金	13 685.7	12 161	12.5
其中：企事业单位自有资金	4 205.3	3 030.8	38.7
其他资金来源	263.2	178.4	47.6
四、各项应付款合计	1 294.4	658.5	96.6

表 132　2016 年按企业登记注册类型分列的电子信息产业制造业固定资产投资指标（1）

单位：亿元

项目名称	本年累计完成投资	其中			
		建筑工程	安装工程	设备工器具购置	其他费用
总计	16 584.22	7 040.12	1 416.36	7 244.35	883.38
内资企业	13 445.94	6 314.56	1 198.13	5 141.36	791.89
国有企业	467.33	292.69	41.13	96.94	36.56
集体企业	37.51	27.63	2.86	5.14	1.88
股份合作企业	76.61	36.04	16.91	17.54	6.12
联营企业	13.87	7.44	1.72	4.52	0.19
国有联营企业	10.71	6.63	1.63	2.41	0.04
其他联营企业	3.16	0.80	0.10	2.11	0.15

续表

项目名称	本年累计完成投资	其中			
		建筑工程	安装工程	设备工器具购置	其他费用
有限责任公司	5 672.82	2 777.08	517.19	2 003.72	374.82
国有独资公司	365.34	211.56	19.36	93.04	41.38
其他有限责任公司	5 307.48	2 565.53	497.83	1 910.69	333.44
股份有限公司	685.79	275.31	66.76	314.60	29.13
私营企业	6 182.38	2 729.59	516.33	2 608.24	328.22
私营独资企业	555.27	247.10	49.19	238.04	20.94
私营合伙企业	49.82	26.35	8.80	12.82	1.86
私营有限责任公司	5 304.95	2 322.74	438.82	2 251.02	292.37
私营股份有限公司	272.34	133.40	19.53	106.36	13.06
其他内资企业	309.64	168.80	35.21	90.66	14.97
港澳台商投资企业	1 255.38	308.99	76.16	821.57	48.66
与港澳台商合资经营企业	247.24	63.66	15.38	158.62	9.59
与港澳台商合作经营企业	8.61	6.04	0.09	2.35	0.13
港澳台商独资企业	944.56	231.43	58.42	618.51	36.20
港澳台商投资股份有限公司	52.03	7.43	2.16	39.75	2.69
其他港澳台商投资企业	2.93	0.43	0.10	2.33	0.06
外商投资企业	1 882.90	416.57	142.07	1 281.42	42.84
中外合资经营企业	685.42	172.64	88.02	397.46	27.29
中外合作经营企业	9.09	0.14	0.23	8.65	0.06
外资企业	1 148.22	232.77	50.97	850.45	14.03
外商投资股份有限公司	29.61	3.92	2.40	22.61	0.68
其他外商投资企业	10.56	7.10	0.45	2.24	0.77

表 133　2016 年按行业分列的电子信息产业制造业固定资产投资指标（1）

单位：亿元

项目名称	本年累计完成投资	其中			
		建筑工程	安装工程	设备工器具购置	其他费用
通信设备工业行业	1 536.64	683.99	122.26	616.58	113.81
通信系统设备制造	835.24	378.54	55.81	351.12	49.76
通信终端设备制造	701.41	305.44	66.45	265.47	64.05
雷达工业行业	80.37	40.51	9.35	26.92	3.59

续表

项目名称	本年累计完成投资	其中			
		建筑工程	安装工程	设备工器具购置	其他费用
雷达及配套设备制造	80.37	40.51	9.35	26.92	3.59
广播电视设备工业行业	215.85	103.29	22.68	78.42	11.48
广播电视节目制作及发射设备制造	40.32	19.17	3.57	16.26	1.32
广播电视接收设备及器材制造	105.75	46.45	9.60	43.04	6.67
应用电视设备及其他广播电视设备制造	69.78	37.67	9.51	19.11	3.49
电子计算机工业行业	1 184.98	530.83	84.86	506.12	63.17
计算机整机制造	199.18	66.18	9.51	115.95	7.54
计算机零部件制造	466.22	221.96	34.10	186.63	23.53
计算机外围设备制造	157.70	74.45	11.89	64.84	6.52
其他计算机制造	321.54	145.9	24.21	126.56	24.87
幻灯及投影设备制造	10.57	5.78	1.37	3.29	0.13
计算器及货币专用设备制造	29.76	16.55	3.79	8.85	0.58
家用视听设备工业行业	290.42	139.16	16.30	123.17	11.80
电视机制造	125.05	63.17	6.43	49.84	5.62
音响设备制造	93.99	45.26	6.09	39.25	3.40
影视录放设备制造	71.39	30.73	3.78	34.09	2.79
电子器件工业行业	3 719.05	1 354.16	304.89	1 881.80	178.20
电子真空器件制造	90.11	43.81	6.67	36.65	2.98
半导体分立器件制造	238.75	55.64	19.94	160.12	3.04
集成电路制造	880.06	180.66	79.26	582.33	37.81
光电子器件及其他电子器件制造	2 510.13	1074.06	199.01	1 102.69	134.36
电子元件工业行业	3 297.12	1 418.00	302.41	1 435.33	141.38
电力电子元器件制造	994.91	472.25	108.75	366.12	47.79
电子元件及组件制造	1931.70	793.71	165.16	892.32	80.51
印制电路板制造	370.50	152.04	28.49	176.89	13.08
电子测量仪器工业行业	761.99	342.56	73.62	283.21	62.60
环境监测专用仪器仪表制造	66.71	28.75	7.75	26.10	4.11
运输设备及生产用计数仪表制造	74.77	41.31	8.72	23.19	1.54
导航、气象及海洋专用仪器制造	34.63	13.65	1.66	18.17	1.14
农林牧渔专用仪器仪表制造	8.78	4.90	1.16	2.35	0.37

续表

项目名称	本年累计完成投资	其中			
		建筑工程	安装工程	设备工器具购置	其他费用
地质勘探和地震专用仪器制造	13.85	1.84	0.59	10.76	0.65
核子及核辐射测量仪器制造	4.34	1.83	0.57	1.44	0.50
电子测量仪器制造	86.17	36.76	10.01	33.15	6.25
其他专用仪器制造	118.28	37.26	10.81	40.44	29.77
医疗诊断、监护及治疗设备制造	354.48	176.26	32.34	127.60	18.27
电子工业专用设备行业	1 840.34	930.36	165.27	613.72	130.98
电子工业专用设备制造	665.08	333.22	57.43	241.68	32.75
其他电子设备制造	1 175.26	597.14	107.85	372.04	98.23
电子信息机电工业行业	3 290.42	1 363.92	277.10	1503.84	145.56
微电机及其他电机制造	323.69	140.51	23.59	148.07	11.51
光纤、光缆制造	302.28	146.23	19.20	121.96	14.89
光伏设备及元器件制造	1 274.26	474.23	125.99	622.20	51.84
锂离子电池制造	1 296.82	541.95	95.51	595.02	64.34
镍氢电池制造	93.38	61.00	12.81	16.59	2.98
其他电子信息行业	367.02	133.34	37.63	175.24	20.81
信息化学品制造	367.02	133.34	37.63	175.24	20.81

表 134　2016 年按省、自治区、直辖市分列的电子信息产业制造业固定资产投资指标（1）

单位：亿元

省、自治区、直辖市名称	本年累计完成投资	其中			
		建筑工程	安装工程	设备工器具购置	其他费用
北京市	132.91	21.26	9.05	99.55	3.05
天津市	329.19	83.79	82.98	153.07	9.35
河北省	470.59	229.76	55.28	149.88	35.67
山西省	138.07	37.79	11.84	84.09	4.36
内蒙古自治区	272.60	71.93	22.61	168.80	9.26
辽宁省	151.38	31.48	7.45	108.31	4.13
吉林省	149.78	37.25	30.85	78.35	3.33
黑龙江省	44.96	14.84	3.01	25.84	1.26

续表

省、自治区、直辖市名称	本年累计完成投资	其中			
		建筑工程	安装工程	设备工器具购置	其他费用
上海市	185.68	55.00	5.67	100.75	24.26
江苏省	2 972.20	874.69	193.17	1 773.22	131.12
浙江省	694.02	261.66	45.70	335.86	50.80
安徽省	1 201.38	694.70	133.06	343.83	29.80
福建省	879.58	336.65	34.11	460.98	47.84
江西省	1 041.38	593.37	109.80	299.38	38.83
山东省	1 115.15	419.67	96.29	567.52	31.67
河南省	1 189.25	599.26	39.67	498.30	52.02
湖北省	926.95	535.71	97.30	239.06	54.89
湖南省	696.41	374.68	94.39	176.73	50.61
广东省	1 445.40	487.35	109.91	723.12	125.02
广西壮族自治区	259.07	110.40	25.60	108.67	14.40
海南省	20.19	16.84	0.09	3.21	0.05
重庆市	805.01	461.89	103.73	159.60	79.80
四川省	562.61	302.44	29.98	193.11	37.07
贵州省	116.96	74.95	10.58	22.83	8.60
云南省	40.57	20.22	0.33	18.70	1.33
西藏自治区	0.80	0.52	0.28		
陕西省	516.63	195.76	43.28	250.98	26.62
甘肃省	47.53	32.13	3.14	10.59	1.67
青海省	84.69	33.31	7.57	40.21	3.60
宁夏回族自治区	47.51	13.03	1.68	31.34	1.47
新疆维吾尔自治区	45.74	17.78	7.96	18.48	1.51

表 135　2016 年按企业登记注册类型分列的电子信息产业制造业固定资产投资指标（2）

单位：亿元

项目名称	本年新增固定资产	上年末结余资金	本年资金来源小计	其中					
				国家预算内资金	国内贷款	利用外资	其中：外商直接投资	自筹	其他来源
总计	9 203.54	646.10	15 799.29	76.79	1 176.87	587.56	297.77	13 685.68	263.23
内资企业	7 432.89	561.16	12 746.03	71.14	981.01	38.15	3.42	11 415.06	231.50

续表

项目名称	本年新增固定资产	上年末结余资金	本年资金来源小计	其中					
				国家预算内资金	国内贷款	利用外资	其中：外商直接投资	自筹	其他来源
国有企业	221.80	30.02	440.51	30.20	52.67			352.91	4.70
集体企业	32.15	0.05	39.01	0.10	2.35			35.43	1.13
股份合作企业	28.18	1.20	72.57		6.99	4.91		60.16	0.51
联营企业	6.35	0.08	13.85		3.29			10.56	
国有联营企业	4.94	0.08	10.71		3.29			7.42	
其他联营企业	1.41		3.13					3.13	
有限责任公司	2 715.57	352.94	5 294.89	25.77	397.52	10.95	0.16	4 769.08	90.50
国有独资公司	185.81	10.98	343.43	10.21	19.03			304.02	10.09
其他有限责任公司	2 529.75	341.96	4 951.46	15.56	378.49	10.95	0.16	4 465.06	80.40
股份有限公司	403.28	39.29	645.97	6.40	37.97	2.19	1.22	562.36	29.30
私营企业	3 871.44	135.71	5 929.93	8.67	451.98	19.93	1.87	5 362.23	86.82
私营独资企业	364.42	4.72	543.89	0.02	37.79	16.57	0.27	468.00	21.51
私营合伙企业	31.00	1.44	48.69		3.13			44.96	0.51
私营有限责任公司	3 295.12	122.16	5 070.41	6.37	398.04	3.36	1.60	4 598.83	63.63
私营股份有限公司	180.89	7.40	266.94	2.28	13.01			250.44	1.16
其他内资企业	154.12	1.87	309.30		28.25	0.16	0.16	262.33	18.56
港澳台商投资企业	765.01	24.72	1 244.51	4.62	36.72	120.94	83.64	1 072.24	10.00
与港澳台商合资经营企业	129.85	2.96	241.43	1.24	6.24	9.53	5.67	223.46	0.96
与港澳台商合作经营企业	4.66	0.22	8.05		0.12	0.41	0.41	7.52	
港澳台商独资企业	588.39	19.36	934.74	3.38	26.86	108.19	76.16	788.89	7.41
港澳台商投资股份有限公司	36.13	2.19	57.39		3.50	2.70	1.30	49.55	1.63
其他港澳台商投资企业	5.98		2.90			0.10	0.10	2.80	
外商投资企业	1 005.64	60.22	1 808.74	1.03	159.13	428.47	210.71	1 198.38	21.73
中外合资经营企业	281.38	24.19	606.77	0.66	86.04	24.46	5.47	493.46	2.15
中外合作经营企业	3.99	0.04	11.21		2.70			8.51	
外资企业	704.08	35.14	1 147.16	0.37	65.50	397.52	205.00	664.21	19.56
外商投资股份有限公司	13.45	0.58	31.39		4.70	5.50		21.20	
其他外商投资企业	2.74	0.26	12.20		0.19	1.00	0.23	11.00	0.02

表 136　2016 年按行业分列的电子信息产业制造业固定资产投资指标（2）

单位：亿元

项目名称	本年新增固定资产	上年末结余资金	本年资金来源小计	其中					
				国家预算内资金	国内贷款	利用外资	其中：外商直接投资	自筹	其他来源
通信设备工业行业	840.05	36.50	1 473.82	7.69	82.82	22.73	6.81	1 328.63	31.85
通信系统设备制造	536.55	17.34	793.57	7.51	53.34	7.24	1.69	699.41	25.97
通信终端设备制造	303.49	19.16	680.25	0.18	29.48	15.49	5.12	629.23	5.87
雷达工业行业	25.30	5.08	71.21	2.97	2.24			65.43	0.57
雷达及配套设备制造	25.30	5.08	71.21	2.97	2.24			65.43	0.57
广播电视设备工业行业	157.20	3.10	210.10		15.49	0.71	0.20	192.03	1.79
广播电视节目制作及发射设备制造	26.57	0.80	39.14		8.05	0.06		30.47	0.48
广播电视接收设备及器材制造	85.13	0.14	100.80		6.26	0.65	0.20	93.04	0.85
应用电视设备及其他广播电视设备制造	45.49	2.16	70.15		1.18			68.51	0.46
电子计算机工业行业	665.18	37.61	1 137.14	1.56	82.94	32.01	18.25	991.75	28.88
计算机整机制造	94.02	5.80	187.31	0.30	6.31	0.80	0.45	165.49	14.40
计算机零部件制造	221.07	7.34	439.98		37.48	12.82	2.36	386.70	2.98
计算机外围设备制造	126.67	7.34	144.99	1.19	5.58	1.83	1.61	132.77	3.63
其他计算机制造	192.55	17.08	324.92	0.03	33.14	16.00	13.27	269.28	6.47
幻灯及投影设备制造	5.67	0.05	10.21	0.04	0.20			9.96	
计算器及货币专用设备制造	25.20		29.74		0.24	0.56	0.56	27.53	1.40
家用视听设备工业行业	161.21	11.47	286.98	1.65	7.92	25.93	9.09	247.91	3.58
电视机制造	59.50	7.85	118.83	0.81	2.23	10.63		103.84	1.32
音响设备制造	51.96	3.31	97.01	0.43	2.98	1.85	1.69	89.87	1.88
影视录放设备制造	49.75	0.30	71.14	0.41	2.71	13.44	7.40	54.19	0.38
电子器件工业行业	1 591.31	315.91	3 584.63	7.22	337.31	326.66	163.35	2 874.79	37.62
电子真空器件制造	48.34	3.39	83.74	1.06	5.27			75.78	1.62
半导体分立器件制造	94.49	4.95	236.28	0.31	11.62	103.96	2.75	118.31	2.08
集成电路制造	421.01	46.28	893.73	4.04	51.65	169.99	143.65	663.10	4.95
光电子器件及其他电子器件制造	1 027.47	261.30	2 370.88	1.81	268.77	52.71	16.95	2 017.59	28.97
电子元件工业行业	2 127.01	89.19	3 202.30	11.60	196.21	115.94	66.38	2 824.94	45.83

续表

项目名称	本年新增固定资产	上年末结余资金	本年资金来源小计	其中					
				国家预算内资金	国内贷款	利用外资	其中：外商直接投资	自筹	其他来源
电力电子元器件制造	688.74	36.86	957.88	1.28	54.83	5.46	3.14	879.87	16.29
电子元件及组件制造	1 234.93	42.80	1 880.90	10.15	109.59	93.99	52.53	1 633.35	26.22
印制电路板制造	203.34	9.53	363.52	0.17	31.80	16.49	10.70	311.72	3.32
电子测量仪器工业行业	501.58	19.11	729.86	5.94	53.31	6.94	4.88	640.25	23.38
环境监测专用仪器仪表制造	43.50	0.96	65.76	0.19	4.82			60.65	0.10
运输设备及生产用计数仪表制造	48.37	1.43	72.48	0.18	2.89	3.33	3.33	51.58	14.50
导航、气象及海洋专用仪器制造	29.65	0.03	35.86		0.98			34.72	0.16
农林牧渔专用仪器仪表制造	7.31		8.33		0.60			7.73	
地质勘探和地震专用仪器制造	11.79	0.10	13.78			0.46		13.32	
核子及核辐射测量仪器制造	3.07	0.02	4.60		2.01			2.58	
电子测量仪器制造	58.51	1.09	89.72		4.64			84.71	0.38
其他专用仪器制造	66.07	2.56	116.54	0.02	11.64	1.11	0.77	102.46	1.31
医疗诊断、监护及治疗设备制造	233.31	12.94	322.80	5.55	25.73	2.04	0.78	282.50	6.93
电子工业专用设备行业	1 103.35	66.05	1 731.27	22.77	92.69	18.66	9.45	1 558.91	38.12
电子工业专用设备制造	424.49	12.50	638.26	13.66	32.06	6.31	5.76	573.34	12.81
其他电子设备制造	678.86	53.55	1 093.01	9.10	60.63	12.35	3.69	985.56	25.31
电子信息机电工业行业	1 773.07	38.21	3034.85	9.83	280.24	26.18	15.07	2 678.42	40.17
微电机及其他电机制造	208.04	2.39	318.29	0.16	24.40	4.43	2.79	284.75	4.55
光纤、光缆制造	165.50	1.10	292.89	0.10	37.21	2.99	1.15	246.43	6.16
光伏设备及元器件制造	700.07	11.19	1 191.53	2.75	140.54	7.33	3.35	1 027.78	13.13
锂离子电池制造	650.29	20.71	1140.80	6.81	73.64	11.37	7.72	1 036.29	12.68
镍氢电池制造	49.17	2.83	91.33		4.45	0.07	0.07	83.16	3.65
其他电子信息行业	258.28	23.88	337.13	5.55	25.69	11.80	4.29	282.64	11.45
信息化学品制造	258.28	23.88	337.13	5.55	25.69	11.80	4.29	282.64	11.45

表 137　2016 年按省、自治区、直辖市分列的电子信息产业制造业固定资产投资指标（2）

单位：亿元

省、自治区、直辖市名称	本年新增固定资产	上年末结余资金	本年资金来源小计	其中					
				国家预算内资金	国内贷款	利用外资	其中：外商直接投资	自筹	其他来源
北京市	50.16	12.33	135.09	0.22	1.74	0.58	0.22	129.99	2.56
天津市	185.76	2.48	324.38	0.30	16.87	33.67	13.65	271.93	1.60
河北省	381.22	6.08	450.31		9.79			437.51	3.01
山西省	83.62	0.08	126.14	0.10	11.24			114.38	0.42
内蒙古自治区	163.50	8.80	264.50	0.43	19.88			244.18	
辽宁省	29.32	0.45	151.91	0.24	1.13	93.30		57.21	0.02
吉林省	121.34	0.07	144.73		5.53			139.04	0.11
黑龙江省	30.60	4.17	41.62	0.67	0.25			40.70	
上海市	94.93	17.77	228.50	6.46	54.55	2.48	2.18	155.28	9.74
江苏省	2 068.21	77.29	2 906.60	2.27	281.43	246.98	96.54	2 339.35	36.57
浙江省	437.33	31.96	658.41	11.32	22.70	14.55	13.92	603.95	5.90
安徽省	587.75	33.37	1 106.56	10.93	28.56	5.82	1.21	1 045.90	14.34
福建省	291.82	92.41	820.04	7.37	99.38	1.10	0.50	704.11	7.92
江西省	469.21	30.66	975.53	13.28	79.12	0.87	0.87	862.66	19.59
山东省	611.24	20.49	1 094.53	0.13	112.84	15.74	13.72	952.53	5.60
河南省	779.92	0.68	1 109.80		115.88	3.83	0.03	984.42	5.66
湖北省	341.25	91.01	834.50	1.05	58.76	4.91		738.47	31.30
湖南省	381.61	9.77	671.90	5.57	42.83	0.19		590.95	32.34
广东省	839.97	81.45	1 309.64	3.63	54.10	43.68	37.31	1 184.52	23.66
广西壮族自治区	207.94	2.66	248.08	0.42	10.00			224.95	12.64
海南省	5.25		20.67		7.00			13.67	
重庆市	327.22	91.11	809.75	1.54	86.79	2.06	0.31	690.20	29.17
四川省	265.92	12.95	537.57	3.80	17.70	2.91	2.41	501.89	11.27
贵州省	86.55	2.89	100.94	0.37	10.38			89.96	0.23
云南省	28.07	0.05	27.11					26.79	0.32
西藏自治区	0.68		0.82					0.82	
陕西省	262.63	12.65	500.94	2.19	20.83	114.90	114.90	357.33	5.68
甘肃省	28.68	0.59	42.19	0.49	1.22			40.18	00.23

续表

省、自治区、直辖市名称	本年新增固定资产	上年末结余资金	本年资金来源小计	其中					
				国家预算内资金	国内贷款	利用外资	其中：外商直接投资	自筹	其他来源
青海省	22.04	0.05	79.00		3.10			75.60	0.30
宁夏回族自治区	10.48	1.61	32.74	3.32	0.04			26.69	2.69
新疆维吾尔自治区	9.33	0.23	44.81	0.69	3.23			40.55	0.34

表 138　2016 年按企业登记注册类型分列的电子信息产业制造业固定资产投资指标（3）

项目名称	施工项目个数	其中	本年投产项目个数
		本年新开工	
总计	16 058	12 120	10 337
内资企业	14 211	10 856	9 265
国有企业	402	282	226
集体企业	64	46	42
股份合作企业	42	30	23
联营企业	14	11	7
国有联营企业	11	8	5
其他联营企业	3	3	2
有限责任公司	4 109	2 963	2 477
国有独资公司	126	71	54
其他有限责任公司	3 983	2 892	2 423
股份有限公司	764	505	468
私营企业	8 349	6 623	5 744
私营独资企业	963	795	725
私营合伙企业	102	79	68
私营有限责任公司	6 940	5 495	4 728
私营股份有限公司	344	254	223
其他内资企业	467	396	278
港澳台商投资企业	814	547	479
与港澳台商合资经营企业	202	130	102
与港澳台商合作经营企业	15	9	9
港澳台商独资企业	543	375	335

续表

项目名称	施工项目个数	其中 本年新开工	本年投产项目个数
港澳台商投资股份有限公司	49	31	29
其他港澳台商投资企业	5	2	4
外商投资企业	1 033	717	593
中外合资经营企业	271	160	141
中外合作经营企业	8	6	5
外资企业	713	523	427
外商投资股份有限公司	25	18	12
其他外商投资企业	16	10	8

表 139　2016 年按行业分列的电子信息产业制造业固定资产投资指标（3）

项目名称	施工项目个数	其中 本年新开工	本年投产项目个数
通信设备工业行业	1 238	910	759
通信系统设备制造	751	551	484
通信终端设备制造	487	359	275
雷达工业行业	87	67	44
雷达及配套设备制造	87	67	44
广播电视设备工业行业	308	239	207
广播电视节目制作及发射设备制造	62	53	42
广播电视接收设备及器材制造	165	122	111
应用电视设备及其他广播电视设备制造	81	64	54
电子计算机工业行业	1 072	789	683
计算机整机制造	107	68	58
计算机零部件制造	387	291	249
计算机外围设备制造	200	142	132
其他计算机制造	306	228	194
幻灯及投影设备制造	20	17	9
计算器及货币专用设备制造	52	43	41
家用视听设备工业行业	344	251	213
电视机制造	99	65	59

续表

项目名称	施工项目个数	其中 本年新开工	本年投产项目个数
音响设备制造	146	111	91
影视录放设备制造	99	75	63
电子器件工业行业	2 026	1 437	1 237
电子真空器件制造	126	96	85
半导体分立器件制造	213	161	136
集成电路制造	305	215	174
光电子器件及其他电子器件制造	1 382	965	842
电子元件工业行业	4 828	3 742	3 261
电力电子元器件制造	1 553	1 266	1 128
电子元件及组件制造	2 850	2 172	1 877
印制电路板制造	425	304	256
电子测量仪器工业行业	1 022	783	668
环境监测专用仪器仪表制造	106	85	74
运输设备及生产用计数仪表制造	107	86	65
导航、气象及海洋专用仪器制造	52	37	36
农林牧渔专用仪器仪表制造	7	6	7
地质勘探和地震专用仪器制造	19	14	14
核子及核辐射测量仪器制造	8	5	4
电子测量仪器制造	138	108	85
其他专用仪器制造	143	120	105
医疗诊断、监护及治疗设备制造	442	322	278
电子工业专用设备行业	2 271	1 727	1 460
电子工业专用设备制造	904	709	606
其他电子设备制造	1 367	1 018	854
电子信息机电工业行业	2 514	1 915	1 572
微电机及其他电机制造	558	445	412
光纤、光缆制造	263	196	171
光伏设备及元器件制造	931	737	605
锂离子电池制造	686	487	335
镍氢电池制造	76	50	49

续表

项目名称	施工项目个数	其中 本年新开工	本年投产项目个数
其他电子信息行业	348	260	233
信息化学品制造	348	260	233

表 140　2016 年按省、自治区、直辖市分列的电子信息产业制造业固定资产投资指标（3）

省、自治区、直辖市名称	施工项目个数	其中 本年新开工	本年投产项目个数
北京市	40	7	7
天津市	447	391	175
河北省	285	207	187
山西省	64	47	41
内蒙古自治区	107	90	83
辽宁省	77	38	20
吉林省	222	198	183
黑龙江省	70	55	43
上海市	114	52	20
江苏省	3 165	2 650	2 408
浙江省	1 621	1 255	1 067
安徽省	1 324	1 076	776
福建省	450	318	261
江西省	708	469	408
山东省	1 008	726	694
河南省	444	299	263
湖北省	527	314	297
湖南省	1 031	809	686
广东省	2 062	1 412	1 276
广西壮族自治区	635	522	474
海南省	6	3	2
重庆市	587	439	348
四川省	456	307	261
贵州省	175	141	139

续表

省、自治区、直辖市名称	施工项目个数	其中	本年投产项目个数
		本年新开工	
云南省	27	20	14
西藏自治区	3	2	1
陕西省	218	149	120
甘肃省	61	42	36
青海省	62	47	30
宁夏回族自治区	22	16	5
新疆维吾尔自治区	40	19	12

软件产业统计数据

表 141　2016 年软件和信息技术服务业主要指标汇总表（1）

单位：万元

项目名称	企业数（家）	软件业务收入	其中			其中
			软件产品收入	信息技术服务收入	嵌入式系统软件收入	软件外包服务收入
软件企业合计	32 310	482 322 235	150 278 252	260 904 233	71 139 750	21 394 225
一、按企业登记注册类型分列						
内资企业	29 746	373 066 387	127 683 905	198 053 147	47 329 335	13 790 056
国有企业	617	33 442 221	10 344 885	17 824 600	5 272 736	862 256
集体企业	48	4 831 984	620 227	3 023 639	1 188 117	53 321
股份合作企业	258	4 198 460	1 267 135	1 916 407	1 014 918	496 691
联营企业	120	987 251	269 100	653 716	64 435	159 705
国有联营企业	45	340 720	94 432	192 137	54 151	96 502
集体联营企业	37	207 357	86 989	116 288	4 079	51 902
国有与集体联营企业	15	169 525	35 706	127 614	6 205	8 290
其他联营企业	23	269 649	51 972	217 676		3 011
有限责任公司	11 333	158 624 738	52 507 144	87 626 374	18 491 220	5 355 267
国有独资公司	182	3 979 737	1 200 189	2 327 054	452 494	185 005
其他有限责任公司	11 151	154 645 001	51 306 955	85 299 320	18 038 726	5 170 262
股份有限公司	3 669	72 373 600	24 901 880	37 707 888	9 763 832	2 839 906
私营企业	13 140	92 707 564	36 100 471	46 202 084	10 405 009	3 927 638
私营独资	1 831	13 665 875	5 189 932	6 326 581	2 149 363	499 282
私营合伙	480	3 496 880	1 461 916	1 885 343	149 621	364 055
私营有限责任公司	9 729	66 529 945	26 125 352	33 421 079	6 983 514	2 645 983
私营股份有限公司	1 100	9 014 863	3 323 271	4 569 081	1 122 511	418 317
其他内资企业	561	5 900 570	1 673 061	3 098 440	1 129 068	95 272
中国港、澳、台商投资企业	830	44 732 874	9 341 510	30 800 643	4 590 721	976 082
合资经营企业（中国港、澳、台资）	184	4 726 549	960 888	2 808 500	957 161	124 477
合作经营企业（中国港、澳、台资）	13	145 608	126 337	5 536	13 734	
中国港、澳、台商独资经营企业	593	37 413 658	6 359 349	27 685 824	3 368 486	714 605
中国港、澳、台商投资股份有限公司	32	2 388 437	1 862 900	274 196	251 341	115 727

续表

项目名称	企业数（家）	软件业务收入	其中			其中
			软件产品收入	信息技术服务收入	嵌入式系统软件收入	软件外包服务收入
其他中国港、澳、台商投资企业	8	58 622	32 036	26 587		21 273
外商投资企业	1 734	64 522 974	13 252 837	32 050 442	19 219 695	6 628 087
中外合资经营企业	412	12 202 910	2 391 511	5 464 169	4 347 229	610 481
中外合作经营企业	20	268 710	65 670	163 168	39 873	5 346
外资企业	1 226	47 525 554	10 315 827	23 093 276	14 116 451	5 906 326
外商投资股份有限公司	44	3 553 901	179 688	2 964 127	410 085	97 782
其他外商投资企业	32	971 899	300 141	365 701	306 056	8 153
二、按控股经济分列						
国有控股	2 133	86 110 286	26 467 773	47 637 857	12 004 657	3 362 186
集体控股	4 076	67 093 876	22 280 246	39 517 984	5 295 646	2 263 999
私人控股	20 098	198 261 424	66 538 375	104 388 014	27 335 036	7 384 846
港澳台商控股	638	35 624 437	6 594 192	25 408 826	3 621 418	858 494
外商投资	1 308	47 963 947	10 596 927	20 355 790	17 011 230	4 615 871
其他	4 057	47 268 266	17 800 740	23 595 762	5 871 764	2 908 831
三、按行业分列						
软件产品行业	15 183	163 475 272	125 677 955	35 814 199	1 983 118	9 858 063
信息技术服务行业	13 749	226 635 932	16 923 184	208 355 913	1 356 834	11 082 077
嵌入式系统软件行业	3 378	92 211 031	7 677 113	16 734 120	67 799 798	454 085
四、按企业规模分列						
大型企业	2 585	248 054 417	64 629 393	139 545 364	43 879 660	8 465 998
中型企业	13 819	149 040 434	56 193 293	78 018 942	14 828 200	9 739 114
小型企业	14 094	78 314 475	26 601 821	39 914 461	11 798 193	3 016 576
微型企业	1 812	6 912 909	2 853 746	3 425 466	633 697	172 538
五、按跨国经营分列						
有并购境外企业	231	15 067 246	2 326 449	6 540 991	6 199 806	182 344
在境外有生产线的企业	243	44 164 953	6 513 292	15 487 710	22 163 950	2 312 572
在境外有研发中心的企业	311	25 841 055	5 495 383	14 739 512	5 606 160	2 016 346
在境外仅有销售网点的企业	724	25 544 809	9 177 069	11 437 453	4 930 287	983 054
未从事跨国经营活动	30 801	371 704 172	126 766 059	212 698 567	32 239 546	15 899 909

续表

项目名称	企业数（家）	软件业务收入	其中			其中
			软件产品收入	信息技术服务收入	嵌入式系统软件收入	软件外包服务收入
六、按区域分列						
东部地区	21 665	381 126 123	112 202 035	203 280 409	65 643 679	12 915 805
中部地区	3 576	23 938 305	10 548 470	11 966 272	1 423 563	588 488
西部地区	3 775	51 563 839	17 344 490	31 668 617	2 550 731	2 488 467
东北地区	3 294	25 693 968	10 183 258	13 988 934	1 521 776	5 401 465

表 142　2016 年软件和信息技术服务业主要指标汇总表（2）

单位：万美元

项目名称	软件业务出口收入	软件外包服务出口收入	嵌入式系统软件出口收入
软件企业合计	4 994 608	964 586	2 044 205
一、按企业登记注册类型分列			
内资企业	3 176 934	387 776	1 600 662
国有企业	128 957	50 088	60 315
集体企业	20 200	1 916	16 540
股份合作企业	12 779	60	11 167
联营企业	1 057	988	60
国有联营企业	402	333	60
集体联营企业	555	555	
国有与集体联营企业	100	100	
有限责任公司	1 855 759	117 274	873 769
国有独资公司	18 286	17 921	44
其他有限责任公司	1 837 473	99 353	873 725
股份有限公司	747 749	96 823	429 863
私营企业	304 747	120 104	106 937
私营独资	58 483	15 601	23 910
私营合伙	1 179	371	118
私营有限责任公司	204 466	98 314	66 547
私营股份有限公司	40 619	5 818	16 362
其他内资企业	105 687	523	102 011

续表

项目名称	软件业务出口收入	软件外包服务出口收入	嵌入式系统软件出口收入
中国港、澳、台商投资企业	499 402	55 588	99 854
合资经营企业（中国港、澳、台资）	158 069	5 690	8 467
合作经营企业（中国港、澳、台资）	235		235
中国港、澳、台商独资经营企业	214 164	43 744	90 039
中国港、澳、台商投资股份有限公司	124 618	3 840	1 113
其他中国港、澳、台商投资企业	2 315	2 315	
外商投资企业	1 318 272	521 222	343 688
中外合资经营企业	140 256	42 392	28 868
中外合作经营企业	2 065	494	
外资企业	1 078 166	476 444	268 522
外商投资股份有限公司	4 067	794	1 860
其他外商投资企业	93 718	1 098	44 437
二、按控股经济分列			
国有控股	815 566	106 455	419 293
集体控股	296 041	119 921	29 643
私人控股	2 370 074	166 209	1 102 654
港澳台商控股	234 829	50 711	80 466
外商投资	1 035 967	453 526	351 788
其他	242 131	67 763	60 360
三、按行业分列			
软件产品行业	961 538	420 279	12 151
信息技术服务行业	1 147 513	537 009	4 771
嵌入式系统软件行业	2 885 556	7 298	2 027 283
四、按企业规模分列			
大型企业	3 593 153	608 795	1 554 971
中型企业	681 855	243 118	192 271
小型企业	678 642	100 495	295 360
微型企业	40 957	12 178	1 603
五、按跨国经营分列			
有并购境外企业	193 752	10 581	155 098

续表

项目名称	软件业务出口收入	软件外包服务出口收入	嵌入式系统软件出口收入
在境外有生产线的企业	1 871 893	52 519	947 634
在境外有研发中心的企业	564 433	134 856	362 440
在境外仅有销售网点的企业	522 954	46 606	154 566
未从事跨国经营活动	1 841 576	720 023	424 467
六、按区域分列			
东部地区	4 390 547	616 018	2 021 586
中部地区	45 723	9 159	3 969
西部地区	253 442	106 510	7 597
东北地区	304 895	232 899	11 053

表 143　2016 年软件和信息技术服务业主要指标汇总表（3）

单位：万元

项目名称	利润总额	流动资产平均余额	资产合计	负债合计	固定资产投资额
软件企业合计	65 578 520	400 220 838	703 089 552	347 632 560	15 468 573
一、按企业登记注册类型分列					
内资企业	44 778 701	314 143 733	565 211 707	289 792 035	11 266 587
国有企业	3 115 645	29 597 778	55 838 012	30 716 383	947 409
集体企业	641 210	320 936	6 965 266	5 361 603	12 320
股份合作企业	272 587	2 056 130	4 112 371	1 716 901	103 362
联营企业	186 298	469 235	1 054 196	294 315	28 976
国有联营企业	41 858	107 339	384 313	114 738	14 439
集体联营企业	14 945	36 953	104 791	34 197	9 413
国有与集体联营企业	21 687	65 362	129 707	58 287	875
其他联营企业	107 808	259 582	435 385	87 092	4 248
有限责任公司	19 026 253	117 607 783	217 952 493	134 617 355	3 708 094
国有独资公司	567 334	4 946 189	8 650 094	3 882 436	516 437
其他有限责任公司	18 458 919	112 661 594	209 302 400	130 734 919	3 191 656
股份有限公司	10 445 895	78 598 298	147 885 289	55 551 485	3 427 411
私营企业	10 484 901	83 480 953	114 353 816	59 480 417	3 011 082
私营独资	1 288 346	4 223 375	7 830 944	4 113 841	180 340
私营合伙	516 141	1 787 244	7 711 135	2 433 318	47 396

续表

项目名称	利润总额	流动资产平均余额	资产合计	负债合计	固定资产投资额
私营有限责任公司	7 580 228	64 898 558	83 496 575	46 985 026	2 516 642
私营股份有限公司	1 100 187	12 571 776	15 315 162	5 948 232	266 705
其他内资企业	605 912	2 012 620	17 050 263	2 053 575	27 933
中国港、澳、台商投资企业	15 613 978	56 387 225	79 541 213	31 021 601	954 221
合资经营企业（中国港、澳、台资）	408 599	3 721 467	6 284 383	3 797 534	68 199
合作经营企业（中国港、澳、台资）	22 665	340 447	501 926	179 387	1 825
中国港、澳、台商独资经营企业	14 305 875	47 778 427	67 121 214	24 754 288	834 722
中国港、澳、台商投资股份有限公司	881 078	4 428 068	5 461 264	2 121 882	49 116
其他中国港、澳、台商投资企业	–4 239	118 817	172 426	168 510	359
外商投资企业	5 185 840	29 689 880	58 336 632	26 818 925	3 247 765
中外合资经营企业	1 208 600	4 731 344	12 646 345	5 143 513	2 474 935
中外合作经营企业	9 639	144 228	334 293	168 246	2 030
外资企业	3 496 477	23 529 289	42 663 597	20 786 923	676 810
外商投资股份有限公司	166 242	768 941	2 029 010	424 598	90 672
其他外商投资企业	304 882	516 078	663 387	295 645	3 317
二、按控股经济分列					
国有控股	9 764 744	91 370 264	161 538 373	83 068 994	2 562 684
集体控股	8 027 672	45 579 052	80 759 593	40 156 415	1 428 091
私人控股	25 133 977	170 980 517	300 549 087	157 508 338	6 540 142
港澳台商控股	12 496 877	41 283 658	58 161 065	22 365 321	686 951
外商投资	4 187 412	21 252 244	40 818 765	19 374 827	563 443
其他	5 967 839	29 755 104	61 262 668	25 158 665	3 687 261
三、按行业分列					
软件产品行业	31 932 683	153 890 254	264 351 226	112 155 441	5 005 696
信息技术服务行业	27 842 011	205 352 214	370 323 973	193 999 311	9 843 051
嵌入式系统软件行业	5 803 826	40 978 369	68 414 352	41 477 808	619 826
四、按企业规模分列					
大型企业	37 049 782	224 142 472	389 815 145	187 688 721	6 859 309
中型企业	18 886 115	118 585 310	239 357 679	126 989 811	4 539 442
小型企业	9 018 998	40 818 157	68 288 179	30 440 772	3 906 771

续表

项目名称	利润总额	流动资产平均余额	资产合计	负债合计	固定资产投资额
微型企业	623 625	16 674 899	5 628 548	2 513 257	163 055
五、按跨国经营分列					
有并购境外企业	3 048 212	9 961 631	25 382 134	12 298 998	1 293 265
在境外有生产线的企业	2 909 157	22 876 071	37 398 882	21 919 542	457 733
在境外有研发中心的企业	3 209 991	19 934 723	42 334 459	13 327 942	2 916 027
在境外仅有销售网点的企业	4 072 686	30 335 758	46 575 514	22 993 932	1 455 944
未从事跨国经营活动	52 338 474	317 112 655	551 398 564	277 092 147	9 345 603
六、按区域分列					
东部地区	55 908 461	321 912 285	580 061 697	289 034 175	12 416 579
中部地区	2 834 515	31 079 672	52 957 864	26 318 748	1 360 539
西部地区	4 341 621	39 169 822	56 031 618	25 984 469	1 352 160
东北地区	2 493 924	8 059 060	14 038 373	6 295 168	339 295

表 144　2016 年软件和信息技术服务业主要指标汇总表（4）

单位：万元

项目名称	主营业务税金及附加	年末所有者权益	年初所有者权益	应交增值税
软件企业合计	9 563 721	355 456 992	258 187 947	13 878 459
一、按企业登记注册类型分列				
内资企业	8 284 553	275 419 672	201 688 217	10 690 533
国有企业	491 708	25 121 629	21 121 986	623 821
集体企业	53 976	1 603 663	1 318 946	151 764
股份合作企业	47 963	2 395 470	1 531 454	70 464
联营企业	22 826	759 882	658 460	20 834
国有联营企业	3 931	269 574	241 933	5 276
集体联营企业	10 824	70 594	63 745	4 452
国有与集体联营企业	4 273	71 420	66 156	2 488
其他联营企业	3 798	348 293	286 626	8 619
有限责任公司	2 263 327	83 335 139	66 991 179	4 878 653
国有独资公司	32 131	4 767 658	3 916 021	121 065
其他有限责任公司	2 231 196	78 567 481	63 075 158	4 757 589

续表

项目名称	主营业务税金及附加	年末所有者权益	年初所有者权益	应交增值税
股份有限公司	2 956 747	92 333 804	68 967 327	2 101 882
私营企业	2 318 521	54 873 399	40 239 403	2 791 508
私营独资	428 512	3 717 104	2 794 140	268 447
私营合伙	81 344	5 277 817	1 068 559	86 787
私营有限责任公司	1 671 509	36 511 548	29 137 769	2 145 039
私营股份有限公司	137 156	9 366 930	7 238 934	291 235
其他内资企业	129 487	14 996 688	859 462	51 606
中国港、澳、台商投资企业	423 588	48 519 612	35 965 528	2 220 094
合资经营企业（中国港、澳、台资）	52 507	2 486 849	1 765 615	−3 005
合作经营企业（中国港、澳、台资）	1 292	322 539	230 073	9 692
中国港、澳、台商独资经营企业	341 124	42 366 927	31 127 779	2 031 987
中国港、澳、台商投资股份有限公司	28 342	3 339 382	2 828 943	181 033
其他中国港、澳、台商投资企业	323	3 916	13 118	386
外商投资企业	855 580	31 517 707	20 534 202	967 833
中外合资经营企业	119 267	7 502 833	6 008 396	241 275
中外合作经营企业	7 097	166 047	109 610	3 414
外资企业	702 395	21 876 673	13 523 925	666 348
外商投资股份有限公司	21 586	1 604 412	713 741	16 072
其他外商投资企业	5 236	367 742	178 530	40 724
二、按控股经济分列				
国有控股	972 372	78 469 379	69 295 198	2 204 678
集体控股	999 257	40 603 179	30 666 667	1 426 434
私人控股	5 709 084	143 040 748	99 333 848	6 152 920
港澳台商控股	299 709	35 795 745	26 922 172	2 052 320
外商投资	791 172	21 443 938	13 254 522	821 656
其他	792 128	36 104 003	18 715 540	1 220 453
三、按行业分列				
软件产品行业	2 974 846	152 195 785	120 417 573	7 120 894
信息技术服务行业	5 441 029	176 324 662	118 193 490	4 863 905
嵌入式系统软件行业	1 147 847	26 936 544	19 576 883	1 893 661

续表

项目名称	主营业务税金及附加	年末所有者权益	年初所有者权益	应交增值税
四、按企业规模分列				
大型企业	2 899 821	202 126 424	142 814 877	7 380 072
中型企业	4 655 118	112 367 869	84 066 507	4 665 056
小型企业	1 896 679	37 847 408	28 838 630	1 683 765
微型企业	112 103	3 115 291	2 467 932	149 565
五、按跨国经营分列				
有并购境外企业	2 089 719	13 083 136	9 345 545	495 189
在境外有生产线的企业	234 935	15 479 340	10 356 407	1 493 043
在境外有研发中心的企业	463 388	29 006 517	11 853 558	417 657
在境外仅有销售网点的企业	547 281	23 581 582	19 738 181	1 616 592
未从事跨国经营活动	6 228 399	274 306 417	206 894 256	9 855 977
六、按区域分列				
东部地区	7 671 082	291 027 521	207 502 654	11 147 583
中部地区	278 224	26 639 116	20 718 276	838 509
西部地区	668 199	30 047 149	23 262 600	1 546 137
东北地区	946 217	7 743 205	6 704 417	346 230

表 145　2016 年软件和信息技术服务业主要指标汇总表（5）

单位：万元

项目名称	应交所得税	出口已退税额	研发经费	主营业务成本
软件企业合计	8 238 521	1 282 683	45 452 003	414 223 594
一、按企业登记注册类型分列				
内资企业	5 673 446	773 206	34 838 577	330 539 150
国有企业	362 800	142 521	2 412 214	34 206 023
集体企业	110 148	2 827	241 000	3 626 545
股份合作企业	31 692	6 016	172 232	8 127 608
联营企业	17 205	1 255	74 634	878 574
国有联营企业	4 180	105	31 780	269 525
集体联营企业	1 802	1 101	15 510	245 613
国有与集体联营企业	2 066	47	10 019	123 083

续表

项目名称	应交所得税	出口已退税额	研发经费	主营业务成本
其他联营企业	9 157	2	17 326	240 354
有限责任公司	2 541 549	190 053	16 672 409	129 077 137
国有独资公司	49 182	4 910	354 780	4 484 536
其他有限责任公司	2 492 367	185 144	16 317 628	124 592 600
股份有限公司	1 028 134	200 210	6 994 126	68 747 758
私营企业	1 534 591	224 977	7 936 299	69 916 063
私营独资	165 016	50 424	673 636	9 859 878
私营合伙	68 684	9 447	227 999	2 522 665
私营有限责任公司	1 189 600	149 975	6 057 130	50 577 348
私营股份有限公司	111 292	15 131	977 534	6 956 172
其他内资企业	47 327	5 347	335 663	15 959 440
中国港、澳、台商投资企业	1 864 774	286 952	7 161 766	23 506 173
合资经营企业（中国港、澳、台资）	55 506	120 685	684 482	4 533 375
合作经营企业（中国港、澳、台资）	4 243		20 148	148 140
中国港、澳、台商独资经营企业	1 702 487	39 877	6 070 802	16 317 509
中国港、澳、台商投资股份有限公司	102 381	126 390	381 616	2 441 482
其他中国港、澳、台商投资企业	158		4 718	65 667
外商投资企业	700 301	222 525	3 451 660	60 178 272
中外合资经营企业	114 584	14 478	586 766	11 333 937
中外合作经营企业	2 567	2 381	19 448	257 041
外资企业	576 640	163 767	2 726 134	43 698 182
外商投资股份有限公司	5 105	1 130	47 560	4 465 289
其他外商投资企业	1 405	40 769	71 752	423 823
二、按控股经济分列				
国有控股	1 185 369	460 198	8 009 376	81 923 835
集体控股	967 035	98 433	6 189 359	57 954 024
私人控股	3 249 682	353 044	17 873 866	164 746 305
港澳台商控股	1 489 613	40 262	6 295 773	13 338 500
外商投资	566 967	240 427	2 448 734	41 574 190
其他	779 855	90 319	4 634 895	54 686 741

续表

项目名称	应交所得税	出口已退税额	研发经费	主营业务成本
三、按行业分列				
软件产品行业	3 536 390	571 762	21 818 131	124 456 946
信息技术服务行业	3 888 897	354 682	18 109 481	222 689 027
嵌入式系统软件行业	813 234	356 239	5 524 391	67 077 622
四、按企业规模分列				
大型企业	4 476 389	791 346	26 833 083	205 921 899
中型企业	2 667 347	235 784	12 739 936	131 200 712
小型企业	1 006 535	249 489	5 479 305	72 177 048
微型企业	88 249	6 064	399 678	4 923 936
五、按跨国经营分列				
有并购境外企业	296 851	21 035	896 871	18 556 174
在境外有生产线的企业	454 928	64 319	4 426 207	34 063 404
在境外有研发中心的企业	248 453	97 653	2 831 283	35 627 549
在境外仅有销售网点的企业	515 810	352 386	4 494 946	30 582 491
未从事跨国经营活动	6 722 480	747 291	32 802 696	295 393 976
六、按区域分列				
东部地区	6 992 323	1 071 381	36 869 379	327 199 427
中部地区	412 259	135 519	2 589 260	24 509 479
西部地区	584 537	57 904	4 983 918	45 998 400
东北地区	249 403	17 879	1 009 447	16 516 288

表 146　2016 年软件和信息技术服务业主要指标汇总表（6）

单位：万元

项目名称	应收账款	应付账款	本年折旧	本年应付职工薪酬
软件企业合计	109 134 498	87 364 756	8 191 927	69 158 814
一、按企业登记注册类型分列				
内资企业	90 414 881	73 332 879	5 279 162	51 830 272
国有企业	10 268 460	10 010 334	770 146	4 504 457
集体企业	578 871	1 425 490	11 340	210 749
股份合作企业	864 883	475 517	55 520	419 471

续表

项目名称	应收账款	应付账款	本年折旧	本年应付职工薪酬
联营企业	91 164	63 634	20 996	134 706
国有联营企业	34 352	23 556	9 034	41 062
集体联营企业	16 715	8 584	5 414	24 409
国有与集体联营企业	4 561	9 692	1 798	15 660
其他联营企业	35 536	21 801	4 749	53 575
有限责任公司	36 331 470	30 049 225	2 568 258	21 745 079
国有独资公司	1 445 844	1 067 427	97 908	587 155
其他有限责任公司	34 885 626	28 981 799	2 470 349	21 157 924
股份有限公司	22 640 121	15 283 774	880 316	11 682 927
私营企业	18 750 530	14 365 997	948 788	12 694 150
私营独资	1 901 816	1 318 449	97 603	1 330 991
私营合伙	595 587	327 080	36 624	477 182
私营有限责任公司	13 748 073	11 687 145	731 358	9 451 304
私营股份有限公司	2 505 053	1 033 323	83 202	1 434 673
其他内资企业	889 382	1 658 907	23 799	438 734
中国港、澳、台商投资企业	8 385 606	5 917 865	985 785	7 158 096
合资经营企业（中国港、澳、台资）	1 452 439	945 507	38 333	678 691
合作经营企业（中国港、澳、台资）	170 143	113 592	2 775	27 307
中国港、澳、台商独资经营企业	5 439 041	3 995 845	896 573	6 023 233
中国港、澳、台商投资股份有限公司	1 312 746	826 758	45 766	403 121
其他中国港、澳、台商投资企业	11 238	36 163	2 337	25 743
外商投资企业	10 334 012	8 114 013	1 926 980	10 170 446
中外合资经营企业	1 941 915	1 496 947	160 386	2 269 164
中外合作经营企业	40 396	60 541	11 330	21 078
外资企业	7 828 580	5 875 655	1 722 992	7 481 107
外商投资股份有限公司	193 632	487 788	28 052	262 581
其他外商投资企业	329 489	193 081	4 221	136 516
二、按控股经济分列				
国有控股	28 095 457	25 925 849	1 519 291	12 516 989
集体控股	11 957 309	9 954 483	528 722	9 136 748

续表

项目名称	应收账款	应付账款	本年折旧	本年应付职工薪酬
私人控股	46 716 350	35 810 371	2 679 683	27 375 435
港澳台商控股	5 042 764	3 307 348	878 660	5 956 484
外商投资	7 745 687	5 496 582	1 870 484	7 249 861
其他	9 576 932	6 870 123	715 087	6 923 297
三、按行业分列				
软件产品行业	47 242 509	26 690 442	2 760 749	29 991 245
信息技术服务行业	46 507 359	47 304 891	4 304 867	34 287 629
嵌入式系统软件行业	15 384 631	13 369 424	1 126 311	4 879 940
四、按企业规模分列				
大型企业	58 649 440	48 307 506	4 036 936	36 564 949
中型企业	35 915 496	25 212 999	2 171 237	21 367 546
小型企业	13 524 424	13 092 353	1 927 307	10 512 916
微型企业	1 045 138	751 898	56 447	713 403
五、按跨国经营分列				
有并购境外企业	3 060 436	5 236 261	55 538	1 838 102
在境外有生产线的企业	9 759 836	5 260 178	375 686	3 268 035
在境外有研发中心的企业	4 512 356	4 933 294	190 423	4 561 547
在境外仅有销售网点的企业	10 233 510	8 031 084	464 982	3 822 352
未从事跨国经营活动	81 568 360	63 903 940	7 105 299	55 668 778
六、按区域分列				
东部地区	86 402 201	71 085 418	6 768 318	55 237 618
中部地区	12 064 126	9 419 623	630 303	4 267 742
西部地区	8 433 682	5 565 847	658 086	6 414 848
东北地区	2 234 490	1 293 868	135 221	3 238 606

表 147　2016 年软件和信息技术服务业主要指标汇总表（7）

单位：人

项目名称	从业人员年末数	软件研发人员	管理人员	硕士以上人员	大本人员	大专以下人员
软件企业合计	5 858 212	2 196 447	914 881	620 436	3 146 247	2 091 479
一、按企业登记注册类型分列						
内资企业	4 792 256	1 817 106	718 538	494 723	2 646 963	1 650 546

续表

项目名称	从业人员年末数	软件研发人员	管理人员	硕士以上人员	大本人员	大专以下人员
国有企业	383 851	126 630	37 940	54 738	183 311	145 805
集体企业	33 853	2 753	3 986	6 210	15 366	12 278
股份合作企业	47 983	9 650	3 542	4 516	26 611	16 856
联营企业	14 846	7 297	1 732	1 303	9 690	3 853
国有联营企业	3 898	2 392	543	476	2 976	444
集体联营企业	3 828	1 882	471	228	2 857	744
国有与集体联营企业	2 406	810	331	198	1 241	968
其他联营企业	4 714	2 213	387	401	2 616	1 697
有限责任公司	1 773 832	726 483	297 280	207 887	1 018 909	547 043
国有独资公司	48 793	14 997	7 351	5 814	26 499	16 482
其他有限责任公司	1 725 039	711 486	289 929	202 073	992 410	530 561
股份有限公司	1 083 208	395 779	149 776	99 862	599 354	384 011
私营企业	1 398 965	525 925	218 192	112 440	763 085	523 384
私营独资	249 709	81 006	24 885	17 961	103 120	128 604
私营合伙	49 254	14 088	5 981	4 154	29 991	15 104
私营有限责任公司	956 257	378 909	163 042	80 343	549 550	326 347
私营股份有限公司	143 745	51 922	24 284	9 982	80 424	53 329
其他内资企业	55 718	22 589	6 090	7 767	30 637	17 316
中国港、澳、台商投资企业	417 433	143 696	95 375	54 761	188 964	173 709
合资经营企业（中国港、澳、台资）	86 102	26 841	20 417	6 415	27 765	51 918
合作经营企业（中国港、澳、台资）	2 785	748	156	241	1 414	1 130
中国港、澳、台商独资经营企业	303 534	103 890	70 291	44 595	144 211	114 735
中国港、澳、台商投资股份有限公司	23 712	11 696	4 329	3 404	14 616	5 690
其他中国港、澳、台商投资企业	1 300	521	182	106	958	236
外商投资企业	648 523	235 645	100 968	70 952	310 320	267 224
中外合资经营企业	155 375	49 008	16 619	9 478	61 143	84 749
中外合作经营企业	2 876	834	531	113	1 260	1 501
外资企业	449 867	171 280	80 773	59 371	224 559	165 918
外商投资股份有限公司	28 774	7 664	2 155	1 419	15 294	12 060
其他外商投资企业	11 631	6 859	890	571	8 064	2 996

续表

项目名称	从业人员年末数	软件研发人员	管理人员	硕士以上人员	大本人员	大专以下人员
二、按控股经济分列						
国有控股	995 567	376 941	149 503	135 412	520 673	339 484
集体控股	928 719	289 865	100 104	87 349	441 702	399 672
私人控股	2 563 587	1 009 722	425 920	239 496	1 470 368	853 694
港澳台商控股	294 084	114 987	79 530	41 642	141 622	110 817
外商投资	465 044	195 149	93 965	54 535	234 617	175 869
其他	611 211	209 783	65 859	62 002	337 265	211 943
三、按行业分列						
软件产品行业	2 358 850	977 514	393 943	271 977	1 387 423	699 450
信息技术服务行业	2 823 952	863 086	463 249	284 363	1 552 116	987 473
嵌入式系统软件行业	675 410	355 847	57 689	64 096	206 708	404 556
四、按企业规模分列						
大型企业	2 349 867	939 872	433 709	334 316	1 272 716	742 819
中型企业	2 028 127	772 724	320 308	189 279	1 194 209	644 630
小型企业	1 395 028	453 111	149 932	88 811	627 325	678 867
微型企业	85 190	30 740	10 932	8 030	51 997	25 163
五、按跨国经营分列						
有并购境外企业	206 126	39 555	12 287	21 753	120 472	63 899
在境外有生产线的企业	243 321	145 144	16 130	47 092	128 147	68 077
在境外有研发中心的企业	328 888	125 638	31 156	43 815	161 269	123 807
在境外仅有销售网点的企业	317 908	127 370	23 767	33 573	157 530	126 796
未从事跨国经营活动	4 761 969	1 758 740	831 541	474 203	2 578 829	1 708 900
六、按区域分列						
东部地区	4 365 342	1 600 452	776 924	456 284	2 240 368	1 668 654
中部地区	454 835	146 656	45 355	43 490	293 467	117 878
西部地区	670 714	224 007	44 578	68 598	353 944	248 155
东北地区	367 321	225 332	48 024	52 064	258 468	56 792

表 148 2016 年软件和信息技术服务业分产品完成情况

项目名称	企业数（家）	本年收入（万元）	其中：本年出口（万美元）
软件业务收入明细合计	32 310	482 322 235	4 994 608
一、软件产品合计	20 915	150 278 252	1 148 973
（一）基础软件	4 436	29 251 104	371 033
1. 操作系统	1 294	9 586 539	115 227
2. 数据库管理系统	768	2 948 299	12 289
3. 中间件	460	5 751 937	202 161
4. 办公软件	905	2 650 467	6 669
5. 其他	1 009	8 313 863	34 688
（二）支撑软件	768	2 701 806	29 831
1. 开发工具	265	1 039 775	2 291
2. 测试工具软件	242	613 867	549
3. 其他支撑软件	261	1 048 164	26 991
（三）应用软件	10 469	77 886 109	438 681
1. 通用应用软件	3 682	22 350 478	121 620
2. 行业应用软件	6 787	55 535 631	317 062
（1）通信行业软件	1 190	17 132 016	134 375
（2）金融财税软件	390	4 219 052	12 345
（3）教育软件	468	1 276 029	1 481
（4）交通运输行业软件	510	3 326 430	5 073
（5）能源控制软件	444	3 546 738	7 674
（6）动漫游戏软件	401	3 911 169	38 960
（7）物流管理软件	148	441 220	1 750
（8）医疗卫生领域软件	484	1 948 224	11 368
（9）其他行业应用软件	2 752	19 734 754	104 037
（四）工业软件	1 235	8 366 432	25 370
1. 产品研发类软件	411	2 147 469	5 285
2. 生产控制类软件	824	6 218 962	20 085
（五）嵌入式应用软件	1 361	11 874 114	133 506
（六）信息安全产品	1 039	7 764 314	22 103
1. 基础类安全产品	174	1 082 842	5 884

续表

项目名称	企业数（家）	本年收入（万元）	其中：本年出口（万美元）
2. 终端与数字内容安全产品	137	1 150 441	2 407
3. 网络与边界安全产品	172	2 028 913	5 179
4. 专用安全产品	168	1 142 185	2 296
5. 安全测试评估与服务产品	49	187 030	2 495
6. 安全管理产品	134	634 622	121
7. 其他信息安全产品及相关服务	205	1 538 282	3 721
（七）移动应用软件（APP）	381	3 893 683	8 704
（八）软件定制服务	748	6 224 122	103 643
（九）平台软件	478	2 316 570	16 103
二、信息技术服务行业合计	21 620	260 904 233	1 801 430
（一）信息技术咨询设计服务	5 844	37 684 394	252 599
1. 信息化规划	454	2 683 743	24 839
2. 信息系统设计	1 681	11 743 355	35 402
3. 信息技术管理咨询	2 592	18 092 467	174 728
4. 信息系统工程监理	420	2 385 642	9 439
5. 测试评估	174	701 003	4 894
6. 信息技术培训	523	2 078 183	3 298
（二）信息系统集成实施服务	6 601	77 396 269	797 530
1. 基础环境集成实施服务	521	14 122 677	681 145
2. 硬件集成实施服务	1 367	14 911 477	38 316
3. 软件集成实施服务	1 778	10 940 083	11 798
4. 安全集成实施服务	353	2 341 170	1 181
5. 系统集成实施管理服务	2 582	35 080 863	65 090
（三）运行维护服务合计	3 700	19 226 751	86 076
1. 基础环境运维服务	302	2 301 695	1 507
2. 硬件运维服务	472	2 329 463	49 668
3. 软件运维服务	1 578	5 644 522	12 024
4. 安全运维服务	266	1 538 835	2 066
5. 运维管理服务	1 082	7 412 236	20 811
（四）数据服务	1 611	21 391 757	118 025

续表

项目名称	企业数（家）	本年收入（万元）	其中：本年出口（万美元）
1. 数据加工处理服务	897	12 711 059	65 767
2. 数字内容处理服务	714	8 680 698	52 258
（1）地理遥感信息服务	79	435 257	2 368
（2）动漫、游戏数字内容服务	194	3 111 424	21 297
（3）其他数字内容处理服务	441	5 134 017	28 593
（五）运营服务	2 347	47 781 642	50 805
1. 软件运营服务	526	5 327 258	12 822
2. 平台运营服务	1 612	38 405 691	35 407
（1）物流管理服务平台	115	2 436 387	2 538
（2）在线信息平台	424	14 964 843	1 117
（3）在线娱乐平台	369	13 112 494	12 979
（4）在线教育平台	149	1 083 243	27
（5）其他在线服务平台	555	6 808 723	18 746
3. 基础设施运营服务	209	4 048 694	2 576
（六）电子商务平台技术服务	893	37 241 444	71 462
1. 在线交易平台服务	708	33 263 539	18 817
2. 在线交易支撑服务	185	3 977 905	52 645
（七）集成电路设计	624	20 181 976	424 934
三、嵌入式系统软件合计	4 116	71 139 750	2 044 205
（一）通信设备	1 135	29 926 674	1 581 837
1. 通信传输设备	430	10 928 071	589 958
（1）光通信设备	173	2 426 143	46 305
（2）卫星通信设备	74	1 538 203	114 870
（3）无线通信设备	183	6 963 725	428 783
2. 通信交换设备	89	903 710	14 836
（1）数字程控交换机	53	548 209	12 753
（2）软交换机	15	133 204	2 083
（3）光交换机	21	222 297	
3. 移动通信设备	44	10 857 462	861 029
（1）基站	25	10 726 735	859 457

续表

项目名称	企业数（家）	本年收入（万元）	其中：本年出口（万美元）
（2）直放站	19	130 728	1 572
4．网络设备	572	7 237 431	116 014
（1）网络控制设备	323	4 297 589	39 148
（2）网络接口和适配器	68	737 572	52 954
（3）网络连接设备	130	1 979 218	23 568
（4）网络优化设备	51	223 052	344
（二）数字家用视听产品	129	4 676 730	62 588
1．电视接收机顶盒	57	1 550 282	57 109
2．家庭网关中心	72	3 126 448	5 478
（三）计算机应用产品	802	15 204 789	275 810
1．金融、商业、税务电子应用产品	89	689 251	6 088
（1）银行自助服务终端	37	215 954	370
（2）POS 机	31	266 005	169
（3）税控机	21	207 293	5 548
2．汽车电子	252	7 951 714	9 643
（1）传动系控制系统	65	1 086 456	5 718
（2）行驶系控制系统	48	488 522	1 332
（3）车身控制系统	75	4 451 979	648
（4）安全控制系统	64	1 924 757	1 945
3．智能交通	57	145 530	20
（1）交通信号控制机	57	145 530	20
4．医疗电子设备	146	1 064 655	32 374
（1）医用电子仪器设备	128	961 134	31 571
（2）医学影像设备	18	103 521	803
5．智能识别装置	166	4 101 906	189 364
6．自动检售票设备	23	67 134	61
7．超大屏幕控制器	69	1 184 598	38 261
（四）信息系统安全产品	137	2 286 647	23 722
1．边界防护类设备和系统	34	237 071	3 766
2．密钥管理类设备和系统	103	2 049 575	19 956

续表

项目名称	企业数（家）	本年收入（万元）	其中：本年出口（万美元）
（五）装备自动控制产品	1 913	19 044 912	100 247
1. 集散控制系统	671	11 164 518	27 902
2. 电气传动及控制系统	478	3 517 434	47 317
3. 装备制造工控系统	764	4 362 960	25 028

表 149　2016 年各省市软件和信息技术服务业主要指标汇总表（1）

单位：万元

地区	企业数（家）	软件业务收入	其中			其中
			软件产品收入	信息技术服务收入	嵌入式系统软件收入	软件外包服务收入
软件企业合计	32 310	482 322 235	150 278 252	260 904 233	71 139 750	21 394 225
一、按省市分列						
北京市	2 879	64 160 228	24 448 314	39 571 159	140 755	1 636 467
天津市	465	11 858 459	2 824 402	7 568 853	1 465 203	62 999
河北省	204	2 101 822	365 043	1 721 880	14 899	7 912
山西省	85	239 172	104 621	125 911	8 640	63
内蒙古自治区	72	279 598	163 399	115 023	1 176	
辽宁省	1 892	18 903 341	7 906 035	10 340 257	657 048	4 460 222
吉林省	900	5 110 867	1 668 621	2 708 275	733 970	47 150
黑龙江省	502	1 679 761	608 601	940 402	130 758	894 094
上海市	1 479	38 158 600	11 922 807	24 385 984	1 849 808	1 050 316
江苏省	4 844	81 656 015	18 513 795	37 455 568	25 686 652	3 007 709
浙江省	1 492	36 000 230	10 866 988	21 893 586	3 239 656	408 456
安徽省	298	2 600 306	909 752	1 488 655	201 899	56 431
福建省	2 563	21 578 985	7 776 170	12 307 126	1 495 689	280 359
江西省	113	870 067	338 927	520 876	10 263	21 407
山东省	3 965	42 610 828	15 610 362	18 912 595	8 087 871	4 318 037
河南省	178	2 963 543	1 117 252	1 834 942	11 348	5 869
湖北省	2 547	13 305 111	6 937 091	5 711 966	656 054	329 546
湖南省	355	3 960 107	1 140 827	2 283 922	535 359	175 172

续表

地区	企业数（家）	软件业务收入	其中			其中
			软件产品收入	信息技术服务收入	嵌入式系统软件收入	软件外包服务收入
广东省	3 631	82 233 915	19 612 172	38 958 597	23 663 145	2 137 121
广西壮族自治区	163	729 215	100 953	622 851	5 410	5 988
海南省	143	767 042	261 981	505 061		6 429
重庆市	1 201	24 230 870	9 586 500	14 487 056	157 313	600 134
四川省	222	1 278 329	502 687	767 758	7 884	2 866
贵州省	91	502 951	123 645	377 760	1 546	40 432
云南省	1 158	10 249 597	2 386 354	6 596 127	1 267 116	1 255 555
陕西省	580	13 001 964	4 204 166	7 702 833	1 094 964	561 156
甘肃省	93	414 210	105 954	303 776	4 481	13 493
青海省	15	11 541	3 983	6 691	867	
宁夏回族自治区	51	132 037	61 855	61 419	8 764	78
新疆维吾尔自治区	129	733 527	104 994	627 323	1 210	8 764
二、按副省级城市分列						
大连市	667	10 147 487	4 051 053	5 598 912	497 522	3 572 360
宁波市	703	4 652 759	1 179 632	2 138 645	1 334 482	107 307
厦门市	1 116	11 084 264	2 947 187	6 909 472	1 227 605	160 913
青岛市	1 591	16 085 362	5 009 730	5 825 188	5 250 444	94 859
深圳市	1 523	48 700 230	8 269 260	21 787 225	18 643 745	559 000
沈阳市	1 145	8 509 426	3 752 149	4 640 248	117 028	887 060
长春市	582	3 417 638	1 226 718	1 580 483	610 437	32 446
哈尔滨市	500	1 678 247	607 701	940 402	130 144	893 194
南京市	1 907	34 838 701	10 931 319	21 119 727	2 787 655	2 178 417
杭州市	478	29 948 821	9 243 382	19 058 872	1 646 567	284 259
济南市	1 736	22 836 343	9 668 275	11 458 770	1 709 299	4 177 137
武汉市	2 502	13 217 915	6 902 139	5 669 286	646 490	329 546
广州市	1 639	26 007 741	9 411 540	15 361 570	1 234 631	1 179 548
成都市	1 168	23 548 069	9 389 950	14 021 220	136 899	598 508
西安市	580	13 001 964	4 204 166	7 702 833	1 094 964	561 156

表 150　2016 年各省市软件和信息技术服务业主要指标汇总表（2）

单位：万美元

地区	软件业务出口收入	软件外包服务出口收入	嵌入式系统软件出口收入
软件企业合计	4 994 608	964 586	2 044 205
一、按省市分列			
北京市	256 703	255 683	1 020
天津市	8 347	4 427	
河北省	3 805	238	
辽宁省	292 434	223 685	10 231
吉林省	8 261	5 536	300
黑龙江省	4 200	3 678	522
上海市	361 877	75 579	
江苏省	669 714	93 256	337 828
浙江省	351 179	30 600	29 524
安徽省	15 314	2 206	3 903
福建省	40 939	22 473	7 584
江西省	9 625	25	
山东省	189 790	23 442	144 872
河南省	860		
湖北省	19 555	6 928	66
湖南省	369		
广东省	2 507 067	109 760	1 500 759
广西壮族自治区	1		
海南省	1 126	561	
重庆市	147 393	28 814	939
四川省	5	5	
贵州省	198	198	
云南省	14 709	5 403	4 644
陕西省	91 054	72 090	2 014
青海省	82		
二、按副省级城市分列			
大连市	271 335	214 325	10 023
宁波市	90 371	4 139	22 993

续表

地区	软件业务出口收入	软件外包服务出口收入	嵌入式系统软件出口收入
厦门市	27 939	17 202	7 036
青岛市	133 724	5 017	109 783
深圳市	2 245 628	7 743	1 372 296
沈阳市	19 769	9 360	15
长春市	5 031	3 702	300
哈尔滨市	4 200	3 678	522
南京市	94 666	60 175	5 061
杭州市	255 329	25 808	2 706
济南市	18 795	16 980	797
武汉市	19 545	6 928	66
广州市	71 934	57 528	1 360
成都市	147 172	28 814	850
西安市	91 054	72 090	2 014

表 151　2016 年各省市软件和信息技术服务业主要指标汇总表（3）

单位：万元

地区	利润总额	流动资产平均余额	资产合计	负债合计	固定资产投资额
软件企业合计	65 578 520	400 220 838	703 089 552	347 632 560	15 468 573
一、按省市分列					
北京市	7 180 064	74 890 823	132 297 864	62 471 997	1 682 703
天津市	929 617	4 812 827	14 166 910	2 119 840	151 724
河北省	359 063	1 216 247	2 915 085	1 795 267	325 889
山西省	26 522	381 466	729 087	312 015	17 893
内蒙古自治区	23 655	128 840	297 633	125 717	10 699
辽宁省	1 798 574	7 070 871	11 487 359	5 631 374	196 729
吉林省	449 305	773 722	1 505 907	572 420	72 450
黑龙江省	246 045	214 466	1 045 107	91 374	70 117
上海市	4 346 378	40 711 380	60 092 761	33 225 729	790 197
江苏省	8 171 200	36 581 104	91 275 630	37 629 426	4 923 601
浙江省	11 639 661	37 843 615	57 783 941	22 086 357	937 002
安徽省	429 180	2 258 127	5 894 833	2 388 463	97 669

续表

地区	利润总额	流动资产平均余额	资产合计	负债合计	固定资产投资额
福建省	2 413 553	17 423 401	22 929 154	15 369 351	1 350 133
江西省	94 791	634 150	1 322 576	587 172	9 780
山东省	5 578 089	21 735 645	38 121 750	24 711 161	785 311
河南省	383 052	4 440 958	6 743 547	3 839 851	41 100
湖北省	1 405 452	17 380 776	28 784 024	14 847 939	1 058 148
湖南省	495 518	5 984 195	9 483 798	4 343 308	135 947
广东省	15 180 753	86 149 291	158 607 108	88 911 008	1 457 415
广西壮族自治区	66 825	780 011	744 138	385 386	5 014
海南省	110 082	547 953	1 871 493	714 040	12 605
重庆市	2 761 702	8 751 771	15 815 884	7 056 853	505 497
四川省	71 665	668 253	1 518 516	747 692	48 163
贵州省	27 339	611 848	862 893	445 414	8 333
云南省	665 218	4 519 112	13 905 010	4 905 398	197 174
陕西省	616 396	9 298 618	20 979 688	11 313 150	510 096
甘肃省	29 310	362 754	753 957	385 925	51 682
青海省	–154	13 547 017	13 494	5 921	
宁夏回族自治区	17 442	55 532	245 671	118 406	8 450
新疆维吾尔自治区	62 223	446 065	894 736	494 607	7 053
二、按副省级城市分列					
大连市	685 871	2 289 806	7 014 508	4 268 761	95 207
宁波市	369 660	2 563 650	5 122 940	2 786 330	171 006
厦门市	1 398 298	4 647 171	5 981 935	3 714 405	146 904
青岛市	1 340 295	11 740 820	13 249 550	8 459 365	68 752
深圳市	9 434 301	54 701 121	98 494 622	65 147 791	655 607
沈阳市	1 056 246	1 614 104	3 094 077	946 425	91 669
长春市	303 351	585 596	1 205 520	454 641	30 974
哈尔滨市	246 109	214 464	1 043 808	91 252	70 094
南京市	5 519 155	27 365 854	65 580 219	25 827 423	2 165 960
杭州市	11 004 403	33 714 746	50 225 271	18 134 286	712 008
济南市	4 104 457	9 210 250	22 587 878	15 361 435	656 252

续表

地区	利润总额	流动资产平均余额	资产合计	负债合计	固定资产投资额
武汉市	1 393 900	17 272 295	28 563 606	14 759 685	1 049 683
广州市	4 787 056	26 525 825	49 707 241	19 355 242	681 570
成都市	2 697 873	7 849 853	14 365 770	6 255 464	328 735
西安市	616 396	9 298 618	20 979 688	11 313 150	510 096

表 152　2016 年各省市软件和信息技术服务业主要指标汇总表（4）

单位：万元

地区	主营业务税金及附加	年末所有者权益	年初所有者权益	应交增值税
软件企业合计	9 563 721	355 456 992	258 187 947	13 878 459
一、按省市分列				
北京市	400 003	69 825 867	58 336 387	1 818 155
天津市	38 404	12 047 070	6 767 767	184 479
河北省	15 346	1 119 818	900 665	102 565
山西省	3 627	417 072	366 848	12 479
内蒙古自治区	1 876	171 916	158 150	7 126
辽宁省	826 487	5 855 985	5 147 014	283 298
吉林省	87 225	933 487	732 164	14 642
黑龙江省	32 504	953 733	825 239	48 291
上海市	235 002	26 867 032	19 924 785	623 850
江苏省	3 778 826	53 646 204	23 065 549	1 632 777
浙江省	417 337	35 697 583	28 622 490	1 928 603
安徽省	26 072	3 506 370	2 883 819	84 771
福建省	733 596	7 559 803	5 988 275	510 969
江西省	9 690	735 404	682 799	18 168
山东省	1 050 365	13 410 590	10 533 388	1 039 363
河南省	19 845	2 903 696	2 746 240	80 585
湖北省	184 047	13 936 084	10 092 018	440 110
湖南省	34 944	5 140 490	3 946 553	202 395
广东省	996 459	69 696 101	52 917 731	3 285 794
广西壮族自治区	10 379	358 752	270 084	13 016
海南省	5 744	1 157 453	445 617	21 028
重庆市	264 975	8 759 031	6 598 484	815 524

续表

地区	主营业务税金及附加	年末所有者权益	年初所有者权益	应交增值税
四川省	54 069	770 823	708 045	14 024
贵州省	4 236	417 479	360 322	10 744
云南省	176 448	8 999 612	7 964 367	393 922
陕西省	140 089	9 666 538	6 442 714	262 055
甘肃省	8 009	368 032	324 333	9 138
青海省	308	7 573	7 116	102
宁夏回族自治区	1 376	127 264	88 754	4 573
新疆维吾尔自治区	6 434	400 129	340 230	15 913
二、按副省级城市分列				
大连市	303 795	2 745 747	2 435 052	216 592
宁波市	80 528	2 336 610	1 711 269	94 095
厦门市	150 779	2 267 530	1 408 205	51 338
青岛市	286 578	4 790 185	3 102 359	313 040
深圳市	373 210	33 346 830	24 806 881	2 040 658
沈阳市	516 311	2 147 652	1 825 670	50 358
长春市	55 147	750 879	600 099	8 840
哈尔滨市	32 487	952 556	824 496	48 233
南京市	2 918 323	39 752 796	16 021 083	1 271 115
杭州市	305 529	32 090 984	25 908 172	1 762 552
济南市	614 229	7 226 443	6 413 541	693 907
武汉市	182 315	13 803 921	9 969 793	434 749
广州市	560 876	30 351 999	23 706 179	924 975
成都市	259 348	8 110 306	5 976 299	805 176
西安市	140 089	9 666 538	6 442 714	262 055

表 153　2016 年各省市软件和信息技术服务业主要指标汇总表（5）

单位：万元

地区	应交所得税	出口已退税额	研发经费	主营业务成本
软件企业合计	8 238 521	1 282 683	45 452 003	414 223 594
一、按省市分列				
北京市	1 103 743		6 452 415	37 970 143
天津市	95 949	1 196	375 687	10 638 048

续表

地区	应交所得税	出口已退税额	研发经费	主营业务成本
河北省	42 212	2 421	54 622	1 905 207
山西省	5 559		41 168	268 371
内蒙古自治区	2 129		22 747	249 568
辽宁省	208 131	12 542	627 344	11 614 069
吉林省	22 366	3 701	137 872	3 673 738
黑龙江省	18 906	1 636	244 230	1 228 481
上海市	499 636	127 507	3 400 168	28 461 301
江苏省	1 032 711	301 642	3 500 418	104 049 957
浙江省	1 203 486	250 110	5 551 248	22 073 731
安徽省	42 739	3 401	266 060	2 707 762
福建省	83 354	58 251	2 088 898	18 121 669
江西省	11 693	4 806	55 821	1 022 561
山东省	901 709	22 208	3 647 617	36 446 295
河南省	50 677	103	125 611	2 859 253
湖北省	207 866	126 622	1 736 228	13 562 061
湖南省	93 726	586	364 372	4 089 470
广东省	2 000 178	308 047	11 758 405	66 955 050
广西壮族自治区	8 579		23 568	927 364
海南省	29 346		39 900	578 026
重庆市	302 994	7 312	2 277 950	17 228 008
四川省	6 326		32 305	819 863
贵州省	5 605		46 311	535 243
云南省	110 189	13 124	1 444 222	10 677 898
陕西省	129 126	37 303	1 098 069	14 129 847
甘肃省	7 605	69	17 932	464 422
青海省	48		78	38 510
宁夏回族自治区	2 672		6 713	131 076
新疆维吾尔自治区	9 264	96	14 022	796 602
二、按副省级城市分列				
大连市	160 838	4 414	373 617	6 427 191

续表

地区	应交所得税	出口已退税额	研发经费	主营业务成本
宁波市	50 809	76 546	164 964	5 410 165
厦门市	34 537	27 681	737 899	11 161 307
青岛市	149 264	9 040	1 649 558	11 022 622
深圳市	1 229 080	145 710	6 884 882	31 285 272
沈阳市	40 694	2 695	230 530	4 818 101
长春市	18 108	346	100 568	2 524 901
哈尔滨市	18 873	1 636	243 937	1 227 485
南京市	851 873	37 873	2 717 761	51 619 604
杭州市	1 120 898	166 421	5 268 713	15 031 341
济南市	737 359	5 850	1 924 161	22 256 563
武汉市	207 161	126 570	1 726 007	13 485 192
广州市	657 239	6 649	4 079 326	24 486 054
成都市	298 333	7 025	2 203 874	16 326 885
西安市	129 126	37 303	1 098 069	14 129 847

表 154　2016 年各省市软件和信息技术服务业主要指标汇总表（6）

单位：万元

地区	应收账款	应付账款	本年折旧	本年应付职工薪酬
软件企业合计	109 134 498	87 364 756	8 191 927	69 158 814
一、按省市分列				
北京市	18 663 065	11 114 926	1 435 630	15 216 851
天津市	1 013 421	749 505	19 907	992 055
河北省	390 502	341 002	33 440	694 399
山西省	229 438	117 150	5 862	63 052
内蒙古自治区	58 692	31 645	4 171	26 767
辽宁省	1 777 976	1 015 001	64 198	2 785 479
吉林省	360 914	208 750	48 030	245 223
黑龙江省	95 600	70 117	22 993	207 903
上海市	8 700 072	6 160 101	308 930	6 203 744
江苏省	17 191 860	17 555 207	2 090 906	9 406 619

续表

地区	应收账款	应付账款	本年折旧	本年应付职工薪酬
浙江省	7 245 480	5 375 725	1 332 252	4 849 475
安徽省	1 115 974	774 585	36 799	397 430
福建省	3 434 970	5 923 621	71 871	2 582 857
江西省	315 001	235 617	6 859	120 877
山东省	6 730 118	4 441 491	485 098	3 106 807
河南省	2 447 549	2 079 828	32 730	301 771
湖北省	6 013 684	4 573 867	515 783	2 912 055
湖南省	1 942 480	1 638 575	32 270	472 557
广东省	22 904 369	19 323 341	978 068	12 044 416
广西壮族自治区	193 810	99 079	2 079	151 452
海南省	128 343	100 499	12 216	140 394
重庆市	3 354 161	2 070 466	260 704	3 019 178
四川省	250 803	314 633	5 834	95 226
贵州省	223 843	197 655	6 285	109 371
云南省	2 283 816	1 596 249	63 888	1 101 303
陕西省	1 514 878	845 389	302 013	1 712 458
甘肃省	128 322	105 486	3 660	57 129
青海省	4 457	854	103	4 953
宁夏回族自治区	63 434	26 512	1 924	22 365
新疆维吾尔自治区	357 466	277 881	7 425	114 647
二、按副省级城市分列				
大连市	913 054	537 424	33 984	1 685 013
宁波市	937 974	695 534	58 221	572 651
厦门市	1 427 968	1 582 326		1 429 682
青岛市	1 178 723	1 821 685	3 302	800 120
深圳市	14 370 803	10 343 521	524 608	5 773 137
沈阳市	510 398	344 791	20 063	1 056 349
长春市	270 649	173 482	29 375	183 143
哈尔滨市	95 455	70 117	22 986	207 593
南京市	11 408 235	11 031 143	401 032	5 017 692

续表

地区	应收账款	应付账款	本年折旧	本年应付职工薪酬
杭州市	5 691 940	4 270 346	1 248 942	4 028 441
济南市	5 133 043	2 421 712	462 644	2 001 386
武汉市	5 972 904	4 546 991	510 751	2 893 913
广州市	6 448 217	7 247 734	333 885	5 061 956
成都市	3 024 505	1 861 243	246 514	2 957 139
西安市	1 514 878	845 389	302 013	1 712 458

表 155 2016 年各省市软件和信息技术服务业主要指标汇总表（7）

单位：人

地区	从业人员年末数	软件研发人员	管理人员	硕士以上人员	大本人员	大专以下人员
软件企业合计	5 858 212	2 196 447	914 881	620 436	3 146 247	2 091 479
一、按省市分列						
北京市	704 488	288 080	418 791	98 717	390 289	215 471
天津市	87 553	29 345	6 161	5 845	49 476	32 232
河北省	33 947	8 213	2 326	3 183	18 103	12 662
山西省	7 592	2 969	1 018	386	4 605	2 600
内蒙古自治区	4 346	1 204	527	217	2 600	1 529
辽宁省	296 004	188 178	38 994	45 197	207 791	43 021
吉林省	42 786	15 372	4 705	5 344	27 514	9 929
黑龙江省	28 531	21 782	4 325	1 523	23 163	3 842
上海市	370 372	121 715	35 457	52 030	220 218	98 127
江苏省	1 169 891	290 623	99 805	90 822	467 993	611 006
浙江省	295 120	96 024	32 822	27 197	148 993	118 901
安徽省	46 250	18 141	4 245	4 446	28 920	12 882
福建省	278 872	110 108	35 173	17 638	146 855	114 382
江西省	17 103	3 992	1 813	1 055	10 019	6 029
山东省	489 004	124 135	50 858	59 731	298 367	130 964
河南省	37 003	9 553	5 097	2 929	19 881	14 192
湖北省	289 129	93 325	26 800	29 634	197 412	62 087
湖南省	57 758	18 676	6 382	5 040	32 630	20 088

续表

地区	从业人员年末数	软件研发人员	管理人员	硕士以上人员	大本人员	大专以下人员
广东省	917 564	529 983	94 146	100 482	490 204	326 887
广西壮族自治区	24 831	2 757	1 513	492	6 908	17 431
海南省	18 531	2 226	1 385	639	9 870	8 022
重庆市	284 510	58 788	18 354	29 466	151 499	103 541
四川省	21 764	7 926	1 764	2 244	11 596	7 925
贵州省	10 985	5 120	1 315	444	6 975	3 566
云南省	147 419	42 200	13 706	13 758	91 569	42 084
陕西省	147 866	99 951	4 964	21 077	66 839	59 946
甘肃省	9 221	2 761	1 074	326	6 048	2 846
青海省	861	44	27	18	282	561
宁夏回族自治区	4 105	1 385	330	91	2 272	1 741
新疆维吾尔自治区	14 806	1 871	1 004	465	7 356	6 985
二、按副省级城市分列						
大连市	180 368	128 966	21 140	23 537	131 801	25 031
宁波市	76 103	11 997	8 064	2 709	23 220	50 155
厦门市	147 902	26 080	20 286	9 394	66 106	72 402
青岛市	131 869	16 282	9 428	15 354	70 000	46 558
深圳市	386 520	240 092	36 582	61 302	199 683	125 535
沈阳市	107 297	57 054	17 008	21 180	72 591	13 525
长春市	29 701	11 926	3 323	3 543	19 473	6 687
哈尔滨市	28 500	21 756	4 320	1 518	23 143	3 836
南京市	472 463	146 661	42 706	66 712	286 765	118 968
杭州市	185 252	75 540	21 484	23 491	114 883	46 873
济南市	298 933	94 281	37 293	38 459	206 315	54 167
武汉市	285 689	92 410	26 326	29 513	195 391	60 788
广州市	425 811	247 609	45 780	32 752	242 866	150 198
成都市	276 249	56 100	17 184	28 656	147 649	99 941
西安市	147 866	99 951	4 964	21 077	66 839	59 946

表 156　2016 年各省市软件和信息

地区	软件产品合计	位次	其						
			基础软件	位次	支撑软件	位次	应用软件	位次	工业软件
合计	150 278 252		29 251 104		2 701 806		77 886 109		8 366 432
北京市	24 448 314	1	1 926 139	8	18 953	16	15 209 769	1	672 387
天津市	2 824 402	12	74 981	15	41 025	13	1 002 209	14	398 078
河北省	365 043	20	18 550	25	5 077	20	191 749	18	18 511
山西省	104 621	27	21 567	23	3 216	21	65 812	25	3 808
内蒙古自治区	163 399	23	25 186	21	448	24	62 999	26	64 367
辽宁省	7 906 035	8	2 436 802	6	388 437	2	3 517 345	9	367 360
吉林省	1 668 621	14	362 391	14	25 599	15	1 099 641	12	100 388
黑龙江省	608 601	18	44 639	18	36 477	14	394 204	16	33 955
上海市	11 922 807	5	1 480 045	9	60 666	12	7 475 206	4	243 253
江苏省	18 513 795	3	2 953 499	4	345 181	3	10 566 348	3	1 241 591
浙江省	10 866 988	6	4 429 420	1	103 447	9	2 815 323	10	931 915
安徽省	909 752	17	56 977	16	222 035	5	379 705	17	53 401
福建省	7 776 170	9	2 395 842	7	107 271	8	3 794 451	8	522 509
江西省	338 927	21	53 231	17	6 512	18	183 830	19	4 611
山东省	15 610 362	4	4 413 919	2	454 453	1	6 602 427	5	606 606
河南省	1 117 252	16	30 062	19	13 725	17	175 385	20	587 846
湖北省	6 937 091	10	406 954	13	283 815	4	4 121 907	7	258 907
湖南省	1 140 827	15	8 342	29			567 091	15	130 415
广东省	19 612 172	2	3 750 048	3	204 387	6	10 627 413	2	1 362 118
广西壮族自治区	100 953	28	16 254	26	1 062	22	78 916	23	1 375
海南省	261 981	22	24 877	22			139 392	21	
重庆市	2 386 354	13	577 977	11	103 254	10	1 040 695	13	201 922
四川省	9 586 500	7	2 453 579	5	75 185	11	4 789 403	6	98 841
贵州省	502 687	19	502 687	12					
云南省	123 645	24	20 030	24	450	23	76 309	24	5 923
陕西省	4 204 166	11	707 944	10	194 526	7	2 746 743	11	444 426
甘肃省	105 954	25	13 753	28	87	25	80 778	22	3 365
青海省	3 983	30	2 067	30			1 416	29	
宁夏回族自治区	61 855	29	14 507	27	20	26	26 358	28	8 497
新疆维吾尔自治区	104 994	26	28 835	20	6 498	19	53 286	27	56

技术服务业分产品收入汇总表（1）

单位：万元

中										
位次	嵌入式应用软件	位次	信息安全软件	位次	移动应用软件（APP）	位次	软件定制服务	位次	平台软件	位次
	11 874 114		7 764 314		3 893 683		6 224 122		2 316 569	
4	210 986	12	2 627 701	1	1 589 020	1	1 960 037	1	233 322	4
9	1 170 631	5	20 498	18	122	23	106 121	10	10 736	13
20	109 695	16	19 922	19			294	27	1 245	20
24	3 685	24	2 642	24	231	21	2 445	23	1 216	21
17	8 068	22	24	28	434	19	1 350	25	523	23
10	301 830	10	145 863	9	13 069	12	689 217	4	46 114	10
15	4 848	23	52 915	13	2 836	16	11 839	16	8 163	16
19	49 485	20	24 196	17	8 503	13	2 966	22	14 176	12
12	872 991	6	620 645	5	95 237	7	977 697	2	97 067	7
2	1 908 198	1	515 031	6	104 857	6	526 149	6	352 941	3
3	1 626 282	3	200 815	7	129 026	5	614 661	5	16 099	11
18	131 998	15	49 491	14	3 078	15	4 009	21	9 059	15
7	198 543	13	170 621	8	272 433	4	126 146	8	188 355	5
23	79 313	17	4 258	23	953	18	6 066	17	154	27
5	422 427	8	1 052 879	2	774 099	2	736 030	3	547 522	2
6	185 797	14	97 701	11	111	24	23 240	13	3 386	18
11	1 619 756	4	93 894	12	30 555	9	71 240	11	50 064	9
14	373 876	9	16 535	20	27 359	10	17 209	14		
1	1 825 284	2	820 818	4	762 192	3	162 073	7	97 840	6
26	367	26	91	27	136	22	2 328	24	426	25
	59 129	18	31 759	15	2 287	17	4 384	20	154	28
13	220 906	11	133 294	10	23 424	11	33 788	12	51 094	8
16	423 574	7	1 018 721	3	46 069	8	116 715	9	564 414	1
22	9 971	21	4 276	22	306	20	5 984	18	396	26
8	55 144	19	29 746	16	7 350	14	15 253	15	3 033	19
25	1 331	25	153	26			5 431	19	1 056	22
									500	24
21			1 629	25			1 326	26	9 518	14
27			8 196	21			123	28	7 999	17

表 157　2016 年各省市软件和信息

地区	信息技术服务合计	位次	其					
			信息技术咨询设计服务	位次	信息系统集成实施服务	位次	运行维护服务	位次
合计	260 904 233		37 684 394		77 396 269		19 226 751	
北京市	39 571 159	1	5 007 125	2	8 450 395	3	1 683 432	3
天津市	7 568 853	11	682 737	13	1 070 556	15	320 298	13
河北省	1 721 880	17	38 291	23	1 493 042	14	116 427	18
山西省	125 911	27	14 274	28	82 181	26	26 270	26
内蒙古自治区	115 023	28	19 445	26	51 369	27	16 798	27
辽宁省	10 340 257	9	5 244 332	1	1 926 281	12	917 155	10
吉林省	2 708 275	14	634 488	14	973 879	17	434 870	12
黑龙江省	940 402	19	97 557	21	430 060	20	165 771	14
上海市	24 385 984	4	3 326 778	6	5 475 693	5	973 229	9
江苏省	37 455 568	3	4 406 465	5	11 062 033	2	3 651 495	1
浙江省	21 893 586	5	1 356 581	9	2 222 634	9	1 145 211	6
安徽省	1 488 655	18	336 798	16	520 614	18	116 575	17
福建省	12 307 126	8	624 016	15	5 166 633	6	988 386	8
江西省	520 876	23	122 037	18	293 653	23	40 823	24
山东省	18 912 595	6	4 663 026	3	6 435 414	4	3 076 706	2
河南省	1 834 942	16	143 015	17	1 542 331	13	105 833	19
湖北省	5 711 966	13	1 701 702	8	1 952 536	10	565 639	11
湖南省	2 283 922	15	23 545	25	1 069 511	16	87 886	20
广东省	38 958 597	2	4 525 207	4	16 300 658	1	1 614 805	4
广西壮族自治区	622 851	22	57 000	22	374 021	21	157 132	15
海南省	505 061	24	110 482	20	85 340	25	48 921	22
重庆市	6 596 127	12	1 053 660	10	2 882 875	8	1 109 093	7
四川省	14 487 056	7	1 733 225	7	4 592 930	7	1 556 734	5
贵州省	767 758	20	767 758	12				
云南省	377 760	25	31 387	24	296 408	22	28 939	25
陕西省	7 702 833	10	823 626	11	1 929 596	11	155 461	16
甘肃省	303 776	26	8 191	29	212 076	24	73 539	21
青海省	6 691	30	2 461	30	2 992	29	1 237	29
宁夏回族自治区	61 419	29	15 854	27	32 545	28	6 033	28
新疆维吾尔自治区	627 323	21	113 332	19	468 010	19	42 052	23

技术服务业分产品收入汇总表（2）

单位：万元

中							
数据服务	位次	运营服务	位次	电子商务平台服务	位次	集成电路设计	位次
21 391 757		47 781 642		37 241 443		20 181 976	
3 357 793	1	17 117 502	1	3 043 804	4	911 108	6
1 889 900	5	1 268 968	9	1 211 051	7	1 125 343	5
36 551	18	37 111	20	457	24		
2 049	27	532	27	47	25	557	19
15 562	20	10 342	23	1 506	22		
635 607	11	1 498 088	8	92 021	13	26 773	14
258 490	14	396 052	13	7 616	18	2 880	18
123 589	16	119 102	17	4 323	19		
2 185 136	4	3 285 525	4	5 913 418	3	3 226 205	3
1 723 474	6	1 871 515	7	7 759 713	2	6 980 873	1
956 343	9	3 797 792	3	12 049 110	1	365 915	10
259 873	13	100 942	18	91 175	14	62 679	13
2 325 206	3	2 066 504	6	660 486	10	475 896	8
6 785	22	38 697	19	15 078	16	3 804	17
1 502 101	7	2 145 330	5	720 188	8	369 829	9
16 558	19	26 458	21	747	23		
761 478	10	624 108	11	87 914	15	18 589	15
53 103	17	390 177	14	593 147	11	66 553	12
1 388 559	8	11 075 746	2	2 583 598	5	1 470 023	4
5 346	24	25 314	22	4 038	20		
6 518	23	147 662	16	106 138	12		
285 219	12	465 684	12	680 430	9	119 166	11
3 334 478	2	979 011	10	1 603 487	6	687 192	7
7 378	21	7 729	25			5 920	16
247 672	15	273 373	15	10 433	17	4 262 672	2
1 540	28	8 430	24				
3 397	25	3 590	26				
2 051	26	359	28	1 518	21		

表 158　2016 年各省市软件和信息

地区	嵌入式系统软件合计	位次	其			
			通信设备	位次	数字家用视听产品	位次
合计	71 139 750		29 926 674		4 676 730	
北京市	140 755	16	68 329	12	10 706	11
天津市	1 465 203	7	38 139	13	3 813	15
河北省	14 899	18	1 352	21		
山西省	8 640	22	17	25	53	18
内蒙古自治区	1 176	28				
辽宁省	657 048	11	167 097	8	57 054	5
吉林省	733 970	10	3 629	18		
黑龙江省	130 758	17	7 322	16	19 468	8
上海市	1 849 808	5	189 358	7		
江苏省	25 686 652	1	5 833 226	2	2 866 649	1
浙江省	3 239 656	4	524 630	6	7 131	13
安徽省	201 899	14	10 929	15	4 648	14
福建省	1 495 689	6	835 707	4	11 435	10
江西省	10 263	20	6 968	17		
山东省	8 087 871	3	3 397 188	3	969 102	2
河南省	11 348	19	2 423	20		
湖北省	656 054	12	116 803	9	238	17
湖南省	535 359	13	30 367	14	30 100	7
广东省	23 663 145	2	17 773 226	1	362 423	3
广西壮族自治区	5 410	24	3 225	19	289	16
重庆市	1 267 116	8	717 786	5	41 486	6
四川省	157 313	15	90 589	11	16 004	9
贵州省	7 884	23			7 884	12
云南省	1 546	26	119	24		
陕西省	1 094 964	9	107 479	10	268 248	4
甘肃省	4 481	25	6	26		
青海省	867	29				
宁夏回族自治区	8 764	21	347	23		
新疆维吾尔自治区	1 210	27	413	22		

技术服务业分产品收入汇总表（3）

单位：万元

中					
计算机应用产品	位次	信息系统安全产品	位次	装备自动控制产品	位次
8 786 495		8 704 940		19 044 912	
24 053	13	35 294	12	2 373	20
869 942	5			553 310	5
2 492	18			11 056	16
		14	20	8 556	17
318	23	69	19	789	26
482	22	123 601	6	308 815	10
597 265	6	7 577	14	125 499	13
27 104	12	44 432	11	32 433	14
1 654 179	2			6 271	18
2 430 427	1	3 794 156	1	10 762 194	1
1 172 118	3	336 219	4	1 199 558	4
3 147	16	47 592	10	135 584	12
50 158	11	277 891	5	320 497	9
593	21	1 157	18	1 546	22
209 615	9	843 288	3	2 668 678	2
		5 079	15	3 846	19
320 071	7	50 661	9	168 282	11
3 104	17	54 421	8	417 367	7
1 091 573	4	2 975 895	2	1 460 029	3
10	24	7	21	1 879	21
52 446	10	80 981	7	374 418	8
6 310	15	21 223	13	23 187	15
1 427	20				
259 345	8	3 890	16	456 002	6
1 901	19	1 494	17	1 080	23
				867	24
8 416	14				
				797	25

电子信息制造业

综　述

【概况】　2016年，中国电子信息制造业深入贯彻落实党中央、国务院决策部署，持续推进产业供给侧结构性改革，克服进出口加速下滑不利影响，产业整体继续保持稳步增长。

生产运行总体平稳。规模以上电子信息制造业增加值同比增长10%，高于规模以上工业平均水平4个百分点，增速较上年回落0.5个百分点，占规模以上工业增加值比重提高7.5%。电子信息制造业实现主营业务收入12.2万亿元，同比增长8.4%。中国生产手机20.6亿部，同比增长13.6%；生产彩色电视机15 769.6万台，同比增长8.9%；生产微型计算机2.9亿台，同比下降7.7%，降幅持续收窄；生产集成电路1 318亿块，同比增长21.2%。

产业结构持续优化。主要产品智能化、高端化发展成果显著，智能手机、智能电视市场渗透率超过80%，国产品牌高端彩电、手机和路由器加快涌现。新兴领域产品布局不断拓展，智能手表、智能家居、虚拟现实设备以及无人机等新兴产品种类不断丰富。

创新能力建设实现新突破。重点领域创新成果不断涌现，采用国产CPU的“神威·太湖之光”成为世界首台运算速度超过十亿亿次/秒的超级计算机，国产智能手机芯片市场占有率超过20%，国产智能电视SoC芯片装机达到800万颗，采用国产芯片、支持北斗导航的智能手机出货量突破1 800万部，中国主推的极化码（Polar码）被国际标准化组织采纳为5G控制信道标准方案。华为、中兴、京东方、腾讯、联想、华虹宏力6家电子信息类企业入围国内企业发明专利授权量排名前十强。

支撑引领作用进一步凸显。电子信息产业发展带动两化融合水平稳步提升，中国数字化研发设计工具普及率达到61.8%，工业企业数字化生产设备联网率达到38.2%。电子信息产业与其他领域产业融合、技术融合、市场融合进一步加速和深化，逐步推动中国经济社会转型发展。金融、交通、医疗、教育、水电燃气等行业信息技术应用不断深化，信息技术在“天宫二号”“神舟十一号”和“墨子号”等国防和国家重点工程领域发挥重要作用。

【进出口贸易】　2016年，电子信息产品外贸进出口降幅扩大。电子信息产品进出口总额为12 245亿美元，同比下降6.4%，降幅较2015年扩大5.3个百分点。其中，出口7 210亿美元，同比下降7.7%，降幅比2015年扩大6.6个百分点，占全国外贸出口34.4%。进口5 035亿美元，同比下降4.6%，降幅比2015年扩大3.4个百分点，占全国外贸进口31.7%。实现贸易顺差2 175亿美元，同比下滑14.2%，占全国外贸进出口顺差42.6%。从贸易方式看，2016年一般贸易出口2 052亿美元，同比增长3.2%，所占比重为28.5%，较2015年提高3.0个百分点，加工贸易出口4 271亿美元，同比下降10.4%；一般贸易进口1 499亿美元，同比增长10.5%，所占比重为29.8%，同比提高4.1个百分点，加工贸易进口2 351亿美元，同比下降9.5%。在贸易主体上，2016年内资企业出口2 307亿美元，同比下降4.7%，其中民营企业出口1 731亿美元，同比下降3.0%，占出口总额24.0%，同比提高1.0个百分点。

【固定资产投资】 2016年，中国电子信息制造业固定资产投资增速持续加快。规模以上电子信息制造业500万元以上项目完成固定资产投资额10 464亿元，同比增长15.8%，增速比上年提高2.2个百分点，高于同期全国制造业投资增速11.6个百分点。电子器件行业完成固定资产投资同比增长22.7%，其中半导体分立器件和集成电路制造领域增速突出，分别为96.4%和31.1%。电子元件行业完成投资同比增长13.3%。整机行业中，通信设备行业投资增长显著，增速为29.3%，成为电子信息制造业投资增速最快的细分行业；家用视听行业投资增长较快，增速为19.1%；电子计算机行业投资同比增长4.2%。2016年内资企业累计完成投资同比增长13.2%，外商投资企业累计完成投资增长16.8%，港澳台企业累计完成投资增长44.3%，增速领跑全行业。

资源有序整合。在政策取向和技术趋势引导下，财政资金、产业投资基金撬动作用不断凸显，保障武汉长江存储器、华虹“909”二期、成都中电熊猫、成都京东方、深圳华星光电等一批重大项目顺利开工建设。除增量投资外，电子信息领域存量资源整合也有序推进。如：由紫光集团、长江存储、中芯国际等27家重点企业、院校和研究院所共同发起成立“中国高端芯片联盟”，致力于打造涵盖“架构－芯片－软件－整机－系统－信息服务”的产业生态体系。

【经济效益】 2016年，中国电子信息制造业经济效益保持向好势头。规模以上电子信息制造业实现利润总额6 464亿元，同比增长16.1%，增速较2015年提高近9个百分点。行业平均利润率达到5.3%，比上年提高0.6个百分点；企业亏损面16.5%，比2015年收窄2个百分点。2016年规模以上电子信息制造业收入和利润占全国工业比重达到10.6%和9.4%，分别比上年提高0.6和1个百分点。2016年年末，全行业应收账款同比增长18.8%，高于主营业务收入增幅10.4个百分点，产成品存货增长2.8%。

【细分行业发展情况】 2016年，集成电路产业保持高位趋稳态势，产业规模持续扩大。据中国半导体行业协会统计，中国集成电路产业销售额4 335.5亿元，同比增长20.1%。2016年生产集成电路1 318亿块，同比增长21.2%。技术水平稳步提升，28纳米芯片制造工艺量产并实现技术全覆盖，高压、微机电加工等工艺发展迅速，设计能力不断增强。国家集成电路产业投资基金的建立带动地方投资热潮，各地地方政府纷纷设立集成电路产业投资基金，带动社会投资持续增长。存储器芯片实现破局，武汉长江存储等多条12英寸芯片制造项目相继开工建设。

2016年，通信设备行业增速稳中向好，实现主营业务收入30 584亿元，同比增长13.8%，增速较2015年提高0.6个百分点。其中，出口交货值同比增长3.4%。2016年全行业生产手机20.6亿部，同比增长13.6%，其中智能手机15.4亿部，同比增长9.9%；移动通信基站34 084万信道，同比增长11.1%；程控交换机1 329.3万线，同比下降21.6%。国产品牌迅速壮大，华为、OPPO和vivo跻身全球销量前五，OPPO、vivo、华为、小米位居国内市场前四，国产品牌手机中高端市场份额有较大幅度提升。

2016年，计算机行业生产延续萎缩态势，实现主营业务收入18 748亿元，同比增长1.5%，较上年同期提高1个百分点。其中，出口交货值同比下降5.4%。2016年，全行业共生产微型计算机29 008.5万台，同比下降7.7%，降幅较2015年收窄5.2个百分点。计算机行业出口1 753亿美元，同比下降9.7%，降幅比上年收窄4.7个百分点，其中，笔记本电脑出口583亿美元，同比下降9.7%。

2016年，彩电行业增速保持平稳。家用视听行业实现主营业务收入7 909亿元，同比增长4.1%，其中出口交货值同比增长1.8%。2016年，全行业生产彩色电视机15 769.6万台，同比增长8.9%，其中，液晶电视 15 713.6 万台，增长 9.2%。智能电视占比不断提升，产量达到 9 310.1 万台，同比增长 11.1%，占中国彩电比重达到 59.2%。彩电出口稳步增长，全行业累计出口 8 064 万台，同比增长 12.3%，中国自主品牌彩电在全球彩电市场占比达到 30%。高端产品市场发展迅速，国内彩电市场 OLED 电视、量子点电视、激光电视销量增长迅猛。

2016 年，新兴产业稳步增长，LED、太阳能光伏、平板显示等新兴产业保持稳步增长势头。LED 芯片光效水平进一步提高，达到 200 流明 / 瓦；国产芯片替代率已达到 65% 以上，自主知识产权硅衬底 LED 产业链形成；LED 行业总产值近 4 000 亿元，同比增长超过 15%。太阳能光伏行业产能利用率持续提升，多晶硅产量达 16.2 万吨，同比增长 19.1%；产量约 43GW，同比增长 20.8%，出口量 28GW；主要企业盈利水平有所提升，前十家电池组件企业平均毛利率超 15%。平板显示产业销售收入 1 588 亿元人民币，同比增长 16.3%，净利润 82 亿元，同比增长 9.3%；显示面板出货面积突破 4 500 万平方米，同比增长 46.1%；全行业新增专利申请量 9 500 件，专利数量累计 4.5 万件，京东方跃居为世界第四位的电视机面板供应商。LED、太阳能光伏、平板显示行业骨干企业通过并购、新建生产线等方式不断扩大规模，行业集中度进一步提升，龙头企业技术优势和规模效应逐渐凸显。

【存在问题】 2016 年，产业发展中存在的矛盾和问题主要有以下三个方面。

进出口贸易下滑态势加剧。2016 年，受全球消费电子产品市场疲软影响，中国电子信息产品进出口贸易呈现加速下滑态势，手机、便携式电脑、平板电脑、彩色电视机、集成电路等主要产品出口出现不同程度下降，一方面是因为全球经济增长缓慢、消费者消费欲望不强，另一方面则是因为消费电子产品格局逐步固化，缺乏击中消费痛点的大众化新兴产品。

产业链配套能力仍显不足。2016 年，苹果、三星手机出货量出现不同程度下滑，围绕苹果等国外品牌手机代工制造产业链上下游企业受到明显影响，蓝思科技、德赛电池、金龙电机等玻璃盖板、电池、电动马达供应商营收和净利润出现不同程度下滑。另外，美国商务部对中兴通讯的贸易制裁事件，凸显中国在芯片、操作系统等关键领域还受制于人。

部分新兴产业显露产能结构性过剩风险。近两年，随着国内应用市场逐步扩大，平板显示、太阳能光伏、LED、锂离子电池等新兴产业呈现快速发展势头，行业投资不断加大，投资过热风险显现，新技术、新产品不断涌现，产品更新换代速度加快，受高端产品产能攀升、市场份额不断扩大影响，低端产品呈现产能过剩、市场萎缩态势，产能结构性过剩风险开始显露。

［撰稿：余雪松　审稿：杨旭东］

通信设备行业

【概况】 中国通信设备制造业坚持技术引进和自主开发相结合，已经形成一个较为完整的通信设备制造业产业体系，产业链逐步完善，自主创新能力明显提升，产业规模不断扩大，通信产品宽带化、智能化、网络化、数字化趋势明显，成为电子信息产业支柱产业。同时，仍存在很多问题，核心技术瓶颈仍未完全突破，关键软硬件依赖国外，高端产品供给能力有待提高；市场竞争日益激烈，产品同质化现象严重；新一代移动通信快速发展、推动企业“走出去”等方面均对中国通信设备产业发展提出挑战。

2016 年，中国通信设备行业继续保持较快增长，主营业务收入 3.1 万亿元。全年生产手机 21 亿部，同比增长 13.6%，其中智能手机 15 亿部，同比增长 9.9%，占全部手机产量 74.7%。生产移动通信基站设备 34 084 万信道，同比增长 11.1%。出口交货值同比增长 3.4%。

2016 年，中国通信设备行业进口额 459 亿美元，同比下降9.1%；出口额2 039亿美元，同比下降5.1%。主要产品中，手机出口1 156亿美元，下降6.6%。

2016年，通信设备行业500万元以上项目固定资产投资快速增长，增速为29.3%。

【科技进步与应用】 5G研发与标准化进入关键阶段。2016年5G国际标准研制正式启动，根据3GPP标准工作计划，2017年底完成非独立组网的5G新空口技术标准化，2018年6月完成独立组网的5G新空口标准，2019年9月完成完整版5G标准研制，全面支持增强移动宽带、低时延高可靠和低功耗大连接场景。中国正在积极参与5G标准制定，华为Polar Code方案被确定为5G控制信道eMBB场景编码方案，标志着中国在通信基础技术方案影响力进一步增强。中国2016年1月正式启动5G技术研发试验，9月顺利完成5G技术研发试验第一阶段关键技术试验工作，2017—2018年将会全面推进第二阶段技术方案验证和第三阶段系统验证技术研发试验并完成相关标准制定，参加单位包括中国信息通信研究院、中国移动、中国联通、中国电信、华为、中兴、大唐、爱立信、三星、诺基亚和上海贝尔、英特尔、高通、展讯、罗德施瓦茨、是德科技、星河亮点等国内外企业，涵盖运营商、设备制造企业、芯片和仪表企业等产业链各个环节。

LTE V2X标准初步就绪，推动智能汽车与智慧交通发展。2016年9月，在3GPP第73次会议上，LTE-V第一阶段基于终端直通（D2D）模式的车车通信（V2V）标准在Release14中正式冻结，引入更优化的物理层解调参考信号、资源调度、干扰协调等技术。第二阶段包括基于蜂窝网的V2V通信和车路通信（V2I）、车人通信（V2P）等LTE-V完整标准将于2017年完成。10月，中国汽车工程学会发布包括智能网联发展路线图在内的《节能与新能源汽车技术路线图》，定义智能网联汽车包括智能化与网联化两个技术层面。工业和信息化部开展车联网频率规划研究，并与浙江、北京市－河北省、重庆市、吉林省和湖北省合作开展基于宽带移动互联网的智能汽车与智慧交通应用示范区建设。

NB-IoT技术商业化进程加速。2016年6月，3GPP正式冻结NB-IoT核心标准，标志着NB-IoT即将进入规模商业阶段。NB-IoT技术从立项开始，便得到全球信息通信产业阵营认可和积极投入，产业链正在加速形成。华为、中兴、大唐等企业正在逐步形成包括芯片、模组、终端、核心网在内的各环节设备生产与网络建设能力，国内三大运营商均已在多地开始部署各自NB-IoT网络，鹰潭、福州、无锡等地均已完成全市NB-IoT网络覆盖。应用方面，由于具有更低成本、更加便于管理等优点，远程抄表应用前景最为广阔，国内三川集团、秦川公司等大型传统水、气表生产制造企业已积极投入智能表产品研发与生产；同时，远程抄表应用也得到各地国电、水务等部门重视及推广，四川省国家电网提出“十三五”期间将实现全省智能电表全替换。基于NB-IoT技术的智慧停车应用也已进入初步商业化阶段，乌镇、青岛、鹰潭等地一批智慧停车试点示范项目已经建成并投入使用，形成具备智能停车收费、停车引导等便捷功能的完整服务体系。

语音技术开始改变智能硬件交互控制方式。随着科大讯飞等语音技术企业和百度等互联网企业语音开放平台不断发展，智能硬件开始深度融合语音技术，交互方式进一步由网络控制向语音控制发展。2016年4月，思必驰与威仕特、乐橙合作，发布具有语音交互功能的智能后视镜及小乐机器人，10月，升级智能车载AIOS对话操作系统，新增自定义唤醒词等八大功能。6月，京东扩充叮咚智能音箱产品线，推出两款全新产品——灵动版和悦动版，支持多轮对话管理和上下文理解等功能。11月，科大讯飞在年度发布会上推出超脑魔盒、飞鱼助理、晓曼机器人等智能硬件产品，集成科大讯飞语音识别、自然语言理解等技术。同时，智能音箱作为语音技术场景落点之一，企业利用智能音箱作为智能家居控制入口，加快其研发与升级进程，打造自家智能家居生态圈。

【政策与法规】 2016年9月19日，工业和信息化部、国家发改委联合印发《智能硬件产业创新发展专项行动（2016—2018年）》（以下简称专项行动）。专项行动以提升智能硬件关键技术和产品创新能力、夯实产业基础为核心，以优化政策环境、繁荣产业生态、加强公共服务为牵引，明确三年发展目标、五个重点领域、六类核心关键技术和四个重点应用领域。专项行动着力解决关键技术和高端产品供给不足、创新支撑体系不健全、产用互动不紧密、生态碎片化等问题，推动中国智能硬件产业高端化、创新化、自主化、生态化、服务化发展。

2016年11月14日，国务院印发《智慧家庭综合标准化体系建设指南》（以下简称《指南》），《指南》提出智慧家庭是基于新一代信息技术的智慧化家庭综合性服务平台，是家庭智能设备、物联网、高速信息网络和应用服务的有机融合。智慧家庭以物联网、宽带网络为基础，依托移动互联网、云计算等新一代信息技术，实现服务的智能化提供、人与家庭设施的双向智能互动。智慧家庭可看作是信息技术在家庭环境的应用落地。智慧家庭以产品形态多样化、操作智能化和互联互通化为标志，产品横跨众多应用领域，是信息消费的最直接载体。按产品层次分，涵盖基础软硬件产品、组网设备、智能终端、智能家电、智能家居、集成平台和系统，以及作为各类应用服务人机接口的软件产品。

【市场分析与预测】 移动智能终端市场集中度将进一步提升，市场持续整合。2016 年国产手机市场出货量 21 亿部，同比增长 13.6%，IDC 数据显示中国前五名厂商约占中国总体市场份额 66.5%，较去年 59.1% 的市场份额增长 7.4 个百分点；四大国产品牌华为、OPPO、vivo、小米占据中国 56.9% 市场份额，较去年 45.7% 增长 11.2 个百分点，手机终端国产品牌全面崛起；市场竞争更加激烈，小厂商陆续退出手机市场，产业集中度进一步提升；产业仍处于深度整合期，4G 用户渗透率提升，预计 2017 年 4G 用户渗透率将超八成，各厂商纷纷提前布局 5G，抢夺市场先机，由 5G 通信技术带动的行业新增长点会使现有手机企业面临一轮重新洗牌。

通信设备产业链上游逐步开始成长，重点产品制造形成一批上游龙头企业。中国在手机 SoC 芯片、触控芯片、指纹芯片、麦克风等领域技术积累和产业实践成效显著。华为海思麒麟系列处理器已经在自有高端机型中得到广泛应用，出货量已经突破 1 亿片；海思推出的智能电视 SoC 芯片装机量达到 800 万片；汇顶、思立微等厂商已经成为手机指纹识别领域主力军；歌尔声学、金龙机电等企业成为苹果手机麦克风、触控芯片核心供应商；基站天线领域，京信通信连续四年位列全球一级供应商。

智能硬件产品种类不断丰富，服务机器人、虚拟现实等市场将快速增长。随着越来越多的互联网企业和科技公司推出各类智能硬件产品，智能硬件产业生态圈初具规模。智能硬件应用场景的不断拓展使智能硬件产品种类更加丰富，涵盖智能家居、智能可穿戴、智能车载、智慧医疗以及工业级智能硬件等诸多领域，智能珠宝等新领域产品也在不断涌现。智能服务机器人与应用虚拟现实技术的新型智能硬件等陆续成型，市场规模不断扩大，产业生态逐步完备。VR 市场规模持续增长，以游戏、娱乐为主的消费级 VR 产品成为拉动市场规模主力。据 HIS 报告预测，2019 年全球仅头戴式 VR 设备市场规模将达到 27 亿美元左右，较 2016 年 11 亿美元的市场规模增长近 2.46 倍；预计到 2020 年 VR 游戏市场规模将达到 20 亿美元。

5G 有望带动中国万亿元经济产出。作为通用目的技术，5G 将从线上到线下、从消费到生产、从平台到生态，全面构筑经济社会数字化转型关键基础设施，推动中国数字经济发展迈上新台阶。据中国信息通信研究院预测，到 2030 年，在直接贡献方面，5G 带动的总产出、经济增加值、就业机会分别为 6.3 万亿元、2.9 万亿元和 800 万个。

【存在问题】 核心技术没有完全掌握，上游供应受掣肘明显，利润进一步受到挤压。在通信设备产业，核心电子元器件基本由国外企业把控，产业对外依存度高；2016 年 3 月 7 日，美国商务部将中兴及其附属的三家公司列入“实体清单”，限制出口，导致中兴从基站、光通信、数据通信及手机等产品线可能无法生产；中国通信设备产业大量核心芯片与元器件如手机芯片，存储芯片、功放、AD/DA 等主要依赖国外供给，国内产业化水平低或者基本空白；部分元器件如光器件等，中国主要集中在中低端产品，产品附加值低，利润受到国外高端产品挤压。

国内制造业成本优势丧失，产业链整体面临较大转型升级压力，带来投资热度下降。首先，由于中国劳动力成本上升，优惠政策退出和土地价格骤升等因素导致制造业经营成本快速上升，而印度和东南亚等国家拥有明显的成本优势，都在加速中国制造产业链既有优势的丧失，富士康、纬创等制造业巨头均计划在东南亚加大投资力度。其次，中低端供应链企业市场压力增大。在激烈的市场竞争环境下，部分中小厂商陆续退出市场。伴随全球市场的洗牌，厂商进而调整战略布局以及逐步精简产品线，直接影响产业链相关企业生存。中国制造业成本升高与产业链转型压力两方面因素造成中国通信设备产业投资热度下降。

［撰稿：侯建仁　审稿：乔跃山］

广播电视设备行业

【概况】 广播电视设备行业产品领域主要包括有线电视设备与工程、广播电视无线发射与传输设备与系统、卫星广播电视地面接收设备、灯光及节目制作和播控设备、广播电视配套设备等。多数产品为投资类产品，主要用户为国内外各级广播电视台站、有线网络运营商等。

根据国家有关规定，广播电视设备行业的多数产品需要取得入网许可证、生产许可证等。国家新闻出版广电总局2017年5月广播电视设备器材入网认定年检情况公告显示，近三年来取得“入网认定证书”的企业及设备情况如下：广播电视节目制作和播出设备器材企业57家，设备型号134个；广播电视业务集成与支撑设备器材企业17家，设备型号21个；有线电视传输与覆盖设备器材企业440家，设备型号1 481个；无线传输与覆盖设备器材企业139家，设备型号431个；卫星电视广播传输与覆盖设备器材企业70家，设备型号140个；广播电视监测、安全运行与维护设备器材企业7家，设备型号18个；广播影视系统专用电源设备器材企业79家，设备型号118个。

【主要经济指标】 中国广播电视设备工业协会对56家主要会员企业2016年各主要经济指标抽样统计结果显示，全部产品现价工业总产值3 450 285万元，比上年增长4.4%，其中本行业产品现价工业总产值1 613 637万元，比上年增长7.0%。全部产品出口交货值577 262万元，比上年增长6.0%，其中本行业产品出口交货值267 474万元，比上年增长3.7%。全部产品工业增加值比上年增长5.0%，其中本行业产品工业增加值比上年增长4.2%。全部产品销售收入3 463 682万元，比上年增长4.3%，其中本行业产品销售收入1 569 027万元，比上年增长9.6%。税金总额82 493万元，比上年下降4.0%。利润总额178 806万元，比上年增长3.8%。固定资产净值平均余额425 353万元，比上年增长22.1%。本行业年末产成品存货约139.4万部（台、件），其中卫星广播电视地面接收设备（包括卫星接收机顶盒以及分别销售的天线、高频头等）年末产成品存货137.3万台（件），视、音频节目制作和播控设备年末产成品存货19 419台，无线发射传输类设备年末产成品存货619部。

【企事业单位】 根据中国广播电视设备工业协会的统计，截至2016年年底，中国广播电视设备工业协会有会员单位187家，其中包括5家研究机构和182家研制生产企业。

会员单位中，主要从事有线电视设备与工程的56家；主要从事无线发射与传输设备与系统研制生产的46家；主要从事广播电视配套设备研制生产的35家；主要从事灯光、节目制作和播控设备研制生产的30家；主要从事卫星广播电视地面接收设备研制生产的20家。

按经济类型划分，股份制经济76家，股份合作制经济38家，国有经济26家，外商及港、澳、台投资经济22家，集体经济14家，属于其他经济的11家。

【从业人员】 根据中国广播电视设备工业协会的统计，截至2016年年底，187家会员单位全部从业人员91 349人，其中技术人员27 146人，占从业人员总数29.7%。

【生产与销售】 根据中国广播电视设备工业协会对58家主要会员企业的统计，在本行业产品中，2016年各类产品的生产量、销售量、销售收入及产成品存货情况如下：

广播（含短波、中波和调频）发射机生产量5 356部，比上年下降26.6%；销售量5 645部，比上年下降20.5%；销售收入21 978万元，比上年下降20.4%；年末产成品存货218部，比上年同期减少21.0%。

电视发射机生产量3 660部，比上年增长6.8%；销售量3 465部，比上年增长0.7%；销售收入34 589万元，比上年增长2.3%；年末产成品存货401部，比上年同期增加49.1%。

微波传输设备生产量 560 部，比上年下降 82.7%；销售量 612 部，比上年下降 80.7%；销售收入 18 029 万元，比上年增长 17.1%；年末产成品存货 5 部，比上年同期减少 92.2%。

有线电视及网络工程销售收入 682 593 万元，比上年增长 20.4%。

应用电视设备销售收入 5 875 万元，比上年增长 7.3%。

卫星电视广播地面接收设备（包括卫星接收机顶盒以及分别销售的天线、高频头等）生产量 2 072 万台（件），比上年下降 15.7%；销售量 3 495 万台（件），比上年增长 98.6%；销售收入 128 526 万元，比上年下降 9.2%；年末产成品存货 137.3 万台（件），比上年减少 23.9%。

音视频节目制作、播控及灯光设备生产量 58 687 部，比上年下降 8.5%；销售量 56 946 部，比上年下降 17.9%；销售收入 152 198 万元，比上年增长 34.2%；年末产成品存货 19 419 部，比上年同期增加 10.4%。

广播电视配套设备生产量 61 195 部，比上年下降 49.6%；销售量 61 307 部，比上年下降 49.6%；销售收入 83 435 万元，比上年增长 43.4%；年末产成品存货 225 部，比上年同期减少 25.2%。

【科技进步与应用】 以“引领科技创新 促进产业发展”为主题的 2016 广播电视科技创新奖评审中，共有 17 家业内企业申报 19 个项目，申报的企业数量和项目数量均低于上年。经过由业内专家组成的评审委员会评审，北京英夫美迪科技股份有限公司“Audiostreamer 网络音频编码器”等 10 家企业的 10 个项目获得科技创新优秀奖；广东华晨影视舞台专业工程有限公司等 9 家企业获得 2016 广播电视科技创新奖；北京中科大洋科技发展股份有限公司等 11 家企业获得科技创新企业奖；9 人获得科技创新优秀个人奖。

【进出口贸易】 根据中国广播电视设备工业协会对协会会员单位上报数据汇总，2016 年全部产品出口交货值 577 262 万元，比上年增长 6.0%，其中本行业产品出口交货值 267 474 万元，比上年增长 3.7%。

【政策与法规】 2016 年 4 月 21 日，国务院办公厅发布《关于加快推进广播电视村村通向户户通升级工作的通知》（以下简称《通知》），提出加大政府向社会购买服务力度，鼓励社会机构参与公益性广播电视节目制作、公益性广播电视专用设施设备维修维护等，有条件的地方可根据实际情况，向特殊群体提供有线电视免费或低收费服务。按照《通知》所设定的工作目标，统筹无线、有线、卫星三种技术覆盖方式，到 2020 年，基本实现数字广播电视户户通，形成覆盖城乡、便捷高效、功能完备、服务到户的新型广播电视覆盖服务体系。确保通过无线（数字）提供不少于 15 套电视节目和不少于 15 套广播节目，通过无线（模拟）提供不少于 5 套电视节目和不少于 6 套广播节目；通过直播卫星提供 25 套电视节目和不少于 17 套广播节目；有线广播电视在由模拟向数字整体转换过程中，保留一定数量的模拟电视节目供用户选择观看，有条件的地区可确定一定数量的数字电视节目作为基本公共服务项目。

2016 年 12 月 19 日，国务院正式发布《“十三五”国家战略性新兴产业发展规划》，其中指出要加快构建下一代广播电视网。推动有线无线卫星广播电视网智能协同覆盖，建设天地一体、互联互通、宽带交互、智能协同、可管可控的广播电视融合传输覆盖网。加速全国有线电视网络基础设施建设和双向化、智能化升级改造，推进全国有线电视网络整合和互联互通。推动下一代地面数字广播电视传输技术研发及产业化，加强地面无线广播电视与互联网的融合创新，创建移动、交互、便捷的地面无线广播电视新业态。

2016 年 12 月 15 日，国务院印发《“十三五”国家信息化规划》(以下简称《规划》)。《规划》是“十三五”国家规划体系重要组成部分，是指导“十三五”期间各地区、各部门信息化工作的行动指南。《规划》对广播电视设备行业影响重大。“发展目标”中提出“有线、无线、卫星广播电视传输覆盖能力进一步增强，基本实现广播电视户户通”。“重大任务和重点工程”中提出“推进下一代广播电视网建设和有线无线卫星融合一体化建设，推进广播电视融合媒体制播云、服务云建设，构建互联互通的广播电视融合媒体云”。“优先行动”中提出“加快推进下一代广播电视网建设与融合。统筹有线无线卫星协调发展，提升广播电视海量视频内容和融合媒体创新业务的承载能力，推动有线无线卫星融合一体化及与互联网的融合发展，构建天地一体、互联互通、宽带交互、智能协调、可管可控的广播电视融合传输覆盖网，支持移动、宽带、交互、跨屏广播电视融合业务的开展”。“繁荣网络文化行动”中提出“推动传统媒体与新兴媒体融合发展”“加强网络文化阵地建设”。

【市场分析与预测】 广播电视设备市场包括有线电视设备与工程，机顶盒，地面无线广播电视发射设备，视、音频节目制作和播控设备等几个重要领域。

有线电视设备与工程 与新媒体相比，有线电视用户增长明显低于IPTV和互联网电视用户。

2016年12月初，中共中央宣传部、财政部、国家新闻出版广电总局联合下发《关于加快推进全国有线电视网络整合发展的意见》（以下简称《意见》）。《意见》要求结合市场运作和行政推动，到“十三五”末期，基本完成全国有线电视网络整合，成立由中国广播电视网络有限公司控股主导、各省级有线电视网络公司共同参股、按母子公司制管理的全国性股份公司，实现全国一张网。《意见》还要求，同时建成全国互联互通平台，完成双向化宽带化智能化改造，全面提高有线电视网络的文化传播和综合信息服务能力，从而落实国家“十三五”规划纲要明确的“加快全国有线电视网络整合和智能化建设”的工作任务。《意见》提出五大主要任务，包括分步推进全国有线电视网络整合，建立全国统一运营管理体系，统筹开展互联互通平台建设，创新发展新业务新业态，提高安全播出保障能力。此外，国家新闻出版总局科技司对构建全国广电网络互联互通平台，大力推进广播电视宽带网络建设提出具体目标、实施步骤。

用户市场需要的严峻现实及国家的政策导向，都决定中国有线电视网络将会由区域性特征明显的现状走向“互联互通”的新格局，形成一个综合的信息运营体。有线电视正在朝网络化、智能化方向发展，通过提高硬件处理能力，支撑各种复杂的业务和智能应用。

中国广播电视网络有限公司互联互通平台一期、二期工程包括骨干光缆传输网、骨干IP数据网、IDC数据中心、CDN与cache、DNS、流量分析采集系统、BOSS系统等的布局以及有线电视光纤到户规划。中国广播电视网络有限公司对有线电视网的整合、规划与发展，将在今后几年为有线电视设备与工程相关企业提供巨大的市场，但其产品品种、性能、功能的需求也会有巨大变化，相关企业应及时根据这些变化不断更新自己的技术及产品，以便适应广电老客户不断变化的需求。

机顶盒 机顶盒主要包括有线、卫星、地面无线数字电视机顶盒以及IPTV、OTT电视盒子。数字有线电视机顶盒一直占据机顶盒市场的主要部分，但是近两年，直播卫星和OTT、IPTV等用户增长速度远远高于有线电视。由于智能电视普及率提升带来的冲击，加上政策的管控与消费者购物越来越理性，电视盒子市场未能长期快速增长。2016年，电视盒子销量大起大落，2017年将持续走低。

在技术方面，有线电视正在朝网络化、智能化方向发展，通过提高硬件处理能力，支撑各种复杂的业务和智能应用，同时通过扩展Wi-Fi等功能，有线电视机顶盒将逐步占据家庭数据业务入口的家庭网关市场，成为智能家居、智能家庭的中心。

在广播电视传统媒体与新兴媒体加速融合的大趋势下，中国直播卫星用户规模扩大，截至2016年12月达10 156万户左右，现有的直播星终端设备已不能满足管理、服务及用户的需要，必须加强技术创新，推动升级发展。广电总局要求：2018年8月1日起国家新闻出版广电总局广播电视卫星直播管理中心（简称卫星直播中心）将停止接收旧标机顶盒生产文件，户户通三代机正式停止生产；2022年8月1日卫星直播中心将全面停止第三代机顶盒的移机、设备更换等操作。新一代直播卫星终端，面向媒体融合和广播电视有线无线卫星融合一体化的发展趋势，适应更精确的定位管理服务、更安全的业务保护方式和更加智能化的基础平台等发展需求，提出主要采用基于北斗的终端定位管理、可下载条件接收系统DCAS、智能电视操作系统TVOS2.0等关键技术，实现在确保安全可管可控前提下，加速推动直播卫星广播电视应用推广和产业发展。

地面无线广播电视发射设备 中国广播电视设备工业协会统计数据表明，2016年地面无线广播电视发射设备的销售额（包括配套设备和微波设备）158 031万元，比上年增长11.8%。在2012－2013年的低迷后，连续3年有较大幅度增加，主要原因仍然是2015年开始的《中央广播电视节目无线数字化覆盖工程项目》形成的市场。

国务院办公厅《关于加快推进广播电视村村通向户

户通升级工作的通知》提出“无线、有线、卫星三种技术方式的覆盖方案”；国务院印发的《“十三五”国家信息化规划》在“发展目标”中也要求“有线、无线、卫星广播电视传输覆盖能力进一步增强，基本实现广播电视户户通”。2016 年 10 月 9 日，广电总局科技司在贵阳组织召开《广播电视有线、无线、卫星协同覆盖智能承载网技术体制标准研究及应用示范》项目验收会，贵州省广播电视信息网络股份有限公司承担的“有线无线卫星融合网技术研究和业务应用试点”项目通过验收。项目采用 NGB-W 与 UHF 频段（700MHz）融合的技术标准，具有覆盖范围广、覆盖信号强、上网速度快、网络安全性高等特点。项目完成 6 个基站，于 2016 年 6 月 2 日在贵遵高速公路沿线投入试运行。贵州采取“广播为主，行业为先，物（物联网）移（移动互联网）融合，应用扩展”的发展思路，打造移动互联网、大数据、物联网的平台，构建“入口 + 平台 + 大数据”的生态系统。首批四个地区（除贵州外还有广东、重庆、甘肃）的试点工作已经结束，下一步将继续扩大试点范围，陕西、湖北等地相继进入新一批试点范围。相关企业应当特别关注这方面项目及技术的发展动态，及时跟进。

视、音频节目制作和播控设备 在媒体融合、超高清、云计算等新趋势、新技术的推动下，近两年，多家广电制作播出机构投巨资新建或扩建媒体中心、制作中心，开发出包括高清、超高清节目制作、IP 化转换、矩阵式调度、传统媒资与新媒资融合管理、内容节目播控管理、多节点信号传输监控、多平台播出融合媒体内容播出控制与内容应用服务建设解决方案，采用云计算与新媒体管理技术实现传统媒体与新媒体内容的统一汇聚、统一生产制作、统一媒资管理、统一播控、统一监管、统一分发（多业务平台）的综合性流程式业务管理。

据中国广播电视设备工业协会统计，2016 年，视、音频节目制作和播控设备销售收入 152 198 万元，比上年增长 34.2%。在连续三年同比下降之后，2016 年出现较大幅度增长，从一个侧面表明视、音频节目制作和播控设备的市场情况正在向好的方向发展。

【统计数据】

表 1 2014—2016 年广播电视设备行业主要经济指标完成情况

项目名称	单位	2014 年	2015 年	2016 年	2016 年增长率（%）
工业总产值	万元	3 089 384	3 304 697	3 450 285	4.4
其中：本行业工业总产值	万元	1 406 216	1 508 246	1 613 637	7.0
销售收入	万元	3 273 176	3 319 729	3 463 682	4.3
其中：本行业销售收入	万元	1 476 154	1 431 145	1 569 027	9.6
利润总额	万元	159 489	172 258	178 806	3.8
税金总额	万元	92 740	85 967	82 493	-4.0
出口交货值	万元	571 333	544 350	577 262	6.0
其中：本行业出口交货值	万元	298 979	257 969	267 474	3.7
产成品存货	部（台、件）	874 602	1 823 388	1 393 515	23.6
固定资产净值平均余额	万元	333 011	348 383	425 353	22.1

表 2　2016 年广播电视设备行业企业规模及从业人员情况

类别	企事业单位数量（家）	其中		年末从业人员数（人）	其中
		研究机构（家）	企业（家）		技术人员(人)
合计	187	5	182	91 349	27 146
按专业分类					
有线电视设备与工程	56	3	53	20 387	6 080
无线发射与传输	46	1	45	15 679	4 160
灯光、节目制作和播控设备	30		30	7 149	2 328
卫星广播电视地面接收设备	20		20	35 730	11 577
广播电视配套设备	35	1	34	12 404	3 001
按经济类型分类					
国有经济	26	5	21	21 042	5 693
集体经济	14		14	3 028	578
股份合作经济	38		38	6 615	2 053
股份制经济	76		76	46 694	14 184
外商及港、澳、台投资经济	22		22	13 113	4 611
其他经济	11		11	857	27

表 3　2014—2016 年广播电视设备行业主要产品产量情况

产品名称	单位	2014 年		2015 年		2016 年	
		产量	增长率 (%)	产量	增长率 (%)	产量	增长率 (%)
中波广播发射机	部	489	15.3	402	–17.8	416	3.5
短波广播发射机	部	23	–23.3	147	539.1	3	–98.0
调频广播发射机	部	2 919	51.3	6 752	131.3	4 937	–26.9
VHF1kW 以上电视发射机	部	224	40.0	335	49.6	287	–14.3
UHF1kW 以上电视发射机	部	680	8.3	974	43.2	1 478	51.7
VHF1kW 以下电视发射机	部	170	17.2	1 289	658.2	208	–83.9
UHF1kW 以下电视发射机	部	314	–2.2	830	164.3	1 687	103.3
微波传输设备	部	730	161.6	3 225	341.8	560	–82.7
卫星广播电视地面接收设备（含高频头、天线等）	万台（件）	2 051	28.8	2 457	19.8	2 072	–15.7
视、音频节目制作和播控设备	部	59 891	–24.0	64 137	7.1	58 687	–8.5
广播电视配套设备	部	92 881	1090.8	121 427	30.7	61 195	–49.6

表 4　2014—2016 年广播电视设备行业主要产品销量情况

产品名称	单位	2014 年		2015 年		2016 年	
		销量	增长率（%）	销量	增长率（%）	销量	增长率（%）
中波广播发射机	部	477	16.6	414	−13.2	384	−7.2
短波广播发射机	部	23	−23.3	139	504.3	541	289.2
调频广播发射机	部	3 372	45.1	6 547	94.2	4 720	−27.9
VHF1kW 以上电视发射机	部	240	29.7	338	40.8	299	−11.5
UHF1kW 以上电视发射机	部	540	−11.2	962	78.1	1 303	35.4
VHF1kW 以下电视发射机	部	180	−19.3	1 273	607.2	200	−84.3
UHF1kW 以下电视发射机	部	356	28.1	869	144.1	1 663	91.4
微波传输设备	部	724	160.4	3 169	337.7	612	−80.7
卫星广播电视地面接收设备（含高频头、天线等）	万台（件）	2 016	27.2	1 760	−12.7	3 495	98.6
视、音频节目制作和播控设备	部	61 625	−16.5	69 361	12.6	56 946	−17.9
广播电视配套设备	部	92 672	1 023.6	121 747	31.4	61 307	−49.6

表 5　2014—2016 年广播电视设备行业主要产品销售收入情况

产品名称	单位	2014 年		2015 年		2016 年	
		销售收入	增长率 (%)	销售收入	增长率 (%)	销售收入	增长率 (%)
中波广播发射机	万元	2 974	−16.3	2 750	−7.5	3 129	13.8
短波广播发射机	万元	1 237	−51.0	4 867	293.5	3 550	−27.1
调频广播发射机	万元	11 147	2.9	20 006	79.5	15 299	−23.5
VHF1kW 以上电视发射机	万元	2 927	25.6	4 295	46.7	3 884	−9.6
UHF1kW 以上电视发射机	万元	9 830	−16.2	16 293	65.7	22 231	36.4
VHF1kW 以下电视发射机	万元	449	3.7	3 378	652.3	605	−82.1
UHF1kW 以下电视发射机	万元	2 006	23.5	9 839	390.5	7 869	−20.0
微波传输设备	万元	12 454	15.6	21 747	74.6	18 029	−17.1
有线电视及网络工程	万元	626 420	−6.1	566 772	−9.5	682 593	20.4
应用电视设备	万元	7 435	14.3	5 473	−26.4	5 875	7.3
卫星广播电视地面接收设备（含高频头、天线等）	万元	120 474	−10.7	141 555	17.5	128 526	−9.2
视、音频节目制作和播控设备	万元	121 802	−8.2	113 450	−6.9	152 198	34.2
广播电视配套设备	万元	60 523	42.5	58 183	−3.9	83 435	43.4

注：表 1 ~ 表 5 数据来源于中国广播电视设备工业协会。表 1 中本行业指广播电视设备行业，表 5 中的电视发射机中包括数字和模拟。

表 6　2014—2016 年广播电视设备行业主要产品出口额情况

产品名称	单位	2014 年		2015 年		2016 年	
		出口额	增长率 (%)	出口额	增长率 (%)	出口额	增长率 (%)
卫星广播电视地面接收设备（含高频头、天线等）	万元	143 665	–41.3	123 193	–14.2	110 770	–10.1

注：数据来源于卫星电视广播地面接收设备定点生产企业月报管理系统。

表 7　2016 广播电视科技创新优秀奖获奖名单

企业名称	项目名称
北京英夫美迪科技股份有限公司	Audiostreamer 网络音频编码器
成都索贝数码科技股份有限公司	HIVE 融合媒体业务平台
北京中科大洋科技发展股份有限公司	中科大洋 MXU 融合媒体运营平台
北京中广上洋科技股份有限公司	基于云平台的交互式虚拟演播室
北京北广科技股份有限公司	调频频段数字音频广播系统研制项目
成都成广电视设备有限公司	10kW 数模同播调频广播发射机
万维云视（上海）数码科技有限公司	裸眼 3D 移动终端视频解决方案
北京捷成世纪科技股份有限公司	云南广播电视台直播总控项目
高锐视讯有限公司	分布式融合光接入平台（DCAP）
北京东华广信科技发展有限公司	地面数字跨屏直播系统

注：数据来源于中国广播电视设备工业协会。

［撰稿：赵宗儒　栾鹤峰　审稿：吕新杰］

视听电子行业

【概况】　2016 年，中国视听电子行业实现平稳快速发展。家用视听电子行业生产增速同比加快，出口交货值同比增长 1.8%，行业投资增长 19.1%。彩色电视机出口量和出口额实现双增，中国市场彩色电视机销量自 2013 年以来首次突破 5 000 万台。视听行业转型升级步伐加快，SoC 芯片、面板等关键器件自主配套能力显著增强，彩色电视机和音响行业加快向网络化、智能化方向发展，虚拟现实等新技术、新产品、新业态不断涌现，产业政策环境进一步完善。

【生产与销售】　据工业和信息化部数据，2016 年中国生产彩色电视机 15 770 万台，同比增长 8.9%，其中液晶电视机 15 714 万台，增长 9.2%；智能电视 9 310 万台，增长 11.1%，占彩色电视机产量 59.0%。据市场研究机构奥维云网统计，2016 年国内市场彩色电视机销售量 5 089 万台，同比增长 7.8%，自 2013 年以来首次突破 5 000 万台，其中，线上市场表现优异，销售量达 1 970 万台，同比增长 51.3%；彩色电视机销售额 1 560 亿元，同比下降 1.8%。具体产品方面，中国市场智能电视销售 4 201 万台，同比增长 21%；超高清电视销售 2 455 万台，同比增长 68.7%；曲面电视销售 273 万台，同比增长 192.2%；超轻薄电视销售 38 万台，同比增长 112.4%；量子点电视销售 29 万台，同比增长 119.2%。

2016 年中国机顶盒产量增长加速。据市场研究机构格兰研究统计，2016 年中国机顶盒总出货量 27 675 万台，比 2015 年的 23 500 万台增长 17.8%，其中有线机顶盒占 14.3%、地面机顶盒占 11.2%、卫星机顶盒占 37.4%、IPTV 机顶盒占 13.7%，其他类型机顶盒（以网络智能机顶盒为主）出货量占 19.2%，出货占比大幅度提升。内销机顶盒以卫星机顶盒、有线机顶盒、IPTV 机顶盒为主；出口机顶盒以地面机顶盒和卫星机顶盒、网络机顶盒为主。截至 2016 年年底，中国有线机顶盒市场保有量超过 2.7 亿台，有线高清机顶盒数量达到 8 533.2 万台。随着终端智能化发展，有线智能机顶盒领域表现出良好发展态势，市场出货量达到 396.4 万台。受直播卫星关闭清流影响，卫星机顶盒市场出货快速增加，2016 年新增出货 4 860.2 万台，市场保有量超过 1 亿台。2016 年 IPTV 机顶盒市场也表现强劲增长势头，受中国电信、中国联通加大对高宽带捆绑 IPTV 机顶盒推广力度影响，2016 年 IPTV 机顶盒快速增长，全年新增约 3 600 万台，市场保有量近 8 700 万台。网络智能机顶盒稳定发展，截至 2016 年年底，国内市场累计出货量超过 7 000 万台。

据中国电子音响行业协会数据，2016 年中国主要电子音响产品产值 2 908.48 亿元，同比增长 3.57%；出口总额287.0亿美元，同比下降4.5%；进口总额55.1亿美元，同比下降 8.3%；贸易顺差 231.9 亿美元，同比下降 3.8%。据中国电子音响行业协会统计，2016 年中国音响类产品基本以订单定产量，产销量基本相当。从各主要产品产销情况看，2016 年组合音响和家庭影院（指家庭影院的放声系统）产销量 7 900 万套，比上年的 6 793 万台增长 16.3%，其中内销 862 万台；功放产品产销量 4 919 万台，比上年的 4 875 万台增长 0.9%，其中内销 1 373 万台；激光视盘机产销量 6 600 万台，比上年的 7 226 万台下降 8.7%，其中内销 1 205 万台；汽车多媒体（含汽车导航）产量 6 368 万台，比上年的 5 645 万台增长 12.8%，其中内销 1 782 万台；音箱产品产量 42 611 万台，比上年的 36 861 万台增长 15.6%，其中内销 9 931 万台；耳机产品（含无线耳机）产量 217 830 万个，比上年的 208 849 万个增长 4.3%，其中内销 25 809 万个。

【科技进步与应用】 彩电 SoC 芯片及面板自主配套能力显著提升。中国彩电产业的核心技术实力不断增强，行业“缺芯少屏”现象得到缓解。海思、晶晨等国内厂商研发的智能电视 SoC 芯片已量产，2016 年出货量超过 1 000 万颗，并在海信、创维、长虹等智能电视产品中实现规模应用。据中国电子视像行业协会统计，2016 年中国大陆地区面板出货约 5 800 万平方米，全球市场占有率约 30%，超过中国台湾地区成为全球第二大生产地区。面板本土配套能力显著增强，2016 年中国电视机用液晶面板自给率超过 60%。

彩电领域创新型技术和产品加快推出。2016 年，数字视听行业技术迭代和产品创新加速，4K 超高清、OLED、量子点、HDR、曲面等新技术、新产品迅速发展，互联网 +、智慧家庭、人工智能等新业务和技术与彩电行业融合不断加快。创维联合京东方、海思发布自主研发并采用国产自主芯片的 OLED 电视，小米发布具备深度学习能力的人工智能电视 3s，创维发布首款 AR 智能电视 S9D, 海信发布全球首款超短焦 100 英寸 4K 产品和 88 英寸高清激光电视。彩电行业已进入新技术应用爆发期。

中国高端彩电产品市场不断发展壮大。2016 年，中国市场彩电产品加快向高端化发展。据中国电子视像行业协会数据，从尺寸来看，2016 年中国市场 55 英寸彩电市场份额达 23.9%，同比增长 8.4 个百分点，成为彩电大屏的分界线。从外观形态看，2016 年超轻薄电视市场份额达 2.4%；曲面电视以其极具科技感的外形，正在被越来越多的消费者认可，2016 年市场份额达 5.4%；无边框电视可使观影者注意力更容易集中在捕捉屏幕内容上，2016 年市场份额达 1.8%。从高端产品渗透率看，2016 年中国市场智能电视渗透率达到 84%；4K 超高清电视渗透率达 48%；85 英寸以上的电视中，激光电视份额达到 40%。

音响行业产品升级换代步伐加快。近年来，音响行业加快技术创新引领发展步伐，用先进产能逐步替代落后产能成为行业发展共识。2016 年，中国市场无线、蓝牙、

Wi-Fi以及智能音箱和耳机产品得到迅速发展；有线耳机由于便携式播放设备的发展而不断升级，部分品牌价值、音质优异的高附加值产品市场占有率扩大，大量低价值、低音质的产品加速淘汰；DVD机及其零配件、不带导航功能的车载多媒体机等传统产品产销齐降，其中，DVD产品从2012年开始进入快速下滑通道，产品淘汰趋势明显。

虚拟现实产业迎来发展“元年”。2016年，中国虚拟现实产业规模快速增长。根据全球消费品市场研究机构捷孚凯（Gfk）数据，2016年，中国市场VR设备总销量达到400万台，市场规模突破60亿元，较2015年增长290%。中国创新型企业和创业团队快速跟进，高密度推出各类虚拟现实设备，以及以视频游戏娱乐为代表的虚拟现实应用，行业创新型应用产品不断涌现。为推动中国虚拟现实领域政策研究、标准制定、共性技术研发、应用推广、投资促进、国际合作等的发展，工业和信息化部指导成立虚拟现实产业联盟，加快构建产业生态体系。

【进出口贸易】 据海关总署统计，2016年中国彩色电视机产品出口量8 064万台，同比增长12.3%；出口额809.7亿元，同比增长4.2%。其中，液晶电视出口7 866万台，同比增长14.1%，出口额796.7亿元，同比增长5.6%，出口量及出口额占彩色电视机比重分别达97.5%和98.4%。

【海峡两岸合作】 据中国电子视像行业协会统计，2016年海信、创维、TCL、长虹、康佳、海尔等6家骨干彩电企业采购台湾面板共计1 978万片，金额31.7亿美元，其中4K面板700万片，占采购总量23.8%，对台采购电视面板尺寸不断提高，2016年平均尺寸达45.2寸。

【政策与法规】 针对中国智慧家庭领域存在的互联互通程度不足、标准体系不完善等问题， 2016年11月，工业和信息化部、国家标准化管理委员会联合发布《智慧家庭综合标准化体系建设指南》（以下简称《指南》）。《指南》指出，要围绕智慧家庭产业生态体系，构建中国智慧家庭综合标准化体系。按照综合标准化体系加快重点标准和基础标准研制，发挥标准对智慧家庭产业发展的指导、规范和引领作用，带动相关产业从单纯产品制造向“产品+服务”模式转型升级，促进信息消费增长和供给侧结构性改革。

2016年4月，工业和信息化部依据国家标准化管理委员会下达的标准制定计划，启动《互联网电视接收设备技术规范》强制性国家标准制定工作，并联合质检、新闻出版广电、工商等相关部门和产业界各单位成立互联网电视接收设备标准工作组，共同开展强制性国家标准制定，规范互联网电视接收设备市场，促进行业健康有序发展。

【统计数据】

表1　2014—2016年视听行业主要产品产量情况

产品名称	单位	2014年		2015年		2016年	
		产量	增长率（%）	产量	增长率（%）	产量	增长率（%）
彩色电视机	万台	14 129	10.9	14 476	2.5	15 770	8.9
激光视盘机	万台	8 866	–7.2	7 226	–18.5	6 600	–8.7
收音机	万台	13 987	–17.6	11 637	–16.8	11 439	–1.7
录音机（含收录机）	万台	8 927	43.8	9 897	10.9	10 332	4.4
组合音响及家庭影院	万台	5 806	44.2	6 793	17.0	7 900	16.3
CD唱机	万台	1 112	22.5	1 086	–2.3	1 098	1.1

续表

产品名称	单位	2014 年		2015 年		2016 年	
		产量	增长率（%）	产量	增长率（%）	产量	增长率（%）
电子乐器	万台	1 116	1.2	1 003	-10.1	1 003	0.0
汽车多媒体音响	万台	5 679	0.1	5 645	-0.6	6 368	12.8
功放	万台	4 728	-3.1	4 875	3.1	4 919	0.9
视盘机芯	万千克	2 325	-7.3	1 607	-30.9	1 358	-15.5
音箱产品	万台	36 496	7.2	36 861	1.0	42 611	15.6
耳机（含无线）	万部	215 753	0.0	208 849	-3.2	217 830	4.3

表 2　2014—2016 年视听行业主要产品销量情况

产品名称	单位	2014 年		2015 年		2016 年	
		销量	增长率 (%)	销量	增长率 (%)	销量	增长率 (%)
彩色电视机	万台	11 867	10.5	11 857	0.1	13 153	10.9
激光视盘机	万台	8 866	-7.2	7 226	-18.5	6 600	-8.7
收音机	万台	13 987	-17.6	11 637	-16.8	11 439	-1.7
录音机（含收录机）	万台	8 927	43.8	9 897	10.9	10 332	4.4
组合音响及家庭影院	万台	5 806	44.2	6 793	17.0	7 900	16.3
CD 唱机	万台	1 112	22.5	1 086	-2.3	1 098	1.1
电子乐器	万台	1 116	1.2	1 003	-10.1	1 003	0.0
汽车多媒体音响	万台	5 679	0.1	5 645	-0.6	6 368	12.8
功放	万台	4 728	-3.1	4 875	3.1	4 919	0.9
视盘机芯	万千克	2 325	-7.3	1 607	-30.9	1 358	-15.5
音箱产品	万台	36 496	7.2	36 861	1.0	42 611	15.6
耳机（含无线）	万部	215 753	0.0	208 849	-3.2	217 830	4.3

表 3　2014—2016 年视听行业主要产品出口量情况

产品名称	单位	2014 年		2015 年		2016 年	
		出口量	增长率 (%)	出口量	增长率 (%)	出口量	增长率 (%)
彩色电视机	万台	7 406	24.3	7 183	-3.0	8 064	12.3
激光视盘机	万台	8 267	-7.7	6 722	-18.7	5 395	-19.7
收音机	万台	13 000	-18.7	10 911	-16.2	9 075	-16.8
录音机（含收录机）	万台	8 579	46.7	9 547	11.3	9 646	1.0

续表

产品名称	单位	2014 年		2015 年		2016 年	
		出口量	增长率 (%)	出口量	增长率 (%)	出口量	增长率 (%)
组合音响及家庭影院	万台	5 096	53.7	5 653	10.9	7 038	24.5
CD 唱机	万台	909	27.8	899	-1.1	952	5.9
电子乐器	万台	787	1.2	700	-11.1	699	-0.1
汽车多媒体音响	万台	4 064	-0.5	4 013	-1.3	4 586	14.3
功放	万台	3 623	-5.4	3 778	4.3	3 546	-6.1
视盘机芯	万千克	1 016	-14.8	731	-28.1	514	-29.7
音箱产品	万台	29 207	9.0	29 339	0.5	32 680	11.4
耳机（含无线）	万部	198 848	-0.1	193 379	-2.8	192 021	-0.7

表 4　2014—2016 年视听行业主要产品出口额情况

产品名称	单位	2014 年	2015 年	2016 年	
		出口额	出口额	出口额	增长率 (%)
彩色电视机	万美元	1 355 327	1 250 948	1 226 658	-1.9
激光视盘机	万美元	296 904	247 904	199 344	-19.6
收音机	万美元	107 071	108 253	88 383	-18.4
录音机（含收录机）	万美元	123 858	129 856	127 703	-1.7
组合音响及家庭影院	万美元	155 041	205 077	221 295	7.9
CD 唱机	万美元	26 499	31 733	32 653	2.9
电子乐器	万美元	54 916	52 760	52 093	-1.3
汽车多媒体音响	万美元	354 719	338 221	334 223	-1.2
功放	万美元	195 070	190 316	176 348	-7.3
视盘机芯	万美元	66 302	44 616	33 402	-25.1
音箱产品	万美元	460 616	531 275	552 401	4.0
耳机（含无线）	万美元	518 071	578 597	557 627	-3.6

注：表 1 ~表 4 数据来源于工业和信息化部、海关总署、中国电子视像行业协会、中国电子音响行业协会、奥维云网、格兰研究等。

[撰稿：徐永健　审稿：乔跃山]

计算机行业

【概况】 2016年，计算机行业整体仍处在调整期，PC市场持续低迷，全年出货量仅2.9亿台；服务器市场稳健增长，X86架构设备在市场上仍占有绝对优势；高性能计算技术增速稳定，“神威·太湖之光”为中国赢得全球超级计算机500强排行榜八连冠；受大数据、云计算等快速发展影响，以太网交换机与路由器市场稳步增长。

计算机市场下行压力依然较大。受经济形势等多因素影响，全球计算机市场持续调整。PC领域出货量向大厂商集中的趋势进一步加强，PC市场低迷状态短期内未见改变迹象，尽管华为等厂商开始进入PC市场，但与PC大厂相比，其市场份额仍十分微小，全球总出货量继续向六大PC厂商集中，联想、惠普和戴尔市场份额仍领先于其他厂商，苹果依靠品牌效应，具备超过华硕与宏碁成为第四大PC厂商的潜力。服务器市场中，X86架构设备出货量继续领先于其他架构服务器，POWER架构服务器生存环境继续受到挤压，数据中心建设仍将虚拟化与云计算作为首选。随着中国在高性能计算领域的快速发展，日本、韩国、欧盟等国家与地区加大在这一领域研发与投入，高性能计算仍是未来几年关注热点。

人工智能成为新的产业增长点。计算机性能快速提升，GPU/FPGA并行计算等底层芯片快速发展，为人工智能发展提供计算加速引擎。物联网、移动互联、大数据的强大支撑，资本持续投入，政府政策不断助力，加速产业链的构建与发展。人工智能经过几十年积累，迎来爆发性质变。以人脸识别、图像识别为代表的机器视觉、语音识别、机器学习、智能机器人等相关技术正在进行积极研发和商品化。人工智能加速对传统行业的重构升级，智能制造、智能家居、无人驾驶、智能安防、智能医疗正成为人工智能+重要应用发展方向。在智能制造方面，智能工控系统、工业机器人等核心技术产品和智能装备系统加速智能化升级，并快速提升生产过程数字化、网络化、智能化能力，推进生产线柔性改造和智能工厂建设。生物识别人工智能技术在安防、金融、家居等领域正在实现大规模商用化应用，深度学习在无人驾驶辅助决策领域得到广泛应用。

【生产与销售】 2016年，中国累计生产微型计算机2.9亿台，同比下降7.7%，出口交货值同比下降5.4%。计算机行业出口1 753亿美元，下降9.7%，降幅比上年收窄4.7个百分点，其中，笔记本电脑出口583亿美元，下降9.7%。

【科技进步与应用】 高性能计算能力持续增长，中国实现八连冠。由国家并行计算机工程技术研究中心研制，位于国家超算无锡中心的“神威·太湖之光”第二次位居全球超级计算机500强排行榜首位，实现中国超算在500强的八连冠，其峰值性能达到每秒125.43千万亿次，持续性能为每秒93.01千万亿次。中国在超级计算机500强中的数量大幅上升，2016年11月的榜单上，中国和美国各占171个席位并列第一，排在第三到第六位的分别是德国、日本、法国和英国。

华为在2016年汉诺威消费电子、信息及通信博览会上发布云数据中心100GE Fabric TOR交换机产品CE6870、CE6860，能够帮助用户实现更加稳定、高效、富有弹性的网络互联。此类高密度交换机产品的发布和应用有效提升数据中心网络的敏捷性，带动交换机产品在高密度数据中心的应用，并很好地满足视频、搜索等移动互联网业务动态波动、海量数据无规律突发传输实际要求，对于在数据中心打造具有自动部署、精细运维的SDN能力具有很好推动作用。

中兴在2016年中国国际通信展正式发布新一代25G数据中心TOR交换机ZXR10 5960-4M，以及全千兆路由交换机ZXR10 5950系列。它们分别适用在数据中心和园区网络的汇聚层。新型交换机产品支持业界领先的虚拟交换集群技术 VSC，支持对多台设备的统一管理，并可将不同设备的端口捆绑成一个逻辑端口，大大提升交换机产品和技术对云数据中心的适配程度，促进交换机和数据中心行业向虚拟化、软件化方向发展，同时满足用户按需采购、平滑扩充网络容量、按需升级网络基础设施需求，最大限度保护客户的原始投资。

【重大工程与重点项目】 2016 年，工业和信息化部“工业转型升级”中“网络设备（高端路由器）产业链完善”等网络设备重点项目，支持推动中国安全可靠网络设备的研发与产业化推广，提升信息技术应用水平。

【政策与法规】 2016 年，中共中央办公厅、国务院办公厅印发《国家信息化发展战略纲要》，着力增强国家信息化发展能力，着力提高信息化应用水平，着力优化信息化发展环境。

2016 年，工业和信息化部、国家发改委联合制定《信息产业发展指南》，提出到 2020 年基本建立具有国际竞争力、安全可控信息产业生态体系的发展目标，确定集成电路、基础电子、基础软件和工业软件、关键应用软件和行业解决方案、智能硬件和应用电子、计算机与通信设备、大数据、云计算、物联网 9 个领域发展重点，研究部署 7 个重大工程，为信息产业发展指明方向和路径，有力支撑制造强国和网络强国建设。

【市场分析与预测】 中国路由器市场增速放缓。2016 年，总体市场规模 163.6 亿元，销售 113.0 万台，销售额同比增长 6.8%，销售量同比增长 8.6%。运营商核心网 IP 化以及视频、游戏、移动语音以及 Web 服务依然是促进 IP 流量增长的主要驱动力。数据中心以及 CDN 的大规模部署也刺激了路由器市场繁荣。

中国交换机市场平稳增长。2016 年中国以太网交换机市场总销售量 5 038.7 万线，同比增长 5.3%；销售额 170.6 亿元，同比增长 4.6%，增长率相对于 2015 年略有下降。预计未来三年，在宽带中国等政策驱动下，固定互联网使用量同比保持较快增长。同时，随着 4G 网络的普及，移动互联网流量增速明显，而互联网流量的激增，也为交换机等核心网络设备在运营商市场和企业网络市场带来更好的发展机遇。受移动互联网等行业快速发展影响，预计未来三年中国交换机以太网市场将继续保持平稳增长势头。

存储行业将迎来发展高峰。在信息化趋势下，电子政务、物联网、三网合一、云计算、安防监控、数字化医院、数字校园、自动化办公等在国民经济各领域应用日益广泛，数据量呈爆炸式增长；数据大集中、数据挖掘、商业智能、协同作业等技术日渐成熟，数据价值呈指数上升。在此背景下，无论是国家经济运转还是百姓日常生活，都和数据息息相关，必然导致存储（包括数据存储、数据保护和容灾等领域）需求持续快速增长，使得存储行业成为信息产业最具持续成长性的领域之一。预计到 2018 年国内存储行业收入将达到 25 亿美元。

中国继续拉动全球服务器市场增长。随着大数据、云计算应用不断普及，越来越多服务器将会应用于云计算、大数据领域，巨大的产品需求将促进信息技术产品市场保持快速发展。软件定义基础设施和混合环境管理将成为 IT 基础设施变革方向，并为下一代 IT 领域例如物联网和认知分析的计算需求做好准备。2016 年中国 X86 架构服务器市场销量约 240.3 万台，销售额 497.6 亿元，分别比 2015 年增长 14.4% 和 23.7%，整体表现十分稳健，同时增长情况进一步分化。

智能工业控制设备在“智能制造”时代将发挥更大作用。在通讯、网络、软件及光电的整合应用之下，工业控制计算机等智能工业控制设备结合通讯、电气、电子、软件等领域新技术与新应用，呈现多元及定制化的设计特点。智能工业控制设备所扮演的角色将愈来愈重要，成为传统行业升级改造与“工业互联网”“两化融合”“智能制造”的基础产品，发挥重要支撑作用。

【存在问题】 创新发展仍是计算机行业急需解决的问题。

个人计算机领域缺乏创新亮点。笔记本电脑方面虽然有二合一设备、超薄本等形式的产品，但并没有明显改善 PC 市场的动力，创新不足或者说创新不到位已经制约个人计算机市场的发展，与智能设备、可穿戴设备的快速发展相比，计算机市场在未来 1 ~ 3 年内回暖的希望不大，如何创新发展将是各大厂商重点解决的问题。

长期主导计算机产业的英特尔芯片产品更新速度将继续减缓，受苹果、谷歌等操作系统冲击，以及操作系统从 PC 到平板的统一趋势影响，微软 Windows 操作系统的绝对优势也将进一步下降，市场仍需要新形态和新技术拉动。

创新发展在服务器领域更加迫切。X86 架构处理器仍是服务器领域主流产品，POWER 架构与 ARM 架构服务器在未来几年也只能保持其小众产品地位，受虚拟化与云存储的影响，大型服务器市场下滑态势难以在短时间内有所缓和，怎样通过新技术和新产品来改变目前的颓势将是整个行业共同面临的难题。

【统计数据】

表 1　2016 年计算机行业主要经济指标完成情况

项目名称	单位	2016 年	增速（%）
固定资产投资额	亿元	1 185	4.2
企业数	家	1 622	5.1
利润总额	亿元	683	4.6
出口额	亿美元	1 753	-9.7
进口额	亿美元	489	-8.4

注：数据来源于工业和信息化部。

［撰稿：侯建仁　审稿：乔跃山］

电子工业专用设备行业

【概况】　2016 年，面对经济下行压力，中国政府加大对实体经济支持力度，在一系列稳增长、调结构、降成本等优惠政策措施支持下，中国电子专用设备行业加快自主创新、转型升级步伐，行业经济运行继续呈现稳步增长态势。

【主要经济指标】　依据中国电子专用设备工业协会对从事电子专用设备生产和研发的 71 家主要制造单位的统计，2016 年中国电子专用设备行业完成工业总产值 337.2 亿元；工业增加值 56.9 亿元；销售收入 279.4 亿元；利润总额 21.6 亿元；税金总额 7.4 亿元；固定资产投资 46.7 亿元；出口交货值 14.8 亿元。

【企事业单位】　截至 2016 年年末，行业内 71 家主要制造单位中，电子专用设备制造单位 67 家（其中半导体设备制造单位 35 家），电子专用工模具制造单位 4 家。其中，国有经济单位 13 家（其中研究机构 2 家），股份合作经济单位 6 家，股份制经济单位 11 家，外商及港、澳、台投资经济单位 5 家，民营经济单位 36 家。

2016 年，行业内的常州快克锡焊股份有限公司在上交所主板成功上市，无锡日联科技股份有限公司在全国中小企业股份转让系统公司（新三版）成功上市。

【从业人员】　截至 2016 年年末，行业内 71 家主要制造单位从业人员 31 242 人。包括电子专用设备制造单位从业人员 29 247 人，电子专用工模具制造单位 1 995 人。其中，工程技术人员 9 543 人，包括电子专用设备制造单位 9 317 人，电子专用工模具制造单位 226 人。

【生产与销售】 根据中国电子专用设备工业协会的统计，2016 年，电子工业专用设备行业完成工业总产值 337.2 亿元，其中电子专用设备行业主营产品（电子专用设备、电子专用工模具）完成工业总产值 175.7 亿元、工业增加值 39.9 亿元，分别比 2015 年增长 30.3% 和 27.1%。

2016 年，电子工业专用设备行业完成销售收入 279.4 亿元，其中主营产品完成销售收入 128.4 亿元，比 2015 年的 115.0 亿元增长 11.6%，2016 年行业主营产品延续 2015 年增长态势。

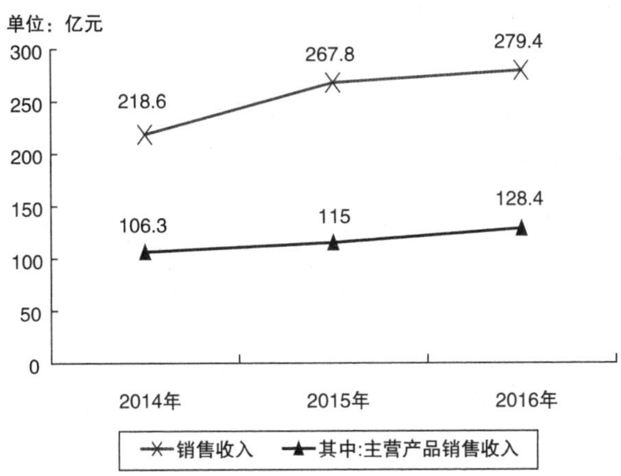

图 1 2014—2016 年中国电子专用设备行业完成销售收入情况

数据来源：中国电子专用设备工业协会

2016 年，行业完成电子专用设备总产量 125 035 台（套），比 2015 年增长 3.23%；完成电子专用设备销售量 12.1 万台，同比减少 1.0%。电子专用工模具总产量 22.1 万件（付），同比减少 5.3%；完成电子专用工模具销售 23.1 万件（付），同比增长 2.2%。

【行业经济运行特点】 行业主营产品销售继续稳步增长，锂电池设备和半导体设备增长最快。2016 年，行业主营产品（电子专用设备和电子专用工模具）销售收入同比增长 11.6%，增速比 2015 年的 8.2% 提高 3.4 个百分点。主营业务 8 类产品中，电子元件与机电组件设备（主要是锂电池设备）、半导体器件与集成电路器件设备销售增长最快，电真空与平板显示器件设备和空气、水净化、气体纯化与废气、废水处理设备及电磁屏蔽设备销售下跌。电子元件与机电组件设备在锂电池设备和锂电池材料生产设备市场推动下，2016 年继续保持快速增长，达到 21.5 亿元，同比增长 74.2%，其中，锂电池设备 2016 年销售收入达到 14.6 亿元，同比增长 156.1%。根据对中国 35 家主要半导体设备制造商的统计，2016 年，共销售半导体设备 6 169 台，同比增长 17.4%，完成销售收入 57.33 亿元，同比增长 21.5%，其中集成电路设备同比增长 22.8%，光伏设备同比增长 48.3%，LED 设备同比减少 11.3%。

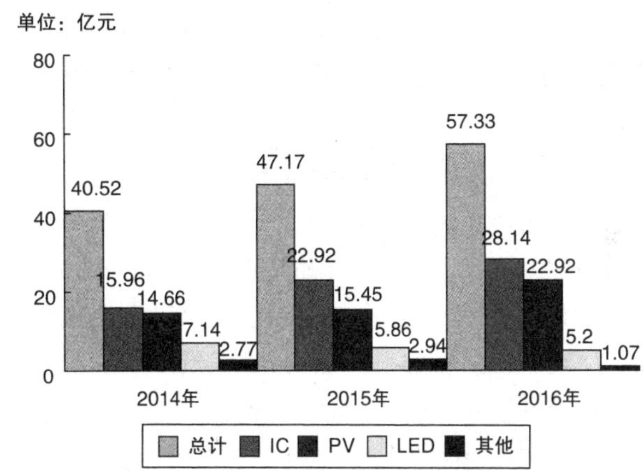

图 2 2014—2016 年中国半导体设备销售完成情况（单位：亿元）

数据来源：中国电子专用设备工业协会

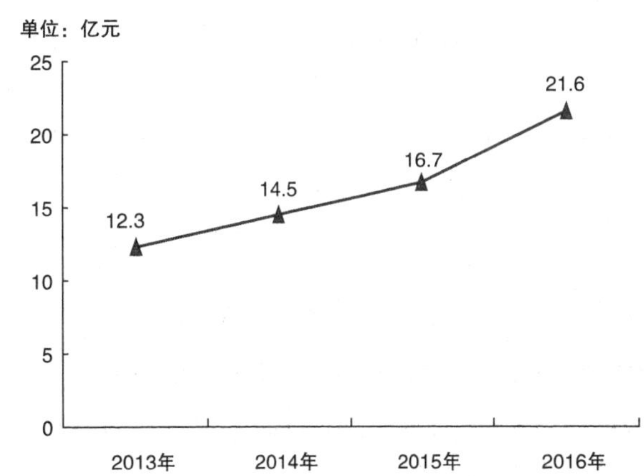

图 3 2013—2016 年中国电子专用设备行业实现利润情况

数据来源：中国电子专用设备工业协会

行业经济效益增长速度创 2013 年以来最快，亏损企业亏损额大幅减少。2016 年行业实现利润 21.6 亿元，同比增长 29.2%，增长速度超过 2013 年以来所有年份。行业 71 家单位中，亏损企业 8 家，与 2015 年相等，亏损总额 9 351 万元，比 2015 年减少 60.4%。

全行业主营产品销售收入主要来源于行业十强。2016 年，中国电子专用设备行业十强单位主营产品销售收入总额 86 亿元，占全行业主营产品总销售收入 66%。

【科技进步与应用】 根据中国电子专用设备工业协会对行业 71 家主要制造商的统计，2016 年，研发电子专用设备、专用工模具新产品 260 项。具有自主知识产权、性价比高的新产品增强了国产电子专用设备市场竞争力。

国产高端集成电路设备技术和市场竞争力迈上一个新台阶。2016 年，中芯国际北京厂使用国产集成电路晶圆设备加工的 12 英寸正式产品晶圆突破 1 000 万片次，标志着集成电路国产设备在市场化大生产中得到充分验证。12 英寸晶圆先进封装、测试生产线设备实现国产化，生产线设备国产化率可达到 70% 以上。

一批国产智能化、自动化太阳能电池新设备实现销售，提高国内外市场竞争力。

LED 关键设备进入主流生产线，实现 LED 生产线设备国产化。

在中国电子专用设备工业协会、中国半导体行业协会、中国电子材料行业协会和中国电子报社等四单位共同举办的第十一届（2016 年度）中国半导体创新产品和技术评选评审会上，具有自主知识产权并已实现销售的 12 项半导体设备被评为 2016 年度中国半导体设备创新产品。

【重大工程与重点项目】 国家科技重大专项“极大规模集成电路制造装备及成套工艺”（02 专项）、12 项 300mm 集成电路晶圆制造设备和 17 项先进封装制造设备通过验收实现销售。

【国际合作】 中国电子专用设备工业协会与美国国际半导体设备和材料协会（SEMI）合作举办 2016 中国国际半导体设备和材料展览会暨研讨会《SEMICON China》。来自 19 个国家和地区的 1 000 多家知名厂商参展，展位 3 000 个，展览面积 62 000 平方米，吸引 64 000 多名专业观众。50 多家中国主要半导体设备制造商参加展览。这是 SEMI 与中国电子专用设备工业协会等合作伙伴共同推出迄今为止全球规模最大的半导体设备产业盛会。

【进出口贸易】 根据中国电子专用设备工业协会对行业内 71 家主要制造商的统计，2016 年行业主营产品出口交货值 10.8 亿元，同比增长 12.4%。

2016 年半导体设备出口交货值 7.8 亿元，同比增长 18.4%，占主营产品出口交货值 72%。其中：集成电路设备出口交货值 5.5 亿元，同比减少 6%；太阳能电池设备出口交货值 2.3 亿元，同比增长 234%，这标志国产太阳能电池设备在国际市场占有率在迅速增长。

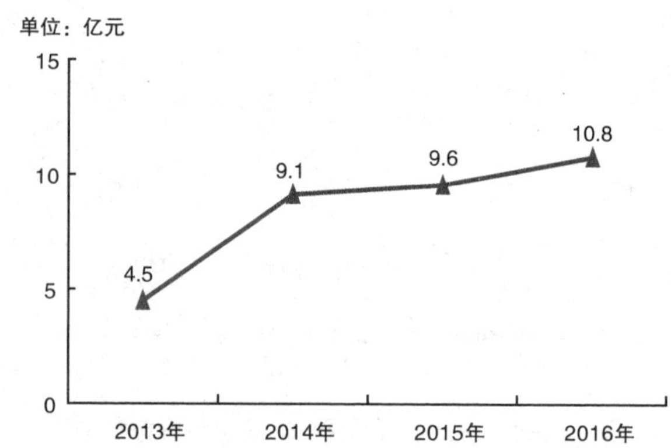

图 4　2013—2016 年中国电子专用设备行业主营产品出口情况

数据来源：中国电子专用设备工业协会

【政策与法规】 2015 年 12 月，财政部、国家发改委、工业和信息化部、海关总署、国家税务总局、国家能源局印发《关于调整重大技术装备进口税收政策有关目录及规定的通知》（财关税 [2015]51 号）（简称《通知》），自 2016 年 1 月 1 日起执行。符合规定条件的国内企业为生产《通知》附件 1《国家支持发展的重大技术装备和产品目录（2015 年修订）》所列装备或产品而确有必要进口附件 2《重大技术装备和产品进口关键零部件、原材料商品目录（2015 年修订）》所列商品，免征关税和进口环节增值税。2016 年电子专用设备行业有 5 家生产重大技术装备的企业得到进口重大技术装备关键零部件免税额度，大大提高国产高端电子装备市场竞争力。

《中国制造 2025》设定集成电路设备国产化目标。

作为中国实施制造强国战略第一个十年的行动纲领,《中国制造 2025》对于半导体设备国产化提出明确要求:在 2020 年之前,90 ~ 32 纳米工艺设备国产化率达到 50%,实现 90 纳米光刻机国产化,封测关键设备国产化率达到 50%;在 2025 年之前,20 ~ 14 纳米工艺设备国产化率达到 30%,实现浸没式光刻机国产化;到 2030 年,实现 18 英寸工艺设备、EUV 光刻机、封测设备国产化。

【市场分析与预测】 预计 2017 年,电子专用设备行业主营产品销售收入增速将在 10%左右,集成电路设备、太阳能电池设备和动力锂电池设备仍将是行业发展增长点。

已在集成电路主流生产线上得到充分验证的国产 300mm 极大规模集成电路设备(刻蚀机、PECVD、PVD、CMP、立式氧化炉、离子注入机以及先进封装设备)技术和市场竞争力迈上一个新台阶。2017 年,随着中国 300mm 极大规模集成电路晶圆新厂的建设和扩大以及集成电路先进封装生产线的扩产建设,中国大陆将成为全球第二大半导体设备市场,国产集成电路设备将继续保持快速增长态势。

在小间距 LED 市场高增长推动下,2017 年,国产 LED 生产线设备将走出低谷,实现快速增长。

根据"十三五"规划,2020 年光伏发电装机要达到 1.05 亿千瓦以上,在国家对分布式光伏发电的全力支持下,2017 年必将是分布式光伏发电爆发的一年,而这种快速的规模化及融资成本的降低,有望从 2018 年开始逐步实现用户侧的平价上网。为实现这个目标,光伏企业必将继续加快降低成本和提高光伏组件转换效率步伐,这也将推动中国新一代智能化、全自动化、高转换效率太阳能电池生产设备发展。

2016 年,中国动力锂电产能 28.8GWh,同比增长 81%,未来 5 年中国锂电设备行业复合增长率将超过 30%,2017 年,动力锂电池生产设备市场将继续保持快速增长。

【存在问题】 中国电子专用设备行业存在的主要问题是高端电子专用设备市场占有率较低。目前,中国大规模集成电路芯片生产线设备、平板显示器件面板生产线设备和表面贴装(SMT)自动贴片机等高端装备大部分仍然依赖进口,国产设备市场占有率较低。2016 年,中国大陆半导体设备进口额 64.6 亿美元,国产半导体设备销售额仅占当年中国半导体设备进口额 13%;平板显示器件面板生产线设备基本依赖进口; SMT 自动贴片机进口额 13.8 亿美元,国产 SMT 自动贴片机目前还是空白。

问题存在的主要原因,一是由于高端电子专用设备知识产权壁垒很高,大部分国内企业缺乏高端人才组成的领军团队,企业转型升级难度较大,开发适应市场需求的创新产品缓慢;二是一些热销的高端电子专用设备市场已被进口设备占领,而使用国产高端电子专用设备要比使用进口设备承担更大风险责任,国产高端电子专用设备推广应用难度较大,导致有些国产高端电子设备产业化进程缓慢。

【统计数据】

表 1 2014—2016 年中国电子专用设备行业主要经济指标完成情况

项目名称	单位	2014 年	2015 年	2016 年	2016 年增长率(%)
工业总产值	万元	2 494 052.2	2 871 481.1	3 372 019.9	17.4
工业增加值	万元	553 359.9	558 134.1	569 179.8	2.0
销售收入	万元	2 186 448.4	2 677 818.6	2 793 874.4	4.3
利润总额	万元	144 572.7	166 935.9	215 667.8	29.2
税金总额	万元	69 340.3	64 837.9	73 946.5	14.1

续表

项目名称	单位	2014 年	2015 年	2016 年	2016 年增长率（%）
出口交货值	万元	150 971.5	191 862.1	147 680.3	–23.0
固定资产投资额	万元	224 068.7	653 313.1	466 974.3	–28.5
固定资产净值平均余额	万元	804 536.0	1 156 319.6	1 268 148.6	9.6

表 2　2016 年中国电子专用设备行业企业规模及从业人员情况

类别	企事业单位数量（家）	其中		年末从业人员数（人）	其中
		研究机构（家）	企业（家）		技术人员（人）
合计	71	2	69	31 242	9 543
按专业分类					
电子专用设备	67	2	65	29 247	9 317
电子专用工模具	4		4	1 995	226
按经济类型分类					
国有经济	13	2	11	12 547	4 393
股份合作经济	6		6	799	274
股份制经济	11		11	9 581	2 815
外商及港、澳、台投资经济	5		5	2 771	625
其他经济（民营）	36		36	5 544	1 436

表 3　2014—2016 年中国电子专用设备行业主要产品产量情况

产品名称	单位	2014 年		2015 年		2016 年	
		产量	增长率（%）	产量	增长率（%）	产量	增长率（%）
电子专用设备	台（套）	121 372	31.7	121 122	–0.2	125 035	3.2
电子专用工具	万件	20.65	–1.7	21	1.7	22	4.8
电子专用模具	付	35 073	–14.2	22 880	–34.8	874	–96.2

表 4　2014—2016 年中国电子专用设备行业主要产品产值情况

产品名称	单位	2014 年		2015 年		2016 年	
		产值	增长率（%）	产值	增长率（%）	产值	增长率（%）
电子专用设备	万元	1 089 044.6	19.1	1 303 897.8	19.7	1 720 604.6	32.0
电子专用工模具	万元	44 697.0	22.6	44 817.0	0.3	36 591.0	–18.4

表 5　2014—2016 年中国电子专用设备行业产品销量情况

产品名称	单位	2014 年		2015 年		2016 年	
		销量	增长率(%)	销量	增长率(%)	销量	增长率(%)
半导体与集成电路器件设备	台	3 849	-5.0	5 254	36.5	6 169	17.4
电子元件与机电组件设备	台	3 796	-31.5	3 160	-16.8	3 331	5.4
电真空与平板显示器件设备	台	2 933	71.9	2 220	-24.3	2 112	-4.9
气候环境模拟与可靠性试验设备	台	2 143	-11.0	2 528	18.0	1 823	-27.9
空气、水净化与废气、废水处理设备	台	63 535	6.1	63 230	-0.5	60 149	-4.9
电子整机装联及表面贴装设备	台	5 392	24.1	7 147	32.5	5 629	-21.2
电子通用设备	台	38 911	133.6	38 729	-0.5	41 841	8.0
电子专用工具	万件	19.85	-5.5	20.31	2.3	23	13.2
电子专用模具	付	35 034	-14.3	22 755	-35.0	791	-96.5

表 6　2014—2016 年中国电子专用设备行业产品销售收入情况

产品名称	单位	2014 年		2015 年		2016 年	
		销售收入	增长率(%)	销售收入	增长率(%)	销售收入	增长率(%)
半导体与集成电路器件设备	万元	405 212.2	34.5	471 674.9	16.4	573 279.4	21.5
电子元件与机电组件设备	万元	120 581.0	-3.9	123 347.1	2.3	214 874.4	74.2
电真空与平板显示器件设备	万元	94 451.6	29.2	99 657.9	5.5	71 294.8	-28.5
气候环境模拟与可靠性试验设备	万元	27 115.5	-14.1	29 248.5	7.9	28 839.0	-1.4
空气、水净化及废气、废水处理设备	万元	252 099.8	19.5	262 435.0	4.1	225 623.7	-14.0
电子整机装联及表面贴装设备	万元	71 050.8	43.3	73 024.2	2.8	76 592.0	4.9
电子通用设备	万元	62 325.3	-12.1	61 097.1	-2.0	67 410.3	10.3
电子专用工具	万元	8 888.0	13.0	8 941.0	0.6	10 161.0	13.6
电子专用模具	万元	21 411.0	70.1	21 056.0	-1.7	16 109.0	-23.5

表 7　2014—2016 年中国电子专用设备行业产品出口情况

产品类别	单位	2014 年		2015 年		2016 年	
		出口交货值	增长率（%）	出口交货值	增长率（%）	出口交货值	增长率（%）
电子专用设备	万元	84 641.8	100.9	90 151.2	6.5	103 483.1	14.8
电子专用工模具	万元	6 528.0	137.3	6 277.0	-3.8	4 902.6	-21.9
其他产品	万元	59 801.7	-0.7	95 433.9	59.6	39 294.6	-58.8

表 8　2016 年中国电子专用设备行业十强单位主营产品销售收入完成情况（不含亏损单位）

序号	单位名称	主营产品销售收入（万元）
1	江苏苏净集团有限公司	217 128.3
2	中电科电子装备集团有限公司	126 922.0
3	北方华创科技集团股份有限公司	99 687.3
4	浙江晶盛机电股份有限公司	89 783.0
5	深圳市捷佳伟创新能源装备股份有限公司	76 973.6
6	深圳市赢合科技股份有限公司	72 803.9
7	深圳市浩能科技有限公司	59 437.0
8	天通吉成机器技术有限公司	55 856.0
9	西北机器有限公司	31 814.0
10	上海微电子装备股份有限公司	29 946.8
	合 计	860 351.9

表 9　2016 年实现销售的智能化、自动化国产太阳能硅晶体生长加工设备

<table>
<tr><th>序号</th><th>设备名称</th><th>制造商</th></tr>
<tr><td>1</td><td>硅晶体加工智能生产线</td><td>浙江晶盛机电股份有限公司</td></tr>
<tr><td>2</td><td>1200 公斤多晶硅铸锭炉</td><td rowspan="2">北京京运通科技股份有限公司</td></tr>
<tr><td>3</td><td>金刚线开方机</td></tr>
<tr><td>4</td><td>多线（金刚线）自动切割机</td><td>苏州赫瑞特电子专用设备科技有限公司</td></tr>
</table>

表 10　2016 年实现销售的智能化、自动化国产太阳能电池片生产设备

<table>
<tr><th>序号</th><th>设备名称</th><th>制造商</th></tr>
<tr><td>1</td><td>全自动槽式单晶制绒酸洗设备</td><td rowspan="2">深圳捷佳伟创新能源装备股份有限公司</td></tr>
<tr><td>2</td><td>在线式全自动石英舟装卸片机</td></tr>
<tr><td>3</td><td>高产能（每管每批 336 片）PECVD</td><td rowspan="3">中国电子科技集团公司第四十八研究所</td></tr>
<tr><td>4</td><td>双轨太阳能电池片分选设备</td></tr>
<tr><td>5</td><td>100MW PERC 高效太阳能电池片智能制造生产线</td></tr>
</table>

表 11　2016 年进入主流生产线的国产 LED 关键设备

序号	设备名称	制造商
1	氮化铝薄膜沉积（AlN PVD）装备	北京北方华创微电子装备有限公司
2	氧化铟锡（ITO）溅射装备设备	
3	刻蚀机（深槽、图形衬底、氮化镓电极）	深圳市矽电半导体设备有限公司
4	化学气相沉积设备（PECVD）	
5	全自动点测机	

表 12　2016 年度中国半导体设备创新产品

序号	设备名称	制造商
1	DSW40S-ZJS 型 硅块单线截断机	浙江晶盛机电股份有限公司
2	PF-300T 型 300mm 等离子体增强化学气相沉积（PECVD）设备	沈阳拓荆科技有限公司
3	THEORIS A302 型 300mm 立式低温合金系统	北京七星华创电子股份有限公司
4	SC3XX0AST 型 300mm 铜互连单片清洗机	北京七星华创电子股份有限公司
5	Booster A630 单片退火系统	北京北方华创微电子装备有限公司
6	中微 Prismo 系列 MOCVD 设备	中微半导体设备（上海）有限公司
7	45 ~ 22nm 低能大束流离子注入机	北京中科信电子装备有限公司
8	12 英寸晶圆减薄机	北京中电科电子装备有限公司
9	晶圆植球设备	上海微松工业自动化有限公司
10	微焦点 X 射线检测设备，AX9100	无锡日联科技股份有限公司
11	集成电路多功能集成分选系统	杭州长川科技股份有限公司
12	液体颗粒计数器	江苏苏净集团有限公司

表 13　2016 年实现销售的 300mm 国产集成电路晶圆制造设备

序号	设备名称	制造商
1	28nm 金属物理气相沉积系统	北京北方华创微电子装备有限公司
2	28nm 高密度等离子硅刻蚀机	
3	铜互连单片清洗机	
4	28nm 立式氧化炉	
5	铜工艺单片退火设备	
6	高性能硅外延设备	北京北方华创微电子装备有限公司

续表

序号	设备名称	制造商
7	双反应台刻蚀除胶一体机	中微半导体设备（上海）有限公司
8	22 ~ 14nm 单反应台等离子体刻蚀机	
9	90 ~ 65nm 大角度中束流离子注入机	北京中科信电子装备有限公司
10	45 ~ 22nm 单片晶圆兆声波清洗设备	盛美半导体设备（上海）有限公司
11	化学机械研磨设备	天津华海清科有限公司
12	90 ~ 40nm 等离子体增强化学气相沉积设备（PECVD）	沈阳拓荆科技有限公司

表 14　2016 年实现销售的 300mm 国产集成电路先进封装制造设备

序号	设备名称	制造商
1	大视场 / 双面馆对准步进投影光刻机	上海微电子装备（集团）股份有限公司
2	单片晶圆喷胶机	沈阳芯源微电子设备有限公司
3	单片湿法去胶机	盛美半导体设备（上海）有限公司
4	高端封装（TSV）等离子刻蚀机	中微半导体设备（上海）有限公司
5	高端封装（TSV）物理气相沉积系统（PVD）	北京北方华创微电子装备有限公司
6	高密度倒装焊接设备	北京中电科电子装备有限公司
7	IC 封装基板用曝光设备	江苏影速光电技术有限公司
8	300mm 晶圆切割设备	北京中电科电子设备有限公司
9	晶圆湿制程生产线设备	上海新阳半导体材料股份有限公司
10	WLP 全自动焊球三维检测设备	嘉兴景炎智能装备技术有限公司
11	WLP 全自动晶圆激光打标机	大族激光科技产业集团股份有限公司
12	全自动晶圆植球机	上海微松工业自动化有限公司
13	高端模拟 / 混合电路测试系统	北京华峰测控技术有限公司
14	高端数字 / 混合电路测试设备	北京冠中集创科技有限公司
15	SIP 吸收式全自动测试分选机	天津金海通自动化设备制造有限公司
16	高压大电流测试系统	杭州长川科技股份有限公司
17	极小型测试打印分选设备	江苏格朗瑞科技有限公司

注：表 1 ~表 14 数据来源于中国电子专用设备工业协会。

[撰稿：金存忠　审稿：彭红兵]

电子测量仪器行业

【主要经济指标】 2016年，规模以上电子测量仪器行业企业919家，主营业务收入2 602亿元，同比增长12.6%；利润总额262亿元，同比增长19.1%；产成品100亿元，存货283亿元；其中，规模以上电子测量仪器制造业企业166家，主营业务收入368亿元，同比增长15.0%，利润总额36亿元，同比增长12.5%；产成品10亿元，存货31亿元。

【科研与新产品】 2016年，中国电子测量仪器制造企业取得一批科研成果，并有一些产品市场情况良好。

中国电子科技集团公司第41研究所研发的"50GHz ~ 500GHz系列倍频源、频谱仪、矢网扩频模块和功率探头"，频率范围50GHz ~ 500GHz，矢网动态范围>80dB。该系列产品针对中国毫米波与太赫兹测试技术缺乏、国外禁运的状况，立足国内工业基础，集中开发研制50GHz ~ 500GHz系列太赫兹测试仪器，打通从芯片、部件到整机所有技术瓶颈，实现毫米波与太赫兹测试仪器的创新发展，解决毫米波与太赫兹基本测试手段问题，为国内毫米波与太赫兹频谱资源的综合利用提供有力支撑。由该系列产品研制的50GHz ~ 500GHz测试仪器具有大动态、高灵敏度、高精度和高稳定性等技术特点，核心技术指标国际领先，在毫米波与太赫兹科学研究、技术开发、产品研制和工程应用等领域得到广泛应用。

中国电子科技集团公司第41研究所研发的"电磁工程技术教学实验系列"产品，具有天线技术教学实验系统、电磁材料技术教学实验系统、微波技术基础教学实验系统、微波综合技术教学实验系统等功能。该产品为当前高等学校电子与信息工程类专业实践教学量身打造，通过实验有效培养学生的工程意识、提高学生实际操作能力和工程应用能力，进而推动高校实践教学改革发展与人才培养模式创新。该系列产品已在国内20余所高校得到应用，市场评价很高。

天津市德力电子仪器有限公司研发的"NA7600系列矢量网络分析仪"频率范围100kHz ~ 8.5GHz。该产品涉及民品、工业、科研、教育和军工等应用领域，为无线通信、广播电视、汽车电子、半导体和医疗器件等行业射频器件、组件的研发和生产提供高效、灵活的测试手段。产品应用前景良好。

天津市德力电子仪器有限公司研发的"W2030A涉密场所移动通信屏蔽效果设备"频率范围1MHz ~ 3GHz。该产品填补国内空白，为涉密会场屏蔽器的安装、评估、排障提供有效保障。

天津市德力电子仪器有限公司研发的"AE3100CP PON光时域反射仪"动态范围37dB/35dB。全面支持国内FTTH网络建设，与国外同档次产品相比售价低30%，在多个工程中中标，为国内光网络建设节省大笔经费，产品经济效益良好。

天津市德力电子仪器有限公司研发的"TC722以太网测试仪"支持以太网、PDH、SDH、OTN等多种传输协议的测试，双端口测试速率最高均可达到11.3Gbps。该产品填补国内便携式双口10Gbps多协议传输测试仪空白，可以满足运营商接入网提速工程测试需求，与国外同档次产品相比售价低30%。

天津市德力电子仪器有限公司研发的"DS100便携式干扰定向分析仪"频率范围9kHz ~ 6GHz。该产品具备频谱分析、信号解调、干扰排查、定向模式等功能，具有功能丰富、性能出色、操作方便等特点，是手持式现场无线电监测仪器。

上海创远仪器技术股份有限公司研发的"SpecMini手持式频谱分析仪"频率范围10MHz ~ 4.2GHz。该仪器突破传统频谱仪体积及性能的局限，成为当前体积最小、且具有卓越测试性能、操作简单灵活的一款外场频谱测试设备，可满足大多数射频信号测试要求，在实验室、工厂、学校的通用测试中得到广泛应用。产品预期经济效益良好。

【重大工程与重点项目】 为支持电子测量仪器行业发展，中国政府在一些重要领域加大经费支持力度。

中国电子科技集团公司第 41 研究所承担的国家科技重大专项“高性能多功能矢量网络分析仪工程化及应用开发”项目，通过对高性能、多功能矢量网络分析仪的研制，形成 2 端口和 4 端口 100kHz ~ 8.5GHz、10MHz ~ 13.5GHz/26.5GHz/43.5GHz/67GHz 等 10 款矢量网络分析仪系列化产品，这些产品具备 S 参数、非线性参数、噪声系数、混频器参数、信号频谱等测试功能，系统动态范围达 128dB。该项目采用突破高灵敏度高稳定多通道变频接收通路设计技术、多通道高隔离度模拟前端及数字信号处理设计技术、基于矢量网络分析仪的信号频谱测量技术，通过高加速寿命实验，提升仪器可靠性水平，MTBF 将达到 6 000 小时。通过完善工程化研发体系、生产工艺体系和产品质量管理体系，为产业化发展奠定基础。项目计划 2020 年完成。

中国电子科技集团公司第 41 研究所承担的国家重大科学仪器设备开发专项“微波矢量信号发生器开发和应用”，项目完成后将使国产微波矢量信号发生器频率范围由 44GHz 提高至 67GHz，综合性能达到国际先进水平，满足基础科学研究、国家重大科技专项对高端矢量信号发生器的测试需求。该项目研究解决仪器存在的可靠性、可制造性等方面的共性技术问题，可靠性 MTBF 提高到 6 000 小时，全面提升仪器总体质量。项目计划 2018 年完成。

中国电子科技集团公司第 41 研究所承担的国家科技重大专项“面向 R12 LTE-Advanced 的终端综合测试仪表开发”项目，研究符合 3GPP R12 及行业标准要求的 LTE-Advanced 多模终端综合测试仪，该测试仪支持 TD-LTE/LTE FDD 上下行 3CC 载波聚合、下行 MIMO 8×4、上行 MIMO 2×8、独立 8 通道、支持多部不同制式终端同时测试的高性能综合测试仪表，支持 TD-LTE-Advanced、LTE FDD-Advanced、TD-LTE、LTE FDD、TD-SCDMA、WCDMA 和 GSM 制式，支持 256QAM 及其他所有调制方式测试，支持 CAT9、CAT10 LTE 终端能力和射频验证，支持 VoLTE/eSRVCC、CSFB，实现相关制式物理层、高层协议实体等关键技术以及相应终端射频指标分析与测量算法。项目计划 2017 年完成。

中国电子科技集团公司第 41 研究所承担的国家重大科学仪器设备开发专项“高性能微波频谱分析仪研制与应用开发”项目，按计划完成多项关键技术攻关及功能样机研制工作，实现关键核心部件自主研发，攻克超宽频带微波部件设计制造、噪声抵消与噪声基底扩展、宽带信号实时处理等仪器核心技术难题，自主研发 67GHz 程控步进衰减器等关键部件，研制出具有自主知识产权的高性能微波频谱分析仪，使国产高性能微波频谱分析仪的频率范围提高至 67GHz，综合性能达到国际先进水平，仪器 MTBF 提高到 6 000 小时，总体质量全面提升。项目验收后，3 年内将形成 1 000 台套的生产能力，实现产业化应用。应用开发方面，已完成通信、雷达、数字电视、物联网、无线电监测 5 种行业应用软件开发，完成 6 台样机的产业化示范并建立高性能微波频谱分析仪生产线。项目计划 2017 年完成。

中国电子科技集团公司第 41 研究所承担的国家科技重大专项“LTE-Advanced 空口监测分析仪表”和“LTE-Advanced MIMO 矢量信号分析仪”项目完成验收工作。

天津市德力电子仪器有限公司承担的国家重大科学仪器设备开发专项“超高速光通信矢量信号综测仪开发与应用”项目，目标是突破三大关键技术：实现全通信波段内 60pm 分辨率单色器；实现 100Gbps 及以上信道矢量信号解调算法；通过建立 OSNR-MER（EVM）-BER 特征函数族实现对 100Gbps 及以上信道损伤完整模型的建立。仪器样机实现与应用系统对接，建立实际损伤模型，实现损伤模型的固化形式特征函数族，建立特征函数与实际应用的联系。该项目建立高洁净实验室，实现光路批量调校能力，取得相关环境认证，并实现产品的工程化，建立标准化工艺。项目完成后，3 年内实现产业化，建立标准超净厂房，实现近 2 亿元销售收入，达到回收投资的目标。该项目已通过中期评估检查，计划 2019 年完成。

上海创远仪器技术股份有限公司承担的国家科技重大专项“LTE-Advanced MIMO 矢量信号分析仪”和“LTE 及 LTE-Advanced 信号源及无线信号分析仪开发”将于 2017 年完成。

【进出口贸易】 2016 年，中国高端测量仪器进口量仍然比较大，尤其是通信类测试仪器。以常州同惠电子股份有限公司的 LCR 测试仪器、深圳市鼎阳科技有限公司和北京普源精电科技有限公司的数字存储示波器为代表的中低端基础类测试仪器出口量比较大。另外，部分基础、光电、通讯类测量仪器产品也有一定出口量。

【市场分析与预测】 环境监测、食品安全、通信应用领域测试仪器需求量较大，太赫兹测试仪器、5G通信测试仪器需求增幅较大。预计2017年中国电子测量仪器行业总体保持约10%的增长幅度。

【存在问题】 关键技术、工艺水平、原材料等三方面与世界先进水平存在较大差距，是多年来制约中国仪器发展的关键因素。

【统计数据】

表1 2014—2016年规模以上电子测量仪器行业和电子测量仪器制造业主要经济指标

类别	经济指标	2014年		2015年		2016年	
		总额（亿元）	增长率（%）	总额（亿元）	增长率（%）	总额（亿元）	增长率（%）
电子测量仪器行业	主营业务收入	2 120	6.3	2 311	9.0	2 602	12.6
	利润总额	208	7.3	220	5.8	262	19.1
电子测量仪器制造业	主营业务收入	291	16.9	320	10.0	368	15.0
	利润总额	29	21.1	32	10.3	36	12.5

表2 2016年规模以上电子测量仪器行业主要经济指标（1）

单位：亿元

项目名称	主营业务收入	利润总额	资产总计	流动资产	应收账款	主营业务成本
总计	2 602	262	2 386	1 390	465	2 017
环境监测专用仪器仪表制造	266	24	243	145	50	215
运输设备及生产用计数仪表制造	679	52	476	301	117	557
导航、气象及海洋专用仪器制造	149	8	121	76	35	130
农林牧渔专用仪器制造	61	4	23	11	3	53
地质勘探和地震专用仪器制造	107	8	125	75	30	88
核子及核辐射测量仪器制造	19	1	65	10	4	17
电子测量仪器制造	368	36	256	180	56	275
医疗诊断、监护及治疗设备制造	953	130	1077	592	172	681

表3 2016年规模以上电子测量仪器行业主要经济指标（2）

单位：亿元

项目名称	企业数（家）	亏损企业数（家）	产成品	存货	负债合计	亏损企业亏损额
总计	919	118	100	283	999	9
环境监测专用仪器仪表制造	113	12	9	25	86	

续表

项目名称	企业数（家）	亏损企业数（家）	产成品	存货	负债合计	亏损企业亏损额
运输设备及生产用计数仪表制造	172	18	29	56	212	2
导航、气象及海洋专用仪器制造	64	11	8	19	53	1
农林牧渔专用仪器制造	17		1	3	8	
地质勘探和地震专用仪器制造	56	16	4	16	45	1
核子及核辐射测量仪器制造	9	1	1	2	31	
电子测量仪器制造	166	24	10	31	102	2
医疗诊断、监护及治疗设备制造	322	36	39	133	461	3

注：表 1 ~表 3 数据来源于工业和信息化部。

[撰稿：方荣　审稿：彭红兵]

集成电路行业

【概况】 2016 年，在内需市场和投资带动下，中国集成电路产业继续保持快速发展态势。全行业实现销售收入 4 335.5 亿元，同比增长 20.1%，集成电路产量 1 318 亿块，同比增长 21.2%。

【生产与销售】 2016 年，中国集成电路设计业首次实现在全行业占比最大，全年完成销售收入 1 644.3 亿元，同比增长 24.1%，占全行业收入比例从 2015 年的 36.7% 提高至 37.9%。技术水平明显提升，先进设计水平达到 16/14 纳米，主流设计水平提高至 40 ~ 28 纳米。企业规模进一步扩大，中国前十大集成电路设计企业平均销售额接近 70 亿元。其中，深圳市海思半导体有限公司销售额突破 300 亿元，清华紫光展锐销售额突破 100 亿元。

在集成电路设计业快速发展带动下，2016 年，中国芯片制造业规模首次突破 1 000 亿元，成为增速最快的产业链环节。全年实现销售收入 1 126.9 亿元，同比增长 25.1%，占全行业 26%。截至 2016 年年底，国内已建成投产 8 条 12 英寸生产线，量产先进逻辑工艺水平为 28 纳米。90 ~ 45 纳米工艺产能持续扩充，高压、功率器件等特色工艺取得突破，产能利用率保持高位。骨干企业实力持续增强，中芯国际集成电路制造有限公司销售额突破 200 亿元。

2016 年，中国封装测试业实现销售收入 1 564.3 亿元，同比增长 13%，占全行业 36.1%。先进封装技术及产品开发和生产取得新进展，目前已形成与 65 ~ 16 纳米制造工艺相配套的封装测试能力，圆片级封装（WLP）、3D 封装（TSV）等先进封装规模持续扩大，占封装测试业总销售额约 30%。骨干企业竞争力进一步增强，江苏新潮科技集团有限公司、南通华达微电子集团有限公司在分别完成国际整合后，销售额大幅增长，分别达到 193 亿元和 136 亿元。

【科技进步与应用】 2016 年，随着中国集成电路产业规模不断扩大，产业链各环节表现出较强的创新活力，为产业后续发展奠定较好基础。

深圳市中兴微电子技术有限公司开发的多模软基带芯片，具有以下特点：多种无线接入标准单芯片基带处理；低功耗、小型化的软基带设计；宏基站/微基站可裁减的平台架构设计。该芯片已申请国内专利22件，另有4件专利获欧美国家/地区授权。

北京中电华大电子设计有限责任公司开发的基于55纳米Flash工艺的移动支付芯片，内嵌硬件SM1、SM2、SM3、SM4国密安全算法，获得国密二级证书，并通过中认EAL4+认证、中金国盛安全认证以及银联芯片安全检测。

湖南国科微电子股份有限公司开发的SSD控制芯片，采用先进NANDXtra技术，提升存储颗粒寿命、数据安全，全路径数据保护，多重安全性检测确保数据错误零遗漏，防止软失效和其他突发错误造成数据损坏。

上海华虹宏力半导体制造有限公司开发的先进深沟槽刻蚀、钝化、超薄片加工等600V ~ 1 200V场截止型IGBT芯片制造工艺技术，已申报相关发明专利180件，授权超过30件（包括2件美国专利），服务客户超过20家。

江苏长电科技股份有限公司开发的3D-SiP系统级电源管理模块封装技术，包括特殊设计引线框架、大尺寸引脚SMD期间贴装、3D模块结构化封装等技术，实现对原有电源管理配套封装的模块化和系统化，提高产品精度和性能。

沈阳拓荆科技有限公司开发的12英寸等离子体增强化学气相沉积（PECVD）设备，具备TM/LL及LL两种结构设备平台、机械手芯片传输系统、表面处理真空腔体等结构，具有低成本、高性能，以及可重复性、可靠性及在线利用率高等特点。

青海黄河上游水电开发有限责任公司新能源分公司开发的电子级高纯度多晶硅产品，率先采用国际先进的高压冷却氢技术，并有效突破碳含量控制和高效除硼及其他杂质控制的关键技术。

【重大工程与重点项目】 重点项目和工程进展顺利。中芯国际28纳米工艺能力进一步提升，量产规模持续扩大，16/14纳米生产线启动建设；福建晋华存储器项目2016年7月开工建设，总投资370亿元，计划建设月产能6万片的12英寸DRAM生产线，预计2018年9月达产；上海华力微电子二期项目2016年11月开工建设，总投资387亿元，计划建设月产能4万片的28-14纳米12英寸代工生产线，项目将于2018年年底形成1万片生产能力，2022年前实现达产；武汉长江存储项目2016年12月开工建设，项目总投资240亿美元，一期投资约90亿美元，计划建设月产能10万片的3D NAND Flash生产线，预计2018年年底建成投产。

【国际合作】 《国家集成电路产业发展推进纲要》发布实施以来，国际龙头企业不断调整与中国合作策略，逐步由独资经营向技术授权、战略投资、先进产能转移、合资经营等方式转变，国际先进技术、资金加速向中国转移。2016年1月，英特尔、高通分别与清华大学、澜起科技以及贵州省签署协议，在服务器芯片领域开展深度合作。其中，英特尔授权清华大学、澜起科技X86架构，开发“CPU+FPGA”结构可重构服务器芯片；高通与贵州省政府成立合资公司，开发基于ARM架构的高性能服务器芯片。此外，大连英特尔存储器、重庆万国半导体、南京台积电等多条合资或外资12英寸生产线项目陆续开工建设，产品覆盖存储器芯片、半导体功率器件、先进逻辑芯片等领域。

【进出口贸易】 2016年，中国集成电路产品进口量3 424.5亿块，同比增长9.1%；进口金额2 270.3亿美元，同比下降1.2%。集成电路产品出口量1 808.9亿块，同比下降1.0%；出口金额610.2亿美元，同比下降11.6%。一方面产品平均价格逐年降低，导致出现进口数量增加、进口金额降低；另一方面物联网等新兴领域市场需求逐步释放，中国企业尚未来得及占领，这部分产品单价不高，但需求量大，也是造成出现进口数量增加、进口金额降低的原因。

【主要企业】 深圳市海思半导体有限公司已进入16/14纳米全球主流设计水平，手机芯片等重点产品市场占有率进一步提升。2016年销售额303亿元，是国内首家销售额突破300亿元的集成电路企业，位列全球第六大集成电路设计企业。

中芯国际集成电路制造有限公司2016年销售额29.14亿美元，同比增长30.3%，65纳米及以下工艺销售占比44.6%，预计2017年28纳米工艺占比将达到7% ~ 9%。2016年，中芯国际以4 900万欧元收购意大利LFoundry 70%股权，向车用芯片领域迈进重要一步。

江苏新潮科技集团有限公司完成对新加坡星科金朋并购后，2016 年实现销售额 193 亿元，完成 Bumping 出货量 130 万片，WLCSP 出货量 55 亿块，年度实现归属上市公司股东净利润同比增长 90% 以上，成为全球第三大封装测试企业。

【政策与法规】 为落实《国家集成电路产业发展推进纲要》，进一步完善集成电路产业发展政策环境，财政部、国家税务总局、国家发改委、工业和信息化部联合发布《关于软件和集成电路产业企业所得税优惠政策有关问题的通知》（财税〔2016〕49 号），国家发改委、工业和信息化部、财政部、海关总署联合发布 2016 年第 24 号公告，妥善解决相关行政许可审批事项取消后，企业所得税、进口环节税等优惠政策的落实问题。教育部等七部门联合发布《关于加强集成电路人才培养的意见》（教高〔2016〕1 号），创新集成电路相关专业人才培养机制，提高人才培养质量，提升中国集成电路产业持续发展能力。

【市场分析与预测】 2016 年，中国集成电路市场规模达到 11 985.9 亿元，同比增长 8.7%，高于全球集成电路市场增速 7.6 个百分点。从应用结构看，计算机、网络通信和消费电子仍然是中国集成电路最主要的应用市场，合计市场份额达 78.9%；从发展速度来看，汽车及工业控制两个领域成为 2016 年增速最快的两个集成电路应用市场，分别为 34.4% 和 21%；从产品结构看，存储器、标准集成电路、模拟电路、中央处理器仍然是主要需求产品，合计市场份额超过 70%。

2016 年是“十三五”开局之年，“中国制造 2025”“互联网 +”等国家战略相继实施，为中国集成电路产业发展提供难得的历史机遇期。4 月 19 日，习近平总书记在网络安全和信息化工作座谈会上发表重要讲话，特别突出信息技术对国民经济发展的巨大促进作用，并从基础技术、通用技术，非对称技术、“杀手锏”技术，前沿技术、颠覆性技术等三个方面对核心信息技术发展进行部署，对新时期集成电路产业发展提出更高要求。与此同时，《国家集成电路产业发展推进纲要》经过两年多系统实施，第一阶段目标已顺利完成。国家集成电路产业投资基金撬动作用逐步显现，适应产业发展的政策环境和投融资环境基本形成。展望 2017 年，在政策支持以及市场需求带动下，中国集成电路产业将继续保持平稳快速发展态势，预计产业规模将突破 5 000 亿元。从产业链各环节看，集成电路设计业将继续保持发展活力，产品应用领域进一步拓展，系统开发能力进一步加强；多条 12 英寸生产线重大项目相继建设和投产，32/28 纳米工艺产能进一步扩充，16/14 纳米工艺加紧布局，将推动芯片制造业规模持续扩大，并带动芯片设计能力以及装备与材料配套能力提高；封装测试业集中度将进一步提升，发展水平和层次不断提升。

【存在问题】 持续创新能力不足，产品结构较为单一。消费电子、手机类芯片占据 90% 以上市场份额，难以满足“中国制造 2025”“互联网 +”等国家战略带来的巨大市场需求。

产业链协同不足。一方面中国集成电路设计企业高端产品主要在海外代工，另一方面集成电路制造企业的主要客户也来自海外。先进制造工艺、产能规模、IP 数量、服务不足等导致芯片制造企业无法承接国内先进设计产能。

高端人才短缺。领军人才匮乏，企业技术和管理团队不稳定，是长期以来制约中国集成电路产业发展的主要问题之一。据不完全测算，到 2020 年缺口在 30 万人左右，特别是极具全球化视野、企业家精神的领军人才缺乏将成为影响产业可持续发展的关键因素。

【统计数据】

表 1　2014—2016 年中国集成电路产业主要经济指标情况

项目名称	单位	2014 年	增长率（%）	2015 年	增长率（%）	2016 年	增长率（%）
集成电路产量	亿块	1 034.8		1 087.1		1 318.0	21.2
集成电路产业销售额	亿元	3 015.4	20.2	3 609.8	19.7	4 335.5	20.1

续表

项目名称	单位	2014 年	增长率（%）	2015 年	增长率（%）	2016 年	增长率（%）
其中：设计业销售额	亿元	1 047.4	29.5	1 325.0	26.5	1 644.3	24.1
制造业销售额	亿元	712.1	18.5	900.8	26.5	1 126.9	25.1
封装测试业销售额	亿元	1 255.9	14.3	1 384.0	10.2	1 564.3	13.0

注：数据来源于工业和信息化部、国家统计局、中国半导体行业协会。

表 2　2016 年中国前十名集成电路设计企业销售额

排名	企业名称	销售额（亿元）	排名	企业名称	销售额（亿元）
1	深圳市海思半导体有限公司	303.0	6	深圳市汇顶科技股份有限公司	30.0
2	清华紫光展锐	125.0	7	杭州士兰微电子股份有限公司	27.6
3	深圳市中兴微电子技术有限公司	56.0	8	大唐半导体设计有限公司	24.3
4	华大半导体有限公司	47.6	9	敦泰科技（深圳）有限公司	23.5
5	北京智芯微电子科技有限公司	35.6	10	北京中星微电子有限公司	20.5

表 3　2016 年中国前十名集成电路及分立器件制造企业销售额

排名	企业名称	销售额（亿元）	排名	企业名称	销售额（亿元）
1	三星（中国）半导体有限公司	237.5	6	英特尔半导体（大连）有限公司	45.8
2	中芯国际集成电路制造有限公司	202.2	7	台积电（中国）有限公司	39.6
3	SK 海力士半导体（中国）有限公司	122.7	8	上海华力微电子有限公司	30.3
4	华润微电子有限公司	56.7	9	西安微电子技术研究所	25.0
5	上海华虹宏力半导体制造有限公司	50.2	10	和舰科技（苏州）有限公司	17.5

表 4　2016 年中国前十名封装测试企业销售额

排名	企业名称	销售额（亿元）	排名	企业名称	销售额（亿元）
1	江苏新潮科技集团有限公司	193.0	6	英特尔产品（成都）有限公司	39.7
2	南通华达微电子集团有限公司	135.7	7	海太半导体（无锡）有限公司	32.4
3	威讯联合半导体（北京）有限公司	83.0	8	上海凯虹科技有限公司	30.4
4	天水华天电子集团	66.6	9	安靠封装测试（上海）有限公司	30.1
5	恩智浦半导体	58.9	10	晟碟半导体（上海）有限公司	27.6

注：表 2 ~表 4 数据来源于中国半导体行业协会。

表 5　2014—2016 年中国集成电路产品进出口额

项目名称	单位	2014 年	2015 年	2016 年
进口额	亿美元	2 176.2	2 299.3	2 270.3
增长率	%	–5.9	5.7	–1.2
出口额	亿美元	608.7	690.6	610.2
增长率	%	–30.6	13.5	–11.6

注：数据来源于海关总署。

［撰稿：任爱光　审核：彭红兵］

真空电子器件行业

【概况】　2016 年，在中国经济增速放缓形势下，真空电子器件工业持续深化产品结构调整和转型发展，满足新能源发展需求、为国家重点工程配套新产品成为转型企业主要营业收入。传统真空电子器件保持较平稳发展。大功率磁控管、X- 射线管、医用 CT 球管等高性能真空微波器件进一步加大研发力度，不仅在国防尖端领域占有重要地位，而且在国民经济发展各领域发挥巨大作用；真空电子管保持较快发展。真空开关管及其配套件具备一定生产规模，基本满足市场需求，在提高产品质量的同时，努力开发新的高端产品。

2016 年，真空电子器件行业企业结构比较稳定，人员结构处于正常合理的调整区间。据中国真空电子行业协会统计，现有会员单位 75 家，其中研究所 4 家，分别是中国电子科技集团公司第 12 研究所、中国电子科技集团公司第 55 研究所、中科院电子学研究所和安徽芜湖电真空研究所。从业人员 51 252 人，同比增长 0.59%，其中技术人员 9 720 人，同比增加 1.84%；管理人员 6 093 人，同比增加 0.33%；工人 35 439 人，同比增加 0.30%。为提高企业创新机制和研发水平，近年来，企业不断吸收高校毕业生，充实研发队伍，技术人员比例有所提升。

2016 年，真空电子器件行业部分产品产能过剩，竞争加剧，产品价格下滑。全行业实现销售收入 200 亿元，同比增长 0.62%；利润总额 11 亿元，同比下降 46.10%。销售收入与上年相比略有增长，利润总额呈现较大下降。

【生产与销售】　2016 年，中国真空电子器件（不含电光源）总产量 6 877 088 万只，同比增长 95.89%；销量 6 768 193 万只，同比增长 95.35%；产销率 98.42%。总体产销量均有大幅度增长，其中，超高频管、稳定管、离子管产销量有大幅度增长。电光源总产量 369 794 万只，同比下降 50.62%；销量 364 540 万只，同比下降 50.17%；产销率 98.6%。电光源产销下降主要原因是 LED 等半导体新型光源技术快速发展，对传统光源有较大替代作用。

真空电子管　2016 年，真空电子管产量 2 301 964 万只，同比增长 1 743%；销量 2 299 718 万只，同比增长 1 762%；产销率 99.9%。其中，收讯放大管产量 2 097 万只，同比减少 53.7%；销量 2 097 万只，同比减少 54%；产销率 100%。收讯放大管主要用于高档音响系统，供应国内外市场。发射管产量 5 948 万只，同比减少 85.7%；销量 5 784 万只，同比减少 86%；产销率 97.2%。发射管用于广播电台和电视台以及工业高频介质加热装置。超高频管产量 484 116 万只，同比增长 1 760.8%；销量 484 136 万只，同比增长 1 761.6%；

产销率100%。超高频管又称微波管，主要包括磁控管、微波气体放电管、速调管、行波管、天线开关管，除用于国防工程和尖端科技领域外，还大量用于家用电器和医疗卫生等行业。广东、上海、南京、北京、天津以及成都等地区，都有相当规模的微波管生产线，提升了微波管生产能力。稳定管产量1 423 772万只，同比增长2 826%；销量1 433 627万只，同比增长2 910%；产销率100.7%。稳定管用于电源输出的平稳，又分为稳压管和稳流管，其中稳压管用量较大。离子管产量386 031万只，同比增长9 242.5%；销量374 075万只，同比增长9 210%；产销率96.9%。离子管主要包括气体放电管、闸流管、触发管等。其中，通信设备过电压保护气体放电管市场需求量较大。湖北汉光科技股份有限公司和镇江电子管厂是生产和销售气体放电管规模较大的企业。

2016年，真空电子管产销呈现增长态势，主要由于该类器件品种、规格多，广泛应用于军工、民品、工业设施设备中，在设施设备升级换代中发挥重要作用。

电子束管　电子束管包括彩色显像管、光电倍增管、摄像管和光电图像显示管。2016年，电子束管总产量62 904万只，同比减少58.8%；销量61 556万只，同比减少58.9%；产销率97.9%。LED等新型平板显示器件技术发展较快，对传统真空显示器件替代作用大，因此，电子束管产销呈现下降态势，但该类器件由于技术成熟，国内外市场仍有一定需求，产销量仍维持在一定规模。

2016年，彩色显像管（CPT）产量173万只，同比减少25.8%；销量185万只，同比减少24.5%；产销率106.9%。光电倍增管产量10 446万只，同比下降22.2%；销量10 444万只，同比下降20.3%；产销率99.98%。摄像管产量1万只，同比持平；销量1万只，同比持平；产销率100%。光电图像显示管产量52 284万只，同比下降62.4%；销量50 926万只，同比下降62.6%；产销率97.4%。

真空开关管　真空开关管是电力真空开关的核心器件，广泛应用于电力、煤炭、钢铁、石油、化工、铁道以及城乡建筑等各领域，市场需求量很大。国内生产厂家已形成规模，完全能够满足国内市场需求，还有部分产品出口国际市场。2016年，真空开关管产量8 225万只，同比增长3.0%；销量8 063万只，同比增长2.0%；产销率98.0%。2016年真空开关管市场总体与上年基本持平，其中应用与分布式能源（风能、光能）领域产品需求量增长幅度较大。生产中、高压真空开关管的外资和中外合资企业有西门子、伊顿、施耐德、ABB和东芝白云（锦州）真空开关管有限公司。规模较大的内资企业有陕西宝光电器股份有限公司，产量69.84万只，同比增长39.8%；成都旭光电子股份有限公司，产量35.05万只，同比增长10.7%；中国振华集团宇光电器有限公司，产量28.32万只，同比增长6.0%；湖北汉光科技股份有限公司，产量20.74万只，同比减少20.3%。东芝白云（锦州）真空开关管有限公司面对日益严峻的市场竞争环境，产品由传统中压配电领域延伸到发电、核电、变电、交通运输等领域，其铁路电力机车牵引断路器用真空开关管系列产品通过型式试验验证并挂网运行。在低压真空开关管生产企业中，昆山国力电子有限公司、温州星光电子有限公司、安徽宿州电光有限公司、成都国光电子股份有限公司和甘肃虹光电子有限公司生产规模都比较大，完全能够满足市场需求。

重大水利工程、棚户区改造和农村电网改造等惠及民生的重大工程，为真空开关管的发展提供了机遇。同时，国家推行“一带一路”倡议，开拓国际市场，其主要任务是基础设施建设，电力、铁路运输和港口码头等项目为真空开关管开拓了国际市场。

真空光电器件　2016年，真空光电器件产量4 503 995万只，同比增长39.7%；销量4 398 856万只，同比增长38.2%；产销率97.7%。其中，发光器件产量3 098 950万只，同比增长9.6%；销量3 019 555万只，同比增长8.3%；产销率97.4%。光敏器件产量96 238万只，同比减少17.4%；销量94 841万只，同比减少20.7%；产销率98.5%。光电藕合器件产量292 608万只，同比增长9.4%；销量274 988万只，同比增长4.2%；产销率94%。X-射线管产量12 210万只，同比减少1.7%；销量12 107万只，同比减少1.7%；产销率99.2%。其他未归类真空光电器件产量987 942万只，同比增长38.10%；销量980 982万只，同比增长37.80%；产销率99.30%。

2016年真空光电器件市场总体比上年有较大增长，反映出光电领域的融合发展对光电器件的需求保持较好态势。

电光源　2016年，电光源产量369 794万只，同比减少50.6%；销量364 540万只，同比减少50.2%；产销率 98.6%。其中，白炽灯产量 53 958 万只，同比增长 94.9%；销量 53 109 万只，同比增长 98.6%；产销率 98.4%。荧光灯产量 161 890 万只，同比减少 57.8%；销量 159 621 万只，同比减少 57.5%；产销率 98.6%。卤钨灯产量 139 051 万只，同比减少 5.1%；销量 137 005 万只，同比减少 4.6%；产销率 98.5%。气体放电灯产量 6 367 万只，同比减少 96.3%；销量 6 332 万只，同比减少 96.2%；产销率 99.5%。汞蒸气灯产量 8 199 万只，同比减少 55.3%；销量 8 164 万只，同比减少 54.9%；产销率 99.6%。钠蒸气灯产量 329 万只，同比增长 58.9%；销量 309 万只，同比增长 47.8%；产销率 93.9%。

电光源市场 2015 年取得较大幅度增长，2016 年总体呈现减速态势。随着技术进步和国家大力推行节能减排、绿色照明灯政策措施的实施，LED 照明呈现高速增长态势，逐步替代传统照明，但电真空光源以其高亮度在机场、码头、高速公路和铁路等场所仍可维持一定市场规模。

【科研与新产品】 真空电子行业科研与新品开发主要集中在真空超高频管、真空开关管、真空光电器件和电光源等领域，由行业内高校、研究院所、企业等承担研发工作，各单位既有专业特色，又相互合作，推动真空电子行业技术进步，满足国家重大科技工程和市场需求。

真空超高频管的研制，骨干单位有中国电子科技集团公司第 12 研究所、中国科学院电子学研究所、成都电子科技大学、南京三乐电子信息产业集团有限公司、成都国光电气股份有限公司和湖北汉光科技股份有限公司等。2016 年，超高频管通过省部级鉴定的项目有 52 项，满足国防现代化和科学研究需要，也支撑国民经济发展，逐步解决医疗电子行业配套真空器件的急需。中国电子科技集团公司第 12 研究所设有“国家大功率微波电真空器件实验室”，从事高端微波管的研制，承担国家重点项目，同时，利用现有技术条件开发医用 X- 光管、CT 机用球管和医用加速器用速调管和加速管等，逐步替代进口。湖北汉光科技股份有限公司与中科院高能物理所合作，在湖北汉光科技建立院士工作站，2016 年研制的大功率速调管及其配套件，保障北京正负电子对撞机直线加速器的正常运行。南京三乐电子信息产业集团公司在完成国家重点微波管的研制和生产以外，建设大功率微波能工业应用服务平台为社会服务，首先用于褐煤提质和医用垃圾处理装备，2016 年，其研发的国内首台医用垃圾微波处理装备通过部级鉴定。

真空开关管的新品研制与开发工作，主要在西安交通大学、西安高压电器研究所及各相关企业。2016 年，通过省部级鉴定的有 41 项，其中，陕西宝光电器股份有限公司有 12 项。多项成果获得国家专利证书。

真空光电器件和光电显示器件的研制与新品开发，骨干单位有中国电子科技集团公司第五十五研究所、芜湖电真空研究所、东南大学、华东电子集团公司和彩虹集团公司等，承担国防建设急需的真空光电器件研发项目。2016 年通过省部级鉴定的项目 17 项，其中，真空光电器件 10 项，特种光源 7 项。

电光源行业的企业多数是品种少、产量大、追求企业效益最大化的地方企业。科研和新品开发主要在各地研究所和大型企业，其中，中电熊猫照明有限公司是规模较大的国有企业，一直秉承“科技领先”战略指导思想，把科研和新品开发作为重点工作，不断推出新品供应市场。

【进出口贸易】 近年来，彩色显像管和彩色显示管进出口数量逐年减少，其他真空电子产品逐渐增多。2016 年，彩色显像管全年进口量、进口额均为 0；出口量 298.8 万只，同比减少 24.4%；出口额 21 684 万美元，同比增长 20.6%。显然，彩色显像管国内市场需求量越来越少，2016 年没有进口；出口数量虽然减少，而出口创汇的额度却出现增长，表明国外彩色显像管市场价格反弹以及国际市场尚有一定需求。

2016 年，其他真空电子产品出口数量较大的还有：电子管出口 224 772 万只，同比增长 80 529.9%；真空光电器件出口 1 731 504 万只，同比减少 10%；其他未归类真空光电器件出口 301 141 万只，同比减少 54%。可以看出，真空电子器件出口数量在其总产销量中所占份额较小，出口产品品种较散，尚不能形成规模出口态势。

2016 年，电光源出口 63 898 万只，同比减少 46.8%。其中白炽灯 5 640 万只，同比增长 30.3%；荧光灯 49 511 万只，同比减少 39.3%；卤钨灯 8 297 万只，同比增长 134%；气体放电灯 444 万只，同比减少 98.4%；汞蒸气灯 6 万只，同比减少 99.8%。传统的白炽灯出口增加，与国外转移生产能力到国内有一定关系，其他照明光源出口市场还有待开拓。

【国际合作】 近年来，真空电子行业国际合作已经起步，中国科学院电子学研究所开展对俄罗斯真空电子器件配套关键阴极材料引进和技术合作洽谈；陕西宝光真空电器股份有限公司开展真空开关管在印度等国家建设生产基地项目的前期调研和洽谈，但合作广度和深度尚不能满足行业发展需要，有待进一步探索和加强。

【统计数据】

表 1 2016 年中国真空电子器件行业企业与人员构成情况

类　别	企业数（家）	从业人员	其中		
		总数（人）	技术人员（人）	管理人员（人）	工人（人）
彩色显示器件及其配套	10	19 112	2 875	2 045	14 192
无源真空器件及其配套	39	12 162	1 825	1 834	8 503
真空光电器件及其配套	8	9 516	2 413	1 335	5 768
真空电子器件及其配套	18	10 462	2 607	879	6 976
合　计	75	51 252	9 720	6 093	35 439

表 2 2014—2016 年中国真空电子器件行业主要经济指标完成情况

项目名称	2014 年（亿元）	增长率（%）	2015 年（亿元）	增长率（%）	2016 年（亿元）	增长率（%）
销售收入	187.82	–13.8	198.77	5.8	200.00	0.62
利润总额	11.87	–7.6	20.41	71.9	11.00	–46.10

表 3 2014—2016 年中国真空电子器件产销量

类　别	2014 年		2015 年				2016 年			
	产量（万只）	销量（万只）	产量（万只）	增长率（%）	销量（万只）	增长率（%）	产量（万只）	增长率（%）	销量（万只）	增长率（%）
真空电子管	269 658	271 449	124 911	–53.7	123 522	–54.5	2 301 964	1 742.9	2 299 718	1 761.8
收讯放大管	23 368	22 123	4 529	–80.6	4 561	–79.4	2 097	–53.7	2 097	–54.0
发射管	151 242	156 487	41 574	–72.5	41 308	–73.6	5 948	–85.7	5 784	–86.0
超高频管	4 060	4 081	26 016	540.8	26 006	537..2	484 116	1 760.8	484 136	1 761.6
稳定管	73 838	71 618	48 660	–34.1	47 629	–33.5	1 423 772	2 826.0	1 433 627	2 910.0
离子管	17 150	17 140	4 132	–75.9	4 018	–76.6	386 031	9 242.5	374 075	9 210.0
电子束管	29 942	29 961	152 741	410.1	149 678	399.6	62 904	–58.8	61 556	–58.9
彩色显像管	231	243	233	0.9	245	0.8	173	–25.8	185	–24.5
光电倍增管	10 693	10 747	13 430	25.6	13 100	21.9	10 446	–22.2	10 444	–20.3
摄像管	948	870	1	–99.9	1	–99.9	1	0	1	0

续表

类 别	2014年 产量（万只）	2014年 销量（万只）	2015年 产量（万只）	2015年 增长率（%）	2015年 销量（万只）	2015年 增长率（%）	2016年 产量（万只）	2016年 增长率（%）	2016年 销量（万只）	2016年 增长率（%）
光电图像显示管	18 070	18 101	139 077	669.7	136 332	653.2	52 284	−62.4	50 926	−62.6
真空开关管	8 564	8 313	7 982	−6.8	7 902	−4.9	8 225	3.0	8 063	2.0
真空光电器件	2 848 654	2 846 193	3 225 005	13.2	3 183 520	11.9	4 503 995	39.7	4 398 856	38.2
发光器件	2 434 469	2 437 803	2 828 469	16.2	2 787 674	14.4	3 098 950	9.6	3 019 555	8.3
光敏器件	101 675	100 444	116 547	14.6	119 589	19.1	96 238	−17.4	94 841	−20.7
光电耦合器件	300 073	295 614	267 569	−10.8	263 941	−10.7	292 608	9.4	274 988	4.2
X- 射线管	12 437	12 332	12 420	−0.1	12 316	−0.1	12 210	−1.7	12 107	−1.7
电光源	458 808	455 679	748 905	63.2	731 630	60.5	369 794	−50.6	364 540	−50.2
白炽灯	33 939	34 358	27 691	−18.4	26 744	−22.2	53 958	94.9	53 109	98.6
荧光灯	322 475	319 262	383 727	18.9	375 725	17.7	161 890	−57.8	159 621	−57.5
卤钨灯	79 216	78 865	146 565	85.0	143 559	82.0	139 051	−5.1	137 005	−4.6
气体放电灯	2 405	2 384	172 367	7 067.0	167 285	6 917.0	6 367	−96.3	6 332	−96.2
汞蒸汽灯	20 748	20 427	18 348	−11.6	18 108	−11.4	8 199	−55.3	8 164	−54.9
钠蒸汽灯	385	383	207	−46.2	209	−45.4	329	58.9	309	47.8

表 4　2014—2016 年中国真空电子器件行业产品进出口数量统计表

类 别	2014年 进口数量（万只）	2014年 出口数量（万只）	2015年 进口数量（万只）	2015年 增长率（%）	2015年 出口数量（万只）	2015年 增长率（%）	2016年 进口数量（万只）	2016年 增长率（%）	2016年 出口数量（万只）	2016年 增长率（%）
彩色显像管	21.2	500.4	0.1	−99.5	395	−21.1	0	−100	298.8	−24.4

表 5　2014—2016 年中国真空电子器件行业产品进出口额统计表

类 别	2014年 进口额（万美元）	2014年 出口额（万美元）	2015年 进口额（万美元）	2015年 增长率（%）	2015年 出口额（万美元）	2015年 增长率（%）	2016年 进口额（万美元）	2016年 增长率（%）	2016年 出口额（万美元）	2016年 增长率（%）
彩色显像管	470.8	15 599.2	23.4	−95.0	17 975.1	15.2	0	−100	21 684	20.6

注：表 1 ~ 表 5 数据来源于工业和信息化部。

［撰稿：段文宇　尹泉　审稿：沈先锋］

电子元件行业

【概况】 2016年，中国电子元件制造业传统增长动能逐渐衰弱，全球手机、计算机、消费类电子、家电等下游市场增速放缓甚至需求下滑，造成中国电子元件制造业增速明显下降。根据中国电子元件行业信息中心数据，2016年，中国电子元件行业（不含印制电路板和电池，下同）销售收入增速为4.74%，为近年来新低。这意味着中国电子元件行业进入产业结构调整深水区，中低速增长成为行业发展"新常态"。国内外严峻的经济形势促使中国电子元件行业积极探寻和培育新的增长动能，深入推进供给侧改革，加快产业转型升级速度。

2016年，中国电子元件行业优秀企业的发展依然抢眼，并购重组活跃，海外扩张步伐加快，技术创新成果显著，国际竞争力得到进一步提升，正在向国际化、高端化、智能化、和谐化的新型电子元件制造企业转型。

【主要经济指标】 根据中国电子元件行业协会信息中心数据，2016年，中国电子元件行业重点骨干企业实现销售收入12 305亿元，同比增长4.74%。

第30届中国电子元件百强企业共完成主营业务收入3 539.31亿元，同比增长25.75%；实现利润总额309亿元，同比增长29.83%；上缴税金总额136亿元，同比增长18.26%；出口创汇96亿美元，同比下降6.80%；拉动就业近38万人。可以看出，在国际经济增长乏力、中国经济增速趋缓、全行业普遍转入中低速增长的情况下，中国电子元件优秀企业依然保持较高增长速度。

【科研与新产品】 2016年，由浙江大学、横店集团东磁股份有限公司、浙江东睦科达磁电有限公司、天通控股股份有限公司共同完成的"低功耗高性能软磁复合材料及关键制备技术"项目荣获国家技术发明奖二等奖。

长飞光纤光缆股份有限公司等单位推出的"超低衰减和大有效面积光纤及其在下一代干线通信网络中的应用示范"获得中国电子学会科学技术奖科技进步类一等奖；武汉高德红外股份有限公司推出的"高帧频、大面阵红外成像关键技术及装备"获得中国电子学会科学技术奖科技进步类三等奖。

杭州富通通信技术股份有限公司"一种制造光纤预制件的方法及装置（专利号ZL03114747.X）"，贵州航天电器股份有限公司"一种具有绞线式弹性插针的电连接器（专利号ZL201210034856.1）"，汕头高新区松田实业有限公司"一种低损耗高压陶瓷电容器介质（专利号ZL201010588021.1）"，中山大洋电机股份有限公司"一种直流无刷电机控制方法（专利号ZL200910038187.3）"，河北四方通信设备有限公司"圆柱套筒型光纤活动连接器（专利号ZL201020159828.9）"获得"中国专利优秀奖"。

电子元件企业与相关院校开展多种形式的校企合作协同创新。江苏亨通光电股份有限公司与北京邮电大学合作共建北邮—亨通量子光电子学与弥聚子论联合实验室、与同济大学海洋与地球科学学院建立海洋工程技术研发中心；歌尔集团与北京航空航天大学等合作共建北京航空航天大学青岛研究院及北航虚拟现实技术与系统国家重点实验室青岛分室、北航歌尔虚拟现实创新技术研究院、北航歌尔无人系统创新技术研究院、北航歌尔微电子创新技术研究院、北航歌尔精密仪器与光电研究院；江苏中天科技股份有限公司与南京邮电大学共建特种光纤制备与研究联合实验室；潮州三环（集团）股份有限公司与潮州市职业技术学校签订校企合作协议并建立校企合作基地等。

在第30届电子元件百强企业中，2016年研发费用总额达127.4亿元，与上年相比增长27.8%。从研发费用与主营业务收入比例看，最近几届中国电子元件百强企业研发投入都稳定在3.5%左右。从专利水平看，第30届电子元件百强企业共获得国家知识产权局授权专利4 648件，总数再创新高，发明专利数达到1 155件，远超上届的 865 件。将连续两届入围元件百强的企业专利数量进行对比，专利总数同比增长 13.62%，发明专利数同比增长 32.86%。统计专利数量分布情况显示，中国电子元件行业技术研发成果越来越多地集中在行业内资金雄厚的大企业，近年来明显有过于集中之虑，中小企业技术研发水平堪忧。

【重大工程与重点项目】 2016 年，为规划中国电子元件行业未来五年发展，在工业和信息化部规划司、运行监测协调局、电子信息司大力支持与指导下，中国电子元件行业协会牵头，中国电子元件行业协会下属各机构、电子元件产业重点骨干企业、电子类大专院校和研究所同心协力，编制完成《中国电子元件行业"十三五"发展规划》。《中国电子元件行业"十三五"发展规划》以《国民经济和社会发展第十三个五年规划刚要》和《中国制造 2025》为指导性纲领，深入分析中国电子元件行业"十二五"发展概况，预测电子元件行业"十三五"期间技术趋势、宏观经济环境和下游重点应用市场发展走势，明确中国电子元件行业未来五年指导思想、发展思路，从整体经济指标、细分产品领域经济指标、结构调整、技术创新、质量效益、社会责任与信用体系、标准化、人才培养、军民融合等 9 个方面对中国电子元件行业"十三五"发展目标进行分解，列出 128 项"十三五"期间需要实现产业化或开展研发的重点产品和技术，并提出促进中国电子元件行业"十三五"发展的政策建议。

2016 年 6 月，工业强基信息网公示 2016 年工业强基工程项目招标结果，共有 33 个强基项目中标，其中电子元件行业强基项目 9 个，分别是："56Gbps 高速连接器""高速光通信器件""高端装备用精密电阻""轨道交通用动力型超级电容器""嵌入式射频模组基板""机器人视觉传感器""宽温区高可靠薄膜压力传感器""超低损耗光纤""氮化铝陶瓷粉体及基板"。

2016 年 12 月 21 日，中国工业强基信息网公示 6 个由工业和信息化部电子司主导招标的"2016 年工业转型升级（中国制造 2025）——关键电子信息产品支撑能力提升方向"项目评标结果，烽火通信科技股份有限公司"掺铒光纤产业化（军民融合）项目"被评为该项目第一名。

2016 年 12 月 15 日，国家发展和改革委员会发布 2016 年国家企业技术中心名单。江苏永鼎股份有限公司、江苏俊知技术有限公司、天通控股股份有限公司、安徽大地熊新材料股份有限公司、福达合金材料股份有限公司、潮州三环（集团）股份有限公司、宁波韵升股份有限公司、昂纳信息技术（深圳）有限公司等 8 家电子元件行业企业入选"2016 年（第 23 批）国家企业技术中心"。

为引导制造业企业专注创新和产品质量提升，推动产业迈向中高端，带动中国制造走向世界，2016 年 11 月 24 日，工业和信息化部公布第一批制造业单项冠军示范（培育）企业名单，60 家制造企业被评为制造业单项冠军示范企业、58 家制造企业被评为制造业单项冠军培育企业，长飞光纤光缆股份有限公司、深圳顺络电子股份有限公司、江苏亨通光电股份有限公司、歌尔股份有限公司、潮州三环（集团）股份有限公司、中天科技海缆有限公司、铜陵精达特种电磁线股份有限公司等 7 家电子元件制造企业位列其中。

2016 年 7 月 4 日，工业和信息化部公布 63 个 2016 年智能制造试点示范项目名单，歌尔股份有限公司"可穿戴设备智能工厂试点示范"项目、中天储能科技有限公司"高性能锂电池智能制造试点示范"项目入选。

2016 年 12 月 2 日，工业和信息化部、国防科工局联合发布 2016 年度《军用技术转民用推广目录》和《民参军技术与产品推荐目录》，潮州三环（集团）股份有限公司、肇庆绿宝石电子科技股份有限公司等电子元件企业申报的民参军项目纳入《民参军技术与产品推荐目录》（2016 年度）。

2016 年 11 月 14 日，工业和信息化部、财政部公布"2016 年国家技术创新示范企业"名单，69 家企业被评为 2016 年国家技术创新示范企业，歌尔股份有限公司、卧龙电气集团股份有限公司、贵州航天林泉电机有限公司等 3 家电子元件企业位列其中。

为快速响应创新和市场对标准的需求，引领产业和企业发展，在国务院《深化标准化工作改革方案》和国家标准委《关于培育和发展团体标准的指导意见》等文件指导下，2016 年，中国电子元件行业协会起草《中国电子元件行业协会团体标准管理办法》，标志着中国电子元件行业团体标准建设正式起步。2016 年 8 月 25 日，中国电子元件行业协会发布首个团体标准 T/CECA 21–2016《阻燃填充用氢氧化铝微粉》，该标准由中国电子元件行业协会光电线缆及光器件分会提出并归口，2016

年9月1日实施。2016年10月31日，中国电子元件行业协会发布第一批团体标准制定项目计划并安排相关工作。

【进出口贸易】 2016年，中国电子元件进出口贸易额双双下滑，11大类63小类产品进出口贸易总额990.76亿美元，同比下降6.72%；实现贸易顺差164.37亿美元，同比下降3.71%。其中出口总额577.56亿美元，同比下降6.83%；进口总额413.19亿美元，同比下降5.36%。

在出口的电子元件大类产品中，只有频率元件、电控制元件及电子变压器三大类产品为增长趋势，其中频率元件同比增长15.19%。在电子元件进口方面，同样仅有频率元件、电控制元件及电子变压器三大类产品呈正增长态势。

【海外并购与投资】 2016年，中国电子元件行业优秀企业海外并购延续上一年的高活跃度，海外扩张成果显著。亨通光电国际有限公司以4.3亿人民币收购南非阿伯代尔电缆公司75%股权和阿伯代尔欧洲控股有限公司100%股权；德昌电机控股有限公司以6 500万欧元收购法国车灯系统模组企业（AML Développement）；大族激光科技股份有限公司投资约3 280万加元（折合人民币约1.7亿元）收购加拿大工业光纤公司（Coractive High-Tech Inc.）80%股权；南通江海电容器股份有限公司投资10亿日元（约合人民币6 390万元）购买日本ELNA株式会社16.87%股权并成立合资公司；立讯精密工业股份有限公司出资约5.3亿元收购台湾美律实业股份有限公司旗下美特科技（苏州）有限公司51%股权；大洋电机（香港）有限公司出资2830万美元（约合人民币1.88亿元）认购全球知名燃料电池公司加拿大巴拉德动力系统公司9.9%股权；天通控股股份有限公司出资150万美元认购美国智慧医疗公司（Dictum Health, Inc.）5.17%股权等。

多家企业海外投资取得重要进展。长飞光纤光缆股份有限公司在南非和印尼分别建设光纤制造项目；烽火科技集团投资2 000万美元在厄瓜多尔建设烽火拉美光缆厂；武汉光迅科技股份有限公司对全资子公司Accelink USA Corporation增资1 000万美元，在美国建设高端产品研发中心；江苏通光有限公司与印度Advait Infratech公司共同出资3亿印度卢比（约合3 000万元人民币）设立通光阿德维特线缆私有公司；深圳市得润电子股份有限公司与美国（Mobileye Vision Technologies Ltd.）在高级辅助驾驶系统（ADAS）、自动驾驶和车联网领域进行战略合作；歌尔股份有限公司与美国高通公司签定合作协议发展虚拟现实业务等。

【政策与法规】 2016年10月31日，工业和信息化部编制发布《产业技术创新能力发展规划（2016—2020年）》，提出“十三五”期间工业和信息化领域部分行业发展重点方向，引导企业加强技术创新。在电子信息制造业重点发展方向中，规划明确指出，要“针对新一代电子整机发展需求，大力推动电子元件产品向片式化、小型化、集成化、模块化、无线化发展”。电子元器件重点发展方向包括：汽车电子系统所需继电器、微电机、线束、厚薄膜集成电路、超级电容器、连接器等关键电子元件技术，满足物联网、智能家居、环保监测、汽车电子等应用需求的各种敏感元件和传感器，微型化、集成化、智能化、网络化传感器，低成本光纤光缆、光纤预制棒、关键光器件、石英晶体振荡器、连接器及线缆组件。

2016年12月30日，商务部发布2016年第78号公告《关于对原产于日本和韩国的进口非色散位移单模光纤所适用的反倾销措施的期终复审裁定》，决定对原产于日本和韩国的进口非色散位移单模光纤（税则号：90011000）继续采取反倾销措施。国务院关税税则委员会根据调查机关建议作出决定，自2017年1月1日起，对原产于日本和韩国的进口非色散位移单模光纤继续征收反倾销税，实施期限5年。公告规定，对所有日本公司征收46%反倾销税，对韩国LS电线株式会社征收9.1%反倾销税，对韩国大韩光通信株式会社征收7.9%反倾销税，对其他韩国公司征收46%反倾销税。

【市场分析与预测】 2016年，从国内电子元件行业重点骨干企业投资重点来看，汽车市场、尤其是新能源汽车市场是不少企业主要转型方向，在新能源汽车市场蓬勃发展的预期下，中国电子元件企业已经开始进军车用电子元件市场，以期打破现有市场格局。除汽车市场之外，高铁机车、医疗电子、虚拟现实、导航定位、无人机、机器人，甚至无人驾驶汽车、量子通信、人工智能等尖端市场都有中国电子元件生产企业进行市场布局。

从电子元件行业各重点骨干企业经营数据来看，一些优秀企业仍然保持较高增速。但是，对占中国电子元件生产企业总数 80% 以上的中小企业来说，由于中国经济增速整体放缓，所以不少企业仍然经营困难，行业两极分化趋势明显。

随着中国人力成本不断攀升，加工贸易额不断减少。外资企业不断将低端产能转移出中国，必然使中国电子元件行业出口额和整体销售额受到影响，也将给主要从事低端产品生产的中国本土电子元件中小企业带来更大经营压力。另外，贸易摩擦和贸易保护主义增多也对电子元件行业产生不利影响。

与此同时，国外也有一些主要电子元件生产企业仍在将相关产品转移至中国生产，或者扩大在中国的生产规模。相比以往的产品，这些产品技术含量更高，有不少中国仍难以生产的高端产品。外资企业“转出”与“转入”并存，这对中国电子元件行业的发展既是挑战也有机遇，中国电子元件行业也因此加快产业结构调整和转型升级改造步伐。

2017 年，电子元件行业主要应用市场呈现以下走势：在经过数年高速增长之后，包括中国市场在内，全球智能手机增速将继续放缓；在国内宽带提速、准备布局 5G 拉动下，光纤宽带网络市场今年仍将保持较快增长态势；随着中国“互联网 +”、《中国制造 2025》“1+X”等一系列重要政策和战略规划的推出和实施，新能源汽车、机器人、工业自动化设备、智能终端市场有望获得较快增长。

预计未来几年，穿戴式设备、智能家居、高档数控机床和机器人、新能源汽车、智能电网、智能交通、医疗电子、无人机、人工智能终端等新兴市场有望获得较高增长。3D 打印、机器人、大数据等新技术的应用将助力电子元件行业向智能制造转型。

【存在问题】 近年来，由于国际市场恢复缓慢、国内经济增速放缓、人力成本快速攀升、环境与资源的约束日益增强，中国电子元件行业增速明显降低，进入产业结构调整深水区。外资企业不断将低端产能转移出中国，必然使中国电子元件行业的出口额和整体销售额受到影响。另外，贸易摩擦和贸易保护主义增多也对电子元件行业产生不利影响。

最近几年，全球电子信息产业调整十分明显，中国本土优秀企业进入日本电子元件企业主动调整退出的利润较低的低端家电市场，获得较高增速。要清醒地看到，中国本土电子元件生产企业整体规模虽然在不断扩大，但整体技术水平与发达国家相比却仍有较大差距。中国很多电子整机产品所需要的关键元件、高端元件都需要进口，对一些高精尖领域的电子元件产品，发达国家还对中国实施禁运，而中国目前还没有能力生产。这不仅使中国电子元件行业发展受到阻碍，更有可能使中国国民经济和国防建设的命脉被国外势力所把持，影响中国工业发展、经济安全乃至国家安全。

电子元件虽然与集成电路一样，是整个电子信息产业的基础，电子元件产品技术水平同样影响整个电子信息产业发展水平，但由于电子元件行业发展较早，长期被视为技术含量较低的传统制造业，受重视程度不仅低于消费电子等直接面向消费者的整机制造业，也低于集成电路、软件等新兴信息产业分支。

【统计数据】

表 1　2016 年中国电子元件主要分支行业经济指标完成情况

行业分类	2015 年销售额（亿元）	2016 年销售额（亿元）	同比增长率（%）
电阻电位器	208	204	–1.92
电容器	977	841	–13.92
磁性材料与器件	506	514	1.58
电感器件	206	217	5.34

续表

行业分类	2015 年销售额（亿元）	2016 年销售额（亿元）	同比增长率（%）
电子变压器	569	596	4.75
混合集成电路	74	79	6.76
电子陶瓷及器件	146	152	4.11
压电晶体	161	178	10.56
继电器	218	226	3.67
敏感元器件及传感器	547	613	12.07
接插件	2159	2223	2.96
微特电机	907	928	2.32
电声器件	790	771	–2.41
光电线缆	4150	4611	11.1
光器件	130	152	16.92
合计	11 748	12 305	4.74

表 2　2014—2016 年电子元件产品进出口贸易完成情况

产品名称	2014 年		2015 年		2016 年			
	出口额（万美元）	进口额（万美元）	出口额（万美元）	进口额（万美元）	出口额（万美元）	增长率（%）	进口额（万美元）	增长率（%）
电容器	759 297	1 142 030	768 799	1 020 316	430 165	–44.05	803 035	–21.3
电阻电位器	169 646	221 512	191 182	235 044	168 455	–11.89	233 622	–0.60
磁性材料与器件	232 992	74 612	216 306	60 403	206 420	–4.57	54 677	–9.48
电感器件	325 859	358 503	277 917	297 215	261 429	–5.93	281 249	–5.37
电子变压器	206 251	105 520	184 957	87 939	186 283	0.72	88 837	1.02
频率元件	140 236	330 119	126 395	313 755	145 599	15.19	382 854	22.02
电控制元件	124 374	104 780	125 397	98 721	126 426	0.82	105 354	6.72
电接插元件	1 125 079	1 316 352	1 093 316	1221 716	1 085 438	–0.72	1 202 921	–1.54
电声器件	1 397 109	369 939	1 553 340	382 678	1 525 650	–1.78	381 449	–0.32
微特电机	557 336	301 191	587 797	282 726	579 108	–1.48	271 847	–3.85
光电线缆	1 047 079	381 944	1 073 481	365 212	1 060 660	–1.19	326 082	–10.71
合计	6 085 258	4 706 502	6 198 887	4 365 725	5 775 633	–6.83	4 131 927	–5.36

表 3　2017 年（第 30 届）中国电子元件百强企业

总排名	企业名称	2016 年主营业务收入（千元）	主营产品
1	亨通集团有限公司	58 632 685	光电线缆
2	中天科技集团有限公司	34 506 916	光电线缆
3	瑞声科技控股有限公司	15 506 828	电声器件、微特电机
4	富通集团有限公司	26 351 509	光电线缆
5	歌尔股份有限公司	19 287 808	电声器件
6	立讯精密工业股份有限公司	13 762 596	连接器、电声器件
7	永鼎集团有限公司	20 933 717	光电线缆、电子线束
8	厦门宏发电声股份有限公司	5 004 251	继电器
9	潮州三环（集团）股份有限公司	2 865 981	陶瓷插芯、基座、阻容元件、陶瓷材料
10	广东生益科技股份有限公司	8 428 764	覆铜板
11	中航光电科技股份有限公司	5 854 802	连接器
12	长飞光纤光缆股份有限公司	8 102 313	光电线缆
13	深圳市长盈精密技术股份有限公司	6 104 275	连接器、结构件
14	广东江粉磁材股份有限公司	11 953 352	磁性元件
15	浙江富春江通信集团有限公司	15 174 441	光电线缆
16	中山大洋电机股份有限公司	3 420 227	微特电机
17	武汉光迅科技股份有限公司	4 056 223	光器件
18	横店集团东磁有限公司	6 118 732	磁性元件、电感器件
19	通鼎互联信息股份有限公司	4 109 052	光电线缆
20	电连技术股份有限公司	1 383 062	连接器
21	贵州航天电器股份有限公司	2 247 019	连接器、继电器、微特电机
22	厦门法拉电子股份有限公司	1 496 392	薄膜电容器
23	深圳顺络电子股份有限公司	1 736 259	电感器、LTCC 射频器件
24	湖南艾华集团股份有限公司	1 553 647	铝电解电容器
25	浙江长城电工科技股份有限公司	3 228 696	光电线缆
26	深圳市得润电子股份有限公司	4 495 967	连接器
27	广东东阳光科技控股股份有限公司	4 846 785	电容器用电极箔
28	广东风华高新科技股份有限公司	2 724 021	阻容感元件、电子材料等
29	国光电器股份有限公司	2 514 407	电声器件
30	江苏俊知技术有限公司	2 349 630	光电线缆

续表

总排名	企业名称	2016 年主营业务收入（千元）	主营产品
31	杭州富生电器有限公司	2 400 028	微特电机
32	新疆众和股份有限公司	3 084 156	电容器用电极箔
33	深圳市麦捷微电子科技股份有限公司	1 694 221	电感器、LTCC 射频器件、LCM 模组
34	深圳新宙邦科技股份有限公司	1 570 440	电容器用电解液
35	通光集团有限公司	1 527 044	光电线缆
36	浙江永贵电器股份有限公司	951 327	连接器
37	山东太平洋光纤光缆有限公司	1 686 521	光电线缆
38	东莞铭普光磁股份有限公司	1 396 867	电子变压器、光电模块等
39	南通江海电容器股份有限公司	1 223 619	铝电解电容器
40	深圳市和宏实业股份有限公司	1 119 343	电接插件
41	深圳市凯中精密技术股份有限公司	1 115 805	微特电机换向器
42	合兴集团有限公司	1 268 891	连接器
43	株洲宏达电子股份有限公司	411 048	钽电解电容器
44	江苏华威世纪电子集团有限公司	1 492 284	铝电解电容器
45	中国振华（集团）新云电子元器件有限责任公司	1 009 799	钽电解电容器
46	安徽铜峰电子集团有限公司	1 711 910	薄膜电容器
47	江苏上骐集团有限公司	1 137 911	微特电机
48	天通控股股份有限公司	1 694 470	软磁元件
49	宁波科宁达工业有限公司	924 034	永磁元件
50	杭州日月电器股份有限公司	1 150 220	电接插件
51	成都宏明电子股份有限公司	1 092 339	陶瓷电容器、电阻器
52	江西联创宏声电子股份有限公司	1 161 638	耳机、微型电声器件
53	三友联众集团股份有限公司	990 008	继电器
54	四川永星电子有限公司	576 987	电阻器
55	湖北瀛通通讯线材股份有限公司	605 676	电子线材、线缆组件、电声器件
56	江西瑞声电子有限公司	426 182	电声器件
57	金龙控股集团有限公司	781 711	微特电机
58	福建火炬电子科技股份有限公司	382 424	多层片式陶瓷电容器
59	深圳市海光电子有限公司	768 710	电子变压器
60	珠海格力新元电子有限公司	835 000	电容器

续表

总排名	企业名称	2016 年主营业务收入（千元）	主营产品
61	深圳市京泉华科技股份有限公司	898 758	电子变压器
62	深圳可立克科技股份有限公司	825 337	电子变压器
63	南通海星电子股份有限公司	742 170	电极箔
64	浙江联宜电机有限公司	486 392	微特电机及组件
65	杭州微光电子股份有限公司	433 240	微特电机
66	合肥博微田村电气有限公司	875 437	电子变压器
67	绵阳开元磁性材料有限公司	862 360	磁性元件
68	汇港控股集团有限公司	644 863	继电器
69	山东共达电声股份有限公司	711 862	电声器件
70	苏州华之杰电讯股份有限公司	560 885	电接插元件
71	四川华丰企业集团有限公司	532 420	连接器
72	陕西华达科技股份有限公司（853 厂）	654 197	连接器
73	扬州升达集团	602 546	电极箔、电容器
74	苏州瑞可达连接系统股份有限公司	306 572	连接器
75	宁波福特继电器有限公司	440 710	继电器
76	深圳市金洋电子股份有限公司	640 018	连接器
77	上海埃斯凯变压器有限公司	457 083	电子变压器
78	深圳振华富电子有限公司	347 145	片式电感器
79	东莞市大忠电子有限公司	513 230	电子变压器
80	广东百圳君耀电子有限公司	329 600	电子保护元器件
81	北京元六鸿远电子科技股份有限公司	620 909	多层瓷介电容器
82	宁波碧彩实业有限公司	584 494	薄膜电容器
83	汕头高新区松田实业有限公司	310 887	陶瓷电容器等
84	湖北泰晶电子科技股份有限公司	370 070	石英晶体器件
85	广东奥迪威传感科技股份有限公司	288 039	压电元器件、传感器
86	嘉兴佳利电子有限公司	296 968	微波介质器件
87	常州祥明智能动力股份有限公司	376 810	微特电机
88	上海欧姆龙控制电器有限公司	429 672	控制继电器、开关按钮
89	山东国瓷功能材料股份有限公司	683 707	电子陶瓷粉料
90	深圳市宇阳科技发展有限公司	581 016	多层片式陶瓷电容器

续表

总排名	企业名称	2016 年主营业务收入（千元）	主营产品
91	南阳森霸光电股份有限公司	155 445	光电传感器
92	浙江全方音响科技有限公司	371 161	电声器件
93	广东惠伦晶体科技股份有限公司	334 546	石英晶体器件
94	应达利电子股份有限公司	143 176	石英晶体器件
95	肇庆华锋电子铝箔股份有限公司	365 101	电容器用电极箔
96	中电科技德清华莹电子有限公司	296 592	声表面波器件
97	宁波天波港联电子有限公司	175 016	控制继电器
98	深圳市正德智控股份有限公司	199 066	微特电机与组件
99	昆山国力电子科技股份有限公司	242 591	高压射频真空器件
100	江苏江佳电子股份有限公司	300 414	陶瓷频率器件

注：表 1 ～表 3 数据来源于中国电子元件行业协会信息中心，表 1、表 2 数据不含电池与印制电路板行业。

[撰稿：娄龙　审稿：古群]

电子信息材料行业

【概况】　2016 年，电子信息材料行业发展总体状况较好。中、低端产品严重过剩的局面得到改善，中、高端产品不断涌现。如何促进高端产品量产，提升产品质量稳定性和批次一致性是行业共同面对的问题。集中行业力量攻克 300mm 硅片和光刻胶技术难题、实现产业化迫在眉睫。

【生产与销售】　2016 年，中国电子信息材料行业全年销售额突破 3 000 亿元，达到 3 438 亿元，比 2015 年增长 15%，创历史新高。

集成电路硅材料　在下游产业快速发展带动下，国内为集成电路芯片配套的电子材料产业取得长足进步，研发和产业投入增加，人员结构得到改善，销售额稳步增长，部分材料品种进入 8 英寸和 12 英寸先进技术节点生产线，国内产品集中于低端应用环节的局面得到改善。根据中国电子材料行业协会对国内主要从事半导体集成电路用硅单晶、抛光片、外延片生产的 20 家单位调研统计，2016 年，4 英寸、5 英寸、6 英寸、8 英寸硅锭产能产量 1 500 ～ 1 800 吨；硅片抛光片产能约 4 000 多万片，产量 4 090 万片；外延片产能约 1 300 多万片，产量 1 200 多万片。其中上海新傲科技有限公司 200mm SOI 晶片月产能 1.2 万片。主要单位总销售收入 52 亿元，产量和销售额均较 2015 年有两位数增长，有的企业甚至增长率达到三位数。硅片技术达到 90 ～ 65nm 水平，200mm 硅片技术达到 0.13μm 要求。被调研单位均有硅片出口国际市场，出口额最少的 1 500 万元，多数超过 1 亿元。用电子级多晶硅生产高效太阳能电池用单晶硅片的隆基绿能科技股份有限公司（简称隆基绿能）单晶硅产量30 000吨，硅片产量14.5亿片，销售收入110亿元。2016年，隆基绿能公司再次位列《中国能源报》与中国能源经济研究院共同推出的全球新能源500强企业，排第131名，较2015年上升53位；在全球光伏行业权威调查机构Photon发布的全球光伏企业竞争力评估中，财务稳健性继续排名第一位，综合竞争力评分位列第一梯队。目前国内所需的300mm硅片完全依赖进口，8寸硅片进口率80% ~ 90%，企业正加大研发和用户认证产业化考核，主要适用于分立器件；12英寸硅片处于研发试用阶段，尚没有量产。

电子级多晶硅 国内电子级多晶硅研发生产企业主要有青海黄河上游水电开发有限责任公司新能源分公司（简称黄河水电）、昆明冶研新材料股份有限公司（现更名为云南冶金云芯硅材股份有限公司，简称昆明冶研）、江苏鑫华半导体材料科技有限公司、洛阳中硅高科技有限公司等，年产能超过万吨，其中黄河水电和昆明冶研分别有2 200吨产能和200多吨产量。目前进入硅材料认证和试用的仅黄河水电和昆明冶研两家企业。但电子级产品品质还未完全达到国际最高端产品水平，产品质量稳定性还需要进一步提升，成本还有待于进一步下降。目前国内集成电路硅片对电子级多晶硅的应用仍以进口产品为主。

光伏用多晶硅 2016年，国内多晶硅市场规模约33万吨，增长约28%；国内产能20.8万吨，产量19.5万吨（主要用于太阳能电池片生产），配套约18 GW光伏装机市场应用，进口多晶硅约14万吨。

引线框架 2016年，半导体用引线框架整体增长较大，市场规模66.1亿元（9.86亿美元），比2015年增长5%。规模较大的有宁波康强电子股份有限公司、宁波华龙电子股份有限公司、厦门永红科技有限公司等内资企业。

塑封料 2016年，国内塑封料总销售额约35亿元，比2015年增长约10%。市场规模约13万吨，其中内资企业封装料产量基本与往年持平，产量约5万吨，规模较大的江苏中鹏电子公司产量约1.4万吨，比2015年增长40 %。外资企业产量占50%，提供较为高端的塑封料产品。

键合丝 2016年，国内金线、镀钯铜线、纯铜线等键合丝产量合计70亿米，总销售额约60亿元，市场需求比2015年增长8%。

覆铜板 2016年，国内各类覆铜板产能突破8.3亿平方米，同比微增2.7%；总产量56 232万平方米，较2015年的52 379万平方米增长7.4%；市场需求量56 663万平方米，较上年的49 389万平方米大幅增长14.73%。各类覆铜板总销售额同比得到较大增长，总销售收入397.4亿元，增长16.7%；商品半固化片（多层印制电路用粘结片）产量41 536万米，销量38 629万米，销售收入57.56亿元。覆铜板和商品半固化片合计销售收入454.96亿元。中国覆铜板进口额又回到4亿美元以上，说明国产高技术覆铜板供给严重不足，仍需大量进口。2016年是覆铜板行业的一个丰收年，扭转了2010年以来连续低迷运行态势。许多企业不断加大新产品研发投入和新技术、新材料应用，开发出高频、高速、汽车电子、军用电子等高端、高可靠性产品，积极与高端客户和上游原材料企业结成战略联盟，注重产业链协调发展。2016年，中国覆铜板产业继续大力推进结构调整，积极效果进一步显现。

电子铜箔 电子铜箔是制造覆铜板和锂离子电池负极的重要材料，新能源汽车的快速发展带动电子铜箔行业出现前所未有的供不应求新局面。2016年，国内铜箔行业产能32.9万吨，比2015年增长17.1%；产量29.2万吨（其中电子电路铜箔23.3万吨，锂电铜箔5.9万吨），年增长率23.2%；实现总销售收入197.2亿元，比2015年增长41%。铜箔进口量11.4万吨，比2015年增长8.0%；进口额11.5亿美元，比2015年增长5.3%；出口量15.9万吨，比2015年减少2.5%；出口额1.2亿美元，比2015年减少9.7%，电子铜箔连续三年出口额下降。中国电解铜箔32.9万吨年产能中，锂电箔达7.0万吨，比2015年的5.9万吨增加18.6%。2015年、2016年中国大陆电解铜箔产量占全球总量的比例分别提升到55.9%和57.6%，这说明近几年铜箔市场发生变化后，中国铜箔生产规模增长速度明显快于世界其他几个铜箔生产国家和地区，这种现象将会延续多年。

电子陶瓷材料 电子陶瓷主要用于电子陶瓷电容器。2016年，国内电子陶瓷电容器中低端产品占整个市场近80%，高端产品约占20%。圆片瓷粉材料最亟待解决的问题仍是提高介电常数、改善温度特性（2B4–4 000，2E4–10 000），以及提高交流耐电压强度（6kV/mm）。圆片电子陶瓷材料企业在突破传统技术方面寻求新的研发途径，改进电子陶瓷材料熔块制备工艺，由传统固相

向水热合成过度，生产工艺水平及环境不断提升。虽然在一些高端领域，圆片材料水平仍落后于国际先进水平，但随着研发水平及生产工艺不断提升，国内圆片材料在高端市场份额占比会越来越高。MLCC 瓷粉和微波瓷料需求日益增加，2016 年，瓷粉销量较 2015 年增长 10% 左右，微波瓷料销量较上年增加近 5%，前景较好，产值上亿元的企业有广东风华高新科技股份公司、松田实业有限公司等。MLCC 用电子陶瓷材料由传统的 X5R 到 X7R，再到如今 X8R，将更进一步提升至 X9R，例如应用于汽车电子系统中 MLCC 元件。目前 X9R 电子陶瓷材料介电常数基本小于 1 500，为满足小型化需求，介电常数需进一步突破。

锡焊料　2016 年，国内精锡产量约 19.2 万吨，其中原生锡约 14.8 万吨（2015 年 14.2 万吨），同比增长 4.5%，再生锡约 4.4 万吨，同比增长 27%。电子锡焊料常用形态有丝、条、棒、珠、片、粉、膏、剂等。国内在更精细化产品及某些高端应用领域仍与国外产品存在相当大差距，有的甚至全部依赖进口。全球电子锡焊料年产量约 20 万吨，产值约 260 亿元；国内电子锡焊料年产量 13 万吨左右，约占全球产量 65%，产值约 130 亿元。其中，无铅焊料占比逐年增加，约占 60% 左右。锡丝、锡条产量稳中有降，锡粉、锡膏市场需求逐年增加。锡丝、锡条（含带、条、棒、球等）2016 年产量合计约 11.9 万吨，其中锡丝 4.0 万吨（其中含铅 1.7 万吨，无铅 2.3 吨，无铅占比约 56%），锡条（含带、条、棒、球）约 7.9 万吨（含铅锡条约 2.7 万吨，无铅锡条 5.2 万吨，无铅占比约 65.5%）。中国大陆的锡粉生产厂家 20 余家，产能约 1.6 万吨，占全球产能 80% 左右，2016 年产量约 1.1 万吨，其中含铅锡粉 5 586 吨，无铅锡粉 5 221 吨。中国大陆锡膏总产量 7 280 吨，其中，含铅锡膏 1 959 吨，无铅锡膏 5 321 吨。锡膏全球年需求量约 2.5 万吨，由于中国是全球最大的电子制造基地，全球锡膏用量有七八成以上在中国生产加工和使用。锡膏不仅应用于普通消费类电子的 SMT 组装工艺中，还应用在 LED 芯片倒装固晶工艺、光伏焊带工艺、散热器针筒工艺以及其他很多场合，几乎涉及所有电子产品生产。国内 BGA 球市场需求约占全球市场需求的 70%，但产品一直被国外公司所垄断，近几年上海新华锦焊接材料科技有限公司下大力气进行研发和市场拓展，2016 年，生产销售 35 吨，国产化工作取得较好进展。

压电晶体材料　压电晶体材料主要包括压电人造水晶材料、铌酸锂（LN）、钽酸锂（LT）晶体材料。其中市场规模较大的为压电人造水晶材料，2016 年，产量约 10 万吨，中低端人造水晶材料产能过剩，高端产品产量小，每年都有一部分从俄罗斯进口。中国 LN、LT 晶体材料主要用于中低端产品，对 LN、LT 晶片进行还原处理成为行业发展趋势，但是相关技术专利主要被日本公司掌握。生产压电人造水晶的大尺寸高压釜技术欠缺，制约原材料尺寸和成本。

磁性材料　2016 年，由于国际市场需求持续低迷，出口需求下降，国内应用市场需求疲软，以及国内经济结构调整，磁性材料行业整体出现明显供大于求状况，市场竞争激烈。据不完全统计，中国从事磁性材料生产经营的企业约 1 400 多家，其中软磁铁氧体（包括锰锌和镍锌以及镁锌软磁铁氧体）企业约 320 家，磁粉心及非晶纳米晶软磁合金企业约 120 家，永磁铁氧体企业约 360 家，金属永磁（包括稀土钕铁硼永磁、稀土钐钴永磁、铝镍钴、铁铬钴等永磁）企业约 400 家，其他磁性材料企业约 40 家，磁性材料国内外经贸企业近 200 家。稀土永磁下游应用在经过 2012 年的低迷后，2013 年以来进入平稳增长发展，少数企业订单充足，行业企业平均开工率近 8 成。2016 年，中国稀土永磁产量约 8.5 万吨、软磁铁氧体产量约 34 万吨、永磁铁氧体产量约 73 万吨，与 2015 年相比相对平稳，保持 6% 左右小幅增长态势。企业发展情况差异较大，尽管整个行业形势严峻，无利可图，难以投入创新发展，但也有约两成企业销售和利润保持 2 位数增长。

光刻胶　中国半导体制造用光刻胶 2016 年市场规模 19 亿元。使用量最大的为紫外正性光刻胶（I- 线），其次为深紫外光刻胶（ArF）。目前国内生产的 IC 光刻胶以 G 线和 I 线光刻胶为主。

湿电子化学品　半导体行业用量较大的湿电子化学品包括双氧水、氨水、硫酸。2016 年，中国 6 英寸以上晶圆用三种产品合计需求 12.6 万吨。目前中国 6 英寸及 6 英寸以下晶圆用湿电子化学品，国内企业已占据相当一部分市场份额。8 英寸及 8 英寸以上晶圆用湿电子化学品，国内厂家所占市场份额较低，但在某些产品上取得突破：巨化股份子公司浙江凯圣氟化学有限公司氢氟酸已覆盖应用于 8 英寸、12 英寸集成电路生产，成功替代三菱化学、巴斯夫等公司的进口产品，硝酸也已供应于国内某 12 英寸晶圆代工厂；安集微电子（上海）有限公司的剥离液在国内 8 英寸、12 英寸晶圆应用上已占据部分份额；苏州晶瑞化学股份有限公司双氧水已在国内某 8 英寸、12 英寸晶圆厂家认证通过，并实现批量供应。

电子特气 2016 年，中国半导体用电子特气市场规模超过 35 亿元，8 英寸以上晶圆用电子特气需求量 4 300 吨。浙江巨化股份有限公司、江苏南大光电材料股份有限公司、中国船舶重工集团公司第 718 研究所、黎明化工研究设计院、佛山市华特气体有限公司等十几家企业具备部分电子特气生产能力。用于 8 寸、12 寸晶圆清洗的 NF_3、C_2F_6 国内已有多个厂家可以批量供应，718 所的 WF_6 在国内 8 寸晶圆应用上占有很大市场份额，过去中国长期依赖进口的用于低端领域的高纯 NH_3、C_4F_8、HCl、CF_4 等电子特气国内已能大批量生产，并已实现出口。

液晶材料 2016 年，国内 TFT-LCD 用液晶材料需求量约 73 吨，比 2015 年增长约 40%，销售额约 8 亿元 ~ 9 亿元，继前几年中小尺寸 TFT 显示公司逐步实现国产化之后，大尺寸电视液晶显示也逐步实现国产化。石家庄诚志永华显示材料有限公司、江苏和成显示科技股份有限公司和北京八亿时空液晶科技股份有限公司是国内从事液晶材料研究生产的主要企业，分别在京东方科技集团股份有限公司、深圳市华星光电技术有限公司、南京中电熊猫液晶显示科技有限公司、上海天马微电子有限公司、昆山国显光电有限公司及昆山龙腾光电有限公司等下游用户实现本土化供应，取得比前几年更大发展，市场占有率有较大提高，自给率已经达到 30%。

玻璃基板材料 2016 年，国内小尺寸显示面板市场占有率达到 70% ~ 80%，高世代大尺寸（G10 以上）玻璃基板主要供货商是美国康宁、日本旭硝子、电气硝子。

偏光片材料 2016 年，国内偏光片市场日韩及中国台湾地区企业产品占有率超过 50%，本土企业配套能力正在提升。国内从事偏光片生产的主要企业有深圳市盛波光电科技有限公司（产品涵盖 TN、STN、CSTN、TFT 及偏光眼镜等领域，目前拥有 5 条偏光片生产线，总产能达 3 500 万平方米）、深圳市三利谱光电科技股份有限公司（建有用于电视、电脑液晶屏宽幅生产线，在深圳和合肥建有生产线，总产能达 8 000 万平方米 / 年）。外资企业有南京 LG 化学有限公司、昆山台湾奇美光电公司等。

【科技创新】 南京国盛电子有限公司 8 英寸 BCD 集成电路硅外延片，采用高温外延工艺，有效抑制埋层外延图形漂移和畸变，改善大尺寸外延片片内均匀性，使高阻薄层外延片（电阻率 >30Ω · cm、厚度 <6μm）电阻率均匀性 <3%，厚度均匀性 <1%，外延漂移、畸变、表面缺陷符合用户要求，产品质量达到国际一流水平。

有研亿金新材料有限公司集成电路用高透磁率高纯钴靶材，采用自主研发的成套提纯系统、熔炼方法和除氧技术制备纯度高（5N）、氧含量低、无缺陷的钴铸锭，通过多次控制锻造 + 轧制与热处理相结合的工艺，提高靶材择优取向，制备出透磁率≥ 70% 的钴靶。

浙江金瑞泓科技股份有限公司微量掺锗直拉硅单晶，突破“硅材料越纯越好”传统观念，发明微量掺锗直拉硅单晶，实现直径 100 ~ 200mm 掺锗（浓度 10^{16} ~ $10^{19}/cm^3$）直拉单晶的生长，研发的微量掺锗直拉硅单晶外延、吸杂等与微电子器件相关的技术，实现无失配位错厚外延片（外延厚度≥ 50μm）的制备，使硅片在近表面形成无缺陷器件有源区。

青海黄河上游水电开发有限责任公司新能源分公司电子级高纯多晶硅，采用国际先进的高压冷氢化技术，解决副产含碳有机物问题，实现杂质碳源头控制，采用计算机模拟技术，建立整套工艺装置数学模型，掌握生产过程中杂质存在形式和产生机理，研制出还原炉内部件净化技术，解决炉内件对产品质量的影响。

北京达博有色金属焊料有限责任公司镀钯铜丝 / HCP2，通过合理添加微量元素的种类和数量提高丝的机械性质和焊接球型，将热型连铸法引进熔铸工艺，提高产品内部质量，在铜丝表面镀一层抗氧化金属防止铜丝氧化，增强键合可靠性。

江阴润玛电子材料有限公司高纯铝蚀刻液，通过加入优选表面活性剂，改善蚀刻液对铝金属膜层的润湿性和腐蚀均匀性。聚氧乙烯型非离子表面活性剂与阴离子型表面活性剂搭配使用，抑制蚀刻过程中发泡现象，减少图形缺陷，提高产品良率。产品中颗粒度大于 0.3μm 颗粒不超过 20 个，杂质阴离子不超过 30PPm，杂质阳离子不超过0.1PPb，提高产品质量标准。

广东华特气体股份有限公司高纯三氯甲烷（99.999%），采用自主研发的三级精馏、低温吸附、充装装置，提高产品纯度，满足半导体工艺要求。整套装置操作简单，纯化工艺完整、可靠，重复性强。

太原晋西春雷铜业有限公司高密度集成电路引线框架铜合金带（C70250、TKA），通过优化C0250合金成分设计，二次固溶、冷轧、拉弯矫工艺的创新，提高材料综合性能，同时降低成本。通过研究TKA合金的组织特征和结构特点，确定元素成分配比，实现材料强度、硬度与导电率的良好匹配，研发成功合金熔炼、振动铸造及均匀化控制技术，解决铸锭组织偏析、热轧开裂等技术难题，产品质量综合性能提高。

【进出口贸易】 由于全球经济发展缓慢，美国等国家贸易保护政策多样化，中国出口产品2016年呈现不稳定或下滑现象，电子信息材料行业同样普遍出现负增长，特别是覆铜板、磁性材料和电子铜箔出口额比2015下降较多。行业企业要加强材料产品创新，提高产品技术含量，发展高端电子材料，同时要开拓更多发展中国家市场，扩大出口渠道，提高出口效益。

【统计数据】

表1　2014—2016年中国电子信息材料行业主要产品销售收入情况

产品名称	2014年	2015年	2016年		备注
	销售收入（亿元）	销售收入（亿元）	销售收入（亿元）	增长率（%）	
多晶硅	152.0	157.0	212.0	35.0	太阳能级
太阳能电池用硅片	238.0	354.0	407.1	15.0	国内加工片
微电子用单晶硅	63.3	66.1	79.1	19.7	包括硅棒、硅片等
半导体封装材料	373.1	379.0	398.1	5.0	包括塑封料、引线框架、键合丝等
电子精细化工材料	299.9	315.0	359.1	14.0	包括光刻胶、电子高纯试剂、电子特气、导电浆料、特种树脂等
PCB用覆铜板	357.8	340.6	397.4	16.7	包括刚性覆铜板、挠性覆铜板、半固化片等
电子铜箔	162.1	140.0	197.2	40.9	包括PCB、覆铜板用电解铜箔、压延铜箔
电子锡焊料	413.3	351.3	380.0	8.2	包括精锡及电子领域用焊条、焊膏、焊粉、焊球、助焊剂等
磁性材料	372.8	365.0	390.0	6.8	不含磁性材料器件
压电晶体材料	117.0	111.0	113.2	2.0	含压电晶体器件
光纤材料	94.5	93.0	120.0	29.0	光纤预制棒、单模、多模光纤
平板显示主要材料	193.6	238.4	295.6	24.0	玻璃基板、液晶、偏光片、化学品等
其他电子信息材料	64.7	71.0	89.1	25.5	包括真空电子与专用金属材料、电子陶瓷材料等
合计	2 902.1	2 981.4	3 437.9	15.3	

注：数据来源于中国电子材料行业协会。

表 2 2015—2016 年中国主要电子信息材料产品进出口额比较

产品名称	2015 年		2016 年			
	进口额（亿美元）	出口额（亿美元）	进口额（亿美元）	增长率（%）	出口额（亿美元）	增长率（%）
多晶硅	20.95	—	22.30	6.4	—	—
单晶硅（包括棒、片）	8.41	10.78	9.62	14.4	10.67	-1.0
PCB 用覆铜板	10.10	6.25	9.70	-3.9	5.35	-14.4
电子锡焊料	3.63	1.04	3.35	7.7	1.01	-2.9
磁性材料	2.49	14.78	2.16	-13.3	14.05	-4.9
压电晶体材料	0.138	0.323	0.155	12.3	0.325	0.6
PCB 用电子铜箔	10.89	1.31	11.47	5.3	1.18	-9.9
光纤预制棒	2.59	—	3.02	16.6	—	—
光导纤维	3.25	1.48	4.29	32.0	1.62	9.5
其他	16.30	8.80	17.00	4.3	8	-9.1
总计	78.748	44.763	83.065	5.5	42.205	-5.7

注：数据来源于中国海关、中国电子材料行业协会。

［撰稿：权美子　刘伟鑫　审稿：袁桐］

光学光电子行业

【概况】 光电技术正加速融入工业经济方方面面，诸如智能制造领域的激光制造，智慧城市、智能汽车领域的光电传感、激光探测、光学成像，移动智能终端、物联网、VR 及 AR 等新兴行业高性能光学镜头等等。光电产品正逐步成为提高生产效率的有力工具，部分产品成为光电探测、光纤通信、光电显示、激光加工制造设备等行业不可或缺的“刚需”。

光电行业内部相对独立发展的各个技术方向有逐步融合的趋势：红外夜视与光学监控镜头结合，在民用安防、检测等方面大规模使用；液晶面板及 LED 器件制作过程中，激光加工设备占据越来越重要的位置；显示技术不再是液晶一家独大，LED 显示、激光显示、光学全息三维显示等技术正在向一个方向融合；半导体照明也不再单指 LED 照明，未来将会有半导体激光照明；光学传感、光学成像、光电检测几乎贯穿光电行业所有研发和制造过程。这些发展趋势使得光电行业更像一个整体，相互间的跨界融合碰撞出更多火花，推动技术进步，也产生更有创意和实用性的光电产品。

【生产与销售】 光学光电子行业细分为激光行业、光学元件与光学仪器行业、红外民用行业、LED 行业、液晶显示行业。

激光行业　2016 年，中国激光产品（包括激光晶体材料、各种激光器件以及激光加工制造、激光检测及医疗等应用产品）总产值约 270 亿元，较 2015 年增长约 20%。中国规模以上激光企业超过 60 家，其中 2/3 以上企业集中在激光加工和激光器相关领域。在激光加工领域，大族激光科技产业集团股份有限公司（简称大族激光）2016年营业收入接近70亿元，继续领跑整个行业。

中国激光产业发展相对集中，主要分布在珠三角、武汉、长三角、环渤海，这四大区域占据中国激光产业90%份额，另外成都、重庆、西安、合肥、长春、福州等也有少量激光产业。据中国光学光电子行业协会不完全统计，中国激光行业企业超过1 000家，其中广东省约260家，湖北省约150家，分别名列第一、第二。广东省占据全国激光产业份额最大，占31%；湖北省次之，占21%。过去五年，广东省激光产值快速增长，总额已超过湖北省，未来三年深圳与武汉的激光产值差距可能进一步拉大。江苏与浙江属于激光产业“后起之秀”，两省均是制造业发达地区，激光产业潜力巨大。近年江苏激光产业发展加速，一些企业已成长为中等规模、登陆“新三板”，未来有望维持快速发展状态，市场份额继续增加，甚至形成华南、华中、华东三足鼎立的市场格局。

光学元件与光学仪器行业　2016年，中国光学元件与光学仪器市场规模350亿元，比2015年增长30%以上，这受益于车载、智能手持设备、运动摄像等对光学元件需求持续增长。其中上游光学材料市场规模约25亿元，中游光学元器件市场规模250亿元，下游光学仪器市场规模75亿元。

2016年，光学材料产品毛利率同比降低。市场需求总量保持稳定，数码相机、单反相机需求下降，车载、安防监控、无人机等新的需求呈大幅增长趋势，高端光学玻璃需求强劲。数码相机及交换镜头仍然是光学玻璃最大的需求市场，需求份额超过总量50%。主要生产企业有成都光明光电股份有限公司（简称成都光明）、湖北新华光信息材料有限公司（简称新华光）等。其中成都光明的光学玻璃产量占据全球高端光学玻璃市场27%，国际市场占有率第一，新华光公司国内市场占有率第二。国际主要生产企业有日本保谷公司、小原公司、德国肖特公司等，分别占据全球高端光学玻璃市场17%、26%和7%，科技开发处于行业领先地位。

光学元件行业经历产业转型升级，传统数码光学市场份额持续下跌，移动智能终端、智慧城市、智能家居、智能机器人、物联网、车联网、虹膜识别技术、VR及AR等新兴行业对光学元件需求大增的同时也提出更高要求，光学元件正向小型化、高可靠性、多功能、模块化和集成化方向发展。传统数码相机市场逐步萎缩直至相对稳定，多镜头、全景摄像、运动摄像成为热点；投影机用光学元件整体需求有所下降，下降幅度5% ~ 10%，新光源投影技术将逐步取代灯泡投影机，5000流明以上、激光光源、4K等中高端投影机将保持较高增长速度；智能终端市场依旧处于上升期，新技术应用到手机中持续带动相应光学元件市场增长；车载用镜头模组持续高增长；AR/VR市场2016年持续火热，VR/AR技术不断发展及产品更新换代带动相关光学元件需求增长。未来光学元器件的加工将更多采用非球面精密压型技术，既能够缩短冷加工过程，降低光学元件加工成本，同时解决冷加工难度很大的非球面透镜的批量加工问题。

中国光学镜头及模组产量2016年实现高增长，这受益于智能手机镜头模组尤其是手机双摄模组的持续增长。2016年，以金立、华为、OPPO和vivo为代表的国产手机品牌全面爆发，光学镜头及模组供应企业业绩和净利润大幅增长。

全球光学镜头供应集中度相对较高，2016年，前五大厂商的市场份额就占到65.7%，中国台湾地区的大立光电股份有限公司独占鳌头，拥有34.5%的市场份额，中国大陆地区舜宇光学科技（集团）有限公司、玉晶光电股份有限公司紧跟大立光的步伐，市场占有率分别达9.42%、9.40%。

智能手机的持续快速发展为中国镜头模组企业的崛起提供了绝佳的环境，2016年，全国有400余家镜头模组厂商，100余家镜头厂商，60余家音圈马达（VCM马达）厂商，150余家柔性电路板（FPC）厂商，以及约2 000余家周边辅料、各类设备塑胶件、材料等企业。中国大陆最大的摄像头模组厂商是舜宇光学科技（集团）有限公司，其次是深圳欧菲光科技股份有限公司。

红外民用行业　境内红外相关单位约300家，红外民用技术的主要应用方向有红外热成像、红外测温、红外传感检测、红外夜视安防等，2016年，中国民用市场规模约90亿元，同比增长12%。

红外热成像产业作为技术、资金密集型行业，具有较高的进入壁垒，中国大多数红外热像仪生产厂商研发实力薄弱，许多厂商实际是国外产品的代理或系统集成商。拥有自主知识产权，能够独立开发红外热像仪机芯组件、后续电路、图像处理软件的厂商较少。中国境内有近十家主营红外的上市公司，红外光学产品不断受到市场青睐，部分传统光学企业也逐步加大红外光学方面的研发和生产。

LED 行业　中国 LED 产业形成珠江三角洲、长江三角洲、环渤海地区、闽赣地区和中西部地区五大区域，85%以上 LED 企业分布在这五个区域。2016 年，中国 LED 产业产值 5 078 亿元，较 2015 年增长 23.6%，大大超过中国电子信息行业整体增幅。其中上游外延芯片规模约 165 亿元，同比增长 17.0%；中游封装规模 740 亿元，同比增长 18.4%；下游应用规模 4 173 亿元，同比增长 24.9%。下游市场需求放量增长，原材料、配件及人工成本上升推动供应链全线涨价，2016 年，LED 上游芯片、中游封装器件价格分别平均上涨 10% ~ 15%、5% ~ 10%。

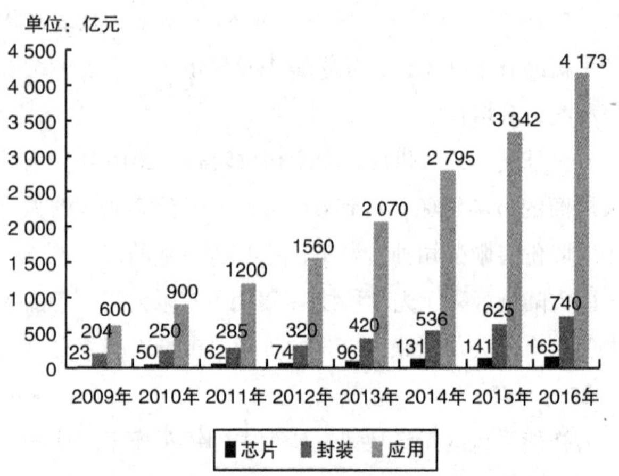

图 1　2009—2016 年中国 LED 行业各环节产业规模

2016 年，半导体照明应用继续保持快速发展，细分应用领域呈现不同特点。通用照明、景观应用、显示等传统替代应用市场稳步增长，农业照明、汽车照明等新兴应用快速成长，智慧路灯、小间距显示、灯丝灯、UV-LED、IR-LED 等成为应用市场热点。LED 通用照明仍然是应用市场第一驱动力，产值达到 2 010 亿元，同比增长 31.2%，占整体应用市场比重由 2015 年的 45.8% 提升到 48.2%。小间距 LED 显示应用迎来新一波增长，规模约 532 亿元，占整体应用市场 12.7%。背光应用市场增长乏力，液晶显示市场趋于饱和，LED 光效的提升使得用量减少，OLED、QLED 等新兴显示和背光技术出现，导致 LED 背光应用增长缓慢。LED 背光产值 515 亿元，占整体应用市场 12.3%。

LED 行业大者恒大格局更加明显。2009 年中国共有 62 家 LED 芯片企业，2016 年正常生产的只有 20 余家，未来可能只剩 3 ~ 5 家。具备成本控制能力、技术领先优势、产品品质稳定以及具备规模生产能力的企业才能够留下来。

液晶显示行业　2016 年，液晶显示行业营业收入 2 013 亿元，同比增长约 20%，净利润 101 亿元。其中显示器件营业收入 1 403 亿元（其中 TFT-LCD 面板营业收入 1 353 亿元，TN/STN 面板营业收入 50 亿元），同比增长 19%，净利润约 50 亿元（主要由 TFT-LCD 面板企业贡献）；上游材料营业收入 550 亿元，同比增长 25%，净利润 44 亿元；上游的制造设备营业收入 60 亿元，全年净利润 7 亿元。

2016 年，中国大陆面板出货面积 5 800 万平方米，同比增长 65.7%，全球市场占比约 30.5%，超过中国台湾地区成为全球第二大面板出货地区，仅次于韩国；出货金额约 205 亿美元，全球占比 19.6%。全球接近 2/3 功能手机、超过 1/3 智能手机和平板电脑、超过 1/4 电视机以及超过 1/5 笔记本电脑和显示器用显示器件来自以京东方、华星、天马为代表的中国品牌。

2016 年，显示面板进口 24.02 亿片，进口额 318.49 亿美元，进口数量和金额同比分别下降 15.1% 和 17.2%；出口 19.06 亿片，出口额 257.60 亿美元，出口数量和金额同比分别下降 16.9% 和 14.0%。贸易逆差 60.89 亿美元，同比缩减 28%。

【科技进步】　中国科学院长春光机所承担的国家重大科研装备研制项目“大型高精度衍射光栅刻划系统”，在 1mm 距离内可划出 6 000 道刻槽并且保持槽型均匀，刻槽间距误差小于一根头发丝的千分之一，成为世界上面积最大的高精度中阶梯光栅。

中国科学院上海光机所上海市全固态激光器与应用技术重点实验室高功率光纤激光课题组研制的 50GHz 线宽近衍射极限光纤激光器实现 2.5kW 功率突破，为大型高功率光纤激光系统奠定重要的单元技术基础。高亮度窄线宽光纤激光光源在相干通信、激光雷达、高能粒子加速器、聚变点火和激光冷却等领域具有重大研究价值和广阔应用前景。

中国科学院上海光机所上科大超强激光光源联合实验室在张江综合性国家科学中心超强超短激光实验装置（SULF）上，成功实现5拍瓦激光脉冲输出，这是世界上成功输出瞬时功率的最高值，标志中国在该领域达到国际领先水平。SULF下一个目标将是在国际上率先实现10拍瓦激光输出。

东旭光电科技股份有限公司推出世界首款石墨烯基锂离子电池产品——“烯王”。该产品所使用的石墨烯基锂离子电池性能优良，不仅可在满足5C条件下实现15分钟内快速充放电（是普通充电产品的1/24），且可在-30 ~ 80℃环境下工作，循环寿命高达3 500次。

中国电子科技集团公司第23研究所（简称23所）实现高功率泵浦耦合器全国产化。高功率泵浦耦合器是光纤激光器核心元器件之一，国内市场几乎被进口产品垄断，不但存在禁运、断供风险，而且进口产品价格高、采购周期长、规格品种有限，技术性能指标也难以满足装备发展需求。23所在短短半年内完成近20项专题研究，攻克泵浦光高效率耦合、抗高功率损伤以及高功率光纤器件散热封装及其通用性设计等技术难题，实现合束器和泵浦耦合器等核心元器件国产化，摆脱对进口核心器件的依赖。自主研发的泵浦耦合器泵浦光注入功率超过1 200W，耦合效率最高达97%，达到国际先进水平。

中国LED芯片核心技术不断突破，半导体照明技术水平快速提升，与国际先进水平差距进一步缩小。2016年，中国蓝宝石衬底功率型蓝光LED产业化光效达到160lm/W（国际厂商170lm/W）；具有自主知识产权的功率型硅基LED芯片产业化光效150lm/W，硅基黄光LED（565nm）光效达到130lm/W，硅基绿光LED（520nm）光效超过180lm/W，达到国际领先水平；深紫外LED技术进一步提升，280nm深紫外LED室温连续输出功率超过20mW，处于世界先进水平；白光OLED光效超过120lm/W；LED小间距显示屏产品产业化最小间距已达0.9mm（P0.9）。硅衬底LED技术作为第三种技术路线不断取得突破，硅基黄光LED（565nm）电光转换效率达到21%（20A/cm^2），硅基绿光LED（520nm）电光转换效率达到40%（20A/cm^2），研发水平国际领先，为非荧光粉转化的全光谱LED光源打下坚实基础。

LED封装产品紧扣市场，“小尺寸、大电流”封装技术逐渐从概念走向产品。COB（板上芯片封装）、CSP（芯片级封装）、SIP（系统级封装）、WLP（晶圆级封装）、COF（柔性基板封装）等技术成为热点。近年来中国COB相关材料、技术工艺逐步成熟，在激烈的市场倒逼下，部分厂商COB封装器件在性能上已经能与国外媲美。中国企业的产品定位已基本清晰，但在专利、解决方案等方面，需要正视与国际大厂的差距，继续提升自身能力。CSP产品高光效、低热阻的性能被越来越多的人认可，在特定的领域具有不可替代的优势。随着技术革新快速演化，CSP新技术、新工艺成熟度也迅速提升。目前CSP产品已经大批量应用到大尺寸背光产品及手机闪光灯等市场，小批量应用于汽车照明领域。主要CSP器件有1005、1510、1515、2020、2525等系列产品，功率范围涵盖0.2 ~ 25W，应用于可调光射灯、闪光灯、防爆灯、背光显示等产品，并针对汽车照明市场推出一系列高功率10 ~ 25W单面发光的CSP产品。

激光雷达技术取得一定进展。车载、机载激光雷达生产厂商多集中在国外，中国激光雷达产品主要以激光测量设备为主，多用于地形测绘、建筑测量、家用服务机器人等领域。不过，以深圳市镭神智能系统有限公司、上海思岚科技有限公司为代表的创业公司和以杭州巨星科技股份有限公司、大族激光科技产业集团股份有限公司为代表的上市企业开始尝试进入车用激光雷达领域。低成本化将是未来该类产品最主要的发展趋势。

【重大投资整合事项】 LED企业垂直整合延伸业务领域。2016年，三安光电股份有限公司继布局蓝宝石、太阳能之后，近两年在LED汽车照明、植物光照等领域积极开发，并在第三代半导体材料射频引用、集成电路等领域进行前瞻性部署，形成围绕半导体照明及其产业链延伸的战略布局；木林森股份有限公司（简称木林森）继收购超时代光源布局灯丝灯后，又成功收购欧司朗光源业务LEDVANCE，增持开发晶照明（厦门）有限公司将普瑞光电股份有限公司（Bridgelux）收入囊中，增资淮安澳洋顺昌光电技术有限公司，完成LED芯片、器件、应用的产业链布局。

LED企业跨界整合提升盈利能力，纷纷实施“LED+战略”，双主业并行。2016年，深圳市联建光电股份有限公司投资树熊网络，深圳雷曼光电科技股份有限公司收购华视新文化和澳大利亚纽卡斯尔喷气机足球俱乐部，深圳珈伟光伏照明股份有限公司重金收购河北国源电力设备有限公司，东莞勤上光电股份有限公司三度出手收购北京龙文云教育科技有限公司等三家教育企业。

LED 企业海外并购获取品牌并拓展国际市场。2016 年，利亚德集团通过收购 VR/AR 领域盈利能力较强的 NP 公司迅速拓展北美等国际市场，加快实现海外和国内业绩均衡发展的战略目标；木林森通过收购欧司朗的光源业务 LEDVANCE，获得欧司朗光源的十年品牌授权、专利使用授权，助力木林森扩大光源业务，跨越专利壁垒，实现海外市场扩张。

2016 年，LED 企业纷纷扩大产能。佛山市国星光电股份有限公司投资 2.4 亿元，扩产后产能预计从 4 000KK/ 月提升到 5 000KK/ 月。广州市鸿利光电股份有限公司在南昌进行扩产，扩产后产能将达到 3 200KK/ 月，产品主要以中大功率及新封装形式为主。广东锐陆光电科技有限公司在南昌成立江西艾利特光电科技有限公司，投资 10 亿元从事 LED 封装项目，项目完成后产能将达到 5 000KK/ 月。木林森分别投资 1.2 亿美元、1.79 亿美元建设广东小榄、江西吉安 SMD LED 项目，项目建成后分别新增封装产能 4 250KK/ 月、6 916KK/ 月，木林森产能将达到 29 000KK/ 月。

大族激光以 4 284 万元投资沈阳赛特维工业装备有限公司，又联合中航国际航空发展有限公司通过香港组建的合资公司 SPV 收购西班牙 AritexCading S.A. 公司，有助于大族激光现有机器人自动化系统集成业务的技术延伸和经验积累，并有利于公司在较短期内深入嵌入航空、军工等装备制造领域；瑞士百超激光收购深圳迪能激光设备有限公司 51% 股份扩张其在华业务；西安炬光科技有限公司收购德国 LIMO100% 股权，使其微光学技术跃居国际领先地位；杭州巨星科技股份有限公司收购 Leica 公司持有的 PT 公司 100% 股权，拓展 3D 激光雷达和激光全站仪等市场。

京东方投资 465 亿元追赶 OLED 产业。京东方在成都第 6 代 LTPS/AMOLED 生产线项目一期 220 亿元投资基础上，增加投资 245 亿元建设二期项目，生产 AMOLED 显示产品，主攻中小尺寸高端显示市场。

【进出口贸易】 2016 年，中国 LED 重点领域产品出口出现下滑，全年出口规模约 400 亿美元。其中 LED 照明产品出口 188.53 亿美元，同比下降 6.92%；LED 显示屏出口 11.61 亿美元，同比下降 4.31%；LED 芯片出口额 39.42 亿美元，同比下降 54.85%。

从中国 LED 照明细分产品出口规模来看，排在前三位的分别是天花板灯、投射灯、面板灯。

欧美仍是中国 LED 产品出口的主体市场。2016 年，中国 LED 重点领域产品出口市场排在前 10 位的分别是美国、中国香港特别行政区、荷兰、德国、英国、韩国、日本、新加坡、印度、澳大利亚等。中国 LED 重点领域产品出口“一带一路”市场为 73.71 亿美元。

受全球经济持续疲软影响，2016 年中国激光元器件出口总数量和总金额继续出现下滑，中国进口激光元器件总金额创新高，达 13 亿美元，说明核心激光元器件依赖进口的现象未得到本质改观，高端市场依然被国外企业把控。

【行业发展趋势】 未来几年，中国激光产业发展呈现以下趋势：激光器保持智能化、高功率、高光束质量、高可靠性、低成本和全固态方向发展；激光技术与其他学科加速融合，不断拓展激光化学、激光医疗等新兴应用领域，着重发展精密和微细加工技术，在电子、半导体、通讯、光存储、微机械制造、生物、环境等行业进一步推广和应用激光高精密加工技术；激光加工自动化、集成化和智能化水平持续提升，在与工业机器人技术结合的基础上，实现三维焊接、三维打标、三维切割等多维加工，拓展激光技术的适用性和应用领域；个性化定制需求增多，更多企业开始借助大数据、云平台等互联网手段开展基于产品的精准创新、精准营销、精准服务。

光学玻璃市场需求以及市场格局较为稳定，年产值增长不大；产品除用于传统光学产品外，还用于光输入输出信息产品、光储存、车载、光通讯等新兴领域；随着城市安防、汽车安全、无人摄影摄像、运动摄像等新兴应用的不断发展，高透过率、高均匀性、特殊性能的光学玻璃以及红外材料、激光玻璃、光纤材料等高端光学材料需求不断增长，特种材料尤其是红外硫系玻璃正处于高速成长期。受应用端产品如智能手持设备、安防监控、运动摄像等光电子产品呈小型化发展的趋势，未来高端光学材料将会出现小批量、多品种的技术发展趋势。光学材料将逐渐向器件化、智能化、极限性能、精细加工等方向发展。

LED 上游芯片技术持续进步，深紫外产品渐入佳境。硅基黄光 LED 光效有望突破 140lm/W，深紫外 LED 外量子效率也将提高15%左右，室温下输出功率将超过30mW，这也将加快紫外LED在杀菌消毒与净化领域的渗透。LED封装产品技术将朝着高功率密度、高光效、高色域指数综合化、小型化等方向发展。LED应用细分趋势明显，细分市场将成为新增长点。小间距显示、车用LED、手机LED闪光灯等细分市场受到关注，生物农业光照、光医疗、安全、杀菌消毒灯等创新应用将成为新增长点和长期成长动力。预计2017年中国小间距LED市场增速超过40%；车用LED整体呈上升态势，市场规模将超过100亿元。基于LED路灯的智慧照明系统开始小规模示范应用。产业资源将进一步集聚，跨界融合成为主流。整体增速放缓，市场逐渐回归理性。

液晶显示行业，新型显示的主流技术是TFT-LCD技术，占据90%左右市场份额，虽然OLED技术仅占约10%市场，但由于更容易实现柔性，因此业界普遍认为OLED未来具有更大市场空间。新型显示市场分为大尺寸和中小尺寸市场，两个市场在技术和产品上差异越来越明显。大尺寸市场以TFT-LCD技术为主流，产品以高分辨、高色彩表现、平均尺寸扩大、曲面等特点为趋势；中小尺寸市场目前虽然仍以TFT-LCD为主流，但OLED发展迅猛，预计3～5年内会与TFT-LCD分庭抗礼，产品以高分辨、窄边框、触控集成等特点为趋势。新型显示的主流产品主要涵盖手机、平板电脑、笔记本电脑、显示器和电视机5类，随着技术的不断进步，未来将在车载、VR/AR、公共显示、医疗、工控等产品上开发出更多应用空间。

【统计数据】

表1　2016年中国主要激光企业营业规模

主要领域	年营业收入	企业数量	代表企业
激光加工	500 000万以上	1	大族激光
	100 000万～500 000万	1	华工科技
	50 000万～100 000万	4	楚天激光等
	20 000万～50 000万	6	苏州德龙、金方圆、天琪激光、光韵达、河北羿珩科技等
	5 000万～20 000万	18	苏州天弘、金运激光、苏州领创、无锡创科源、华俄激光、三工光电、联赢激光、嘉泰激光、邦德激光等
激光器	20 000万～50 000万	4	创鑫激光、瑞科光纤、杰普特光电、南京中科煜宸等
	5 000万～20 000万	6	凯普林、炬光科技、国科世纪、飞博激光等
激光显示	2 000万～20 000万	4	海信、光峰光电、中视迪威、无锡视美乐等
激光医疗	2 000万～20 000万	5	奇致激光、科英激光、凌云光电、海纳川等
激光测量	2 000万～20 000万	5	精湛光电、海达数云、迈测激光等
激光晶体	20 000万～50 000万	2	奥瑞德光电、福晶科技
	2 000万～20 000万	2	雷生强式、成都东骏激光

表 2　中国激光产业地区分布

区域	代表省份（城市）	代表企业
华南	广东（深圳、东莞、广州、佛山）	大族、光韵达、光大、创鑫、联赢、木森激光、创可、宏山、盛雄、泰德等
华东	上海、江苏省（苏州、无锡、南京）、浙江省（温州、杭州）	煜宸、东方、领创、天弘、德龙、普睿玛智能、嘉泰等
华中	湖北省（武汉）	华工、楚天、团结、金运、天琪、科威晶、锐科等
华北	北京、天津、山东省、河北省	大恒、凯普林、国科、飞虹、桑尼世纪等
东北	辽宁省（鞍山、沈阳）、吉林省（长春）	大陆、锐达、新产业、科英等
其他	西安、成都、重庆、福州等	炬光科技、东骏、福晶科技等

表 3　2016 年 LED 行业重要投资整合案例

时间	出资方	被收购方	收购金额	收购股比
1 月 4 日	勤上光电	龙文教育	20 亿元	100%
1 月 20 日	飞乐音响	Havells 喜万年	10 亿元	80%
3 月 11 日	三安光电	环宇通讯半导体	14.7 亿元	100%
4 月 1 日	康佳照明	东芝照明（中国）有限公司	超 10 亿元	股权转移
6 月 28 日	木林森	开发晶	增资 3 亿元	25.5%
6 月 29 日	利亚德	中天照明	5.5 亿元	100%
7 月 27 日	木林森等中国财团	朗德万斯（LEDVANCE、欧司朗光源业务）	超 4 亿欧元	100%
7 月 28 日	东山精密	美企 MFLX 公司	不超 45 亿元	100%
10 月 15 日	华灿光电	和谐光电	16.5 亿元	100%
11 月 8 日	勤上光电	小红帽教育股权	8.7 亿元	不低于 80%
11 月 23 日	长方科技	特蕾新教育集团	6 亿元	60%
12 月 12 日	蓝思科技	联胜（中国）科技有限公司	12.2 亿元	100%
12 月 15 日	广东甘化	智同生物	6.732 亿元	51%
12 月 16 日	鸿利智汇	速易网络	9 亿元	100%
12 月 16 日	勤上光电	爱迪教育集团	29 亿元	100%
12 月 20 日	木林森	淮安澳洋顺昌	增资 5 亿元	26.88%

注：表 1 ~表 3 数据来源于中国光学光电子行业协会。

[撰稿：程慧云　胡春明　刘育青　审稿：王琳]

汽车电子行业

【概况】 2016年，伴随汽车市场规模持续扩大，以及新能源汽车、自动驾驶和车联网技术的迅猛发展，中国汽车电子行业继续保持高速增长态势，在市场、产品和技术等方面取得一系列显著成果，呈现出以下特点：

汽车电子行业需求旺盛、发展迅猛。随着国内汽车消费升级以及乘用车在二、三线城市进一步渗透，2016年国内汽车市场继续保持中高速增长，为汽车电子提供坚实的市场需求；同时，汽车电子技术创新持续活跃，新能源汽车技术日臻成熟，自动驾驶、车联网技术发展日新月异。在市场需求、技术创新双重驱动下，汽车电子行业逐步进入整体快速发展阶段，在消费电子日趋饱和的背景下，汽车电子即将成为电子信息产业新的驱动引擎。

信息技术深度重构汽车产业链，各类型企业百家争鸣打造生态圈。作为信息技术与传统汽车融合的产物，汽车电子在整车价值比重不断攀升，汽车产业链也被深度重构，半导体和电子元器件、人工智能、大数据和云计算等均成为汽车产业链中的关键环节。在此背景下，百度等互联网企业、英飞凌和高通等半导体厂商、德尔福和大陆等整车零部件厂商、东软集团等软件厂商、长安和北汽等整车厂商，以及驭势科技和地平线等初创企业纷纷从产业链的各节点处出发，打造汽车电子产业生态圈。

行业内投融资活动十分活跃，兼并收购成为汽车电子国产化重要手段。国内汽车电子厂商技术实力和品牌影响力较弱，为打破国际厂商的垄断，纷纷选择兼并收购方式迅速推动技术跨越、占领新兴市场。因此，2016年汽车电子行业投融资活动十分活跃。例如，航天科技收购主营ECU产品的Hiwinglux、Navilight以及主营汽车传感器产品的IEE；均胜电子收购主营汽车安全系统的KSS和TechniSat的汽车信息板块业务。

【市场分析】 2016年，全球汽车产量9 497.66万辆，增速4.5%。中国汽车产量2 811.9万辆，同比增长14.5%，其中新能源汽车产量51.7万辆，同比增长51.7%。中国自主品牌乘用车销量占比达到43.2%，比上年同期提高2个百分点。总体而言，中国汽车市场增长迅速、消费需求旺盛，已成为全球汽车市场最为强劲的增长引擎。2016年，全球汽车电子市场规模约2 400亿美元，占整车价值比例达到35%，中国汽车电子市场规模达740.6亿美元。就市场竞争格局而言，国外厂商在汽车电子市场中仍处于垄断地位。电子元器件主要被恩智浦、飞思卡尔、英飞凌和瑞萨半导体等国外企业垄断，国内厂商仍处于落后地位，但在功率半导体方面发展迅速，且在面板、连接器和继电器等领域具有一定优势。系统集成环节由大陆、德尔福、电装、博世等厂商垄断，国内企业主要集中在非核心的细分市场，如汽车内饰等。

【科技进步与应用】 汽车芯片及传感器领域，展讯通信有限公司推出LTE智能车载后视镜平台方案SL8541，搭载YunOS Carware操作系统，可实现4G/4G+全网通连接、高清视频录制以及高精度导航定位等。沈阳成泰科技、北京行易道、深圳路王电子以及南京隼眼电子等企业致力于研发77GHz毫米波雷达，用于防碰撞预警系统（FVCWS）。

自动驾驶领域，百度获得美国加州车管所（DMV）颁发的无人驾驶测试牌照，与芜湖、上海、乌镇等地方合作建设无人驾驶路测、运营项目。长安汽车完成重庆至北京长达2 000公里的L3级别无人驾驶测试。

智能网联汽车领域，国内首个“国家智能网联汽车（上海）试点示范区”封闭测试区开园，25辆无人驾驶、自动驾驶、网联汽车率先入园，测试复杂环境下感知、智能决策、协同控制和执行等功能。

车载系统领域，上汽集团发布首款搭载YunOS Carware智能车载操作系统的互联网汽车荣威RX5。百度发布百度地图汽车版、CoDriver智能语音副驾两款产品，百度地图汽车版可为用户提供高精度定位、智能最优路线规划导航、实时路况、海量POI数据支持等服务；百度 CoDriver 智能语音副驾是以智能语音为人机交互方式，基于百度的语音技术和自然语言处理技术等打造的智能行车助手。

【进出口贸易】 2016 年，中国汽车零部件进口贸易额 363.57 亿美元，同比增长 7.96%，出口贸易额 645.73 亿美元，同比下降 2.81%，贸易顺差 282.16 亿美元。汽车电子电器出口贸易额 103.73 亿美元。

【政策法规与举措】 中国汽车工业协会发布《“十三五”汽车工业发展规划意见》，对“十三五”的中国汽车工业提出八方面发展目标，其中之一就是“积极发展智能网联汽车”。

国家发改委、交通部联合印发《推进“互联网+”便捷交通促进智能交通发展的实施方案》，从“智能”和“网联”两个方面提出要求。

继上海、杭州之后，2016 年，工信部与吉林、重庆、武汉、北京等地政府签署《基于移动宽带物联网的智能汽车和智慧交通应用示范》合作框架协议。

工业和信息化部开展《基于宽带移动互联网的智能汽车和智慧交通应用示范工程及产品工程化公共服务平台项目》建设，用于推动立法、建设智能网联汽车测试平台、技术标准等。

国务院公布《十三五国家战略性新兴产业发展规划》，明确将大幅提升新能源车和新能源应用比例，到 2020 年实现当年产销 200 万辆以上，累计产销 500 万辆。

能源局发布《征求加快居民电动汽车充电桩及配套设施建设的通知》，分批在京津冀、长三角、珠三角等地重点城市展开试点示范，全力加快居民电动汽车充电设施建设。

全国汽车标准化技术委员会汽车电子与电磁兼容分标委审查通过《乘用车轮胎气压监测系统的性能要求和试验方法》，这将有利于完善中国汽车电气电子标准体系、引导 TPMS 产品技术发展、规范中国 TPMS 产品使用。

【存在问题】 汽车电子技术门槛高，中国核心技术存在薄弱环节。中国汽车电子相关企业主要集中于喇叭、导航等较为低端的领域，在汽车电子芯片、高性能传感器，以及发动机电控、ADAS 等核心环节的技术研发能力依然薄弱，产品的可靠性也有待提高。中国厂商很难与英飞凌、恩智浦、博世、德尔福、大陆等处于垄断地位的国际巨头竞争，因而处于汽车电子价值链底端，也间接导致国内整车厂商处于被动地位，议价能力较弱。

汽车电子行业标准繁多、认证程序庞杂，中国厂商难以进入前装市场。由于使用上的差异，汽车电子产品安全性、可靠性要求远比消费电子苛刻，行业内有一系列标准用于严格把控产品质量，如 TS 16969、ISO 26262、AEC Q100、IECQ AQP 等，行业标准的认证程序庞杂。供应商进入大客户供应链必须通过国际相关质量管理体系认证以及整车厂的产品认证，一般需要经过 10 余项认证流程，周期在 18 ~ 36 个月。因此，汽车电子行业集中度较高，供应链相对稳定，国内厂商很难进入前装市场。

中国在汽车电子标准和检测认证方面与国外差距巨大。目前国内外整车厂商均采用符合 AEC Q100 等国际标准的汽车电子产品，而国内目前几乎没有 AEC Q100 检测实验室，在产品标准制定和检测认证方面与国外差距巨大，不利于汽车电子厂商提高产品水平和进入前装市场。

【2017 年展望】 中国汽车市场将保持中高速增长，对汽车电子需求旺盛。2016 年，中国汽车保有量达 2 亿辆，全球占比 20%，但人均保有量仅为 140 辆 / 千人，而欧美等发达国家人均保有量普遍在 500 辆 / 千人以上，因此中国仍属于年轻的汽车消费市场。根据相关产业调研，中国汽车业增速拐点对应保有量为 4 亿辆，因此未来仍有较大发展空间。据易车尼尔森预测，未来五年中国乘用车市场将保持 7% 的增速，将为汽车电子提供强劲的需求保证。

技术创新、兼并收购将成为汽车电子国产化主要路径。汽车电子具有较高门槛，产业格局相对稳定。国内厂商将主要通过两条路径切入：通过技术创新、产品升级，逐步由后装市场进入前装市场，由 Tier 2 向 Tier 1 转型；通过收购海外成熟汽车电子厂商，获得相关技术及渠道资源，迅速切入高壁垒的汽车电子行业。国内厂商有望通过上述两条路径，成为本轮汽车电子产业升级的重要受益者。

汽车电子成本占整车比例将持续提高。2016 年，全球汽车电子市场规模 2 400 亿美元，占整车比例 35%。2017 年，4G 大屏车机、行车记录仪、智能后视镜、胎压监测等汽车电子相关产品将加速普及。未来，随着智能驾驶、车联网、新能源汽车等不断发展和加速融合，汽车电子成本占整车比例将不断提升。预计 2020 年，汽车电子成本占整车比例有望超过 50%。

［撰稿：余雪松　审稿：杨旭东］

机床电子行业

【概况】 2016 年，中国数控机床行业运行总体平稳，基本实现稳中有进，结构调整取得积极进展，正向着定制化、自动化、网络化转变。中国数控机床无论从产品种类、技术水平、质量和产量上都取得高速发展，在一些关键技术方面取得重大突破，但仍存在主机大而不强、数控系统和功能部件发展滞后、高档数控机床关键技术差距大、产品质量稳定性不高等问题，导致中国大部分企业产值不高、整体经济效益较低。

与此同时，“工业 4.0”“中国制造 2025”以及供给侧改革的深入推进使得智能制造进入快速发展阶段，相关政策的出台与重大专项支持促使中国机床电子行业产业转型升级步伐加快，对数控机床产品的核心竞争力、自主创新、量化融合以及品牌建设提出更高要求，企业数控机床产品开始向国际高端市场迈进。因此，把握高速化、高精度化、柔性化、功能集成化、智能化、高可靠性和绿色化等数控机床发展趋势，成为当前及未来企业发展重点。

【生产与销售】 2016 年，中国数控机床销售及需求呈小幅增长。数控金属切削机床产量 78 万台，同比增长 2.2%; 数控金属成形机床产量 31.8 万台，同比增长 4.3%。国内机床消费总额 275 亿美元（约合 1 892.72 亿元人民币），同比持平，结束自 2011 年以来的连续下降趋势。行业产出呈现出恢复性增长，达到 229 亿美元（约合 1 576.12 亿元人民币），同比增长 3.6%，实现由负转正的态势。

【科技进步与应用】 沈阳机床集团公司推出世界上首创的平台型智能机床 i5M8，集成机械平台、功能平台、控制平台和应用平台于一身，机智多变，具有很强的适应性。i5M8 五轴联动控制技术达到世界先进水平，打破国外企业长期在五轴领域技术垄断。采用多工序集成技术，只需一次装卡即可完成全部加工需求，使整体生产过程中切削及辅助时间减少 30%。i5M8 五轴联动智能机床 A/C 轴重复定位精度达到 ±3 ″，高于行业标准。龙门式基本结构布局和可拆卸功能部件设计，使单机产品功能更加全面，可再制造性更强。紧凑而合理的机床结构设计，提升客户厂房利用率 20% 以上。i5M8 智能机床主要应用于航空、汽车、消费电子、高精度磨具等行业，可加工叶轮、复杂曲面零件、汽车复杂零件、液压阀体及泵体等高精度复杂零件。

2016 年 9 月 1 日，首批 14 个中德智能制造合作试点示范项目揭晓，济南二机床与博世集团联合承担的“智能生产排程系统”项目成功入选。此次合作以开展智能工厂改进为目标，借鉴德国先进工业自动化技术，提升国内机床行业乃至离散型生产制造行业智能制造水平，具有引领、带动和示范意义。

12 月 19 日，济南二机床为福特汽车提供的第七条冲压生产线 (DSP7) 顺利通过用户终验收，福特对项目的实施给予高度评价。福特 DSP7 项目包括 1 台 2 500 吨、1 台 1 600 吨和 3 台 1 000 吨压力机，安装于福特汽车底特律迪尔伯恩冲压厂（DSP）。

格力在第二届珠江西岸先进装备制造业投资贸易洽谈会展出两款数控机床，钻攻中心 GA-Z4060 和 GA-Z4055，两款均为集切削、钻孔、攻牙为一体的数控 CNC。这两款数控机床具有精度高、稳定性好、自动化拓展便利、操作简单、整体造型美观大方等特点。控制系统采用西门子 828D，配备第四轴接口、RS232 接口以及以太网接口，具有 FMS 模块同机器人连接通讯，实现自动化加工。

中国机床工具工业协会发布 2016 年度机床行业“自主创新十佳”名单，北京北一机床有限公司 XHAV2430×80 大型钛合金结构件强力切削五轴龙门机床、北京工研精机股份有限公司 μ4000TG 高速精密数控车磨复合加工机床、大族激光科技产业集团股份有限公司 FMS 激光切割柔性生产线、济南二机床集团有限公司 XKV2755×120 五轴联动定梁龙门移动镗铣床、济南铸造锻压机械研究所有限公司 LRS360-12 汽车纵梁柔性制造数字化成套装备、江苏亚威机床股份有限公司 CLB-2.5×1850 数控飞摆剪横切线、齐齐哈尔二机床（集团）有限责任公司 TL4S-2500-MB 大型多工位压力机自动化线、齐重数控装备股份有限公司 Q1-190 数控立式专用车镗床、秦川机床工具集团股份公司 YKS7225 数控蜗杆砂轮磨齿机、武汉华中数控股份有限公司华中数控智能控制关键技术及成套装备榜上有名。

11 月 7—9 日，中国机械工业联合会组织的全国机械工业科技大会在北京召开。高性能数控系统关键技术及应用、面向新能源等行业的数控超重型桥式龙门五轴联动车铣复合系列机床被评为中国机械工业科学技术一等奖，HT630×120/120L—NC 数控重型卧式车床等多项产品获评中国机械工业科学技术二等奖，华中数控华中 8 型高性能数控系统研发团队、秦川机床集团公司高速高精度齿轮机床项目组等多个研发团队荣获“十二五”机械工业高性能数控系统创新团队称号。

【重大工程与重点项目】 科技部会同工业和信息化部组织召开“高档数控机床与基础制造装备”国家科技重大专项（简称“数控机床专项”或“04 专项”）成果发布会，介绍数控机床专项实施取得的成果和应用情况。高档数控机床水平持续提升，机床主机平均无故障时间从专项实施前的 400 ~ 500 小时普遍提升至 1 200 小时，部分产品达到 2 000 小时以上。高档数控系统打破国外技术垄断，关键功能部件实现批量配套。国内市场占有率由不足 1% 提高到 5% 左右。以五轴加工中心为代表的高档数控机床，在飞机典型结构件、航天复杂与精密结构件、飞航导弹发动机零部件等领域实现批量示范应用，为大飞机、新型战机、探月工程等国家重大专项和重点工程提供关键制造装备。龙门式加工中心、五轴联动加工中心等制造技术趋于成熟，重型锻压装备性能接近国际先进水平，精密卧式加工中心形成具有自主知识产权的柔性制造系统核心技术。2016 年年底，中国自主提出的用于检测五轴联动机床精度的 S 形试件标准已通过国际标委会审定，实现中国在高档数控机床检测领域标准“零”的突破。

济南二机床集团有限公司（简称济南二机床）承担国家科技重大专项“高速龙门五轴联动加工中心”。设备配备济南二机床自主研发的双摆角数控万能铣头、国产高速滚珠丝杠等功能部件以及国产五轴联动数控系统，能够完成大型复杂曲面零件的高速、高效加工。课题实施以来，济南二机床已为西安飞机、昌河飞机、沈阳飞机、洪都航空、汉中航空零组件、上海航天、北京航天等近 20 家用户提供 30 余台同类产品，批量进入市场，满足航空航天、军工、能源、轨道交通等国家重点行业领域的设备需求，推进国产高档数控机床的发展，实现进口替代。

陕西汉江机床有限公司（简称汉机公司）牵头承担“十米螺纹磨床、八米旋风铣床、十米螺纹动态检测仪——大型、精密、高效、数控螺纹加工设备”“高精度螺纹加工技术及设备”和“汉江滚动功能部件产业化关键技术开发与应用”三项国家科技重大专项。“十米螺纹磨床、八米旋风铣床、十米螺纹动态检测仪——大型、精密、高效、数控螺纹加工设备”课题提升中国高速、重载、精密滚珠丝杠加工和检测关键成套设计技术水平。“高精度螺纹加工技术及设备”课题使中国高精度数控螺纹磨床和精密螺母磨床在设计制造技术和产品质量性能方面达到国际先进水平。汉江滚动功能部件产业化关键技术开发与应用”课题提升国产滚动功能部件自主创新能力，研制的滚动功能部件精度、性能检测及精度保持性、可靠性试验设备填补国内空白，为产品档次的持续提升提供保障。

深圳华诚兴机电公司、深圳圣达泰资产管理公司和北京精雕科技集团公司共同投资建设的贵安新区中德西格姆精密制造项目，占地面积 210 亩，总投资 13 亿元，是一个设备精密、技术领先、产品国际化的项目，属生产链接相对较短的现代制造加工产业。利用德国、瑞士和企业自主创新技术、设备生产现代高效刀具，采用自动化全制程制造技术，建立规模化数控机床加工基地，将提升当地规模化数控机床自动化加工能力。

【进出口贸易】 2016年，中国机床电子行业进口呈现下降态势。进口机床11 330台，同比下降16.7%；进口金额26亿美元，同比下降13.1%。

【政策与法规】 2016年8月1日，质检总局、国家标准委、工业和信息化部会同有关部门共同编制《装备制造业标准化和质量提升规划》（以下简称《规划》），旨在落实国务院有关《中国制造2025》和《深化标准化工作改革方案》的部署和要求，发挥标准化和质量工作对装备制造业的引领和支撑作用，推进结构性改革尤其是供给侧结构性改革，促进产品产业迈向中高端，建设制造强国、质量强国。《规划》提出，未来中国将围绕实施高端装备创新工程，适应创新进展和市场需求，改进标准制修订流程，提高标准制修订效率，缩短标准制修订周期，及时更新标准，推动新一代信息技术、高档数控机床和机器人、航空航天装备、海洋工程装备及高技术船舶等领域标准化实现新突破，加快装备质量安全标准与国际标准接轨，促进产业升级和产品质量国际竞争力提升。

《中国制造2025》“1+X”规划体系全部发布。编制“1+X”规划体系的目的，是要通过加强政府引导，凝聚行业共识，汇集社会资源，围绕重点、破解难点，着力突破制造业发展瓶颈短板，抢占未来竞争制高点。

为贯彻落实《国民经济和社会发展第十三个五年规划纲要》和《中国制造2025》，工业和信息化部和财政部联合发布《智能制造发展规划（2016—2020年）》（以下简称《规划》）。《规划》将发展智能制造作为长期坚持的战略任务，分类分层指导，分行业、分步骤持续推进，“十三五”期间同步实施数字化制造普及、智能化制造示范引领，以构建新型制造体系为目标，以实施智能制造工程为重要抓手，着力提升关键技术装备安全可控能力，着力增强软件、标准等基础支撑能力，着力提升集成应用水平，着力探索培育新模式，着力营造良好发展环境，为培育经济增长新动能、打造中国制造业竞争新优势、建设制造强国奠定扎实基础。

【存在问题】 近年来机床电子行业一直存在缺乏核心技术、自主研发能力较弱，产品性能稳定性较差、工艺技术有待提升，针对用户需求的技术服务与售后服务能力不足的问题。此外，以下问题也应引起重视：

技术人才短缺，培训资源落后。数控行业的人才缺失是制约其发展的一个重要瓶颈。一方面，全国数控机床研发人员、操作人员、高端技术人才短缺且人才出现断代，而现有大专院校又缺乏相应的对口专业，影响国产数控机床今后的研究与发展。另一方面，由于需求带动，社会上数控机床培训班很多，但教材陈旧、教员老化等问题普遍存在。因此“数控机床人才培训”工作亦需关注及支持。

产业综合密集性较大，准入门槛较高。数控产业是技术、人力、资本综合密集型产业，产业具有冗长的人才链、技术链和产业链，以极强的产业关联度，建立起极高的产业门槛，而国内企业大部分还没有跨入这个门槛。

市场需求减弱，外部竞争激烈。全社会固定资产投资增速从2009年的30.5%下降到2016年1～11月的8.3%；但特别需要注意的是，虽然全社会固定资产投资增速回落势头趋缓，但制造业与设备工具购置两个细分领域的投资增速仍然呈现显著回落趋势，分别仅为3.6%和1.4%。上述数据预示着机床工具产品方面的市场采购力度仍在大幅减弱。同时，跨国公司为占领中国巨大的市场，采用技术封锁和低价倾销双重竞争策略。一方面，对中国不能生产的产品，跨国公司不仅抬高价格，还附加许多限制；另一方面，对中国能生产的数控系统，则连续采取大幅度降价措施，企图夺取中国企业仅有的中档产品的市场份额。

【发展趋势】 2017年，推进高档数控机床的产业化、提高国产高档数控机床在国家重点行业的占有率是中国机床行业摆脱当前困境、实现产业结构调整及转型升级的关键。企业应重点把握数控机床发展四大趋势：

一是高速、高精密化。随着科学技术突飞猛进发展，机电产品更新换代速度加快，对零件加工的精度和表面质量的要求也愈来愈高。为满足这个复杂多变市场的需求，当前机床正向高速切削、干切削和准干切削方向发展，加工精度也在不断提高。同时，电主轴和直线电机的成功应用，陶瓷滚珠轴承、高精度大导程空心内冷和滚珠螺母强冷的低温高速滚珠丝杠副及带滚珠保持器的直线导轨副等机床功能部件的面市，也为机床向高速、精密发展创造了条件。

二是高可靠性。数控机床的可靠性是数控机床产品质量的一项关键性指标。数控机床能否发挥其高性能、高精度和高效率，并获得良好的效益，关键取决于其可靠性的高低。

三是数控车床设计 CAD 化、结构设计模块化。CAD 不仅可以替代人工完成繁琐的绘图工作，更重要的是可以进行设计方案选择和大件整机的静、动态特性分析、计算、预测及优化设计，可以对整机各工作部件进行动态模拟仿真。在模块化的基础上在设计阶段就可以看出产品的三维几何模型和逼真的色彩。采用 CAD，还可以大大提高工作效率，提高设计的一次成功率，从而缩短试制周期，降低设计成本，提高市场竞争能力。

四是多轴联动化方向。加工自由曲面时，三轴联动控制的车床无法避免切速接近于零的球头铣刀端部参予切削，进而对工件的加工质量造成破坏性影响，而五轴联动控制对球头铣刀的数控编程比较简单，并且能使球头铣刀在铣削三维曲面的过程中始终保持合理的切速，从而显著改善加工表面的粗糙度，大幅度提高加工效率。因此多轴联动控制的加工中心和数控车床已经成为当前一个开发热点。

五是设计制造绿色化方向。绿色设计是一种综合考虑产品设计、制造、使用和回收等整个生命周期的环境特性和资源效率的先进设计理论和方法。在不牺牲产品功能、质量和成本的前提下，系统考虑产品开发、制造及其活动对环境的影响，从而使得产品在整个生命周期中对环境的负面影响最小，资源利用率最高。数控车床在设计时要考虑：绿色材料设计、可拆卸性设计、节能性设计、可回收性设计、模块化设计、绿色包装设计等。数控车床作为装备制造业的核心，能否顺应环保趋势，加大绿色设计与制造的研制，将是影响经济发展的重要因素之一。

［撰稿：余雪松　审稿：杨旭东］

软件服务业

综　述

【概况】 软件和信息技术服务业是引领科技创新、驱动经济社会转型发展的核心力量，是建设制造强国和网络强国的核心支撑。“软件定义”成为信息技术发展的重要特征，持续引领产业发展变革；企业“软件化”趋势日益明显，以“技术 + 模式 + 生态”为核心的协同创新成为产业创新的主要方式。2016 年软件和信息技术服务业增长态势明显，规模、质量、效益实现全面跃升。但总体来看，中国软件和信息技术服务业依然“大而不强”，主要表现在：基础领域创新能力不足，核心基础软件、核心工业软件与国外先进水平相比还存在明显差距，软件技术与各行业领域融合应用广度深度不够，具有创新引领能力的大企业和高端领军人才缺乏，生态构建能力亟待提升，知识产权保护仍需进一步加强等。

【产业规模】 2016 年，中国软件和信息技术服务业收入保持两位数增长，运行态势平稳，盈利状况良好。全国软件和信息技术服务业完成软件业务收入 4.9 万亿元，同比增长 14.9%，其中，信息技术服务实现收入 25 114 亿元，占全行业收入 51.8%。全行业实现利润总额 6 021 亿元，同比增长 14.9%，与收入增长同步。中国软件名城等产业集聚城市示范带头作用依然突出，全国 15 个副省级中心城市实现软件业务收入 2.7 万亿元，同比增长 15.5%，增速高出全国平均水平 0.6 个百分点。

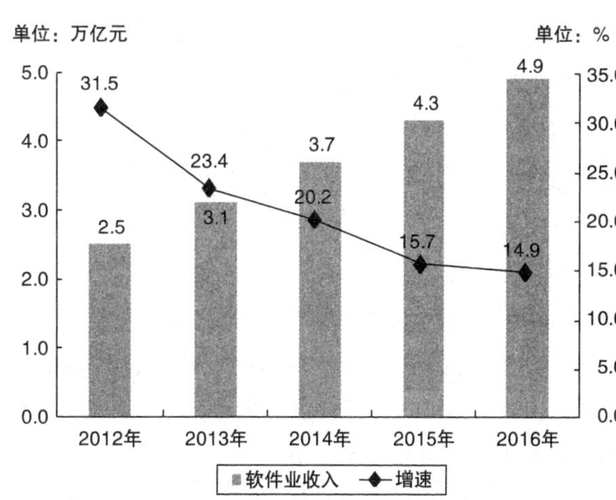

图 1　2012—2016 年中国软件业务收入增长情况

资料来源：工业和信息化部

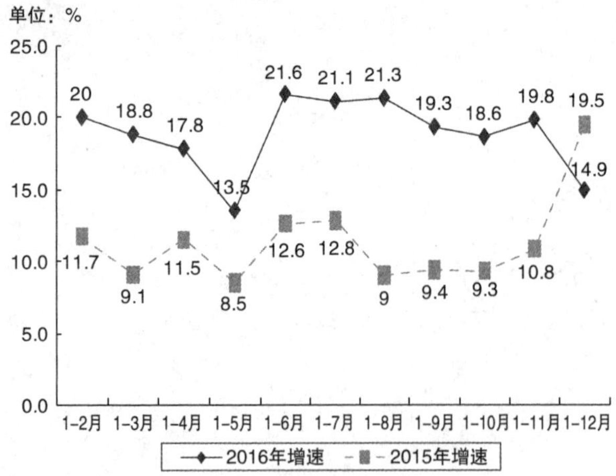

图 2　2016 年 1—12 月中国软件业利润总额增长走势

资料来源：工业和信息化部

【区域发展情况】　东部和东北地区软件业增速回落，中西部地区保持较快增长。东部地区完成软件业务收入 3.8 万亿元，同比增长 14.9%，增速比 2015 年回落 2.2 个百分点，占全国软件业的比重为 78.6%；中部地区完成软件业务收入 2 303 亿元，增长 20.6%，增速比 2015 年提高 0.5 个百分点，占全国软件业的比重为 4.7%；西部地区完成软件业务收入 5 288 亿元，增长 17.2%，增速与 2015 年基本持平，占全国软件业的比重为 10.9%；东北地区完成软件业务收入 2 801 亿元，增长 6.3%，增速低于全国平均水平 8.6 个百分点，占全国软件业的比重为 5.8%。

主要软件大省保持平稳发展，部分省市增速突出。总量居前 5 位的江苏、广东、北京、山东、上海完成软件业务收入分别增长 14.4%、15.4%、11.6%、17.9% 和 13%。部分中西部省市增长较快，如中部的安徽、湖北增长超过 25%，西部的陕西、重庆增长超过 20%。

【分领域运行情况】　软件产品收入增速低于行业平均水平。全年软件产品实现收入 15 400 亿元，同比增长 12.8%，增速比 2015 年提高 0.9 个百分点，但低于全行业平均水平 2.1 个百分点，占全行业收入比重为 31.7%。其中，信息安全产品增长 10.9%。

信息技术服务收入增长较快。2016 年，信息技术服务实现收入 25 114 亿元，同比增长 16%，增速高出全行业水平 1.1 个百分点，但比 2015 年回落 2.7 个百分点，占全行业收入比重为 51.8%。其中，运营相关服务（包括在线软件运营服务、平台运营服务、基础设施运营服务等在内的信息技术服务）收入增长 16.1%；电子商务平台技术服务（包括在线交易平台服务、在线交易支撑服务在内的信息技术支持服务）收入增长 17.7%；集成电路设计增长 12.7%；其他信息技术服务（包括信息技术咨询设计服务、系统集成、运维服务、数据服务等）收入增长 16.0%。

嵌入式系统软件收入平稳。嵌入式系统软件实现收入 7 997 亿元，同比增长 15.5%，增速高出全行业平均水平 0.6 个百分点，比 2015 年提高 1.4 个百分点，占全行业收入比重为 16.5%。

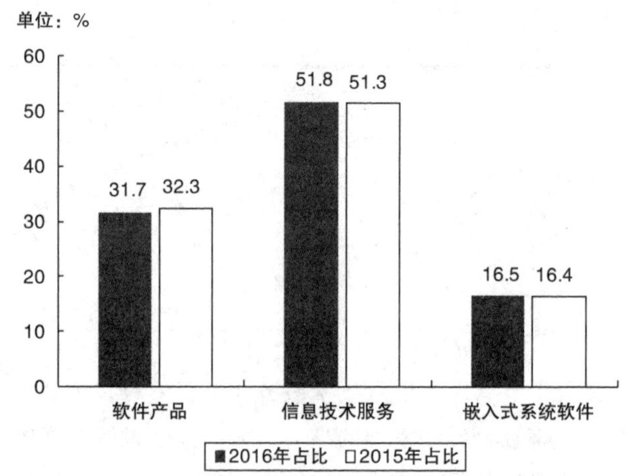

图 3　中国软件产业分类收入占比情况

资料来源：工业和信息化部

【技术创新】　以“技术 + 模式 + 生态”为核心的协同创新引领产业变革，以企业为主体、以核心技术为重点、以应用为导向的产业技术创新体系不断完善，技术创新在产业发展中的关键作用持续凸显。云计算、大数据、人工智能、虚拟现实等技术演进催生出一批新产品、新模式、新业态，成为促进产业创新发展的新动能、新引擎。在互联网等多个行业领域中，软件能力建设逐渐成为企业获取市场竞争优势的关键环节，软件技术和产品应用加速深化。软件和信息技术服务业步入加速创新、快速迭代、群体突破的爆发期，加快向网络化、平台化、服务化、智能化、生态化演进。开源、众包等群智化研发模式成为技术创新主流方向，产业竞争由单一技术、单一产品、单一模式加快向多技术、集成化、融合化、平台系统、生态系统的竞争转变，生态体系竞争成为产业发展制高点。华为公司通过开放近 30 年积累的软件工程能力和优秀实践，联合产业链合作伙伴共同打造软件云生态，支持软件和信息技术服务企业发展云计算产品、服务和解决方案，丰富完善生产管理、财务管理、营销管理等 SaaS 服务；建立面向个人信息存储、在线教育、学习娱乐的云服务平台；支持大专院校和科研院所加强人才队伍培养和建设。未来，越来越多制造企业服务自身的软件平台将通过开源化为广大中小企业提供服务，软件部门从成本中心向效益中心转变，带来整个软件产业竞争生态的变革，软件和信息技术服务企业需要顺应技术、产品、产业快速演进的趋势，积极面向云计算环境进行转型升级，加快提升创新发展水平和产业供给能力。同时，这种生态的变化，将引发新一轮复合型人才和高技能人才队伍的需求潮。

基础软件创新发展取得新成效，产品质量和解决方案成熟度显著提升，已较好应用于党政机关，并在部分重要行业领域取得突破。智能电网调度控制系统、大型枢纽机场行李分拣系统、千万吨级炼油控制系统等重大应用跨入世界先进行列。新兴领域创新活跃，一批骨干企业转型发展取得实质性进展，平台化、网络化、服务化的商业模式创新成效显著，涌现出社交网络、搜索引擎、位置服务等一批创新性产品和服务。软件技术的科技创新，进一步激活软件市场主体、助推产业层级，显著推进供给侧结构性改革，助力大众创业万众创新。

【行业发展特点】 信息消费扩大催生新模式、新业态。近年来，随着移动互联网逐渐普及，分享经济飞速发展，实现倍增，有效提升生活服务、生产能力、交通出行、知识技能、房屋住宿、医疗分享等重点领域信息消费能力。2016 年中国分享经济市场交易额约 34 522 亿元，比上年增长 103%。

近年来出现的科技创新“独角兽”企业[①]中，分享型企业占 1/3 以上。美国风投数据公司 CB Insights 公布的 2016 年全球“独角兽”企业榜单包含 186 家公司，43 家来自中国。其中电子商务占 14 家，主营垂直电商或导购平台；其次比较热门的领域有社交、金融科技、不动产等，小米、魅族都榜上有名。

2016 年，网络应用新模式、新业态快速演进，进一步推动信息消费模式共享化和应用场景多元化。共享单车引发资本热潮，不同模式并行发展，迎来高速发展期。网络直播行业迎来爆发式增长，行业规模超过 500 亿元，直播领域的投融资金额增长超过 350%。CNNIC 数据显示，截至 2016 年 12 月，网络直播用户规模达到 3.44 亿，网民渗透率达到 47.1%，较 2016 年 6 月增长 1932 万，未来直播将向电商、教育、旅游等领域快速拓展，融合渗透潜力巨大。网络支付企业大力培育市场，促使线下支付场景极大丰富。截至 2016 年 12 月，手机支付用户规模增长迅速，达到 4.69 亿元，年增长率 31.2%，手机支付使用比例由 57.7% 提升至 67.5%。网约车市场趋于稳定，2016 年 Uber 和滴滴合并，行业竞争格局基本定型，各大网约车平台积极探索新的利益增长方向，网约车相关管理办法出台以及多地陆续推出网约车征求意见稿，促进市场规范发展。

【政策与法规】 国务院 2016 年 5 月印发《关于深化制造业与互联网融合发展的指导意见》，部署深化制造业与互联网融合发展，协同推进“中国制造 2025”和“互联网 +”行动，加快制造强国建设。提出“到 2018 年年底，制造业重点行业骨干企业互联网‘双创’平台普及率达到 80%”的目标，明确深化制造业与互联网融合发展的 7 项主要任务，包括打造制造企业互联网“双创”平台，推动互联网企业构建制造业“双创”服务体系，支持制造企业与互联网企业跨界融合，培育制造业与互联网融合新模式，强化融合发展基础支撑，提升融合发展系统解决方案能力，提高工业信息系统安全水平。

为深入贯彻《中国制造 2025》《国务院关于积极推进“互联网 +”行动的指导意见》《国务院关于深化制造业与互联网融合发展的指导意见》等国家战略，按照《中华人民共和国国民经济和社会发展第十三个五年规划纲要》部署，落实《信息产业发展指南》要求，工业和信息化部正式发布《软件和信息技术服务业发展规划（2016—2020 年）》（工信部规〔2016〕425 号）。《软件和信息技术服务业发展规划（2016—2020 年）》以创新发展和融合发展为主线，提出到 2020 年基本形成具有国际竞争力的产业生态体系的发展目标，提出全面提高创新发展能力、积极培育壮大新兴业态、深入推进应用创新和融合发展、进一步提升信息安全保障能力、大力加强产业体系建设、加快提高国际化发展水平等六大任务，提出九个重大工程，明确相关保障措施，作为

注① 投资行业尤其是风险投资业术语，指估值超过十亿美元的初创公司。

“十三五”时期指导软件和信息技术服务业发展的重要文件，引导行业健康、稳定、持续发展。

新兴业态方面，为贯彻落实《中华人民共和国国民经济和社会发展第十三个五年规划纲要》和《促进大数据发展行动纲要》，加快实施国家大数据战略，推动大数据产业健康快速发展，工业和信息化部编制《大数据产业发展规划（2016—2020 年）》（工信部规〔2016〕412 号）。《大数据产业发展规划（2016—2020 年）》是深入贯彻国家大数据战略、落实《促进大数据发展行动纲要》、协同推进制造强国和网络强国的重要抓手，对于提升政府治理能力，优化民生公共服务，推动创新创业、促进经济转型和创新发展有重大意义。同时，该规划以大数据产业发展中的关键问题为出发点和落脚点，以强化大数据产业创新发展能力为核心，以推动促进数据开放与共享、加强技术产品研发、深化应用创新为重点，以完善发展环境和提升安全保障能力为支撑，打造数据、技术、应用与安全协同发展的自主产业生态体系，全面提升我国大数据资源掌控能力、技术支撑能力和价值挖掘能力，在此基础上明确“十三五”时期大数据产业发展指导思想、发展目标、重点任务、重点工程及保障措施等内容，成为未来五年大数据产业发展的行动纲领。

【进出口贸易】　“一带一路”带动软件和信息技术服务企业“走出去”。2016 年，全国软件业实现出口 519 亿美元，同比增长 5.8%，增速比 2015 年提高 4.1 个百分点。其中，外包服务出口增长 5%，扭转 2015 年同期负增长局面；嵌入式系统软件出口增长 6%。全年信息传输、计算机服务和软件业实际使用外资增长 128.0%，面向信息传输、软件和信息技术服务业的对外直接投资比上年增长 2.5 倍。2016 年 4 月，阿里巴巴宣布获得东南亚电商 Lazada 控股权。此次投资总额约为 10 亿美元，其中约 5 亿美元用于认购 Lazada 新股。2016 年 8 月滴滴参与 Grab7.5 亿美元融资。2016 年 11 月，蚂蚁金服战略性投资泰国支付企业 Ascend Money。

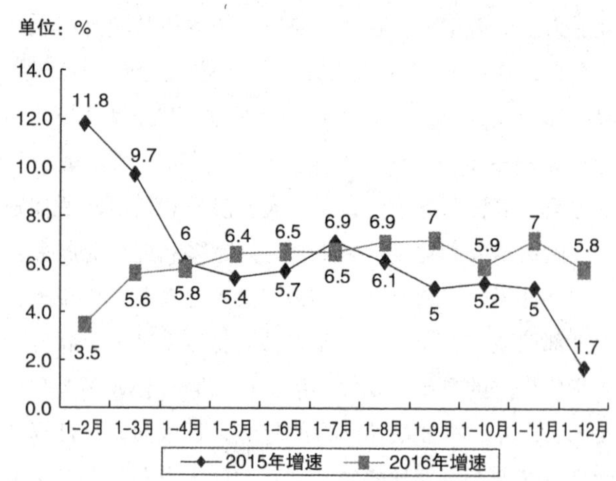

图 4　2016 年 1—12 月中国软件出口增长情况

资料来源：工业和信息化部

信息服务业国际化服务能力进一步加强。2016年“双十一”，阿里巴巴提出“全球买、全球卖”的全球化升级战略，全球 235 个国家和地区参与到此次“双十一”当中，其中最活跃的海外国家前 5 位分别是俄罗斯、西班牙、以色列、乌克兰、法国。截至 2016 年 12 月，支付宝已经与海外 200 多家手握牌照的金融机构达成合作，包括一些信用卡组织，如 Visa、万事达等；也包括一些跨国银行，如花旗银行、渣打银行、巴克莱银行、德意志银行等。“双十二”营销活动期间，日本山田电机免税店有 40% 的交易通过支付宝完成。自 2016 年 5 月 18 日接入微信支付以来，韩国新世界免税店收入持续增长，微信支付已占其销售总额的 20%。2016 年 9 月 13 日，中国台湾地区 9 500 辆大都会计程车上线微信支付，这是微信支付第一次与境外计程车公司合作，试图通过出行服务打开支付市场。2016 年 4 月，滴滴海外版上线，接入 Lyft 服务，服务覆盖全美近 200 个城市。11 月，滴滴宣布和全球领先的汽车租赁服务商安飞士巴吉集团（Avis Budget Group）达成战略合作协议。2017 年 1 月 4 日，滴滴旗下境外租车业务正式上线，覆盖全球超过 100 个国家的 1 500 多个城市，有 1 000 余种车型供选择。

【统计数据】

表 1　2015—2016 年中国分享经济重点领域交易额

领　域	2015 年	2016 年	
	交易额（亿元）	交易额（亿元）	增长率（%）
知识技能	200	610	205
房屋住宿	105	243	131
交通出行	1 000	2 038	104
生活服务	3 603	7 233	101
生产能力	2 000	3 380	69
医疗分享	70	155	121
资　金	10 000	20 863	109
总　计	16 978	34 522	103

表 2　全球“独角兽”企业榜单中的中国分享经济企业

公司	估值（亿美元）	行业	公司	估值（亿美元）	行业
滴滴出行	338	需求	货车帮	10	供应链与物流
陆金所	185	金融科技	途家网	10	电商 / 市场
新美大	180	电商 / 市场	新达达	10	电商
饿了么	45	需求	融 360	10	金融科技
中商惠民	20	需求	魔方公寓	10	设备
微影时代	20	电商 / 市场	瓜子	10	电商 / 市场
挂号网	15	医疗	知乎	10	互联网软件服务
优客工场	10.2	房地产物业			

注：表 1~表 2 资料来源于国家信息中心。

［撰稿：刘雨菡　审稿：朱振］

软件产品行业

【概况】　2016 年，中国软件产品行业保持稳步增长态势，基础软件、工业软件和安全软件等领域业务收入和市场规模均进一步扩大，但软件产品收入增速略低于软件和信息技术服务业全行业，软件产品收入占全行业收入比重同比下降 0.6 个百分点。

国产操作系统和中间件取得一定技术突破，国产数据库在电子商务、健康医疗等领域应用进一步拓宽，工业软件伴随工业互联网和工业云平台的兴起发展迅猛，信息安全产品市场持续扩大。

《软件和信息技术服务业发展规划（2016—2020 年）》的发布使行业发展政策环境更加优化，预计未来几年中国软件产品行业将保持稳步健康发展，产业规模将进一步扩大，技术、产品研发和市场拓展有望取得新的成绩。

【主要经济指标】 工业和信息化部数据显示，2016 年，软件产品实现收入 15 400 亿元，同比增长 12.8%，增速比 2015 年提高 0.9 个百分点，但低于全行业平均水平 2.1 个百分点，占全行业收入比重为 31.7%。其中，信息安全产品增长 10.9%。根据主要企业经营业绩估算，工业软件市场规模约 1 350 亿元，同比增长约 17.5%。

【基础软件】 操作系统方面，中标软件有限公司中标麒麟 V6.0 是一款可信操作系统，达到公安部“GB/T 20272-2006 信息安全技术操作系统技术要求”第四级测试要求，获得国内信息安全领域最高级别权威认证。普华基础软件股份有限公司研发的 Linux 64 位服务器操作系统获得国家公共资源交易平台订单。武汉深之度科技有限公司发布深度操作系统 15 ARM 版。

数据库方面，北京人大金仓信息技术股份有限公司交易型数据库 KingBaseES 在高可靠性、高可用性、高性能、高安全性和高兼容性方面实现重大改进，广泛应用于电子政务、医疗健康、教育、电信等领域。浙江蚂蚁小微金融服务集团有限公司和阿里巴巴集团自主研发的大型分布式关系型数据库 OceanBase 承载支付宝众多核心业务交易流量，经受住“双十一”数据洪峰考验。天津南大通用数据技术有限公司发布软硬件超融合的数据库一体机 InfiniData。

办公软件方面，2016 年 11 月，WPS Office 安卓版月活跃用户数首次突破 1 亿大关，截至 2016 年年底，WPS 办公软件用户占国内办公市场用户总规模的 27.81%，在移动终端平台上，WPS Office 移动版已覆盖全球超过 190 个国家和地区。

【工业软件】 工业大数据应用逐步兴起。2016 年，徐工集团发布国内首个工业云平台“徐工工业云”，借助工程中间件实现对各种 IT 工具和软件系统的连接、适配和驱动，实现企业大数据资源的沉淀管控、流通共享和价值转化。北京神州航天软件技术有限公司 2016 年推出工艺制造业务专业性软件系统——神软 AVMPM 结构化工艺设计与制造工艺管理系统，提供面向离散制造行业的工艺规划、工艺设计、综合工艺管理、车间制造技术支撑以及信息技术集成等业务解决方案的信息化软件产品。

【安全软件】 启明星辰信息技术有限公司将“泰合 SOC 3.0 安全管理平台”对从事安全威胁分析的厂商开放，使得第三方安全分析能力以类似 APP 的形式接入平台并组合应用，安全业态从封闭走向开放。北京神州绿盟信息安全科技股份有限公司抗 DDoS 产品在中国国内市场占有率超过 30%，入侵防御系统、web 应用防火墙市场占有率均超过 20%，“智慧安全 2.0”战略实现传统安全产品模式向解决方案和安全运营模式转型。北京奇虎科技有限公司推出国内首款针对高级别威胁进行快速检测和响应的新一代终端安全产品——360 终端安全响应系统。阿里巴巴集团正式推出企业安全产品“阿里聚安全”，面向企业和开发者提供互联网业务安全解决方案，覆盖移动安全、数据风控、内容安全、实人认证等多个维度。

【政策与法规】 2016 年，工业和信息化部发布《软件和信息技术服务业发展规划（2016—2020 年）》，明确提出加快共性基础技术突破，面向重大行业领域应用和信息安全保障需求，瞄准技术产业发展制高点，加大力度支持操作系统、数据库、中间件、办公软件等基础软件技术和产品研发与应用，建立安全可靠基础软件产品体系。面向智能制造关键环节应用需求，支持研发计算机辅助设计与仿真、制造执行系统、企业管理系统等一批应用效果好、技术创新强、市场认可度高的工业软件产品及应用解决方案；支持软件企业联合工业企业，面向重点行业建设基础共性软件平台和新型工业 APP 库，构建工业技术软件体系，开展试点示范。支持面向“云管端”环境下的基础类、网络与边界安全类、终端与数字内容安全类、安全管理类等信息安全产品研发和产业化。

《国务院关于深化制造业与互联网融合发展的指导意见》提出强化融合发展基础支撑，加快计算机辅助设计仿真、制造执行系统等工业软件产业化，强化软件支撑和定义制造业的基础性作用。提高工业信息系统安全水平，支持系统仿真测试、评估验证等关键共性技术平台建设，推动访问控制、追踪溯源、商业信息及隐私保护等核心技术产品产业化，建设国家工业信息安全保障中心，为制造业与互联网融合发展提供安全支撑。

【市场分析与预测】 基础软件领域，市场空间将不断扩大，政府、电信、金融、能源等行业领域对基础软件的需求将保持平稳增长态势，交通、医疗、数字城市等领域应用将获得新增长。

工业软件领域，中国工业软件市场规模将保持快速增长态势，工业软件市场主体类型进一步丰富，生产控制系统软件技术继续向底层沉淀，研发设计类软件将加快平台化、模块化进程。

安全软件领域，随着网络和信息安全政策法规的实施，信息安全市场空间将进一步扩大，信息安全技术从底层向数据层和应用层扩展，大数据和人工智能技术在安全领域的应用将进一步加快。

【存在问题】 基础软件方面，目前缺乏拥有自主知识产权的核心技术和产品，产品性能功能、稳定性和成熟度、用户体验等与国外主流产品仍存在一定差距；相关企业缺乏深度合作，尚未形成生态链条，难以形成系统化应用能力，产业生态有待进一步培育。

工业软件方面，关键核心技术和产品能力不强，产品化和工程化方面与国外存在较大差距；云计算、大数据、物联网等新一代信息技术与工业融合不断深入，给传统工业软件企业带来新的挑战；软件业与制造业的融合度依然不高，工业软件发挥作用有限。

安全软件方面，中国安全软件市场规模相对较小，安全投入不足是制约产业发展的重要因素；国内安全企业产品线重合度高，从产品种类到服务范围和水平难以拉开档次；中国安全产品领域核心技术、产品和高端服务能力不足，对底层基础性关键技术和产品整合集成研发还需加强。

【统计数据】

表1 2013—2016年中国工业软件市场规模

项目名称	单位	2013年	2014年	2015年	2016年
市场规模	亿元	855	1 000	1 150	1 350
增速	%	17.5	16.9	15.0	17.5

注：数据来源于赛迪智库。

表2 2016年中国安全防护类软件市场主要产品及其市场份额

产品	月度覆盖人数（万）	月度覆盖人数占比（%）	产品	月度覆盖人数（万）	月度覆盖人数占比（%）
360安全卫士	49 124.0	91.76	金山卫士	2 460.4	4.60
360杀毒	39 568.7	73.91	360系统急救箱	1 769.6	3.31
电脑管家	16 725.4	31.24	MaAfee	1 279.9	2.39
金山毒霸	7 142.7	13.34	360保险箱	1 228.1	2.29
瑞星杀毒	4 187.6	7.82	百度杀毒	1 140.1	2.13

注：数据来源于艾瑞咨询。

[撰稿：蒲松涛　石健　审稿：朱振]

信息技术服务业

【概况】 2016 年，信息技术服务业持续保持两位数的快速增长态势，产业质量、效益、水平全面跃升，综合实力进一步增强，在由大变强道路上迈出坚实步伐。云计算、大数据等新一代信息技术应用不断深化，产业转型稳步推进。信息技术服务创新能力显著增强，在咨询、设计、集成、运维等多个环节不断取得突破，企业服务水平不断提升，加速向价值链高端延伸拓展，对国民经济社会发展的支撑作用进一步显现。

【主要经济指标】 2016 年，信息技术服务业保持良好发展势头，全行业收入达到 25 114 亿元，同比增长 16%，高于软件和信息技术服务业行业平均增速 1.1 个百分点，在软件和信息技术服务业中占比达到 51.8%。其中，运营相关服务 (包括在线软件运营服务、平台运营服务、基础设施运营服务等在内的信息技术服务) 收入增长 16.1%；电子商务平台技术服务 (包括在线交易平台服务、在线交易支撑服务在内的信息技术支持服务) 收入增长 17.7%；集成电路设计收入增长 12.7%；其他信息技术服务 (包括信息技术咨询设计服务、系统集成、运维服务、数据服务等) 收入增长 16.0%。

【科技进步与应用】 2016 年，信息技术服务标准体系进一步完善，云计算产业迅猛发展，互联网与制造业加速融合。

信息技术服务标准体系进一步完善，引领产业迈向高端。组织实施信息技术服务标准(ITSS)五年行动计划。加快制定关键急需标准，启动咨询设计通用要求、运行维护通用要求、服务产品基本要求等标准的制修订。北京、上海、江苏、浙江、河北、陕西等地召开宣贯会，以标准符合性评估等手段，加快标准推广应用，截至 2016 年年末已有近 500 家企事业单位建立运行维护服务标准体系，并通过评估。

2016 年，云计算产业迅猛发展，增速超过 30%，成为行业发展重要增长点。云计算产业发展环境不断优化，召开云计算骨干企业座谈会，分析产业发展面临的形势和存在的挑战。开展云计算示范工程总结工作，系统梳理前期取得的成果，密切关注产业发展前沿动态，以标准为抓手推动云计算产业加速发展。按照《云计算综合标准化体系建设指南》要求，在北京、广东、江苏等 9 个省市开展云计算综合标准化宣贯会，引导产业力量推动标准体系建设。以标准为引领，以市场需求为导向，整合多家第三方测评机构资源，建立统一测评指标体系和工作流程，开展云服务能力测评。

互联网与制造业加速融合。研究起草支持面向制造业的信息技术服务发展指导性文件。围绕贯彻落实《中国制造 2025》《关于深化制造业与互联网融合发展的指导意见》等文件，多次组织调研，召开面向制造业的信息技术服务骨干企业座谈会。指导产业互联网联盟等行业机构开展面向制造业的信息技术服务典型案例征集、智能制造创业大赛等活动。

【重大工程与重点项目】 2016 年，信息消费示范城市、软件公共服务平台、“中国软件杯”大学生软件设计大赛等重大工程与重点项目进展顺利。

信息消费示范城市 《2016 年国家信息消费示范城市建设指南》编制出台，从加快信息基础设施升级、增强信息消费高端供给、提升公共服务能力、推动新兴文化服务发展、挖掘信息消费新需求、释放大众创业万众创新潜能等角度提出建议，引导示范城市结合当地区位、资源禀赋优势以及信息消费试点工作经验深入推进示范建设，进一步强化示范效应和引领带动作用。信息消费示范城市工作研讨会召开，总结示范城市建设情况、取得的成效和经验，分析面临的形势和新任务，深入探讨扩大信息消费思路和举措。在北京、成都等地开展信息消费示范应用“城市行”活动，展示消费创新应用示范项目。

软件公共服务平台　利用2016年软件公共服务平台专项，重点支持面向政务领域的联合攻关平台、面向银行业领域的联合攻关平台、信息系统集成能力提升、软硬件公共测试平台、云解决方案测试评估、信息化和软件服务业行业运行分析服务平台等6个方向，进一步提升技术和产业支撑能力及行业运行分析公共服务能力。

大学生软件设计大赛　工业和信息化部与教育部、江苏省政府共同主办第五届“中国软件杯”大学生软件设计大赛，促进产教融合发展。大赛历时一年，31个省市及地区的4 093个团队参赛，参与院校584所，其中211/985重点院校81所。大学生软件设计大赛不但鼓励学生时刻关注软件产业发展新动态，培养软件设计能力及创新能力，也使培养的人才更加符合产业发展需求，进一步推动产业发展和人才培养互动并进。

【国际合作】　中国区块链技术和产业发展论坛成立，积极与ISO等国际标准机构对接，争取国际标准接口承接工作。开展虚拟现实、增强现实等数字内容加工处理领域新技术新业态研究，发布《全球虚拟现实产业研究报告（2016）》。支持中国云计算开源产业联盟，加强产业链上下游协作，编写发布《基于OpenStack技术的产业》《基于容器技术的产业》等开源产业发展系列白皮书，积极推动与国际开源社区互动，提升中国产业力量在国际开源社区话语权。

【市场分析与预测】　从软件和信息技术服务业自身发展情况看，产业服务化步伐不断加快、智能化程度不断提高，原有的信息系统开发、部署、运行和服务模式加速改变，以用户为中心，按照用户需求动态提供资源成为主要的业务模式。随着中国信息化建设重点从基础建设向深化应用逐步转移，信息技术服务对象、内容以及服务模式正发生深刻的变化和调整。信息系统集成业务正逐渐细化成咨询设计、集成实施、运行维护等多个独立的服务环节。分工的不断细化和服务模式的演进，推动业务不断向价值链“微笑曲线”的两端发展，以安全可靠系统服务能力提升为牵引的产业链重构正在不断深化。信息技术服务企业加速整合PLM、MES、ERP、3D打印等相关技术、产品和服务，推出按行业、领域定制的解决方案，推动发展以云计算为代表的平台化业务模式，支持制造业企业延伸服务链条，发展个性化定制、全生命周期管理和在线支持服务等新兴业态，助推企业优化生产经营管理体系，引领市场进入重视实施和深度定制发展的新阶段。

【存在问题】　信息消费潜力有待进一步释放。《国务院关于促进信息消费扩大内需的若干意见》出台以来，信息消费发展取得显著成效，消费规模不断扩大，消费层级不断提升，消费结构加速转型。但随着信息消费普及推广，其发展呈现出新特征和新趋势，同时，城乡数字鸿沟、高端供给不足、线下配套服务体系不完善等问题也制约信息消费发展。亟需创新管理服务模式，挖掘信息消费潜力。

小微企业公共服务水平不足。信息技术服务业竞争日趋激烈，行业骨干企业优势明显。对小微企业创业创新过程中公共服务水平偏低，尤其是融资困难等问题长期存在使得小微企业发展困难。

网络和信息安全问题不容忽视。中国部分关键网络设备、智能芯片、操作系统等关键软硬件产品国产化率较低，信息安全受到严重威胁。个人信息保护缺位、网络支付安全风险、身份以及网站信任服务滞后等问题较为严重。

[撰稿：贾子君　审稿：阳军]

嵌入式系统软件业

【概况】　2016年，中国嵌入式系统软件业发展整体呈现稳步上升态势，业务收入接近8 000亿元，占软件和信息技术服务业收入的16.5%。设备市场仍处于结构性调整时期，新型智能化产品市场份额逐步提升为嵌入式软件发展带来新的需求。嵌入式软件市场正在从以传统的控制软件为主，逐步转向嵌入式操作系统、嵌入式数据库和嵌入式信息服务应用。虽然嵌入式软件发展目前处于增长平稳期，但随着其应用范围不断扩大，结构调整期之后将进入新一轮爆发式增长期，未来有可能成为中国软件产业发展的重要引擎。

【主要经济指标】 工业和信息化部数据显示，2016 年嵌入式系统软件业实现收入 7 997 亿元，同比增长 15.5%，占软件和信息技术服务业收入的 16.5%。按省市划分，江苏省、广东省、山东省、浙江省和福建省嵌入式系统软件业收入位列全国前 5 位。

【技术进展】 开源软件具备灵活性、开放性、低成本的特征，可以很好地满足嵌入式系统广泛性、多样性、创新性的需求。Android 和 FreeRTOS 已经分别成为业界最流行的分时和实时嵌入式操作系统，两者具有的共同特点就是开源。一方面开源可以使用户免费获得广泛的硬件平台和设备支持，降低用户在硬件层的开发工作量；另一方面开源系统更容易形成完善的生态环境，降低用户开发应用难度。

嵌入式系统与云计算技术结合互补。当前嵌入式系统的快速发展与云计算技术的逐渐成熟密不可分，云端的计算资源为大量嵌入式终端产品的功能丰富提供重要的支撑。云计算对嵌入式系统的影响主要表现为：一是嵌入式操作系统原来多为独立运行，现在则主要通过网络连接到云端；二是为满足云计算架构的需求，嵌入式设备更加注重资源管理虚拟化和硬件通用化。面向嵌入式系统的云计算一般包括面向网络传输和面向设备两大类，面向网络传输的云计算主要服务于网络数据的高速交换，而面向设备的云计算则是物联网的基础。

【科技进步与应用】 移动智能终端操作系统应用范围不断拓展。阿里巴巴集团旗下智能操作系统 YunOS 成为 2016 年中国智能手机市场继 Android 和 iOS 之后第三大移动操作系统。截至 2016 年年底，搭载 YunOS 的物联网终端已突破 1.1 亿。同时 YunOS 将非手机智能设备作为重点推进，先后推出 YunOS for TV、YunOS for Wear、YunOS for Car、YunOS for Robot、YunOS for Work 等系统版本。元心科技有限公司研发的元心操作系统通过国家标准 GB/T 18336—2001 EAL4 级安全测评。

物联网应用创新活跃。北京羽扇智信息科技有限公司推出融入 AI 技术的 Ticwatch、广东乐心医疗电子股份有限公司研发乐心智能运动手环 mambo HR、深圳市远峰运动科技有限公司推出唯乐（WeLoop）小黑 3 等。此外还有一些面向特定应用的物联网产品，如硬蛋科技（深圳）有限公司的智能可视门铃安智系列、武汉虹识技术有限公司的虹膜锁 HS-QPAS-IRL100 以及可穿戴医疗设备等。

虚拟现实产品进入普通消费市场。在传统的 VR 硬件领域，北京暴风魔镜科技有限公司、北京小鸟看看科技有限公司、小派科技（上海）有限责任公司等各自研发的 VR 眼镜在硬件产品市场颇受好评。在 VR 开发工具和软件应用领域，涌现出北京蓝景思远科技有限公司开发的 Web 3D 综合性平台、上海曼恒数字技术股份有限公司的 VR 应用开发、杭州虚现科技有限公司的 VR 内容制作工具 KATVR 等产品。总体来看，第一代虚拟现实系统已经达到消费者预期。

智能汽车软件创新迎来暴涨。很多整车厂、汽车零部件厂商以及 IT 企业都加大智能网联汽车方面研发力度。一汽红旗、东软联合英特尔发布智能驾驶舱平台 C4-Alfus，能够通过虚拟化技术支持中控屏、仪表屏、后座娱乐屏、HUD 投影屏、消费电子屏之间的无缝互动。上汽集团联合阿里巴巴集团发布的上汽荣威 RX5 配备阿里自主研发的 YunOS 系统，为 RX5 提供汽车安全管理、健康管理、出行管理和智能互联等多方面的应用延展。

智能家居创新竞争日趋激烈。华为、小米等科技公司，阿里、京东等电商平台，腾讯、百度、360 互联网公司以及海尔、美的等传统家电厂商纷纷投入到这一领域，抢占市场先机。2016 年，华为推出 OpenLife 智能家居开放生态平台；海尔发布首个专为智慧家庭定制的生态操作系统海尔 UHomeOS 及搭载 UHomeOS 操作系统的“门中门 T 型”馨厨互联网冰箱。京东、阿里、腾讯通过提供智能物联平台推销自己的智能家居产品。

【政策和法规】 2016 年，国务院印发《“十三五”国家信息化规划》，在核心技术超越工程领域，提出要提高基础软件和重点应用软件自主研发水平。推进云操作系统、智能终端操作系统、嵌入式操作系统及相关领域的应用软件研发。面向重点工业领域，研制工控操作系统以及涵盖全生命周期的行业应用软件。

《软件和信息技术服务业发展规划（2016—2020年）》提出，支持物流信息服务平台、智能仓储体系建设，以及物流装备嵌入式软件等研发应用，提升物流智能化发展水平。支持软件企业与其他行业企业深入合作，搭建关键应用软件和行业解决方案的协同创新平台，研发大型管理软件、嵌入式软件等软件产品，提升融合发展能力。

【市场分析与预测】 在消费产品智能化发展提速的大趋势下，嵌入式软件系统涉及数据的入口和生态的掌控权，其重要性不断提升。但从竞争的角度，厂商更倾向于将战略级的嵌入式软件隐性化，即不对嵌入式系统单独计价或者直接免费开放给开发者使用，以此抢占生态体系制高点。虽然未来嵌入式软件系统不再单独计价甚至开源，但其在移动通信、数字办公、家电应用、交通运输、互动娱乐及工业制造等领域几乎无处不在，并且未来将大幅度向 VR、物联网等新兴技术领域拓展。

【存在问题】 移动终端操作系统市场份额中，Android 和 iOS 系统始终占据中国市场绝大部分；智能穿戴设备领域，VR 穿戴设备和产品在很多方面还存在优化空间；智能汽车软件还处于起步发展阶段，实用性功能开发需进一步加强。

【统计数据】

表 1 中国市场主要嵌入式系统软件厂商一览表

企业名称	主要产品	应用领域
华为有限公司	liteOS 嵌入式设备微系统	物联网设备
中兴通讯股份有限公司	ZEOS 嵌入式设备微系统	移动设备
华东计算技术研究所	Reworks 嵌入式系统	汽车，卫星，航空航天
阿里巴巴网络技术有限公司	YunOS	智能手机
元心科技有限公司	元心系统	智能终端，智能手机
美国风河公司	VxWorks 系统	要求较高的航空航天领域
美国微软公司	Windows 系统	移动设备
美国苹果公司	iOS 系统	移动设备
美国谷歌公司	Android 系统	移动设备

［撰稿：蒲松涛　钟新龙　审稿：朱振］

信息技术应用

综　述

【信息技术应用】 信息技术服务业务收入保持较快增长势头。2016年，信息技术服务业实现业务收入25 114亿元，同比增长16%，增速高出全行业水平1.1个百分点，但比上年回落2.7个百分点，占全行业收入的51.8%。其中，运营相关服务（包括在线软件运营服务、平台运营服务、基础设施运营服务等在内的信息技术服务）收入增长16.1%；电子商务平台技术服务（包括在线交易平台服务、在线交易支撑服务在内的信息技术支持服务）收入增长17.7%；集成电路设计增长12.7%；其他信息技术服务（包括信息技术咨询设计服务、系统集成、运维服务、数据服务等）收入增长16%。

人工智能技术创新与应用不断深化。随着云平台不断引入人工智能衍生算法以及服务，云平台的智能化趋势开始凸显，以满足日益增长的企业客户的互联网转型升级要求，不断优化企业办公效率，降低企业运营成本。以云平台为基础的电子信息服务业的转型升级全面普及，智能化驱动云平台快速发展并解决当前企业迫在眉睫的问题，诸如中小企业托管运维业务，节省管理开支，保障业务迁移中数据资料的安全性，解决中小企业的后顾之忧。大型骨干企业逐步采用或者引入智能化的云平台，强化自身计算能力，优化企业运转效率，减少基础人工成本，研发能力也显著增强。大幅度优化产业链整体结构，在智能云平台上广泛开展企业和企业之间的交流与合作。

两化融合发展水平明显提升。将《中国制造2025》、"互联网+"和"双创"紧密结合起来，出台并落实《国务院关于深化制造业与互联网融合发展的指导意见》（国发〔2016〕28号），推进两化融合管理体系建设，全国两化融合水平显著提升。2016年年末，两化融合综合指标达到50.7，进入两化融合集成提升与创新突破阶段的企业比例达17.8%，数字化研发设计工具普及率为61.8%，关键工序数控化率45.8%，"双创"平台普及率为51.6%。

VR和AR技术持续升温。得力于游戏产业的刚性需求，云计算、大数据、物联网、移动互联网等信息技术相互交叉融合，为VR和AR打开全新业务领域，为增强视觉感官体验诞生基于VR技术的诸多底层开发工具和开源架构，推动技术向前发展。VR不仅被计算机图象领域关注，它已涉及更广领域，如电视会议、网络技术和分布计算技术，并向分布式虚拟现实发展。在信息技术不断创新演进的推动下，VR和AR技术的成熟度大幅提升，有望催生出下一代的计算平台，引发市场各类投资方的高度关注。

大数据在各行业领域的应用进一步深化。金融、电信、政务、电子商务、教育、医疗、能源等诸多行业纷纷利用大数据提升服务能力，取得明显效果。在政务领域，张家港市民公共信息服务平台能够使市民凭借自己的身份证和密码通过平台进行 240 余项“在线预审”服务、130 余项“网上办事”服务，还可通过手机及时查看办事状态，办事时间最少节省一半以上。在零售领域，苏宁易购通过大数据系统从访客转化率、媒体、地理位置、时段、设备类型、设备号等多个维度建立访客转化率预测模型和商品推荐模型，针对每一个到访访客计算广告点击率和到站转化率，进行实时差异化出价，找回苏宁易购的流失访客 957.2 万次，并促成 36 748 个直接有效订单，最终投资回报率大于 3。在农牧领域，农牧企业广安集团采用单件管理系统，通过一猪一 ID 对其成长周期进行全过程监控，促使食品安全可追溯，实现饲养流程精细化、集约化管理，每年节约饲料 20% 左右。在金融领域，大数据已成为构筑信用消费生态、防范金融风险和辅助投资决策的重要手段。百度、阿里、360、同花顺、银联等企业纷纷进军大数据投资领域，广发银行联合百度开发百度 100 指数系列基金，南方基金携手博时联合蚂蚁金服、嘉实基金挖掘腾讯自选股数据，泰达宏利掘金同花顺数据。

电子商务保持平稳发展态势。2016 年，全国电子商务实现交易额 26.1 万亿元，同比增长 19.8%，与 2012—2016 年电子商务交易额年均增长 34% 的复合增长率相比，2016 年的增速有所降低。网络零售总额 5.2 万亿元，同比增长 26.2%。其中，实物商品的网络零售交易额 4.2 万亿元，同比增长 25.6%，比同期社会消费品零售总额增速高出 15.2 个百分点。跨境电子商务交易额 6.7 万亿元，同比增长 24%。其中，出口跨境电商交易额 5.5 万亿元，进口跨境电商交易额 1.2 万亿元。

【信息技术应用基础设施】 信息网络基础设施建设稳步推进。2016 年，全国电信固定资产投资完成额 4 350 亿元，与上年相比略有下滑，其中移动通信投资完成 2 355 亿元。全国新建光缆线路 554 万千米，光缆线路总长度达到 3 041 万千米，同比增长 22.3%，比上年同期提升 1.7 个百分点。互联网宽带接入端口数量达到 6.9 亿个，比上年净增 1.14 亿个，同比增长 19.8%。其中，光纤接入 FTTH/O 端口比上年净增 1.81 亿个，达到 5.22 亿个，占互联网接入端口的比重由上年的 59.3% 提升至 75.6%。互联网国际出口带宽再创新高，截至 2016 年 12 月，国际出口带宽 6 640 291 Mbps，同比增长 23.2%。在 4G 商业带动下，移动通信设施建设步伐持续加快，新增移动通信基站 92.6 万个，总数达 559 万个。其中，4G 基站新增 86.1 万个，总数达到 263 万个，移动网络覆盖范围和服务能力继续提升。

重点领域创新成果不断涌现。采用国产 CPU 的“神威·太湖之光”成为世界首台运算速度超过十亿亿次 / 秒的超级计算机，国产智能手机芯片市场占有率超过 20%，国产智能电视 SoC 芯片装机达到 800 万颗，采用国产芯片、支持北斗导航的智能手机出货量突破 1 800 万部，中国主推的极化码（Polar 码）被国际标准组织采纳为 5G 的控制信道标准方案。2016 年，华为技术有限公司等 6 家电子信息类企业入围国内企业发明专利授权量排名前十强。在操作系统领域，中标麒麟操作系统可支持龙芯、飞腾等 5 款主流架构中央处理器并得到 VMware 等主流平台的认证，海尔等厂家研发数字电视嵌入式软件平台，华为开源 LiteOS 构筑物联网体系核心要素。在中间件领域，东方通中间件产品已广泛应用于金融、电信、电子政务、交通等多个行业，事务管理中间件 TongEASY 广泛应用于银行、电信等行业交易。

新兴业态快速涌现。在软件和信息技术服务支撑下，传统产业技术创新和商业模式创新步伐持续加快，催生出一大批新生业态。在智慧城市建设中，依托软件技术创新，智能水网、智能电网、智能交通、智能安防等一系列城市智能应用不断涌现，推动服务效率不断提高，改善服务质量。此外，在商务、金融、物流、旅游等现代服务业领域，软件应用水平不断提升，软件定义持续深化。根据统计，软件前百强企业电子商务平台信息技术服务收入和物流等在线平台信息技术服务收入均实现大幅增长，成为推动中国传统服务业创新发展的基石。

【政策措施】 印发《国务院关于深化制造业与互联网融合发展的指导意见》（国发〔2016〕28 号）。“互联网 +”是《中国制造 2025》的重要支撑，制造业是国民经济的主体，是实施“互联网 +”行动的主战场。中国是制造业大国，也是互联网大国，推动制造业与互联网融合，有利于形成叠加效应、聚合效应、倍增效应，加快新旧发展动能和生产体系转换。《国务院关于深化制造业与互联网融合发展的指导意见》重点围绕制造业与互联网融合关键环节，提出打造制造企业互联网“双创”平台等 7 个方面的主要内容。

印发《国家信息化发展战略纲要》。适应和引领经济发展新常态，增强发展新动力，需要将信息化贯穿中国现代化进程始终，加快释放信息化发展的巨大潜能。以信息化驱动现代化，建设网络强国，是落实“四个全面”战略布局的重要举措，是实现“两个一百年”奋斗目标和中华民族伟大复兴中国梦的必然选择。《国家信息化发展战略纲要》以信息化驱动现代化为主线，以建设网络强国为目标，提出“三步走”策略，明确信息化发展的6条24字基本方针，重点围绕信息化开发能力的增强、经济社会信息化水平的提升以及信息化发展环境优化三个方面开展工作。

发布《软件和信息技术服务业发展规划（2016—2020 年）》（工信部规〔2016〕425 号）。“十三五”时期是中国建成小康社会的决胜阶段，经济发展进入新常态，发展动力加快转换，以改革创新为核心的新动能正加速孕育。《软件和信息技术服务业发展规划（2016—2020 年）》以创新发展和融合发展为主线，提出到 2020 年基本形成具有国际竞争力的产业生态体系的发展目标，提出全面提高创新发展能力等 6 个任务，提出 9 个重大工程，明确相关保障措施。

发布《大数据产业发展规划（2016—2020 年）》。“十三五”时期，大数据技术和应用处于创新突破期，抢抓机遇，推动大数据产业发展，对提升政府治理能力、优化民生公共服务、促进经济转型和创新发展有重大意义。《大数据产业发展规划（2016—2020 年）》分析总结大数据产业发展现状及发展形势，围绕一个核心、三大重点，设置 7 项重点任务、8 个重点工程以及 5 个方面的保障措施，以完善“发展环境和安全保障能力”两个支撑，打造一个“数据、技术、应用与安全协同发展的自主产业生态体系”，提升中国对大数据的“资源掌控、技术支撑和价值挖掘”三大能力。

【存在问题】 两化融合的广度和深度需要进一步提升。一是参与主体数量不多，全国实有各类市场主体 8 705.4 万户，只有 7 万多家企业开展自评估、自诊断、自对标，贯标企业只有 4 000 多家。二是信息化环境下企业数字化、网络化和智能化推进力度仍需加大，核心技术薄弱，关键能力不强，进入两化融合集成提升和创新突破的企业分别占 14%、3.8%。三是第三方公共服务平台仍需加强，两化融合管理体系效果的评价还未得到比较高的认可，融合发展生态环境不健全。

核心技术尚显薄弱。产业整体面临知识产权缺失、关键器件和设备依赖进口、集成服务能力差、核心技术受制于人等问题，自动控制与感知关键技术、核心工业软硬件、工业互联网、工业云与智能服务平台等制造业新型基础设施的技术产业支撑能力不足，国际先进、自主可控的产业生态尚未形成。跨学科、跨领域的政产学研用协同以及以企业为主体的制造业创新体系尚不健全。

工业信息安全保障能力亟需进一步加强。工控安全顶层设计滞后，企业工控安全责任意识淡薄，工控安全工作机制不健全，安全技术和产业基础薄弱，需要引起高度重视，整合资源和力量，加大力度予以突破。

【发展趋势】 信息技术创新进入新一轮加速期。云计算、大数据、物联网、移动互联网、人工智能等新一代信息技术快速演进，硬件、软件、服务等核心技术体系加速重构，正在引发电子信息产业新一轮变革。单点技术和单一产品的创新正加速向多技术融合互动的系统化、集成化创新转变，创新周期大幅缩短。信息技术与制造、材料、能源、生物等技术的交叉渗透日益深化，智能控制、智能材料、生物芯片等交叉融合创新方兴未艾，工业互联网、能源互联网等新业态加速突破，大规模个性化定制、网络化协同制造、共享经济等信息经济新模式快速涌现。互联网不断激发技术与商业模式创新的活力，开启以迭代创新、大众创新、微创新为突出特征的创新时代。

信息技术加速与制造业融合。新工业革命在全球蓬勃发展，信息技术加速与经济社会各领域渗透融合，其中与制造业的融合尤为深刻。以互联网为代表的新一代信息技术加速融入生产制造全过程、产业链各环节和产品全生命周期，实现信息流与技术流、资金流、人才流、物资流的全面深度互联，深刻改变着传统产业、传统产品和服务，催生一大批新技术、新产品、新模式、新业态。同时，促进决策和组织扁平化、用户和市场规模化、资源和需求集聚化、应用和消费普惠化，推动价值创造与传递方式发生变革，企业传统的“重技术、轻管理”的思维方式，以及以效率为导向的管理模式面临挑战。

“互联网+”有望进一步发挥对实体经济的引擎作用。“互联网+”提供创业创新的先进工具，“互联网+”与“双创”相结合，产生繁华丰富的创业生态，通过打造众创空间、构建众创平台、众包平台，创业者拥有全流程的创业服务配套和全方位创业资源支撑，培育创业热情，刷新科技品质，提升行业增值；“互联网+”引领产业转型升级的最新方向，通过深入渗透三次产业，催熟网络预约车、互联网金融、智慧能源、智能汽车等新兴领域，加快改造制造业、农业和流通、物流等服务业，推动日新月异的互联网创新成果与产品供应链、生产管理系统、客户交互关系、投融资支撑手段等结合，创造一个又一个转型样板和盈利奇迹；“互联网+”是民生服务的有力助手，在水电燃气等日常生活服务、身份证自助办理、医疗教育精准服务等公共服务领域中，各级政府和社区争相应用大数据、云计算技术，产生较好的经济价值和社会效益，具有进一步推广的价值。共享经济已渗透到房地产、交通运输、餐饮等多个行业，正式出台网络预约车管理暂行办法，网络预约车加快普及，交易金额超过800亿元，同比增长170%。

全球化竞合助推产业结构升级。2016年，随着“一带一路”倡议的深入落实，新一轮全球化浪潮正在兴起，中软国际、东软、阿里云等实力雄厚的骨干企业纷纷加快国际化布局，一方面积极开拓美、日、欧等发达国家和地区市场，另一方面加快拓展拉美、非洲、东南亚等新兴市场，为发展中国家输出先进技术和成功商业模式。随着“一带一路”建设推进，不少处于“一带一路”的发展中国家和地区仍存在较大的“数字鸿沟”，为中国信息技术服务业带来新的发展机遇，企业通过输出人员、技术与资金实现发展空间扩张。随着移动互联网、云计算、大数据、物联网等领域技术不断突破，以人工智能、虚拟现实等为代表的新一代信息技术在各领域的应用将迎来新一轮快速发展。

［撰稿：余雪松　审稿：杨旭东］

两化融合

【概况】 2016年，智能制造、制造业与互联网融合成为两化融合的主攻方向和突破口，创新、发展、转型成为两化融合推进的主关键词。

自2009年起，在工业和信息化部指导和支持下，国家工业信息安全发展研究中心（原工业和信息化部电子科学技术情报研究所）联合地方省市、行业协会探索形成一套两化融合评估引导体系。2013年，《工业企业信息化和工业化融合评估规范》（GB/T23020-2013）国家标准正式发布，工业和信息化部在全国范围内推广企业两化融合评估诊断和对标引导工作，鼓励企业依托中国两化融合服务平台常态化开展自评估、自诊断、自对标。截至2016年年底，近7万家企业参评，累积详实的现状数据，真实反映各地区、行业、规模、性质、生产类型企业的两化融合发展水平。

【全国两化融合发展现状】 2016年，全国两化融合发展水平为50.7，突破中值线（50），两化融合发展已属中上等水平。2012—2016年间，中国企业两化融合发展意识不断增强，全国两化融合水平稳步提升，年均增

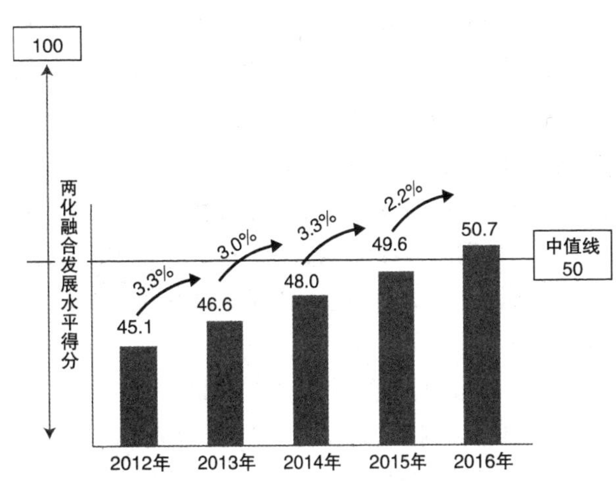

图1　2012—2016年全国两化融合发展水平

长率3.0%，各年增长率均在3%左右（±0.8%）。2016年较上年增长2.2%，增长速度有所放缓。从投入量来分析，2016年全国企业信息化投入占销售收入的0.25%，较上年略有下降，而2015年投入占比较2014年增长13.0%，投入增长不足将在一定程度上影响企业两化融合水平快速提升。

依据《工业企业信息化和工业化融合评估规范》（GB/T23020-2013），企业两化融合发展可分为四个阶段：起步建设阶段（初级阶段）、单项覆盖阶段（中级阶段）、集成提升阶段（高级阶段）和创新突破阶段（卓越阶段）。2016年，中国两化融合发展阶段进一步跃升，集成提升以上阶段的企业比例稳步上升，起步建设向单项覆盖阶段跨越实现突破，完成“中级阶段”拐点跃升，中国两化融合发展进程向“综合集成”突破的趋势进一步显现。

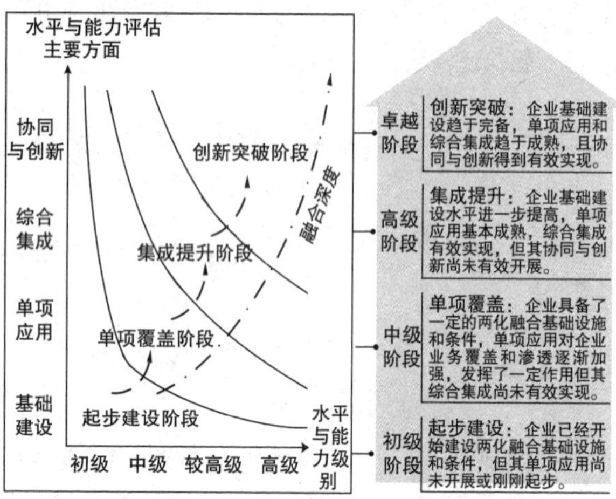

图2　企业两化融合发展阶段说明

与上年相比，体现企业数字化水平、集成互联水平、智能协同水平的两化融合关键指标在2016年间均有不同程度提升，增幅百分点分别为1.3、0.8、0.6，企业数字化水平增幅显著高于集成互联和智能协同水平。数字化研发设计工具普及率和关键工序数控化率是《中国制造2025》中提出的两化融合目标，也是衡量数字化水平重要标志性指标，2016年分别达到61.8%和45.7%，较上年提升0.7个百分点和0.3个百分点。

按照国家统计局对工业的界定，工业行业门类主要包含制造业、采掘和电力。制造业按照生产类型不同，又可划分为流程、离散、混合。在推进两化融合的过程中，不同行业和生产类型企业的重点和难度各不相同。2016年，电力行业两化融合水平仍然领先（64.0），制造业两化融合水平达到50.6，比上年增长3.1%，增长速度超过电力行业；进一步细分来看，离散型制造企业两化融合发展水平和增速分别为51.3%和4.5%，均超过流程型和混合型制造企业。

【两化融合发展重点与价值成效】 提升新型基础设施支撑水平，融合发展基础逐步完备。2016年，中国工业企业生产设备数字化率为44.1%，联网率为38.2%，交通设备制造、机械等装备制造业生产设备数字化率为38.6%，数字化生产设备的联网率为32.1%，整体水平偏低；仅有33.5%的企业使用云服务，使用公有云、私有云和混合云服务的企业比例分别为18.5%、13.0%和2.0%，公有云平台作为普遍服务市场渗透不足；个性化需求高的生产控制类工业软件普及度低，如SCADA、CAM、MES等生产控制类软件普及率仅在15%左右。

加强产品生命周期管控，研发创新活力充分释放。2016年，引入数字化工具开展初级应用和深度应用的企业占比仅为27.9%和22.3%，仅有20.0%的企业能够实现覆盖产品生命周期的数据互通，工艺设计与售后服务数字化程度是制约产品生命周期管控的短板；各环节数据互通是形成产品生命周期业务集成的关键，产品生命周期一体化管控能够有效缩短创新周期，实现产品全生命周期各环节间业务集成的企业新产品研发周期可下降10.8%，由138.3天缩短至123.3天。

突破供应链集成关键环节，供应能力和绩效加快增长。通过供应链关键环节（物料采购、原材料库存、生产管理、产成品库存、产品销售、产品配送等）的有效集成，企业可实现精准采购、定制生产与精准配送，从而大幅提升经营绩效，显著提高按时交货率和库存资金周转率。2016年的统计数据显示，实现内部供应链集成和跨企业间产业链协同的企业，按期交货率分别为96.4%和96.8%，库存资金周转率分别为11.1和11.9，显著高于未实现供应链信息化管理的企业。

提升生产管控水平，生产资源利用效率显著提升。典型工业企业生产管理与控制（以下简称生产管控）可分为四个层级，自下而上依次是底层装备层、过程控制层、制造执行层及生产管理层，其中，制造过程和执行控制是实现生产管控的重要突破点。2016年，随着企业生产管控集成水平的不断提升，企业生产资源配置效率和效益同步提升，实现生产管理与控制全面集成的企业设备综合利用效率提升至 85.7%，产能利用率提升至 86.2%。

深化精细管理，提质降本增效初见成效。2016 年，全国众多企业开展精细化管控，实现提质降本增效，构建内部管控新优势。质量管理方面，信息化仅覆盖产成品环节的企业产品质量合格率平均为 94.0%，信息化覆盖产成品、生产过程、原材料以及质量设计等全环节的企业产品质量合格率平均可达到 97.1%；财务管理方面，实现基于信息化的预算管理的企业月度财务决算时间为 5.7 天，较仅实现账务信息化管理的企业缩短 59.6%；能源管理方面，全国已有 51.7% 的流程与混合行业企业开展基于信息化的能源精细化管控，与未开展能源信息化管控的企业相比，万元产值综合能耗水平下降 27.2%；随着资源、业务一体化运营水平的提升，企业综合运用信息化手段开展决策支持的水平和层次也会不断提升。

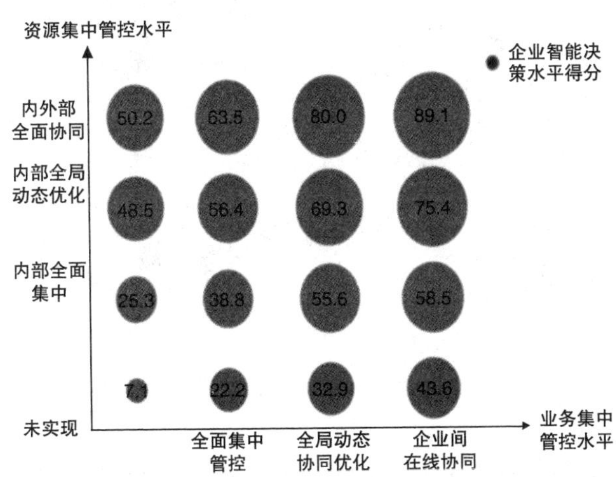

图 3　2016 年企业资源、业务一体化运营情况对智能决策的影响

提升组织结构柔性程度，价值网络协同效应逐渐凸显。工业化时代管理是一种基于技术的分工协作体系，其组织结构形式以职能型为主，信息化时代管理则亟需探索形成基于数据的新分工协作方式，通过责、权、利的在线化、网络化和协同化突破职能型组织壁垒，以最大程度满足用户需求，快速响应市场动态变化。2016 年，随着两化融合阶段的提升，企业组织模式趋于柔性化，绩效管理趋于精准化，26.3% 的处于创新突破阶段的企业实现基于价值网络的价值绩效管理，比处于集成提升阶段的企业高出 17.9 个百分点；同时，随着组织柔性程度提升，更多的企业通过建立互联网开放社区实现价值网络协同，建立互联网开放社区形式也趋于多样化。

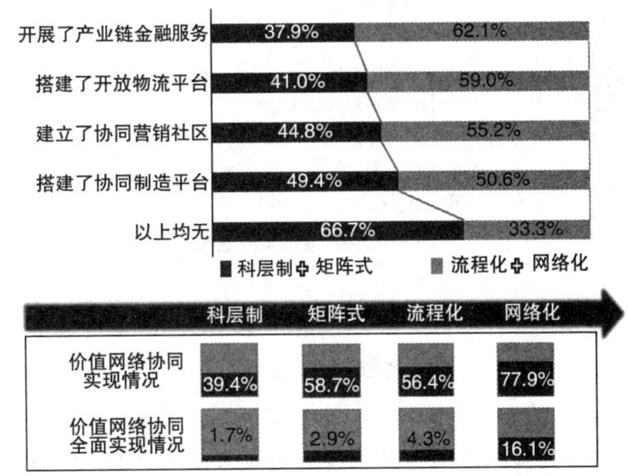

图 4　2016 年不同组织模式企业实现价值网络协同情况

探索新模式新业态，经济发展新动能正在孕育。2016 年，中国互联网化指数为 32.7，较上年增长 7.5%，从表征互联网化的四个特征指标来看，企业的数据应用、用户参与、组织创新、企业互联等各方面的发展水平分别为 37.0、22.4、24.6、34.0，较上年均呈现增长态势。随着两化融合的不断加深与延展，其促进企业管理优化、组织变革、商业模式创新的效益不断显现，服务化转型、大企业双创、企业互联网化以及智能制造已经成为当前企业转变发展方式、实现高端化创新发展的重点方向，新模式新业态不断涌现，正逐步成为制造业转型升级的新动能。

【行业两化融合发展现状与特征】　中国重点行业的两化融合发展水平延续“三峰—双谷”态势，分别处于产业链两端以及中间的能源、服务业、电子信息三个行业的两化融合发展水平相对较高，各类行业沿着产业链呈（W）形态波动。不同行业通过两化融合进行核心竞争能力打造的关注点各有侧重，原材料行业对于生产管控和经营管控类能力最为关注，装备行业普遍致力于提升研发创新能力和生产管控能力，消费品行业在打造用户服务和供应链管理类能力方面最为活跃，电子信息行业对于生产管控和供应链管理类能力最为关注。

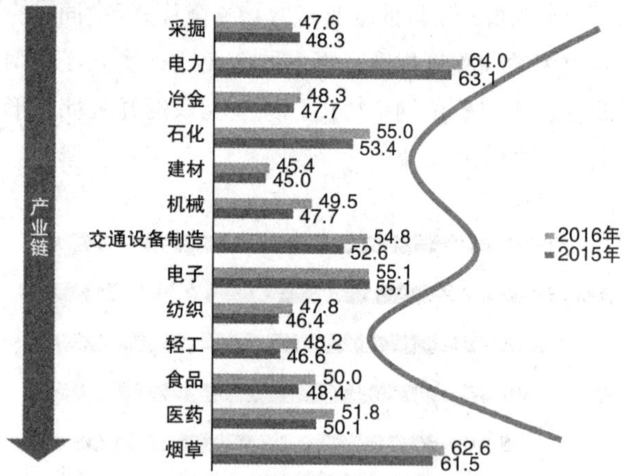

图 5　2015—2016 年沿产业链细分行业两化融合发展水平

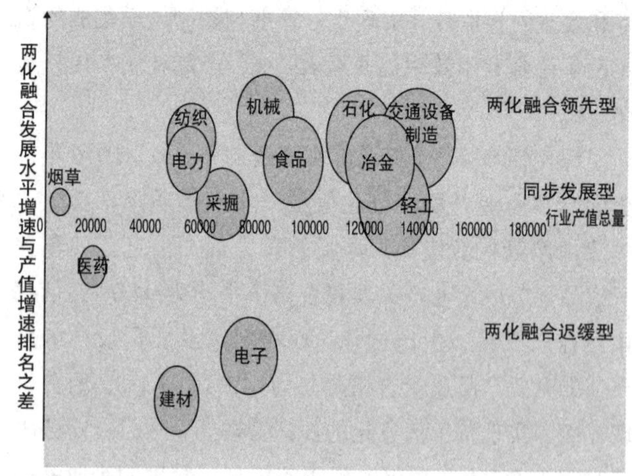

图 7　不同 GDP 规模行业的两化融合得分增速与 GDP 增速排名差

根据各行业两化融合得分增速全国排名与 GDP 增速的全国排名之间的差异，可将各行业两化融合的影响力情况分为三种类型——同步发展型、两化融合领先型、两化融合迟缓型。分析发现，装备行业多为两化融合领先型，消费品、原材料行业多属同步发展型，GDP 规模位于全国前列的行业多属两化融合领先型。

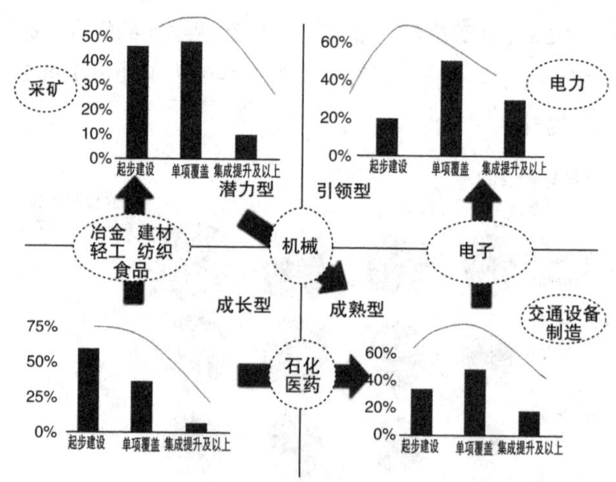

图 8　2016 年行业两化融合发展成熟度分布情况

按照各行业在起步建设阶段、单项覆盖阶段、集成提升及以上阶段的占比分布特征不同，可将各行业两化融合成熟度分为四种类型——引领型、成熟型、潜力型、成长型。与上年相比，2016 年各个行业两化融合发展的成熟度的分布情况有所变化，大部分行业成熟度均有不同程度的提升；处于成长型的行业基本消失，处在潜力型和成熟型的行业明显增多，其中电子行业两化融合的成熟度进入引领阶段，与全国两化融合阶段分布特征一致，各行业涌现一批两化融合标杆企业，将有效带动行业两化融合水平提升。

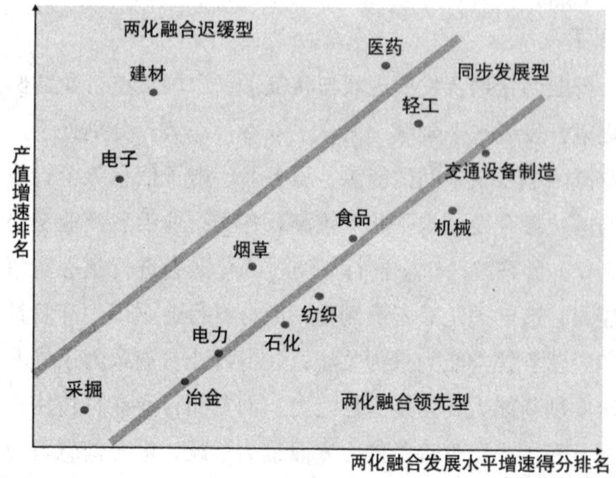

图 6　重点行业两化融合发展驱动力类型

按照各行业大中型企业两化融合发展水平和小型企业两化融合发展水平分别与全国同规模企业两化融合平均水平的差距，将行业两化融合规模驱动情况分为四种类型——均衡领先型、大中型企业驱动型、小型企业驱动型、均衡滞后型。分析发现，技术密集型行业（如交通设备制造、电子、电力行业等）多为均衡领先型，原材料行业、消费品行业多属均衡滞后型；小型企业是机械、医药行业两化融合的重要驱动力。

通过对研发设计、生产制造、服务化转型三个环节的两化融合水平进行行业间对比，定位当前各行业引领两化融合发展的关键环节，在此基础上将行业两化融合

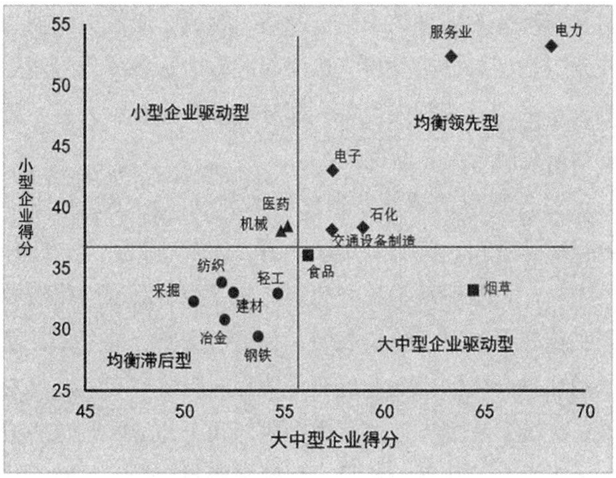

图 9　重点行业两化融合规模驱动力类型

引领情况分为三种类型——生产引领型、研发引领型、服务引领型。分析发现，电子行业两化融合在研发、生产、服务环节具有综合领先优势；研发和服务环节是当前装备行业发展两化融合的重中之重；石化、冶金等行业发展两化融合需要在生产环节之外确立新的关注点。

对各行业的智能制造就绪率和互联网化指数的排名情况进行组合分析，判断各行业两化融合发展的重点发展趋势，并划分为四种类型——创新驱动型、智能制造先导型、互联网化先导型和传统发展型。分析发现，以石化行业为代表的原材料行业以强化制造环节的智能化水平为着力点，打造集约高效实时优化的生产新体系；位于产业链下游的消费品行业（如食品、轻工行业），靠近最终用户，互联网化程度较高，企业能够有效利用互联网、大数据等技术探索营销模式和产品差异化等方面的创新。

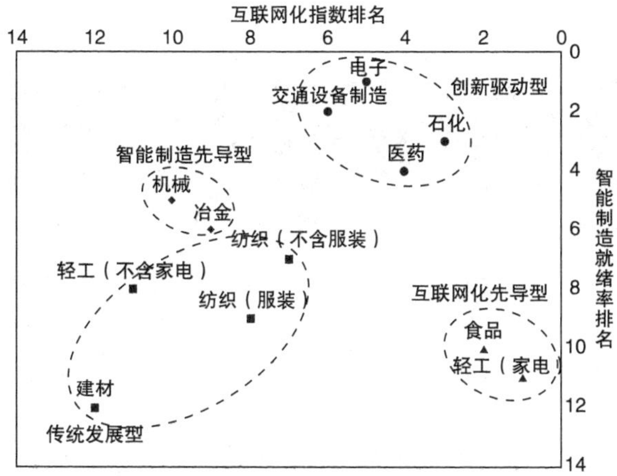

图 10　重点行业两化融合发展趋势类型

【省市两化融合发展现状与模式】　自 2013 年起，工业和信息化部在全国范围内推广两化融合评估诊断和对标引导工作，依托互联网评估服务平台，鼓励企业依托平台常态化开展自评估、自诊断、自对标。目前，全国参评企业近 7 万家，江苏、山东、湖南、广东、河北、安徽参评企业均超过 3 000 家，其中江苏达到 18 477 家，山东和湖南均突破 8 000 家；内蒙古、广西、福建、宁夏、浙江、辽宁、北京均突破 1 000 家。

各省市两化融合发展水平总体呈现“沿海高、内陆低”的态势，江苏、山东、广东、上海、浙江两化融合水平位列前五；数字化水平总体上也呈现“沿海高、内陆低”的态势，与各省市两化融合水平总体情况基本一致；集成互联水平呈现“中部高，南部高”的双高态势，相比于数字化水平，省市间差异更为显著，上海、浙江、广东、山东、江苏等省市集成互联水平处于前列，但江苏、湖南、宁夏、河北、陕西、内蒙古等省市集成互联水平滞后其两化融合整体水平；互联网化发展水平差异较小，但智能制造就绪程度差异显著，智能制造发展呈现显著的区域聚集态势。

通过对各省市两化融合得分的全国排名情况与 GDP 增速的全国排名情况进行组合分析，判断各省两化融合的影响力大小，进而将各省市划分为三种类型——同步发展型、两化融合领先型、两化融合迟缓型。工业主导的省份多属于两化融合领先型，东部沿海省份呈现两化融合得分和 GDP 增速排名“双高”态势，GDP 规模位于全国前列的省份多属两化融合领先型。

按照各省市大中型企业两化融合得分和小型企业两化融合得分分别与全国平均水平的差距，将各省市的两

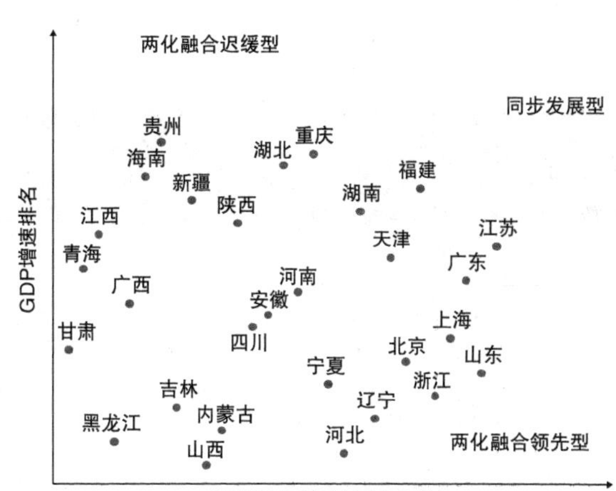

图 11　各省市两化融合影响力类型

化融合规模驱动情况分为四种类型——均衡领先型、大中型企业驱动型、小型企业驱动型、均衡滞后型。分析发现，各省市两化融合水平的提升往往需要大型企业和中小企业"双轮驱动"；中小企业驱动型省市多位于中西部地区；粤、浙、京等省份的大型企业是带动本省两化融合发展的主导力量。

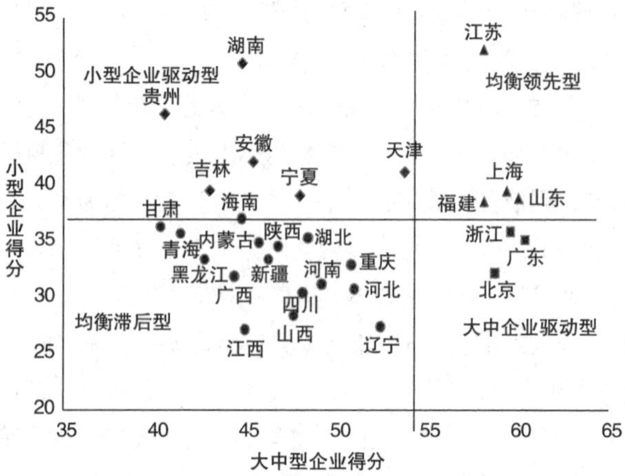

图 12　各省市两化融合规模驱动力类型

各省两化融合的总体水平是由各省在研发设计、生产制造、服务、经营管理等各领域的两化融合水平综合得出的，不同省份在各领域的两化融合表现不尽相同。通过对各省在研发设计、生产制造、服务化转型三个方面的两化融合分领域得分进行排名，定位当前引领各省两化融合发展的关键因素，在此基础上将各省两化融合引领情况分为三种类型——制造引领型、研发引领型、服务引领型。分析发现，东南部沿海地区各环节的两化融合水平均具有领先优势；部分能源和原材料大省亟需重塑两化融合引领新优势。

对各省市的智能制造就绪率和互联网化指数水平进行组合分析，将各省市两化融合的发展趋势分为四种类型——创新驱动型、智能制造先导型、互联网化先导型和传统发展型。分析表明，各省市需要统筹考虑，基于两化融合协同推动制造业发展智能制造和互联网化发展；传统发展型省市多集中在西部和东北地区，这些地区亟需提升两化融合水平，把握智能制造和互联网化转型发展的黄金期，以此为契机带动区域经济实力快速提升。

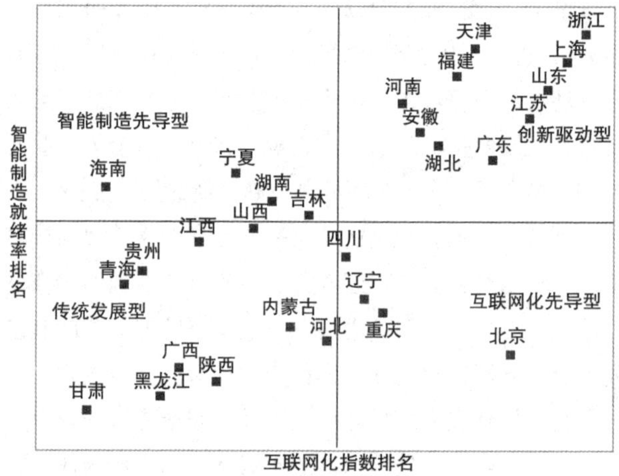

图 13　各省市两化融合发展趋势类型

【统计数据】

表 1　2015—2016 年全国两化融合关键指标水平

单位：%

	指标	整体		大型企业		中型企业		小微型企业	
		2015 年	2016 年	2015 年	2016 年	2015 年	2016 年	2015 年	2016 年
数字化	数字化研发设计工具普及率	61.1	61.8	80.7	81.4	72.1	72.6	55.1	55.7
	关键工序数控化率	45.4（31.9）	45.7（33.3）	56.1（54.4）	56.1（54.3）	42.9（41.7）	43.6（43.3）	27.5（25.9）	28.0（27.0）
	关键业务环节全面信息化的企业比例	36.8	38.8	55.3	58.9	46.7	48.1	31.3	32.6
	应用电子商务的企业比例	52.9	54.0	61.3	64.4	57.3	58.9	50.4	51.1

续表

指标		整体		大型企业		中型企业		小微型企业	
		2015 年	2016 年	2015 年	2016 年	2015 年	2016 年	2015 年	2016 年
集成互联	实现设计与制造集成的企业比例	16.9	17.7	32.3	33.5	22.1	23.0	13.3	14.0
	实现管控集成的企业比例	18.0	18.7	30.9	33.9	23.4	24.1	14.6	15.1
	实现产供销集成的企业比例	22.0	22.9	42.9	43.9	30.9	32.8	15.8	16.7
智能协同	实现产品全生命周期管控的企业比例	6.8	7.3	10.8	12.9	8.6	9.2	5.6	6.0
	实现产业链协同的企业比例	6.5	7.2	11.5	12.8	8.7	9.6	5.2	5.7
	智能制造就绪率	4.4	5.1	11.9	13.7	5.9	7.7	2.7	3.2

注：括号内的数值是算数平均值，反映该指标企业平均水平；括号外的数值是按照规模的加权平均值，反映该指标国家（行业、区域）的综合水平。

［供稿：国家工业信息安全发展研究中心］

企业互联网化

【概况】 贯彻落实国务院《关于积极推进“互联网+”行动的指导意见》（国发〔2015〕40号）、《关于深化制造业与互联网融合发展的指导意见》（国发〔2016〕28号），亟需加快构建基于互联网的双创体系，推广网络化生产新模式，培育平台化服务新业态，营造跨界融合的新生态，引领企业加快互联网化转型步伐。当前，中国企业互联网化转型尚属起步阶段，正步入发展快车道，提升基于互联网的协同能力成为企业互联网化转型的重要方向，用户导向的模式创新是有力推动企业加速互联网化转型的切入点，数据成为驱动企业互联网化转型的核心要素，管理创新是激发企业互联网化转型动力和潜能的必要前提。

【发展现状】 企业互联网化是指在信息化和网络化环境下，企业围绕用户价值创造、柔性运营、开放协作等互联网时代新型能力要求，不断将互联网新技术、新理念、新方法、新工具以及新型生产经营服务模式与传统领域相融合的创新变革过程。在技术的突破牵引和政策的支持推动双重激励下，适应动能迭代更替的经济规律，应对全球经济不确定性不断上升带来的严峻挑战，企业互联网化正日益成为改造提升传统动能，培育发展新动能的必然选择。

企业互联网化以企业互联、用户导向、数据驱动、管理创新为4个关键特征。企业互联指企业通过信息化和网络化手段，建立新的合作分享模式和机制，有效整合、利用企业内外部资源，更好地发挥企业外部资源的优势，开展企业内部各业务集成，并基于此逐步实现产业链上下游企业间的信息交互和业务协同一体化，提升网络化协同互联水平，进而推进实现基于价值网络的价值共创，是企业互联网化转型最直接的应用形式与效益体现；用户导向指企业依托互联网这一用户深度参与产品生命周期的重要工具和纽带，实现与用户深度交互，提高用户认同度、参与度和粘合度，并推进控制权的转移和用户所有权意识的建立，进而以更优的路径、更高的效率为用户创造价值，最大程度满足用户需求，快速响应市场动态变化，提高可持续发展的能力，是企业互联网化转型在生产经营模式方面的重要体现；数据驱动指企业基于互联网，在充分数据化的基础上，将关键业务流程充分激活并贯穿起来，利用数据链打通企业内部管控的层级、产品生命周期和价值链各环节，并利用先进的数据分析工具和模型开展数据挖掘工作，从中获知用户的行为模式和需求动态、产品的质量现状及改进要点、组织的内部效率和管理瓶颈、市场的微观变化及发展趋势等，为企业生产、经营和决策提供重要依据，数据已成为企业生存和发展的核心驱动要素；管理创新指企业突破传统僵化的组织结构对企业创新发展的限制，以战略转型为引领，以创新激励和赋权为保障，以各种经济性联接为纽带，通过分工协作进行跨企业边界的资源整合和业务流程优化，以扁平化、柔性化、网状化和分权化的组织架构支撑互联网化转型发展，是高度发展的经济联系在组织管理范畴的表现。企业互联网化指数是评价企业互联网化创新和转型发展的程度和水平的指示性数据，以企业互联网化转型发展的 4 个关键特征为一级指标，一级指标共下辖 12 个二级指标。

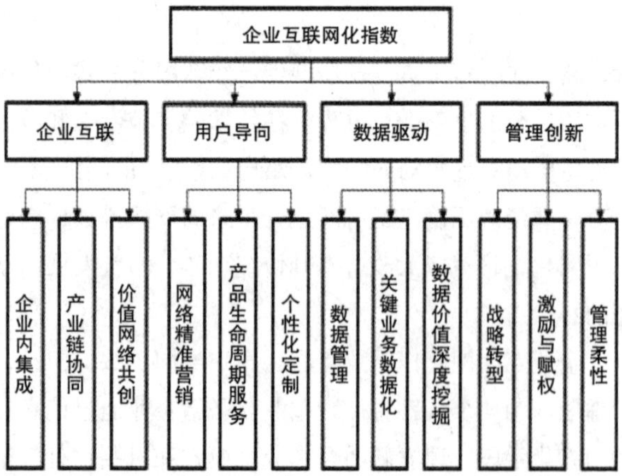

图 1　企业互联网化指数指标体系

2016 年，中国企业互联网化指数为 30.2，较上年增长 7.2%，企业互联、用户导向、数据驱动、管理创新 4 个一级指标水平分别为 32.6、28.6、30.1、27.3。与上年相比，企业互联水平在 4 个一级指标中虽然仍保持领先地位，但其发展速度相对缓慢，一方面由于深入推进企业互联受到数据、技术、流程和组织等多方面因素制约，在现有基础上实现水平提升难度相对较大，另一方面则由于占绝大多数的中小企业在推进企业互联方面仍然基础薄弱，而在用户导向，尤其是数据驱动和管理创新等方面的基础水平提升上重点发力，水平提升相对明显；随着用户需求不断升级和制造业服务化转型的逐步普及，以用户为中心的生产经营理念和模式进一步深化，用户导向实现较快增长；在新型互联网生态系统中，数据已成为支撑企业业务创新、管理创新和战略优化的核心要素与驱动力，企业对数据的重视程度以及管理和利用水平明显提升，数据驱动水平增幅最大；伴随国有企业改革、大型企业双创平台建设等工作推进，企业越来越深刻地认识到顺应互联网时代要求的管理变革对激发全员创新潜能的重要性，管理创新实现较快发展。

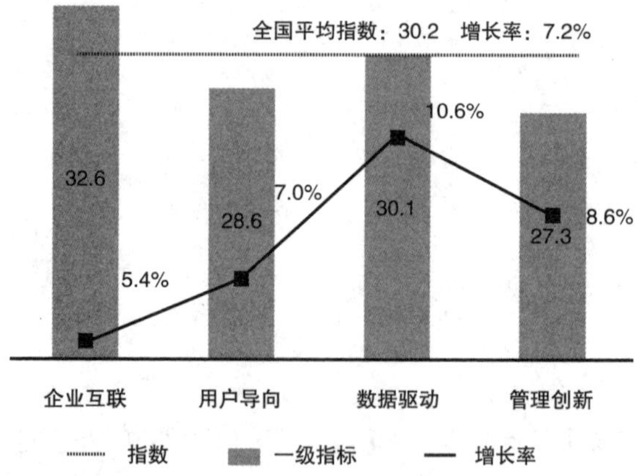

图 2　2016 年全国企业互联网化指数及一级指标水平

整体来看，虽然中国企业开展互联网化转型仍处于起步阶段，但其发展前景广阔、增幅明显，逐渐步入快速发展期。经过一段时间的探索和实践，企业对互联网化转型必要性和重要意义的认知逐步加深，企业的互联网化转型路径日渐清晰，由内而外地进行自我变革和颠覆，打造互联网化环境下新型能力的理念已逐渐渗透融合到企业的日常生产与经营管理活动当中，企业互联网化转型发展的基础和条件日渐夯实。

【不同维度下的企业互联网化】　全国各省市企业互联网化发展水平表现出一定的地域特征，总体呈现“东南沿海高、西部内陆低”的态势，与当地经济开放和活跃程度成正比。京津地区、长三角、珠三角的企业互联网化水平处于领先地位，这些地区聚集经济相对最发达的省市，产业结构较合理，人才储备充足，技术力量雄厚，管理水平较高，为企业引入互联网思维、推进互联网化转型奠定良好基础。中东部和环渤海地区部分省市企业互联网化水平位于第二梯队，如湖北、安徽、河南等省市，这些省市的典型特征是传统产业聚集，具备一定规模的制造业基础，因而企业互联网化转型和发展的需求迫切。以陕西、甘肃、青海等为代表的内陆省市，其企业互联网化程度相对较低，这些省市的产业结构有待优化，经济发展速度、效率和质量均有待提高，企业在管理、技术、服务等各方面推进互联网化发展仍任重道远。

通过对重点行业 2016 年企业互联网化指数进行对比和分析发现，电子、食品、交通设备制造和石化行业企业互联网化指数较高；医药和纺织行业与全国平均水平基本一致；轻工和机械行业略低于全国平均水平；建材、包装和冶金行业企业互联网化指数相对较低。从互联网化发展速度来看，食品和纺织行业明显领先，均较上年增长 10% 以上；轻工和机械行业发展速度居于第二梯队，达到 8% 以上；电子、交通设备制造、建材、包装行业保持平稳增长；石化、医药行业发展速度相对缓慢，冶金行业互联网化水平增长不明显。

从原材料、装备、消费品、电子 4 类典型行业的角度分析，电子信息行业整体信息化、网络化起点较高，在底层生产装备、产品设计研发、精细生产管控、客户市场服务等方面的信息技术和网络技术应用有良好基础，因而其互联网化基础和起点相对其他行业有先天优势；消费品行业与用户的距离更近，与互联网的接触更早，互联网化思维、理念和技术更易渗透，互联网在进一步缩短行业生产链条，提升链条效率方面的作用更易显现，因而消费品行业是近年来互联网化发展最为快速的行业；装备行业产品生产制造的周期长、复杂度高，互联网技术的渗透和应用打破生产链条上各企业以主制造商为生产和利润中心、众多配套商依附发展的格局，逐渐形成从研发设计到产品进化整个链条上各企业动态协同，全链条能力提升、全链条受益的模式，不仅实现装备行业提质增效降本的本质目的，也促进整个经济受益；原材料行业对资源的依赖性较强，行业整体集中度很高，但受互联网影响最小，在互联网化发展水平和发展速度方面均相对落后。

从规模来看，2016 年大、中、小各规模企业的互联网化指数均较上年明显提升。通过对比不同规模企业的互联网化指数发现，得益于良好的管理基础和信息化基础，大型企业无论是当前水平还是发展速度均居于领先地位。尽管小型企业仍是中国当前整体企业互联网化水平不高的重要结构性因素之一，但小型企业发展速度已超过中型企业，呈现出快速追赶的态势。小型企业管理与业务复杂度不高，企业响应和决策灵活迅速，同时，小型企业基于大型企业在互联网化发展过程中的有效应用和成果产生的辐射作用和外溢效应快速借力、赋能（如大型企业建立的云平台和“双创”平台等），不断突破自身基础资源和能力局限，进一步构筑转型发展基础，转型步伐逐渐加快。

【基于互联网的协同能力提升】 企业内集成取得阶段性成果，产业链协同与价值网络共创有待深化。2016 年，企业互联水平为 32.6，较上年增长 5.4%，实现稳步提升。企业互联下辖二级指标企业内集成、产业链协同和价值网络共创水平依次降低，分别为 39.7、32.0 和 19.6，表明企业内集成取得阶段性成果，产业链协同与价值网络共创有待深化。随着两化融合发展进入高级阶段，跨企业的产业链协同与价值网络共创水平显著提升，跨企业协同成为先进企业当前的共同选择。

产业链企业间在生产计划、物料、订货业务等方面的协同水平相对较高，但信息和业务协同在覆盖环节和应用深度方面仍亟待提升。通过分析产业链企业之间信息交互和共享情况发现，2016 年有 32.2% 的企业建立产业链企业业务系统之间的信息交换接口，为企业间信息协同打下一定基础，但能够实现企业间关联信息共享和实时交互的企业比例只有 22.4%。进一步分析企业通过信息化手段实现与产业链企业间业务协同的情况发现，企业间在生产计划、物料、订货业务等方面的协同水平相对较高，但在研发设计和物流配送环节，产业链企业之间的协同水平相对较低，实现质量全程可控、订单全程可追溯的企业比例更是不足 20%。

企业开展价值网络共创的内生动力不断增强，技术条件日趋完善，越来越多的企业开始在该领域进行大胆探索。2016 年，中国大型企业搭建并运营协同设计创新平台的企业比例为 47.3%，较上年增长 2.7 个百分点。13.6% 的企业通过建立或使用互联网开放社区或平台有效开展价值网络共创。建立或使用开放式研发创新社区、协同制造平台、协同营销社区、开放物流平台和产业链金融服务的企业比例分别为17.6%、30.9%、24.8%、17.2%和10.0%，面向价值网络共创的跨企业协同亮点纷呈。

【用户导向的模式创新】 用户导向理念持续普及深化，网络精准营销与产品生命周期服务水平稳步提升，个性化定制水平较低。2016年，用户导向水平为28.6，较上年提升7.0%。用户导向下辖的网络精准营销、产品生命周期服务、个性化定制3个二级指标水平分别为31.1、30.9和18.9。网络精准营销是企业与用户交互最直接、最密切的一环；产品生命周期服务将用户从消费领域进一步引入到产品价值链各环节中，能够有效提升服务质量、服务体验和产品附加值；而个性化定制则是用户导向理念的高级体现，企业基于对用户个性化需求的准确把握，推进实现开放、动态、灵活的研发设计、生产制造、营销服务等，进而实现全产业链柔性提升和全生产要素的有效利用。相较于网络精准营销与产品生命周期服务水平，企业在个性化定制方面的发展还处于探索阶段。

消费品和电子行业在网络精准营销和产品信息追溯方面已开展有效实践，装备制造行业则更为关注基于智能产品的在线运维与远程监控，离散制造行业对个性化定制的探索取得重要进展。在网络精准营销方面，食品、纺织等消费品行业依托互联网加强与用户精准对接，根据用户行为和市场趋势，在精准营销方面重点发力；对于产品生命周期服务，电子、食品和医药等行业分别在订单跟踪、质量追溯方面领先实践，而交通设备制造行业则更为注重在线运维与远程监控；在个性化定制方面，电子和纺织行业实现个性化定制的企业比例最高，交通设备制造、轻工和机械行业也有一定比例的企业实现个性化定制。2016年，离散制造行业实现个性化定制的企业比例为5.8%，较上年上升1.6个百分点，增长率达到38.1%，但整体比例仍然较低，亟待企业进一步加快探索进程。能够按照用户订单自动排产并实现动态调度的企业比例为16.0%，柔性制造能力还需进一步提升。

【数据】 数据管理已具备较好基础，数据价值深度挖掘水平稳步提升，关键业务环节数据化成为数据驱动水平提升的主要动力。2016年，数据管理水平达到53.8，表明企业普遍比较重视对数据的管理，大部分企业具备基本的信息资源采集与集中管理能力。但企业在关键业务数据化和数据价值深度挖掘方面水平较低，分别为24.8和27.1，企业在生产经营全过程中关键业务环节数据化的实现深度、一致性管理水平和深度挖掘数据价值的能力仍然是中国企业的短板。关键业务数据化在上年16.0的较低基础上实现大幅增长，正在快速向研发设计和生产制造环节延伸，初步释放其发展潜力，成为数据驱动水平提升的主要动力。

数据自动采集仍是当前数据管理的薄弱环节，在利用先进的数据分析工具和模型深度提取数据价值并用于智能决策方面的实践才刚刚起步。从不同业务环节实现数据自动采集的企业比例来看，近一半的企业实现财务和库存环节的数据自动采集；30%左右的企业实现成本和质量相关的数据自动采集；20%左右的企业实现设备、销售和采购环节的数据自动采集，在市场趋势预测和竞争情报方面，实现数据自动采集的企业仅有10%左右。数据自动采集范围和精度的提升，有效提升数据的真实性、实时性和完整性，帮助企业更全面、高效地利用数据优化产品与服务，全面支撑企业生产经营管理和智能决策。数据自动采集水平偏低已成为制约企业数据价值深度挖掘和开发利用的重要因素。目前中国企业数据价值深度挖掘水平较低，从企业开展数据价值深度挖掘以辅助决策的范围来看，仍有近1/3的企业未开展相关工作，企业更多地开展数据在财务方面的智能决策辅助应用，包括合同、收入、成本、利润等，而90%以上的企业在风险管控、预测预警、产品和市场趋势预测等方面的决策依旧更多地依赖管理层决策人员的经验，70%左右的企业在生产经营和客户价值决策方面缺少信息化手段和数据分析的支持。

【管理创新】 为适应互联网时代的发展需要，众多企业进行战略转型，并持续加强全员激励和赋权，提升管理柔性，在管理创新方面的探索初见成效。2016年，企业在战略转型方面发展相对较好，得分为31.2，表明企业已经开始关注战略调整，加强规划制定与执行、战略闭环管控和组织保障能力，为管理创新的有效实施提供战略支撑。与战略转型、管理柔性两项二级指标相比，激励与赋权的得分相对较低，仅为23.1，是管理创新的薄弱环节，表明当前大部分企业对互联网的认识还不够深刻，对绩效管理和员工赋权的创新实践尚显不足，还需进一步探索。在提升管理柔性方面，企业平均得分为27.4，越来越多的企业开始进行相关实践，在业务流程优化和组织结构变革方面获得一定进展。

众多企业将创新纳入绩效考核体系，引导员工主动创新，但面向全员的赋权方式和赋权深度有待进一步探索。当前，在绩效管理方面，虽然有1/3以上的企业仍在实施基于经验的绩效管理，并且基于价值网络进行绩效管理的企业仅占4.5%，但有相当比例的企业已开展基于全面内部业务数据的精准绩效管理。在员工赋权方面，仅有少数领先企业进行大胆尝试，通过在企业内部建立“自主经营体”等方法，推动员工自决策、自驱动、自运转、自结算、自创新，鼓励员工知识共享、支持内部创业，进而实现企业智力资本的战略性重构。

提升组织柔性是互联网时代企业实现管理柔性的必然要求，组织结构网络化是管理创新的重要趋势。2016年，企业的组织管理模式仍有42.1%的企业实行科层制，组织柔性较差，组织结构亟待优化。随着企业互联网化发展水平不断攀升，组织结构为科层制的企业比例显著下降，组织结构网络化的企业比例显著提升。尤其是互联网化指数超过50的企业，仅有12.8%的企业仍保留传统科层制，组织结构网络化的企业占比已达33.9%；在企业互联网化指数为0 ~ 10的企业中，科层制管理的企业占60%以上，组织结构网络化的企业比例仅为1.5%。

【统计数据】

表1　重点行业企业互联网化指数及增长率

行业	指数	增长率（%）	行业	指数	增长率（%）
原材料	28.5	3.9	消费品	30.8	9.2
石化	31.6	4.5	纺织	30.2	10.9
建材	27.8	7.2	医药	30.9	4.5
冶金	25.8	0.9	食品	32.6	10.4
装备	29.9	7.7	轻工	29.9	8.8
交通设备制造	31.9	7.3	电子信息	33.1	6.7
机械	29.0	8.5	电子	33.1	6.7

表2　不同规模企业互联网化指数及增长率

企业规模	2015年指数	2016年指数	增长率（%）
大型	32.3	35.0	8.3
中型	27.1	28.8	6.1
小微型	20.6	22.1	7.5

［供稿：国家工业信息安全发展研究中心］

农业信息化

【概况】 大力发展农业信息化，是加快推进农业现代化、全面建成小康社会的迫切需要。2016 年，中央 1 号文件提出“大力推进‘互联网 +’现代农业”“促进农村电子商务加快发展”“深入开展电子商务进农村综合示范”“加大信息进村入户试点力度”等工作任务。农业部围绕农业现代化和农业供给侧结构性改革的中心任务，以建设智慧农业为目标，以线上线下融合为主线，以“互联网 +”现代农业为抓手，推进农业信息基础设施建设，提升农业信息技术创新应用能力，完善农业信息服务体系，加快构建农业信息综合服务平台，推进信息化与农业现代化融合发展，推动农业信息化实现“十三五”良好开局。

【“互联网 +”现代农业】 “互联网 +”是把互联网的创新成果与经济社会各领域深度融合，推动技术进步、效率提升和组织变革，提升实体经济创新力和生产力，形成更广泛的以互联网为基础设施和创新要素的经济社会发展新形态。在全球新一轮科技革命和产业变革中，互联网与各领域的融合发展具有广阔前景和无限潜力，已成为不可阻挡的时代潮流，正对经济社会发展产生着战略性和全局性的影响。

国务院印发《关于积极推进“互联网 +”行动的指导意见》，将“互联网 +”现代农业作为 11 项重点任务之一进行部署。2016 年 5 月，农业部会同国家发展和改革委员会、中共中央网络安全和信息化领导小组办公室等 8 个部门印发《“互联网 +”现代农业三年行动实施方案》，提出 11 项主要任务，力争到 2018 年，农业在线化、数据化取得明显进展，管理高效化和服务便捷化基本实现，生产智能化和经营网络化迈上新台阶。9 月，农业部印发《“十三五”全国农业农村信息化发展规划》，为推动信息技术与农业农村全面深度融合作出顶层设计。9 月，农业部在江苏苏州召开全国“互联网 +”现代农业工作会议暨新农民创业创新大会，汪洋副总理出席会议并讲话，会议引起社会各界广泛好评和关注。同期举办展览展示、信息大集、论坛研讨、合作签约、“互联网 +”现代农业百佳实践案例和新农民创业创新百佳成果推介等系列活动，邀请部分专家学者、新农民和基层干部代表、农业企业、涉农互联网企业代表、行业协会代表共约 3 000 人参加相关活动。此次大会深化全社会对“互联网 +”的认识，开阔农民、基层农业干部的眼界，启迪思路，振奋精神，增强信心，凝聚共识，形成政府、企业和社会各方力量共同推进的良好氛围。

【农业农村大数据】 农业现代化与信息经济形成历史性交汇，大数据等现代信息技术为推进现代农业建设提供历史机遇，正在全面、深入地与农业产业渗透融合，成为引领和驱动农业发展方式转变、建设现代农业的新引擎，对农业农村经济发展产生全方位的深刻影响。

农业部始终把全球农业数据调查分析系统建设摆在农业农村大数据建设的突出位置，加快推进数据资源整合、国家农业数据中心云化升级等工作。农业部制定《全球农业数据调查分析系统实施办法》《全球农业数据调查分析农产品市场分析预警团队建设与管理试行办法》《全球农业数据调查分析系统农产品供需分析月报制度实施方案》，从 2016 年 7 月起，每月定时、定点发布中国玉米、大豆、棉花、食用植物油、食糖 5 个品种的农产品供需平衡表。农业部印发《农业农村大数据试点方案》，启动农业农村大数据试点工作，在北京等 21 个省（区、市）开展生猪等 8 种重要农产品的大数据试点工作，从涉农数据共享、单品种大数据建设、市场化建设运营机制、大数据应用等方面，探索发展大数据的机制和模式。

【信息进村入户】 信息进村入户是发展农业农村信息

化的重要手段，为缩小城乡数字鸿沟、推动城乡统筹发展搭建信息化的桥梁，在加快转变农业发展方式、推进现代农业建设方面发挥着重要作用。2014 年以来，按照中央 1 号文件的部署安排，农业部启动实施信息进村入户试点工作。信息进村入户以满足农民生产生活信息需求为出发点和落脚点，以打通信息服务“最后一公里”为着力点，通过在所有行政村建设益农信息社，统筹农业公益服务和农村社会化服务两类资源，着力构建“政府、服务商、运营商”三位一体的可持续发展机制，实现普通农户不出村、新型农业经营主体不出户就可享受便捷、经济、高效的信息服务。

截至 2016 年年底，试点工作取得阶段性成果，试点范围从 10 个省市 22 个县扩大至 26 个省份 116 个县，已建成运营益农信息社 2.4 万个，累计为农民和新型农业经营主体提供公益服务 630 万人次，开展便民服务 1.1 亿人次、涉及金额 39 亿元，实现电子商务交易额 21 亿元。信息进村入户领导体制和工作机制基本建立，市场化运营机制初步形成，服务内容和手段不断完善，涌现出一批好的典型和模式。信息进村入户已经成为一种理念深入人心，成为一项民生工程得到广大干部群众赞许。在充分总结试点经验的基础上，农业部成立信息进村入户工作推进组，印发《信息进村入户村级信息服务站建设规范》《信息进村入户服务规范》《信息进村入户村级信息员培训规范》，加快推进信息进村入户。农业部办公厅会同中国气象局办公室印发《关于联合推进气象信息进村入户的通知》，将气象信息整合进益农信息社，加强气象信息在农业生产、农产品流通等环节及农业防灾减灾中的应用。

【农民手机应用技能培训】 开展农民手机培训，是加快农村互联网普及，确保农民用得上、用得起、用得好信息服务的重大举措，是事关农业农村信息化推进的一项长远性和基础性工作，是事关亿万农民信息化能力提升的民生工程。

2016 年 6 月，农业部召开全国农民手机应用技能培训工作视频会议，印发《关于与相关单位共同推进农民手机应用技能培训工作的通知》，加强政企合作，整合共享资源，推动各级农业部门与相关企业、事业单位共同开展手机培训，探索出政府主导、市场主体、线上线下相结合的培训模式，形成社会各界协同推进的良好局面。截至 2016 年年底，农业部编制《农民手机应用》培训教材，进一步完善培训体系，开发出一批适合农民使用的 APP，在农村实用人才带头人和大学生村官示范培训班、农牧渔业大县局长轮训班中安排相应课程，直接培训 1.77 万人。参与培训的企业累计开展培训 1 600 余场，培训各类新型农业经营主体 12 万余人次，参与网上答题的农民超过 140 万人。

【农业电子商务】 农业电子商务是转变农业发展方式的重要手段，是精准扶贫的重要载体，加快发展以农产品、农业生产资料、休闲农业等为主要内容的农业电子商务，对于创新农产品流通方式、构建现代农业生产经营管理体系、促进农民收入特别是贫困地区农民收入较快增长、全面建成小康社会具有重要意义。

农业部印发《农业电子商务试点方案》，部署北京等 10 个省份分别开展农产品、农业生产资料和休闲农业电子商务试点，推动 12 家电商企业与 10 个省份签订共同推进农业电子商务试点工作协议，探索农业电子商务新模式。农业部组织农垦企业与大型电商平台进行对接，开设“中国农垦旗舰店”。农业部成立农业信息化标准化技术委员会，组织有关专家，分品种研究制定适应电商销售的农产品分等分级、质量安全、采后处理、包装运输、冷链物流等标准规范，加快推进农业电子商务标准体系建设。2016 年 4 月，农业部组织阿里巴巴、京东、苏宁等大型电商企业开展苹果电商销售月行动，有效缓解苹果库存压力，开辟农产品流通新途径，社会反响强烈而良好。在全国“互联网 +”现代农业工作会议暨新农民创业创新大会上，农业部与阿里巴巴、京东、苏宁等 5 家电商企业签订合作协议，在产销对接、产业链和基础设施建设、电子培训、标准体系、监测统计体系等方面开展全方位合作。12 月，针对贵州剑河土鸡滞销，农业部组织苏宁、京东等电商企业进行对接，及时解决土鸡滞销卖难问题，帮助当地政府建立特色产业长效扶贫机制。

【农业物联网】 农业物联网是当今世界农业发展的新潮流。推进农业物联网示范应用，对于加快转变农业发展方式、建设现代农业、推动“四化”同步发展具有重要意义。习近平总书记强调，要让物联网更好促进生产、走进生活、造福百姓。李克强总理指出，要大力发展战略性新兴产业，在集成电路、物联网、新一代移动通信、大数据等方面赶上和引领世界产业发展。国务院出台一系列强有力的政策措施促进物联网发展，各有关部门也纷纷将物联网应用作为行业发展的重点工作加以支持，为农业物联网发展提供难得的历史机遇和良好的发展环境。

农业部认真贯彻落实党中央、国务院的决策部署，坚持理论与实践相结合，切实把物联网作为发展现代化农业的一项革命性措施来抓，取得明显成效。农业部围绕农业特色产业和重点领域，统筹考虑行业及产业链布局，深入实施农业物联网区域试验工程，推动国家物联网应用示范工程智能农业项目建设，探索农业物联网发展路径和应用模式，为全国范围推广应用积累经验。2016 年年底，农业部在海南组织召开农业物联网节本增效交流会，总结农业物联网应用示范新进展新成效，发布奶牛养殖、番茄种植物联网应用模式，研究提出加快推进农业物联网发展应用的思路和重点任务。会上同期发布《农业物联网发展报告 2016》，梳理中国农业物联网发展情况，总结经验做法，向社会推介种植业、畜牧业、渔业、农垦、种子和兽药监管、农产品质量安全监管等领域的物联网应用模式。组织开展物联网标准研究工作，组织召开“农业信息化标准工作座谈会”，明确农业物联网标准工作的主要任务，对农业物联网标准制定工作进行进一步安排和部署。

【2017 年工作重点】 全面实施信息进村入户工程。先期选择 10 个省份开展信息进村入户整省推进示范，鼓励其他省份自行开展示范，不断创新信息进村入户推进机制，完善农村基层信息服务体系，加快构建综合信息服务平台，建立健全制度规范和监管体系，力争到年底建成 8 万个以上的益农信息社。

把农民手机应用技能培训作为为农民办实事的工作之一，进一步加强师资队伍建设，创新培训内容和方式，举办全国农民手机应用技能培训周，开展农民手机应用技能竞赛活动、最受农民欢迎的 APP 和手机评选活动。

在做好农业电子商务试点工作的基础上，组织大型电商平台与优势农产品主产县开展对接活动。

新增两个省份开展农业物联网区域试验工程，配合国家现代农业示范区建设，打造一批数字农业示范基地。

筹备举办全国“互联网 +”现代农业新技术和新农民创业创新博览会，全面展示“互联网 +”现代农业阶段性发展成果，采用展览展示、互动体验、论坛研讨、交流推荐、对接洽谈等多种方式，办成农口的“广交会”。

制定《关于大力推进农业信息化发展的实施意见》，进一步加大对农业信息化发展的政策支持力度。

认定 2017 年度农业农村信息化示范基地。

进一步夯实农业信息化发展的基础，加强人才队伍和条件能力建设。

[撰稿：王松　审稿：王小兵]

石化信息化

【概况】 2016 年，中国石油化工集团公司（以下简称中国石化）以“智能制造”和“互联网 +”为主线，聚焦供给侧结构性改革、提质增效升级等中心任务，发力两化融合，全面推进信息化“421 工程”[①]建设，推动信息系统深化应用，进一步提升企业生产经营管理数字化水平，促进改革发展、管理创新，为降成本、控风险、抓优化、拓市场等各项工作提供支撑。中国石化被评为 2016 年度两化融合突出贡献单位，获得中国能源企业信息化卓越成就奖；推进两化融合、打造新型能力的典型做法获得第 23 届国家级企业管理现代化创新成果一等奖。

注① “421 工程”指到 2020 年，中国石化建成集成共享的经营管理平台、协同智能的生产营运平台、互联高效的客户服务平台、敏捷安全的技术支撑平台，构建齐全有效的信息标准化体系和信息安全管理体系，形成科学高效的信息化管控机制。

【经营管理平台】 中国石化强化经营管理平台集中集成，全面完成中国石油化工股份有限公司ERP大集中系统推广工作，为加快构建集约化、一体化经营管控新模式奠定基础。

历时三年，完成ERP大集中系统在122家企业的推广实施，实现中国石油化工股份有限公司ERP大集中全覆盖。梳理优化业务流程995个，通过变“标杆”为“标准”，系统流程标准化率达到92%，规范会计核算、资金预算等标准，提高系统集成和数据共享程度，增强集团管控能力。按照内控要求，配套制定完整的权限管理规范，在ERP系统中共嵌入内控控制点597个，实现用户权限统一管理、业务风险在线管控。ERP大集中系统与资金集中、人力资源、合同管理、物流管理、IC卡等30余套系统紧密集成，打通自产原油—炼油厂、炼化企业—销售企业之间的业务链条，实现上中下游业务的信息集成、数据共享、产销联动，提升集团资源统一配置能力和市场响应能力。

总结提炼10年来ERP应用成果，优化设计262个业务提升专题解决方案。在油田企业，实现采油管理区、开发单元、单井等多层级的成本费用统计分析和单井边际效益分析、区块投入产出分析；在炼化企业，统一规范原油采购价格明细及途耗、储耗核算业务流程，实现事前计划、事中监控和事后分析；在油品销售企业，通过细分客户类型、规范客户信息并进行流程优化，提高业务处理效率、降低经营风险。

直属单位ERP建设取得突破，中国石化炼化工程公司ERP试点成功上线，中国石化石油工程公司ERP试点工作全面启动。

推动资金集中、电子招投标、费用报销等系统建设和推广应用，提高管理效率，促进降本减费。完善资金集中管理系统的统一资金管控和内部融资管理功能，建立集团“票据池”，实现集团内票据“现金化”流通；完成电子招投标系统推广，实现工程招标采购业务“策划管理、交易监控、结果跟踪”等全过程信息化管理；完成合同管理系统功能提升和在境外两家企业推广实施。优化提升共享服务技术平台，全面推广费用报销系统，支撑财务共享服务推广和人力资源、IT共享服务试点运行。

【生产营运平台】 中国石化持续深化应用安全管理系统。完成106家企业上年全年安全检查、隐患治理、风险控制等200万项业务数据入库和油气井、生产装置、罐区、加油站等20余万项基础信息核准。2016年5月，移动安全诊断APP正式上线，实现用户发现身边不安全问题的“随手拍、随时报、随时查”。截至2016年年底，系统覆盖110家企业、5万余个基层单位，总部和企业可随时了解安全隐患和治理完成情况，促进安全管理水平提升。

完善环境保护信息系统功能并推广应用。完成总部和4家炼化企业全功能试点建设，完成建设项目环保、环保统计及在线监测模块全集团覆盖应用，完成泄漏检测与修复（LDAR）模块炼化板块上线试运行。

中国石化碳资产管理信息系统试点建设完成系统在总部部门的推广应用，实现96家企业2016年线上碳盘查。系统支持国际ISO14064标准体系及国家温室气体盘查标准，覆盖碳盘查、碳交易、碳足迹等八大业务类型，完成中国石化碳排放字典信息、热值燃料信息、排放源信息、量化方法等数据的梳理和标准化。完成中国石化茂名石化公司、扬子石化公司、九江石化公司3家企业试点建设，支持企业进行碳排放计划、碳排放监测、碳盘查等业务。

油气生产信息化建设在123个管理区有序推进，通过部署局、厂、管理区三级生产指挥系统（PCS），实现指标波动逐级追踪，关键设施精准定位，影响范围快速评估，降低劳动强度，提高生产效率。勘探开发一体化协同平台（EPBP）在中国石化西南石油局试点建设取得成功，建成11个子系统1 450个业务模块，能够支撑物探、钻井、测井、录井、生产管理等岗位业务协同应用。

炼化企业能源管理信息系统按照“整体规划、分步实施”的策略，在7家企业完成建设和推广应用，提升能源精细化管理水平。先进过程控制（APC）在23套生产装置上线投用，全年创效4 000余万元。

开展科研、工程单位信息化建设与应用。开展科研单位实验室管理系统推广升级、电子实验记录系统试点等工作。完成工程建设项目管理信息系统在中国石化镇海炼化公司的试点，实现对185个项目的线上管理。中国石化石油工程公司完善提升石油工程远程作业支持系统，提高现场技术支持水平；中国石化石油工程技术研究院自主研发的钻井工程软件在3家单位进行应用。中国石化炼化工程公司建设集工艺、工程、三维工厂为一体的集成化设计平台，在元坝净化厂、天津乙烯等大型工程项目实现数字化工厂设计，进一步提升设计效率和水平。知识管理系统在 4 个试点单位 30 个科研院所推广应用，提供“人找知识”“知识找人”“交流贡献”三大应用模式，实现研究过程知识获取、科研项目协同、项目成果和专家经验的积累沉淀，提高企业知识共享与传承。

矿区（社区）信息化建设分阶段完成物业管理、收费管理等 10 个系统在 6 家单位的试点实施。其中，物业管理采用总部贯标模式，推广实施企标 32 条，覆盖 38 家物业公司共 65 个小区，初步实现标准统一化、过程规范化、结果可视化；收费管理以中国石化中原油田为试点，收费率由 83% 提升至 95%，移动缴费等非现金交易占 49.6%，方便居民，保证效益；业务统计报表、文明小区创建、公有房租赁管理等系统的实施为集团一体化管控和居民服务提供信息化支撑。

【客户服务平台】 中国石化构建互联网营销网络，不断发掘新的效益增长点。油品销售企业整合加油卡、非油品管理等系统，以网上营业厅、手机 APP 和微信为入口，为客户提供加油卡充值、积分兑换等互联网服务，实现油非互动、油非互促。油品销售企业加大微信平台推广应用，粉丝数量达 3 487 万，会员数达 1 756 万，带动非油品营业额 59 亿元。

推进专业化一体化客服体系。开通 95388 服务热线，建成中国石化统一呼叫中心系统和短信服务平台，对油品销售、化工销售和润滑油等业务支持月呼入量近 5 万次，为客户发送短信 30 万条。通过统一客服进行中国石化客户识别，收集客户意见，分发和反馈客户服务工单，利用客户服务渠道信息，结合 CRM 客户属性和分类，对客户进行分析挖掘，改善各渠道用户体验，提升运营效率和中国石化品牌形象。

网上博物馆建成投产。2016 年 11 月，中国石化网上博物馆正式上线，对社会开放。博物馆运用虚拟现实、展馆仿真、数字多媒体等计算机技术，融科普性、互动性和博览性于一体，是石化博物馆系统的创新，也是企业网上博物馆的一种全新尝试。博物馆分为 8 个部分、6 个展厅、3 个区块，清晰展现中国石化的发展历史、现状、未来。

【技术支撑平台】 中国石化在云平台建设方面，基于互联网云技术和通用技术的中国石化私有云初具规模，总部服务器 1 366 台、存储容量 4.9PB，为统一电商与客户关系管理、智能化管线管理等百余个应用系统提供云资源服务。云平台管控功能逐步增强，资源优化工作稳步推进，初步形成从总部、区域中心到企业的一体化私有云。

在互联网统一出口建设方面，完成南京、胜利、武汉、广州 4 个区域中心及合肥、长沙、杭州、南宁 4 个子节点互联网统一出口基础设施建设，统一管理互联网访问用户 1.3 万余人，迁移对外发布应用 72 个，累计关闭企业互联网出口 122 个，有效降低互联网出口信息安全风险。

在网络系统建设方面，建立朝阳门、小营主干网双核心；实现国内全部 11 个区域中心虚拟网上线；广域网流量优化系统已在中国石化润滑油有限公司试点成功；统一无线网络管理系统上线，实现企业间无线漫游和统一认证等；通过光纤环网将北京 4 个数据中心进行逻辑整合，提高数据连接的可靠性；推进沙河数据中心、南京灾备机房二期建设。

在 IT 基础设施运维方面，完善 IT 运维平台功能，对总部统建的 86 套应用系统和 7 000 余台 IT 设备实现集中监控；全面完成北京和香港特别行政区两地邮件系统建设，顺利完成 29 万用户 110T 邮箱数据的平滑迁移。建成信息安全管控平台（SMCC），建立动态风险管控、多层防护监视、深度系统检测的分析和处置平台，实现安全风险的集中监控、安全事件的集中处置、安全策略的合规检查、安全态势的统一展示；在 84 家企业部署国产化桌面安全管理系统，注册率达到 90%，网络准入控制系统上线率超过 90%。组建内部攻防专家团队，打造具备应急响应与防护、渗透测试与技术研究等技术能力的信息安全防护队伍，提升企业信息安全态势感知能力，做到“早感知、早发现、早防范”，持续提升信息安全动态主动防御水平。

在移动应用平台建设方面，自主研发的中国石化一体化移动应用平台在总部和 104 家企业推广，用户数达到 27 万，上线 APP 应用近 700 个，日均访问量超过 3 万次，为内部员工和外部客户提供随时随地随身、便捷高效的移动服务，持续推进办公模式、经营管理模式和客户服务模式创新。平台具有的模板化配置开发模式、多团队并行开发支持、全方位安全防护等特点得到其他社会企业的充分认可，已在中国石化以外的 8 家企业推广应用。

在信息安全管理体系建设方面，组织召开两期信息安全专题会，总结近两年信息安全工作所取得的成果，分析当前信息安全工作面临的形势和挑战，解读中国石化“十三五”信息化发展规划和信息安全专项规划，部署 2016 年信息安全重点工作。对 116 家企业进行信息安全年度检查评级，共评出 A 级 7 家、B 级 46 家、C 级 56 家、D 级 7 家。编制下发 13 期信息安全月度通报，170 份信息安全整改通知书和 3 份紧急通报。加强用户账号管理，将统一身份管理系统与人力资源管理（SAP-HR）系统紧密集成，实时同步人员信息，建立人员岗位变动与信息系统用户账户状态的协同联动机制，组织完成 50 余万用户账号梳理工作。统一开展用户实名制和弱密码专项治理，实名制完成率 100%，弱密码整改完成率 92%。

在平台云建设方面，搭建起平台云服务门户，形成统一的云服务目录，为各业务应用提供身份认证、地理信息、工作流、搜索等共享服务，促进服务复用与数据共享。

【智能制造】 中国石化完成智能油气田试点建设可研方案编制，围绕“一个平台、两大支撑体系、四项核心能力，六大业务领域”开展总体方案设计等工作。中国石化智能油气田将构建以大数据、物联网等技术为支撑的智能油气田云平台，建设智能油气田信息标准化体系和技术支持体系，围绕核心资产全生命周期管理，实现油气藏的动态管理与优化，油气田单井、管网、设备的智能诊断与优化，打造油田企业全面感知、集成协同、预警预测及分析优化 4 项能力。

2016 年 12 月，中国石化智能工厂试点建设项目通过验收。历经五年，中国石化完成燕山石化公司、茂名石化公司、镇海炼化公司、九江石化公司 4 家智能工厂试点工作，打造中国石化智能工厂 1.0 版；作为牵头单位组织国家“石化行业智能工厂标准”的研究与制订工作，启动智能工厂（2.0）设计研发。中国石化智能工厂建设整体处于国际领先水平。中国石化镇海炼化公司智能工厂试点获评 2016 年度国家智能制造试点示范项目，建设成果亮相上海国际工业博览会。中国石化金陵石化公司信息化成果在南京召开的世界智能制造大会上进行专题展览。

智能化管线管理系统自 2014 年 8 月启动建设以来，经过试点建设和推广应用，构建六大功能 23 个模块，研发一套具有中国石化自主知识产权的智能化管线管理系统，实现管线基础资料数字化、可视化，在生产运行监控、风险隐患监管、快速应急响应等方面发挥作用，逐步成为油气管线日常管理的有力抓手。

【“互联网 +”新业态】 易派客（工业品采购电商）是集成以中国石化为核心企业的供应链巨量需求打造的 SC2B（供应链对企业）电商平台。在保障中国石化物资供应的同时，利用中国石化在技术、渠道、质控、服务等方面的专业化采购优势，引入互联网元素，充分集聚放大内外部资源优势，对内服务生产建设物资需求，对外实现增值创效，与全社会共享供应链资源及采购优势，提供采购服务、销售服务、金融服务、综合服务四大项核心业务，以“互联网 + 供应链”的创新模式推动中国石化物资供应体系的转型发展、提质增效。2016 年 4 月，易派客投入商业运营并向社会开放。截至 2016 年年底，累计注册供应商 3.1 万家，上线商品 70 余万种，累计成交金额 500 亿元，其中，2016 年成交金额突破 405 亿元，增长态势良好。

石化 e 贸（化工品销售电商）全面上线并在中国石化化工销售公司推广应用，为石化产品客户提供一站式的产品采购服务，包括产品供应、交易订单、信息咨询、资金动态、市场信息和物流服务等，将发展成为和谐诚信、服务优质、运行高效、技术领先的石化产品电商平台。

基于统一电子商务及客户关系管理平台推广建设各板块、各业务条线客户关系管理（CRM）系统建设。完成中国石化润滑油有限公司 CRM 向统一电子商务及客户关系管理平台迁移，实现营销活动标准化管理，截至 2016 年年底，累计管理营销活动 8 000 多个，管理规模客户 6 000 家。中国石化销售有限公司启动 CRM 系统应用建设，包括“客户管理、会员管理、销售管理、营销管理、服务管理”五大功能模块，涵盖零售、非油、直分销线条各业务环节。中国石化炼油销售公司统一 CRM 实现客户销售业务的全流程管理，包括需求计划管理、销售计划管理、日计划管理、销售订单管理，基本覆盖销售业务全流程，为业务运行提供高效、便捷的系统支持。中国石化化工销售公司 CRM 系统实现与 ERP 系统紧密集成，形成企业从销售前端到供应后端的协同合作，支撑企业实现利益最大化。2016 年 12 月，中国石化电商统一支付平台完成首笔在线支付业务，成功上线试运行，能够满足易派客电商 B2B 在线支付需求。

【两化融合】 中国石化定期召开中国石化网络安全和信息化领导小组会议，审议“十三五”信息化规划纲要，研究推进“互联网 +”新业态、ERP 大集中、信息安全等重大信息化事项；推动中国石化 ERP 实施、智能工厂建设、共享服务等重点项目建设。

成功召开中国石化信息化大会，进一步明确信息化统筹管理、推进两化深度融合的工作思路和目标任务，发布中国石化“十三五”信息化发展规划。修订信息化项目计划与立项、信息安全等管理制度。

发布“深化应用创新创效”行动计划，从经营管理、生产营运、客户服务 3 个方面提出应用目标、工作内容以及进度安排等。加强重点信息系统应用监控，全面提升系统规范应用水平。加强应急管理，在中国石化销售广东石油分公司举办 2016 年 ERP 大集中应急演练，提升业务连续性保障能力。开展多层次的应用帮促，解决 257 个应用问题，提升企业综合应用能力。

加大信息化培训与交流，加强对下属企业领导人员、专业处长、技术骨干的培训，全年统一组织培训近 5 000 人次。组织 ERP 财务模块教材编写，完成总账、成本、资金 3 个分册的教材正文及附录的初稿，约 20 余万字。组织“互联网 + 移动应用”竞赛，368 名选手参加区域赛，各企业共提交 172 个移动应用创意场景和 44 个移动应用作品，12 家企业获团体一、二、三等奖，24 人获个人金、银、铜牌。

组织下属企业开展两化融合管理体系贯标工作，累计有 15 家企业通过国家贯标认定。

智能工厂、智能化管线管理、移动应用平台等一批自主研发的软件取得著作权。中国石化软件正版化工作得到国家版权局、国务院国有资产监督管理委员会的肯定，被评为“全国版权示范单位（软件正版化）”，在中央企业软件正版化培训班上作经验交流。

【2017 年工作重点】 中国石化将贯彻落实《国家信息化发展战略纲要》《中国制造 2025》和“互联网 +”行动计划，围绕公司发展战略和中心任务，聚焦提质增效升级，强化“六统一”统筹管理，以“智能制造”和“互联网 +”为主线，按照“统筹推进、融合发展，集成共享、协同智能”工作方针，全面推进信息化“421 工程”建设，加快构建集约化、一体化经营管控新模式，加快打造数字化、网络化、智能化生产运营新模式，加快打造“互联网 +”新业态，着力打造产业竞争新优势，为中国石化持续健康发展提供新动能。

[撰稿：姚剑　审稿：姜晓阳]

政策法规

综　述

【概况】　2016年是“十三五”规划开局之年，也是全面深化改革和全面推进依法治国的关键一年。一年来，中国信息产业政策法规工作以“四个全面”为统领，积极服务于“制造强国”和“网络强国”两大战略，切实推动改革红利释放、加强领导决策支撑、加快法律制度完善、提升依法行政水平，为行业发展提供更加有力的政策法规保障。

【行业发展政策环境】　采取“N合一”模式，通过建立工业和信息化部改革总台账，分解落实中央全面深化改革领导小组、经济生态改革专项小组和国务院部署的各项改革任务。重点领域改革取得新成效，电信市场向民间资本开放步伐加快，198家（次）民营企业获得宽带接入网业务试点批文，民间资本在宽带领域投资超百亿元，移动转售民营企业用户4300万；军民融合深度发展取得新进展，配合做好军民融合发展领导体制改革相关工作，推动国务院印发军工科研院所转制为企业的配套政策文件；落后产能退出机制建设取得新成果，进一步完善能耗、环保、质量、安全、技术等综合标准，构建市场化、法治化和常态化落后产能退出机制。积极参与国有企业改革、混合所有制改革、财税体制改革等相关改革，为电子信息产业发展营造良好体制机制环境。

【制度建设】　电子信息产业法律制度进一步完善。开展制造强国战略、网络强国战略配套立法研究，提出中长期工业立法建议，制定出台《工业和信息化部2016年立法计划》。修订后的《中华人民共和国无线电管理条例》正式公布施行。推动修订《中华人民共和国电信条例》等4部法规的相关条款。积极参与、推动出台《中华人民共和国网络安全法》。推进《中华人民共和国中小企业促进法(修订)》等立法。制定出台11件部门规章或联合规章。组织做好工业和信息化部组建以来规范性文件公开工作，向社会公布工业和信息化部现行有效的239件规范性文件目录。

【行政审批】　按照国务院“简政放权、放管结合、优化服务”的要求，深入推进行政审批制度改革，提前完成取消下放行政审批数量1/2的目标，在积极有序推进“放”的同时，更加注重监管方式的改变，加快建立事中事后监管体系，完善监管体系法治化，加大优化服务力度，不断提高政务服务水平。制定出台工业和信息化部《贯彻落实<法治政府建设实施纲要（2015—2020年）>实施方案》，加快建设法治政府，推进治理体系和治理能力现代化。

政策环境

【完善“中国制造 2025”推进机制】 发挥国家制造强国建设领导小组办公室协调作用，加强统筹协调，推动建立一批规划、一个计划、一个指南、一批示范城市、一批重大项目、一个论坛、一批丛书等“七个一”体系化实施机制，形成工作合力。发布以《中国制造 2025》为统领，11 项行业规划、19 项专题规划为支撑的“十三五”规划，推进“1+X”规划体系发布实施。印发 2016 年重点工作计划。制定《中国制造 2025 分省市指南》。制定城市试点示范管理办法，批复 5 个城市和 3 个城市群的试点示范创建方案。筹备设立“中国制造 2025”发展基金。促进产融合作，与国家开发银行、中信银行等金融机构签署战略合作协议。

【推动企业降成本和减负担】 组织国务院减轻企业负担部际联席会议各成员单位推动各项政策措施的落实。清理规范涉企保证金工作方案经国务院同意后组织实施，推动各地深入开展清理规范涉企收费，取消和减免行政收费 190 多亿元，发现查处各种违规收费超过 10 亿元，通报一批违规行为。

【加快推动创新驱动发展】 召开全国工业和信息化科技创新大会，推进全系统贯彻落实习近平总书记关于科技创新的重要论述。联合财政部新认定 69 家国家技术创新示范企业，国家技术创新示范企业总数达到 425 家。新认定 28 家工业和信息化部重点实验室，总数达到 53 家。编制《2016 年工业和信息化部知识产权推进计划》，指导企业组建移动智能终端知识产权联盟，推动筹建集成电路知识产权运营基金，建立知识产权风险协同防御和应对机制。与国家发改委、科技部、财政部联合编制《制造业创新中心建设工程实施指南（2016—2020 年）》，统筹推进国家和省级制造业创新中心建设。首家国家制造业创新中心——国家动力电池创新中心于 2016 年 6 月正式成立。

【推动企业兼并重组】 优化产业组织结构，推动企业兼并重组。研究起草推动产业重组处置僵尸企业的总体思路上报国务院。印发《制造业单项冠军企业培育提升专项行动实施方案》，着力培育一批长期专注于制造业特定细分领域、能够引领发展并占据市场领先地位的单项冠军企业，对推荐企业分行业开展限定性条件论证、复核和公示。印发《关于引导企业创新管理提质增效的指导意见》，组织开展第一批企业创新管理提质增效典型经验总结提炼工作。认真组织开展反垄断及安全审查相关案件调查工作。

【促进区域共同发展】 指导产业合理转移，促进区域协同发展。与京津冀三省市政府联合印发《京津冀产业转移指南》，提出京津冀地区产业发展总体格局。组织编制《长江经济带产业转移指南》和《长江经济带产业发展市场准入负面清单》。联合中国工程院、河南省等中西部 9 省区在郑州市举办“2016 中国（郑州）产业转移系列对接活动”。开展产业转移合作示范园区试点工作，遴选一批产业转移合作示范园区，形成推广思路和方案。

【推进企业社会责任建设】 指导发布《电子信息行业社会责任指南》（SJ/T 16000-2016），明确电子信息行业在责任治理、技术创新、员工权益、环境保护、供应链合作等方面履行社会责任的核心要求，12 家试点成为实施该标准示范企业。指导发布《中国信息通信行业企业社会责任管理体系》，明确信息通信行业企业需要履行的社会责任，提出企业履责指导原则，为信息通信企业履行社会责任提供指引。组织推广电子、通信等试点行业和浙江、江苏等试点地区推进企业社会责任经验，涌现出一批新的典型。指导工业经济联合会、工业文化中心等机构深入开展企业社会责任基础研究。

法治建设

【立法工作】 《中华人民共和国无线电管理条例（修订）》正式公布施行，完善无线电频率开发利用、无线电台（站）管理、无线电发射设备管理、无线电监测和电波秩序维护、法律责任等制度，减少和规范行政审批，强化事中事后监管，依靠法律手段加大对设置、使用“伪基站”“黑广播”等违法犯罪活动的惩戒力度，为促进无线电管理事业健康发展提供更加有力的法制保障。推动修订《中华人民共和国电信条例》《外商投资电信企业管理规定》《中华人民共和国城镇集体所有制企业条例》等行政法规相关条款。积极参与、推动出台《中华人民共和国网络安全法》。推进《中华人民共和国中小企业促进法（修订）》进入全国人大常委会审议程序。

【规章制定与清理】 制定公布《电器电子产品有害物质限制使用管理办法》《工业节能管理办法》《边境地区地面无线电业务频率国际协调规定》《电信用户申诉处理办法》《工业和信息化部关于废止10件规章的决定》等规章，与其他部门联合公布《网络出版服务管理规定》《公共资源交易平台管理暂行办法》《网络预约出租汽车经营服务》《网络借贷信息中介机构业务活动管理暂行办法》等规章。为进一步推进简政放权、放管结合、优化服务，对有关规章进行清理，公布《工业和信息化部关于废止10件规章的决定》，决定废止《使用国际海事卫星系统陆地移动业务管理暂行规定》《电信终端设备进网审批管理规定》《邮电部知识产权管理规定》《高楼高塔高山设置无线寻呼发射基站管理规定》《通信行业统计管理办法》《电子信息产业统计工作管理办法》《电信设备抗震性能检测管理办法》《软件产品管理办法》等信息产业相关规章。

【过路法规和文件审查】 组织对《外商投资法》等124件过路法规进行审查，积极反映行业和企业立法诉求。组织对《关于进一步做好电话用户真实身份信息登记工作的通知》等330多件规范性文件和其他重要文件进行合法性审核，从源头上确保依法行政的要求。对不利于稳增长、促改革、调结构、惠民生的41件行政法规、95件部门规章进行清理，形成清理建议报国务院法制办。

行政审批

【简政放权】 2016年，取消1项行政许可事项、2项中央指定地方实施行政审批事项、4项行政审批中介服务事项。2013年以来，工业和信息化部共取消下放行政审批事项28项，占原有总数的50%；取消中央设定地方实施的行政审批事项6项，取消职业资格许可认定事项16项，集中清理行政审批前置中介服务事项10项，建立通信管理局权力清单和责任清单动态调整机制。新修订的《中华人民共和国无线电管理条例》将无线电管理涉及的7项行政许可减少到5项，下放大多数无线电台（站）的审批权，集中反映行政审批制度改革成果。

【放管结合】 推动运用大数据，采取“双随机，一公开”，改进监管方式。从工业和信息化部35项行政检查事项中选取14项作为“双随机”抽查事项，编制随机抽查事项清单，于2016年9月22日在工业和信息化部门户网站向社会公开。开展行政审批前置中介服务取消后的配套改革工作，通过技术评估、评审等方式，强化行政许可受理过程中的技术审查。印发《在执法活动中全面推行随机抽查的通知》，力求做到“放”“管”并重。

【优化服务】 研究制定工业和信息化部《简政放权优化公共服务流程方便基层群众办事创业的实施方案》，进一步提升公共服务水平。积极推进行政审批标准化，全面贯彻落实国务院审改办发布的《行政许可标准化指引》。进一步简化优化流程，工业和信息化部保留的行政审批事项办理天数平均压缩9天，精减审批环节5个。

【加强执法监督】 在行政复议和行政应诉案件数量大幅增长的情况下，事前做好预案，事中稳妥处理，事后关注动态，在规定的期限内办结案件。2016年工业和信息化部共办理行政复议案件216件，牵头办理行政应诉案件213件。举办通信行政执法人员培训班2期，不断提高行政执法水平。

［撰稿：孙华庆　审稿：郭秀明］

电器电子产品有害物质限制使用管理办法

工业和信息化部　国家发展和改革委员会　科学技术部　财政部
环境保护部　商务部　海关总署　国家质量监督检验检疫总局　令
第32号

《电器电子产品有害物质限制使用管理办法》已经工业和信息化部部务会议审议通过，并经发展改革委、科技部、财政部、环境保护部、商务部、海关总署、质检总局同意，现予公布，自2016年7月1日起施行。2006年2月28日公布的《电子信息产品污染控制管理办法》（原信息产业部、发展改革委、商务部、海关总署、工商总局、质检总局、原环保总局令第39号）同时废止。

工业和信息化部部长：苗　圩
发展改革委主任：徐绍史
科技部部长：万　钢
财政部部长：楼继伟
环境保护部部长：陈吉宁
商务部部长：高虎城
海关总署署长：于广洲
质检总局局长：支树平
2016年1月6日

电器电子产品有害物质限制使用管理办法

第一章　总则

第一条　为了控制和减少电器电子产品废弃后对环境造成的污染，促进电器电子行业清洁生产和资源综合利用，鼓励绿色消费，保护环境和人体健康，根据《中华人民共和国清洁生产促进法》《中华人民共和国固体废物污染环境防治法》《废弃电器电子产品回收处理管理条例》等法律、行政法规，制定本办法。

第二条 在中华人民共和国境内生产、销售和进口电器电子产品，适用本办法。

第三条 本办法下列术语的含义是：

（一）电器电子产品，是指依靠电流或电磁场工作或者以产生、传输和测量电流和电磁场为目的，额定工作电压为直流电不超过 1 500 伏特、交流电不超过 1 000 伏特的设备及配套产品。其中涉及电能生产、传输和分配的设备除外。

（二）电器电子产品污染，是指电器电子产品中含有的有害物质超过国家标准或行业标准，对环境、资源、人类身体健康以及生命、财产安全造成破坏、损害、浪费或其他不良影响。

（三）电器电子产品有害物质限制使用，是指为减少或消除电器电子产品污染而采取的下列措施：

1. 设计、生产过程中，通过改变设计方案、调整工艺流程、更换使用材料、革新制造方式等限制使用电器电子产品中的有害物质的技术措施；

2. 设计、生产、销售以及进口过程中，标注有害物质名称及其含量，标注电器电子产品环保使用期限等措施；

3. 销售过程中，严格进货渠道，拒绝销售不符合电器电子产品有害物质限制使用国家标准或行业标准的电器电子产品；

4. 禁止进口不符合电器电子产品有害物质限制使用国家标准或行业标准的电器电子产品；

5. 国家规定的其他电器电子产品有害物质限制使用的措施。

（四）电器电子产品有害物质限制使用达标管理目录（以下简称达标管理目录），是为实施电器电子产品有害物质限制使用管理而制定的目录，包括电器电子产品类目、限制使用的有害物质种类、限制使用时间及例外要求等内容。

（五）有害物质，是指电器电子产品中含有的下列物质：

1. 铅及其化合物；

2. 汞及其化合物；

3. 镉及其化合物；

4. 六价铬化合物；

5. 多溴联苯（PBB）；

6. 多溴二苯醚（PBDE）；

7. 国家规定的其他有害物质。

（六）电器电子产品环保使用期限，是指用户按照产品说明正常使用时，电器电子产品中含有的有害物质不会发生外泄或突变，不会对环境造成严重污染或对其人身、财产造成严重损害的期限。

第四条 工业和信息化部、发展改革委、科技部、财政部、环境保护部、商务部、海关总署、质检总局在各自的职责范围内对电器电子产品有害物质限制使用进行管理和监督。

第五条 工业和信息化部会同国务院有关主管部门制定有利于电器电子产品有害物质限制使用的措施，落实电器电子产品有害物质限制使用的有关规定。

第六条 省、自治区、直辖市工业和信息化、发展改革、科技、财政、环境保护、商务、海关、质检等主管部门在各自的职责范围内，对电器电子产品有害物质限制使用实施监督管理。

省、自治区、直辖市工业和信息化主管部门负责牵头建立省级电器电子产品有害物质限制使用工作协调机制，负责协调解决本行政区域内电器电子产品有害物质限制使用工作中的重大事项及问题。

第七条 国家鼓励、支持电器电子产品有害物质限制使用的科学研究、技术开发和国际合作，积极推广电器电子产品有害物质替代与减量化等技术、装备。

第八条 工业和信息化部、国务院有关主管部门对积极开发、研制严于本办法规定的电器电子产品的组织和个人，可以给予表扬或奖励。

省、自治区、直辖市工业和信息化主管部门和其他相关主管部门对在电器电子产品有害物质限制使用工作以及相关活动中做出显著成绩的组织和个人，可以给予表扬或奖励。

第二章 电器电子产品有害物质限制使用

第九条 电器电子产品设计者在设计电器电子产品时，不得违反强制性标准或法律、行政法规和规章规定必须执行的标准，在满足工艺要求的前提下应当按照电器电子产品有害物质限制使用国家标准或行业标准，采用无害或低害、易于降解、便于回收利用等方案。

第十条 电器电子产品生产者在生产电器电子产品时，不得违反强制性标准或法律、行政法规和规章规定必须执行的标准，应当按照电器电子产品有害物质限制使用国家标准或行业标准，采用资源利用率高、易回收处理、有利于环境保护的材料、技术和工艺，限制或者淘汰有害物质在产品中的使用。

电器电子产品生产者不得将不符合本办法要求的电器电子产品出厂、销售。

第十一条 进口的电器电子产品不得违反强制性标准或法律、行政法规和规章规定必须执行的标准，应当符合电器电子产品有害物质限制使用国家标准或行业标准。

出入境检验检疫机构依法对进口的电器电子产品实施口岸验证和法定检验。海关验核出入境检验检疫机构签发的《入境货物通关单》并按规定办理通关手续。

第十二条 电器电子产品生产者、进口者制作、使用电器电子产品包装物时，不得违反强制性标准或法律、行政法规和规章规定必须执行的标准，应当采用无害、易于降解和便于回收利用的材料，遵守包装物使用的国家标准或行业标准。

第十三条 电器电子产品生产者、进口者应当按照电器电子产品有害物质限制使用标识的国家标准或行业标准，对其投放市场的电器电子产品中含有的有害物质进行标注，标明有害物质的名称、含量、所在部件及其产品可否回收利用，以及不当利用或者处置可能会对环境和人类健康造成影响的信息等；由于产品体积、形状、表面材质或功能的限制不能在产品上标注的，应当在产品说明中注明。

第十四条 电器电子产品生产者、进口者应当按照电器电子产品有害物质限制使用标识的国家标准或行业标准，在其生产或进口的电器电子产品上标注环保使用期限；由于产品体积、形状、表面材质或功能的限制不能在产品上标注的，应当在产品说明中注明。

第十五条 电器电子产品的环保使用期限由电器电子产品的生产者或进口者自行确定。相关行业组织可根据技术发展水平，制定包含产品类目、确定方法、具体期限等内容的相关电器电子产品环保使用期限的指导意见。

工业和信息化部鼓励相关行业组织将制定的电器电子产品环保使用期限的指导意见报送工业和信息化部。

第十六条 电器电子产品销售者不得销售违反电器电子产品有害物质限制使用国家标准或行业标准的电器电子产品。

第十七条 电器电子产品有害物质限制使用采取目录管理的方式。工业和信息化部根据产业发展的实际状况，商发展改革委、科技部、财政部、环境保护部、商务部、海关总署、质检总局编制、调整、发布达标管理目录。

第十八条 国家建立电器电子产品有害物质限制使用合格评定制度。纳入达标管理目录的电器电子产品，应当符合电器电子产品有害物质限制使用限量要求的国家标准或行业标准，按照电器电子产品有害物质限制使用合格评定制度进行管理。

工业和信息化部根据电器电子产品有害物质限制使用工作整体安排，向国家认证认可监督主管部门提出建立电器电子产品有害物质限制使用合格评定制度的建议。国家认证认可监督主管部门依据职能会同工业和信息化部制定、发布并组织实施合格评定制度。工业和信息化部根据实际情况，会同财政部等部门对合格评定结果建立相关采信机制。

第三章 罚则

第十九条 违反本办法，有下列情形之一的，由商务、海关、质检等部门在各自的职责范围内依法予以处罚：

（一）电器电子产品生产者违反本办法第十条的规定，所采用的材料、技术和工艺违反电器电子产品有害物质限制使用国家标准或行业标准的，以及将不符合本办法要求的电器电子产品出厂、销售的；

（二）电器电子产品进口者违反本办法第十一条的规定，进口的电器电子产品违反电器电子产品有害物质限制使用国家标准或行业标准的；

（三）电器电子产品生产者、进口者违反本办法第十二条的规定，制作或使用的电器电子产品包装物违反包装物使用国家标准或行业标准的；

（四）电器电子产品生产者、进口者违反本办法第十三条的规定，未标注电器电子产品有害物质的名称、含量、所在部件及其产品可否回收利用，以及不当利用或者处置可能会对环境和人类健康造成影响等信息的；

（五）电器电子产品生产者、进口者违反本办法第十四条的规定，未标注电器电子产品环保使用期限的；

（六）电器电子产品销售者违反本办法第十六条的规定，销售违反电器电子产品有害物质限制使用国家标准或行业标准的电器电子产品的；

（七）电器电子产品生产者、销售者和进口者违反本办法第十七条的规定，自列入达标管理目录的电器电子产品限制使用有害物质的实施之日起，生产、销售或进口有害物质含量超过电器电子产品有害物质限制使用限量的相关国家标准或行业标准的电器电子产品的。

第二十条 有关部门的工作人员滥用职权，徇私舞弊，纵容、包庇违反本办法规定的行为的，或者帮助违反本办法规定的当事人逃避查处的，依法给予行政处分。

第四章 附则

第二十一条 任何组织和个人有权对违反本办法规定的行为向有关部门投诉、举报。

第二十二条 本办法由工业和信息化部商发展改革委、科技部、财政部、环境保护部、商务部、海关总署、质检总局解释。

第二十三条 本办法自2016年7月1日起施行。2006年2月28日公布的《电子信息产品污染控制管理办法》（原信息产业部、发展改革委、商务部、海关总署、工商总局、质检总局、原环保总局令第39号）同时废止。

三部委关于印发《机器人产业发展规划（2016—2020年）》的通知

工信部联规〔2016〕109号

各省、自治区、直辖市及计划单列市工业和信息化主管部门、发展改革委、财政厅（局）：

现将《机器人产业发展规划（2016—2020年）》印发你们，请认真贯彻执行。

工业和信息化部
国家发展和改革委员会
财政部
2016年3月21日

机器人产业发展规划（2016—2020年）

机器人既是先进制造业的关键支撑装备，也是改善人类生活方式的重要切入点。无论是在制造环境下应用的工业机器人，还是在非制造环境下应用的服务机器人，其研发及产业化应用是衡量一个国家科技创新、高端制造发展水平的重要标志。大力发展机器人产业，对于打造中国制造新优势，推动工业转型升级，加快制造强国建设，改善人民生活水平具有重要意义。

为贯彻落实好《中国制造2025》将机器人作为重点发展领域的总体部署，推进我国机器人产业快速健康可持续发展，特制定本规划，规划期为2016—2020年。

一、现状与形势

自1954年世界上第一台机器人诞生以来，世界工业发达国家已经建立起完善的工业机器人产业体系，核心技术与产品应用领先，并形成了少数几个占据全球主导地位的机器人龙头企业。特别是国际金融危机后，这些国家纷纷将机器人的发展上升为国家战略，力求继续保持领先优势。近五年来，全球工业机器人销量年均增速超过 17%，2014 年销量达到 22.9 万台，同比增长 29%，全球制造业机器人密度（每万名工人使用工业机器人数量）平均值由 5 年前的 50 提高到 66，其中工业发达国家机器人密度普遍超过 200。与此同时，服务机器人发展迅速，应用范围日趋广泛，以手术机器人为代表的医疗康复机器人形成了较大产业规模，空间机器人、仿生机器人和反恐防暴机器人等特种作业机器人实现了应用。

我国机器人研发起步于 20 世纪 70 年代，近年来，在一系列政策支持下及市场需求的拉动下，我国机器人产业快速发展。2014 年自主品牌工业机器人销量达到 1.7 万台，较上年增长 78%。服务机器人在科学考察、医疗康复、教育娱乐、家庭服务等领域已经研制出一系列代表性产品并实现应用。自 2013 年起我国成为全球第一大工业机器人应用市场，2014 年销量达到 5.7 万台，同比增长 56%，占全球销量的 1/4，机器人密度由 5 年前的 11 增加到 36。

虽然我国机器人产业已经取得了长足进步，但与工业发达国家相比，还存在较大差距。主要表现在：机器人产业链关键环节缺失，零部件中高精度减速器、伺服电机和控制器等依赖进口；核心技术创新能力薄弱，高端产品质量可靠性低；机器人推广应用难，市场占有率亟待提高；企业“小、散、弱”问题突出，产业竞争力缺乏；机器人标准、检测认证等体系亟待健全。

当前，随着我国劳动力成本快速上涨，人口红利逐渐消失，生产方式向柔性、智能、精细转变，构建以智能制造为根本特征的新型制造体系迫在眉睫，对工业机器人的需求将呈现大幅增长。与此同时，老龄化社会服务、医疗康复、救灾救援、公共安全、教育娱乐、重大科学研究等领域对服务机器人的需求也呈现出快速发展的趋势。“十三五”时期是我国机器人产业发展的关键时期，应把握国际机器人产业发展趋势，整合资源，制定对策，抓住机遇，营造良好发展环境，促进我国机器人产业实现持续健康快速发展。

二、总体要求

（一）指导思想

全面贯彻落实党的十八大和十八届三中、四中、五中全会精神，坚持创新、协调、绿色、开放、共享发展理念，加快实施《中国制造 2025》，紧密围绕我国经济转型和社会发展的重大需求，坚持“市场主导、创新驱动、强化基础、质量为先”原则，“十三五”期间聚焦“两突破”、“三提升”，即实现机器人关键零部件和高端产品的重大突破，实现机器人质量可靠性、市场占有率和龙头企业竞争力的大幅提升，以企业为主体，产学研用协同创新，打造机器人全产业链竞争能力，形成具有中国特色的机器人产业体系，为制造强国建设打下坚实基础。

市场主导就是坚持以市场需求为导向，以企业为主体，充分发挥市场对机器人研发方向、路线选择、各类要素配置的决定作用。创新驱动就是加强机器人创新体系建设，加快形成有利于机器人创新发展的新机制，优化商业和服务模式，打造公共创新平台。强化基础就是加强机器人共性关键技术研究，建立完善机器人标准体系及检测认证平台，夯实产业发展基础。质量为先就是提高机器人关键零部件及高端产品的质量可靠性，提升自主品牌核心竞争力。

（二）发展目标

经过五年的努力，形成较为完善的机器人产业体系。技术创新能力和国际竞争能力明显增强，产品性能和质量达到国际同类水平，关键零部件取得重大突破，基本满足市场需求。2020 年具体目标如下：

产业规模持续增长。自主品牌工业机器人年产量达到 10 万台，六轴及以上工业机器人年产量达到 5 万台以上。服务机器人年销售收入超过 300 亿元，在助老助残、医疗康复等领域实现小批量生产及应用。培育 3 家以上具有国际竞争力的龙头企业，打造 5 个以上机器人配套产业集群。

技术水平显著提升。工业机器人速度、载荷、精度、自重比等主要技术指标达到国外同类产品水平，平均无故障时间（MTBF）达到 8 万小时；医疗健康、家庭服务、反恐防暴、救灾救援、科学研究等领域的服务机器人技术水平接近国际水平。新一代机器人技术取得突破，智能机器人实现创新应用。

关键零部件取得重大突破。机器人用精密减速器、伺服电机及驱动器、控制器的性能、精度、可靠性达到国外同类产品水平，在六轴及以上工业机器人中实现批量应用，市场占有率达到 50% 以上。

集成应用取得显著成效。完成 30 个以上典型领域机器人综合应用解决方案，并形成相应的标准和规范，实现机器人在重点行业的规模化应用，机器人密度达到 150 以上。

三、主要任务

（一）推进重大标志性产品率先突破

推进工业机器人向中高端迈进。面向《中国制造2025》十大重点领域及其他国民经济重点行业的需求，聚焦智能生产、智能物流，攻克工业机器人关键技术，提升可操作性和可维护性，重点发展弧焊机器人、真空（洁净）机器人、全自主编程智能工业机器人、人机协作机器人、双臂机器人、重载AGV等六种标志性工业机器人产品，引导我国工业机器人向中高端发展。

促进服务机器人向更广领域发展。围绕助老助残、家庭服务、医疗康复、救援救灾、能源安全、公共安全、重大科学研究等领域，培育智慧生活、现代服务、特殊作业等方面的需求，重点发展消防救援机器人、手术机器人、智能型公共服务机器人、智能护理机器人等四种标志性产品，推进专业服务机器人实现系列化，个人/家庭服务机器人实现商品化。

专栏1　十大标志性产品
——弧焊机器人。6自由度多关节机器人，中厚板弧焊机器人额定负载≥10kg，薄板弧焊机器人额定负载6kg。实现焊缝轨迹电弧跟踪、高压接触感知、焊缝坡口宽度电弧跟踪等关键技术的应用。 ——真空（洁净）机器人。真空最大负载15kg，洁净最大负载210kg，重复定位精度±0.05～0.1mm，实现真空环境下传动润滑、直驱控制、动态偏差检测与校正及碰撞检测与保护等关键技术的应用。 ——全自主编程智能工业机器人。6自由度以上，适应工件尺寸范围在1m×1m×0.3m以上，具有智能工艺专家系统，可自动获取信息生成作业程序，全过程非示教，自动编程时间小于1s，满足喷涂、抛光、打磨等复杂的作业要求。 ——人机协作机器人。6自由度以上的多关节机器人，自重负载比小于4，重复定位精度±0.05mm，力控精度<5N，碰撞安全监测响应时间<0.3s，选配本体感应皮肤的整臂安全感应距离<1cm，防护等级IP54，适用于柔性、灵活度和精准度要求较高的行业如电子、医药、精密仪器等行业，满足更多工业生产中的操作需要。 ——双臂机器人。每个单臂6自由度以上，关节转动速度≥±180°/s，双臂平均功耗<500W，带双臂碰撞检测的路径规划功能，集成双目视觉定位误差<1mm，2指/3指柔性手爪行程≥50mm，抓取力≥30N，重复定位精度±0.05mm，适用于3C电子等行业的零件组装产线。 ——重载AGV。驱动方式：全轮驱动；最大负载能力40 000kg；最大速度：直线20m/min；转弯半径：2m；辅助磁导航精度：±10mm；防碰装置：激光防碰；举升装置：车体自举升；举升行程：最大100mm。 ——消防救援机器人。满足自然灾害和恶性事故等现场对灾情侦察和快速处理的需求，在高温高压、有毒有害等特殊环境下，可完成人员搜索、灾情探测定位、定点抛投、排障、灭火和救援等任务。 ——手术机器人。冗余机械臂的自由度数目不小于6个，最高重复位置精度优于1mm，选取点上的测量误差不大于1%，可完成各类相关手术。 ——智能型公共服务机器人。导航方式：激光SLAM，最大移动速度0.6m/s，定位精度±100mm，定位航向角精度±5°，最大工作时间3h，手臂数量2，单臂自由度2–7，头部自由度1–2，具备自主行走、人机交互、讲解、导引等功能。 ——智能护理机器人。面向老人照护需求，具有智能感知识别、自主移动等能力，与用户进行交流，辅助老人进行家务劳动，提供多样性的护理服务。

（二）大力发展机器人关键零部件

针对6自由度及以上工业机器人用关键零部件性能、可靠性差，使用寿命短等问题，从优化设计、材料优选、加工工艺、装配技术、专用制造装备、产业化能力等多方面入手，全面提升高精密减速器、高性能机器人专用伺服电机和驱动器、高速高性能控制器、传感器、末端执行器等五大关键零部件的质量稳定性和批量生产

专栏2　五大关键零部件
——高精密减速器。通过发展高强度耐磨材料技术、加工工艺优化技术、高速润滑技术、高精度装配技术、可靠性及寿命检测技术以及新型传动机理的探索，发展适合机器人应用的高效率、低重量、长期免维护的系列化减速器。 ——高性能机器人专用伺服电机和驱动器。通过高磁性材料优化、一体化优化设计、加工装配工艺优化等技术的研究，提高伺服电机的效率，降低功率损失，实现高功率密度。发展高力矩直接驱动电机、盘式中空电机等机器人专用电机。 ——高速高性能控制器。通过高性能关节伺服、振动抑制技术、惯量动态补偿技术、多关节高精度运动解算及规划等技术的发展，提高高速变负载应用过程中的运动精度，改善动态性能。发展并掌握开放式控制器软件开发平台技术，提高机器人控制器可扩展性、可移植性和可靠性。 ——传感器。重点开发关节位置、力矩、视觉、触觉等传感器，满足机器人产业的应用需求。 ——末端执行器。重点开发抓取与操作功能的多指灵巧手和具有快换功能的夹持器等末端执行器，满足机器人产业的应用需求。

能力，突破技术壁垒，打破长期依赖进口的局面。

（三）强化产业创新能力

加强共性关键技术研究。针对智能制造和工业转型升级对工业机器人的需求和智慧生活、现代服务和特殊作业对服务机器人的需求，重点突破制约我国机器人发展的共性关键技术。积极跟踪机器人未来发展趋势，提早布局新一代机器人技术的研究。

建立健全机器人创新平台。充分利用和整合现有科技资源和研发力量，组建面向全行业的机器人创新中心，打造政产学研用紧密结合的协同创新载体。重点聚焦前沿技术、共性关键技术研究。

加强机器人标准体系建设。开展机器人标准体系的顶层设计，构建和完善机器人产业标准体系，加快研究制订产业急需的各项技术标准，支持机器人评价标准的研究和验证，积极参与国际标准的制修订。

建立机器人检测认证体系。建立并完善以国家机器人检测与评定中心为代表的机器人检验与认证机构，推动建立机器人第三方评价和认证体系，开展机器人整机及关键功能部件的检测与认证工作。

专栏 3　基础能力建设重点
——机器人共性关键技术。1. 工业机器人关键技术：重点突破高性能工业机器人工业设计、运动控制、精确参数辨识补偿、协同作业与调度、示教 / 编程等关键技术。2. 服务机器人关键技术：重点突破人机协同与安全、产品创意与性能优化设计、模块化 / 标准化体系结构设计、信息技术融合、影像定位与导航、生肌电感知与融合等关键技术。3. 新一代机器人技术：重点开展人工智能、机器人深度学习等基础前沿技术研究，突破机器人通用控制软件平台、人机共存、安全控制、高集成一体化关节、灵巧手等核心技术。 ——机器人创新中心。重点围绕人工智能、感知与识别、机构与驱动、控制与交互等方面开展基础和共性关键技术研究，深入开展在高端制造业、灾难应急处理、医疗康复、助老助残等领域的前沿基础研究和应用基础研究，推进科技成果的转移扩散和商业化应用，为企业提供共性技术支持和服务，强化国际交流与合作，培养机器人专业研发设计人才。 ——机器人产业标准。发挥企业参与制修订标准的积极性，按照产业发展的迫切度，研究制订一批机器人国家标准、行业标准和团体标准，主要包括机器人用 RV 减速机通用技术条件等通用技术标准、机器人整机电磁兼容技术要求和试验方法等检测标准、个人护理机器人安全要求等安全标准、工业机器人编程和操作图形用户接口等通信控制标准、设计平台标准和喷涂机器人系统应用规范等应用标准。

续表
——国家机器人检测与评定中心。面向机器人整机及关键功能部件两方面内容开展检测与评定工作，整机性能评价包括：安全、性能、环境适应性、噪音水平、电磁兼容性、可靠性及测控软件评价等；功能部件检测评定包括：零件质量、零部件安全及性能、噪声、环境适应性、材质和接口等。

（四）着力推进应用示范

为满足国家战略和民生重大需求，加强质量品牌建设，积极开展机器人的应用示范。围绕制造业重点领域，实施一批效果突出、带动性强、关联度高的典型行业应用示范工程，重点针对需求量大、环境要求高、劳动强度大的工业领域以及救灾救援、医疗康复等服务领域，分步骤、分层次开展细分行业的推广应用，培育重点领域机器人应用系统集成商及综合解决方案服务商，充分利用外包服务、新型租赁等模式，拓展工业机器人和服务机器人的市场空间。

专栏 4　机器人推广应用计划
通过提高企业质量意识，促进企业实施以质量为先的经营管理，完善产品检测认证制度，推广先进质量管理方法，加强制造过程管理等措施，推进质量保障能力建设，提高机器人产品的质量可靠性，提升用户使用机器人的信心。 在工业机器人用量大的汽车、电子、家电、航空航天、轨道交通等行业，在劳动强度大的轻工、纺织、物流、建材等行业，在危险程度高的化工、民爆等行业，在生产环境洁净度要求高的医药、半导体、食品等行业，推进工业机器人的广泛应用。在救灾救援领域，推进专业服务机器人在自然灾害、火灾、核事故、危险品爆炸现场的示范应用等。 开展陪护与康复训练机器人在失能与认知障碍人群中的试点示范，开展智能假肢与外骨骼机器人在行动障碍人群中的试点示范，开展手术机器人在三甲医院智能手术中心的试点示范，大力推进服务机器人在医疗、助老助残、康复等领域的推广应用。

（五）积极培育龙头企业

引导企业围绕细分市场向差异化方向发展，开展产业链横向和纵向整合，支持互联网企业与传统机器人企业的紧密结合，通过联合重组、合资合作及跨界融合，加快培育管理水平先进、创新能力强、效率高、效益好、市场竞争力强的龙头企业，打造知名度高、综合竞争力强、产品附加值高的机器人国际知名品牌。大力推进研究院所、大专院校与机器人产业紧密结合，充分发挥龙头企业带动作用，以龙头企业为引领形成良好的产业生态环境，带动中小企业向“专、精、特、新”方向发展，形成全产业链协同发展的局面。

四、保障措施

（一）加强统筹规划和资源整合

强化顶层设计，统筹协调工业管理、发展改革、科技、财政等各部门的资源和力量，形成合力，支持自主创新，推动我国机器人产业健康发展；加强对区域产业政策的指导，形成国家和地方协调一致的产业政策体系；鼓励有条件的地区、园区发展机器人产业集群，引导机器人产业链及生产要素的集中集聚。

（二）加大财税支持力度

通过工业转型升级、中央基建投资等现有资金渠道支持机器人及其关键零部件产业化和推广应用；利用中央财政科技计划（专项、基金等）支持符合条件的机器人及其关键零部件研发工作；通过首台（套）重大技术装备保险补偿机制，支持纳入《首台（套）重大技术装备推广应用指导目录》的机器人应用推广；根据国内机器人产业发展情况，逐步取消关税减免政策，发挥关税动态保护作用；落实好企业研发费用加计扣除等政策，鼓励企业加大技术研发力度、提升技术水平。

（三）拓宽投融资渠道

鼓励各类银行、基金在业务范围内，支持技术先进、优势明显、带动和支撑作用强的机器人项目；鼓励金融机构与机器人企业成立利益共同体，长期支持产业发展；积极支持符合条件的机器人企业在海内外资本市场直接融资和进行海内外并购；引导金融机构创新符合机器人产业链特点的产品和业务，推广机器人租赁模式。

（四）营造良好的市场环境

制定工业机器人产业规范条件，促进各项资源向优势企业集中，鼓励机器人产业向高端化发展，防止低水平重复建设；研究制订机器人认证采信制度，国家财政资金支持的项目应采购通过认证的机器人，鼓励地方政府建立机器人认证采信制度；加强机器人知识产权保护制度建设；研究建立机器人行业统计制度；充分发挥行业协会、产业联盟和服务机构等行业组织的作用，构建机器人产业服务平台。

（五）加强人才队伍建设

组织实施机器人产业人才培养计划，加强大专院校机器人相关专业学科建设，加大机器人职业培训教育力度，加快培养机器人行业急需的高层次技术研发、管理、操作、维修等各类人才；利用国家千人计划，吸纳海外机器人高端人才创新创业。

（六）扩大国际交流与合作

充分利用政府、行业组织、企业等多渠道、多层次地开展技术、标准、知识产权、检测认证等方面的国际交流与合作，不断拓展合作领域；鼓励企业积极开拓海外市场，加强技术合作，提供系统集成、产品供应、运营维护等全面服务。

五、规划实施

由工业和信息化部、发展改革委牵头负责组织规划实施，建立各部门分工协作、共同推进的工作机制，建立规划实施动态评估机制。地方工业和信息化、发展改革主管部门及相关企业结合本地区和本企业实际情况，制订与本规划相衔接的实施方案。相关行业协会及中介组织要发挥桥梁和纽带作用，及时反映规划实施过程中出现的新情况、新问题，提出政策建议。

工业和信息化部关于开展两化深度融合创新推进2016专项行动的通知

工信部信软〔2016〕123号

各省、自治区、直辖市工业和信息化主管部门、通信管理局，各有关企业、行业协会，部属相关单位：

为贯彻落实《中国制造2025》，加快推进《工业和信息化部关于贯彻落实<国务院关于积极推进“互联网

+”行动的指导意见 > 的行动计划（2015—2018 年）》，提升信息化与工业化融合发展水平，推动制造强国和网络强国建设，我部决定实施两化深度融合创新推进 2016 专项行动。现将《两化深度融合创新推进 2016 专项行动实施方案》印发你们，请结合本地区、本单位实际开展相关工作。

工业和信息化部

2016 年 3 月 30 日

两化深度融合创新推进 2016 专项行动实施方案

一、背景

推动信息化和工业化深度融合是一项长期性、战略性任务。我部先后发布了《信息化和工业化深度融合专项行动计划（2013—2018 年）》和《贯彻落实 < 国务院关于积极推进“互联网 +”行动的指导意见 > 行动计划（2015—2018 年）》，对推动两化深度融合做出了系列重要部署。《中国制造 2025》明确提出“以加快新一代信息技术与制造业融合为主线”。围绕落实国务院和我部出台的一系列文件，结合当前制造业转型升级面临的新形势，为深入推进两化融合，培育经济转型升级新动能，全面支撑制造强国建设，按照我部关于实施推进“中国制造 2025”“6+1”专项行动统一要求，制定本方案。

二、指导思想

全面贯彻落实党的十八大和十八届三中、四中、五中全会精神，以激发企业创新活力、发展潜力和转型动力为主线，注重标准引领、示范带动、远近结合、强化支撑的推进思路，积极推进制造企业“双创”平台建设，组织开展试点示范，加快推广普及两化融合管理体系，提升两化融合系统解决方案和工业信息安全保障能力，不断打造信息化环境下制造业竞争新优势，推动制造业转型升级和提质增效。

三、主要目标

两化融合管理体系在重点区域开始全面推广普及，在引领企业管理组织变革、培育新型能力等方面的作用初步显现；制造业与互联网融合发展步伐不断加快，重点行业骨干企业“双创”平台普及率达到 50%，培育一批工业云、工业大数据等试点示范服务平台，工业云企业用户年均增长 20%；形成一批两化融合系统解决方案试点示范企业，培育一批可推广、可复制的模式；工业信息安全技术支撑和保障能力显著提升，形成一批工业信息安全检测评估工具和安全解决方案。

四、重点工作及分工

（一）深化制造业与互联网融合发展

推动出台《关于深化制造业与互联网融合发展的指导意见》，编制部门分工方案和工作计划，加强宣贯和培训，指导地方、行业协会和重点企业协同推进相关工作。支持大型制造企业建立基于互联网的“双创”平台，鼓励大企业“双创”平台资源的开放共享和社会化服务。提升“双创”服务平台支撑能力，支持基础电信企业、大型互联网企业建设为中小企业服务的“双创”服务平台，完善制造业“双创”服务体系。依托国家新型工业化产业示范基地和产业集聚区，建设众创综合服务平台，发展创客空间、创新工场、开源社区等新型众创空间。

（二）全面推进两化融合管理体系贯标工作

出台《两化融合管理体系指导意见》，加快两化融合管理体系标准制定和应用推广。新增 600 家国家级试点企业开展两化融合管理体系贯标，超过 300 家企业通过评定，支持地方工业和信息化主管部门组织开展省级贯标试点。完善线上线下协同服务平台，规范两化融合管理体系市场化服务和监管机制。鼓励各省市加强贯标政策引导和资金支持，加快形成两化融合管理体系评定结果的市场化采信机制。

（三）组织开展两化融合管理对标、评估和诊断

研究完善企业两化融合评估体系和服务模型，组织省市工业和信息化主管部门、中央企业集团和行业协会，

推动60 000家以上企业全面开展两化融合自评估、自诊断、自对标，充分调动和激发对标企业、服务机构和行业协会的积极性，加快形成市场化的企业信息化诊断咨询服务机制。建设企业两化融合发展水平大数据服务平台，定期发布重点行业、区域和企业两化融合发展水平、阶段、趋势以及技术应用成熟度的数据地图和白皮书，形成服务政府、行业和企业的评估诊断和对标引导体系。支持地方、行业协会等利用两化融合大数据服务平台，分行业、分领域组织开展两化深度融合应用试点示范。

（四）组织开展制造业与互联网融合发展试点示范

围绕构建支撑制造业转型的互联网平台，组织开展制造业与互联网融合发展试点示范。一是聚焦大型制造企业，以培育企业新型研发、生产、管理和服务模式为重点，开展大企业“双创”平台试点，组织宣传和行业示范推广。二是围绕推动重点行业高效协同研发、质量精细管理、协同供应链、产品全生命周期服务等新业务，组织开展工业云和工业大数据服务平台试点示范。三是以支持垂直行业电子商务一体化、精细化和专业化集成服务为重点，组织开展工业电子商务服务平台试点示范。

（五）提升两化融合系统解决方案能力

围绕两化融合系统解决方案基础能力提升，启动信息物理系统（CPS）测试验证平台和综合验证实验床建设，支持重点行业开展CPS应用试点，加快制定CPS参考体系结构等基础标准。以提升行业系统解决方案设计、集成和应用能力为重点，面向化工、冶金、电子等重点行业组织开展精益研发、智能工厂、产品全生命周期管理、供应链管理等系统解决方案试点，培育一批行业系统解决方案提供商，加快优秀解决方案的推广普及。

（六）提升工业信息安全技术支撑和保障能力

研究制定《工业企业工业控制系统信息安全防护指南》。以增强工控系统产品安全可控水平为重点，推进工控系统安全审查，建立工控安全审查组织体系，组织开展第三方机构认定，研究制定工控安全审查制度及相关标准。围绕落实企业工控安全主体责任，开展重点行业工控安全检查评估，建立工业信息安全风险信息报送发布平台。围绕提高工控系统漏洞可发现、风险可防范能力，建设工控系统仿真测试、在线监测、评估验证平台，提升工业信息安全技术支撑能力。

（七）推动国际交流与合作

健全两化融合领域国际合作推进机制，发挥行业协会、产业联盟等中介组织作用，加强标准制定、技术交流、人才培训、园区建设等领域的国际合作，充实完善国际合作项目库，加快一批重点项目落地。依托两化融合及智能制造等试点示范工作基础，培育若干家具有引领性、带动性的智能制造国际合作示范企业、园区和培训基地。健全国际合作项目支撑服务体系，完善政府高层次沟通交流机制，成立中德等智能制造联盟，开展智能制造最佳实践交流。

五、进度安排

——印发实施方案，启动两化深度融合创新推进专项行动。《关于深化制造业与互联网融合发展的指导意见》上报国务院。（3月）

——开展国家级两化融合管理体系贯标试点，遴选两化融合管理体系贯标示范企业。印发《制造业与互联网融合发展试点示范实施方案》，启动CPS测试验证平台和综合验证实验床建设，开展CPS行业应用试点和行业系统解决方案试点。（4月）

——开展智能制造国际合作，培育并支持智能制造国际合作示范企业和园区建设。（5月）

——发布重点行业、区域和企业两化融合发展水平数据地图和白皮书。（6月）

——发布《工业企业工业控制系统信息安全防护指南》。（8月）

——发布《两化融合管理体系指导意见》。（10月）

——完成《两化融合管理体系基础和术语》、《两化融合管理体系要求》、《两化融合管理体系实施指南》、《两化融合管理体系审核指南》等四项国家标准报批。（11月）

——开展两化深度融合创新推进专项行动年度检查和工作总结。（12月底前）

六、保障措施

（一）加强组织协调

加强部省合作，指导地方落实好国家相关政策，出台和落实配套政策，构建上下齐动、区域联动、各负其责的工作机制。促进产学研用协同推进。充分发挥地方工业和信息化主管部门、通信管理机构、部属院校和研究机构、行业协会和第三方机构的作用，合力推进各项工作的开展。

（二）加大支持力度

加大工业转型升级资金、中央专项建设基金等专项资金对制造业“双创”平台、试点示范、系统解决方案等的支持力度，发挥中小企业发展基金等引导和带动作用，鼓励有条件的地方设立专项资金，加大对专项行动的支持力度。加强产融结合，引导金融机构创新金融产品和服务，鼓励社会资本参与专项行动建设。

（三）加强人才培养

推进专业技术人才知识更新工程建设，组织开展制造业与互联网融合培训，依托重点企业、行业协会开展两化融合领域急需紧缺人才培养培训，鼓励社会培训机构加强面向重点行业关键岗位专业人才培训。支持部属高校加强两化融合学科专业建设，开展校企协同育人，加强两化融合、工业信息安全等复合型人才培养。在大中型企业推广首席信息官制度。

（四）加大宣传力度

围绕加快两化融合管理体系推广普及，组织开展面向行业主管部门、贯标试点企业、咨询评定机构的宣传。积极推进两化融合示范企业经验交流和行业推广，组织开展典型示范项目和最佳实践宣传。

国务院办公厅关于深入实施“互联网+流通”行动计划的意见

国办发〔2016〕24号

各省、自治区、直辖市人民政府，国务院各部委、各直属机构：

“互联网+流通”正在成为大众创业、万众创新最具活力的领域，成为经济社会实现创新、协调、绿色、开放、共享发展的重要途径。实施“互联网+流通”行动计划，有利于推进流通创新发展，推动实体商业转型升级，拓展消费新领域，促进创业就业，增强经济发展新动能。为贯彻落实国务院决策部署，深入实施“互联网+流通”行动计划，进一步推进线上线下融合发展，从供需两端发力，实现稳增长、扩消费、强优势、补短板、降成本、提效益，经国务院同意，现提出以下意见：

一、加快推动流通转型升级

以满足消费者需求为中心，积极开展全渠道经营，支持企业突出商品和服务特色，充分应用移动互联网、物联网、大数据等信息技术，在营销、支付、售后服务等方面线上线下互动，全方位、全天候满足消费需求，降低消费成本。（商务部、国家发展改革委、新闻出版广电总局，地方各级人民政府）大力发展体验消费，引导有条件的企业利用现有商业设施改造发展消费体验示范中心，合理布局购物、餐饮、休闲、娱乐、文化、培训、体育、保健等体验式消费业态，增强实体店体验式、全程式服务能力。（商务部、文化部、新闻出版广电总局、体育总局，地方各级人民政府）着力提高供应链管理控制能力，鼓励百货等零售业态积极发展“买手制”，不断提高自营和自主品牌商品比例，通过发展连锁经营、采购联盟等多种组织形式降本增效，提高利用信息化、网络化、智能化技术实现转型升级的能力。（商务部、国家发展改革委，地方各级人民政府）增强老字号等传统品牌影响力，积极运用互联网，创新生产工艺和商业模式，弘扬民族、技艺等优秀传统文化，开展知名品牌示范区创建工作，线上线下互动传播中国品牌。（商务部、工业和信息化部、文化部、质检总局，地方各级人民政府）推动商品交易市场利用互联网创新商业模式，拓展服务功能，加快平台化发展，以转型升级实现市场结构优化、提质增效，带动产业优化重组，发挥好引导生产、促进消费的作用。（商务部、国家发展改革委、国土资源部，地方各级人民政府）

二、积极推进流通创新发展

鼓励发展分享经济新模式，密切跟踪借鉴国外分享经济发展新特点新趋势，结合部门和地方实际创新政府管理和服务，激发市场主体创业创新活力，鼓励包容企业利用互联网平台优化社会闲置资源配置，拓展产品和服务消费新空间新领域，扩大社会灵活就业。（中央网信办、国家发展改革委、工业和信息化部、人力资源社会保障部、商务部、工商总局、国家旅游局、国家邮政局等有关部门，地方各级人民政府）支持发展协同经济新模式，通过众创、众包、众扶等多种具体形式，围绕产业链、供应链、服务链建立上下游企业、创业者之间的垂直纵深与横向一体化协作关系，提升社会化协作水平和资源优化配置能力。（国家发展改革委、科技部、工业和信息化部、商务部、新闻出版广电总局，地方各级人民政府）大力发展流通创新基地，为中小企业应用互联网创业创新提供集群注册、办公场地、基础通信、运营指导、人才培训、渠道推广、信贷融资等软硬件一体化支撑服务。（商务部、科技部、人力资源社会保障部、工商总局，地方各级人民政府）

三、加强智慧流通基础设施建设

加大对物流基地建设、冷链系统建设等的政策性扶持力度，科学规划和布局物流基地、分拨中心、公共配送中心、末端配送网点，加大流通基础设施投入，支持建设农产品流通全程冷链系统，重点加强全国重点农业产区冷库建设。加大农村宽带建设投入，加快提速降费进程，努力消除城乡“数字鸿沟”。加大流通基础设施信息化改造力度，充分利用物联网等新技术，推动智慧物流配送体系建设，提高冷链设施的利用率。科学发展多层次物流公共信息服务平台，整合各类物流资源，提高物流效率，降低物流成本。（国家发展改革委、商务部、工业和信息化部、财政部、国土资源部、住房城乡建设部、交通运输部、农业部、国务院国资委、质检总局、新闻出版广电总局、国家邮政局，地方各级人民政府）推进电子商务与物流快递协同发展，及时总结协同发展试点成果，形成可复制、可推广的制度、做法和经验，着力解决快递运营车辆规范通行、末端配送、电子商务快递从业人员基本技能培训等难题，补齐电子商务物流发展短板。（商务部、国家邮政局，试点城市人民政府）

四、鼓励拓展智能消费新领域

鼓励具备条件的城市探索构建线上线下融合发展的体验式智慧商圈，促进商圈内不同经营模式和业态优势互补、信息互联互通、消费客户资源共享，抱团向主动服务、智能服务、立体服务和个性化服务转变，提高商圈内资源整合能力和消费集聚水平。（商务部、国家发展改革委、科技部、工业和信息化部、国土资源部、环境保护部、住房城乡建设部，地方各级人民政府）加快实施特色商业街区示范建设工程，发掘地方资源禀赋优势，提高产品和服务特色化、差异化、精准化、数字化营销推广能力，振兴城镇商业。（商务部、住房城乡建设部、国家旅游局，地方各级人民政府）拓展智能消费领域，积极开发虚拟现实、现实增强等人工智能新技术新服务，大力推广可穿戴、生活服务机器人等智能化产品，提高智能化产品和服务的供给能力与水平。（国家发展改革委、工业和信息化部、科技部，地方各级人民政府）

五、大力发展绿色流通和消费

推广绿色商品，限制高耗能、高污染、高环境风险、过度包装产品进入流通和消费环节。开展绿色商场示范活动，大力宣传贯彻绿色商场国家标准、行业标准，创建一批集门店节能改造、节能产品销售和废弃物回收于一体的绿色商场。推动仓储配送与包装绿色化发展，提高商贸物流绿色化发展水平。推动“互联网 + 回收”模式创新，利用大数据、云计算等技术优化逆向物流网点布局，鼓励在线回收，加强生活垃圾分类回收和再生资源回收有机衔接。开展“绿色产品进商场、绿色消费进社区、绿色回收进校园”主题宣传活动，推动形成崇尚节俭、科学、绿色的消费理念和生活方式。（商务部、国家发展改革委、教育部、工业和信息化部、国土资源部、环境保护部、住房城乡建设部、质检总局、新闻出版广电总局、供销合作总社，地方各级人民政府）

六、深入推进农村电子商务

坚持市场运作，充分发挥各类市场主体参与农村电子商务发展的动力和创造力。促进农产品网络销售，以市场需求为导向，鼓励供销合作社等各类市场主体拓展适合网络销售的农产品、农业生产资料、休闲农业等产品和服务，引导电子商务企业与新型农业经营主体、农产品批发市场、连锁超市等建立多种形式的联营协作关系，拓宽农产品进城渠道，突破农产品冷链运输瓶颈，促进农民增收，丰富城市供应。畅通农产品流通，切实降低农产品网上销售的平台使用、市场推广等费用，提高农村互联网和信息化技术应用能力。鼓励电子商务企业拓展农村消费市场，针对农村消费习惯、消费能力、消费需求特点，从供给端提高商品和服务的结构化匹配能力，带动工业品下乡，方便农民消费。鼓励邮政企业等各类市场主体整合农村物流资源，建设改造农村物流公共服务中心和村级网点，切实解决好农产品进城"最初一公里"和工业品下乡"最后一公里"问题。（商务部、国家发展改革委、工业和信息化部、财政部、交通运输部、农业部、质检总局、国家旅游局、国家邮政局、供销合作总社、中国邮政集团公司，地方各级人民政府）

七、积极促进电子商务进社区

大力发展社区电子商务，鼓励发展社区购物服务应用软件，加强电子商务企业与社区商业网点融合互动，开展物流分拨、快件自取、电子缴费等服务，提高社区商业的信息化、标准化、规范化、集约化水平，提升社区居民生活品质。（商务部、国土资源部、住房城乡建设部、质检总局，地方各级人民政府）完善"一站式"便民服务消费功能，支持老旧小区利用闲置房间、地下空间等打造多层次、多形式的便民服务点，将零散的社区服务资源进行线上线下整合，统筹建设和改造餐饮、住宿、家政、洗染、美容美发、维修、物流、金融、文化、娱乐、休闲等生活服务网点，让门店多起来，提高城市居民生活的便利性和城市发展竞争力。（商务部、国土资源部、住房城乡建设部、文化部、新闻出版广电总局，地方各级人民政府）

八、加快完善流通保障制度

组织开展道路货运无车承运人试点工作，允许试点范围内无车承运人开展运输业务。（交通运输部、国家发展改革委）按照新修订的《高新技术企业认定管理办法》，落实"互联网＋流通"企业的申报认定工作。（科技部、财政部、税务总局，地方各级人民政府）推进工商用电同价，允许大型商贸企业参与电力直接交易，开展商业用户自主选择执行商业行业平均电价或峰谷分时电价试点。（国家发展改革委、商务部）发挥政府、行业协会作用，科学规划，合理布局，盘活存量，优化增量，鼓励各地采取先买后租、先建后租等多种有力措施，引导降低实体店铺租金，保障社区菜市场、社区食堂等惠民便民服务设施低成本供给，引导线上企业到线下开设实体店，推动线上线下融合发展。阶段性适当降低困难流通企业住房公积金缴存比例。（住房城乡建设部、财政部、商务部、人民银行，地方各级人民政府）

九、发挥财政资金引导带动作用

积极推进"互联网＋流通"行动，着力降低流通成本，提高流通效率，扩大有效供给，鼓励有条件的地方设立"互联网＋流通"发展基金，引导社会资本、境外资本加大对流通领域互联网等信息技术应用的投入。（地方各级人民政府）

十、增强流通领域公共服务支撑能力

鼓励整合建设商务公共服务云平台，对接相关部门服务资源，为流通领域提供政策与基础信息服务，为中小微企业提供商业通用技术应用服务。加快建立健全电子商务统计监测体系，建设真实准确的企业、商品、订单、合同、发票、物流运单等电子商务基础信息库，支撑电子商务市场高效规范运行。（商务部、国家统计局、工业和信息化部、工商总局、质检总局、国家邮政局，地方各级人民政府）加大教育培训结构调整力度，加强电子商务人才继续教育，提高线上线下互动实战能力，培养既懂流通又懂创意创新和网络运营的复合型人才。指导支持各类电子商务创新创意创业大赛，对接行业机构、投融资机构，发现优秀的创业创新项目和创业创新人才。（商务部、教育部）

十一、健全流通法规标准体系

抓紧研究商品流通、电子商务等方面的立法，研究建立流通设施建设、商品流通保障、流通秩序维护等基本制度，解决流通发展中的体制机制问题。（商务部、国家发展改革委、农业部、国务院法制办）研究梳理现行法律法规中与互联网在流通领域创新应用和管理不相适应的内容，加快修订完善，推动线上线下规则统一。（有关部门按职责分工分别负责）健全批发、零售、物流、生活服务、商务服务领域标准体系，加强适应电子商务发展需要的农产品生产、采摘、检验检疫、分拣、分级、包装、配送和"互联网＋回收"等标准体系建设，加大标准贯彻实施力度，引导企业规范化发展。（商务部、

国家发展改革委、农业部、质检总局）

十二、营造诚信经营公平竞争环境

适应“互联网+流通”发展需要，不断创新监管手段，采取合理的监管方式，加强事中事后监管，加大对侵权假冒、无证无照经营、虚假交易等行为的打击力度，保障群众买到质优价廉的商品，放心消费、安全消费。鼓励平台型服务企业利用技术手段加强对违法违规行为的监测、识别和防范，主动与执法部门建立联防联控机制；严厉打击平台型服务企业包庇、纵容违法违规经营行为，营造保障“互联网+流通”行动计划顺利实施的法治化营商环境。（商务部、工商总局、质检总局、食品药品监管总局）推进商务信用体系建设，结合“三证合一、一照一码”登记制度改革，充分利用全国信用信息共享平台和企业信用信息公示系统，健全政府部门信用信息共享机制，并通过“信用中国”网站向社会提供服务，建立基于消费者交易评价和社会公众综合评价的市场化企业信用信息采集、共享与使用机制，不断优化评价标准和方法，形成多方参与、标准统一的商务诚信体系。（商务部、国家发展改革委、工业和信息化部、人民银行、工商总局、质检总局）

各地区、各部门要加强组织领导和贯彻实施，既要切实发挥好市场在资源配置中的决定性作用，也要发挥好政府的引导调控作用；既要立足当前，也要惠及长远。各地区要结合本地实际制定具体实施方案，明确工作分工，落实工作责任。商务部要会同有关部门建立工作联系机制，加强统筹协调、业务指导和督促检查，重大问题和情况及时报告国务院。

国务院办公厅

2016年4月15日

关于做好2016年减轻企业负担工作的通知

工信部运行函〔2016〕141号

国务院减轻企业负担部际联席会议成员单位，各省、自治区、直辖市减轻企业负担领导小组（联席会议）：

为贯彻落实党中央、国务院减轻企业负担的部署，我们研究制定了2016年全国减轻企业负担工作思路和重点任务，经国务院减轻企业负担部际联席会议（以下简称联席会议）审议通过。现印发你们，请按照各自职责做好工作。具体如下：

一、总体思路

贯彻落实党的十八大和十八届三中、四中、五中全会以及中央经济工作会议精神，按照中央整治涉企乱收费乱摊派和降低实体经济企业成本的要求以及国务院推进简政放权放管结合优化服务的部署，围绕“降成本、减负担”的目标，以深化实施涉企行政事项清单制度为核心，巩固清理规范涉企收费工作成果，制止各种清单之外的涉企乱收费、乱摊派、乱检查、乱罚款行为，进一步减轻企业负担和降低实体经济成本，为稳定经济增长和激发市场活力营造良好的环境。

二、重点工作

（一）以实施清单制度为中心，进一步推动涉企行政事项的公开透明

1. 严格执行涉企收费清单制度。对国家和各省（区、市）公布的涉企行政事业性收费、政府性基金和政府定价的经营服务收费及行政审批前置中介服务收费目录清单，建立常态化公示机制，按照规范的格式在各级政府门户网站上将涉企收费清单对外公布，接受社会监督。督促相关收费部门适时公开收费实施情况，接受社会监督。（工业和信息化部、财政部、发展改革委牵头）

2. 整合中央和各地区公布的涉企行政事业性收费、

政府性基金、政府定价经营服务收费和行政审批前置中介服务收费清单，建立全国涉企收费目录清单查询系统，作为减轻企业负担的服务平台，为企业缴费和拒绝违规收费提供查询依据。（联席会议办公室牵头）

3. 比照涉企收费清单制度，探索对涉企监督检查、保证金建立清单制度，逐步清理取消没有法定依据的项目，并将保留项目在政府网站公开接受社会监督。进一步规范对企业的监督检查行为，落实市场监管领域随机抽查制度，加强综合执法检查和事中事后监管，规范涉企行政罚款行为。（联席会议办公室牵头，工商总局、各成员单位按职责分别负责）

（二）以整治“红顶中介”为重点，进一步清理取消与行政职权和垄断挂钩的不合理中介服务项目

4. 全面落实“红顶中介”收费监管有关要求。按照《国务院办公厅关于清理规范国务院部门行政审批中介服务的通知》（国办发 [2015]31 号）和《国家发展改革委、财政部、国务院审改办关于加强行政审批中介服务收费监管的通知》（发改价格 [2015]2404 号）要求，加强行政审批中介服务收费监管，结合审改部门开展的行政审批中介服务事项清理工作，规范与行政职权挂钩的中介服务，破除各种指定实施机构的垄断行为，严禁借监督检查名义设立中介服务收费项目，切开中介服务收费与行政职权的联系。按照《行业协会商会与行政机关脱钩总体方案》，稳妥推进脱钩试点工作，推动行业协会商会在机构、职能、资产财务、人员管理、党建、外事等事项与行政机关分离，从源头规范行业协会商会涉企收费行为。（发展改革委、财政部、工业和信息化部、民政部牵头，各成员单位按职责分别负责）

5. 结合相关税制改革，进一步清理、整合和规范一批涉企行政事业性收费和政府性基金项目，取消政策效应不明显、不适应市场经济发展的收费基金。（财政部、发展改革委牵头）

6. 继续规范进出口、金融、建设等重点领域收费。巩固进出口环节收费清理成果，查处国际班轮运价备案违规行为，加大市场监督和反垄断执法力度，维护公平公正的进出口竞争环境。继续促进金融机构规范经营，整顿各种以贷转存、存贷挂钩等的不规范经营行为，降低企业融资成本。继续清理投资建设领域的中介服务，压减各种前置评估和中介服务项目，制止与行政职权挂钩的垄断收费。（发展改革委、交通运输部、银监会、住房城乡建设部分别牵头）

（三）以查处曝光案件为抓手，进一步制止各种违规违法行为

7. 坚决制止各种乱收费、乱摊派行为。取缔各种违规设立的收费项目，制止各种超范围、超标准、超时限征收的行为。清理规范各种依托行政审批、执法检查等行政职权向企业提供经营性服务行为，制止行业协会代收行政事业性收费或依托行政职能向企业收费的行为。制止借公共活动及其他名义强制要求企业捐赠赞助、强制要求企业订购报刊杂志、强制要求接受指定服务并付费、强制占用企业财物等各种摊派行为。制止向企业乱检查、乱罚款的行为。（联席会议办公室牵头）

8. 完善企业举报查处机制，依托各级减轻企业负担举报平台受理企业举报，及时进行调查核实并提出处理意见，同时将处理结果告知相关企业。对确属乱收费、乱摊派、乱罚款、乱检查的违规行为坚决处理并在新闻媒体上曝光，同时按照有关法律法规要求，追究相关单位负责人的责任。（联席会议办公室牵头）

（四）以加强督促检查为推手，进一步促进各项惠企减负政策的落实

9. 抓好各项惠企减负政策的督促落实。建立政策跟踪督促制度，将各项减税降费政策措施落到实处，重点要巩固清理规范涉企收费工作成果，督促有关地区和部门将取消、调整、规范涉企收费的政策措施逐项落实到位，形成扶持实体经济和小微企业的长效机制。配合做好降低实体经济企业成本专项行动，切实采取有效措施降低企业成本。（工业和信息化部、财政部、发展改革委牵头）

10. 加强监督检查。继续发挥审计监督作用，形成督促政策落实和规范涉企收费的长效机制。完善问责机制，对工作落实不力的部门和地区以及各种违规收费行为，要给予曝光和通报批评，并督促进行整改。2016 年四季度，联席会议将组织开展全国专项督查，各地区、各成员单位要做好配合工作，落实好减轻企业负担各项重点任务。（审计署、联席会议办公室分别负责）

（五）以调查宣传评价为手段，进一步夯实减轻企业负担工作的基础

11. 深入开展调查研究。联席会议将从二季度起组织开展全国企业负担调查，请各地区继续组织企业做好调查培训和填报工作，逐步扩大调查样本，提升调查质量，并对企业反映的问题和建议建立反馈机制。进一步

完善负担评价工作，完善第三方评估机制。围绕企业负担合理区间、企业满意度测评、解决企业办事难等热点难点问题开展调查研究，提出针对性的政策建议。（联席会议办公室牵头）

12. 加强政策宣传。继续通过多种形式对惠企减负政策进行宣传解读，重点要对涉企收费清单进行广泛宣传，让全社会知晓和熟悉清单。联席会议将于三季度组织举办第五届全国减轻企业负担政策宣传周活动，请各地区、各成员单位配合做好工作，并在本地区、本系统组织开展形式多样的宣传活动。（联席会议办公室牵头）

13. 加强制度建设。推动各地区加快保护企业权益立法建设，逐步将减轻企业负担工作纳入法制轨道；继续完善领导小组（联席会议）工作制度，强化问题导向，在调查、反映、解决问题上形成分工协作的工作机制；加强区域交流，营造相互学习、相互促进的良好氛围。（联席会议办公室牵头）

三、有关要求

（一）加强组织领导

联席会议各成员单位要按照职责分工落实好各项重点任务，工业和信息化部、发展改革委、财政部负责总体指导和组织协调，联席会议办公室抓好工作衔接和督促落实。各地区减轻企业负担领导小组（联席会议）负责本地区组织实施，因地制宜制定工作方案，确保任务落实。有关方案于2016年5月10日前报联席会议办公室。

（二）加强协同配合

要主动做好配合，密切工作交流，形成分工协作、上下联动的工作格局；要定期向联席会议办公室报送工作信息，反映相关政策措施、工作成效、存在问题及意见建议；各地区减负办还要主动向所在省（区、市）党委、政府报告工作情况，争取支持。

（三）加强督导检查

要明确各项重点任务的责任人和时间表，及时抓好督促检查，将各项任务落到实处，确保取得实效；还要加强舆论引导，强化社会监督，进一步促进工作，营造良好氛围。

国务院减轻企业负担部际联席会议

2016年4月14日

四部委关于软件和集成电路产业企业所得税优惠政策有关问题的通知

财税〔2016〕49号

各省、自治区、直辖市、计划单列市财政厅（局）、国家税务局、地方税务局、发展改革委、工业和信息化主管部门：

按照《国务院关于取消和调整一批行政审批项目等事项的决定》（国发〔2015〕11号）和《国务院关于取消非行政许可审批事项的决定》（国发〔2015〕27号）规定，集成电路生产企业、集成电路设计企业、软件企业、国家规划布局内的重点软件企业和集成电路设计企业（以下统称软件、集成电路企业）的税收优惠资格认定等非行政许可审批已经取消。为做好《财政部 国家税务总局关于进一步鼓励软件产业和集成电路产业发展企业所得税政策的通知》（财税〔2012〕27号）规定的企业所得税优惠政策落实工作，现将有关问题通知如下：

一、享受财税〔2012〕27号文件规定的税收优惠政策的软件、集成电路企业，每年汇算清缴时应按照《国家税务总局关于发布〈企业所得税优惠政策事项办理办法〉的公告》（国家税务总局公告2015年第76号）规定向税务机关备案，同时提交《享受企业所得税优惠政策的软件和集成电路企业备案资料明细表》（见附件）规定的备案资料。

为切实加强优惠资格认定取消后的管理工作，在软件、集成电路企业享受优惠政策后，税务部门转请发展改革、工业和信息化部门进行核查。对经核查不符合软件、集成电路企业条件的，由税务部门追缴其已经享受的企业所得税优惠，并按照税收征管法的规定进行处理。

二、财税〔2012〕27 号文件所称集成电路生产企业，是指以单片集成电路、多芯片集成电路、混合集成电路制造为主营业务并同时符合下列条件的企业：

（一）在中国境内（不包括港、澳、台地区）依法注册并在发展改革、工业和信息化部门备案的居民企业；

（二）汇算清缴年度具有劳动合同关系且具有大学专科以上学历职工人数占企业月平均职工总人数的比例不低于 40%，其中研究开发人员占企业月平均职工总数的比例不低于 20%；

（三）拥有核心关键技术，并以此为基础开展经营活动，且汇算清缴年度研究开发费用总额占企业销售（营业）收入（主营业务收入与其他业务收入之和，下同）总额的比例不低于 5%，其中，企业在中国境内发生的研究开发费用金额占研究开发费用总额的比例不低于 60%；

（四）汇算清缴年度集成电路制造销售（营业）收入占企业收入总额的比例不低于 60%；

（五）具有保证产品生产的手段和能力，并获得有关资质认证（包括 ISO 质量体系认证）；

（六）汇算清缴年度未发生重大安全、重大质量事故或严重环境违法行为。

三、财税〔2012〕27 号文件所称集成电路设计企业是指以集成电路设计为主营业务并同时符合下列条件的企业：

（一）在中国境内（不包括港、澳、台地区）依法注册的居民企业；

（二）汇算清缴年度具有劳动合同关系且具有大学专科以上学历的职工人数占企业月平均职工总人数的比例不低 40%，其中研究开发人员占企业月平均职工总数的比例不低于 20%；

（三）拥有核心关键技术，并以此为基础开展经营活动，且汇算清缴年度研究开发费用总额占企业销售（营业）收入总额的比例不低于 6%，其中，企业在中国境内发生的研究开发费用金额占研究开发费用总额的比例不低于 60%；

（四）汇算清缴年度集成电路设计销售（营业）收入占企业收入总额的比例不低于 60%，其中集成电路自主设计销售（营业）收入占企业收入总额的比例不低于 50%；

（五）主营业务拥有自主知识产权；

（六）具有与集成电路设计相适应的软硬件设施等开发环境（如 EDA 工具、服务器或工作站等）；

（七）汇算清缴年度未发生重大安全、重大质量事故或严重环境违法行为。

四、财税〔2012〕27 号文件所称软件企业是指以软件产品开发销售（营业）为主营业务并同时符合下列条件的企业：

（一）在中国境内（不包括港、澳、台地区）依法注册的居民企业；

（二）汇算清缴年度具有劳动合同关系且具有大学专科以上学历的职工人数占企业月平均职工总人数的比例不低于 40%，其中研究开发人员占企业月平均职工总数的比例不低于 20%；

（三）拥有核心关键技术，并以此为基础开展经营活动，且汇算清缴年度研究开发费用总额占企业销售（营业）收入总额的比例不低于 6%，其中，企业在中国境内发生的研究开发费用金额占研究开发费用总额的比例不低于 60%；

（四）汇算清缴年度软件产品开发销售（营业）收入占企业收入总额的比例不低于 50%（嵌入式软件产品和信息系统集成产品开发销售（营业）收入占企业收入总额的比例不低于 40%），其中：软件产品自主开发销售（营业）收入占企业收入总额的比例不低于 40%（嵌入式软件产品和信息系统集成产品开发销售（营业）收入占企业收入总额的比例不低于 30%）；

（五）主营业务拥有自主知识产权；

（六）具有与软件开发相适应的软硬件设施等开发环境（如合法的开发工具等）；

（七）汇算清缴年度未发生重大安全、重大质量事故或严重环境违法行为。

五、财税〔2012〕27 号文件所称国家规划布局内重点集成电路设计企业除符合本通知第三条规定，还应至少符合下列条件中的一项：

（一）汇算清缴年度集成电路设计销售（营业）收入不低于 2 亿元，年应纳税所得额不低于 1 000 万元，研究开发人员占月平均职工总数的比例不低于 25%；

（二）在国家规定的重点集成电路设计领域内，汇算清缴年度集成电路设计销售（营业）收入不低于 2 000 万元，应纳税所得额不低于 250 万元，研究开发人员占月平均职工总数的比例不低于 35%，企业在中国境内发生的研发开发费用金额占研究开发费用总额的比例不低于 70%。

六、财税〔2012〕27 号文件所称国家规划布局内重点软件企业是除符合本通知第四条规定，还应至少符合下列条件中的一项：

（一）汇算清缴年度软件产品开发销售（营业）收入不低于 2 亿元，应纳税所得额不低于 1 000 万元，研究开发人员占企业月平均职工总数的比例不低于 25%；

（二）在国家规定的重点软件领域内，汇算清缴年度软件产品开发销售（营业）收入不低于 5 000 万元，应纳税所得额不低于 250 万元，研究开发人员占企业月平均职工总数的比例不低于 25%，企业在中国境内发生的研究开发费用金额占研究开发费用总额的比例不低于 70%；

（三）汇算清缴年度软件出口收入总额不低于 800 万美元，软件出口收入总额占本企业年度收入总额比例不低于 50%，研究开发人员占企业月平均职工总数的比例不低于 25%。

七、国家规定的重点软件领域及重点集成电路设计领域，由国家发展改革委、工业和信息化部会同财政部、税务总局根据国家产业规划和布局确定，并实行动态调整。

八、软件、集成电路企业规定条件中所称研究开发费用政策口径，2015 年度仍按《国家税务总局关于印发〈企业研究开发费用税前扣除管理办法（试行）〉的通知》（国税发〔2008〕116 号）和《财政部 国家税务总局关于研究开发费用税前加计扣除有关政策的通知》（财税〔2013〕70 号）的规定执行，2016 年及以后年度按照《财政部 国家税务总局 科技部关于完善研究开发费用税前加计扣除政策的通知》（财税〔2015〕119 号）的规定执行。

九、软件、集成电路企业应从企业的获利年度起计算定期减免税优惠期。如获利年度不符合优惠条件的，应自首次符合软件、集成电路企业条件的年度起，在其优惠期的剩余年限内享受相应的减免税优惠。

十、省级（自治区、直辖市、计划单列市，下同）财政、税务、发展改革和工业和信息化部门应密切配合，通过建立核查机制并有效运用核查结果，切实加强对软件、集成电路企业的后续管理工作。

（一）省级税务部门应在每年 3 月 20 日前和 6 月 20 日前分两批将汇算清缴年度已申报享受软件、集成电路企业税收优惠政策的企业名单及其备案资料提交省级发展改革、工业和信息化部门。其中，享受软件企业、集成电路设计企业税收优惠政策的名单及备案资料提交给省级工业和信息化部门，省级工业和信息化部门组织专家或者委托第三方机构对名单内企业是否符合条件进行核查；享受其他优惠政策的名单及备案资料提交给省级发展改革部门，省级发展改革部门会同工业和信息化部门共同组织专家或者委托第三方机构对名单内企业是否符合条件进行核查。

2015 年度享受优惠政策的企业名单和备案资料，省级税务部门可在 2016 年 6 月 20 日前一次性提交给省级发展改革、工业和信息化部门。

（二）省级发展改革、工业和信息化部门应在收到享受优惠政策的企业名单和备案资料两个月内将复核结果反馈省级税务部门（第一批名单复核结果应在汇算清缴期结束前反馈）。

（三）每年 10 月底前，省级财政、税务、发展改革、工业和信息化部门应将核查结果及税收优惠落实情况联合汇总上报财政部、税务总局、国家发展改革委、工业和信息化部。

如遇特殊情况汇算清缴延期的，上述期限可相应顺延。

（四）省级财政、税务、发展改革、工业和信息化部门可以根据本通知规定，结合当地实际，制定具体操作管理办法，并报财政部、税务总局、发展改革委、工业和信息化部备案。

十一、国家税务总局公告 2015 年第 76 号所附《企业所得税优惠事项备案管理目录（2015 年版）》第 38、41、42、43、46 项软件、集成电路企业优惠政策不再作为“定期减免税优惠备案管理事项”管理，本通知执行前已经履行备案等相关手续的，在享受税收优惠的年度仍应按照本通知的规定办理备案手续。

十二、本通知自 2015 年 1 月 1 日起执行。《财政部国家税务总局关于进一步鼓励软件产业和集成电路产业发展企业所得税政策的通知》（财税〔2012〕27 号）第九条、第十条、第十一条、第十三条、第十七条、第十八条、第十九条和第二十条停止执行。国家税务总局公告 2015 年第 76 号所附《企业所得税优惠事项备案管理目录（2015 年版）》第 38 项至 43 项及第 46 至 48 项软件、集成电路企业优惠政策的“备案资料”、“主要留存备查资料”规定停止执行。

附件：享受企业所得税优惠政策的软件和集成电路企业备案资料明细表（略）

财政部
国家税务总局
发展改革委
工业和信息化部
2016 年 5 月 4 日

国务院关于深化制造业与互联网融合发展的指导意见

国发〔2016〕28 号

各省、自治区、直辖市人民政府，国务院各部委、各直属机构：

制造业是国民经济的主体，是实施“互联网 +”行动的主战场。我国是制造业大国，也是互联网大国，推动制造业与互联网融合，有利于形成叠加效应、聚合效应、倍增效应，加快新旧发展动能和生产体系转换，前景广阔、潜力巨大。当前，我国制造业与互联网融合步伐不断加快，在激发“双创”活力、培育新模式新业态、推进供给侧结构性改革等方面已初显成效，但仍存在平台支撑不足、核心技术薄弱、应用水平不高、安全保障有待加强、体制机制亟需完善等问题。为进一步深化制造业与互联网融合发展，协同推进“中国制造 2025”和“互联网 +”行动，加快制造强国建设，现提出以下意见。

一、总体要求

（一）指导思想

全面贯彻党的十八大和十八届三中、四中、五中全会精神，按照国务院决策部署，牢固树立和贯彻落实创新、协调、绿色、开放、共享的发展理念，以激发制造企业创新活力、发展潜力和转型动力为主线，以建设制造业与互联网融合“双创”平台为抓手，围绕制造业与互联网融合关键环节，积极培育新模式新业态，强化信息技术产业支撑，完善信息安全保障，夯实融合发展基础，营造融合发展新生态，充分释放“互联网 +”的力量，改造提升传统动能，培育新的经济增长点，发展新经济，加快推动“中国制造”提质增效升级，实现从工业大国向工业强国迈进。

（二）基本原则

坚持创新驱动，激发转型新动能。积极搭建支撑制造业转型升级的各类互联网平台，充分汇聚整合制造企业、互联网企业等“双创”力量和资源，带动技术产品、组织管理、经营机制、销售理念和模式等创新，提高供给质量和效率，激发制造业转型升级新动能。

坚持融合发展，催生制造新模式。促进技术融合与理念融合相统一，推动制造企业与互联网企业在发展理念、产业体系、生产模式、业务模式等方面全面融合，发挥互联网聚集优化各类要素资源的优势，构建开放式生产组织体系，大力发展个性化定制、服务型制造等新模式。

坚持分业施策，培育竞争新优势。深刻把握互联网技术在不同行业、环节的扩散规律和融合方式，针对不同行业、企业融合发展的基础和水平差异，完善融合推进机制和政策体系，培育制造业竞争新优势。

坚持企业主体，构筑发展新环境。充分发挥市场机制作用，更好发挥政府引导作用，突出企业主体地位，优化政府服务，妥善处理鼓励创新与加强监管、全面推进与错位发展、加快发展与保障安全的关系，形成公平有序的融合发展新环境。

（三）主要目标

到2018年底，制造业重点行业骨干企业互联网“双创”平台普及率达到80%，相比2015年底，工业云企业用户翻一番，新产品研发周期缩短12%，库存周转率提高25%，能源利用率提高5%。制造业互联网“双创”平台成为促进制造业转型升级的新动能来源，形成一批示范引领效应较强的制造新模式，初步形成跨界融合的制造业新生态，制造业数字化、网络化、智能化取得明显进展，成为巩固我国制造业大国地位、加快向制造强国迈进的核心驱动力。

到2025年，制造业与互联网融合发展迈上新台阶，融合“双创”体系基本完备，融合发展新模式广泛普及，新型制造体系基本形成，制造业综合竞争实力大幅提升。

二、主要任务

（四）打造制造企业互联网“双创”平台

组织实施制造企业互联网“双创”平台建设工程，支持制造企业建设基于互联网的“双创”平台，深化工业云、大数据等技术的集成应用，汇聚众智，加快构建新型研发、生产、管理和服务模式，促进技术产品创新和经营管理优化，提升企业整体创新能力和水平。鼓励大型制造企业开放“双创”平台聚集的各类资源，加强与各类创业创新基地、众创空间合作，为全社会提供专业化服务，建立资源富集、创新活跃、高效协同的“双创”新生态。深化国有企业改革和科技体制改革，推动产学研“双创”资源的深度整合和开放共享，支持制造企业联合科研院所、高等院校以及各类创新平台，加快构建支持协同研发和技术扩散的“双创”体系。

（五）推动互联网企业构建制造业“双创”服务体系

组织实施“双创”服务平台支撑能力提升工程，支持大型互联网企业、基础电信企业建设面向制造企业特别是中小企业的“双创”服务平台，鼓励基础电信企业加大对“双创”基地宽带网络基础设施建设的支持力度，进一步提速降费，完善制造业“双创”服务体系，营造大中小企业合作共赢的“双创”新环境，开创大中小企业联合创新创业的新局面。鼓励地方依托国家新型工业化产业示范基地、国家级经济技术开发区、国家高新技术产业开发区等产业集聚区，加快完善人才、资本等政策环境，充分运用互联网，积极发展创客空间、创新工场、开源社区等新型众创空间，结合“双创”示范基地建设，培育一批支持制造业发展的“双创”示范基地。组织实施企业管理能力提升工程，加快信息化和工业化融合管理体系标准制定和应用推广，推动业务流程再造和组织方式变革，建立组织管理新模式。

（六）支持制造企业与互联网企业跨界融合

鼓励制造企业与互联网企业合资合作培育新的经营主体，建立适应融合发展的技术体系、标准规范、商业模式和竞争规则，形成优势互补、合作共赢的融合发展格局。推动中小企业制造资源与互联网平台全面对接，实现制造能力的在线发布、协同和交易，积极发展面向制造环节的分享经济，打破企业界限，共享技术、设备和服务，提升中小企业快速响应和柔性高效的供给能力。支持制造企业与电子商务企业开展战略投资、品牌培育、网上销售、物流配送等领域合作，整合线上线下交易资源，拓展销售渠道，打造制造、营销、物流等高效协同的生产流通一体化新生态。

（七）培育制造业与互联网融合新模式

面向生产制造全过程、全产业链、产品全生命周期，实施智能制造等重大工程，支持企业深化质量管理与互联网的融合，推动在线计量、在线检测等全产业链质量控制，大力发展网络化协同制造等新生产模式。支持企业利用互联网采集并对接用户个性化需求，开展基于个性化产品的研发、生产、服务和商业模式创新，促进供给与需求精准匹配。推动企业运用互联网开展在线增值服务，鼓励发展面向智能产品和智能装备的产品全生命周期管理和服务，拓展产品价值空间，实现从制造向“制造+服务”转型升级。积极培育工业电子商务等新业态，支持重点行业骨干企业建立行业在线采购、销售、服务平台，推动建设一批第三方电子商务服务平台。

（八）强化融合发展基础支撑

推动实施国家重点研发计划，强化制造业自动化、数字化、智能化基础技术和产业支撑能力，加快构筑自动控制与感知、工业云与智能服务平台、工业互联网等制造新基础。组织实施“芯火”计划和传感器产业提升工程，加快传感器、过程控制芯片、可编程逻辑控制器等产业化。加快计算机辅助设计仿真、制造执行系统、产品全生命周期管理等工业软件产业化，强化软件支撑和定义制造业的基础性作用。构建信息物理系统参考模型和综合技术标准体系，建设测试验证平台和综合验证试验床，支持开展兼容适配、互联互通和互操作测试验证。

（九）提升融合发展系统解决方案能力

实施融合发展系统解决方案能力提升工程，推动工业产品互联互通的标识解析、数据交换、通信协议等技术攻关和标准研制，面向重点行业智能制造单元、智能生产线、智能车间、智能工厂建设，培育一批系统解决方案供应商，组织开展行业系统解决方案应用试点示范，为中小企业提供标准化、专业化的系统解决方案。支持有条件的企业开展系统解决方案业务剥离重组，推动系统解决方案服务专业化、规模化和市场化，充分发挥系统解决方案促进制造业与互联网融合发展的“粘合剂”作用。

（十）提高工业信息系统安全水平

实施工业控制系统安全保障能力提升工程，制定完善工业信息安全管理等政策法规，健全工业信息安全标准体系，建立工业控制系统安全风险信息采集汇总和分析通报机制，组织开展重点行业工业控制系统信息安全检查和风险评估。组织开展工业企业信息安全保障试点示范，支持系统仿真测试、评估验证等关键共性技术平台建设，推动访问控制、追踪溯源、商业信息及隐私保护等核心技术产品产业化。以提升工业信息安全监测、评估、验证和应急处置等能力为重点，依托现有科研机构，建设国家工业信息安全保障中心，为制造业与互联网融合发展提供安全支撑。

三、保障措施

（十一）完善融合发展体制机制

深入推进简政放权、放管结合、优化服务改革，放宽新产品、新业态的市场准入限制，加强事中事后监管，提升为企业服务的能力和水平，营造有利于制造业与互联网融合发展的环境。适应制造业与互联网跨界融合发展趋势，积极发挥行业协会和中介组织的桥梁纽带作用，鼓励建立跨行业、跨领域的新型产学研用联盟，开展关键共性技术攻关、融合标准制定和公共服务平台建设。围绕新商业模式知识产权保护需求，完善相关政策法规，建设结构合理、层次分明、可持续发展的知识产权运营服务网络。

（十二）培育国有企业融合发展机制

鼓励中央企业设立创新投资基金，引导地方产业投资基金和社会资本，支持大企业互联网“双创”平台建设、创新创意孵化、科技成果转化和新兴产业培育。建立有利于国有企业与互联网深度融合、激发企业活力、积极开展“双创”的机制，完善国有企业内部创新组织体系和运行机制，探索引入有限合伙制，完善鼓励创新、宽容失败的经营业绩考核机制，研究建立中央企业创新能力评价制度，建立促进创新成果转让的收益分配、工资奖励等制度，对企业重要技术人员和经营管理人员实施股权和分红激励政策。

（十三）加大财政支持融合发展力度

利用中央财政现有资金渠道，鼓励地方设立融合发展专项资金，加大对制造业与互联网融合发展关键环节和重点领域的投入力度，为符合条件的企业实施设备智能化改造、“双创”平台建设运营和应用试点示范项目提供支持。充分发挥现有相关专项资金、基金的引导带动作用，支持系统解决方案能力提升和制造业“双创”公共服务平台建设。制造业与互联网融合发展相关工作或工程中涉及技术研发、确需中央财政支持的，通过优化整合后的科技计划（专项、基金等）统筹予以支持。创新财政资金支持方式，鼓励政府采购云计算等专业化第三方服务，支持中小微企业提升信息化能力。

（十四）完善支持融合发展的税收和金融政策

结合全面推开营改增试点，进一步扩大制造企业增值税抵扣范围，落实增值税优惠政策，支持制造企业基于互联网独立开展或与互联网企业合资合作开展新业务。落实研发费用加计扣除、高新技术企业等所得税优惠政策，积极研究完善科技企业孵化器税收政策。选择一批重点城市和重点企业开展产融合作试点，支持开展信用贷款、融资租赁、质押担保等金融产品和服务创新。鼓励金融机构利用“双创”平台提供结算、融资、理财、咨询等一站式系统化金融服务，进一步推广知识产权质押，创新担保方式，积极探索多样化的信贷风险分担机制。

（十五）强化融合发展用地用房等服务

支持制造企业在不改变用地主体和规划条件的前提下，利用存量房产、土地资源发展制造业与互联网融合的新业务、新业态，实行5年过渡期内保持土地原用途和权利类型不变的政策。鼓励有条件的地方因地制宜出台支持政策，积极盘活闲置的工业厂房、企业库房和物流设施等资源，并对办公用房、水电、网络等费用给予补助，为致力于制造业与互联网融合发展的创业者提供低成本、高效便捷的专业服务。

（十六）健全融合发展人才培养体系

深化人才体制机制改革，完善激励创新的股权、期权等风险共担和收益分享机制，吸引具备创新能力的跨界人才，营造有利于融合发展优秀人才脱颖而出的良好环境。支持高校设置“互联网+”等相关专业，推进高等院校专业学位建设，加强高层次应用型专门人才培养。在重点院校、大型企业和产业园区建设一批产学研用相结合的专业人才培训基地，积极开展企业新型学徒制试点。结合国家专业技术人才知识更新工程、企业经营管理人才素质提升工程、高技能人才振兴计划等，加强融合发展职业人才和高端人才培养。在大中型企业推广首席信息官制度，壮大互联网应用人才队伍。

（十七）推动融合发展国际合作交流

积极发起或参与互联网领域多双边或区域性规则谈判，提升影响力和话语权。推动建立中外政府和民间对话交流机制，围绕大型制造企业互联网“双创”平台建设、融合发展标准制定以及应用示范等，开展技术交流与合作。结合实施“一带一路”等国家重大战略，运用丝路基金、中非发展基金、中非产能合作基金等金融资源，支持行业协会、产业联盟与企业共同推广中国制造业与互联网融合发展的产品、技术、标准和服务，推动制造业与互联网融合全链条“走出去”，拓展海外市场；提升“引进来”的能力和水平，利用全球人才、技术、知识产权等创新资源，学习国际先进经营管理模式，支持和促进我国制造业与互联网融合发展。

各地区、各部门要高度重视深化制造业与互联网融合发展工作，统一思想，提高认识，加大工作力度，切实抓好本意见实施。国家制造强国建设领导小组要统筹研究完善制造业与互联网融合发展推进机制，加强对重大问题、重大政策和重大工程的综合协调，部署开展督导检查，推动各项任务落实。各有关部门要按照职责分工，加强协同配合，做好指导协调，抓紧出台配套政策，完善相关规章制度，强化跟踪督查，及时帮助有关方面解决遇到的困难和问题。国家制造强国建设战略咨询委员会要充分发挥作用，组织开展基础性、前瞻性、战略性研究，为重大决策及相关工程实施提供咨询。各地区要结合实际建立健全工作机制，制定具体实施方案，加强考核评估，确保融合发展各项任务落到实处。

国务院

2016年5月13日

四部委关于印发国家规划布局内重点软件和集成电路设计领域的通知

发改高技〔2016〕1056号

各省、自治区、直辖市及计划单列市发展改革委、工业和信息化主管部门、财政厅（局）、国家税务局、地方税务局：

为贯彻落实《国务院关于印发进一步鼓励软件产业和集成电路产业发展若干政策的通知》（国发〔2011〕4号），按照财政部、国家税务总局、发展改革委、工业和信息化部《关于软件和集成电路产业企业所得税优惠政策有关问题的通知》（财税〔2016〕49号）要求，现就国家规划布局内重点软件和集成电路设计领域有关事项通知如下：

一、重点软件领域

（一）基础软件：操作系统、数据库、中间件。

（二）工业软件和服务：研发设计类、经营管理类和生产控制类产品和服务。

（三）信息安全软件产品研发应用及工业控制系统咨询设计、集成实施和运行维护等服务。

（四）数据分析处理软件和数据获取、分析、处理、存储服务。

（五）移动互联网：移动支付、地图导航、浏览器、数字创意、移动应用开发工具及环境类软件。

（六）嵌入式软件（软件收入比例不低于 50%）。

（七）高技术服务软件：研发设计、知识产权、检验检测和生物技术服务软件。

（八）语言文字信息处理软件：汉语和少数民族语言相关文字编辑处理、语音识别 / 合成、机器翻译软件。

（九）云计算：大型公有云 IaaS、PaaS 服务。

二、重点集成电路设计领域

（一）高性能处理器和 FPGA 芯片。

（二）存储器芯片。

（三）物联网和信息安全芯片。

（四）EDA、IP 及设计服务。

（五）工业芯片。

三、符合财税〔2016〕49 号文件第五条第（二）项、第六条第(二)项条件的企业，如业务范围涉及多个领域，仅选择其中一个领域向税务机关备案。选择领域的销售（营业）收入占本企业软件产品开发销售（营业）收入或集成电路设计销售（营业）收入的比例不低于 20%。

四、国家发展改革委、工业和信息化部会同财政部、税务总局，根据国家产业政策规划和布局，对上述领域实行动态调整。

五、本通知自 2015 年 1 月 1 日起执行。

特此通知。

国家发展改革委
工业和信息化部
财　政　部
税　务　总　局
2016 年 5 月 16 日

工业和信息化部办公厅关于印发《2016 年国家信息消费示范城市建设指南》的通知

工信厅信软函〔2016〕418 号

有关省、自治区、直辖市及计划单列市工业和信息化主管部门、通信管理局：

为深入贯彻党的十八大、十八届三中、四中、五中全会精神，落实《国务院关于促进信息消费扩大内需的若干意见》文件精神，进一步推进国家信息消费示范城市建设，我部制定了《2016 年国家信息消费示范城市建设指南》现印发你们，请结合实际贯彻落实。

工业和信息化部办公厅
2016 年 6 月 16 日

2016年国家信息消费示范城市建设指南

为深入贯彻落实《国务院关于促进信息消费扩大内需的若干意见》（国发〔2013〕32号），在国家信息消费示范城市及示范项目评选工作基础上，进一步推进国家信息消费示范城市建设，从战略高度谋划发展思路，从实践层面探索发展路径，加强示范城市的经验推广，扩大示范带动效应，制定本指南。

一、主要目标

2016年末，示范城市宽带网络建设和服务水平显著提升，实现城市光纤网络全覆盖。政府信息系统基本实现互联互通，公共数据开放共享比例持续提高。信息消费结构进一步优化，中高端智能产品供给丰富，创新成果工业转化率稳步提升，促进传统产业提质增效，信息服务新模式、新业态不断涌现，形成一批特色鲜明、示范引领性强的公共服务新模式。

二、示范内容

（一）加快信息基础设施升级改造

全面推动宽带提速升级。按照“宽带中国”战略和《关于加快高速宽带网络建设推进网络提速降费的指导意见》的要求，开展光网城市建设，实现城市光纤网络全覆盖，20M以上高速宽带用户比例超过50%。扩大4G网络深度覆盖，主要商业区、旅游景点、产业园区等公共区域实现WLAN全覆盖。

扩大升级宽带网络覆盖。积极参与电信普遍服务试点工作，加大地方配套政策和资金支持，为相关企业参与农村宽带建设和运行维护营造良好的环境，推动农村地区宽带建设和升级改造，基本实现行政村光纤通达，加强农村信息化建设。鼓励信息基础设施集约化建设，提高信息资源开发利用效率，持续提升信息基础设施集约化建设比例。

（二）增强信息消费高端供给水平

不断扩大有效和中高端信息产品供给。着力推动可穿戴产品、智能家居的普及应用，引导并支持企业优化提升可穿戴产品、智能家居等系统解决方案，鼓励发展基于智慧家庭、智能穿戴、智能网联汽车等智能产品的在线服务。鼓励有较好产业基础的示范城市积极开展工业云等重大项目建设，开发前瞻性强、市场前景好的智能硬件等新型信息消费产品。发展新型操作系统、实时数据库等基础软件，加快新兴领域基础控制及应用软件发展。

加快核心技术创新和产业化进程。坚持以创新引领发展，推进5G、高端服务器、高性能计算机、云存储、新型显示、智能终端等关键技术研发和产业化。鼓励智能终端产业、集成电路产业、软件和信息服务业的发展，推动基础软件核心关键技术突破，加快核心技术的研发及产业化。

促进信息产业转型升级。优化面向新一代信息技术的产业生态环境，引领信息产业向网络化、服务化、集成化方向转型。坚持市场导向，探索信息消费产业推广政策机制，营造多部门协同、多主体参与、跨领域协作的发展氛围。充分利用符合市场需求的信息产品带动信息服务产业发展，提升供给质量，形成新型信息消费产品和服务的产业链联动发展格局。

（三）提升公共服务能力

推动公共数据资源开放共享。制定公共信息资源开放共享管理办法和开放目录，试点探索面向民生领域的公共信息资源开放共享的模式和机制，实现对数据资源的规范管理，推动地区政府部门、事业单位、公共服务单位的数据开放共享。鼓励社会积极参与对开放的大数据信息进行开发和再利用，创新发展大数据信息服务新业态。

支持公共基础设施智能化改造。利用物联网、大数据等技术逐步完成对公共基础设施的实时数据采集，推进公共基础设施的智能化改造。积极实施居民水电气智能化管控和对铁路、公路、机场、港口等重点交通基础设施的智能化感知覆盖，提升便民服务应用水平。

提升公共服务网络化水平。深入推进与民众生活密切相关的公共服务信息化，推动实施智慧医疗和智慧社区，建设民生服务平台，推广便民生活应用。积极推动公共服务平台建设，加快电子政务一体化，优化行政审批流程，提高公共服务水平和群众满意度。实施智能应急、食品药品安全、社会治安防控体系等智慧城市管理措施，推动新一代信息技术在城市建设和管理领域的深度应用。

（四）推动新兴文化服务发展

发展新型数字文化。利用现代媒体技术，推动各类优秀文化产品的网络传播，发展围绕智能家居的文化产品与服务应用。发展动漫、数字图书、网络出版等数字文化内容消费，鼓励内容和形式创新，积极培育文化产业新业态。

推动社区数字文化建设。鼓励社区与图书馆、博物馆、文化馆等社会公益性文化事业单位合作，不断丰富数字化新兴文化资源，通过引进智能化数字阅读终端、社区应用等多种方式，方便居民享受“家门口”的智慧文化生活，推进社区文化建设工作。

（五）挖掘信息消费新需求

推动电子商务本地化融合发展。结合本地传统产业，积极开展以提升产业价值链为目标的电子商务新模式。推动移动互联网在本地生活服务领域的创新应用，扩大线上线下相结合的服务新模式的应用场景与范围。通过互联网、大数据和物联网技术对各物流环节进行重构，实现智慧化物流，全面提升物流效率。鼓励发展工业电子商务，推动工业电子商务平台、第三方物流、互联网金融等业务协同发展。

深化重点行业生产性信息服务。以推动“互联网+”与中国制造2025融合发展为契机，以工业云、工业大数据、信息物理系统（CPS）在重点行业应用推广为切入点，在协同研发、众包设计、个性化定制、全生命周期管理等领域，鼓励发展基于互联网、云计算、大数据应用的创新服务型制造，打造市场化与专业化结合、线上与线下互动、孵化与投资衔接的创新载体，支持在各环节深化信息服务应用。

（六）释放大众创业万众创新潜能

推动大众创业万众创新。支持企业建立“双创”平台，培育一批资源要素高效聚集、整合优化和开放共享的制造企业“双创”平台。构建多方协同的创业创新机制，支持研发测试、创业培训、投融资、创业孵化等大众创业、万众创新服务平台的研发推广，鼓励创客空间、创新工场、开源社区等众创空间的发展。推进产学研用结合，促进创新产品的转化率提升。鼓励企业采用新技术、新原料，逐步淘汰落后产能，提升资本效率。

优化信息消费环境。积极培育信息消费新模式、新业态，丰富信息产品和信息消费内容，鼓励有条件的地区布局产业新生态，促进信息消费规模的扩大。通过政策支持、资源协调等多种保障措施，营造良好的信息消费环境。

三、措施与要求

（一）加强组织领导和统筹协调

示范城市要进一步加强对信息消费工作的领导，建立完善跨部门协调机制，加强各委办局间协同配合，明确相关单位责任分工和任务目标，分步推进各项任务和重点工程，加大政策资金支持力度。将信息消费示范建设工作纳入机关绩效考核和个人绩效考核，加大督查考核力度，明确示范城市建设目标与计划，以确保工作落到实处。

（二）开展信息消费监测分析

工业和信息化部将委托第三方机构承担信息消费监测分析工作，建立信息消费监测体系，制定统一、规范的信息消费监测制度，7月底前搭建信息消费示范城市监测试运行平台，选取部分示范城市开展监测工作，各示范城市应积极配合，及时准确填报监测信息。年底前完善信息消费监测机制，并进一步扩大监测试运行范围。

（三）落实示范进展报送和评估机制

各示范城市要建立示范工作进展定期（半年）报送机制，8月初报送上半年示范工作进展情况，11月底报送全年示范工作进展情况及信息消费典型应用，12月组织开展示范城市年度评估、经验总结、成果验收工作，并召开示范城市工作总结会，对信息消费示范建设先进城市和优秀应用进行表彰。

（四）加大宣传推广力度

工业和信息化部将委托第三方机构开展“信息消费示范应用城市行”活动，充分发挥媒体的作用，全方位多领域展示信息消费优秀成果，积极推动信息消费优秀解决方案供需双方推介对接、示范城市经验交流座谈会等活动，构建企业与地方信息消费合作的宣传平台，集中展示信息消费优秀成果，积极推广可复制的示范城市和示范项目，推动信息消费公众互动体验；各示范城市要加大宣传推广力度，让民众体验信息消费，扩大信息消费需求。

（五）提升信息安全保障能力

各示范城市要加强网络与信息安全监管，建设网络良好生态。大力开展互联网核心技术自主研发，提升网络与信息安全监管能力和系统安全防护水平，重视国家关键信息基础设施安全防护。加强电子商务交易各方信息保护，保障电子商务消费者个人信息安全。

各省、自治区、直辖市及计划单列市工业和信息化主管部门会同通信管理局等部门要继续加强与本地示范城市政府、基础电信企业、互联网企业以及其他相关部门的沟通、配合，共同推进信息消费示范城市建设、产业转型升级和宣传推广。

中共中央办公厅　国务院办公厅
关于印发《国家信息化发展战略纲要》的通知

中办发〔2016〕48号

各省、自治区、直辖市党委和人民政府，中央和国家机关各部委，解放军各大单位、中央军委机关各部门，各人民团体：

《国家信息化发展战略纲要》已经中央领导同志同意，现印发给你们，请结合实际认真贯彻落实。

中共中央办公厅

国务院办公厅

2016年7月17日

国家信息化发展战略纲要

当今世界，信息技术创新日新月异，以数字化、网络化、智能化为特征的信息化浪潮蓬勃兴起。没有信息化就没有现代化。适应和引领经济发展新常态，增强发展新动力，需要将信息化贯穿我国现代化进程始终，加快释放信息化发展的巨大潜能。以信息化驱动现代化，建设网络强国，是落实“四个全面”战略布局的重要举措，是实现“两个一百年”奋斗目标和中华民族伟大复兴中国梦的必然选择。

本战略纲要是根据新形势对《2006—2020年国家信息化发展战略》的调整和发展，是规范和指导未来10年国家信息化发展的纲领性文件，是国家战略体系的重要组成部分，是信息化领域规划、政策制定的重要依据。

一、国家信息化发展的基本形势

（一）人类社会经历了农业革命、工业革命，正在经历信息革命。当前，以信息技术为代表的新一轮科技革命方兴未艾，互联网日益成为创新驱动发展的先导力量。信息技术与生物技术、新能源技术、新材料技术等交叉融合，正在引发以绿色、智能、泛在为特征的群体性技术突破。信息、资本、技术、人才在全球范围内加速流动，互联网推动产业变革，促进工业经济向信息经济转型，国际分工新体系正在形成。网信事业代表新的生产力、新的发展方向，推动人类认识世界、改造世界的能力空前提升，正在深刻改变着人们的生产生活方式，带来生产力质的飞跃，引发生产关系重大变革，成为重塑国际经济、政治、文化、社会、生态、军事发展新格局的主导力量。全球信息化进入全面渗透、跨界融合、加速创新、引领发展的新阶段。

随着世界多极化、经济全球化、文化多样化、社会信息化深入发展，全球治理体系深刻变革，谁在信息化上占据制高点，谁就能够掌握先机、赢得优势、赢得安全、赢得未来。发达国家持续推动信息技术创新，不断加快经济社会数字化进程，全力巩固领先优势。发展中国家抢抓产业链重组和调整机遇，以信息化促转型发展，积极谋求掌握发展主动权。世界各国加快网络空间战略布局，围绕关键资源获取、国际规则制定的博弈日趋尖锐复杂。加快信息化发展，建设数字国家已经成为全球共识。

（二）进入新世纪特别是党的十八大以来，我国信息化取得长足进展，但与全面建成小康社会、加快推进社会主义现代化的目标相比还有差距，坚持走中国特色信息化发展道路，以信息化驱动现代化，建设网络强国，迫在眉睫、刻不容缓。目前，我国网民数量、网络零售交易额、电子信息产品制造规模已居全球第一，一批信息技术企业和互联网企业进入世界前列，形成了较为完善的信息产业体系。信息技术应用不断深化，“互联网+”异军突起，经济社会数字化网络化转型步伐加快，网络空间正能量进一步汇聚增强，信息化在现代化建设全局中引领作用日益凸显。同时，我国信息化发展也存在比较突出的问题，主要是核心技术和设备受制于人，信息资源开发利用不够，信息基础设施普及程度不高，区域和城乡差距比较明显，网络安全面临严峻挑战，网络空间法治建设亟待加强，信息化在促进经济社会发展、服务国家整体战略布局中的潜能还没有充分释放。

我国综合国力、国际影响力和战略主动地位持续增强，发展仍处于可以大有作为的重要战略机遇期。从国内环境看，我国已经进入新型工业化、信息化、城镇化、农业现代化同步发展的关键时期，信息革命为我国加速完成工业化任务、跨越“中等收入陷阱”、构筑国际竞争新优势提供了历史性机遇，也警示我们面临不进则退、慢进亦退、错失良机的巨大风险。站在新的历史起点，我们完全有能力依托大国优势和制度优势，加快信息化发展，推动我国社会主义现代化事业再上新台阶。

二、指导思想、战略目标和基本方针

（一）指导思想

高举中国特色社会主义伟大旗帜，全面贯彻落实党的十八大和十八届三中、四中、五中全会精神，以邓小平理论、“三个代表”重要思想、科学发展观为指导，深入学习贯彻习近平总书记系列重要讲话精神，紧紧围绕“五位一体”总体布局和“四个全面”战略布局，牢固树立创新、协调、绿色、开放、共享的发展理念，贯彻以人民为中心的发展思想，统筹国内国际两个大局，统筹发展安全两件大事，坚持走中国特色信息化发展道路，坚持与实现“两个一百年”奋斗目标同步推进，以信息化驱动现代化为主线，以建设网络强国为目标，着力增强国家信息化发展能力，着力提高信息化应用水平，着力优化信息化发展环境，推进国家治理体系和治理能力现代化，努力在践行新发展理念上先行一步，让信息化造福社会、造福人民，为实现中华民族伟大复兴的中国梦奠定坚实基础。

（二）战略目标

到 2020 年，固定宽带家庭普及率达到中等发达国家水平，第三代移动通信（3G）、第四代移动通信（4G）网络覆盖城乡，第五代移动通信（5G）技术研发和标准取得突破性进展。信息消费总额达到 6 万亿元，电子商务交易规模达到 38 万亿元。核心关键技术部分领域达到国际先进水平，信息产业国际竞争力大幅提升，重点行业数字化、网络化、智能化取得明显进展，网络化协同创新体系全面形成，电子政务支撑国家治理体系和治理能力现代化坚实有力，信息化成为驱动现代化建设的先导力量。

互联网国际出口带宽达到 20 太比特 / 秒（Tbps），支撑“一带一路”建设实施，与周边国家实现网络互联、信息互通，建成中国—东盟信息港，初步建成网上丝绸之路，信息通信技术、产品和互联网服务的国际竞争力明显增强。

到 2025 年，新一代信息通信技术得到及时应用，固定宽带家庭普及率接近国际先进水平，建成国际领先的移动通信网络，实现宽带网络无缝覆盖。信息消费总额达到 12 万亿元，电子商务交易规模达到 67 万亿元。根本改变核心关键技术受制于人的局面，形成安全可控的信息技术产业体系，电子政务应用和信息惠民水平大幅提高。实现技术先进、产业发达、应用领先、网络安全坚不可摧的战略目标。

互联网国际出口带宽达到 48 太比特 / 秒（Tbps），建成四大国际信息通道，连接太平洋、中东欧、西非北非、东南亚、中亚、印巴缅俄等国家和地区，涌现一批具有强大国际竞争力的大型跨国网信企业。

到本世纪中叶，信息化全面支撑富强民主文明和谐的社会主义现代化国家建设，网络强国地位日益巩固，在引领全球信息化发展方面有更大作为。

（三）基本方针

——统筹推进。信息化事关国家经济社会长期可持续发展、事关国家长治久安、事关人民群众福祉，必须胸怀大局、把握大势、着眼大事，统筹中央和地方，统筹党政军各方力量，统筹发挥市场和政府作用，统筹阶段性目标和长远目标，统筹各领域信息化发展重大问题，确保国家信息化全面协调可持续健康发展。

——创新引领。全面实施创新驱动发展战略，把创新发展作为应对发展环境变化、增强发展动力、把握发展主动权，更好引领经济发展新常态的根本之策，以时不我待、只争朝夕的精神，努力掌握核心技术，快马加鞭争取主动局面，占据竞争制高点。

——驱动发展。最大程度发挥信息化的驱动作用，实施国家大数据战略，推进"互联网+"行动计划，引导新一代信息技术与经济社会各领域深度融合，推动优势新兴业态向更广范围、更宽领域拓展，全面提升经济、政治、文化、社会、生态文明和国防等领域信息化水平。

——惠及民生。坚持以造福社会、造福人民为工作的出发点和落脚点，发挥互联网在助推脱贫攻坚中的作用，推进精准扶贫、精准脱贫，不断增进人民福祉；紧紧围绕人民期待和需求，以信息化促进基本公共服务均等化，让亿万人民在共享互联网发展成果上有更多获得感。

——合作共赢。坚持国家利益在哪里、信息化就推进到哪里，围绕"一带一路"建设，加强网络互联、促进信息互通，加快构建网络空间命运共同体；用好国内国际两个市场两种资源、网上网下两个空间，主动参与全球治理，不断提升国际影响力和话语权。

——确保安全。网络安全和信息化是一体之两翼、驱动之双轮，必须统一谋划、统一部署、统一推进、统一实施，做到协调一致、齐头并进；切实防范、控制和化解信息化进程中可能产生的风险，以安全保发展，以发展促安全，努力建久安之势、成长治之业。

三、大力增强信息化发展能力

（一）发展核心技术，做强信息产业

信息技术和产业发展程度决定着信息化发展水平。我国正处于从跟跑并跑向并跑领跑转变的关键时期，要抓住自主创新的牛鼻子，构建安全可控的信息技术体系，培育形成具有国际竞争力的产业生态，把发展主动权牢牢掌握在自己手里。

1. 构建先进技术体系。制定国家信息领域核心技术设备发展战略纲要，以体系化思维弥补单点弱势，打造国际先进、安全可控的核心技术体系，带动集成电路、基础软件、核心元器件等薄弱环节实现根本性突破。积极争取并巩固新一代移动通信、下一代互联网等领域全球领先地位，着力构筑移动互联网、云计算、大数据、物联网等领域比较优势。

2. 加强前沿和基础研究。加快完善基础研究体制机制，强化企业创新主体地位和主导作用，面向信息通信技术领域的基础前沿技术、共性关键技术，加大科技攻关。遵循创新规律，着眼长远发展，超前规划布局，加大投资保障力度，为前沿探索提供长期支持。实施新一代信息技术创新国际交流项目。

3. 打造协同发展的产业生态。统筹基础研究、技术创新、产业发展与应用部署，加强产业链各环节协调互动。提高产品服务附加值，加速产业向价值链高端迁移。加强专利与标准前瞻性布局，完善覆盖知识产权、技术标准、成果转化、测试验证和产业化投资评估等环节的公共服务体系。

4. 培育壮大龙头企业。支持龙头企业发挥引领带动作用，联合高校和科研机构打造研发中心、技术产业联盟，探索成立核心技术研发投资公司，打通技术产业化的高效转化通道。深化上市发审制度改革，支持创新型企业在国内上市。支持企业在海外设立研发机构和开拓市场，有效利用全球资源，提升国际化发展水平。

5. 支持中小微企业创新。加大对科技型创新企业研发支持力度，落实企业研发费用加计扣除政策，适当扩大政策适用范围。完善技术交易和企业孵化机制，构建普惠性创新支持政策体系。完善公共服务平台，提高科技型中小微企业自主创新和可持续发展能力。

（二）夯实基础设施，强化普遍服务

泛在先进的基础设施是信息化发展的基石。要加快构建陆地、海洋、天空、太空立体覆盖的国家信息基础设施，不断完善普遍服务，让人们通过网络了解世界、掌握信息、摆脱贫困、改善生活、享有幸福。

6. 统筹规划基础设施布局。深化电信业改革，鼓励多种所有制企业有序参与竞争。统筹国家现代化建设需求，实现信息基础设施共建共享，推进区域和城乡协调发展。协调频谱资源配置，科学规划无线电频谱，提升资源利用效率。加强信息基础设施与市政、公路、铁路、机场等规划建设的衔接。支持港澳地区完善信息基础设施布局。

7. 增强空间设施能力。围绕通信、导航、遥感等应用卫星领域，建立持续稳定、安全可控的国家空间基础设施。科学规划和利用卫星频率和轨道资源。建设天地一体化信息网络，增强接入服务能力，推动空间与地面设施互联互通。统筹北斗卫星导航系统建设和应用，推进北斗产业化和走出去进程。加强陆地、大气、海洋遥感监测，提升对我国资源环境、生态保护、应急减灾、大众消费以及全球观测的服务保障能力。

8. 优化升级宽带网络。扩大网络覆盖范围，提高业务承载能力和应用服务水平，实现多制式网络和业务协调发展。加快下一代互联网大规模部署和商用，推进公众通信网、广播电视网和下一代互联网融合发展。加强未来网络长期演进的战略布局和技术储备，构建国家统一试验平台。积极开展第五代移动通信（5G）技术的研发、标准和产业化布局。

9. 提高普遍服务水平。科学灵活选择接入技术，分类推进农村网络覆盖。发达地区优先推进光纤到村。边远地区、林牧区、海岛等区域根据条件采用移动蜂窝、卫星通信等多种方式实现覆盖。居住分散、位置偏远、地理条件恶劣的地区可结合人口搬迁、集中安置实现网络接入。完善电信普遍服务补偿机制，建立支持农村和中西部地区宽带网络发展长效机制，推进网络提速降费，为社会困难群体运用网络创造条件。

（三）开发信息资源，释放数字红利

信息资源日益成为重要的生产要素和社会财富，信息掌握的多寡、信息能力的强弱成为衡量国家竞争力的重要标志。当前，我国信息资源开发利用不足与无序滥用的现象并存，要加强顶层设计和系统规划，完善制度体系，全面提升信息采集、处理、传输、利用、安全能力，构筑国家信息优势。

10. 加强信息资源规划、建设和管理。推动重点信息资源国家统筹规划和分类管理，增强关键信息资源掌控能力。完善基础信息资源动态更新和共享应用机制。创新部门业务系统建设运营模式，逐步实现业务应用与数据管理分离。统筹规划建设国家互联网大数据平台。逐步开展社会化交易型数据备份和认证，确保数据可追溯、可恢复。

11. 提高信息资源利用水平。建立公共信息资源开放目录，构建统一规范、互联互通、安全可控的国家数据开放体系，积极稳妥推进公共信息资源开放共享。发展信息资源市场，促进信息消费。引导和规范公共信息资源增值开发利用，支持市场主体利用全球信息资源开展业务创新。

12. 建立信息资源基本制度体系。探索建立信息资产权益保护制度，实施分级分类管理，形成重点信息资源全过程管理体系。加强采集管理和标准制定，提高信息资源准确性、可靠性和可用性。依法保护个人隐私、企业商业秘密，确保国家安全。研究制定信息资源跨境流动管理办法。

（四）优化人才队伍，提升信息技能

人才资源是第一资源，人才竞争是最终的竞争。要完善人才培养、选拔、使用、评价、激励机制，破除壁垒，聚天下英才而用之，为网信事业发展提供有力人才支撑。

13. 造就一批领军人才。依托国家重大人才工程，加大对信息化领军人才支持力度，培养造就世界水平的科学家、网络科技领军人才、卓越工程师、高水平创新团队和信息化管理人才。吸引和扶持海外高层次人才回国创新创业，建立海外人才特聘专家制度，对需要引进的特殊人才，降低永久居留权门槛，探索建立技术移民制度，提高我国在全球配置人才资源能力。

14. 壮大专业人才队伍。构建以高等教育、职业教育为主体，继续教育为补充的信息化专业人才培养体系。在普通本科院校和职业院校中设置信息技术应用课程。推广订单式人才培养，建立信息化人才培养实训基地。支持与海外高水平机构联合开展人才培养。

15. 完善人才激励机制。采取特殊政策，建立适应网信特点的人事制度、薪酬制度、人才评价机制，打破人才流动的体制界限。拓宽人才发现渠道，支持开展创新创业大赛、技能竞赛等活动，善用竞争性机制选拔特殊人才。完善技术入股、股权期权等激励方式，建立健全科技成果知识产权收益分配机制。

16. 提升国民信息技能。改善中小学信息化环境，推进信息化基础教育。全面开展国家工作人员信息化培训和考核。实施信息扫盲行动计划，发挥博士服务团、大学生村官、大学生志愿服务西部计划、“三支一扶”等项目的作用，为老少边穷地区和弱势群体提供知识和技能培训。

（五）深化合作交流，拓展发展空间

互联网真正让世界变成了地球村，让国际社会越来越成为你中有我、我中有你的命运共同体。要积极开展双边、多边国际交流合作，共同应对网络安全面临的挑战，共同维护网络空间的公平正义，共同分享全球信息革命的机遇和成果。

17. 深化国际合作交流。加强在联合国、二十国集团、金砖国家、亚太经济合作组织、上海合作组织等国际框架和多边机制内的协调配合，推动建立信息化领域国际互信对话机制。组织搭建合作渠道，建设全球信息化最佳实践推广平台。实施中美、中欧、中英、中德数字经济合作项目。

18. 参与国际规则制定。积极参与国际网络空间安全规则制定。巩固和发展区域标准化合作机制，积极争取国际标准化组织重要职位。在移动通信、下一代互联网、下一代广播电视网、云计算、大数据、物联网、智能制造、智慧城市、网络安全等关键技术和重要领域，积极参与国际标准制定。鼓励企业、科研机构、社会组织和个人积极融入国际开源社区。

19. 拓展国际发展空间。推进“一带一路”建设信息化发展，统筹规划海底光缆和跨境陆地光缆建设，提高国际互联互通水平，打造网上丝绸之路。加快推动与周边国家信息基础设施互联互通，打通经中亚到西亚、经南亚到印度洋、经俄罗斯到中东欧国家等陆上通道，积极推进美洲、欧洲、非洲等方向海底光缆建设。合作建设中国—中亚信息平台、中国—东盟信息港、中阿网上丝绸之路。统筹规划我国全球网络设施建设，支持企业拓展海外业务与节点布局，提升我国在全球网络中的影响力。

20. 共建国际网络新秩序。坚持尊重网络主权、维护和平安全、促进开放合作、构建良好秩序的原则，推动建立多边、民主、透明的国际互联网治理体系。积极参与和推进互联网名称与数字地址分配机构（ICANN）国际化改革。加强国际网络空间执法合作，推动制定网络空间国际反恐公约。健全打击网络犯罪司法协助机制，共同维护网络空间和平安全。

四、着力提升经济社会信息化水平

（一）培育信息经济，促进转型发展

加快建设数字中国、大力发展信息经济是信息化工作的重中之重。要围绕推进供给侧结构性改革，发挥信息化对全要素生产率的提升作用，培育发展新动力，塑造更多发挥先发优势的引领型发展，支撑我国经济向形态更高级、分工更优化、结构更合理的阶段演进。

21. 推进信息化和工业化深度融合。加快实施《中国制造 2025》，推动工业互联网创新发展。以智能制造为突破口，加快信息技术与制造技术、产品、装备融合创新，推广智能工厂和智能制造模式，全面提升企业研发、生产、管理和服务的智能化水平。普及信息化和工业化融合管理体系标准，深化互联网在制造领域的应用，积极培育众创设计、网络众包、个性化定制、服务型制造等新模式，完善产业链，打造新型制造体系。

22. 加快推进农业现代化。把信息化作为农业现代化的制高点，推动信息技术和智能装备在农业生产经营中的应用，培育互联网农业，建立健全智能化、网络化农业生产经营体系，加快农业产业化进程。加强耕地、水、草原等重要资源和主要农业投入品联网监测，健全农业信息监测预警和服务体系，提高农业生产全过程信息管理服务能力，确保国家粮食安全和农产品质量安全。

23. 推进服务业网络化转型。支持运用互联网开展服务模式创新，加快传统服务业现代化进程，提高生活性服务业信息化水平。积极培育设计、咨询、金融、交通、物流、商贸等生产性服务业，推动现代服务业网络化发展。大力发展跨境电子商务，构建繁荣健康的电子商务生态系统。引导和规范互联网金融发展，有效防范和化解金融风险。发展分享经济，建立网络化协同创新体系。

24. 促进区域协调发展。转变城镇化发展方式，破解制约城乡发展的信息障碍，促进城镇化和新农村建设协调推进。加强顶层设计，提高城市基础设施、运行管理、公共服务和产业发展的信息化水平，分级分类推进新型智慧城市建设。实施以信息化推动京津冀协同发展、信息化带动长江经济带发展行动计划。支持港澳地区发展信息经济。

25. 夯实发展新基础。推进物联网设施建设，优化数据中心布局，加强大数据、云计算、宽带网络协同发展，增强应用基础设施服务能力。加快电力、民航、铁路、公路、水路、水利等公共基础设施的网络化和智能化改造。发挥信息化支撑作用，推动安全支付、信用体系、现代物流等新型商业基础设施建设，形成大市场、大流通、大服务格局，奠定经济发展新基石。

26. 优化政策环境。完善互联网企业资本准入制度，设立中国互联网投资基金，引导多元化投融资市场发展。发挥中国互联网发展基金会的作用，组建中国“互联网+”联盟，支持中小微互联网企业成长。深入推进简政放权、放管结合、优化服务。设立国家信息经济示范区。

（二）深化电子政务，推进国家治理现代化

适应国家现代化发展需要，更好用信息化手段感知社会态势、畅通沟通渠道、辅助科学决策。持续深化电子政务应用，着力解决信息碎片化、应用条块化、服务割裂化等问题，以信息化推进国家治理体系和治理能力现代化。

27. 服务党的执政能力建设。推进党委信息化工作，提升党委决策指挥的信息化保障能力。充分运用信息技术提高党员、干部、人才管理和服务的科学化水平。加强信息公开，畅通民主监督渠道，全面提高廉政风险防控和巡视工作信息化水平，增强权力运行的信息化监督能力。加强党内法规制度建设信息化保障，重视发挥互联网在党内法规制定和宣传中的作用。推进信息资源共享，提升各级党的部门工作信息化水平。

28. 提高政府信息化水平。完善部门信息共享机制，建立国家治理大数据中心。加强经济运行数据交换共享、处理分析和监测预警，增强宏观调控和决策支持能力。深化财政、税务信息化应用，支撑中央和地方财政关系调整，促进税收制度改革。推进人口、企业基础信息共享，有效支撑户籍制度改革和商事制度改革。推进政务公开信息化，加强互联网政务信息数据服务平台和便民服务平台建设，提供更加优质高效的网上政务服务。

29. 服务民主法治建设。建立健全网络信息平台，密切人大代表同人民群众的联系。加快政协信息化建设，推进协商民主广泛多层制度化发展。实施“科技强检”，推进检察工作现代化。建设“智慧法院”，提高案件受理、审判、执行、监督等各环节信息化水平，推动执法司法信息公开，促进司法公平正义。

30. 提高社会治理能力。加快创新立体化社会治安防控体系，提高公共安全智能化水平，全面推进平安中国建设。构建基层综合服务管理平台，推动政府职能下移，支持社区自治。依托网络平台，加强政民互动，保障公民知情权、参与权、表达权、监督权。推行网上受理信访，完善群众利益协调、权益保障机制。

31. 健全市场服务和监管体系。实施“多证合一”、“一照一码”制度，在海关、税务、工商、质检等领域推进便利化服务，加强事中事后监管与服务，实现服务前移、监管后移。以公民身份号码、法人和其他组织统一社会信用代码为基础，建立全国统一信用信息网络平台，构建诚信营商环境。建设食品药品、特种设备等重要产品信息化追溯体系，完善产品售后服务质量监测。加强在线即时监督监测和非现场监管执法，提高监管透明度。

32. 完善一体化公共服务体系。制定在线公共服务指南，支持各级政府整合服务资源，面向企业和公众提供一体化在线公共服务，促进公共行政从独立办事向协同治理转变。各部门要根据基层服务需求，开放业务系统和数据接口，推动电子政务服务向基层延伸。

33. 创新电子政务运行管理体制。建立强有力的国家电子政务统筹协调机制，制定电子政务管理办法，建立涵盖规划、建设、应用、管理、评价的全流程闭环管理机制。大力推进政府采购服务，试点推广政府和社会资本合作模式，鼓励社会力量参与电子政务建设。鼓励应用云计算技术，整合改造已建应用系统。

（三）繁荣网络文化，增强国家软实力

互联网是传播人类优秀文化、弘扬正能量的重要载体。要始终坚持社会主义先进文化前进方向，坚持正确舆论导向，遵循网络传播规律，弘扬主旋律，激发正能量，大力培育和践行社会主义核心价值观，发展积极向上的网络文化，把中国故事讲得愈来愈精彩，让中国声音愈来愈洪亮。

34. 提升网络文化供给能力。实施网络内容建设工程。加快文化资源数字化建设，提高网络文化生产的规模化、专业化水平。整合公共文化资源，构建公共文化服务体系，提升信息服务水平。引导社会力量积极开发适合网络传播特点、满足人们多样化需求的网络文化产品。

35. 提高网络文化传播能力。完善网络文化传播机制，构建现代文化传播体系。推动传统媒体和新兴媒体融合发展，有效整合各种媒介资源和生产要素。实施中华优秀文化网上传播工程，加强港澳地区网络传播能力建设，完善全球信息采集传播网络，逐步形成与我国国际地位相适应的网络国际传播能力。

36. 加强网络文化阵地建设。做大做强中央主要新闻网站和地方重点新闻网站，规范引导商业网站健康有序发展。推进重点新闻网站体制机制创新。加快党报党刊、通讯社、电台电视台数字化改造和技术升级。推动文化金融服务模式创新，建立多元网络文化产业投融资体系。鼓励优秀互联网企业和文化企业强强联合，培育一批具有国际影响力的新型文化集团、媒体集团。

37. 规范网络文化传播秩序。综合利用法律、行政、经济和行业自律等手段，规范网络信息传播秩序。坚决遏制违法有害信息网上传播，巩固壮大健康向上的主流舆论。完善网络文化服务市场准入和退出机制，加大网络文化管理执法力度，打击网络侵权盗版行为。

（四）创新公共服务，保障和改善民生

围绕人民群众最关心最直接最现实的利益问题，大力推进社会事业信息化，优化公共服务资源配置，降低应用成本，为老百姓提供用得上、用得起、用得好的信息服务，促进基本公共服务均等化。

38. 推进教育信息化。完善教育信息基础设施和公共服务平台，推进优质数字教育资源共建共享和均衡配置，建立适应教育模式变革的网络学习空间，缩小区域、城乡、校际差距。建立网络环境下开放学习模式，鼓励更多学校应用在线开放课程，探索建立跨校课程共享与学分认定制度。完善准入机制，吸纳社会力量参与大型开放式网络课程建设，支撑全民学习、终身教育。

39. 加快科研信息化。加强科研信息化管理，构建公开透明的国家科研资源管理和项目评价机制。建设覆盖全国、资源共享的科研信息化基础设施，提升科研信息服务水平。加快科研手段数字化进程，构建网络协同的科研模式，推动科研资源共享与跨地区合作，促进科技创新方式转变。

40. 推进智慧健康医疗服务。完善人口健康信息服务体系，推进全国电子健康档案和电子病历数据整合共享，实施健康医疗信息惠民行动，促进和规范健康医疗大数据应用发展。探索建立市场化远程医疗服务模式、运营机制和管理机制，促进优质医疗资源纵向流动。加强区域公共卫生服务资源整合，探索医疗联合体等新型服务模式。运用新一代信息技术，满足多元服务需求，推动医疗救治向健康服务转变。

41. 提高就业和社会保障信息化水平。推进就业和养老、医疗、工伤、失业、生育、保险等信息全国联网。建立就业创业信息服务体系，引导劳动力资源有序跨地区流动，促进充分就业。加快社会保障“一卡通”推广和升级，实行跨地区应用接入，实现社会保险关系跨地区转移接续和异地就医联网结算。加快政府网站信息无障碍建设，鼓励社会力量为残疾人提供个性化信息服务。

42. 实施网络扶贫行动计划。构建网络扶贫信息服务体系，加快贫困地区互联网建设步伐，扩大光纤网、宽带网有效覆盖。开展网络公益扶贫宣传，鼓励网信企业与贫困地区结对帮扶，开发适合民族边远地区特点和需求的移动应用，建立扶贫跟踪监测和评估信息系统。

（五）服务生态文明建设，助力美丽中国

建设生态文明是关乎人民福祉和民族未来的长远大计。要着力破解资源约束趋紧、环境污染严重、生态系统退化问题，构建基于信息化的新型生态环境治理体系，加快建设天蓝、地绿、水净的美丽中国。

43. 创新资源管理和利用方式。开展国家自然生态空间统一确权登记。整合自然生态空间数据，优化资源开发利用的空间格局和供应时序。完善自然资源监管体系，逐步实现全程、全覆盖动态监管，提高用途管制能力。探索建立废弃物信息管理和交易体系，形成再生资源循环利用机制。

44. 构建新型生态环境治理体系。健全环境信息公开制度。实施生态文明和环境保护监测信息化工程，逐步实现污染源、污染物、生态环境全时监测，提高区域流域环境污染联防联控能力。推动建立绿色低碳循环发展产业体系，鼓励有条件地区探索开展节能量、碳排放权、排污权、水权网上交易。利用信息技术提高生态环境修复能力，促进生态环境根本性改善。

（六）加快信息强军，构建现代军事力量体系

积极适应国家安全形势新变化、信息技术发展新趋势和强军目标新要求，坚定不移把信息化作为军队现代化建设发展方向，贯彻军民融合深度发展战略思想，在新的起点上推动军队信息化建设跨越发展。

45. 加强体系化建设。创新发展信息化军事理论，加强信息化建设集中统管，发挥作战需求牵引作用，推进机械化信息化有机融合。完善信息基础设施，推动指挥信息系统集成运用，加大信息资源开发利用力度，构建信息安全防御体系，全面提高打赢信息化局部战争能力。

46. 提高实战化训练水平。适应战争形态演变趋势，

依托网络信息系统，开展以信息主导、体系对抗、精确作战、全域机动、网络防控为主要特征的检验性、对抗性演习，推进军事训练向实战化转变，提高以夺取制信息权为核心的战场综合控制权能力。

47. 深化军事斗争准备。充分发挥信息化融合、渗透作用，深化国防和军队改革，推进军队组织形态现代化。健全国防信息动员领导管理体制机制，完善国防信息动员与应急保障预案。大力培养信息化作战指挥、信息技术专业、信息系统组织运用及操作维护等作战急需人才，不断增强官兵运用信息系统和信息化装备打胜仗的能力。

五、不断优化信息化发展环境

（一）推进信息化法治建设

依法推进信息化、维护网络安全是全面依法治国的重要内容。要以网络空间法治化为重点，发挥立法的引领和推动作用，加强执法能力建设，提高全社会自觉守法意识，营造良好的信息化法治环境。

48. 完善信息化法律框架。以网络立法为重点，加快建立以促进信息化发展和强化网络安全管理为目标，涵盖网络基础设施、网络服务提供者、网络用户、网络信息等对象的法律、行政法规框架。

49. 有序推进信息化立法进程。坚持急用先行，加快出台急需法律法规和规范性文件。强化网络基础设施保护，加快制定网络安全法、电信法、电子商务法，研究制定密码法。加强网络用户权利保护，研究制定个人信息保护法、未成年人网络保护条例。规范网络信息服务与管理，修订互联网信息服务管理办法。研究制定电子文件管理条例。完善司法解释，推动现有法律延伸适用到网络空间。

50. 加强执法能力建设。加强部门信息共享与执法合作，创新执法手段，形成执法合力。理顺网络执法体制机制，明确执法主体、执法权限、执法标准。

（二）加强网络生态治理

网络空间是亿万民众共同的精神家园。网络空间天朗气清、生态良好，符合人民利益。坚持正能量是总要求、管得住是硬道理，创新改进网上正面宣传，加强全网全程管理，建设为民、文明、诚信、法治、安全、创新的网络空间，使网络空间清朗起来。

51. 强化互联网管理。坚持积极利用、科学发展、依法管理、确保安全的方针，建立法律规范、行政监管、行业自律、技术保障、公众监督、社会教育相结合的网络治理体系。落实网络身份管理制度，建立网络诚信评价体系，健全网络服务提供者和网民信用记录，完善褒奖和惩戒机制。加强互联网域名、地址等基础资源管理，确保登记备案信息真实准确。强化网络舆情管理，对所有从事新闻信息服务、具有媒体属性和舆论动员功能的网络传播平台进行管理。依法完善互联网信息服务市场准入和退出机制。

52. 形成全社会参与的治理机制。坚持依法治网，加快建立政府引领，企业、社会组织、技术社群、公民共同参与、相互协作的互联网治理机制。强化互联网企业的主体责任，引导企业公平竞争、自我管理和改善服务。建立健全网络社会组织，充分发挥社会组织自我管理、自我监督作用。加强社会力量引导，积极培育“中国好网民”。

53. 维护公民合法权益。依法保护信息自由有序流动，切实保障公民基本权利和自由。全面规范企业和个人信息采集、存储、使用等行为，防范信息滥用。加强个人数据保护，依法打击网络违法犯罪。

（三）维护网络空间安全

树立正确的网络安全观，坚持积极防御、有效应对，增强网络安全防御能力和威慑能力，切实维护国家网络空间主权、安全、发展利益。

54. 维护网络主权和国家安全。依法管理我国主权范围内的网络活动，坚定捍卫我国网络主权。坚决防范和打击通过网络分裂国家、煽动叛乱、颠覆政权、破坏统一、窃密泄密等行为。

55. 确保关键信息基础设施安全。加快构建关键信息基础设施安全保障体系，加强党政机关以及重点领域网站的安全防护，建立政府、行业与企业网络安全信息有序共享机制。建立实施网络安全审查制度，对关键信息基础设施中使用的重要信息技术产品和服务开展安全审查。健全信息安全等级保护制度。

56. 强化网络安全基础性工作。加强网络安全基础理论研究、关键技术研发和技术手段建设，建立完善国家网络安全技术支撑体系，推进网络安全标准化和认证认可工作。提升全天候全方位感知网络安全态势能力，做好等级保护、风险评估、漏洞发现等基础性工作，完善网络安全监测预警和网络安全重大事件应急处置机制。

实施网络安全人才工程，开展全民网络安全教育，提升网络媒介素养，增强全社会网络安全意识和防护技能。

六、体制保障和组织实施

要加强统筹协调，有力整合资源，形成推进合力，切实将各项战略任务落到实处，确保战略目标如期实现。

（一）强化组织领导

坚持中央网络安全和信息化领导小组对国家信息化发展的集中统一领导，信息化领域重大政策和事项须经领导小组审定。各级网络安全和信息化领导小组要加强统筹，研究解决本地区信息化发展中的重大问题。

（二）健全工作机制

中央网络安全和信息化领导小组办公室负责统筹协调本战略纲要的实施和督促检查。各级网络安全和信息化主管部门要充分发挥组织协调作用，加强部门、行业、区域、军地间合作，形成统一领导、分工合理、责任明确、运转顺畅的信息化推进机制。加快中国特色新型信息化智库建设，完善重大政策、重大项目专家咨询制度。

（三）完善配套政策

各地区各部门要将本战略纲要提出的任务与经济社会发展规划有效衔接、同步推进，制定好“十三五”信息化发展规划和相关专项规划。相关部门要加快完善产业、财税、金融、科技、教育等领域配套政策措施，加大财政投入和管理，重点支持关键性、基础性、公共性领域的信息化建设和网络安全保障。加大政府购买服务力度，创新信息化投融资机制，在信息化领域实行有利于商业运作、持续运营的政策，为社会投资参与创造条件。

（四）加强督促落实

各地区各部门要按照职责分工细化任务，明确时限，逐级落实。建立和完善信息化统计指标体系，加强信息化统计监测和评估工作，组织开展战略实施年度检查与绩效评估。加大信息化工作考核力度，将考核结果作为评价有关领导干部的内容。

工业和信息化部办公厅关于印发《互联网信息安全管理系统使用及运行维护管理办法（试行）》的通知

工信厅网安〔2016〕135号

各省、自治区、直辖市通信管理局，中国电信集团公司、中国移动通信集团公司、中国联合网络通信集团有限公司，有关增值电信业务经营者：

为指导各省、自治区、直辖市通信管理局以及经营互联网数据中心（含互联网资源协作服务）、互联网接入服务、内容分发网络服务等业务的互联网接入类企业规范做好互联网信息安全管理系统（以下简称系统）的使用与运行维护管理工作，保障各单位系统安全可靠运行，有效发挥系统作用，工业和信息化部于9月12日印发《互联网信息安全管理系统使用及运行维护管理办法（试行）》。现印发你们，请遵照执行。

工业和信息化部办公厅

2016年9月7日

互联网信息安全管理系统使用及运行维护管理办法（试行）

第一章　总则

第一条　为规范互联网信息安全管理系统使用及运行维护工作，保障系统安全可靠运行，有效发挥系统作用，根据《全国人民代表大会常务委员会关于加强网络信息保护的决定》《中华人民共和国反恐怖主义法》《中华人民共和国国家安全法》《中华人民共和国电信条例》《互联网信息服务管理办法》等法律法规，制定本办法。

第二条　本办法适用于互联网信息安全管理系统的使用及运行维护。

本办法所称互联网信息安全管理系统，包括全国互联网信息安全综合管理系统（以下简称部级系统），各省、自治区、直辖市通信管理局互联网信息安全管理系统（以下简称省级系统）及从事互联网数据中心（含互联网资源协作服务）、互联网接入服务、内容分发网络服务等电信业务经营者（以下简称企业）按照有关管理规定和通信行业标准，建设或租用的互联网信息安全管理系统（以下简称企业系统）。

第三条　工业和信息化部负责对互联网信息安全管理系统的使用及运行维护，以及系统的对接联动工作进行指导、监督和协调，负责部级系统的使用及运行维护。

各省、自治区、直辖市通信管理局（以下统称通信管理局）负责对本辖区内企业系统的使用和运行维护工作进行指导、监督和协调，负责本省（区、市）省级系统的使用及运行维护，以及本省（区、市）省级系统与部级系统的对接联动。

工业和信息化部和通信管理局统称电信管理机构。

第四条　企业负责本企业系统的使用及运行维护，以及本企业系统与部级系统或省级系统的对接联动。

第二章　使用要求

第五条　企业应按照有关管理规定和通信行业标准，进行企业系统基础数据和活跃资源数据的管理、核验和上报，确保数据完整、准确。企业应按照电信管理机构的要求，改正未上报、上报错误或上报不一致的异常数据，并于5个工作日内重新上报。

电信管理机构应进行系统数据审核。工业和信息化部发现全国省级系统和企业系统上报异常数据的，应要求相应系统及时改正和重新上报。通信管理局发现本辖区内企业系统上报异常数据的，应要求相应系统及时改正和重新上报。

第六条　工业和信息化部利用部级系统向省级系统或企业系统下达违法信息监测与处置要求。紧急情况下，工业和信息化部可直接通过部级系统采取违法信息处置措施。

通信管理局利用省级系统向本辖区内企业系统下达违法信息监测与处置要求。需要向本辖区外企业系统下达处置要求的，通信管理局应向相关省（区、市）省级系统发送违法信息处置跨省协办要求，由相关省（区、市）通信管理局执行。

企业应利用企业系统对所传输的信息进行监测，发现法律、法规禁止发布或者传输的信息应及时处置。企业收到部级系统或省级系统下达的违法信息监测与处置要求，应按要求执行。

第七条　电信管理机构按照以下规定处置违法网站：

（一）对于已列入黑名单管理的违法网站，电信管理机构依据《关于建立境内违法互联网站黑名单管理制度的通知》（工信部联电管〔2009〕371号）等规定，对其进行监测与处置。

（二）对于尚未纳入黑名单管理的违法网站，电信管理机构在收到互联网相关管理部门对其进行紧急处置的函请后，可利用部级系统或省级系统向企业系统下达违法网站处置要求，并依法进行处罚。

企业收到部级系统或省级系统下达的违法网站处置

要求，应按要求执行。

第八条 通信管理局应在收到部级系统或他省省级系统下达的一般要求后1个工作日内，或收到紧急要求后2个小时内进行确认，有异议的可退回，并注明原因，无异议的应立即转发本辖区内企业系统执行。

第九条 企业应按照有关法律法规、管理规定和通信行业标准要求利用本企业系统留存访问日志，并在国家有关机关依法查询时，予以提供。

电信管理机构向企业系统下达访问日志查询要求的，企业应在收到要求后2个小时内报告查询结果。

第三章 运行维护要求

第十条 电信管理机构和企业应建立互联网信息安全管理系统运行维护管理和故障处理机制，对本系统的运行和对接情况进行7×24小时实时监测，发现系统故障及时修复。

如系统故障无法及时修复，造成或可能造成严重后果的，通信管理局应当及时报告工业和信息化部，企业应及时报告对接系统所属电信管理机构。

第十一条 电信管理机构应根据本互联网信息安全管理系统运行实际情况，进行系统扩容、升级或改造。

企业应做到本互联网信息安全管理系统与其网络和业务发展同步扩容、升级或改造，确保系统对其网络和业务的全面覆盖。有关管理规定及通信行业标准变更时，企业应按要求完成企业系统扩容、升级或改造。企业应在系统扩容、升级或改造前5个工作日向对接系统所属电信管理机构报告。

电信管理机构和企业应确保系统的扩容、升级或改造不得妨碍其正常使用。

第十二条 电信管理机构和企业应按照有关管理规定和通信行业标准对本互联网信息安全管理系统开展网络安全防护工作。

第十三条 电信管理机构和企业应对本互联网信息安全管理系统工作人员依法依规实施权限管理，进行系统操作日志记录与定期审计，并保留至少6个月的操作日志与审计记录。

第十四条 电信管理机构和企业应采取数据安全保护措施，防止用户数据、日志信息和任务信息等数据发生泄漏、毁损或者丢失。

发生或可能发生数据泄漏、毁损或者丢失的，电信管理机构或企业应及时采取补救措施。造成或可能造成严重后果的，通信管理局应当及时向工业和信息化部报告，企业应当及时向对接系统所属电信管理机构报告。

第四章 配套要求

第十五条 电信管理机构和企业应确立本互联网信息安全管理系统的使用与运行维护责任部门和责任人。

通信管理局和企业应设立系统工作联系人，并分别向工业和信息化部和对接系统所属电信管理机构报告，工作联系人信息发生变化的，通信管理机构或企业应在5个工作日内重新报告。

第十六条 电信管理机构和企业应对本互联网信息安全管理系统相关工作人员进行系统使用、运行维护、安全管理的培训。

第十七条 通信管理局利用本省（区、市）省级系统对外提供协助服务的，应符合以下要求：

（一）不得超出法律法规、管理规定赋予的职责范围；

（二）与服务对象书面确定双方权利义务和安全责任；

（三）每年将对外服务情况（服务对象、方式、内容、时间等）报工业和信息化部备案；

（四）工业和信息化部要求的其他条件。

未经电信管理机构允许，企业不得利用本企业系统对外提供服务。

第五章 附则

第十八条 通信管理局和企业应根据本办法制定省级系统和企业系统的使用及运行维护管理实施细则。

第十九条 本办法所称有关管理规定和通信行业标准见附件。

第二十条 本办法自发布之日起施行。

附件：1.《通信网络安全防护管理办法》（工业和信息化部令第11号）（略）

2. YDT2248–2015《互联网数据中心和互联网接入服务信息安全管理系统技术要求》（略）

3. YDT2405–2015《互联网数据中心和互联网接入服务信息安全管理系统接口规范》（略）

4. YDT1729-2008《电信网和互联网安全等级保护实施指南》（略）

5. YDT1730-2008《电信网和互联网安全等级保护实施指南》（略）

6. 其他相关管理规定和通信行业标准（略）

两部委关于印发《智能硬件产业创新发展专项行动（2016—2018 年）》的通知

工信部联电子〔2016〕302 号

各省、自治区、直辖市及计划单列市、新疆生产建设兵团工业和信息化主管部门、发展改革委，相关行业协会、相关单位：

为深入贯彻供给侧结构性改革和创新驱动发展战略，提升我国智能硬件共性技术和高端产品的供给能力，根据《“互联网 +”人工智能三年行动实施方案》，工业和信息化部、国家发展和改革委员会联合制定《智能硬件产业创新发展专项行动（2016—2018 年）》。现印发给你们，请结合实际认真贯彻落实。

工业和信息化部

国家发展和改革委员会

2016 年 9 月 19 日

智能硬件产业创新发展专项行动（2016—2018 年）

根据《“互联网 +”人工智能三年行动实施方案》，为提升终端产品智能化水平，加快智能硬件应用普及，制定本专项行动。

一、行动背景

智能硬件是指具备信息采集、处理和连接能力，并可实现智能感知、交互、大数据服务等功能的新兴互联网终端产品，是“互联网 +”人工智能的重要载体。在手机、电视等终端产品实现智能化之后，新一代信息技术正加速与个人穿戴、交通出行、医疗健康、生产制造等领域集成融合，催生智能硬件产业蓬勃发展，带动模式创新和效率提升。

当前，我国智能硬件产业机遇与挑战并存。一方面，我国是电子信息产品生产大国，拥有全球最大的互联网用户群体，智能硬件市场空间广阔。另一方面，关键技术和高端产品供给不足、创新支撑体系不健全、产用互动不紧密、生态碎片化等问题和风险不容忽视。本专项行动着力推动智能硬件产业创新发展，提升高端共性技术与产品的有效供给，满足社会生产、生活对智能硬件的多元化需求，培育信息技术产业增长新动能。

二、总体思路

深入贯彻供给侧结构性改革和创新驱动发展战略，以推动终端产品及应用系统智能化为主线，着力强化技术攻关，突破基础软硬件、核心算法与分析预测模型、先进工业设计及关键应用，提高智能硬件创新能力。着力优化发展环境，加快智能硬件应用普及进程，加强行业公共服务平台建设，夯实智能硬件发展基础。着力繁荣产业生态，建立标准、知识产权、创业创新平台、应用示范间的联动机制，培育新模式新业态。

创新驱动。引导和鼓励企业加强研发投入，在全球范围内优化资源配置，吸引高端人才，掌握先进技术，突破关键技术瓶颈，提升高端有效供给，提高产业核心竞争力。

融合协同。产业链提升和生态链建设并举，围绕重大市场需求，加强产业链上下游资源的组织协调，促进产用结合与产融对接，完善产业发展生态环境。

因地制宜。发挥地方积极性和主动性，支持各地结合产业发展实际，出台适宜本地区的政策措施，完善公共服务，探索差异化、特色化发展路径，促进区域间协同，引导产业高端集聚。

三、行动目标

到 2018 年，我国智能硬件全球市场占有率超过 30%，产业规模超过 5 000 亿元。在低功耗轻量级系统设计、低功耗广域智能物联、虚拟现实、智能人机交互、高性能运动与姿态控制等关键技术环节取得明显突破，培育一批行业领军上市企业。在国际主流生态中的参与度、贡献度和影响力明显提升，海外专利占比超过 10%。建成标准开发、产品及应用检测、产业供给能力监测三大支撑平台，智能硬件标准化及公共服务能力达到国际先进水平。布局若干技术先进、特色突出、优势互补的高水平创新平台，创业创新支撑能力明显提升。智能工业传感器、智能 PLC、智能无人系统等工业级智能硬件产品形成规模示范，带动生产效率提升 20% 以上。形成一批可复制、可推广的行业应用解决方案，产业便民、惠民成效显现。

四、重点任务

（一）提升高端智能硬件产品有效供给

面向价值链高端环节提高智能硬件产品质量和品牌附加值，加强产品功能性、易用性、增值性设计能力，发展多元化、个性化、定制化供给模式，强化应用服务及商业模式创新，提升高端智能穿戴、智能车载、智能医疗健康、智能服务机器人及工业级智能硬件产品的供给能力。

1. 智能穿戴设备。支持企业面向消费者运动、娱乐、社交等需求，加快智能手表、智能手环、智能服饰、虚拟现实等穿戴设备的研发和产业化，提升产品功能、性能及工业设计水平，推动产品向工艺精良、功能丰富、数据准确、性能可靠、操作便利、节能环保的方向发展。加强跨平台应用开发及配套支撑，加强不同产品间的数据交换和交互控制，提升大数据采集、分析、处理和服务能力。

2. 智能车载设备。支持企业加强跨界合作，面向司乘人员的交通出行需求，发展智能车载雷达、智能后视镜、智能记录仪、智能车载导航等设备，提升产品安全性、便捷性、实用性。推进智能操作系统、北斗导航、宽带移动通信、大数据等新一代信息技术在车载设备中的集成应用，丰富行车服务、车辆健康管理、紧急救助等车辆联网信息服务。发展芯片、元器件及整机设备的车规级检测认证能力，完善配套供应体系。

3. 智能医疗健康设备。面向百姓对健康监护、远程诊疗、居家养老等方面需求，发展智能家庭诊疗设备、智能健康监护设备、智能分析诊断设备的开发及应用。鼓励终端企业与医疗机构对接，着力提升产品质量性能及数据可信度，加强不同设备及系统间接口、协议和数据的互联互通，推动智能硬件与数字化医疗器械及相关医疗健康服务平台的数据集成。

4. 智能服务机器人。面向家庭、教育、商业、公共服务等应用场景，发展推进多模态人机交互、环境理解、自主导航、智能决策等技术开发，发展开放式智能服务机器人软硬件平台及解决方案，完善智能服务机器人编程和操作图形用户接口等通信控制、安全、设计平台等标准，提升服务机器人智能化水平，拓展产品应用市场。

5. 工业级智能硬件设备。面向工业生产需要，发展高可靠智能工业传感器、智能工业网关、智能 PLC、工业级可穿戴设备和无人系统等智能硬件产品及服务。支持新型工业通信、工业安全防护、远程维护、工业云计算与服务等技术架构和设备的产业化，提升工业级智能化系统开发、优化、综合仿真和测试验证能力。

（二）加强智能硬件核心关键技术创新

瞄准产业发展制高点，组织实施一批重点产业化创新工程，支持关键软硬件 IP 核开发和协同研发平台建设。掌握一批具有全局影响力、带动性强的智能硬件共性技术。加强国际产业交流合作，鼓励国内外企业开源或开放芯片、软件技术及解决方案等资源，构建开放生态，推动各类创新要素资源的聚集、交流、开放和共享。

1. 低功耗轻量级底层软硬件技术。发展适用于智能硬件的低功耗芯片及轻量级操作系统，开发软硬一体化解决方案及应用开发工具。支持骨干企业围绕底层软硬件系统集聚资源、建设标准，拓展应用、打造生态。

2. 虚拟现实 / 增强现实技术。发展面向虚拟现实产品的新型人机交互、新型显示器件、GPU、超高速数字接口和多轴低功耗传感器，面向增强现实的动态环境建模、实时 3D 图像生成、立体显示及传感技术创新，打造虚拟 / 增强现实应用系统平台与开发工具研发环境。

3. 高性能智能感知技术。发展高精度高可靠生物体征、环境监测等智能传感、识别技术与算法，支持毫米波与太赫兹、语音识别、机器视觉等新一代感知技术的突破，加速与云计算、大数据等新一代信息通信技术的集成创新。

4. 高精度运动与姿态控制技术。发展应用于智能无人系统的高性能多自由度运动姿态控制和伺服控制、视觉 / 力觉反馈与跟踪、高精度定位导航、自组网及集群控制等核心技术，提升智能人机协作水平。

5. 低功耗广域智能物联技术。发展大规模并发、高灵敏度、长电源寿命的低成本、广覆盖、低功耗智能硬件宽、窄带物联技术及解决方案，支持相关协议栈及 IP 研发，加快低功耗广域网连接型芯片与微处理器的 SoC 开发与应用，发挥龙头企业对产业链的市场、标准和技术扩散功能，打造开放、协同的智能物联创新链条。

6. 端云一体化协同技术。支持产业链上下游联动，建设安全可靠端云一体智能硬件服务开发框架和平台，发展从芯片到云端的全链路安全能力，发展可信身份认证、智能语音与图像识别、移动支付等端云一体化应用。

（三）推动重点领域智能化提升

深入挖掘健康养老、教育、医疗、工业等领域智能硬件应用需求，加强重点领域智能化提升，推动智能硬件产品的集成应用和推广。

1. 健康养老领域。鼓励智能硬件企业与健康养老机构对接，对健康数据进行整合管理，实现与相关健康养老服务平台的数据集成应用，发展运动与睡眠数据采集、体征数据实时监测、紧急救助、实时定位等智能硬件应用服务，提升健康养老服务质量和效率。

2. 教育领域。支持智能硬件企业面向教育需求，在远程教育、智能教室、虚拟课堂、在线学习等领域应用智能硬件技术，提升教育智能化水平。结合智能硬件产品形态发展，建设相匹配的优质教学资源库，对接线上线下教育资源，扩大优质教育资源覆盖面，促进教育公平。

3. 医疗领域。鼓励医疗机构加快信息化建设进程，推动智能医疗健康设备在诊断、治疗、护理、康复等环节的应用，加强医疗数据云平台建设，推广远程诊断、远程手术、远程治疗等模式，支持医疗资源和服务数字化、定制化、远程化发展，促进社区、家政、医疗护理机构、养老机构协同信息服务，提高医疗保障服务水平。

4. 工业领域。鼓励工业企业与智能硬件厂商协同联动，开展工业级智能硬件系统的集成适配，加快重点领域的智能化改造进程，提高敏捷制造、柔性制造能力，发展基于智能硬件的工业远程维护、工业大数据分析等新兴服务发展。

五、推进措施

（一）加强政策协同引导

统筹利用“互联网 +”重大工程、工业转型升级、专项建设基金等渠道支持智能硬件产业发展。加强与相关“十三五”规划的衔接，完善跨部门、跨行业、跨区域协同机制，解决产业发展及应用推广中的瓶颈问题。探索设立智能硬件产业引导及投资基金，引导社会资本多种渠道投资智能硬件产业，支持符合条件的智能硬件企业上市融资。

（二）完善标准检测体系

研究制定智能硬件技术标准及应用规范体系。研制关键控制接口协议规范，推动设备间的数据格式和标准协议的开放共享，推进产品和系统间的互联互通。鼓励产业联盟和行业协会等社会团体开展团体标准试点，完善与行业标准、国家标准的快速衔接机制。建立智能硬件标准化和公共服务平台，支持面向标准符合性、软硬件协同、互联互通、用户体验、安全可靠等产品检测服务。

（三）发展创业创新平台

选择优势地区建设高水平省级智能硬件创业创新平台，支持地方以试验床、创新平台等方式发展智能硬件众创、众包、众筹、众扶平台，发展天使、创业、产业等投资。实施“芯火”计划，推进智能硬件基础芯片领域的创业创新。支持开展智能硬件创业创新大赛，聚集智能硬件创业创新高端人才，推动具有发展潜力的项目与市场对接。

（四）打造产业生态体系

建立智能硬件产业供给能力监测平台，及时跟踪国内外技术路径和产业发展动向。在人工智能产业发展联盟框架下成立智能硬件工作组，编制产业发展白皮书，为产业发展和决策支撑提供服务。鼓励公共服务部门创新应用模式，加快数据资源的有序开放。加强智能硬件知识产权政策研究，做好智能硬件知识产权布局、专利风险防控机制等方面的咨询和服务。鼓励智能硬件骨干企业在工业、医疗和车载等重点领域开展基于软硬件IP核的产品研发及应用。支持第三方机构开展智能硬件产品及方案的测评与宣传推广。加强用户信息安全保护，做好市场监管和行业自律，维护产业良好声誉。

国务院关于加快推进“互联网＋政务服务”工作的指导意见

国发〔2016〕55号

各省、自治区、直辖市人民政府，国务院各部委、各直属机构：

推进“互联网＋政务服务”，是贯彻落实党中央、国务院决策部署，把简政放权、放管结合、优化服务改革推向纵深的关键环节，对加快转变政府职能，提高政府服务效率和透明度，便利群众办事创业，进一步激发市场活力和社会创造力具有重要意义。近年来，一些地方和部门初步构建互联网政务服务平台，积极开展网上办事，取得一定成效。但也存在网上服务事项不全、信息共享程度低、可办理率不高、企业和群众办事仍然不便等问题，同时还有不少地方和部门尚未开展此项工作。为加快推进“互联网＋政务服务”工作，切实提高政务服务质量与实效，现提出以下意见。

一、总体要求

（一）指导思想

认真落实党的十八大和十八届三中、四中、五中全会精神，深入贯彻习近平总书记系列重要讲话精神，牢固树立创新、协调、绿色、开放、共享的发展理念，按照建设法治政府、创新政府、廉洁政府和服务型政府的要求，优化服务流程，创新服务方式，推进数据共享，打通信息孤岛，推行公开透明服务，降低制度性交易成本，持续改善营商环境，深入推进大众创业、万众创新，最大程度利企便民，让企业和群众少跑腿、好办事、不添堵，共享“互联网＋政务服务”发展成果。

（二）基本原则

坚持统筹规划。充分利用已有资源设施，加强集约化建设，推动政务服务平台整合，促进条块联通，实现政务信息资源互认共享、多方利用。

坚持问题导向。从解决人民群众反映强烈的办事难、办事慢、办事繁等问题出发，简化优化办事流程，推进线上线下融合，及时回应社会关切，提供渠道多样、简便易用的政务服务。

坚持协同发展。加强协作配合和工作联动，明确责任分工，实现跨地区、跨层级、跨部门整体推进，做好制度衔接，为“互联网＋政务服务”提供制度和机制保障。

坚持开放创新。鼓励先行先试，运用互联网思维，创新服务模式，拓展服务渠道，开放服务资源，分级分类推进新型智慧城市建设，构建政府、公众、企业共同参与、优势互补的政务服务新格局。

（三）工作目标

2017年底前，各省（区、市）人民政府、国务院有关部门建成一体化网上政务服务平台，全面公开政务服务事项，政务服务标准化、网络化水平显著提升。2020年底前，实现互联网与政务服务深度融合，建成覆盖全国的整体联动、部门协同、省级统筹、一网办理的“互

联网 + 政务服务”体系，大幅提升政务服务智慧化水平，让政府服务更聪明，让企业和群众办事更方便、更快捷、更有效率。

二、优化再造政务服务

（一）规范网上服务事项

各省（区、市）人民政府、国务院各部门要依据法定职能全面梳理行政机关、公共企事业单位直接面向社会公众提供的具体办事服务事项，编制政务服务事项目录，2017 年底前通过本级政府门户网站集中公开发布，并实时更新、动态管理。实行政务服务事项编码管理，规范事项名称、条件、材料、流程、时限等，逐步做到“同一事项、同一标准、同一编码”，为实现信息共享和业务协同，提供无差异、均等化政务服务奠定基础。

（二）优化网上服务流程

优化简化服务事项网上申请、受理、审查、决定、送达等流程，缩短办理时限，降低企业和群众办事成本。凡是能通过网络共享复用的材料，不得要求企业和群众重复提交；凡是能通过网络核验的信息，不得要求其他单位重复提供；凡是能实现网上办理的事项，不得要求必须到现场办理。推进办事材料目录化、标准化、电子化，开展在线填报、在线提交和在线审查。建立网上预审机制，及时推送预审结果，对需要补正的材料一次性告知；积极推动电子证照、电子公文、电子签章等在政务服务中的应用，开展网上验证核对，避免重复提交材料和循环证明。涉及多个部门的事项实行一口受理、网上运转、并行办理、限时办结。建立公众参与机制，鼓励引导群众分享办事经验，开展满意度评价，不断研究改进工作。各级政府及其部门都要畅通互联网沟通渠道，充分了解社情民意，针对涉及公共利益等热点问题，积极有效应对，深入解读政策，及时回应关切，提升政府公信力和治理能力。

（三）推进服务事项网上办理

凡与企业注册登记、年度报告、变更注销、项目投资、生产经营、商标专利、资质认定、税费办理、安全生产等密切相关的服务事项，以及与居民教育医疗、户籍户政、社会保障、劳动就业、住房保障等密切相关的服务事项，都要推行网上受理、网上办理、网上反馈，做到政务服务事项“应上尽上、全程在线”。

（四）创新网上服务模式

加快政务信息资源互认共享，推动服务事项跨地区远程办理、跨层级联动办理、跨部门协同办理，逐步形成全国一体化服务体系。开展政务服务大数据分析，把握和预判公众办事需求，提供智能化、个性化服务，变被动服务为主动服务。引入社会力量，积极利用第三方平台，开展预约查询、证照寄送，以及在线支付等服务；依法有序开放网上政务服务资源和数据，鼓励公众、企业和社会机构开发利用，提供多样化、创新性的便民服务。

（五）全面公开服务信息

各地区各部门要在政府门户网站和实体政务大厅，集中全面公开与政务服务事项相关的法律法规、政策文件、通知公告、办事指南、审查细则、常见问题、监督举报方式和网上可办理程度，以及行政审批涉及的中介服务事项清单、机构名录等信息，并实行动态调整，确保线上线下信息内容准确一致。规范和完善办事指南，列明依据条件、流程时限、收费标准、注意事项等；明确需提交材料的名称、依据、格式、份数、签名签章等要求，并提供规范表格、填写说明和示范文本。除办事指南明确的条件外，不得自行增加办事要求。

三、融合升级平台渠道

（一）规范网上政务服务平台建设

各省（区、市）人民政府、国务院有关部门要依托政府门户网站，整合本地区本部门政务服务资源与数据，加快构建权威、便捷的一体化互联网政务服务平台，提供一站式服务，避免重复分散建设；已经单独建设的，应尽快与政府门户网站前端整合。中央政府门户网站是全国政务服务的总门户，各地区各部门网上政务服务平台要主动做好对接，形成统一的服务入口。推进政府部门各业务系统与政务服务平台的互联互通，加强平台间对接联动，统一身份认证，按需共享数据，做到“单点登录、全网通办”。建立健全政务服务平台电子监察系统，实现全部事项全流程动态监督。利用统一的政务服务资源，积极推进平台服务向移动端、自助终端、热线电话等延伸，为企业和群众提供多样便捷的办事渠道。

（二）推进实体政务大厅与网上服务平台融合发展

适应“互联网 + 政务服务”发展需要，进一步提升实体政务大厅服务能力，加快与网上服务平台融合，形成线上线下功能互补、相辅相成的政务服务新模式。推进实体政务大厅向网上延伸，整合业务系统，统筹服务资源，统一服务标准，做到无缝衔接、合一通办。完善配套设施，推动政务服务事项和审批办理职权全部进驻实体政务大厅，实行集中办理、一站式办结，切实解决企业和群众办事在政务大厅与部门之间来回跑腿的问题。实体政务大厅管理机构要加强对单位进驻、事项办理、流程优化、网上运行的监督管理，推进政务服务阳光规范运行。

（三）推动基层服务网点与网上服务平台无缝对接

乡镇（街道）政务服务中心和村（社区）便民服务点直接服务基层群众，要充分利用共享的网上政务服务资源，贴近需求做好政策咨询和办事服务，重点围绕劳动就业、社会保险、社会救助、扶贫脱贫等领域，开展上门办理、免费代办等，为群众提供便捷的综合服务。加快将网上政务服务向老少边穷岛等边远贫困地区延伸，实现“互联网 + 政务服务”基层全覆盖。

四、夯实支撑基础

（一）推进政务信息共享

国家发展改革委牵头整合构建统一的数据共享交换平台体系，贯彻执行《政务信息资源共享管理暂行办法》，打通数据壁垒，实现各部门、各层级数据信息互联互通、充分共享，尤其要加快推进人口、法人、空间地理、社会信用等基础信息库互联互通，建设电子证照库和统一身份认证体系。国务院各部门要加快整合面向公众服务的业务系统，梳理编制网上政务服务信息共享目录，尽快向各省（区、市）网上政务服务平台按需开放业务系统实时数据接口，支撑政务信息资源跨地区、跨层级、跨部门互认共享。切实抓好信息惠民试点工作，2017 年底前，在 80 个信息惠民国家试点城市间初步实现政务服务“一号申请、一窗受理、一网通办”，形成可复制可推广的经验，逐步向全国推行。

（二）加快新型智慧城市建设

创新应用互联网、物联网、云计算和大数据等技术，加强统筹，注重实效，分级分类推进新型智慧城市建设，打造透明高效的服务型政府。汇聚城市人口、建筑、街道、管网、环境、交通等数据信息，建立大数据辅助决策的城市治理新方式。构建多元普惠的民生信息服务体系，在教育文化、医疗卫生、社会保障等领域，积极发展民生服务智慧应用，向城市居民、农民工及其随迁家属提供更加方便、及时、高效的公共服务。提升电力、燃气、交通、水务、物流等公用基础设施智能化水平，实行精细化运行管理。做好分级分类新型智慧城市试点示范工作，及时评估工作成效，发挥创新引领作用。

（三）建立健全制度标准规范

加快清理修订不适应“互联网 + 政务服务”的法律法规和有关规定，制定完善相关管理制度和服务规范，明确电子证照、电子公文、电子签章等的法律效力，着力解决“服务流程合法依规、群众办事困难重重”等问题。国务院办公厅组织编制国家“互联网 + 政务服务”技术体系建设指南，明确平台架构，以及电子证照、统一身份认证、政务云、大数据应用等标准规范。

（四）完善网络基础设施

建设高速畅通、覆盖城乡、质优价廉、服务便捷的网络基础设施。将通信基础设施建设纳入地方城乡规划，实现所有设区城市光纤网络全覆盖，推进农村地区行政村光纤通达和升级改造。提升骨干网络容量和网间互通能力，大幅降低上网资费水平。尽快建成一批光网城市，第四代移动通信（4G）网络全面覆盖城市和乡村，80% 以上的行政村实现光纤到村。充分依托现有网络资源，推动政务云集约化建设，为网上政务服务提供支撑和保障。

（五）加强网络和信息安全保护

按照国家信息安全等级保护制度要求，加强各级政府网站信息安全建设，健全“互联网 + 政务服务”安全保障体系。明确政务服务各平台、各系统的安全责任，开展等级保护定级备案、等级测评等工作，建立各方协同配合的信息安全防范、监测、通报、响应和处置机制。加强对电子证照、统一身份认证、网上支付等重要系统和关键环节的安全监控。提高各平台、各系统的安全防护能力，查补安全漏洞，做好容灾备份。建立健全保密审查制度，加大对涉及国家秘密、商业秘密、个人隐私等重要数据的保护力度，提升信息安全支撑保障水平和风险防范能力。

五、加强组织保障

（一）强化组织领导

各地区各部门要高度重视，充分认识“互联网 + 政务服务”工作对建设廉洁高效、人民满意的服务型政府的重要意义，切实加强组织领导。主要负责同志要亲自部署，狠抓落实，并明确一位负责同志具体分管，协调督促，常抓不懈。各省（区、市）人民政府办公厅、国务院各部门办公厅（室）要牵头负责统筹推进、监督协调本地区本部门“互联网＋政务服务”工作，明确工作机构、人员和职责，建立政务服务部门、信息化部门和有关业务单位分工明确、协调有力的工作机制。国务院办公厅要加强对各地区各部门“互联网＋政务服务”工作的督促指导，开展督查评估，推动工作取得实效。

（二）强化考核监督

建立“互联网＋政务服务”工作绩效考核制度，纳入政府绩效考核体系，加大考核权重，列入重点督查事项，定期通报并公开工作进展和成效。发挥媒体监督、专家评议、第三方评估等作用，畅通群众投诉举报渠道，通过模拟办事、随机抽查等方式，深入了解服务情况，汇聚众智改进服务。在政府门户网站设立曝光纠错栏目，公开群众反映的办事过程中遇到的困难和问题，及时反馈处理结果。完善正向激励机制，对综合评价高、实际效果好的按照有关规定予以表彰奖励；建立健全问责机制，对工作开展不力的予以通报，对不作为、乱作为、慢作为，损害群众合法权益的依法依规进行问责。

（三）加大培训推广力度

将“互联网＋政务服务”工作纳入干部教育培训体系，定期组织开展培训。把面向公众办事服务作为公职人员培训的重要内容，提高服务意识、业务能力和办事效率。加强专业人才培养，建设一支既具备互联网思维与技能又精通政务服务的专业化队伍。积极开展试点示范工作，建立交流平台，加强业务研讨，分享经验做法，共同提高政务服务水平。做好宣传推广和引导，方便更多群众通过网络获取政务服务，提高“互联网＋政务服务”的社会认知度和群众认同感。

各省（区、市）人民政府、国务院有关部门要根据本意见，抓紧制定工作方案，明确责任单位和进度安排，加强衔接配合，加大财政支持，认真抓好落实。工作方案报国务院办公厅备案。

国务院

2016 年 9 月 25 日

工业和信息化部关于印发《信息化和工业化融合发展规划（2016—2020 年）》的通知

工信部规〔2016〕333 号

各省、自治区、直辖市及新疆生产建设兵团工业和信息化主管部门，各省、自治区、直辖市通信管理局，有关中央企业，部直属有关单位：

为贯彻落实《中华人民共和国国民经济和社会发展第十三个五年规划纲要》和《中国制造 2025》，加快建设制造强国，推动信息化和工业化深度融合，工业和信息化部编制了《信息化和工业化融合发展规划（2016—2020 年）》。现印发你们，请结合实际认真贯彻实施。

工业和信息化部

2016 年 10 月 12 日

信息化和工业化融合发展规划（2016—2020年）

“十三五”时期是我国全面建成小康社会的决胜阶段，是适应把握引领经济发展新常态的关键时期，是抢占全球新一轮产业竞争制高点的战略机遇期。大力推进信息化和工业化深度融合，加快新旧发展动能和生产体系转换，提高供给体系的质量效率层次，对于推动我国制造业转型升级、重塑国际竞争新优势具有重大战略意义。根据《中华人民共和国国民经济和社会发展第十三个五年规划纲要》，为深入贯彻落实《国务院关于深化制造业与互联网融合发展的指导意见》，协同推进《中国制造2025》和“互联网+”行动计划，编制本规划。

一、发展形势

“十二五”期间，我国两化融合顶层设计逐步加强，整体意识日益提高，发展成效不断显现，为制造强国建设奠定了坚实基础。一是两化融合政策体系日臻完善。党中央、国务院先后出台《中国制造2025》《关于积极推进“互联网+”行动的指导意见》《关于深化制造业与互联网融合发展的指导意见》《国家信息化发展战略纲要》等系列文件，两化融合内涵思路不断丰富和创新，覆盖国家、行业、地区的两化融合协同工作机制正在形成。二是两化融合对传统产业提升作用显著。信息技术在企业研发、生产、经营、管理等环节的渗透不断加深，数字化研发设计工具普及率达61.1%，关键工序数控化率达45.4%，制造企业在精益管理、风险管控、供应链协同、市场快速响应等方面的竞争优势不断扩大。三是制造业智能化发展取得新进展。制造企业生产设备智能化改造步伐加快，综合集成水平持续提高，一批企业初步具备了探索智能制造的条件，智能机器人、增材制造、智能家电、智能汽车、可穿戴智能产品、移动智能终端等产业快速发展。四是基于互联网的新模式新业态不断涌现。互联网与制造业的融合发展，催生了网络协同制造、个性化定制、服务型制造等新模式，工业云、工业大数据、工业电子商务等新业态蓬勃发展。五是信息技术产业支撑服务能力进一步夯实。全球规模最大的宽带通信网络基本建成，自主研发的EPA实时以太网、WIA-PA工业无线网络等被纳入工业控制网络国际标准；集成电路、高性能计算、网络通信、基础软件等领域取得突破，云计算、大数据、物联网、移动互联网在重点行业应用不断加深。同时，我国两化融合发展仍存在整体水平不高、第三方公共服务平台支撑不足、核心技术薄弱、融合发展生态环境尚不健全等问题。

“十三五”时期，我国两化融合发展环境日益复杂，发展条件和动力发生深刻变革，面临的机遇与挑战并存。一是国际产业格局面临重大调整，围绕抢占制造业发展制高点的竞争愈演愈烈，两化融合发展迎来新空间。为应对新一轮科技革命和产业变革带来的挑战和机遇，以美国工业互联网、德国工业4.0为代表，发达国家纷纷实施以重振制造业为核心的“再工业化”战略，对高端制造业进行再调整再布局，以打造国家制造业竞争新优势。二是产业结构升级和供给结构优化需求迫切，对两化融合发展提出新需求。我国经济发展进入新常态，制造业发展面临资源环境约束强化、要素成本上升、投资出口放缓等挑战，“十三五”时期亟须推动两化深度融合，优化企业资源配置，提升生产经营效率，改善产品品种结构，提高供给结构适应性和灵活性，形成经济增长新动力。三是信息技术高速发展，成为构建新型制造体系的重要力量，给两化融合发展带来新支撑。以云计算、大数据、物联网、移动互联网为代表的新一代信息技术正在向制造业加速渗透融合，工业云、工业互联网、智能设备逐步成为制造业发展新基础，个性化定制、服务型制造成为生产方式变革新趋势，融合创新、系统创新、迭代创新、大众创新等正在成为制造业转型升级新动力。四是工业领域信息安全形势日益严峻，对两化融合发展提出新要求。随着两化融合发展进程不断深入，工业信息系统逐步从单机走向互联、从封闭走向开放，为网络安全威胁向其加速渗透提供了条件，工业领域面临的信息安全形势日益紧迫，急需加速完善工业信息系统安全保障体系。

综合判断，我国两化融合发展仍处于大有可为的重要战略机遇期，正进入向纵深发展的新阶段。“十三五”期间，准确把握战略机遇，有效应对各种风险和挑战，通过大力推进两化深度融合，重塑制造业竞争新优势，加快制造强国建设，促进经济社会转型发展，显得尤为重要和紧迫。

二、指导思想和发展目标

（一）指导思想

全面贯彻党的十八大和十八届三中、四中、五中全会精神，牢固树立创新、协调、绿色、开放、共享的发展理念，围绕供给侧结构性改革需求，以激发制造业创新活力、发展潜力和转型动力为主线，大力促进信息化和工业化深度融合发展，着力打造支撑制造业转型的创业创新平台，积极培育新产品、新技术、新模式、新业态，加快构建支撑融合发展的基础设施体系，增强制造业转型升级新动能，构筑精细、柔性、智能、绿色的新型制造体系，不断提升中国制造全球竞争优势，推动制造强国建设。

（二）基本原则

创新驱动，转型发展。充分发挥新一代信息通信技术聚集、整合、优化要素资源的优势，应用互联网创新理念、创新要素和创新体系，带动制造业技术、产品、模式、机制创新，提高供给质量和效率，激发制造业发展新动能。

跨界融合，互动发展。推动制造业与信息产业在发展理念、技术产业、生产体系、业务模式等方面全面融合，以两化融合带动信息产业加速发展，以信息产业支撑两化深度融合。协同推进军工和民用领域的两化融合，加强成果的相互转化和共享利用。

分类施策，协调发展。把握新技术在不同环节、行业、领域的扩散规律和应用模式，针对不同企业、行业、区域两化融合发展基础、阶段和水平差异，加快形成方法科学、机制灵活、政策精准的分类推进体系。

市场主导，循序发展。把市场对资源配置的决定性作用和更好发挥政府作用有机结合起来，积极完善两化融合政策举措，突出企业主体地位，形成促进公平竞争、激发创新活力、保障循序发展的两化融合市场环境。

（三）发展目标

到2020年，信息化和工业化融合发展水平进一步提高，提升制造业创新发展能力的“双创”体系更加健全，支撑融合发展的基础设施和产业生态日趋完善，制造业数字化、网络化、智能化取得明显进展，新产品、新技术、新模式、新业态不断催生新的增长点，全国两化融合发展指数达到85，比2015年提高约12，进入两化融合集成提升与创新突破阶段的企业比例达30%，比2015年提高约15个百分点。

——基于互联网的制造业“双创”体系不断完善。“双创”成为制造业转型发展的新引擎，“双创”服务平台体系支撑能力显著提升，创新资源和服务在线化、平台化和共享水平显著提升。

——新型生产模式在重点行业广泛普及。生产方式精细化、柔性化、智能化水平显著提升，关键工序数控化率达50%，网络协同制造、个性化定制、服务型制造成为引领制造业高端化的重要模式，制造企业组织管理模式进一步趋向扁平开放。

——基于互联网的服务业态成为新增长点。产品全生命周期管理、工业电子商务等服务新模式新业态蓬勃发展，工业电子商务交易额突破10万亿元。

——智能装备和产品自主创新能力快速提升。智能制造关键技术装备、智能制造成套装备、智能产品研发和产业化取得重大突破，新型智能硬件产品和服务市场规模突破万亿元，智能制造系统解决方案能力显著提升。

——支撑融合发展的基础设施体系基本建立。自动控制与感知技术研发和产业化取得突破，工业软硬件供给能力稳步提高，工业云与智能服务平台逐步成为智能制造关键应用基础设施，低时延、高可靠、广覆盖、更安全的网络服务支撑能力进一步增强。

三、主要任务

（一）构建基于互联网的制造业“双创”新体系，激发创业创新活力

推动大企业“双创”发展。支持大型制造企业建立基于互联网的创业孵化、协同创新、网络众包和投融资等“双创”平台，推动构建基于平台的新型研发、生产、管理和服务模式，激发企业创业创新活力。鼓励大企业面向社会开放平台资源，不断丰富创业孵化、专业咨询、人才培训、检验检测、投融资等服务，促进创新要素集

聚发展。围绕打造产业链竞争新优势，推动大企业加强与中小企业的专业分工、服务外包、订单生产等多种形式协作，形成资源富集、创新活跃、高效协同的产业创新集群。

构建面向中小企业的“双创”服务体系。完善中小企业“双创”服务体系，支持小型微型企业创业创新基地建设，引导基地向平台化、智慧化、生态化方向发展。完善中小企业公共服务平台网络，发挥国家中小企业公共服务示范平台作用，开展基于互联网的技术创新、智能制造、质量品牌等服务，发展面向中小微企业创业创新的信息化应用服务。支持建设“创客中国”创业创新平台。积极发展众创、众包、众扶、众筹等新模式，以及创客空间、创新工场、开源社区等新型众创空间，培育形成低门槛、广覆盖、有活力的“双创”生态系统，促进生产与需求对接、传统产业与新兴产业融合、大企业与中小企业合作。

发展新型研发创新服务。加快制造业创新中心建设，推动共性和前沿技术研发、转移扩散和首次商业化应用，打造贯穿创新链、产业链的创新生态系统。推动检验检测、测试认证、知识产权、技术交易等专业研发服务的在线化和平台化，促进研发成果转化和市场拓展。加强产学研合作，利用移动互联网、云计算、大数据等新一代信息技术及平台，发展虚拟在线、敏捷高效、按需供给的新型研发服务。

（二）推广网络化生产新模式，引领生产方式持续变革

大力发展智能工厂。加快机械、船舶、汽车、家电等离散行业生产装备智能化改造，推动全面感知、设备互联、数据集成、智能管控，促进生产过程的精准化、柔性化、敏捷化。加强石化化工、钢铁、有色、建材等流程行业先进过程控制和制造执行系统的全面部署和优化升级，推进能源管理中心建设，实现生产过程的集约高效、动态优化、安全可靠和绿色低碳。

推进网络协同制造。加快网络、控制系统、管理软件和数据平台的纵向集成，促进研发设计、智能装备、生产制造、检验验证、经营管理、市场营销等环节的无缝衔接和综合集成，实现全流程信息共享和业务协同。推动企业间研发设计、客户关系管理、供应链管理和营销服务等系统的横向集成，推进协同制造平台建设，提升产业链上下游企业间设计、制造、商务和资源协同能力。

推广个性化定制。推动家电、家具、服装、家纺、建材家居等行业发展动态感知、实时响应消费需求的大规模个性化定制模式。鼓励飞机、船舶等行业提升高端产品和装备模块化设计、柔性化制造、定制化服务能力。支持发展面向中小企业的工业设计、快速原型、模具开发和产品定制等在线服务，培育“互联网 +”新型手工作坊等小批量个性化定制模式。

发展服务型制造。积极发展工业设计，推动国家级工业设计中心建设，不断提高面向产品、工艺和服务的自主创新设计能力。鼓励有条件的企业从主要提供产品向提供产品和服务转变。引导轨道交通装备、海洋工程装备、能源电力装备等行业拓展总集成总承包、交钥匙工程和租赁外包等新业务，提高为用户提供专业化系统解决方案能力。推动制造企业开展信息技术、物流、金融等服务业务剥离重组，鼓励合同能源管理、产品回收和再制造、排污权交易、碳交易等专业服务网络化发展。

（三）培育平台化服务新业态，推动产业价值链向高端跃升

培育基于互联网的产品服务。围绕提升智能产品在线服务能力，推动数字内容、电子商务、应用服务等业务资源整合，培育智慧家庭、智能家电、智能穿戴等领域的服务新业态。深化物联网标识解析、工业云服务、工业大数据分析等在重点行业应用，支持食品、药品、危险品、特种设备、绿色建材等行业发展基于产品全生命周期管理的追溯监管、质量控制等服务新模式，构建智能监测监管体系，支持机械、汽车等行业发展产品在线维护、远程运维、智能供应链、协同研发等服务新业态。

大力发展工业电子商务。引导大型制造企业采购销售平台向行业电子商务平台转型，提高企业供应链协同水平。引导第三方工业电子商务平台向网上交易、加工配送、技术服务、支付结算、供应链金融、大数据分析等综合服务延伸，提升平台运营服务能力。鼓励发展跨境工业电子商务，完善通关、检验检疫、结汇、退税等关键环节“单一窗口”综合服务体系。推动建设集信息发布、在线交易、数据分析、跟踪追溯等功能为一体的智能物流平台，提高面向工业领域供应链协同需求的物流响应能力。

（四）营造跨界融合新生态，提高行业融合创新能力

提升系统解决方案能力。开展信息物理系统（CPS）

架构、模型、数据和数据链等基础关键标准研究，突破物理仿真、实时传感、智能控制、人机交互、系统自治等关键核心技术。构建信息物理系统应用测试验证平台及具有综合验证能力的试验床，组织开展信息物理系统行业应用试点示范。面向重点行业智能制造单元、智能生产线、智能车间、智能工厂建设，加快培育本土系统解决方案提供商，加强适应重点行业特点和需求的优秀解决方案研发和推广普及。

创新跨界融合发展模式。支持互联网企业与制造企业合作，构建智能汽车、智能家电、数控机床、智能机器人等领域新的技术体系、标准规范、商业模式和产业生态。推动中小企业制造资源与互联网平台全面对接，实现研发设计、生产制造和物流配送等能力的在线发布、协同和交易，提升中小企业精准、柔性、高效的供给能力。支持制造企业与电子商务企业、物流企业、金融企业开展战略投资、品牌培育、网上销售、物流配送、供应链金融等领域的合作，整合线上线下交易资源，打造制造、商贸、物流、金融等高效协同的生产流通一体化新生态。

加快智慧集群建设。围绕制造业集聚区的集约化、网络化、品牌化提升改造，加快电网、管网、交通、安防和通信网络等配套设施改造，实施“互联网 +”产业集群行动，鼓励和支持有条件的地区开展智慧集群建设和试点，推动产品研发设计工具、生产设备及零配件等资源共享，实现制造业产业集群制造资源在线化、产能柔性化、产业链协同化，打造智慧集群。支持有条件的地方开展制造业与互联网融合政策创新试点，探索行业监管、数据开放、公共服务、人才培养等推进机制，形成制造业区域发展新模式。

（五）普及两化融合管理体系标准，创新企业组织管理模式

加快两化融合管理体系标准普及推广。完善两化融合管理体系基础标准，制定分类标准、组织管理变革工具和方法等新标准，研究制定引导企业互联网转型的新型能力框架体系和参考模型。组织实施两化融合管理体系实施与推广，分行业、分领域培育一批示范企业，加快构建开放式、扁平化、平台化的组织管理新模式，打造基于标准引领、创新驱动的企业核心竞争力。完善两化融合管理体系市场化服务体系，建立线上线下协同推进机制，加强政策引导和资金支持，加快形成两化融合管理体系评定结果的市场化采信机制。

持续开展两化融合评估诊断和对标引导。结合智能制造和“互联网 +”新趋势，优化企业两化融合评估指标体系和评估模型，完善国家、地方政府、企业等多层次的两化融合评估协同工作体系。建设企业两化融合评估大数据平台，周期性组织开展企业两化融合自评估、自诊断、自对标，围绕两化融合现状识别、效益分析、问题诊断、趋势预测等，形成区域、行业、企业等两化融合数据地图，提高政府精准施策、机构精准服务、企业精准决策水平。

（六）发展智能装备和产品，增强产业核心竞争力

加快发展智能新产品。围绕构建支撑智能硬件产业化发展的技术体系，推动低功耗 CPU、高精度传感器、新型显示器件、轻量级操作系统等智能产业共性关键技术攻关，促进创新成果快速转化。支持重点领域智能产品、集成开发平台和解决方案的研发和产业化，支持虚拟现实、人工智能核心技术突破以及产品与应用创新。发展智能汽车、智慧医疗、智慧交通、智能建材家居等新型智能产品的测试验证环境、示范运行场景和基础数据平台，提升检测认证公共服务能力。

做强智能制造关键技术装备。加快推动高档数控机床、工业机器人、增材制造装备、智能检测与装配装备、智能物流与仓储系统装备等关键技术装备的工程应用和产业化。优先支持航空航天、海洋工程、新材料等重点领域智能制造成套装备的研发和产业化，加快传统制造业生产设备的数字化、网络化和智能化改造。

（七）完善基础设施体系，提升支撑服务能力

夯实自动控制与感知技术基础。加强传感器关键技术研发和产业化发展，提升传感器智能化、微型化和集成化水平。突破工业控制系统中核心芯片、伺服电机、驱动器、现场总线、工业以太网等关键器件和技术的发展瓶颈，加快推动可编程逻辑控制器、分布式控制系统、工控机系统以及数据采集与监视控制系统等研发和产业化。加快工艺过程控制、特殊控制模块等核心芯片产业化，推进相关领域嵌入式处理器的研发和规模应用。

发展核心工业软硬件。突破虚拟仿真、人机交互、系统自治等关键共性技术发展瓶颈，夯实核心驱动控制软件、实时数据库、嵌入式系统等产业基础。提升计算机辅助设计与仿真、制造执行系统、企业资源计划、供应链管理、客户关系管理、产品全生命周期管理等系统软件的研发和产业化能力，加强软件定义和支撑制造业

的基础性作用。支持信息物理系统关键技术、网络、平台、应用环境的兼容适配、互联互通和互操作测试验证，推动工业软硬件与工业大数据平台、工业互联网、工业信息安全系统和智能装备的集成应用。

提升工业云与大数据服务能力。围绕智能装备接入工业云的数据采集、网络连接和调度管理等重点环节，突破通信协议、数据接口、数据分析等关键技术，提升工业云平台系统解决方案供给能力。创新工业云服务内容与模式，推动工业设计模型、数字化模具、产品和装备维护知识库等制造资源集聚、开放和共享，鼓励培育基于工业云的新型生产组织模式。加快基于接口协议开放、数据全面集成、行业应用模型和开发工具共享的工业数据服务平台研发和推广应用，推动大数据在工业设计、生产制造、售后服务等产品全生命周期的应用，形成一批工业大数据解决方案，构建以新型工业操作系统和工业 APP 架构为核心的智能服务生态。

推动工业互联网建设。提升宽带网络能力，积极部署全光网，推进 5G 规模试验网建设和试商用进程。以下一代互联网示范城市、LTEv6 工程为抓手，推动 IPv6 在物联网、移动互联网中的应用。持续优化互联网骨干网，实现国内骨干直联点与交换中心协同发展，扩大内容分发网络覆盖范围，提升内容分发能力。推动工业互联网创新发展，开展工业互联网技术试验验证、工业互联网标识解析系统建设、工业互联网 IPv6 应用部署、工业互联网管理支撑平台等工作。加快推进工业以太网、短距离无线通信、4G/5G 等新一代工业互联网设备、技术研发与产业化。研究制定工业互联网网络安全防护标准，加强工业互联网网络侧安全技术手段建设，建立健全工业互联网网络安全保障体系。

逐步完善工业信息安全保障体系。围绕工控安全监管和企业工控安全防护水平提升，健全政策标准体系，研制工控安全审查、分级评估、智能产品关键信息安全标准及其验证平台。支持国家工业信息安全信息采集报送、在线监测以及测试、评估、验证等平台建设，加快形成工业信息安全信息采集、分析、评估和通报工作体系，建立工业信息安全监管体系。支持研发工业信息系统、产品检测技术和工具，开展社会化工业信息安全测评服务，提高智能工业产品的漏洞可发现、风险可防范能力，建立工业信息安全技术保障体系。推动企业建立工业信息安全保障工作机制。

四、重点工程

（一）制造业“双创”培育工程

依托重点行业优势企业，在研发创新、协同制造、产品全生命周期管理等领域开展“双创”平台建设及应用推广。支持基础电信企业、大型互联网企业联合共建资源开放、数据共享、创业孵化、在线测试、创业咨询等服务平台，为中小企业及个人开发者开展制造领域创新提供普惠服务。推动有条件的国家新型工业化产业示范基地和产业集聚区结合国家战略布局和产业发展实际，与众创、众包、众扶、众筹等服务资源对接，建设各具特色、虚实结合的众创空间。建设若干国家制造业创新中心，提供虚拟在线、敏捷高效、按需供给的专业化服务。

（二）制造业与互联网融合发展工程

选择有条件的地区、行业、企业，建设多功能、集成化的工业云平台，开展工业云服务创新应用，培育社会化、共享化、网络化服务新模式。聚焦能源精细化管理、供应链金融服务、产品全生命周期质量管理等，开展大数据智能分析平台、开放服务平台等建设及应用，发展大数据智能服务新模式。推动具有行业知名度的大企业开放集采集销平台，实现与供应链上下游企业间的互联互通，发展供需精准对接服务。建设行业性和综合性电子商务平台，支持平台服务向多元化方向延伸，建立和完善工业电子商务运行形势监测分析体系。组织典型案例和经验的总结与推广，大力宣传各地区、各行业和典型企业在推进制造业与互联网融合方面的成功经验和做法。

（三）系统解决方案能力提升工程

研制信息物理系统综合标准体系，并进行行业推广应用。以提升系统架构设计、系统集成、综合服务能力为重点，建设信息物理系统开发工具、知识库、组件库等通用平台。建设信息物理系统测试验证平台和综合验证实验床，开展多元异构数据、网络、平台的兼容适配、互联互通和互操作测试验证。以船舶、机械、汽车等行业为重点，研制精益研发解决方案，建立研发与制造一体化平台，推广虚拟环境中的系统研发设计和验证服务。聚焦石化化工、钢铁、有色、建材、航空、汽车、船舶、家电等行业，研制智能工厂解决方案，完善企业智能化生产体系。针对装备、消费品等行业，研制供应链协同管控解决方案，为企业构建系统化、柔性化、智能化供应链体系提供支撑。

（四）企业管理能力提升工程

分行业、分领域开展两化融合管理体系贯标示范，总结提炼贯标成果和经验，鼓励和推动各地开展省市级贯标试点示范工作，组织开展各类宣贯和培训活动，推动两化融合管理体系贯标由试点推广向全面普及转变。推动企业以管理体系贯标为牵引实现管理模式创新和管理现代化水平提升，培育和提升精益管理、大规模个性化定制、供应链协同、市场快速响应、精准营销等核心竞争能力。培育壮大贯标评定的市场服务队伍，推动完成贯标企业开展评定。健全面向互联网化和智能化发展需求的两化融合评估体系，依托中国两化融合服务平台建设两化融合大数据平台，每年推动各省级单位组织辖区内企业开展周期性两化融合自评估、自诊断与自对标。

（五）核心技术研发和产业化工程

围绕重大装备和产品智能化需求，搭建技术联合攻关平台，支持自动控制和智能感知设备及系统、核心芯片技术，以及新型显示系统的研发和产业化。重点扶持安全可控的工业基础软硬件、高端行业应用软件、嵌入式系统、新型工业 APP 应用平台、工业互联网网络设备、工控安全防护产品发展。支持企业探索工业互联网应用创新，开展工厂内外网络技术及互联互通、无线工厂、标识解析、IPv6 等方面的应用示范。支持信息技术服务在个性化定制、产品全生命周期管理、网络精准营销和在线支持等领域的应用。

（六）工业信息安全保障工程

围绕提升智能装备和产品应用安全水平和智能工厂信息安全保障能力，支持搭建智能产品及装备信息安全测评平台。进一步推动工业防火墙、访问控制等工业信息安全产品在机械、石化化工、钢铁、有色、建材等行业的应用推广，提升工业行业信息安全防护能力。鼓励行业组织、科研机构、骨干企业在重点行业联合开展工业信息安全应急和攻防演练试点，提升工业领域信息系统安全漏洞可发现和风险可防范能力。针对工业领域信息系统的高级可持续威胁，建设工业云、工业大数据信息安全检测和预警平台。

五、保障措施

（一）健全组织实施机制

建立健全政府、行业、企业、科研院所和第三方咨询服务机构的两化融合协同推进机制，加强相关部门在两化融合发展重大问题、重大政策和重大工程等方面的协调配合。加强组织领导，统一认识，明确职责分工，制定出台配套政策措施，落实规划总体要求、目标和任务。建立两化融合发展的跟踪监测、统计分析、绩效评估、动态调整和监督考核机制，定期开展规划实施的评估考核工作，确保规划得到有效贯彻落实。

（二）加大财税金融支持

充分利用科技重大专项、技术改造资金、工业转型升级资金、专项建设基金等渠道，加大对两化融合共性技术开发、公共平台建设、试点示范项目及两化融合管理体系贯标的支持。完善和落实研发费用加计扣除、高新技术企业、科技企业孵化器等税收优惠政策。积极发挥政策性金融、开发性金融和商业金融的优势，加大对高端装备、智能制造、工业互联网等重点领域的支持力度。引导中央企业创新投资基金、地方产业投资基金和社会资本，支持成套装备、高端智能产品、工业软硬件、工业互联网等重大技术研发、成果转化和并购重组。

（三）建立健全标准体系

整合工业、信息技术、通信领域的标准化资源，加快建立适应制造业与互联网融合发展的标准体系，推动建立跨界融合标准化技术组织。按照急用先行、成熟先上、重点突破的原则，面向重点行业和细分领域制定行业应用规范和实施指南。发挥企业在标准制定中的重要作用，支持组建重点领域标准推进联盟，鼓励制定团体标准，协同推进标准研制。支持骨干企业主导或实质参与国际标准制定，提升国际标准话语权。

（四）完善人才培养体系

完善激励创新的股权、期权等风险共担和收益分享机制，创造有利于两化融合优秀人才脱颖而出的环境。围绕两化融合急需短缺人才，在重点院校、大型企业和产业园区，建设一批产学研相结合的专业人才培训基地。支持高校围绕两化融合人才培育设立相关学科，把两化融合人才培养作为专业技术人员知识更新工程、企业经营管理人才素质提升工程等国家人才培养计划的优先领域。加强中西部地区两化融合人才培养和引进。推广企业首席信息官制度，鼓励企业引入和培养复合型人才，提升信息化与业务部门之间的协同对接能力。

（五）加强国际合作交流

围绕两化融合相关技术研发、标准研制、人才培养、行业应用等领域，积极开展双边、多边国际交流合作。结合“一带一路”等国家重大战略，支持和鼓励制造企业联合互联网、信息通信、金融等领域企业率先“走出去”。支持行业协会、产业联盟与企业在全球范围内共同推广两化融合相关产品、技术、标准、服务，推动两化融合全链条“走出去”。

工业和信息化部关于印发《工业控制系统信息安全防护指南》的通知

工信部信软〔2016〕338号

为贯彻落实《国务院关于深化制造业与互联网融合发展的指导意见》（国发〔2016〕28号），保障工业企业工业控制系统信息安全，制定《工业控制系统信息安全防护指南》，现印发你们。

工业和信息化部指导和管理全国工业企业工控安全防护和保障工作，并根据实际情况对指南进行修订。地方工业和信息化主管部门根据工业和信息化部统筹安排，指导本行政区域内的工业企业制定工控安全防护实施方案，推动企业分期分批达到本指南相关要求。

工业和信息化部

2016年10月17日

工业控制系统信息安全防护指南

工业控制系统信息安全事关经济发展、社会稳定和国家安全。为提升工业企业工业控制系统信息安全（以下简称工控安全）防护水平，保障工业控制系统安全，制定本指南。

工业控制系统应用企业以及从事工业控制系统规划、设计、建设、运维、评估的企事业单位适用本指南。

工业控制系统应用企业应从以下十一个方面做好工控安全防护工作。

一、安全软件选择与管理

（一）在工业主机上采用经过离线环境中充分验证测试的防病毒软件或应用程序白名单软件，只允许经过工业企业自身授权和安全评估的软件运行。

（二）建立防病毒和恶意软件入侵管理机制，对工业控制系统及临时接入的设备采取病毒查杀等安全预防措施。

二、配置和补丁管理

（一）做好工业控制网络、工业主机和工业控制设备的安全配置，建立工业控制系统配置清单，定期进行配置审计。

（二）对重大配置变更制定变更计划并进行影响分析，配置变更实施前进行严格安全测试。

（三）密切关注重大工控安全漏洞及其补丁发布，及时采取补丁升级措施。在补丁安装前，需对补丁进行严格的安全评估和测试验证。

三、边界安全防护

（一）分离工业控制系统的开发、测试和生产环境。

（二）通过工业控制网络边界防护设备对工业控制网络与企业网或互联网之间的边界进行安全防护，禁止没有防护的工业控制网络与互联网连接。

（三）通过工业防火墙、网闸等防护设备对工业控制网络安全区域之间进行逻辑隔离安全防护。

四、物理和环境安全防护

（一）对重要工程师站、数据库、服务器等核心工业控制软硬件所在区域采取访问控制、视频监控、专人值守等物理安全防护措施。

（二）拆除或封闭工业主机上不必要的 USB、光驱、无线等接口。若确需使用，通过主机外设安全管理技术手段实施严格访问控制。

五、身份认证

（一）在工业主机登录、应用服务资源访问、工业云平台访问等过程中使用身份认证管理。对于关键设备、系统和平台的访问采用多因素认证。

（二）合理分类设置账户权限，以最小特权原则分配账户权限。

（三）强化工业控制设备、SCADA 软件、工业通信设备等的登录账户及密码，避免使用默认口令或弱口令，定期更新口令。

（四）加强对身份认证证书信息保护力度，禁止在不同系统和网络环境下共享。

六、远程访问安全

（一）原则上严格禁止工业控制系统面向互联网开通 HTTP、FTP、Telnet 等高风险通用网络服务。

（二）确需远程访问的，采用数据单向访问控制等策略进行安全加固，对访问时限进行控制，并采用加标锁定策略。

（三）确需远程维护的，采用虚拟专用网络（VPN）等远程接入方式进行。

（四）保留工业控制系统的相关访问日志，并对操作过程进行安全审计。

七、安全监测和应急预案演练

（一）在工业控制网络部署网络安全监测设备，及时发现、报告并处理网络攻击或异常行为。

（二）在重要工业控制设备前端部署具备工业协议深度包检测功能的防护设备，限制违法操作。

（三）制定工控安全事件应急响应预案，当遭受安全威胁导致工业控制系统出现异常或故障时，应立即采取紧急防护措施，防止事态扩大，并逐级报送直至属地省级工业和信息化主管部门，同时注意保护现场，以便进行调查取证。

（四）定期对工业控制系统的应急响应预案进行演练，必要时对应急响应预案进行修订。

八、资产安全

（一）建设工业控制系统资产清单，明确资产责任人，以及资产使用及处置规则。

（二）对关键主机设备、网络设备、控制组件等进行冗余配置。

九、数据安全

（一）对静态存储和动态传输过程中的重要工业数据进行保护，根据风险评估结果对数据信息进行分级分类管理。

（二）定期备份关键业务数据。

（三）对测试数据进行保护。

十、供应链管理

（一）在选择工业控制系统规划、设计、建设、运维或评估等服务商时，优先考虑具备工控安全防护经验的企事业单位，以合同等方式明确服务商应承担的信息安全责任和义务。

（二）以保密协议的方式要求服务商做好保密工作，防范敏感信息外泄。

十一、落实责任

通过建立工控安全管理机制、成立信息安全协调小组等方式，明确工控安全管理责任人，落实工控安全责任制，部署工控安全防护措施。

中华人民共和国网络安全法

中华人民共和国主席令 第五十三号

《中华人民共和国网络安全法》已由中华人民共和国第十二届全国人民代表大会常务委员会第二十四次会议于2016年11月7日通过，现予公布，自2017年6月1日起施行。

中华人民共和国主席 习近平

2016年11月7日

中华人民共和国网络安全法

第一章 总则

第一条 为了保障网络安全，维护网络空间主权和国家安全、社会公共利益，保护公民、法人和其他组织的合法权益，促进经济社会信息化健康发展，制定本法。

第二条 在中华人民共和国境内建设、运营、维护和使用网络，以及网络安全的监督管理，适用本法。

第三条 国家坚持网络安全与信息化发展并重，遵循积极利用、科学发展、依法管理、确保安全的方针，推进网络基础设施建设和互联互通，鼓励网络技术创新和应用，支持培养网络安全人才，建立健全网络安全保障体系，提高网络安全保护能力。

第四条 国家制定并不断完善网络安全战略，明确保障网络安全的基本要求和主要目标，提出重点领域的网络安全政策、工作任务和措施。

第五条 国家采取措施，监测、防御、处置来源于中华人民共和国境内外的网络安全风险和威胁，保护关键信息基础设施免受攻击、侵入、干扰和破坏，依法惩治网络违法犯罪活动，维护网络空间安全和秩序。

第六条 国家倡导诚实守信、健康文明的网络行为，推动传播社会主义核心价值观，采取措施提高全社会的网络安全意识和水平，形成全社会共同参与促进网络安全的良好环境。

第七条 国家积极开展网络空间治理、网络技术研发和标准制定、打击网络违法犯罪等方面的国际交流与合作，推动构建和平、安全、开放、合作的网络空间，建立多边、民主、透明的网络治理体系。

第八条 国家网信部门负责统筹协调网络安全工作和相关监督管理工作。国务院电信主管部门、公安部门和其他有关机关依照本法和有关法律、行政法规的规定，在各自职责范围内负责网络安全保护和监督管理工作。

县级以上地方人民政府有关部门的网络安全保护和监督管理职责，按照国家有关规定确定。

第九条 网络运营者开展经营和服务活动，必须遵守法律、行政法规，尊重社会公德，遵守商业道德，诚实信用，履行网络安全保护义务，接受政府和社会的监督，承担社会责任。

第十条 建设、运营网络或者通过网络提供服务，应当依照法律、行政法规的规定和国家标准的强制性要求，采取技术措施和其他必要措施，保障网络安全、稳定运行，有效应对网络安全事件，防范网络违法犯罪活动，维护网络数据的完整性、保密性和可用性。

第十一条 网络相关行业组织按照章程，加强行业自律，制定网络安全行为规范，指导会员加强网络安全保护，提高网络安全保护水平，促进行业健康发展。

第十二条 国家保护公民、法人和其他组织依法使用网络的权利，促进网络接入普及，提升网络服务水平，为社会提供安全、便利的网络服务，保障网络信息依法有序自由流动。

任何个人和组织使用网络应当遵守宪法法律，遵守公共秩序，尊重社会公德，不得危害网络安全，不得利用网络从事危害国家安全、荣誉和利益，煽动颠覆国家政权、推翻社会主义制度，煽动分裂国家、破坏国家统一，宣扬恐怖主义、极端主义，宣扬民族仇恨、民族歧视，传播暴力、淫秽色情信息，编造、传播虚假信息扰乱经济秩序和社会秩序，以及侵害他人名誉、隐私、知识产权和其他合法权益等活动。

第十三条 国家支持研究开发有利于未成年人健康成长的网络产品和服务，依法惩治利用网络从事危害未成年人身心健康的活动，为未成年人提供安全、健康的网络环境。

第十四条 任何个人和组织有权对危害网络安全的行为向网信、电信、公安等部门举报。收到举报的部门应当及时依法作出处理；不属于本部门职责的，应当及时移送有权处理的部门。

有关部门应当对举报人的相关信息予以保密，保护举报人的合法权益。

第二章　网络安全支持与促进

第十五条 国家建立和完善网络安全标准体系。国务院标准化行政主管部门和国务院其他有关部门根据各自的职责，组织制定并适时修订有关网络安全管理以及网络产品、服务和运行安全的国家标准、行业标准。

国家支持企业、研究机构、高等学校、网络相关行业组织参与网络安全国家标准、行业标准的制定。

第十六条 国务院和省、自治区、直辖市人民政府应当统筹规划，加大投入，扶持重点网络安全技术产业和项目，支持网络安全技术的研究开发和应用，推广安全可信的网络产品和服务，保护网络技术知识产权，支持企业、研究机构和高等学校等参与国家网络安全技术创新项目。

第十七条 国家推进网络安全社会化服务体系建设，鼓励有关企业、机构开展网络安全认证、检测和风险评估等安全服务。

第十八条 国家鼓励开发网络数据安全保护和利用技术，促进公共数据资源开放，推动技术创新和经济社会发展。

国家支持创新网络安全管理方式，运用网络新技术，提升网络安全保护水平。

第十九条 各级人民政府及其有关部门应当组织开展经常性的网络安全宣传教育，并指导、督促有关单位做好网络安全宣传教育工作。

大众传播媒介应当有针对性地面向社会进行网络安全宣传教育。

第二十条 国家支持企业和高等学校、职业学校等教育培训机构开展网络安全相关教育与培训，采取多种方式培养网络安全人才，促进网络安全人才交流。

第三章　网络运行安全

第一节　一般规定

第二十一条 国家实行网络安全等级保护制度。网络运营者应当按照网络安全等级保护制度的要求，履行下列安全保护义务，保障网络免受干扰、破坏或者未经授权的访问，防止网络数据泄露或者被窃取、篡改：

（一）制定内部安全管理制度和操作规程，确定网络安全负责人，落实网络安全保护责任；

（二）采取防范计算机病毒和网络攻击、网络侵入等危害网络安全行为的技术措施；

（三）采取监测、记录网络运行状态、网络安全事件的技术措施，并按照规定留存相关的网络日志不少于六个月；

（四）采取数据分类、重要数据备份和加密等措施；

（五）法律、行政法规规定的其他义务。

第二十二条 网络产品、服务应当符合相关国家标准的强制性要求。网络产品、服务的提供者不得设置恶意程序；发现其网络产品、服务存在安全缺陷、漏洞等风险时，应当立即采取补救措施，按照规定及时告知用户并向有关主管部门报告。

网络产品、服务的提供者应当为其产品、服务持续提供安全维护；在规定或者当事人约定的期限内，不得终止提供安全维护。

网络产品、服务具有收集用户信息功能的，其提供者应当向用户明示并取得同意；涉及用户个人信息的，还应当遵守本法和有关法律、行政法规关于个人信息保护的规定。

第二十三条 网络关键设备和网络安全专用产品应当按照相关国家标准的强制性要求，由具备资格的机构安全认证合格或者安全检测符合要求后，方可销售或者提供。国家网信部门会同国务院有关部门制定、公布网络关键设备和网络安全专用产品目录，并推动安全认证和安全检测结果互认，避免重复认证、检测。

第二十四条 网络运营者为用户办理网络接入、域名注册服务，办理固定电话、移动电话等入网手续，或者为用户提供信息发布、即时通讯等服务，在与用户签订协议或者确认提供服务时，应当要求用户提供真实身份信息。用户不提供真实身份信息的，网络运营者不得为其提供相关服务。

国家实施网络可信身份战略，支持研究开发安全、方便的电子身份认证技术，推动不同电子身份认证之间的互认。

第二十五条 网络运营者应当制定网络安全事件应急预案，及时处置系统漏洞、计算机病毒、网络攻击、网络侵入等安全风险；在发生危害网络安全的事件时，立即启动应急预案，采取相应的补救措施，并按照规定向有关主管部门报告。

第二十六条 开展网络安全认证、检测、风险评估等活动，向社会发布系统漏洞、计算机病毒、网络攻击、网络侵入等网络安全信息，应当遵守国家有关规定。

第二十七条 任何个人和组织不得从事非法侵入他人网络、干扰他人网络正常功能、窃取网络数据等危害网络安全的活动；不得提供专门用于从事侵入网络、干扰网络正常功能及防护措施、窃取网络数据等危害网络安全活动的程序、工具；明知他人从事危害网络安全的活动的，不得为其提供技术支持、广告推广、支付结算等帮助。

第二十八条 网络运营者应当为公安机关、国家安全机关依法维护国家安全和侦查犯罪的活动提供技术支持和协助。

第二十九条 国家支持网络运营者之间在网络安全信息收集、分析、通报和应急处置等方面进行合作，提高网络运营者的安全保障能力。

有关行业组织建立健全本行业的网络安全保护规范和协作机制，加强对网络安全风险的分析评估，定期向会员进行风险警示，支持、协助会员应对网络安全风险。

第三十条 网信部门和有关部门在履行网络安全保护职责中获取的信息，只能用于维护网络安全的需要，不得用于其他用途。

第二节 关键信息基础设施的运行安全

第三十一条 国家对公共通信和信息服务、能源、交通、水利、金融、公共服务、电子政务等重要行业和领域，以及其他一旦遭到破坏、丧失功能或者数据泄露，可能严重危害国家安全、国计民生、公共利益的关键信息基础设施，在网络安全等级保护制度的基础上，实行重点保护。关键信息基础设施的具体范围和安全保护办法由国务院制定。

国家鼓励关键信息基础设施以外的网络运营者自愿参与关键信息基础设施保护体系。

第三十二条 按照国务院规定的职责分工，负责关键信息基础设施安全保护工作的部门分别编制并组织实施本行业、本领域的关键信息基础设施安全规划，指导和监督关键信息基础设施运行安全保护工作。

第三十三条 建设关键信息基础设施应当确保其具有支持业务稳定、持续运行的性能，并保证安全技术措施同步规划、同步建设、同步使用。

第三十四条 除本法第二十一条的规定外，关键信息基础设施的运营者还应当履行下列安全保护义务：

（一）设置专门安全管理机构和安全管理负责人，并对该负责人和关键岗位的人员进行安全背景审查；

（二）定期对从业人员进行网络安全教育、技术培训和技能考核；

（三）对重要系统和数据库进行容灾备份；

（四）制定网络安全事件应急预案，并定期进行演练；

（五）法律、行政法规规定的其他义务。

第三十五条 关键信息基础设施的运营者采购网络产品和服务，可能影响国家安全的，应当通过国家网信部门会同国务院有关部门组织的国家安全审查。

第三十六条 关键信息基础设施的运营者采购网络产品和服务，应当按照规定与提供者签订安全保密协议，明确安全和保密义务与责任。

第三十七条 关键信息基础设施的运营者在中华人民共和国境内运营中收集和产生的个人信息和重要数据应当在境内存储。因业务需要，确需向境外提供的，应当按照国家网信部门会同国务院有关部门制定的办法进行安全评估；法律、行政法规另有规定的，依照其规定。

第三十八条 关键信息基础设施的运营者应当自行或者委托网络安全服务机构对其网络的安全性和可能存在的风险每年至少进行一次检测评估，并将检测评估情况和改进措施报送相关负责关键信息基础设施安全保护工作的部门。

第三十九条 国家网信部门应当统筹协调有关部门对关键信息基础设施的安全保护采取下列措施：

（一）对关键信息基础设施的安全风险进行抽查检测，提出改进措施，必要时可以委托网络安全服务机构对网络存在的安全风险进行检测评估；

（二）定期组织关键信息基础设施的运营者进行网络安全应急演练，提高应对网络安全事件的水平和协同配合能力；

（三）促进有关部门、关键信息基础设施的运营者以及有关研究机构、网络安全服务机构等之间的网络安全信息共享；

（四）对网络安全事件的应急处置与网络功能的恢复等，提供技术支持和协助。

第四章 网络信息安全

第四十条 网络运营者应当对其收集的用户信息严格保密，并建立健全用户信息保护制度。

第四十一条 网络运营者收集、使用个人信息，应当遵循合法、正当、必要的原则，公开收集、使用规则，明示收集、使用信息的目的、方式和范围，并经被收集者同意。

网络运营者不得收集与其提供的服务无关的个人信息，不得违反法律、行政法规的规定和双方的约定收集、使用个人信息，并应当依照法律、行政法规的规定和与用户的约定，处理其保存的个人信息。

第四十二条 网络运营者不得泄露、篡改、毁损其收集的个人信息；未经被收集者同意，不得向他人提供个人信息。但是，经过处理无法识别特定个人且不能复原的除外。

网络运营者应当采取技术措施和其他必要措施，确保其收集的个人信息安全，防止信息泄露、毁损、丢失。在发生或者可能发生个人信息泄露、毁损、丢失的情况时，应当立即采取补救措施，按照规定及时告知用户并向有关主管部门报告。

第四十三条 个人发现网络运营者违反法律、行政法规的规定或者双方的约定收集、使用其个人信息的，有权要求网络运营者删除其个人信息；发现网络运营者收集、存储的其个人信息有错误的，有权要求网络运营者予以更正。网络运营者应当采取措施予以删除或者更正。

第四十四条 任何个人和组织不得窃取或者以其他非法方式获取个人信息，不得非法出售或者非法向他人提供个人信息。

第四十五条 依法负有网络安全监督管理职责的部门及其工作人员，必须对在履行职责中知悉的个人信息、隐私和商业秘密严格保密，不得泄露、出售或者非法向他人提供。

第四十六条 任何个人和组织应当对其使用网络的行为负责，不得设立用于实施诈骗，传授犯罪方法，制作或者销售违禁物品、管制物品等违法犯罪活动的网站、通讯群组，不得利用网络发布涉及实施诈骗，制作或者销售违禁物品、管制物品以及其他违法犯罪活动的信息。

第四十七条 网络运营者应当加强对其用户发布的信息的管理，发现法律、行政法规禁止发布或者传输的信息的，应当立即停止传输该信息，采取消除等处置措施，防止信息扩散，保存有关记录，并向有关主管部门报告。

第四十八条 任何个人和组织发送的电子信息、提供的应用软件，不得设置恶意程序，不得含有法律、行政法规禁止发布或者传输的信息。

电子信息发送服务提供者和应用软件下载服务提供者，应当履行安全管理义务，知道其用户有前款规定行为的，应当停止提供服务，采取消除等处置措施，保存有关记录，并向有关主管部门报告。

第四十九条 网络运营者应当建立网络信息安全投诉、举报制度，公布投诉、举报方式等信息，及时受理并处理有关网络信息安全的投诉和举报。

网络运营者对网信部门和有关部门依法实施的监督检查，应当予以配合。

第五十条 国家网信部门和有关部门依法履行网络信息安全监督管理职责，发现法律、行政法规禁止发布或者传输的信息的，应当要求网络运营者停止传输，采取消除等处置措施，保存有关记录；对来源于中华人民共和国境外的上述信息，应当通知有关机构采取技术措施和其他必要措施阻断传播。

第五章 监测预警与应急处置

第五十一条 国家建立网络安全监测预警和信息通报制度。国家网信部门应当统筹协调有关部门加强网络安全信息收集、分析和通报工作，按照规定统一发布网络安全监测预警信息。

第五十二条 负责关键信息基础设施安全保护工作的部门，应当建立健全本行业、本领域的网络安全监测预警和信息通报制度，并按照规定报送网络安全监测预警信息。

第五十三条 国家网信部门协调有关部门建立健全网络安全风险评估和应急工作机制，制定网络安全事件应急预案，并定期组织演练。

负责关键信息基础设施安全保护工作的部门应当制定本行业、本领域的网络安全事件应急预案，并定期组织演练。

网络安全事件应急预案应当按照事件发生后的危害程度、影响范围等因素对网络安全事件进行分级，并规定相应的应急处置措施。

第五十四条 网络安全事件发生的风险增大时，省级以上人民政府有关部门应当按照规定的权限和程序，并根据网络安全风险的特点和可能造成的危害，采取下列措施：

（一）要求有关部门、机构和人员及时收集、报告有关信息，加强对网络安全风险的监测；

（二）组织有关部门、机构和专业人员，对网络安全风险信息进行分析评估，预测事件发生的可能性、影响范围和危害程度；

（三）向社会发布网络安全风险预警，发布避免、减轻危害的措施。

第五十五条 发生网络安全事件，应当立即启动网络安全事件应急预案，对网络安全事件进行调查和评估，要求网络运营者采取技术措施和其他必要措施，消除安全隐患，防止危害扩大，并及时向社会发布与公众有关的警示信息。

第五十六条 省级以上人民政府有关部门在履行网络安全监督管理职责中，发现网络存在较大安全风险或者发生安全事件的，可以按照规定的权限和程序对该网络的运营者的法定代表人或者主要负责人进行约谈。网络运营者应当按照要求采取措施，进行整改，消除隐患。

第五十七条 因网络安全事件，发生突发事件或者生产安全事故的，应当依照《中华人民共和国突发事件应对法》、《中华人民共和国安全生产法》等有关法律、行政法规的规定处置。

第五十八条 因维护国家安全和社会公共秩序，处置重大突发社会安全事件的需要，经国务院决定或者批准，可以在特定区域对网络通信采取限制等临时措施。

第六章 法律责任

第五十九条 网络运营者不履行本法第二十一条、第二十五条规定的网络安全保护义务的，由有关主管部门责令改正，给予警告；拒不改正或者导致危害网络安全等后果的，处一万元以上十万元以下罚款，对直接负责的主管人员处五千元以上五万元以下罚款。

关键信息基础设施的运营者不履行本法第三十三条、第三十四条、第三十六条、第三十八条规定的网络安全保护义务的，由有关主管部门责令改正，给予警告；拒不改正或者导致危害网络安全等后果的，处十万元以上一百万元以下罚款，对直接负责的主管人员处一万元以上十万元以下罚款。

第六十条 违反本法第二十二条第一款、第二款和第四十八条第一款规定，有下列行为之一的，由有关主管部门责令改正，给予警告；拒不改正或者导致危害网络安全等后果的，处五万元以上五十万元以下罚款，对直接负责的主管人员处一万元以上十万元以下罚款：

（一）设置恶意程序的；

（二）对其产品、服务存在的安全缺陷、漏洞等风险未立即采取补救措施，或者未按照规定及时告知用户并向有关主管部门报告的；

（三）擅自终止为其产品、服务提供安全维护的。

第六十一条 网络运营者违反本法第二十四条第一款规定，未要求用户提供真实身份信息，或者对不提供真实身份信息的用户提供相关服务的，由有关主管部门责令改正；拒不改正或者情节严重的，处五万元以上五十万元以下罚款，并可以由有关主管部门责令暂停相关业务、停业整顿、关闭网站、吊销相关业务许可证或者吊销营业执照，对直接负责的主管人员和其他直接责任人员处一万元以上十万元以下罚款。

第六十二条 违反本法第二十六条规定，开展网络安全认证、检测、风险评估等活动，或者向社会发布系统漏洞、计算机病毒、网络攻击、网络侵入等网络安全信息的，由有关主管部门责令改正，给予警告；拒不改正或者情节严重的，处一万元以上十万元以下罚款，并可以由有关主管部门责令暂停相关业务、停业整顿、关闭网站、吊销相关业务许可证或者吊销营业执照，对直接负责的主管人员和其他直接责任人员处五千元以上五万元以下罚款。

第六十三条 违反本法第二十七条规定，从事危害网络安全的活动，或者提供专门用于从事危害网络安全活动的程序、工具，或者为他人从事危害网络安全的活动提供技术支持、广告推广、支付结算等帮助，尚不构成犯罪的，由公安机关没收违法所得，处五日以下拘留，可以并处五万元以上五十万元以下罚款；情节较重的，处五日以上十五日以下拘留，可以并处十万元以上一百万元以下罚款。

单位有前款行为的，由公安机关没收违法所得，处十万元以上一百万元以下罚款，并对直接负责的主管人员和其他直接责任人员依照前款规定处罚。

违反本法第二十七条规定，受到治安管理处罚的人员，五年内不得从事网络安全管理和网络运营关键岗位的工作；受到刑事处罚的人员，终身不得从事网络安全管理和网络运营关键岗位的工作。

第六十四条 网络运营者、网络产品或者服务的提供者违反本法第二十二条第三款、第四十一条至第四十三条规定，侵害个人信息依法得到保护的权利的，由有关主管部门责令改正，可以根据情节单处或者并处警告、没收违法所得、处违法所得一倍以上十倍以下罚款，没有违法所得的，处一百万元以下罚款，对直接负责的主管人员和其他直接责任人员处一万元以上十万元以下罚款；情节严重的，并可以责令暂停相关业务、停业整顿、关闭网站、吊销相关业务许可证或者吊销营业执照。

违反本法第四十四条规定，窃取或者以其他非法方式获取、非法出售或者非法向他人提供个人信息，尚不构成犯罪的，由公安机关没收违法所得，并处违法所得一倍以上十倍以下罚款，没有违法所得的，处一百万元以下罚款。

第六十五条 关键信息基础设施的运营者违反本法第三十五条规定，使用未经安全审查或者安全审查未通过的网络产品或者服务的，由有关主管部门责令停止使用，处采购金额一倍以上十倍以下罚款；对直接负责的主管人员和其他直接责任人员处一万元以上十万元以下罚款。

第六十六条 关键信息基础设施的运营者违反本法第三十七条规定，在境外存储网络数据，或者向境外提供网络数据的，由有关主管部门责令改正，给予警告，没收违法所得，处五万元以上五十万元以下罚款，并可以责令暂停相关业务、停业整顿、关闭网站、吊销相关业务许可证或者吊销营业执照；对直接负责的主管人员和其他直接责任人员处一万元以上十万元以下罚款。

第六十七条 违反本法第四十六条规定，设立用于实施违法犯罪活动的网站、通讯群组，或者利用网络发布涉及实施违法犯罪活动的信息，尚不构成犯罪的，由公安机关处五日以下拘留，可以并处一万元以上十万元以下罚款；情节较重的，处五日以上十五日以下拘留，可以并处五万元以上五十万元以下罚款。关闭用于实施违法犯罪活动的网站、通讯群组。

单位有前款行为的，由公安机关处十万元以上五十万元以下罚款，并对直接负责的主管人员和其他直接责任人员依照前款规定处罚。

第六十八条 网络运营者违反本法第四十七条规定，对法律、行政法规禁止发布或者传输的信息未停止传输、采取消除等处置措施、保存有关记录的，由有关主管部门责令改正，给予警告，没收违法所得；拒不改正或者情节严重的，处十万元以上五十万元以下罚款，并可以责令暂停相关业务、停业整顿、关闭网站、吊销相关业务许可证或者吊销营业执照，对直接负责的主管人员和其他直接责任人员处一万元以上十万元以下罚款。

电子信息发送服务提供者、应用软件下载服务提供者，不履行本法第四十八条第二款规定的安全管理义务的，依照前款规定处罚。

第六十九条 网络运营者违反本法规定，有下列行为之一的，由有关主管部门责令改正；拒不改正或者情节严重的，处五万元以上五十万元以下罚款，对直接负责的主管人员和其他直接责任人员，处一万元以上十万元以下罚款：

（一）不按照有关部门的要求对法律、行政法规禁止发布或者传输的信息，采取停止传输、消除等处置措施的；

（二）拒绝、阻碍有关部门依法实施的监督检查的；

（三）拒不向公安机关、国家安全机关提供技术支持和协助的。

第七十条 发布或者传输本法第十二条第二款和其他法律、行政法规禁止发布或者传输的信息的，依照有关法律、行政法规的规定处罚。

第七十一条 有本法规定的违法行为的，依照有关法律、行政法规的规定记入信用档案，并予以公示。

第七十二条 国家机关政务网络的运营者不履行本法规定的网络安全保护义务的，由其上级机关或者有关机关责令改正；对直接负责的主管人员和其他直接责任人员依法给予处分。

第七十三条 网信部门和有关部门违反本法第三十条规定，将在履行网络安全保护职责中获取的信息用于其他用途的，对直接负责的主管人员和其他直接责任人员依法给予处分。

网信部门和有关部门的工作人员玩忽职守、滥用职权、徇私舞弊，尚不构成犯罪的，依法给予处分。

第七十四条 违反本法规定，给他人造成损害的，依法承担民事责任。

违反本法规定，构成违反治安管理行为的，依法给予治安管理处罚；构成犯罪的，依法追究刑事责任。

第七十五条 境外的机构、组织、个人从事攻击、侵入、干扰、破坏等危害中华人民共和国的关键信息基础设施的活动，造成严重后果的，依法追究法律责任；国务院公安部门和有关部门并可以决定对该机构、组织、个人采取冻结财产或者其他必要的制裁措施。

第七章 附则

第七十六条 本法下列用语的含义：

（一）网络，是指由计算机或者其他信息终端及相关设备组成的按照一定的规则和程序对信息进行收集、存储、传输、交换、处理的系统。

（二）网络安全，是指通过采取必要措施，防范对网络的攻击、侵入、干扰、破坏和非法使用以及意外事故，使网络处于稳定可靠运行的状态，以及保障网络数据的完整性、保密性、可用性的能力。

（三）网络运营者，是指网络的所有者、管理者和网络服务提供者。

（四）网络数据，是指通过网络收集、存储、传输、处理和产生的各种电子数据。

（五）个人信息，是指以电子或者其他方式记录的能够单独或者与其他信息结合识别自然人个人身份的各种信息，包括但不限于自然人的姓名、出生日期、身份证件号码、个人生物识别信息、住址、电话号码等。

第七十七条 存储、处理涉及国家秘密信息的网络的运行安全保护，除应当遵守本法外，还应当遵守保密法律、行政法规的规定。

第七十八条 军事网络的安全保护，由中央军事委员会另行规定。

第七十九条 本法自 2017 年 6 月 1 日起施行。

两部门关于印发《智慧家庭综合标准化体系建设指南》的通知

工信部联科〔2016〕375 号

各省、自治区、直辖市及计划单列市工业和信息化主管部门、质量技术监督局（市场监管部门），有关标准化技术组织、行业协会：

为落实《中国制造 2025》（国发〔2015〕28 号）和《国务院关于积极推进“互联网 +”行动的指导意见》（国发〔2015〕40 号）的战略部署，发挥标准在推动智慧家庭产业发展和服务模式应用方面的引领和规范作用，带动相关产业转型升级，工业和信息化部会同国家标准化管理委员会共同组织制定了《智慧家庭综合标准化体系建设指南》，现印发给你们，请在标准化工作中贯彻执行。

工业和信息化部

国家标准化管理委员会

2016 年 11 月 14 日

智慧家庭综合标准化体系建设指南

一、总体要求

（一）指导思想

贯彻落实创新、协调、绿色、开放、共享的发展理念，加强智慧家庭产业发展的顶层设计。围绕智慧家庭产业生态体系，构建我国智慧家庭综合标准化体系。按照综合标准化体系加快重点标准和基础标准研制，发挥标准对智慧家庭产业发展的指导、规范和引领作用，带动相关产业从单纯产品制造向“产品 + 服务”模式的转型升级，促进信息消费增长和供给侧结构性改革。

（二）基本原则

统筹规划、协调发展。加强智慧家庭标准化顶层设计，推动研究机构、标准化组织、行业组织和企业等产业链各方参与智慧家庭综合标准化体系建设。加强与关联产业和已有标准体系的衔接配套，解决目前智慧家庭产业发展中存在的模式重复、功能单一、系统间难以互联互通等问题。

服务牵引、急用先行。发挥服务在推动智慧家庭发展中的牵引作用，制定典型服务参考模型，完善智慧家庭服务运营模式，推动典型智慧家庭服务市场化运营。按照“成熟一项、制定一项、实施一项”的要求，加快基础性和关键性标准的制定，及时满足产业发展需求。

开放融合、安全有序。鼓励智慧家庭企业开展国际交流与合作，推动建立开放融合的生态系统。着重在智慧家庭网络安全、服务安全、终端安全等方面，开展相关标准的研究与制定。进一步完善安全应用环境，提升智慧家庭安全保障能力，推动智慧家庭产业安全有序发展。

（三）建设目标

到 2020 年，初步建立符合我国智慧家庭产业发展需要的标准体系，形成基础标准较为完善、主要产品和服务标准基本覆盖、标准技术水平持续提升、标准应用范围不断扩大，与国际先进标准水平保持同步发展的良好局面。若干重点标准在智慧家庭产业集聚区得到推广应用，取得较好的应用示范效果，形成一批可复制、可推广的经验。

二、智慧家庭产业与典型应用

（一）智慧家庭概念

智慧家庭是基于新一代信息技术的智慧化家庭综合性服务平台，是家庭智能设备、物联网、高速信息网络和应用服务的有机融合。

从技术角度讲，智慧家庭以物联网、宽带网络为基础，依托移动互联网、云计算等新一代信息技术，实现服务的智能化提供、人与家庭设施的双向智能互动。智慧家庭可看作是信息技术在家庭环境的应用落地。

从产品角度讲，智慧家庭以产品形态多样化、操作智能化和互联互通化为标志，产品横跨众多应用领域，是信息消费的最直接载体。按产品层次分，涵盖了基础软硬件产品、组网设备、智能终端、智能家电、智能家居、集成平台和系统，以及作为各类应用服务人机接口的软件产品。

从服务角度讲，智慧家庭通过家庭内部、家庭与社区、家庭与社会的信息互联互通和智能控制，提供各类面向家庭的文化娱乐、生活消费和社区公益等综合应用服务，实现舒适、安全和便捷的家庭生活方式。

（二）我国智慧家庭产业发展现状

近年来，我国智慧家庭产业持续快速发展，产业集聚效应初步显现，创建了广东基地、浙江基地、湖北基地、四川基地、福州基地、厦门基地、济南基地、青岛基地、大连基地等 9 个数字家庭应用示范产业基地。涵盖网络运营、智能终端及数字化家用电子产品制造、数字家庭应用服务等在内的全产业链体系基本形成，相关技术与产品的研发和应用取得显著进展。随着我国网络基础设施不断发展完善、智能终端不断创新涌现、应用服务加快推广普及，我国智慧家庭产业具有广阔的发展空间。

（三）智慧家庭生态体系架构

智慧家庭应用与服务持续催生新型消费需求，进而促进技术创新，带动产业整体发展和转型升级。先进技术的应用和创新产品的研发，又为智慧家庭应用与服务的进一步提升和拓展提供了更好的基础，从而形成技术与产业相互促进、协同发展的良性循环。

智慧家庭生态体系在传统软硬件的基础上，整合了关键技术和应用服务，以云端平台为服务载体，拓展数字视听娱乐、多媒体互动、安防与远程控制、智能家居与节能、社区服务等多种应用。智慧家庭典型生态体系如图 1 所示。

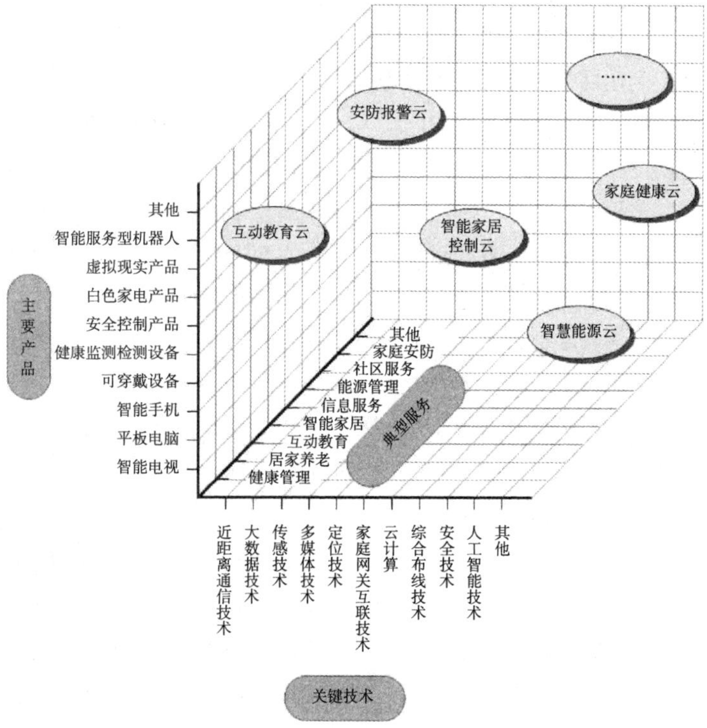

图 1　智慧家庭典型生态体系示意图

（四）典型应用

智慧家庭服务的典型应用主要包括健康管理、居家养老、信息服务、互动教育、智能家居、能源管理、社区服务和家庭安防等8个方面。

1. 健康管理

健康管理是指以物联网、移动互联网和云计算等技术为依托，在健康管理信息系统的基础上，将健康管理类可穿戴式设备等多层次感知智能终端作为数据采集来源，将智能显示终端作为个人健康信息等内容的汇集终端，通过整合健康服务机构来为消费者提供健康管理信息服务。通过健康管理服务平台，对空气、水和食品等进行安全监测和预告，并提供运动健身、食品营养和网络预约挂号等信息服务。

2. 居家养老

居家养老是指充分借助互联网、物联网、云计算和大数据分析等先进技术手段，以家庭为核心、社区为依托、专业化服务为依靠的新型养老模式，从而为居住在家的老年人提供以解决日常生活困难和健康问题为主要内容的社会化服务。主要包括应急服务、一键式上门服务、远程健康咨询、身体状况监测、实时健康提醒和老人位置监控等。

3. 信息服务

信息服务是智慧家庭最广泛的应用之一，主要是指用户通过智能手机、智能电视、虚拟现实、增强现实和可穿戴设备等智能终端产品，利用网络资源观看各种音视频影音节目、获取最新信息资讯，进行在线游戏、社交、网上购物和室内定位等活动。

4. 互动教育

互动教育是以云资源为基础，以网络为支撑，构建一个智能教育管理平台。通过网络和智能电子设备进行教学、学习及管理。主要包括远程视频授课、在线课堂讨论、个性化教学目标设置、教育资源共享、教育资源融合和突发事件指导等方面。

5. 智能家居

智能家居是利用计算机、通讯与网络、自动控制等技术，通过有效的传输网络，将多元信息服务与管理、住宅智能化系统集成在一起，构建高效的住宅设施与家庭日常事务的管理系统，提供使用便捷、安全舒适的家居环境。

6. 能源管理

能源管理是指对水、电、气和新能源消费过程中的计划、控制和监测。通过家庭能源监控、能源统计、能源消费分析、重点能耗设备和能源计量设备管理等手段，使消费者掌握能源消耗比重和发展趋势，并对相关设备进行智能化能源管理，达到家庭节能的目的，促进社会整体能耗的降低。

7. 社区服务

社区服务主要是为社区成员提供公共服务，以及其他物质、文化和生活等便民服务，帮助家庭与外部保持信息交流畅通，优化人们的生活方式。主要包括智慧家庭物业基础设施、提供的相关服务要求、业务流程和方案能力，以及相关系统运营维护、服务信息接口和可靠性等要求。

8. 家庭安防

家庭安防是指利用新型网络及传感技术，通过各种传感器、摄像机、门窗磁、读卡器、门禁控制器和其他安防监测设备为住宅提供环境感知、入侵报警、紧急求助、防火和防意外等安防功能的综合性服务系统，增强家居生活的安全性。

三、智慧家庭综合标准化体系

（一）标准体系框架

根据智慧家庭典型生态体系，在产品、技术、服务等方面归纳出共性属性，形成基础标准、终端标准、服务标准及安全标准等四大类标准体系框架，如图2所示。

（二）标准体系构成

标准体系涵盖了健康管理、居家养老、智能家居等典型应用。具体内容包括基础类标准、终端类标准、安全类标准和服务类标准。

1. 基础类标准

分为概念基础类标准和网络类标准两部分内容。概念基础类标准主要包括智慧家庭的基本概念、术语、应用场景和参考模型、图形符号等。网络类标准是指智慧家庭应用实现的基础网络标准，包括公网、个网 / 体网、专网等部分。

公网主要包含智慧家庭运行所需电信网、广电网、互联网、电力线通信网等承载网的技术要求，以及平台管理、业务和支撑系统等方面的标准。个网主要包括个人家庭网络的体系结构、通信协议和网络设备等。体网主要指应用于健康管理领域的以传感器网络为主的个人体域网。专网是指火灾报警、抄表系统和家庭安防等承

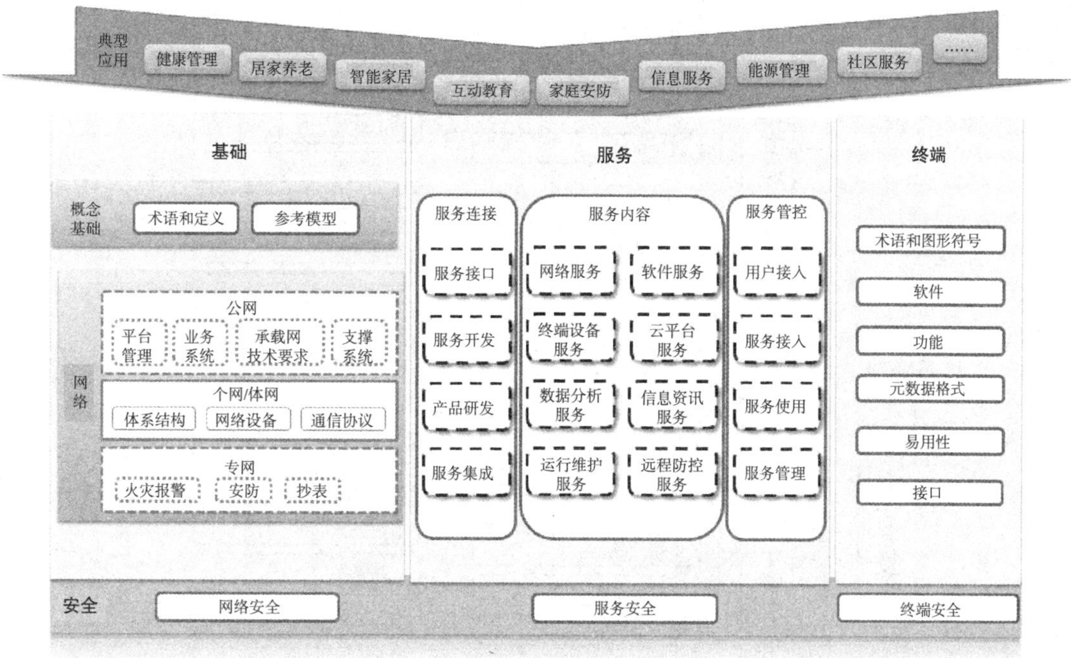

图 2　智慧家庭标准体系框架

载指定业务的专用网络的系统、工程和专用终端等方面的标准。

2．终端类标准

终端类标准主要包括术语、功能、接口、数据格式和易用性等方面的标准。其中，功能标准重点是规范终端满足所属业务的基本功能；接口标准重点是满足终端的可扩展性，使终端接口能与不同平台无缝融合；易用性标准把人和家庭的需求结合起来，提出终端易用性的要求。

3．安全类标准

安全类标准主要从网络安全、终端安全和服务安全等方面规定智慧家庭在各种应用场景下的安全要求。

4．服务类标准

服务类标准主要聚焦于典型智慧家庭应用场景所需的服务管控、服务连接、服务内容及服务安全内容。具体组成如图 3 所示。

服务管控是指对智慧家庭中服务的接入、管理和监理等活动。服务连接是指智慧家庭中服务相关的接口和集成等。服务内容是指智慧家庭中所能提供的服务项目及种类等。服务安全是指智慧家庭中的安全管理、评测及评估等。

服务管控类标准主要包括用户接入、服务接入、服务使用和服务管理等内容。其中，服务接入标准分为服务接入类型和服务接入技术，服务使用标准分为使用规范指南、服务计量和计费，服务管理标准分为通用要求、实施指南及系统技术。

服务连接类标准主要包括服务接口、服务开发、产品研发和服务集成等内容。其中，服务开发标准分为服务交付和服务运营，服务集成标准分为集成服务能力和集成服务业务。

服务内容类标准涵盖了不同类别的智慧家庭服务，包括网络服务、软件服务、终端设备服务、云平台服务、数据分析服务、信息资讯服务、运行维护服务及远程防控服务等。其中，云平台服务标准分为通讯服务、计算服务、数据存储服务和基础设施服务等。

服务安全类标准主要包括服务安全管理指南、服务安全框架（业务安全和运营安全）、服务安全评测指标体系和服务安全能力评估等。

（三）“十三五”期间标准重点研制方向

“十三五”期间，将结合产业发展情况，围绕智慧家庭服务应用，开展急需标准的研制工作。在基础方面，着重研制参考模型及分类方法等标准，为智慧家庭应用推广奠定基础；在互联互通方面，着重研制设备间互联互通标准、设备与云平台互联互通标准及云云对接等标准，打通智慧家庭的信息流；在安全方面，

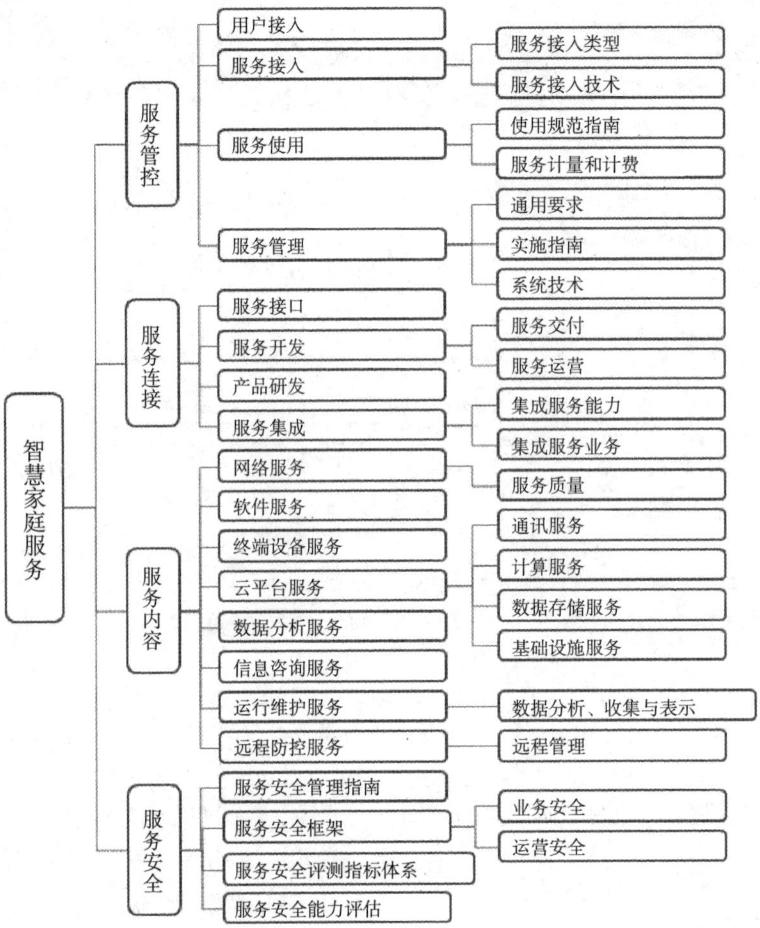

图 3　智慧家庭典型服务标准体系

着重研制涉及用户个人信息安全、数据安全和系统安全等标准，提升产业基本安全保障能力；在服务方面，围绕健康管理、居家养老等重点领域，着重研制服务接入、服务接口、服务集成、软件服务、云平台服务和服务安全评测指标体系等标准，开展服务质量标准化，提升服务支撑能力。

四、组织实施

（一）加强产业顶层设计

完善智慧家庭智能终端、宽带网络和云端系统组成的整体系统架构和技术思路，确定智慧家庭相关产品和应用服务的技术组成、功能和信息服务平台要求，增强数据安全保障能力。加强智慧家庭技术发展路径、产业发展路线、绿色发展路线和产业链组成等方面的研究。聚焦有发展潜力的未来产品和系统路线，加强产业链上下游的合作，促进技术创新、产品设计和研发、标准制定、试验验证、知识产权处置和应用推广等工作的统筹推进。

（二）加快急需标准研制与实施

围绕智慧家庭产业发展需求，支持搭建产业服务平台和试验验证平台，开展标准应用验证。加快基础标准、主要产品和服务标准的研制，形成与智慧家庭产业发展相适应的标准体系。完善智慧家庭产业公共服务平台，以健康管理、居家养老和智能家居等智慧家庭典型应用为切入点，推进智慧家庭服务的标准化，不断扩大应用覆盖范围和规模。充分发挥行业协会、产业联盟和标准化机构的作用，推动智慧家庭标准的宣贯与实施。加强与国际标准化组织的交流与合作，推动我国智慧家庭标准成为国际标准。

（三）推动建立协同工作机制

工业和信息化部联合国家标准化管理委员会组织相关研究机构、标准化技术组织和企业等成立智慧家庭综合标准化体系建设工作组，设立基础、服务、安全和终端等专题研究小组，协同推进智慧家庭国家标准和行业标准的制定，促进相关产业的融合发展。

两部门关于印发《智能制造发展规划（2016—2020年）》的通知

工信部联规〔2016〕349号

各省、自治区、直辖市及计划单列市、新疆生产建设兵团工业和信息化、财政主管部门，有关行业协会、有关中央企业：

为贯彻落实《中华人民共和国国民经济和社会发展第十三个五年规划纲要》《中国制造2025》（国发〔2015〕28号）和《国务院关于深化制造业与互联网融合发展的指导意见》（国发〔2016〕28号），工业和信息化部、财政部联合制定了《智能制造发展规划（2016—2020年）》。现印发你们，请结合本地区、本部门实际认真贯彻实施。

智能制造发展规划（2016—2020年）

智能制造是基于新一代信息通信技术与先进制造技术深度融合，贯穿于设计、生产、管理、服务等制造活动的各个环节，具有自感知、自学习、自决策、自执行、自适应等功能的新型生产方式。加快发展智能制造，是培育我国经济增长新动能的必由之路，是抢占未来经济和科技发展制高点的战略选择，对于推动我国制造业供给侧结构性改革，打造我国制造业竞争新优势，实现制造强国具有重要战略意义。

根据《中华人民共和国国民经济和社会发展第十三个五年规划纲要》《中国制造2025》和《国务院关于深化制造业与互联网融合发展的指导意见》，编制本规划。

一、发展现状和形势

全球新一轮科技革命和产业变革加紧孕育兴起，与我国制造业转型升级形成历史性交汇。智能制造在全球范围内快速发展，已成为制造业重要发展趋势，对产业发展和分工格局带来深刻影响，推动形成新的生产方式、产业形态、商业模式。发达国家实施“再工业化”战略，不断推出发展智能制造的新举措，通过政府、行业组织、企业等协同推进，积极培育制造业未来竞争优势。

经过几十年的快速发展，我国制造业规模跃居世界第一位，建立起门类齐全、独立完整的制造体系，但与先进国家相比，大而不强的问题突出。随着我国经济发展进入新常态，经济增速换挡、结构调整阵痛、增长动能转换等相互交织，长期以来主要依靠资源要素投入、规模扩张的粗放型发展模式难以为继。加快发展智能制造，对于推进我国制造业供给侧结构性改革，培育经济增长新动能，构建新型制造体系，促进制造业向中高端迈进、实现制造强国具有重要意义。

随着新一代信息技术和制造业的深度融合，我国智能制造发展取得明显成效，以高档数控机床、工业机器人、智能仪器仪表为代表的关键技术装备取得积极进展；智能制造装备和先进工艺在重点行业不断普及，离散型行业制造装备的数字化、网络化、智能化步伐加快，流程型行业过程控制和制造执行系统全面普及，关键工艺流程数控化率大大提高；在典型行业不断探索、逐步形成了一些可复制推广的智能制造新模式，为深入推进智能制造初步奠定了一定的基础。但目前我国制造业尚处于机械化、电气化、自动化、数字化并存，不同地区、不同行业、不同企业发展不平衡的阶段。发展智能制造面临关键共性技术和核心装备受制于人，智能制造标准/软件/网络/信息安全基础薄弱，智能制造新模式成熟度不高，系统整体解决方案供给能力不足，缺乏国际性的行业巨头企业和跨界融合的智能制造人才等突出问题。相对工业发达国家，推动我国制造业智能转型，环境更为复杂，形势更为严峻，任务更加艰巨。我们必须遵循客观规律，立足国情、着眼长远，加强统筹谋划，积极应对挑战，抓住全球制造业分工调整和我国智能制造快速发展的战略机遇期，引导企业在智能制造方面走出一条具有中国特色的发展道路。

二、总体要求

（一）指导思想

深入贯彻党的十八大及十八届三中、四中、五中全会精神，牢固树立创新、协调、绿色、开放、共享的发展理念，全面落实《中国制造 2025》和推进供给侧结构性改革部署，将发展智能制造作为长期坚持的战略任务，分类分层指导，分行业、分步骤持续推进，“十三五”期间同步实施数字化制造普及、智能化制造示范引领，以构建新型制造体系为目标，以实施智能制造工程为重要抓手，着力提升关键技术装备安全可控能力，着力增强基础支撑能力，着力提升集成应用水平，着力探索培育新模式，着力营造良好发展环境，为培育经济增长新动能、打造我国制造业竞争新优势、建设制造强国奠定扎实的基础。

（二）基本原则

坚持市场主导、政府引导。充分发挥市场在配置资源中的决定性作用，强化企业市场主体地位，以需求为导向，激发企业推进智能制造的内生动力。发挥政府在规划布局、政策引导等方面的积极作用，形成公平市场竞争的发展环境。

坚持创新驱动、开放合作。建立健全创新体系，推进产学研用协同创新，激发企业创新创业活力，加强智能制造技术、装备与模式的创新突破。坚持互利共赢，扩大对外开放，加强在标准制定、人才培养、知识产权等方面国际交流合作。

坚持统筹规划、系统推进。统筹整合优势资源，加强顶层设计，调动各方积极性，协调推进。针对制造业薄弱与关键环节，系统部署关键技术装备创新、试点示范、标准化、工业互联网建设等系列举措，推进智能制造发展。

坚持遵循规律、分类施策。立足国情，准确把握智能制造的发展规律，因势利导，引导行业循序渐进推进智能化。针对不同地区、行业、企业发展基础、阶段和水平差异，加强分类施策、分层指导，加快推动传统行业改造、重点领域升级、制造业转型。

（三）发展目标

2025 年前，推进智能制造发展实施“两步走”战略：第一步，到 2020 年，智能制造发展基础和支撑能力明显增强，传统制造业重点领域基本实现数字化制造，有条件、有基础的重点产业智能转型取得明显进展；第二步，到 2025 年，智能制造支撑体系基本建立，重点产业初步实现智能转型。

2020 年的具体目标：

——智能制造技术与装备实现突破。研发一批智能制造关键技术装备，具备较强的竞争力，国内市场满足率超过 50%。突破一批智能制造关键共性技术。核心支撑软件国内市场满足率超过 30%。

——发展基础明显增强。智能制造标准体系基本完善，制（修）订智能制造标准 200 项以上，面向制造业的工业互联网及信息安全保障系统初步建立。

——智能制造生态体系初步形成。培育 40 个以上主营业务收入超过 10 亿元、具有较强竞争力的系统解决方案供应商，智能制造人才队伍基本建立。

——重点领域发展成效显著。制造业重点领域企业数字化研发设计工具普及率超过 70%，关键工序数控化率超过 50%，数字化车间/智能工厂普及率超过 20%，运营成本、产品研制周期和产品不良品率大幅度降低。

三、重点任务

（一）加快智能制造装备发展

聚焦感知、控制、决策、执行等核心关键环节，推进产学研用联合创新，攻克关键技术装备，提高质量和可靠性。面向《中国制造 2025》十大重点领域，推进智能制造关键技术装备、核心支撑软件、工业互联网等系统集成应用，以系统解决方案供应商、装备制造商与用户联合的模式，集成开发一批重大成套装备，推进工程应用和产业化。推动新一代信息通信技术在装备（产品）中的融合应用，促进智能网联汽车、服务机器人等产品研发、设计和产业化。

专栏 1　智能制造装备创新发展重点
创新产学研用合作模式，研发高档数控机床与工业机器人、增材制造装备、智能传感与控制装备、智能检测与装配装备、智能物流与仓储装备五类关键技术装备。重点突破高性能光纤传感器、微机电系统（MEMS）传感器、视觉传感器、分散式控制系统（DCS）、可编程逻辑控制器（PLC）、数据采集系统（SCADA）、高性能高可靠嵌入式控制系统等核心产品，在机床、机器人、石油化工、轨道交通等领域实现集成应用。 依托优势企业，开展智能制造成套装备的集成创新和应用示范，加快产业化。促进智能网联汽车、智能工程机械、智能船舶、智能照明电器、服务机器人等研发和产业化，开展远程无人操控、运行状态监测、工作环境预警、故障诊断维护等智能服务。 到 2020 年，研制 60 种以上智能制造关键技术装备，达到国际同类产品水平，国内市场满足率超过 50%。

（二）加强关键共性技术创新

围绕感知、控制、决策和执行等智能功能的实现，针对智能制造关键技术装备、智能产品、重大成套装备、数字化车间 / 智能工厂的开发和应用，突破先进感知与测量、高精度运动控制、高可靠智能控制、建模与仿真、工业互联网安全等一批关键共性技术，研发智能制造相关的核心支撑软件，布局和积累一批核心知识产权，为实现制造装备和制造过程的智能化提供技术支撑。

专栏 2　智能制造关键共性技术创新方向
建设若干智能制造领域的制造业创新中心，开展关键共性技术研发。整合现有各类创新资源，引导企业加大研发投入，突破新型传感技术、模块化 / 嵌入式控制系统设计技术、先进控制与优化技术、系统协同技术、故障诊断与健康维护技术、高可靠实时通信、功能安全技术、特种工艺与精密制造技术、识别技术、建模与仿真技术、工业互联网、人工智能等关键共性技术。引导企业、高校、科研院所、用户组建智能制造创新联盟，推动创新资源向企业集聚。

续表
加快研发智能制造支撑软件，突破计算机辅助类（CAX）软件、基于数据驱动的三维设计与建模软件、数值分析与可视化仿真软件等设计、工艺仿真软件，高安全高可信的嵌入式实时工业操作系统、嵌入式组态软件等工业控制软件，制造执行系统（MES）、企业资源管理软件（ERP）、供应链管理软件（SCM）等业务管理软件，嵌入式数据库系统与实时数据智能处理系统等数据管理软件。 到 2020 年，建成较为完善的智能制造技术创新体系，一批关键共性技术实现突破，部分技术达到国际先进水平；核心支撑软件市场满足率超过 30%。

（三）建设智能制造标准体系

依据国家智能制造标准体系建设指南，围绕互联互通和多维度协同等瓶颈，开展基础共性标准、关键技术标准、行业应用标准研究，搭建标准试验验证平台（系统），开展全过程试验验证。加快标准制（修）订，在制造业各个领域全面推广。成立国家智能制造标准化协调推进组、总体组和专家咨询组，形成协同推进的工作机制。充分利用现有多部门协调、多标委会协作的工作机制，形成合力，凝聚国内外标准化资源，扎实构建满足产业发展需求、先进适用的智能制造标准体系。

专栏 3　智能制造标准提升专项行动
组织开展参考模型、术语定义、标识解析、评价指标、安全等基础共性标准和数据格式、通讯协议与接口等关键技术标准的研究制定，探索制定重点行业智能制造标准。强化方法论、标准库和标准案例集等实施手段，以培训、咨询等方式推进标准宣贯与实施。推进智能制造标准国际交流与合作。 到 2020 年，国家智能制造标准体系基本建立，制（修）订智能制造国家标准 200 项以上，建设试验验证平台 100 个以上，公共服务平台 50 个以上。

（四）构筑工业互联网基础

研发新型工业网络设备与系统，构建工业互联网试验验证平台和标识解析系统。推动制造企业开展工厂内网络升级改造。鼓励电信运营商改良工厂外网络，开展工业云和大数据平台建设。研发安全可靠的信息安全软硬件产品，搭建面向智能制造的信息安全保障系统与试验验证平台，建立健全工业互联网信息安全风险评估、检查和信息共享机制。

专栏 4 工业互联网建设重点

研发融合 IPv6、4G/5G、短距离无线、Wi-Fi 技术的工业网络设备与系统，构建工业互联网试验验证平台及标识解析系统、企业级智能产品标识系统。开发工业互联网核心信息通信设备、工业级信息安全产品及设备。支持工业企业利用光通信、工业无线、工业以太网、SDN、OPC-UA、IPv6 等技术改造工业现场网络，在工厂内形成网络联通、数据互通、业务打通的局面。利用 SDN、网络虚拟化、4G/5G、IPv6 等技术实现对现有公用电信网的升级改造，满足工业互联网网络覆盖和业务开展的需要。面向智能制造发展需求，推动工业云计算、大数据服务平台建设。推动有条件的企业开展试点示范，推进新技术、产品及系统在重点领域的集成应用。

到 2020 年，在重点领域制造企业建设新技术实验网络并开展应用创新。

（五）加大智能制造试点示范推广力度

在基础条件好和需求迫切的重点地区、行业，选择骨干企业，围绕离散型智能制造、流程型智能制造、网络协同制造、大批量定制、远程运维服务、工业云平台、众包众创等方面，开展智能制造新模式试点示范，形成有效的经验和模式。围绕设计、研发、生产、物流、服务等全生命周期，遴选智能制造标杆企业，在相关行业进行移植、推广。

专栏 5 智能制造试点示范及推广应用专项行动

第一阶段，聚焦制造过程关键环节，在基础条件较好、需求迫切的地区和行业，遴选一批智能制造试点示范项目，总结形成有效经验和模式。第二阶段，围绕产品全生命周期，研究制定智能制造标杆企业遴选标准，在实施智能制造成效突出的企业中，遴选确定一批标杆企业，在相关行业大规模移植、推广所形成的经验和模式。

到 2020 年，建成 300 个以上智能制造试点示范项目，数字化车间 / 智能工厂试点示范项目实施前后实现运营成本降低 20%，产品研制周期缩短 20%，生产效率提高 20%，产品不良品率降低 10%，能源利用率提高 10%；遴选确定 150 个以上智能制造标杆企业。

（六）推动重点领域智能转型

围绕《中国制造 2025》十大重点领域，试点建设数字化车间 / 智能工厂，加快智能制造关键技术装备的集成应用，促进制造工艺仿真优化、数字化控制、状态信息实时监测和自适应控制。加快产品全生命周期管理、客户关系管理、供应链管理系统的推广应用，促进集团管控、设计与制造、产供销一体、业务和财务衔接等关键环节集成。针对传统制造业关键工序自动化、数字化改造需求，推广应用数字化技术、系统集成技术、智能制造装备，提高设计、制造、工艺、管理水平，努力提升发展层次，迈向中高端。加强传统制造业绿色改造，推动产业间绿色循环链接，提升重点制造技术绿色化水平。

专栏 6 重点领域智能转型重点

围绕新一代信息技术、高档数控机床与工业机器人、航空装备、海洋工程装备及高技术船舶、先进轨道交通装备、节能与新能源汽车、电力装备、农业装备、新材料、生物医药及高性能医疗器械、轻工、纺织、石化化工、钢铁、有色、建材、民爆等重点领域，推进智能化、数字化技术在企业研发设计、生产制造、物流仓储、经营管理、售后服务等关键环节的深度应用。支持智能制造关键技术装备和核心支撑软件的推广应用，不断提高生产装备和生产过程的智能化水平。在基础条件较好的领域，开展数字化车间 / 智能工厂的集成创新与应用示范。支持地方、园区、龙头企业等建设一批公共服务平台，开展技术研发、产品设计、软件服务、数据管理、测试验证等服务。

到 2020 年，量大面广、有基础、有条件的重点领域数字化研发设计工具普及率达到 70% 以上，关键工序数控化率达到 50% 以上，数字化车间 / 智能工厂普及率达到 20% 以上。

（七）促进中小企业智能化改造

引导有基础、有条件的中小企业推进生产线自动化改造，开展管理信息化和数字化升级试点应用。建立龙头企业引领带动中小企业推进自动化、信息化的发展机制，提升中小企业智能化水平。整合和利用现有制造资源，建设云制造平台和服务平台，在线提供关键工业软件及各类模型库和制造能力外包服务，服务中小企业智能化发展。

专栏 7 中小企业智能化改造专项行动

支持第三方机构提供分析诊断、创新评估等服务，鼓励系统集成商、装备供应商、软件供应商等，针对中小企业实际需求，研究制定简便易行的智能化改造方案，推广一批成熟使用的单元装备和先进技术。推进“互联网 +”小微企业，推广适合中小企业发展需求的信息化产品和服务，促进互联网和信息技术在生产制造、经营管理、市场营销各个环节中的应用。推进云制造，构建云制造平台和服务平台。推动中小企业与大企业协同创新，鼓励有条件的大企业搭建信息化服务平台，向中小企业开放入口、数据信息、计算能力。

到 2020 年，有基础、有条件的中小企业生产自动化程度大幅提高，管理信息化和数字化水平明显提升。

（八）培育智能制造生态体系

面向企业智能制造发展需求，推动装备、自动化、软件、信息技术等不同领域企业紧密合作、协同创新，推动产业链各环节企业分工协作、共同发展，逐步形成以智能制造系统集成商为核心、各领域领先企业联合推进、一大批定位于细分领域的“专精特”企业深度参与的智能制造发展生态体系。加快培育一批有行业、专业特色系统解决方案供应商；大力发展具有国际影响力的龙头企业集团；做优做强一批传感器、智能仪表、控制系统、伺服装置、工业软件等“专精特”配套企业。

专栏 8　智能制造系统解决方案供应商培育专项行动
支持以技术和资本为纽带，组建产学研用联合体或产业创新联盟，鼓励发展成为智能制造系统解决方案供应商。支持装备制造企业以装备智能化升级为突破口，加速向系统解决方案供应商转变。支持规划设计院以车间 / 工厂的规划设计为基础，延伸业务链条，开展数字化车间 / 智能工厂总承包业务。支持自动化、信息技术企业通过业务升级，逐步发展成为智能制造系统解决方案供应商。研究制定智能制造系统解决方案供应商标准或规范，发布智能制造系统解决方案供应商推荐目录。 到 2020 年，主营业务收入超 10 亿元的智能制造系统解决方案供应商达到 40 家以上，系统集成能力明显提升，基本满足制造业智能转型的需要。

（九）推进区域智能制造协同发展

打造智能制造装备产业集聚区。积极推动以产业链为纽带、资源要素集聚的智能制造装备产业集群建设，完善产业链协作配套体系。加强规划引导，提升信息网络、公共服务平台等基础设施水平，促进产业集聚区规范有序发展。

促进区域智能制造差异化发展。结合《中国制造 2025 分省市实施指南》，紧密依靠本区域智能制造发展基础，聚焦重点。大力推进制造业发展水平较好的地区率先实现优势产业智能转型，积极促进制造业欠发达地区结合实际，加快制造业自动化、数字化改造，逐步向智能化发展。

加强区域智能制造资源协同。搭建基于互联网的制造资源协同平台，不断完善体系架构和运行规则，加快区域间创新资源、设计能力、生产能力和服务能力的集成和对接，推进制造过程各环节和全价值链的并行组织和协同优化，实现区域优势资源互补和资源优化配置。

（十）打造智能制造人才队伍

构建多层次人才队伍。大力弘扬工匠精神，突出职业精神培育。加强智能制造人才培训，培养一批能够突破智能制造关键技术、带动制造业智能转型的高层次领军人才，一批既擅长制造企业管理又熟悉信息技术的复合型人才，一批能够开展智能制造技术开发、技术改进、业务指导的专业技术人才，一批门类齐全、技艺精湛、爱岗敬业的高技能人才。

健全人才培养机制。创新技术技能人才教育培训模式，促进企业和院校成为技术技能人才培养的“双主体”。鼓励有条件的高校、院所、企业建设智能制造实训基地，培养满足智能制造发展需求的高素质技术技能人才。支持高校开展智能制造学科体系和人才培养体系建设。建立智能制造人才需求预测和信息服务平台。

四、保障措施

（一）加强统筹协调

发挥国家制造强国建设领导小组作用，有效统筹中央、地方和其他社会资源，协调解决智能制造发展中遇到的问题，形成资源共享、协同推进的工作格局。发挥国家制造强国建设战略咨询委员会作用，为把握技术发展方向提供咨询建议。加强规划与其他专项、工程有机衔接。

（二）完善创新体系

在智能制造领域研究建立若干制造业创新中心，建立市场化的创新方向选择机制和鼓励创新的风险分担、利益共享机制，解决技术研究与产业化应用的鸿沟。围绕重点领域智能制造发展需求，建设重大科学研究和实验设施。支持智能制造公共服务平台建设，增强为行业服务能力。鼓励企业加大研发投入力度，加强智能制造关键技术与装备创新。

（三）加大财税支持力度

充分利用现有资金渠道对智能制造予以支持。按照深化科技计划（专项、基金等）管理改革的要求，统筹支持智能制造关键共性技术的研发。完善和落实支持创新的政府采购政策。推进首台（套）重大技术装备保险补偿试点工作。落实税收优惠政策，企业购置并实际使用的重大技术装备符合规定条件的，可按规定享受企业所得税优惠政策。企业为生产国家支持发展的重大技术装备或产品，确有必要进口的零部件、原材料等，可按重大技术装备进口税收政策有关规定，享受进口税收优惠。

（四）创新金融扶持方式

发挥国家财政投入的引导作用，吸引企业、社会资本，建立智能制造多元化投融资体系。鼓励建立按市场化方式运作的各类智能制造发展基金，鼓励社会风险投资、股权投资投向智能制造领域。搭建政银企合作平台，研究建立产融对接新模式，引导和推动金融机构创新产品和服务方式。依托重点工程项目，推动首台（套）重大技术装备推广应用，完善承保理赔机制。支持装备制造企业扩大直接融资，发展应收账款融资，降低企业财务成本。

（五）发挥行业组织作用

发挥行业协会熟悉行业、贴近企业优势，推广先进管理模式，加强行业自律，防止无序和恶性竞争。各相关行业协会要指导企业深化改革、苦练内功，抓好技术创新、人才培养，及时反映企业诉求，反馈政策落实情况，积极宣传和帮助企业用足用好各项政策。鼓励行业协会、产业联盟提升服务行业发展的能力，引导企业推进智能制造发展。

（六）深化国际合作交流

在智能制造标准制定、知识产权等方面广泛开展国际交流与合作，不断拓展合作领域。支持国内外企业及行业组织间开展智能制造技术交流与合作，做到引资、引技、引智相结合。鼓励跨国公司、国外机构等在华设立智能制造研发机构、人才培训中心，建设智能制造示范工厂。鼓励国内企业参与国际并购、参股国外先进的研发制造企业。

五、组织实施

规划是指导未来 5 年智能制造发展的纲领性文件，工业和信息化部、发展改革委、科技部、财政部联合印发的《智能制造工程实施指南（2016–2020 年）》明确的重点任务是规划的核心内容。工业和信息化部、财政部负责规划的组织实施，加强领导，精心组织，及时解决规划实施过程中遇到的问题，推动各项任务和措施落到实处。建立规划实施动态评估机制，适时对目标和任务进行必要的调整。

各地工业和信息化、财政主管部门要按照职责分工，抓紧制定与规划相衔接的实施方案，落实相关配套政策，做好信息反馈工作。相关行业协会和中介组织要充分发挥桥梁和纽带作用，协同推动本规划的贯彻落实。

三部门关于促进机器人产业健康发展的通知

工信厅联装〔2016〕169 号

各省、自治区、直辖市及计划单列市、新疆生产建设兵团工业和信息化主管部门、发展改革委、质量技术监督局（市场监督管理部门），各直属出入境检验检疫局：

为实现《机器人产业发展规划（2016 – 2020 年）》提出的各项任务和目标，针对近年来各地方发展机器人产业出现的产业低水平重复建设，高端产业低端化，重招商引资、轻自主创新，重主机组装生产、轻关键零部件制造，重眼前利益、轻长远发展等问题，引导我国机器人产业协调健康发展，现就有关事项通知如下：

一、推动机器人产业理性发展。各地方、各企业要按照《“中国制造 2025”分省市实施指南（2016 年度）》的要求，结合本地、本企业经济、技术、人才、产业转型升级需求特点，因地制宜，科学谋划，合理确定产业发展方式和规模。引导企业加强机器人细分市场研究，理性和差异化发展机器人，避免一哄而上，低水平重复。注重引导各项资源向机器人优势企业集聚，集中有限资源攻短板。大力培育龙头企业，保护企业研发投入积极性，提高企业可持续发展能力。

二、强化技术创新能力。各地方可整合现有科技资源和研发力量，组建区域性机器人创新中心和公共技术服务平台，打造政产学研用协同创新载体，着力解决制约当前机器人产业发展的技术瓶颈问题，为企业提供关键共性技术支持和服务。机器人企业要加强新一代机器人技术的研究布局，积极抢占产业发展的国际制高点。

三、加快创新科技成果转化。结合市场需求，运用市场化机制促进研究成果产业化，依托新型工业化产业示范基地等产业集聚区，建立产业应用推广平台，加大机器人关键技术和产业应用技术等创新成果转化的支持力度，切实提高科技成果转化率。

四、加强零部件等关键短板突破。着力提升机器人关键零部件的使用寿命和质量稳定性，联合科研机构、零部件企业、主机（装备）企业、系统集成商等多方力量，“一条龙”推进机器人关键零部件的研制及应用，建立上下游互融共生、分工合作、利益共享的一体化组织新模式，推进产业链配套发展。

五、开拓工业机器人应用市场。围绕国内工业转型升级带来的巨大需求，充分利用现有政策措施，推动工业机器人在制造领域的规模化应用。加快推进企业在工作环境差、劳动强度大、安全事故多的工序使用机器人，提高劳动生产效率和产品质量，降低安全事故发生率。鼓励金融机构发展机器人融资租赁等符合机器人产业链特点的新型产品和业务。

六、推进服务机器人试点示范。面向国家战略需求和民生重大问题，创新支持政策和应用模式，推动服务机器人在助老助残、医疗康复、应急救援、公共服务等领域的应用示范，及时总结试点示范经验并有序推广。

七、建立认证采信制度。以国家机器人检测与评定中心、机器人检测认证联盟等为支撑，开展机器人检测认证，积极推动认证结果在财政专项、金融信贷、税收减免、重大工程等政策中的采信使用，提高政策扶持精准度和产品市场公信力。建立企业和产品信用档案制度，将有关信用信息纳入全国信用信息共享平台，并依照有关规定通过“信用中国”网站向全社会公开，通过引导征信机构采信有关失信信息和实施失信联合惩戒，实现社会共治和部门协同监管。

八、实施工业机器人规范条件。工业和信息化部等部门将加快发布实施《工业机器人行业规范条件》，鼓励企业积极申报，对符合工业机器人行业规范条件的企业进行公告，引导各类鼓励政策向公告企业集聚。推动企业加强技术创新和精益管理能力建设，引导企业增强以质量和信誉为核心的品牌意识，提升品牌附加值和软实力。

九、完善公平竞争制度。机器人招标采购要严格按照《中华人民共和国招标投标法》及有关规定开展，禁止关联企业参与投标，禁止设立限制国内机器人参与投标或其他的歧视性和排他性条款。各地方应开放市场，破除地方保护，在鼓励机器人产业发展的各项政策中，不得设立要求机器人供应商在当地投资建厂等限制性条件，以及限制其他地区企业机器人产品在本地使用的歧视性和排他性条款。

十、鼓励企业参与人才培养。各地方要研究推动企业深度参与相关学科、专业教学标准和人才培养方案，支持具备条件的机器人企业与职业学校共同组建一批深度融合、特色鲜明、效益显著的先进制造业职业教育集团，充分发挥职业教育集团成员单位中行业企业的作用，推进办学模式、评价模式改革，促进产业链、岗位链、教学链深度融合。

工业和信息化部办公厅
国家发展和改革委员会办公厅
国家认证认可监督管理委员会办公室
2016 年 12 月 16 日

工业和信息化部关于印发《移动智能终端应用软件预置和分发管理暂行规定》的通知

工信部信管〔2016〕407 号

各相关单位：

现将《移动智能终端应用软件预置和分发管理暂行规定》印发给你们，请遵照执行。

工业和信息化部
2016 年 12 月 16 日

移动智能终端应用软件预置和分发管理暂行规定

为推动移动互联网健康有序发展，构建安全可信的信息通信网络环境，依法维护用户的知情权和选择权，促进大众创业、万众创新，规范移动互联网市场秩序，根据《全国人民代表大会常务委员会关于加强网络信息保护的决定》《中华人民共和国网络安全法》《中华人民共和国电信条例》和《互联网信息服务管理办法》等有关规定，制定本规定。

第一条 工业和信息化部大力推动移动智能终端应用软件发展，鼓励移动智能终端生产企业、互联网信息服务提供者等相关企业积极开发移动智能终端应用软件产品，丰富信息消费内容，引导企业健全相关管理机制。鼓励有关行业协会等依法制定自律性管理制度，共同规范移动智能终端应用软件的预置和分发行为，维护网络安全，加强用户权益保护。

第二条 本规定规范移动智能终端生产企业（以下简称生产企业）的移动智能终端应用软件预置行为，以及互联网信息服务提供者提供的移动智能终端应用软件分发服务。

第三条 工业和信息化部依照本规定对全国范围内移动智能终端应用软件预置与分发服务实施监督管理。省、自治区、直辖市通信管理局（以下统称各地通信主管部门）在工业和信息化部领导下，按照本规定对本行政区域内的移动智能终端应用软件预置与分发服务实施监督管理。工业和信息化部和各地通信主管部门应进一步完善移动智能终端应用软件预置与分发服务监管制度，强化事中事后管理。

第四条 生产企业和提供移动智能终端应用软件分发服务的互联网信息服务提供者（以下简称互联网信息服务提供者）不得提供或传播含有下列内容的移动智能终端应用软件：

（一）反对宪法所确定的基本原则的；

（二）危害国家安全，泄露国家秘密，颠覆国家政权，破坏国家统一的；

（三）损害国家荣誉和利益的；

（四）煽动民族仇恨、民族歧视，破坏民族团结的；

（五）破坏国家宗教政策，宣扬邪教和封建迷信的；

（六）散布谣言，扰乱社会秩序，破坏社会稳定的；

（七）散布淫秽、色情、赌博、暴力、凶杀、恐怖或者教唆犯罪的；

（八）侮辱或者诽谤他人，侵害他人合法权益的；

（九）含有法律、行政法规禁止的其他内容的。

第五条 生产企业和互联网信息服务提供者应依法依规提供移动智能终端应用软件，采取有效措施，维护网络安全，切实保护用户合法权益。

（一）提供移动智能终端预置软件（以下简称预置软件）的生产企业和互联网信息服务提供者应自觉维护行业公平竞争，依法维护用户的知情权和选择权，不得实施破坏市场竞争秩序、侵犯用户合法权益的行为。

（二）生产企业和互联网信息服务提供者所提供移动智能终端应用软件不得调用与所提供服务无关的终端功能、违法发送商业性电子信息；未经明示且经用户同意，不得实施收集使用用户个人信息、开启应用软件、捆绑推广其他应用软件等侵害用户合法权益或危害网络安全的行为。

（三）为移动智能终端应用软件提供代收费的企业，应当采取必要措施，加强对计费、收费行为的管理，杜绝不明扣费；收费企业应对用户确认信息和计费原始数据至少保存 5 个月，并为用户查询提供方便。

（四）生产企业应约束销售渠道，未经用户同意不得擅自在移动智能终端中安装应用软件，并提示用户终端在销售渠道等环节被装入应用软件的可能性、风险和应对措施。

第六条 生产企业和互联网信息服务提供者均应明示所提供移动智能终端应用软件相关信息。

（一）生产企业和互联网信息服务提供者均应通过用户提示、企业网站等方式明示所提供移动智能终端应用软件的信息，包括名称、功能描述、卸载方法、开发者信息、软件安装及运行所需权限列表等，明确告知用户应用软件收集、使用用户个人信息的内容、目的、方式和范围等。

（二）生产企业应在终端产品说明书中提供预置软件列表信息，并在终端产品说明书或外包装中标示预置软件详细信息的查询方法。生产企业在提交移动智能终端进网申请时，应提供相关产品符合前述要求的声明。

（三）涉及收费的移动智能终端应用软件应严格遵守明码标价等相关规定，明示收费标准、收费方式，明示内容真实准确、醒目规范，经用户确认后方可扣费。

第七条 生产企业和互联网信息服务提供者应确保除基本功能软件外的移动智能终端应用软件可卸载。

（一）移动智能终端的基本功能软件是指保障移动智能终端硬件和操作系统正常运行的应用软件，主要包括操作系统基本组件、保证智能终端硬件正常运行的应用、基本通信应用、应用软件下载通道等。终端中预置的实现同一功能的基本功能软件，至多有一个可设置为不可卸载。

（二）生产企业和互联网信息服务提供者应确保所提供的除基本功能软件之外的移动智能终端应用软件可由用户方便卸载，且在不影响移动智能终端安全使用的情况下，附属于该软件的资源文件、配置文件和用户数据文件等也应能够被方便卸载。

（三）生产企业应确保已被卸载的预置软件在移动智能终端操作系统升级时不被强行恢复；应保证移动智能终端获得进网许可证前后预置软件的一致性；移动智能终端新增预置软件或有重大功能变化的，应及时向工业和信息化部报告。

第八条 从事应用商店等移动应用分发平台服务的互联网信息服务提供者，以及在移动智能终端中预置了移动应用分发平台的生产企业对所提供的应用软件负有以下管理责任：

（一）应登记应用软件提供者、运营者、开发者的真实身份、联系方式等信息。

（二）应建立应用软件管理机制，对应用软件进行审核及安全、服务等相关检测，对审核和检测中发现的恶意应用软件等违法违规软件，不得向用户提供；对所提供应用软件进行跟踪监测，及时处理违法违规软件，建立完善用户举报投诉处置措施等。

（三）应要求应用软件提供者在提交应用软件时声明其获取的用户终端权限及用途，并将上述信息向软件下载用户明示。

（四）应留存所提供应用软件，以及该软件有关版本、上线时间、功能简介、用途、MD5（消息摘要算法5）等校验值、服务器接入等信息以备追溯检测，相关信息的留存时间不短于60日。

（五）对于违反本规定第四条要求的应用软件，以及在通信主管部门监督检查中发现的恶意应用软件，相关企业应予以及时下架。

（六）应加强网络安全防护以及对相关人员的教育培训，保障自身系统安全和用户个人信息安全。

第九条 通信主管部门应对生产企业和互联网信息服务提供者落实本规定相关要求情况进行监督检查。

（一）通信主管部门应组织专业检测机构对生产企业预置的和互联网信息服务提供者提供的应用软件开展监督检测和恶意应用软件认定工作，相关企业应给予配合，并提供便捷的获取应用软件的条件。

（二）检测机构应及时将检测和认定报告提交通信主管部门。通信主管部门依据报告，要求并监督相关企业进行整改，通知并监督互联网信息服务提供者下架恶意应用软件。

（三）通信主管部门向社会通报监督检查和检测情况。

（四）对于紧急情况以及互联网信息服务提供者未按要求及时下架违法应用软件的，通信主管部门可依法依规要求有关单位采取处置措施。

第十条 相关企业和社会组织应进一步完善服务保障措施，提高用户权益保护水平。

（一）生产企业和互联网信息服务提供者应建立移动智能终端应用软件投诉举报受理制度，为用户提供便捷的投诉举报方式，接受、验证和处理用户投诉举报。如用户发现移动智能终端应用软件违反本规定要求，可向相关企业投诉举报，企业应在规定和公开承诺的时限内妥善处理；对处理结果不满的，用户可向电信用户申诉受理机构申诉。用户发现恶意应用软件，以及含有法律法规规定的禁止性内容或违法发送商业性电子信息的移动终端应用软件，可向网络不良与垃圾信息举报中心举报。

（二）工业和信息化部鼓励移动智能终端应用软件

采用依法设立的电子认证服务机构颁发的数字证书进行签名；指导相关企业对已签名的移动智能终端应用软件采用依法设立的电子认证服务机构颁发的数字证书，进行验证并显著标识。

（三）工业和信息化部支持相关社会组织通过行业自律形式，建立恶意应用软件黑名单，实现黑名单信息在相关企业、专业检测机构以及用户之间的共享。

第十一条 违反本规定的，通信主管部门依据职权责令改正，依法进行处罚，并将生产企业、互联网信息服务提供者违反本规定受到行政处罚的情况记入信誉档案，向社会公布。对涉嫌违法犯罪的应用软件线索，各单位应及时报告公安机关。

第十二条 本规定下列用语的含义是：

移动智能终端是指接入公众移动通信网络、具有操作系统、可由用户自行安装和卸载应用软件的移动通信终端产品。

移动智能终端应用软件（英文简称 APP）包括移动智能终端预置应用软件，以及互联网信息服务提供者提供的可以通过网站、应用商店等移动应用分发平台下载、安装、升级的应用软件。

移动应用分发平台是指网站、应用商店等提供移动智能终端应用软件下载、安装、升级的应用软件平台。

移动智能终端预置应用软件是指由生产企业自行或与互联网信息服务提供者合作在移动智能终端出厂前安装的应用软件。

恶意应用软件是指含有信息窃取、恶意扣费、诱骗欺诈、系统破坏等恶意行为及其他危害用户权益和网络安全的应用软件。

商业性电子信息是指利用电信网或互联网，向用户介绍、推销商品、服务或者商业投资机会的电子信息。

第十三条 本规定解释权属于工业和信息化部。

第十四条 本规定自 2017 年 7 月 1 日起实施。

工业和信息化部关于印发《大数据产业发展规划（2016—2020 年）》的通知

工信部规〔2016〕412 号

各省、自治区、直辖市及计划单列市、新疆生产建设兵团工业和信息化主管部门，各省、自治区、直辖市通信管理局，有关中央企业，部直属单位：

为贯彻落实《中华人民共和国国民经济和社会发展第十三个五年规划纲要》和《促进大数据发展行动纲要》，加快实施国家大数据战略，推动大数据产业健康快速发展，我部编制了《大数据产业发展规划（2016 – 2020 年）》。现印发你们，请结合实际贯彻落实。

工业和信息化部

2016 年 12 月 18 日

大数据产业发展规划（2016—2020 年）

数据是国家基础性战略资源，是 21 世纪的“钻石矿”。党中央、国务院高度重视大数据在经济社会发展中的作用，党的十八届五中全会提出“实施国家大数据战略”，国务院印发《促进大数据发展行动纲要》，全面推进大数据发展，加快建设数据强国。“十三五”时期是我国全面建成小康社会的决胜阶段，是新旧动能接续转换的关键时期，全球新一代信息产业处于加速变革期，大数据技术和应用处于创新突破期，国内市场需求处于爆发期，我国大数据产业面临重要的发展机遇。抢抓机遇，推动大数据产业发展，对提升政府治理能力、优化民生公共服务、促进经济转型和创新发展有重大意义。为推动我国大数据产业持续健康发展，深入贯彻十八届五中全会精神，实施国家大数据战略，落实国务院《促进大数据发展行动纲要》，按照《国民经济和社会发展第十三个五年规划纲要》的总体部署，编制本规划。

一、我国发展大数据产业的基础

大数据产业指以数据生产、采集、存储、加工、分析、服务为主的相关经济活动，包括数据资源建设、大数据软硬件产品的开发、销售和租赁活动，以及相关信息技术服务。

“十二五”期间，我国信息产业迅速壮大，信息技术快速发展，互联网经济日益繁荣，积累了丰富的数据资源，技术创新取得了明显突破，应用势头良好，为“十三五”时期我国大数据产业加快发展奠定了坚实基础。

信息化积累了丰富的数据资源。我国信息化发展水平日益提高，对数据资源的采集、挖掘和应用水平不断深化。政务信息化水平不断提升，全国面向公众的政府网站达 8.4 万个。智慧城市建设全面展开，“十二五”期间近 300 个城市进行了智慧城市试点。两化融合发展进程不断深入，正进入向纵深发展的新阶段。信息消费蓬勃发展，网民数量超过 7 亿，移动电话用户规模已经突破 13 亿，均居世界第一。月度户均移动互联网接入流量达 835M。政府部门、互联网企业、大型集团企业积累沉淀了大量的数据资源。我国已成为产生和积累数据量最大、数据类型最丰富的国家之一。

大数据技术创新取得明显突破。在软硬件方面，国内骨干软硬件企业陆续推出自主研发的大数据基础平台产品，一批信息服务企业面向特定领域研发数据分析工具，提供创新型数据服务。在平台建设方面，互联网龙头企业服务器单集群规模达到上万台，具备建设和运维超大规模大数据平台的技术实力。在智能分析方面，部分企业积极布局深度学习等人工智能前沿技术，在语音识别、图像理解、文本挖掘等方面抢占技术制高点。在开源技术方面，我国对国际大数据开源软件社区的贡献不断增大。

大数据应用推进势头良好。大数据在互联网服务中得到广泛应用，大幅度提升网络社交、电商、广告、搜索等服务的个性化和智能化水平，催生共享经济等数据驱动的新兴业态。大数据加速向传统产业渗透，驱动生产方式和管理模式变革，推动制造业向网络化、数字化和智能化方向发展。电信、金融、交通等行业利用已积累的丰富数据资源，积极探索客户细分、风险防控、信用评价等应用，加快服务优化、业务创新和产业升级步伐。

大数据产业体系初具雏形。2015 年，我国信息产业收入达到 17.1 万亿元，比 2010 年进入“十二五”前翻了一番。其中软件和信息技术服务业实现软件业务收入 4.3 万亿元，同比增长 15.7%。大型数据中心向绿色化、集约化发展，跨地区经营互联网数据中心（IDC）业务的企业达到 295 家。云计算服务逐渐成熟，主要云计算平台的数据处理规模已跻身世界前列，为大数据提供强大的计算存储能力并促进数据集聚。在大数据资源建设、大数据技术、大数据应用领域涌现出一批新模式和新业态。龙头企业引领，上下游企业互动的产业格局初步形成。基于大数据的创新创业日趋活跃，大数据技术、产业与服务成为社会资本投入的热点。

大数据产业支撑能力日益增强。形成了大数据标准化工作机制，大数据标准体系初步形成，开展了大数据技术、交易、开放共享、工业大数据等国家标准的研制工作，部分标准在北京、上海、贵阳开展了试点示范。一批大数据技术研发实验室、工程中心、企业技术中心、产业创新平台、产业联盟、投资基金等形式的产业支撑平台相继建成。大数据安全保障体系和法律法规不断完善。

二、“十三五”时期面临的形势

大数据成为塑造国家竞争力的战略制高点之一，国家竞争日趋激烈。一个国家掌握和运用大数据的能力成为国家竞争力的重要体现，各国纷纷将大数据作为国家发展战略，将产业发展作为大数据发展的核心。美国高度重视大数据研发和应用，2012 年 3 月推出“大数据研究与发展倡议”，将大数据作为国家重要的战略资源进行管理和应用，2016 年 5 月进一步发布“联邦大数据研究与开发计划”，不断加强在大数据研发和应用方面的布局。欧盟 2014 年推出了“数据驱动的经济”战略，倡导欧洲各国抢抓大数据发展机遇。此外，英国、日本、澳大利亚等国也出台了类似政策，推动大数据应用，拉动产业发展。

大数据驱动信息产业格局加速变革，创新发展面临难得机遇。当今世界，新一轮科技革命和产业变革正在孕育兴起，信息产业格局面临巨大变革。大数据推动下，信息技术正处于新旧轨道切换的过程中，分布式系统架构、多元异构数据管理技术等新技术、新模式快速发展，产业格局正处在创新变革的关键时期，我国面临加快发展重大机遇。

我国经济社会发展对信息化提出了更高要求，发展大数据具有强大的内生动力。推动大数据应用，加快传统产业数字化、智能化，做大做强数字经济，能够为我国经济转型发展提供新动力，为重塑国家竞争优势创造新机遇，为提升政府治理能力开辟新途径，是支撑国家战略的重要抓手。当前我国正在推进供给侧结构性改革和服务型政府建设，加快实施“互联网 +”行动计划和中国制造 2025 战略，建设公平普惠、便捷高效的民生服务体系，为大数据产业创造了广阔的市场空间，是我国大数据产业发展的强大内生动力。

我国大数据产业具备了良好基础，面临难得的发展机遇，但仍然存在一些困难和问题。一是数据资源开放共享程度低。数据质量不高，数据资源流通不畅，管理能力弱，数据价值难以被有效挖掘利用。二是技术创新与支撑能力不强。我国在新型计算平台、分布式计算架构、大数据处理、分析和呈现方面与国外仍存在较大差距，对开源技术和相关生态系统影响力弱。三是大数据应用水平不高。我国发展大数据具有强劲的应用市场优势，但是目前还存在应用领域不广泛、应用程度不深、认识不到位等问题。四是大数据产业支撑体系尚不完善。数据所有权、隐私权等相关法律法规和信息安全、开放共享等标准规范不健全，尚未建立起兼顾安全与发展的数据开放、管理和信息安全保障体系。五是人才队伍建设亟需加强。大数据基础研究、产品研发和业务应用等各类人才短缺，难以满足发展需要。

“十三五”时期是我国全面建成小康社会决胜阶段，是实施国家大数据战略的起步期，是大数据产业崛起的重要窗口期，必须抓住机遇加快发展，实现从数据大国向数据强国转变。

三、指导思想和发展目标

（一）指导思想

全面贯彻党的十八大和十八届三中、四中、五中、六中全会精神，坚持创新、协调、绿色、开放、共享的发展理念，围绕实施国家大数据战略，以强化大数据产业创新发展能力为核心，以推动数据开放与共享、加强技术产品研发、深化应用创新为重点，以完善发展环境和提升安全保障能力为支撑，打造数据、技术、应用与安全协同发展的自主产业生态体系，全面提升我国大数据的资源掌控能力、技术支撑能力和价值挖掘能力，加快建设数据强国，有力支撑制造强国和网络强国建设。

（二）发展原则

创新驱动。瞄准大数据技术发展前沿领域，强化创新能力，提高创新层次，以企业为主体集中攻克大数据关键技术，加快产品研发，发展壮大新兴大数据服务业态，加强大数据技术、应用和商业模式的协同创新，培育市场化、网络化的创新生态。

应用引领。发挥我国市场规模大、应用需求旺的优势，以国家战略、人民需要、市场需求为牵引，加快大数据技术产品研发和在各行业、各领域的应用，促进跨行业、跨领域、跨地域大数据应用，形成良性互动的产业发展格局。

开放共享。汇聚全球大数据技术、人才和资金等要素资源，坚持自主创新和开放合作相结合，走开放式的大数据产业发展道路。树立数据开放共享理念，完善相关制度，推动数据资源开放共享与信息流通。

统筹协调。发挥企业在大数据产业创新中的主体作用，加大政府政策支持和引导力度，营造良好的政策法规环境，形成政产学研用统筹推进的机制。加强中央、部门、地方大数据发展政策衔接，优化产业布局，形成协同发展合力。

安全规范。安全是发展的前提，发展是安全的保障，坚持发展与安全并重，增强信息安全技术保障能力，建立健全安全防护体系，保障信息安全和个人隐私。加强行业自律，完善行业监管，促进数据资源有序流动与规范利用。

（三）发展目标

到 2020 年，技术先进、应用繁荣、保障有力的大数据产业体系基本形成。大数据相关产品和服务业务收入突破 1 万亿元[①]，年均复合增长率保持 30% 左右，加快建设数据强国，为实现制造强国和网络强国提供强大的产业支撑。

——技术产品先进可控。在大数据基础软硬件方面形成安全可控技术产品，在大数据获取、存储管理和处理平台技术领域达到国际先进水平，在数据挖掘、分析与应用等算法和工具方面处于领先地位，形成一批自主创新、技术先进，满足重大应用需求的产品、解决方案和服务。

——应用能力显著增强。工业大数据应用全面支撑智能制造和工业转型升级，大数据在创新创业、政府管理和民生服务等方面广泛深入应用，技术融合、业务融合和数据融合能力显著提升，实现跨层级、跨地域、跨系统、跨部门、跨业务的协同管理和服务，形成数据驱动创新发展的新模式。

——生态体系繁荣发展。形成若干创新能力突出的大数据骨干企业，培育一批专业化数据服务创新型中小企业，培育 10 家国际领先的大数据核心龙头企业和 500 家大数据应用及服务企业。形成比较完善的大数据产业链，大数据产业体系初步形成。建设 10–15 个大数据综合试验区，创建一批大数据产业集聚区，形成若干大数据新型工业化产业示范基地。

——支撑能力不断增强。建立健全覆盖技术、产品和管理等方面的大数据标准体系。建立一批区域性、行业性大数据产业和应用联盟及行业组织。培育一批大数据咨询研究、测试评估、技术和知识产权、投融资等专业化服务机构。建设 1–2 个运营规范、具有一定国际影响力的开源社区。

——数据安全保障有力。数据安全技术达到国际先进水平。国家数据安全保护体系基本建成。数据安全技术保障能力和保障体系基本满足国家战略和市场应用需求。数据安全和个人隐私保护的法规制度较为完善。

四、重点任务和重大工程

（一）强化大数据技术产品研发

以应用为导向，突破大数据关键技术，推动产品和解决方案研发及产业化，创新技术服务模式，形成技术先进、生态完备的技术产品体系。

加快大数据关键技术研发。围绕数据科学理论体系、大数据计算系统与分析、大数据应用模型等领域进行前瞻布局，加强大数据基础研究。发挥企业创新主体作用，整合产学研用资源优势联合攻关，研发大数据采集、传输、存储、管理、处理、分析、应用、可视化和安全等关键技术。突破大规模异构数据融合、集群资源调度、分布式文件系统等大数据基础技术，面向多任务的通用计算框架技术，以及流计算、图计算等计算引擎技术。支持深度学习、类脑计算、认知计算、区块链、虚拟现实等前沿技术创新，提升数据分析处理和知识发现能力。结合行业应用，研发大数据分析、理解、预测及决策支持与知识服务等智能数据应用技术。突破面向大数据的新型计算、存储、传感、通信等芯片及融合架构、内存计算、亿级并发、EB 级存储、绿色计算等技术，推动软硬件协同发展。

培育安全可控的大数据产品体系。以应用为牵引，自主研发和引进吸收并重，加快形成安全可控的大数据产品体系。重点突破面向大数据应用基础设施的核心信息技术设备、信息安全产品以及面向事务的新型关系数据库、列式数据库、NoSQL 数据库、大规模图数据库和新一代分布式计算平台等基础产品。加快研发新一代商业智能、数据挖掘、数据可视化、语义搜索等软件产品。结合数据生命周期管理需求，培育大数据采集与集成、大数据分析与挖掘、大数据交互感知、基于语义理解的数据资源管理等平台产品。面向重点行业应用需求，研发具有行业特征的大数据检索、分析、展示等技术产品，形成垂直领域成熟的大数据解决方案及服务。

创新大数据技术服务模式。加快大数据服务模式创新，培育数据即服务新模式和新业态，提升大数据服务能力，降低大数据应用门槛和成本。围绕数据全生命周期各阶段需求，发展数据采集、清洗、分析、交易、安全防护等技术服务。推进大数据与云计算服务模式融合，促进海量数据、大规模分布式计算和智能数据分析等公共云计算服务发展，提升第三方大数据技术服务能力。推动大数据技术服务与行业深度结合，培育面向垂直领

注① 基于现有电子信息产业统计数据及行业抽样估计，2015 年我国大数据产业业务收入 2800 亿元左右。

域的大数据服务模式。

专栏 1　大数据关键技术及产品研发与产业化工程
突破技术。支持大数据共性关键技术研究，实施云计算和大数据重点专项等重大项目。着力突破服务器新型架构和绿色节能技术、海量多源异构数据的存储和管理技术、可信数据分析技术、面向大数据处理的多种计算模型及其编程框架等关键技术。 打造产品。以应用为导向，支持大数据产品研发，建立完善的大数据工具型、平台型和系统型产品体系，形成面向各行业的成熟大数据解决方案，推动大数据产品和解决方案研发及产业化。 树立品牌。支持我国大数据企业建设自主品牌，提升市场竞争力。引导企业加强产品质量管控，提高创新能力，鼓励企业加强战略合作。加强知识产权保护，推动自主知识产权标准产业化和国际化应用。培育一批国际知名的大数据产品和服务公司。

专栏 2　大数据服务能力提升工程
培育数据即服务模式。发展数据资源服务、在线数据服务、大数据平台服务等模式，支持企业充分整合、挖掘、利用自有数据或公共数据资源，面向具体需求和行业领域，开展数据分析、数据咨询等服务，形成按需提供数据服务的新模式。 支持第三方大数据服务。鼓励企业探索数据采集、数据清洗、数据交换等新商业模式，培育一批开展数据服务的新业态。支持弹性分布式计算、数据存储等基础数据处理云服务发展。加快发展面向大数据分析的在线机器学习、自然语言处理、图像理解、语音识别、空间分析、基因分析和大数据可视化等数据分析服务。开展第三方数据交易平台建设试点示范。

（二）深化工业大数据创新应用

加强工业大数据基础设施建设规划与布局，推动大数据在产品全生命周期和全产业链的应用，推进工业大数据与自动控制和感知硬件、工业核心软件、工业互联网、工业云和智能服务平台融合发展，形成数据驱动的工业发展新模式，支撑中国制造 2025 战略，探索建立工业大数据中心。

加快工业大数据基础设施建设。加快建设面向智能制造单元、智能工厂及物联网应用的低延时、高可靠、广覆盖的工业互联网，提升工业网络基础设施服务能力。加快工业传感器、射频识别（RFID）、光通信器件等数据采集设备的部署和应用，促进工业物联网标准体系建设，推动工业控制系统的升级改造，汇聚传感、控制、管理、运营等多源数据，提升产品、装备、企业的网络化、数字化和智能化水平。

推进工业大数据全流程应用。支持建设工业大数据平台，推动大数据在重点工业领域各环节应用，提升信息化和工业化深度融合发展水平，助推工业转型升级。加强研发设计大数据应用能力，利用大数据精准感知用户需求，促进基于数据和知识的创新设计，提升研发效率。加快生产制造大数据应用，通过大数据监控优化流水线作业，强化故障预测与健康管理，优化产品质量，降低能源消耗。提升经营管理大数据应用水平，提高人力、财务、生产制造、采购等关键经营环节业务集成水平，提升管理效率和决策水平，实现经营活动的智能化。推动客户服务大数据深度应用，促进大数据在售前、售中、售后服务中的创新应用。促进数据资源整合，打通各个环节数据链条，形成全流程的数据闭环。

培育数据驱动的制造业新模式。深化制造业与互联网融合发展，坚持创新驱动，加快工业大数据与物联网、云计算、信息物理系统等新兴技术在制造业领域的深度集成与应用，构建制造业企业大数据“双创”平台，培育新技术、新业态和新模式。利用大数据，推动“专精特新”中小企业参与产业链，与中国制造 2025、军民融合项目对接，促进协同设计和协同制造。大力发展基于大数据的个性化定制，推动发展顾客对工厂（C2M）等制造模式，提升制造过程智能化和柔性化程度。利用大数据加快发展制造即服务模式，促进生产型制造向服务型制造转变。

专栏 3　工业大数据创新发展工程
加强工业大数据关键技术研发及应用。加快大数据获取、存储、分析、挖掘、应用等关键技术在工业领域的应用，重点研究可编程逻辑控制器、高通量计算引擎、数据采集与监控等工控系统，开发新型工业大数据分析建模工具，开展工业大数据优秀产品、服务及应用案例的征集与宣传推广。 建设工业大数据公共服务平台，提升中小企业大数据运用能力。支持面向典型行业中小企业的工业大数据服务平台建设，实现行业数据资源的共享交换以及对产品、市场和经济运行的动态监控、预测预警，提升对中小企业的服务能力。 重点领域大数据平台建设及应用示范。支持面向航空航天装备、海洋工程装备及高技术船舶、先进轨道交通装备、节能与新能源汽车等离散制造企业，以及石油、化工、电力等流程制造企业集团的工业大数据平台开发和应用示范，整合集团数

续表
据资源，提升集团企业协同研发能力和集中管控水平。 探索工业大数据创新模式。支持建设一批工业大数据创新中心，推进企业、高校和科研院所共同探索工业大数据创新的新模式和新机制，推进工业大数据核心技术突破、产业标准建立、应用示范推广和专业人才培养引进，促进研究成果转化。

（三）促进行业大数据应用发展

加强大数据在重点行业领域的深入应用，促进跨行业大数据融合创新，在政府治理和民生服务中提升大数据运用能力，推动大数据与各行业领域的融合发展。

推动重点行业大数据应用。推动电信、能源、金融、商贸、农业、食品、文化创意、公共安全等行业领域大数据应用，推进行业数据资源的采集、整合、共享和利用，充分释放大数据在产业发展中的变革作用，加速传统行业经营管理方式变革、服务模式和商业模式创新及产业价值链体系重构。

促进跨行业大数据融合创新。打破体制机制障碍，打通数据孤岛，创新合作模式，培育交叉融合的大数据应用新业态。支持电信、互联网、工业、金融、健康、交通等信息化基础好的领域率先开展跨领域、跨行业的大数据应用，培育大数据应用新模式。支持大数据相关企业与传统行业加强技术和资源对接，共同探索多元化合作运营模式，推动大数据融合应用。

强化社会治理和公共服务大数据应用。以民生需求为导向，以电子政务和智慧城市建设为抓手，以数据集中和共享为途径，推动全国一体化的国家大数据中心建设，推进技术融合、业务融合、数据融合，实现跨层级、跨地域、跨系统、跨部门、跨业务的协同管理和服务。促进大数据在政务、交通、教育、健康、社保、就业等民生领域的应用，探索大众参与的数据治理模式，提升社会治理和城市管理能力，为群众提供智能、精准、高效、便捷的公共服务。促进大数据在市场主体监管与服务领域应用，建设基于大数据的重点行业运行分析服务平台，加强重点行业、骨干企业经济运行情况监测，提高行业运行监管和服务的时效性、精准性和前瞻性。促进政府数据和企业数据融合，为企业创新发展和社会治理提供有力支撑。

专栏4　跨行业大数据应用推进工程
开展跨行业大数据试点示范。选择电信、互联网、工业、金融、交通、健康等数据资源丰富、信息化基础较好、应用需求迫切的重点行业领域，建设跨行业跨领域大数据平台。基于平台探索跨行业数据整合共享机制、数据共享范围、数据整合对接标准，研发数据及信息系统互操作技术，推动跨行业的数据资源整合集聚，开展跨行业大数据应用，选择应用范围广、应用效果良好的领域开展试点示范。 成立跨行业大数据推进组织。支持成立跨部门、跨行业、跨地域的大数据应用推进组织，联合开展政策、法律法规、技术和标准研究，加强跨行业大数据合作交流。 建设大数据融合应用试验床。建设跨行业大数据融合应用试验床，汇聚测试数据、分析软件和建模工具，为研发机构、大数据企业开展跨界联合研发提供环境。

（四）加快大数据产业主体培育

引导区域大数据发展布局，促进基于大数据的创新创业，培育一批大数据龙头企业和创新型中小企业，形成多层次、梯队化的创新主体和合理的产业布局，繁荣大数据生态。

利用大数据助推创新创业。鼓励资源丰富、技术先进的大数据领先企业建设大数据平台，开放平台数据、计算能力、开发环境等基础资源，降低创新创业成本。鼓励大型企业依托互联网“双创”平台，提供基于大数据的创新创业服务。组织开展算法大赛、应用创新大赛、众包众筹等活动，激发创新创业活力。支持大数据企业与科研机构深度合作，打通科技创新和产业化之间的通道，形成数据驱动的科研创新模式。

构建企业协同发展格局。支持龙头企业整合利用国内外技术、人才和专利等资源，加快大数据技术研发和产品创新，提高产品和服务的国际市场占有率和品牌影响力，形成一批具有国际竞争力的综合型和专业型龙头企业。支持中小企业深耕细分市场，加快服务模式创新和商业模式创新，提高中小企业的创新能力。鼓励生态链各环节企业加强合作，构建多方协作、互利共赢的产业生态，形成大中小企业协同发展的良好局面。

优化大数据产业区域布局。引导地方结合自身条件，突出区域特色优势，明确重点发展方向，深化大数据应用，合理定位，科学谋划，形成科学有序的产业分工和区域布局。在全国建设若干国家大数据综合试验区，在大数据制度创新、公共数据开放共享、大数据创新应用、大数据产业集聚、数据要素流通、数据中心整合、大数据国际交流合作等方面开展系统性探索试验，为全国大数据发展和应用积累经验。在大数据产业特色优势明显的地区建设一批大数据产业集聚区，创建大数据新型工业化产业示范基地，发挥产业集聚和协同作用，以点带面，引领全国大数据发展。统筹规划大数据跨区域布局，利用大数据推动信息共享、信息消费、资源对接、优势互补，促进区域经济社会协调发展。

专栏 5　大数据产业集聚区创建工程
建设一批大数据产业集聚区。支持地方根据自身特点和产业基础，突出优势，合理定位，创建一批大数据产业集聚区，形成若干大数据新型工业化产业示范基地。加强基础设施统筹整合，助推大数据创新创业，培育大数据骨干企业和中小企业，强化服务与应用，完善配套措施，构建良好产业生态。在大数据技术研发、行业应用、教育培训、政策保障等方面积极创新，培育壮大大数据产业，带动区域经济社会转型发展，形成科学有序的产业分工和区域布局。建立集聚区评价指标体系，开展定期评估。

（五）推进大数据标准体系建设

加强大数据标准化顶层设计，逐步完善标准体系，发挥标准化对产业发展的重要支撑作用。

加快大数据重点标准研制与推广。结合大数据产业发展需求，建立并不断完善涵盖基础、数据、技术、平台 / 工具、管理、安全和应用的大数据标准体系。加快基础通用国家标准和重点应用领域行业标准的研制。选择重点行业、领域、地区开展标准试验验证和试点示范，加强宣贯和实施。建立标准符合性评估体系，强化标准对市场培育、服务能力提升和行业管理的支撑作用。加强国家标准、行业标准和团体标准等各类标准之间的衔接配套。

积极参与大数据国际标准化工作。加强我国大数据标准化组织与相关国际组织的交流合作。组织我国产学研用资源，加快国际标准提案的推进工作。支持相关单位参与国际标准化工作并承担相关职务，承办国际标准化活动，扩大国际影响。

专栏 6　大数据重点标准研制及应用示范工程
加快研制重点国家标准。围绕大数据标准化的重大需求，开展数据资源分类、开放共享、交易、标识、统计、产品评价、数据能力、数据安全等基础通用标准以及工业大数据等重点应用领域相关国家标准的研制。 建立验证检测平台。建立标准试验验证和符合性检测平台，重点开展数据开放共享、产品评价、数据能力成熟度、数据质量、数据安全等关键标准的试验验证和符合性检测。 开展标准应用示范。优先支持大数据综合试验区和大数据产业集聚区建立标准示范基地，开展重点标准的应用示范工作。

（六）完善大数据产业支撑体系

统筹布局大数据基础设施，建设大数据产业发展创新服务平台，建立大数据统计及发展评估体系，创造良好的产业发展环境。

合理布局大数据基础设施建设。引导地方政府和有关企业统筹布局数据中心建设，充分利用政府和社会现有数据中心资源，整合改造规模小、效率低、能耗高的分散数据中心，避免资源和空间的浪费。鼓励在大数据基础设施建设中广泛推广可再生能源、废弃设备回收等低碳环保方式，引导大数据基础设施体系向绿色集约、布局合理、规模适度、高速互联方向发展。加快网络基础设施建设升级，优化网络结构，提升互联互通质量。

构建大数据产业发展公共服务平台。充分利用和整合现有创新资源，形成一批大数据测试认证及公共服务平台。支持建立大数据相关开源社区等公共技术创新平台，鼓励开发者、企业、研究机构积极参与大数据开源项目，增强在开源社区的影响力，提升创新能力。

建立大数据发展评估体系。研究建立大数据产业发展评估体系，对我国及各地大数据资源建设状况、开放共享程度、产业发展能力、应用水平等进行监测、分析和评估，编制发布大数据产业发展指数，引导和评估全国大数据发展。

专栏 7　大数据公共服务体系建设工程
建立大数据产业公共服务平台。提供政策咨询、共性技术支持、知识产权、投融资对接、品牌推广、人才培训、创业孵化等服务，推动大数据企业快速成长。 支持第三方机构建立测试认证平台。开展大数据可用性、可靠性、安全性和规模质量等方面的测试测评、认证评估等服务。

续表
建立大数据开源社区。以自主创新技术为核心，孵化培育本土大数据开源社区和开源项目，构建大数据产业生态。

（七）提升大数据安全保障能力

针对网络信息安全新形势，加强大数据安全技术产品研发，利用大数据完善安全管理机制，构建强有力的大数据安全保障体系。

加强大数据安全技术产品研发。重点研究大数据环境下的统一账号、认证、授权和审计体系及大数据加密和密级管理体系，突破差分隐私技术、多方安全计算、数据流动监控与追溯等关键技术。推广防泄露、防窃取、匿名化等大数据保护技术，研发大数据安全保护产品和解决方案。加强云平台虚拟机安全技术、虚拟化网络安全技术、云安全审计技术、云平台安全统一管理技术等大数据安全支撑技术研发及产业化，加强云计算、大数据基础软件系统漏洞挖掘和加固。

提升大数据对网络信息安全的支撑能力。综合运用多源数据，加强大数据挖掘分析，增强网络信息安全风险感知、预警和处置能力。加强基于大数据的新型信息安全产品研发，推动大数据技术在关键信息基础设施安全防护中的应用，保障金融、能源、电力、通信、交通等重要信息系统安全。建设网络信息安全态势感知大数据平台和国家工业控制系统安全监测与预警平台，促进网络信息安全威胁数据采集与共享，建立统一高效、协同联动的网络安全风险报告、情报共享和研判处置体系。

专栏8　大数据安全保障工程
开展大数据安全产品研发与应用示范。支持相关企业、科研院所开展大数据全生命周期安全研究，研发数据来源可信、多源融合安全数据分析等新型安全技术，推动数据安全态势感知、安全事件预警预测等新型安全产品研发和应用。 支持建设一批大数据安全攻防仿真实验室。研究建立软硬一体化的模拟环境，支持工业、能源、金融、电信、互联网等重点行业开展数据入侵、反入侵和网络攻防演练，提升数据安全防护水平和应急处置能力。

五、保障措施

（一）推进体制机制创新

在促进大数据发展部际联席会议制度下，建立完善中央和地方联动的大数据发展协调机制，形成以应用带动产业、以产业支撑应用的良性格局，协同推进大数据产业和应用的发展。加强资源共享和沟通协作，协调制定政策措施和行动计划，解决大数据产业发展过程中的重大问题。建立大数据发展部省协调机制，加强地方与中央大数据产业相关政策、措施、规划等政策的衔接，通过联合开展产业规划等措施促进区域间大数据政策协调。组织开展大数据发展评估检查工作，确保重点工作有序推进。充分发挥地方政府大数据发展统筹机构或协调机制的作用，将大数据产业发展纳入本地区经济社会发展规划，加强大数据产业发展的组织保障。

（二）健全相关政策法规制度

推动制定公共信息资源保护和开放的制度性文件，以及政府信息资源管理办法，逐步扩大开放数据的范围，提高开放数据质量。加强数据统筹管理及行业自律，强化大数据知识产权保护，鼓励企业设立专门的数据保护职位。研究制定数据流通交易规则，推进流通环节的风险评估，探索建立信息披露制度，支持第三方机构进行数据合规应用的监督和审计，保障相关主体合法权益。推动完善个人信息保护立法，建立个人信息泄露报告制度，健全网络数据和用户信息的防泄露、防篡改和数据备份等安全防护措施及相关的管理机制，加强对数据滥用、侵犯个人隐私等行为的管理和惩戒力度。强化关键信息基础设施安全保护，推动建立数据跨境流动的法律体系和管理机制，加强重要敏感数据跨境流动的管理。推动大数据相关立法进程，支持地方先行先试，研究制定地方性大数据相关法规。

（三）加大政策扶持力度

结合《促进大数据发展行动纲要》、“中国制造2025”、“互联网+”行动计划、培育发展战略性新兴产业的决定等战略文件，制定面向大数据产业发展的金融、政府采购等政策措施，落实相关税收政策。充分发挥国家科技计划（专项、基金等）资金扶持政策的作用，鼓励有条件的地方设立大数据发展专项基金，支持大数据基础技术、重点产品、服务和应用的发展。鼓励产业投资机构和担保机构加大对大数据企业的支持力度，引导金融机构对技术先进、带动力强、惠及面广的大数据项目优先予以信贷支持，鼓励大数据企业进入资本市场融资，为企业重组并购创造更加宽松的市场环境。支持符合条件的大数据企业享受相应优惠政策。

（四）建设多层次人才队伍

建立适应大数据发展需求的人才培养和评价机制。加强大数据人才培养，整合高校、企业、社会资源，推动建立创新人才培养模式，建立健全多层次、多类型的大数据人才培养体系。鼓励高校探索建立培养大数据领域专业型人才和跨界复合型人才机制。支持高校与企业联合建立实习培训机制，加强大数据人才职业实践技能培养。鼓励企业开展在职人员大数据技能培训，积极培育大数据技术和应用创新型人才。依托社会化教育资源，开展大数据知识普及和教育培训，提高社会整体认知和应用水平。鼓励行业组织探索建立大数据人才能力评价体系。完善配套措施，培养大数据领域创新型领军人才，吸引海外大数据高层次人才来华就业、创业。

（五）推动国际化发展

按照网络强国建设的总体要求，结合"一带一路"等国家重大战略，加快开拓国际市场，输出优势技术和服务，形成一批具有国际竞争力的大数据企业和产品。充分利用国际合作交流机制和平台，加强在大数据关键技术研究、产品研发、数据开放共享、标准规范、人才培养等方面的交流与合作。坚持网络主权原则，积极参与数据安全、数据跨境流动等国际规则体系建设，促进开放合作，构建良好秩序。

工业和信息化部关于印发《软件和信息技术服务业发展规划（2016—2020年）》的通知

工信部规〔2016〕425号

各省、自治区、直辖市及计划单列市、新疆生产建设兵团工业和信息化主管部门，各省、自治区、直辖市通信管理局，有关中央企业，部直属单位：

为贯彻落实《中华人民共和国国民经济和社会发展第十三个五年规划纲要》和《中国制造2025》，加快建设制造强国和网络强国，推动软件和信息技术服务业由大变强，我部编制了《软件和信息技术服务业发展规划（2016—2020年）》。现印发你们，请结合实际贯彻实施。

工业和信息化部

2016年12月18日

软件和信息技术服务业发展规划（2016—2020年）

软件是新一代信息技术产业的灵魂，"软件定义"是信息革命的新标志和新特征。软件和信息技术服务业是引领科技创新、驱动经济社会转型发展的核心力量，是建设制造强国和网络强国的核心支撑。建设强大的软件和信息技术服务业，是我国构建全球竞争新优势、抢占新工业革命制高点的必然选择。"十二五"以来，我国软件和信息技术服务业持续快速发展，产业规模迅速扩大，技术创新和应用水平大幅提升，对经济社会发展的支撑和引领作用显著增强。"十三五"时期是我国全面建成小康社会决胜阶段，全球新一轮科技革命和产业变革持续深入，国内经济发展方式加快转变，软件和信息技术服务业迎来更大发展机遇。为深入贯彻《中国制造2025》《国务院关于积极推进"互联网+"行动的指导意见》《国务院关于深化制造业与互联网融合发展的指导意见》《促进大数据发展行动纲要》《国家信息化发展战略纲要》等国家战略，按照《中华人民共和国国民经济和社会发展第十三个五年规划纲要》总体部署，落实《信息产业发展指南》总体要求，编制本规划。

一、发展回顾

“十二五”期间，我国软件和信息技术服务业规模、质量、效益全面跃升，综合实力进一步增强，在由大变强道路上迈出了坚实步伐。

产业规模快速壮大，产业结构不断优化。业务收入从2010年的1.3万亿元增长至2015年的4.3万亿元，年均增速高达27%，占信息产业收入比重从2010年的16%提高到2015年的25%。其中，信息技术服务收入2015年达到2.2万亿元，占软件和信息技术服务业收入的51%；云计算、大数据、移动互联网等新兴业态快速兴起和发展。软件企业数达到3.8万家，从业人数达到574万人。产业集聚效应进一步突显，中国软件名城示范带动作用显著增强，业务收入合计占全国比重超过50%。

创新能力大幅增强，部分领域实现突破。2015年，软件业务收入前百家企业研发强度（研发经费占主营业务收入比例）达9.6%。软件著作权登记数量达29.24万件，是2010年的3.8倍。基础软件创新发展取得新成效，产品质量和解决方案成熟度显著提升，已较好应用于党政机关，并在部分重要行业领域取得突破。智能电网调度控制系统、大型枢纽机场行李分拣系统、千万吨级炼油控制系统等重大应用跨入世界先进行列。新兴领域创新活跃，一批骨干企业转型发展取得实质性进展，平台化、网络化、服务化的商业模式创新成效显著，涌现出社交网络、搜索引擎、位置服务等一批创新性产品和服务。

企业实力不断提升，国际竞争力明显增强。培育出一批特色鲜明、创新能力强、品牌形象优、国际化水平高的骨干企业，成为产业发展的核心力量。2015年，软件业务收入前百家企业合计收入占全行业的14%，入围门槛从2010年的3.96亿元提高到13.3亿元，企业研发创新和应用服务能力大幅增强，已有2家进入全球最佳品牌百强行列，国际影响力显著提升。一批创新型互联网企业加速发展，进入国际第一阵营，全球互联网企业市值前10强中，中国企业占4家。

应用推广持续深入，支撑作用显著增强。软件技术加速向关系国计民生的重点行业领域渗透融合，有力支撑了电力、金融、税务等信息化水平的提升和安全保障。持续推进信息化和工业化深度融合，数字化研发设计工具普及率达61.1%，关键工序数控化率达45.4%，有效提高了制造企业精益管理、风险管控、供应链协同、市场快速响应等方面的能力和水平。加速催生融合性新兴产业，促进了信息消费迅速扩大，移动出行、互联网金融等新兴开放平台不断涌现，网上政务、远程医疗、在线教育等新型服务模式加速发展，2015年全国电子商务交易额达21.8万亿元。

公共服务体系加速完善，服务能力进一步提升。软件名城、园区基地等建设取得新的进展，创建了8个中国软件名城，建设了17个国家新型工业化产业示范基地（软件和信息服务），以及一批产业创新平台、应用体验展示平台、国家重点实验室、国家工程实验室、国家工程中心和企业技术中心等，基本形成了覆盖全国的产业公共服务体系，软件测试评估、质量保障、知识产权、投融资、人才服务、企业孵化和品牌推广等专业化服务能力显著提升。产业标准体系进一步完善。行业协会、产业联盟等在服务行业管理、促进产业创新发展方面的作用日益突出。

同时，必须清醒认识到，我国软件和信息技术服务业发展依然面临一些迫切需要解决的突出问题：一是基础领域创新能力和动力明显不足，原始创新和协同创新亟待加强，基础软件、核心工业软件对外依存度大，安全可靠产品和系统应用推广难。二是与各行业领域融合应用的广度和深度不够，特别是行业业务知识和数据积累不足，与工业实际业务和特定应用结合不紧密。三是资源整合、技术迭代和优化能力弱，缺乏创新引领能力强的大企业，生态构建能力亟待提升。四是网络安全形势更加严峻，信息安全保障能力亟需进一步加强。五是产业国际影响力与整体规模不匹配，国际市场拓展能力弱，国际化发展步伐需要持续加快。六是行业管理和服务亟待创新，软件市场定价与软件价值不匹配问题有待解决，知识产权保护需要进一步加强。七是人才结构性矛盾突出，领军型人才、复合型人才和高技能人才紧缺，人才培养不能满足产业发展实际需求。

二、发展形势

（一）以“技术＋模式＋生态”为核心的协同创新持续深化产业变革

软件和信息技术服务业步入加速创新、快速迭代、群体突破的爆发期，加快向网络化、平台化、服务化、智能化、生态化演进。云计算、大数据、移动互联网、物联网等快速发展和融合创新，先进计算、高端存储、人工智能、虚拟现实、神经科学等新技术加速突破和应用，进一步重塑软件的技术架构、计算模式、开发模式、产品形态和商业模式，新技术、新产品、新模式、新业态日益成熟，加速步入质变期。开源、众包等群智化研发模式成为技术创新的主流方向，产业竞争由单一技术、单一产品、单一模式加快向多技术、集成化、融合化、平台系统、生态系统的竞争转变，生态体系竞争成为产业发展制高点。软件企业依托云计算、大数据等技术平台，强化技术、产品、内容和服务等核心要素的整合创新，加速业务重构、流程优化和服务提升，实现转型发展。

（二）以“软件定义”为特征的融合应用开启信息经济新图景

以数据驱动的“软件定义”正在成为融合应用的显著特征。一方面，数据驱动信息技术产业变革，加速新一代信息技术的跨界融合和创新发展，通过软件定义硬件、软件定义存储、软件定义网络、软件定义系统等，带来更多的新产品、服务和模式创新，催生新的业态和经济增长点，推动数据成为战略资产。另一方面，“软件定义”加速各行业领域的融合创新和转型升级。软件定义制造激发了研发设计、仿真验证、生产制造、经营管理等环节的创新活力，加快了个性化定制、网络化协同、服务型制造、云制造等新模式的发展，推动生产型制造向生产服务型制造转变；软件定义服务深刻影响了金融、物流、交通、文化、旅游等服务业的发展，催生了一批新的产业主体、业务平台、融合性业态和新型消费，引发了居民消费、民生服务、社会治理等领域多维度、深层次的变革，涌现出分享经济、平台经济、算法经济等众多新型网络经济模式，培育壮大了发展新动能。

（三）全球产业竞争和国家战略实施对产业发展提出新任务新要求

世界产业格局正在发生深刻变化，围绕技术路线主导权、价值链分工、产业生态的竞争日益激烈，发达国家在工业互联网、智能制造、人工智能、大数据等领域加速战略布局，抢占未来发展主导权，给我国软件和信息技术服务业跨越发展带来深刻影响。“中国制造2025”、“一带一路”、“互联网＋”行动计划、大数据、军民融合发展等国家战略的推进实施，以及国家网络安全保障的战略需求，赋予软件和信息技术服务业新的使命和任务；强化科技创新引领作用，着力推进供给侧结构性改革，深入推进大众创业万众创新，加快推动服务业优质高效发展等，对进一步激活软件和信息技术服务业市场主体、提升产业层级提出新的更高要求。

三、指导思想和发展目标

（一）指导思想

深入贯彻党的十八大、十八届三中、四中、五中、六中全会精神和习近平总书记系列重要讲话精神，坚持创新、协调、绿色、开放、共享的发展理念，顺应新一轮科技革命和产业变革趋势，充分发挥市场配置资源的决定性作用和更好发挥政府作用，以产业由大变强和支撑国家战略为出发点，以创新发展和融合发展为主线，着力突破核心技术，积极培育新兴业态，持续深化融合应用，加快构建具有国际竞争优势的产业生态体系，加速催生和释放创新红利、数据红利和模式红利，实现产业发展新跨越，全力支撑制造强国和网络强国建设。

（二）发展原则

创新驱动。坚持把创新摆在产业发展全局的核心位置，进一步突出企业创新主体地位，健全技术创新市场导向机制，完善创新服务体系，营造创新创业良好环境和氛围，推动实现产业技术创新、模式创新和应用创新。

协同推进。强化跨部门协作和区域协同，完善政产学研用金合作机制，最大程度汇聚和优化配置各类要素资源。以大企业为主力军、中小企业为生力军，强化产业协同，加速形成技术、产业、标准、应用和安全协同发展的良好格局。

融合发展。以全面实施“中国制造2025”、“互联网＋”行动计划、军民融合发展等战略为契机，促进软件和信息技术服务业与经济社会各行业领域的深度融合，推动传统产业转型发展，催生新型信息消费，变革社会管理方式。

安全可控。强化核心技术研发和重大应用能力建设，着力解决产业发展受制于人的问题。进一步完善相关政策法规和标准体系，加快关键产品和系统的推广应用。发展信息安全技术及产业，提升网络安全保障支撑能力。

开放共赢。统筹利用国内外创新要素和市场资源，加强技术、产业、人才、标准化等领域的国际交流与合作，提升国际化发展水平。顺应开源开放的发展趋势，深度融入全球产业生态圈，提高国际规则制定话语权，增强国际竞争能力。

（三）发展目标

到2020年，产业规模进一步扩大，技术创新体系更加完备，产业有效供给能力大幅提升，融合支撑效益进一步突显，培育壮大一批国际影响力大、竞争力强的龙头企业，基本形成具有国际竞争力的产业生态体系。

——产业规模。到2020年，业务收入突破8万亿元，年均增长13%以上，占信息产业比重超过30%，其中信息技术服务收入占业务收入比重达到55%。信息安全产品收入达到2 000亿元，年均增长20%以上。软件出口超过680亿美元。软件从业人员达到900万人。

——技术创新。以企业为主体的产业创新体系进一步完善，软件业务收入前百家企业研发投入持续加大，在重点领域形成创新引领能力和明显竞争优势。基础软件协同创新取得突破，形成若干具有竞争力的平台解决方案并实现规模应用。人工智能、虚拟现实、区块链等领域创新达到国际先进水平。云计算、大数据、移动互联网、物联网、信息安全等领域的创新发展向更高层次跃升。重点领域标准化取得显著进展，国际标准话语权进一步提升。

——融合支撑。与经济社会发展融合水平大幅提升。工业软件和系统解决方案的成熟度、可靠性、安全性全面提高，基本满足智能制造关键环节的系统集成应用、协同运行和综合服务需求。工业信息安全保障体系不断完善，安全保障能力明显提升。关键应用软件和行业解决方案在产业转型、民生服务、社会治理等方面的支撑服务能力全面提升。

——企业培育。培育一批国际影响力大、竞争力强的龙头企业，软件和信息技术服务收入百亿级企业达20家以上，产生5到8家收入千亿级企业。扶持一批创新活跃、发展潜力大的中小企业，打造一批名品名牌。

——产业集聚。中国软件名城、国家新型工业化产业示范基地（软件和信息服务）建设迈向更高水平，产业集聚和示范带动效应进一步扩大，产业收入超千亿元的城市达20个以上。

四、重点任务和重大工程

（一）全面提高创新发展能力

围绕产业链关键环节，加强基础技术攻关，超前布局前沿技术研究和发展，构建核心技术体系，加快信息技术服务创新，完善以企业为主体、应用为导向、政产学研用金相结合的产业创新体系。

加快共性基础技术突破。面向重大行业领域应用和信息安全保障需求，瞄准技术产业发展制高点，加大力度支持操作系统、数据库、中间件、办公软件等基础软件技术和产品研发和应用，大力发展面向新型智能终端、智能装备等的基础软件平台，以及面向各行业应用的重大集成应用平台。加快发展适应平台化、网络化和智能化趋势的软件工程方法、工具和环境，提升共性基础技术支撑能力。

布局前沿技术研究和发展。围绕大数据理论与方法、计算系统与分析、关键应用技术及模型等方面开展研究，布局云计算和大数据前沿技术发展。支持开展人工智能基础理论、共性技术、应用技术研究，重点突破自然语言理解、计算机视听觉、新型人机交互、智能控制与决策等人工智能技术。加快无人驾驶、虚拟现实、3D打印、区块链、人机物融合计算等领域技术研究和创新。

加强信息技术服务创新。面向重点行业领域应用需求，进一步增强信息技术服务基础能力，提升“互联网+”综合集成应用水平。形成面向新型系统架构及应用场景的工程化、平台化、网络化信息技术服务能力，发展微服务、智能服务、开发运营一体化等新型服务模式，提升信息技术服务层级。加快发展面向移动智能终端、智能网联汽车、机器人等平台的移动支付、位置服务、社交网络服务、数字内容服务以及智能应用、虚拟现实等新型在线运营服务。加快培育面向数字化营销、互联网金融、电子商务、游戏动漫、人工智能等领域的技术服务平台和解决方案。大力发展基于新一代信息技术的高端外包服务。

加强产业创新机制和载体建设。面向基础软件、高端工业软件、云计算、大数据、信息安全、人工智能等重点领域和重大需求，加强产学研用对接，布局国家级创新中心建设，建立以快速应用为导向的创新成果持续改进提高机制，加快核心技术成果的转化。突出企业技术创新主体地位，推进建设企业技术创新中心，不断提升企业创新能力。引导互联网大企业进一步通过市场化方式向社会开放提供优势平台资源和服务。加强产业联盟建设，探索完善共同参与、成果共享、风险共担机制，强化协同创新攻关。发挥开源社区对创新的支撑促进作用，强化开源技术成果在创新中的应用，构建有利于创新的开放式、协作化、国际化开源生态。

专栏 1　软件“铸魂”工程

加快突破基础通用软件。围绕基础通用软件由跟跑到并跑发展战略目标，以安全可靠应用试点为抓手，实现操作系统、数据库等领域核心基础技术突破，建立安全可靠基础软件产品体系。建设安全可靠软硬件联合攻关平台，支持企业和科研机构搭建通用技术创新和应用平台。发展需求分析与设计、编程语言与编译、软件测试验证、过程改进和成熟度评价度量、集成开发等软件工程方法、工具和环境，完善基础通用软件开发和应用生态。

强化网络化软件竞争优势。围绕网络化软件由并跑到领跑发展战略目标，突破虚拟资源调度、大规模并行分析、分布式内存计算等核心技术，引导骨干企业加快研发面向云计算、移动互联网、物联网的操作系统、数据库系统、新型中间件和办公套件。

抢先布局发展智能化软件。围绕抢占智能化软件领跑地位战略目标，突破虚拟资源调度、数据存储处理、大规模并行分析、分布式内存计算、轻量级容器管理、可视化等云计算和大数据技术，以及虚拟现实、增强现实、区块链等技术。支持机器学习、深度学习、知识图谱、计算机视听觉、生物特征识别、复杂环境识别、新型人机交互、自然语言理解、智能控制与决策、类脑智能等关键技术研发和产业化，推动人工智能深入应用和发展。

构筑开源开放的技术产品创新和应用生态。支持企业、高校、科研院所等参与和主导国际开源项目，发挥开源社团、产业联盟、论坛会议等平台作用，汇集国内外优秀开源资源，提升对开源资源的整合利用能力。通过联合建立开源基金等方式，支持基于开源模式的公益性生态环境建设，加强开源技术、产品创新和人才培养，增强开源社区对产业发展的支撑能力。

专栏 2　信息技术服务能力跃升工程

强化基础服务能力建设。创新基础通用的信息技术服务方法论，鼓励企业建立网络化、智能化、多行业的知识库。支持企业研发网络化开发和集成平台、异构云环境资源调度管理、

续表

微服务管理等关键支撑工具。支持提升信息技术咨询、信息系统方案设计、集成实施、远程运维等服务能力，鼓励相关企业建立信息技术服务管理体系。建设完善一批公共技术服务平台，提升测试验证、集成适配等服务保障能力。

发展服务新模式新业态。创新软件定义服务新理念，鼓励发展新一代信息技术驱动的信息技术服务新业态。整合资源，支持重点企业面向人工智能、虚拟现实和增强现实等领域，提升容器、区块链、开发运营一体化等方面的关键技术服务能力，加快培育各类新型服务模式和业态，促进信息服务资源的共享和利用。依托国家新型工业化产业示范基地（软件和信息服务）及产业园区，组织开展面向“互联网+”的智能服务试点示范。

促进企业服务化转型发展。支持重点行业企业发挥基础优势，加速提升信息技术的应用水平，发展基于云计算、大数据分析的新型服务业务。支持软件企业加快向网络化、服务化、平台化转型，研发综合性应用解决方案，并推动其与重点行业企业的跨界联合，实现共赢。

（二）积极培育壮大新兴业态

顺应新一代信息技术创新发展和变革趋势，着力研发云计算、大数据、移动互联网、物联网等新兴领域关键软件产品和解决方案，鼓励平台型企业、平台型产业发展，加快培育新业态和新模式，形成“平台、数据、应用、服务、安全”协同发展的格局。

1. 创新云计算应用和服务

支持发展云计算产品、服务和解决方案，推动各行业领域信息系统向云平台迁移，促进基于云计算的业务模式和商业模式创新。支持云计算与大数据、物联网、移动互联网等融合发展与创新应用，积极培育新产品新业态。支持大企业开放云平台资源，推动中小企业采用云服务，打造协同共赢的云平台服务环境。发展安全可信云计算外包服务，推动政府业务外包。引导建立面向个人信息存储、在线开发工具、学习娱乐的云服务平台，培育信息消费新热点。完善推广云计算综合标准体系，加强云计算测评工具研发和测评体系建设，提高云计算标准化水平和服务能力。

专栏 3　云计算能力提升工程

发展面向智能制造的安全可信云计算。鼓励骨干企业开展智能制造资源和服务的可信云计算资源池建设，支撑智能制造全生命周期的各类活动。支持软件和信息技术服务企业跨界联

续表

合，发展个性化定制服务、全生命周期管理、网络精准营销、在线支持服务等新业态新模式。

开展云计算应用示范。组织开展工业云服务创新试点，推进研发设计、生产制造、营销服务、测试验证等资源的开放共享，打造工业云生态系统。支持发展第三方专有云解决方案，在政务、金融、医疗健康等领域开展行业应用试点示范，推动核心业务系统向专有云迁移。

提高公共云服务能力。开展公共云服务企业能力评价体系建设，研究完善云服务评价及计量计费标准，支持公共云服务骨干企业建设高水平公共云计算服务平台。鼓励政府部门、公共服务机构、行业骨干企业利用公共云服务构建信息化解决方案。

2. 加快大数据发展和应用

构建大数据产业体系。加强大数据关键技术研发和应用，培育大数据产品体系。发展大数据采集和资源建设、大数据资源流通交易、大数据成熟度评估等专业化数据服务新业态，推进大数据资源流通共享。培育大数据龙头企业和创新型中小企业，打造多层次、梯队化的产业创新主体。优化大数据产业布局，建设大数据产业集聚区和综合试验区。支持大数据公共服务平台建设，发展大数据标准验证、测评认证等服务，完善大数据产业公共服务体系。

发展工业大数据。支持研发面向研发设计、生产制造、经营管理、市场营销、运维服务等关键环节的大数据分析技术和平台，推动建立完善面向全产业链的大数据资源整合和分析平台，开展大数据在工业领域的应用创新和试点示范。依托高端装备、电子信息等数据密集型产业集聚区，支持建设一批工业大数据创新中心、行业平台和服务示范基地，丰富工业大数据服务内容、创新服务模式。

深化大数据应用服务。面向金融、能源、农业、物流、交通等重点行业领域，开发推广大数据产品和解决方案，促进大数据跨行业融合应用，助力重点行业转型发展。以服务民生需求为导向，加快大数据在医疗、教育、交通、旅游、就业、社保、环保、应急管理等领域的应用。支持建立面向政务、社会治理和网络安全领域的大数据平台，强化顶层设计、整合资源，推动大数据技术深入应用，提升政府治理能力和服务水平。

专栏4　大数据技术研发和应用示范工程

加强大数据关键技术产品研发和产业化。开展新一代关系型数据库、分布式数据库、新型大数据处理引擎、一体化数据管理平台、数据安全等关键技术及工具攻关，充分利用开源技术成果，推动构建大数据技术体系。发展大数据可扩展高质量的计算平台及相关软件系统，提升数据分析处理能力、知识发现能力和辅助决策能力，形成较为健全的大数据产品体系。大力发展与重点行业领域业务流程及数据应用需求深度融合的大数据解决方案。

布局推进大数据应用示范。开展大数据产业集聚区创建，支持有条件的地区开展大数据应用创新试点。推动大数据与云计算、工业互联网、信息物理系统等的融合发展，支持建立面向不同工业行业、不同业务环节的大数据分析应用平台，选取重点工业行业、典型企业和重点地区开展工业大数据应用示范，提升工业领域大数据应用服务水平。

3. 深化移动互联网、物联网等领域软件创新应用

加快发展移动互联网应用软件和服务，面向新兴媒体、医疗健康、文化教育、交通出行、金融服务、商贸流通等领域创新发展需求，鼓励建立分享经济平台，支持发展基于软件和移动互联网的移动化、社交化、个性化信息服务，积极培育新型网络经济模式。加强物联网运行支撑软件平台、应用开发环境等研发应用，进一步深化物联网软件技术在智能制造、智慧农业、交通运输等领域的融合应用。加快发展车联网、北斗导航等新型应用，支持智能网联汽车、北斗导航软件技术及应用平台发展。

（三）深入推进应用创新和融合发展

充分发挥软件的深度融合性、渗透性和耦合性作用，加速软件与各行业领域的融合应用，发展关键应用软件、行业解决方案和集成应用平台，强化应用创新和商业模式创新，提升服务型制造水平，培育扩大信息消费，强化对“中国制造 2025”、“互联网 +”行动计划等的支撑服务。

1. 支撑制造业与互联网融合发展

围绕制造业关键环节，重点支持高端工业软件、新型工业 APP 等研发和应用，发展工业操作系统及工业大数据管理系统，提高工业软件产品的供给能力，强化软件支撑和定义制造的基础性作用。培育一批系统解决方案提供商，研发面向重点行业智能制造单元、智能生产线、智能车间、智能工厂建设的系统解决方案，开展试点示范，提升智能制造系统解决方案能力。推进信息物

理系统（CPS）关键技术研发及产业化，开展行业应用测试和试点示范。推动软件和信息技术服务企业与制造企业融合互动发展，打造新型研发设计模式、生产制造方式和服务管理模式。

专栏 5　工业技术软件化推进工程
工业软件及解决方案研发应用。面向智能制造关键环节应用需求，支持研发计算机辅助设计与仿真、制造执行系统、企业管理系统、产品全生命周期管理等一批应用效果好、技术创新强、市场认可度高的工业软件产品及应用解决方案，进一步突破高端分布式控制系统、数据采集与监控系统、可编程逻辑控制器等工业控制系统核心技术和产品，强化安全可靠程度和综合集成应用能力，推动在重点行业的深入应用。 工业信息物理系统验证测试平台和行业应用示范。支持工业信息物理系统关键技术及系统解决方案研发和产业化。支持建立工业信息物理系统验证测试平台和安全测试评估平台。面向航空、汽车、电子、石化、冶金等重点行业，开展信息物理系统应用示范。 工业软件平台及 APP 研发和应用试点示范。支持软件企业联合工业企业，面向重点行业建设基础共性软件平台和新型工业 APP 库，构建工业技术软件体系，开展应用试点示范。支持有条件的地方或行业建设工业 APP 共享交易平台，丰富工业技术软件生态。

专栏 6　面向服务型制造的信息技术服务发展工程
支撑制造业向生产服务型加速转型。引导制造企业建立开放创新交互平台、在线设计中心，充分对接用户需求，发展基于互联网的按需、众包、众创等研发设计服务模式。鼓励大型制造企业发展基于互联网平台、面向产业链上下游的云制造、供应链管理的服务。支持重点工业行业利用物联网、云计算、大数据等技术发展产品监测追溯、远程诊断维护、产品全生命周期管理等在线服务新模式，推动产品向价值链高端跃升。鼓励企业基于产品智能化、供应链在线化的大数据分析挖掘开展供应链金融、融资租赁等新业务。 发展面向制造业的信息技术服务。推动信息技术服务企业面向制造业研发集成解决方案，提供信息技术咨询、设计和运维服务，开展示范应用和推广。面向工程机械、轨道交通、航空船舶等制造业重点领域，鼓励和支持信息技术服务在智能工厂、数字化车间、绿色制造中的应用，促进个性化定制、网络化协同制造、服务型制造等智能制造新模式的应用推广。大力发展电子商务，鼓励行业电子商务平台创新发展，支撑面向制造业的供应链管理和市场销售。 强化以供需对接为核心的服务支撑。探索建立面向制造业的信息技术服务公共服务平台，提供共性的研发测试、仿真模拟、人才培训、设备租赁等各项服务。强化供给端和需求端双

续表
驱动，搭建信息技术服务企业与制造企业供需对接平台，建立良性对接机制，推广先进经验，促进跨领域合作。加快研制和推广应用面向制造业的信息技术服务标准（ITSS），构建完善的标准体系。

2. 支撑重点行业转型发展

面向“互联网 +”现代农业发展需求，围绕农业生产管理、经营管理、市场流通等环节，支持相关应用软件、智能控制系统、产品质量安全追溯系统，以及农业大数据应用、涉农电子商务等发展。面向“互联网 +”能源发展需求，支持发展能源行业关键应用软件及解决方案，推进能源生产和消费协调匹配。坚持鼓励创新和规范引导相结合，发展互联网金融相关软件产品、服务和解决方案，强化对“互联网 +”金融的支撑服务。支持物流信息服务平台、智能仓储体系建设，以及物流装备嵌入式软件等研发应用，提升物流智能化发展水平。支持面向交通的软件产品和系统研发，支撑智能交通建设，提高交通运输资源利用效率和管理精细化水平。

3. 支撑政府管理和民生服务

围绕现代政府社会治理应用需求，鼓励和支持发展一批政府管理应用软件，利用云计算、大数据等新一代信息技术建立面向政府服务和社会治理的产品和服务体系。开展医疗、养老、教育、扶贫等领域民生服务类应用软件和信息技术服务的研发及示范应用，推动基于软件平台的民生服务应用创新。

专栏 7　软件和信息技术服务驱动信息消费工程
发展关键应用软件和行业解决方案。支持软件企业与其他行业企业深入合作，搭建关键应用软件和行业解决方案的协同创新平台，研发大型管理软件、嵌入式软件等软件产品，提升融合发展能力。面向重点行业领域，布局发展面向云计算、大数据、移动互联网、物联网等新型计算环境的关键应用软件和行业解决方案，构建行业重大集成应用平台。 发展面向重点行业领域的信息技术服务。面向农业、金融、交通、能源、物流、电信等重点行业，大力发展行业智能化解决方案和数据分析等新型服务。面向医疗、卫生、教育、养老、社保等公共服务领域，创新服务模式，构建新型信息技术服务支撑体系。围绕餐饮、娱乐、出行、文化、旅游等居民生活服务领域消费需求，培育线上线下结合的服务新模式，发展基于软件与互联网的分享经济服务新业态，以及各类创新型的产品和服务。围绕智慧城市建设，重点发展智慧交通、智慧社区、

续表
智慧政务等领域的智能化解决方案和服务。支持有条件的地方和企业开展信息消费创新应用示范，推广扩大信息消费的典型经验和模式。

（四）进一步提升信息安全保障能力

围绕信息安全发展新形势和安全保障需求，支持关键技术产品研发及产业化，发展安全测评与认证、咨询、预警响应等专业化服务，增强信息安全保障支撑能力。

发展信息安全产业。支持面向“云管端”环境下的基础类、网络与边界安全类、终端与数字内容安全类、安全管理类等信息安全产品研发和产业化；支持安全咨询及集成、安全运维管理、安全测评和认证、安全风险评估、安全培训及新型信息安全服务发展。加快培育龙头企业，发展若干专业能力强、特色鲜明的优势企业。推动电子认证与云计算、大数据、移动互联网、生物识别等新技术的融合，加快可靠电子签名应用推广，创新电子认证服务模式。加强个人数据保护、可信身份标识保护、身份管理和验证系统等领域核心技术研发和应用推广。

完善工业信息安全保障体系。构建统筹设计、集智攻关、信息共享和协同防护的工业信息安全保障体系。以“小核心、大协作”为原则，建设国家级工业信息系统安全保障研究机构，开展国家级工业信息安全仿真测试、计算分析和大数据应用等技术平台建设，形成国家工业信息安全态势感知、安全防护、应急保障、风险预警、产业推进等保障能力。完善政策、标准、管理、技术、产业和服务体系，开展工业控制系统信息安全防护管理等政策及标准制定，加强工控安全检查评估，支持工业控制系统及其安全技术产品的研发，鼓励企业开展安全评估、风险验证、安全加固等服务。

专栏 8　信息安全保障能力提升工程
发展关键信息安全技术和产品。面向云计算、大数据、移动互联网等新兴领域，突破密码、可信计算、数据安全、系统安全、网络安全等信息安全核心技术，支持基础类安全产品、采用内容感知、智能沙箱、异常检测、虚拟化等新技术的网络与边界类安全产品、基于海量数据和智能分析的安全管理类产品，以及安全测评、Web 漏洞扫描、内网渗透扫描、网络安全防护、源代码安全检查等安全支撑工具的研发和应

续表
用。 加强工业信息安全保障能力建设。选取典型工业控制系统及其设备，开展工业防火墙、身份认证等重点网络安全防护产品研发和测试验证。面向石化、冶金、装备制造等行业，遴选一批重点企业，开展网络安全防护产品示范应用。支持工业控制系统网络安全实时监测工具研发及其在重点企业的部署应用。建设一批工业信息系统安全实验室，优先支持工业控制产品与系统信息安全标准验证、仿真测试、通信协议安全测评、监测预警等公共服务平台建设，培育一批第三方服务机构。

（五）大力加强产业体系建设

加快构建产业生态，着力培育创新型企业，促进形成以创新为引领的发展模式，强化标准体系建设和公共服务能力提升，加强中央与地方协同，打造一批特色优势产业集群。

构建产业生态。面向重大应用需求，以构建基础软件平台为核心，逐步形成软件、硬件、应用和服务一体的安全可靠关键软硬件产业生态。以高端工业软件及系统为核心，建立覆盖研发设计、生产制造、经营管理等智能制造关键环节的工业云、工业大数据平台，形成软件驱动制造业智能化发展的生态体系。围绕新型消费和应用，以智能终端操作系统、云操作系统等为核心，面向移动智能终端、智能家居、智能网联汽车等新兴领域，构建相应的产业生态体系。

培育创新型企业。支持行业领军企业牵头组织实施重大产品研发和创新成果转化，不断提高新型产品和服务的市场占有率和品牌影响力。支持企业面向云计算、大数据、移动互联等新技术新环境，重塑业务流程、组织架构，创新研发模式、管理模式和商业模式，发展新技术、新产品和新服务。加强政策扶持、项目带动和示范引领，培育一批专业化程度、创新能力突出、发展潜力大的细分领域优势企业。支持建设创客空间、开源社区等新型众创空间，发展创业孵化、专业咨询、人才培训、检验检测、投融资等专业化服务，优化改善中小企业创新创业环境。

加强标准体系建设。面向工业软件、云计算、大数据、信息安全等重点领域，加快产业发展和行业管理急需标准的研制和实施。实施《信息技术服务标准化工作五年行动计划（2016—2020 年）》，完善和推广信息技术服务标准（ITSS）体系。开展标准验证和应用试点示范，建立标准符合性测试评估和认证体系。支持组建标准推进联盟，推动建立产品研发和标准制定协同推进机制。鼓励支持企业、科研院所、行业组织等参与或主导国际标准制定，提升国际话语权。

打造特色优势产业集群。支持中国软件名城、国家新型工业化产业示范基地（软件和信息服务）、中国服务外包示范城市、软件出口（创新）基地城市等加大建设力度，做强优势领域和主导产业，提升产业集聚发展水平。支持京津冀、长江经济带、珠江—西江经济带等区域加强软件技术、产品和服务创新，突出特色优势，加快融入全球产业链布局。发挥东北地区装备制造集群优势，发展面向制造业的软件和信息技术服务，助力东北老工业基地振兴。支持中西部地区结合国家相关战略实施，发展特色软件和信息技术服务业。

专栏9　公共服务体系建设工程
强化服务载体建设。支持各地结合产业基础和市场需求，进一步推动产业基地和专业园区建设，完善优化一批产业创新平台、应用体验展示平台等公共服务载体，打造线上线下相结合的创新创业载体，推动建设众扶、众筹等综合服务平台。支持中国软件名城及试点城市创新公共服务机制，开展公共服务创新试点。建设一批面向中小企业的公共服务平台。鼓励软件和信息技术服务大企业、各类电子商务平台向小微企业和创客群体开放创业创新资源，形成一批低成本、便利化、全要素、开放式的创新创业平台。 提升公共服务能力。支持各类公共服务平台利用云计算、大数据等新技术汇集数据信息，丰富平台资源，创新服务模式，推动平台互联互通、服务共享。培育一批知识产权、投融资、产权交易、能力认证、产品测评、人才服务、企业孵化和品牌推广等专业服务机构。推动行业协会、产业联盟等第三方中介组织加强自身建设，提升对行业发展和管理的服务支撑水平。以新兴领域软件产品标准和信息技术服务标准为重点，加强软件和信息技术服务标准体系建设，强化标准对产业发展的引领作用。

（六）加快提高国际化发展水平

坚持开放创新，把握“一带一路”等国家战略实施机遇，统筹利用国内外创新要素和市场资源，加强技术、产业、人才、标准化等领域的国际交流与合作，以龙头企业为引领深度融入全球产业生态圈，提升国际化发展水平和层次。

提升产业国际化发展能力。支持龙头企业等建立完善海外运营机构、研发中心和服务体系，建设境外合作园区，鼓励发展跨境电子商务、服务外包等外向型业务，加快软件和信息技术服务出口，打造国际品牌。依托双边、多边合作机制和平台，加强政企联动，以龙头企业为主体开展重大合作示范项目建设，支持企业联合，发挥产业链协同竞争优势，集群化“走出去”。加强原创技术引进渠道和机制建设，深化与技术原创能力强的国家和地区的产业合作，加快引进人才、技术、知识产权等优势创新资源，提高产业“引进来”的合作层次和利用水平。

强化国际化服务支撑。鼓励地方从政策、资金、项目等方面加大对产业国际化发展的支持和推进力度。支持企业、科研机构等积极参与软件和信息技术服务领域国际规则制定和标准化工作，提升国际话语权。发挥行业协会、商会、产业联盟、开源联盟等中介组织的作用，为企业国际化发展提供市场化、社会化服务。充分发挥知识更新工程、海外人才培训等手段的作用，支持软件企业培养国际化人才和引进海外优秀人才。

五、保障措施

（一）完善政策法规体系

深入落实《进一步鼓励软件产业和集成电路产业发展的若干政策》（国发〔2011〕4号），研究制定新形势下适应产业发展新特点的政策措施。完善激励创新的政策措施和机制，强化对软件创新产品和服务的首购、订购支持，鼓励软件企业加大研发投入。引导和鼓励在信息化建设中加大对软件和信息安全的投入。支持制定推动软件技术与其他行业融合发展的政策措施。进一步完善鼓励政府购买服务的相关机制和措施手段。支持有条件的地区开展产业政策创新试点。鼓励地方研究制定加快企业“走出去”的政策措施。加强产业政策执行、评估和监管。推动完善产业相关法规体系。

（二）健全行业管理制度

鼓励利用大数据、云计算等新技术，探索加强行业运行监测分析、预警预判以及事中事后监管的新模式新方法，提升行业管理和服务水平。进一步完善行业标准体系建设，强化标准对行业发展的促进作用。开展行业知识产权分析评议，加强行业态势分析和预警预判，深入推进软件正版化，鼓励企业联合建设软件专利池、知识产权联盟，提升知识产权创造、运用、保护、管理和服务能力。加强软件资产管理和使用，开展软件价值评估和定价机制研究，探索建立科学合理的软件价值评估体系。鼓励研究建立云服务、数据服务等新兴领域交易机制和定价机制。顺应产业发展新趋势新特点，加强产业收入计量标准的研究，完善产业统计制度。强化行业自律，完善行业信用评价体系，进一步规范市场秩序。加强行业智库建设，提升发展决策支撑能力。

（三）加大财政金融支持

创新财政资金支持政策，统筹利用现有资金资源，加大对软件和信息技术服务业发展的支持。采用政府引导、市场化运作方式，探索建立国家软件和信息技术服务业产业投资基金。支持有条件的地方、大企业和投资机构设立产业专项资金或产业基金、创新创业基金、天使创投、股权和并购等各类基金。鼓励运用政府和社会资本合作（PPP）模式，引导社会资本参与重大项目建设。完善企业境外并购、跨境结算等相关金融服务政策。深化产融合作，在风险可控的前提下，推动商业银行创新信贷产品和金融服务，支持软件和信息技术服务企业创新发展，推动政策性银行在国家规定的业务范围内，根据自身职能定位为符合条件的企业提供信贷支持。健全融资担保体系，完善风险补偿机制，鼓励金融机构开展股权抵押、知识产权质押业务，试点信用保险、科技保险，研究合同质押、资质抵押的法律地位和可行性。鼓励企业扩大直接融资，支持具备条件的企业开展应收账款融资、公司信用债等新型融资方式。

（四）创新人才培养

实施人才优先发展战略，加快建设满足产业发展需求的人才队伍。强化人才培养链与产业链、创新链有机衔接，依托重大人才工程，加强“高精尖缺”软件人才的引进和培养。鼓励有条件的地区设立软件和信息技术服务业人才培养基金，重点培养技术领军人才、企业家人才、高技能人才及复合型人才。以学校教育为基础、在职培训为重点，建立健全产教融合、校企合作的人才培养机制，探索建立人才培养的市场化机制，利用信息化手段创新教育教学方式。鼓励高校面向产业发展需求，优化专业设置和人才培养方案。推广首席信息官制度，鼓励企业加强复合型人才的培养和引进。深入实施人才引进政策，重点发挥企业在人才引进中的作用，吸引和集聚海外优秀人才特别是高端人才回国就业创业。建立完善以能力为核心、以业绩和贡献为导向的人才评价标准，大力弘扬新时期工匠精神。

（五）强化统筹协调

建立健全部门、行业、区域之间的协调推进机制，在协同创新、标准制定、行业管理、市场监管、资金保障等方面加强联动合作。引导和推动各地区、各部门因地制宜发展产业，合理布局重大应用示范和产业化项目，分工协作、有序推进。引导和鼓励企业与其他行业企业建立多层次合作创新机制，在技术研发、应用推广、安全保障、资源分配利用等方面实现协同发展。加强规划实施情况动态监测和评估，确保规划实施质量。

工业和信息化部关于进一步推进中小企业信息化的指导意见

工信部企业〔2016〕445号

各省、自治区、直辖市及计划单列市、新疆生产建设兵团中小企业主管部门：

为进一步提升中小企业信息技术应用水平，增强创业创新活力，形成经济发展新动能，现就“十三五”期间推进中小企业信息化发展工作提出以下意见。

一、总体要求

（一）指导思想

全面贯彻落实党的十八大和十八届三中、四中、五中、六中全会精神，按照党中央、国务院的决策部署，牢固树立创新、协调、绿色、开放、共享的发展理念，着力加强供给侧结构性改革，紧紧围绕“中国制造2025”“互联网+”、创新驱动等国家战略，支持中小企业参与产业链，打造创新链。完善中小企业信息化服务，降低中小企业信息化应用成本，提高中小企业信息化水平，培育新兴业态，打造新的增长点，推动中小企业创新发展。

（二）基本原则

坚持市场主导与政府支持相结合。发挥市场的决定性作用，突出企业主体作用，发挥大型信息化服务商的技术、人才、网络和服务优势，加强中小企业信息化服务。发挥政府引导作用，完善政策措施，营造良好环境，建立协同机制，搭建合作平台，推动市场化专业服务资源广泛、深入地参与中小企业信息化推进工作，探索支持信息化服务和信息化应用的有效途径。

坚持服务平台化与应用网络化相结合。充分发挥专业服务平台整合资源和引领带动作用，鼓励各类服务机构依托平台探索互联互通、资源共享的有效途径，创新服务模式，打造满足中小企业发展需求的平台化服务体系。充分发挥互联网和信息技术在促进中小企业发展中的作用，通过网络引导信息技术资源向企业集聚，鼓励中小企业通过互联网和服务平台应用信息技术，增强核心竞争力。

坚持示范带动与协同推进相结合。发挥各地区位比较优势，注重产业特色，总结典型案例，发挥示范作用。推广行业信息技术集成应用解决方案，系统解决中小企业发展中的困难。增强政策的协调性和互补性，普及专业知识，推广成功经验，加强交流与分享，以点带面，协同推进中小企业信息化发展。

（三）主要目标

到2020年，中小企业信息化水平显著提升。互联网和信息技术在提升中小企业创新发展能力和推动组织管理变革方面的作用明显增强。中小企业在研发设计、生产制造、经营管理和市场营销等核心业务环节应用云计算、大数据、物联网等新一代信息技术的比例不断提高。培育和发展一批有效运用信息技术，具有创新发展优势、经营管理规范、竞争力强的中小企业。中小企业信息化服务体系进一步完善。中小企业通过基于互联网的产业生态体系，与大企业协同创新、协同制造能力显著提升。

二、重点任务

继续实施中小企业信息化推进工程，大力推动“互联网+”小微企业创业创新培育行动，发挥大型信息化服务商的辐射带动作用，进一步完善中小企业信息化服务体系，深入推进基于互联网的信息技术应用，提高中小企业应用信息技术创业创新发展能力。

（一）以信息技术提升研发设计水平

鼓励中小企业运用信息技术开展研发设计，提升创新能力，提高产品质量和附加值。进一步推广计算机辅助系统（CAD/CAE/CAPP/CAM）的应用，推广三维及虚拟现实模拟设计方式，支持企业基于数字化模型对产品结构、性能进行仿真与验证分析，推动产品分析优化及试验检验方式变革，缩短产品迭代周期，降低研发设计成本。发挥基于互联网的开放式研发平台作用，集聚研发资源，推广用户参与式的研发设计模式，建立市场反馈机制，及时响应客户需求，提升产品更新改进效率，推动协同研发、产品设计网络化。

（二）以信息技术改造生产制造方式

推动信息技术在制造业中的深度应用与融合。鼓励中小企业推进生产制造流程的柔性化改造，发展网络众包、个性化定制、服务型制造等新模式，促进中小企业生产方式变革。以工业互联网和自主可控的软硬件产品为支撑，推广服务于“智能制造”的信息化集成应用产品和解决方案，为制造业中小企业提供信息化基础条件和服务支撑。推广智能工业控制系统深度应用，促进增材制造、工业机器人、人工智能等新手段在生产过程中的应用，推动制造业中小企业的智能化转型。

（三）以信息技术提升经营管理能力

鼓励和支持中小企业充分利用云计算、大数据、移动互联网等信息技术，获得以租代建、支持核心业务发展、覆盖企业经营管理链条的便捷信息化服务，降低信息化应用的成本和门槛。进一步推广经营管理信息化软件（ERP/OA/CRM等）的应用，并逐步向商业智能（BI）转变，全面优化业务流程，推动关键环节的整合与创新，提高经营效率和管理水平。普及推广两化融合管理体系，推进内外部管理信息的互通与共享，降低成本，优化流程，提升中小企业经营管理信息系统的集成程度，提高管理水平和经营效率。

（四）以信息技术优化市场营销

支持中小企业利用信息化拓展市场空间。鼓励中小企业利用移动互联网、新媒体等发展电子商务，探索网络营销新模式，细化区分网络群体特性，发展精准营销。大力推动电子商务应用创新，鼓励中小企业依托电子商务服务平台，利用大数据资源提升精准营销效果，开拓国内外市场。鼓励中小企业建立统一的产品质量可追溯体系，逐步建立覆盖采购、生产和销售等全链条的产品品质追溯系统。

（五）探索互联网金融缓解中小企业融资难

推动互联网金融应用，发挥网络借贷和股权众筹高效便捷、对象广泛的优势，满足小微企业小额、快速融资需求。鼓励信贷机构依托电子商务、供应链管理平台构建多元化的小微企业信用信息收集渠道，支持其依据大数据发放小微企业信用贷款。引导中小企业拓宽融资渠道，依托应收账款融资服务平台开展应收账款质押等动产融资业务。鼓励发展投融资公共服务平台，集聚各类金融机构和担保、评估、私募等融资服务机构，为小微企业提供金融产品推介、信用评级、融资培训、银企对接等专业服务，提高市场资源配置效率。

（六）引导大型信息化服务商服务中小企业

充分发挥大型信息化服务商在技术、人才、网络和服务方面的优势和产业整合能力，探索政府支持、大型信息化服务商让利、中小企业受益的信息化推进服务模式。鼓励大型服务商向小微企业和创业团队开放平台入口、数据信息、计算能力等资源，帮助中小企业提高信息化应用能力和市场竞争力。支持大型信息化服务商与地方政府、有关部门、工业园区、产业集群等开展务实合作，建立信息化服务合作联盟，针对地区主导产业、区域优势和中小企业发展特点，开发线上线下相结合、产业服务与资金支持相结合的服务产品，打造满足中小企业信息化发展需求的服务链。

（七）完善中小企业信息化服务体系

鼓励大型信息化服务商搭建信息化服务平台，整合专业服务资源，增强服务资源互补与互动，以更低成本在更大范围为中小企业提供系统化解决方案。鼓励服务机构围绕特定行业、领域，打造专业化的服务平台，推动制造业中小企业加速信息化改造进程。提高中小企业公共服务平台网络和各类中小企业创业创新服务平台的信息化服务能力。推进各类信息化服务资源的互联互通、信息共享，提高服务的针对性和实效性，为中小企业提供“一站式”的信息化解决方案。

（八）加强案例研究和应用宣传

支持各地结合区域发展实际开展信息化相关创新政策试点，加强中小企业信息化实例研究，树立一批典型案例，形成示范。通过举办信息化信息发布会、经验交流会、试点示范推广会、产品与服务展示推介会、专题论坛等形式，普及信息化专业知识和应用技能，提高中小企业对信息化支持企业发展的了解和认识。加强跨区域合作与交流，总结和推广中小企业信息化建设的成功模式和经验，营造良好的社会氛围。

三、保障措施

（一）建立协同工作机制

各地中小企业主管部门要结合本地区经济发展、产业布局和中小企业发展的需要，研究制定工作方案，细化工作目标，完善推进措施，创新工作方式。要充分发挥中小企业主管部门牵头和组织协调作用，组织调动各方资源，建立协同配合、共同推动中小企业信息化的工作机制。

（二）加大财税金融扶持

发挥各级各类中小企业发展专项资金和基金的扶持和引导作用，加大对中小企业信息化建设项目和信息化服务的支持力度。探索通过发放服务券等形式支持服务机构为中小企业提供优质低价的服务。鼓励通过政府和社会资本合作（PPP）等模式，建立和完善中小企业信息化服务平台。落实企业研发费用加计扣除政策，引导中小企业加大信息化投入。鼓励银行业金融机构、融资担保机构等为中小企业信息化建设、中小企业信息化公共服务项目建设提供资金支持和融资担保。有条件的地方设立中小企业信息化专项资金，对具有明显公益特征的信息化项目给予资金扶持。

（三）加强人才队伍建设

创新人才培养机制，支持建立多元主体、多种机制的中小企业信息化人才培养体系。支持行业协会、高校、科研院所及专业服务机构提供信息化人才交流、远程教育、创业创新辅导和培训服务。组织开展中小企业信息化人才培养专项工作，细化培训内容、创新培养方式、强化培训效果，加强信息化人才队伍建设。积极开展各类信息化体验活动，提高对信息化新理念、新应用的认识和应用水平，为中小企业培养一批信息化专业人才。

（四）加强信息化评测

鼓励各地中小企业主管部门研究建立中小企业信息化评价指标体系，加强对中小企业信息化水平的监测、分析，加强对有关政策和资金投入效果的评价，为政府部门研究扶持政策、推动信息化服务商和专业化服务机构开展服务活动提供依据，进一步提高信息化工作的针对性和有效性。

两部委关于印发《信息产业发展指南》的通知

工信部联规〔2016〕453 号

各省、自治区、直辖市人民政府，新疆生产建设兵团，国务院有关部门、直属机构、办事机构，有关行业协会/学会，有关中央企业：

为贯彻落实《中华人民共和国国民经济和社会发展第十三个五年规划纲要》《中国制造 2025》和《国家信息化发展战略纲要》，引导"十三五"时期信息产业持续健康发展，工业和信息化部、发展改革委联合制定《信息产业发展指南》。经国务院同意，现印发你们，请结合实际认真贯彻实施。

工业和信息化部

国家发展改革委

2016 年 12 月 30 日

信息产业发展指南

"十二五"以来，我国信息产业发展势头良好，产业体系不断完善，产业链掌控能力显著提高，正日益成为我国创新发展的先导力量、驱动经济持续增长的新引擎、引领产业转型和融合创新的新动力、提升政府治理和公共服务能力的新手段。当前，以信息技术与制造业融合创新为主要特征的新一轮科技革命和产业变革正在孕育兴起，必须紧紧抓住这一机遇，加快发展具有国际竞争力、安全可控的现代信息产业体系，为建设制造强国和网络强国打下坚实基础。为科学引导"十三五"时期信息产业持续健康发展，根据"十三五"规划纲要、《中国制造 2025》《国家信息化发展战略纲要》《国务院关于积极推进"互联网 +"行动的指导意见》（国发〔2015〕40 号）和《国务院关于深化制造业与互联网融合发展的指导意见》（国发〔2016〕28 号）等的部署，经国务院同意，特制定本指南，实施期限为 2016—2020 年。

一、发展回顾及面临形势

（一）"十二五"发展回顾

"十二五"时期我国信息产业发展取得显著成效，比较优势和竞争能力发生深刻变化。一是产业规模平稳较快增长。2015 年信息产业收入规模达到 17.1 万亿元。彩电、手机、微型计算机、网络通信设备等主要电子信息产品的产量居全球第一，电话用户和互联网用户规模居世界首位。二是结构优化升级取得实质进展。2015 年，软件和信息技术服务业占信息产业收入比重由 2010 年的 16% 提高到 25%，移动数据及互联网业务收入占电信业收入比重提升至 27.6%。电子信息产品竞争力明显提升，对外贸易顺差稳步扩大。三是技术创新能力大幅提升。国内信息技术专利申请总量已超过 304.8 万件，其中发明专利申请总量和授权量分别超过 193.7 万件和 7.48 万件。具有自主知识产权的时分同步码分多址长期演进技术（TD-LTE Advanced）成为第四代移动通信（4G）国际主流标准之一，并实现大规模商用。集成电路设计水平达到 16/14 纳米，制造业实现 28 纳米小批量生产。多条高世代平板显示生产线建成投产。安全可靠软硬件实现重要突破，一批骨干企业创新能力和竞争力大幅提升。四是信息基础设施加速升级。宽带接入实现从非对称数字用户线路（ADSL）向光纤入户（FTTH）的跨越，移动通信实现从 3G 向 4G 的升级。新增七个国家级骨干直联点建成开通，网间互通质量和效率大幅提升。中国铁塔公司成立，电信基础设施共建共享迈向新高度。五是信息产业支撑引领作用全面凸显。信息产业快速发展带动两化融合水平稳步提升，互联网对经济社会促进作用逐步显现。2015 年网络零售交易额达 3.88 万亿元，一批互联网龙头企业建立开放平台，成为带动大众创业、万众创新的新渠道、新推力。智慧城市、智慧交通、远程医疗、互联网金融等新业态不断涌现，加速经济社会运行模式深度变革。

但与此同时，我国信息产业核心基础能力依然薄弱，核心芯片和基础软件对外依存度高，要素成本增长较快，关键领域原始创新和协同创新能力急需提升，引领产业发展方向、把握产业发展主导权的能力不强；产品供给效率与质量不高，与发达国家相比，呈现出“应用强、技术弱、市场厚、利润薄”的倒三角式产业结构；信息技术融合应用深度不够，新产品、新业态、新模式发展面临体制机制障碍；网络与信息安全形势依然严峻，安全保障能力亟待提升。

（二）“十三五”发展形势

新一轮技术创新引领产业新变革。全球信息产业技术创新进入新一轮加速期，云计算、大数据、物联网、移动互联网、人工智能、虚拟现实等新一代信息技术快速演进，单点技术和单一产品的创新正加速向多技术融合互动的系统化、集成化创新转变，创新周期大幅缩短，硬件、软件、服务等核心技术体系加速重构，新业态、新模式快速涌现，我国信息产业实现跨越发展的战略机遇窗口正在打开。同时，信息技术与制造、材料、能源、生物等技术的交叉渗透日益深化，我国已形成的局部技术优势将面临新的挑战。

全球信息产业竞争加剧分工格局调整。发达国家依然占据信息产业价值制高点，在大力构建信息经济新优势的同时，积极以信息技术为手段推动再工业化进程，争取未来全球高端产业发展主导权。跨国企业加快重组步伐，以期在工业互联网、人工智能、智能制造等领域形成新布局。一些信息产业新兴国家（地区）加快谋篇，积极参与全球产业再分工，承接资本及技术转移。我国已成为全球最大的信息产品消费市场和制造基地，在互联网、通信服务、设备与终端产品等领域形成了一批龙头企业，在全球产业分工体系中呈跃升态势，具备了跨越发展的条件。同时，也面临发达国家“高端回流”和发展中国家“中低端分流”的双向挤压，以及国内要素禀赋深刻变化、新旧增长动力转换的严峻挑战，转型升级任务更加紧迫艰巨。

国家重大战略实施对信息产业发展提出新要求。从世界范围看，信息产业日益成为重塑经济发展模式的主导力量，创新融合、智能绿色、开放共享成为全球经济发展新特征。在我国，信息产业也日益成为实施创新驱动战略、推进供给侧结构性改革的关键力量。创新驱动、制造强国、网络强国、“互联网 +”、军民融合等一系列国家重大战略的实施和居民消费升级，要求加快完善信息基础设施、强化信息核心技术能力、提升信息消费体验、加强信息安全保障、优化网络空间治理、繁荣信息产业生态，发挥更强有力的引领和支撑作用。

二、总体要求

（一）指导思想

全面贯彻党的十八大、十八届二中、三中、四中、五中、六中全会精神和习近平总书记系列重要讲话精神，认真落实党中央、国务院决策部署，按照“五位一体”总体布局和“四个全面”战略布局，牢固树立创新、协调、绿色、开放、共享的发展理念，推进供给侧结构性改革，以支撑制造强国和网络强国等重大战略实施为使命，以加快建立具有全球竞争优势、安全可控的信息产业生态体系为主线，坚持追赶补齐与换道超车并举、技术突破与强化应用并重、对外合作与体系创新结合、全面发展与重点推进统筹，着力强化科技创新能力、产业基础能力和安全保障能力，突破关键瓶颈，优化产业结构，提升产品质量，完善基础设施，深化普遍服务，促进深度融合应用，拓展网络经济空间，加快重点项目建设和关键环节发展，带动全面提升信息产业发展质量效益和核心竞争力，推动经济社会持续健康发展，支撑全面建成小康社会奋斗目标如期实现。

（二）基本原则

——创新引领。坚持把创新作为引领发展的第一动力。着力提升核心基础软硬件创新能力，强化关键共性技术研发供给，推动产业链协同创新。强化企业创新主体地位和主导作用，培育一批具有国际竞争力的创新型领军企业。

——融合发展。坚持软件与硬件、技术与产品、产业链上下游等融合协同发展，完善产业生态体系。促进军民用信息技术和产品深度融合，推动信息产业与其他行业跨界融合、集成创新，加快传统行业改造提升，大力发展新业态、新模式。推动数据开放，加强共建共享，提高资源利用效率。

——市场主导。充分发挥市场在资源配置中的决定性作用，更好发挥政府作用，强化企业主体地位和市场应用牵引，深入推进简政放权、放管结合、优化服务，加快转变政府职能，为信息产业创新发展和提质增效营造更加良好的市场环境。

——开放合作。坚持走出去与引进来相结合。进一步提升双向开放合作水平，优化信息网络国际布局，提升产业国际化布局和运营能力，积极推动建立国际互联网发展新秩序，加强国际间信息产业技术、标准、人才及产能合作。

——安全可控。统筹发展和安全，以安全保发展、以发展促安全。强化法治建设、标准制定、技术支撑和市场监管，壮大信息安全产业，推进行业自律和社会监督，健全关键信息基础设施安全保障体系。

——绿色低碳。坚持绿色发展、循环发展和低碳发展。推进信息技术在生产各环节的应用，加速传统产业绿色化转型。加快提升电子信息产品和设备能效，不断降低信息基础设施能耗水平。提高电子信息产品回收再

2020 年信息产业发展主要指标

指标		2015 年基数	2020 年目标	累计变化
产业规模	信息产业收入（万亿元）	17.1	26.2	[8.9%]
	其中：电子信息制造业主营业务收入（万亿元）	11.1	14.7	[5.8%]
	软件和信息技术服务业业务收入（万亿元）	4.3	8	[13.2%]
	信息通信业收入（万亿元）	1.7	3.5	[15.5%]
产业结构	信息产业企业进入世界 500 强企业数量（家）	7	9	2
	电子信息产品一般贸易出口占行业出口比重（%）	25.5	30	4.5
技术创新	电子信息百强企业研发经费投入强度（%）	5.5	6.1	0.6
	国内信息技术发明专利授权数（万件）	11.0	15.3	[6.9%]
服务水平	固定宽带家庭普及率（%）	40	70	30
	移动宽带用户普及率（%）	57	85	28
	行政村光纤通达率（%）	75	98	23
绿色发展	单位电信业务总量综合能耗比下降幅度（%）	–	10	10
	新建大型云计算数据中心能源使用效率（PUE）	1.5	<1.4	>0.1

注：1. [ ] 内数值为年均增速；

2. 信息产业企业进入世界 500 强企业数量指标，指中国大陆进入《财富》500 强的企业数量。

利用水平。

（三）发展目标

到 2020 年，具有国际竞争力、安全可控的信息产业生态体系基本建立，在全球价值链中的地位进一步提升。突破一批制约产业发展的关键核心技术和标志性产品，我国主导的国际标准领域不断扩大；产业发展的协调性和协同性明显增强，产业布局进一步优化，形成一批具有全球品牌竞争优势的企业；电子产品能效不断提高，生产过程能源资源消耗进一步降低；信息产业安全保障体系不断健全，关键信息基础设施安全保障能力满足需求，安全产业链条更加完善；光网全面覆盖城乡，第五代移动通信（5G）启动商用服务，高速、移动、安全、泛在的新一代信息基础设施基本建成。

三、主要任务

（一）增强体系化创新能力

构建先进的核心技术与产品体系。围绕产业链体系化部署创新链，针对创新链统筹配置资源链，着力在云计算与大数据、新一代信息网络、智能硬件等三大领域，提升体系化创新能力。瞄准重大战略需求和未来产业发展制高点，支持专业机构研究发布重点领域技术创新指南，提出瓶颈短板清单及优先级，引导市场主体创新突破。加强产学研用研发力量协调，统筹利用国家科技计划（专项、基金等），支持关键核心技术研发和重大技术试验验证，强化关键共性技术研发供给。加快信息产业军民融合深度发展，在技术研发、产业布局中充分考虑军用需求和国防布局，着力加强军民联合攻关，在优先满足军工需要的同时带动民口技术进步和产业发展。加强前沿领域重大布局，重点在未来网络、量子计算、平流层通信、卫星通信、可见光通信、车联网、地海空天一体化网络、人工智能、类脑计算等关键领域，集中优势资源开展原始创新和集成创新，增强新供给创造能力，抢占产业技术发展主动权和制高点。

建设高水平创新载体和服务平台。充分利用已有创新资源，探索政产学研用联合的新机制新模式，在集成电路、基础软件、大数据、云计算、物联网、工业互联网等战略性核心领域布局建设若干创新中心，开展关键共性技术研发和产业化示范。强化企业技术创新主体地位和主导作用，支持优势企业建设一批高水平技术中心和创新实验室，支持企业联合高校、科研机构等建设重点领域产学研用联盟，积极参与和组建开源社区，支持企业牵头承担国家重大科技研发和产业化项目。整合优化信息科技资源，积极发挥行业协会/联盟、标准化组织、中介组织和智库在战略与政策研究、统计分析、公共服务等方面的作用，建设和提升一批技术创新、成果转化、标准规范、计量测试、认证检测、市场推广等公共服务平台。

强化标准体系建设与知识产权运用。进一步优化国家标准、行业标准、军用标准体系结构，支持发展团体标准，加快构建产业化导向、军民通用的新一代信息技术标准体系，研究制定智能硬件、传感器、智慧家庭、虚拟现实、云计算、大数据、太阳能光伏、锂离子电池等领域综合标准化技术体系。加快基础标准、通用标准、安全标准、测试方法以及重点产品标准制修订工作，不断提升技术、能耗、环保、质量、安全等方面规范要求。积极参与国际标准化战略规划、政策和规则的制定，以国际标准提案为核心，推动我国更多信息通信领域标准成为国际标准；加快转化我国产业发展急需的国际先进标准，推动国际国内标准接轨。建立专利导航产业发展工作机制，加强信息产业关键核心技术知识产权储备和战略布局，推动技术创新成果的知识产权转移转化；鼓励市场主体组建产业知识产权联盟，建立知识产权联合创造、协同运用、共同保护和风险分担的机制；研究制定重点领域知识产权运营策略，健全运营服务体系，促进知识产权的收储、许可和转让；支持引导行业组织、产业联盟加强知识产权分析评议，防控知识产权风险。

（二）构建协同优化的产业结构

打造协同发展产业链。依托优势骨干企业，建设和完善信息网络、云计算、大数据、物联网、工业互联网、智能终端、电子制造关键装备等一批重要产业链，以“硬件 + 软件 + 内容 + 服务”为架构建设形成若干具有国际竞争力的产业生态。支持有条件的企业通过兼并重组、股权投资等方式开展产业链上下游垂直整合和跨领域价值链横向拓展，提升价值创造能力和核心竞争力。以产业集群为中心，实施商标品牌发展战略，提升产业链整体质量水平，加强团体标准、知识产权和公共服务平台建设，强化商标品牌宣传与营销，打造一批具有国际影响力的产业集群区域品牌。

提升产业基础能力。围绕基础软硬件、关键制造工艺、关键电子基础材料和工艺装备等，制定重点领域瓶颈清单，组织实施重点领域“一揽子”突破计划。依托制造业质量提升专项行动，针对信息产业重点产品，组织攻克一批长期困扰产品质量提升的关键共性质量技术。加强可靠性和可测性设计、试验验证，积累准确有效的工艺参数数据，推广采用先进质量管理方法、先进成型和加工方法、在线计量检测装置等，提高电子信息装备、材料和工艺技术的可靠性、一致性、稳定性和有效性。制定和提升一批急需的国家计量基标准，加强信息产业相关国家计量测试中心建设，构建信息产业计量测试服务体系。推动基础软硬件、基础材料和工艺装备企业与下游企业对接，组织开展首台（套）、首批次示范应用，加快安全可靠基础软硬件产品的市场化应用和推广。

增强企业创新活力。在信息产业重点领域设立市场化运作的投资基金，支持企业开展兼并重组和引技引智，提高企业利用全球资源和开拓国际市场的能力和水平，形成以大企业集团为核心、集中度高、分工细化、协作高效的产业组织形态。进一步完善和落实支持中小企业发展的财税、金融政策，推动小微企业创业创新基地建设，大力扶持初创期创业创新型企业发展。引导中小企业专注细分市场，激发中小企业创新活力，发展一批专精特“隐形冠军”企业。充分发挥各类平台作用，支持信息产业中小企业创新发展，引导大中小企业建立更紧密协作关系。支持企业将具有核心竞争力的专利技术向标准转化，提高企业综合竞争力。引导企业树立质量为先、信誉至上的经营理念，切实增强质量和品牌意识，培育和弘扬精益求精的工匠精神。全面提升行业企业信息技术运用能力，加快个性化制造、网络化协同制造、智能制造等生产方式变革，创新发展新模式，推动企业向价值链高端转型。

优化产业空间布局。贯彻落实国家区域发展总体战略和主体功能区规划，引导地方发挥比较优势，形成集成电路、基础软件、平板显示、智能终端、信息技术服务、云计算、大数据等重点领域生产力差异化发展格局。重点推动长江经济带、珠三角、京津冀等创新资源密集地区率先突破，建设具有全球竞争力的信息产业创新高地。支持中西部地区立足自身优势承接信息产业转移，重点支持若干基础和条件较好的中心城市提高研发能力和产业层次，在特色领域形成差异化竞争优势。合理引导人才、技术、资金、政策等要素资源集聚，建设一批信息产业领域国家新型工业化产业示范基地，不断提高软件名城建设水平。扎实推进数据中心布局优化，促进数据中心合理利用。

推动产业绿色发展。支持促进企业升级生产技术及工艺，鼓励企业开发绿色产品，推行电子信息产品绿色设计，降低电子信息产品生产和使用能耗，引导绿色生产，促进绿色消费。持续提高电子信息产品中有毒有害物质的限量要求，严格检测环节，确保限用物质含量符合国家标准。研发支撑数据中心能源使用效率（PUE）量值等效可溯源的计量测试技术、方法和装置。鼓励企业研发应用节能型服务器设备，采用高压直流、自然风冷等新型节能技术发展绿色云计算数据中心。加快现有数据中心、基站等信息网络设施的节能改造，鼓励老旧高耗能设备淘汰退网和绿色节能新技术应用。推动废弃电器电子产品处理与资源化利用技术研发，制定废弃电器电子产品及重点拆解产物资源综合利用相关标准，搭建和推广基于互联网的回收服务信息平台，推动生产者履行废弃电器电子产品回收处理相关责任，鼓励专业化回收处理企业发展，促进再制造产业规模化发展。推动统一绿色产品标准、认证、标识体系的建立实施。

（三）促进信息技术深度融合应用

推动信息技术与制造业融合创新。推动制造业、“互联网+”和“双创”紧密结合，加快新一代信息技术更大范围、更深程度融合渗透和创新应用，推动制造业智能化、绿色化、服务化发展。建立完善智能制造和两化融合管理标准体系，全面推进两化融合管理体系贯标。推进“数控一代”示范工程，加快突破传感器、可编程逻辑控制器（PLC）、工业控制系统等智能制造核心信息设备，提升安全可靠水平。开展智能制造试点示范。推进信息物理系统（CPS）关键技术研发及产业化，构建综合验证平台，开展行业应用测试和试点示范。以工业云、工业大数据、工业电子商务和系统解决方案等为重点，开展制造业与互联网融合发展试点示范，培育一批面向重点工业行业智能制造的系统解决方案领军企业。实施工业云及工业大数据创新应用试点，建设一批高质量的工业云服务和工业大数据平台，推广个性化定制、网络协同制造、远程运维服务等智能制造新模式。建设大型制造企业“双创”平台和为中小企业服务的第三方“双创”服务平台，营造大中小企业协同共进的“双创”新生态。依托强基工程，面向智能制造关键环节应用需求，重点扶持发展一批应用效果好、技术创新强、市场认可度高的工业软件，推动先进适用工业软件在重点行业应用普及。积极推动用信息技术改造提升制造业，着力提高产品和服务附加值。

积极推进“互联网+”行动。依托互联网平台，大力发展众创、众包、众扶、众筹，促进互联网和经济社会融合发展。建立“互联网+”标准体系，加快互联网及其融合应用的基础共性标准和关键技术标准研制推广。整合政府部门、电信企业、互联网企业、行业机构等各类资源，集成资源申请、能力开放、技术支撑、创业孵化、测试认证、实验环境、业务咨询等创业创新服务，提升信息通信企业对“双创”服务平台的支撑能力。推进“互联网+”安全生产，提升安全生产重点领域企业的全过程、全链条在线监测和预警预控能力，强化跨部门、跨区域信息共享与业务协同。开展新型网络经济培育行动，支持互联网企业、信息技术服务企业、制造企业联合打造服务产业转型的平台经济模式，加快人工智能、云计算、大数据等在经济活动中的发展应用，强化对智慧交通、智慧能源、智慧环保、高效物流、益民服务、普惠金融、智慧医疗、现代农业等的支撑，发展基于电网的通信设施和新型业务。培育信息消费新业态，拓展网络经济新空间。

加快发展信息技术服务。围绕政务、金融、能源、交通、环保、安全生产、电子商务、数字内容等关键领域，提升信息技术服务企业的咨询设计、软件开发、集成实施、运行维护和测试验证能力。支持信息技术企业突破业务建模、远程智能检查、大规模资源调度管理、自动化运维、数据治理等关键技术，发展互联网运维服务、网络众包服务、微服务、智能服务等新模式、新业态，加强对区块链、人工智能、虚拟现实、增强现实等新兴技术在行业系统解决方案中的应用推广，加快向高端价值服务提供商转型。选择信息技术服务业集聚发展的城市或区域，开展面向制造业的信息技术服务应用示范。总结行业先进实践经验，制定完善信息技术服务相关规范。加快综合集成和智能运维平台研发和产业化进程，提升信息技术服务保障能力。实施信息技术服务标准化工作五年行动计划，完善和推广信息技术服务标准（ITSS），鼓励企业加快服务标准化和产品化。

（四）建设新一代信息基础设施

加快高速光纤宽带网建设。引导建成一批光网城市，基本完成老旧小区宽带接入铜缆替换，鼓励企业通过引入新技术、更新老旧光缆等，进一步提升光纤宽带网络高速传送、灵活调度和智能适配能力，消除宽带网络接入“最后一公里”瓶颈。进一步优化互联网骨干网络架构，推动网间互通扩容和质量提升。开展新型交换中心试点，完善全方位、多层次、立体化的网络互联体系。推动地面数字电视覆盖网和超高清交互式电视网络设施建设。实施电信普遍服务补偿机制，推动相关企业加快对农村地区宽带网络覆盖和能力提升，基本实现行政村光网全覆盖，并逐步向有条件的自然村延伸。

推动宽带无线接入网络升级演进。继续推动长期演进（LTE）网络建设，实现深度和广度覆盖，提升网络质量。加速低速率和低频谱利用率网络退网和频率重耕，发展认知无线电技术，拓宽4G网络发展空间，实现频分双工长期演进LTE FDD和TD-LTE融合发展。加强无线局域网（WLAN）新技术研究，鼓励在城镇热点公共区域推广WLAN接入，提升WLAN与移动通信网络的协同融合能力。推动5G网络研发和应用。加快边远山区、牧区及岛礁等的网络覆盖。

提升应急通信保障能力。着力提升应急通信保障网络能力、可用性和覆盖范围。完善国家应急通信保障、装备储备体系。支持应急体系相关单位加强应急指挥手段建设，推动与应急通信指挥系统信息共享。加强国家应急通信设施建设和通信保障队伍建设。完善天空地一体的应急通信保障网络，推广突发事件预警信息系统应用。加强应急通信技术支撑能力建设。

增强卫星通信网络及应用服务能力。统筹规划卫星通信发展，加快卫星通信标准制定和更新，推进关键部件、卫星整机、通信终端和系统、地面信息基础设施协调建设和军民融合发展，推进天地一体化信息网络建设。构建宽带卫星电子政务网、防灾和应急卫星通信网，建设多种卫星端站，补充地面网络难以布设地区的通信需求。推动卫星通信发展，逐步拓展建立区域化、商业化的卫星通信服务体系，持续完善北斗导航技术，加快推动基于北斗的高精度时频设备研发及应用，实现产业安全可控。创新北斗导航应用模式，发展位置服务，开展应用示范。

加强下一代互联网应用和未来网络技术创新。推动下一代互联网改造升级和大规模商用，实现互联网协议第4版（IPv4）向第6版（IPv6）的平滑过渡和业务互通。加强未来网络顶层设计，加强未来网络长期演进的战略布局和技术储备，开展网络体系架构、安全性和标准研究，重点突破软件定义网络（SDN）/网络功能虚拟化（NFV）、网络操作系统、内容分发等关键技术，推动关键技术试验验证，组织开展规模应用试验。

专栏1 国家信息基础设施建设工程
“宽带中国”工程。落实光纤到户国家标准，城镇新建区域直接部署光纤到户网络，已建区域加快实施接入网光纤化改造，在村村通宽带的基础上继续推进光缆进行政村建设。大力推进4G网络建设和运营，加快城市地区的深度覆盖和农村地区的延伸覆盖。适度超前部署超长距离超大容量光传输系统、高性能路由设备、高速链路和智能管控设备，提升网络承载能力和技术水平。扩展西部省份的内容分发网络容量、覆盖范围和服务能力。到2020年实现98%以上行政村通光纤，农村家庭宽带接入能力不低于12Mbps，进一步扩大公益机构宽带覆盖。 5G发展与商用。加快推进5G研发，突破5G核心关键技术，支持标准研发和技术验证，积极推动5G国际标准研制，启动5G商用服务。开展5G频谱规划，满足5G技术和业务发展需求，提升网络能力、业务应用创新能力和商用能力，加速推动试验网、试商用和商用网络建设步伐。大力开展5G应用示范，引导5G与车联网等行业应用融合发展，使我国成为5G技术、标准、产业及应用的领先国家之一。 应急通信服务保障。支持地方政府加强灾害多发地区基层政府部门配置卫星移动终端等应急通信设备。建设“互联网+应急通信”服务平台。扩容公用应急宽带微型地球站（VSAT）网，推进宽带通信卫星应用示范。增强公众通信网防灾抗毁能力和应急服务能力，进一步提升预警信息发布能力。加强应急通信装备更新完善和储备。

（五）提升信息通信和无线电行业管理水平

创新互联网行业管理。坚持政策引导和依法管理并举、鼓励支持和规范发展并行，促进互联网持续健康发展。创新监管体系，积极运用大数据等先进技术加强对市场主体监管，形成覆盖资源、接入、网络、业务各层面的互联网行业全周期管理体系。完善互联网基础资源管理体系，严格落实网站、域名、IP地址和电话实名制。加快推广使用IPv6地址，推动开放IPv6国际连接。建立和完善多部门联动管理机制，建立新业务备案和发展指引制度，加强互联网与实体经济融合新型业务联合管理。坚持放管结合，推进以信用体系为代表的全流程监管支撑体系建设，强化事中事后监管。建立互联网市场主体信用评价体系，依托国家企业信息公示系统建立企业信息归集共享机制，健全守信联合激励和失信联合惩戒制度，推进市场分级预警，营造公平诚信的市场环境。加强服务质量监管，保护用户权益和个人信息。积极引导社会力量参与互联网行业管理，完善行业规范与自律公约，引导行业协会和第三方机构开展行业自律、社会监督、评估认证等活动，推进形成政府主导，多方参与的共同治理格局。

完善电信行业管理。着力夯实电信业基础性支撑地位，建设高品质信息基础设施，提升行业服务能力和质量。加快开展电信普遍服务试点工作。深入推进网络提速降费，推动简化电信资费结构，提高电信业务性价比，规范企业经营、服务和收费行为。进一步放开竞争性领域市场准入，抓好自贸区电信领域开放试点，推动对港澳等地区开放合作。

优化无线电频率和卫星轨道资源管理。优化国家频谱资源配置，加强无线电频谱管理，维护安全有序的电波秩序。科学规划和合理配置无线电频率资源，统筹重点业务部门以及战略性新兴产业发展的中长期用频需求，促进宽带中国、信息消费、“中国制造2025”和“互联网+”行动涉及的无线电业务发展。加强对无线电频率和卫星轨道资源使用的基础性、前瞻性、战略性重大问题及相关技术研究，加强卫星频率和轨道资源的可用性论证，做好卫星网络资料的国际申报、协调及登记工作。开展无线电频谱使用评估，促进频谱资源有效开发利用。深化台站管理，加强事中事后监管。加大无线电管理基础和技术设施建设投入，加强无线电监管能力建设，实现广域、泛在的城区无线电监测网络覆盖，增强电波秩序维护能力。

（六）强化信息产业安全保障能力

完善网络与信息安全管理制度。加紧制定实施关键信息基础设施保护、数据安全、工业互联网安全等领域的部门规章和规范性文件。健全网络与信息安全标准体系，推动出台5G、物联网、云计算、大数据、智能制造等新兴领域安全标准。加强安全可靠电子签名应用推广，推动电子签名法律效力认定。建立健全身份服务提供商管理制度。明确关键信息基础设施安全保护责任，完善涉及国家安全重要信息系统的设计、建设和运行监督机制，进一步加强对互联网企业所有或运营的重要网络基础设施和业务系统的网络安全监管。健全跨行业、跨部门的应急协调机制，切实提升网络与信息安全事件的预警通报、监测发现和快速处置能力。加强政府和企业之间的安全威胁信息共享。加快推动实施网络安全审查制度。

加强大数据场景下的网络数据保护。探索建立大数据时代的网络数据保护体系，推动对网络数据的分级分类监管，强化网络数据全生命周期保护，制定网络数据保护管理政策。督促企业不断完善用户信息泄露社会公告制度，建立健全大数据安全信用体系。加快推动数据加密、防泄露、信息保密等专用技术的研发与应用，推动建立安全可信的大数据技术体系。

推动信息安全技术和产业发展。着力突破关键基础软硬件和信息安全核心技术，增强漏洞挖掘修补、攻击监测溯源等能力，强化“互联网+”、5G、SDN等新技术、新业态的安全风险应对。实施国家信息安全专项，开展关键信息基础设施运行安全保护和要害信息系统网络安全试点示范。推动信息安全产品和服务的研发和产业化应用。充分发挥政府引导作用，加快培育骨干企业，发展特色优势企业，打造结构完整、层次清晰、竞争有力的产业格局。

提升工业信息安全保障能力。建立健全工业信息安全政策和标准体系，针对重点行业制定安全管理政策以及管理指南、测评能力要求等安全标准。建立工业信息安全管理体系，完善工业信息安全检查评测和信息共享机制，推动开展安全检查、漏洞发布、信息通报等工作，营造安全的工业互联网环境。建设工业信息安全仿真、测试和验证平台，开展测试评估、安全验证等技术研发，推动安全新技术、新产品试点应用，提升工业信息安全技术保障能力。

专栏2　安全保障能力提升工程
信息安全技术产品。开展芯片安全加固技术攻关，推动我国密码技术的规范化和产业化。加强面向三网融合、物联网、移动互联网、工业互联网、云计算和新一代信息网络的信息安全技术研发应用。加强安全芯片、安全核心信息设备、安全操作系统、安全数据库、安全中间件的研发。研发采用内容感知、智能沙箱、异常检测、虚拟化等新技术的产品，支持防火墙、入侵检测/防御等网络与边界安全类产品的创新和应用，加快高级持续性威胁（APT）防范和产品研发，加强基于海量数据和智能分析的安全管理平台产品的研发和应用。加强信息安全测评、Web漏洞扫描、软件源代码安全检查等信息安全支撑工具的研发和应用。 信息安全保障。建设基于骨干网的网络安全威胁监测处置平台，形成网络安全威胁监测、态势感知、应急处置、追踪溯源等能力。实施域名系统安全保障工程，提升国家顶级域名系统的接入带宽和安全防护能力，加强公共递归域名解析系统的安全防护和数据备份能力。建设互联网网络安全应急管理平台，提高对互联网网络安全威胁信息和监测数据的分析、研判和行业内应急指挥调度能力。构建工业控制系统信息安全测试、评估、漏洞发布、信息通报等服务平台，完善信息安全保障体系。

（七）增强国际化发展能力

提升产业国际化发展水平。推动引资与引技、引智相结合，鼓励和支持信息产业企业与境外优势企业在研发创新、新产品开发、标准制定、品牌建设等高端环节开展合资合作，提高引进来层次。支持企业在境外设立研发中心，充分利用各种国际创新资源。结合国家重大战略实施，以信息基础设施建设、终端产品产能合作、重大工程总集成总承包等为牵引，带动产业链上下游企业、先进技术标准、信息网络设备、配套服务等体系化、集群化走出去。支持有条件的企业建设境外信息产业合作园区。提供企业走出去国别目录、项目对接等服务，引导金融机构开展金融服务，降低企业走出去风险。深入推动中文域名推广和使用。主动参与国际互联网标准制定，提高参与制定国际规则的能力及影响力。

优化信息网络国际布局。依托“一带一路”战略，构建高效跨境信息通道，推动与周边国家信息通信设施互联互通，创新国际通信设施建设和运营模式，重点打通经中亚到西亚、经南亚到印度洋、经俄罗斯到欧洲等陆上通道，推进重点方向国际海缆建设。完善我国国际通信出入口布局，以亚非欧拉为主要方向提升我国国际互联网能力，加快推进海外网络服务提供点（PoP）和互联网数据中心（IDC）建设。推进电信企业设立海外分支机构，加强国际通信的质量监测和服务提升，为“走出去”中资企业及海外用户提供更完善、更优质信息服务，实现我国信息业务的海外运营和落地。

四、发展重点

（一）集成电路

以重点整机和重大应用需求为导向，增强芯片与整机和应用系统的协同。着力提升集成电路设计水平，不断丰富知识产权（IP）核和设计工具，突破中央处理器（CPU）、现场可编程门阵列（FPGA）、数字信号处理（DSP）、存储芯片（DRAM/NAND）等核心通用芯片，提升芯片应用适配能力。加快推动先进逻辑工艺、存储器等生产线建设，持续增强特色工艺制造能力。掌握高密度封装及三维（3D）微组装技术，探索新型材料产业化应用，提升封装测试产业发展能力。加紧布局超越“摩尔定律”相关领域，推动特色工艺生产线建设和第三代化合物半导体产品开发，加速新材料、新结构、新工艺创新。以生产线建设带动关键装备和材料配套发展，基本建成技术先进、安全可靠的集成电路产业体系。实施“芯火”创新行动，充分发挥集成电路对“双创”的支撑作用。

专栏 3　集成电路产业跨越建设工程

设计。开发移动智能终端芯片、数字电视芯片、网络通信芯片、智能可穿戴设备芯片；面向云计算、物联网、大数据等新兴领域，加快研发基于新业态、新应用的信息处理、传感器、新型存储等关键芯片；逐步突破智能卡、智能交通、卫星导航、工业控制、金融电子、汽车电子、医疗电子等行业芯片。

制造。推进资源整合，加速 12 英寸 65/55nm、45/40nm 产能扩充，加快推进 32/28nm、16/14nm 生产线规模化生产，抓紧布局 10/7nm 工艺技术研发；建设存储器生产线，加快三维闪存（3D NAND Flash）规模化生产，布局随机动态存储器（DRAM）生产线，开展新型存储器研发及产业化；发展模拟及数模混合、微机电系统（MEMS）、电力电子、高压电路、射频电路等特色专用工艺生产线和化合物集成电路生产线。

封装测试。大力推进系统级封装（SiP）发展，推动芯片级封装（CSP）、圆片级封装（WLP）、硅通孔（TSV）、三维封装产业化。提升和完善集成电路产业芯片、模块及系统级计量测试技术水平和产业化规模。

关键装备和材料。加快开发面向先进工艺的刻蚀机、离子注入机等关键设备及 12 英寸硅片、靶材等核心材料，形成产业化能力。

（二）基础电子

大力发展满足高端装备、应用电子、物联网、新能源汽车、新一代信息技术需求的核心基础元器件，提升国内外市场竞争力。拓展新型显示器件规模应用领域，实现液晶显示器超高分辨率产品规模化生产、有源矩阵有机发光二极管（AMOLED）产品量产；突破柔性制备和封装等核心技术，完成量产技术储备，开发 10 英寸以上柔性显示器件。突破微机电系统（MEMS）微结构加工、高密度封装等关键共性技术，加快传感器产品开发和产业化。提升发光二极管（LED）器件性能，推动高端场控电力电子器件推广应用，开发下一代电力电子器件，支持典型领域推广应用。加强电子级多晶硅、高效太阳能电池及组件封装工艺创新和技术储备，提升光伏发电系统集成水平及储能设备配套水平。积极发展电子纸、锂离子电池、光伏等行业关键电子材料，重点突破高端配套应用市场。提升电子专用设备配套供给能力，重点发展 12 英寸集成电路成套生产线设备、新型薄膜太阳能电池生产设备、锂离子电池关键材料生产设备、新型元器件生产设备和表面贴装设备。研发半导体和集成电路、通信与网络、物联网、新型电子元器件、高性能通用电子等测试设备。

专栏 4　基础电子提升工程

基础元器件。加快超级电容器、高压直流继电器、轮毂电机等核心元件研发和产业化。提高高效节能型微特电机、高可靠长寿命片式固态铝电解电容器等电子元件的市场占有率。掌握机器人用减速器伺服电机、微特电机及其控制系统相关技术。突破锌离子等新型电池储能技术。发展基于 400G 带宽（干线网）的超低损耗光纤、光电元器件、频率元器件、56Gbps 高速连接器等通信网络设备元件。发展新型移动智能终端用超小型片式元件和柔性元件、片式声表面波滤波器等产品。发展高端 LED 和新型电力电子器件，支持典型领域推广应用。

传感器与敏感元器件。提升敏感机理、敏感材料、新型工艺的研发能力，加快推进用于物理量、化学量、生物量中的半导体、陶瓷、高分子有机、光导纤维等各种新型敏感材料、复合功能材料的研发和产业化。提高基于 MEMS、薄膜等各种新型工艺技术的应用水平。着重推进重点领域专用传感器产品产业化，发展生物、运动、医学、健康、环境类智能传感器，以及多参量集成传感器及自校准、自诊断、自补偿传感器，完善传感器技术标准体系和量值传递溯源体系建设，提升产品公共计量检测能力。

新型显示器。实现 8.5 代及以上大尺寸玻璃基板的生产，提高高世代掩膜板、驱动芯片等关键产品的供应水平，支持电子纸、激光显示、柔性显示等新技术开发，突破低温多晶硅（LTPS）、氧化物（Oxide）等先进背板工艺，掌握长寿命、高效率、高分辨率 AMOLED 生产工艺。加快新工艺新技术导入，实现低功

续表

耗、4K×2K 超高分辨率产品稳定生产和 AMOLED 产品量产。

太阳能光伏。支持薄膜、聚光、钙钛矿等新型电池开发和产业化，实现超高纯度、低成本多晶硅量产，提升高效率、高可靠性电池组件市场份额，发展新一代光伏逆变器和系统集成设备。完善产业配套，突破新型光伏电池生产线关键设备的产业化瓶颈，开展光伏行业智能制造试点示范。拓展光伏应用，推动工业园区、重点行业、家庭用户等领域分布式光伏应用，推广新型光伏储能一体化集成产品。

电子材料。以半导体材料为重点，加快功能陶瓷材料、低温共烧陶瓷（LTCC）多层基板、高性能磁性材料、电池材料、LED、新型电力电子器件等量大面广电子功能材料发展。支持用于半导体产业的电子级高纯硅材料、区熔硅单晶和高纯金属及合金溅射靶材、用于新能源汽车、无人机等的动力电池材料及用于通信基站、光伏系统的储能电池材料，以及用于新型显示的高世代玻璃基板、光学膜、偏光片、高性能液晶、有机发光二极管（OLED）发光材料、大尺寸靶材、光刻胶、电子化学品等材料的新技术研发及产业化。

电子专用设备。围绕集成电路、薄膜晶体管液晶显示器（TFT-LCD）和 AMOLED 显示、高储能锂离子电池、太阳能电池、LED、整机加工等领域，实现制造装备和成套工艺重点突破，形成配套能力，提升国内装备供给能力。推动 3D 打印设备的研发和产业化。

（三）基础软件和工业软件

建立安全可靠的基础软件产品体系，支持开源、开放的开发模式，重点推进云操作系统、云中间件、新型数据库管理系统、移动端和云端办公套件等基础软件产品的研发和应用。强化技术产品和终端应用协同互动，提升基础软件成熟度，加快集成适配优化。推动工业软件和工业控制系统核心技术和产品的研发及应用，重点突破军工、能源、化工等安全关键行业工业应用软件核心关键技术，构建先进产品体系，形成评测标准与规范；突破高档数控系统、现场总线、通信协议、高精度高速控制和伺服驱动等工业控制系统关键技术，推动中高端数控系统、伺服系统和控制系统研发。构建国家工业软件安全测试平台。加快工业大数据软件与平台布局，促进重要工业领域系统解决方案定制化深度应用，打造工业云应用服务体系。

专栏 5　软件产业提升发展工程

操作系统。加强高可信服务器操作系统、安全易用桌面操作系统、新型智能终端操作系统、可信云操作系统的研发和产

续表

业化，开发安全可控的操作系统产品。面向数字化产品与智能成套装备需求，研制高安全、高可信的实时工业操作系统，实现与主流控制设备、CPU 与总线协议的适配。研制高端装备嵌入式系统。

工业大数据平台。构建覆盖产品全生命周期和制造全业务活动的工业大数据平台，研制设备端嵌入式数据管理平台与实时数据智能处理系统，开发云端工业数据采集、存储、查询、分析、挖掘与应用的工业数据处理平台。

工业云与制造业核心软件。研发“互联网+”工业云体系架构与标准体系，构建知识、数据、服务等资源库。构建面向行业的工业云服务平台，提供数据驱动的企业管理、业务协同、能源管控等服务。加快发展产品生命周期管理、企业资源规划、供应链管理和客户关系管理等制造业核心软件，提高产业化水平。

工业应用软件。面向航空航天装备、高档数控机床与机器人、先进轨道交通装备、海工装备与高技术船舶、电力装备、农机装备等重点领域，研制涵盖全生命周期的行业应用软件及解决方案，重点突破产品创新开发、智能控制与分析优化、装备智能服务等关键技术，发展工业应用软件体系。

（四）关键应用软件和行业解决方案

着力发展基于云计算、大数据、移动互联网、物联网等新型计算框架和应用场景的软件平台和应用系统。针对政府应用、公共服务、行业发展等重点需求，集中突破一批重点应用软件和行业解决方案，深化普及应用。支持软件和信息技术服务企业面向公共服务领域积极开展应用解决方案研发和信息技术服务，推动软件企业与传统行业企业深入合作，加快支撑传统行业转型升级的软件及解决方案发展和应用，培育一批综合性解决方案提供商。

（五）智能硬件和应用电子

突破人工智能、低功耗轻量级系统、智能感知、新型人机交互等关键核心技术，重点发展面向下一代移动互联网和信息消费的智能可穿戴、智慧家庭、智能车载终端、智慧医疗健康、智能机器人、智能无人系统等产品，面向特定需求的定制化终端产品，以及面向特殊行业和特殊网络应用的专用移动智能终端产品。发展高水平“互联网+”人工智能平台，提升消费级和工业级智能硬件产品及服务供给能力。加快智能感知技术创新，重点推动毫米波与太赫兹、蜂窝窄带物联网（NB-IoT）、智能语音等技术在公共安全、物联网等重点领域开展示范应用。支持虚拟现实产品研发及产业化，探索开展在设计

制造、健康医疗、文体娱乐等领域的应用示范。丰富智慧家庭产品供给，重点加大智能电视、智能音响、智能服务机器人等新型消费类电子产品供给力度，推动完善智慧家庭产业链，引导产业向“产品 + 服务”转型升级。开展智慧健康养老服务应用，支持健康监测和管理、家庭养老看护等可穿戴设备发展。推广智慧交通创新与应用示范，推动基于宽带移动互联网的智能汽车与智慧交通示范区建设。积极推进工业电子、医疗电子、汽车电子、能源电子、金融电子等产品研发应用。

专栏 6　智能产品 + 服务价值提升工程
新兴智能硬件。发展智能可穿戴、车载、家居、医疗健康、服务机器人和无人机等智能硬件产品，加强低功耗轻量级底层软硬件系统、高精度智能传感、高性能运动和姿态控制、新型人机交互、虚拟现实、快速充电与轻便储能等核心技术及“互联网 +”人工智能平台开发。推动重点领域应用示范。发展创新示范区及先进创新平台，加强标准体系建设。 智能感知。大力支持毫米波与太赫兹产业核心技术突破，从公共安全等重点领域切入开展应用示范，开发符合用户需求的安检安防设备和解决方案，建设和完善相关技术标准、应用规范和检测体系。积极发展 NB-IoT 等低功耗广域物联技术，支持符合条件的地方与骨干企业合作推动 NB-IoT 技术在智慧城市、环境监测、工业物流等领域的应用示范，打造开放、协同的低功耗广域物联创新链条。搭建智能语音推广示范平台，推动智能语音识别在重点行业的云应用和服务发展。 虚拟现实。支持开发核心芯片、显示器件、光学器件、传感器等核心器件，加快发展虚拟现实建模仿真、增强现实与人机交互、集成环境与工具等核心技术，支持虚拟现实显示终端、交互设备、内容采集处理设备的开发及产业化。建立虚拟现实产业发展公共服务平台，建设虚拟现实产品、系统、服务标准体系，开展产品服务质量评测验证。 智慧交通。突破快速图像处理、多源信息融合等核心技术，开发支持 5G 通信、专网通信、北斗导航定位、专用雷达等的车载终端设备，以及智能车载操作系统平台。建设政策协同、技术融合及产融对接平台，发展基于宽带移动互联网的智能汽车和智慧交通应用示范，打造融合型新兴产业集聚区。培育车载终端多元化应用生态，促进智能网联汽车操作系统底层标准化和人车交互（HMI）系统研发产业化，突破一批汽车电子核心关键技术，加快推进自动驾驶辅助系统、车载信息系统、智能导航系统、主动碰撞避免系统的产业化应用。推进重点应用示范区建设，开展智能驾驶、智能路网、智能充电、便捷停车等典型应用场景示范，形成可推广模式。 智慧健康养老服务。开发健康管理类智能可穿戴设备、日常健康监测设备、家庭康复治疗产品、监护设备、家庭 / 社区用自助式医疗服务终端。支持开展智慧健康养老应用示范，联合相关部门推动出台支持政策。支持企业开展医疗健康电子产品和系统的研发，促进健康保健、居家养老等智能终端与系统的完善。推进数字化普及型医疗诊疗设备的研发及产业化，推动关键部件研发与应用，提升普适性医疗设备产业化能力和技术水平。 数字电视。推动数字电视产业网络化、智能化、服务化转型升级，丰富智慧家庭产品供给，完善智能电视及智慧家庭产业标准体系，推进智能电视芯片及系统研发及应用，加快新型显示终端发展，完善互联网电视接收终端管理服务。推动新一代音视频标准研究和应用。

（六）计算机与通信设备

引导产业链上下游合作，突破高端服务器和存储设备核心处理器、内存芯片和输入 / 输出（I/O）芯片等核心器件，构建完善高端服务器、存储设备等核心信息设备产业体系。研究神经元计算、量子计算等新型计算技术应用。支持发展低功耗低成本绿色计算产品，强化芯片、软件、系统与应用服务适配，开展绿色计算应用示范，丰富应用服务模式，推动绿色计算生态良性发展。创新绿色计算产业合作机制，搭建绿色计算产品创新公共服务平台，开发和完善绿色计算接口标准、应用规范与产品检测认证体系。加快高性能安全工业控制计算机以及可信计算、数据安全、网络安全等信息安全产品的研发与产业化。支持安全可靠工业控制计算机在电网、水利、能源、石化等国民经济重要领域的应用。开发高速光传输设备及大容量组网调度光传输设备，发展智能光网络和高速率、大容量、长距离光传输、光纤接入（FTTx）等技术和设备。积极推进 5G、IPv6、SDN 和 NFV 等下一代网络设备研发制造。

（七）大数据

突破大数据关键技术和产品，培育壮大大数据服务业态，完善大数据产业体系。深化大数据应用创新，发展面向工业领域的大数据服务和成套解决方案。鼓励工业企业整合各环节数据资源，基于大数据应用开展个性化定制、众包设计、智能监测、全产业链追溯、在线监控诊断及维护、工控系统安全监控、智能制造等新业务。引导企业加快商业和服务模式创新，构建基于大数据的民生服务新体系，在公共安全、自然灾害防治、环境保护等城市管理领域，拓展和丰富服务范围、形式和内容。开展大数据产业集聚发展和应用示范区创建工作。在重点行业开展应用试点，推进政府、金融、能源等重要行业大数据系统安全可靠软硬件应用。培育数据采集、数据分析、数据安全、数据交易等新型数据服务产业和企业。在依法合规、安全可控前提下加快大数据交易产业发展，开展第三方数据交易平台建设试点示范。组织制定数据交易流通的一般规则和信息披露制度，逐步完善数据交易流通中的个人信息保护、数据安全、知识产权保护等制度，建立数据交易流通的行业自律和监督机制。

（八）云计算

积极发展基础设施即服务（IaaS）、平台即服务（PaaS）、软件即服务（SaaS）等云服务，提升公有云服务能力，扩展专有云应用范畴，围绕工业、金融、电信、就业、社保、交通、教育、环保、安监等重点领域应用需求，支持建设全国或区域混合云服务平台。大力发展云服务应用软件，促进各类信息系统向云计算服务平台迁移。积极发展基于云计算的个人信息存储、在线工具、学习娱乐等服务。鼓励大企业开放平台资源，加强行业云服务平台建设。建立为中小企业提供办公、生产、财务、营销、人力资源等基本管理服务的云计算平台。大力发展面向云计算的信息系统规划咨询、方案设计、系统集成和测试评估等服务。支持第三方机构开展云计算服务质量、可信度和网络安全等评估评测。优化云计算基础设施布局，建设完善云计算综合标准体系。完善云计算环境下网络信息安全管理体系，加强技术管理系统建设，强化新技术新业务评估，防范网络信息安全风险。

（九）物联网

实施物联网重大应用示范工程，发展物联网开环应用，加快物联网技术与产业发展、民生服务、生活消费、城市管理以及能源、环保、安监等领域的深度融合，形成一批综合集成解决方案。应用物联网技术推动大田耕种精准化、园艺种植智能化、畜禽养殖高效化，促进形成现代农业经营方式和组织形态。以车联网、智慧医疗、智能家居、智能可穿戴设备等为重点，通过与移动互联网融合加快消费领域物联网应用创新。推进物联网感知设施规划布局，深化物联网在智慧城市基础设施管理方面的应用。建立城市级物联网接入管理与数据汇聚平台，推动感知设备统一接入、集中管理和数据共享利用。大力发展工业互联网，成立工业互联网产业联盟，加快制定工业互联网标准体系，推动产业协同创新。组织开展工业互联网试点示范，建设公共服务平台和管理平台，强化基础设施建设，全面打造低时延、高可靠、广覆盖的工业互联网。

专栏7　工业互联网产业推进试点示范工程

开展工业互联网创新应用示范。支持企业在工厂无线应用、标识解析、工业以太网、IPv6应用、工业云计算、工业大数据及互联网与工业融合应用等领域开展创新应用示范。

建设工业互联网技术实验验证平台。在明确我国工业互联网关键技术发展路径的基础上，支持相关单位对工业互联网关键技术等构建实验验证平台，对关键技术进行测试、验证和评估。

建设工业互联网关键资源管理平台。支持相关单位在大数据、云平台等技术的基础上，建设工业互联网标识解析系统。对ICP/IP地址/域名信息备案管理系统进行升级改造，构建面向工业互联网的IPv6地址资源综合管理平台。

建设工业互联网网络数据服务平台。满足企业在工业数据分析、使用和流转等方面的需求，提供安全可信的计算环境，及工业互联网网络数据流转行为合规性安全审计等功能，支撑工业互联网网络数据管理。

五、政策措施

（一）深化体制机制改革

落实行政审批制度改革要求，积极推动电信法、网络安全法等立法。实现跨部门、跨平台的网上并联审批，取消不必要的审批目录和不合理收费，完善负面清单，积极应用大数据、云计算等新技术创新行业服务和管理方式。加快完善招投标和政府采购机制。加强事中事后监管，完善监测和惩戒机制。积极推动电信领域混合所有制改革，鼓励民间资本通过多种形式参与信息通信业投融资，激发非公有制经济和小微企业的活力与创造力。深化国有电信企业改革，增强企业活力。加大基础电信领域竞争性业务的开放力度，通过市场竞争促进企业提升服务质量。推动制定用户权益和个人信息保护相关法规，以及网络数据和用户信息保护分级分类标准及具体规则。健全产业安全审查机制和法规体系，加强业务开放情况下的网络与信息安全风险控制。加快发展信息产业技术市场，健全知识产权创造、运用、管理、保护机制，严打假冒伪劣。

（二）完善财税扶持政策

创新财政支持方式，优化财政资金投入，充分利用国家新兴产业创业投资引导基金、先进制造产业投资基金、中小企业发展基金、国家集成电路产业投资基金等政策性基金引导社会资金，支持重大产业化项目发展。加强资源协调，充分利用现有资金渠道支持重大生产力布局、关键产品产业化和重点产品示范项目。完善和落实支持创新的政府采购政策，推动信息产业创新产品和服务的研发应用。鼓励地方积极探索利用政府抵用券等方式支持信息企业引进创新技术、购置或租赁设备、培养人才等。继续落实软件和集成电路税收支持政策，以及研发费用加计扣除和固定资产加速折旧等政策，推动设备更新和新技术应用。推动符合条件的重大信息技术装备列入《首台（套）重大技术装备推广应用指导目录》，通过有关保险补偿试点支持推广应用。

（三）加大金融支持力度

建立完善多层次资本市场，支持符合条件的信息产业创新创业企业充分利用创业板拓宽融资渠道，推动在全国中小企业股份转让系统挂牌的符合条件的信息产业中小企业向创业板转板。丰富信息产业直接融资工具，积极推动项目收益票据、项目收益债、可转债等的应用。加大产融信息对接力度，建立完善跨部门工作协调机制，搭建服务平台。鼓励商业银行创新信贷产品和金融服务，推动知识产权质押融资、股权质押融资、供应链融资、信用保险保单质押贷款等金融产品创新，在风险可控和商业可持续前提下，加大对信息产业发展的金融支持力度。鼓励开发性、政策性金融机构在业务范围内，为符合条件的信息产业相关项目提供信贷支持。按照国家统一部署，引导和支持符合条件的金融机构在试点地区面向电子信息领域创新企业探索开展投贷联动试点，引导银行业金融机构对“中国制造 2025”、“互联网 +”行动等涉及的信息产业重点领域实施差别化信贷政策。支持符合条件的信息产业企业建立资金管理平台。鼓励信息产业骨干企业通过并购票据、并购基金、并购债等开展海外并购。

（四）大力培养产业人才

鼓励高校加强信息产业新兴领域学科专业建设，面向产业发展需求制定人才培养目标和质量标准，鼓励校企合作，建立人才实训基地。培养产业急需的各类科研人员、技术人才和复合型人才，联合开展在职人员培训。继续做好国家软件与集成电路人才国际培训基地工作，充分发挥基地作用，缩短人才培养周期。鼓励企业依托行业协会加强人才协作，推动信息产业与传统制造业人才交流。设立融合型就业人才综合信息平台。实施企业经营管理人才素质提升工程和专业技术人才知识更新工程，以急需紧缺人才为重点，着力加强信息技术领域专业技术人才和经营管理人才培养。做好职业培训和职业资格认证工作。加强人才需求调查和预测，建立健全信息产业高层次人才信息库。建设计算机技术与软件专业技术资格（水平）考试和通信专业技术水平考试合格人员数据库，为企业选人用人提供服务。促进人才双向交流，鼓励专业技术人才到国外学习培训交流，重点实施软件和集成电路人才出国培训专项；继续实施软件和集成电路产业外国专家引进计划，引进一批具有国际影响力的学术技术带头人和关键技术项目负责人。完善适应信息产业发展要求的人才引进和激励政策，创新引进渠道，积极引进新型显示、智能硬件、云计算、大数据等领域高端人才。

（五）切实加强组织实施

在国家制造强国建设领导小组的领导下，工业和信息化部、发展改革委联合牵头，各成员单位分工协作、加强配合，共同推动指南落实。加强上下联动，引导各地区结合实际合理布局、有序推进重大应用示范和产业化项目，减少低水平重复建设和投资，促进差异化发展。充分发挥国家制造强国建设战略咨询委员会和相关行业协会 / 联盟等的作用，加强对信息产业新技术、新产品、新业态、新模式、新趋势的跟踪研究。建立指南任务落实情况督促检查和第三方评价机制，扎实开展动态监测和中期评估工作。做好“十三五”时期信息产业各行业领域相关规划、政策、专项和工程与本指南的衔接。

科技管理

技术创新

【“制造业创新中心建设工程”组织实施】 工业和信息化部联合国家发改委、科技部、财政部印发《制造业创新中心建设工程实施指南（2016—2020年）》，并由工业和信息化部印发《关于推进制造业创新中心建设，完善国家制造业创新体系的指导意见》，统筹指导国家和省级制造业创新中心建设。成立国家制造业创新中心专家组。国家动力电池创新中心正式成立，国家增材制造创新中心开始筹建，北京、江苏、湖北、广东等地开展省级制造业创新中心试点建设培育工作。

【“国家技术创新示范企业”认定】 2016年，工业和信息化部与财政部联合认定69家企业为“国家技术创新示范企业”；对2013年认定的80家“国家技术创新示范企业”进行复核评价，79家企业通过考评。

【《产业技术创新能力发展规划（2016—2020年）》印发】 工业和信息化部印发《产业技术创新能力发展规划（2016—2020年）》，明确“十三五”期间工业和信息化领域技术创新能力发展目标和主要任务，引导和加强重点产业技术创新工作，提升产业技术创新能力，促进工业转型与升级。

【“建立和完善我国制造业创新体系研究”重大课题完成】 开展制造业创新体系理论研究，梳理产业创新体系理论脉络，重点比较美国、德国、英国、日本等国制造业创新体系要素结构、建设模式和运行机制等方面的特征，分析各国主要创新载体建设模式，总结借鉴典型国家制造业创新体系建设经验，开展中国制造业创新体系现状及趋势研究，完成《建立和完善我国制造业创新体系研究》课题报告。

【科技成果产业化】 落实《国务院办公厅关于印发促进科技成果转移转化行动方案》实施计划，研究促进工业和信息化知识产权成果转移转化绩效考核评价指标体系，组织有关单位和社会评价机构进行上百项科技成果评价活动。

积极推进部属高校科技成果转化平台建设，研究提出部属高校科技成果转化服务平台建设初步方案。组织召开直属高校科技成果对接会，促进成果交易转化。

组织产业转移对接活动，组织先进技术转移专题对接会，以智能终端、高端装备、新能源、新材料等领域科技创新和技术转移为导向，搭建产学研合作交流平台，形成科技成果转化项目源，促进成果产业化。

组织成立智能制造系统解决方案供应商联盟和智能网联汽车联盟；指导成立中国大数据产业生态联盟、制造业与互联网融合发展联盟、制造业“双创”联盟等，促进重点领域共性技术成果转化和应用。

【“工业和信息化部重点实验室”认定】 确定第二批工业和信息化部重点实验室 28 家，为首批认定的 25 家工业和信息化部重点实验室聘任实验室主任和学术委员会主任。

【制造业创新能力建设项目】 按照《工业和信息化部关于发布 2016 年工业转型升级（中国制造 2025）重点项目指南的通知》要求，通过评审遴选确定有关单位承担动力电池创新能力建设项目和增材制造创新能力建设项目。

【国家重大科研仪器项目】 配合国家自然科学基金委员会组织部属高校和单位申报仪器研制项目，择优推荐 7 项。配合科技部对 2014 年度立项的部分项目开展中期评估工作，所有项目均顺利完成评估并超过预期效果，组织 3 个 2011 年立项项目开展技术验收，跟踪监测项目 2016 年度执行情况。

【国家国际科技合作创新项目】 配合科技部做好部属高校和单位国家国际科技合作创新项目申报和管理工作。全年累计推荐中美、中日、中欧等各类政府间合作项目 37 个，确定立项 6 项；推荐国家国际科技合作基地 8 个，认定 2 个；办理申请预算调整或延期等重大事项调整 3 项；到期验收项目 3 项。

［供稿：工业和信息化部科技司］

高技术与物联网

【科技体制改革】 加大科技与产业和经济深度结合，积极推动科技体制改革。参与完善科技计划管理部际联席会议制度、完善全国科技专家库、建立统一的国家科技计划监督评估机制等，更好发挥行业部门在部际联席会议的作用。参与科技计划优化整合相关工作。围绕“中国制造 2025”战略实施，提出 2016 年优先启动重点专项建议以及项目遴选有关意见和建议，参与 2016 年重点专项立项和指南编制工作，参与 2017 年重点专项布局工作。参与“科技创新 2030- 重大项目”实施方案编制论证。组织专家和有关单位重点参与“人工智能 2.0”“天地一体化信息网络重大工程”等重大项目论证，结合产业发展需求提出相关建议，促进重大科技项目和重大工程与产业发展紧密衔接。

支持和指导工业和信息化部产业发展促进中心开展专业机构改建工作和项目管理评估与检查。支持做好网络空间安全、智能电网和材料基因 3 个重点研发计划重点专项项目管理工作，推动加强专业机构相关制度建设。

配合科技部、国家发改委做好国家创新驱动发展战略纲要、国家科技创新“十三五”规划、国家自主创新示范区、重大科研基础设施和大型科研仪器开放共享等工作。

【5G 推进工作】 建立协同推进机制。根据《5G 推进工作行动方案》有关部署，工业和信息化部成立 5G 推进领导小组和办公室，印发《5G 推进领导小组和办公室的职责及组成》和《5G 推进工作 2016 年计划安排》，明确职责分工，推进重点工作。

推进关键技术攻关。编制重大专项“十三五”规划和 2017 年指南，启动 5G 研发试验，顺利完成 5G 第一阶段试验。

加快 5G 频谱规划。推动批复 3.4GHz~3.6GHz 频段开展 5G 系统技术研发试验，开展其他有关频段的研究协调工作。

推动构建国际合作体系与欧盟建议工作机制，落实中欧 5G 合作联合声明；推动中欧美日韩产业界协调主办全球 5G 大会，第一届、第二届分别在北京、罗马举办；支持中外企业开展联合研发，推动 5G 推进组对外开放。

在 ITU 和 3GPP 框架下，积极推动形成全球统一的 5G 标准。中国在国际标准组织中影响力不断提高，国内企事业单位在 3GPP 投票权占比超过 20% 并获得多个重要职位。

启动 5G 发展战略编制工作，会同有关部门加强对 5G 推进工作的顶层设计和指导。

【物联网】 加强顶层设计。根据工业和信息化部“十三五”规划体系总体部署，编制完成《信息通信行业发展规划物联网分册（2016—2020 年）》，指导物联网产业健康有序发展。

加强标准体系建设。会同工业和信息化部相关司局研究制定物联网标准体系指南。

加快推进无锡国家传感网创新示范区等示范基地建设。召开示范区部际协调建设领导小组第 4 次会议，会同相关部门指导和支持示范区建设。推进无锡示范区智能交通产业园、测试基地建设，批复支持无锡建设智慧医疗健康产业园。支持无锡示范区开展中德传感器产业园共建合作。

加大物联网宣传推广。会同科技部、江苏省成功举办首届世界物联网博览会，李克强总理为大会发来贺信，全球业界重要企业和嘉宾与会，进一步扩大中国在全球物联网产业影响力。组织部属单位继续征集优秀的物联网应用示范案例，加强物联网中小企业对接，促进中国物联网企业优秀成果的宣传和推广。

加强部门间协同，推进汽车电子标识应用推广。加强与有关部门沟通，推动智慧医疗行业进行产需对接。

【车联网】 推进车联网创新发展，加强统筹协调和顶层设计。制定印发《车联网创新发展推进工作方案》，从车联网关键技术研发、标准制定、试验示范和安全等方面明确重点任务、保障措施和部内分工，加强统筹协调，协同推进车联网产业发展。组织推动清华大学等单位成立跨行业的车联网研究平台，加强车联网发展战略研究。

加强标准体系建设。会同工业和信息化部相关司局组建车联网标准体系建设工作机制，联合公安部、交通部等部门加快制定车联网标准体系建设指南，加快车路协同、车与交通设施互通标准的制定工作。

搭建融合创新平台。加强调查研究，对工业和信息化部车联网示范区进行深入调研，研究提出车联网示范区布局及后续发展意见建议并报工业和信息化部。与公安部、江苏省合作支持共建无锡（国家）传感网创新示范区建设智能交通综合测试基地，支撑解决发展车联网和自动驾驶所面临的法律法规、事故责任认定、网络安全、电子身份管理、道路测试等问题，为产业发展营造法律和政策环境。与交通部多次沟通协调，大力推动在技术标准、应用示范等方面的合作。

推动产业集聚。依托无锡、重庆、杭州等物联网产业基地，加快打造智慧交通、车联网等特色产业园区，大力推进协同创新、试点示范、公共服务平台建设，积极探索商业模式创新，发挥汽车、互联网、通信运营行业等龙头企业作用，推动产学研和产业链上下游合作，推动车联网和智能交通产业加快集聚。

积极开展国际合作，推动“中德智能网联汽车、车联网标准及测试验证合作项目”入选首批中德智能制造合作试点示范项目名单，在此基础上积极推进中德车联网检测能力建设。

【科技重大专项】 推动国家科技重大专项管理改革。积极参与科技部牵头开展的重大专项改革方案编制工作，参与编制国家科技重大专项（民口）“十三五”发展规划和修订国家科技重大专项组织实施工作规则，并在联合行业部门共同委托专业机构等方面与科技部达成一致意见。

根据重大专项管理改革要求和总体工作部署，会同财务司、装备工业司、电子信息司、信息化和软件服务业司、信息通信发展司及工业和信息化部产业发展促进中心研究部署重大专项有关工作。根据国务院要求，各专项结合《中国制造 2025》重点领域，聚焦重大专项重点任务，编制“十三五”实施计划和年度计划。

[供稿：工业和信息化部科技司]

质量管理

【工业质量品牌建设工作】 2016年2月17日印发《工业和信息化部办公厅关于做好2016年工业质量品牌建设工作的通知》，对年度工业质量品牌推进工作进行全面部署。社会各界对工业质量品牌建设工作关注度持续提高。

【制定并发布《促进装备制造业质量品牌提升专项行动指南》】 按照《中国制造2025》1+X体系方案要求，联合国家质检总局、国防科工局共同制定并发布《促进装备制造业质量品牌提升专项行动指南》。行动指南立足三年，展望十年，以提质增效为中心，以创新驱动为动力，以提升产品质量和加快品牌培育为主攻方向，从发挥企业质量品牌建设的主体作用、加强质量和品牌三类服务平台建设、完善质量发展的四个基础、健全质量监督和管理的四项机制、推进六个领域重点提升等方面提出20项具体行动，明确促进包括信息技术装备制造业在内的重点产品质量品牌提升的主要目标和保障措施。

【组织开展质量标杆学习活动】 2016年，在全行业继续组织开展质量标杆学习实践活动，遴选33项典型经验为全国质量标杆，举办4期全国质量标杆经验交流活动，引导广大工业企业学习实践质量标杆的成功经验，持续提升企业质量管理和服务质量水平。其中，重点评选"厦门ABB开关有限公司实施ABB中压远程中心云服务的实践经验"等6个"互联网＋应用"的质量标杆典型经验。组织1期"互联网＋应用"质量标杆经验学习交流活动。组织专业机构编写并正式出版《领跑中国智能制造时代》，从"两化融合的提升和效率"的角度系统总结10个典型标杆经验，面向行业进行推广。

【全国工业企业品牌培育试点示范工作】 继续组织开展全国工业企业品牌培育试点示范工作，组织编制《产业集群区域品牌建设示范区管理办法》，进一步规范区域品牌建设试点示范工作；开展工业企业品牌培育，引导2 048家工业企业开展试点，培育80余家示范企业；组织开展产业集群区域品牌建设试点示范工作，确定38个区域品牌建设试点区，树立首批6个示范区；开展工业品牌宣传活动，制定《中国品牌印象》专题宣传片方案，并在中国工业报、中国经济报等主流媒体开展品牌宣传推广活动。

【工业质量品牌公共服务平台建设】 依托《中国制造2025》专项资金，支持建设工业质量品牌公共服务平台；组织开展行业非竞争性共性质量技术问题研究工作，组织实施"电机及伺服系统装备可靠性解决方案推广应用"项目，协助相关企业从产品研发、生产直至售后全过程强化质量控制手段，提升重点产品实物质量水平；评选确定第四期23家工业产品质量控制和技术评价实验室，完成首批实验室的到期复核工作。

【供稿：工业和信息化部科技司】

行业标准管理

【标准制修订】 2016年，工业和信息化部积极开展电子信息行业标准制修订工作。全年批准发布《网络智能机顶盒技术要求和测试方法》等220项行业标准，安排《平衡车用锂离子电池和电池组规范》等63项行业标准制修订计划，涉及光伏、锂离子电池、集成电路等重点领域。

【标准国际化】 2016年，工业和信息化部积极推动电子信息行业标准国际化工作。以国际标准提案为核心，鼓励和支持国内企事业单位实质性参与国际标准化工作，提升国际标准话语权，增强产业国际竞争力。全年共支持《DTMB系统地面数字电视接收机》等24项由中国提出国际标准提案在国际标准化组织（ISO）、国际电工委员会（IEC）、国际电联（ITU）立项制订的国际标准项目，其中《信息技术传感器网络测试框架》等14项已成为国际标准。

在行业标准制定中积极采用有利于电子信息产业发展的国际标准，启动《频率控制与选择用压电和介电器件》等7项国际标准转化工作。

【综合标准化】 2016年，工业和信息化部持续推进电子信息行业重点领域综合标准化体系建设，编制印发《锂离子电池综合标准化技术体系》，与国家标准委联合印发《智慧家庭综合标准化体系建设指南》。

[供稿：工业和信息化部科技司]

知识产权管理

【重点工程、重点领域知识产权运用】 积极推进工业和信息化领域知识产权战略实施，印发《制造业创新中心知识产权指南》（工信厅科〔2016〕159号），指引制造业创新中心知识产权创造、运用、保护和管理。推动产业知识产权协同运用和风险预警。

围绕《中国制造2025》、“互联网+”等重点领域，安排智能传感、数控机床等7个领域专利态势分析及应对策略研究；针对集成电路、移动智能终端等知识产权密集产业，推动建立知识产权协同运用机制和风险联合防控体系。

【行业知识产权服务支撑】 搭建运营工业企业知识产权运用服务平台，形成知产资讯、培育工程、政策法规、典型案例、咨询服务等七大板块，发布工业和信息化领域知识产权相关政策文件、典型案例，集合企业所需知识产权法律法规、研究成果、课件等资源，促进知识产权服务资源扩大与优化配置。

围绕深化实施国家知识产权战略重点，对主要企业、知识产权联盟、行业组织开展多次调研，掌握重点工业领域知识产权发展态势，为工业企业知识产权焦点问题提供解决方案。联合上海、江苏、河南、湖北、宁夏等地方工业和信息化主管部门，面向各地1 000多家试点企业开展《工业企业知识产权管理指南》宣贯与解读，指导企业诊断问题，提升企业知识产权管理能力。

通过制造强国知识产权论坛等，服务制造业创新驱动发展战略实施，通过知识产权运用标杆企业经验分享、行业组织代表与院士教授专家对话等环节，搭建工业和信息化领域各方知识产权问题互动、学习的高端平台。

［供稿：工业和信息化部科技司］

国际电联对口管理

【参加世界电信标准化全会】 2016 年世界电信标准化全会（WTSA-16）于 2016 年 10 月 24 日—11 月 3 日在突尼斯召开，中国 12 名专家当选 ITU-T 电信顾问组和相关研究组的主席 / 副主席，牵头提出的推进 IMT-2020（5G）网络标准化研究工作等 6 项提案获得批准成为正式决议。

在 2017—2020 年研究期，要加强战略新兴领域国际标准化工作的战略研究和统筹规划，特别是在 IMT-2020、宽带网络技术、物联网和智慧城市、网络安全、互联网业务管制政策等重点领域，充分发挥国际电联优势地位，切实推进中国建设网络强国战略实施。

【国际标准化战略顶层设计】 由中国专家领导的国际电信联盟（ITU）、联合国欧洲经济委员会、联合国人居署、联合国环境署和联合国发展计划署联合专家团队，对标联合国可持续发展目标，在前期已完成的 L.1600 系列三个标准基础上，研制第四个智慧城市评估标准 L.1603。联合国多个机构发起的“共建可持续智慧城市”（U4SSC）倡议，便依托于 ITU-T 所完成的智慧城市评估标准以及其他相关技术报告。

中国企业通过成功引领国际标准，依托国家“一带一路”倡议对外向印度尼西、马来西亚等国家输送智慧城市解决方案，对内向武汉、太原、济宁等一批中小城市提供智慧城市规划设计、方案评估等咨询服务，以及与基础设施、城市管理、惠民服务、信息安全等相关的工程实施和系统集成业务。这些工作切实做到李克强总理提出的引领国际标准，提高国际、国内标准一致性，促进产业发展与城镇建设的要求。

【优化文稿审查机制】 2016 年，中国向国际电联标准化部门提交 1 103 篇文稿，主导完成 82 项国际标准，牵头新立 66 个项目，积极在 5G 核心网、物联网与智慧城市、城域传送网、网络保护倒换、SDN 等新技术领域做出贡献。自 2015 年 10 月起全面试行《向国际电信联盟标准化部门提交文稿管理细则》后，2016 年共有 897 篇文稿采用备案程序，备案文稿占中国提交文稿总数的 81%，大大简化一般技术性文稿的报审工作。为进一步提升工作效率，简化文稿审批环节与流程，工业和信息化部科技司委托中国通信标准化协会开发建设的 ITU-T 对口组工作网站投入试运行，2017 年起融合对口组向研究组会议提交的所有文稿都采用在线审查方式。

［供稿：工业和信息化部科技司］

获国家科学技术奖励情况

【获国家自然科学奖情况】

序号	编号 / 获奖等级	项目名称 / 主要完成单位	主要完成人
1	Z-107-2-01 二等奖	图像结构建模与视觉表观重构理论方法研究 西安电子科技大学，中国科学院西安光学精密机械研究所，香港理工大学	高新波，李学龙，邓　成，袁　媛，陶大程
2	Z-107-2-02 二等奖	视觉场景理解的模式表征与计算理论及方法 西安交通大学	郑南宁，薛建儒，孙　剑，刘　铁，杜少毅
3	Z-107-2-03 二等奖	复杂动态网络的同步、控制与识别理论与方法 中国科学院数学与系统科学研究院，东南大学，香港城市大学，武汉大学	吕金虎，虞文武，陈关荣，陆君安，周　进
4	Z-107-2-04 二等奖	氧化物阻变存储器机理与性能调控 中国科学院微电子研究所	刘　明，刘　琦，管伟华，龙世兵，王　艳
5	Z-107-2-05 二等奖	碳基纳米电子器件及集成 北京大学	彭练矛，张志勇，丁　力，王　胜，梁学磊
6	Z-107-2-06 二等奖	微波毫米波新型基片集成类导波结构及器件 东南大学，南京邮电大学，杭州电子科技大学	洪　伟，郝张成，许　锋，罗国清，陈继新
7	Z-108-2-05 二等奖	荧光传感金属 - 有机框架材料结构设计及功能构筑 浙江大学	钱国栋，崔元靖，杨　雨，徐　绘，王智宇
8	Z-108-2-06 二等奖	储能用高性能复合电极材料的构筑及协同机理 华中科技大学	黄云辉，周　军，胡先罗，袁利霞，沈　越

【获国家技术发明奖情况】

序号	编号 / 获奖等级	项目名称 / 主要完成单位	主要完成人
1	F-307-2-03 二等奖	低功耗高性能软磁复合材料及关键制备技术 浙江大学，横店集团东磁股份有限公司，浙江东睦科达磁电有限公司，天通控股股份有限公司	严　密，吴　琛，王新华 何时金，柯　昕，张瑞标
2	F-30901-2-01 二等奖	先进日盲紫外探测与应用技术 南京大学，中国电子科技集团公司第五十五研究所	张　荣，闫　锋，陈敦军 陆　海，唐光华，郑有炓
3	F-30901-2-02 二等奖	超大型精密仪器装备气 / 磁阵列隔微振技术与装置 哈尔滨工业大学	谭久彬，王　雷，崔俊宁 赵　勃，杨文国，闻荣伟
4	F-30901-2-03 二等奖	混合式光纤传感技术及其在工程安全监测领域中的应用 天津大学，北京品傲光电科技有限公司	刘铁根，江俊峰，刘　琨 孟凡勇，张红霞，张以谟

续表

序号	编号 / 获奖等级	项目名称 / 主要完成单位	主要完成人
5	F-30901-2-05 二等奖	多界面光－热耦合白光 LED 封装优化技术 华中科技大学，深圳市瑞丰光电子股份有限公司，广东昭信企业集团有限公司，武汉大学	刘　胜，罗小兵，陈明祥 裴小明，王　恺，郑　怀
6	F-30902-2-02 二等奖	基于移动位置数据的城市出行信息服务关键技术与应用 北京航空航天大学，北京世纪高通科技有限公司，北京掌行通信息技术有限公司，北京市交通信息中心	吕卫锋，诸彤宇，杜博文 李建军，郭胜敏，于海涛
7	F-30902-2-03 二等奖	复杂岛礁水域无人自主测量关键技术及装备 上海大学，交通运输部东海航海保障中心上海海事测绘中心，青岛北海船舶重工有限责任公司	谢少荣，罗　均，彭　艳 蒲华燕，狄　伟，赵建国
8	F-30902-2-04 二等奖	钢铁生产与物流调度关键技术及应用 东北大学	唐立新，孟　盈，汪恭书 杨　阳，郭庆新，赵　任

【获国家科学技术进步奖情况】

序号	编号 / 获奖等级	项目名称 / 主要完成单位	主要完成人
1	J-25201-1-01 一等奖	航天重大工程的遥感空间信息可信度理论与关键技术 同济大学，中国科学院上海技术物理研究所，中国地质调查局发展研究中心	童小华，谢　欢，徐卫明，李景朝，刘世杰，舒　嵘，姜作勤，金雁敏，吕　刚，李　军，陈　鹏，张松林，叶　真，栾奎峰，刘向锋
2	J-212-2-01 二等奖	支持工业互联网的全自动电脑针织横机装备关键技术及产业化 浙江师范大学，宁波慈星股份有限公司，固高科技（深圳）有限公司	朱信忠，孙平范，李立军，吕　恕，赵建民，吴启亮，徐慧英，胡跃勇，龚小云，刘　越
3	J-214-2-01 二等奖	超薄信息显示玻璃工业化制备关键技术及成套装备开发 蚌埠玻璃工业设计研究院，东旭集团有限公司，成都中光电科技有限公司，蚌埠中建材信息显示材料有限公司，中国建材国际工程集团有限公司，安徽方兴科技股份有限公司	彭　寿，李兆廷，张　冲，葛承全，张少波，鲍兆臣，吴雪良，任红灿，江龙跃，陈　英
4	J-219-2-01 二等奖	用于集成系统和功率管理的多层次系统芯片低功耗设计技术 西安电子科技大学，杭州士兰微电子股份有限公司，成都启臣微电子有限公司，深圳国微技术有限公司	杨银堂，朱樟明，刘帘曦，吴建兴，唐　波，王良清，顾华玺，刘　毅，丁瑞雪，周　端
5	J-219-2-02 二等奖	高动态星敏感器技术与工程应用 北京航空航天大学，上海航天控制技术研究所，山东航天电子技术研究所	张广军，魏新国，江　洁，郑循江，樊巧云，李　健，李　科，闫劲云，熊　琨，王刚毅
6	J-220-2-01 二等奖	新一代立体视觉关键技术及产业化 清华大学，清华大学深圳研究生院，凌云光技术集团有限责任公司，中源智人科技（深圳）股份有限公司，深圳市环球数码科技有限公司	戴琼海，王好谦，索津莉，张永兵，范静涛，杨　艺，黄道权，申优桦，王兴政，金　欣
7	J-220-2-02 二等奖	高性能光伏发电系统关键控制技术与产业化应用 山东大学，山东奥太电气有限公司，中节能太阳能科技股份有限公司	张承慧，陈阿莲，张洪亮，宋爱珍，杜春水，曹华斌，段　彬，张光先，勾宪芳，邢相洋
8	J-220-2-03 二等奖	高安全成套专用控制装置及系统 浙江大学，上海电气集团股份有限公司，上海三菱电梯有限公司，杭州优稳自动化系统有限公司，上海大学	王文海，黄建民，孙优贤，贾廷纲，陈积明，程　鹏，许大庆，费敏锐，杨　炯，朱武标

续表

序号	编号 / 获奖等级	项目名称 / 主要完成单位	主要完成人
9	J-220-2-04 二等奖	网络交易支付系统风险防控关键技术及其应用 同济大学，支付宝（中国）网络技术有限公司，中国科学院计算技术研究所，东华大学	蒋昌俊，程　立，张亚英，喻　剑，孙毓忠，刘关俊，王　成，章昭辉，丁志军，方　钰
10	J-220-2-05 二等奖	大型风电水电机组低频故障诊断关键技术及应用 同济大学，国网甘肃省电力公司，浙江大学，上海明华电力技术工程有限公司，上海瑞视仪表电子有限公司	何　斌，沈润杰，吴启迪，汪宁渤，何　闻，王青华，徐　健，王志鹏，马　明，乔　非
11	J-220-2-06 二等奖	高性能系列化网络设备研制与应用 中国人民解放军国防科学技术大学，深圳市风云实业有限公司，中国人民解放军信息工程大学	苏金树，卢泽新，王宝生，孙志刚，张晓哲，汪斌强，吕高锋，李　韬，刘亚萍，黄　杰
12	J-25201-2-01 二等奖	国家电子政务协同式空间决策服务关键技术与应用 中国测绘科学研究院，武汉大学，中国科学院地理科学与资源研究所，东北大学，南京师范大学	刘纪平，张福浩，郭庆胜，王　亮，吴立新，艾廷华，龙　毅，董　春，张明波，王　勇
13	J-25201-2-02 二等奖	航空地球物理勘查技术系统 中国国土资源航空物探遥感中心，成都理工大学，中国人民解放军国防科学技术大学，吉林大学	熊盛青，王　平，陈　斌，周锡华，周坚鑫，葛良全，薛典军，段树岭，吴美平，林　君
14	J-25201-2-03 二等奖	国产陆地卫星定量遥感关键技术及应用 中国科学院遥感与数字地球研究所，中国资源卫星应用中心，中国国土资源航空物探遥感中心，中国农业科学院农业资源与农业区划研究所，新疆维吾尔自治区卫星应用中心，环境保护部卫星环境应用中心，中科遥感科技集团有限公司	顾行发，徐　文，方洪宾，李　虎，陈仲新，闵祥军，赵少华，甘甫平，柳钦火，王智勇
15	J-25201-2-04 二等奖	国家地理信息公共服务平台（天地图）研发与系统建设 武汉大学，国家基础地理信息中心，天地图有限公司，武大吉奥信息技术有限公司，北京吉威时代软件股份有限公司，国家测绘地理信息局卫星测绘应用中心	蒋　捷，吴华意，李志刚，龚健雅，黄　蔚，翟　永，宋爱红，李京伟，张　扬，查祝华

［供稿：工业和信息化部科技司］

电子行业标准与国家标准

【2016 年批准发布的电子行业标准】

序号	标准编号	标准名称	实施日期
1	SJ/T 11576-2016	喷雾式涂覆设备通用规范	2016/6/1
2	SJ/T 10479-2016	自动砂轮划片机	2016/6/1
3	SJ/T 11577-2016	SJ/T 11394-2009《半导体发光二极管测试方法》应用指南	2016/6/1
4	SJ/T 11578-2016	LED 模块电光转换效率要求	2016/6/1

续表

序号	标准编号	标准名称	实施日期
5	SJ/T 11579-2016	LED 模块接口规则	2016/6/1
6	SJ/T 11580-2016	普通照明用 LED 模块（LED 部件）接口规则	2016/6/1
7	SJ/T 11581-2016	LED 模块加速寿命试验方法	2016/6/1
8	SJ/T 11558.2.2-2016	LED 驱动电源 第 2-2 部分：LED 隧道灯用驱动电源	2016/6/1
9	SJ/T 11558.2.1-2016	LED 驱动电源 第 2-1 部分：LED 路灯用驱动电源	2016/6/1
10	SJ/T 11582-2016	动力型超级电容器电性能测试方法	2016/6/1
11	SJ/T 3172.4-2016	铁氧体磁心的尺寸 第 4 部分：RM 型磁心及其附件	2016/6/1
12	SJ/T 3172.19-2016	铁氧体磁心的尺寸 第 19 部分：UY 型磁心	2016/6/1
13	SJ/T 2318-2016	扬声器用铝镍钴系永磁体	2016/6/1
14	SJ/T 99-2016	变压器和扼流圈用铁心片及铁心叠厚系列	2016/6/1
15	SJ/T 3328.1-2016	电子产品用高纯石英砂 第 1 部分 技术条件	2016/6/1
16	SJ/T 3328.2-2016	电子产品用高纯石英砂 第 2 部分 分析方法通则	2016/6/1
17	SJ/T 3328.4-2016	电子产品用高纯石英砂 第 4 部分 二氧化硅的测定	2016/6/1
18	SJ/T 3328.7-2016	电子产品用高纯石英砂 第 7 部分 铬的测定	2016/6/1
19	SJ/T 3328.8-2016	电子产品用高纯石英砂 第 8 部分 铝的测定	2016/6/1
20	SJ/T 3328.10-2016	电子产品用高纯石英砂 第 10 部分 铅的测定	2016/6/1
21	SJ/T 3328.5-2016	电子产品用高纯石英砂 第 5 部分 铁的测定	2016/6/1
22	SJ/T 3328.6-2016	电子产品用高纯石英砂 第 6 部分 铜的测定	2016/6/1
23	SJ/T 3328.3-2016	电子产品用高纯石英砂 第 3 部分 灼烧失量的测定	2016/6/1
24	SJ/T 11583-2016	电子陶瓷及其封接气密性测试方法	2016/6/1
25	SJ/T 3326-2016	陶瓷 - 金属封接抗拉强度测试方法	2016/6/1
26	SJ/T 10309-2016	印制板用阻焊剂	2016/6/1
27	SJ/T 11171-2016	单、双面碳膜印制板分规范	2016/6/1
28	SJ/T 11584-2016	锡球规范	2016/6/1
29	SJ/T 10329-2016	印制板返修和返工	2016/6/1
30	SJ/T 11585-2016	串行存储器接口要求	2016/6/1
31	SJ/T 11586-2016	半导体器件 10keV 低能 X 射线总剂量辐射试验方法	2016/6/1
32	SJ/T 11587-2016	电子产品防静电包装技术要求	2016/6/1
33	SJ/T 11588-2016	BDS/GPS 射频与基带一体化模块性能要求与测试方法	2016/6/1
34	SJ/T 11589-2016	雷达用电站方舱通用规范	2016/6/1

续表

序号	标准编号	标准名称	实施日期
35	SJ/T 11199-2016	压电石英晶体片	2016/6/1
36	SJ/T 10709-2016	压电陶瓷电声元件总规范	2016/6/1
37	SJ/T 11461.2-2016	有机发光二极管显示器件 第 2 部分：基本额定值和特性	2016/6/1
38	SJ/T 11461.3-2016	有机发光二极管显示器件 第 3 部分：显示屏分规范	2016/6/1
39	SJ/T 11461.4-2016	有机发光二极管显示器件 第 4 部分：显示模块分规范	2016/6/1
40	SJ/T 11590-2016	LED 显示屏图像主观质量评价方法	2016/6/1
41	SJ/T 11591.1.1-2016	立体显示器件 第 1-1 部分：总规范	2016/6/1
42	SJ/T 11591.1.2-2016	立体显示器件 第 1-2 部分：术语和定义	2016/6/1
43	SJ/T 11591.4.1.1-2016	立体显示器件 第 4-1-1 部分：眼镜式立体显示器件测量方法 - 光学和光电	2016/6/1
44	SJ/T 11461.5.3-2016	有机发光二极管显示器件 第 5-3 部分：残像和寿命的测试方法	2016/6/1
45	SJ/T 31001-2016	设备完好要求和检查评定方法编写导则	2016/6/1
46	SJ/T 31389-2016	高温试验设备完好要求和检查评定方法	2016/6/1
47	SJ/T 31448-2016	供水管道完好要求和检查评定方法	2016/6/1
48	SJ/T 31449-2016	供油管道完好要求和检查评定方法	2016/6/1
49	SJ/T 31128-2016	近红外厚膜烧结炉完好要求和检查评定方法	2016/6/1
50	SJ/T 31446-2016	煤气管道完好要求和检查评定方法	2016/6/1
51	SJ/T 31445-2016	热力管道完好要求和检查评定方法	2016/6/1
52	SJ/T 31002-2016	企业设备维修保养通则	2016/6/1
53	SJ/T 31024-2016	数控车床完好要求和检查评定方法	2016/6/1
54	SJ/T 31028-2016	数控电火花成型机完好要求和检查评定方法	2016/6/1
55	SJ/T 31029-2016	数控电火花切割机完好要求和检查评定方法	2016/6/1
56	SJ/T 31026-2016	数控平面磨床完好要求和检查评定方法	2016/6/1
57	SJ/T 31027-2016	数控铣床、数控加工中心完好要求和检查评定方法	2016/6/1
58	SJ/T 31025-2016	数控坐标磨床完好要求和检查评定方法	2016/6/1
59	SJ/T 31387-2016	恒定湿热试验设备完好要求和检查评定方法	2016/6/1
60	SJ/T 31080-2016	光掩模制作用图形发生器完好要求和检查评定方法	2016/6/1
61	SJ/T 31451-2016	压缩空气管道完好要求和检查评定方法	2016/6/1
62	SJ/T 31450-2016	氧气输送管道完好要求和检查评定方法	2016/6/1
63	SJ/T 31447-2016	乙炔管道完好要求和检查评定方法	2016/6/1
64	SJ/T 31083-2016	真空镀膜设备完好要求和检查评定方法	2016/6/1

续表

序号	标准编号	标准名称	实施日期
65	SJ/T 11104-2016	金电镀层规范	2016/6/1
66	SJ/T 11110-2016	银电镀层规范	2016/6/1
67	SJ/T 3200-2016	银钎焊接头规范	2016/6/1
68	SJ/T 3201-2016	铝钎焊接头规范	2016/6/1
69	SJ/T 11592-2016	智能电视概念模型	2016/6/1
70	SJ/T 11188-2016	广播电视接收机用电子调谐器通用规范	2016/6/1
71	SJ/T 11593-2016	主动快门式立体眼镜技术规范	2016/6/1
72	SJ/T 10406-2016	声频功率放大器通用规范	2016/6/1
73	SJ/T 11180.1-2016	音频和视听设备 数字音频部分 音频特性基本测量方法 第 1 部分：总则	2016/6/1
74	SJ/T 11348-2016	平板电视显示性能测量方法	2016/6/1
75	SJ/T 11157.2-2016	电视广播接收机测量方法 第 2 部分：音频通道的电性能和声性能测量方法	2016/6/1
76	SJ/T 11594.1-2016	数字电视接收终端音视频解码技术要求及测试方法 第 1 部分：视频（AVS+）	2016/6/1
77	SJ/T 11594.2-2016	数字电视接收终端音视频解码技术要求及测量方法 第 2 部分：音频（DRA）	2016/6/1
78	SJ/T 11595-2016	会议系统用流媒体实时总线技术要求	2016/6/1
79	SJ/T 11596-2016	电子投影机多媒体功能技术要求和测量方法	2016/6/1
80	SJ/T 11597-2016	数字电视交互应用接口规范	2016/6/1
81	SJ/T 11326-2016	数字电视接收及显示设备环境试验方法	2016/6/1
82	SJ/T 11598-2016	电子工业用氢化铝钠	2016/6/1
83	SJ/T 11601-2016	信息技术 非接触式二维码扫描枪通用规范	2016/6/1
84	SJ/T 11602-2016	信息技术 非接触式一维码扫描枪通用规范	2016/6/1
85	SJ/T 11603-2016	用于信息处理产品和服务数字标识格式	2016/6/1
86	SJ/T 11604-2016	基于十进制网络的射频识别标签信息定位、查询与服务发现技术规范	2016/6/1
87	SJ/T 11605-2016	基于射频技术的用于产品和服务域名规范	2016/6/1
88	SJ/T 11606-2016	射频识别标签信息查询服务的网络架构技术规范	2016/6/1
89	SJ/T 11607-2016	指纹识别设备通用规范	2016/6/1
90	SJ/T 11608-2016	人脸识别设备通用规范	2016/6/1
91	SJ/T 11609-2016	信息技术 拍摄仪通用规范	2016/6/1
92	SJ/T 11292-2016	计算机用液晶显示器通用规范	2016/6/1
93	SJ/T 11610-2016	电子电气产品挥发性有机化合物和醛酮类化合物释放速率检测方法	2016/6/1
94	SJ/T 11462.3.1-2016	电子设备用编码器 第 3-1 部分：空白详细规范 绝对型旋转编码器 评定水平 EZ	2016/6/1

续表

序号	标准编号	标准名称	实施日期
95	SJ/T 11462.3-2016	电子设备用编码器 第 3 部分：分规范 绝对型旋转编码器	2016/6/1
96	SJ/T 11611-2016	电子元器件详细规范 线绕固定电阻器 RXF-1 型涂覆型线绕熔断电阻器评定水平 E	2016/6/1
97	SJ/T 11462.2-2016	电子设备用编码器 第 2 部分：分规范 增量型旋转编码器	2016/6/1
98	SJ/T 11462.2.1-2016	电子设备用编码器 第 2-1 部分：空白详细规范 增量型旋转编码器 评定水平 EZ	2016/6/1
99	SJ/T 11612-2016	电子元器件详细规范 CA30M 型非固体电解质钽固定电容器 评定水平 E	2016/6/1
100	SJ/T 11613-2016	电子元器件详细规范 CA45 型表面安装 MnO2 固体电解质钽固定电容器 评定水平 EZ	2016/6/1
101	SJ/T 10210-2016	电子元器件详细规范 CT41 型表面安装用 2 类多层瓷介固定电容器 评定水平 EZ	2016/6/1
102	SJ/T 10211-2016	电子元器件详细规范 CC41 型表面安装用 1 类多层瓷介固定电容器 评定水平 EZ	2016/6/1
103	SJ/T 10984-2016	电子元器件详细规范 CA 型固体电解质钽固定电容器 评定水平 E	2016/6/1
104	SJ/T 11614-2016	电动汽车驱动电机系统用金属化薄膜电容器规范	2016/6/1
105	SJ/T 11615.1-2016	网络数据采集分析软件规范 第 1 部分：框架	2016/6/1
106	SJ/T 11615.2-2016	网络数据采集分析软件规范 第 2 部分：数据格式描述	2016/6/1
107	SJ/T 11615.3-2016	网络数据采集分析软件规范 第 3 部分：信息识别	2016/6/1
108	SJ/T 11615.4-2016	网络数据采集分析软件规范 第 4 部分：服务要求	2016/6/1
109	SJ/T 11616-2016	信息技术 移动信息终端基于关键词引导的规范	2016/6/1
110	SJ/T 11617-2016	软件工程 COSMIC-FFP 一种功能规模测量方法	2016/6/1
111	SJ/T 11618-2016	软件工程 MK II 功能点分析计数实践指南	2016/6/1
112	SJ/T 11619-2016	软件工程 NESMA 功能规模测量方法版本 2.1 使用功能点分析的定义和统计准则	2016/6/1
113	SJ/T 11620-2016	信息技术 软件和系统工程 FiSMA1.1 功能规模测量方法	2016/6/1
114	SJ/T 11621-2016	信息技术 软件资产管理 成熟度评估基准	2016/6/1
115	SJ/T 11622-2016	信息技术 软件资产管理 实施指南	2016/6/1
116	SJ/T 11623-2016	信息技术服务 从业人员能力规范	2016/6/1
117	SJ/T 11566-2016	集成电路自动冲切成型设备	2016/6/1
118	SJ/T 10411-2016	永磁铁氧体材料物理分析方法	2016/6/1
119	SJ/T 11018-2016	电子器件用纯银钎料的分析方法 燃烧碘量法测定硫	2016/6/1
120	SJ/T 2749-2016	半导体激光二极管测试方法	2016/6/1
121	SJ/T 2658.14-2016	半导体红外发射二极管测量方法 第 14 部分：结温	2016/6/1
122	SJ/T 2658.15-2016	半导体红外发射二极管测量方法 第 15 部分：热阻	2016/6/1
123	SJ/T 2658.16-2016	半导体红外发射二极管测量方法 第 16 部分：光电转换效率	2016/6/1
124	SJ/T 10495-2016	频率低于 3MHz 的印制板用连接器 第 11 部分：同轴连接器（自由连接器和固定连接器尺寸）详细规范	2016/6/1

续表

序号	标准编号	标准名称	实施日期
125	SJ/T 11568-2016	锂离子电池用电解液溶剂	2016/6/1
126	SJ/T 11570.1-2016	介电滤波器 第 1 部分：总规范	2016/6/1
127	SJ/T 11570.2-2016	介电滤波器 第 2 部分：使用指南	2016/6/1
128	SJ/T 11571-2016	光伏组件用超薄玻璃	2016/6/1
129	SJ/T 11572-2016	运输环境下晶体硅光伏组件机械振动测试方法	2016/6/1
130	SJ/T 11573-2016	网络智能机顶盒技术要求和测试方法	2016/6/1
131	SJ/T 11574-2016	数字电视地面广播发射机通用规范	2016/6/1
132	SJ/T 11575-2016	电子电气产品零部件中挥发性有机物和醛酮类化合物检测方法	2016/6/1
133	SJ/T 11461.5.2-2016	有机发光二极管显示器件 第 5-2 部分：机械试验方法	2016/9/1
134	SJ/T 11460.3.3-2016	液晶显示用背光组件 第 3-3 部分：电视接收机用 LED 背光组件空白详细规范	2016/9/1
135	SJ/T 11459.2.2.5-2016	液晶显示器件 第 2-2-5 部分：电视机用彩色矩阵液晶显示模块详细规范	2016/9/1
136	SJ/T 11591.4.2.1-2016	立体显示器件 第 4-2-1 部分：自由立体显示器件测量方法—光学和光电	2016/9/1
137	SJ/T 11624-2016	发光二极管（LED）显示屏用发光二极管规范	2016/9/1
138	SJ/T 11625-2016	超级电容器分类及型号命名方法	2016/9/1
139	SJ/T 11626-2016	超级电容器用充电器通用规范	2016/9/1
140	SJ/T 11558.1-2016	LED 驱动电源 第 1 部分 通用规范	2016/9/1
141	SJ/T 11627-2016	太阳能电池用硅片电阻率在线测试方法	2016/9/1
142	SJ/T 11628-2016	太阳能电池用硅片尺寸及电学表征在线测试方法	2016/9/1
143	SJ/T 11629-2016	太阳能电池用硅片和电池片的在线光致发光分析方法	2016/9/1
144	SJ/T 11630-2016	太阳能电池用硅片几何尺寸测试方法	2016/9/1
145	SJ/T 11631-2016	太阳能电池用硅片外观缺陷测试方法	2016/9/1
146	SJ/T 11632-2016	太阳能电池用硅片微裂纹缺陷的测试方法	2016/9/1
147	SJ/T 10460-2016	太阳光伏能源系统图用图形符号	2016/9/1
148	SJ/T 1472-2016	半导体分立器件 3CG110 型硅 P N P 高频小功率晶体管详细规范	2016/9/1
149	SJ/T 1477-2016	半导体分立器件 3CG120 型硅 P N P 高频小功率晶体管详细规范	2016/9/1
150	SJ/T 1480-2016	半导体分立器件 3CG130 型硅 P N P 高频小功率晶体管详细规范	2016/9/1
151	SJ/T 1486-2016	半导体分立器件 3CG180 型硅 P N P 高频高反压小功率晶体管详细规范	2016/9/1
152	SJ/T 1826-2016	半导体分立器件 3DK100 型 N P N 硅小功率开关晶体管详细规范	2016/9/1
153	SJ/T 1830-2016	半导体分立器件 3DK101 型 N P N 硅小功率开关晶体管详细规范	2016/9/1
154	SJ/T 1832-2016	半导体分立器件 3DK102 型 N P N 硅小功率开关晶体管详细规范	2016/9/1

续表

序号	标准编号	标准名称	实施日期
155	SJ/T 1833–2016	半导体分立器件 3DK103 型 N P N 硅小功率开关晶体管详细规范	2016/9/1
156	SJ/T 1834–2016	半导体分立器件 3DK104 型 N P N 硅小功率开关晶体管详细规范	2016/9/1
157	SJ/T 1839–2016	半导体分立器件 3DK108 型 N P N 硅小功率开关晶体管详细规范	2016/9/1
158	SJ/T 1831–2016	半导体分立器件 3DK28 型 N P N 硅小功率开关晶体管详细规范	2016/9/1
159	SJ/T 1838–2016	半导体分立器件 3DK29 型 N P N 硅小功率开关晶体管详细规范	2016/9/1
160	SJ/T 10412–2016	永磁铁氧体料粉	2016/9/1
161	SJ/T 10410–2016	永磁铁氧体材料	2016/9/1
162	SJ/T 11634–2016	电子工业用显影液中甲醇的测定 顶空气相色谱法	2016/9/1
163	SJ/T 11635–2016	电子工业用显影液中碳酸根离子的测定 自动电位滴定法	2016/9/1
164	SJ/T 11636–2016	电子工业用显影液中四甲基氢氧化铵的测定 自动电位滴定法	2016/9/1
165	SJ/T 10583–2016	气体质量流量控制器通用技术条件	2016/9/1
166	SJ/T 11639–2016	电子制造用水基清洗剂	2016/9/1
167	SJ/T 11640–2016	锡渣抗氧化还原剂	2016/9/1
168	SJ/T 11273–2016	免清洗液态助焊剂	2016/9/1
169	SJ/T 11641–2016	印制板钻孔用盖板	2016/9/1
170	SJ/T 11200–2016	环境试验 2–58 部分：试验 试验 Td：表面组装元器件可焊性、金属化层耐溶蚀性和耐焊接热的试验方法	2016/9/1
171	SJ/T 2085–2016	聚氯乙烯绝缘安装用柔软电线电缆	2016/9/1
172	SJ/T 2086–2016	聚氯乙烯绝缘安装电线电缆	2016/9/1
173	SJ/T 2932–2016	阻燃聚氯乙烯绝缘安装电线电缆	2016/9/1
174	SJ/T 11642–2016	直播卫星电视广播接收用平板天线通用规范	2016/9/1
175	SJ/T 11644–2016	激光微投影机通用规范	2016/9/1
176	SJ/T 11647–2016	信息技术 盘阵列接口要求	2016/9/1
177	SJ/Z 9056–2016	信息处理用办公机器和打印机 在卷轴上宽度超过 19mm 的编织打印色带	2016/9/1
178	SJ/Z 11648–2016	射频识别技术仓储业务应用指南	2016/9/1
179	SJ/T 11649.1–2016	高清光盘播放系统 第 1 部分：只读光盘技术要求	2016/9/1
180	SJ/T 11650–2016	信息技术 办公设备 电子设备中化学品散发率的确定	2016/9/1
181	SJ/T 11651–2016	离散制造业生产管理用射频识别读写设备管理接口规范	2016/9/1
182	SJ/T 11652–2016	离散制造业生产管理用射频识别标签数据模型	2016/9/1
183	SJ/T 11653–2016	电子收款机通用规范	2016/9/1
184	SJ/T 11654–2016	固态盘通用规范	2016/9/1

续表

序号	标准编号	标准名称	实施日期
185	SJ/T 11655-2016	信息技术 移动存储 移动硬盘通用规范	2016/9/1
186	SJ/T 11656-2016	大型公共活动（会展、赛事）电子票务系统应用规范	2016/9/1
187	SJ/T 11657-2016	基于射频识别的物流供应链事务应用数据模型	2016/9/1
188	SJ/T 11658-2016	表面安装高 Q 多层瓷介固定电容器规范	2016/9/1
189	SJ/T 10171-2016	碱性电池隔膜基本性能的通用测试方法	2016/9/1
190	SJ/T 10484-2016	铁路客车用镉镍蓄电池（组）规范	2016/9/1
191	SJ/T 11666.1-2016	制造执行系统（MES）规范 第 1 部分：模型和术语	2016/7/1
192	SJ/T 11666.3-2016	制造执行系统（MES）规范 第 3 部分：功能构件	2016/7/1
193	SJ/T 11666.4-2016	制造执行系统（MES）规范 第 4 部分：接口与信息交换	2016/7/1
194	SJ/T 11666.5-2016	制造执行系统（MES）规范 第 5 部分：产品开发	2016/7/1
195	SJ/T 11666.6-2016	制造执行系统（MES）规范 第 6 部分：产品测试	2016/7/1
196	SJ/T 11666.7-2016	制造执行系统（MES）规范 第 7 部分：导入实施指南	2016/7/1
197	SJ/T 11666.8-2016	制造执行系统（MES）规范 第 8 部分：服务质量度量	2016/7/1
198	SJ/T 11666.9-2016	制造执行系统（MES）规范 第 9 部分：机械加工行业制造执行系统软件功能	2016/7/1
199	SJ/T 11666.10-2016	制造执行系统（MES）规范 第 10 部分：石油化工行业制造执行系统软件功能	2016/7/1
200	SJ/T 11666.11-2016	制造执行系统（MES）规范 第 11 部分：冶金行业制造执行系统软件功能	2016/7/1
201	SJ/T 11666.12-2016	制造执行系统（MES）规范 第 12 部分：造船行业制造执行系统软件功能	2016/7/1
202	SJ/T 11666.13-2016	制造执行系统（MES）规范 第 13 部分：造纸行业制造执行系统软件功能	2016/7/1
203	SJ/T 11666.14-2016	制造执行系统（MES）规范 第 14 部分：橡胶制品行业制造执行系统软件功能	2016/7/1
204	SJ/T 11666.15-2016	制造执行系统（MES）规范 第 15 部分：化工行业制造执行系统软件功能	2016/7/1
205	SJ/T 16000-2016	电子信息行业社会责任指南	2016/12/1
206	SJ/T 11664-2016	城市轨道交通综合监控系统人机界面设计规范	2017/1/1
207	SJ/T 11665-2016	电子信息行业人工照明设计标准	2017/1/1
208	SJ/T 11461.6.2-2016	有机发光二极管显示器件 第 6-2 部分：测试方法 - 视觉质量	2017/1/1
209	SJ/T 10188-2016	印制板安装用元器件的设计和使用指南	2017/1/1
210	SJ/T 11660-2016	印制板钻孔用垫板	2017/1/1
211	SJ/T 2709-2016	印制板组装件温度测试方法	2017/1/1
212	SJ/T 11661-2016	机场围界传感器网络防入侵系统技术要求	2017/1/1
213	SJ/T 11662-2016	建筑能耗监测传感器网络系统技术要求	2017/1/1
214	SJ/T 11663-2016	应急用车载计算机通用规范	2017/1/1

续表

序号	标准编号	标准名称	实施日期
215	SJ/T 11637-2016	电子化学品 电感耦合等离子体质谱法通则	2017/1/1
216	SJ/T 11638-2016	电子化学品中颗粒的测试方法	2017/1/1
217	SJ/T 11643-2016	立体数字摄像设备通用规范	2017/1/1
218	SJ/T 11633-2016	电动汽车电机控制器用高压电容器选型规范	2017/1/1
219	SJ/T 11645-2016	裸眼立体电视通用技术要求	2017/1/1
220	SJ/T 11646-2016	裸眼立体电视图像质量测试方法	2017/1/1

【2016 年批准发布的电子行业国家标准】

序号	标准号	中文标准名称	实施日期
1	GB/T 2691-2016	电阻器和电容器的标志代码	2016/12/1
2	GB/T 6495.11-2016	光伏器件 第 11 部分：晶体硅太阳电池初始光致衰减测试方法	2016/11/1
3	GB/T 15843.3-2016	信息技术 安全技术 实体鉴别 第 3 部分：采用数字签名技术的机制	2016/11/1
4	GB/T 16284.8-2016	信息技术 信报处理系统（MHS）第 8 部分：电子数据交换信报处理服务	2016/11/1
5	GB/T 16284.9-2016	信息技术 信报处理系统（MHS）第 9 部分：电子数据交换信报处理系统	2016/11/1
6	GB/T 16284.10-2016	信息技术 信报处理系统（MHS）第 10 部分：MHS 路由选择	2016/11/1
7	GB/T 18031-2016	信息技术 数字键盘汉字输入通用要求	2016/11/1
8	GB/T 20090.16-2016	信息技术 先进音视频编码 第 16 部分：广播电视视频	2016/11/1
9	GB/T 29265.304-2016	信息技术 信息设备资源共享协同服务 第 304 部分：数字媒体内容保护	2016/11/1
10	GB/T 30269.601-2016	信息技术 传感器网络 第 601 部分：信息安全：通用技术规范	2016/8/1
11	GB/T 30269.702-2016	信息技术 传感器网络 第 702 部分：传感器接口：数据接口	2016/11/1
12	GB/T 30440.5-2016	游戏游艺机产品规范 第 5 部分：家庭游戏机	2016/11/1
13	GB/T 32573-2016	硅粉 总碳含量的测定 感应炉内燃烧后红外吸收法	2016/11/1
14	GB/T 32617-2016	政务服务中心信息公开数据规范	2016/11/1
15	GB/T 32618-2016	政务服务中心信息公开业务规范	2016/11/1
16	GB/T 32619-2016	政务服务中心信息公开编码规范	2016/11/1
17	GB/T 32626-2016	信息技术 网络游戏 术语	2016/11/1
18	GB/T 32627-2016	信息技术 地址数据描述要求	2016/11/1
19	GB/T 32629-2016	信息技术 生物特征识别应用程序接口的互通协议	2016/11/1
20	GB/T 32630-2016	非结构化数据管理系统技术要求	2016/11/1

续表

序号	标准号	中文标准名称	实施日期
21	GB/T 32633-2016	分布式关系数据库服务接口规范	2016/11/1
22	GB/T 32635-2016	网络游戏软件开发流程规范	2016/11/1
23	GB/T 32636.1-2016	信息技术 通用多八位编码字符集（基本多文种平面）汉字 28 点阵字型 第 1 部分：宋体	2016/12/1
24	GB/T 32636.2-2016	信息技术 通用多八位编码字符集（基本多文种平面）汉字 28 点阵字形 第 2 部分：黑体	2016/11/1
25	GB/T 32637-2016	信息技术 通用多八位编码字符集 西双版纳老傣文通用键盘字母数字区布局	2016/11/1
26	GB/T 32639-2016	平板显示器基板玻璃术语	2016/11/1
27	GB/T 32640-2016	平板显示器基板玻璃有效区域规范	2016/11/1
28	GB/T 32641-2016	平板显示器基板玻璃标准尺寸	2016/11/1
29	GB/T 32642-2016	平板显示器基板玻璃表面粗糙度的测量方法	2016/11/1
30	GB/T 32643-2016	平板显示器基板玻璃表面波纹度的测量方法	2016/11/1
31	GB/T 32644-2016	平板显示器基板玻璃化学耐久性的试验方法	2016/11/1
32	GB/T 32645-2016	平板显示器基板玻璃边缘条件规范	2016/11/1
33	GB/T 32646-2016	平板显示器用基板玻璃包装规范	2016/11/1
34	GB/T 32647-2016	平板显示器基板玻璃规范	2016/11/1
35	GB/T 32648-2016	平板显示器基板玻璃包装箱装运规范	2016/11/1
36	GB/T 32649-2016	光伏用高纯石英砂	2016/11/1
37	GB/T 32650-2016	电感耦合等离子质谱法检测石英砂中痕量元素	2016/11/1
38	GB/T 32651-2016	采用高质量分辨率辉光放电质谱法测量太阳能级硅中痕量元素的测试方法	2016/11/1
39	GB/T 32652-2016	多晶硅铸锭石英坩埚用熔融石英料	2016/11/1
40	GB/T 32653-2016	微机械系统加速度检波器	2017/5/1
41	GB/T 32654-2016	地震加速度检波器	2017/5/1
42	GB/T 32656-2016	日历及日程数据格式	2016/11/1
43	GB/T 9813.1-2016	计算机通用规范 第 1 部分：台式微型计算机	2017/3/1
44	GB/T 9813.2-2016	计算机通用规范 第 2 部分：便携式微型计算机	2017/3/1
45	GB/T 18789.3-2016	信息技术 自动柜员机通用规范 第 3 部分：服务	2017/3/1
46	GB/T 20276-2016	信息安全技术 具有中央处理器的 IC 卡嵌入式软件安全技术要求	2017/3/1
47	GB/T 32419.3-2016	信息技术 SOA 技术实现规范 第 3 部分：服务管理	2017/3/1
48	GB/T 32419.2-2016	信息技术 SOA 技术实现规范 第 2 部分：服务注册与发现	2017/3/1
49	GB/T 22081-2016	信息技术 安全技术 信息安全控制实践指南	2017/3/1
50	GB/T 22186-2016	信息安全技术 具有中央处理器的 IC 卡芯片安全技术要求	2017/3/1

续表

序号	标准号	中文标准名称	实施日期
51	GB/T 22080-2016	信息技术 安全技术 信息安全管理体系 要求	2017/3/1
52	GB/T 32927-2016	信息安全技术 移动智能终端安全架构	2017/3/1
53	GB/T 32926-2016	信息安全技术 政府部门信息技术服务外包信息安全管理规范	2017/3/1
54	GB/T 32925-2016	信息安全技术 政府联网计算机终端安全管理基本要求	2017/3/1
55	GB/T 32924-2016	信息安全技术 网络安全预警指南	2017/3/1
56	GB/T 32923-2016	信息技术 安全技术 信息安全治理	2017/3/1
57	GB/T 32922-2016	信息安全技术 IPSec VPN 安全接入基本要求与实施指南	2017/3/1
58	GB/T 32921-2016	信息安全技术 信息技术产品供应方行为安全准则	2017/3/1
59	GB/T 32920-2016	信息技术 安全技术 行业间和组织间通信的信息安全管理	2017/3/1
60	GB/T 32919-2016	信息安全技术 工业控制系统安全控制应用指南	2017/3/1
61	GB/T 32918.4-2016	信息安全技术 SM2 椭圆曲线公钥密码算法 第 4 部分：公钥加密算法	2017/3/1
62	GB/T 32918.3-2016	信息安全技术 SM2 椭圆曲线公钥密码算法 第 3 部分：密钥交换协议	2017/3/1
63	GB/T 32918.2-2016	信息安全技术 SM2 椭圆曲线公钥密码算法 第 2 部分：数字签名算法	2017/3/1
64	GB/T 32918.1-2016	信息安全技术 SM2 椭圆曲线公钥密码算法 第 1 部分：总则	2017/3/1
65	GB/T 32917-2016	信息安全技术 WEB 应用防火墙安全技术要求与测试评价方法	2017/3/1
66	GB/Z 32916-2016	信息技术 安全技术 信息安全控制措施审核员指南	2017/3/1
67	GB/T 32915-2016	信息安全技术 二元序列随机性检测方法	2017/3/1
68	GB/T 32914-2016	信息安全技术 信息安全服务提供方管理要求	2017/3/1
69	GB/T 32913-2016	信息技术 元对象设施（MOF）	2017/3/1
70	GB/T 32912-2016	信息技术 传统蒙古文单词词形规范 基本集	2017/3/1
71	GB/T 32911-2016	软件测试成本度量规范	2017/3/1
72	GB/T 32910.3-2016	数据中心 资源利用 第 3 部分：电能能效要求和测量方法	2017/3/1
73	GB/T 32909-2016	非结构化数据表示规范	2017/3/1
74	GB/T 32908-2016	非结构化数据访问接口规范	2017/3/1
75	GB/T 32907-2016	信息安全技术 SM4 分组密码算法	2017/3/1
76	GB/Z 32906-2016	信息安全技术 中小电子商务企业信息安全建设指南	2017/3/1
77	GB/T 32905-2016	信息安全技术 SM3 密码杂凑算法	2017/3/1
78	GB/T 32904-2016	软件质量量化评价规范	2017/3/1
79	GB/T 32903-2016	信息技术 指静脉识别系统 指静脉图像数据格式	2017/3/1
80	GB/T 22181.24-2016	等离子体显示器件 第 2-4 部分：数字电视机用器件特性测量方法	2017/5/1

续表

序号	标准号	中文标准名称	实施日期
81	GB/T 18789.2-2016	信息技术 自动柜员机通用规范 第 2 部分：安全	2017/5/1
82	GB/T 25000.10-2016	系统与软件工程 系统与软件质量要求和评价（SQuaRE）第 10 部分：系统与软件质量模型	2017/5/1
83	GB/T 25000.51-2016	系统与软件工程 系统与软件质量要求和评价（SQuaRE）第 51 部分：就绪可用软件产品（RUSP）的质量要求和测试细则	2017/5/1
84	GB/T 25067-2016	信息技术 安全技术 信息安全管理体系审核和认证机构要求	2017/5/1
85	GB/T 30269.901-2016	信息技术 传感器网络 第 901 部分：网关：通用技术要求	2017/5/1
86	GB/T 32419.4-2016	信息技术 SOA 技术实现规范 第 4 部分：基于发布 / 订阅的数据服务接口	2017/5/1
87	GB/T 33015-2016	多层印制板用粘结片通用规则	2017/5/1
88	GB/T 33016-2016	多层印制板用粘结片试验方法	2017/11/1
89	GB/T 33131-2016	信息安全技术 基于 IPSec 的 IP 存储网络安全技术要求	2017/5/1
90	GB/T 33132-2016	信息安全技术 信息安全风险处理实施指南	2017/5/1
91	GB/T 33133.1-2016	信息安全技术 祖冲之序列密码算法 第 1 部分：算法描述	2017/5/1
92	GB/T 33134-2016	信息安全技术 公共域名服务系统安全要求	2017/5/1
93	GB/T 33135-2016	信息技术 指静脉识别系统 指静脉采集设备通用规范	2017/5/1
94	GB/T 33136-2016	信息技术服务 数据中心服务能力成熟度模型	2017/5/1
95	GB/T 33137-2016	基于传感器的产品监测软件集成接口规范	2017/5/1
96	GB/T 33138-2016	存储备份系统等级和测试方法	2017/5/1
97	GB/T 33189-2016	电子文件管理装备规范	2017/5/1
98	GB/T 33190-2016	电子文件存储与交换格式 版式文档	2017/5/1
99	GB/T 33356-2016	新型智慧城市评价指标	2016/12/13
100	GB/T 33475.2-2016	信息技术 高效多媒体编码 第 2 部分：视频	2017/7/1
101	GB/T 33474-2016	物联网 参考体系结构	2017/7/1

［供稿：中国电子技术标准化研究院］

国内授权专利情况

【概况】 2016 年，中国国家知识产权局授权的中国申请人所持有的电子信息技术类发明专利 97 243 件，比 2015 年的 73 009 件增加 33.2%。

2016 年授权的电子信息技术类发明专利中，测量测试类 19 144 件，基本电气元件类 18 523 件，计算机软硬件类 19 546 件，电通信类 18 915 件，其他类 21 115 件。

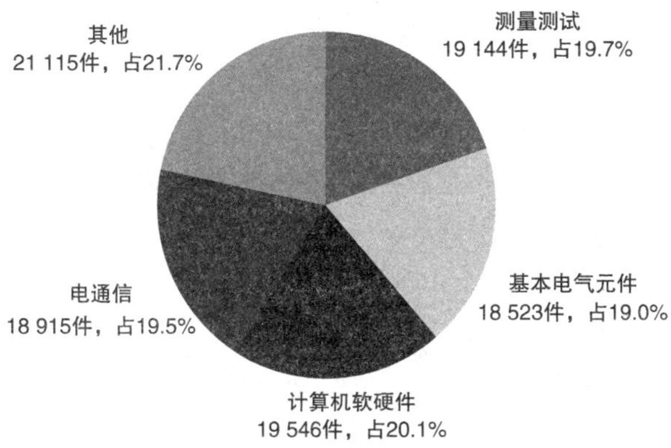

图 1　2016 年国内授权的电子信息技术类发明专利专业分布情况

2016 年各专业技术领域获得授权的发明专利数量均比 2015 年有较大跃升。其中，计算机软硬件类授权发明专利增幅最大，比 2015 年增长 76.2%，其他类和基本电气元件类分别增长 37.0% 和 32.5%，测量测试类增长 19.6%，电通信类增长 14.4%。

2016 年各专业技术领域发明专利授权量分布相对于 2015 年更加均衡，各专业技术领域发明专利授权量占电子信息技术类发明专利授权量比例都在 20% 左右，占比最大的其他类（占 21.7%）与占比最小的基本电气元件类（19.0%）所占比例仅相差 2.7%，计算机软硬件类、测量测试类和电通信类所占比例分别为 20.1%、19.7% 和 19.5%。2016 年各专业技术领域占电子信息技术类发明专利比例有升有降，但比例变化均不大，变化最大的是计算机软硬件类，比上年提高 4.9%，其他类比上年提高 0.6%，基本电气元件类、测量测试类、电通信类所占比例较上年略有下降，分别下降 0.1%、2.2%、3.2%。

2012—2016 年期间，电子信息技术类发明专利授权量增长较快，年均增长率 33.7%，比 2011—2015 年期间的 18.1% 提高 15.6 个百分点。在 5 个专业技术领域中，基本电气元件类的年均增长率最高，达 49.8%。其他 4 个专业类别的年均增长率在 25%~40% 之间，发展相对平稳。从总的发展趋势看，2011 年之后电子信息技术类的专利申请保持快速增长趋势，近几年内专利授权量仍将会呈现稳步增长的态势。

【测量测试类发明专利】　2016 年测量测试类发明专利授权量比 2015 年增加 3 142 件，增长趋势放缓，增长率 19.6%，年度增长率在 5 个专业技术领域中位列第四。2012—2016 年期间，测量测试类发明专利授权量年均增长率 25.7%，在 5 个专业技术领域中排名最后，与 2011—2015 年期间 24.2% 的年均增长率基本持平。

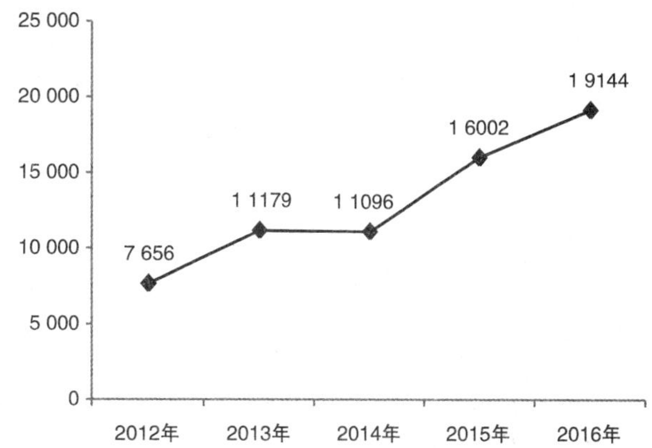

图 2　2012—2016 年国内测量测试类发明专利授权情况

【基本电气元件类发明专利】　基本电气元件类发明专利授权数量经历 2015 年大幅度增长后，2016 年增速放缓，增长率 32.5%，年度增长率在 5 个专业技术领域中位列第三。2012—2016 年期间，基本电气元件类发明专利授权量年均增长率 49.8%，在 5 个专业技术领域中位列第一，相比于 2011—2015 年期间 28.6% 的年均增长率，上升 21.2 个百分点。

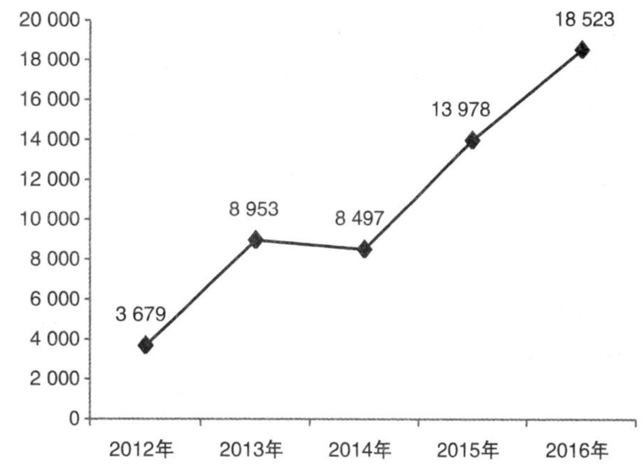

图 3　2012—2016 年国内基本电气元件类发明专利授权情况

【计算机软硬件类发明专利】　计算机软硬件类发明专

利授权量 2016 年大幅度增长，年度增长率达 76.2%，在 5 个专业技术领域中排名第一。2012—2016 年期间，计算机软硬件类发明专利授权量年均增长率 31.3%，在 5 个专业技术领域中位列第三，相比于 2011—2015 年期间 28.6% 的年均增长率，上升 2.7 个百分点。

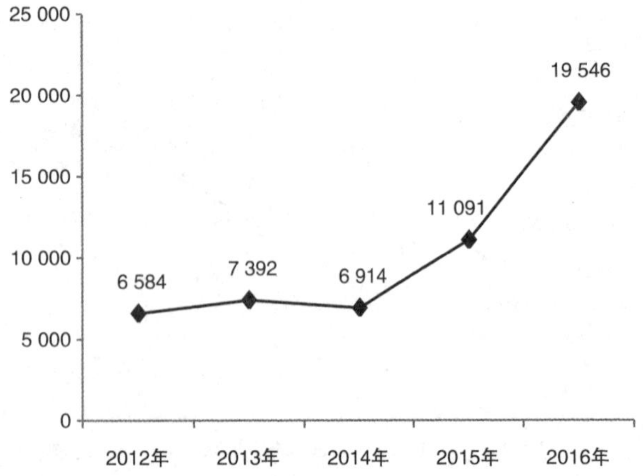

图 4　2012—2016 年国内计算机软硬件类发明专利授权情况

【电通信类发明专利】　电通信类发明专利授权量在 2013 年大幅增长 1 倍之后，2014—2016 年发展较为平稳，2016 年授权量增长 14.4%，年度增长率在 5 个专业技术领域排名垫底。2012—2016 年期间，电通信类发明专利授权量年均增长率 29.0%，相比于 2011—2015 年期间 7.9% 的年均增长率，上升 21.1 个百分点。

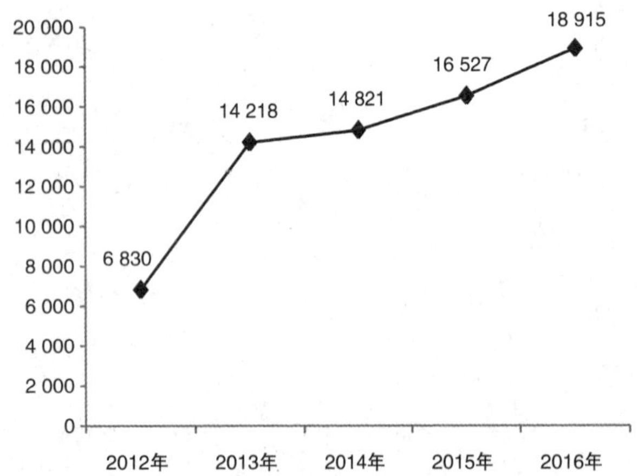

图 5　2012—2016 年国内电通信类发明专利授权情况

【其他类发明专利】　2016 年其他类发明专利的授权量增长较大，年度增长率 37.0%，在 5 个专业技术领域中排名第二。2012—2016 年期间，其他类发明专利授权量年均增长率 38.6%，相比于 2011—2015 年期间 13.3% 的年均增长率，上升 25.3 个百分点。

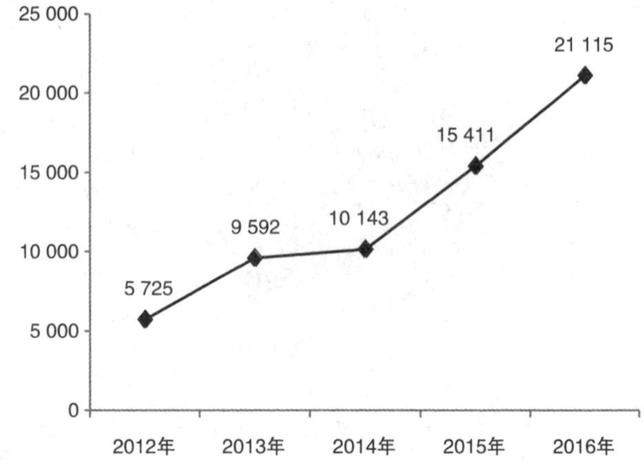

图 6　2012—2016 年国内其他类发明专利授权情况

【2016 年电子信息产业知识产权诉讼案例】

中兴、联想等再次遭到美国“337 调查”　2016 年 5 月，刚从美国商务部限制出口禁令中暂时解脱出来，中兴再次遭到美国国际贸易委员会的“337 调查”。除中兴外，同时被列入调查名单的还包括联想、HTC、索尼、三星等中日韩的 8 家电子企业。

美国国际贸易委员会发起的这项调查，源于新加坡 CreativeTechnology 公司、美国加州 CreativeLabs 公司于 2016 年 3 月 24 日向该委员会提交的投诉，称一些进口到美国的便携式电子设备和零部件侵犯其专利，这违反美国《1930 年关税法》第 337 条款。

2011—2014 年，中兴曾先后遭遇 6 起“337 调查”，其中 4 起胜诉。此次调查过程，中兴和联想将总结胜诉经验积极应对。

高通诉魅族 17 项专利侵权及拖欠专利使用费　2016 年 6 月 23 日，高通将魅族诉至北京知识产权法院，诉称魅族长期拒绝签署许可协议并拖欠高通专利使用费，索赔 5.2 亿元。2016 年 6 月 30 日，高通再度将魅族分别诉至北京知识产权法院和上海知识产权法院，称魅族侵犯自己 WCDMA/CDMA2000 3G、LTE 4G 无线通信标准等多项专利，包括与 3G 及 4G 无线通信标准相关专利，在两地分别提起 9 件和 8 件专利侵权诉讼，共计索赔 1 700 万元。3 个月过后，针对魅族依旧迟迟不与其达成许可授权协议，高通升级维权手段。2016 年 10 月 15 日，高通对外宣布，已在美国、德国和法国对魅族的侵权行为采取新一轮法律救济。

被高通诉至北京知识产权法院之后，魅族没有与高通进行磋商，而是向公众抛出“黑盒子”论，声称长期拖欠专利费的责任在高通，因为高通谈判并无诚意且专利收费标准不平等也不合理。当高通相继在美国、德国和法国采取法律手段后，魅族也第一时间给出回应，不再提此前的“黑盒子”论，而是强调“需要合理费率”，认为高通专利费太贵。

华为诉三星及多家公司专利侵权案 2016年7月5日，华为终端有限公司认为自己的专利被侵权，将三星（中国）投资有限公司等起诉到泉州中级人民法院，索赔8000万元。华为终端公司起诉的对象还有惠州三星电子有限公司、天津三星通信技术有限公司、福建省某电讯公司及泉州某电器公司。

2010年年初，华为技术有限公司“一种可应用于终端组件显示的处理方法和用户设备”的技术方案向国家知识产权局提出发明专利申请，该申请于2011年6月5日被授予发明专利权，专利号为ZL201010104157.0。该专利目前合法有效，受法律保护。华为终端公司表示，该发明专利共有16项权利要求，涉及此案的有8项，分析表明三星这些手机的技术特征与ZL201010104157.0号发明专利权中权利要求（合计8项）的所有技术特征一一对应。经过进一步深入调查分析，华为终端公司认为5被告共有16款产品涉嫌侵权。

华为诉T-Moblie侵犯其4G专利 2016年7月6日，华为技术有限公司在美国得州东区法院指控美国无线运营商T-Mobile侵犯自己的4G专利，同时拒绝与其基于公平、合理和非歧视条款达成专利许可授权协议。

诺基亚诉华为侵犯其3项4G专利 2016年7月17日，诺基亚在美国德州东区法院对华为提起专利侵权诉讼，指控华为及其终端公司在美国侵犯其3项涉及4G LTE通信的专利。诺基亚指控华为在2013年授权协议期满之后，拒绝达成专利授权协议，并继续在美国销售侵犯诺基亚专利的智能手机和平板电脑，包括Nexus6p、荣耀5x、P8 lite、GX8、AscendMate2以及MediapadT18.0Pro。

美国法院判定三星侵犯苹果专利属实 2016年10月，美国联邦巡回上诉法庭重新判定三星侵权事实成立，法官认定“滑动解锁”专利属于苹果。

苹果在本案中指控三星侵犯其“滑动解锁”专利、自动纠错功能以及一项用于探测手机号的专利。其中，大多数赔偿金都是针对手机号探测专利的，此前三星被裁定并未侵犯该专利。针对上诉法院的裁决，三星发表声明称，苹果这是寻求通过法院裁定“扼杀创新”，包括设计创新以及阻碍新产品的开发和营销。

与此同时，10月11日，美国最高法院对另一起三星诉苹果侵犯外观设计专利举行听证会。从外观设计到系统功能，三星和苹果围绕各项专利已经在法庭上大战多个回合。

美国对中美移动设备支架发起“337调查” 2016年11月7日，美国国际贸易委员会宣布对35家中国和美国企业在美销售的部分移动设备支架及其组件发起“337调查”，以确定是否存在专利侵权行为。

美国国际贸易委员会发表声明称，涉案产品包括各种尺寸、采取各种固定方式的移动设备支架，来自29家中国企业和6家美国企业。位于科罗拉多州的Nite Ize公司指控上述产品侵犯该公司专利，请求美国国际贸易委员会发布永久排除令、有限排除令及禁止令。

杜比在印度起诉OPPO和vivo侵权其专利 2016年11月，音频技术研发企业杜比实验室将中国手机厂商OPPO和vivo告上印度法庭，原因是两家公司的手机产品侵犯其专利权，且没有支付相应专利费。

为不影响手机在印度市场继续生产制造、销售和进口等，一方面，OPPO和vivo向法院表示愿意交纳每台设备34卢比（折合3.44元人民币）的保证金，另一方面，OPPO和vivo也向法院表示愿意继续与杜比公司进行FRAND（公平合理无歧视）的专利许可条款谈判。

诺基亚诉苹果侵犯其32项专利 2016年12月22日，诺基亚公司证实，其法律团队在德国和美国对苹果提起诉讼，状告后者侵犯其32项技术专利。

诺基亚向美国得州东区法院和德国杜塞尔多夫、曼海姆以及慕尼黑等地方法院递交诉状，状告苹果侵犯其显示器、软件、天线、芯片组以及视频编码等技术专利。诺基亚称自从2011年获得诺基亚的部分专利授权以来，苹果拒绝为在产品中使用诺基亚技术专利而建立授权协议。由于与苹果多年间的谈判没有结果诺基亚决定通过实际行动保护自己的权力。

与此同时，苹果也发起反垄断诉讼调查，认为诺基亚收取的专利费太高，破坏了FRAND原则。

【统计数据】

表 1　2012—2016 年国内授权的电子信息技术类发明专利总体分布情况

产品分类	2012 年	2013 年	2014 年	2015 年	2016 年	合计
测量测试	7 656	11 179	11 096	16 002	19 144	65 077
基本电气元件	3 679	8 953	8 497	13 978	18 523	53 630
计算机软硬件	6 584	7 392	6 914	11 091	19 546	51 527
电通信	6 830	14 218	14 821	16 527	18 915	71 311
其他	5 725	9 592	10 143	15 411	21 115	61 986
合计	30 474	51 334	51 471	73 009	97 243	303 531

注：表 1 中的合计数据均采用各专业技术领域简单累加的数据，未去重。

[撰稿：李秀娟　卢潮流　审稿：李慧颖]

国际合作

综　述

【概况】 2016年，工业和信息化部围绕建设制造强国、网络强国的中心工作，充分发挥双多边合作机制作用，服务中国特色新型工业化道路和中国特色大国外交实践，不断推动电子信息产业领域开放发展。完成二十国集团（G20）杭州峰会“新工业革命”议题各项任务，《二十国集团新工业革命行动计划》成为峰会重要成果；围绕“一带一路”建设，与沿线有关国家开展工业、通信业领域战略对接；加强与有关国家沟通协调，妥善应对贸易摩擦，引导和推动在电子信息产业领域对华合作的水平和层次，维护我产业正当利益。电子信息产业国际合作不断呈现新亮点、实现新突破，开创对外交流与合作新格局。

亚　洲

【中国—伊朗签署信息通信领域合作备忘录】 2016年1月23日，在国家主席习近平和伊朗总统鲁哈尼共同见证下，工业和信息化部部长苗圩与伊朗通信和信息技术部部长瓦埃兹在德黑兰签署《中华人民共和国工业和信息化部与伊朗伊斯兰共和国通信和信息技术部信息通信技术合作谅解备忘录》，双方确定在信息通信基础设施建设、信息通信技术联合研发、卫星协调、网络安全和人力资源开发等方面开展合作。

【中国—孟加拉国签署信息通信领域合作备忘录】 2016年10月14日，在国家主席习近平和孟加拉国总理哈西娜共同见证下，中国驻孟加拉国大使马明强代表工业和信息化部与孟加拉国邮电和信息技术部通信信息技术国务部长帕拉克共同签署《中华人民共和国工业和信息化部与孟加拉国邮电和信息技术部信息通信技术合作谅解备忘录》。双方将在信息通信基础设施、技术研发、普遍服务、网络安全和人力资源开发等领域开展合作。

【第二次中韩产业合作部级对话】 2016年3月18日，由工业和信息化部和韩国产业通商资源部共同举办的第二次中韩产业合作部级对话在京召开，工业和信息化部部长苗圩和韩国产业通商资源部长官周亨焕共同出席会议并致辞。苗圩在致辞中表示，中韩两国是隔海相望的友邻，地理相近、文化相通，经济互相依存、高度互补，互为对方重要的贸易和投资合作伙伴。作为亚太地区重要的产业大国，中韩两国都处于结构性改革和转型升级的关键时期，希望双方抓住中韩自贸区签署的重要机遇，扩大相互开放，加强在高新技术、先进制造、机器人、节能环保、新能源等领域的交流与合作。

对话中，中韩双方就产业政策、集成电路、机器人、汽车和动力电池、航空等议题进行深入交流，达成广泛共识，确定下一步合作重点。会后，苗圩和周亨焕签署会议纪要，共同见证闪联信息产业协会与韩国电子部品研究院签署合作文件。

【工业和信息化部与日中经济协会产业交流活动】 2016年9月23日，工业和信息化部副部长刘利华出席日中经济协会联合访华团交流活动。刘利华副部长在致辞中介绍中国工业、通信业发展情况，表示中日两国产业互补性强，合作潜力大，希望双方业界加强交流合作，共同推动两国产业合作。本次交流双方就产业结构调整和转型升级、战略性新兴产业、物联网、标准化和创新等议题进行深入交流。工业和信息化部相关司局、部属事业单位有关负责人以及200余名日本产业界代表参加交流活动。

【第十五届中日韩三国IT局长OSS会议】 2016年11月15日，第十五届中日韩三国IT局长OSS会议在韩国济州召开。工业和信息化部信息化与软件服务业司司长谢少锋、日本经济产业省商务信息政策局竹内芳明审议官（副局长）、韩国未来创造科学部软件政策局局长徐锡珍率团参加会议。中日韩三国总结交流自上一届会议以来为推动开源产业合作与发展所做的工作，肯定了三国开源合作发展取得的成果，并就全球开源技术最新发展趋势、下一步在开源领域的合作交流研讨，签署《第十五届中日韩三国IT局长OSS会议纪要》。11月16日，第十五届东北亚开源软件推进论坛召开。三国开源软件业界代表80余人围绕三国开源业界共同关注的云计算、物联网、移动互联网、大数据、人工智能等开源技术的发展趋势与应用，三国合作项目的进展及计划，以及三国开源社区发展等议题进行交流和探讨，论坛通过《第十五届东北亚开源软件推进论坛主席声明》。

欧洲和非洲

【中国—埃塞俄比亚签署共建东非信息高速公路合作谅解备忘录】 2016年5月6日，工业和信息化部副部长刘利华与埃塞俄比亚副总理级协调人兼通信和信息技术部部长德布雷齐翁在埃塞俄比亚首都亚的斯亚贝巴共同签署《中华人民共和国工业和信息化部与埃塞俄比亚联邦民主共和国通信和信息技术部关于共建东非信息高速公路的合作谅解备忘录》，一致同意在宽带建设、互联互通、信息化应用等领域开展合作。

【中国—埃塞俄比亚信息通信领域合作】 为落实中非合作论坛约翰内斯堡峰会成果，务实推进中非“十大合作计划”，工业和信息化部副部长刘利华于2016年5月4—8日率团访问埃塞俄比亚，与埃塞俄比亚通信和信息技术部就加强中埃（塞）和中非信息通信合作达成广泛共识。刘利华强调中非信息通信领域合作的意义，肯定埃塞俄比亚在本地区的重要作用，结合埃塞俄比亚国情阐述中方合作建议。埃塞俄比亚副总理级协调人兼通信和信息技术部部长德布雷齐翁对刘利华介绍的中方现阶段工作进展表示高度赞赏，对中资企业赴埃塞俄比亚投资表示热烈欢迎，表态将责成相关企业与中方对接，推动开展实质性合作。双方共同签署中埃（塞）共建“东非信息高速公路”合作备忘录。在埃塞俄比亚期间，刘利华一行还深入调研中国工业和通信业企业对埃塞俄比亚投资经营情况，安排中国企业与埃塞俄比亚政府和企业互动交流，收到良好效果。

【第七次中欧信息技术、电信和信息化对话】 2016年7月14日，工业和信息化部副部长怀进鹏与欧盟委员会通信网络、内容与技术总司副总司长盖尔·肯特女士在北京共同主持召开第七次中欧信息技术、电信和信息化对话会议。怀进鹏副部长介绍了中国在促进宽带基础设施建设、推动制造业和互联网融合发展、加强网络安全立法和个人信息保护等方面开展的工作；盖尔·肯特副总司长介绍了欧盟数字单一市场、通信领域开展成员国之间漫游等方面的工作。双方围绕信息通信技术（ICT）政策与数字经济、ICT监管、第五代移动通信（5G）研发、通信标准化、智慧城市建设、物联网和工业数字化等议题进行交流发言和深入讨论，达成广泛共识。双方同意继续在5G、物联网、工业数字化等领域加强合作，在网络安全、ICT监管、电信市场开放等领域加强交流沟通，在国际标准化等领域强化政策协调与合作。

【中俄总理定期会晤委员会通信与信息技术分委会第十五次会议】 2016年7月28日，中俄总理定期会晤委员会通信与信息技术分委会第十五次会议在杭州举行。工业和信息化部副部长陈肇雄和俄罗斯通信与大众传媒部副部长德米特里·阿尔哈佐夫共同主持会议。会议就电信、信息技术与网络安全、无线电频率协调以及邮政等领域交流合作进行深入友好协商，并对下一步工作进行部署。会后，陈肇雄与阿尔哈佐夫签署会议纪要。分委会会议之前，电信、信息技术与网络安全、无线电频率协调以及邮政四个工作组分别举行会议。

美洲和大洋洲

【中国—乌拉圭签署工业领域合作谅解备忘录】 2016年10月18日，在国家主席习近平和乌拉圭总统塔瓦雷·巴斯克斯共同见证下，工业和信息化部部长苗圩与乌拉圭工业、能源和矿业部部长卡罗丽娜·高斯在北京共同签署《中国工业和信息化部与乌拉圭工业、能源和矿业部关于工业领域合作的谅解备忘录》。双方将在工业政策法规、产业技术创新、工业和信息技术融合发展等领域加强交流，鼓励和支持双方企业开展合作。

【中国—新西兰签署信息通信领域合作安排】 2016年12月9日，工业和信息化部副部长刘利华与新西兰商业、创新与就业部首席执行官戴维德·斯莫尔在惠灵顿共同签署两部间信息通信领域合作安排，双方同意在4G、5G无线移动通信，宽带网络基础设施，云计算、大数据等新技术新业务，电信市场监管、无线电频谱管理等领域加强交流与合作。

【第七次中美商贸联委会产业和竞争力对话】 2016年10月24日，工业和信息化部副部长刘利华在京与美商务部常务副部长安德鲁斯、贸易代表办公室助理贸易代表岳雄飞共同主持召开中美商贸联委会第七次产业和竞争力对话。刘利华表示，中美产业和竞争力对话自2010年以来已成功举行七届，成为中美商贸联委会框架下的重要对话机制之一，希望双方通过对话进一步增强互信、管控分歧，积极推动两国产业合作，实现共赢发展。会上，双方就中美商贸联委会框架下各自关注的议题深入交换意见，并举行以“集成电路”为主题的产业交流。

【第 27 届中美商贸联委会】 第 27 届中美商贸联委会于 2016 年 11 月 21—23 日在美国华盛顿举行，由汪洋副总理和美国商务部长普利兹克、贸易代表弗罗曼共同主持。双方在联委会上就关注的经贸议题坦诚沟通，双方代表团与工商界深入交流，达成多项共识，取得积极成果。工业和信息化部副部长刘利华出席联委会全会及相关活动。在联委会全会上，刘利华副部长就“集成电路”议题阐述中方立场，表示中国政府在集成电路产业发展过程中，积极营造公开、透明、非歧视的环境，持续推进和完善市场化改革，发挥市场在资源配置中的决定性作用。中国国家集成电路产业投资基金委托专业管理机构管理，按照市场规则和国际通行做法对企业进行投资。呼吁美方对中国投资企业收购美高科技企业予以公平对待，为中美集成电路产业合作创造良好政策环境。联委会期间，刘利华副部长还出席中美数字经济研讨会和新闻发布会。

【中美商贸联委会信息产业工作组“车联网产业交流会议”】 2016 年 7 月 1 日，中美商贸联委会信息产业工作组在北京举办车联网产业交流会议，来自中美两国政府、企业、科研机构、行业协会等 25 家单位 50 余位代表参会。中国工业和信息化部国际合作司副司长程建军、美国商务部副助理部长卡莱、大唐电信科技产业集团总工程师王映民出席会议并致辞，中国通信标准化协会、中国信息通信发展研究院、国家无线电监测中心、奇虎 360、大唐电信、美国高通、通用汽车、微软、思科等两国产业界代表围绕车联网关键技术、标准制定、频谱管理、网络安全和应用实践等议题进行深入交流。

【中国—智利“智利信息通信领域投资机会研讨会”】 2016 年 1 月 29 日，中国工业和信息化部与智利交通通信部在北京共同举办“智利信息通信领域投资机会研讨会”。本次研讨会邀请国内 50 余家相关信息通信企业、研究机构、投融资机构 100 余名代表参会。智利驻华大使乔治、工业和信息化部国际合作司副司长刘子平、中国通信企业协会副会长苗建华出席会议并致辞。智利交通通信部副部长维查拉夫就智利信息通信业发展情况和投资机会做主题发言，介绍智利通信业发展情况及在市场开放、新技术推广等方面政策，邀请中国企业赴智利投资，参与相关项目合作。智利交通通信部数字化进程、牌照管理、政策法规等部门负责人分别就智利南部光缆项目、频谱政策等做介绍。华为公司、智利信息通信协会作为两国企业及行业机构代表发言，中方与会代表就相关项目与智方进行深入交流。会后智利交通通信部还分别与浪潮集团、信威公司举行会谈。

【中国—委内瑞拉信息通信领域合作】 第十五次中委高委会科技、工业和航天分委会于 2016 年 12 月 14 日在委内瑞拉首都加拉加斯召开，委内瑞拉部长会议副主席兼科技高教部部长豪尔赫·阿雷拉萨、战略基础工业部部长胡安·阿里亚斯出席开幕式并致辞。工业和信息化部国际合作司副司长刘子平、国家航天局系统工程司副司长余琦、赛迪研究院副院长刘文强代表中方分别与委科技高教部、国家航天局、战略基础工业部代表主持召开分组会议，讨论通信、航天、工业领域相关项目情况。在分委会信息通信小组会议上，双方就进一步推动华为、中兴、上海贝尔等企业在委合作进行交流。双方企业间达成多个合作意向。

国际组织

【二十国集团新工业革命行动计划】 2016 年 9 月 4—5 日，二十国集团领导人峰会在杭州举行。根据二十国集团峰会筹备委员会统一部署，工业和信息化部牵头负责“创新增长方式”议题下“新工业革命”子议题工作。习近平主席在二十国集团领导人杭州峰会开幕式致辞中表示，“我们已经就《二十国集团创新增长蓝图》达成共识，一致决定通过创新、结构性改革、新工业革命、数字经济等新方式，为世界经济开辟道路，拓展新边界”。

《二十国集团领导人杭州峰会公报》宣布峰会通过工业和信息化部牵头磋商的《二十国集团新工业革命行动计划》，“号召按照行动计划做出的承诺，加强新工业革命领域的沟通、协调及相关研究，促进中小企业从新工业革命中获益，应对就业和劳动力技能领域的挑战，鼓励在标准、根据各方加入的多边协议实现知识产权的充分有效保护以及新工业基础设施等领域开展更多合作，并支持工业化发展。支持发展中国家特别是非洲和最不发达国家工业化。决心在转型过程中支持劳动人口，确保新工业革命惠及所有人，包括妇女、青年和弱势群体。呼吁开展合作，使预期的科技和工业转型带来的收益最大化，并减少其负面影响”。《二十国集团领导人杭州峰会公报》明确设立一个专题工作组，在经合组织和其他相关国际组织支持下，进一步推动二十国集团创新、新工业革命和数字经济议程。

此外，《二十国集团新工业革命行动计划》作为重要组成部分，纳入《二十国集团领导人杭州峰会公报》三个重要附件之一《二十国集团创新增长蓝图》，强调“新工业革命为工业特别是制造业及其相关服务业转变生产过程和商业模式、推动中长期增长提供了新机遇。就新工业革命及其相关研究进一步加强沟通与合作，推动中小企业从新工业革命中获益，应对就业和劳动力技能等方面的挑战，加强标准合作，就新工业基础设施深化交流与合作，确保根据《与贸易有关的知识产权协定》等二十国集团成员加入的多边条约及协定保护知识产权，同时支持发展中国家工业化。为此，我们要求经合组织、联合国贸发会议、联合国工业发展组织全面评估新工业革命带来的机遇和挑战，并于2016年底提交报告”。

[供稿：工业和信息化部国际合作司]

进出口贸易

综 述

【概况】 2016年，中国电子信息产品进出口整体运行较为平稳，进出口降幅进一步扩大。全年电子信息产品进出口总额12 244.5亿美元，同比下降6.4%；进出口总额占全国外贸进出口总额33.2%，比上年上升0.1个百分点。其中，电子信息产品出口总额7 210.0亿美元，同比下降7.7%，占全国外贸出口额34.3%；进口总额5 034.5亿美元，同比下降4.6%，占全国外贸进口额31.7%。贸易顺差2 175.5亿美元，比上年缩小358.1亿美元。

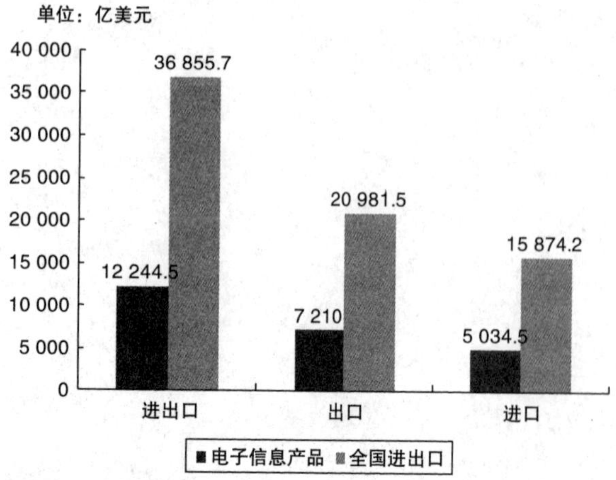

图1 2016年电子信息产品与全国进出口情况对比图

【月度走势】 单月进出口增速方面，全年电子信息产品进出口增幅变化较大。其中，出口累计增速最高的是3月，同比增长3.2%，最低的是2月的-18.5%；进口累计增速最高的是8月和9月，同比增长2.4%，最低的是1月份的-13.0%。

综合来看，面对国际市场需求不振、国内经济下行压力较大的严峻形势，与2015年相比，2016年电子信息产品进出口降幅进一步扩大，进出口形势进一步恶化。

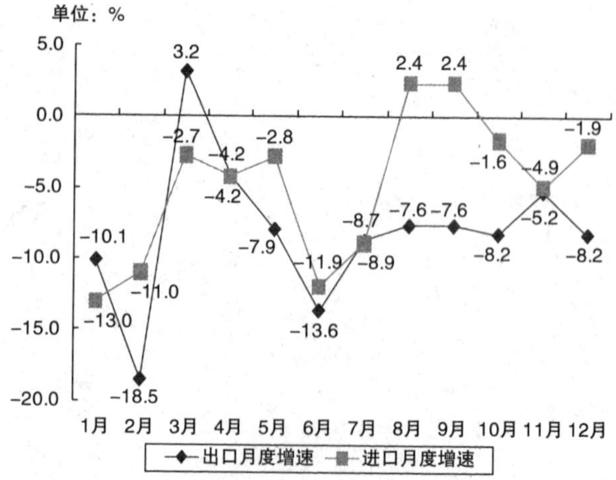

图2 2016年电子信息产品进出口月增幅情况

结构与特点

【按主要产品统计的进出口情况】 2016 年，从类别和主要进出口产品看，大部分电子信息产品进出口下降幅度明显。

出口方面，通信设备类产品出口 2 039.2 亿美元，同比下降 5.1%；广播电视设备类产品出口 73.7 亿美元，同比下降 3.2%；计算机类产品出口 1 752.8 亿美元，同比下降 9.7%；家用电子电器类产品出口 1 020.0 亿美元，同比下降 3.5%；电子元件类产品出口 741.0 亿美元，同比下降 8.3%；电子器件类产品出口 1 209.3 亿美元，同比下降 13.6%；电子材料类产品出口 63.7 亿美元，同比下降 2.9%；电子仪器设备类产品出口 310.3 亿美元，同比下降 1.9%。

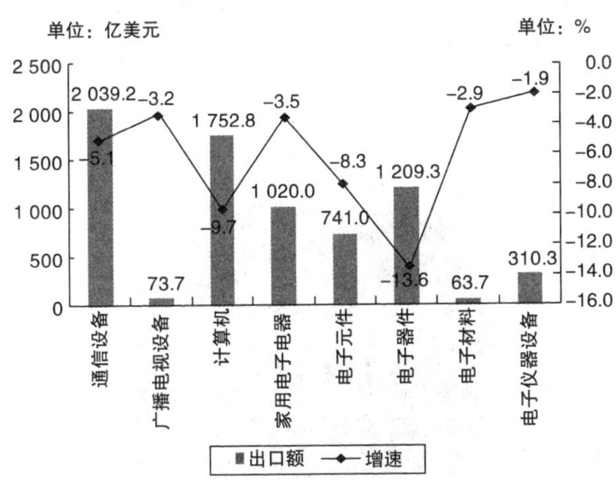

图 3　2016 年电子信息主要产品出口及增速情况

出口额排在前 5 位的电子信息产品分别为：手持（车载）无线电话，出口额 1 156.0 亿美元，同比下降 6.6%；集成电路，出口额 613.4 亿美元，同比下降 11.3%；便携式电脑，出口额 583.4 亿美元，同比下降 9.7%；手持式无线电话用零件，出口额 331.7 亿美元，同比下降 5.3%；液晶显示板，出口额 257.6 亿美元，同比下降 16.8%。

进口方面，通信设备类产品进口 480.6 亿美元，同比下降 4.9%；广播电视设备类产品进口 62.6 亿美元，同比增长 53.6%；计算机类产品进口 488.5 亿美元，同比下降 8.4%；家用电子电器类产品进口 153.9 亿美元，同比下降 22.2%；电子元件类产品进口 436.8 亿美元，同比下降 8.9%；电子器件类产品进口 2 861.8 亿美元，同比下降 4.4%；电子材料类产品进口 78.4 亿美元，同比增长 7.1%；电子仪器设备类产品进口 472.1 亿美元，同比增长 4.1%。

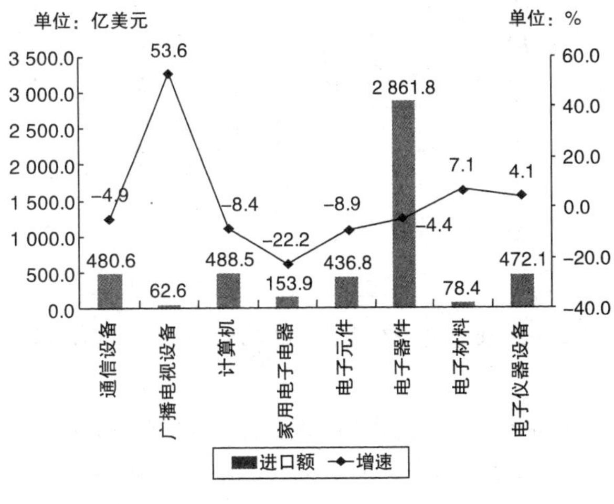

图 4　2016 年电子信息主要产品进口及增速情况

进口额排在前 5 位的电子信息产品分别为：集成电路，进口额 2 270.7 亿美元，同比下降 1.3%；液晶显示板，进口额 318.5 亿美元，同比下降 19.8%；手持式无线电话用零件，进口额 306.0 亿美元，同比下降 6.9%；硬盘驱动器，进口额 171.3 亿美元，同比增长 9.4%；晶体管，进口额 103.0 亿美元，同比下降 5.8%。

【按国家与地区统计的进出口情况】 2016 年，电子信息产品进出口按国别和地区看，结构变化不大，出口市场依然集中在中国香港特别行政区、美国、日本、韩国等发达国家或地区，对印度出口增幅较大；进口则主要来自亚洲的中国台湾地区、韩国和日本，从泰国和越南、德国的进口增幅较大。

从主要出口目的地看，中国香港特别行政区排在第一位，出口额 1 870.5 亿美元，同比下降 13.6%；美国居第二位，出口额 1 374.2 亿美元，同比下降 4.8%；日本居第三位，出口额 419.8 亿美元，同比下降 5.3%；韩国居第四位，出口额 393.3 亿美元，同比下降 11.4%；荷兰位居第五位，出口额 308.7 亿美元，同比下降 3.6%；其余依次是德国、印度、中国台湾地区、新加坡和墨西哥。出口排在前 10 位的国家和地区出口总额达到 5 281 亿美元，占电子信息产品出口额的 73.2%，比上年增长 7 个百分点。

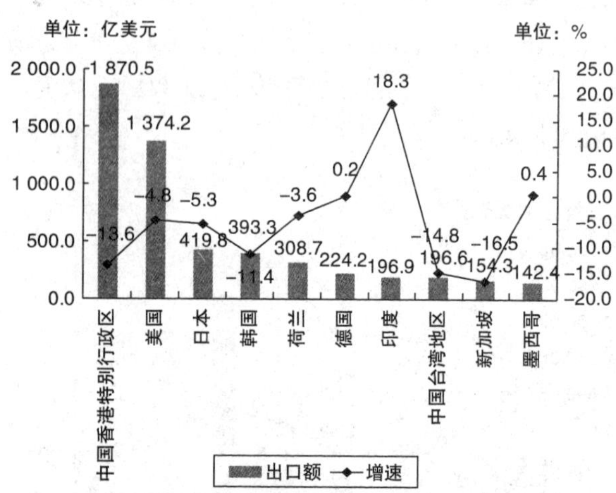

图 5　2016 年电子信息产品出口前十名国家和地区

从主要进口来源地看，国货复进口排在第一位，进口额 1 058.2 亿美元，同比下降 9.7%；中国台湾地区居第二位，进口额 1 037.2 亿美元，同比下降 0.3%；韩国居第三位，进口额 948.3 亿美元，同比下降 12.0%；日本居第四位，进口额 529.6 亿美元，同比增长 4.2%；马来西亚居第五位，进口额 344.6 亿美元，同比下降 2.0%；进口排在第六位到第十位的国家和地区分别是美国、泰国、越南、德国和菲律宾。进口排在前 10 位的国家和地区进口总额达到 4 669.2 亿美元，占电子信息产品进口额的 92.7%，比上年下降 0.6 个百分点。

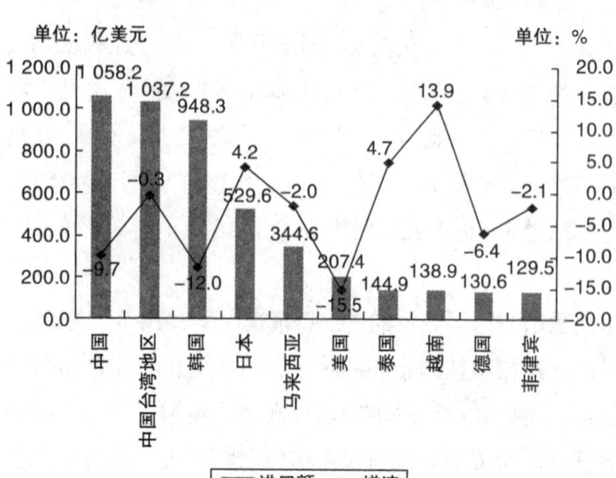

图 6　2016 年电子信息产品进口前十名国家和地区

【按贸易方式统计的进出口情况】　2016 年，电子信息产品出口贸易方式结构继续优化，一般贸易比重进一步提高。加工贸易增速大幅下降，但仍是主要贸易方式。

出口方面，一般贸易出口 2 051.6 亿美元，同比增长 3.2%，占全行业出口额的 28.5%，比上年提高 3 个百分点；进料加工贸易出口 4 024.7 亿美元，同比下降 10.1%；来料加工装配贸易出口 246.4 亿美元，同比下降 15.6%。进料加工贸易、来料加工装配贸易占全行业出口总额的 59.2%，比上年下降 1.8 个百分点，表明加工贸易仍是电子信息产品出口的主要贸易方式。其他主要贸易方式中，保税区仓储转口货物出口 681.2 亿美元，占全行业出口额的 9.4%；保税仓库进出境货物出口 100.0 亿美元，占全行业出口额的 1.4%；边境小额贸易货物出口 18.4 亿美元，占全行业出口额的 0.3%。

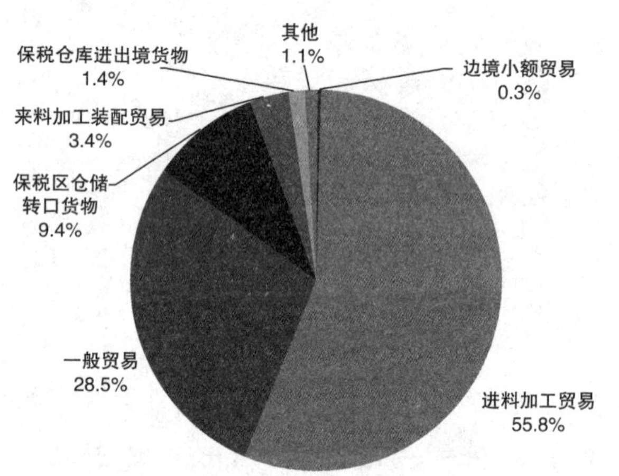

图 7　2016 年电子信息产品出口主要贸易方式占比情况

进口方面，一般贸易进口 1 499.0 亿美元，同比增长 10.5%，占全行业进口额的 29.8%，比上年提高 4.1 个百分点；进料加工贸易进口 1 989.5 亿美元，同比下降 10.4%；来料加工装配贸易进口 361.0 亿美元，同比下降 4.5%。进料加工贸易、来料加工装配贸易占全行业进口总额的 46.7%，比上年下降 2.6 个百分点，仍是电子信息产品进口的主要贸易方式。其他主要贸易方式中，保税区仓储转口货物进口 814.5 亿美元，占全行业进口额的 16.2%；保税仓库进出境货物进口 322.1 亿美元，占全行业进口额的 6.4%；出口加工区进口设备进口 27.7 亿美元，占全行业进口额的 0.5%；外商投资企业作为投资进口的设备、物品进口 9.5 亿美元，占全行业进口额的 0.2%。

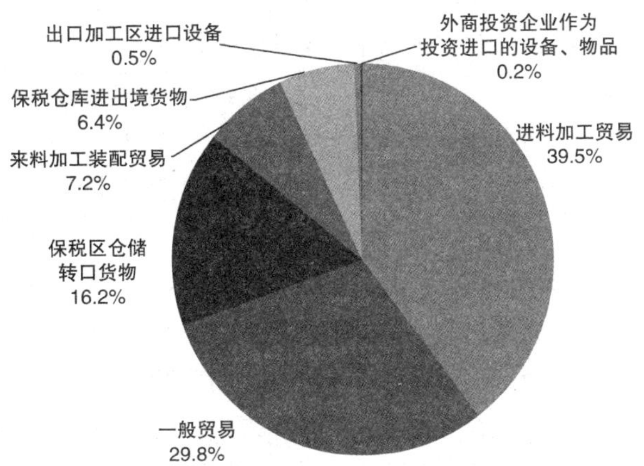

图 8　2016 年电子信息产品进口主要贸易方式占比情况

【按企业性质统计的进出口情况】　2016 年，外资企业进出口出现下降，但仍是电子信息产品进出口的主力军；集体企业进口增长显著。

出口方面，各类企业出口增速全面下降。其中，外商独资企业出口 3 682.1 亿美元，同比下降 9.2%；私营企业出口 1 730.5 亿美元，同比下降 3.1%；中外合资企业出口 1 195.2 亿美元，同比下降 8.5%；国有企业出口 419.6 亿美元，同比下降 9.7%；集体企业出口 154.9 亿美元，同比下降 7.6%；中外合作企业出口 26.3 亿美元，同比下降 17.8%。外商独资、中外合资和中外合作企业出口额合计占电子信息产品出口总额的 68.0%，比上年下降 0.9 个百分点，但仍是电子信息产品出口的主力军。

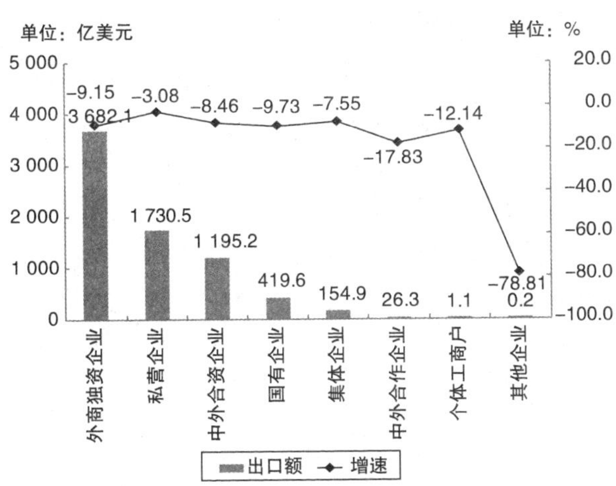

图 9　2016 年电子信息产品主要企业类型出口及增速

进口方面，私营企业、集体企业和国有企业进口呈增长态势，其他类型企业进口增速下降。其中，外商独资企业进口 2 526.0 亿美元，同比下降 7.4%；私营企业进口 1 336.9 亿美元，同比增长 1.7%；中外合资企业进口 839.4 亿美元，同比下降 7.9%；国有企业进口 266.7 亿美元，同比增长 0.5%；集体企业进口 59.8 亿美元，同比增长 17.9%；中外合作企业进口 5.4 亿美元，同比下降 5.8%。外商独资、中外合资和中外合作企业进口额合计占电子信息产品进口总额的 66.9%，比上年下降 2.2 个百分点，同样是电子信息产品进口的主力军。

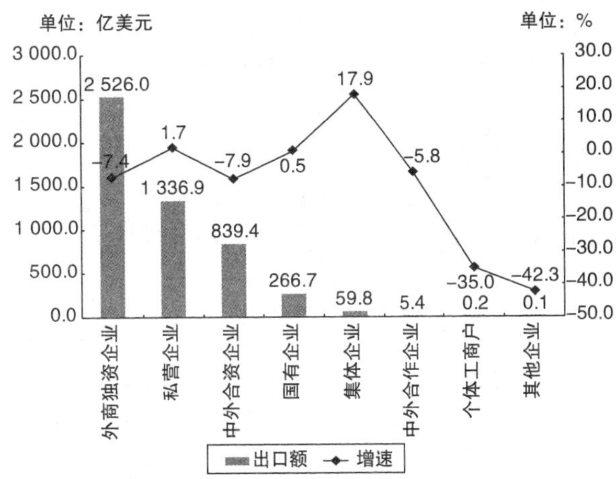

图 10　2016 年电子信息产品主要企业类型进口及增速

【按省市统计的进出口情况】　2016 年，电子信息产品出口仍主要集中在广东、江苏和上海三省市，部分中西部省市出口增长较快。

出口方面，电子信息产品出口额前 5 位的省市分别为：广东省出口 2 973.2 亿美元，同比下降 7.5%；江苏省出口 1 310.3 亿美元，同比下降 10.2%；上海市出口 818.1 亿美元，同比下降 7.5%；河南省出口 283.7 亿美元，同比增长 2.3%；浙江省出口 276.6 亿美元，同比下降 3.0%。上述 5 个省市出口额占总出口额的比重为 78.5%。整体上看，东部省市的出口均呈现下降态势，中西部一些省市电子信息产品出口增势突出，甘肃省、山西省、新疆维吾尔自治区的出口同比分别增长 88.5%、57.5% 和 31.4%，云南省、陕西省、湖北省、内蒙古自治区、吉林省、四川省、河南省、安徽省的电子信息产品出口也呈现正增长态势。

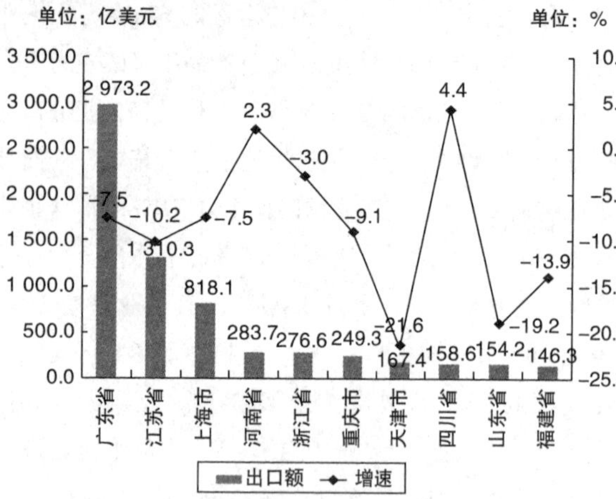

图 11　2016 年电子信息产品出口前十名省市

进口方面，电子信息产品进口额前 5 位的省市分别为：广东省进口 2 016.3 亿美元，同比下降 1.0%；江苏省进口 810.0 亿美元，同比下降 11.9%；上海市进口 676.3 亿美元，同比下降 7.0%；河南省进口 204.6 亿美元，同比下降 10.6%；山东省进口 167.9 亿美元，同比下降 10.5%。上述 5 个省市进口额占总进口额的比重为 77.0%。除辽宁省、北京市外，大部分东部省市电子信息产品的进口呈下降态势；部分中西部省市进口有所增长，其中，内蒙古自治区、甘肃省和西藏自治区进口增速分别为 255.3%、186.9% 和 158.1%；宁夏回族自治区、云南省、山西省、四川省、辽宁省和黑龙江省电子信息产品进口也呈现正增长态势。

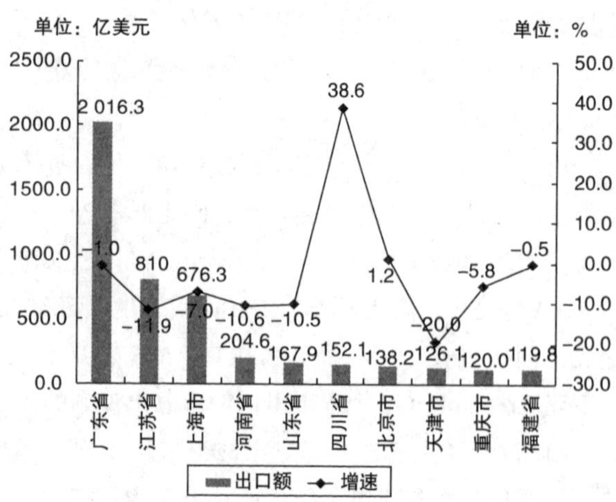

图 12　2016 年电子信息产品进口前十名省市

【存在问题】　从全年进出口数据来看，中国电子信息产业进出口增速继续放缓，产业下行压力进一步加大，产业深层次结构性的问题依然存在，产业亟需加快转型升级。

世界经济持续低迷，进出口增长进一步放缓。根据世界贸易组织资料，2016 年世界贸易的增速仅为 1.7%，创金融危机以来最低水平。此外，反全球化思潮涌动，贸易保护主义升温，直接影响中国对外依存度较高的电子信息产业的发展。2016 年电子信息产品出口增速下降 7.7%，进口增速下降 4.6%，表明电子信息产业下行压力较大。

加工贸易占比较高，产品技术含量有待提升。中国电子信息产业一般贸易占比逐年提升，但加工贸易依然占据出口六成份额，出口方式优化仍任重道远。加工贸易为主的产业结构表明，中国电子信息产品整体附加值和技术含量偏低，关键共性技术、底层软硬件、核心元器件等领域基础薄弱。在全球新一轮科技革命和产业革命蓄势待发、新产品新业态新模式不断涌现的趋势下，各国在电子信息领域的竞争日益加剧，如不加快转型升级，中国将面临“掉队”风险。

出口市场仍以发达国家和地区为主，市场多元化任重道远。2016 年中国电子信息产品向印度、墨西哥、俄罗斯等国家的出口增速加快，表明中国出口市场逐渐走向多元化。但中国对美国、日本、韩国和中国香港特别行政区等几个传统国家和地区的出口仍占据半壁江山。在政府更迭、国家安全、地缘政治等复杂因素的影响下，对这些发达国家和地区市场的严重依赖以及由此带来的贸易争端，仍是中国电子信息产品出口长期面临的挑战。

新一轮产业转移趋势逐渐显现，中低端市场加快分流。电子信息产品，尤其是中低端产品，具有典型的候鸟型特征。部分新兴经济体利用成本优势，加快出台优惠政策吸引外资，承接新一轮产业转移，加速分流中国市场。2016 年，中国从泰国、越南、墨西哥等新兴经济体的进口呈现大幅增长态势。面临发达国家的高端竞争和发展中国家的中低端竞争，产业转型升级面临巨大压力。

【统计数据】

表 1　2016 年通信设备产品进口情况

产品名称	单位	进口量	进口额（万美元）	进口额增长率（%）
电话机合计	万台	39.3	2 842.0	-54.8
其中：无绳电话	万台	12.0	227.4	-91.3
多功能一体机	万台	161.5	13 607.0	1.3
各种程控交换机	万台	26 761.9	189 568.4	-12.2
其中：移动通信交换机	万台	0.03	843.6	-61.1
以太网交换机	万台	107.6	94 029.9	1.8
IP 电话信号转换设备	万台	62.5	13 722.6	-40.9
手持（车载）无线电话	万台	1 403.1	243 942.8	-15.6
手持式无线电话用零件	万公斤	4 164.5	3 060 189.0	-6.9
移动通信基地站	万台	4.8	4 671.7	143.6
光通信设备	万台	134.3	5 746.4	32.5
其中：光端机及脉冲编码调制设备	万台	1.3	543.7	-13.3
波分复用光传输设备	万台	133.1	5 202.7	40.3

表 2　2016 年通信设备产品出口情况

产品名称	单位	出口量	出口额（万美元）	出口额增长率（%）
电话机合计	万台	6 841.2	99 102.7	-20.2
其中：无绳电话	万台	3 007.8	51 964.5	-27.2
多功能一体机	万台	1 295.7	131 457.2	-36.7
各种程控交换机	万台	45 791.3	1 146 248.3	1.7
其中：移动通信交换机	万台	2.3	15 267.5	-32.7
以太网交换机	万台	3 422.2	368 613.1	-2.5
IP 电话信号转换设备	万台	1 566.9	80 555.0	-11.0
手持（车载）无线电话	万台	127 199.6	11 559 673.1	-6.6
手持式无线电话用零件	公斤	10 779.0	3 316 636.9	-5.3
移动通信基地站	万台	136.8	321 250.1	-24.9
光通信设备	万台	1 300.5	172 783.5	3.6
其中：光端机及脉冲编码调制设备	万台	753.6	56 350.4	-4.9
波分复用光传输设备	万台	546.9	116 443.1	8.3

表 3　2016 年广播电视设备产品进口情况

产品名称	单位	进口量	进口额（万美元）	进口额增长率（%）
广播电视用无线电广播、电视发射设备	万台	0.03	276.4	27.1
电视卫星地面站设备	万台	0.02	511.5	0.2
电视摄像机	万台	1.5	3570.4	26.7
非特种用途的取像模块	万公斤	56.6	429 096.5	158.2
其他电视摄像机等及数字照相机的零件	万公斤	214.6	151 533.8	-24.8
等离子显像组件及其零件	万公斤	4.9	104.5	-75.4

表 4　2016 年广播电视设备产品出口情况

产品名称	单位	出口量	出口额（万美元）	出口额增长率（%）
广播电视用无线电广播、电视发射设备	万台	3.7	1 186.3	-48.4
电视卫星地面站设备	万台	0.3	783.2	-58.7
电视摄像机	万台	19.3	3 264.2	22.3
非特种用途的取像模块	万公斤	50.2	213 961.1	6.5
其他电视摄像机等及数字照相机的零件	万公斤	1 178.7	118 650.7	20.5
等离子显像组件及其零件	万公斤	1.2	12.2	-99.2

表 5　2016 年电子计算机产品进口情况

产品名称	单位	进口量	进口额（万美元）	进口额增长率（%）
微型计算机	万台	11.4	19 031.2	-19.5
便携式电脑	万台	283.0	57 485.1	52.1
平板电脑	万台	100.9	34 537.0	60.7
计算器	万台	1 751.7	5 912.6	-13.3
打印机	万台	530.5	64 916.8	-7.8
其中：针式	万台	57.0	8 517.8	-8.4
激光	万台	327.1	35 065.9	-7.7
喷墨	万台	98.0	8 215.7	-22.1
热敏	万台	33.0	7 432.3	-9.1
扫描仪	万台	51.2	13 881.7	-3.4
数字化仪	万台	0.4	412.6	25.5
硬盘驱动器	万台	29 245.9	1 713 121.7	9.4

续表

产品名称	单位	进口量	进口额（万美元）	进口额增长率（%）
软盘驱动器	万台	1.5	47.5	33.6
光盘驱动器	万台	2 385.3	27 785.2	-58.1
显示器	万台	15.6	6012.2	-35.4
其中：液晶显示器	万台	15.5	5 799.8	-36.7
阴极射线管显示器	万台	0.03	71.3	69.2
自动柜员机	万台	0.1	1 021.4	-94.5
不间断供电电源	万台	57.4	9 292.8	-23.2
集线器	万台	17.5	2 549.4	10.0
路由器	万台	153.5	23 705.5	0.0
调制解调器	万台	61.8	1 707.2	-16.3
其他数字照相机	万台	491.4	124 303.9	-12.1

表 6 2016 年电子计算机产品出口情况

产品名称	单位	出口量	出口额（万美元）	出口额增长率（%）
微型计算机	万台	775.1	440 639.5	-16.6
便携式电脑	万台	13 300.3	5 833 732.0	-9.7
平板电脑	万台	13 588.6	2 123 649.6	-17.5
计算器	万台	20 646.2	40 804.4	-16.8
打印机	万台	1 911.8	247 875.7	-16.7
其中：针式	万台	81.1	11 294.7	-19.1
激光	万台	766.3	152 491.7	-21.6
喷墨	万台	101.1	13 599.6	-34.3
热敏	万台	873.6	55 998.1	4.6
扫描仪	万台	452.3	38 643.5	-7.7
数字化仪	万台	32.8	1 952.3	62.1
硬盘驱动器	万台	26 384.1	1 545 623.5	16.2
软盘驱动器	万台	12.1	132.3	-31.3
光盘驱动器	万台	5 068.4	52 547.8	-17.3
显示器	万台	2 997.0	215 954.4	-29.2
其中：液晶显示器	万台	2 993.1	213 032.0	-29.8

续表

产品名称	单位	出口量	出口额（万美元）	出口额增长率（%）
阴极射线管显示器	万台	0.4	55.1	6.3
自动柜员机	万台	10.5	50 292.5	-24.7
不间断供电电源	万台	1 524.1	102 100.9	-14.4
集线器	万台	1 377.0	10 833.2	60.0
路由器	万台	6 048.9	252 677.5	-20.1
调制解调器	万台	5 412.2	269 576.0	9.7
其他数字照相机	万台	2 548.4	203 087.1	-21.8

表 7　2016 年家用电子电器产品进口情况

产品名称	单位	进口量	进口额（万美元）	进口额增长率（%）
彩色电视机	万台	11.7	4 346.1	121.6
其中：显像管彩电	万台			-100.0
液晶彩电	万台	11.6	4 170.5	125.1
等离子彩电	万台		85.8	181.5
家用型视频摄录一体机	万台	91.7	11 301.4	68.3
激光视盘放像机	万台	16.9	7 583.3	726.6
其中：VCD 机	万台		0.2	-98.5
DVD 机	万台	12.8	7 359.8	953.6
激光唱机	万台	15.4	1 563.3	29.2
收录放音组合机	万台	82.0	6 677.6	41.2
汽车用收音及收录放组合机	万台	58.1	18 423.2	-27.3
彩色投影机	万台	16.7	8 053.8	104.3
微波炉	万台	2.0	753.2	19.6
激光视盘机的机芯	万个	256.3	19 357.6	-1.6

表 8　2016 年家用电子电器产品出口情况

产品名称	单位	出口量	出口额（万美元）	出口额增长率（%）
彩色电视机	万台	8 064.2	1 226 670.9	–1.9
其中：显像管彩电	万台	150.5	16 685.5	–52.7
液晶彩电	万台	7 865.9	1 206 831.2	–0.6
等离子彩电	万台	0.5	162.0	–86.7
家用型视频摄录一体机	万台	1 070.2	68 439.0	–24.7
激光视盘放像机	万台	5 395.2	199 343.7	–19.6
其中：VCD 机	万台	1.6	51.2	–62.1
DVD 机	万台	5 366.6	197 292.6	–19.6
激光唱机	万台	511.6	16 992.2	–3.9
收录放音组合机	万台	15 105.0	330 811.5	2.2
汽车用收音及收录放组合机	万台	2 228.1	118 764.8	–15.7
彩色投影机	万台	496.7	152 442.4	–5.2
微波炉	万台	5 627.6	259 098.5	–2.3
激光视盘机的机芯	万个	514.4	33 402.0	–25.1

表 9　2016 年电子元器件产品进口情况

产品名称	单位	进口量	进口额（万美元）	进口额增长率（%）
电容器	万（公斤 / 千个）	257 214.5	783 359.7	–21.1
电阻器	万（公斤 / 千个）	133 888.7	223 642.7	–0.7
印刷电路	万（公斤 / 千个）	3 978 033.4	1 030 170.4	–15.2
智能卡	万个	614 415.9	66 467.0	–18.4
集成电路	万个	34 246 135.6	22 706 840.3	–1.3
其中：处理器及控制器	万个	9 613 483.7	10 474 535.0	–3.1
存储器	万个	3 321 012.8	6 378 553.2	3.9
放大器	万个	2 597 624.9	998 263.1	–10.1
其他集成电路	万个	18 714 014.3	4 855 488.9	–1.5
彩色显像管	万只			–100.0
晶体管	万个	30 024 888.4	1 030 487.1	–5.8
彩色电视机零件	万公斤	725.8	52 903.3	6.1

续表

产品名称	单位	进口量	进口额（万美元）	进口额增长率（%）
黑白电视机零件	万公斤	1.5	93.1	-50.5
光缆	万公斤	480.0	17 149.0	-0.5
电声器件	万个	347 104.2	372 827.2	2.4
液晶显示板	万个	240 246.8	3 184 947.6	-19.8
固态非易失性存储器件（闪速存储器）	万个	36 163.7	184 152.5	-18.0
静止变流器	万个	193 376.24	571 314.73	-10.57
其中：稳压电源	万个	2 532.45	46 181.98	-10.97

表 10　2016 年电子元器件产品出口情况

产品名称	单位	出口量	出口额（万美元）	出口额增长率（%）
电容器	万（公斤 / 千个）	140 375.5	410 394.7	-45.3
电阻器	万（公斤 / 千个）	146 436.0	163 373.8	-18.4
印刷电路	万（公斤 / 千个）	2 911 304.4	1 284 360.5	-8.4
智能卡	万个	1 019 547.7	137 881.7	-16.6
集成电路	万个	18 098 939.6	6 133 743.6	-11.3
其中：处理器及控制器	万个	7 258 919.5	2 640 044.0	-13.1
存储器	万个	1 580 677.3	2 304 621.5	7.0
放大器	万个	592 245.3	251 613.6	-18.3
其他集成电路	万个	8 667 097.6	937 464.5	-33.6
彩色显像管	万只	298.8	21 684.0	20.6
晶体管	万个	29 756 162.1	638 428.8	-9.3
彩色电视机零件	万公斤	20 410.4	227 546.2	4.6
黑白电视机零件	万公斤	4 384.6	14 272.7	-5.6
光缆	万公斤	15 528.6	126 778.3	-4.4
电声器件	万个	603 947.1	1 323 780.7	-4.6
液晶显示板	万个	190 575.9	2 576 443.7	-16.8
固态非易失性存储器件（闪速存储器）	万个	107 233.5	275 876.6	-18.3
静止变流器	万个	513 718.6	1 532 599.4	-7.8
其中：稳压电源	万个	24 813.0	258 619.4	-4.9

表 11　2016 年电子专用设备产品进口情况

产品名称	单位	进口量	进口额（万美元）	进口额增长率（%）
自动插件机	万台	0.03	4 301.21	-16.36
自动贴片机	万台	0.92	138 758.19	17.75
离子注入机	万台	0.02	34 437.74	63.58

表 12　2016 年电子专用设备产品出口情况

产品名称	单位	出口量	出口额（万美元）	出口额增长率（%）
自动插件机	万台	0.02	651.93	-10.53
自动贴片机	万台	0.18	11 184.44	15.36
离子注入机	万台	0.01	402.46	408.89

表 13　2016 年按贸易方式划分的电子信息产品进口情况

单位：万美元

贸易方式	进口总计	通信设备	广播电视设备	计算机	家用电子电器	电子元件	电子器件	电子材料	电子仪器设备
进料加工贸易	19 895 315.94	2 420 681.52	458 379.57	1 438 495.29	743 300.77	2 056 193.14	12 002 034.48	274 933.64	501 297.54
一般贸易	14 990 417.34	1 406 442.14	124 809.41	1 428 158.05	545 625.21	1 224 954.60	6 730 248.68	332 582.89	3 197 596.36
保税区仓储转口货物	8 145 259.63	445 717.18	33 134.25	1 610 184.08	128 594.32	613 696.36	4 785 192.26	109 712.85	419 028.34
来料加工装配贸易	3 610 003.09	29 901.14	6 538.84	153 367.74	66 144.40	238 553.93	3 045 598.59	44 344.95	25 553.50
保税仓库进出境货物	3 221 196.12	494 738.77	2 467.74	212 380.41	50 043.21	226 777.49	2 033 875.33	19 100.94	181 812.23
出口加工区进口设备	276 889.08	1 749.56	118.16	8 066.74	1 751.34	3 117.95	937.72	269.84	260 877.77
外商投资企业作为投资进口的设备、物品	95 782.25	31.40	3.60	1 428.64	590.76	119.82	78.66		93 529.37
其他	92 287.68	6 430.36	415.82	32 680.27	2 501.15	4 139.07	18 164.92	2 380.11	25 575.99
加工贸易进口设备	13 683.03	20.82	3.17	115.31	1.12	2.28	1.07		13 539.26
出料加工贸易	1 844.62					6.30	1 604.84	187.42	46.07
租赁贸易	1 175.05	0.97	0.06	169.16	28.16	25.06	4.62	2.68	944.34
国家间、国际组织无偿援助和赠送的物资	566.13								566.13
免税品	504.09	7.07	0.16	6.51	295.52	138.51	0.40		55.94
边境小额贸易	137.10				0.15				136.95
其他捐赠物资	30.24								30.24
免税外汇商品	30.22				9.61	0.13			20.48

表 14　2016 年按贸易方式划分的电子信息产品出口情况

单位：万美元

贸易方式	出口总计	通信设备	广播电视设备	计算机	家用电子电器	电子元件	电子器件	电子材料	电子仪器设备
进料加工贸易	40 247 209.65	12 623 255.35	409 547.14	13 125 540.71	5 411 519.19	2 652 754.36	4 749 452.03	92 961.05	1 182 179.82
一般贸易	20 515 747.28	6 675 758.55	241 938.13	1 483 340.70	3 939 269.47	3 728 246.31	2 620 675.03	493 093.63	1 3334 25.46
保税区仓储转口货物	6 811 650.70	656 436.58	26 500.24	2 040 836.27	263 026.17	375 641.27	3 224 922.24	30 873.92	193 414.01
来料加工装配贸易	2 463 817.34	158 559.71	11 080.69	562 136.60	221 212.98	143 923.71	1 188 361.97	12 121.26	166 420.44
保税仓库进出境货物	1 000 018.84	115 683.42	16 863.00	233 458.21	152 395.74	197 438.49	173 956.20	1 387.01	108 836.76
其他	790 842.04	123 259.49	22 299.89	60 733.84	154 906.45	231 285.88	100 089.48	5 105.97	93 161.04
边境小额贸易	183 879.15	31 964.21	7 772.39	7 490.92	46 563.69	44 686.09	32 485.72	538.85	12 377.27
对外承包工程出口货物	73 649.10	4 877.29	505.50	10 673.08	9 682.29	34 989.51	1 179.55	18.95	11 722.93
国家间、国际组织无偿援助和赠送的物资	11 163.74	2 433.49	854.08	3 411.93	1 404.17	899.84	761.67	0.50	1 398.07
出料加工贸易	1 829.68					17.62	1 010.29	786.69	15.09
其他捐赠物资	206.08	19.26	22.46	13.88	15.79	129.63	2.26		2.82
租赁贸易	89.36			0.48		3.00			85.88
易货贸易	17.63				0.35	17.28			

表 15　2016 年按企业不同经济类型划分的电子信息产品进口情况

单位：万美元

经济类型	进口总计	通信设备	广播电视设备	计算机	家用电子电器	电子元件	电子器件	电子材料	电子仪器设备
外商独资企业	25 259 623.09	1 785 550.04	250 594.12	2 762 917.92	877 050.42	2 644 116.87	14 673 195.81	489 927.97	1 776 269.94
私营企业	13 369 070.61	1 572 175.00	56 588.18	1 312 627.19	261 104.74	961 036.47	7 813 754.95	169 569.92	1 222 214.14
中外合资企业	8 394 344.52	1 176 248.87	307 094.89	358 188.21	314 711.40	597 932.79	4 518 224.21	54 429.25	1 067 514.89
国有企业	2 666 697.73	191 580.68	11 012.80	341 485.14	71 334.87	125 776.09	1 256 081.88	56 709.42	612 716.86
集体企业	597 699.04	79 483.18	535.88	106 243.52	9 708.89	26 581.96	337 405.61	3 971.47	33 768.54
中外合作企业	53 970.70	451.39	44.80	1 598.43	4 873.77	11 706.50	18 664.47	8 870.59	7 760.76
个体工商户	2 391.25	193.72		1 781.29	91.87	86.53	59.89	0.40	177.55
其他企业	1 324.66	38.04	0.09	210.50	9.75	487.39	354.76	36.29	187.83

表 16　2016 年按企业不同经济类型划分的电子信息产品出口情况

单位：万美元

经济类型	出口总计	通信设备	广播电视设备	计算机	家用电子电器	电子元件	电子器件	电子材料	电子仪器设备
外商独资企业	36 821 009.37	7 741 893.19	359 022.74	13 454 969.27	3 626 298.24	3 159 691.68	6 696 128.00	211 209.29	1 571 796.96
私营企业	17 305 268.85	4 695 184.27	232 159.97	2 026 352.11	3 461 817.69	2 745 393.46	2 861 316.41	271 631.86	1 011 413.09

续表

经济类型	出口总计	通信设备	广播电视设备	计算机	家用电子电器	电子元件	电子器件	电子材料	电子仪器设备
中外合资企业	11 951 963.01	6 059 678.65	105 220.10	1 042 935.20	2 134 659.55	809 631.63	1 501 413.18	90 103.05	208 321.65
国有企业	4 196 344.32	862 236.92	35 749.84	744 227.69	823 299.43	499 813.99	972 971.36	56 892.92	201 152.17
集体企业	1 549 359.63	1 022 811.60	4 768.37	153 005.92	117 043.78	147 109.35	36 340.78	6 165.71	62 114.12
中外合作企业	262 949.84	9 961.27	240.63	104 548.85	30 646.27	46 740.61	22 274.33	846.37	47 691.52
个体工商户	10 901.31	9.12	218.03	27.25	6 183.29	1 575.06	2 419.08	38.62	430.86
其他企业	2 324.28	472.36	3.85	1 570.32	48.03	77.20	33.31		119.21

表 17　2016 年省、自治区、直辖市电子信息产品进口情况

单位：万美元

省、自治区、直辖市名称	进口总计	通信设备	广播电视设备	计算机	家用电子电器	电子元件	电子器件	电子材料	电子仪器设备
广东省	20 162 664.22	2 486 059.82	183 553.57	2 007 992.01	470 649.57	1 896 481.40	11 972 659.17	119 339.66	1 025 929.02
江苏省	8 099 804.17	363 316.93	47 791.70	748 030.75	295 743.46	796 235.43	4 945 866.48	245 101.54	657 717.85
上海市	6 762 752.93	299 965.20	46 761.35	782 259.89	358 582.23	591 667.01	3 796 039.00	150 911.69	736 566.57
河南省	2 045 941.51	508 358.05	172 281.18	1 512.46	79 743.81	100 801.75	1 137 176.05	920.64	45 147.57
山东省	1 678 731.05	258 350.27	35 393.78	135 275.12	27 618.10	171 678.62	866 076.37	22 438.16	161 900.63
四川省	1 521 083.62	61 681.74	13 902.16	96 776.82	29 460.20	76 600.89	1 143 386.09	3 863.48	95 412.24
北京市	1 382 028.32	167 902.47	36 848.42	183 249.69	92 220.20	88 487.92	287 669.73	27 889.26	497 760.63
天津市	1 260 660.03	285 231.10	36 642.50	88 248.74	27 358.71	139 430.15	552 418.56	25 736.33	105 593.94
重庆市	1 200 358.63	8 972.93	184.40	278 550.67	9 513.22	64 760.66	717 186.82	608.48	120 581.44
福建省	1 198 377.01	61 959.70	14 839.51	127 490.30	14 600.39	62 387.58	636 149.01	10 790.12	270 160.40
陕西省	920 868.91	1 406.99	67.68	8 717.55	1 855.37	22 081.07	747 692.29	17 113.28	121 934.67
浙江省	773 211.37	24 180.23	13 182.68	74 723.48	14 741.85	53 947.36	451 422.52	50 236.35	90 776.90
湖北省	516 580.40	56 760.69	1 076.02	14 778.92	8 432.36	42 466.61	269 429.22	13 529.26	110 107.32
辽宁省	485 497.08	12 123.50	344.81	34 285.33	39 856.85	60 531.85	83 252.82	12 295.79	242 806.12
广西壮族自治区	443 445.53	17 545.51	844.79	177 165.55	2 770.02	68 499.12	158 968.49	726.38	16 925.66
江西省	394 686.48	12 493.55	1 582.26	4 428.31	1 928.82	9 642.97	303 856.93	14 304.39	46 449.27
山西省	340 109.50	115 766.99	16 998.86	1 401.38	15 632.81	9 193.49	160 704.28	826.03	19 585.67
吉林省	298 639.08	31 590.01	2 885.43	34 634.22	32 152.46	34 228.52	25 926.95	904.33	136 317.15
安徽省	278 061.92	4 119.06	46.48	55 471.13	6 517.55	13 744.16	152 873.43	9 420.64	35 869.47
湖南省	193 507.06	9 109.02	107.49	16 430.16	2 758.33	39 748.80	72 071.47	687.97	52 593.82

续表

省、自治区、直辖市名称	进口总计	通信设备	广播电视设备	计算机	家用电子电器	电子元件	电子器件	电子材料	电子仪器设备
河北省	109 230.16	7 573.41	358.14	3 905.01	3 797.81	14 742.90	25 628.95	15 788.25	37 435.69
内蒙古自治区	78 736.00	330.87	3.10	1 546.08	83.03	722.14	10 196.40	9 274.34	56 580.04
甘肃省	55 727.18	209.68	0.30	658.30	633.74	1 771.87	43 665.36	113.46	8 674.48
云南省	47 794.01	2 213.83	92.51	2 404.15	583.13	232.05	35 262.07	27.53	6 978.73
贵州省	40 056.12	6 893.15	27.55	1 971.04	863.38	6 061.66	20 019.76	584.33	3 635.26
宁夏回族自治区	28 139.60	37.11	0.50	1 077.18	63.63	113.85	14.08	25 521.85	1 311.39
黑龙江省	12 999.70	984.59	53.40	880.22	257.92	702.11	817.60	1 444.22	7 859.64
海南省	7 854.80	458.95	0.19	200.33	321.59	652.49	999.42	2 933.23	2 288.60
新疆维吾尔自治区	6 436.80	125.56		987.12	136.52	109.18	58.05	184.30	4 836.07
青海省	925.42			0.28	8.02	0.99	254.22		661.90
西藏自治区	213.02				0.64		0.01		212.37

表 18　2016 年省、自治区、直辖市电子信息产品出口情况

单位：万美元

省、自治区、直辖市名称	出口总计	通信设备	广播电视设备	计算机	家用电子电器	电子元件	电子器件	电子材料	电子仪器设备
广东省	29 731 764.64	9 325 366.59	460 586.25	5 486 450.58	5 447 289.80	3 917 325.22	3 334 728.09	40 513.12	1 719 504.98
江苏省	13 102 571.37	2 404 802.22	89 408.79	4 108 650.28	1 551 637.09	1 174 071.78	3 140 842.87	181 672.18	451 486.17
上海市	8 181 399.20	1 982 990.87	46 232.14	2 771 234.98	539 633.37	309 072.80	2 227 017.34	40 538.20	264 679.51
河南省	2 836 503.92	2 760 779.89	3 821.50	3 972.67	9 653.39	20 365.36	20 814.83	9 216.46	7 879.82
浙江省	2 766 478.19	170 834.62	27 075.72	164 130.58	931 135.33	773 192.12	437 030.40	55 755.59	207 323.83
重庆市	2 492 947.07	208 847.04	543.56	1 991 486.51	64 020.57	43 474.71	155 682.70	11 500.55	17 391.43
天津市	1 674 458.84	634 257.24	28 276.74	235 142.28	248 966.69	145 058.72	360 564.05	5 641.16	16 551.96
四川省	1 586 341.38	221 259.54	371.50	1 034 321.16	25 799.27	28 253.79	248 611.95	9 818.52	17 905.65
山东省	1 541 978.47	562 233.94	30 445.79	176 539.02	315 839.38	184 867.63	160 404.35	31 812.15	79 836.21
福建省	1 462 563.05	184 489.94	12 057.29	236 385.39	420 439.88	155 315.59	337 430.30	33 488.90	82 955.77
陕西省	1 125 046.21	35 295.13	86.72	447 511.63	10 960.33	12 623.66	569 602.99	37 659.65	11 306.10
湖北省	918 958.20	430 819.89	4 873.66	258 510.86	40 962.54	86 784.27	79 751.42	2 193.12	15 062.43
北京市	867 610.95	355 359.50	2 890.42	57 533.86	69 797.91	64 344.71	250 419.32	11 569.03	55 696.20
安徽省	780 076.83	41 671.46	882.79	253 274.35	237 331.43	52 578.34	163 012.73	4 941.46	26 384.27

续表

省、自治区、直辖市名称	出口总计	通信设备	广播电视设备	计算机	家用电子电器	电子元件	电子器件	电子材料	电子仪器设备
山西省	632 861.83	614 653.22	790.58	84.52	2 005.57	5 912.10	3 117.84	5 459.57	838.43
江西省	513 079.87	63 241.64	13 387.40	73 704.30	29 062.18	85 304.50	187 934.24	38 181.23	22 264.40
辽宁省	496 389.84	21 106.75	5 712.00	73 960.66	155 539.54	71 083.91	126 222.13	7 183.24	35 581.61
广西壮族自治区	394 455.87	131 027.92	4 317.28	104 831.22	16 403.85	58 925.04	57 692.23	2 479.22	18 779.12
湖南省	346 426.16	95 171.09	2 248.48	18 077.13	20 149.24	129 003.28	48 409.44	15 064.47	18 303.03
河北省	163 385.90	15 804.49	374.53	7 640.48	30 547.67	39 296.89	53 556.76	5 405.48	10 759.61
贵州省	140 051.37	94 679.10	680.76	9 872.03	2 558.51	11 555.67	16 867.15	3 475.64	362.51
云南省	107 103.49	28 985.55	86.85	1 348.27	2 388.98	3 656.78	35 337.24	25 143.70	10 156.13
新疆维吾尔自治区	65 333.33	2 617.31	1 654.72	3 133.78	19 183.21	10 778.63	11 632.52	10 520.35	5 812.81
甘肃省	47 154.84	110.02	283.59	624.98	1 625.04	1 712.54	41 728.73	538.21	531.73
内蒙古自治区	44 926.35	260.97	30.23	272.26	1 028.09	4 354.05	2161.10	36 674.71	144.93
吉林省	30 556.64	4 475.79	138.81	6 934.20	3 063.88	3 601.11	4917.40	5 014.41	2 411.04
黑龙江省	21 269.79	923.76	87.45	1 534.01	2 541.73	12 528.93	824.11	465.00	2364.80
海南省	20 341.11	0.79	1.15	1.29	41.40	4 093.19	16 056.05	119.63	27.61
宁夏回族自治区	5 796.42	54.81	8.64	344.08	95.58	397.51	214.55	4 241.66	439.58
青海省	1 452.84	33.72	21.21	44.77	167.20	250.01	164.83	601.24	169.86
西藏自治区	836.64	92.55	6.99	84.48	127.63	250.16	146.76		128.07

表 19 2016 年按国家或地区统计的电子信息产品进口情况

单位：万美元

国家或地区名称	进口总计	通信设备	广播电视设备	计算机	家用电子电器	电子元件	电子器件	电子材料	电子仪器设备
中国	10 581 572.33	2 549 883.29	166 690.23	1 762 893.75	385 895.71	1 249 410.82	3 946 251.34	35 818.56	484 728.63
中国台湾地区	10 372 330.60	220 459.17	10 780.07	321 250.83	182 071.71	495 802.76	8 787 656.77	151 228.67	203 080.64
韩国	9 482 819.14	736 410.34	152 504.82	501 192.09	164 046.85	478 216.02	6 749 254.09	225 939.06	475 255.87
日本	5 295 577.38	389 479.18	68 283.21	425 255.85	161 716.51	788 359.31	2 088 312.27	181 413.26	1 192 757.8
马来西亚	3 446 197.74	95 441.90	4 795.09	235 875.19	35 091.49	169 296.02	2 776 713.16	15 395.61	113 589.27
美国	2 074 147.47	97 839.60	8 822.31	131 422.04	43 206.42	133 758.30	989 873.19	60 363.42	608 862.21
泰国	1 449 158.33	163 428.38	7 955.62	606 280.97	82 580.48	115 279.18	427 061.51	574.74	45 997.44
越南	1 389 202.48	237 483.63	153 417.10	85 575.56	134 962.86	224 862.41	512 176.21	4.34	40 720.37

续表

国家或地区名称	进口总计	通信设备	广播电视设备	计算机	家用电子电器	电子元件	电子器件	电子材料	电子仪器设备
德国	1 306 082.71	44 535.92	7 086.72	104 190.35	74 982.26	149 377.65	242 882.76	71 642.42	611 384.62
菲律宾	1 295 007.86	25 944.20	27 770.31	368 494.08	18 294.30	87 933.57	731 813.25	256.27	34 501.88
新加坡	1 134 904.46	19 773.24	3 643.92	129 861.86	83 395.97	88 145.49	570 399.02	11 037.47	228 647.51
墨西哥	425 822.28	38 936.02	677.68	25 907.87	12 026.99	41 899.47	252 017.80	30.08	54 326.39
法国	187 788.12	15 918.89	821.91	22 459.95	10 666.40	23 205.21	41 963.87	1 827.12	70 924.77
爱尔兰	178 348.92	1 801.37	16.23	18 840.35	8 425.02	1 395.63	136 913.82	1 011.92	9 944.58
以色列	144 386.18	7 792.78	1 417.57	8 149.92	1 541.96	8 529.58	74 156.45	3 027.97	39 769.95
印度尼西亚	131 134.90	2 092.33	1 291.32	17 318.29	11 419.90	66 890.21	17 477.13	408.70	14 237.02
荷兰	125 938.62	1 527.71	101.32	4 370.85	3 616.80	4 184.43	8 044.88	138.52	103 954.10
英国	116 227.20	6 359.97	1 237.89	7 384.99	4 750.49	13 090.56	24 367.16	2 573.60	56 462.53
奥地利	108 855.80	7 169.47	106.37	3 638.08	9 496.92	20 590.42	28 988.24	1 089.67	37 776.64
中国香港特别行政区	103 984.67	26 276.37	31.97	10 449.61	3 225.27	13 409.31	26 659.38	188.62	23 744.13
加拿大	91 767.25	10 372.85	3 070.72	4 441.25	5 710.52	5 604.51	42 651.51	188.26	19 727.63
意大利	90 851.21	4 907.29	884.27	9 081.98	6 270.59	14 831.93	17 312.82	2 194.14	35 368.18
瑞士	87 327.20	3 503.58	74.89	3 632.01	5 425.06	20 996.62	10 648.36	507.44	42 539.25
捷克	79 623.67	8 897.72	693.29	6 446.94	28 609.25	25 437.07	1 555.19	110.17	7 874.03
匈牙利	76 065.35	1 305.23	937.94	23 981.74	3 647.58	9 549.97	4 666.18	25.35	31 951.36
比利时	52 634.00	22 019.82	271.38	1 788.26	2 755.43	2 772.34	6 516.41	598.30	15 912.06
印度	50 168.53	5 408.13	35.56	3 080.31	2 997.26	12 647.04	6 945.07	4 082.07	14 973.09
葡萄牙	48 474.67	1 966.12	507.05	1 004.65	10 734.42	6 326.46	26 929.41	1.87	1 004.69
瑞典	35 452.35	4 590.13	315.22	4 866.66	4 627.77	3 571.09	1 079.14	507.18	15 895.16
哥斯达黎加	34 587.20	626.14	134.34	80.37	7.90	26 986.25	6 521.72	3.47	227.02
波兰	34 190.91	10 376.70	283.14	4 248.73	1 278.94	7 549.03	4 927.09	115.52	5 411.77
马耳他	31 906.83	76.50	59.01	191.77	71.14	6524.5	24 882.33		101.57
挪威	31 228.30	13 107.29	203.82	4 857.31	1 952.89	537.68	926.51	3 075.23	6 567.57
丹麦	29 227.99	2 400.90	242.88	4 867.41	1 365.12	5 183.73	1 487.48	697.76	12 982.71
芬兰	29 148.94	7 550.84	136.31	2 806.59	425.60	3 635.00	818.94	735.13	13 040.53
罗马尼亚	25 304.80	4 312.03	31.09	8 083.27	3 045.66	4 378.47	48.35	54.04	5 351.91
西班牙	22 616.43	2 157.99	67.76	2 094.92	8 361.13	6 057.46	567.07	48.93	3 261.16
斯洛伐克	20 682.71	143.34	32.39	810.38	7 805.37	3 835.68	1 096.48	3.85	6 955.21

续表

国家或地区名称	进口总计	通信设备	广播电视设备	计算机	家用电子电器	电子元件	电子器件	电子材料	电子仪器设备
澳大利亚	20 022.23	7 233.44	166.28	1 431.72	816.36	729.11	1 511.72	358.22	7 775.37
摩洛哥	19 188.20	153.96		3.64	402.41	243.79	1 8135.10		249.30
俄罗斯联邦	9 634.27	302.94	134.80	2 212.77	346.43	411.88	1 395.39	1 489.76	3 340.31
柬埔寨	7 675.00	88.76	10.42	21.75	9.26	2 867.41	2.95	1.32	4 673.12

表 20 2016 年按国家或地区统计的电子信息产品出口情况

单位：万美元

国家或地区名称	出口总计	通信设备	广播电视设备	计算机	家用电子电器	电子元件	电子器件	电子材料	电子仪器设备
中国香港特别行政区	18 705 435.68	5 698 931.56	218 179.63	3 664 912.52	1 033 690.54	2 300 009.88	4 962 903.27	57 875.83	768 932.44
美国	13 741 852.55	3 818 985.31	134 341.17	5 128 577.91	2 440 801.35	1 087 507.14	571 685.45	24 716.54	535 237.68
日本	4 198 324.02	1 192 707.70	35 864.40	977 340.78	766 088.84	341 451.67	617 209.24	57 704.32	209 957.07
韩国	3 933 403.87	1 485 513.15	50 533.76	511 138.76	217 993.80	291 008.27	1 175 850.43	85 644.81	115 720.90
荷兰	3 087 355.87	1 025 070.59	23 815.35	1 297 771.61	413 701.45	139 081.91	96 259.81	8 130.50	83 524.64
德国	2 242 401.45	459 288.12	17 793.46	832 779.75	327 386.28	258 769.05	194 728.16	16 496.08	135 160.56
印度	1 968 784.98	649 904.23	32 891.24	314 489.44	290 623.76	186 959.81	399 876.19	22 439.45	71 600.85
中国台湾地区	1 965 972.70	178 904.66	17 280.51	282 106.21	114 771.28	207 556.09	938 935.97	147 088.20	79 329.80
新加坡	1 543 002.30	239 108.50	7 281.39	484 225.50	81 999.58	123 278.61	517 368.59	2 525.90	87 214.22
墨西哥	1 423 538.53	329 996.44	6 670.03	348 517.19	212 613.87	117 941.37	341 684.17	6 240.10	59 875.37
英国	1 388 464.89	377 508.29	16 411.11	419 381.48	314 945.97	131 035.90	53 378.62	6 039.82	69 763.70
越南	1 325 233.94	443 677.08	31 259.62	100 060.07	102 119.74	265 325.46	298 079.04	20 137.92	64 575.00
泰国	1 018 214.74	342 969.83	12 100.20	181 755.23	160 028.09	143 532.45	94 026.70	33 530.24	50 272.00
马来西亚	1 009 717.34	155 485.49	5 607.42	137 018.96	111 909.72	146 883.81	325 766.02	69 464.60	57 581.32
澳大利亚	858 123.41	214 504.87	5 463.57	279 142.48	199 059.42	76 340.96	47 500.13	2 196.44	33 915.55
阿联酋	808 644.23	315 987.29	4 469.97	216 621.85	160 146.91	61 642.02	26 131.59	6 995.11	16 649.49
俄罗斯联邦	672 654.07	217 757.58	5 680.53	160 376.83	153 983.55	60 496.94	38 383.36	4 050.16	31 925.11
巴西	644 206.17	143 140.06	10 764.25	73 903.76	139 038.83	84 681.17	156 195.44	1 180.49	35 302.19
印度尼西亚	610 953.22	182 353.96	8 320.52	117 847.49	115 526.39	84 193.03	67 534.38	6 347.04	28 830.41
法国	608 529.07	136 742.04	6 377.71	136 038.36	164 573.22	63 876.87	70 324.99	621.70	29 974.17
意大利	592 035.12	171 121.24	3 490.37	160 282.04	130 242.57	70 574.50	21 196.54	2 024.46	33 103.39
捷克	586 152.10	146 209.64	897.35	248 646.22	105 265.84	34 370.18	31 731.93	352.31	18 678.63

续表

国家或地区名称	出口总计	通信设备	广播电视设备	计算机	家用电子电器	电子元件	电子器件	电子材料	电子仪器设备
波兰	572 359.01	102 744.13	2 497.81	116 179.13	116 054.35	42 546.38	163 810.54	1 773.76	26 752.92
加拿大	563 892.00	188 703.72	7 594.89	128 224.79	146 908.18	50 600.30	17 916.72	466.39	23 477.00
菲律宾	480 000.73	93 922.30	6 736.11	80 784.29	100 629.42	77 315.67	79 411.41	15 804.66	25 396.88
土耳其	468 459.03	143 866.26	2 697.54	81 598.03	85 386.28	47 005.95	81 946.17	3 959.44	21 999.35
匈牙利	378 212.22	174 677.32	1 323.75	57 574.96	36 596.89	34 661.84	57 076.80	434.58	15 866.08
西班牙	372 178.25	124 310.23	3 005.32	54 923.13	106 283.63	48 418.66	13 586.53	1 575.10	20 075.65
沙特阿拉伯	293 734.63	91 545.88	1 365.65	20 048.56	133 400.22	25 836.90	9 727.33	1 650.72	10 159.38
南非	284 883.02	79 246.96	3 999.16	58 298.91	87 972.52	24 188.21	21 070.92	696.75	9 409.59
伊朗	265 876.73	61 809.01	2 750.43	28 933.85	79 093.18	31 779.06	42 070.35	2 966.17	16 474.67
巴基斯坦	261 915.36	67 587.94	1 417.46	19 764.43	62 906.54	41 716.90	49 286.96	1 624.21	17 610.93
智利	228 759.78	65 099.51	1 862.14	38 788.70	66 674.04	16 290.47	31 608.80	171.83	8 264.27
斯洛伐克	191 458.51	14 501.08	3 716.53	17 274.66	20 709.83	14 000.78	108 026.86	308.01	12 920.77
阿根廷	189 440.67	54 354.56	2 077.09	21 538.03	68 239.55	17 513.10	17 500.42	673.36	7 544.55
比利时	183 884.57	16 725.74	2 817.86	49 586.18	54 248.13	35 112.12	13 179.00	652.04	11 563.49
埃及	166 776.67	40 022.93	1 963.81	8 610.30	52 017.66	22 693.75	29 021.03	453.53	11 993.67
孟加拉国	162 035.68	32 214.17	1 495.30	16 549.02	49 756.61	31 583.22	15 637.23	765.68	14 034.45
阿尔及利亚	155 312.63	46 465.98	917.82	9 210.50	79 509.28	8 785.72	5 967.79	141.53	4 314.01
哥伦比亚	151 767.40	48 434.52	1 286.35	32 491.88	39 851.71	17 151.75	5 040.33	441.93	7 068.94
以色列	148 797.41	28 606.07	1 069.61	28 711.50	55 377.29	15 388.66	7 600.49	1 075.04	10 968.75
伊拉克	144 463.15	16 492.97	1 381.10	4 008.75	91 051.16	15 141.36	10 883.05	798.21	4 706.55
瑞典	133 307.57	47 666.33	1 800.20	18 637.12	30 410.91	21 654.04	4 271.45	112.62	8 754.91

注：表 1~表 20 数据均根据海关总署有关数据整理。表 19、表 20 仅取排前 42 名的国家或地区。

[撰稿：关兵　审稿：杨晓娟]

地区概况

北 京 市

【电子信息制造业】 2016年，北京市电子信息制造业实现工业总产值1 998.1亿元，同比下降7%，累计实现增加值增速1%，对全市工业增长贡献0.1%。全年完成固定资产投资125亿元，同比增长100%。

全年行业运行呈低位开局缓慢回升态势，产业结构得到进一步优化。从规模上看，移动通信产业基本稳定，占比保持在50%左右；传统的台式计算机制造业逐步萎缩，占比从上年的16%下降至13%；以核心元器件制造为龙头的数字电视产业进一步提升，占比从上年的18%上升至20%；北京市重点打造的集成电路产业稳步推进，占比从上年的15%上升至17%。运行质量进一步提升，尤其是在下半年，随着电子元器件行业市场需求回暖，行业增加值率显著回升，在月度产值负增长的情况下，增加值增速转正且逐月提升，产业提质增效明显。

乐视移动公司是2016年产业新的经济增长点，年销量超过1 300万部，累计新增产值超过130亿元，公司仅用一年时间就成为全市第五家年产值超百亿元的重点企业，且成功进入国内中高端智能手机市场前十强。这也是继2013年小米公司后，北京市成功培育出的第二家国际知名的移动互联网手机企业。在集成电路领域，中芯北方项目第一阶段成功达产，为北京市集成电路制造业提供持续增长的动力源。

【软件和信息技术服务业】 2016年，北京市软件和信息技术服务业实现软件和信息技术服务收入6 416亿元，同比增长15.1%。全行业实现增加值同比增长11.3%，占全市GDP的10.8%，较上年同期提高0.5个百分点，对全市经济发展的支柱作用进一步加强。

全年全市规模以上企业平均营业收入同比增长13.6%；人均营业收入同比增长9.1%。从业人员同比增长0.2%，增速较上年下降1.9个百分点。行业新设企业规模持续扩大，新增企业3 690家，同比增长7.2%；新增注册资本总额585.8亿元，户均资本1 587.5万元。

全年大中型重点企业研发支出118亿元，增长33.2%；有效发明专利9 402件，同比增长18.6%；新产品销售收入312.1亿元，同比增长17.9%。8家软件企业参与项目获得国家科技进步奖，11家企业入选“中国自主可靠企业核心软件品牌”。合众思壮科技股份有限公司发布中国首款高精度星基增强基带芯片“天琴”，填补在星基增强产品领域的技术空白。百度公司凭借在人工智能领域的诸多突破，位列2016年“50大创新公司”

亚军，其 Deep Speech 2 被评为“2016 改变世界十大突破技术”。

全年共发生并购案例 70 件，涉及金额 891 亿元；股权融资案例 783 件，涉及金额约 1 548.7 亿元；发生战略投资案例 41 件，涉及金额 226 亿元，单笔融资金额约为 6 亿元。以京东金融、新美大、滴滴出行、金山云企业为代表的互联网金融、O2O、分享经济、云计算等新兴领域融资额巨大，滴滴出行获得 45 亿美元新一轮融资，成为全球未上市企业单轮最大规模股权融资企业之一。恒泰实达科技发展有限公司等 9 家企业上市，累计上市企业 148 家，在资本市场形成较为活跃的“北京板块”。

全市信息技术服务外包收入中，欧美市场占市场总额 70% 以上，高端化发展显著。企业通过海外并购、合作等方式抢占供应链地位，猎豹公司收购全球移动新闻服务运营商 News Republic（法国），逐步完成向“内容平台”的转型；奇虎 360 公司与昆仑万维公司收购挪威浏览器厂商 Opera，补强其移动端的覆盖能力；博彦科技公司与美国 Cloudera 公司携手搭建大数据生态圈；东华软件公司与瑞典 Qlik 公司合作，为国内企业提供数据分析服务。

【两化融合】 2016 年，北京市共有国家级贯标试点企业 96 家，市级贯标试点企业 27 家，已通过贯标评审获得证书的企业有 23 家。按照市统计局的批复，针对 1 500 家规模以上工业企业、400 家软件和服务业企业、100 家主要电商平台开展两化融合发展状况调查。建立工业电子商务创新发展机制，鼓励号召北京市企业开展跨境电商业务，通过小笨鸟、阿里、敦煌网等电商平台扩大出口销售渠道，扩大对国际市场的响应能力。推动北京两化融合服务联盟成立，并支持第三方机构筹备成立京津冀两化融合服务联盟。指导北京两化融合服务联盟、北京市企业信息化协会为企业转型升级做好服务。

打造“互联网 + 协同制造”创新服务云平台。组织数码大方公司、中小企业服务中心为 200 家中小企业免费提供为期一年的软件包服务。推进“互联网 + 制造”领域高精尖项目试点示范。围绕《中国制造 2025 北京行动纲要》，归纳疏理各产业“互联网 +”示范项目 62 个。储备“十三五”时期高精尖、技改及京津冀一体化发展重点项目 20 个；向工业和信息化部《中国制造 2025》项目储备库推荐项目 3 个。

发掘北京市“互联网 + 行动”、双创、四众、高精尖等典型案例，向工业和信息化部推荐威克多、百度等“互联网 + 行动”典型案例 5 个；配合市发展和改革委员会推荐“双创”典型案例 6 个；推荐“四众”平台企业案例 6 个；征集高精尖领域企业典型案例 8 个。

【政务信息】 2016 年，北京市经济和信息化委员会制定并印发《北京市市级政务云管理办法（试行）》《北京市级政务云服务指南》（包含迁移指南、入云安全指南等 10 个附件）等系列文件；制定《市级政务云运行管理委内工作规则》及相关工作流程、《网站运维安全管理手册》、“政务云评审机制”等，初步完成政务云管理体系的建设。全年有 45 家委办局及 1 个区级单位的 138 个业务系统迁移入云，正式对外服务系统 57 个。支撑北京交警 APP、人大选举系统等重要系统的迁移入云并稳定运行。组织完成首都之窗主站及相关 20 余个系统平稳迁入政务云，物理服务器数量减少 77.5%，系统数量减少 25%。

2016 年，北京市通过政务数据资源网新增、更新共计 290 余项开放数据。为第三届全国研究生技术与创意设计大赛提供开放数据支撑，在与相关委办局沟通协调基础上，通过政务数据资源网面向参赛人员定向开放来自市环保局、市交通委等单位的 400 多个数据集，包括实时路况数据、交通指数信息等共计 7 400 余万条数据，进一步提升北京市数据开放工作的影响力。开展网站改版工作，完成公路气象等动态数据的 API 接口开发上线工作，拓展网站的服务模式。

【信息安全】 2016 年，北京市研究发布《关于开展全市工业控制系统安全隐患排查及整改工作的通知》，并印发相关行业主管部门和市属相关企业，组织市电力、热力、燃气、供水、排水、轨道交通等城市关键基础设施行业主管部门、运营单位召开工作会，对工控系统安全隐患排查整改工作进一步研究部署。重点是严格工控设备与互联网的连接管理，严格控制远程访问；修改工控设备默认密码；开展系统升级，及时修补系统漏洞。对全市电子政务网络与信息系统安全联合开展为期 6 个月的检查。下发《关于开展关键信息基础设施网络安全检查的通知》，对全市16家委办局、区及8家党委系统单位进行现场检查。

【重点项目】 2016年，北京市实施国家“910”工程，全力推动并保障中芯北方项目建设，推动B2项目资本金全部到位，产线建设进展顺利，28纳米工艺规模量产，月产能达到1.8万片；瞄准14纳米工艺研发及产业化，落实B3项目资金来源，已完成项目立项，集成电路厂房已封顶。

协调各方资源支持小米海淀科技创新园、燕东8英寸特色工艺线、纳微矽磊8英寸MEMS生产线、华卓精科集成电路装备关键零部件、屹唐集成电路标准厂房等一批项目开工建设，项目用地及资金已基本落实。支持北京集成电路设计业在处理器、存储器等方面研发，搭载自主知识产权、设计工艺达到14纳米的松果电子SOC芯片的小米手机即将发布，龙芯中科新一代CPU（3A3000）已研制成功并小批量生产，联想集团等公司探索SSD存储技术，并取得进展。

以北京集成电路产业基金、亦庄国投等资本平台引领社会资本推动一批国际并购项目落地。集创北方公司完成对美国电源管理IC设计公司IML的并购，将进一步提升在面板IC领域的国际竞争力；北京集成电路产业基金通过与上市公司耐威科技换股方式，将收购的瑞典Silex公司世界一流MEMS代工产线落地北京。

云计算、大数据、企业互联网、安全自主可控、北斗导航等新兴领域示范项目加速落地，取得新的突破。一批重大云应用落地，建设乐视广电全媒体云平台，覆盖全球350个节点，新一代“P2P+CDN”和Letv UI支撑系统上线并在多屏终端中运营；搭建包括弹性云计算、分布式海量存储、视频多媒体处理等的金山公有云服务平台，已具备对外提供4万个云主机服务的能力，服务规模化企业2 300家；用友企业互联网运营平台取得进展，已与400多家创新创业企业开展合作。推进北京可信开放高端计算系统产业化（TOP）项目建设，TOP新云服务器获得软件著作权22项，13项专利已经受理，其中包含11项发明专利，完成数据库产品1.6版本、数据库迁移工具1.0版本的研发。中国网安信息产业示范基地重点突破可信增强技术，研制的国产自主高安全专用终端采用安全与系统全面融合的一体化设计方案，填补国内空白。推动北斗区域示范项目建设，应用北斗终端9.4万台/套，北京市成为全国北斗应用最广泛、终端推广量最大的城市之一；北斗导航与位置服务产业公共平台完成公共运营中心及创新创业服务中心建设，运营平台实现千万级用户规模，并发处理能力达100万/次。

组织北京市企业申报工业和信息化部《中国制造2025》重大项目库项目征集工作，经初审，共有21个项目被推荐入库。组织工业和信息化部工业转型升级项目申报工作，共推荐项目5个，涉及总投资35 424万元。组织工业强基项目申报工作，获得批准1项，获得财政支持1 171万元。组织02专项地方配套项目7项，支持资金2.2亿元。组织申报高精尖产业发展资金，共支持市级项目15项，涉及总投资127 286万元，财政资金支持12 118万元。组织申报中关村现代服务业项目，共推荐项目8项，涉及总投资70 660万元，申请财政资金支持7 800万元。

开展项目跟踪、验收管理工作，完成各类项目验收25项。其中，市工业发展资金项目7项，涉及总投资95 606万元，财政资金支持3 379万元；中小企业发展专项资金项目4项，涉及总投资6 060万元，财政资金支持570万元；统筹资金项目1项，涉及总投资51 924万元，财政资金支持596万元；中关村现代服务业项目1项，涉及总投资4 598万元，财政资金支持413万元；工业和信息化部电子发展基金项目12项。

【产业热点】 2016年，北京市继续培育产业优势。用友、东华、神州数码等传统软件领军企业主动调整业务，加快转型升级步伐，布局云计算、大数据、互联网金融、人工智能等领域，深耕“互联网+”业务。百度、京东、乐视、小米、搜狗等互联网企业一方面夯实核心业务，深化生态圈建设；另一方面加大互联网金融、人工智能、泛娱乐领域的研发投入，培育新增长点。在出行、居住、金融等领域涌现出如滴滴出行、58同城、途家网、小猪短租、人人贷等一批分享经济代表企业。无忧英语（51TALK）作为“互联网+教育”的践行者，在美国纽交所成功上市。在大数据、云计算、人工智能等领域，科研能力强、发展活力大的新兴企业辈出，为产业带来新动能。

为推动信息通信、集成电路、智能汽车3个万亿级产业的融合发展，加快推进京冀协同，工业和信息化部、北京市、河北省联合签订“基于移动互联网的智能汽车与智慧交通应用示范”部省合作框架协议，共同加快智能车联产业创新中心、车联网产业基金、产业联盟与应用示范区建设，打造北京在智能汽车与智慧交通产业的领先地位。千方科技、北汽新能源、乐视、百度、大唐、长城汽车等优势企业联合组建北京智能车联产业创新中心，一期注册资本 6 000 万元，开展车载毫米波雷达、智能驾驶等技术产品研发和智能车联封闭测试场建设，封闭测试场已完成设计方案专家评审。总规模 10 亿元的北京未来车联网产业基金已经通过评审、尽调，正在进行工商注册，拟投资储备项目金额超过 20 亿元。车联网关键系统应用示范项目已完成车载终端设备的技术选型、路侧控制设备的初步设计，完成 6 个车联网应用场景的研发设计工作。

工业和信息化部与北京市签订框架协议。联想集团、京东集团、中国科学院微电子研究所等 20 家单位共同编制“人工智能与智能硬件创新中心”实施方案。联想集团等单位已达成组建人工智能与智能硬件创新中心投资意向。

组织公共安全领域信息产品示范应用需求对接。联合市科学技术委员会等单位，与市公安部门对拥有自主知识产权、先进适用的技术和产品开展需求对接，第一批梳理身份证件现场查验系统、掌纹掌脉识别系统、跨场景以人搜人等 32 项技术和产品，通过分类指导，一项一策，创新政策支持方式，建立常态化协调服务机制，加快推广应用电子信息产品，帮扶企业拓宽市场渠道。

成立“北京制造业创新发展领导小组”，筹建《<中国制造 2025>北京行动纲要》战略咨询委员会，建立落实《<中国制造 2025>北京行动纲要》、培育高精尖产业的工作机制。召开北京制造业创新发展领导小组第一次工作会。北京可信开放高端计算系统产业发展基金（TOP 基金）完成蓝色星际、华云网际和元年科技项目投资，共出资 7 000 万元；国科嘉和基金完成对国科恒泰（北京）医疗科技有限公司的投资，金额为 5 275.3 万元。新设立包括易华录在内的 2 个云计算与大数据领域并购基金。

联合张家口市张北县共建数据中心产业基地，建设“中国数坝”。总投资 200 亿元的阿里巴巴集团张北数据中心 1 号园区、2 号园区两个项目正式投入运营。京津冀大数据综合试验区建设正式启动，三地共同设立大数据产业投资基金、共建大数据协同处理中心和应用感知体验中心。推动京津冀北斗一体化协同发展，组织三地企业联合签署《京津冀北斗导航位置服务合作协议》，编制《京津冀北斗协同发展一体化实施方案》，打造京津冀北斗导航位置服务运营平台。

陆续在“北京网”和“北京服务您”APP 上推出公积金查询、违章缴罚、生活缴费、应急预警、京津冀旅游气象、北京通实名等新的便民服务应用。整合交通出行、劳动就业、医疗保健、政府办事等十大类近千项便民服务。截至 2016 年年底，北京网页面访问量达到 1.8 亿次，用户访问量约 4 000 万户。“北京服务您”APP 下载注册用户达 70 万户以上，业务办理总数超过 573 万件。

【产业环境】 2016 年，北京市编制并印发《北京市信息化“十三五”时期发展规划》和《北京市大数据和云计算行动计划》，这是北京市“十三五”时期信息化发展的纲领性文件。研究制定《“十三五”北京集成电路产业发展规划》，明确发展思路、产业重点和实施路径。发布实施《北京市“十三五”时期软件和信息服务业发展规划》，为全面推动经济社会的智慧演进夯实基础。

制定并印发《北京市软件和信息服务业企业安全指导意见》《北京软件和信息服务业发展报告（2016 版）》。根据《工业和信息化部、国家知识产权局关于做好军民融合和电子信息领域高价值知识产权培育运营工作的通知》要求，初步拟定《电子信息领域高价值知识产权培育运营实施方案》。根据《关于软件和集成电路产业企业所得税优惠政策有关问题的通知》要求，开展政策宣贯和落实工作，完成 14 家集成电路企业所得税备案资料核查工作。组织编制“互联网 + 政务服务”实施方案、“政务信息资源共享开放管理办法”以及“通州城市副中心智慧城市规划”。编制“智慧北京建设和发展意见”，结合信息化“十三五规划”“大数据行动计划”的任务部署，重点从提升市民获得感角度提出发展目标和思路。

印发《北京市鼓励发展的高精尖产品目录（2016 年版）》《北京市工业企业技术改造指导目录（2016 年版）》，两个目录是落实供给侧结构性改革要求的具体体现。落实京津冀协同发展战略，会同中关村科技园区管委会、北京经济技术开发区管委会、石家庄市政府共同推进石家庄（正定）集成电路产业基地及正定科技新城建设，已签约11个高科技合作项目。

【主要问题】 北京市电子信息制造业产业发展环境制约突出，联想、京东方以产品生产制造为主，在产能扩充、劳动人员成本、水、电、环保控制等方面受到制约，无法在北京市进一步扩大产能，提高产业规模；缺少核心技术和产业生态体系，小米、乐视两家以互联网模式切入传统电子产品的公司，缺少对上游核心芯片、元器件等产品的技术研发能力，无法自主定义产品，只能依赖于国外公司，在自身发展到一定阶段时，受到国外公司在产品供应、技术许可等方面的限制。

北京市软件企业受到外省市创新创业、人才等政策优势的冲击，一方面部分企业外迁意愿增强，另一方面引进创新型外资企业时处于不利地位；传统软件企业向互联网信息服务转型过程中，面临前期发展投入高、收入增长慢甚至下滑、转型周期长等问题；游戏、搜索等细分领域政策文件的出台，短期内对北京市企业的经营发展造成影响，企业营业收入出现负增长或者增速减缓；云服务、大数据等新兴业态企业发展快，但行业领域应用不够深入，规模尚不足以支撑全行业快速增长；随着“自主可控”政策的深入实施，外资企业产品销量受到冲击，同时国产化产品短期内无法占领市场，出现断层期。

【统计数据】

表1　2016年北京市电子信息制造业人员构成情况

企业类别	企业数（家）	年末从业人员总数（人）	其中：研发人员（人）
国有企业	13	4 275	923
有限责任公司	49	40 409	5 447
股份有限公司	24	24 506	4 608
私营企业	6	1 371	168
港、澳、台商投资企业	10	21 473	3 408
三资企业	20	13 876	721

表2　2014—2016年北京市电子信息制造业基本情况

项目名称	单位	2014年	2015年	2016年
工业总产值（现行价）	万元	22 617 679	18 516 586	17 601 565
工业销售产值	万元	21 854 592	18 254 674	17 264 981
出口交货值	万元	7 005 453	5 517 057	5 087 689
流动资产平均余额	万元	24 268 549	24 319 941	25 597 232
固定资产净值平均余额	万元	2 770 010	4 411 961	4 550 858
资产总计	万元	42 026 557	43 759 981	49 735 154

续表

项目名称	单位	2014 年	2015 年	2016 年
负债合计	万元	20 170 783	23 195 603	26 949 892
主营业务收入	万元	30 919 276	26 574 403	28 276 354
税金总额	万元	101 407	340 214	223 493
利润总额	万元	1 209 002	524 861	1 246 192
应交所得税	万元	157 027	132 669	212 651
从业人员年末人数	人	118 733	106 217	105 910
从业人员年工资总额	万元	1 994 143	1 593 433	1 544 970

表 3　2014—2016 年北京市电子信息制造业三资企业基本情况

项目名称	单位	2014 年	2015 年	2016 年
工业总产值（现行价）	万元	17 356 567	12 955 449	11 024 624
工业销售产值	万元	17 016 222	13 046 743	10 937 398
出口交货值	万元	5 857 119	4 216 185	3 698 124
流动资产平均余额	万元	8 677 519	8 276 780	10 540 356
固定资产净值平均余额	万元	1 373 000	1 724 097	1 575 569
资产总计	万元	11 440 059	10 873 340	13 501 077
负债合计	万元	7 831 190	7 910 211	10 164 441
主营业务收入	万元	20 308 430	16 738 499	16 883 034
税金总额	万元	–50 131	136 938	107 423
利润总额	万元	359 626	292 205	655 629
应交所得税	万元	76 176	53 059	54 573
从业人员年末人数	人	63 038	42 935	35 349
从业人员年工资总额	万元	1 469 360	628 590	575 104

表 4　2014—2016 年北京市电子信息制造业主要经济效益指标完成情况

项目名称	单位	2014 年	2015 年	2016 年
全员劳动生产率	元 / 人	312 760	282 150	323 765
流动资产周转率	次	1.3	1.1	1.1

续表

项目名称	单位	2014 年	2015 年	2016 年
产品销售率	%	96.6	98.6	98.1
总资产贡献率	%	4.2	3.1	3.4
资产保值增值率	%	144.2	107.9	121.7
资产负债率	%	48.0	53.0	54.2

表 5　2014—2016 年北京市电子信息制造业三资企业主要经济效益指标完成情况

项目名称	单位	2014 年	2015 年	2016 年
全员劳动生产率	元 / 人	335 853	309 289	410 731
流动资产周转率	次	2.3	2.0	1.6
产品销售率	%	98.0	100.7	99.2
总资产贡献率	%	3.0	4.1	5.7
资产保值增值率	%	108.8	106.0	112.9
资产负债率	%	68.5	72.8	75.3

表 6　2014—2016 年北京市主要电子信息产品产销量情况

产品名称	单位	产量			销量		
		2014 年	2015 年	2016 年	2014 年	2015 年	2016 年
移动手持机	万部	17 718.3	9 269.3	6 907.8	17 472.9	8 913.5	7 336.8
微型计算机	万台	689.3	801.9	634.7	703.1	800.8	655

表 7　2014—2016 年北京市三资企业主要电子信息产品产销量情况

产品名称	单位	产量			销量		
		2014 年	2015 年	2016 年	2014 年	2015 年	2016 年
移动手持机	万部	17 718.3	8 511.9	5 439.0	17 472.9	8 166.2	5 891.4
微型计算机	万台	542.2	671.3	498.4	545.3	671.9	500.3

表 8　2016 年北京市软件产业人员构成情况

企业类别	企业数（家）	年末从业人员总数（人）	人员构成			
			管理人员（人）	在总人数中所占比例（%）	软件开发研究人员（人）	在总人数中所占比例（%）
内资企业	2 372	486 075	286 605	59.0	201 606	41.5
国有企业	20	3 339	1 561	46.8	1 778	53.2
集体企业	1	30	30	100.0		
股份合作企业	2	112	36	32.1	76	67.9
有限责任公司	1 005	241 608	148 636	61.5	93 836	38.8
股份有限公司	269	110 168	59 162	53.7	51 514	46.8
私营企业	1 075	130 818	77 180	59.0	54 402	41.6
港、澳、台商投资企业	200	107 952	65 454	60.6	42 574	39.4
三资企业	507	218 413	132 186	60.5	86 474	39.6

表 9　2014—2016 年北京市软件产业基本情况

项目名称	单位	2014 年	2015 年	2016 年
软件业务收入	万元	47 965 752	54 228 650	64 160 228
软件业务出口收入	万美元	204 594	227 364	256 703
流动资产平均余额	万元	47 705 938	58 279 187	74 890 823
固定资产投资额	万元	1 281 090	1 487 294	1 682 703
资产合计	万元	75 699 115	92 582 940	132 297 864
负债合计	万元	36 396 126	44 141 105	62 471 997
利润总额	万元	6 329 528	6 982 427	7 180 064
应交所得税	万元	890 903	1 122 621	1 103 743
从业人员年末人数	人	624 096	682 813	704 488
从业人员工资总额	万元	11 093 203	12 827 484	15 216 851

表 10　2014—2016 年北京市软件产业三资企业基本情况

项目名称	单位	2014 年	2015 年	2016 年
软件业务收入	万元	18 135 955	20 777 455	20 878 438
软件业务出口收入	万美元	158 797	175 610	176 326

续表

项目名称	单位	2014 年	2015 年	2016 年
流动资产平均余额	万元	18 461 188	21 393 049	25 974 861
固定资产投资额	万元	512 638	470 566	505 898
资产合计	万元	25 811 954	29 495 934	36 629 156
负债合计	万元	12 217 452	13 183 920	16 571 974
利润总额	万元	2 842 996	3 026 858	2 445 230
应交所得税	万元	475 069	572 900	481 758
从业人员年末人数	人	207 955	239 530	218 413
从业人员工资总额	万元	5 503 045	6 152 086	6 558 473

表 11　2014—2016 年北京市软件产业主要经济效益指标完成情况

项目名称	单位	2014 年	2015 年	2016 年
资产保值增值率	%	120.3	125.2	119.7
资产负债率	%	48.1	47.7	47.2

表 12　2014—2016 年北京市软件产业三资企业主要经济效益指标完成情况

项目名称	单位	2014 年	2015 年	2016 年
资产保值增值率	%	121.2	122.9	115.3
资产负债率	%	47.3	44.7	45.2

注：表 1 ~表 12 数据来源于北京市经济和信息化委员会。其中，表 3、表 5 ~表 7 均包括港、澳、台企业。

[供稿：北京市经济和信息化委员会]

天　津　市

【概况】 2016 年，天津市电子信息产业实现产值 2 521.2 亿元，同比下降 5%，占工业比重为 8.6%；实现销售收入 3 526 亿元，同比下降 2.2%，占工业比重为 12.7%。其中，软件和信息服务业实现销售收入 1 200 亿元，同比增长 19%；电子信息制造业实现主营业务收入 2 326 亿元，同比下降 10.5%。

【电子信息制造业】 2016年，天津市滨海新区和西青区两区电子信息制造业产值占产业总产值的90%以上，是全市集成电路、通信、新型元器件、计算机等产业的主要聚集区，拥有开发区电子信息、高新区软件园两家国家新型工业化产业示范基地。

全市投资5 000万元以上的在建新项目有41项，总投资额超过350亿元。2016年，电子信息制造业产值近千亿元集团有中环集团1家，产值过百亿元企业有三星通信技术有限公司等6家，产值过50亿元企业有天广中茂股份有限公司等13家，产值过20亿元企业有摩比斯汽车零部件有限公司等28家，产值过10亿元企业有罗姆半导体（中国）有限公司等50家。

天津市计算机制造聚集曙光信息产业股份有限公司等8家企业，年收入378亿元，产品涉及工控计算机、高性能服务器、条码打印机、主板等产品；通信设备制造拥有三星通信技术有限公司等29家企业，行业收入290亿元；家电设备制造聚集三星电子有限公司等11家企业，年收入307亿元，产品涉及智能电视、空调、微波炉、吸尘器等；测量仪器设备制造会聚承刚科技发展有限公司等6家企业，年收入7.5亿元，产品涉及智能水表、眼科激光治疗仪、真菌检测仪等。电子元器件制造聚集松下电子部品有限公司等143家企业，行业收入683亿元；电子机电设备制造聚集三星视界移动有限公司等49家企业，年收入224亿元，产品涉及电线电缆、锂离子电池正负极材料、太阳能光伏组件等。

【软件和信息技术服务业】 2016年，天津市软件产业实现业务收入1 185亿元，同比增长17.9%。软件和信息技术服务业企业超过1 000家，系统集成获证企业153家。软件业务收入超过10亿元的企业21家，超过亿元的企业156家，超过亿元企业收入占全市软件业务收入的89%。天地伟业数码科技有限公司入选全国软件百家，大企业对产业的带动效用进一步显现。搭建全市首个安全可控软硬件适配平台，打造以飞腾CPU、麒麟操作系统、南大通用数据库等为代表的完整的安全可控产业链条，形成IC设计、检测、制造产业链，构建以58同城、赶集网等为支撑的分类信息网站聚集区，会聚超算中心、曙光、今日头条、奇虎360、腾讯等大数据应用龙头企业，推进工业控制软件和智能制造软件项目示范工程建设。

典型企业 2016年，天津中环电子信息集团有限公司资产合计1 065亿元，从业人员5.2万人。营业收入1 146亿元，下降4.9%；利润总额56.2亿元，下降4.4%。其中，国有企业营业收入281亿元，增长20.6%；利润总额11亿元，增长0.9%。集团位列2016中国企业500强第120位、中国制造业企业500强第44位。全年国有企业科技投入8.5亿元，完成新产品产值71亿元。获得天津市科技进步奖4项、天津市专利优秀奖3项和省部级质量攻关项目一等奖10余项。新认定天津市市级企业技术中心两家，七一二通信广播股份有限公司国家级工业设计中心认定成功，并被评为国家级技术创新示范企业。

2016年，曙光信息产业股份有限公司实现产值65亿元，全年生产设备12.89万台。在高技术含量新品研发方面，先后发布刷新全球SpecPower测试纪录的高端服务器TC6600、全新架构的高性能计算机——硅立方、国内首款采用直接浸没式冷却技术的液冷服务器、国产最高密度存储服务器S650-G20、国内首款百亿亿次超级计算机。完成E级原型机系统，验证E级机研制的关键技术和路线图，形成E级机的完整方案，为国产E级超算的研制奠定技术基础。

【科技进步与应用】 2016年，天津市电子信息产业一批关键技术和重点产品实现突破，共有国家级技术中心6家、市级技术中心66家。企业创新能力不断提升，中科曙光全球首款亿级并发云服务器系统、飞腾自主设计的首款64核通用处理器、展讯28纳米多核智能手机芯片、华海清科12英寸“干进干出”铜制程抛光机、中芯国际世界上单体规模最大的8英寸集成电路生产线、飞思卡尔虚拟测试、三维封装等一大批具有国际水平的关键技术和产品实现突破。培育一批产业融合发展的新产品和新业态，发展九安医疗iHealth智能云血压计及其他可穿戴设备、邦盛医疗产销量位居国内前三位的数字影像设备、恒银金融的自助发卡机等一批高端产品。工业电子、汽车电子、医疗电子、能源电子、金融电子等新业态、新产品成为电子信息制造业未来发展的新动能。

【信息基础设施】 2016年，天津市互联网出口带宽6 355Gbps，光纤入户能力达到835万户，光纤宽带用户 260 万户；无线网络建设成效显著，建成 4G 基站 2.5 万个，全市城镇区域得到全面覆盖；完成以“i-Tianjin”为标识的无线局域网建设的顶层设计，在天津大礼堂、市行政许可大厅、医科大学口腔医院、市规划展览馆、胜利宾馆、乐天百货以及天津机场等地共建设场景 253 个，AP 热点 22 442 个。三网融合双向业务深入推进，截至 2016 年年底，全市 IPTV 用户 135 万户，广电企业有线电视网络接入互联网用户 41 万户。

【信息产业基地和园区】 天津国家信息安全产业基地是国家信息安全工程技术研究中心、天津市科学技术委员会和天津市西青区人民政府共同支持建设的天津市重大产业项目。基地规划建设四大功能区：研发区、产业区、培训教育区和配套服务区，总投资 100 亿元，已建成近 30 万平方米，基地入驻企业近 90 家，其中近 30 家被认定为天津市科技型中小企业，先后承担国家项目 2 项、天津市重大工业项目 2 项、天津市自主创新产业化重大项目 3 项和国家各类项目 40 多项，吸引国家政策支持 2 000 多万元。基地围绕新一代电子信息产业，在信息安全、物联网、云计算、智慧城市建设等领域构建研发创新、产业创新、产业金融创新、产业服务创新平台，整合优质资源，实现研发、产业、金融、服务四链融合；依托国家自主创新示范区，构建全民创业万众创新的载体，建设成为承接京津冀一体化发展的产业发展高端业态区。

国家计算机病毒应急处理中心相继承担二十国集团峰会、世界互联网大会、达沃斯论坛等国家活动的网上安保工作，以及全国政府网站安全大检查等专项工作。中心举办“2016 首届国际反病毒大会”，来自 10 余个国家和地区、网络安全知名企业的反病毒组织、机构代表、专家、学者，以及政府部门负责同志等 390 余人参加大会。天信电子数据司法鉴定中心通过国家认证认可监督管理委员会行业评审组的现场监督评审，获得国家实验室认可证书，这是全市网安系统首个获得国家资质的电子数据司法鉴定实验室。

【电子政务】 2016 年，天津市建成覆盖市区两级的电子政务万兆骨干光网，满足各政务部门大数据量、高带宽业务的接入需求；搭建政务外网安全接入平台，拓展接入方式，利用公众网络解决政务网络“最后一公里”缺口，实现应用系统纵向到底、横向到边；搭建政务云基本架构，计算能力达 6 400 核 CPU，存储容量 1PB，可提供虚拟主机 1 200 台，形成全市政务系统中首个大规模采用云方式提供计算和存储资源的政务云平台；初步建成全市首个统一的专业化、规范化灾难备份系统，提供存储容量 1PB，满足全市 100 个三级等保单位数据级备份、10 个重要业务系统应用级备份需求；先行启动人口库和空间地理库建设，形成全市 1 400 万条人口基础信息、4TB 空间地理信息的共享。

安全生产监管一张网接入全市所有危化企业视频信号，实现 24 小时动态管理。联网审计实现 817 家单位的在线审计。远程电子申报纳税网络平台通过互联网征收的户数占总纳税户数的 80% 以上。搭建天津国际贸易单一窗口平台，实现“互联网 +”免费报关和港口服务功能。完成全市统一的社区公共卫生服务系统部署，推动全市 256 家社区卫生服务中心和乡镇卫生院基础数据集中迁移至市级数据中心。居民健康档案系统实现建档率 80% 以上，电子病历覆盖全部三甲医院。开通全市所有行政许可事项的网上申报功能，全年通过互联网办理行政许可事项近两万件。整合构建便民服务专线平台“8890”推行“一个号码管服务”，通过电话、短信、网站、微博、微信等方式实现全年 24 小时快速响应受理群众服务需求。教育信息化“三通两平台”全面建成，初步实现教育城域网全覆盖，有效支撑全市优质教育资源共建共享。公共电子阅览室建设全面启动，建成各级网点 5 022 个，覆盖全市域。“掌上路路通”“车来了”等一批移动 APP 和微信公众号应用的推广应用，便利老百姓出行生活办事，智能快件箱等便民服务终端在全市域部署，缓解快递“最后一公里”配送难题。

【两化融合】 2016 年，天津市工业两化融合水平持续提升，重点企业数字化研发设计工具普及率 63.7%，关键工序数控化率 49.2%，智能制造就绪率 11.8%。根据全国两化融合发展数据地图显示，全市重点企业已进入从数字化逐步向集成互联、智能协同方向发展阶段，为加快从“天津制造”向“天津智造”转变奠定基础。

制定并印发天津市《关于加快云计算和大数据发展的实施意见》和《天津市加快推进制造业与互联网融合发展实施方案》，向各区县、工业集团和重点企业印发《关于进一步推进工业化和信息化深度融合创新工作的通知》，引导全市上下加快信息通信技术向制造业各领域渗透，明确企业两化融合重点工作路径。启动区县两化融合深度行活动，面向东丽、宝坻、蓟县、滨海新区等区域的 200 余家工业企业宣贯两化融合相关政策、重点方向和行业解决方案。

自将两化融合纳入全市万企转型升级子路径以来，两年共有 187 家企业完成转型升级工作。近 700 家企业参加两化融合发展现状自评估、自诊断、自对标，14 家单位列入 2016 年国家级两化融合试点企业，国家两化融合管理体系贯标试点单位累计达到 40 家，首次选树市级试点单位 20 家，本市国家两化融合管理体系咨询服务推荐机构达到 9 家。天津海尔洗衣机互联工厂和天津中德应用技术大学入选中德智能制造合作 2016 年试点示范项目，中环集团、天津光电通信技术有限公司的经验做法入选全国大企业“双创”典型案例集。

【信息安全】 2016 年，天津市部署开展重点领域信息安全检查工作，为期 4 个多月检查 75 家区政府、市属委办局、重点国有企业共计 77 个信息系统，远程和现场检查相结合，检查各系统安全防护措施的有效性及系统防篡改、防病毒、抗 DDOS、防攻击、防泄密的相关能力，对发现的问题及时提出整改建议。

天津市信息安全测评中心搭建全市政府网站信息安全监控平台，对全市政府网站的安全状态进行实时监测，包括脆弱性、内容安全、可用性及网站信息等。每月出报表，每季度出安全报告；加强重点领域移动应用的安全管理，开展移动应用程序的安全检测。

贯彻下发《工业控制系统信息安全防护指南》，对全市工业控制系统应用企业以及从事系统规划、设计、建设、运维评估的企事业单位做好安全防护工作提出要求，指导各区做好本行政区域工业企业工控安全防护工作。开展全市工控安全检查，主要范围包括钢铁、有色、化工、石油石化、电力、天然气、装备制造、水利枢纽、环境保护、铁路、城市轨道交通、民航、城市供水供气供热以及其他相关领域，共涉及单位 44 家、重要工业控制系统 1 670 套。

【信息消费】 2016 年，天津市信息消费规模达到 4 500 亿元，实现较快增长。信息消费相关产业增速明显，智能电视增速 25%，移动数据和互联网业务收入增速 36%，增值电信业务收入增速 16%，软件产品收入增速 20%，信息消费在提升消费结构、扩大内需和拉动经济增长等方面发挥积极作用。

推进光纤宽带网络升级改造，推动无缝、立体的无线宽带网络建设，基本实现光纤与无线相结合，宽带通信和双向化数字广播电视网络覆盖全市。“i-Tianjin”公共 Wi-Fi 项目开通 AP 覆盖全市 16 个区，遍布大中型医疗、景区、宾馆、商场等场所和公共交通工具。农村有线电视网络数字化、双向化改造效果显著，可提供百余套广播电视节目以及互动电视、点播电视、数字广播、有线宽带等双向业务。

智能产品种类不断丰富，整机产品从智能手机、平板电脑逐步扩展到汽车电子、智能电视、医疗电子、智能金融终端、智能可穿戴设备、医疗电子、工业机器人以及智能家居等多个领域。聚集天津国芯科技有限公司等一大批龙头企业，形成天津滨海高新区、经济技术开发区、西青开发区等多个产业聚集区。吸引一大批国内知名软件企业落户津城，形成飞腾 CPU、麒麟操作系统、神舟通用和南大通用数据库、神舟软件、东华合创等为代表的完整产业链。

天津市电子商务公共信息服务平台、电子商务一站式服务中心、跨境电子商务信息化综合服务平台、物流服务平台、市农产品电子商务公共服务平台等电子商务公共服务项目为企业发展业务提供便利。形成天津港保税区、东疆保税港区、武清区、东丽航空商务区、中心商务区、南开区等多个跨境电商聚集的产业园区。农业电商建设成效明显，网上销售农业企业、合作社及新增产品种类逐年增长。渤商网、融通物贸电商平台、百利 MRO 工业品电商、津港通等一批电商持续发展，引领带动一大批中小企业采用 B2B、B2C 方式开展信息、交易、物流和金融等服务。

【物联网】 2016 年，天津市加快推进物联网技术应用，打造云感知、云计算、云存储、云安全、云方案、云灾备“六云”产业，培育壮大物联网核心产品研发制造及高端服务产业集群。

天津生态城投资开发有限公司承担的“中新天津生态城城市感知智能服务与综合管理项目”、感知城市（天津）物联网科技有限责任公司承担的“集中供热物联网系统综合应用示范项目”等 7 个项目被列入国家发展和改革委员会组织的“国家物联网重大应用示范工程重点推广应用项目”。

在天津中德应用技术大学等院校建立“物联网应用技术”专业，为物联网产业输送专业人才。采取校企联合培养模式，由天津中德应用技术大学与天津赛普立威技术股份有限公司组建物联网研发实验室，为院校学生提供实习和培训的平台，推进物联网技术落地及人才的深入培养。

通过举办信博会、发展论坛、交流会以及物联网创新与工程应用设计大赛等活动，加强物联网产品技术的宣传推广，营造有利于产业发展和技术创新的良好社会环境，扩大对外交流合作，提升物联网产业技术水平。

【云计算与大数据】 2016 年，天津市会同北京市、河北省举办大数据综合试验区建设启动仪式，推广一批大数据应用成果和合作项目。“天津滨海工业云公共服务平台及应用推广”项目获批工业和信息化部工业转型升级资金支持，“滨海工业云”云服务功能进一步拓展，为中石油、华大基因天津公司等 3 000 余家企业、政府、科研机构提供服务。推进“沃企通”云平台、“易企云”平台等平台建设。

初步拟定关于建设制造业大数据中心的工作方案，依据工业大数据顶层设计需求和中小企业与龙头骨干企业对大数据不同的需求特点，组织科研院所及产业联盟、大数据发展起步较早的省市及有关单位、大数据应用企业 3 个层面的调研活动；走访大数据龙头企业，就制造业大数据合作事宜达成多项战略合作意向。邀请九次方大数据公司、华为技术有限公司、百度在线网络技术有限公司、南大通用数据技术股份有限公司等单位来津洽谈合作具体适宜。华为技术有限公司与天津市工业和信息化委员会签署战略合作框架协议，将在打造高端制造云平台和建设软件开发云等方面与天津市开展深入合作。

【重点信息化项目】 曙光星河云服务器系统正式量产。这是中国首款亿级并发云服务器系统，也是国家 863 计划信息技术领域“亿级并发云服务器系统研制”的重大项目成果。针对云计算大量应用呈现计算资源需求量低、并发访问量需求高及信息查询量大的特点，采用全新的国产设计体系架构，在体系架构和关键技术上实现为云而生、亿级并发、安全可控三大突破，建立以国产技术为核心的云服务器架构标准。其正式量产标志着中国云计算产业拥有安全可控的云服务器系统。

天津中环电子信息集团全年实施固定资产投资项目 30 个，完成投资额 49 亿元。获得国家和天津市专项资金 2 230 万元。LTE–R 铁路无线通信终端设备研发及产业化等 8 个项目竣工。中环光伏有限公司的太阳能电池用单晶硅二期及二期扩能项目完成后评价，三期项目实现全面达产，四期项目正在进行主体建设。六〇九线缆有限公司逸仙园新厂区建设项目 1 号联合厂房完成主体框架验收。

【产业热点】 信息化促进京津冀协同发展。一是建设大气环境质量监测体系。全市环境空气自动监测站建成使用 26 个，通过官网、手机 wap 版、环保通短信、新浪和腾讯官方微博发布环境空气质量监测数据。二是建设水环境质量监测体系。加强区域一体化的水环境监测网络建设，开展京津冀跨界河流水质监测，完成跨界河流断面优化布设，实现入境断面监测全覆盖并开展监测；建立监测数据信息交流共享机制，组织引滦入津沿线水质加密监测，针对水质异常情况，及时上报并与河北省有关部门及时共享；加强区域饮用水源地监测预警，建设南水北调天津干线水质自动监测系统，提升饮用水监测及预警能力。三是建设污染源在线监控体系。完成国控污染源自动监测设施安装及联网验收，实现企业污染源排放状况实时传输至区县环保局和市环保局。四是推进京津冀交通一体化工作。推动京津冀交通一卡通互联互通工程，已覆盖全市 119 条公交线路 1 500 余辆公交车。继续推动高速公路收费站 ETC 建设，高速公路主线收费站 ETC 覆盖率达到 100%，匝道收费站 ETC 覆盖率提高到 95% 以上。

国产数据库软件得到较大发展。全年全市数据库软件业务收入达到 3 亿元，相关产品在中国自主可控南风工程一期项目中占用率达 40% 以上，在国家互联网应急中心的多个重点网监工程、多个信息化大型项目中形成批量应用。一是技术水平先进。在结构化数据处理方面，与国外同类产品性能相当，在集群节点数量、数据处理规模、压缩能力等方面已超越同类产品。在半结构化和非结构化数据处理方面与国外先进产品技术同步。二是产品成熟度高。南大通用“ATM”3 个产品与国际同类产品技术同步，打破国外厂商的技术垄断和市场垄断。在事务处理领域，GBase 8t 具有与 Oracle、DB2 等国际一流同类产品齐肩的高稳定性、高性能和高可用性。在数据分析领域，GBase 8a 实现与国际主流产品技术同步、市场同级，相比其他国产数据库遥遥领先。在高速计算领域，GBase 8m 是在中国市场上速度最快、应用最多的内存数据库。

【产业环境】 2016 年,《天津市智慧城市建设"十三五"规划》获市政府正式批复，提出全市"十三五"时期智慧城市建设的指导思想、建设目标和主要任务。

【统计数据】

表 1 2014—2016 年天津市电子信息制造业基本情况

项目名称	单位	2014 年	2015 年	2016 年
企业数	家	575	590	347
工业总产值	亿元	3 618.4	3 349.2	2 521.2
主营业务收入	亿元	3 404	3 223.5	2 325.5
利润总额	亿元	174.4	183.2	157.4
从业人员数	万人	23	20.4	15.1

表 2 2014—2016 年天津市主要电子信息产品产量情况

产品名称	单位	2014 年	2015 年	2016 年
移动通信手持机	万部	9 754.2	7 315.6	4 973.5
电子计算机整机	万台	3 299.0	2 933.1	1 679.4
集成电路	亿块	14.2	14.9	16.0
光电子器件	亿只		110.8	120.0

注：表 1 ~ 表 2 数据来源于天津市统计局。

表 3 2014—2016 年天津市软件产业基本情况

项目名称	单位	2014 年	2015 年	2016 年
软件业务收入	万元	9 068 842	10 078 453	11 858 458
软件业务出口收入	万美元	50 270	9 024	8 347
软件产品销售收入	万元	2 461 160	2 502 559	2 824 402
流动资产平均余额	万元	1 987 513	5 044 907	4 812 827

续表

项目名称	单位	2014 年	2015 年	2016 年
固定资产投资额	万元	58 632	128 482	151 724
资产合计	万元	12 918 648	13 930 913	14 166 910
负债合计	万元	1 720 715	2 403 157	2 119 840
利润总额	万元	792 726	992 373	929 617
应交所得税	万元	81 263	98 354	95 949
从业人员年末人数	人	87 162	81 873	87 553
从业人员工资总额	万元	860 396	884 792	992 055

注：数据来源于工业和信息化部。

[撰稿：高建　审稿：周胜昔]

河　北　省

【概况】 2016 年，河北省电子信息产业总体保持平稳增长，以大数据、智能化、移动互联网、云计算为核心的网络信息技术产业成为产业发展的新动力。全行业入统企业 571 家，从业人员约 18.3 万人，累计完成主营业务收入 1 304 亿元，同比增长 5.1%；实现利税 157.9 亿元，同比增长 26.8%；完成出口创汇 27.4 亿美元，同比增长 0.6%；完成固定资产投资 30.1 亿元，同比下降 15.2%。全省 61 家软件企业通过 CMMI（软件能力成熟度模型）认证，晶龙实业集团有限公司、东旭集团有限公司、风帆股份有限公司 3 家企业入围第 30 届中国电子信息百强。

【电子信息制造业】 2016 年，河北省电子信息制造业完成主营业务收入 1 020.8 亿元，同比增长 5.5%，趋势稳中向好；累计实现利税 108.7 亿元，同比增长 30.4%；太阳能光伏产业实现主营业务收入 231.2 亿元，同比增长 3.4%；新型显示产业持续快速增长，实现收入 136.7 亿元，同比增长 20.5%；半导体照明产业保持较高增速，实现主营业务收入 32.6 亿元，同比增长 24.2%；行业电子小幅增长，实现主营业务收入 327.2 亿元，同比增长 2.9%；通信导航产业扭转前期下降局面，实现主营业务收入 155 亿元，同比增长 5.2%。

典型企业　晶龙实业集团有限公司先后建成 1 个国家地方联合工程实验室和省级企业技术中心、国家级企业技术中心、2 个博士后工作站、4 个研发机构，取得专利 600 余项，被认定为国家级技术创新示范企业。集团拥有 12 个国内基地、2 个海外基地，产品覆盖 100 多个国家的跨国公司。2016 年，晶龙光伏组件出货量超过 5 吉瓦，成为全球第三，全球市场占有率突破 8%。国内市场占有率超过 10%，稳居行业第一。晶龙商标价值已超过 24 亿元。

东旭集团有限公司建成液晶玻璃研究院、精密玻璃研究院、触摸屏玻璃研究院、太阳能研究院、节能照明研究院、绿色建材研究院六大高新技术研发中心，国家企业技术中心、国家工程实验室也在建设中。集团累计开发 1 500 余项高新技术专利成果，并以每年 30% 的申请率递增，形成并巩固企业的核心技术优势。石家庄装备制造基地是集团全资子公司，是研发制造平板显示玻璃基板生产线成套设备、非晶硅薄膜太阳能电池生产线成套设备等生产线设备加工制造基地，在高端设备加工制造方面打破国外的长期技术封锁，促进国内光电显示产业的快速发展。

风帆股份有限公司隶属中国船舶重工集团，是国内规模最大、市场占有率最高的汽车起动电池生产高新技术企业，拥有国家级重点实验室。公司率先研发微混新能源汽车电池，填补国内空白，微混新能源汽车具有普及推广性，节油率在 5% ~ 15%。太阳能、风能发电系统储能用阀控铅酸蓄电池、高效电池化成技术研究、高效能拉网式免维护铅酸蓄电池技术研究与开发、混合式铅酸蓄电池研究及产品开发、非晶硅薄膜电池新型双 p 层结构研究与开发等获得中船重工科学技术奖，铅酸蓄电池 DE 隔板获得河北省科技进步奖等。

【软件和信息技术服务业】 2016 年，河北省软件和信息技术服务业规模进一步扩大，技术创新取得新进展，重点骨干企业竞争力不断增强，软件产品数量不断增加，应用领域不断扩展。软件和信息技术服务业完成主营业务收入 260 亿元，同比增长 3.5%；实现利税 49.3 亿元，同比增长 19.7%。其中，软件产品收入 25.8 亿元，同比下降 9.1%；信息技术服务收入 167.2 亿元，同比增长 16.3%，增速较快。

【京津冀大数据综合试验区】 2016 年，京津冀三地政府签署《京津冀信息化协同发展合作协议》，在工业云共建、政务信息资源共享和利用、电子认证结果共享和互认、北斗导航应用服务四方面开展深入合作。7 月，京津冀大数据综合试验区获国家批准，发布《京津冀大数据综合试验区建设方案》，成立京津冀大数据协同发展投资基金、大数据协同处理中心和京津冀大数据综合试验区应用感知体验中心。重点建设张家口新能源大数据、廊坊物流金融遥感大数据、承德旅游大数据、秦皇岛健康大数据、石家庄大数据应用5个试验区，并在环保、交通、教育、健康医疗、旅游等民生重点领域组织开展试点示范，打造以北京为创新核心、天津为综合支撑、河北做承接转化的大数据产业一体化格局。

【物联网】 2016 年，河北省将物联网确定为重点培育的战略性新兴产业，组织开展物联网示范应用。围绕产业特色，打造石家庄、承德、秦皇岛、唐山、廊坊、保定六大物联网产业基地，培育发展康泰医学系统（秦皇岛）股份有限公司、河北汉佳电子科技有限公司等一批优势企业。在工业、农业、环保、医疗、安防、电力等领域开展一系列应用示范，河北汉佳电子科技有限公司等 19 家企业承担国家物联网专项工程，并获得专项资金支持，其中康泰医学“远程医疗系统”等 3 个项目入选国家物联网示范应用案例。安排 500 万元专项资金，实施 9 项工业物联网应用示范工程，取得较好效果。签署《京津冀北斗导航位置服务合作协议》，三地北斗卫星导航运营服务平台企业重点围绕智慧养老、物流配送、冬奥会安全保障等方面展开合作。落实工业和信息化部、北京市政府、河北省政府《基于宽带移动互联网的智能汽车与智慧交通应用示范合作框架协议》，推动智能汽车、智慧交通和宽带移动互联网应用。与中国电子技术标准化研究院合作开展二维码标准研制，建立全国首家二维码院士工作站和二维码技术与应用工程实验室。

【无线局域网（Wi-Fi）建设】 2016 年，河北省出台《加快推进无线局域网（Wi-Fi）建设和免费开放的指导意见》《无线局域（Wi-Fi）建设和免费开放工作评价办法》《i-hebei 无线局域网建设与服务规范》。全省 11 个设区市和辛集、定州两个省直管县（市）主城区公共区域实现无线 Wi-Fi 免费全覆盖，完成覆盖热点地区 2 272 个，累计布放无线局域网 AP 设备 32 717 台。鹿泉、正定、香河、黄骅、武邑等 22 个县、市（区）率先开始无线 Wi-Fi 建设和免费开放工作，完成覆盖 741 个热点地区，累计布放 5 169 台无线 AP 设备，Wi-Fi 建设和免费开放工作居全国前列。

【科技研发与品牌建设】 河北省电子信息行业新增省级以上研发机构 9 家，总数达到 137 家；新增省名牌产品 29 种，总数达到 83 个，产业创新水平不断提高。乐凯集团“一种光学扩散膜及使用该光学扩散膜的液晶显示背光源”专利技术在美国、日本、韩国及中国国内均获授权，达到国际先进水平。东旭集团组织申报的平板显示基板玻璃行业 5 个行业国家标准正式公布，改变中国平板显示基板玻璃行业长期以来标准、规范缺乏，规格不统一的局面。河北先河环保科技股份有限公司自主研发的空气、水质、污水 COD、烟气、酸雨五大在线连续自动监测系统和环境应急监测车等六大产品系列，是国内唯一一家完全拥有自主知识产权的环境监测仪器全系列产品生产企业，其中“城市空气质量连续自动监测系统”是国内第一套拥有自主知识产权的空气质量监测系统。

【重点电子信息项目】 2016年，河北省有78个电子信息项目列入省千项技改项目目录，总投资额241亿元。长城汽车“智能网络汽车操作系统及软件开发项目”等3个项目获得工业强基资金5 424万元支持。同光晶体有限公司投资10亿元的碳化硅单晶等5个项目获得国家开发银行8.07亿元专项建设基金支持。总投资128亿元的中国电科集团涞水电子科技城项目已经开工建设，投资28亿元的中科微机电技术（北京）有限公司年产40万片8英寸iMEMS集成研发制造项目落户石家庄正定（中关村）集成电路产业园，投资20.6亿元的京东方TLCM显示模组项目年底投产。云谷（固安）科技第6代AMOLED、保定华盈电子器件OLED显示模组（涞水）等项目完成前期工作。阿里张北云联数据中心和数据港张北数据中心项目一期首批8 000台服务器投入运营。承德加快建设国家绿色数据中心，大数据科创中心暨姚建铨院士工作站、大数据研发展示中心、大数据应用创新中心揭牌成立，德鸣大数据产业园开始联机调试，首批720个机柜将投入运营。廊坊基地依托润泽科技发展有限公司、中国联通公司、华为技术有限公司等大数据企业，服务器规模已达19.2万台。

【电子政务】 2016年，河北省电子政务信息化取得长足进展，省政务云为省级政务部门业务应用、信息共享、数据开放、协同办公等提供综合性公共服务，支撑政府系统各项业务工作的开展。

实施省政务云建设。采取云服务商投资建设、政府购买服务的方式，按照“集约、高效、共享、开放、安全”理念，搭建基于云计算的电子政务公共平台，实现政务云服务的政府“零资产”购买，对IaaS、PaaS、SaaS全面提出购买，根据后续实际使用量付费。

开展政务云应用。省政务云为省级政务部门提供基础资源服务，统一实现云上部署，推进云上河北建设，省人大、纪委、工信厅等23个部门的63个应用系统实现云上运行，提供包括移动政务、统一权限管理、政务邮箱等共性应用。为省工信厅等11个部门2 310个用户开通政务邮箱服务。为省工信厅、省直工委开通移动政务服务。

推广应用电子认证。拓展电子认证应用领域，加强电子认证统筹管理，重点在税务、工商、社保、质监、公积金等领域推行全省电子认证“法人一证通”，全省已有50多个政务部门使用数字证书进行网上办公、公文流转、网上审批申报等工作。

开展政务信息资源共享。依托省政务云平台搭建省级政务信息资源交换共享平台，支撑省直部门间信息资源共享，实现不同电子政务系统间的信息整合、交换、共享和政务工作协同。省工商、国税、地税、质监等25个部门配置前置机，并接入共享平台，开展信息资源的交换共享工作。

推进法人信息共享。以省法人库建设为契机，省工信厅与省工商局等部门联合印发《河北省法人单位信息资源库共享应用建设实施方案》，推动法人信息共享，实现法人库归集信息近2 000万条，入库1 700万条，平台数据交换总量近3亿条，为“多证合一”业务推送69万家企业登记注册信息，为“两证合一”业务推送10万户个体工商户登记注册信息。

【两化融合】 2016年，河北省出台《关于加快制造业与互联网融合发展的实施意见》，印发两化融合“十三五”规划，培育省级两化融合重点企业132家、“互联网+”制造业试点示范项目34个，带动新业态、新模式发展。河北省两化融合指数74.12，比上年度前进3个名次。

开展“互联网+”制造业市县行活动。省工业和信息化厅联合各市（含定州、辛集）政府，共同举办13场“河北省‘互联网+’制造业市县行活动暨‘大智移云’发展趋势报告会”。活动内容包括三个“一”，即组织一场报告会、建立一个本市两化融合群、督导第一批“互联网+”试点项目。

开展“互联网+”制造业试点示范工作。根据《中国制造2025》和工业和信息化部落实“互联网+”行动指导意见三年行动计划的要求，启动“互联网+”制造业试点示范工作，确定石家庄科林电气股份有限公司“互联网+”分布式光伏发电监控运维平台项目等21个项目为河北省2016年“互联网+”制造业试点示范项目，神威医药O2O电商等15个项目为河北省2016年“互联网+”

制造业重点跟踪项目。

培育百家两化融合重点企业。印发《关于做好 2016 年百家两化融合重点企业培育工作的通知》，全省新增市级两化融合重点企业至少 200 家。各市开展重点企业培育工作，培育市级重点企业 217 家，推荐 197 家企业申报省级重点。经筛选和信息核实确认，确定新培育省级两化融合重点企业 132 家，任务目标责任到地市、到企业，超额完成百家两化融合重点企业培育任务。

【信息安全】 2016 年，河北省抓好政府部门、重点行业重要信息系统与基础信息网络安全保障工作，不断提升网络信息安全保障水平，全省没有发生Ⅲ级以上网络与信息安全事件。

做好全国和全省“两会”、春节、G20 杭州峰会等重要敏感时期网络信息安全保障工作，加强对通报平台、互联网集中接入平台、事态感知平台等的监控预警研判，加强对重点网站的巡回监测。河北省信息安全测评中心将全省电子政务 5 581 家网站，分 3 类按月、季、半年进行监测。选取高风险漏洞较为严重的 33 家网站进行远程渗透测试，对发现安全风险较大、其漏洞可被利用的网站通报督导其整改。

河北省信息安全测评中心开展信息安全风险评估和政务系统安全测评，包括省政务云和衡水市电子政务云平台安全测评，省政府门户网站系统、省政务外网系统和省政务内网系统的信息安全等级保护三级现场测评，以及省直部门 4 个系统测评、2 个信息安全风险评估项目。

开展省委网信办、省保密局、省国家密码管理局等相关部门共同参与的全省网络安全保障培训；举行河北省首届网络安全攻防竞赛等系列活动，聘请国家和省有关专家授课，举办攻防竞赛和现场观摩。

【产业环境】 2016 年，河北省编制印发省工业转型升级“十三五”规划（冀政办字〔2016〕162 号）、省深化制造业与互联网融合发展的实施意见（冀政发〔2016〕39 号）、省信息化与工业化深度融合发展“十三五”规划（冀制强省〔2016〕1 号），为信息产业和信息化发展营造良好环境。

河北省工业转型升级“十三五”规划提出，培育壮大 7 个战略性新兴产业，其中，新一代信息产业突出“大数据和电子信息”，重点提升“集成电路及专用装备、通信及导航设备、新型显示产业、网络基础产品”等电子信息基础产业水平。规划提出，突出发展“十四个重大专项”，其中 4 个与电子信息产业有关，分别是京津冀国家大数据综合试验区建设专项、智能制造专项、“互联网 +”协同制造专项、服务型制造专项。

《关于加快制造业与互联网融合发展的实施意见》提出，到 2020 年，制造业与互联网融合进一步深化，互联网“双创”成为制造业转型发展的新引擎，新模式、新业态、新产品成为经济发展新动能，跨界融合的制造业新生态初步形成，制造业数字化、网络化、智能化水平明显提升，成为推动河北省向制造强省迈进的核心力量。以自动控制与感知系统、工业软硬件、工业云与工业大数据服务、工业互联网为重点的制造业“新四基”快速发展，以“大智移云”为核心的新一代信息技术产业不断壮大，到 2020 年，信息产业规模突破 3 000 亿元。

河北省信息化与工业化深度融合发展“十三五”规划提出，大力推进智能制造，实施装备和产品智能化工程，打造一批以工业机器人、增材制造、智能网联汽车、智慧医疗、智能可穿戴设备等为重点的智能产品。到 2020 年，高端装备工业增加值达到 600 亿元，高档数控机床、工业机器人等智能制造装备总体水平进入国内先进行列。规划提出，到 2020 年，全省两化深度融合取得明显成效，处于集成提升和创新突破阶段企业比例比 2015 年翻一番。基于互联网的“双创”体系初步建立，培育智能工厂（车间）1 500 个。规模以上企业应用电子商务的企业比例超过 50%。

【主要问题】 河北省电子信息产业规模小、产业基础差、支撑力不足，云计算、物联网、移动通信等新一代信息技术发展落后，信息产品和服务创新能力不够，信息消费对电子信息产业的直接带动不明显。

产品结构亟待优化，主导产品集中在原辅材料、元器件等附加值较低的基础产品，缺乏拉动作用明显的整机、平台类产品和龙头企业，产业链条不完整，配套率低，如平板显示产业缺少面板显示等。

创新能力弱。河北省电子信息产业多为中小型企业，拥有 137 个省级以上研发机构，占企业总数的 23%，覆盖率低。研发投入占比不足 2%，远低于发达省份的 3%。

缺乏一大批高端、复合型产业急需人才，特别是通信与导航、集成电路人才。2016 年全省电子信息行业从事研发的人员只有 1.8 万人，占行业总人数的 9%，引不进、留不住问题突出。

大项目、好项目少，投资强度不足，产业发展缺乏后劲。

【统计数据】

表 1　2016 年河北省电子信息制造业人员构成情况

企业类别	企业数（家）	年末从业人员总数（人）	其中：研发人员（人）
内资企业	236	97 172	10 976
国有企业	13	16 747	3 225
集体企业	1	131	
有限责任公司	94	51 881	4 720
股份有限公司	30	8 316	1 089
私营企业	88	13 848	1 843
其他内资企业	10	6 249	99
港、澳、台商投资企业	7	1 497	9
三资企业	28	47 033	748

表 2　2014—2016 年河北省电子信息制造业基本情况

项目名称	单位	2014 年	2015 年	2016 年
工业总产值（现行价）	万元	9 776 206	9 709 901	11 165 847
工业销售产值	万元	9 596 182	9 175 959	10 109 233
出口交货值	万元	1 183 325	1 527 656	1 628 705
流动资产平均余额	万元	7 787 002	8 282 422	9 849 845
固定资产净值平均余额	万元	2 594 197	3 874 968	2 680 874
资产总计	万元	15 604 890	14 838 277	16 985 207
负债合计	万元	8 490 281	6 939 860	6 898 068
主营业务收入	万元	9 694 877	9 901 865	10 208 053
税金总额	万元	230 244	227 990	435 199
利润总额	万元	728 696	575 481	748 668
应交所得税	万元	110 943	74 468	78 402
从业人员年末人数	人	168 710	153 323	145 702
从业人员工资总额	万元	678 079	603 038	1 100 370

表 3　2014—2016 年河北省电子信息制造业三资企业基本情况

项目名称	单位	2014 年	2015 年	2016 年
工业总产值（现行价）	万元	3 350 623	2 086 048	1 898 813
工业销售产值	万元	3 637 670	2 061 172	1 879 474
出口交货值	万元	635 670	638 844	633 120
流动资产平均余额	万元	2 501 404	2 642 128	2 497 078
固定资产净值平均余额	万元	902 775	618 024	979 171
资产总计	万元	5 902 672	4 303 655	4 067 638
负债合计	万元	3 553 305	2 496 307	2 375 197
主营业务收入	万元	3 426 317	2 493 124	2 165 766
税金总额	万元	77 277	76 990	94 774
利润总额	万元	233 114	–116 614	115 024
应交所得税	万元	51 889	33 587	19 959
从业人员年末人数	人	82 385	53 646	47 033
从业人员工资总额	万元	307 474	157 688	277 329

表 4　2014—2016 年河北省主要电子信息产品产销量情况

产品名称	单位	产量			销量		
		2014 年	2015 年	2016 年	2014 年	2015 年	2016 年
数字程控交换机	线	100 000	130 000	512 000	100 000	130 000	486 400
通信电子网络用电缆	千米	172 979	121 261	133 846	171 785	120 426	133 309
太阳能电池	兆瓦	1 384	1 573	1 795	1 386	1 472	1 772
电子印制电路板	平方米	1 736 166	1 404 032	1 376 089.3	1 786 927	1 391 569	1 383 061
GPS 接收机	部	9 528	11 902	12 673	9 075	10 727	11 242

表 5　2014—2016 年河北省三资企业主要电子信息产品产销量情况

产品名称	单位	产量			销量		
		2014 年	2015 年	2016 年	2014 年	2015 年	2016 年
复合金属电子材料	千克	439 000	248 000	307 500	439 000	248 000	307 500
硬盘驱动器	台	24 412 254	15 787 930	13 902 405	25 131 246	14 986 284	14 117 567
精密焊接设备	台		37 868	33 968		39 298	33 651
液晶显示模组及配套材料	万套	1 913	1 976	2 568	2 050	2 118	2 588

表 6　2016 年河北省软件产业人员构成情况

企业类别	企业数（家）	年末从业人员总数（人）	人员构成			
			管理人员（人）	在总人数中所占比例（%）	软件开发研究人员（人）	在总人数中所占比例（%）
内资企业	297	33 947	2 388	7.0	8 067	23.8
国有企业	9	2 480	76	3.1	316	12.7
集体企业	1	555	15	2.7	540	97.3
股份合作企业	1	121	18	14.9	103	85.1
联营企业	1	163	17	10.4	33	20.2
有限责任公司	130	18 113	871	4.8	3 053	16.9
股份有限公司	38	4 533	549	12.1	1 486	32.8
私营企业	114	7 874	837	10.6	2 513	31.9
其他内资企业	3	108	5	4.6	23	21.3
港、澳、台商投资企业	1	178	16	9.0	11	6.2
三资企业	2	3 340	302	9.0	823	24.6

表 7　2014—2016 年河北省软件产业基本情况

项目名称	单位	2014 年	2015 年	2016 年
软件业务收入	万元	1 500 604	1 845 785	2 119 711
软件业务出口收入	万美元	6 632	4 165	3 833
软件产品销售收入	万元	371 928	337 939	374 909
流动资产平均余额	万元	1 673 800	1 843 551	1 320 255
固定资产投资额	万元	54 496	40 773	326 664
资产合计	万元	2 450 939	2 573 318	3 182 603
负债合计	万元	1 327 266	1 497 185	1 889 234
税金总额	万元	98 559	107 706	125 734
利润总额	万元	239 495	275 290	364 570
应交所得税	万元	59 754	35 693	43 205
从业人员年末人数	人	35 928	36 850	37 465
从业人员工资总额	万元	451 540	564 998	709 098

表 8　2014—2016 年河北省软件产业三资企业基本情况

项目名称	单位	2014 年	2015 年	2016 年
软件业务收入	万元	93 104	87 806	86 140
软件业务出口收入	万美元	1 502	1 098	752
软件产品销售收入	万元	73 473	70 885	72 125
流动资产平均余额	万元	354 012	353 628	391 325
固定资产投资额	万元	15 003	2 742	1 741
资产合计	万元	426 064	414 301	445 069
负债合计	万元	126 071	122 869	124 358
税金总额	万元	17 211	20 433	22 252
利润总额	万元	80 445	79 126	85 875
应交所得税	万元	39 729	19 937	22 054
从业人员年末人数	人	3 727	3 453	3 340
从业人员工资总额	万元	21 898	26 515	25 323

注：表 1 ~ 表 8 数据来源于河北省工业和信息化厅。

[供稿：河北省工业和信息化厅]

山　西　省

【概况】 2016 年，山西省规模以上电子信息制造企业 44 家，实现主营业务收入 836.7 亿元，同比增长 25.2%；规模以上软件和信息技术服务企业 85 家，实现软件业务收入 23.9 亿元，同比增长 1.9%。

【电子信息制造业】 2016 年，山西省电子信息制造业主要行业增速加快。光伏行业实现工业总产值 59.9 亿元，同比增长 27.9%；LED 行业实现工业总产值 12.8 亿元，同比增长 85.8%；锂离子电池行业实现工业总产值 10.4 亿元，同比增长 619.9%；其他电子信息产品制造行业实现工业总产值 715.5 亿元，同比增长 13.4%。

龙头企业实现快速增长。2016 年，晋能清洁能源科技公司实现光伏电池和组件产量 685 兆瓦，同比增长 24.3%；长治高科集团封装 LED 灯珠 293 亿只，生产 LED 显示屏 23 万平方米，实现工业总产值同比增长 102.3%；临汾市沃特玛电池有限公司实现产量 5.1 亿瓦时，实现产值 8.3 亿元。太原富士康产业园实现苹果手机产量 2 693 万部，工业总产值同比增长 18.0%。

重大项目稳步推进。2016 年，太原富士康园区苹果手机维修、手机主板生产等项目顺利建成，当年实现新增产值 50 亿元以上；临汾市沃特玛电池有限公司 3GW/h 产能 32650 钢壳圆柱电池生产线建设项目一期顺利投产，已建成磷酸铁锂电池产能 9.6 亿瓦时；晋能清洁能源科技公司扩产建成 1.3 吉瓦太阳能电池及组件生产线；中电科第二研究所碳化硅三代半导体产业化项目、山西长娥北斗导航数据服务有限公司山西北斗导航数据中心项目、太原风华信息装备股份有限公司新型显示成套装备研发与产业化项目、山西中科忻能科技有限公司年产10亿安时镁基锂离子电池项目、山西东杰智能物流装备股份有限公司智能装备及工业机器人等项目稳步推进。

产业发展环境持续向好。2016年，山西省正式发布《山西省“十三五”信息产业发展规划》，提出大力发展“大数据产业”的战略部署，信息产业成为全省工业转型升级的重要支撑和方向。在电动汽车产业发展相关补贴政策的支持下，山西锂离子电池产业得到快速发展，新建项目陆续投产。为推动光伏行业发展，山西省出台《鼓励工业企业建设分布式光伏发电项目实施方案（试行）》，并成功获批阳泉、芮城1.5吉瓦领跑者计划项目，成为全国光伏产业发展的热点地区之一。

典型企业　山西皇城相府中道能源有限公司成立于2005年，隶属皇城相府集团，位于晋城市经济技术开发区金匠工业园，是一个集研发、生产、销售锂电池为一体的新能源科技企业，是山西锂电行业起步最早、规模最大的新技术企业。主要生产60260圆柱型高比能高容量锂离子动力电池和18650圆柱型系列电池、矿灯用方型电池、电动自行车动力电池、电动摩托车启动电池等。生产的60260锂离子动力电池能量密度高达150WH/kg，经国家车用动力电池检测中心检测，电池的循环次数、放电倍率在国内外同类产品中均处于领先水平，已进入《国家汽车动力蓄电池行业规范》第三批企业目录。

【软件和信息技术服务业】　2016年，山西省软件业主营业务收入41.5亿元，同比增长4.9%；软件产品收入10.5亿元，同比下降6.0%。

软件企业创新能力大幅增强，主要表现在研发投入持续增加，研发强度（研发经费占主营业务收入比例）达10.6%，较上年增加接近6.6亿元。基础软件创新发展取得新成效，产品质量和解决方案成熟度提升，并在部分重要行业和领域取得突破。

企业增长活力进一步释放。2016年，山西省软件企业主营业务收入超过1亿元的企业有12家，其中太原罗克佳华工业有限公司收入超过5亿元；主营业务收入超过5 000万元的企业有11家，企业增长动力明显增强，规模总量进一步扩大。

典型企业　山西中网信息产业有限公司成立于2002年，是一家集信息安全产品生产、计算机信息系统集成、网络运维服务于一身的高新技术企业，是山西省首家商用密码产品生产定点单位及信息安全综合提供商。公司主要产品方向是为政府、企事业单位提供信息安全战略、信息安全规划、信息安全解决方案等服务。“中网信息安全防护系统终端”技术水平达到国际先进水平，成为山西省首款获国密型号产品。

【电子产品进出口贸易】　2016年，山西省规模以上电子信息制造业出口交货值完成604.9亿元。全年出口机电产品479.5亿美元，增长44.3%；进口机电产品257.4亿美元，增长30.6%。

【科技进步与应用】　2016年7月8日，山西焦煤集团与山西联通公司签署战略合作协议，双方发挥各自在能源领域和互联网的优势，共建“能源云”数据中心和双创产业园，探索“互联网＋智慧能源”，打造“煤—电—信息化”产业链。“能源云”数据中心对中国联通现有的物联网平台、云存储、云灾备等“互联网＋”产品进行部署应用，形成“煤—电—流量—数据—综合信息服务”产业链条，探索互联网与能源行业融合。双创产业园将借鉴国际国内主流数据业务模式，扩大建设产业园区，开发本地化物联网平台数据产品和大数据产品，设定众创空间、创业公司、导师领航、项目路演、创业培训、创业茶语、信息服务、物业服务、商务服务、专业管理等十大板块功能区，为创业公司和创业者提供包括基础服务、培训服务、中介服务、融资服务、宽带服务和云平台服务等360°全方位的打包式服务。

【信息基础设施】　2016年，山西省电话用户总数累计达3 709.4万户，比上年年末减少72.4万户。全省电话普及率101.7部/百人，其中，固定电话普及率9.4部/百人，移动电话普及率92.3部/百人。固定电话用户和移动电话用户分别达343.7万户和3 365.7万户，在电话用户总数中的占比分别为9.3%和90.7%。全省固定电话用户数比上年年末减少100.9万户。全省移动电话用户数比上年年末增加28.5万户，2G和3G用户快速向4G用户转换，其中，3G电话用户374.2万户，占全省移动电话用户数的比重降至11.1%；4G电话用户1 885.4

万户，比上年年末增加 687.3 万户，4G 用户占全省移动电话用户的比重为 56.0%。

2016 年，全省（固定）互联网宽带接入用户 747.2 万户，比上年年末净增 141.1 万户，普及率 20.5%。“宽带中国”战略加速推进，光纤宽带建设进度持续加快，FTTH/0（光纤接入）用户 632.6 万户，比上年年末净增 236.6 万户，占宽带用户比重达 84.7%；“提速降费”行动继续加快，宽带提速效果日益显著，全省 20Mbps 以上宽带用户 630.4 万户，比上年年末净增 588.2 万户，在宽带用户中占比达 84.4%。移动互联网用户 2 485.3 万户，比上年年末净增 323.1 万户，其中，手机上网用户 2 411 万户，比上年年末净增 312.3 万户；无线上网卡用户 7.5 万户，比上年年末减少 1.7 万户。

2016 年，互联网宽带接入端口数量达 1 583 万个，其中，FTTH/0 端口总数达 1 268 万个，比上年年末净增 456 万个。移动通信基站总数达 16.4 万个，比上年年末净增 3 万个，其中，4G 基站总数达 7 万个。WLAN 公共运营接入点（AP）35.7 万个，比上年年末减少 1 000 个。

2016 年，山西省广播电视台 114 座，电视台 2 座，中短波转播发射台 15 座，调频转播发射台 119 座，100 瓦以上电视转播发射台 145 座。广播人口覆盖率 98.6%，电视人口覆盖率 99.4%，有线电视用户 455.9 万户。

【两化融合】 2016 年，山西省推动两化深度融合发展。推荐并推动山西阳煤化工机械（集团）有限公司、晋能清洁能源科技有限公司、山西振东制药股份有限公司等 8 家企业入选“2016 年两化融合管理体系贯标试点企业”。培育两化融合管理体系咨询服务机构，山西省电子信息技术应用促进中心通过工业和信息化部专家评选考核，成为山西省继山西精英科技股份有限公司、太钢信息与自动化技术有限公司之后的第三家两化融合管理体系贯标咨询服务机构。加强管理体系贯标培训，召开 2016 年度山西省两化融合管理体系贯标推进培训会，进一步增强企业对管理体系提升企业管理水平和核心竞争力作用的认识，帮助企业掌握贯标流程和要点。

【信息安全】 2016 年，山西省开展信息安全标准研制工作，推动 DB14/T1251—2016《信息技术服务外包安全要求》、DB14/T1252—2016《信息化工程安全建设和管理规范》“两个地方标准”制定与发布，并于 2016 年 12 月 10 日实施。加强信息安全培训，组织开展电力行业应对工业控制系统信息安全高危态势实训班，对 92 个省调电力企业的分管领导及部门负责人进行培训。组织开展近千人参加的“2016 山西网络信息安全高峰论坛暨首届工控安全高峰论坛”。扎实开展信息安全检查工作，组织开展信息安全风险评估、远程技术测试等信息安全检查工作，以及“山西省网络与信息安全事件应急预案”桌面推演。搭建工业控制系统信息安全实验室。完成《山西省网络信息系统灾备体系建设研究报告》。

【云计算与大数据】 2016 年，山西省推动浪潮云计算大数据建设，加快云计算发展。2016 年 6 月，山西省政府与浪潮集团签署发展云计算大数据产业战略合作框架协议。2016 年，浪潮集团在太原市完成“山西浪潮云计算信息科技有限公司”注册工作。

太钢“智助”工业云服务平台建设，面向全省中小企业提供包括财务、销售、采购、库存、收付款管理、客户关系管理、生产管理、成本核算、人力资源管理等支撑企业运营的信息化服务，全面支撑企业管理和服务需求。开展中小企业应用试点，引导和带动更多企业应用工业云服务。

2016 年 7 月，华为公司与吕梁市政府签订云服务大数据中心合作协议。华为企业云山西中心项目预计投资 7 亿元，计划于 2017 年投入运营，立足于打造山西省云计算产业支撑中心。

太铁集团与百度等互联网公司合作，共同建设中鼎智慧物流园，打造中鼎智慧物流云平台，于 2016 年 11 月 7 日正式投入运营。

北斗导航数据中心项目落地太原经济技术开发区，建设山西（太原）北斗卫星导航省级数据中心，计划投资 21 亿元，将面向山西省及周边用户提供基于北斗导航的综合位置服务和数据高速精密计算服务。

【产业热点】 2016 年 7 月，山西省阳泉市和晋中市继太原市之后成功入选为“宽带中国”示范城市。

2016 年 11 月，山西省 11 个地市的城区光端口总和与家庭总数的比值均达到 100% 以上，城市光端口总和与宽带端口总数比值均超过 80%，全省通信网络跨入全光网时代。

2016年，山西省固定宽带用户单位带宽平均资费水平和移动流量平均资费水平降幅分别为25%和39.4%，20Mpbs固定宽带用户比由年初的9.5%突增到84.4%。

【产业环境】 2016年1月13日，山西省印发《关于推进“互联网+工业”的实施意见》，从推进“互联网+工业”网络基础设施升级、融合创新发展、绿色发展和健康安全发展4个方面对“互联网+工业”深入实施进行部署。

1月25日，山西省印发《关于贯彻<深化北斗卫星导航产业发展战略合作框架协议>加快推进山西北斗数据中心建设发展的通知》（晋经信信息化字〔2016〕21号）。

7月，山西省印发《山西省信息化与工业化融合“十三五”发展规划》，制定出台《山西省信息技术产业2016年行动计划》，确定2016年重点推进52个重大项目建设，精准帮扶36家重点企业，重点攻关10项行业关键技术，加快17个产业聚集区建设的发展目标。

8月3日，山西省印发《山西省信息化“十三五”发展规划》。

9月6日，山西省举办第一届网络安全竞赛，全省党政机关、重要信息系统和通信企业50余家单位408名选手参赛。

9月28日，山西省向社会发布《关于落实电话用户真实身份信息登记制度的公告》，推动未实名老用户补登记。截至2016年年底，全省在网电话用户100%实现实名登记。

9月30日，山西省第十二届人大常委会第二十九次会议表决通过《山西省通信设施建设与保护条例》，自2016年12月1日起施行，标志着山西省通信行业法治建设取得突破性进展。

11月9日，山西省召开数字经济座谈会，太原市和省直相关部门进行工作汇报，数字经济领域专家学者和知名企业提出意见建议。

12月5日，山西省政府办公厅印发《关于成立山西省大数据发展领导小组的通知》（晋政办函〔2016〕117号）。

12月27日，山西大学正式成立大数据学院和大数据科学与产业研究院。

【主要问题】 山西省电子信息产业规模虽然实现快速增长，但在技术高度密集的产业生产制造环节，大部分企业技术研发能力较弱。同时，由于中高端人才较为匮乏，无法形成以人才为支撑、带动产业创新发展的格局。

虽然对电子信息产业进行集群规划，但大部分企业仍散落在各类工业园区内，以电子信息产业为主导的园区尚未形成，导致各市县产业重复现象严重，区域间产业同质化竞争激烈，制约产业的集群发展。

电子信息产业在部分领域形成自己的特色，但在整个行业中，由于龙头企业数量偏少且支撑引领作用不明显，企业在技术研发、市场开拓等方面总体上处于“单打独斗”状态，产业联动不顺畅。

【统计数据】

表1 2016年山西省电子信息制造业人员构成情况

企业类别	企业数（家）	年末从业人员总数（人）	人员构成					
			工程技术人员（人）	在总人数中所占比例（%）	管理人员（人）	在总人数中所占比例（%）	研发人员（人）	技术工人（人）
有限责任公司	44	118 747	6 103	5.1	4 059	3.4	4 414	104 171

表 2　2014—2016 年山西省电子信息制造业基本情况

项目名称	单位	2014 年	2015 年	2016 年
工业销售产值	万元	6 585 324	7 149 028	8 892 131
出口交货值	万元	5 163 243	4 362 108	6 049 138
主营业务收入	万元	6 192 948	6 684 153	8 366 510
税金总额	万元	137 900	147 210	149 158
利润总额	万元	198 118	370 212	324 775
应交所得税	万元	39 114	55 364	60 460
从业人员年末人数	人	97 309	98 397	118 747
从业人员工资总额	万元	403 652	525 629	480 268

表 3　2014—2016 年山西省主要电子信息产品产销量情况

产品名称	单位	产量			销量		
		2014 年	2015 年	2016 年	2014 年	2015 年	2016 年
智能手机	万部	1 500	2 038	2 693	1 302	1 960	2 789

表 4　2016 年山西省软件产业人员构成情况

企业类别	企业数（家）	年末从业人员总数（人）	人员构成			
			管理人员（人）	在总人数中所占比例（%）	软件开发研究人员（人）	在总人数中所占比例（%）
私营企业	85	7 961	1 051	13.2	2 969	37.3

表 5　2014—2016 年山西省软件产业基本情况

项目名称	单位	2014 年	2015 年	2016 年
软件业务收入	万元	227 374	241 541	239 172
软件产品销售收入	万元	152 742	116 210	104 621
流动资产平均余额	万元	407 469	451 326	418 550
固定资产投资额	万元	73 514	14 949	17 930
资产合计	万元	622 492	710 430	775 594
负债合计	万元	235 007	291 645	321 125

续表

项目名称	单位	2014 年	2015 年	2016 年
利润总额	万元	32 894	37 901	29 973
应交所得税	万元	9 236	5 472	5 925
从业人员年末人数	人	9 098	8 457	7 961
从业人员工资总额	万元	152 979	45 871	66 004

注：表 1 ~表 5 数据来源于山西省经济和信息化委员会。

[供稿：山西省经济和信息化委员会]

内蒙古自治区

【电子信息制造业】 2016 年，内蒙古自治区（以下简称内蒙古）电子信息制造业实现销售收入 138 亿元，同比增长 4.5%。全区生产多晶硅 17 912 吨，同比增长 15.5%；生产单晶硅 14 768 吨，同比增长 22.5%。

【软件和信息技术服务业】 2016 年，内蒙古软件和信息技术服务业销售收入 32 亿元；实现软件产品收入 16.5 亿元，信息技术服务收入 11.5 亿元，嵌入式系统软件收入 1 175 万元。

【科技进步与应用】 2016 年，内蒙古乌海网讯信息科技有限公司自主研发“推送宝”产品，实现产业与民生两手并抓；内蒙古科电数据服务有限公司自主研发“电网 GIS 平台”，实现“全蒙西一张网、全网一张图”输、变、配贯通的一体化生产 GIS 平台；内蒙古金名计算机系统集成股份有限公司自主研发“金名爱社区综合管理平台”“金名扶贫攻坚决策分析系统”；内蒙古新联信息产业有限公司自主研发“炼钢厂化检验数据自动采集管理系统”，组织实施包钢庆华焦炉烟气脱硝脱硫集散控制系统（DCS）的集成、编程和调试项目，自主研发“工矿企业 5S 管理系统”；内蒙古网讯信息工程有限公司自主研发“奶牛发情监测项圈（活动采集器）项目”，解决规模化养殖条件下奶牛繁殖管理问题以及牧场管理信息化综合管理问题；内蒙古华动泰越科技责任公司自主研发“社会治安防控体系——人证核验系统”，准确、快速、高效实现人员身份真实性的检查核验；赤峰市互联网络有限责任公司自主研发“食品质量安全追溯系统”，主要由七大功能模块组成；内蒙古灵奕高科技（集团）有限责任公司自主研发“蒙古文农牧业信息资源库及公共服务云平台建设”“啤酒发酵工业大数据平台”和“基于北斗卫星技术的电网智能巡检维护系统”；内蒙古博通信息技术有限公司自主研发“矿产资源票证销售物联网管控平台”，将围绕票据流转、销售统计、票证检验、实时查询 4 个方面进行重点建设。

【电子政务】 2016 年，内蒙古自治区本级政务部门接入率 100%，盟市级政务部门接入率 85%，旗县区级政务部门接入率 80%。承载政务部门业务应用系统向云中心迁移，全年新增部门托管设备 92 台，为部门新增虚拟机 118 台，开通 VPN 账号 5 849 个，新增各部门业务应用系统 69 个。

形成“环保部—自治区—盟市—旗县—企业”环保

专网，在全国率先实现对重点污染源排放的在线监控、视频监控、工况监控“三位一体”综合监控，全区建成35个空气环境质量自动监测站、5个水质自动监测站、20个沙尘暴自动监测站和30个噪声自动监测点。

自治区政务云中心初步建成，部署57个部门400多个信息系统。自治区国税局、地税局主抓的税收征管信息化走在全国前列，其金税三期工程在区局、盟市及旗县实现所有信息化服务请求的统一受理、规范处理，为运维对象提供基础数据记录、查询、组织建模、自动发现等功能；两家通过建设“监、管、控”一体化的运维服务管理平台，支撑和保障税收信息系统的安全、平稳、高效运行，实现国地税联合网上办税服务。乌海市蒙宁陕甘毗邻地区警务信息协作平台首创全国公安智慧档案系统，实现与周边省市共享，形成“大数据”应用，进一步完善情报合成作战机制，构建起广覆盖、多途径、多样化的档案信息服务体系。

出台《关于促进电子政务协调发展的实施意见》《关于加快推进“互联网+”工作的指导意见》。电子政务实现由“群众跑腿”变“数据跑路”，“企业四处找”变为“部门协同办”，为群众办事提供极大便利。自治区电子政务（外网）云中心共接入自治区本级政务部门110个，各部门均通过城域网双100MB/s链路接入。自治区到各盟市骨干传输线路双155MB/s，盟市到各所属各旗县区双100MB/s。自治区电子政务（外网）云中心共计托管自治区本级24个部门的390台设备，为37个部门分配虚拟机292个，为35个部门分配VPN账号23 785个，承载部门业务应用系统478个，基本具备为各级政务部门履行社会管理和公共服务统一提供基础网络、机房环境、基础软硬件环境的按需服务能力。

【两化融合】 2016年，内蒙古开展国家两化融合贯标试点申报工作，15家企业被列为2016年国家两化融合试点企业。组织开展内蒙古自治区工业转型升级（互联网+）和中小企业发展专项资金（互联网+方向）项目申报和评审工作，并提出资金安排建议。创新并推广行业（区域）两化融合贯标试点行动，取得良好效果。全面开展面向企业、行业、区域的两化融合评估诊断、对标引导和专业咨询等服务，支持企业开展自我评估和现状诊断。通过平台评估诊断和对标引导规模以上工业企业累计达到2 297家，2016年，完成对标企业1 011家，完成工业和信息化部规定的全年1 000家任务目标。

加强两化融合培训工作，争取到两期2016年内蒙古京蒙区域合作人才培训资金，分别在包头市和赤峰市举办两化融合管理体系贯标专题培训会；与自治区党委组织部、人社厅联合举办自治区服务业“千人培训工程”推进两化融合工作培训班。3期共计培训各类人员700余人次。

组建内蒙古自治区首席信息官（CIO）联盟，确定联盟章程、联盟结构和理事会组成。成立自治区两化融合专家库，包括IT专家38名、ISO专家9名、行业专家16名、两化融合管理体系咨询师15名。

【网络信息安全】 2016年，内蒙古对10家工业控制试点单位进行检查验收，修订印发《内蒙古自治区政务信息安全灾备中心使用和运行管理规定》，启动鄂尔多斯异地灾备试点工作。自治区政务灾备中心累计接入21个厅局152个信息系统，为公安、财政、地税、工商4个厅局应急处理8次数据安全事故。

开展内蒙古宽带发展水平评价和宽带网络测速工作。对电信运营商两级主干网络，呼和浩特市区、和林格尔县、武川县及8个行政村，自治区12个厅局，16家企业用户，64个家庭用户，进行实地布点测速。对电信运营商的四级网络、12个盟市2个计划单列市政府和全区3A级以上旅游场所、机场、车站、社区等公共服务场地进行光纤宽带设施建设和无线网络覆盖的数据采集汇总。

【云计算与大数据】 2016年，国家正式批复内蒙古为国家大数据综合试验区。2016内蒙古大数据推介会在北京举办，扩大内蒙古发展大数据产业的影响面和知名度。内蒙古电信公司在北京、广州、杭州、成都、包头、赤峰、呼伦贝尔等市举办云计算推介活动，广东、浙江、北京和区内等地区的IT企业踊跃加盟内蒙古电信云计算产业园开展合作项目，签约合同额突破亿元。

包头市引进中科曙光公司建成包头云计算中心，计算能力达到600万亿次/秒，存储能力达到50PB，出口带宽10GB/s，已承载市政务云、企业云、公安云、档案云、普法云、中小企业公共服务平台等56个单位的84项应用。在自治区率先将超级计算技术用于支撑云计算服务，并创新性采用“企业投资运营、政府采购服务”的模式。

乌兰察布市华为云数据中心正式投入运营，已与新华网、京东集团、支付宝、中国通信建设集团等公司签署战略合作协议，引入中信国安数据中心、培训中心、呼叫中心和华唐集团呼叫中心等多个项目。乌兰察布市政府出台《发展云计算产业招商优惠政策》，对落户该市或在该市投资的云计算相关企业，在资金奖补、云资源使用、办公场地购置或租用、电力、电信及人才引进等方面给予政策支持。

呼和浩特市依托盛乐和鸿盛两个云计算园区，引进三大运营商，建成全国最大的数据中心，投资规模近500亿元，形成66万台服务器的承载能力。呼和浩特市以呼和浩特云计算产业基地为核心载体，以呼和浩特经济技术开发区、呼和浩特金山高新技术开发区为产业集聚区，以内蒙古托克托工业园区、呼和浩特金桥经济技术开发区等为产业发展支撑点，形成联动协调发展的大数据产业发展集聚区。

【“互联网+”工业】 2016年，伊利集团建设的智慧乳业信息化平台实现对乳产品质量安全、生产过程、产品流通、精准化管理与服务、产品的全程质量管理及信息溯源，保证“乳产品从奶源原料到餐桌”的全产业链质量安全。企业实现奶牛RFID（射频识别）标签安装率100%，原料奶品质现场检测率100%，乳品运输过程监测率100%，婴幼儿奶粉二维码追溯率100%。

内蒙古电力集团构建的电力行业大数据平台整合政企民三方数据资源，对电力运营数据、营销数据、实时调度数据等多个环节的数据进行汇集整合，实现内部数据统一共享交换，每日信息共享数据量达400GB以上，使短期负荷预测准确率提高到99.5%。

内蒙古煤炭交易电子商务综合服务平台成为自治区政府批准成立的唯一煤炭电子交易的服务平台，是全国煤炭交易市场合作组织创始单位之一。通过该平台，神华集团外购煤实现电子化采购，并在神华集团旗下公司推广，全年完成网上3 841万吨煤炭交易，交易额59.9亿元。

内蒙古乌海化工物联网基础平台利用ERP系统实现线上线下供应、销售、财务、管理一体化，2016年被评为国家级两化融合试点企业。

内蒙古包头市两化融合暨工业云创新服务平台成为工业和信息化部“全国工业云创新服务”试点。截至2016年年底，平台发布各类信息2 000余条，本地注册用户3 350户，其中，1 100余户通过平台开通企业微网站，访问量突破19.76万人次。

内蒙古锡林郭勒盟新丝绸之路·草原畜牧业创新品牌公共服务平台整合该盟特色电商平台、企业视频体验、热销产品和品牌展示、电商销售统计等诸多版块，汇聚企业100多家、特色农畜产品2 000多件。

由自治区中小企业局创建的中小企业公共服务平台为全区中小微企业提供政策解读、法律咨询、创业、市场开拓、投融资等“找得着、用得起、有保障”的服务，基本实现“1+14+n”三级互联互通。全区现有25个公共服务平台累计服务企业1.3万家（次），服务人数15万人（次），组织各类活动约2 000多项，满意率达到95%以上。

【统计数据】

表1　2016年内蒙古自治区电子信息制造业人员构成情况

企业类别	企业数（家）	年末从业人员总数（人）	其中：研发人员（人）
内资企业	15	4 001	585
有限责任公司	10	3 503	522
私营企业	5	498	63

表 2　2014—2016 年内蒙古自治区电子信息制造业基本情况

项目名称	单位	2014 年	2015 年	2016 年
工业总产值（现行价）	万元	9 946 909	6 342 725	5 488 906
工业销售产值	万元	10 547 596	5 922 511	4 964 478
出口交货值	万元	262 447	277 526	149 781
资产总计	万元	12 417 900	7 790 091	10 578 393
负债合计	万元	8 394 331	5 082 498	6 539 751
主营业务收入	万元	11 064 541	6 087 493	4 989 860
税金总额	万元	151 154	43 912	57 891
利润总额	万元	298 483	291 210	91 995
应交所得税	万元	69 865	12 963	36 436
从业人员年末人数	人	6 012	4 117	4 001
从业人员工资总额	万元	311 853	242 254	247 345

表 3　2014—2016 年内蒙古自治区电子信息制造业主要经济效益指标完成情况

项目名称	单位	2014 年	2015 年	2016 年
流动资产周转率	次	1.3	2	98
产品销售率	%	106	90	4
总资产贡献率	%	4	3.3	4
资产保值增值率	%	106.5	100	112
资产负债率	%	67.2	60	67

表 4　2016 年内蒙古自治区软件产业人员构成情况

企业类别	企业数（家）	年末从业人员总数（人）	人员构成			
			管理人员（人）	在总人数中所占比例（%）	软件开发研究人员（人）	在总人数中所占比例（%）
内资企业	81	4 594	563	12.3	1 281	27.9
国有企业	1	61	11	18.0	11	18.0
股份合作企业	1	20	6	30.0	3	15.0
有限责任公司	12	1 244	128	10.3	241	19.4
股份有限公司	5	435	56	12.9	171	39.3
私营企业	61	2 741	356	13.0	774	28.2
其他内资企业	1	93	6	6.5	81	87.1

表 5　2014—2016 年内蒙古自治区软件产业基本情况

项目名称	单位	2014 年	2015 年	2016 年
软件业务收入	万元	294 602	300 979	281 517
软件产品销售收入	万元	144 081	134 459	163 718
流动资产平均余额	万元	142 499	170 206	130 442
固定资产投资额	万元	3 397	7 548	10 701
资产合计	万元	272 721	298 233	304 198
负债合计	万元	112 861	133 998	127 968
税金总额	万元	10 548	12 905	12 308
利润总额	万元	20 140	15 389	23 687
应交所得税	万元	1 885	5 129	2 196
从业人员年末人数	人	4 663	4 568	4 594
从业人员工资总额	万元	25 294	24 257	27 583

表 6　2014—2016 年内蒙古自治区软件产业主要经济效益指标完成情况

项目名称	单位	2014 年	2015 年	2016 年
流动资产周转率	次	2.5	2	2.2
产品销售率	%	40	38	37
总资产贡献率	%	12	15	12
资产保值增值率	%	143	140	140
资产负债率	%	41.4	40	37

注：表 1 ~ 表 6 数据来源于内蒙古自治区经济和信息化委员会。

［撰稿：梁玉龙　审稿：霍航雄］

辽　宁　省

【概况】　2016 年，辽宁省电子信息产业总体呈稳中趋缓态势。其中，电子信息制造业继续下行，主要产品产销基本平衡；软件和信息技术服务业平稳增长。全年电子信息产业实现主营业务收入 2 618 亿元，同比下降 1.5%；实现利润 258.3 亿元，税金总额 89.4 亿元，出口创汇 140 亿美元。

全年生产激光视盘机 252 万台，同比下降 2.3%；手机 1 593 万部，同比增长 4.3%；液晶电视机 145 万台，同比下降 29.3%；打印机 51 万台，同比下降 13.3%；汽车音响 1 023 万台，同比下降 18.2%。

【电子信息制造业】 截至 2016 年年底，辽宁省电子信息制造业纳入统计范畴的企业数 302 家，从业人员数近13万人，实现主营业务收入728.6亿元，利润78.5亿元，税金总额 18.6 亿元。2016 年，东软集团股份有限公司入围全国电子信息百强企业名单，居第 64 位。

【软件和信息技术服务业】 2016 年，辽宁省软件和信息技术服务业主要集聚在沈阳市和大连市，两市软件和信息技术服务业主营业务收入占全省比重为 98%。通过推动软件产业集群发展，促进产业集聚，全省重点产业集群沈阳浑南软件和电子信息产业集群、大连软件和信息技术服务产业集群实现平稳发展。

推进供给侧结构性改革，做好科技“接地气”的需求预测，以工业领域为主，确定软件和信息技术服务业“十三五”和“十四五”需要与高校、科研院所合作的企业科技需求项目 105 项，并跟踪推进。推动企业之间的合作，东软集团股份有限公司与四维图新科技股份有限公司签署战略合作协议，在地图、交通信息、车联网等方面开展深度合作；东网科技有限公司与中关村大数据联盟达成合作，在技术、市场和人才方面开展合作。

推进计算机软件专业资格考试制度建设和改革，组织 2016 年全国计算机软考工作，全年有 1.5 万余人参考，为产业发展提供人才支撑。组织企业参加第 20 届中国国际软件博览会，英特工程仿真技术（大连）有限公司进行 CAE 领域的成果发布；组织企业参加第 14 届中国国际软件和信息服务交易会，东软集团等企业和大连软件园等软件园区成为展会主角。组织召开软件企业所得税优惠政策符合性核查专家评审会，对企业的申报材料进行核查，全年共有 66 家企业享受到企业所得税优惠政策，减免总额 1.85 亿元。

【信息基础设施】 2016 年，辽宁省电话用户普及率 121.3 部 / 百人，其中，移动电话普及率 101.0 部 / 百人；移动宽带（3G/4G）用户渗透率 72.6%。移动电话用户 4 427.1 万户，同比增长 3.2%；4G 移动电话用户总数比上年年末净增 1 154.8 万户，达到 2 455.8 万户，占移动电话用户总数的 55.5%。移动宽带用户（3G/4G）用户占比达到 72.6 %。移动转售企业用户 313.24 万户。固定互联网宽带用户 971.7 万户，同比增长 12.9%。8Mbps 及以上、20Mbps 及以上的固定宽带用户占比分别达到 91.2%、77.7%；光纤接入 FTTH/O 用户占比达到 84.0%。移动互联网用户 3 529.8 万户，同比增长 11.7 %。

2016 年，辽宁省三网融合协调小组组成部门及人员调整到位，推进全省电信和广电双向进入相关业务规范开展。沈阳、大连、本溪、盘锦 4 个城市的三网融合工作处于全面落实阶段，其余城市的相关工作正在推进中。批准抚顺、丹东、锦州、营口、辽阳等 10 个城市成为三网融合双向进入业务地区，全省三网融合业务全部开放。组织落实《辽宁省三网融合实施方案》，召开省三网融合工作座谈会，协调广电、通信主管部门，促进各主管部门对分管领域的企业开展双向业务申请，指导协调试点地区安全监管平台建设，指导相关企业开展三网融合相关试点业务。

【行业标准化】 2016 年，辽宁省参与工业和信息化部组织的信息技术服务标准（ITSS）试点，在实践中验证标准的技术条款，规范和促进信息技术服务业发展；在全行业成立电子信息、软件和信息技术服务两个标准化技术委员会，两个标准委员会先后制 / 修订 14 个行业地方标准；召开智慧城市标准化工作筹备会，确定智慧城市建设标准的体系框架；支持并指导大连软件行业协会参与国家级软件服务与信息服务业标准化试点，参与完成国家标准、行业标准、地方标准和团体标准 70 余项，对 110 余家企业开展对日外包认证——个人信息保护评价。

【电子政务】 2016 年，辽宁省组织召开全省电子政务外网培训会，推进政务外网移动办公平台建设，编制完成《全省电子政务外网管理规范》汇编。配合省内机构整合变更，完成省委统战部、省国土厅、省文化厅、省纪委、省采购中心等 20 多个省直各单位的政务外网应用接入托管工作。建立全省政务外网运维工作协调机制，定期研究全省政务外网相关事宜，协调完成在全省电子政务外网加装保密设备工作。

【两化融合】 2016 年，辽宁省又有抚顺新钢铁有限责任公司等 23 家企业入围国家两化融合管理体系贯标试点。完成沈阳机床、三一重工、特变电工、北方曲轴、铁岭陆平、唐人神曙光6个重点项目的两化融合水平评估。组织开展2016年企业两化融合评估诊断和对标引导工作，累计纳入国家调度的企业数量达到485家。省两化融合公共服务服务平台已建设完成，实现与国家平台的对接。

【智能制造】 2016年，辽宁省贯彻落实《中国制造2025辽宁行动纲要》，推进全省智能制造和智能服务发展，组织召开全省智能制造对接会，搭建制造企业与智能改造方案提供商对接平台；召开2016智能制造趋势和应用高峰论坛，组织企业到大连机床集团、大连光洋科技集团等重点智能制造装备企业的生产车间进行现场交流，提高对智能改造升级的认识；在第15届中国国际装备制造业博览会期间召开国产工业软件优秀解决方案展示暨辽宁省军民融合对接会，来自省内外200多家企业参加对接会，促进工业企业与软件企业的技术交流和军民两用技术成果转化；推动工业设计软件应用，引导英特工程仿真技术（大连）有限公司与华为技术有限公司搭建自主知识产权仿真软硬件平台——中国仿真云平台。

【新一代信息技术】 2016年，辽宁省推动成立辽宁物联网产业联盟，包括省内外近120家成员单位参与，把相对分散的产业资源聚集在一起，促进成员间的资源共享、优势互补、互利互惠，推动产业链整合、产业协同及市场共拓，打造面向全国的物联网产业中心；推动沈阳市创建国家大数据综合试验区，开展先行先试，以大数据发展为载体，促进智慧城市建设，助推传统产业转型升级；对互联网企业开展调研，对全省网络产业发展情况进行梳理，形成《关于辽宁省网络产业发展情况的报告》；召开车载图像识别嵌入式平台测试验证工作会议，对车载图像识别嵌入式平台进行论证，推动车载大数据产业发展；推动机器视觉、虚拟现实等新兴产业发展。大连维德智能视觉产业创新中心成立，将开展高端智能感知及智能控制系统的关键基础理论与核心技术的研究和相关产品的产业化。虚拟现实产业进入发展的重要战略窗口期，大连新锐天地传媒有限公司等企业发展迅速；在沈阳召开智慧政务与信息技术研讨会，推进“互联网+”与政务的融合，创新政府管理模式。

【互联网】 2016年，辽宁省编制印发《辽宁省工业互联网发展行动计划》，提出全省工业经济数字化、网络化、智能化发展目标及具体行动方案。组织开展工业互联网公共服务平台应用推广系列活动，采用“1+14”模式，即召开1次省级启动会和在14个市各召开1次推广活动，共培训各类人员1 411名。4家参与系列活动的工业互联网平台型骨干企业共对接工业企业496个，达成合作意向297项；共对接县区和工业园区32个，达成合作意向15项。培育工业互联网试点，选择100个企业（单位）作为全省第一批试点。率先在全国建立省级工业互联网产业联盟。

2016年，辽宁省推进“互联网+”各项政策措施落地，推进省政府与国内基础电信运营商签署《战略合作协议》，已同中国联通公司正式签约。推动大企业“双创”工作，组织推荐沈阳鼓风机集团股份有限公司等企业申报国家“互联网+”行动百佳实践案例。争取电信普遍服务补偿2 600万元。沈阳市成为“宽带中国”示范城市。

【信息消费】 2016年，辽宁省推动沈阳、大连、本溪3个国家信息消费试点城市建设，推进大连智慧商圈、大连智慧家庭老幼监护系统平台两个国家信息消费创新应用示范项目建设。

沈阳市实现信息消费规模总量约132.1亿元，增速约为2.7%。固网宽带全市主城区（四环内）具备100Mbps光纤接入能力，光纤网络覆盖率99.3%。在2016中国财经峰会上，东软医疗系统有限公司获得“杰出品牌形象”大奖。帝信科技股份有限公司的软交换调度机产品通过国网电力科学研究院实验验证中心的测试，是东北地区唯一通过测试的电力通信产品。智慧政务基础支撑能力不断提升，建成“一网、一云、三中心、四平台”的电子政务体系，全市协同办公平台建成使用。智慧体育“运动汇”、数字图书馆、各区级公共服务平台等信息系统建设也都在加紧推进。

大连市固定网络和移动网络覆盖全市，光纤接入到村，并实现“光网城市”。建成无线覆盖热点区域3 000余个，覆盖主要商业街区、旅游景点和公共服务区。2016年年底，主城区有线电视网络双向改造小区覆盖率达98%。建立校园智慧体育平台、老幼监护平台、智慧家庭云平台等惠民平台。从事物联网研发、生产、应用、服务的机构和企业达44家，在传感仪表、自动化控制、射频读卡器、港口物流、智能交通系统等多个领域的研发居国内领先水平。政务外网已完成市级部门和区市县级政府100%的接入，已建成面向百姓应用与服务的教育、民政、医疗、卫生、养老、就业、社保等便民平台。

本溪市信息消费实现约14.33亿元，同比增长15.6%。固定宽带家庭普及率60%，新建住宅小区光纤入户率100%。辽宁智慧山水城科技有限公司、利民网络商城、本溪网等企业先后落户本溪。建成线上市民网、线下市民卡为核心的市民线上线下融合服务平台，市民卡涵盖居民医疗卫生服务、图书借阅、公交、公用事业缴费以及金融服务五大功能。市民网与省民心网合作，系统接入53个委办局单位，其中办事大厅可以开展466项服务。建设农村电商平台，为农民提供日用品统购、农产品统销等十大社会化便民服务，开展“智慧乡村”招商工作。

【信息安全】 2016年，辽宁省组织开展政府网站信息安全检查，共检查8个省直政府部门的9个对外办公信息系统，组织技术专家对检测结果进行分析汇总和综合研判，向被检单位下发规范的检测报告和有针对性的整改建议。

省级政务信息安全监控平台正式上线运行，实现在线监控、防御加固和系统分析等功能，可以实时监测政府网站和重要信息系统安全态势，满足对接入网络“预警、追踪、分析、加固”的“四合一”在线监管和服务需求。平台运行以来，已对省、市450余个政务对外办公网站进行安全监测，发现各类信息安全漏洞和隐患5 769个，出具安全监控报告67份。

开展关键信息基础设施安全检查，组织大型技术培训18场，培训各类技术骨干近3 000人；配合有关部门对全省14个市、100余个省直单位，以及金融、电力等重要系统3 500余个关键信息基础数据进行收集、整理、汇总和上报。

加强信息安全认证工作，全年完成6家单位的信息安全认证，其中，2家单位获得安全集成资质证书，1家单位获得风险评估资质证书，1家单位获得应急处理资质证书，2家单位获得安全运维资质证书。

加强信息安全基础性工作，开展工业企业工业控制系统信息安全基础调研，通过文件部署、调查问卷、现场调研、工作研讨等多种方式，共对20个有代表性的工业企业进行信息安全基础调查，并对相关数据和信息进行系统整理与汇总，并形成工作调研报告。

加强信息安全宣传和服务，以政府部门、金融机构、国有企业为重点，多次组织专家和技术团队开展信息安全工作咨询和法律法规、文件政策、技术标准等专项培训，提高用户单位信息安全防范意识和技术管理水平。

【产业环境】 2016年，辽宁省制定出台《辽宁省电子信息产业发展政策》（辽委办发〔2016〕49号）；编制完成《辽宁省信息化发展“十三五”规划》（辽政办〔2016〕76号）。

【统计数据】

表1　2016年辽宁省电子信息制造业人员构成情况

企业类别	企业数（家）	年末从业人员总数（人）	人员构成			
			工程技术人员（人）	在总人数中所占比例（%）	管理人员（人）	在总人数中所占比例（%）
内资企业	201	64 847	5 087	7.8	3 572	5.5
国有企业	11	8 157	1 003	12.3	986	12.1
集体企业	1	1 962	175	8.9	298	15.2
股份合作企业	4	542	84	15.5	72	13.3

续表

企业类别	企业数（家）	年末从业人员总数（人）	人员构成			
			工程技术人员（人）	在总人数中所占比例（%）	管理人员（人）	在总人数中所占比例（%）
有限责任公司	78	28 160	1 986	7.1	1 037	3.7
股份有限公司	26	11 075	857	7.7	655	5.9
私营企业	81	14 951	982	6.6	524	3.5
港、澳、台商投资企业	19	5 995	861	14.4	553	9.2
三资企业	82	58 735	4 782	8.1	2 304	3.9

表 2　2014—2016 年辽宁省电子信息制造业基本情况

项目名称	单位	2014 年	2015 年	2016 年
工业总产值（现行价）	万元	17 493 351	12 760 508	9 955 447
工业销售产值	万元	17 168 841	12 770 310	9 639 290
出口交货值	万元	5 018 927	3 994 677	3 628 564
流动资产平均余额	万元	9 692 786	10 781 826	10 760 117
固定资产净值平均余额	万元	5 090 812	4 944 330	2 926 399
资产总计	万元	19 287 906	20 712 557	17 195 983
负债合计	万元	8 187 644	8 317 060	8 354 998
主营业务收入	万元	17 503 248	13 087 061	7 286 013
税金总额	万元	173 130	165 392	185 781
利润总额	万元	849 378	979 807	784 646
应交所得税	万元	115 806	86 059	123 262
从业人员年末人数	人	189 976	166 850	129 577
从业人员工资总额	万元	853 539	902 228	830 764

表 3　2014—2016 年辽宁省电子信息制造业主要经济效益指标完成情况

项目名称	单位	2014 年	2015 年	2016 年
全员劳动生产率	元 / 人	211 908	188 246	193 359
流动资产周转率	次	1.72	1.15	0.97

续表

项目名称	单位	2014 年	2015 年	2016 年
产品销售率	%	98.1	100.1	96.8
总资产贡献率	%	6.6	5.9	6.2
资产保值增值率	%	115.4	93.6	104.9
资产负债率	%	42.4	40.2	48.6

表 4　2014—2016 年辽宁省主要电子信息产品产销量情况

产品名称	单位	产量			销量		
		2014 年	2015 年	2016 年	2014 年	2015 年	2016 年
电视	万台	343	269	145	343	273	146
激光视盘机	万台	189	253	252	188	251	248
汽车音响	万台	1 150	1 012	1 023	1 172	1 035	981
手机	万部	2 895	1 615	1 593	2 880	1 615	1 593
打印机	万台	61	60	51	62	56	55

表 5　2016 年辽宁省软件产业人员构成情况

企业类别	企业数（家）	年末从业人员总数（人）	人员构成			
			管理人员（人）	在总人数中所占比例（%）	软件开发研究人员（人）	在总人数中所占比例（%）
内资企业	1 709	205 759	28 660	13.9	121 818	59.2
国有企业	24	5 246	792	15.1	3 746	71.4
集体企业	4	702	79	11.3	613	87.3
股份合作企业	80	2 852	687	24.1	1 862	65.3
有限责任公司	288	45 735	5 126	11.2	28 329	61.9
股份有限公司	93	49 838	6 442	12.9	31 738	63.7
私营企业	932	82 733	12 350	14.9	47 167	57.0
其他内资企业	288	18 653	3 184	17.1	8 363	44.8
港、澳、台商投资企业	20	4 477	440	9.8	2 327	52.0
三资企业	163	85 768	9 894	11.5	64 033	74.7

表 6　2014—2016 年辽宁省软件产业基本情况

项目名称	单位	2014 年	2015 年	2016 年
软件业务收入	万元	30 653 236	30 342 196	18 903 340
软件业务出口收入	万美元	605 715	445 697	292 433
软件产品销售收入	万元	10 765 679	10 852 226	7 906 035
流动资产平均余额	万元	11 434 636	6 816 320	7 070 871
固定资产投资额	万元	694 441	401 348	196 729
资产合计	万元	25 005 394	17 866 590	11 487 359
负债合计	万元	12 508 503	8 840 095	5 631 373
税金总额	万元	2 515 277	2 815 954	708 130
利润总额	万元	2 306 071	1 850 366	1 798 573
应交所得税	万元	559 143	259 140	208 130
从业人员年末人数	人	560 044	415 151	296 004
从业人员工资总额	万元	4 897 818	2 671 302	2 785 479

表 7　2014—2016 年辽宁省软件产业主要经济效益指标完成情况

项目名称	单位	2014 年	2015 年	2016 年
流动资产周转率	次	2.7	4.5	2.7
总资产贡献率	%	18.4	24.9	19.9
资产保值增值率	%	111.1	120.7	113.8
资产负债率	%	50.0	49.5	49.0

注：表 1 ~表 7 数据来源于辽宁省工业和信息化委员会。

[供稿：辽宁省工业和信息化委员会]

吉　林　省

【概况】　2016 年，吉林省电子信息产业实现规模总量 1 081 亿元，同比增长 10.8%。信息化建设扎实推进，两化融合进一步深化，信息技术在制造企业产业链各环节的集成应用有所增强，信息化发展环境明显改善。

【电子信息制造业】　2016 年，吉林省电子信息制造业初步形成以国家级电子信息产业基地（园区）为示范，以省级重点产业集群为平台，以龙头企业为带动，以光电子、汽车电子、新型元器件等产品领域为特色，以集成电路等新一代信息技术为引领的产业格局。

全年吉林省纳入统计口径的电子信息制造业规模以上企业 195 家，主要分布在长吉图区域，集聚现象明显，产品涵盖光电子、汽车电子、新型元器件等多个领域。

全年吉林省电子信息制造业累计完成产值 569.8 亿元，同比增长 6.3%；完成销售产值 559.1 亿元，同比增长 6.2%；主营业务收入 548.1 亿元，同比增长 6.3%；实现利润 33.7 亿元，同比增长 21.7%；年从业人数 3.2 万人。

细分领域 吉林省光电子产业保持良好发展态势，激光、LED、光电医疗等一批高水平的光电子产品凭借技术上的优势，市场竞争力不断增强。全年累计生产灯具及照明装置 86.7 万套（台），同比增长 321.5%；光学仪器 39.5 万台，同比增长 421.2%；光电子器件 12.8 亿只（片），同比增长 3.6%。吉林省光电子产业孵化器在孵企业 58 家，服务企业约 95 家，2016 年签约入驻企业 18 家。在孵企业长光睿视“非特定谱段大视场多光谱相机”项目获得 2016 年“创客中国”大赛小微企业组二等奖。长光 T2T 创业工作室被科技部评定为国家级众创空间，共吸引创客项目 70 余项，项目涵盖医疗健康、机器装备、节能环保、“互联网 +”等多个领域，其中成功实施转化项目 4 项。

吉林省汽车电子产业发展平稳，车载信息终端、车载音响、汽车电子控制装置等产品的生产和创新能力进一步提升，市场前景看好。锂离子动力电池随着新能源汽车的发展，以提高自身技艺为根本，开拓市场，成为产业新的经济增长点。全年累计生产汽车仪器仪表 55.9 万台，同比下降 19.5%；锂离子电池 14.9 万只，同比下降 2.2%。2016 年 11 月，工业和信息化部与吉林省人民政府在长春市共同签署《关于基于宽带移动互联网的智能汽车与智慧交通应用示范合作框架协议》，推进“吉林省基于宽带移动互联网的智能汽车与智慧交通应用示范”建设，为吉林省汽车产业与电子信息产业的融合发展创造新机遇。

吉林省电子元器件产业通过产品结构调整，淘汰、升级、研发等一系列措施，逐步完成新老产品更替。功率半导体分立器件、绝缘栅双极型晶体管等产品继续保持良好的市场占有率。全年累计生产半导体分立器件 42.3 亿只，同比增长 23%；电子元件 171.9 万只，同比下降 47%。为推动 CMOS 图像传感器产业发展，中国科学院长春光学精密机械与物理研究所、长春长光辰芯光电技术有限公司和省创新投公司等共同出资组建长春长光圆辰微电子技术有限公司，建设背照式 CMOS 图像传感器生产线，提升吉林省集成电路制造能力和水平。

典型企业 2016 年，吉林华微电子股份有限公司应对多变的市场环境，针对中高端技术领域加大研发投入，加快产品、技术结构调整速度，同时推进技术营销、深化“抓大抓优”的营销策略，提升公司在新兴领域的拓展速度，逐步由单一双极型产品供应商成长为以功率智能模块，IGBT、MOSFET 等新型电力电子器件、高端二极管等产品为核心的多产品多方向的电子信息制造业企业。2016 年，公司实现销售收入 14 亿元，同比增长 7%。

【软件和信息技术服务业】 2016 年，吉林省软件和信息技术服务业产品结构不断完善，种类不断丰富，软件产业自身发展模式实现由单一向多元化的转变。全省完成软件业务收入 511 亿元，同比增长 16.1%。其中，软件产品收入 166.9 亿元，占软件业务收入的 32.7%；信息技术服务收入 270.8 亿元，占软件业务收入的 53%；嵌入式系统软件收入 73.4 亿元，占软件业务收入的 14.3%。

吉林省现有符合统计范围的软件和信息技术服务企业 900 余家，其中通过软件企业认定 564 家，登记软件产品 2 367 个，系统集成资质企业 154 家，信息系统工程监理资质企业 4 家；软件和信息技术服务企业中，主营业务收入超亿元的企业 70 家，超 5 000 万元的企业 98 家；国家规划布局内重点软件企业 1 家，上市公司 16 家，筹备上市的企业 20 家。

吉林省软件和信息技术服务业一批具有自主知识产权的软件产品已遍布全国，如汽车、石化、指纹识别、教育、网络安全等都有非常活跃的市场，部分软件企业处于全国行业领先的地位。

吉林省通信网络体系良性运行，信息技术服务业的网络化建设取得显著进展。在电子商务方面，小商品在线支付网络、防伪信息网络、网上银行、企业电子商务采购平台等全年运行平稳，省密钥管理中心和数字认证中心的综合服务能力进一步提高，尤其是电子商务中的短信业务实现较快增长。

吉林省信息技术服务平台涉猎领域不断拓宽，建设完善力度不断加强。省软件和信息服务公共服务平台、数字电视服务平台、农业综合信息服务平台、制造业信息化服务平台、企业基础信息交换平台、信息技术综合服务平台等建设日趋完善与健全，提高信息资源共享和开发应用能力。同时，在就业、社会保障、安全生产、公共卫生等领域，信息服务平台的作用也日益突出。

典型企业　启明信息技术股份有限公司在汽车管理软件产品研发与服务、车载信息系统研制及服务两个领域的市场份额居国内同行业前列，在全国百强软件企业中居第72位。东北师大理想软件股份有限公司研究开发十一大系列700多种能够有效支撑教育信息化工作的系列软件产品，为全国中小学教学方式改革带来历史性突破。基础教育软件产品已推广到全国31个省、市、自治区；职业教育软件产品已推广到50多所职业院校。

【科技进步与应用】　2016年，吉林省推动企业技术创新工程推进计划，其中，长春鸿达光电子与生物统计识别技术有限公司的“鸿达cs601台式居民身份证认证阅读机系列产品”等5家电子信息企业的5种产品被纳入新产品规模化推进计划；吉林省爱信网络信息科技有限公司等9家电子信息企业与高校合作的9个项目被纳入产学研协同创新计划。

吉林华微电子股份有限公司以半导体二极管和半导体三极管、吉林奥来德光电材料股份有限公司以OLED发光材料入选国家首批制造业单项冠军示范（培育）企业。

指掌纹采集仪项目是长春鸿达公司自主研发的一种可在强光下进行的指掌纹图像采集的装置。通过对采集棱镜、工作距离进行独特设计，使得进入采集棱镜的临界环境光线经采集面和图像输出面折转后，不被镜头有效通光孔径所接收，提高设备对环境光的抗干扰能力，克服现有同类型采集装置无法在强光照射下正常工作的缺陷。该采集装置支持半掌采集、左右四指及双拇指模式平面指纹采集、单指滚动采集等多种采集方式，提高采集精度和效率，同时也提高指纹识别的精度。该设备已通过中国安全技术防范认证中心GA认证、美国FBI认证，现已申请国家发明专利1项。

【信息基础设施】　2016年，吉林省围绕新一代信息技术应用，推动云计算数据中心等信息基础设施建设，推广三网融合，强化软件和信息技术服务支撑功能。数据中心基础支撑能力显著增强，已建成省数据灾备中心等6个较大数据中心，总规模8 000个机柜，可容纳10万台服务器，均投入运营。合作引进的华为、浪潮云计算数据中心正在建设，并逐渐延伸数据采集、处理、分析挖掘、交易等大数据产业链条。出台吉林省三网融合推广方案，IPTV业务不断拓展，吉林联通IPTV业务用户累计超过120万户，吉林电信IPTV业务测试用户4.3万户。有线电视双向数字覆盖用户465万户。“无线城市”广泛应用，累计活跃用户384万户、点击量5 500万次、门户访问量3.33亿次，上线民生、政务、旅游等领域应用900余项。

围绕社会信息化水平提升，推动“智慧吉林”工程建设，电子政务外网支撑智慧政务建设的能力不断提升，实施政务外网扩容升级改造工程，做好“四张清单一张网”向政务外网迁移，接入外网部门累计达40个，横向接入单位505个。“智慧吉林”建设初见成效，落实吉林省与中国联通签订的“智慧吉林”战略合作协议和“互联网+”战略合作协议，先后确定汽车信息化平台、智能公交服务平台等50多个重点建设项目，推动信息网络、云数据中心、“互联网+”行业发展，安监生产监管平台、智能警务管理系统、乐冲刺教育平台等一批智慧吉林项目已投入运营提供服务。

【信息产业基地和园区】　吉林省国家汽车电子高新技术产业化基地位于长春市高新区，与一汽集团、吉林大学呈三角分布，区域位置优越，具有强大的科技依托与市场优势。作为国家级产业园区，基地以“创客空间—孵化器—加速器—产业园—产业集聚”有机融合为发展模式，以物业服务中心、工程服务中心、双创中心、技术服务中心、信息服务中心五大中心为基础，为入园企业提供全方位、高品质服务。2016年，双创中心投入近400万元，建立“壹车间创业服务中心”，开展一站式服务、创新创业帮帮团、大讲堂等活动为初创型企业提供创业服务；信息服务中心开始建设汽车电子产业化基地公共服务平台，构建市场对接、人才资源、投资融资、成果转化等十大公共信息服务板块，通过信息技术手段提升服务质量。截至2016年年底，园区注册企业34家，入驻企业26家，实现产值5.5亿元。

吉林省软件园区建设以长春、吉林和延吉软件产业集群为核心，3个市州各自根据产业基础、人才情况、地理位置形成各具特色的软件产业基地。长春软件园主要发展企业管理软件、人口信息管理软件、汽车软件、教育软件、信息安全软件；吉林软件园主要发展嵌入式软件和电力行业、石化行业等大型应用软件；延边中韩软件园着重承接韩国、日本的软件外包和信息服务。长春软件园现有企业536家，建有长春软件与动漫服务外包产业园、东北亚文化创意科技园、吉林动漫游戏原创产业园3个专业产业园区，基础设施及配套服务不断完善。吉林软件园现有企业135家，基地内企业软件著作权及软件产品总数达到近200种，其中具有自主知识产权产品105种，现有创业中心、留学人员创业园、大学科技园等专业孵化器，拥有自主产权孵化面积5.1万平方米。延吉软件服务外包产业基地——延吉科技创新园已入驻企业42家，其中有NHN、鑫普瑞、阿斯达等11家韩资企业，BSC株式会社1家日资企业，国内的延边第五媒体骓客、龙寻科技等重点企业，从业人员3 000余人，初具软件开发、服务外包、电子商务产业集聚形态。

【两化融合】 2016年，吉林省围绕两化深度融合，推进制造业全产业链、全价值链信息交互和智能协作，发展新模式、新业态，组织两化融合试点示范。两化融合发展水平进一步提高，根据发布的《2015年度中国两化融合发展水平评估报告》显示，2015年发展指数提高到65.75。信息技术集成应用水平有所增强，一汽、长客等大型国有企业处于综合集成向协同创新转变，部分中小企业从单项应用向综合集成转变。智能制造、服务型制造等新型制造模式逐步得到企业认可，东光奥威公司等企业积极建设智能化生产线、数字化车间，通用机械、恒涛锅炉进行制造业服务化试点。新型商业模式和产业形态正在形成，亚泰集团虚拟云、吉林化纤纺织云、通钢自信医药云等工业云平台和联通大圣创服互联网孵化器等“双创”平台投入运行。两化融合试点示范作用不断扩大，累计入选国家贯标试点企业27家，遴选省级贯标试点企业61家，遴选省级两化融合试点企业21家。

围绕新产业规模发展，挖掘省内优势产业潜力，推动产业融合发展。大数据产业具有一定优势，拥有“吉林一号”卫星、北斗导航位置信息、吉林大学智慧海洋监测的数据采集及数据灾备中心、吉视传媒等数据中心基础设施数据灾备、存储能力，借助华为、浪潮等IT企业技术优势，大数据产业发展前景广阔。加快培育系统解决方案服务商，一汽启明公司、合心机械制造有限公司等本土企业向系统解决方案服务商转型发展，与浙江省、海南省对口合作。与浙大中控信息技术有限公司等企业的合作正积极推进，提供整体解决方案能力得到有效提升。

【产业环境】 2016年，吉林省编制出台全省信息化“十三五”规划，提出制造业与互联网融合、信息安全保障等八大任务，规划49个重点工程。出台“中国制造2025”吉林实施纲要，提出“三步走”战略，力争在节能与新能源汽车等八大领域取得突破。制定推进制造业服务业融合发展行动实施方案，重点培育智能网联汽车、医药健康云等一批制造业服务化新产业，发展工业设计、检验检测等生产性服务业。制定深化制造业与互联网融合发展的实施意见，明确提出建立“双创”新生态、发展跨界融合新产业等5项融合发展任务。

【主要问题】 吉林省电子信息制造业小微企业多，龙头企业较少，带动能力不强。企业要素成本高，一是用人成本高，挤压企业利益空间不断缩小；二是融资成本高，缺乏抵押资产、有效担保的企业前进动力不足。集成电路设计、新能源电池制造等新兴产业还处于发展初期阶段，新动能对经济增长尚未形成有效支撑，产业转型升级压力依然较大。

软件和信息技术服务业自主创新能力薄弱，全省近千家软件企业，虽然数量不少，但核心技术缺乏，企业发展后续乏力；软件人才结构性矛盾突出，虽然具备基础人才优势，但高层次技术人才、复合型人才缺乏，发展受限。

【统计数据】

表 1　2014—2016 年吉林省电子信息制造业基本情况

项目名称	单位	2014 年	2015 年	2016 年
工业总产值（现行价）	万元	4 743 220	5 342 991	5 697 969
工业销售产值	万元	4 636 332	5 250 233	5 591 191
出口交货值	万元	97 168	157 324	75 263
资产总计	万元	2 947 857	3 235 307	3 409 752
负债合计	万元	1 343 510	1 482 780	1 493 045
主营业务收入	万元	4 528 058	5 115 196	5 481 044
税金总额	万元	113 240	122 950	107 740
利润总额	万元	253 365	265 375	337 395
应交增值税	万元	90 791	91 748	78 779
从业人员年末人数	人	36 474	32 783	31 635

表 2　2014—2016 年吉林省电子信息制造业主要产品产量情况

项目名称	单位	2014 年	2015 年	2016 年
半导体分立器件	万只	345 057	344 070	423 206

表 3　2014—2016 年吉林省电子信息制造业主要经济效益指标完成情况

项目名称	单位	2014 年	2015 年	2016 年
全员劳动生产率	元 / 人	355 678	406 843	439 386
流动资金周转率	次	3	3.3	3.2
产品销售率	%	97.7	98.2	98
总资产贡献率	%	14.3	13.9	14.3
资产负债率	%	45.5	45.8	43.7

注：表 1～表 3 数据来源于吉林省统计局。

表 4　2016 年吉林省软件产业人员构成情况

企业类别	企业数（家）	年末从业人员总数（人）	人员构成			
			管理人员（人）	在总人数中所占比例（%）	软件开发研究人员（人）	在总人数中所占比例（%）
内资企业	873	39 157	4 659	11.9	14 913	38.1
国有企业	14	2 252	106	4.7	301	13.4
股份合作企业	3	1 913	120	6.3	557	29.1
有限责任公司	594	22 804	2 595	11.4	8 694	38.1
股份有限公司	60	4 491	585	13.0	1 683	37.5
私营企业	198	7 384	1 150	15.6	3 500	47.4
其他内资企业	4	313	103	32.9	178	56.9
港、澳、台商投资企业	3	158	19	12.0	44	27.8
三资企业	24	2 889	148	5.1	514	17.8

表 5　2014—2016 年吉林省软件产业基本情况

项目名称	单位	2014 年	2015 年	2016 年
软件业务收入	万元	3 813 616	4 405 089	5 110 168
软件业务出口收入	万美元	12 831	11 019	8 261
软件产品销售收入	万元	1 025 710	1 189 824	1 359 968
流动资产平均余额	万元	963 690	1 161 255	773 722
固定资产投资金额	万元	97 752	149 189	72 450
资产总计	万元	1 870 707	2 566 913	1 505 907
负债合计	万元	728 649	960 006	572 420
税金总额	万元	131 495	146 766	161 883
利润总额	万元	346 167	478 454	454 197
应交所得税	万元	44 706	35 288	22 366
从业人员年末人数	人	50 501	52 814	42 204
从业人员工资总额	万元	204 599	247 415	245 223

表 6　2014—2016 年吉林省软件产业三资企业基本情况

项目名称	单位	2014 年	2015 年	2016 年
软件业务收入	万元	570 240	591 236	639 094
软件业务出口收入	万美元	2 472	2 619	1 186
软件产品销售收入	万元	387 676	413 865	456 907
流动资产平均余额	万元	96 357	88 928	27 914
固定资产投资金额	万元	8 984	9 134	3 714
资产总计	万元	529 524	858 987	33 968
负债合计	万元	256 127	329 779	15 146
税金总额	万元	74 708	49 985	55 133
利润总额	万元	105 421	126 890	38 856
应交所得税	万元	24 134	13 022	3 492
从业人员年末人数	人	6 080	8 173	2 889
从业人员工资总额	万元	31 421	60 233	12 662

表 7　2014—2016 年吉林省软件产业主要经济效益指标完成情况

项目名称	单位	2014 年	2015 年	2016 年
全员劳动生产率	元 / 人	112 845	125 257	138 910
流动资产周转率	次	521	692	747
产品销售率	%	27	30	33
总资产贡献率	%	19	25	27
资产保值增值率	%	133	177	128
资产负债率	%	39	37	38

注：表 4 ～表 7 数据来源于吉林省工业和信息化厅。

[撰稿：盛延鹏　杨锁　耿占伟　审稿：王增华]

黑龙江省

【概况】 2016 年，黑龙江省电子信息产业实现主营业务收入 321 亿元，同比增长 10.7%。其中，电子信息制造业实现主营业务收入 153 亿元，同比增长 9.8%；软件和信息技术服务业实现软件业务收入 168 亿元，同比增长 11.6%。

【电子信息制造业】 2016 年，黑龙江省列入统计的电子信息制造业企业 46 家，完成工业总产值 158 亿元，同比增长 11.6%；主营业务收入 153 亿元，同比增长 9.8%；利润总额 16 亿元，同比下降 18.9%。黑龙江省在传感技术、集群通信、激光通信、光电子材料等方面具备较强的研发实力，初步形成以动力电池、光电子、汽车电子、传感器和应用电子为特色的产业格局。

典型企业　黑龙江省电子信息制造业龙头企业哈尔滨光宇集团股份公司连续 14 年进入国家电子信息产业百强序列，排名第 82 位。2016 年，哈尔滨光宇集团实现产值 74.52 亿元，光宇集团电动车锂离子电池生产线建设项目已完成投资 4 亿元，新增产能 2 吉瓦时，光宇集团具备 4 吉瓦时锂离子电池生产能力。

哈尔滨固泰电子有限责任公司研发出随频喇叭，成为德系车在中国认可的第一个电子产品，大众、奥迪均是固泰客户，每年出口 1 000 万美元。固泰汽车电子喇叭为国内外 30 多家汽车厂商供货，在同类产品中市场占有率达到 80% 以上。

哈尔滨万宇科技股份有限公司是美国通用汽车公司的配套商，每年销售产值达 2 亿元。万宇科技智能化工厂已经被选为《中国制造 2025》的示范项目，并于 2016 年 1 月投建，新工厂将为万宇科技提高 30% 产能。

哈尔滨威帝电子股份有限公司的仪表盘主要面向国产的大中型客车，威帝电子将信息控制技术应用到汽车仪表上，通过数据采集，将车速、水温、油温以及司机在转向灯的使用、踩刹车的速度都能得以记录，方便管理和养成更安全的驾驶习惯。

航天科技控股集团股份有限公司是国内汽车仪表的前三强。在汽车行业销售下滑的情况下，航天科技集团凭借科技引领、产品结构调整，在国产商用车、轿车、客车中市场占有率达到 10%。以航天科技汽车行驶记录仪售后服务平台为依托的车联网信息平台已建成，该平台已覆盖 15 个省近 2 万用户。

哈尔滨奥瑞德光电技术有限公司的蓝宝石晶体材料产量已跃居全球首位，同时，将主要产品延伸至硬脆材料切磨抛加工设备及技术服务领域，研发、生产、销售类金刚石镀膜玻璃，开发并投产新型 3D 玻璃热弯机等产品业务，并募投多色系纳米级氧化锆陶瓷材料项目。奥瑞德公司在升级改造提升蓝宝石产效的同时，调整公司产品结构，提升公司的创新能力和综合竞争力。2016 年，奥瑞德公司研磨（抛光）系列设备销售 1 587 台，精雕机设备销售近千台，3D 玻璃热弯机销售 582 台，3D 玻璃热弯机营业收入 6.73 亿元。

黑龙江瑞兴科技股份有限公司是国内两家取得 CRCC 认证的轨道电路产品提供商之一，在完成与中国铁道科学研究院重组之后，瑞兴公司将铁科院的技术和资金一并引入黑龙江省，使瑞兴公司成为完整的铁路信号装备供应商。同时，瑞兴公司成为哈尔滨地铁 3 号线的轨道信息产品供应商，这标志着瑞兴公司从单一的国铁信号产品供应商拓展到城铁市场。按《中国制造 2025》的战略目标，要把瑞兴公司建设成为先进轨道交通列控产品制造业产业园区，形成产品系列化、集成化，促进企业参与"一带一路"战略，使铁路信号产品走向国际市场。

中国电子科技集团公司第 49 研究所是国内唯一专门从事传感器研究、开发、生产的专业研究所，产品包括压力传感器、湿度传感器、温度传感器、气体传感器等。研究所先后取得科研成果 600 多项，取得专利 61 项，并计划投资 10 亿元，在黑龙江省建设国内最大规模的

MEMS 化学传感器的规模化产业基地。

哈尔滨广播器材有限责任公司是国内生产中波广播发射机设备的三大骨干企业之一，中波广播发射机设备市场占有率达到 40% ~ 50%。2016 年，公司在国内率先研发出国内第一台 DRM 广播发射机，并投放市场。

【软件和信息技术服务业】 2016 年，黑龙江省软件行业实现软件业务收入 168 亿元，同比增长 11.6%，比上年增长幅度下降 1.4 个百分点。全省软件行业实现软件产品收入 60.9 亿元，同比下降 6.7%；实现信息技术服务收入 94.1 亿元，同比增长 29.1%；实现嵌入式系统软件收入 13.1 亿元，同比增长 5.6%。

2016 年，组织部分省内软件企业赴海尔集团公司学习考察，参观考察海尔工业园，了解海尔文化及海尔创新管理模式，即“人单合一双赢模式”的理念；举办“云计算综合标准化体系建设指南宣贯会”，中国电子技术标准化研究院代表解读云计算综合标准化体系及重点标准，全省相关部门、企业等参会人数超过 160 人，国内各领域知名专家讲解“大数据应用”“虚拟现实”“智能制造”等，为全省发展提出合理化建议；推动中国移动哈尔滨数据中心、中国联通（哈尔滨）数据中心、名气通云数据中心、讷河市互联网“双创”孵化园等重点大项目建设，及时掌握项目进展情况，推进项目加快建设，保证项目顺利完成；按照软件和集成电路产业企业所得税优惠政策的通知要求，对全省 27 家软件企业进行核查，全省具备条件的软件企业合计减免所得税 4 300 万元。

上市公司　黑龙江华电网络信息产业股份有限公司成立于 2008 年，注册资金 1 117 万元，是黑龙江省政府审批的高新技术企业、新三板上市公司。公司主营业务涵盖智慧业务与信息产业服务两大领域，具备端到端“软件 + 服务”综合业务能力和强大的资深服务优势。在智慧业务领域，公司秉承“智慧城市建设产业先行”的理念，致力于智慧城市传感与应急指挥相关领域产品研发。业务范围包括顶层设计、城市管理、产业发展、环保节能、民生服务及基础设施机电工程承包服务等多个方向；在信息技术服务领域，公司提供信息技术外包、众包、业务流程外包（BPO）、系统集成等多项服务，覆盖政府、教育、医疗、交通、物流等多个重要行业。公司员工 160 余人。公司具有黑龙江省公安厅认证安全技术防范工程一级资质、电子与智能化工程专业承包二级资质、工业和信息化部信息系统集成三级资质、ISCCC 信息安全服务三级资质、ITSS 国际信息产业运行维护三级资质等。公司先后被哈尔滨市科技局授予“哈尔滨市民营高科技示范企业”称号、被国家商务局授予“黑龙江省诚信经营示范企业称号”。

典型企业　哈尔滨天达控制工程有限公司成立于 1994 年，前身为哈尔滨天达科技开发公司，2001 年改制为股份制公司，注册资金 1 000 万元，2010 年被评为国家级高新技术企业，从事各种自动化控制系统设计、制造、成套、安装、调试与服务。公司通过 ISO9001 质量管理体系认证，市场、计划、技术、采购、制造、检验、服务等流程按管理程序执行；同时，建立覆盖公司所有业务的 TD-MIS 计算机管理信息系统，提升公司管理水平，提高对客户需求的响应速度。自成立以来，公司完成近千余项大中型控制工程，均得以成功运行，其中许多项目是在国内工程中的首次应用。公司是国内最早开展电厂自动化系统、工业自动化系统、变频节能控制装置的公司之一，在电站、核电站、热力、市政、煤炭、石化等领域积累丰富的行业控制系统应用解决方案。公司自主开发的 TD-DCS 计算机集散控制系统已在数十个用户中得到应用；在推出自主知识产权产品的同时，与西门子公司、艾默生公司、罗克韦尔公司、通用电气公司、施耐德公司等国际著名公司进行合作，采用具有当代先进水平的控制设备，为客户提供高性能的自动化控制设备。公司生产的 GCS 低压抽出式开关柜、GGD 低压配电柜、动力配电箱、照明箱等产品通过 3C 国家强制产品认证。

【科技进步与应用】 黑龙江省自动化系统工程有限公司开发出国内首台拥有自主知识产权的大型熔融沉积式 3D 打印机，突破传统该形式打印机以小型化桌面级为主的局面，将 3D 打印机的打印能力提升至工业级，在打印尺寸、打印速度、打印成本方面均处于国内领先水平。

黑龙江省新材料行业信息平台建设使用海量数据挖掘与自动分析技术，在大量访问数据中，通过内置控制模块自动进行相关数据调取和对相关联数据的对应分析、建模，解决系统提取数据响应慢的问题；该平台在安全性方面使用 PKI 公开密钥技术，提高系统访问的安全性；同时，该平台使用SEO技术对系统进行优化处理，提高系统实时在线访问的承载能力。该平台为新材料行业的信息交流、技术研发、专家服务、产销贸易等提供服务，为新材料企业、科研院所、高等院校、政府机构等最终用户开展新材料技术的研发、应用及发展新材料产业搭建公共服务平台。

哈尔滨帕特尔科技股份有限公司研发的DJRQ系列开关变压器式高压电动机软起动装置成功应用于中海油渤海海上采油平台，解决原平台注水泵直接起动时电网冲击大、系统不稳定的问题，避免对其他设备的干扰，解决平台注水泵使用多种软启动产品仍无法实现预期效果的难题。

哈尔滨国裕数据技术服务有限公司依托自身数据中心与零云平台的优势，联合先进的医疗应用服务厂商，在云端构建先进的医疗应用服务。远程实时会诊和区域医疗影像云存储系统是国裕数据与海纳医信联合推出的云端医疗应用服务，用户按需定制并付费，获取具有弹性计算及存储能力的应用服务。通过大幅提升的处理能力，实现医疗应用从局域范围向区域服务的延伸。

【信息产业基地和园区】 2016年，黑龙江省5个云数据中心建成并投入使用，累计完成投资16.7亿元，机房总面积约8万平方米，可放置机柜8 200余个。其中，中国移动（一期一阶段）数据中心已入驻省农村信用社、省公安厅、BTA等单位；国裕数据中心已入驻龙江银行、哈尔滨银行、省工商局、省人社厅等客户。正在建设的有北方云大数据产业园、中国移动（一期二阶段）、中国联通（一期）、香港名气通等云数据中心，总投资50.7亿元。随着这些数据中心的建成投产，哈尔滨市数据中心总面积将达到26万平方米，可放置机柜近3万个。

【主要问题】 黑龙江省产业基础薄弱。与发达地区相比，行业规模小，发展动力弱，产业聚集效应小、弱、散，制约着信息产业进一步发展。

长期投入不足。信息产业与传统产业相比，规模较小，企业经济实力不强，自身投入不足。

区位因素制约。由于远离国际国内两个市场，地处高寒地区，生产和运输成本大，加上产业配套能力不强等因素，进一步加大招商引资的难度。

缺少龙头企业的拉动。与发达地区相比，黑龙江省电子信息产业缺少大企业的拉动，光宇集团占全省电子产品制造业1/3的份额，在全国电子百强中仅排名第82位。

【统计数据】

表1 2016年黑龙江省电子信息制造业人员构成情况

企业类别	企业数（家）	年末从业人员总数（人）	其中：研发人员（人）
内资企业	44	10 551	1 261
国有企业	2	414	58
有限责任公司	17	3 314	475
股份有限公司	11	4 538	568
私营企业	12	1 793	69
其他内资企业	2	492	91
三资企业	2	11 058	11

表 2　2014—2016 年黑龙江省电子信息制造业基本情况

项目名称	单位	2014 年	2015 年	2016 年
工业总产值（现行价）	万元	1 503 193	1 457 802	1 580 575
工业销售产值	万元	1 389 964	1 395 687	1 522 862
出口交货值	万元	106 931	112 832	134 755
流动资产平均余额	万元	1 432 752	1 627 629	1 472 655
固定资产净值平均余额	万元	381 599	233 386	245 854
资产总计	万元	2 348 280	2 955 728	3 086 024
负债合计	万元	1 156 591	941 126	1 378 279
主营业务收入	万元	1 386 912	1 447 195	1 525 948
税金总额	万元	27 862	22 891	15 032
利润总额	万元	138 232	209 155	162 740
应交所得税	万元	10 113	18 066	18 472
从业人员年末人数	人	20 837	20 061	21 609
从业人员工资总额	万元	44 760	83 513	83 830

表 3　2014—2016 年黑龙江省电子信息制造业三资企业基本情况

项目名称	单位	2014 年	2015 年	2016 年
工业总产值（现行价）	万元	617 277	631 375	753 470
工业销售产值	万元	564 381	613 005	730 768
出口交货值	万元	83 185	102 773	129 805
流动资产平均余额	万元	599 262	611 081	368 340
固定资产净值平均余额	万元	143 015		28 262
资产总计	万元	918 998	927 212	1 104 389
负债合计	万元	517 661	52 557	430 637
主营业务收入	万元	590 923	613 005	630 546
税金总额	万元	1 389	1 305	600
利润总额	万元	52 376	47 681	45 738
从业人员年末人数	人	8 196	8 393	11 058
从业人员工资总额	万元	4 754	34 183	45 363

表 4　2015 年黑龙江省软件产业人员构成情况

企业类别	企业数（家）	年末从业人员总数（人）	人员构成			
			管理人员（人）	在总人数中所占比例（%）	软件开发研究人员（人）	在总人数中所占比例（%）
内资企业	486	26 168	4 081	15.6	19 726	75.4
国有企业	4	835	120	14.4	447	53.5
集体企业	1	245	25	10.2	118	48.2
联营企业	53	4 441	696	15.7	3 346	75.3
有限责任公司	324	14 867	2417	16.3	11 281	75.9
股份有限公司	29	3 762	449	11.9	2982	79.3
私营企业	75	2 018	374	18.5	1 552	76.9
港、澳、台商投资企业	1	40	7	17.5	28	70.0
三资企业	15	2 323	237	10.2	2 028	87.3

表 5　2014—2016 年黑龙江省软件与信息服务业基本情况

项目名称	单位	2014 年	2015 年	2016 年
软件业务收入	万元	1 333 085	1 506 691	1 679 761
软件业务出口收入	万美元	3 402	4 159	4 200
软件产品销售收入	万元	576 393	653 839	608 601
流动资产平均余额	万元	486 639	310 657	214 466
固定资产投资额	万元	108 920	50 427	70 117
资产合计	万元	1 317 657	1 188 247	1 045 107
负债合计	万元	191 634	174 314	91 374
税金总额	万元	66 907	57 261	80 795
利润总额	万元	253 769	218 600	246 045
应交所得税	万元	35 467	12 338	18 906
从业人员年末人数	人	27 526	29 831	28 531
从业人员工资总额	万元	234 412	176 289	207 903

表 6　2014—2016 年黑龙江省软件产业三资企业基本情况

项目名称	单位	2014 年	2015 年	2016 年
软件业务收入	万元	37 683	28 419	62 934
软件业务出口收入	万美元	785	314	1 696
软件产品销售收入	万元	23 973	17 671	14 239
流动资产平均余额	万元	10 334	15 831	4 720
固定资产投资额	万元	3 315	303	1 030
资产合计	万元	37 918	27 912	24 305
负债合计	万元	3 876	5 910	3 950
税金总额	万元	3 108	1 655	3 708
利润总额	万元	2 826	4 075	7 369
应交所得税	万元	2 436	295	663
从业人员年末人数	人	1 373	1 115	2 298
从业人员工资总额	万元	11 679	5 920	13 429

注：表 1 ~表 6 数据来源于黑龙江省工业和信息化委员会。

[供稿：黑龙江省工业和信息化委员会]

上　海　市

【电子信息制造业】 2016 年，上海市电子信息制造业实现工业总产值 6 045 亿元，比上年下降 2.2%，降幅比预期收窄；实现销售收入 6 430 亿元，实现利润 212 亿元，比上年增长 11.1%。新一代信息技术制造业实现工业总产值 2 141 亿元，比上年增长 3.7%。集成电路产业规模首次超千亿元，达到 1 053 亿元。集成电路设计业销售收入 366 亿元，比上年增长 20%，设计业规模首次超过封装测试业成为产业龙头。集成电路制造业完成工业总产值 420 亿元，比上年增长 16.4%；晶圆片产量比上年增长 15.8%。

推进 3 个重大战略性项目和 1 个重大产业基金项目建设。中芯国际新建生产线项目如期开工，项目审批时间打破上海市重大项目开工审批的纪录；华力二期项目实现开工建设；和辉二期项目实现开工建设；上海集成电路产业基金正式注册运营，首期基金规模 280 亿元，已实现对外首笔投资。

在集成电路领域，推动集成电路产业政策修订；落实产业优惠政策，全年 47 家单位 2 527 人获得设计人员专项奖励 5 328.8 万元，4 家单位获得首轮流片奖励 1 122 万元；研发成果加快推广应用。在物联网领域，智能传感器关键技术和高端产品实现产业化突破；加强行业协同，培育产业新增长点；持续推进应用示范。在新型显示领域，加强开放合作引导产业链集聚发展；围绕 AM-OLED 龙头企业，培育产业链创新链；聚焦新技术、新业态，引导产业发展新方向。在汽车电子领域，聚焦无人驾驶、车联网推动融合创新，进行道路智慧停车示范建设；国内首家智能网联汽车示范基地建设获得国家工业强基专项重点支持；推进汽车电子标识的示范应用和标准规范。在下一代网络领域，推进 5G 的研发与产业化；支持推进移动边缘计算（MEC）、NB-IoT、LoRa 等技术标准的制定及相关业务应用；推动可见光通信、量子通信技术的突破及产业化应用。

【软件和信息技术服务业】 2016 年，上海市以提升软件技术水平为抓手，加快助推工业转型升级。成立上海工业互联网产业联盟，编制智能制造等相关配套方案，推动工业软件 MES 标准和行业标准制定；召开 2016 上海软件创新论坛、车联网与车载信息服务产业联盟年度大会，研究制定发布《上海市首版次软件产品专项支持办法（试行）》，以工业软件为先行试点，鼓励软件企业和制造业深度融合，引导软件企业和用户合作开展自主创新、安全可控软件产品的研发和应用。

以促进互联网经济发展为抓手，不断增强产业创新活力。在互联网金融领域，筹备上海金融促进平台，开展企业信息披露内测工作；成立上海金融信息行业协会法律专委会；举办第七届上海金融信息服务业年度峰会、上海金融信息创新论坛等金融信息交流活动。在网络视听领域，推动网络视听创业投资基金完成社会资金累计认购总额超过两亿元，储备项目总数超过 30 个；举办移动互联网下的直播新趋势论坛和 360° 全景拍摄研讨会；完成高技能人才培养基地的音频特效制作及处理、实时场景视频制作及处理等培训项目立项。在互联网教育领域，发布《关于促进本市互联网教育发展的指导意见》；建设互联网教育创新示范基地，指导开展杨浦区互联网教育产业三年行动计划专题研究；引导上海基础软件企业为互联网教育企业提供技术支持。在“互联网 +”领域，形成上海“互联网 +”推进情况材料；支持互联网投融资联盟做大做强；发布首个互联网创新创业一站式服务平台，为企业提供场地、政策、资源的一站式对接服务。

以加快互联网发展为抓手，带动产业能级提升。在云计算领域，起草《上海市关于促进云计算创新发展、培育信息产业新业态的实施意见》；推动 7 家单位联合发起成立金融云安全可控工程中心；制定云计算联盟团体标准；召开市《云计算综合标准化体系建设指南》会议。在区块链领域，成立区块链技术应用联盟；举办上海金融科技产学研——同济论坛，支持区块链技术应用联盟成员参加 2016 第二届区块链全球峰会和 2016 新加坡科技金融节；发布《2016 上海网络信贷服务业白皮书》，专列区块链技术应用章节。在虚拟现实领域，举办首届全球虚拟现实大会和中韩 VR 项目对接会；推动建设虚拟现实产业促进机构，促进内容和设备领域的行业组织对接。在智慧应急领域，重点支持图像视频识别监控、工业安全云生产平台等关键技术的产业化应用，推动在地铁、迪斯尼景区等重点区域优先开展应用；举办“实施网络强国战略推进智慧城市建设”智慧应急高峰论坛。

【两化融合】 2016 年，上海市编制《上海市加快制造业与互联网融合创新发展实施意见》和《上海市工业互联网创新发展应用三年行动计划（2016—2018 年）》。举办首届国际工业互联网大会。推动上海临港综合示范区建成全国 14 家中德智能制造合作试点示范项目之一，在临港举办全国中德智能制造试点示范项目经验交流会。在工博会设立工业互联网展示专区，举办 2016 工业互联网高峰论坛以及 2016 制造业与互联网融合发展深度行（上海站）活动。

推动上海工业互联网创新中心、国家级工业互联网标准试验验证公共服务平台和商发制造智能工厂建设、荣威智能网联汽车等一批工业互联网重大投资项目落地。中国商用飞机有限责任公司等一批企业入选 2016 年智能制造试点示范项目名单。构建工业互联网生态体系，持续开展工业互联网重点企业项目调研和典型示范项目评审。加强标准引领和推广，开展两化融合管理体系贯标，推动企业组织方式变革和互联网转型发展。2016 年，推荐 15 家市重点企业成为工业和信息化部贯标试点企业，中船第九设计研究院等 10 家试点企业通过贯标评定。

【大数据】 2016 年，上海市大数据“五位一体”发展格局基本形成。创建国家大数据综合试验区，《上海国家大数据综合试验区建设方案》获有关部委批复。上海数据交易中心、华东政法大学等单位开展数据流通基础性制度设计研究，提交《关于规范数据要素流通促进大数据发展的若干建议》报告。携程旅游、蚂蚁金服、浪潮集团、东方财富、万达信息、星环科技、天玑科技等申报工业和信息化部大数据优秀产品、服务和应用解决方案。认定静安区市北高新园区、杨浦区创智天地园区为上海市大数据产业基地、上海市大数据创新基地，协调基地所在区出台大数据配套扶持政策，支持园区设立大数据产业基金。组建上海大数据联盟，聚集企业近500家，围绕金融、医疗等上海优势产业举办行业活动40余场。上海交通大学、复旦大学、同济大学、华东理工大学等高校建设大数据研究中心。

【信息安全】 2016年，上海市有序推进落实信息安全各项任务，保障G20峰会、世界互联网大会和世界健康促进大会的信息安全，全年未发生重大信息安全事故，全市信息安全态势总体可控。

加强信息安全管理。召开上海市智慧城市建设工作会议暨信息安全保障工作会议，印发2016公共信息系统安全测评计划；组织完成对90家重点单位的网络与信息安全检查工作，检查发现278个安全问题及时督促整改；开展互联网接入情况自查排摸，强化公共信息系统安全管理；完成《上海市网络与信息安全事件专项应急预案》执行评估，妥善处置基础网络和重要信息系统风险事件；全年共发布风险预警提示417份，督促整改相关重点网站和在线信息系统安全风险350处，协调处置安全事件12起；印发《关于报送2016年度网络与信息安全应急预案演练工作情况的通知》和《2015年度重大信息安全事件回顾报告》，警示预防信息安全事故发生。

加强工业控制系统信息安全。组织对31个企业集团的187个重要工业控制系统运行使用单位的409套工控系统开展专项检查；编制并印发《关于加强工业控制系统信息安全风险评估的指导意见》，推动电力、装备制造领域的安全加固试点示范，强化工控系统安全隐患排查，完成工控系统信息安全风险评估机制研究；开展工业互联网安全专题调研。

做好信息安全基础支撑。在上海电子政务云建设中落实云计算服务安全指南和能力要求等国家标准，加强区政府和市级委办云计算服务安全管理指导，在浦东新区、静安等区启动政务云安全评估工作；完善网络空间可信身份基础设施建设，进行全线国产SM系列算法改造；在区级市场监管“四局合一”试点项目及社区事务一口受理项目实施基础上，推进全市公务人员统一身份认证公共服务平台建设，完成个人网上身份统一认证平台建设；推进证书在人保、税务、财政等行业应用，截至2016年年底，上海CA有效证书持有量逾300万张。

【产业热点】 2016年，上海市政务信息化进一步拓展，政府公共数据持续对外开放。印发2016年度政务数据资源共享和开放工作计划，上海市政府数据资源目录管理系统共汇聚和发布市级预算部门数据资源目录数1.5万条、数据项21万个，政府数据服务网累计开放数据集近1 000项，涵盖经济建设、资源环境、教育科技、道路交通等12个重点领域。

上海法人库接入全市面向法人具有行政执法职能的45家市级部门，涵盖法人登记、资质和监管三大类信息。全市16个区基本实现市法人库数据落地和共享使用。法人一证通服务体系已形成网点服务、呼叫中心咨询、在线咨询、微信服务、网上服务等全方位的服务体系。截至2016年年底，全市146万家法人单位发放法人一证通数字证书184万张。

会同市政府办公厅完成电子政务云总体设计，结合信息化预算审核工作推进各部门项目的上云建设和迁移，推进政务数据资源共享和开发利用实现“云数联动”，加强信息化统筹推进研究规划集约建设的各类行业云应用。同步加强信息化统筹推进，研究规划集约建设的各类行业云应用。开展政务云平台的招标工作，推进政务云平台建设。

推进为市民提供一站式政务公共服务平台建设，汇聚多渠道数据和应用资源，通过移动智能终端提供便捷高效的公共服务，并采用大数据技术，进一步为市民提供主动性、智能型服务，满足市民个性化需求。构建高效便捷的智慧交通。推进车载信息系统大规模应用，中心城区基本实现一体化车载信息系统全覆盖；推进统一共享的智慧医疗服务，截至2016年年底，已在全市65家试点社区卫生服务中心统一开展与市级平台的对接；统筹融合智慧教育，制定形成市属高校信息化项目建设指南，推动教育认证中心、教育资源中心、教育综合管理决策平台、大规模智慧学习平台建设。

城市综合管理信息平台进一步向基层拓展，全市213个街镇基本完成平台建设，村居工作站覆盖率超过50%，依托平台推进供水、燃气、邮政等公共服务进社区。建设全面覆盖的智慧食监，上海市食品安全追溯平台有

17 647 家食品企业注册，其中 11 918 家食品企业可查询数据，数据累计 2 872 万条；建设公众查询系统（网站、手机 APP、微信公众号）、第三方企业追溯平台、政府监管系统（网站和手机 APP）以及标准企业库和产品库。构建跨区联动智慧环保，推进上海市环境应急与辐射管理系统、长三角区域空气质量预测预报系统建设；建立固定污染源统一编码系统，完成 2 000 余家重点污染源统一编码；开展上海市建筑工程扬尘和噪声在线监测管理系统建设，已接入工地、道路、搅拌站、码头堆场等 1 000 个现场监测点。

智慧城市“新地标”示范效应进一步显现。启动部署社区事务受理服务中心的事务受理信息系统优化升级，全力推进“一证通用”和信息共享，在 50 个社区开展试点；发布智慧村庄建设指南，在奉贤区青村镇解放村、金山区廊下镇中华村开展“一村一屋”模式试点；开展第二批智慧商圈试点申报，进行智慧商圈发展水平评估及建设指南编制；形成《智慧园区建设与管理通用规范》2.0 初稿，指导 30 家智慧园区开展建设。

【产业环境】 2016 年，上海市基本建成交通信息化应用框架，启动市民云项目升级改造，推进水电煤“三表集抄”试点应用；智慧城市“新地标”建设全面深化；举办 2016 国际工业互联网大会，工业互联网创新中心落户临港地区，创建国家级工业互联网示范城市。

发布《上海市大数据发展实施意见》，成立上海数据交易中心、大数据联盟和大数据产业基地，上海市被列为“大数据国家综合试验区”；基本建成全市政务数据资源目录体系，完成上海市电子政务云方案设计，实现法人库数据在各区落地共享。

举办第 18 届中国国际工业博览会、信息消费博览会，首次举办先进制造业投资推介会；做好世博园区招商引资，中国商飞、中铝集团部分业务入驻；组织“专精特新”企业与国企对接，建成中小微企业运行数据库。

发布《上海市社会信用体系建设“十三五”规划》，开展全国首部信用综合性地方性法规立法工作；会同苏浙皖联合创建全国首个社会信用体系建设区域合作示范区，浦东新区、嘉定区实施建设国家社会信用体系示范城区；推进深化上海自由贸易试验区改革、商业贸易流通等 11 个重点领域信用应用，“诚信上海”APP 上线。

市经济和信息化委员会完成证照分离改革试点年度工作，在行政检查中推行“双随机、一公开”制度，建立专项资金统筹管理、业务工作相互协同的工作机制；建设产业和信息化人才高地，加强直属单位管理，做好行业协会商会脱钩试点工作。

【统计数据】

表 1　2014—2016 年上海市电子信息制造业基本情况

项目名称	单位	2014 年	2015 年	2016 年
工业总产值（现行价）	万元	62 523 361	61 595 502	60 450 822
工业销售产值	万元	62 390 199	61 589 669	60 392 514
出口交货值	万元	44 297 086	43 152 175	40 787 310
主营业务收入	万元	66 914 880	65 483 057	64 297 344
税金总额	万元	369 711	372 610	246 949
利润总额	万元	2 128 098	1 883 292	2 119 436
从业人员年末人数	人	518 122	491 202	453 558

表 2　2014—2016 年上海市主要电子信息产品产量情况

产品名称	单位	2014 年	2015 年	2016 年
晶圆片	万片	412	443	534

注：表 1 ~表 2 数据来源于上海市统计局。

表 3　2014—2016 年上海市软件产业基本情况

项目名称	单位	2014 年	2015 年	2016 年
软件业务收入	万元	28 993 538	33 813 497	38 158 600
软件业务出口收入	万美元	384 900	355 200	368 600
软件产品销售收入	万元	9 954 801	11 852 435	11 922 807
流动资产平均余额	万元	24 927 673	30 537 790	40 711 380
固定资产投资额	万元	734 003	746 927	790 197
资产合计	万元	43 329 077	55 545 526	60 092 761
负债合计	万元	22 097 751	28 657 878	33 225 729
税金总额	万元	1 051 611	1 117 513	858 852
利润总额	万元	4 102 119	4 004 243	4 346 378
应交所得税	万元	469 167	579 309	499 636
从业人员年末人数	人	370 229	403 961	355 428
从业人员工资总额	万元	5 898 273	6 495 454	6 203 744

注："软件业务出口收入"项数据来源于上海市商务委员会，其余项数据来源于工业和信息化部。

[供稿：上海市经济和信息化委员会]

江　苏　省

【概况】　2016 年，江苏省电子信息产业实现销售收入 40 884.2 亿元，增长 10.3%。其中，电子信息产品制造业实现主营业务收入 32 718.6 亿元，增长 6.4%；软件产业完成业务收入 8 165.6 亿元，增长 14.4%。

【电子信息制造业】　2016 年，江苏省电子信息制造业实现主营业务收入 32 718.6 亿元，同比增长 6.4%。全省规模以上企业 5 151 家；资产总计 22 464.8 亿元，同比增长 9.4%；全行业实现利润 1 912.8 亿元，同比增长 10.8%。

全年苏中地区实现主营业务收入 6 794.3 亿元，同比增长 14.8%，增速高于苏北、苏南地区，占全省产业的比重由上年同期的 18.9% 提高到 20.8%；苏北地区实现主营业务收入 3 789.8 亿元，同比增长 8.5%，占全省产业的 11.6%；苏南地区实现主营业务收入 22 134.5 亿元，同比增长 3.7%，占全省产业的 67.6%。

全年重点监测的主要产品中有 6 种产品产量出现增长。其中，手机 5 352 万部，同比增长 35.5%；集成电路 453 亿块，同比增长 22.9%；半导体分立器件 2 022 亿只，同比增长 15.6%；彩色电视机 1 839 万台，同比增长 14.7%；显示器 6 919 万台，同比增长 10.4%；光缆 9 436 万芯千米，同比增长 4%。3 种产品产量出现下降。其中，数码相机 761 万台，同比下降 14.7%；微机 5 285 万台，同比下降 10.6%，其中，笔记本电脑 4 065 万台，同比下降 17.3%。

全省电子信息产品制造业实现出口交货值 12 399 亿元，同比增长 1.9%，比上年提升 1.5 个百分点。全行业出口依存度为 37.5%，较上年下降 1.8 个百分点。全行业实现内销产值为 20 671 亿元，同比增长 10.5%。

全年集成电路、新型显示、网络通信等领域有一批重大项目落户江苏，全省电子行业完成固定资产投资 1 711.7 亿元，同比增长 5.0%。其中，总投资 30 亿美元的台积电项目于 7 月开工建设；总投资 60 亿元的中兴通讯光电子项目启动项目建设；总投资 200 亿元的德科码半导体产业园开工建设；世硕电子、三星芯片载板两个总投资超过 10 亿美元的项目进展顺利。

全行业内资企业实现产值 13 997 亿元，同比增长 14.0%，较上年同期提升 2.8 个百分点，占产业比重为 41.5%，较上年同期提升 2.9 个百分点；三资企业实现产值 19 733 亿元，同比增长 1.6%，其中，港、澳、台资企业和外资企业均增长 1.6%。

【软件和信息技术服务业】 2016 年，江苏省软件和信息技术服务业软件业务收入增长保持在两位数。全省软件和信息技术服务业累计完成业务收入 8 165.6 亿元，同比增长 14.4%，比上年同期下降 4 个百分点，但连续四个季度保持在 14% ~ 19% 区间，一至四季度增速分别为 18.1%、15.4%、14.3%、14.4%，增速趋缓。实现利润总额 777 亿元，同比增长 16.8%，高于收入增速 2.4 个百分点。重点监测的云计算收入为 1 187 亿元，同比增长 15.9%，软件企业加快向"云化"服务类转型。

嵌入式系统软件增长较快，产业结构持续调整。全年软件产品实现收入 2 147 亿元，同比增长 7.4%，低于全行业平均水平 7 个百分点。信息技术服务实现收入 3 295 亿元，同比增长 11.9%，低于全行业平均水平 2.5 个百分点。嵌入式系统软件实现收入 2 882 亿元，同比增长 23.7%，高于全行业平均水平 9.3 个百分点。嵌入式软件基于应用而生，其快速增长一方面说明新一代信息技术正在加速渗透日常生活，与传统产业加速融合，各行各业向智能化提档升级已成为大势所趋；另一方面也说明，传统软件企业顺应形势，以通信、金融、医疗、汽车电子等行业的产业结构升级为自身转型契机，将嵌入式系统软件列为重点业务，参与各行业的自动化、信息化、智能化、平台化提升过程。

百强企业发展良好，企业转型初见成效。从 2016 年公布的中国软件业务收入前百家企业名单来看，江苏省上榜企业数由上届的 8 家上升为 10 家，增加 2 家。10 家企业软件业务总收入为 310.5 亿元，占全国百家企业软件总收入的 6.6%，比上年提升 0.7 个百分点。上榜企业在总榜的位次整体较上年有所上升，除 2 家位次不变、1 家位次下降外，4 家企业位次上升，且有 3 家企业新晋入榜，分别是国电南京自动化股份有限公司（第 28 位）、南京联创科技集团股份有限公司（第 81 位）、江苏润和科技投资集团有限公司（第 91 位）。

新兴技术蓬勃发展，力促软企业务升级。专注于智能计算领域的南京天数信息科技有限公司针对医疗影像智能识别、金融量化分析与交易、智能生产制造三大领域，提出新一代智能数据平台整体解决方案 Sky Discovery，以及在此基础上的超高性能机器学习 / 人工智能分析系统和云服务，已与多家三甲医院在智能诊断领域达成合作；南京地平线机器人技术有限公司将云端的大规模深度神经网络算法实现在高性能低功耗的"大脑引擎"上，促使设备智能化，应用领域包含家居、汽车、安全等；南京易司拓电力科技股份有限公司通过深度数据挖掘等方式推动营销模式精准化，充分利用其电力监测设备国内市场占有率超过 90% 的优势，定期对售出设备后台采集到的海量运行数据进行量化分析，构建"设备、数据、服务"的完整闭环；亚信科技公司与常州科教城管委会联合共建智慧医疗大数据开放实验室，共同推动政府、医疗机构、企业、社会智慧医疗大数据的融合共享和创新应用。

【信息基础设施】 2016年，江苏省完成《江苏省“十三五”信息基础设施建设发展专项规划》编制和发布工作。推进光网城市、光网乡村建设，全省13个设区市及所有县（县级市）均已建成全光网城市，农村地区光纤宽带覆盖率超过95%。开展信息普遍服务专项工作，组织宿迁、盐城、泰州、徐州、连云港成功申报成为江苏省首批普遍服务补偿试点地区，获中央财政专项补助8 100万元，用于五市落后地区光纤网络和无线网络建设。编制印发《全省免费Wi-Fi工作要点》，推动各设区市开展城区主要公共区域免费Wi-Fi优化覆盖，启动县（县级市）城区主要公共区域免费Wi-Fi建设试点工作。截至2016年10月，全省县（含县级市）完成城区主要公共区域免费Wi-Fi建设6万个AP点的年度目标任务。

推动省三网融合工作协调小组制定印发《江苏省三网融合推广工作方案》，举办全省三网融合推广普及工作专题培训。协调推进IPTV集成播控平台建设，组织开展省电信、移动、联通公司与省广电总台举行合作对接。截至2016年10月，全省IPTV及互联网电视用户超过1 000万户，手机电视用户超过1 500万户，高清互动电视用户达500万户，广电网络宽带用户达170万户。

【两化融合】 2016年，江苏省部署两化融合贯标培育工作，开展省贯标试点企业申报，全省281家企业申报贯标试点，确定省级两化融合贯标试点企业230家。参与国家级两化融合贯标试点企业的申报，推荐62家企业上报工业和信息化部，被认定为国家级两化融合贯标试点的企业有53家。全省累计通过国家级两化融合管理体系贯标认定的企业达48家，两化融合管理体系贯标咨询服务机构达25家。

召开两化融合管理体系贯标咨询服务机构工作座谈会，探讨研究贯标咨询服务机构的协同发展和监督管理。成立省两化融合管理体系贯标咨询服务机构联盟，全省25家两化融合贯标服务咨询机构全部参加，依托联盟做好沟通交流、评优罚劣、备案申报、评审认定等一系列工作。

开展两化融合管理体系贯标环省行活动。汇集权威专家、服务机构、评定机构、案例企业，围绕打造产业服务新模式、让工业充满智慧、两化融合带来的新价值、工业控制系统安全等主题进行环省宣讲，累计发放贯标要点讲义1 000多份，受众13个省辖市、12个重点行业、1 400家企业。通过成功案例的剖析、重点难点的讲解、专业团队零距离的对接，为全省企业在互联网条件下打造新型能力指明提升路径。

【信息化】 2016年，江苏省推进智慧江苏建设。编制完成“十三五”智慧江苏建设发展规划，提出8个方面主要任务和17项重大工程；牵头起草《国家信息化发展战略纲要江苏实施意见》；推动省政府与阿里、华为等公司签署战略合作协议；组织第三批政府信息主管（CIO）培训；加强长三角信息化合作，重点做好申报国家长三角大数据综合试验区、筹备长三角三网融合产品创新大赛等专项工作；做好信息化发展、区域两化融合两个重要指数的优化调整和测评工作，发布全省信息化发展水平和两化融合发展水平报告。

开展电商拓市行动。组织开展企业电商拓市环省行活动，将服务对象从大中型企业扩大至规模以上企业以及面广量大的小微企业，全年企业电商拓市环省行已组织24场活动，为近4 000家企业提供优秀电商解决方案；成立由26家省内重点电商服务企业组成的江苏电商服务联盟，为电商拓市环省行活动提供服务支撑；组织省内电商服务企业总结提炼一批电商应用解决方案，编制企业电商拓市服务手册近万套发放给各地企业选用。

组织开展重大示范试点。组织实施2016年度智慧江苏重点示范工程和信息消费应用示范平台遴选，共评选出8项省信息化示范工程、6项省信息消费示范工程和30项省信息化试点工程；根据企业制造装备升级和企业互联网化提升两个行动计划的要求，适时调整两化融合示范区创建办法及评价指标，认定10家省两化融合示范区、20家省两化融合试验区，并复核通过12家两化融合示范区；会同省委组织部、省委农工办等部门，共同认定20家经济和社会领域农村信息化应用示范基地，促进农村信息化应用创新；指导全省3个信息消费示范城市、6个国家信息消费试点城市开展经验成果推广和试评价，推动全省两批共18个省信息消费试验区建设。

组织实施共享交换平台二期工程。开展基于大数据云计算深化信息资源共享交换平台建设研究，组织申报国家发展和改革委员会大数据发展重大工程专项；形成《省级信息资源共享交换目录（第二批）》，编制完成省级信息资源共享交换平台二期建设方案；实施省级信息资源共享交换平台二期项目建设，开展 8 家新增接入部门业务应用系统与共享交换平台的对接工作，并在政务、民生等重点领域开展一批主题应用；制定省级信息资源共享交换工作规范，完成《共享交换工作流程规范》《共享交换系统切换、支持和回切规范》等平台规范制定。

【信息安全】 2016 年，江苏省建立工业控制系统信息安全管理监督检查考核讲评制度；加强信息安全风险评估服务机构的管理，落实信息安全风险评估服务机构备案制度。完成《两化融合网络信息安全管理规范和工作指南》（送审稿）；启动《智慧城市信息安全基础设施安全技术标准研究》。完成《江苏省网络信息安全"十三五"发展规划》送审稿；完成 2016 年度《工业网络信息安全支撑能力建设工作方案》《2016 年度经信领域网信工作要点》《2016 年度网信工作要点落实方案》等材料编制。

举办第四期省级党政机关信息安全员岗位技能培训班，全省党政机关持证上岗信息安全员超过 3 000 人；举办江苏省首届两化融合网络信息安全培训班，来自全省两化融合企业的近百人参加培训；举办首届信息安全产业发展专题培训班，全省近 80 家信息安全企业的高管们参加培训。举办第五届信息安全技能竞赛，分别为党政机关信息安全员、信息安全服务机构、企业信息安全主管、高校信息安全爱好者设立竞技平台，共有 400 多名选手参加比赛。将信息安全检查、在线检测、竞赛平台搭建与保障等任务交给安全可控队伍完成，有效培育一支安全可控的技术支撑队伍。

继续发挥省级政务网站及重要信息系统安全监测预警平台作用，加强对省、市、县党政机关 280 家重要网站的在线监测，共发现 81 起信息安全事件；利用攻防实验室对重要网站进行 483 站次外部安全测试，发现 12 家网站存在严重或较严重安全隐患，对发现的信息安全事件和安全隐患及时指导处置。落实工业领域网络安全检查要求，制发《关于开展工业制造领域网络安全检查的通知》，采集 192 个工控系统信息，建立全省工业制造领域工控系统信息库，开展企业自查推动和上门抽查。开展工业控制系统在线信息安全检测，共发现全省暴露在互联网上的工业控制系统达 222 个，其中存在严重安全隐患的达 27 个。开展省两化融合网络信息安全试点示范工作，对 94 家申报试点企业的材料进行整理汇总、组织评审，选出 50 家试点企业并予公示。

【统计数据】

表 1 2016 年江苏省电子信息制造业企业构成情况

企业类别	企业数（家）	企业类别	企业数（家）
国有企业	6	股份制企业	3 101
集体企业	22	三资企业	1 903
股份合作企业	7	其他企业	112

表 2 2014—2016 年江苏省电子信息制造业基本情况

项目名称	单位	2014 年	2015 年	2016 年
工业总产值（现行价）	万元	300 907 221	324 049 373	337 305 366
工业销售产值	万元	294 981 386	315 863 693	330 702 667
出口交货值	万元	126 790 378	124 059 931	123 991 320
流动资产平均余额	万元	115 886 300	123 289 300	133 677 300

续表

项目名称	单位	2014 年	2015 年	2016 年
资产总计	万元	189 594 300	207 607 300	224 647 900
负债合计	万元	101 242 800	108 501 600	114 420 700
主营业务收入	万元	294 123 300	309 225 300	327 186 100
利润总额	万元	15 555 400	17 538 500	19 128 300
从业人员年末人数	人	2 548 700	2 559 600	2 561 500

表 3　2014—2016 年江苏省电子信息制造业三资企业基本情况

项目名称	单位	2014 年	2015 年	2016 年
工业总产值（现行价）	万元	188 697 446	199 020 132	197 332 537
工业销售产值	万元	184 963 935	193 198 420	193 647 327
流动资产平均余额	万元	67 703 600	67 790 900	73 604 500
资产总计	万元	110 096 200	112 435 800	110 886 200
负债合计	万元	57 791 100	57 191 700	60 486 700
主营业务收入	万元	184 600 500	188 161 400	191 499 400
利润总额	万元	8 149 600	8 996 300	9 545 000

表 4　2014—2016 年江苏省电子信息制造业主要经济效益指标完成情况

项目名称	单位	2014 年	2015 年	2016 年
流动资产周转率	次	2.5	2.6	2.4
产品销售率	%	97.7	97.5	98
资产负债率	%	53.4	52.3	50.9

表 5　2014—2016 年江苏省电子信息制造业三资企业主要经济效益指标完成情况

项目名称	单位	2014 年	2015 年	2016 年
流动资产周转率	次	2.7	2.8	2.6
产品销售率	%	98	97.1	98.1
资产负债率	%	52.5	50.8	54.5

表 6　2014—2016 年江苏省主要电子信息产品产量情况

项目名称	单位	2014 年	2015 年	2016 年
个人计算机	万台	6 708	5 911	5 285
其中：笔记本电脑	万台	6 139	4 914	4 065
彩色电视机	万台	1 522	1 626	1 839
集成电路	亿块	328	369	453
光缆	万芯千米	12 814	13 872	9 436
半导体分立器件	亿只	1 707	1 759	2 022

表 7　2016 年江苏省软件产业人员构成情况

企业类别	企业数（家）	年末从业人员总数（人）	人员构成			
			管理人员（人）	在总人数中所占比例（%）	软件开发研究人员（人）	在总人数中所占比例（%）
内资企业	4 185	823 286	79 642	9.7	225 790	27.4
国有企业	97	45 905	5 345	11.6	15 338	33.4
集体企业	5	781	43	5.5	62	7.9
股份合作企业	68	11 319	1 063	9.4	1 513	13.4
联营企业	8	651	75	11.5	113	17.4
有限责任公司	1 033	241 377	20 746	8.6	75 486	31.3
股份有限公司	416	196 483	14 654	7.5	35 721	18.2
私营企业	2 531	317 368	37 406	11.8	93 228	29.4
其他内资企业	27	9 402	310	3.3	4 329	46.0
港、澳、台商投资企业	189	120 005	10 995	9.2	24 552	20.5
三资企业	470	226 600	9 168	4.0	40 281	17.8

表 8　2014—2016 年江苏省软件产业基本情况

项目名称	单位	2014 年	2015 年	2016 年
软件业务收入	万元	61 725 909	70 623 774	81 656 015
软件业务出口收入	万美元	789 764	770 884	669 714
软件产品销售收入	万元	16 518 426	16 334 771	18 513 795
流动资产平均余额	万元	31 611 969	36 922 400	36 581 104
固定资产投资额	万元	2 530 486	7 005 535	4 923 601

续表

项目名称	单位	2014 年	2015 年	2016 年
资产合计	万元	79 732 374	86 266 208	91 275 630
负债合计	万元	38 599 318	42 569 514	37 629 426
税金总额	万元	1 212 829	2 470 998	3 979 419
利润总额	万元	5 142 062	7 968 006	7 772 741
应交所得税	万元	640 764	949 694	13 302 711
从业人员年末人数	人	1 049 949	1 121 680	1 169 891
从业人员工资总额	万元	9 934 578	8 625 923	9 406 619

表 9　2016 年江苏省软件产业三资企业基本情况

项目名称	单位	2016 年	项目名称	单位	2016 年
软件业务收入	万元	21 761 663	负债合计	万元	3 406 521
软件业务出口收入	万美元	472 534	税金总额	万元	699 062
软件产品销售收入	万元	1 361 798	利润总额	万元	1 365 433
流动资产平均余额	万元	3 674 906	应交所得税	万元	75 643
固定资产投资额	万元	2 544 065	从业人员年末人数	人	226 600
资产合计	万元	8 360 232	从业人员工资总额	万元	2 268 416

表 10　2016 年江苏省软件产业主要经济效益指标完成情况

项目名称	单位	2016 年	项目名称	单位	2016 年
全员劳动生产率	元 / 人	697 979	资产负债率	%	41.2
流动资产周转率	次	2.2			

表 11　2016 年江苏省软件产业三资企业主要经济效益指标完成情况

项目名称	单位	2016 年	项目名称	单位	2016 年
全员劳动生产率	元 / 人	960 355	资产负债率	%	40.7
流动资产周转率	次	5.9			

注：表 1 ~表 11 数据来源于江苏省统计局。

[供稿：江苏省经济和信息化委员会]

浙 江 省

【概况】 2016 年，浙江省电子信息产业规模以上企业 5 691 家，从业人员 110.2 万人。全省电子信息产业实现主营业务收入 15 430 亿元，同比增长 16.3%；实现利税总额 2 063 亿元、利润总额 1 702 亿元，分别同比增长 22.5% 和 25.2%；完成出口交货值 2 652 亿元，比上年增长 4.1%。推进发展信息经济，创建浙江国家信息经济示范区，推进制造业与互联网融合发展，加快智慧城市建设示范试点，全省信息化水平得到全面提升。根据省经济和信息化委员会联合省统计局发布的 2016 年全省信息经济发展水平综合评价报告，全省信息经济发展指数达 125.6%，较上年提高 8.7%，其中，基础设施、核心产业、个人应用和企业应用分别较上年增长 51.1%、11.9%、37.8% 和 3.8%，均呈现良好发展势头。

【电子信息制造业】 2016 年，浙江省规模以上电子信息制造业增加值同比增长 13.6%，达到年内最高水平，高出全省规模以上工业 7.4 个百分点。电子信息制造业引领工业增长。产销增速高于全省工业，全年实现总产值 7 475.8 亿元、销售产值 7 197.3 亿元，分别同比增长 8.7% 和 8.8%，分别高出全省规模以上工业 4.6 个百分点和 4.3 个百分点。智能终端产品、基础核心器件等中高端产品生产加快，全年生产智能手机 5 099.6 万部，增长 26.4%；路由器 166.1 万台，增长 90.9%；笔记本电脑 178.9 万台，增长 29.5%；智能电视 504.9 万台，增长 29.1%；射频元器件、光纤、网络电视接收机顶盒等产量分别增长 79.9%、28.5% 和 35.8%。

2016 年，全省规模以上电子信息制造业实现利税总额 740.4 亿元、利润总额 534.1 亿元，分别同比增长 7.9% 和 8.9%，利润占全省规模以上工业利润的 12.4%。利润规模超 10 亿元以上的通信设备、信息机电、电子元件、电子器件和电子专用设备等行业贡献凸显，5 个行业对全省电子信息行业的利润贡献率达 88.7%，拉动全行业利润增长 7.9 个百分点。电子信息制造业销售利润率为 7.6%，高出全省规模以上工业 1.0 个百分点，劳动生产率达 19.7 万元 / 人，比上年同期提高 13.5%。贯彻实施 50 条降低企业成本的政策举措，电子信息行业企业每百元主营业务收入的成本为 82.4 元，低于全省规模以上工业 1.7 元。

2016 年，全省新一代信息技术产业实现增加值同比增长 21.2%，高出战略性新兴产业增幅 12.6 个百分点；对全省战略性新兴产业的贡献率达到 41.3%，拉动全省战略性新兴产业增长 3.5 个百分点。其中，新一代移动通信网络完成总产值和销售收入分别增长 29.4% 和 25.8%，对全行业销售收入增长贡献率达 51.3%，拉动销售收入增长 4 个百分点，实现利润 167.6 亿元，占全省利润总额的 31.4%，成为拉动全行业增长的主动力；光伏行业增势较快，总产值、销售收入和利润总额分别增长 23.2%、20.2% 和 30.4%；集成电路产业销售收入和利润总额分别增长 17.9% 和 71.9% 。

组织引导各地谋划实施一批重大项目，推进“十三五”期间物联网、云计算大数据、通信网络与智能终端和专用集成电路与新型元器件等一批信息经济领域重大项目。全年电子信息行业完成工业投资 356 亿元、技改投资 263 亿元，分别增长 16.3% 和 21.5%，明显高出全省规模以上工业 12.3 个百分点和 15.2 个百分点，成为全省工业投资一大亮点。浙江好络维公司的“信息技术支撑健康养老产业创新云应用”、中电海康集团的“智慧交通融合创新试验公共服务平台”、中控技术公司的“智能工解决方案的应用推广”3 个项目入选国家“中国制造 2025”专项，3 个项目总投资 18 220 万元，获得中央补助资金 5 500 万元。抓好士兰微 8 英寸集成电路生产线、中电海康高端存储芯片、矽力杰对美信（Maxim）电表量芯片和恩智普（NXP）照明驱动芯片的海外并购项目，华澜微云存储系统核心芯片等一批集成电路重大项目正加快实施。

【软件和信息技术服务业】 2016年，浙江省软件产业快速增长，提质增效凸显，技术服务引领创新，新业务新业态不断涌现，产业综合竞争力不断增强。全省软件产业实现软件业务收入3 600亿元，比上年增长18.5%；实现利税1 398.5亿元、利润1 164亿元，分别比上年增长48.2%和47.1%；收入利润率、研发经费支出占比分别达到32.3%和15.4%。

杭州市、宁波市、金华市、嘉兴市、温州市推进软件产业集聚发展，引领全行业增长，全年实现软件业务收入2 994.9亿元，占全省比重83.2%。其中，宁波市、金华市、嘉兴市和温州市软件收入分别增长20.5%、23.8%、31.4%和141.6%。

电子商务、通信网络、云计算、大数据、数字安防、视频监控等产业发展迅速，天猫、淘宝、网易网络公司、恒生电子股份有限公司、银江股份有限公司等一批行业龙头企业带动性突出，综合实力明显提升。制定并实施《浙江省软件和信息服务业“十三五”发展规划》《浙江省软件企业核查和软件产品核定管理办法》，做好双软核定工作，加快培育发展软件和信息服务新业务、新业态。全年全省共认定软件产业示范基地6个、特色基地6个、创业基地5个，推进培育软件产业基地建设。

【科技进步与应用】 2016年，浙江省规模以上电子信息制造业完成新产品产值4 189亿元，同比增长16.7%，高于规模以上工业5.1个百分点；新品产值率再创新高，达56%，高出全省规模以上工业21.7个百分点，比上年提高3.6个百分点，电子信息制造业已成为全省工业新产品的高产区。全省列入国家“三新”统计的10种新产品产量中，5种新品涉及电子信息行业，智能电视、光纤、智能手机、光缆、太阳能电池等产品产量分别增长29.1%、28.5%、25.1%、18.0%和11.8%。

2016年，全省行业科技活动经费支出227.1亿元，同比增长17.5%，高出全省规模以上工业2.6个百分点。一批创新能力强的高新技术企业加快促进科技成果转化，推进产业高端化，行业创新动力不断增强，28项电子产品入选2016年度“浙江制造精品”名单，杭州华三通信技术有限公司自主研发的“基于H3C虚拟融合架构的云网融合系统”的新产品填补国内空白。浙江星星科技股份有限公司、杭州永创智能设备股份有限公司、天通控股股份有限公司、宁波韵升股份有限公司4家企业被新认定国家企业技术中心。

全省以“互联网+”为主要内容的信息经济创新创业热潮不断高涨。开展省级重点企业研究院建设，新建集成电路、大数据等省级重点企业研究院20家，推进相关行业技术创新综合试点。杭州未来科技城和阿里巴巴集团获批首批国家双创示范基地，2016年省级众创空间129家，新认定科技型中小企业4 261家、高技术企业2 426家，信息技术产业成为浙江省“双创”的主战场。

【信息产业基地】 浙江省已建成国家和省级信息产业基地、园区40余个，培育形成通信和计算机网络、软件和信息服务、通信电缆及光缆、电子信息机电和电子元器件及材料5个超千亿元产业集群和8个超百亿元的基地（园区）。推进全省两批22个省级信息经济示范区和10个信息经济特色小镇建设，一批信息经济重点领域的示范项目、重大工程和公共服务平台建设加快推进。全省10个示范特色小镇中，信息经济类的占2个，4个特色小镇入围全省经信领域行业标杆小镇。西湖区、滨江区、余杭区、南湖区、乐清市等首批省级信息经济发展示范区聚焦信息经济发展重点领域，培育产业特色，加快形成一批创新能力突出、辐射带动力强的产城融合发展新基地。杭州高新（滨江）区围绕自主创新、中国智造和网络安全，打造网络信息技术产业的完整产业链，信息软件、电子商务、物联网、数字安防、文化创意产业全国领先，2016年全区信息经济规模达1 800亿元，成为全省信息产业集聚区和信息经济发展先行区；拥有市级以上科技企业孵化器18个、众创空间20家，其中，国家级15家；国家级高新技术企业607家，R&D投入占GDP比重保持在13%以上，专利申请总量突破4万件，每万人发明专利拥有量突破200件。嘉兴市南湖区以谋划重大项目推进信息技术产业发展，推进闻泰通讯股份有限公司、浙江智柔电子有限公司等32个信息产业重点示范项目和天通精电股份有限公司等36个市“互联网+工业”示范项目，打造互联网产业和科技服务集聚区，产业和应用示范效应初显，2016年电子信息产业主营业务收入同比增长25 %。

【龙头企业培育】 2016年，浙江省电子信息制造业30强企业实现主营业务收入2 068.6亿元、利润总额

232.3 亿元，销售利润率 11.2%，高于全行业利润率 3.6 个百分点。软件 10 强企业实现软件业务收入 1 615.6 亿元、利润总额 897.5 亿元，分别同比增长 30.6% 和 48.3%。龙头企业培育成效明显，引领增长作用凸显。全年全行业收入超百亿元企业 15 家，比上年新增 3 家，浙江天猫技术有限公司、淘宝（中国）软件有限公司、杭州海康威视数字技术股份有限公司、富通集团有限公司 4 家企业收入超 200 亿元以上；全年电子行业重点监测企业收入超亿元企业 450 家，超 10 亿元企业 100 家，超 50 亿元企业 30 家；阿里巴巴集团、杭州海康威视数字技术股份有限公司、网易（杭州）网络有限公司、杭州华三通信技术有限公司、浙江大华技术股份有限公司 5 家企业全年实现利润 882.9 亿元，同比增长 49.5%，成为推动行业增长的主引擎。2016 年，全省分别有 14 家、21 家、11 家、8 家企业入选全国电子信息百强、电子元件百强、互联网百强、软件业百强。

【信息基础设施】 2016 年，浙江省制定并实施《浙江省信息通信业发展“十三五”规划》《“宽带浙江”发展十三五规划》及《浙江省通信设施建设和保护规定》，印发《浙江省三网融合全面推广实施方案》，推进光网城市、宽带中国、光纤到户、无线城市、4G 网络及电信普遍服务、提速降费等工作，杭州市获批建设国家级互联网骨干直联点。截至 2016 年年底，全省固定电话用户数 1 287 万户，普及率 23.2 线 / 百人；移动电话用户 7 225 万户，普及率 130.4 部 / 百人；固定互联网宽带接入用户 2 160 万户，普及率 39%；移动互联网用户 6 366 万户，增长 17.2%。全省城市光网覆盖率超过 100%，光纤接入用户 1 754.8 万户；4G 移动电话用户 4 474.5 万户；新增 IPTV 用户近 159 万户，总数达 478 万户。全省累计建成“i–zhejiang”免费热点 1.99 万个，铺设“i–zhejiang”AP 接入点 14.23 万个。根据《第 39 次中国互联网发展状况统计报告》显示，截至 2016 年年底，全省网民 3 632 万人，普及率 65.6%；IPv4 地址数占全国总数的比例达 6.5%；互联网域名 336.16 万个，占全国总数的 8.0%，较上年末提高 1.3 个百分点；网站 33.58 万个，占全国总数的 7.0%。

【两化融合】 2016 年，浙江省组织起草《浙江省人民政府关于深化制造业与互联网融合发展的实施意见（代拟稿）》。发布实施《浙江省信息化和工业化深度融合国家示范区建设“十三五”规划（2016—2020 年）》和《2016 年浙江省信息化工作要点》，抓好工作实施推进。实施两化深度融合“十大”专项行动，全省创建两化深度融合国家示范试点区域 32 个，示范试点企业 160 家，个性化定制示范试点企业 100 家，列入工业和信息化部贯标试点企业 118 家（2016 年新增 36 家）。2013—2016 年，全省重点企业典型行业的数控率从 35.3% 提升到 53.1%，机器联网率从 12.9% 提升到 31.7%。重点行业典型企业的 ERP 普及率、MES 普及率、PLM 普及率、SCM 普及率、采购环节电子商务应用、销售环节电子商务应用、装备数控化率等处于全国领先，2016 年，规模以上工业企业全员劳动生产率和利润分别增长 8.5% 和 16.3%。国家农村信息化示范省建设加快推进，建成农业农村信息化示范试点区域 13 个，农业物联网示范基地超过 230 个，对现代农业、农村公共服务和社会管理的支撑能力不断增强。“机器换人”工作走在全国前列，2016 年，全省在役工业机器人 4.2 万台，占全国的 12% 左右；新增 19 家省级“机器换人”工程服务公司，累计 54 家省级认定的“机器换人”工程服务公司，全年实现业务收入约 30 亿元，成为推进制造业向智能化迈进的重要力量。

【智慧城市】 2016 年，浙江省以云工程云服务应用为载体，深化推进智慧城市建设示范试点。全省 20 个智慧城市示范试点项目均已完成项目建设并投入应用，智慧安防、智慧交通、智慧健康 3 个领域的成熟应用项目及商业模式在 14 个市、县市区开展复制推广。浙江省被国务院办公厅列为全国“互联网 + 政务服务”试点示范省，浙江政务服务网注册用户 350 万，日均浏览量 400 万次，省电子政务云平台部署 70 余省级单位的 200 多个应用系统，全面建成接入点达 4 300 余个的全省电子政务视联网，包含 66 个省级单位、18 000 多个数据项的省级政府信息资源目录正式发布，居民对“互联网 + 政务服务”推进的总体满意度高达 92.7%。各行业“互联网 +”深入推进。以 G20 安保工作为契机，不断丰富全省公安资源服务平台数据“池”，已汇集 500 多亿条基础信息，每日新增 4 亿多条，同时深化社会信息资源获取与应用机制，运用机器学习、梳理和关联，建立涉及 3.1 亿人、15 亿对人际关系和 3 000 万辆车的动态信息，初步实现“云上公安·智能防控”。省市县三级人口健康信息平台已经建成，省级平台联通16家省级医院，采集1.6亿条诊疗数据；居民电子健康档案建档率达90%，电子病历在二级以上医疗机构的应用率超过85%，全员人口信息入库率95%；省地理空间数据交换和共享平台已集成整合41个省级部门258大类2 468个图层的与地理空间位置有关的信息数据，数据总量达50.5TB。

【信息安全】 2016年，浙江省制定并实施《浙江省网络安全主动防御体系建设方案》和《浙江省网络与信息安全“十三五”规划》。全力抓好G20、第三届世界互联网大会网络安全保障工作，查处违法网站（栏目）5 534条，清理违法信息438.53万条，关闭违法网站7 181家次，及时处置网上热点敏感舆情250余起。推进全省信息安全等级保护工作，全省共有4 620家单位的8 171个信息系统完成定级备案；掌握政府网站4 791家，监测重点网站5.16万家次，发现并通报安全漏洞隐患2.51万个。开展2016年网络市场监管专项行动和“双11”“双12”专项监测行动，共完成线上线下巡查网站（网店）24.9万家次，删除违法商品信息1.23万条。加快完善信息经济标准体系，成立浙江省智能制造标准联盟，推动国家电商质量管理标技委正式落户浙江，6项电子商务国家标准通过立项，同时发布53项“浙江制造”标准和10项电商领域地方标准立项计划，累计制定智慧城市相关国家和地方标准超过40项。开展网络安全知识进企业活动，编制并下发《工业控制系统信息安全手册》1 000余册。

【云计算及大数据】 2016年，浙江省统筹推进全省大数据产业发展，印发《浙江省促进大数据发展实施计划》（浙政发〔2016〕6号）。组织编制《浙江省数据中心“十三五”发展规划》。推进大数据产业发展和应用，开展省级政务信息资源目录体系建设工作，包含66个省级单位、1.8万多个数据项的省级政府信息资源目录正式发布，初步建成省级政务信息资源目录体系。开展大数据领域省级重点企业研究院建设，两批14家企业被认定为大数据省级重点企业研究院。进一步提升大数据产业创新能力和核心竞争力。推进大数据交易市场建设，钱塘大数据交易中心正式上线，成为国内首个正式上线的面向工业领域的大数据应用和交易平台；指导浙报传媒开展大数据交易中心建设并正式入驻乌镇。开展认定20家企业作为全省第二批大数据应用示范企业，组织征集大数据及云计算优秀产品、服务、应用解决方案及案例60个项目。推进云工程与云服务重点项目建设，全年培育5家云工程与云服务、3家工业信息工程公司省级重点企业研究院。推进落实省政府与阿里巴巴在云计算大数据领域的合作，阿里云成为全国最大的公有云公司，杭州市位列“中国云创城市”排行榜第3位。

【产业热点】 在电子商务领域，淘宝网、阿里巴巴和支付宝分别成为全球最大的网络零售、产业电商和网上支付平台，2016年，全省实现网络零售额10 306.74亿元、省内居民网络消费5 251.69亿元，分别同比增长35.4%和30.9%。跨境电商快速发展，全年全省累计实现跨境网络零售（出口）超过319.26亿元，同比增长41.7%；全省共有跨境电商6.44万家，涌现出一批跨境电商领军企业，阿里巴巴速卖通成为全国最大的跨境电商平台。城乡电商服务网络日益完善，全省共建有社区电商服务站（E邮柜等）1.5万个、农村电商服务站点1.4万个。7家入选全省国家级电子商务示范基地。

在智慧物流领域，信息消费快速增长，全年移动互联网流量6.3亿Gbps，增长93.2%；网络购物带动快递业务快速增长，全省规模以上快递服务企业完成业务收入541.3亿元、业务量59.88亿件，分别同比增长41%和56.3%，全国首个快递数据实时分析系统在义乌正式上线。

在互联网金融领域，浙江网商银行完成筹建并正式开业，全省运行的P2P平台280个，当月成交量270.57亿元，贷款余额641.43亿元，成交量及贷款余额等指标均居全国前列。

在分享经济领域，基于大数据、云计算、物联网的服务应用和创业创新日益活跃，创意设计、网络约车、在线医疗、远程教育、网上银行等新型服务模式对居民生活带来便利，浙江省医院预约诊疗服务平台累计注册用户600多万人，预约总量超过2 700万人次，预约成功率70%以上。杭州市跻身国内分享经济第一梯队。七大共享单车平台在杭州市投放各类互联网商业单车25万辆，另有公共自行车8.58万辆，有效地满足市民出行最后一公里的需求。

【合作交流】 浙江省推进与阿里巴巴、中国电子科技集团公司及四大通信运营商等的战略合作，加强与名企名院名校等的合作交流与产业对接，在集成电路、物联网、云计算、大数据等新一代信息技术领域开展合作对接。拓展海内外引智渠道，达成初步人才引进意向 800 多项、项目合作意向 60 余项，举办信息经济高研班及"金蓝领"培训工程，培训信息经济相关各类人才。推进长三角区域信息化合作，制定印发《2016 年长三角信息化合作工作计划》。

举办第三届世界互联网大会，习近平总书记发表视频讲话，刘云山常委出席大会并发表主旨演讲。组织开展第三届世界互联网大会"互联网之光"博览会和浙江数字经济分论坛。举办 2016 年首届中国产业互联网大会、全省信息经济推进工作座谈会和专题培训班，指导成立省信息经济联合会，举办首届浙江信息经济发展论坛、中国车联网应用产业大会、第二届中国数字阅读大会、国家信息经济示范区建设新闻发布会、领军企业家集体采访等活动，联合各大媒体强化世界互联网大会信息经济宣传报道，营造良好氛围，助推全省信息经济全面快速发展。

贯彻落实部省战略合作，推进 5G 车联网试点示范，组织杭州西湖区、桐乡市两地推进 5G 车联网示范工程建设，完成一期建设任务，并在云栖大会、世界互联网大会期间进行展示。推进国家信息经济发展示范区和乌镇互联网创新发展试验区创建工作。

【产业环境】 2016 年，浙江省贯彻落实国家信息化发展战略及"十三五"有关发展规划，组织编制并实施《浙江省国家信息经济示范区创建规划》《浙江省信息化发展"十三五"规划（"数字浙江 2.0"发展规划）》和浙江省电子信息产业、软件和信息服务业等"十三五"发展规划，进一步明确全省信息经济及信息技术产业的发展目标、任务及重点领域。年初确定的全省推进信息经济发展 42 项年度重点工作均已完成。10 月 25 日，中共中央网络安全和信息化领导小组办公室、国家发展和改革委员会正式批复浙江省同意设立全国首个国家信息经济示范区。

落实电子信息行业发展各项政策措施，组织开展软件及集成电路设计企业所得税退税核查工作，全省共退税 135.16 亿元；强化省工业和信息化财政专项资金对信息经济示范区、两化深度融合、软件信息服务业、免费 Wi-Fi 建设、省级重点企业研究院等的支持；推进省信息经济创业投资基金的运作，指导各地政府及相关机构策划设立子基金，成立 20 余个区域及行业子基金，截至 2016 年年底，投向信息经济领域的基金总额达 946.98 亿元。指导企业申报国家各类专项资金，全年全省电子信息行业获得国家工业强基工程、01–03 科技重大专项（及省级配套）资金 11 923 万元。组织实施省信息经济"双百工程"（建设百项重大项目、培育百家重点企业）建设，推进集成电路等重大项目落地建设。

抓行业规范工作，组织开展光伏制造、锂电池等行业规范条件企业审核工作，不断加强自主品牌、质量和标准化工作。定期发布产业动态运行分析报告，完善产业预测预警机制。全省信息经济发展的统计及综合评价体系初步建立，初步形成全省信息经济核心产业行业统计、发展状况总体评估及各市县发展水平综合评价等多维度的评估（评价）体系。按季发布全省信息经济核心产业运行监测分析报告，组织开展全省 11 个设区市及 90 个县（市、区）的信息经济综合评价和分类排序，发布《2016 年信息经济发展综合评价报告》《2016 年全省信息经济发展研究报告》等多个发展报告。

【主要问题】 浙江省电子信息产业出口增长乏力。受国际贸易增长持续低迷、出口结构以及重点出口企业下降等因素的影响，2016 年，全省规模以上工业出口交货值下降 0.3%，尽管跌幅有所收窄，但仍比全省规模以上工业出口增幅降低 1.74 个百分点，出口对行业增长的拉动作用进一步减弱。

新兴产业还有待培育和谋划布局。虽然新一代通信网络、物联网、云计算及大数据、软件和信息技术服务及集成电路等新一代技术产业引领行业增长，但总量规模仍然偏小，对全行业增长的带动作用还不够。对新技术、新产业和新业态的战略布局还有待加强，关键核心技术的攻关和研发还有待突破，尚未形成全国有影响力的信息产业集聚中心。

【统计数据】

表 1　2016 年浙江省电子信息制造业重点企业人员构成情况

企业类别	企业数（家）	年末从业人员总数（人）	人员构成	
			研发人员（人）	在总人数中所占比例（%）
内资企业	848	282 773	34 073	12.0
国有企业	5	2 816	432	15.3
集体企业	1	401	39	9.7
股份合作企业	16	1 389	126	9.1
联营企业	1	30		
有限责任公司	310	118 679	12 498	10.5
股份有限公司	103	74 996	14 040	18.7
私营企业	402	82 653	6 822	8.3
其他企业	10	1 809	116	6.4
港、澳、台商投资企业	49	37 331	11 645	31.2
外商投资企业	65	90 688	6 466	7.1

注：数据来源于浙江省经济和信息化委员会。

表 2　2014—2016 年浙江省电子信息制造业规模以上企业基本情况

项目名称	单位	2014 年	2015 年	2016 年
工业总产值（现行价）	万元	60 789 215	67 460 059	74 757 595
工业销售产值	万元	58 723 438	65 015 788	71 972 636
其中：出口交货值	万元	17 747 671	17 833 618	18 120 050
流动资产平均余额	万元	41 110 306	44 775 562	50 042 117
资产总计	万元	61 702 295	70 507 723	80 125 925
负债合计	万元	33 454 425	37 186 130	40 967 736
主营业务收入	万元	58 826 087	64 314 916	70 608 817
税金总额	万元	1 634 203	1 944 973	2 062 965
利润总额	万元	4 094 739	4 811 929	5 340 939
从业人员年末人数	人	747 752	788 257	812 891
从业人员工资总额	万元	4 246 760	4 869 735	5 572 704

表 3　2014—2016 年浙江省电子信息制造业规模以上企业三资企业基本情况

项目名称	单位	2014 年	2015 年	2016 年
工业总产值（现行价）	万元	22 763 511	23 820 332	23 991 385
工业销售产值	万元	22 068 978	22 908 047	22 983 686
其中：出口交货值	万元	10 699 696	9 705 713	8 727 900
流动资产平均余额	万元	14 355 265	15 413 320	15 902 516
资产总计	万元	21 353 679	22 735 876	24 365 170
负债合计	万元	10 342 053	10 338 700	11 704 101
主营业务收入	万元	21 945 289	22 426 396	22 474 834
税金总额	万元	554 692	630 130	686 400
利润总额	万元	2 037 958	2 294 135	2 364 355
从业人员年末人数	人	268 937	262 707	248 360
从业人员工资总额	万元	1 692 354	1 810 946	1 929 402

表 4　2014—2016 年浙江省电子信息制造业规模以上企业主要经济效益指标完成情况

项目名称	单位	2014 年	2015 年	2016 年
全员劳动生产率	元 / 人	151 587	176 186	196 818
流动资产周转率	%	143.1	143.6	141.1
产品销售率	%	96.6	96.4	96.3
总资产贡献率	%	10.7	11.2	10.7
资产保值增值率	%	111.8	135.7	117.5
资产负债率	%	54.2	52.7	51.1

表 5　2014—2016 年浙江省电子信息制造业规模以上企业三资企业主要经济效益指标完成情况

项目名称	单位	2014 年	2015 年	2016 年
全员劳动生产率	元 / 人	157 828	186 664	206 735
流动资产周转率	%	152.9	145.5	141.3
产品销售率	%	96.9	96.2	95.8
总资产贡献率	%	13.4	14.2	14.1
资产保值增值率	%	112.8	112.3	102.1
资产负债率	%	48.4	45.5	48.1

注：表 2 ~ 表 5 数据来源于浙江省统计局。

表 6　2014—2016 年浙江省主要电子信息产品产销量情况

产品名称	单位	产量			销量		
		2014 年	2015 年	2016 年	2014 年	2015 年	2016 年
移动通信手机	万部	4 148	4 958	5 485.9	4 201	5 017	5 465.9
程控交换机	万线	161	145	163.4	160	140	161.9
彩色电视机	万台	463.2	389	528.9	458.9	389	527.2
其中：液晶电视机	万台	449.8	389	528.9	445.7	389	527.2
液晶显示模组	万套	5 504	3 677	2 781	5 487	3 718	2 685
集成电路	亿块	31.8	41.7	40.9	27.5	37.6	41.1
半导体分立器件	亿只	554.9	709.7	718.7	559.7	632.9	824.2
电子元件类	亿只	341.9	781.5	785.6	339.3	785.6	750.3
笔记本电脑	万台	172.8	120	178.9	172.5	120	177.7

表 7　2016 年浙江省软件产业人员构成情况

企业类别	企业数（家）	年末从业人员总数（人）	人员构成			
			管理人员（人）	在总人数中所占比例（%）	软件开发研究人员（人）	在总人数中所占比例（%）
内资企业	1 368	241 378	25 291	10.5	72 827	30.2
国有企业	30	27 209	3 630	13.3	2 310	8.5
集体企业	2	219	3	1.4	35	16.0
股份合作企业	7	1 085	153	14.1	341	31.4
有限责任公司	494	72 056	6 544	9.1	21 460	29.8
股份有限公司	199	69 138	6 672	9.7	30 409	44.0
私营企业	617	69 794	8 043	11.5	17 126	24.5
其他内资企业	19	1 877	246	13.1	1 146	61.1
港、澳、台商投资企业	57	39 322	6 343	16.1	18 175	46.2
外商投资企业	67	14 420	1 188	8.2	5 022	34.8

表 8　2014—2016 年浙江省软件产业基本情况

项目名称	单位	2014 年	2015 年	2016 年
软件业务收入	万元	24 376 170	30 374 129	36 000 230
软件业务出口	万美元	251 577	279 731	351 179

续表

项目名称	单位	2014 年	2015 年	2016 年
流动资产平均余额	万元	24 065 530	29 693 613	37 843 615
固定资产投资额	万元	799 924	588 894	937 002
资产总计	万元	37 156 311	48 679 085	57 783 941
负债合计	万元	15 664 010	18 594 120	22 086 357
税金总额	万元	1 280 200	1 525 476	2 345 939
利润总额	万元	6 986 233	7 913 457	11 639 661
应交所得税	万元	733 977	1 008 297	1 203 486
从业人员年平均人数	人	290 060	280 666	288 872
从业人员工资总额	万元	3 373 958	3 958 017	4 849 475

表 9　2014—2016 年浙江省软件产业三资企业基本情况

项目名称	单位	2014 年	2015 年	2016 年
软件业务收入	万元	5 697 640	8 161 349	13 790 795
软件业务出口	万美元	74 304	73 327	189 008
流动资产平均余额	万元	7 359 976	9 268 287	17 827 065
固定资产投资额	万元	313 180	57 791	339 059
资产总计	万元	9 148 805	15 247 261	23 633 542
负债合计	万元	2 798 410	4 761 176	6 122 116
税金总额	万元	252 677	355 508	1 408 511
利润总额	万元	3 451 570	3 893 069	7 859 000
应交所得税	万元	382 719	504 766	802 268
从业人员年末人数	人	30 417	35 250	54 705
从业人员工资总额	万元	502 762	804 669	1 475 720

表 10　2014—2016 年浙江省软件产业主要经济效益指标完成情况

项目名称	单位	2014 年	2015 年	2016 年
全员劳动生产率	元 / 人	415 149	572 210	721 980
流动资产周转率	%	130.4	102.3	95.1

续表

项目名称	单位	2014 年	2015 年	2016 年
销售利润率	%	21.4	26.1	32.3
总资产贡献率	%	22.6	22.6	25.4
资产保值增值率	%	127.3	139.9	124.7
资产负债率	%	42.2	38.2	38.2

表 11　2014—2016 年浙江省软件产业三资企业主要经济效益指标完成情况

项目名称	单位	2014 年	2015 年	2016 年
全员劳动生产率	元 / 人	925 348	1 278 149	1 460 464
流动资产周转率	%	101.1	88.1	77.4
销售利润率	%	60.6	47.7	56.9
总资产贡献率	%	48.3	35.1	45.7
资产保值增值率	%	174.3	165.1	126.7
资产负债率	%	30.6	31.2	25.9

注：表 6 ～表 11 数据来源于浙江省经济和信息化委员会。

[撰稿：郑闽红　审稿：魏振华]

安　徽　省

【概况】 2016 年，安徽省电子信息产业发展呈现出“速度领先、总量跨越、动力转换、结构优化、后劲增强”的良好发展态势，成为拉动工业平稳增长的新引擎。

【电子信息制造业】 2016 年，安徽省电子信息制造业完成主营业务收入 3 028.2 亿元，同比增长 17.4%；实现利润 175.9 亿元，增速达 8%；规模以上工业增加值同比增长 22.4%，增速高于全省工业 13.6 个百分点；完成工业总产值 3 389.4 亿元，同比增长 20.8%。

2016 年，安徽省电子信息制造业新增合肥京东方光电科技有限公司、合肥晶澳太阳能科技有限公司两家年产值超百亿元的企业，全省电子信息制造业超百亿元企业数达到 5 家，合肥宝龙达信息技术有限公司以及中国电子科技集团公司第 38 研究所、合肥得润电子股份有限公司、通威太阳能（合肥）有限公司、阳光电源股份有限公司、合肥国轩高科动力能源有限公司等 10 家企业年产值超过 50 亿元；阳光电源、安徽天康（集团）股份有限公司、铜陵精达铜材（集团）有限责任公司 3 家企业入列“中国电子信息百强企业”名单，比上年新增 1 家；安徽铜峰电子集团有限公司、合肥博微田村电气有限公司入列“中国电子元件百强”；联宝（合肥）电子科技有限公司、合肥京东方、合肥晶澳、合肥鑫晟光电科技有限公司、安徽康佳电子有限公司、天康集团等一批行业骨干企业进入安徽省“企业百强榜”。

集成电路、电子基础被《“中国制造 2025”分省市指南（2016 年度）》确定为安徽省有优势、有特色予以重点支持发展的领域。总投资 128 亿元的晶合显示驱动芯片项目（一期）顺利封顶，在建及签约的集成电路项目总投资规模超千亿元；总投资 458 亿元的全球首条 10 代以上液晶面板生产线——合肥京东方 10.5 代 TFT-LCD 生产线于 2016 年 11 月底提前封顶；智能终端持续实现提质扩种增量发展，智能手环市场份额、智能手表销量、彩电产量、笔记本电脑产量均居全国前列。

围绕促进信息消费等新兴消费领域，持续加速智能硬件创新发展，新增智能手表等新产品，智能穿戴设备总出货量超过 1 600 万台；彩电产量达到 1 277 万台，增长 9.1%；鑫晟光电、合肥京东方不断调整显示面板产品结构，液晶显示屏产量同比增长 25% 以上，增幅高于全国平均 20 多个百分点；联宝电子等生产微型计算机设备 1 660 万台，虽同比下降 7.9%，但降幅小于全国平均 1.7 个百分点；世界最薄 0.15 毫米信息显示触控玻璃实现量产；通信终端、锂离子电池等新兴领域成长迅速，增幅均超过 100%。

以一大先行区（合肥）为引领，两大增长极（芜湖、蚌埠）为支撑，辐射带动多个特色优势基地（相关各地）发展的“一核双极多基地”的电子信息产业发展新格局初步形成。合肥电子信息制造业总产值占安徽省比重超过 50%；芜湖、蚌埠等市在新型显示、半导体照明、智能终端、集成电路等战略性新兴产业领域持续突破，两地电子信息产业发展增幅均超过 30%；池州半导体产业基地、阜阳阜合现代产业园、黄山祁门电子产业园、杭埠电子信息集群专业镇、宿松智能终端产业园、广德 PCB 产业园等一批产业集聚区建设形成亮点。

推动组建省智能终端产业联盟，举办海峡两岸（马鞍山）电子信息博览会，支持合肥市举办海峡两岸半导体产业（合肥）合作论坛。组织参加第四届中国电子信息博览会，组展安徽馆，科大讯飞股份有限公司、中电 38 所、安徽四创电子股份有限公司等企业产品获展会大奖，安徽省获优秀组织奖。

落实集成电路产业政策，组织召开安徽省推进集成电路产业发展联席会议联络员会议，建立与省财政厅、省发展和改革委员会、省国家税务局、省地方税务局的软件及集成电路优惠政策落实合作机制，减免集成电路设计企业税款 4 000 万元。

【软件和信息技术服务业】 2016 年，安徽省软件和信息技术服务业实现营业收入 425.1 亿元，同比增长 31%；完成软件业务收入 260 亿元，同比增长 26.5%，增速位居全国前列，高于全国平均水平 12 个百分点；实现软件业务出口 1.5 亿美元，同比增长 29.7%；完成软件外包服务收入 5.6 亿元，同比增长 27.4%。软件产品、信息技术服务、嵌入式软件分别实现收入 91 亿元、148.9 亿元和 20.2 亿元，分别同比增长 6.4%、40.4% 和 43.7%，结构比例由上年的 41：52：7 调整为 35：57：8。

2016 年，安徽省主营业务收入超亿元的软件企业有 70 家，超 10 亿元的软件企业有 8 家，其中科大讯飞、四创电子收入首次突破 30 亿元。20 家重点软件企业实现软件业务收入 134 亿元，对安徽省软件总收入的贡献率达 51%。全省通过 CMMI3 级以上认证的软件企业近 30 家，新三板上市的软件企业 60 余家，科大国创软件股份有限公司成为安徽省第 7 家上市的软件企业。

伴随人工智能技术快速发展，智能语音产业加快推进，科大讯飞实现主营业务收入 33.2 亿元，同比增长 32.8%。安徽华米信息科技有限公司智能穿戴实现主营业务收入 15.5 亿元，同比增长 43.5%。在嵌入式软件领域，安徽省是国内最大的色选机研发和生产基地，大米色选机市场占有率达 90% 以上，并出口多个国家和地区，其中，合肥美亚光电技术股份有限公司实现出口 1 563 万美元，合肥泰禾光电科技股份有限公司实现出口 1 206 万美元。

安徽省依托各地优势，突出特色发展，打造特色产业集中区。合肥市工业基础较好、信息化水平较高、高校人才资源较丰富，成为软件企业重要聚焦地，聚集全省 70% 以上的软件企业，2016 年，全市实现软件产业收入 307 亿元，同比增长 25.7%。芜湖市的动漫游戏、文化创意产业集中区，马鞍山市的电子商务、软件服务外包产业集中区，铜陵市的智能交通、行业应用软件集中区各具特色，构成沿江软件产业城市集聚带。2016 年，芜湖市实现软件产业收入 71.1 亿元，同比增长 103.7%；马鞍山市实现软件产业收入 15.4 亿元，同比增长 25.2%；铜陵市实现软件产业收入 7.7 亿元，同比增长 5.5%。这 4 个城市软件产业规模占安徽省总量的 94.4%。

2016 年，安徽省软件服务业实现利润总额 48.2 亿元，同比增长 18.7%，销售利润率达 11.4%；税金总额 12.4 亿元，同比增长 27.8%。全行业资产合计 654.1 亿元，负债合计 269.1 亿元，资产负债率 41.1%，较上年上升 0.7 个百分点；研发经费支出 28.7 亿元，同比增长 15.7%。从业人员年末数 5.1 万人，同比增长 11%；软件从业人员年均报酬 9 万元，较上年上涨 1.3 万元。

落实国家部委关于软件和集成电路产业企业所得税优惠政策，并发布实施细则，全年享受软件企业税收优惠 65 家，减免税款 12 716 万元，享受国家规划布局内重点软件税收优惠 2 家，减免税款 1 793 万元。2016 年，软件企业共享受出口退税 5 636 万元。编制出台《安徽省软件和信息技术服务业"十三五"规划》，确定产业发展目标、推进路径等，进一步促进全省软件产业良好发展。加强产业布局，支持合肥市创建"中国软件名城"，协调推进《合肥市创建"中国软件名城"实施方案》。编制完成软件项目投资导向计划，进一步促进产业集聚发展。

【科技进步与应用】 2016 年，安徽省电子信息制造业完成工业投资 742 亿元，增长 44.8%；技改投资 383 亿元，增长 28.2%。总投资 458 亿元的合肥京东方 10.5 代线、总投资 135 亿元的晶合 12 英寸晶圆生产线建设进展顺利，总投资百亿元级的太赫兹等重大项目快速推进，富士通集成电路封装测试基地一期、北方通用 MEMS 产业化基地一期等重点项目建成投产，康宁液晶玻璃、三利谱偏光片、新汇成封装等关键配套及京东方智能整机、康佳智能电视等智能终端项目扎实推进。一批重大项目建设有力推进世界级新型显示产业基地加速崛起、合肥"中国 IC 之都"初现雏形、芜湖"太赫兹科学城"启动实施。

【信息基础设施】 截至 2016 年年底，安徽省光缆纤芯长度 2 778.1 万芯千米，城市地区家庭基本具备光纤接入能力，行政村通光纤比例 94%；互联网宽带接入端口超过 2 427 万个，互联网省际出口带宽 5 325Gbps；移动通信基站 19.7 万个，其中 3G、4G 基站总数 14.6 万个，占比达到 74.1%，移动宽带网络基本覆盖全部行政村。

截至 2016 年年底，安徽省电话总数 5 040.4 万户，其中移动电话 4 426.5 万户，较上年同期增长 3.6%，移动电话普及率 72.1 部 / 百人，3G、4G 用户占比达到 71.4%。安徽省固定互联网宽带接入用户 1 106.4 万户，固定宽带家庭普及率 44.6%，其中光纤到户 / 办公室（FTTH/O）用户占比 78.8%；移动宽带用户 3 160 万户，移动宽带用户普及率 51.4%。

截至 2016 年年底，安徽省网民 2 721 万人，比上年增长 13.6%；全省互联网普及率 44.3%，IPv4 地址数占全国的 1.7%，域名数量 74.54 万个，占全国的 1.8%，其中 .CN 域名数 23.37 万个，占全国的 1.1%。

【电子信息产业基地和园区】 2016 年，安徽省新增淮北经开区、蚌埠蚌山城南新区、祁门县、铜陵泰祥工业园为省级电子信息产业园，合肥经济技术开发区新港工业园、蚌埠高新技术产业开发区、芜湖高新技术产业开发区等 10 家省级电子信息产业基地（园）入选 2016 年安徽省电子信息优秀产业基地（园）。

2016 年 2 月，工业和信息化部正式批复中国语音产业基地为国家新型工业化产业示范基地，"中国声谷"成为首个国家级智能语音产业集聚区。中国（合肥）国际语音产业园孵化园建成，在北京、深圳召开招商推介会及 VR 产业发展论坛、项目路演、创业培训等多场活动，吸引北京暴风魔镜科技有限公司、深圳市协创科技有限公司、深圳市杰微电子有限公司等一批规模企业洽谈入园。截至 2016 年年底，入园企业 50 家，众创平台"粒子空间"逐步完善。

【两化融合】 2016 年，《安徽省信息化促进条例》出台并经省第十二届人民代表大会常务委员会第三十三次会议通过，并于 2016 年 12 月 1 日起施行。

打造制造企业互联网"双创"平台。一是打造基于互联网的大企业"双创"平台。注重基于互联网的大企业"双创"平台建设的典型案例挖掘，总结推广"荣事达模式"。2016 年 12 月，工业和信息化部在合肥举行全国大企业"双创"现场交流会，在全国推广荣事达"双创"经验。支持马钢（集团）控股有限公司、安徽海螺集团有限责任公司、铜陵有色金属集团控股有限公司等发展"云计算"项目，构建贸易物流商务平台，实现向跨地区、跨行业电子商务平台转化。二是打造普适性服务的云平台。推动安徽工业云、合肥工业云和马钢“祥云”平台建设，不断完善服务企业功能。三是打造共建共享的共赢平台。基于互联网整合资源而建的平台，如：安徽洲峰电子科技有限公司公司的“一万七”大平台、安徽共生物流科技有限公司第五方服务平台等。对接互联网以个性化定制为特征的产销互利共享平台，如：志邦厨柜股份有限公司、客来福家居股份有限公司等。截至 2016 年年底，安徽省已建设各类众创空间近 200 个，入驻创客 1.2 万人，吸引团队 1 500 个。2016 年，安徽省 5 家创业基地入选全国小微企业创业示范基地案例。

安徽省制造业与互联网融合发展模式不断创新，网络化协同在多环节展开，个性化定制成为热潮，服务型制造悄然兴起。安徽容知日新信息技术有限公司率先运用无线传感器网络和大数据技术为工业企业提供装备健康智能服务解决方案。科大智能科技股份有限公司致力于为客户提供工业生产智能化整体综合解决方案，专注于工业机器人与服务机器人的开发与应用。阳光电源作为行业领先的光伏发电系统解决方案供应商，可提供新能源发电系统的开发、设计、建设、运维等各项服务。工业大数据分析平台正通过跨界合作不断拓展平台功能和服务，提供面向行业需求的定制化数据分析和应用解决方案，加快构建基于产业生态的新竞争优势。青岛红领服饰股份有限公司红领魔幻工厂安徽个性化定制体验中心通过应用自身平台，加强用户参与互动，进行便携自主的 DIY 设计，实现生产制造与市场需求的高度协同，为安徽制造提供样板。泰尔重工股份有限公司引入“再制造”项目，通过返厂维修和再制造技术延长使用周期，再制造项目平均每年以 50% 的速度递增。安徽博瑞特热能设备股份有限公司开发“远程锅炉监控云服务系统”，远程采集锅炉运转的实时信息，实现在线监测，消除安全隐患。

点到点对接服务两化融合贯标试点企业。2016 年，全省又有 12 家企业成为国家贯标试点。为提高两化融合贯标的受益面，在省一级又评定确立 156 家省级试点单位。全省累计已有 60 家企业通过两化融合管理体系认定。此外，在全省工业企业开展两化融合对标引导工作。通过组织宣传和辅导，引导企业参与两化融合对标引导，加强两化融合效率，提升企业核心竞争力。全省累计已有 2 670 家企业参与两化融合自评估、自诊断。2016 年公布的两化融合指数中，安徽省达到 84.6，上升至全国第 8 位。

【信息安全】 2016 年，安徽省出台加强工业控制系统密码应用相关实施意见，提升重要工控系统密码保障水平。贯彻落实工业和信息化部《工业控制系统信息安全防护指南》，指导工业企业制定工控安全防护方案。组织网络信息安全服务机构推荐工作，完成 50 家服务机构登记备案，促进行业规范化发展。

截至 2016 年年底，安徽省面向政府部门、卫生行业、住建系统、企业电子服务领域等累计发放证书约 45 万张，比上年增长 49.5%。

【信息消费】 2016 年，安徽省抓典型促带动，推进合肥、芜湖、马鞍山 3 个国家级示范城市以及马鞍山市花山区等 9 个省级示范城市建设，加强试点示范引领发展。评选安徽省信息消费创新产品（第四批）100 件，挖掘出智能钢琴、虚拟现实、可穿戴设备等一批示范应用产品。评选第二批信息消费体验中心 50 家，涉及智能硬件、智能制造、服务平台、文化创意、创客空间等多个领域。2016 年，安徽省信息消费规模突破 2 800 亿元，同比增长 30% 以上。

【云计算与大数据】 2016 年，安徽省促进云计算发展实施意见等一系列政策激励效果初步显现。华为技术有限公司宿州基地、安徽尚趣玩网络科技有限公司、华米科技等一批新兴领域骨干企业高速发展，语音云、政务云、金融云、交通云平台等一批重点工程带动云计算产业快速进步，中国移动（安徽）数据中心、宿州云计算数据中心等重点项目顺利实施，新芜文化创意孵化器、安徽动漫产业园集聚百余家企业。

【统计数据】

表 1　2014—2016 年安徽省电子信息制造业基本情况

项目名称	单位	2014 年	2015 年	2016 年
工业总产值（现行价）	万元	23 022 605	28 067 323	33 894 191
资产总计	万元	18 583 276	26 965 920	29 886 128
负债合计	万元	10 467 485	15 925 513	17 472 093
主营业务收入	万元	20 566 950	25 357 481	30 282 000
税金总额	万元	406 885	472 133	618 004
利润总额	万元	1 370 340	1 603 344	1 759 000

表 2　2014—2016 年安徽省电子信息制造业主要经济效益指标完成情况

项目名称	单位	2014 年	2015 年	2016 年
资产负债率	%	56.3	59.1	58.5

表 3　2014—2016 年安徽省主要电子信息产品产销量情况

产品名称	单位	产量			销量		
		2014 年	2015 年	2016 年	2014 年	2015 年	2016 年
彩色电视机	万台	602.2	1 176.9	1 277.1	602.2	1 176.9	1 277.1
微型计算机	万台	1 715.9	1 801.5	1 659.8	1 715.9	1 801.5	1 659.8
液晶显示屏	万片	52 005	26 562	33 801.8	52 005	26 562	33 801.8
移动通信手持机	万部		64.3	1 836.5		64.3	1 836.5
集成电路	万块	5 654.8	24 572.9	31 420.8	5 654.8	24 572.9	31 420.8

注：表 1 ~表 3 数据来源于安徽省统计局。

表 4　2016 年安徽省软件产业人员构成情况

企业类别	企业数（家）	年末从业人员总数（人）	人员构成			
			管理人员（人）	在总人数中所占比例（%）	软件开发研究人员（人）	在总人数中所占比例（%）
内资企业	288	47 998	4 383	9.1	16 775	34.9
国有企业	8	1 223	209	17.1	454	37.1

续表

企业类别	企业数（家）	年末从业人员总数（人）	人员构成			
			管理人员（人）	在总人数中所占比例（%）	软件开发研究人员（人）	在总人数中所占比例（%）
有限责任公司	104	14 685	1 447	9.9	5 699	38.8
股份有限公司	52	22 303	1 786	8.0	7772	34.8
私营企业	124	9 787	941	9.6	2 850	29.1
港、澳、台商投资企业	2	462	80	17.3	77	16.7
三资企业	8	2 329	267	11.5	1 360	58.4

表 5　2014—2016 年安徽省软件产业基本情况

项目名称	单位	2014 年	2015 年	2016 年
软件业务收入	万元	1 453 247	2 055 824	2 600 306
软件业务出口收入	万美元	11 512	11 806	15 314
软件产品销售收入	万元	827 590	854 767	909 752
流动资产平均余额	万元	1 898 580	2 226 224	2 527 433
固定资产投资额	万元	116 812	116 806	104 503
资产合计	万元	3 348 427	4 279 058	6 541 004
负债合计	万元	1 425 786	1 728 166	2690 577
税金总额	万元	78 605	97 593	123 745
利润总额	万元	310 548	405 738	481 567
应交所得税	万元	31 790	47 215	49 724
从业人员年末人数	人	35 845	45 770	50 789
从业人员工资总额	万元	250 925	337 749	433 364

表 6　2014—2016 年安徽省软件产业主要经济效益指标完成情况

项目名称	单位	2014 年	2015 年	2016 年
资产负债率	%	42.6	40.4	41.1

注：表 4 ～表 6 数据来源于安徽省经济和信息化委员会。

[供稿：安徽省经济和信息化委员会]

福　建　省

【电子信息制造业】　2016年，福建省规模以上电子信息制造业完成工业总产值同比增长11.8%，产业主要集中在厦门、福州、漳州、泉州、莆田和宁德等沿海地市。戴尔电脑公司、宸鸿科技（厦门）有限公司、友达光电（厦门）有限公司、福建省电子信息（集团）有限责任公司和宁德新能源科技有限公司等11家企业销售收入超百亿元。

2016年，全省生产计算机1 251万台，手机2 568万部，平板显示器3 025万台，液晶电视机1 011万台，液晶显示屏2.24亿片，液晶显示模组8 443万套，锂离子电池9.77亿只，太阳能电池4.3万千瓦，打印机168万台。福建省电子信息（集团）有限责任公司、福州福大自动化科技有限公司、万利达集团有限公司、厦门宏发电声股份有限公司4家企业入选第30届中国电子信息百强企业名单。全省电子信息制造业形成新型显示、集成电路、计算机和网络通信、LED、锂电池产业5个比较明显的特色产业。

细分领域　新型显示产业主要以中游的模组生产和下游的终端产品应用为主。在模组方面，宸鸿科技（厦门）有限公司保持全球触控组件龙头地位，友达光电（厦门）有限公司在巩固传统业务基础上开始给美国特斯拉公司提供车载用显示屏。在面板方面，总投资190亿元的厦门天马微第5.5代低温多晶硅和彩色滤光片一、二期项目顺利建成投产，全年实现收入增长超过70%，产品进入华为、OPPO、小米等厂商的供应链；京东方面板项目于2016年11月28日提前33天开始设备搬入，该生产线将实现全球首次43英寸10切设计，大大提高玻璃基板利用率，同时具备业界8.5代线最薄基板直投能力；莆田华佳彩面板项目主厂房于2016年12月月底完成装修。下游的冠捷液晶电视、捷联显示器以及万利达手机等终端应用企业加大研发创新，开发适应消费者对智能电视、高清晰4K和曲面手机的消费需求。

在集成电路产业上游IC设计业领域，瑞芯微电子股份有限公司进入14纳米国际先进工艺阵营，通过与ARM、Google、Intel等国际大公司合作，研发推出VR设备、IoT智能硬件、智能电视、Wi-Fi / 蓝牙音频解决方案等一系列新产品。厦门紫光集成电路设计产业园重点发挥紫光展锐科技有限公司等龙头企业作用，开发5G/4G、移动智能终端、网络通信、安全监控、存储器等应用领域的关键芯片。中下游高端集成电路制造领域取得重大突破，厦门联芯12英寸项目于2016年11月16日正式投产，福联砷化镓项目建设进展顺利，晋华存储器项目一期全面开工建设，三安光电芯片产业化一期项目和砷化镓项目建成投产。

计算机和网络通信产业由于受下半年液晶面板涨价因素影响，增产不增收。联想手机业务进一步转移省外基地，2016年收入同比下降超过50%。网络通信方面，星网锐捷通讯股份有限公司持续加大研发投入，及时推出智能家居、一体化产品解决方案和个性化定制等满足市场需求；也有部分企业没能适应消费市场变化，经营困难，或被资本收购。

LED产业发展较为稳健。三安光电股份有限公司、乾照光电股份有限公司在上游外延片、芯片领域加大研发投入，开发新产品，继续保持全国领先地位，2016年销售收入分别比上年增长1.1倍和1.7倍。在下游的照明应用领域，室内照明方面，全省主要以照明球泡灯和灯管制造为主，立达信集团、阳光恩耐照明有限公司等企业的产品出口居全国前列，其中，立达信集团进入中国照明百强榜前列，2016年实现收入超过40亿元，增长38%；显示屏方面，强力巨彩光电科技有限公司加大“千店万点”销售渠道建设，取得明显成效，2016年产品市场占有率居全国第二。

锂电池产业主要分布在宁德、福州、漳州等市，初步形成宁德东侨经济开发区、福州马尾经济开发区、漳州诏安金都工业园区、漳州长泰经济开发区等产业集聚区。在上游领域，厦门钨业股份有限公司居全国正极材料第三位，产品涵盖钴酸锂、三元材料、锰酸锂和磷酸铁锂等。在中下游领域，宁德新能源消费类锂电池产量跃居全球第一，是苹果手机全球主要锂电池供应商；宁德时代新能源动力电池产量跃居全球第二、全国第一，也是全国仅有的两家百亿级动力电池企业之一。飞毛腿电池作为全国锂电池领域设计能力最强、配套能力完善的专业锂电池模组制造商之一，是华为、小米等手机的一级供应商。猛狮新能源一期项目于 2016 年第四季度建成投产。

【软件和信息技术服务业】 2016 年，福建省信息化和软件服务业继续保持较快增长，新兴信息技术服务占产业整体比重不断提高，产业集中度进一步增强，自主创新能力获得较大提升。

从产业发展看，2016 年，全省软件和信息技术服务业实现业务收入 2 158 亿元，同比增长 18.5%。在产业结构上，软件行业正在向服务化转型。在云计算、大数据、移动互联网等新兴信息技术服务蓬勃发展的驱动下，软件产业继续转型调整，信息技术服务整体表现仍优于软件产品，信息技术服务收入占软件业务总收入比重超过 50%，IT 服务迎来持续的高速发展时期。

从区域分布看，得益于福州、厦门两市创建“中国软件名城”和获批“中国服务外包示范城市”，以及软件园区的聚集效应，福州、厦门两市继续占全省软件业产值的 90% 以上。2016 年，福州、厦门两市软件和信息服务业业务收入双双超过 1 000 亿元。其中，厦门市 1 108 亿元，同比增长 19.6%；福州市 1 013 亿元，同比增长 17.4%。

从骨干园区看，福建省两大骨干园区福州软件园和厦门软件园保持平稳较快发展。福州软件园技工贸总收入 518 亿元，增长 20%，税收上缴 15 亿元，增长 15%；厦门软件园（含一、二、三期）实现营业收入 701.2 亿元，增长 20.3%，税收上缴近 24 亿元。

从企业发展情况看，龙头骨干企业发展迅速，星网锐捷通讯股份有限公司、美亚柏科信息股份有限公司、瑞芯微电子股份有限公司、咪咕动漫有限公司、四三九九网络股份有限公司等企业的业务收入均实现 20% 以上增长。2016 年，全省新增 42 家企业上市（挂牌），占全部上市（挂牌）企业的 43%，全省累计达 98 家。福大自动化科技有限公司、星网锐捷通讯股份有限公司、新大陆科技集团有限公司、国网信通亿力科技有限责任公司 4 家企业入选 2016 年（第 15 届）全国软件业务收入前百家企业；福大自动化、星网锐捷、国网信通亿力科技、网龙网络控股有限公司 4 家企业入围 2016 年中国软件和信息技术服务综合竞争力百强。四三九九、网龙等 7 家企业入选 2016 年中国互联网企业百强；福大自动化、星网锐捷、国网信通亿力科技等 7 家企业被纳入工业和信息化部 2016—2017 年软件和信息技术服务业重点联系企业名单。美亚柏科的电子数据取证、福大自动化的安全可靠工业控制系统、上润公司的高精度压力传感器、瑞芯微的数字移动多媒体高端芯片、新大陆的二维码识读设备、联迪公司的金融 POS 终端、福昕的 PDF 系列产品等 30 多家企业产品或技术在工业互联网、移动互联网、行业应用解决方案、应用软件、IC 设计等领域处于全国领先地位。

【信息基础设施】 2016 年，福建省实现所有地市达到光网城市标准，城市光网覆盖率 182%，福州市获批国家级互联网骨干直联点。带宽接入能力较高，城市地区 20Mbps 及以上接入带宽覆盖比超过 90%，商务楼宇通光纤率 100%，建制村光纤通达率 99%；宽带应用普及率较高，互联网用户 4248 万户，其中 20Mbps 及以上宽带用户占比达到 64.8%，移动互联网用户 3 142 万户，全省网民普及率 69.9%。4G 网络发展迅速，实现所有行政村全覆盖。印发三网融合推广实施方案，有序推进全省三网融合工作。

【两化融合】 2016 年，福建省制定出台《2016 年福建省两化融合专项行动实施方案》，明确目标、分解任务、组织保障，省市合力推动两化融合工作。全省两化融合发展指数位居全国第七位。

按照工业和信息化部以管理体系标准引领两化融合发展的工作要求，推动重点企业按照国家《两化融合管理体系要求》开展贯标工作，规范两化融合相关过程，打造信息化环境下的新型能力。截至 2016 年年底，全省有 62 家企业通过国家贯标评定，占全国通过企业数的 10%。厦门邑通软件科技有限公司、福州睿信企业管理咨询有限公司两家贯标咨询服务机构在全国排名均位居前十。

继续健全完善“百项千亿”省级两化融合重点项目

库，将投资500万元以上且信息化应用较为深入的企业生产智能化、信息系统综合集成应用等相关联项目实施入库跟踪管理。2016年，发布省级两化融合重点项目合计827项，总投资1 840亿元，项目建成后预计新增销售收入2 725亿元。对入库项目实现分级管理，省市合力做好项目跟踪、监督、协调、服务工作，加快企业两化融合进程。

开展工业互联网平台型企业培育工作，应用互联网、云计算、大数据等先进技术和创新理念，开展工业互联网行业协同平台项目建设，实现基于互联网的原料采购、产品设计、生产制造、仓储物流、销售服务等生产经营各环节的上下游企业间高效协同和资源配置优化，带动行业关联企业向网络化、服务化、智能化新型生产模式转变。

组织实施以“百企示范、千企试点、万企行动”为目标的“百千万”企业两化融合提升工程，开展全省两化融合宣传推广对接八闽行系列活动，先后在福州、厦门、漳州、龙岩等多个地市举办，制造业企业和信息技术服务企业围绕两化融合技术咨询、管理咨询、工业信息化建设等领域开展现场交流对接，先后征集到企业两化融合服务需求300多份，供需双方达成32个合作意向。

【信息消费】 2016年，福建省信息消费供给结构持续升级。全省信息消费规模约4 100亿元。一是高端产业发展迅速。以面板为代表的高端产业配套不断完善，其中京东方8.5代液晶面板线、厦门天马微二期6代低温多晶硅（LTPS）TFT-LCD及彩色滤光片、莆田华佳彩6代中小尺寸面板线、三安光电砷化镓集成电路生产、厦门联芯12英寸集成电路生产线等一批项目陆续建设、投产，成为全省高端产业典型代表。二是智能产品供给得到市场广泛认可。爱普生的针式打印机凭借稳定耐用、高速高效等优势，连续多年蝉联该产品的销售冠军；新大陆支付公司跃居全球第三大POS供应商，全球市场占有率达12.6%；联迪商用公司凭借市场表现获得2016年中国IT市场年会“2015—2016年中国金融POS机市场占有率第一”和“2015—2016年中国金融POS机市场成功企业”两项荣誉。三是新型信息消费供给向智能服务方向延伸。瑞芯微电子股份有限公司由传统单芯片单产品线转变为物联网全应用平台，涵盖家庭智能机器人、智能网关、摄像头、车联网等广泛领域；上润精密仪器有限公司从单纯的仪表仪器开始布局前端传感器的开发应用，为客户提供传感数据服务。

信息消费新兴需求持续拓展。一是以物联网、大数据、云计算为基础的应用需求蓬勃发展。全国首家NB-IoT规模化商用局在福州市正式启用，以城市供水漏损治理为试点的窄带物联网技术应用市场已形成，并且基于该技术的智慧城市燃气、路灯、地下管网等潜在市场也得到释放。二是智慧型消费模式逐步形成。基于互联网的可感知、个性化的新型消费加速发展，共享单车、网约车等逐渐成为人们出行的重要选择，厦门市建成区域远程协同医疗卫生信息服务平台，省电信公司、广电网络集团建成集政务、家居、农业生产、居家养老、医疗五大“互联网+”应用的数字家庭创新服务平台。三是网络型服务消费迅猛发展。电子商务交易额突破万亿元，同比增长43.3%，是全国三大网货制造基地之一。动漫游戏产业快速发展，总收入210亿元，同比增长23%。

信息消费与产业互动发展模式持续兴起。制造业与互联网融合发展的“双创”服务体系逐渐兴起，围绕智能制造、工业互联网等领域的信息技术服务十分活跃。中海创集团实施工业互联网战略，基于安全可控的工业控制核心技术，与紫金矿业、金龙客车等行业龙头企业开展合作，为智慧工厂、智慧装备、智慧城市、智慧矿山、智慧港口、智慧环保等提供信息技术服务。漳州科能集团通过二维码技术应用，实时跟踪追溯产品的生产全过程、零配件应用、出入库等信息，降低33%的人工成本，生产效率提高40%。厦门拙雅科技有限公司通过众筹网站发布和展示产品设计，对接消费者潜在需求，在完成实物众筹后，再外包给制造企业进行批量生产。

【物联网】 福建省是全国4个国家级物联网产业基地之一，2016年，全省物联网规模约800亿元，居全国前列，相关企业有500余家。

福州市、厦门市两大物联网产业高地加速发展，马尾区获批国家新型工业化产业示范基地（物联网）。感知、传输、处理、应用等产业链集聚效应明显。上润公司、新大陆集团等企业引领形成传感技术在全国的优势地位；厦门雅迅网络股份有限公司等企业发展形成全省物联网数据采集传输产业核心；美亚柏科信息股份有限公司等企业发展形成全省物联网数据处理产业核心；国脉集团等企业发展形成全省物联网行业应用核心。

一批骨干企业在物联网关键领域具有较强的自主创新能力和竞争力，技术水平或市场占有率居全国领先，成为引领带动全省物联网发展的重要力量。瑞芯微公司是国内数字音视频芯片设计的领军企业，国脉集团是国内最大的车载射频产品前装供应商，新大陆集团的二维码识读设备技术居国内第一，上润公司的高精度压力传感器技术居全球前三，中星微公司是安防监控核心技术国家标准的牵头制定单位，联迪公司的 POS 机市场占有率居国内第一、全球前四。

物联网技术研发、融资创业、人才培养等公共服务平台成为推动产业发展的支撑力量。省信息产业商会与北京大学金融研究所合作组建福建海西物联网研究院，为各类产业基金与物联网种子公司合作提供融资服务。汇川科技公司与闽江学院联合组建闽江学院汇川科技物联网创新联合研究院，打造国家重点实验室。厦门象屿公司等企业联合成立厦门市物联网产业研究院，推进物联网技术在现代物流、金融服务、城市运营领域应用发展。

先进物联网技术与相关行业加速融合，在产业发展、农业养殖、民生服务等领域得到广泛应用。瑞芯微公司与电信运营商、智能家居企业合作，培育发展智慧家庭产业。智润公司与水务公司、水产养殖企业合作，建设城市供水漏耗治理平台和智慧养殖云服务系统，其中智慧养殖云服务系统被作为典型经验得到农业部推广。东南汽车公司深化工业技术与物联网的集成创新与应用，推进智能制造样板工厂创新发展。博思软件公司与交警部门合作，建设智慧共享停车平台。

【重点信息化项目】 数字福建云计算中心（社会和企业云）项目总投资 13 亿元，由福建省数字福建云计算运营有限公司实施，位于数字福建（长乐）产业园，用地面积为 30 亩，机房可容纳近 4 000 个标准机柜，入云率为 0.3，以提供基础设施云（IaaS）服务、中小企业的公众云（SaaS）业务为主。

支持 SDN 的云计算数据中心高性能交换机研发及产业化项目总投资 1.5 亿元，由星网锐捷公司实施，将进行云计算数据中心高性能交换设备产品的优化设计和功能完善，实现云计算数据中心交换机一虚多和多虚一，使网络资源可动态分配，支持 SDN 云计算数据中心应用，项目达产后将形成每年新增支持 SDN 的云计算数据中心高性能交换设备 1 000 台套生产能力。

物联网创新孵化应用对接及产业化服务平台总投资 5 000 万元，由新大陆公司实施，建设 5 000 平方米的物联网应用技术研发设计、电子检验检测实验室，以及线上物联网云服务平台，建成物联网技术研发设计、检验检测、创新服务"三位一体"的开放性产业创新服务平台，参与行业物联网相关标准制定，广泛开展物联网信息技术应用的宣传、展示、培训、对接、交流等活动，为各物联网企业及创业者提供物联网技术应用对接及创新创业孵化服务。

【主要问题】 福建省产业链关键环节仍有待健全，如新型显示产业上游的光学膜、偏光片、驱动 IC 和控制 IC 等环节仍然薄弱，集成电路行业的制造领域规模偏小，锂电池产业主要集中于中间的电芯组装环节，缺乏对正极材料、负极材料、隔膜和电解液等上游配套项目的布局。

软件和信息服务业领军企业少，龙头带动效应不明显，产业集聚化发展有待增强。

专业技术人才支撑不足，随着一批产业补链重大项目的落地建设，新型显示、集成电路和锂电池等行业专业人才紧缺。

【发展预测】 厦门天马微电子、京东方 8.5 代面板、华佳彩 6 代中小尺寸面板、厦门联芯 12 英寸集成电路、时代新能源和宁德新能源等一批重大项目的建成投产，成为产业主要新增长点。充分利用国家大力扶持集成电路、新型显示等产业发展机遇，继续加快"芯屏工程"建设，重点持续推进厦门天马（二期）6 代 LTPS TFT 平板显示、京东方 8.5 代线、莆田华佳彩 6 代中小尺寸面板、厦门联芯 12 英寸集成电路、三安光电砷化镓等项目投产达效，提升产品良品率，同时加快推动上下游配套项目落地建设，完善产业配套体系，壮大产业集群。持续推进福州和厦门两市创建"中国软件名城"工作，全面提升集聚效应和带动辐射力，培育壮大一批具有国际国内竞争力的龙头企业，推动产业整体水平提高。以 NB-IoT 商业实验局落地建设为契机，推动全省物联网产业加快发展。

【统计数据】

表 1　2014—2016 年福建省电子信息制造业基本情况

项目名称	单位	2014 年	2015 年	2016 年
工业总产值（现行价）	万元	49 428 501	48 385 520	53 136 782
工业销售产值	万元	47 724 074	45 858 804	50 469 893
出口交货值	万元	20 670 000	20 690 000	20 271 070
流动资产平均余额	万元	12 602 300	21 533 100	25 741 600
资产总计	万元	27 317 600	32 747 900	38 674 500
负债合计	万元	15 170 200	17 959 000	20 362 700
主营业务收入	万元	39 595 300	44 423 700	49 121 700
税金总额	万元	666 700	708 300	707 900
利润总额	万元	1 998 400	2 087 100	3 251 300
从业人员年末人数	人	392 100	418 100	433 900

注：数据来源于福建省经济和信息化委员会、福建省统计局。

表 2　2014—2016 年福建省主要电子信息产品产量情况

项目名称	单位	2014 年	2015 年	2016 年
移动通信手持机	万部	1 278	2 133	2 568
液晶（LCD）电视机	万台	1 470	1 420	1 011
计算机	万部	985	819	1 251
平板显示器	万台	3 097	2 884	3 025
打印机	万台	123	134	168
锂离子电池	万只	41 927	67 209	97 686

注：数据来源于福建省统计局。

［撰稿：郑育忠　张诗玲　刘忠奇　林朝通　审稿：陈建业］

江 西 省

【概况】 2016年，江西省电子信息产业主要经济指标稳步增长，三大主导产业运行情况良好，产业集群和省级产业基地聚集效应持续增强，重点企业拉动力不断提升。

【电子信息制造业】 2016年，江西省电子信息制造业完成年初预定的确保1 500亿元力争1 600亿元的目标任务。纳入统计口径的456家规模以上企业（年内新增168家）全年累计完成主营业务收入1 838.6亿元，增长29.2%，增速居全省工业各行业之首；实现利税161.4亿元，增长30.7%。

半导体照明、通信设备和数字视听三大主导产业继续保持平稳增长，三大主导产业累计完成主营业务收入1 278.4亿元，同比增长31.3%，占全行业比重达69.5%。其中，半导体照明完成主营业务收入323.5亿元，通信产业完成主营业务收入586.7亿元，数字视听完成主营业务收入368.2亿元，分别同比增长35.9%、24.3%、18.7%。

九大重点电子信息类产业集群实现较好增长，累计完成主营业务收入1 445.7亿元，增长30.9%。其中南昌高新区光电及通信、南昌经开区光电、井开区通信终端设备、吉安县数字视听、吉州区通信传输系统产业集群、泰和触控显示器产业集群、新余高新区光电信息产业集群七大产业集群主营业务收入过百亿元。新余高新区光电信息产业集群为2016年新增的电子信息产业集群，主要以光伏、锂电新能源为主导产业。

手机整机生产保持增长态势，生产能力从2009年的150万部迅速提升到5 000万部。南昌市引进上海与德通讯技术有限公司等项目，预计投产后江西手机产业将会呈现爆发式增长。触控屏生产量进一步提高，累计生产87 603万片，同比增长46.9%；车载视听产品生产305.6万套，同比增长5.9%；LED背光源累计生产5 052.7万片，同比增长10.7%；各类LED灯具累计生产12 143.8万盏，同比增长9.6%，其中LED路灯生产26.7万只，同比增长23.1%。

全行业培育壮大一批龙头骨干企业，涌现出主营业务收入过百亿的南昌欧菲光集团和智慧海派科技有限公司、联创电子有限公司等主营业务收入超10亿元的企业。2016年，南昌欧菲生物识别技术有限公司主营业务收入同比增长195.3%，合力泰科技有限公司主营业务收入同比增长55.1%。行业内规模以上企业数量不断增加，截至2016年年底，全行业已达456家，比上年增加168家。

全年光伏产业实现主营业务收入1 011亿元，同比增长7.5%。拥有硅片7.9吉瓦、组件10.9吉瓦的产能。形成上饶、新余、九江3个产业聚集区，拥有晶科能源公司等知名龙头骨干企业，其中，晶科能源公司全年组件出货量全球第一，数量达到7.2吉瓦。

【软件和信息技术服务业】 2016年，江西省软件和信息技术服务业规模继续壮大，保持良好发展势头，全年实现营业收入160亿元，同比增长12%。全省软件产业实现利税17.7亿元，同比增长5.3%，技术含量较高的软件产品收入达到34.1亿元，增长15%。全省软件产业28家企业实现主营业务收入过亿元，占全省软件产业的79.6%，其中，思创数码科技股份有限公司等4家企业实现营业收入超过10亿元。

【项目进展与科技进步】 2016年，江西省协讯电子（吉安）有限公司工业设计中心被省工业和信息化委员会认定为2016年省级工业设计中心，并获得20万元的资金奖励。合力泰生物识别绿色制造系统集成项目、木林森绿色制造系统集成建设项目共获得工业和信息化部绿色制造系统集成项目无偿补助资金5 400万元。合力泰科技有限公司年产144万片6.5代IGZO TFT LCD/AMOLED项目获省重点创新产业化升级工程2016年度计划 2 000 万元和骨干工程 5 000 万元无息股权投资。江西省平波电子有限公司年产 3 000 万片触控模组研发及产业化项目列入省重点创新产业化升级工程重点产业领域创新成果产业化项目计划。

2016 年，江西省加强与赛宝、省电子检验院等认证服务机构和评审机构的工作联动，推进信息系统集成及服务资质工作监督指导，13 家企业成功申报计算机信息系统集成及服务资质，19 家企业完成计算机信息系统集成及服务资质换证，全省计算机信息系统集成及服务资质企业总数达到 85 家。

【信息产业基地与园区】 2016 年，江西省高新区光电及通信产业集群形成以通信、LED、微电子等为主要特色的产业集群，集聚效应明显、产业链条较为完备、品牌优势逐步凸显。2016 年，高新区光电及通信产业各类企业近百家，规模以上企业完成工业总产值 344.48 亿元，同比增长 37.1%；工业总产值超亿元企业 26 家，其中，欧菲生物识别技术有限公司完成 108.17 亿元，联创电子有限公司完成 28.51 亿元，联创光电科技股份有限公司完成 23.74 亿元，荣晶（南昌）科技有限公司完成 18.29 亿元，超亿元光电及通信企业占全区规模以上工业总产值的 31.1%。

经开区光电产业集群以欧菲光产业集群带动光电产业集群，形成以触控系统及高清微摄像系统为核心的垂直一体化产业集群。2016 年，南昌经开区电子信息产业规模以上企业 12 家，完成主营业务收入 302.9 亿元，同比增长 58.3%；实现利润 11.9 亿元，同比增长 95.2%。

吉泰走廊电子信息产业基地培育 4 个省级电子信息产业集群，井开区重点培育通信终端设备产业集群、吉安县重点培育数字视听产业集群、吉州区重点培育通信传输系统产业集群、泰和县重点培育触控显示产业集群，2016 年分别完成主营业务收入 274 亿元、181.3 亿元、144.1 亿元、103.8 亿元。基地内电子信息产品转型不断加快，档次不断提升，拥有省著名商标、名牌产品 15 个，拥有省级以上技术研发机构 13 个，省级新产品 85 个，形成年产计算机主机板 800 万块、电子线路板 1 310 万平方米、液晶显示器 1.2 亿片、手机触摸屏 5 亿片、手机电池 7 200 万只、汽车导航系统 5 000 万套、计算机连接线 4.6 亿条、发光二极管 7.2 亿只的生产能力。

信丰省级电子信息产业基地拥有电子信息类省级技术研发中心 1 个，投产企业 68 家，其中规模以上企业 23 家。2016 年，基地完成主营业务收入 57.8 亿元，同比增长 18.6%，形成以电子元器件、印制电路板等产品为主的产业布局。

【信息基础设施】 2016 年，江西省信息基础设施保障能力提高，固定资产投资完成 107.0 亿元，全省光缆线路 68.3 万千米，其中，长途光缆线路 2.1 万千米，本地网中继光缆线路 54.5 万千米，4G 基站 8.7 万个。WLAN 公共运营接入点（AP）数达到 10.8 万个。

开展电信普遍服务试点，赣州、上饶、九江、抚州和鹰潭列为试点地区，获得中央补助资金 7 461 万元，试点工作完成后，将实现 2 747 个行政村光纤化改造和 180 个未通村通光纤，所涉及行政村宽带速率将达到 12Mbps 以上，并保持 6 年以上稳定运行。

采用有线、无线相结合手段，进一步完善农村地区宽带基础设施，提高行政村和 20 户以上自然村宽带通达率及接入能力，将赣南原中央苏区农村无线宽带建设全覆盖列为试点工作。

全省重点场所电信基础设施共建共享继续推进，共建基站 708 个、共建杆路 24 线路千米、共建管道 72 千米、共建铁塔 693 座、共享杆路 712 线路千米。

有线广播电视用户 681.6 万户，入户率 53.8%，其中，城市有线广播电视用户 361.7 万户，农村有线广播电视用户 319.9 万户。数字电视用户 602.95 万户，增加 39.61 万户，数字电视入户率 47.6%，全省有线电视数字化整转率 94.7%。全省高清互动机顶盒约 45.6 万台，网内传输的高清频道数量增加到 70 套以上，数字电视节目频道达到 200 余套以上。全省有线电视双向覆盖用户 496 万户。

电话用户 3 658.2 万户，其中，移动电话用户 3 140.7 万户，增长 2.8%。3G 移动电话用户 360.0 万户，下降 56.7%；4G 移动电话用户 1 861.1 万户，增长 74.1%。固定电话用户 517.5 万户，下降 9.0%。其中，城市固定电话用户 337.4 万户，下降 7.3%；乡村固定电话用户 180.1 万户，下降 12.0%。固定互联网宽带接入用户 822.5 万户，其中光纤到户（FTTH）用户 469.4 万户，FTTH 用户占比达到 57.1%。

推进三网融合，发展互联网电视（IPTV）、手机电视、互联网视频等融合业务，全省互联网电视用户 2万户，广电网络宽带用户超过 16 万户。

【两化融合】 2016 年，江西省开展两化融合典型示范，推进企业智能化转型。出台《江西省两化深度融合示范专项项目管理暂行办法》，组织申报省级两化深度融合示范项目，从省级“中国制造 2025”专项资金中，安排 2 000 万财政专项资金扶持 16 家省级示范企业和 2 个示范园区，打造两化融合典型样板；对省级两化融合示范园区和示范企业进行认定，确定 50 个示范企业和 3 个示范园区。

2016 年，江西省两化融合推进联盟成立，推广两化融合管理体系国家标准，鼓励第三方机构帮助企业开展两化融合管理体系贯标工作。江西汉腾汽车有限公司等 46 家企业参加贯标试点，9 家企业入选工业和信息化部贯标试点单位，并通过贯标评定。

2016 年，依托中国两化融合服务平台及省级两化融合评估服务分平台，江西省组织 921 家企业参加两化融合发展水平评估诊断，开展数据在线填报、系统评分和辅助分析等，通过两化融合评估诊断工作，定量摸清企业信息化情况，摸清行业和地区两化融合发展水平。

江西省出台《关于深入推进制造业与互联网融合发展的实施意见》，进一步深化互联网与工业融合创新，促进传统工业向数字化、网络化、智能化的新型工业方向发展，发展大规模个性化定制、网络制造、服务型制造等新型制造模式。出台《江西省校企合作促进中小企业信息化建设专项项目管理暂行办法》，明确重点支持方向和项目支持办法。

【信息安全】 2016 年，江西省信息安全以构建信息安全保障体系为中心，重点开展信息安全政策法规建设、重点网站安全监测预警、关键信息基础设施安全检查、信息安全宣传培训等工作。全省信息安全态势有所改善，但还存在安全经费投入不足、产业支撑能力不强、安全防护措施不完善等问题，部分重要系统及党政机关、事业单位网站等关键信息基础设施还存在高危漏洞等安全隐患。

【云计算与大数据】 2016 年，江西航天云网建设打造中小企业“互联网 + 智能制造”平台。在赣州市南康区建设统一的公共服务平台——康居网，打造家具的定制化、服务化、社会化制造新模式，在这个平台上，可以实现从家具设计—建模—打印的全过程功能，为家具企业提供产品设计一体化服务，并实现“两个转变一个创新”，即研发模式转变、生产模式转变、销售模式创新，促进“互联网 + 家具”制造业的融合。

【产业热点】 2016 年 1 月，江西省工业和信息化委员会印发《江西省电子信息制造业三年行动计划（2016—2018 年）》。江西省将发挥现有产业基础优势，以产业集群发展为导向，坚持创新驱动、投资推动和需求拉动相结合，加快形成结构高级化、发展集群化、竞争力高端化的产业体系，实现全省电子信息制造业跨跃式发展，力争 2018 年全省电子信息制造业主营业务收入达到 2 000 亿元。

1 月，国家科学技术奖励大会在北京市举行，晶能光电（江西）有限公司的“硅衬底高光效 GaN 基蓝色发光二极管”获得国家技术发明一等奖。该技术改变日本公司垄断蓝宝石衬底和美国公司垄断碳化硅衬底半导体照明技术的局面，对中国 LED 产业发展具有战略意义和产业价值。

3 月，江西省首支电子信息产业投资基金正式设立，由江西省工业创业投资引导基金与江西银行共同发起设立。此次基金总规模 10 亿元，分 8 年期运作，重点围绕光电子、电子信息等江西省战略性新兴产业展开布局，将有效促进创业资本、项目、技术和人才向电子信息产业集聚。

7 月，江西省电子信息和铜材产业联盟成立大会暨企业对接合作活动在南昌举行。会议讨论并表决通过《江西电子信息和铜材产业联盟章程》，江铜—耶兹铜箔有限公司任第一届理事长单位。会上，江铜—耶兹铜箔有限公司和红板（江西）有限公司、江西航宇新材料股份有限公司和江西华源新材料股份有限公司、江西凯安铜业有限公司和章乐电缆（瑞金）有限公司分别签署合作备忘录。

9 月，江西省工业和信息化委员会等部门举办以“网络安全为人民、网络安全依靠人民”为主题的第三届江西省“国家网络安全宣传周”活动。围绕电子政务、电子商务等重点领域和社会公众关注的网络安全热点问题，开展网络安全现场咨询、专家在线访谈、知识图片展、短信推送等主题宣传活动。编制《网络安全基础知识手册》向社会发放，宣传和普及网络安全知识和技能，提高全社会网络安全意识和防护能力。

10月，第十四届赣台（南昌）经贸文化合作交流大会——赣台电子信息产业暨南昌市“光谷、慧谷”推介会在南昌举行，省台办专门发来表扬信，称本次推介会“为台资企业融入我省经济、文化和社会发展做出了积极的贡献”。

12月，江西省半导体照明（LED）产业联盟会员大会暨企业对接合作活动在南昌举行。会议审议通过新修订的《江西省半导体照明（LED）产业联盟暨LED企业“走出去”合作联盟章程》，选举晶能光电（江西）有限公司为新一届联盟理事长单位，成员单位已达73家。会议就加快适应市场需求、集中产业优势资源、推动行业有序发展等达成共识。

【统计数据】

表1 2016年江西省电子信息制造业人员构成情况

企业类别	企业数（家）	年末从业人员总数（人）	人员构成	
			工程技术人员（人）	在总人数中所占比例（%）
内资企业	155	122 649	5 625	4.6
集体企业	1	213		
股份合作企业	1	36	3	8.3
有限责任公司	68	42 046	2 383	5.7
股份有限公司	8	21 504	255	1.2
私营企业	75	56 909	2 957	5.2
其他内资企业	2	1 941	27	1.4
港、澳、台商投资企业	14	11 364	474	4.2
三资企业	11	4 837	89	1.8

表2 2014—2016年江西省电子信息制造业基本情况

项目名称	单位	2014年	2015年	2016年
工业总产值（现价）	万元	11 418 814	13 471 862	11 964 253
工业销售产值	万元	11 001 792	13 206 679	11 787 190
出口交货值	万元	2 812 755	2 238 787	2 056 488
流动资产平均余额	万元	2 967 636	5 209 498	4 501 013
固定资产净值平均余额	万元	2 107 258	2 028 871	2 985 552
资产总计	万元	6 322 458	9 454 174	8 487 822

续表

项目名称	单位	2014 年	2015 年	2016 年
负债总计	万元	3 293 633	5 344 887	4 086 496
主营业务收入	万元	11 383 797	13 456 623	11 858 278
税金总额	万元	300 681	448 514	262 615
利润总额	万元	717 478	775 305	737 481
利息支出	万元	4 114	16 889	21 178
应交所得税	万元	39 092	70 433	49 147
从业人员年末人数	人	165 742	195 664	138 850
从业人员工资总额	万元	920 431	835 530	555 533

表 3　2014—2016 年江西省电子信息制造业三资企业基本情况

项目名称	单位	2014 年	2015 年	2016 年
工业总产值（现价）	万元	1 535 125	670 891	546 488
工业销售产值	万元	1 475 861	670 891	545 040
出口交货值	万元	568 957	238 851	261 841
流动资产平均余额	万元	372 099	160 774	225 780
固定资产净值平均余额	万元	181 964	21 284	50 169
资产总计	万元	593 213	252 522	294 779
负债总计	万元	334 282	124 960	114 244
主营业务收入	万元	1 533 591	681 704	546 193
税金总额	万元	57 697	7 195	12 964
利润总额	万元	118 217	52 535	37 099
利息支出	万元	8 491	255	85
应交所得税	万元	17 423	6 972	3 144
从业人员年末人数	人	18 084	8 336	4 837
从业人员工资总额	万元	71 764	42 524	28 111

表 4　2014—2016 年江西省电子信息制造业主要经济效益指标完成情况

项目名称	单位	2014 年	2015 年	2016 年
全员劳动生产率	元 / 人	144 680	144 589	180 950
流动资金周转率	%	383.6	258.3	263.5
产品销售率	%	96.4	98.0	98.5
总资产贡献率	%	16.2	13.1	12.0
资本保值增值率	%	136.7	154.2	131.3
资产负债率	%	52.1	56.5	48.2

表 5　2014—2016 年江西省电子信息制造业三资企业主要经济效益指标完成情况

项目名称	单位	2014 年	2015 年	2016 年
全员劳动生产率	元 / 人	178 266	169 010	237 260
流动资金周转率	%	412.2	424.0	241.9
产品销售率	%	96.1	100.0	99.7
总资产贡献率	%	31.1	23.8	17.0
资本保值增值率	%	119.5	187.4	213.8
资产负债率	%	56.4	49.5	38.8

表 6　2014—2016 年江西省电子信息产品产销量情况

产品名称	单位	产量			销量		
		2014 年	2015 年	2016 年	2014 年	2015 年	2016 年
手机	万部	5 126	4 367	4 620	5 126	4 571	4 620
电视机	台	195 745	235 600	200 500	195 745	235 600	200 500
其中：彩色电视机	台	195 745	235 600	200 500	195 745	235 600	200 500
高清摄像头模组	万只			10 690			10 690
汽车音响	台	1 249 175	175 520	3 056 000	1 249 175	174 520	3 072 000
触控屏	万只		54 614	87 603		51 661	75 572
电容器	万只	942 679	960 590	50 000	942 679	960 590	49 000
印制电路板	平方米	61 170 946	64 530 554	44 584 192	61 170 946	64 530 554	44 584 192
电声器件	万只	35 090	65 562	35 316	35 090	65 562	34 794
光电器件合计	万只	512 670	513 899	2 627 323	512 670	513 899	2 627 500

续表

产品名称	单位	产量			销量		
		2014 年	2015 年	2016 年	2014 年	2015 年	2016 年
电线电缆	千米	994 076	5 227 067	177 975	994 076	5 227 067	176 055
光缆	皮长千米	841 933	595 283	1 650 388	841 933	595 283	1 589 888
LED 芯片	亿粒	140	143	174	140	143	168
电解铜箔	吨	17 718	18 718	20 045	17 718	18 593	20 409

表 7　2016 年江西省软件产业人员构成情况

企业类别	企业数（家）	年末从业人员总数（人）	人员构成			
			管理人员（人）	在总人数中所占比例（%）	软件开发研究人员（人）	在总人数中所占比例（%）
内资企业	148	23 802	2 914	12.2	4 278	18.0
国有企业	8	1 502	26	1.7	235	15.6
股份合作企业	1	48	3	6.3	4	8.3
有限责任公司	69	14 344	1 692	11.8	1 499	10.5
股份有限公司	24	5 095	767	15.1	1 838	36.1
私营企业	44	2 693	379	14.1	643	23.9
其他内资企业	2	120	47	39.2	59	49.2
港、澳、台商投资企业	1	256	15	5.9	75	29.3
三资企业	1	1 557	94	6.0	533	34.2

表 8　2014—2016 年江西省软件产业基本情况

项目名称	单位	2014 年	2015 年	2016 年
软件业务收入	万元	761 692	864 093	903 091
软件业务出口收入	万美元	8 193	10 903	9 625
软件产品销售收入	万元	280 060	299 863	351 177
流动资产平均余额	万元	661 243	879 067	824 530
固定资产投资额	万元	13 641	12 589	10 210
资产总计	万元	1 165 271	1 389 364	1 858 484
负债总计	万元	520 829	602 206	927 031
利润总额	万元	110 656	139 203	121 552

续表

项目名称	单位	2014 年	2015 年	2016 年
应交所得税	万元	13 401	17 662	13 249
从业人员年末人数	人	18 033	17 816	25 615
从业人员工资总额	万元	90 432	129 053	174 802

表 9　2014—2016 年江西省软件产业三资企业基本情况

项目名称	单位	2014 年	2015 年	2016 年
软件业务收入	万元	63 957	79 409	82 714
软件业务出口收入	万美元	8 165	10 818	9 600
软件产品销售收入	万元	1 286	76 111	80 049
流动资产平均余额	万元	83 858	93 006	113 497
资产总计	万元	99 437	101 801	145 207
负债总计	万元	63 404	69 032	89 576
利润总额	万元	13 512	13 409	12 203
应交所得税	万元	1 898	1 800	16
从业人员年末人数	人	925	821	1 557
从业人员工资总额	万元	7 626	10 437	19 001

注：表 1 ~表 9 数据来源于江西省工业和信息化委员会。

[供稿：江西省工业和信息化委员会]

山 东 省

【概况】　2016 年，山东省信息技术产业（含制造业、软件业）统计内规模以上企业 5 831 家，实现主营业务收入 1.19 万亿元、利润 724.1 亿元，分别同比增长 8.6% 和 10.2%。

【信息技术制造业】　2016 年，山东省信息技术制造业实现主营业务收入 8 922.1 亿元，实现利润 627.9 亿元。重点企业专注云计算、大数据、装备领域，带动服务器产量增长迅速，全年产量 48.2 万台，同比增长 19.7%，有力支撑高端电子信息设备产业发展。受国际市场影响，以代工出口为主的产品市场需求低迷，其中，手机产量 6 082.5 万部，下降 9.7%。

实施《山东省信息技术转型升级实施方案》，坚持创新驱动、高端引领、应用导向、融合发展，突破重点领域核心关键技术，着力发展战略性新兴领域，统筹内外需市场，推动全行业呈现“规模稳步增长、质量效益持续提升、产业布局趋于优化、竞争实力不断增强”的发展格局。新兴产业发展快速，其中，虚拟现实产业产值增长 300% 以上。

构建北斗导航产业发展推进体系，共建国家北斗导航数据中心山东分中心，打造北斗应用示范区，首次列入装备发展部“十三五”项目支持规划。依托全省市场规模优势，推进跨境物流、授时服务、机械装备等领域北斗应用示范工程，加快位置服务领域国产替代化进程，构建全省“1+2+N”北斗产业推进体系。2016 年，北斗导航产业增长 50% 以上。

支持济宁市建设省信息技术产业基地，探索资源枯竭型城市转型升级的新路子。2016 年，山东省信息技术产业基地建设推进会在济宁市召开，着力推动传统资源型城市加速实现转型升级。建立由省经济和信息化委员会为总召集人的 16 个部门组成的山东省信息技术产业基地建设工作协调推进机制，定期调度各部门对济宁省信息技术产业基地的支持情况并向省政府报告，推进济宁市信息技术产业基地建设。济宁市信息技术产业保持高速增长态势，先后聚集惠普、甲骨文、中兴等国内外知名 IT 企业，成为山东省西部重要的信息技术产业基地。

海尔集团、海信集团有限公司、浪潮集团有限公司、歌尔声学股份有限公司、润峰电力有限公司、鲁鑫贵金属有限公司 6 家企业入选 2016 年全国电子百强。润恒光能有限公司顺利进入工业和信息化部光伏制造企业公告名单，初审检查的 17 家第一批锂离子电池行业规范登记企业，符合条件的 5 家企业已报工业和信息化部审核。全省 31 位企业家获得“2016 年全国电子信息行业优秀企业家”荣誉称号。

【软件和信息技术服务业】 2016 年，山东省软件和信息技术服务业统计规模内企业 3 965 家，从业人员 49.8 万人；实现软件业务收入 4 265 亿元，同比增长 16.3%；实现利润 267.3 亿元，利税 476.6 亿元；软件业务出口 18.98 亿美元，同比增长 16.6%。

聚集发展特点明显，济南市、青岛市共实现软件业务收入 3 891.18 亿元，增长 16.2%，占全省软件规模的 91.2%。软件服务占比继续提升，基于云计算、大数据等新业态的快速发展，实现信息技术服务收入 2 015.5 亿元，占全行业比重超过 45%，高于上年 1.1 个百分点；嵌入式系统软件收入增势较强，增长 22.1%，高于全行业 4.2 个百分点。产业综合实力稳步提升，海尔集团、浪潮集团有限公司、海信集团有限公司、中创软件工程股份有限公司、东方电子集团有限公司 5 家企业入围 2016 年度全国软件百强；浪潮集团、中创软件连续多年进入全国自主品牌软件十强，先后承担多个国家“核高基”科技重大专项；累计培育省级软件工程技术中心 106 家；浪潮 ERP 软件、中创中间件等一批软件产品市场占有率居全国前列。两化融合支撑有力，以东方电子生产监控管理系统、蓝光采矿设计与安全系统、华天三维 CAD（计算机辅助设计）等一批市场应用良好的软件产品和技术为代表，涌现出一批在国内具有较高知名度的优势企业及产品，带动传统产业的改造升级。

2016 年 5 月，山东省大数据产业创新联盟成立会议召开，由浪潮集团作为联盟理事长单位，180 余家会员单位涵盖大数据产业链条产、学、研、用各个方面。举办大数据产业发展高峰论坛。来自全省 200 余家大数据相关企业和省直单位、高校院所的代表 500 余人参加论坛，对大数据产业发展进行讨论交流。组织开展“2016 年山东省优秀大数据解决方案”评选活动，浪潮软件“警务云大数据平台解决方案”等 7 个方案入围。推动大数据产业聚集发展。济南市启动“数创公社”规划，计划在济南高新区建设大数据产业基地，培育打造立足济南、服务全国的大数据加工、应用及产品生产中心和数据创新服务基地。青岛市成立大数据与智慧城市应用研究中心，打造大数据产业高地。

发布《关于核查软件和集成电路企业所得税优惠有关问题的通知》，保障全省软件企业享受五年内企业所得税梯度减免的优惠政策，进一步明确部门职责分工和工作流程。经核查，全省 116 家软件企业符合税收优惠政策，共享受所得税优惠 2.02 亿元，支持全省软件骨干企业和小微企业创新发展。

推进济南、青岛、济宁等市产业载体建设。推动齐鲁软件园园区生态建设，形成“创业咖啡 + 创业苗圃 + 孵化器 + 加速器”的孵化体系，能够提供政策、法律、融资、技术平台和市场推广等全方位专业服务，2016 年 4 月成功获批国家级科技企业孵化器。济南齐鲁创新谷建设顺利，创新谷 1 号孵化器已经装修完毕，加速器 1

期工程封顶，一批省内外高科技企业将签约入驻。青岛市建设千万平米软件园，推进58个支撑项目建设，全年完成投资108.4亿元，累计竣工583万平方米，完成计划的106%，累计入驻企业500多家，产业集聚度达68%。

修订并印发《山东省软件产业园区认定管理办法》和《山东省软件工程技术中心认定管理办法》，对园区和技术中心进行规范，进一步优化软件产业的发展环境。以“蓬勃发展的山东软件产业”为主题，组织全省60多家软件企业及园区赴北京参展第20届国际软件博览会，分别搭建山东、济南、青岛3个展台，参展面积超过800平方米。推进化工企业和软件企业合作对接，助力化工产业转型升级，在济南组织召开“国产工业软件优秀解决方案展示暨山东化工行业软企合作对接会”，编印完成《山东省化工行业优秀软件产品和解决方案汇编》，共收录优秀软件产品或解决方案108个，向全省化工企业推介，推进化工企业与软件企业精准对接。

【信息基础设施】 2016年，山东省（固定）互联网宽带接入用户2 366.5万户，同比增长19.5%，移动互联网用户7 391.2万户，其中，手机上网用户6 701.6万户，占移动互联网用户的90.7%；全省电话总数10 564.9万户，包括固定电话用户970.4万户、移动电话用户9 594.5万户，其中，移动电话用户中，3G移动电话用户1 250.3万户，4G移动电话用户4 647.5万户，移动宽带用户（3G和4G移动电话）占比达61.5%。

2016年，全省建成4G基站超过10万个，实现乡镇以上地区网络深度覆盖，互联网普及率48.9%，5年来增长13.7个百分点。9月，省政府分别与中国电信、移动、联通、铁塔签署战略合作协议，根据协议，四大通信企业在“十三五”期间将分别在山东省投资300亿元、380亿元、240亿元、180亿元，用于全省通信基础设施建设，提升全省信息化水平。青岛、淄博、威海、临沂、东营、济宁、德州、烟台、枣庄9个城市上榜2016年度“宽带中国”示范城市。

三网融合工作取得进展。全省推进三网融合实施方案出台，发布《山东省人民政府办公厅关于印发山东省推进三网融合实施方案的通知》；推荐淄博、枣庄、东营、烟台等15个市为国家三网融合首批推广阶段双向进入业务的开展地区。

【电子政务与信息资源共享】 省级电子政务集约化发展体系不断完善。强化顶层设计，发布《山东省电子政务公共服务云平台顶层设计》和《山东省电子政务“十三五”发展规划》。加强标准体系建设，研究确定出23项标准的体系框架，包括全省电子政务建设、管理18项和政务信息资源共享5项。基础支撑体系建设取得阶段性成果，政务云服务、政府购买云服务、管理和安全保障体系建设全面启动。省级政务云平台建设和应用初具规模，已有39个省直部门的247个业务应用系统迁移和部署在省级电子政务云平台。

信息资源共享应用建设工作全面推进。政务信息资源共享基础设施不断完善，全省政务信息资源目录和共享目录体系建设正式启动，省级共享平台目录系统基本开发完成，截至2016年年底，目录系统中注册资源目录392个，已发布资源目录单位27家。政务信息资源共享标准体系不断完善，《山东省政务信息资源目录编制指南》《山东省政务信息资源标识符编码规则》《山东省政务信息资源核心元数据》3个地方标准正式发布。政务信息资源共享各项应用积极开展，法人基础信息资源的共享部门扩展到10个，省级政务服务平台生成的办件库在共享交换平台落地。证照库建设和应用试点工作全面启动，济南、青岛、潍坊、威海4个信息惠民试点城市开始启动证照库建设试点。

【“互联网+”】 2016年，山东省出台《山东省“互联网+”发展意见》和《山东省“互联网+”行动计划（2016—2018年）》，加快推动互联网与山东经济社会的深度融合和创新发展。6月，山东省举办中国制造业与互联网融合发展高峰论坛，推动“中国制造2025”和“‘互联网+’行动计划”深入贯彻落实，提升全省制造业与互联网融合发展水平。推广海尔、红领发展互联网工业经验，加快“山东工业云”平台建设，采取政府购买服务形式，免费向线上企业提供信息化集成服务，服务企业超过6 000家。发展智能制造项目，济南二机床等8个项目列入国家智能制造专项，歌尔声学等7个项目列入国家智能制造试点示范。开展智能制造省级试点示范培育，在纺织印染行业率先启动智能制造推广工程。2016年，山东信息化和工业化融合发展总指数得分为 93.00，超出全国平均水平得分 20.32，两化融合配套项目开工率达 90% 以上，全省规模以上智能制造装备企业 2 300 余家，主营业务收入超过 8 000 亿元。

【电子商务】 2016 年，山东省 86.2% 的规模以上工业企业利用电子商务开展网络销售和采购，电子商务交易额超过 1.5 万亿元，增长 16.2%。重点调度的 200 家电子商务平台、应用和服务企业网上交易规模不断扩大，电子商务与各行各业的融合不断深入，新业态、新模式不断涌现。

第三方电子商务平台快速发展。从调度的 70 家第三方电子商务平台来看，2016 年，交易总额达到 2 577.5 亿元，同比增长 25.4%。其中，45 个 B2B（企业与企业）平台完成电子商务交易额 2 409.6 亿元，同比增长 24.7%；25 个 B2C 和 C2C（网络零售）平台完成电子商务交易额 167.6 亿元，同比增长 35.9%。从全省电子商务平台重点企业来看，主要集中在石化、机械、农产品等行业。其中，淄博隆众信息技术有限公司的隆众石化平台、山东中煤工矿物资有限公司的矿山机械平台、山东休斯顿石油装备交易中心的石油装备平台分别实现交易额 364.8 亿元、235.1 亿元、225.4 亿元。

传统产业网络采购和销售持续增长。从调度的 70 家传统企业来看，2016 年，电子商务销售额 1 838.5 亿元，占总销售额的 37.5%，同比增长 19.1%；电子商务采购额 1 626.5 亿元，占总采购额的 40.7%，增长 16.9%。其中，57 家拥有自主建设的网络销售平台和采购平台，占调度企业总数的 81.4%。分行业看，消费品制造业网络销售占比提高较快，2016 年，调度的 26 家家电、服装、食品等重点消费品制造业企业，面向代理商的网络分销额 931.2 亿元，增长 20.7%；面向消费者的网络零售额 185.6 亿元，增长 25.8%。

电子商务服务新业态、新模式不断涌现。调度的 60 家企业主要集中在网络营销、互联网支付、数据处理、信息安全、呼叫中心、快递物流等领域，2016 年，电子商务服务销售额 102.8 亿元，增长 34.6%；电子商务服务收入 9.8 亿元，增长 38.1%；从业人员 1.8 万人，增长 28.5%。2016 年，好品山东平台上线企业达到 50 268 家，累计带动 14 577 家企业实现上网交易，带动企业市场交易额 717 亿元。联行支付第三方互联网支付平台实现支付额度 228.24 亿元，新增企业用户 140 家、个人用户 23 830 家，企业用户和个人用户分别累计达到 1 158 家、389 630 家。

【信息安全】 2016 年，山东省政府网站安全监测和防护不断加强，网站安全漏洞逐步减少，山东省网络与信息安全突发事件监测平台共监测省直部门、全省 17 市、县、区政府、市直部门网站共 1 123 个。2016 年，共发现存在高、中、低危漏洞的网站分别为 213 个、17 个、276 个，分别下降 18.7%、64.6%，增长 102.9%。

信息安全基础设施技术支撑能力不断增强。全省统一的网络信任体系、灾难备份平台、应急支援平台的建设应用已形成国内领先的基础设施技术支撑能力。2016 年，山东 CA 累计发放数字证书 179.4 万张，现有有效证书 16 万余张，涵盖电子政务、电子商务、医疗卫生、金融 4 个行业，新成立的山东云海安全认证服务有限公司已通过国家初审。省灾备中心已建成两个数据中心节点，可提供近 2PB 的存储备份空间，应用覆盖 21 家省级单位、8 个地市，以及“山东省电子政务综合服务平台”等 8 个省级公共平台。山东省数据恢复与清除技术中心共完成各类数据恢复业务 160 余单，成功挽救 10TB 有效数据。

工业控制系统安全管理工作在探索中持续推进。2016 年，加快推进工业控制系统信息安全实验室建设，挑选钢铁、焦化两个行业开展安全管理试点，探索工控安全管理模式和配套制度规范建设。从对全省 6 个地市 31 家工业企业和 8 家工控生产企业开展的工控生产和应用调查情况来看，在用数据采集与监控系统（SCADA）618 台套，国产化率 43%；在用分布式控制系统（DCS）841 台套，国产化率 74%；大部分企业安全防护和运维情况较好，工控系统联网比例 26%。

【信息消费】 2016 年，山东省信息消费重点产业实现主营业务收入 8 887.95 亿元，最终信息消费规模 6 665.96 亿元，同比增长 23.4%。

信息服务消费增速较快。2016 年，全省信息服务消费支出实现 5 237.50 亿元，同比增长 27.9%。其中，居民电信消费支出 1 888.44 亿元；居民广电网络消费支出 45.33 亿元，同比下降 0.97%；软件及其他信息服务消费支出 3 303.73 亿元，同比增长 17.9%。从供给方面看，电信业务总量实现 2 517.92 亿元，同比增长 51.5%，其中，移动、联通、电信、增值电信企业（主要是互联网企业）业务总量分别为 1 066.09 亿元、558.73 亿元、180.98 亿元、712.12 亿元，分别增长 61.0%、40.8%、44.1%、18.7%。

手机消费仍是信息产品消费的主力军。2016 年，全省信息产品消费支出 1 428.46 亿元，同比增长 9.2%。其中，手机、计算机、彩色电视机消费支出分别为 943.15 亿元、28.27 亿元、457.05 亿元，分别同比增长 9.8%、9.1%、8.1%。

【物联网】 2016 年，山东省物联网与制造业等传统产业的融合加快，进入加速跨界整合、集成创新的新阶段。2016 年，全省在物联网产业链上已聚集 8 000 多家从事研发、生产到应用、服务等企业，比上年增长约 26%，全省物联网及相关企业实现主营业务收入超过 2 500 亿元，同比增长 20% 以上。全省 288 家物联网重点调度企业相关产值突破千亿元大关，达到 1 427 亿元，同比增长 40.2%，其中，物联网产品及设备制造 678 亿元、软件产品开发 386 亿元、系统集成 202 亿元、网络及运营服务 161 亿元。重点调度企业核心物联网产品（服务）营业收入占物联网营业收入的 78%。重点调度企业实施的物联网重点项目技术研发占比 46%，技改投资占比 25%，应用示范占比 29%。

全省物联网企业在“互联网＋实体经济”结合发展模式基础上，不断创新商业模式。领先工业企业积极运用物联网实现转型。烟台持久钟表在国内首创“钟联网系统”，变产品销售为服务运营，在高铁、核电、机场等领域市场占有率 60% 以上；济南金钟衡器坚持“两化融合”发展战略，率先为中国粮食存储管理提供智能化解决方案。物联网企业加强技术与模式创新，实现快速增长。烟台智慧云谷自创组网技术“星云协议”，在性能上比国际通用的 ZigBee 协议更具优势；普奥智能立足“工业物联网”研发，打造的工业无线网关、产业物联云等平台级产品已在火电运行、水处理、纺织、空调等多行业实现远程运维。全省物联网企业日益受资本市场青睐。顶联信息产业股份公司等物联网特色企业相继在 2016 年登陆新三板挂牌交易，近年来物联网企业在新三板市场的比重增幅明显，已有近 20 家以物联网为主导业务的单位挂牌上市；山东赛维安讯信息科技有限公司获山东高速股份战略注资 4 700 万元，共同打造全省车联网产业。山东联通、山东移动、山东电信、山东铁塔等运营商也开始大规模介入物联网，M2M 通信连接数增速超过 35%。

物联网新技术快速发展。5G、NB-IoT（窄带物联网）、云计算、大数据等新技术快速发展。2016 年 6 月，基于蜂窝的窄带物联网标准获得国际组织 3GPP 通过，标准化工作完成，将进入规模商用阶段。相比传统的 IoT 技术，NB-IoT 技术具有大容量、广覆盖、低功耗、低成本、高稳定性五大优势。2016 年，大唐移动通信设备有限公司联合山东省物联网协会发起成立山东省 NB-IoT 联盟的倡议，得到各网络运营商、设备供应商、集成商，以及物联网企业的踊跃响应。8 月，山东省物联网协会标准在全国团体标准信息平台成功登记备案，社会团体代号：SDIOT。山东省物联网协会初步征集 24 项社团标准草案，其中由山东乐通达物联网科技有限公司等牵头的农业物联网系列团体标准已通过专家组审定，将进一步有效规范和促进山东省农业物联网行业的应用。

重点项目示范效应明显。2016 年，物联网技术已在全省城市管理、智能交通、远程医疗、智能家居开始规模化应用，在绿色农业、工业监控、公共安全、环境检测等领域也已经起步。全省物联网重点调度企业产品技术以自主研发居多，RFID 射频技术等物联网产品和服务趋于成熟，在交通、医疗、餐饮、养殖、消防等领域进行多项示范应用，提升重点示范区域智能管理和民生智能化水平。

【统计数据】

表 1　2016 年山东省电子信息制造业人员构成情况

企业类别	企业数（家）	年末从业人员总数（人）	其中：研发人员（人）
国有企业	9	13 814	1 753
集体企业	4	65 586	9 126
股份合作企业	59	9 335	374
有限责任公司	144	124 969	20 628
股份有限公司	57	66 578	3 575
私营企业	326	59 144	2 870
其他内资企业	10	1 744	76
港、澳、台商投资企业	25	20 036	396
三资企业	184	158 930	880

表 2　2014—2016 年山东省电子信息制造业基本情况

项目名称	单位	2014 年	2015 年	2016 年
工业总产值（现行价）	万元	75 487 985	73 980 573	88 260 235
工业销售产值	万元	74 298 394	73 980 573	82 609 110
出口交货值	万元	780 292	9 834 219	11 005 648
资产总计	万元	55 775 725	57 346 146	70 693 201
负债合计	万元	36 299 645	35 867 841	46 002 847
主营业务收入	万元	80 329 672	79 990 860	89 221 108
税金总额	万元	606 759	2 386 815	1 501 524
利润总额	万元	5 188 834	5 409 490	6 279 368
应交所得税	万元	374 189	620 049	7 407 786

表 3　2014—2016 年山东省电子信息制造业三资企业基本情况

项目名称	单位	2014 年	2015 年	2016 年
工业总产值（现行价）	万元	20 586 250	21 483 310	31 898 679
工业销售产值	万元	20 045 901	21 483 310	31 637 251
出口交货值	万元	3 098 490	2 318 535	2 228 345
资产总计	万元	6 722 788	6 142 570	10 180 270

续表

项目名称	单位	2014 年	2015 年	2016 年
负债合计	万元	3 380 216	2 930 033	6 291 999
主营业务收入	万元	19 864 534	21 536 334	31 748 242
税金总额	万元	145 635	1 095 199	87 790
利润总额	万元	1 046 389	1 133 502	1 584 977
应交所得税	万元	80 416	74 449	82 988
从业人员年末人数	人	147 407	109 580	158 930
从业人员工资总额	万元	767 292	708 138	919 043

表 4　2014—2016 年山东省电子信息制造业主要经济效益指标完成情况

项目名称	单位	2014 年	2015 年	2016 年
产品销售率	%	98.4	100.0	93.6
总资产贡献率	%	10.6	14.0	11.3
资产保值增值率	%	115.2	120.0	110.6
资产负债率	%	65.1	62.6	65.1

表 5　2014—2016 年山东省电子信息制造业三资企业主要经济效益指标完成情况

项目名称	单位	2014 年	2015 年	2016 年
产品销售率	%	97.4	100.0	99.2
总资产贡献率	%	18.2	37.2	17.1
资产保值增值率	%	111.8	112.0	135.6
资产负债率	%	50.3	47.7	61.8

表 6　2014—2016 年山东省主要电子信息产品产销量情况

产品名称	单位	产量			销量		
		2014 年	2015 年	2016 年	2014 年	2015 年	2016 年
液晶电视	万台	1 646	1 766.9	2 111.7	1 646	1 766.9	2 111.7
电子元件	亿只	162.3	169.8	168.7	162	169.8	168.7
打印机	万台	558.8	410	331.6	616.7	410	331.6
手机	万部	6 590.8	6 732.6	6 082.5	6 552.5	6 732.6	6 082.5

表 7　2014—2016 年山东省三资企业主要电子信息产品产销量情况

产品名称	单位	产量			销量		
		2014 年	2015 年	2016 年	2014 年	2015 年	2016 年
电子元件	亿只	75.2	52.1	54.8	75.2	52.1	54.9
打印机	万台	488.1	410	130.8	487.2	410	131.2

表 8　2016 年山东省软件产业人员构成情况

企业类别	企业数（家）	年末从业人员总数（人）	人员构成			
			管理人员（人）	在总人数中所占比例（%）	软件开发研究人员（人）	在总人数中所占比例（%）
内资企业	3 856	483 154	49 966	10.3	121 656	25.2
港、澳、台商投资企业	19	3 145	312	6.3	841	26.7
三资企业	90	11 757	1 297	11.0	4 120	35.0

表 9　2014—2016 年山东省软件产业基本情况

项目名称	单位	2014 年	2015 年	2016 年
软件业务收入	万元	31 002 969	37 503 294	42 654 551
软件业务出口收入	万美元	122 206	123 536	189 766
软件产品销售收入	万元	12 668 116	14 389 301	15 700 555
流动资产平均余额	万元	37 794 685	20 535 648	22 135 464
固定资产投资额	万元	996 589	679 972	815 072
资产合计	万元	86 101 710	59 602 628	39 269 904
负债合计	万元	54 964 321	40 915 229	25 195 423
税金总额	万元	325 029	316 474	209 300
利润总额	万元	1 579 622	2 397 833	2 673 000
应交所得税	万元	819 783	733 080	905 783
从业人员年末人数	人	571 177	467 983	498 056
从业人员工资总额	万元	3 686 469	2 962 185	3 171 308

表 10　2014—2016 年山东省软件产业三资企业基本情况

项目名称	单位	2014 年	2015 年	2016 年
软件业务收入	万元	1 393 887	1 656 920	1 822 389
软件业务出口收入	万美元	44 369	45 014	17 364
软件产品销售收入	万元	270 329	435 697	46 198
流动资产平均余额	万元	2 704 932	207 896	649 993
固定资产投资额	万元	42 241	60 221	49 869
资产合计	万元	2 058 208	2 259 608	1 064 048
负债合计	万元	1 345 785	1 577 897	648 618
税金总额	万元	36 308	39 687	12 315
利润总额	万元	208 378	235 782	173 255
应交所得税	万元	14 405	20 561	125 191
从业人员年末人数	人	22 333	28 996	15 353
从业人员工资总额	万元	220 162	306 591	284 082

表 11　2014—2016 年山东省软件产业主要经济指标完成情况

项目名称	单位	2014 年	2015 年	2016 年
流动资产周转率	次	1.9	1.9	1.9
总资产贡献率	%	8	8	12.3
资产保值增值率	%	127	131	139
资产负债率	%	60	61	55.8

表 12　2014—2016 年山东省软件产业三资企业主要经济效益指标完成情况

项目名称	单位	2014 年	2015 年	2016 年
流动资产周转率	次	2.9	3	2.2
总资产贡献率	%	7	8	9
资产保值增值率	%	117	118	110
资产负债率	%	60	62	63

注：表 1 ~表 12 数据来源于山东省经济和信息化委员会。

[供稿：山东省经济和信息化委员会]

河 南 省

【概况】 2016 年，河南省电子信息制造业保持较快增长，产业结构持续优化，成为全球重要的智能手机生产基地。电子信息制造业实现主营业务收入 4 564.5 亿元，同比增长 7.3%；利润总额 181.7 亿元，同比增长 0.9%。重点监测产品手机产量 2.6 亿部，同比增长 30.3%。软件和信息技术服务业保持平稳增长，实现软件业务收入 296 亿元，同比增长 6.5%。其中，软件产品收入 112 亿元，同比增长 44.7%，占软件业务收入总额的 37.7%；信息技术服务收入 183 亿元，同比增长 7.3%，占软件业务收入总额的 61.9%；嵌入式系统软件收入 1.14 亿元，同比下降幅度较大，占软件业务收入总额的 0.4%。全行业从业人员 37 003 人，同比下降 4.1%。

【电子信息制造业】 2016 年，河南省编制《河南省"十三五"战略新兴产业发展规划》提出大力发展智能终端、智能硬件、电子核心基础部件和信息安全产品等产业，力争在新兴显示等领域取得重要突破；《河南省推进制造业供给侧结构性改革专项行动方案（2016—2018 年）》提出将壮大电子信息制造业，作为建设先进制造业强省的主导产业。

根据河南省统计局数据显示，2016 年规模以上工业增加值同比增长 15.4%，高于全省规模以上工业增速 7.4 个百分点。河南省电子信息制造业进入加快转型、增强核心竞争力、提升发展质量和效益、由规模扩张向价值提升转变的关键时期。

在富士康智能手机产能逐步释放，以及中兴、天语等智能手机项目陆续入驻郑州航空港区的综合拉动作用下，河南省手机产业规模保持高速增长。2016 年，全省手机产量 2.6 亿部，同比增长 30.3%；智能手机产量 1.7 亿部，同比增长 8.6%。"十二五"以来，在智能终端产业的带动下，河南省电子信息制造业规模保持快速增长。2016 年，全省电子信息制造业主营业务收入是 2010 年的 9 倍左右。

河南省呈现地区间优势互补的良性互动产业格局。郑州航空港区对全省智能终端产业的引领拉动作用突出，争取富士康在河南省进行全产业链布局，同时成功引进酷派、中兴、天宇、信太等多家智能终端企业落户。2016 年，新签约国威手机生产基地、乐腾手机生产基地、商贸通智能终端供应链平台、天珑智能手机生产基地、奇酷"360"手机结算中心等重点项目，智能终端产业集聚效应逐步凸显。洛阳、新乡、南阳、信阳等市加强智能终端配套能力建设，零组件本地化供给能力不断提升。河南省智能手机产业链逐步完善，全球重要的智能终端生产基地已经形成。

河南省电子信息龙头企业自主创新能力不断增强。洛阳高新四丰电子材料有限公司建成国内首条全世代平板显示用高纯钼靶材生产线，掌握高品质钼靶材的生产技术，打破国外长期垄断局面，实现平板显示关键基础材料的本土化生产。

围绕智能终端产业构建的全球物流体系以及支撑服务体系基本形成。郑州航空港区国际化综合交通枢纽体系和国际物流中心建设加快推进。郑州机场已开通航线 221 条，其中全货运航线 34 条，基本形成横跨欧美亚三大经济区，覆盖全球主要经济体的枢纽航线网络。UPS、联邦快递等全球性综合物流商陆续进驻。出口退税资金池、智能终端检测公共服务平台、国家通讯设备检测实验室、供应链金融、手机产业园等支撑平台投用。与智能终端出口加工、全球采购配送相配套的支撑服务体系逐步完善，已具备综合性竞争优势。

【软件和信息技术服务业】 2016 年，河南省软件和信息技术服务业上市企业 38 家，软件业务收入过亿元的企业 19 家。通过信息技术服务标准（ITSS）运维能力成熟度标准评估的企业 13 家，参与信息系统工程咨询设计标准试点的企业 10 家。

在应用软件领域，为工业、交通、电力、教育、医疗及社会管理等领域提供应用软件及整体解决方案。新天科技股份有限公司等企业在电力行业、辉煌科技股份有限公司等企业在轨道交通领域、威科姆科技股份有限公司在教育行业、天迈科技股份有限公司等企业在地理信息系统、华南医电科技有限公司等企业在医疗行业都具有较强竞争优势。蓝信科技的"动车组列控检测设备"、思维列控的"LKJ 系列列车运行监控记录装置系统"、辉煌科技的"无线调车机车信号和监控系统"、捷安高科的"网络数字化机车模拟驾驶仿真系统"等在全国市场都占有较高份额；新开普的校园一卡通系统、威科姆的中小学教育"班班通"整体解决方案在同行业中均处于领先地位。在信息安全领域，依托解放军信息工程大学等科研院所，涌现出信大捷安信息技术股份有限公司等一批从事信息安全的软件企业。

全省软件和信息技术服务业园区主要分布在郑州、洛阳两市，共20余家。郑州市有IT产业园、中部软件园、国家863中部软件孵化器、河南省大学科技园等8个园区，形成以软件开发、计算机系统、系统集成、服务外包、动漫游戏为重点的产业基地。洛阳市有洛阳国家大学科技园、洛阳北航科技园、洛阳软件园、洛阳信息科技城、洛阳恒生科技园等15个园区。

【信息基础设施】 2016年，河南省推进"宽带中原"战略，优化全省光纤宽带和4G网络覆盖，大幅提高城乡家庭用户宽带接入能力。全省光缆线路长度173.9万千米，互联网省际出口带宽11 104Gbps，移动互联网用户6 378.3万户，互联网宽带接入用户1 767.2万户、20Mbps以上宽带接入用户占比97.4%，实现全省行政村100%通光纤。4G网络实现城区、县城、乡镇区域和高速、高铁的连续覆盖，行政村、3A以上景区有效覆盖。扩容郑州互联网骨干直联点网间互联带宽，开通郑州互联网国际通信专用通道，提升区域信息化对外开放合作水平，郑州国家级互联网骨干直联点实际开通网间互联网带宽达到350Gbps，居7个新增直联点之首。

【电子政务】 2016年，河南省统一的电子政务网络初步形成，省电子政务网络累计接入300多家单位，承载公安、财政、人社等部门的各类纵向业务系统68个，承载国家部委纵向业务应用系统17个。启动建设省政务服务平台，截至2016年年底，省政务公共云、政务专有云、政务大数据平台、网上政务服务平台和省政务服务大厅五大平台基本建成运行，功能正在逐步完善，省辖市政务服务平台也在加快建设并逐步接入。

【两化融合】 2016年，河南省两化融合发展指数为71.87，比上年提高3.62。围绕制造业重点行业，深化信息技术在传统工业企业的应用，全省规模以上工业企业的企业资源计划、制造执行、产品生命周期管理、供应链管理等重点信息系统分别达到49%、31%、28%、28%，生产装备数控化率达到46%。通过试点示范带动，智能制造、服务型制造、个性化定制、网络协同制造等新型制造模式和制造业"双创"快速发展，中信重工机械股份有限公司、宇通客车股份有限公司等一批创新能力强的企业在融合发展方面发挥引领作用。

【信息安全】 2016年，河南省加强网络与信息安全管控。充分利用河南省网络与信息安全管控平台对18个省辖市、10个省直管县（市）政府和54个省直单位共110个网站进行监测扫描，根据平台监测结果，对发现安全事件和漏洞的单位进行及时通报，限期整改复查。

督促整改2015年国家安全平台通报的漏洞。根据中央网信办要求，对国家网络安全检查信息共享平台2015年通报河南省的网络安全漏洞进行限期整改，及时处理平顶山市某区门户网站安全事件。

开展网络安全宣传周活动。以"网络安全为人民，网络安全靠人民"为主题举办2016年河南省网络安全宣传周活动。组织省内外知名信息安全企业举办网络安全"新产品、新技术"展示，并分批组织省直各部门网络安全相关人员、高校学生共计600余人进行参观。

开展全省关键信息基础设施网络安全检查。根据中央网信办统一部署，推动全省关键信息基础设施网络安全检查工作。

【电子商务】 2016年，河南省电子商务产业规模不断壮大，实现电子商务交易额10 033亿元，增长30%。河南锐之旗信息技术有限公司、河南中钢网电子商务有限公司、郑州悉知信息技术有限公司3家企业入选2016年中国互联网企业百强，拥有中华粮网、世界工厂网、中钢网、鲜易网、"豫货通天下"互联网渠道交易所等知名电子商务平台。电子商务集聚发展水平不断提高，郑东新区国家级电子商务示范基地、河南省电子商务产业园、中部国际电子商务产业园、河南网商园等园区规模进一步壮大，吸引甲骨文、阿里巴巴、百度、腾讯等国内外知名电子商务企业入驻。

【物联网】 2016 年，河南省物联网相关企业和单位 300 多家，其中年产值过亿企业超过 30 家，涌现出中国电子科技集团公司第 27 研究所、汉威电子股份有限公司等一批居于行业领先地位的骨干企业。物联网产业研发体系初步建立，实现 RFID、传感器、嵌入式软件及传输等关键产品研发和技术创新。物联网产业依托在气体传感、轨道监控、电力（网）传感、气象、农业传感器等领域技术优势，形成应用门类较为齐全的产品线和量产能力，构成从传感器研发制造到行业应用比较完整的产业链。

【云计算和大数据】 2016 年，河南省云计算和大数据产业发展步伐不断加快，中国联通中原数据基地、中国移动（郑州）数据中心、洛阳景安互联网数据中心、郑州大学超算中心等一批重点项目启动实施，对云计算和大数据产业支撑能力进一步增强。云计算、大数据技术在工业制造、农业农村、社会服务、智慧城市、电子政务等领域应用进一步深化，工业云平台体系建设初见成效，面向区域、行业、企业服务成效显著，形成河南省工业云创新服务平台、中资国际矿产品大数据平台、中原农村信息港、中原云平台等具有行业竞争力的服务平台。

【社会领域信息化】 2016 年，河南省社会领域信息化应用逐步深入。教育系统“三通两平台”建设成效明显，全省 78% 的中小学校接入宽带网络，使用网络学习空间的师生人数达到 300 万人。社会保障“一卡通”发卡量突破 6 400 万张，在全国率先实现新农合全省跨区即时结报。开展数字化医院评建工作，全省城乡居民规范化电子健康档案建档率达 88% 以上。先后建成交通运输云平台、数据中心、全省高速公路网感知系统等，保障 50 多个信息系统和近 10 亿条数据的安全运行与交换使用。农业数据中心、“三农”信息服务平台以及 12316“三农”热线省级综合服务平台初步建成，涉农综合信息服务能力明显增强。国家和省级智慧城市试点建设稳步推进，城市管理和服务智慧化应用逐步普及。

【主要问题】 河南省电子信息制造业产业基础薄弱，总体规模偏小，缺乏具有较强竞争力、带领产业发展的龙头企业；创新能力不强，企业研发投入普遍不足，缺少领先水平的关键技术，产品更新换代慢，难以应对电子产品快速升级冲击；发展不平衡，对个别地区、企业的依存度过高，产业发展存在一定风险；政策、资金扶持力度不够，缺少资金、融资渠道窄、技术与人才引进困难阻碍企业快速发展。

软件和信息技术服务业缺少龙头企业，尤其缺乏量大面广、能充分带动产业链发展的航母型企业，还没有企业入围软件百强企业和国家规划布局内的重点软件企业；园区实力较弱，产业规模小，定位不清晰，特色不突出，没有形成在全国有影响力的园区和品牌；人才吸引力较低，高端、高级人才吸引困难，每年培养的软件专业类大学生（1.5 万人）仅有 10% 留在本地发展；政策保障少，在资金投入、企业培育、公共服务等方面还未形成政策体系，省内出台的产业扶持政策力度不够。

两化融合信息基础设施有待进一步完善，由于人口基数大、人均水平和服务质量等原因，移动电话普及率、4G 移动电话用户渗透率等仍低于全国平均水平；产业总体规模偏小，电子商务方面缺少具有全国影响力的电子商务服务平台，软件业方面以应用产品为主、企业大多呈现“小而散”产业分布状态，物联网、云计算等新一代信息技术产业方面缺少拥有系统集成能力和整体解决技术方案的行业龙头企业；产业发展不平衡，网络经济主要集中在郑州、洛阳等地区，个别地区则几乎是空白；制造业与互联网融合总体水平不高，企业互联网“双创”平台的应用普及率偏低，工业云平台的内容质量和规模有待提高，尤其是缺乏行业级的典型应用；社会领域信息化顶层设计有待加强，信息资源集聚和共享程度较低，网络安全保障体系不健全，网络安全防御能力偏弱。

【统计数据】

表 1　2014—2016 年河南省电子信息制造业基本情况

项目名称	单位	2014 年	2015 年	2016 年
主营业务收入	万元	33 361 700	42 458 188	45 645 000
利润总额	万元	1 446 172	1 805 663	1 817 000

注：数据来源于工业和信息化部。

表 2　2014—2016 年河南省主要电子信息产品产量情况

产品名称	单位	产量		
		2014 年	2015 年	2016 年
移动通信手持机	万部	12 065.2	19 841.8	25 919.5

注：数据来源于河南省统计局。

表 3　2016 年河南省软件产业人员构成情况

企业类别	企业数（家）	年末从业人员总数（人）	人员构成			
			管理人员（人）	在总人数中所占比例（%）	软件开发研究人员（人）	在总人数中所占比例（%）
内资企业	178	37 003	5 097	13.8	9 553	25.8

表 4　2014—2016 年河南省软件产业基本情况

项目名称	单位	2014 年	2015 年	2016 年
软件业务收入	万元	2 339 218	2 785 437	2 963 543
软件业务出口收入	万美元	288	513	860
软件产品销售收入	万元	796 163	771 780	1 117 252
流动资产平均余额	万元	2 543 772	2 818 803	4 440 958
固定资产投资额	万元	73 921	86 620	41 100
资产合计	万元	2 954 648	4 730 665	6 743 547
负债合计	万元	1 071 783	2 262 732	3 839 850
税金总额	万元	28 300	19 810	19 845
利润总额	万元	398 255	321 069	383 052
应交所得税	万元	54 135	48 061	50 677
从业人员年末人数	人	35 212	38 602	37 003
从业人员工资总额	万元	226 394	304 591	301 771

注：表 3 ~表 4 数据来源于河南省软件服务业协会。

[撰稿：白平　耿萌　李洋　赵广磊　审稿：朱鸣　齐付安]

湖 北 省

【概况】 2016年，湖北省电子信息产业实现主营业务收入4 734亿元，同比增长10.6%。其中，电子信息制造业实现主营业务收入3 403亿元，同比增长4.2%；软件业务收入1 331亿元，增长31.1%。全年主营业务收入超亿元的企业有492家，比上年增加29家；全省三资企业102家，比上年增加7家，共实现产值411.6亿元，同比增长5.5%；产业从业人数66.7万人，增长2.1%。

【电子信息制造业】 2016年，湖北省969家规模以上电子信息制造业企业实现主营业务收入3 403亿元，同比增长4.2%，占湖北省规模以上工业销售产值的6.9%，比上年下降0.5个百分点。全年实现利税304.8亿元，增长4.6%。其中，实现利润总额174.1亿元，同比增长0.2%。全行业工业总产值超100亿元企业5家，与上年持平；超50亿元企业5家，与上年持平；超10亿元企业56家，比上年增加7家；超亿元企业435家，比上年增长20.5%。全行业从业人员39.5万人，比上年增长15.8%。

2016年，湖北省电子信息制造业区域发展基本协调。武汉市电子信息制造业实现主营业务收入2 549亿元，占全省电子信息制造业主营业务收入的74.9%，比上年提高8.2个百分点。其他市（州）加速发展，有9个市州电子信息制造业主营业务收入增速超过两位数，其中荆门市、宜昌市增速均超过20%。宜昌市、襄阳市、荆州市、孝感市电子信息制造业主营业务收入分别达到293亿元、282亿元、183亿元和131亿元。

典型企业 2016年，湖北省电子信息制造业上市（含挂牌）公司45家，比上年净增5家，实现主营业务收入594.5亿元，占全行业主营业务收入的17.5%，比上年提高5.6个百分点。其中，长飞光纤光缆股份有限公司52.5亿元，同比下降22.1%；华工科技产业股份有限公司75.1亿元，同比增长184.5%；湖北凯乐集团69.2亿元，同比增长21.6%；武汉长江通信产业集团股份有限公司6.9亿元，同比下降21.6%；烽火通信科技股份有限公司170.9亿元，同比增长28.9%；武汉光迅科技股份有限责任公司34.2亿元，同比增长155.2%；湖北新华光信息材料股份有限公司7.3亿元，同比增长28.1%；武汉凡谷电子技术股份有限公司14.9亿元，同比下降13.4%；荆门市格林美新材料有限公司40亿元，同比增长20.8%；武汉高德红外股份有限公司10.2亿元，同比增长175.7%；湖北台基半导体股份有限公司2.4亿元，同比增长26.3%；湖北鼎龙化学股份有限公司3.1亿元，同比增长6.9%。武汉中元华电科技股份有限公司5.0亿元，同比增长177.8%；湖北骆驼蓄电池股份有限公司78.9亿元，同比下降8.6%；武汉华中数控股份有限公司5.1亿元，同比增长88.9%；武汉力源信息技术股份有限公司7.0亿元，同比增长268.4%；武汉金运激光股份有限公司3.3亿元，同比增长135.7%；华灿光电股份有限公司5.6亿元，同比下降42.9%；武汉微创光电股份有限公司1.1亿元，同比增长10%；武汉理工光科技术股份有限公司1.8亿元，同比增长80%。

2016年，被纳入全省电子信息制造业重点监测的20家企业实现主营业务收入1 595.2亿元，占全行业主营业务收入的46.8%，比上年提高4.4个百分点。其中，摩托罗拉（武汉）移动技术通信有限公司394.8亿元，同比增长16.8%；武汉邮电科学研究院280.6亿元，同比增长16.5%；冠捷显示科技（武汉）有限公司179.2亿元，同比增长19.1%；鸿富锦精密工业（武汉）有限公司173.2亿元，同比增长3.6%；华工科技产业股份有限公司75.1亿元，同比增长184.5%；湖北凯乐集团69.2亿元，同比增长21.6%；海思光电子有限公司62.9亿元，同比增长15.4%；长飞光纤光缆股份有限公司52.5亿元，同比下降22.1%；武汉天马微电子有限公司43.6亿元，同比下降33.2%；宜昌劲森照明电子有限公司43.4亿元，同比增长10.2%；宜都东阳光化成箔有限公司 41.0 亿元，同比增长 14.5%；武汉恒发科技有限公司 34.2 亿元，同比增长 41.9%；随州波导电子有限公司 27.5 亿元，同比增长 55.4%；武汉恒生光电产业有限公司（原武汉恒生誉天实业有限公司）22.1 亿元，同比增长 22.1%；名幸电子（武汉）有限公司 21.9 亿元，同比增长 24.4%；武汉中原电子集团有限公司 19.2 亿元，同比增长 53.6%；宜昌南玻硅材料有限公司 18.5 亿元，同比增长 72.9%；武汉凡谷电子技术股份有限公司 14.9 亿元，同比下降 13.4%；武汉新芯集成电路制造有限公司 12.9 元，同比增长 34.4%；武汉日新科技股份有限公司 8.5 亿元，同比下降 44.1%。

【软件业】 2016 年，湖北省实现软件业务收入 1 331 亿元，同比增长 31.1%。纳入统计范围的 2 547 家软件企业中，软件业务收入在 1 000 万元以上的企业 1 594 家，5 000 万元到 1 亿元的企业 265 家，1 亿元以上的企业 199 家，5 亿元以上的企业 34 家。

湖北省通过国家信息技术服务标准（ITSS）运维服务能力成熟度符合性评估的企业 38 家，其中，二级 15 家，三级 22 家，四级 1 家；通过计算机信息系统集成资质认证企业 290 家，其中，一级 4 家，二级 40 家，三级 199 家，四级 47 家。行业从业人员 36.9 万人。

典型企业　湖北省软件业上市（含挂牌）公司 40 家，比上年增加 11 家。其中，精伦电子股份有限公司完成主营业务收入 4.9 亿元，同比增长 88.5%；武汉天喻信息产业股份有限公司 15.7 亿元，同比增长 6.1%；武汉光谷信息技术股份有限公司 1.9 亿元，同比增长 26.7%；武汉时代地智科技股份有限公司 0.1 亿元，同比下降 11.0%；武汉地大信息工程股份有限公司 0.4 亿元，同比增长 49.7%；武汉众联信息技术股份有限公司 0.1 亿元，同比下降 18.3%；武汉易维科技股份有限公司 0.8 亿元，同比增长 79.5%；武汉颂大教育科技股份有限公司 3.2 亿元，同比增长 48.2%；武汉蓝星科技股份有限公司 0.9 亿元，同比增长 160.4%；武汉康普常青软件技术股份有限公司 0.3 亿元，同比增长 16.7%；武汉天喻软件股份有限公司 0.2 万元，同比下降 16.6%。

2016 年，湖北省规模领先的主要软件企业完成主营业务收入情况：烽火通信科技股份有限公司 76.2 亿元，同比增长 35%；软通动力技术服务有限公司 45.4 亿元，同比增长 66%；武汉烽火信息集成技术有限公司 14.9 亿元，同比增长 31%；武汉佰钧成技术有限责任公司 11.7 亿元，同比增长 64%；武汉百捷集团股份有限公司 6.2 亿元，同比增长 20%。出现一些发展形势较好、收入大幅增长的软件企业：武汉光迅科技股份有限公司 34.2 亿元，同比增长 155%；武汉斗鱼网络科技有限公司 9.7 亿元，同比增长 938%；湖北航天信息技术有限公司 4.8 亿元，同比增长 225%；杭州海康威视数字技术股份有限公司武汉分公司 4.1 亿元，同比增长 189%；瑞达信息安全产业股份有限公司 2.2 亿元，同比增长 102%；武汉绿色网络信息服务有限责任公司 1.4 亿元，同比增长 118%；武汉迈异信息科技有限公司 1.2 亿元，同比增长 199%。

【信息基础设施】 2016 年，湖北省获得国家农村宽带建设补贴资金两批共计 3.43 亿元，新建或升级行政村宽带网络，共惠及全省 12 个市（州）。截至 2016 年 12 月，全省互联网宽带接入用户 1 120 万户（不含广电、宽带接入试点企业 200 万户），其中光纤到户用户 659 万户，占比为 58.8%。全省移动电话用户 4 666 万户，4G 用户 2 595 万户。新增 4G 基站 1.8 万个，4G 基站达到 8.7 万个，移动网络实现城市农村地区全覆盖，4G 网络实现县乡镇以上地区深度覆盖，4G 信号已覆盖 100% 行政村，农村行政村固定宽带达到 100%，完成省政府下达的农村行政村宽带建设目标。

全年三网融合“幸福新农村”项目覆盖 9 000 多个行政村，上线用户 60 万户，较上年净增 30 万户。宜昌市将电子村务、电子学务、电子服务、电子商务集成到“幸福新农村”项目平台，通过“三屏”互动、“四务”服务，让惠民政策进千村入万户。

【科技进步与应用】 2016 年，湖北省规模以上企业研发投入 97.9 亿元，占主营业务收入的 2.9%，比上年提高 0.6 个百分点。全年完成技改设施项目投资 4.1 亿元。

全年全行业获得信息技术专利数 5 496 个。武汉矽感科技有限公司、长飞光纤光缆股份有限公司、武汉瑞达信息安全产业股份有限公司分别获得第 18 届中国专利金奖 1 个、优秀奖 2 个；武汉虹信通信技术有限责任公司、烽火网络有限责任公司、武汉高德红外股份有限公司、湖北骆驼集团股份有限公司、武汉精伦电子股份有限公司等企业的专利项目共获得第九届湖北省专利金奖 3 个、专利优秀奖 8 个、外观设计优秀奖 2 个。湖北汉光科技股份有限公司、武大吉奥信息技术有限公司分别获得国家科技进步一等奖和二等奖。武汉华灿光电有限公司、湖北仙桃市中星电子材料有限公司、武汉华中数控股份有限公司、武汉邮电科学研究院、长飞光纤光缆股份有限公司、湖北骆驼集团股份有限公司等企业的科研项目共获得湖北省技术发明一等奖 1 个、三等奖 1 个，科技进步一等奖 2 个、二等奖 4 个、三等奖 11 个；4 家企业获得科技型中小企业创新奖。

【电子产品进出口贸易】 2016 年，湖北省 8 家电子信息企业名列全省出口前 20 名，比上年增加 1 家，累计出口 78.2 亿美元，同比增长 62.6%，占全省外贸出口总额的 30%，比上年增长 9.7 个百分点。其中，联想移动通信贸易（武汉）有限公司、摩托罗拉（武汉）移动技术通信有限公司、武汉新芯集成电路制造有限公司、武汉烽火国际技术有限责任公司、随州波导科技有限公司、名幸电子（武汉）有限公司分别增长 72.2%、96.9%、67.2%、9.5%、17.0%、8.7%；鸿富锦精密工业（武汉）有限公司累计出口 16.8 亿美元，同比下降 13.2%。

全省出口千万美元以上的电子信息企业 36 家，比上年增加 8 家。其中，联想移动通信（武汉）有限公司、摩托罗拉（武汉）移动技术运营中心有限公司、鸿富锦精密工业（武汉）有限公司、武汉新芯集成电路制造有限公司、武汉烽火国际技术有限责任公司、冠捷显示科技（武汉）有限公司、随州波导科技有限公司、名幸电子（武汉）有限公司全年累计出口创汇均名列全省出口企业的前 12 位。

【电子政务】 2016 年，湖北省基本建成上联国家政务外网、横联 104 个省直部门、下联 17 个市州及市县政务外网的省电子政务外网及应用支撑平台。国家电子政务外网管理中心统计显示，湖北省地市级和区县级连通率均达到 100%，各地政务外网逐步向平台化转变，覆盖部门范围较上年有较大增加。湖北省政务外网承载 15 个国家部委办和省应急指挥、电子监察等多个重要业务应用；集成省直部门 75 个应用系统数十类政务信息以及人口、法人等基础信息数据库；接纳 16 家省直单位的部分网络设备和 23 个应用系统的托管服务，审计、信访、安监、文化、林业等部门依托省政务外网资源初步建立部门网络业务。

楚天云公司和省信息中心签署双方合作协议，楚天云数据中心至省电子政务中心机房的网络通道和数据通道全部打通，已开始进行数据交换，保障应用系统顺利运行。推进省直部门应用系统迁移接入和数据共享整合，50 个部门 200 个应用系统完成迁移接入，推进省人口、法人单位、空间地理和宏观经济 4 个基础数据库建设，其中人口、法人单位相关数据已部分入库。

建设党政决策支持、人大政协提案管理、党员干部教育、社会综合管理、政法信息化、大企业直通车网络服务等领域应用系统。依托省政务门户实现 521 项功能应用，在省政府互联网门户实现 209 项功能应用，为公众提供计划生育、人口和户籍管理、教育、卫生、就业、社保等方面服务，为企事业单位提供机构设立、网上纳税、年检年审、质量检查、国土和矿产管理等方面服务。

省级建设省政务外网门户、省政府互联网门户和 45 个省政府部门网站，地方开通 17 个市州政府、93 个县（市区）政府门户网站，基本形成从省政府及其部门到市州、县（市区）政府及其部门的政府门户网站群。省政务门户建设成为全国电子政务外网门户首创。

【两化融合】 2016 年，湖北省不断完善两化融合管理体系，做好人才培训、标准建设、试点示范、贯标活动等工作。全年分别在黄石、荆州、孝感举办全省两化融合管理体系高级研修班，累计培训 700 人次。开展两化融合评估诊断和对标引导工作，累计完成近 1 000 家企业的参评任务。组织开展湖北省 2016 年两化融合试点示范企业的申报和评选工作，全年省级试点示范企业达到 645 家，较上年增加 123 家。开展两化融合管理体系贯标试点企业推荐工作，累计获得国家贯标试点的企业达到 70 家，其中新增国家贯标试点企业 32 家。通过国家贯标认证的企业累计达到 13 家。

【产业热点】 2016 年，湖北省电子信息产业固定资产投资进一步加大，主要包括：总投资 1 600 亿元的武汉国家存储器基地项目已施工建设；武汉华星光电技术有限公司的第六代 OLED/LTPS 项目总投资 160 亿元，2016 年 2 月点亮，年底实现量产；天马二期六代（LTPS）TFT-LCD 项目总投资 120 亿元，2016 年年底主体厂房完成封顶；奇宏光电凤凰山产业园项目总投资 33 亿元，一期已基本完工，部分已投产；武汉邮科院通信产品及解决方案扩产项目50亿元；摩托罗拉移动通信终端扩产项目50亿元；东阳光新型冶金法多晶硅扩产项目25亿元；长飞科技园及预制棒扩产项目20亿元；华工科技激光、光电器件及软件服务扩产项目10亿元；软件新城规划总投资200亿元、工程总面积230万平方米，截至2016年年底完成投资55亿元、竣工面积72万平方米。

全年智慧家庭产业实现主营业务收入983.3亿元，同比增长10.0%。智慧家庭产业链已从单纯的设备制造向设备制造、系统集成、业务和内容提供、服务及运营等多个领域延伸。智慧家庭基地现有国家级企业技术中心2个，省级7个；国家级工程研究及工程技术研究中心（实验室）7个，省级3个。

全年实现电子商务交易额1.4万亿元，同比增长26.4%。乡村淘宝业务发展大幅超出预期，截至2016年年底，村淘点由年初的400个发展到近2 000个，持续提升乡村的网货代购、农产品代销和乡村青年创业就业水平；在咸宁、荆州、黄冈等8个地级市和通山、嘉鱼、洪湖、英山等25个区县设立运营服务中心。村日均交易单量在14单左右，每月平均80万单左右，每月服务村民近20万人次。

湖北省电子行业职业技能鉴定工作全年鉴定人数1 757人，其中电子行业特有工种鉴定1 714人，省人力资源和社会保障厅通用工种鉴定43人。湖北省家电维修行业管理中心及时对湖北家电在线信息平台进行全面升级改造，提高网站的可操作性和运行性能。全年信息平台注册管理机构49家，服务网点2 617家，直接接收消费者报修6 305条。信息平台已在全省32个市、县运行，逐渐成为解决农村家电维修难的常态化方法和手段。

【产业环境】 2016年，湖北省先后出台《湖北省大数据发展行动计划（2016—2020年）》（鄂政发〔2016〕49号）、《省人民政府关于加快推进楚天云建设的意见》（鄂政发〔2016〕44号）、《省人民政府关于加快发展新经济的若干意见》（鄂政发〔2016〕67号）、《省人民政府办公厅关于加快促进云计算创新发展培育信息产业新业态的实施意见》（鄂政办发〔2016〕67号）、《省人民政府办公厅关于推进工业稳增长调结构提升发展能力的实施意见》（鄂政办发〔2016〕95号）。

【统计数据】

表1　2016年湖北省电子信息制造业人员构成情况

企业类别	企业数（家）	年末从业人员总数（人）	其中：研发人员（人）
内资企业	878	285 795	37 519
国有企业	36	32 517	6 106
集体企业	4	455	67
股份合作企业	8	3 045	161
联营企业	16	8 944	499
有限责任公司	470	157 863	21 070
股份有限公司	172	45 538	5 238
私营企业	99	19 949	959
其他内资企业	73	17 484	3 419
港、澳、台商投资企业	25	65 864	4 420
三资企业	66	43 565	4 006

表 2 2014—2016 年湖北省电子信息制造业基本情况

项目名称	单位	2014 年	2015 年	2016 年
工业总产值（现行价）	万元	34 498 986	34 521 136	39 067 682
工业销售产值	万元	32 983 686	34 521 136	38 352 059
出口交货值	万元	5 267 248	5 247 120	6 017 912
流动资产平均余额	万元	21 520 464	32 537 525	40 121 417
固定资产净值平均余额	万元	6 843 992	5 756 391	7 427 624
资产总计	万元	35 384 208	45 607 107	56 295 526
负债合计	万元	30 496 449	24 908 623	28 205 267
主营业务收入	万元	29 820 562	32 656 146	34 034 925
税金总额	万元	1 048 001	1 174 883	1 305 636
利润总额	万元	1 312 973	1 738 724	1 741 185
应交所得税	万元	385 530	385 071	409 774
从业人员年末人数	人	343 816	340 750	395 224
从业人员工资总额	万元	1 974 429	1 937 352	2 758 573

表 3 2014—2016 年湖北省电子信息制造业三资企业基本情况

项目名称	单位	2014 年	2015 年	2016 年
工业总产值（现行价）	万元	2 782 459	3 583 136	4 032 124
工业销售产值	万元	2 629 615	3 583 136	3 900 715
出口交货值	万元	315 905	280 664	265 021
流动资产平均余额	万元	1 783 054	2 402 807	2 065 544
固定资产净值平均余额	万元	812 806	747 836	573 834
资产总计	万元	2 904 638	3 486 554	3 486 473
负债合计	万元	1 349 597	1 801 599	1 371 820
主营业务收入	万元	2 721 081	3 663 144	3 964 462
税金总额	万元	95 545	120 230	129 801
利润总额	万元	205 350	300 756	217 511
应交所得税	万元	83 125	102 161	88 420
从业人员年末人数	人	33 659	35 753	43 565
从业人员工资总额	万元	174 512	186 851	366 491

表 4　2014—2016 年湖北省主要电子信息产品产销量情况

产品名称	单位	产量			销量		
		2014 年	2015 年	2016 年	2014 年	2015 年	2016 年
手机	部	54 953 320	54 971 306	63 107 857	54 682 189	54 805 931	63 106 532
台式微型计算机	台	1 206 868	1 613 651	2 068 634	1 248 055	1 613 651	2 068 634
显示器	台	7 472 121	12 956 959	13 481 886	7 295 022	12 875 981	13 295 815
平板显示器	台	602 200	9 236 545	13 175 235	602 090	9 238 867	13 019 945
集成电路	万片	492	2 345	1 327	492	2 345	1 307
光纤	千米	40 951 500	53 515 711	82 340 900	38 138 469	55 173 747	82 893 604
光缆	芯千米	75 746 220	42 547 317	71 106 246	72 003 416	40 803 015	74 184 587

表 5　2016 年湖北省软件产业人员构成情况

企业类别	企业数（家）	年末从业人员总数（人）	人员构成			
			管理人员（人）	在总人数中所占比例（%）	软件开发研究人员（人）	在总人数中所占比例（%）
内资企业	2 488	359 545	29 491	8.2	89 970	25
国有企业	75	50 607	4 838	9.6	10 805	21.4
集体企业	12	3 272	391	11.9	762	23.3
股份合作企业	13	54 507	433	0.8	1 388	2.5
联营企业	9	4 002	64	1.6	281	7.0
有限责任公司	1 638	168 194	15 814	9.4	51 448	30.6
股份有限公司	274	46 100	4 172	9.0	14 736	32.0
私营企业	405	27 759	3 149	11.3	8 486	30.6
其他内资企业	62	5 104	630	12.3	2 064	40.4
港、澳、台商投资企业	14	1 007	121	12.0	274	27.2
三资企业	45	8 492	778	9.2	3 081	36.3

表 6　2014—2016 年湖北省软件产业基本情况

项目名称	单位	2014 年	2015 年	2016 年
软件业务收入	万元	8 511 963	10 152 365	13 305 111
软件业务出口收入	万美元	10 807	13 281	19 555

续表

项目名称	单位	2014 年	2015 年	2016 年
软件产品销售收入	万元	4 348 201	5 331 530	6 937 091
流动资产平均余额	万元	11 416 730	18 479 067	23 088 278
固定资产投资额	万元	744 473	1 110 736	1 441 329
资产合计	万元	19 006 079	30 232 721	38 607 765
负债合计	万元	9 740 777	15 517 153	19 991 661
税金总额	万元	400 008	568 017	717 000
利润总额	万元	864 120	1 264 173	1 648 998
应交所得税	万元	103 840	174 301	236 541
从业人员年末人数	人	361 704	377 464	369 044
从业人员工资总额	万元	2 277 999	2 584 583	3 596 485

表 7　2014—2016 年湖北省软件产业三资企业基本情况

项目名称	单位	2014 年	2015 年	2016 年
软件业务收入	万元	327 314	325 381	423 624
软件业务出口收入	万美元	947	992	2 274
软件产品销售收入	万元	191 016	233 915	298 819
流动资产平均余额	万元	375 502	542 043	782 132
固定资产投资额	万元	32 818	44 475	97 064
资产合计	万元	627 346	885 074	1 262 209
负债合计	万元	283 491	375 571	520 134
税金总额	万元	15 184	17 182	23 000
利润总额	万元	27 737	108 398	139 466
应交所得税	万元	2 092	14 441	19 916
从业人员年末人数	人	15 030	8 690	8 492
从业人员工资总额	万元	95 613	61 041	81 553

注：表 1 ~ 表 7 数据来源于湖北省经济和信息化委员会。

[供稿：湖北省经济和信息化委员会]

湖 南 省

【概况】 2016年，湖南省电子信息产业实现主营业务收入3 368.7亿元，其中，电子信息制造业、软件和信息技术服务业、移动互联网产业分别实现主营收入2 432.2亿元、345.5亿元、591亿元，分别增长10.8%、15.6%、80.2%。

【电子信息制造业】 根据工业和信息化部数据，2016年，湖南省电子信息制造业实现主营收入2 432.2亿元，同比增长10.8%。根据省统计局数据，全省全行业增加值同比增长11.9%，增速高出省内工业平均水平5个百分点，行业增速全年整体呈稳中有升的态势。

占全省电子信息制造业增加值规模近80%的长株潭郴4个市均实现增长，其中，长沙市同比增长18.2%。蓝思科技股份有限公司、中车时代电气股份有限公司两家企业入围2016年全国电子信息百强企业，分列第46位、第62位。蓝思科技、富士康等企业引领省内工业企业出口，电子信息制造业企业在省内出口额排名前10位的工业企业中占据4席。重点地区和龙头企业的快速增长，确保全省电子信息制造业的稳定增长。

全年全行业实现利润总额108.5亿元，同比增长18.7%。全行业主营业务利润提升至4.46%，较上年年底提升0.33个百分点，高于全省规模工业主营业务收入利润率0.15个百分点，企业盈利能力明显提升。

全省电子信息制造业固定资产投资增速达14.7%，高于全省制造业平均增速7.8个百分点。总投资10亿元的长城电脑株洲基地电源产品投产，自主可控计算机整机产品下线；蓝思科技三期暨总部基地项目完成投资59亿元，年底实现投产；投资55亿元的欧智通智能终端产业园完成投资32亿元，部分厂房开始设备安装；总投资40亿元的中兴通讯长沙研发生产基地完成投资6亿元，部分厂房实现封顶；一期计划产业投资55亿元的中电信息安全与军民融合产业基地项目正式开工。

省级电子信息产业园平台能力进一步增强，区域协同发展格局初步形成。长株潭及郴州市电子信息产业工业增加值合计占全省总数的75%。浏阳经开区成为湖南省首个电子信息类国家级新型工业化示范基地。长沙高新区、浏阳经开区、衡阳白沙工业园、郴州白鹭电子信息产业园等跨入电子信息百亿园区行列。长株潭地区形成智能终端及配套、移动互联网、自主可控计算机、太阳能光伏、北斗导航、集成电路等产业集聚区；郴州市、永州市成为承接珠三角电子信息产业转移的重要基地，以电子元器（配）件、半导体照明等产业为主；益阳市打造印制电路板产业集群；娄底市形成电子陶瓷的主要生产基地。

【软件和信息技术服务业】 2016年，湖南省软件企业实现营业收入593.1亿元，同比增长13.6%，其中，软件业务收入396亿元，同比增长13.5%。根据省工商局企业登记数据，全省2016年登记注册软件和互联网企业新增9 815家，是上年新增数量的1.5倍。中车时代电气股份有限公司在2016年度全国软件百强中排第9位，比上年前进3位，是中西部地区唯一进入前10强的企业。全年移动互联网业务收入591亿元，比上年增长80.2%，2013—2016年年均增长101.1%。快乐阳光互动娱乐传媒有限公司、竞网智赢网络技术有限公司、大汉电子商务有限公司3家企业入围2016中国互联网百强。全年新引进移动互联网企业1 400家，注册资本总额85亿元，胜利者同盟、卡友支付、亿科思奇、北京优股、映客直播、华为（永州）云计算数据中心等30余个移动互联网重大合作项目落地湖南。

通过近三年的产业载体建设，全省形成1个产业集聚区、16个产业园，“集聚区+专业园区+创客中心”的产业格局已经形成，为促进产业集聚、完善产业生态搭建平台。长沙市高新区加快移动互联网产业集聚区建设，已建成中电软件园、长沙广告产业园、长海创业基地、芯城科技园等一批移动互联网园区，其中，中电软件园获得国家级科技企业孵化器等3项国家级资质，成为国内知名的移动互联网专业园区。园区集聚 3 200 家移动互联网企业，长沙市成为全国移动互联网产业“第五城”。株洲、湘潭、岳阳、常德、郴州、衡阳、娄底等市依托当地特色产业园区建设移动互联网功能性产业园。

支持制造企业建设互联网“双创”平台，涌现出三一众智新城、远大 P8 创新社区等成功案例，铁建重工、轻工盐业集团等一些企业也在谋划之中。鼓励互联网企业构建双创服务体系，亚马逊、谷歌、腾讯、阿里、百度、58 信息等国内外著名企业在长沙设立创客孵化基地。百度创新中心落户长沙，云智数三位一体的百度云计算技术将助力长沙中小企业成长。竞网智赢正在推进百度双创中心建设。长沙市成型的众创空间已达 30 多家。打造移动互联网品牌“柳枝行动”投融资平台，共收到 1 620 个创业团队报名，288 个团队获得柳枝行动扶持资格，入孵团队总人数达 3 210 人，吸引北上广回长创业人才近 1 000 人。长株潭等中心城市以外的娄底等市州县一级的“移动互联网 + 新兴产业”开始萌芽，电商创业等新业态与县域经济特色产业对接紧密，发展迅速。小微企业和网络就业创业的蓬勃发展成为新常态下经济发展的新动力。

【科技进步与应用】 2016 年，中国电科装备子集团与埃及科研技术院共同建设的“中埃可再生能源国家联合实验室”揭牌。实验室以装备子集团 48 所光伏制造装备工艺技术为依托，重点突破高效低成本电池 / 组件制备自动化技术、大型光伏电站效能优化及并网技术，为埃及建设太阳能光伏工程体系，培养可再生能源领域科研技术人员，缓解能源短缺问题。同时，也为中国太阳能光伏产能及工程技术走出国门提供良好的平台和条件。

依托中国电科装备子集团 48 所组建的国家光伏装备工程技术研究中心通过科技部专家组的验收。作为光伏装备领域唯一的国家级工程技术研究中心，以面向行业需求、引导行业发展为宗旨，围绕中国光伏行业发展中关键性、基础性和普遍性的装备技术，进行系统化、工程化、产业化研究开发。中心建立以来，取得一系列科技成果，研发装备 10 余项，申报纵向科研项目及承接设备研制任务 37 项；申请专利 156 件，其中发明专利 81 件，授权专利 107 件；在国内外期刊发表学术论文 47 篇；牵头并联合业内优势企业编制并向全球发布 SEMI 标准 4 项；技术与产业化成果获省部级以上奖励 8 项；科研成果转化 285 项，实现销售收入 10 亿元以上。

湖南华诺星空电子技术有限公司与中国工程院院士、欧亚科学院院士李德毅签署设立院士工作站合作协议，聘请李德毅入驻华诺星空院士工作站，双方将结合车载传感器和驾驶脑、智能车技术，共同聚焦智能车和轮式机器人的产业化。此次合作将进一步提升中国汽车自动驾驶产业链的竞争力。

中车株洲电力机车研究所有限公司自主研发的 8 英寸绝缘双极性晶体管（IGBT）产品成功中标印度机车市场，将用于印度电力货运重载机车改造升级项目，这是该产品首次出口海外。8 英寸 IGBT 是中车时代电气 IGBT 家族中相当成熟的一款主打产品，从芯片到模块，再到组件，均由中车株洲所旗下的中车时代电气完成全部的研制和生产。随着“一带一路”“高铁出海”等国家倡议的推进，中国铁路及其高端装备行业走出国门的步伐将加快。

蓝思科技股份有限公司自 2013 年以来连续 4 年获得中国民营企业 500 强称号，并且排名呈快速上升趋势，从 2013 年排名第 309 位上升到 2016 年排名第 94 位。蓝思科技 2015 年研发投入 11.4 亿元，占利润的 76%；2016 年上半年研发投入达到创纪录的 6.8 亿元，数倍于当期净利润。2016 年上半年，公司新获得专利授权 53 件，其中发明专利 8 件；新申请专利 244 件，其中发明专利 50 件。同时，蓝思科技通过“国家千人计划”等从国内外引进高端科技人才，在蓝宝石、陶瓷等新材料开发及配套工艺设计、3D 曲面玻璃生产工艺、生产自动化等领域取得丰硕成果。

长征二号运载火箭携神舟十一号载人飞船在酒泉发射中心点火发射成功。湘潭市特种线缆有限公司研制生产的神猴牌超高温点火电缆、轻型特控电缆及电缆组件，在火箭的发射、变轨过程中起到传输电力、控制信号和数据的作用，作为系统的“中枢神经”见证神舟十一号载人发射任务的圆满成功。

湖南长城计算机系统有限公司自主可控计算机整机下线暨中国电子与株洲市政府“智慧株洲”建设合作启动大会在株洲召开。该项目于 2015 年 11 月 27 日奠基开工，3 年内，湖南长城将形成年产 50 万台整机、年销售收入 20 亿元的规模，最终达到年产 200 万台、年销售收入 70 亿元的目标。

【两化融合与信息消费】 根据《2015年中国信息化发展水平评估报告》显示，湖南省信息化发展指数68.17，同比增长7.83，略高于全国增长数7.69。

推进实施制造业"+互联网"专项行动。在装备制造、钢铁产业、有色金属、石油化工、烟花陶瓷、医药食品、纺织服装7个行业开展制造业与互联网融合创新的示范试点工程，征集和筛选20个"+互联网"重点项目，并将抓好20个"+互联网"重点项目建设列入2016年度省政府绩效评估个性指标，进行重点调度和跟踪服务。开展两化融合管理体系贯标工作。全省共有39家企业列入工业和信息化部两化融合贯标试点，通过开展贯标动员、集中培训等一系列工作，南车株洲电力机车有限公司等4家企业通过贯标认定，益阳橡胶塑料机械集团有限公司等6家企业进入评定申请阶段。

推进两化深度融合项目建设。在有色、化工、医药、食品、冶金、机械、新材料、纺织、轻工等传统行业，以制造业与互联网融合项目为重点，省信息化专项安排资金3 000多万元，共扶持100多个重点项目建设，推动制造业与互联网融合发展。全年省移动互联网专项资金支持华菱、中联、三一、时代电气、远大、梦洁等20个重点项目和46个一般项目，支持金额共5 800万元，有效促进省内制造企业向服务型制造转变。

推进信息消费和智慧城市建设。组织推进株洲市、衡阳市、郴州市和常德市武陵区信息消费试点城市建设，进展顺利，开展总结评估工作。株洲市入选全国首批信息消费示范城市，株洲县域农产品电商发展平台项目获批国家信息消费创新应用示范项目。

【主要问题】 湖南省市场需求仍然不足，市场需求疲软仍然是当前企业面临的首要问题。受此影响显著，蓝思科技上半年利润出现明显下滑，下半年大逆转，第三季度创单季度最大增长，利润回升。

运营成本仍然偏高。企业运营成本压力愈加明显，物流、用工、融资及税费成本仍不断上升，企业普遍反映承担五险一金负担偏重。

用工问题仍然突出。一是"普工荒"现象严重，多数企业反映招工难，特别是招熟练工难，员工流动性大。二是高层次、复合型、领军型人才缺乏，人才的引进、留住成为困扰企业发展的一道难题。

优惠政策的宣贯困难。一是"双软认定"取消后，税收优惠政策从事前审批变事后监管，原先已经认定的软件企业不适应相关工作流程，加上对相关政策了解不到位，存在不能再享受税收优惠的误区。二是现行政策采取"先退税后核查"的方式，企业不能通过核查，不仅要退还相关优惠税额，还会面临相应处罚，增加核查工作的压力和难度。

【统计数据】

表1　2016年湖南省电子信息制造业人员构成情况

企业类别	企业数（家）	年末从业人员总数（人）	其中：研发人员（人）
内资企业	306	129 253	8 471
国有企业	4	14 836	3 200
股份合作企业	1	91	
有限责任公司	78	23 744	1 398
股份有限公司	30	45 454	1 644
私营企业	193	45 128	2 229
港、澳、台商投资企业	10	14 048	227
三资企业	14	20 321	410

表 2　2014—2016 年湖南省电子信息制造业基本情况

项目名称	单位	2014 年	2015 年	2016 年
工业总产值（现行价）	万元	17 490 470	15 244 192	16 847 780
工业销售产值	万元	16 704 414	15 243 847	15 705 892
出口交货值	万元	3 385 742	1 682 883	638 713
流动资产平均余额	万元	5 006 368	5 185 973	4 672 297
固定资产净值平均余额	万元	1 936 122	1 828 553	1 766 518
资产总计	万元	8 521 972	18 844 920	8 877 944
负债合计	万元	3 585 378	11 436 182	4 132 293
主营业务收入	万元	16 192 507	14 994 237	15 783 045
税金总额	万元	711 166	659 059	563 437
利润总额	万元	985 348	920 407	797 791
应交所得税	万元	92 928	105 525	53 183
从业人员年末人数	人	159 271	151 249	149 574
从业人员工资总额	万元	586 156	786 474	793 458

表 3　2014—2016 年湖南省电子信息制造业主要经济效益指标完成情况

项目名称	单位	2014 年	2015 年	2016 年
全员劳动生产率	元 / 人	188 850	129 453	149 324
流动资产周转率	次	3.2	2.9	3.4
产品销售率	%	95.5	100.0	93.2
总资产贡献率	%	19.9	8.4	15.3
资产保值增值率	%	120.3	177.0	127.0
资产负债率	%	42.1	60.7	46.6

表 4　2014—2016 年湖南省主要电子信息产品产销量情况

产品名称	单位	产量			销量		
		2014 年	2015 年	2016 年	2014 年	2015 年	2016 年
机顶盒	万台	249.1	395.9	572.8	241.8	357.3	521
打印机	部	47 421	38 860	24 459	44 906	41 235	24 494
电子元件	万只	4 566 657	6 099 210	8 184 565	4 557 985	6 091 506	8197 669
手机摄像头	万只	876	1 022	1 036	798	1 022	1 036

续表

产品名称	单位	产量			销量		
		2014 年	2015 年	2016 年	2014 年	2015 年	2016 年
卫星接收天线	万部	15.2	15.1	14.8	15.1	15	15.6
集成电路	万块	9 780	36 784	39 952	9 608	36 784	39 952
笔记本电脑	台	156 855	211 562	311 285	156 855	212 749	311 285

表 5　2016 年湖南省软件产业人员构成情况

企业类别	企业数（家）	年末从业人员总数（人）	人员构成			
			管理人员（人）	在总人数中所占比例（%）	软件开发研究人员（人）	在总人数中所占比例（%）
内资企业	501	74 433	10 930	14.7	30 733	41.3
国有企业	12	3 419	982	28.7	1 352	39.5
集体企业	3	1 565	220	14.1	382	24.4
股份合作企业	1	591	45	7.6	165	27.9
国有独资公司	4	1 213	110	9.1	321	26.5
有限责任公司	246	27 265	4 937	18.1	11 245	41.2
股份有限公司	74	17 590	1 947	11.1	7 354	41.8
私营企业	161	22 790	2 689	11.8	9 914	43.5
港、澳、台商投资企业	4	62	10	16.1	36	58.1
三资企业	6	89	15	16.9	53	59.6

表 6　2014—2016 年湖南省软件产业基本情况

项目名称	单位	2014 年	2015 年	2016 年
软件业务收入	万元	3 017 375	3 492 194	396 010 735
软件业务出口收入	万美元	4 093	5 634	60
软件产品销售收入	万元	1 866 787	2 036 254	1 140 827
流动资产平均余额	万元	9 448 151	9 782 416	9 714 251
固定资产投资额	万元	197 968	254 621	261 241
资产合计	万元	9 507 072	9 906 048	8 547 012
负债合计	万元	4 127 662	4 211 672	4 132 145
税金总额	万元	244 531	281 521	296 121

续表

项目名称	单位	2014 年	2015 年	2016 年
利润总额	万元	620 213	640 602	495 518
应交所得税	万元	88 619	97 111	93 726
从业人员年末人数	人	65 390	73 428	74 584
从业人员工资总额	万元	487 738	511 220	472 557

表 7　2014—2016 年湖南省软件产业三资企业基本情况

项目名称	单位	2014 年	2015 年	2016 年
软件业务收入	万元	20 811	21 736	12 437
软件业务出口收入	万美元	154	894	1 312
软件产品销售收入	万元	8 696	10 735	26 326
流动资产平均余额	万元	17 606	18 456	19 546
固定资产投资额	万元	777	945	2 451
资产合计	万元	10 714	13 425	11 620
负债合计	万元	6 230	7 350	5 890
税金总额	万元	1 011	1 745	8 890
利润总额	万元	3 509	4 510	3 807
应交所得税	万元	557	675	456
从业人员年末人数	人	959	959	959
从业人员工资总额	万元	13 256	14 256	15 122

表 8　2014—2016 年湖南省软件产业主要经济效益指标完成情况

项目名称	单位	2014 年	2015 年	2016 年
全员劳动生产率	万元 / 人	15.1	13.9	14.4
流动资产周转率	次	52.1	48.2	50.1
产品销售率	%	100	100	100
总资产贡献率	%	11.2	10.5	11.3
资产保值增值率	%	131.2	126.8	125.3
资产负债率	%	43.4	44.1	48.3

表 9　2014—2016 年湖南省软件产业三资企业主要经济效益指标完成情况

项目名称	单位	2014 年	2015 年	2016 年
全员劳动生产率	万元 / 人	18.2	19.3	14.0
流动资产周转率	次	36.6	35.5	63.6
产品销售率	%	100	100	100
总资产贡献率	%	8.9	7.9	7.2
资产保值增值率	%	110.3	112.3	110.3
资产负债率	%	58.2	54.6	50.7

注：表 1 ~表 9 数据来源于湖南省经济和信息化委员会。

［撰稿：易永彤　审稿：彭涛］

广　东　省

【电子信息制造业】　2016 年，广东省规模以上电子信息制造业增加值占全省工业增加值的 23.9%，位居全省各大行业之首，成为支撑全省平稳发展的主导力量。

2016 年 1—12 月，全省规模以上计算机、通信和其他电子设备制造业累计实现销售产值 33 231.5 亿元，增长 9.1%；工业增加值增速高于全省规模以上工业增速 4.7 个百分点；完成主营业务收入 35 494.9 亿元；实现利润总额 1 749.0 亿元，增长 4.1%；资产总值 25 659.8 亿元，增长 17.4%；产成品存货累计为 1 259.2 亿元，下降 3.3%。

全省规模以上计算机、通信和其他电子设备制造业出口交货值增速明显回暖，且高于全国增速。2016 年 1—12 月，累计实现出口交货值 16 625.1 亿元，增长 0.9%，增速高于上年同期水平。

重大项目　乐金显示 8.5 代液晶面板项目二期工厂建设于 2014 年 11 月正式启动，2016 年 5 月投产，投产后产能达 12 万片 / 月。LGD 公司一直将广州市作为其在韩国以外最大和最重要的平板显示产业基地，2016 年再增加投资 10 亿美元，增资扩产后产能最终达 18 万片 / 月。

富士康 10.5 代显示器全生态产业园区项目（简称 8K 项目）一期工程计划用地面积约 1.5 平方千米，总投资约 610 亿元，计划于 2019 年 6 月完工，预计投产后年产值约 920 亿元、年均税收约 40 亿元。一期设计产能为生产第 10.5 代显示屏 9 万片 / 月（尺寸 2 940mm × 3 370mm，厚度 0.4 ～ 0.7mm），包括建设康宁玻璃、显示器、智能 TV、电子白板生产工厂等，并从事高端显示技术产品的研发。二期工程计划用地面积约 1.5 平方千米，相关技术指标、产品与一期类似。

信利 4.5 代 AMOLED 生产线建设项目总投资 63 亿元，占地 21 万平方米。2016 年 7 月，成功点亮首个 5.7 寸全高清 AMOLED 样品后，经过 4 个多月的产线磨合和工艺优化，已经攻克重重难关，并于 2016 年 11 月 25 日正式开始量产。AMOLED 生产线已正式起跑，目前全线投入流程整合、工艺优化，以及产品缺陷改良等工作，预计在 2017 年年中达到 55% 的良率，在 2017 年年底达到 70% 以上的良率。

华星光电第 11 代液晶面板生产线项目（G11 项目）投资总额 465 亿元，设计月产能 90K，自 2016 年 7 月启动以来，已完成用地选址、工厂设计、环境评审等工作，并于 2016 年 11 月 30 日正式打桩开工，预计 G11 项目将于 2017 年年底完成主体厂房封顶，2018 年搬入设备并于当年年底前点亮产品，2019 年 1 季度开始量产。

投资 106 亿元的中芯国际深圳 12 英寸生产线于 2016 年年底启动建设，这是华南地区第一条 12 英寸集成电路生产线。预计 2017 年年底投产，2020 年年底达到设计产能 4 万片 / 月。

思科公司宣布其中国创新中心总部落户广州番禺，这是中国首个以智能制造云产业为核心、年产值规模超千亿元、全球领先的智慧城项目。

中兴通讯股份有限公司在河源设立生产基地，用于 4G 项目、智能终端项目、政企网项目等产品的研发与生产，项目全部竣工后，可实现年工业总产值 1 000 亿元以上，带动关联产业产值 2 000 亿元。

细分领域　通信领域向高端化发展。全省程控交换机产量 1 103.1 万线，下降 11.5%；数字程控交换机产量 534.3 万线，下降 10.0%；实现手机产量 9.7 亿台，增长 9.4 %。在骨干企业方面，2016 年，华为技术有限公司实现销售收入 5 200 亿元，增长 32%，海外创收约 3 120 亿元，其中实现智能手机出货量 1.39 亿台，增长 29%，成为国内首家年发货量过亿的智能手机厂商；中兴通讯股份有限公司收购土耳其 Netas 公司 48% 股权，进入全球最大规模 4.5G 市场，以此为基础强化中东乃至“一路一带”地区的布局；TCL 通讯科技控股有限公司手机及其他产品累计销量达 6 876.6 万台，其中智能终端累计销量达 3 898.4 万台，同时，与 BlackBerry（黑莓）宣布达成长期的授权许可协议，将负责设计、制造和销售 BlackBerry 品牌移动设备并提供客服支持；珠海魅族科技有限公司全年手机销量 2 200 万台，比上年增长 10%，并与高通公司达成专利许可协议，双方长达半年的多国诉讼和舆论对峙结束。

计算机领域持续萎缩。全省电子计算机整机产量 4 911.1 万台，下降 10.3%；微型计算机设备产量 3 344.9 万台，下降 9.4%；笔记本电脑产量 728.3 万台，增长 2.0%。在骨干企业方面，2016 年，中国电子信息产业集团有限公司将下属长城信息、中原电子、圣非凡 3 家公司注入到长城电脑公司中，新长城电脑公司在网络安全和信息化领域的实力与发展潜力将得到新的跃升，其全资子公司湖南长城公司将达到年产 50 万台自主可控计算机整机的能力，预计产值达 20 亿元；富士康母公司鸿海公司主要受苹果产品出货量下滑和在整合夏普的过程中受到夏普业绩的拖累，实现营业收入约 1 363.8 亿美元，下降 2.8%；深圳联想公司因销售渠道改善和产品更新，实现营业收入 294.6 亿元，增长 0.4%，计算机（含笔记本电脑）产量 747.6 万台，增长 6.0%，出口交货值 259.1 亿元，增长 10.7%。

视听产品领域高端竞争激烈。广东省各大电视厂商纷纷加码技术创新领域，超薄、大屏、OLED、曲面、激光电视纷纷涌现，但随着面板供应商调整生产线，导致面板供求略偏紧，令面板价格报复性反弹 40%，彩电生产成本快速上涨，加上互联网彩电企业持续低价竞争，造成彩电价格持续走低。1—12 月，广东省累计实现彩色电视机产量 8 116.9 万台，增长 17.4%；液晶电视机产量 7 620.2 万台，增长 17.0%；数字激光音、视盘机产量 15 119.5 万台，下降 5.6%；组合音响产量 7 860.7 万台，下降 7.7%；半导体存储播放器（含 MP3、MP4）产量 531.9 万个，下降 13.4%。在骨干企业方面，2016 年，TCL 集团电视机全球出货量突破 2 000 万台，TCL 多媒体在北美市场出货量接近 200 万台，较上年增长一倍；创维集团液晶电视产量 1 582 万台，销量 1 536 万台，其中 4K 电视销量 845 万台，占比约 55%；康佳集团通过合理的业务布局，实现营业收入 198.1 亿元，增长 8.0%，利润总额 2 542.0 万元，增长 101.6%，电视机产量 788 万台，增长 1.0%。

电子元器件领域增速迅猛。1—12 月，广东省累计生产光电子器件 5 504.5 亿只，增长 66.1%；发光二极管（LED）5 007.5 亿只，增长 74.8%；液晶显示屏 11.1 亿片，增长 0.2%；液晶显示模组 5.9 亿套，下降 25.6%；电子元件产量 16 461.4 亿只，增长 11.5%。在骨干企业方面，2016 年，乐金显示（广州）有限公司实现营业收入 327.7 亿元，下降 0.6%，利润 16.2 亿元，下降 7.2%；华星光电实现液晶玻璃基板（2 200mm × 2 500mm）投片量 282.5 万片，增长 47.0%；全省首条量产的 AMOLED 面板线信利（惠州）智能显示有限公司 4.5 代 AMOLED 项目量产，总投资约 63 亿元，满产后预计年销售额达 53 亿元。

集成电路领域高速增长。1—12 月，全省累计实现集成电路产量 219.2 亿块，增长 29.3%。根据海关统计，2016 年广东省集成电路进口量 1 305.5 亿块，增长 8.7%；进口金额 935.1 亿美元，增长 8.1%；出口量 303.1 亿块，下降 4.7%；出口金额 121.6 亿美元，下降 2.9%；集成电路进出口贸易逆差严重。在骨干企业方面，华为海思半导体有限公司麒麟系列芯片累计出货量超过 1 亿套，与业界龙头高通骁龙芯片差距缩小，麒麟芯片不但应用于手机，也朝无人机、智能安防家居等领域发展；中兴微电子技术有限公司 1G PON 终端芯片年出货量 2 000 万片以上，旗下全新的 10G PON 多模宽带接入网络芯片已达业界领先水平，已经实现在日本市场的规模商用和在国内三大电信运营商的 10G FTTx 试点应用。

在其他电子信息领域，全省累计实现锂离子电池产量 33.4 亿只，增长 37.5%；锂离子蓄电池进口量 6.9 亿只，进口金额 11.7 亿美元，出口量 9.7 亿只，出口金额 41.4 亿美元。在骨干企业方面，东莞南玻太阳能玻璃有限公司 2016 年实现营业收入 9.1 亿元，增长 41.6%；实现利润总额 5 881.2 万元，增长 143.1%；累计生产太阳能电池片 402.9 兆瓦，增长 44.5%。

【软件和信息技术服务业】 2016 年，广东省主营业务收入在 500 万元及以上的软件和信息技术服务业企业 3 631 家，从业人员 90 多万人，累计实现软件业务收入 8 223.4 亿元，增长 15.7%；实现利润总额 1 518.1 亿元，增长 13%。全年累计实现信息技术服务收入 3 895.9 亿元，增长 24.5%，占全行业比重 47.4%；嵌入式系统软件收入 2 366.3 亿元，增长 5.1%，占全行业比重 28.8%；传统的软件产品收入 1 961.2 亿元，增长 13.8%，占全行业比重 23.8%。软件业务出口 250.7 亿美元，增长 4.7%。其中，软件外包服务出口 10.9 亿美元，增长 86.6%；嵌入式系统软件出口 150 亿美元，下降 2.7%。

2016 年，全省软件业务收入超亿元的企业 808 家，比上年增加 123 家。全行业在境内外上市的企业累计超过 450 家。19 家企业入选 2016 年（第 15 届）中国软件业务收入前百家企业，软件业务总收入占全国前百家企业的 44.7%，华为技术有限公司连续 15 届蝉联前百家企业之冠。腾讯公司、网易公司、唯品会信息科技有限公司等 12 家企业入选 2016 年"中国互联网企业 100 强"排行榜。截至 2016 年年底，获计算机信息系统集成企业资质的企业 1 609 家，其中，一级 34 家，二级 134 家，三级 734 家，四级 707 家。

2016 年，珠三角地区完成软件业务收入 8 203 亿元，占全省比重 99.8%，广州、深圳两市产业规模占全省比重 90.8%。结合城市产业定位和区位优势，广东省软件产业区域特色鲜明。其中，广州、深圳两市优先发展高端新兴信息服务产业，在移动互联网、数字内容创意产业、嵌入式系统软件、云计算、工业软件、卫星导航等信息服务业高端领域和新兴领域开拓创新，不断涌现新亮点。广州琶洲互联网产业集聚区以腾讯、阿里、国美、小米等企业为龙头，有望成为华南乃至国内最大的互联网产业集聚区。深圳市布局建设留仙洞战略性新兴产业基地、南山云谷、天安云谷、蛇口网谷、南山智园等新一代信息技术产业基地。珠海市着力发展软件和集成电路设计产业，形成芯片设计、制造、封装测试、系统应用的集成电路设计产业链。惠州、东莞、佛山、中山等电子信息制造业集中城市则大力发展面向设计开发、生产制造、物流仓储、商贸流通的现代信息服务业，以及支撑传统产业优化升级的工业软件和嵌入式软件业。

2016 年，全省软件著作权登记 91 715 件，增长 48.4%，占全国登记总量的 22.5%。PCT 国际专利申请量达 23 574 件，增长 55.2%，占全国 PCT 国际专利受理总量的 56%，中兴通讯股份有限公司和华为技术有限公司分别以 4 123 件、3 692 件专利位居国内 PCT 专利申请前两位。根据世界知识产权组织（WIPO）公布的 2016 年全球专利申请情况，中兴通讯申请量位居榜首，华为紧随其后。

2016 年，一批自主创新能力强的企业在多个细分领域独占鳌头，品牌效应明显。华为、中兴通讯等企业在 4G、云计算和移动智能终端等新业务的推动下持续发展，规模和效益稳步增长。腾讯公司持续加大移动互联网布局，积极推进"互联网 +"战略。有米广告、指点传媒等移动广告平台企业产值年均增幅超过 1.5 倍。广州超算中心的天河二号计算能力首屈一指，在国际 TOP500 组织发布的第 46 届世界超级计算机 500 强排行榜中夺魁，获"六连冠"殊荣。网络游戏方面聚集博冠、多益、爱九游、菲音、百田等游戏公司，制作大话西游、梦幻西游、神武等一批优秀产品。广州云宏公司是除了华为以外真正掌握云计算底层虚拟化技术并能够交付商用产品的企业。优蜜、坚和两家公司充分利用大数据分析，成功占据移动广告、个性化定制移动阅读平台的行业领先地位。UC 浏览器是仅次于谷歌的全球第二大浏览器；YY 是全球最大的娱乐资讯互动平台，市场占有率超过 90%；酷狗是中国综合排名第一的数字音乐客户端，广电运通在国产 ATM 机市场销售中连续 9 年排名第一。

广东省发挥粤港合作的地缘优势，成立粤港信息化专家委员会，推进实施第五届粤港 ICT 青年创业计划，深化粤港在云计算、大数据应用和服务模式推广等领域的合作。广东软件行业协会与香港数码港管理有限公司联合成功举办五届粤港云计算大会，组织企业赴港参加“2016 年粤港云计算大会暨粤港信息科技创新交流活动”，连续五年合作举办创意微型基金“粤港青年创业计划”，四届粤港青年创业计划共有来自广东和香港 30 多所大学 800 多名学生参加，共有 40 个团队的 40 个项目获得总金额近 400 万港币的资助。

【信息基础设施】 截至 2016 年年底，广东省累计实现信息基础设施建设投资 1 011 亿元，其中光纤网络建设累计投资达到 389.6 亿元，通信基站建设累计投资达到 616.5 亿元。全省全年新增光纤接入用户 906.6 万户，较上年增长 70.8%，完成全年计划任务的 107.2%，新增数和增速均创历年新高。全省光纤接入用户 1 975.5 万户，光纤入户率提升至 61.3%，累计开通光纤接入业务的行政村达到 14 807 个，占行政村总数的 75%。全省全年新增 4G 基站 24.8 万座，累计达 79.4 万座；基站站址新增 2.48 万个，增长 81%，累计达 14.12 万个。4G 用户 9 085 万户，增长 85.5%。全省所有行政村和 11 万个自然村（总数约 18 万个）基本实现 4G 网络覆盖。截至 2016 年年底，累计完成 1 425 个原中央苏区农村超高速无线局域网试点村的应用试点选址，其中潮州市 125 个、河源市 317 个、梅州市 778 个、韶关市 205 个；完成 713 个村的设计出图，其中潮州市 12 个、河源市 179 个、梅州市 377 个、韶关市 145 个。全省新增公共区域 WLAN 热点 6 703 个，累计达 10.49 万个，新增 AP 点 8.85 万个，累计达 53.63 万个。“i-GuangDong”第一期项目建成 3 541 个 AP 热点，累计为 64.7 万用户提供免费接入服务。

【“互联网 +”】 2016 年 6 月，广东省推进“互联网 +”工作会议在广州召开，总结全省“互联网 +”发展情况，研究部署当前和今后一个时期推进“互联网 +”工作。印发《广东省“互联网 +”小镇创建工作方案》，编制《广东省“互联网 +”小镇创建导则》，在全省开展“互联网 +”小镇创建，遴选出 10 个“互联网 +”创建小镇和 8 个“互联网 +”培育小镇，其中，产业型小镇 6 个，应用型小镇 12 个。印发《广东省“互联网 + 先进制造”专项实施方案（2016—2020 年）》，加快促进制造业与互联网技术融合，推动制造业智能化、协同化、网络化发展。组织“互联网 +”领域重点项目遴选，全省选出 200 个项目开展试点工作，试点项目涵盖“互联网 +”行动计划 13 个重点领域。

【两化融合】 2016 年，广东省两化融合继续引领全国，全省新增国家级贯标试点企业 79 家、省级贯标试点企业 308 家，部省级贯标试点企业总数达 765 家。通过评定的企业 89 家，总数达 114 家。试点企业涵盖全省 21 个地市及顺德区，覆盖主要支柱行业。省政府出台《广东省人民政府关于深化制造业与互联网融合发展的实施意见》，以建设“双创”平台为抓手，加快培育互联网与制造业融合的新产品、新模式、新业态；成立中国两化融合服务联盟广东分联盟，整合产学研资源、聚合各方优势，为政府、企业提供技术、标准、方案、产品、成果转化等专业化服务，提升广东两化融合质量水平。

【物联网·信息消费·智慧城市】 据行业估算，2016 年，广东省物联网市场规模约 3 700 亿元，增长 19.4%；相关企业 4 220 家，增长率为 21.5%，其中，市场规模超 1 亿元的企业有 16 家，超 10 亿元的企业有 7 家，超 50 亿元的企业有 4 家。发布广东省地方标准《智慧城市评价指标体系》。加快培育信息消费，推进深圳、佛山国家信息消费示范城市建设，形成可复制、可推广的信息消费新模式，带动全省信息消费快速发展。

【三网融合】 2016 年，广东省经济和信息化委员会加强统筹指导，牵头编制《加快推进我省三网融合的工作方案》《三网融合推广工作实施方案》，由省政府办公厅正式发布实施。经广东省政府同意，确定将珠三角地区及云浮市整体纳入首批推广阶段广电和电信双向进入业务开展地区，实现珠三角地区双向业务全覆盖。相关地区三网融合 IPTV 业务发展良好。截至 2016 年年底，全省 IPTV 总用户数达 609 万户。其中，广东 IPTV 集成播控分平台用户数达 480 余万户，年增长率超 100%；深圳 IPTV 集成播控系统用户超 71 万户，年增长率超 20%。

以宽带网络建设、业务创新推广、用户普及应用为重点，加快培育广东省三网融合“新经济”“新产业”。以发展移动多媒体广播电视、IPTV、手机电视等新业务为依托，创新合作机制，凝聚产业资源，促进三网融合相关产业上规模。深圳市三网融合相关产业规模超过3 000亿元。省国资委下属企业广州广晟数码技术有限公司自主研发的DRA标准在移动多媒体广播手机终端的应用已达5 000万用户量。

【电子政务】 2016年，广东省制定政策，优化全省电子政务发展软环境；加大财政支持力度，切实推进电子政务发展；依托电子政务外网万兆骨干网、电子政务数据中心、电子政务畅通工程等重点项目，夯实电子政务公共基础；完善运行机制，推进政务信息资源整合共享开放；以省网上办事大厅建设、市场监管信息平台体系建设为抓手，增强部门协调，深化电子政务应用。

【信息安全】 2016年，广东省统筹开展电子政务网络安全检查，对广东省79个省直单位、22个地市（区）政府部门共涉及4 887个政府门户网站及重要信息系统、22.8万台终端计算机、5 652个数据库系统、17 470台服务器、19 443台交换机、4 168台路由器开展网络安全检查。

【统计数据】

表1　2014—2016年广东省电子信息制造业基本情况

项目名称	单位	2014年	2015年	2016年
主营业务收入	亿元	28 620.5	28 002.6	35 494.9
工业销售产值	亿元	29 742.4	32 716.2	33 231.5
出口交货值	亿元	17 297.4	17 139.5	16 625.1
利润总额	亿元	1 401.2	1 257.4	1 749.0

注：工业销售产值、出口交货值数据来源于广东省统计局，主营业务收入、利润总额数据来源于工业和信息化部。

表2　2014—2016年广东省主要电子信息产品产量情况

产品名称	单位	2014年	2015年	2016年
集成电路	亿块	190.5	162.7	219.2
程控交换机（含移动通信交换机）	万线	1605.8	1 246.9	1 103.1
移动通信手持机	万部	92 435.6	84 447.8	96 752.2
微型计算机设备	万台	2 830.6	3 241.7	3 344.9
其中：笔记本电脑	万台	816.2	714.0	728.3
彩色电视机	万台	7 039.9	7 003.6	8 116.9
其中：LCD电视	万台	6 611.3	6 388.2	7 620.2
电子元件	万只	15 304.5	14 778.9	16 461.4
发光二极管（LED）	亿只	1 874.1	2 739.4	5 007.5

注：数据来源于广东省统计局。

表3　2014—2016年广东省软件业基本情况

项目名称	单位	2014年	2015年	2016年
企业数	家	4 486	4 437	3 631
软件业务收入	万元	60 186 904	71 051 485	82 233 915
软件业务出口收入	万美元	2 257 647	2 393 628	2 507 067
利润总额	万元	10 250 995	13 432 596	15 180 753
从业人员工资总额	万元	8 427 617	10 060 524	12 044 416
从业人员平均人数	人	841 357	878 008	900 451

注：数据来源于工业和信息化部。其中，2016年统计范围为年主营业务收入500万元及以上企业。

［供稿：广东省经济和信息化委员会］

广西壮族自治区

【概况】　2016年，广西壮族自治区（以下简称广西）电子信息产业继续保持平稳增长态势，增速有所放缓。全区电子信息制造业完成工业总产值2 305.33亿元，同比增长17.6%；软件和信息技术服务业完成主营业务收入132.07亿元，同比增长10.0%。电子信息制造业主要集中在北海、南宁、桂林3个市，3个市的工业总产值占全行业约85%；软件和信息技术服务业主要集中在南宁、桂林、北海、柳州4个市，4个市的主营业务收入占全行业约95%。梧州、玉林、柳州、钦州、贵港、贺州等市的电子信息产业发展趋势向好。

【电子信息制造业】　2016年，广西电子信息制造业完成工业总产值2 305.33亿元，同比增长17.6%；完成工业销售产值2 265.4亿元，同比增长18.1%；完成出口交货值389.46亿元，同比增长16.2%；完成主营业务收入2 112.07亿元，同比增长22.6%。

全年列入统计范围的企业108家，完成工业总产值1亿元以上的企业88家。其中，产值200亿元以上的企业1家，100亿元～200亿元的企业2家，50亿元～100亿元的企业7家，10亿元～50亿元的企业26家，1亿元～10亿元的企业52家。

广西电子信息制造业重点企业主要有南宁富桂精密工业有限公司、建兴光电科技（北海）有限公司、德昌电机（北海）有限公司、广西朗科科技投资有限公司、广西三诺电子有限公司、冠捷显示科技（北海）有限公司、广西惠科科技有限公司、广西新未来信息产业股份有限公司、北海市景光电子有限公司、北海银河生物产业投资股份有限公司、广西鸿盛达科技有限公司、北海市云盛科技有限公司、广西广缆科技集团有限公司、广西阳工电线电缆有限公司、广西三创科技有限公司、北海市三富影音制品有限公司、北海六禾电子有限公司、钦州富仕通科技有限公司、南宁富泰宏精密工业有限公司、北海市永达鑫电子有限公司等。

【软件和信息技术服务业】　2016年，广西软件和信息技术服务业完成主营业务收入132.07亿元，同比增长10.0%。全年列入统计范围的软件与信息技术服务业企业163家，其中，国有企业4家，集体企业1家，股份合作企业1家，有限责任公司34家，股份有限公司14家，私营企业108家，其他企业1家。完成主营业务收入1 000万元～5 000万元的企业73家，5 000万元～10 000万元的企业11家，超过10 000万元以上的企业8家。

广西软件产品涉及酒店、电力、动漫游戏、金融、保险、交通、旅游、教育、医疗、北斗、城市综合管理等领域，主要产品有酒店信息管理系统软件、网络游戏软件、项目综合管理系统软件、车辆管理系统软件、糖厂无线调度指挥系统软件等。

广西软件和信息技术服务业重点企业主要有北海石基信息技术有限公司、广西博联信息通信技术有限责任公司、广西德意数码股份有限公司、柳州腾龙煤电科技有限公司、桂林力港网络科技有限公司、广西桂能软件有限公司、广西宏智科技有限公司、广西盛源行电子信息有限公司、广西瀚特信息产业有限公司、广西申能达智能技术有限公司、桂林大为通信技术有限公司、广西联正达通信技术有限公司、广西航天信息技术有限公司、南宁超创信息工程有限公司、广西金源信息产业有限公司等。

【电子产品出口贸易】 2016年，广西电子信息制造业完成出口交货值389.46亿元，同比增长16.2%。主要出口产品有通信网络产品、电子计算机（含显示器、硬盘驱动器等）、电机产品、液晶显示器、液晶电视、卫星电视接收转发设备、微波通信设备、通信测试分析仪、电子印刷设备、数显量具、电子铝箔等。

主要出口企业有南宁富桂精密工业有限公司、建兴光电科技（北海）有限公司、丰达电机（南宁）有限公司、冠捷显示科技（北海）有限公司、桂林思奇通信设备有限公司、桂林广陆数字测控股份有限公司、桂林NEC无线通信有限公司、广西桂东电子科技有限责任公司等。

【科技进步与应用】 2016年，广西工业和信息化委员会安排财政专项资金85万元，扶持企业科技技术项目1个，即桂林海威科技股份有限公司“防眩光免灯杆高效节能型LED路灯产业化项目”，项目总投资2 500万元，2016年计划投资1 000万元。

全年自治区认定企业技术中心共认定电子信息行业企业技术中心3个，分别是广西吉光电子科技有限公司技术中心、桂林市利通电子科技有限责任公司技术中心、广西天睿精工精密电子有限公司技术中心。

【信息产业基地和园区】 北海电子信息产业基地主要包括北海工业园区、北海出口加工区、北海高新技术产业开发区等，是广西电子信息制造业主要集聚区。北海市重点发展笔记本电脑、平板电脑、高性能台式机、教育类电脑、智能手机、显示器、彩电、存储、大数据及服务外包、电子商务、智能硬件、互联网金融等，培育新的增长点。

南宁电子信息产业基地主要包括南宁富士康科技产业园、南宁高新技术开发区、南宁市经济技术开发区等，是广西软件和信息技术服务业主要集聚区。南宁市重点加快中国—东盟信息港南宁核心基地、富士康南宁科技园千亿电子信息产业园、江南工业园区、高新区、东盟硅谷、南宁创客城、中关村双创示范基地等建设，整合电子信息产业发展资源，重点抓好电子制造、“互联网+”“北斗+”、电子硬件产品和软件技术融合等产品研发及产业化发展。

桂林电子信息产业基地主要包括桂林国家高新区、桂林经济开发区、兴安工业园区等，是广西首个被工业和信息化部认定的“国家新型工业化（电子信息）示范基地”。桂林市以创建国家新型工业化电子信息产业示范基地为契机，依托桂林国家高新区、经济开发区等园区，巩固提升已有优势，通过加强微波通信、激光器芯片级组件与封装、军工电子、LED、动漫游戏、信息安全、旅游信息服务、可穿戴设备等关键技术、产品和服务的研发创新及应用，不断增强核心竞争力。

梧州市以梧州工业园区为核心，按照“园中园”方式建设电子信息产业园，重点发展手机主板、整机及笔记本电脑等电子产品，发展掌上多媒体产业及电子信息服务产业，配套发展电子信息材料产业。

钦州市电子信息产业主要集中在钦州高新技术产业开发区，依托中马钦州产业园和钦州保税港区两个国家级平台、自治区级钦州高新区平台，进一步谋划招商引资的重点方向，以龙头企业项目为对象开展招商工作，发展云计算及大数据中心、手机、变频器、配套工业控制、北斗等产品，促进产业规模的迅速扩张。

贵港市重点发展电子电源、智能手机、智能手环、电线电缆、传感器和液晶显示器、车载电子等整机及核心基础零部件。围绕产业配套，引进培育新型锂电池、多层陶瓷电容器等新产品，打造电子信息产业园，促进电子信息产业集聚发展

贺州市利用东部地区铝电资源优势发展铝电工业，

重点生产铝电解电容器、电极箔等产品，同时引进发展计算机产业、太阳能利用、高能电池等产业，成为综合型电子信息制造业基地。

【两化融合】 根据2016年8月发布的《2015年度中国信息化与工业化融合发展水平评估报告》显示，广西信息化与工业化融合总指数为72.61，其中，工业应用指数为76.1；应用电子商务开展采购、销售等业务的企业比例为73%；工业企业关键工序数控率为38.5%；数字化研发设计工具普及率为46.3%。

印发《广西促进云计算创新发展培育信息产业新业态的实施方案》《推进"互联网+"制造业专项行动计划》。在全区范围内开展2016年"互联网+"制造业示范项目组织申报工作，征集45个"互联网+"研发设计、"互联网+"生产模式、"互联网+"服务模式、"互联网+"集成应用等类型的项目，认定"燕京啤酒（桂林漓泉）互联网营销管控项目""皇氏集团'互联网+'智能化工厂示范建设""三金数字化车间项目"等16个项目为2016年广西"互联网+"制造业示范项目。

完成广西制造业大企业"双创"典型经验案例征集工作，并推荐上报工业和信息化部。组织各市工信委参加全国大企业"双创"典型经验交流电视电话广西分会场会议。支持南宁市富士康建设中国首家具备"创新、创意、创业"能力的东盟硅谷科技园，打造千亿电子信息产业园区。建立大数据平台，推动智能交通云、智慧物流云、电子商务云、工业云、安全云等，带动交通、电商、工业食品等相关产业链发展；构建青年创意创新创业（三创）孵化中心。同时推进南宁·中关村创新中心及南宁创新创业基地（南宁创客城、大数据产业园、中盟科技园、电子东盟中心和禾田信息港）等"互联网+"众创平台建设，打造面向东盟的"创新与创业相结合、线上与线下相结合、孵化与投资相结合"创业创新平台。

完成广西两化融合管理体系贯标试点企业组织推荐、征集试点企业工作，全年共有14家企业被确定为两化融合管理体系贯标试点企业，6家机构被认定为两化融合管理体系贯标的服务咨询机构。广西玉柴股份有限公司、柳工股份有限公司两家企业通过两化融合管理体系贯标评定。

推动企业全面开展两化融合评估、诊断和对标工作，要求各市按分配的任务目标组织企业开展两化融合评估诊断和对标引导工作。截至2016年年底，1 278家规模以上企业参加对标评估，参加对标评估的50.16%的企业处于两化融合单项覆盖阶段。

在柳州市举办一期全区"互联网+"制造业培训班，在北海市举办广西信息化与工业化深度融合论坛，各市工信委和两化融合示范园区共260多人参加培训与学习交流。

【信息安全】 2016年，广西加强工业控制系统信息安全管理，组织开展工业控制系统信息安全检查，检查重要工控系统运营单位187家，重要工控系统总数812套，初步掌握全区工业企业工控系统运行维护和信息安全防护情况。开展工控系统生产企业摸底调查工作，经调查，广西工控系统生产企业有6家，销售工控系统3 564套。

收集整理最新工业控制系统漏洞及风险信息，研究分析重点行业信息安全隐患及国家工控系统信息共享平台有关信息安全风险及漏洞信息，发布风险防范提示6期，发布风险及漏洞提示34条。完成《广西工业行业网络安全检查指南》的制订工作。

依托广西网络安全院士工作站搭建"工业控制系统信息安全攻防模拟仿真平台"实验室，实现火电厂工业控制系统的网络安全风险模拟仿真。

开展政府部门门户网站日常监测工作，发现异常及时预警和通知整改，消除漏洞隐患，促进政府部门门户网站建立健全更新维护安全防范机制。开展专项加强防护检查工作，制订工作计划，布置技术支撑单位加强值班、实行24小时不间断监测，及时发现问题，消除隐患和漏洞；针对风险点，明确应急处理流程，完善应急预案，确保各项技术防范措施得到落实。

完成"国家网络安全年度检查""网络安全宣传周""中国—东盟网络安全论坛""网络安全大赛"等工作；选派专家参加关键信息基础设施网络安全抽查工作，抽查对象涉及金融、能源、电力、通信、交通等领域的关键信息基础设施，发现和消除重要信息系统存在的安全隐患，提高各部门网络安全防范意识，促进完善规章制度建设；配合公安部门推进等级保护工作，配合自治区保密部门开展信息安全保密检查等。

配合落实中国—东盟信息港网络安全建设项目，做好配合服务工作，跟踪落实中国—东盟计算机应急响应合作机制倡议内容；配合落实中国—东盟网络安全研讨会内容，加强政府间部门磋商和网络应急组织交流；配合落实中国—东盟网络空间论坛“网络安全”分论坛内容，开展在网络空间行为准则和技术标准等话题上的磋商等。

【重点信息化项目】 2016年，广西工业和信息化委员会会同财政厅在全区范围内组织企业申报2016年自治区两化融合专项资金项目。从各市推荐的118个项目中，经审核、遴选、组织专家评审，确定支持36个项目，安排支持资金2 000万元。重点支持广西玉柴机器集团有限公司玉柴后市场云平台项目、广西壮族自治区机械工业研究院基于“互联网+”的3D打印云制造公共服务平台建设项目和一批能够带动上下游企业推进两化融合建设的东风柳州汽车有限公司等自治区强优企业，以及桂林三金制药股份有限公司等自治区两化深度融合示范企业。

广西工业和信息化委员会会同财政厅在全区范围内组织软件和信息技术服务业企业申报2016年自治区信息服务业发展专项资金项目。从各市推荐的96个项目中，经审核、筛选、组织专家评审，确定扶持37个项目，安排财政补助资金0.15亿元。重点扶持北斗卫星导航应用和产业化、云计算、大数据、移动互联网技术研究和应用、可穿戴设备、3D打印、无人航空器产品研发和产业化、面向广西重点产业的工业软件、具有广西特色的电商平台与服务和行业解决方案等项目。

【主要问题】 广西电子信息产业规模偏小，配套产业链不完整，门类较多，发展方向较为分散；地区发展不平衡，主要集中在北海、南宁、桂林3个市；桂西地区电子信息制造业还很薄弱，基本为空白。

电子信息产业企业大多数是生产来料加工的低端装配产品，自主创新能力偏弱，缺乏支撑自主创新的技术积累，不利于企业增品种、提品质、创品牌。

电子信息产业高等院校和科研院所数量少，科研技术能力不强，专业主要集中在传统产业或传统领域，由于工资待遇水平等引才条件与东部沿海地区相比没有优势，引进高端人才比较困难。

电子信息企业以劳动密集型的制造加工业为主，随着劳动成本逐年上升，企业的劳动人员工资待遇水平难以与东部沿海地区相比，企业招工难问题比较突出。

电子信息企业大多数以来料加工为主，大部分原材料须从外地购进，产品办理通关手续较繁琐；北部湾港口通往国外航线较少，通往珠三角的航运不够稳定，多数电子产品通过陆路运输方式运往珠三角地区后转销国内外，物流成本高。

多数电子信息产业企业资产规模较小，通过银行层面的贷款融资较为困难，融资能力弱，导致技术和产品研发投入乏力，制约企业技术创新升级和产品更新换代。

【统计数据】

表1 2016年广西壮族自治区电子信息制造业人员构成情况

企业类别	企业数（家）	年末从业人员总数（人）	人员构成					
			工程技术人员（人）	在总人数中所占比例（%）	管理人员（人）	在总人数中所占比例（%）	研发人员（人）	技术工人（人）
内资企业	75	32 608	4 022	12.3	3 079	9.4	1 174	24 333
国有企业	9	5 846	1 237	21.2	496	8.5	293	3 820
集体企业	9	5 269	562	10.7	481	9.1	137	4 089
私营企业	56	21 358	2 206	10.3	2 083	9.8	738	16 331
其他内资企业	1	135	17	12.6	19	14.1	6	93
港、澳、台商投资企业	27	31 089	3 141	10.1	3 015	9.7	1 869	23 064
外资企业	6	3 476	352	10.1	298	8.6	142	2 684

表 2　2014—2016 年广西壮族自治区电子信息制造业基本情况

项目名称	单位	2014 年	2015 年	2016 年
工业总产值（现行价）	万元	15 275 088	19 540 033	23 053 288
工业销售产值	万元	14 868 631	19 123 876	22 653 966
出口交货值	万元	2 769 589	3 341 837	3 894 596
流动资产平均余额	万元	1 838 041	2 124 271	2 362 973
固定资产净值平均余额	万元	1 384 709	1 407 380	673 960
资产总计	万元	4 187 034	4 519 609	3 774 043
负债合计	万元	1 935 814	1 969 146	2 198 342
主营业务收入	万元	13 865 183	17 230 903	21 120 656
税金总额	万元	80 621	103 601	105 594
利润总额	万元	428 721	515 806	1 873 799
应交所得税	万元	16 449	18 142	12 471
从业人员年末人数	人	92 123	96 940	67 173
从业人员工资总额	万元	163 960	282 746	155 359

表 3　2014—2016 年广西壮族自治区电子信息制造业主要经济效益指标完成情况

项目名称	单位	2014 年	2015 年	2016 年
全员劳动生产率	元 / 人	172 539	168 926	182 149
流动资金周转率	次	4.2	4.0	5.1
产品销售率	%	93.2	92.6	98.3
总资产贡献率	%	14.6	13.3	15.2
资产保值增值率	%	125.6	126.2	116.6
资产负债率	%	49.4	43.6	41.8

表 4　2014—2016 年广西壮族自治区主要电子信息产品产销量情况

产品名称	单位	产量			销量		
		2014 年	2015 年	2016 年	2014 年	2015 年	2016 年
电子计算机	万台	4 962	4 913	5 586	4 958	4 910	5 586
微波 / 光通信设备	部	3 782	3 816	6 989	3 780	3 780	6 980
通信测试分析仪	台	4 138	4 215	4 352	4 121	4 136	4 350
数显量具	万件	573	640	586	572	620	580

续表

产品名称	单位	产量			销量		
		2014 年	2015 年	2016 年	2014 年	2015 年	2016 年
医疗电子设备	台	10 210	10 520	7 250	10 200	10 300	7 250
电视机	万台	173	180	178	170	178	177
显示器	万台	639	710	2 022	638	705	2 021
电子通用设备	台	236	251	258	233	246	250
电子铝箔	万平方米	3 200	3 600	3 679	3 200	3 600	3 672
电容器	万只	321 160	431 761	428 963	321 152	431 109	428 864
电子印刷电路板	平方米	18 052	16 917	15 862	18 009	16 728	15 860
太阳能电池	千瓦	3 156 800	3 312 600	4 202 896	3 156 752	3 311 237	4 202 890
汽车电子产品	万套	192	189	180	190	189	178
开关设备	台	21 364	21 620	21 210	21 359	21 590	21 196

表 5　2016 年广西壮族自治区软件产业人员构成情况

企业类别	企业数（家）	年末从业人员总数（人）	人员构成			
			管理人员（人）	在总人数中所占比例（%）	软件开发研究人员（人）	在总人数中所占比例（%）
内资企业	163	27 673	1 903	6.9	3 270	11.8
国有企业	4	1 109	41	3.7	62	5.6
集体企业	1	83				
股份合作企业	1	32	9	28.1	23	71.9
有限责任公司	34	3 870	473	12.2	834	21.6
股份有限公司	14	14 117	398	2.8	837	5.9
私营企业	108	8 311	966	11.6	1 469	17.7
其他内资企业	1	151	16	10.6	45	29.8

表 6　2014—2016 年广西壮族自治区软件产业基本情况

项目名称	单位	2014 年	2015 年	2016 年
软件业务收入	万元	756 625	937 805	838 219
软件业务出口收入	万美元	307.2	309.6	7.6
软件产品销售收入	万元	234 583	200 587	106 956
流动资产平均余额	万元	307 843	518 094	792 595

续表

项目名称	单位	2014 年	2015 年	2016 年
固定资产投资额	万元	12 345	19 255	5 554
资产合计	万元	452 845	821 622	862 087
负债合计	万元	194 613	392 583	479 126
税金总额	万元	12 457	19 329	10 970
利润总额	万元	164 029	78 542	59 768
应交所得税	万元	4 674	11 421	8 649
从业人员年末人数	人	21 200	28 433	27 673
从业人员工资总额	万元	101 626	126 707	171 381

表 7　2014—2016 年广西壮族自治区软件产业主要经济效益指标完成情况

项目名称	单位	2014 年	2015 年	2016 年
全员劳动生产率	元 / 人	165 326	168 923	158 963
流动资金周转率	次	4.1	5.4	4.8
产品销售率	%	97.5	95.8	97.2
总资产贡献率	%	23.7	25.8	22.7
资产保值增值率	%	120.2	118.6	106.3
资产负债率	%	53.5	47.8	48.1

注：表 1 ~ 表 7 数据来源于广西壮族自治区工业和信息化委员会。2014 年，电子信息产品制造业统计企业 108 家，软件和信息服务业统计企业 241 家；2015 年，电子信息产品制造业统计企业 119 家，软件和信息服务业统计企业 229 家；2016 年，电子信息产品制造业统计企业 108 家，软件和信息服务业统计企业 163 家。

[撰稿：罗家泰　审稿：张阳]

海 南 省

【概况】 2016 年，海南省信息产业实现营业收入 317.16 亿元，同比增长 25.5%。其中，软件和信息技术服务业发展迅速，全年营业收入 131.39 亿元，同比增长 72.2%；信息传输服务业营业收入 115.33 亿元，同比增长 19.7%；电子信息制造业营业收入 70.44 亿元，同比下降 12%。

【电子信息制造业】 2016年，海南省围绕国际旅游岛建设，形成以旅游业为龙头、服务业为支撑、热带农业为特色的产业体系。全省电子信息制造业规模以上企业共计13家，实现产值70.44亿元，同比下降12%，占全省信息产业比重达到22.2%。电子信息制造业主要涉及电气设备制造、电线电缆制造、光通信、太阳能电池组件制造等领域。海南省电子信息制造业重点企业中的海南宝通实业公司、海南英利新能源有限公司产值出现下滑，导致全省电子信息制造业出现负增长。

【软件和信息技术服务业】 2016年，海南省加大对本土企业的培育力度，涌现一批发展势头强劲的本土企业。全省软件和信息技术服务业实现营业收入131.39亿元，同比增长72.2%。营业收入过亿元的信息技术服务企业有24家，比上年增加7家；海南易建科技股份有限公司等11家互联网企业在新三板挂牌上市，占全省的1/3，比上年新增6家。

截至2016年年底，海南省累计有170家企业获得计算机系统集成资质，同比增长120.8%。其中，一级1家，二级1家，三级30家，四级138家；具备信息系统工程监理资质单位累计3家，其中，乙级1家，丙级1家，丙级暂定1家；软件著作权登记数量252件，申请企业85家；累计12家企业通过ITSS（信息技术服务）运行维护服务能力成熟度符合性评估。

【软件园区】 海南生态软件园一期2平方千米、二期14.5平方千米，重点发展互联网、文化创意等产业。截至2016年年底，海南生态软件园已建成85万平方米，在建45万平方米；实现税收11.2亿元，同比增长39.5%；已入驻1 303家企业，集聚腾讯公司、东华软件公司、浪潮集团等龙头企业，其中，2016年新增入园企业488家，占全部入园企业总数的37.5%。

海口美安生态科技新城地处海口市与澄迈县交界处，规划面积39.86平方千米，重点发展生命健康、高端低碳制造业、前沿高新技术等产业。截至2016年年底，在建项目30余家，全年完成投资14.21亿元。

清水湾国际信息产业园规划总用地209公顷，重点发展以新一代“互联网+”为基础的移动互联、云端物联、数字创意、服务外包等产业。截至2016年年底，园区已注册企业6家，中科软公司、宏晟同祥公司等企业入驻。2016年，园区累计完成投资16.8亿元，已开工面积18.77万平方米。

三亚创意产业园规划面积约16.37平方千米，重点发展互联网信息技术产业、高端海洋装备及科技产业、高新科技产业、金融和总部经济产业等。园区注册企业已达64家，中兴通讯股份有限公司、新道科技股份有限公司等企业入驻。2016年，园区实现工业总产值13.9亿元，上缴工业税收1.8亿元。

【信息基础设施】 2016年，海南省信息基础建设取得明显成效，实现全光网省，主要指标达到全国中上水平。截至2016年年底，海南省累计完成信息基础设施投资43.58亿元，同比增长6.9%，超额完成全年投资计划；城市小区光纤宽带网络覆盖率从年初的89.2%提升至99.4%，行政村光纤宽带网络覆盖率从年初的71%提升至94.2%；城市4G信号覆盖率从年初的99.1%提升至99.2%，行政村4G信号覆盖率从年初的84.7%提升至99.4%，高铁和高速公路整体4G信号覆盖率达到97.2%以上；全省513处重点公共场所Wi-Fi覆盖率达到97.6%，其中130处公益性重点公共场所Wi-Fi覆盖率达100%。中国宽带发展联盟发布的报告显示，截至2016年年底，海南省宽带网速全国排名居第15位，较年初提升6个位次；固定宽带接入签约速率达50.74Mbps以上，全国排名居第14位；固定宽带家庭普及率达61.6%，全国排名居第12位；移动宽带用户普及率达81.7%，全国排名居第8位。

【电子政务】 2016年，海南省推进电子政务集约化建设，政务数据走向“大集中”。针对全省陆域面积小和省直管市县的省情，电子政务建设坚持全省一盘棋、集约化建设的原则，按照全省“大集中”模式统筹推进，已构建全省统一、四级联动的网上审批系统，覆盖43个省直部门、19个市县（含洋浦开发区）、所有乡镇和80%以上的行政村，形成全省“一张审批网”，可提供15 014项审批事项和公共服务事项实现网上办理。同时，建设电子证照库、“信用海南”和企业信用信息公示系统，初步实现“一张审批网”与“多规合一”信息数字化管理平台的系统对接。

【两化融合】 2016年，海南省推进两化融合管理体系贯标工作，加强省直各部门、市县、园区、协会、企业之间的通力合作，以“先易后难、实效优先、循序推进”为原则，配合开展工业和信息化部贯标试点工作，海洋石油富岛有限公司等 9 家企业纳入国家贯标试点。2014—2016 年，海南省共统筹安排 2.43 亿元用于扶持奖励基础设施建设、两化融合贯标试点和两化融合项目实施，帮助企业在安全生产管控、降低能源资源消耗、减少管理成本、提升创新能力、提高产品质量等方面取得成效，增强企业综合实力和竞争力。

【信息安全】 2016 年，海南省开展网络和信息安全保障工作，利用网络与信息安全综合管理服务平台定时扫描全省党政机关网站和重要信息系统，及时跟踪安全情况并做好安全指导，同时做好 2016 年度关键信息基础设施网络安全摸底和检查工作；举办海南省第二期党政机关国家注册信息安全专业人员（CISP）资质认证培训班，提高全省网络与信息安全从业人员的网络与信息安全意识，提升安全管理水平、防范能力、超前预防和控制风险的能力；举办海南省首届网络安全大赛，营造注重网络与信息安全氛围；开展反电信诈骗活动，提升全民安全防范意识和技能，遏制电信网络诈骗犯罪势头。

【产业环境】 2016 年，海南省谋划产业发展和布局，各市县也出台一系列互联网产业发展政策，全方位促进信息产业发展。一是重点扶持海口高新区、三亚创意产业园、海南生态软件园和清水湾国际信息产业园等重点信息产业园区、园区企业，以及省政府重大信息产业项目；二是扶持互联网创业项目孵化、市场主体培育、创新创业平台打造、公共服务平台建设、人才引进培养、产业环境营造等；三是使用财政专项资金开展互联网产业天使投资和股权投资，突出政府担当，降低企业融资门槛，通过市场化运作，满足不同发展阶段互联网企业的融资需求，特别是一些因风险太高导致一般社会资本看不上、不愿投、不敢投的创新项目。

【主要问题】 海南省信息产业总体规模较小，行业龙头企业少，对产业链的整体带动作用不强，信息产业发展与全国其他省份相比还存在一定差距。

由于信息产业属于知识技术密集型产业，是“智力产业”和“创造产业”，对专业性人才和经营者要求很高。海南省一般性人力资源尚不能完全自给，专业性技术人才、高级管理人才等高层次人才更加不足。同时，由于产业氛围不足、发展平台缺乏，教育、医疗、就业等配套条件不够，造成招人难、留人也难。人才匮乏成为海南省未来发展产业的重大制约。

全国各地方都在竞相发展信息产业，抢占新一轮发展制高点，不少地方已经走在前面。与发达地区相比，海南省起点低，产业基础差，产业生态体系不完善。

【发展预测】 海南省加大对本土信息产业企业的培育力度，利用省互联网产业天使投资资金、股权投资资金、风险投资基金，重点支持信息产业企业加大优势产品研发生产力度，不断培育核心竞争力。

做好招商工作，引进国内外知名企业，争取更多龙头企业落地海南，发挥集聚效应。采取走出去招商和邀请企业来琼考察招商的方式，瞄准国内外龙头企业实行点对点招商，通过引进大企业、高端项目来带动信息产业跨越式发展。

引导信息产业企业转型升级。着力营造有利于重点产业集群创新发展的市场环境，形成以企业为主体的产学研用相结合的创新体系，支持基于互联网的各类创新，激发市场活力和社会创造力，推动信息产业企业充分利用“互联网 +”、大数据，促进企业转型升级。

建设人才培养体系，做好人才引进工作。

［撰稿：张婷婷　审稿：李财莲］

重 庆 市

【概况】 2016年，重庆市电子信息产业实现产值6 023.7亿元，同比增长18.1%。其中，电子信息制造业实现规模以上工业总产值4 998.7亿元，同比增长17.7%；软件业务收入1 025亿元，同比增长20%。全年累计生产电脑6 764.7万台，同比增长7.4%；显示器2 654.3万台，同比增长34.8%；打印机1 374.6万台，同比下降5%；集成电路圆片54万片，同比增长31.7%；印制电路板1 767.1万平方米，同比增长14.3%。

【电子信息制造业】 2016年，重庆市手机产量迅速扩张。全市手机企业116家，其中规模以上手机企业73家，全年手机产量2.87亿台，同比增长58.7%，产值约1 020亿元，同比增长26.7%。

笔记本电脑产业逆势增长。2016年，全球笔记本电脑出货量同比下降7.2%，但重庆市全年产量5 842万台，仍占全球1/3。截至2016年年底，全市笔记本电脑配套企业860家，其中已投产企业610家，已开工建设企业142家，开工投产率87.6%，品种配套率95.2%。在笔记本电脑整机出货量增幅不大的情况下，配套企业实现较大幅度逆势增长。

战略性新兴产业发展势头迅猛。2016年，重庆市电子核心零部件产业实现产值412亿元，是上年的2倍。其中，集成电路产值123亿元，同比增长56%；平板显示行业产值289亿元，同比增长134%。全年生产集成电路3.3亿块，同比增长38.7%；液晶显示屏8.5代大屏145万片，同比增长457.6%。在集成电路领域，SK海力士项目顺利放量，2016年累计实现产值64.3亿元，同比增长50%。在平板显示领域，京东方项目进一步扩大产能，全年产值123.6亿元，同比增长近4倍；惠科金扬科技有限公司产能大幅提升，全年产值87亿元，同比增长61%；莱宝科技有限公司产值30亿元，同比增长140%。

【软件和信息技术服务业】 2016年，重庆市软件产业规模迈入千亿级，全年实现软件业务收入1 025亿元。全市软件和信息技术服务业企业超过5 000家，其中，纳入统计的规模以上企业近1 000家，从业人员数量近15万人。

行业投资不断增长。2016年，重庆市130个“互联网+”试点项目投资总额超过100亿元，新增中迪医疗信息科技股份有限公司等6家软件和信息技术服务业企业挂牌新三板。截至2016年年底，软件和信息技术服务企业有15家挂牌新三板，占全市已挂牌企业总量的12.6%。

龙头企业实力不断壮大。互联网服务交易平台猪八戒网估值100亿元，易宠科技有限公司成为国内最大的宠物用品B2C平台。此外，誉存科技公司等大数据企业、秒银科技公司等云计算企业，以及小闲在线等游戏动漫企业陆续在各自细分领域崭露头角。

中新项目加快推进。中新（重庆）战略性互联互通示范项目信息通信领域合作开局顺利，双方合作加快推进，重庆互联网国际合作综合试验区和中新国际数据通道等重点项目建设筹备启动。

【电子产品进出口贸易】 2016年，重庆市电子信息制造业实现出口交货值2 380亿元，同比增长11.9%，占全市工业出口交货值的79%，比上年提升2个百分点。

【科技进步与应用】 2016年，重庆市新增计算机软件著作权超过3 500件，较上年同期增长101.4%，历年累计软件著作权登记数量超过12 000件。截至2016年年底，全市共有51家企业通过国家信息技术运行维护标准（ITSS）认证。市级企业技术中心达到27家，其中

2016 年新增市级企业技术中心 8 家。

2016 年，重庆市电子信息制造业市级企业技术创新项目 132 项，认定市级工业和信息化重点实验室 2 家、市级新型企业研发试点机构 3 家。

【信息基础设施】 2016 年，重庆市 4G 建设投资完成 42.2 亿元，同比增长 105.1%；光纤到户端口超过 1 600 万个，实际用户 539.6 万户，同比增长 96.4%；移动电话用户 2 880.1 万户，同比增长 3.3%，其中 4G 电话用户 1 747.8 万户，同比增长 103%，移动电话普及率 95.5 部 / 百人；有线电视用户 645 万户，同比增长 5%；有线电视入户率 62%，同比增长 25%，其中，数字电视用户 535 万户，同比增长 6%，双向化率 83%，同比增长 15%。重庆市在西部地区率先实现行政村光纤和 4G 网络全覆盖。

【信息产业基地和园区】 2016 年，重庆市软件产业载体加快建设，并在差异化、集群化、专业化发展上取得成效。两江互联网产业园、渝北仙桃大数据谷、渝中区信息消费产业园、永川软件和服务外包产业园等纷纷发力，永川区、南岸区、渝中区增速较快，两江新区软件业务收入规模继续保持全市区县园区龙头地位。

【社会信息化】 2016 年，重庆市以政府系统办公业务网为基础，初步建成覆盖市区两级行政机关、全市所有镇（街）和部分村（社）的全市电子政务外网基础网络，与国家电子政务外网实现互联互通，支撑 23 个部门行业应用运行。基本建成线上线下相结合的全市网上行政审批平台，实现具有行政许可职能的市、区两级所有非涉密行政审批事项全覆盖。截至 2016 年 12 月，全市网审平台已入驻部门 4 600 个，办理审批业务 320 万余件。

初步建成全市统一的电子政务云平台，提供包括基础设施服务、软件服务、功能应用服务、信息安全技术服务等在内的全方位服务。在充分整合利用重庆市现有信息化系统资源的基础上，助推全市信息化系统由传统的“按需而建”逐步向“统筹建设、按需而用”的购买云服务模式转变。截至 2016 年 12 月，各级各部门和国有企事业单位向两江国际云计算产业园迁移 IT 设施共计 4 300 台。电子政务云平台的建设为全市城市大数据共享交换和逐步开放打下良好基础。

不断拓展“互联网 +”在惠民服务领域的应用。建成重庆市信息惠民平台“在重庆”，开通 PC 端、手机 APP、微信公众号等服务渠道。累计提供交通资讯、违章查询、水电气缴费、预约挂号等各类服务 320 余项，平台网站总浏览量达 250 万次。微信城市服务平台已实现预约挂号、生活缴费、出入境业务查办、社保查询等 31 项民生服务功能，累计服务市民 800 多万次。支付宝“城市服务”开通五大类共 40 项在线服务，涵盖政务、医疗、车主、交通等各领域。

社会公共服务信息化水平稳步提升。在社会保障领域，全市发放社会保障卡 3 300 多万张，覆盖人群达 99.8%，实现与海南、贵州、四川、云南、湖北、新疆 6 个省区的医保跨省漫游。在公共安全领域，基本完成“应指工程”主体建设，全市新建高清视频监控镜头 4.6 万余个，整合接入轨道、机场、火车站等社会单位镜头 2.3 万余个，有效调控镜头总量达到 8.5 万个，基本实现对全市重点区域、重点部位的覆盖。在工商领域，联合征信系统共征集整合各类市场主体信用信息 6 200 余万条；法人基础信息数据库初步形成，归集全市 275 万户市场主体、1.8 万户机关事业法人、1.5 万户社团法人等基础信息数据。在交通领域，建成全国领先的基于 RFID 技术的“重庆交通信息卡系统”，累计发放“重庆交通信息卡”1 200 余万张，覆盖全市的机动汽车车辆，实现机动车、驾驶员管理的电子化和网络化，应用范围和规模处于国内领先地位。在医疗卫生领域，率先建成区域三级人口健康信息专网和“市—区（县）”两级人口健康信息平台，累计完成 2 000 万条电子健康档案和 800 多万条电子病历数据采集，初步实现信息共享与调阅应用。

【两化融合】 2016 年，重庆市两化融合发展总指数为 77.25，有力促进工业转型升级。

推进制造业与互联网融合发展。重庆市推进重庆猪八戒网络有限公司“工业服务众包平台”、重庆川仪自动化股份有限公司“工业仪器仪表网络营销模式创新”、重庆潍柴发动机有限公司“基于移动互联网的发动机故障远程诊断系统研发与应用”、重庆山外山科技有限公司“血液净化设备的智能化服务化创新”等工业和信息化部试点项目。2016 年 10 月，出台《重庆市制造业与互联网融合创新实施方案》（渝府发〔2016〕49号），策划19大工程71个重点项目，开展重庆市制造业与互联网融合发展项目征集，确定重点项目59个，同时发布19个工业物联网和18个“互联网+”协同制造、人工智能等试点示范项目。

推进两化融合管理体系贯标。贯彻落实《重庆市制造业与互联网融合创新实施方案》（渝府发〔2016〕49号），加快企业两化融合管理体系标准和新型能力建设，提升企业两化融合发展水平。截至2016年，重庆市开展两化融合管理体系贯标的企业达181家（其中国家级试点企业50家），通过国家贯标评定23家，通过市级评估验收35家，共打造新型能力50余项，涉及企业研发创新、制造流程及全生命周期管控、产供销集成管控、设计制造协同、在线支持服务等方面。

推进服务型制造工程。2016年10月，重庆市印发《重庆市发展服务型制造专项行动计划（2016—2018年）》（渝经信发〔2016〕75号）。重点推进“6+1”支柱产业重点企业以设计创新服务、供应链协同服务、全生命周期管理服务、个性化定制服务、总集成总承包服务、在线支持（信息增值）服务等为重点发展方向。重庆锦晖陶瓷有限公司建成全市首个国家级消费品设计营销平台“集创家”，2016年实现销售收入近7 000万元；重庆玛格家居有限公司实现全国“大规模柔性化非标准C2B定制家居智造”模式，重庆基地于2016年7月建成投产，产值已达7 000余万元；重庆段氏服饰实业有限公司开展面向个性化定制的服装智能制造模式创新应用，形成“个性化定制＋电子商务＋后服务”的一体化服务型制造新模式；重庆恒通客车有限公司搭建ITS云平台，提供客运车辆整车运行监控及智能调度，实现对整车130多项故障的远程实时监测预警，对重庆、云南、湖北等地2 000余辆公交车实现远程服务。

推进工业云创新发展。通过云计算、大数据推动工业生产要素在线化，提升中小企业两化融合水平。中移物联网开放平台（OneNET）企业客户达3 000家以上，聚集创客28 000名，接入设备突破537万台，开放应用9 157个。优企酷中小企业服务平台启动所有区县试点，近32 000家企业试点应用。重庆工业云已有制造、软件、商贸等800余家企业入驻，已建成体验中心。允升工业耗材交易云2016年交易额突破200亿元。工聚来网打造中小企业日常工业用品一体化采购服务平台，月均交易额达1 500万元以上。中摩联易链网供应链协同交易平台2016年交易额达290亿元。

【信息消费】 2016年，作为国家信息消费示范城市，重庆市基于电子商务等信息平台的消费快速增长，全市限额以上商贸流通企业网上销售额达到738.7亿元，网上零售额达到165.13亿元，同比增长39%。信息消费供给能力进一步提升，信息消费公共服务能力进一步增强。

【物联网】 2016年，重庆市300多家物联网企业（列入统计）实现产业核心产值303亿元，同比增长59.5%。南岸区国家物联网产业示范基地顺利通过3年建设期复核；两江新区、高新区、西永微电园等物联网产业聚居区发展态势良好，招商引资、应用示范、技术研发等取得新进展。

顶层设计引导产业发展。出台《重庆市推进基于宽带移动互联网的智能汽车与智慧交通应用示范项目实施方案（2016—2019年）》《关于加快推进虚拟现实产业发展的工作意见》《关于加快推进可穿戴设备产业发展的工作意见》《重庆市物联网产业界定和统计办法（暂行）》等文件，启动《重庆市加快传感器产业发展专项行动计划》编制工作。

招商引资有所进展。德尔森传感器、UST传感器、得润汽车电子、莱斯信息等6个项目顺利落地，实到总投资16亿元；海康威视重庆基地项目等11项市级重点项目总投资50余亿元，进展顺利。

应用示范积极推进。2016年2月，工业和信息化部与重庆市签订“基于宽带移动互联网的智能汽车与智慧交通应用示范项目”合作协议，成为全国首批“基于宽带移动互联网的智能汽车与智慧交通应用示范区”；11月，项目一期“智能汽车集成系统试验区”正式启用。开展重庆市工业物联网应用试点项目评审，联合市农委和市供销总社发布50项2016年重庆市农业物联网应用试点项目。典型物联网应用示范的深度和广度不断拓展，慧居电子公租房智慧社区改造、中移物联网摩托车“行车卫士”、广睿达扬尘监测、和航科技智慧消防、英卡电子智慧森林、新标医疗基层医疗机构心电监护等重点应用示范项目有效推进，并取得实效。

产业生态环境不断优化。以中移物联网开放平台和中国联通Jasper平台共同打造物联网生态，召开物联网产业统计工作培训会，开展物联网产业统计和监测工作，成立物联网产业协会、智能工业推进联盟，出版《重庆市物联网典型应用案例汇编》，开展“智慧城市在行动”媒体宣传活动，组织物联网、虚拟现实、智能传感、可穿戴设备、两化融合等宣传培训活动，累计宣传培训 1 000 余人次。

【云计算与大数据】 2016 年，重庆市云计算发展迈上新台阶，浪潮（重庆）云计算中心等数据中心按期投运，两江国际云计算产业园服务器运营支撑能力超过 10 万台。在大数据方面，成功引进浪潮集团大数据基地等重点项目，博拉网络公司等本地大数据企业在金融风控、电子商务、环保、数字营销等行业基于大数据应用技术的细分领域开始崭露头角，推动全市大数据产业链加速完善。

【产业热点】 2016 年，重庆市招商引资成效明显，全行业签约重点项目 10 个，计划总投资约 270 亿元，2017 年将实现产值约 290 亿元，达产后预计年产值将达到 1 100 亿元。2016 年 1 月，哈迪斯手机 SMT 项目落户九龙坡区，计划总投资 17 亿元，2017 年将实现产值 10 亿元，达产后预计年产值 80 亿元；8 月，闻泰智能终端项目落户南岸区，计划投资 10 亿元，2017 年将实现产值 30 亿元，达产后预计年产值 100 亿元；中光电触控一体化项目落户渝北区，计划总投资 50 亿元，2017 年将实现产值 30 亿元，达产后预计年产值 100 亿元；9 月，京东方智慧电子项目落户两江新区，计划总投资 15 亿元，2018 年投产，达产后预计年产值 100 亿元；10 月，欧珀智能生态科技园项目落户渝北区，计划投资 70 亿元，2017 年将实现产值 100 亿元，达产后预计年产值 300 亿元；合川信息安全产业基地项目签约，计划投资 50 亿元，2017 年将实现产值 50 亿元，达产后预计年产值 200 亿元；联创电子新型触控显示一体化项目落户两江新区，计划投资 10 亿元，2017 年将实现产值 20 亿元，达产后预计年产值 65 亿元；捷来科技手机 SMT 项目落户西永园区，计划总投资 4 亿元，2017 年将实现产值 10 亿元，达产后预计年产值 20 亿元；11 月，仁宝智能装置事业群项目落户保税港区，2017 年将实现产值 40 亿元，达产后预计年产值 100 亿元；12 月，天翌光电 3D 弧面盖板及触摸屏项目落户南川区，计划投资 3 亿元，2017 年将实现产值 2.5 亿元，达产后预计年产值 20 亿元。

重大项目顺利推进。在集成电路领域，SK 海力士项目不断放量，奥特斯 IC 载板项目一期顺利投产，超硅 12 英寸硅片项目正按计划顺利推进。在平板显示领域，惠科金扬进一步扩大生产规模，京东方 8.5 代平板显示器件项目实现月产能 15 万片，惠科金渝 8.5 代面板项目按计划顺利推动。

【产业环境】 2016 年，重庆市陆续出台《进一步加快全市大数据发展的工作方案》《重庆市软件服务业提升发展行动计划（2016—2020 年）》等文件，率先于全国各省市出台分享经济相关发展意见。获批国家大数据综合试验区，定位为区域示范类综合试验区，引领西部板块大数据产业发展。全面启动 2017 世界智能科技大会筹备工作，联合工业和信息化部、科技部等国家部委打造智能科技领域国际品牌盛会，助推人工智能、虚拟现实、机器人、大数据、无人机等前沿性技术和产业加快发展。“大数据龙门阵”、iPlus“互联网 +”项目路演计划、“大数据四方行动”计划、2016 重庆市首届产业互联网高峰论坛、首届重庆“互联网 +”创新创业之星评选暨 2016 云计算大数据创新创业项目路演（重庆站）系列活动陆续举行。

【主要问题】 重庆市产业链逐步形成，战略核心部件本地化供应有待进一步提高。电子信息产业的进一步发展需要核心零部件的本地化，全市零部件数量本地化率达 80%，但价值量仅为 30%，处理器、硬盘、存储器等核心部件缺失，电化学原料、衬底片等相关原材料产业需进一步发展。

制造产量急速增长，创新能力仍显薄弱。重庆市电子信息制造业快速发展，但创新能力明显薄弱。科研基地建设和高等教育发展不能满足产业膨胀式快速发展需要，技术创新平台有待完善，电子制造类人才储备明显不足，服务于中小微企业的孵化平台尚不完善，研发经费在企业开支中的占比仅为 1.2%。

【统计数据】

表 1　2016 年重庆市电子信息制造业人员构成情况

企业类别	企业数（家）	年末从业人员总数（人）	企业类别	企业数（家）	年末从业人员总数（人）
内资企业	486	102 000	私营企业	283	
国有企业	8	4 000	其他内资企业	1	
股份合作企业	195		港、澳、台商投资企业	51	
有限责任公司	179		三资企业	104	51 000
股份有限公司	15	98 000			

表 2　2014—2016 年重庆市电子信息制造业基本情况

项目名称	单位	2014 年	2015 年	2016 年
工业总产值（现行价）	万元	36 836 210	40 755 573	49 986 800
工业销售产值	万元	36 442 923	40 031 335	49 304 700
出口交货值	万元	21 994 369	21 060 878	23 799 800
资产总计	万元	11 206 248	11 280 246	11 943 964
负债合计	万元	8 120 303	8 189 598	8 332 380
主营业务收入	万元	29 077 104	28 981 549	23 615 096
税金总额	万元	27 058	31 953	42 500
利润总额	万元	722 721	720 514	806 287
从业人员年末人数	人	152 859	150 000	152 000

表 3　2014—2016 年重庆市电子信息制造业三资企业基本情况

项目名称	单位	2014 年	2015 年	2016 年
工业总产值（现行价）	万元	13 106 706	11 639 241	19 880 443
工业销售产值	万元	11 151 194	11 402 944	20 208 417
出口交货值	万元	10 736 872	8 974 458	17 975 454

表 4　2014—2016 年重庆市电子信息制造业主要经济效益指标完成情况

项目名称	单位	2014 年	2015 年	2016 年
全员劳动生产率	元 / 人	1 664 161	2 717 038	2 517 033
产品销售率	%	98.9	98.2	104.6
资产负债率	%	72.5	72.6	64.3

表 5　2014—2016 年重庆市电子信息制造业三资企业主要经济效益指标完成情况

项目名称	单位	2014 年	2015 年	2016 年
产品销售率	%	99.7	98.0	101.6

表 6　2014—2016 年重庆市主要电子信息产品产量情况

项目名称	单位	2014 年	2015 年	2016 年
电子计算机整机	台	64 467 800	61 807 865	67 646 513
其中：笔记本电脑	台	63 488 400	55 751 350	58 421 589
移动通信手持机（手机）	台	94 182 396	176 050 758	287 083 594
印制电路板	平方米	13 017 988	15 280 686	17 671 382
集成电路圆片	万片	33	42	54
显示器	台	14 673 404	19 497 824	26 543 038
打印机	台	16 162 897	14 477 060	13 746 166
光电子器件	万只（片）	59 111	59 927	109 752

注：表 1 ~表 6 数据来源于重庆市统计局。

表 7　2014—2016 年重庆市软件产业基本情况

项目名称	单位	2014 年	2015 年	2016 年
软件业务收入	万元	7 062 363	8 535 978	10 249 597
软件业务出口收入	万美元	6 799	19 799	14 709
软件产品销售收入	万元	1 182 699	1 973 811	2 386 354
流动资产平均余额	万元	4 334 851	12 899 923	4 519 113
固定资产投资额	万元	117 256	192 732	197 174
资产合计	万元	10 754 953	13 286 772	13 905 010

续表

项目名称	单位	2014 年	2015 年	2016 年
负债合计	万元	4 114 296	5 628 805	4 905 398
税金总额	万元	113 006		176 448
利润总额	万元	478 251	1 767 287	665 218
应交所得税	万元	146 934	149 476	110 189
从业人员年末人数	人	101 304	122 794	147 419
从业人员工资总额	万元	673 395	1 012 186	1 101 303

注：数据来源于工业和信息化部。

[供稿：重庆市经济和信息化委员会]

四 川 省

【概况】 2016 年，四川省电子信息产业完成主营业务收入 6 099.3 亿元，同比增长 8.5%。其中，电子信息制造业完成主营业务收入 3 676.2 亿元，同比增长 5.1%；软件和信息技术服务业全年完成软件业务收入 2 423.1 亿元，同比增长 14.0%。

【电子信息制造业】 2016 年，四川省规模以上电子信息制造业完成现行价工业总产值 4 329.3 亿元，同比增长 7.7%；利润总额 125.5 亿元，同比增长 159.8%；税金总额 73.8 亿元，同比下降 28.5%；规模以上工业增加值同比增长 9.4%。

2016 年，四川省生产彩色电视机 1 111.0 万台，同比增长 18.9%；笔记本电脑 2 428.5 万台，同比增长 36.5%；平板电脑 4 099.6 万台，同比下降 7.6%；手机 4 486.7 万部，同比增长 32.9%；机顶盒 843.4 万台，同比下降 1.2%；集成电路 33.2 亿只，同比下降 10.3%；电子元件 92.6 亿只，同比增长 9.5%；电子器件 1 009.2 亿只，同比下降 28.1%。

2016 年，四川省规模以上电子信息制造业三资企业完成现行价工业总产值 2 363.8 亿元，同比增长 6.6%；完成工业销售产值 2 133.9 亿元，同比增长 2.2%；实现主营业务收入 2 142.8 亿元，同比增长 36.4%；实现利润 108.1 亿元，同比增长 660.1%。

【软件和信息技术服务业】 2016 年，四川省软件和信息技术服务业完成营业收入 3 059.0 亿元，同比增长 11.5%；软件业务收入 2 423.1 亿元，同比增长 14.0%；实现利润总额 276.2 亿元，同比下降 12.4%；税金总额 108.0 亿元，同比下降 20.8%；软件业务出口 14.7 亿美元，同比增长 5.7%；从业人员 28.5 万人。其中，软件产品收入 958.7 亿元，同比增长 15.5%；信息技术服务收入 1 448.7 亿元，同比增长 13.0%；嵌入式系统软件收入 15.7 亿元，同比增长 11.7%。

2016 年，四川省应用软件产品收入 479.0 亿元，同比增长 50.5%；嵌入式应用软件收入 42.3 亿元，同比 92.8%；终端与数字内容安全产品收入 45.8 亿元，同比增长 105.7%。

2016 年，四川省数字新媒体、游戏娱乐、在线交易等信息技术服务行业保持蓬勃发展。运行维护服务收入 155.7 亿元，同比增长 127.0%；数据服务收入 333.0 亿元，同比增长 32.0%；平台运营服务收入 78.0 亿元，同比增长 203.0%。在线交易支撑服务收入同比增长 401.0%。

2016 年，四川省登记服务外包企业 633 家，新增 67 家。登记离岸服务外包合同 340 份，合同类型涉及 12 个行业，主要为信息技术外包（ITO）、业务流程外包（BPO）、知识流程外包（KPO）。服务外包离岸合同总金额 20 亿美元，同比增长 2.6%；离岸执行金额 14.9 亿美元，同比增长 7.2%；其中，29 家规模以上软件服务企业实现软件外包服务收入 2.9 亿美元，同比增长 3.5%。离岸服务外包业务中，来自美国市场的业务仍居第一，占接包业务的 42.8%；欧洲市场约占接包业务的 16.3%。全球服务外包 10 强企业中的 IBM、埃森哲、维布络 3 家企业在成都设立研发中心，全球服务外包 100 强企业有 21 家落户成都，中国服务外包 10 强有 6 家在成都设立分支机构，超过 50 家跨国集团企业在成都设立全球交付中心、共享服务中心或研发中心。

2016 年，中国电子科技网络信息安全有限公司、四川省通信产业服务有限公司、四川九洲电器集团有限公司入选 2016 年中国软件业务收入百强企业和 2016 年中国软件企业综合竞争力 100 强企业。

【电子产品进出口贸易】 2016 年，四川省电子产品进出口贸易保持增长态势，进出口总额 286.7 亿美元，同比增长 16.9%。其中，进口 140.6 亿美元，同比增长 36.8%；出口 146.1 亿美元，同比增长 2.5%；贸易顺差 5.5 亿美元。

据四川省商务厅统计，2016 年，四川省出口以大中小微型计算机、集成电路及微电子组件为代表的电子产品 146.1 亿美元，同比增长 2.5%，总量占全省的 52.3%。其中，大中小微型计算机产品出口 100.1 亿美元，同比增长 3.0%；集成电路及微电子组件出口 21.0 亿美元，同比增长 3.7%；有线载波及有线数字通信设备出口 7.5 亿美元，同比增长 31.6%。

据四川省商务厅统计，2016 年，四川省进口电子产品 140.6 亿美元，总量占全省的 65.8%。集成电路及微电子组件是四川省进口额最大的单项产品，全年进口集成电路及微电子组件 110.3 亿美元，同比增长 45.1%，占全省进口总额的 51.6%，占全省进口电子产品的 78.4%。

【科技进步与应用】 截至 2016 年年底，四川省电子信息产业拥有国家级企业技术中心 7 家，省级技术中心 107 家。电子信息产业申请专利 44 945 件，其中发明专利申请 22 860 件，分别占全省的 20% 和 25%。

2016 年，电子信息行业拥有国家“万人计划”专家 81 名，国家“千人计划”专家 227 名。由四川省人民政府、电子科技大学、行业龙头企业、创投机构及管理团队共同出资组建的四川电子信息产业技术研究院有限责任公司已经挂牌成立。

2016 年，四川省科技进步奖电子信息项目组获得 2 个一等奖、1 个二等奖、8 个三等奖。其中，电子科技大学的“功率高压 MOS 器件关键技术与应用”、四川大学的“高平均功率高光束质量全固态激光关键技术”两个项目获四川省科技进步一等奖；成都飞机工业（集团）有限责任公司的“基于大数据分析的复杂产品质量管控技术研究与应用”获四川省科技进步二等奖。

【信息基础设施】 2016 年，四川省在全光网省的基础上启动网络强省建设，组织开展省级“宽带乡村”（二期）工程；建成全国首个“百兆宽带城市群”。雅安、泸州、南充 3 个市州成功创建“宽带中国”示范城市，四川省入选市（州）数量已达 10 个。全省光纤入户、3G/4G 基站数、光缆长度等宽带基础设施规模在全国领先。

2016 年，四川省继续推进有线电视网络双向化、宽带化、智能化建设，城镇光缆覆盖率达到 100%，农村光缆覆盖率超过 70%，双向网络覆盖率 73.7%，城镇带宽具备 50Mbps、农村接入网带宽具备 20Mbps 以上能力。

【信息产业基地和园区】 2016 年，成都高新技术产业开发区在科技部国家高新区评价中综合排名位居全国第三，全年 GDP 达到 1 436.5 亿元，工业增加值同比增长 8.5%。完成固定资产投资 636.7 亿元，财政总收入 376.6 亿元，公共预算收入 134.6 亿元，实际利用外资 18.3 亿美元。2016 年，全区电子信息产业实现规模以上工业总产值 2 159 亿元，占规模以上工业总产值的 74%。截至 2016 年年底，区内已聚集规模以上工业企业 115 家，包括富士康科技集团、戴尔中国有限公司、联想集团、英特尔集团、美国德州仪器（中国）公司、京东方集团等知名企业，聚集高端软件和新兴信息服务企业 1 200 多家，全球软件业 10 强有 6 家企业、全国软件业百强有 22 家企业入驻成都高新区。

截至 2016 年年底，绵阳市共有产业园区 12 个，其中，国家级产业园区 2 个（高新区、经开区），省级产业园区 8 个（江油工业园区、游仙经济开发区、安州工业园区、科创区、三台工业园区、北川经济开发区、梓潼经济开发区、盐亭经济开发区）。建设国家新型工业化产业示范基地 2 个（高新区数字视听产业示范基地、科技城军民融合产业示范基地）、省级新型工业化产业示范基地 2 个（经开区电子信息产业示范基地、江油工业园区特钢产业示范基地）。

成都崇州经济开发区被成都市确定为“中西部消费类电子园区”。2016 年，经开区 101 家规模以上企业实现工业总产值 232.7 亿元，同比增长 14.9%；规模以上工业增加值增幅达 21.5%；规模以上主营业务收入 228.4 亿元，同比增长 14.9%；规模以上利润总额 14.9 亿元，同比增长 14.9%；规模以上税收收入 9.8 亿元，同比增长 22.9%。电子信息产业以成都崇州捷普电子有限公司为龙头，涵盖研发设计、电子材料、电子元器件、模具、模切、精密加工、产品检测等上下游产业链配套的产业集群。2016 年，全区电子信息产业实现工业总产值 86.2 亿元，同比增长 34.2%，行业占比 37%；主营业务收入 86.1 亿元，同比增长 36.8%，行业占比 37.7%；利润总额 6.2 亿元，同比增长 33.1%，行业占比 41.6%；税收 3 亿元，同比增长 62.1%，行业占比 31.3%；大数据产业发展完成顶层设计，规划建设 133 万平方米的大数据产业园区，IPC（智慧处理中心）已投运，引进 20 余家关联企业合作建设智慧城市和发展大数据产业。

【两化融合】 2016 年，四川省继续推动信息化与工业化深度融合。出台《关于贯彻落实〈“互联网 + 四川制造”实施方案〉的通知》，“互联网 + 四川制造”平台正式上线。争取并获得国家智能制造专项和智能制造试点示范项目支持。推动工业和信息化部两化融合管理体系贯标试点企业开展贯标工作，指导全省 900 余家企业参与两化融合评估诊断和对标引导工作。工业发展资金支持 100 多家企业进行智能制造、协同制造、数字化流程控制及信息管理等项目建设，推动企业实现转型升级发展。引导小微企业运用云计算、移动商务等新一代信息技术，促进信息技术集成应用和协同创新。

2016 年，四川省继续推动“互联网 +”持续健康发展。出台《四川省 2016 年“互联网 +”重点工作方案》，在制造、农业、创业创新、政务等 14 个领域提出 67 项重点工作，将“互联网 +”细化到各行业。建设以“互联网 +”为主要建设内容的中小企业公共服务网络平台体系，支持一批“互联网 +”公共服务项目。

【产业热点】 2016 年，四川省在信息安全方面完成信息安全产值 290 亿元，同比增长 31.8%。中国电科（成都）网络信息安全产业园被列入四川省重点项目，于 2016 年 4 月举行奠基仪式，项目已全面开工建设，计划于 2018 年一期工程建成投运。

在北斗产业方面，全省完成北斗卫星产业产值 31 亿元，同比增长 40.9%。截至 2016 年年底，四川省北斗卫星导航产业联盟共有成员单位 54 家，专家委员 27 人，其中 2016 年新增成员单位 8 家。联盟内逐步形成完整的北斗产业链，涵盖自主芯片设计研发、元器件、板卡、导航软件、GIS 地图、终端制造、运营服务、系统集成等北斗产业链上、中、下游各个领域。

在平板显示方面，总投资 465 亿元的京东方（成都）6 代 AMOLED 项目完成投资 100 亿元，计划于 2017 年 6 月投产；总投资 465 亿元的京东方（绵阳）6 代 AMOLED 项目于 2016 年 12 月完成开工仪式；中国电子 8.6 代液晶面板项目正在加快建设。

在集成电路方面，英特尔骏马项目一期工程投产，全年新增产值约 80 亿元；海威华芯第二代、第三代半导体集成电路芯片项目竣工投产；总投资约 43 亿元的中国电子成都集成电路研发及产业化基地项目、投资 7.3 亿元的展讯公司全球三大总部之一及全球研发基地项目已签约；国家集成电路公共服务平台西南平台“核芯空间”已签约；上海华大在四川设立集成电路设计公司。

在工业云方面，四川省工业云在用数据中心项目有 23 个。其中，大型数据中心 2 个（四川成都西部信息中心 IDC 数据中心、联通四川天府新区 IDC 中心）；中小型数据中心 21 个，按照设计机架数靠前的主要有成都万国数据中心、成都天府热线二枢纽数据中心、成都中立数据科技 IDC。

在大数据方面，四川省大数据产业领域创新创业极其活跃，在首席数据官联盟发布的2016年《中国大数据企业排行榜》上，成都三泰控股集团有限公司在智慧城市领域排行中位列智慧物流第二位；成都市映潮科技股份有限公司在行业综合排名中位列电商行业领域第二位；成都数联铭品科技有限公司在行业综合排名中位列金融行业领域第四位。成都盛思睿信息技术有限公司的DCSS安全云桌面系统获评“2016云计算大数据创新创业评选——总评选优秀技术创新项目”，成都数联寻英科技有限公司的人力资源首席数据官获评“2016云计算大数据创新创业评选——总评选优秀创业项目”。

2016年，四川省先后出台《四川省加快大数据发展的实施意见》《四川省大数据产业技术路线图》《四川省大数据发展促进办法》等政策文件。四川省经济和信息化委员会专门设立“互联网及大数据普遍服务项目资金”支持产业发展，成都市设立应用示范资金支持产业发展，德阳市经济和信息化委员采用补贴方式鼓励企业购买工业云服务，绵阳市设立专项资金支持产业发展。

【统计数据】

表1　2016年四川省电子信息制造业人员构成情况

企业类别	企业数（家）	年末从业人员总数（人）	人员构成	
			研发人员（人）	在总人数中所占比例（%）
内资企业	393	193 914	22 212	11.5
国有企业	13	76 065	10 624	14.0
集体企业	1	57		
股份合作企业	1	109	6	5.5
有限责任公司	192	62 292	6 028	9.7
股份有限公司	37	25 094	2 670	10.6
私营企业	144	27 059	2 788	10.3
其他内资企业	5	3 238	96	3.0
港、澳、台商投资企业	8	63 013	291	0.5
三资企业	32	41 771	912	2.2

表2　2014—2016年四川省电子信息制造业基本情况

项目名称	单位	2014年	2015年	2016年
工业总产值（现行价）	万元	42 371 917	40 196 258	43 292 651
工业销售产值	万元	40 481 065	40 262 538	40 175 976
出口交货值	万元	25 269 631	20 806 214	15 978 617
资产总计	万元	26 892 697	25 594 384	29 487 982
负债合计	万元	18 440 918	17 370 284	17 415 905
主营业务收入	万元	38 079 736	34 962 555	36 762 000

续表

项目名称	单位	2014 年	2015 年	2016 年
税金总额	万元	994 157	1 031 873	738 209
利润总额	万元	1 268 587	482 577	1 255 000
应交所得税	万元	171 265	658 348	180 245
从业人员年末人数	人	315 232	290 714	298 698
从业人员工资总额	万元	1 410 524	1 765 191	1 952 989

表 3　2014—2016 年四川省电子信息制造业三资企业基本情况

项目名称	单位	2014 年	2015 年	2016 年
工业总产值（现行价）	万元	25 591 808	22 171 807	23 638 323
工业销售产值	万元	25 508 295	20 881 498	21 338 712
出口交货值	万元	23 939 274	16 482 328	14 621 504
资产总计	万元	8 390 986	9 269 019	10 720 818
负债合计	万元	6 236 875	6 535 359	6 782 426
主营业务收入	万元	23 480 980	15 704 374	21 427 872
税金总额	万元	126 507	583 143	171 218
利润总额	万元	1 264 413	–192 606	1 081 347
应交所得税	万元	41 106	564 744	62 846
从业人员年末人数	人	145 901	140 541	104 784
从业人员工资总额	万元	671 278	894 513	684 634

表 4　2014—2016 年四川省电子信息制造业主要经济效益指标完成情况

项目名称	单位	2014 年	2015 年	2016 年
流动资产周转率	次	2.3	2.1	2.1
产品销售率	%	106.5	87.0	92.8
总资产贡献率	%	9.3	13.0	9.0
资产保值增值率	%	101.2	119.5	136.3
资产负债率	%	68.6	67.9	59.1

表 5　2014—2016 年四川省电子信息制造业三资企业主要经济效益指标完成情况

项目名称	单位	2014 年	2015 年	2016 年
流动资产周转率	次	3.8	2.3	2.8
产品销售率	%	91.8	70.8	90.2
总资产贡献率	%	17.1	5.3	9.5
资产保值增值率	%	102.8	170.4	251.2
资产负债率	%	74.3	70.5	63.3

表 6　2014—2016 年四川省主要电子信息产品产销量情况

产品名称	单位	产量			销量		
		2014 年	2015 年	2016 年	2014 年	2015 年	2016 年
彩色电视机	万台	1 027.7	1 055.7	1 111	1 027	970.7	1 153.7
笔记本电脑	万台	2 559	1 779.2	2 428.5	2 559	1 779.2	2 428.5
平板电脑	万台	4 878	4 436	4 099.6	4 878	4 436	4 099.6
手机	万部	291	3 375.3	4 486.7	298	3 174.5	4 486.7
机顶盒	万台	831	853.9	843.4	835	852.8	843.4
集成电路	万块	411 991	369 669	332 328.9	411 991	369 669	332 328.9
电子元件	万只	1 144 686	808 534.1	926 422.5	1 144 686	845 991.8	926 422.5
电子器件	万只	15 163 000	14 027 456	10 092 000	15 021 498	14 048 302	10 092 000

表 7　2014—2016 年四川省三资企业主要电子信息产品产销量情况

产品名称	单位	产量			销量		
		2014 年	2015 年	2016 年	2014 年	2015 年	2016 年
笔记本电脑	万台	2 557	1 779	2 429	2 559	1 779	2 429
平板电脑	万台	4 878	4 436	4 100	3 991	4 436	4 100
彩色电视机	万台	130	127	123	131	127	123
电子元件	万只	1 046 951	176 812	202 587	1 046 951	176 812	202 587
电子器件	万只	6 673 307	6 173 548	4 441 344	6 673 307	6 173 548	4 441 344
集成电路封装测试	万只	205 328	20 000	35 000	205 328	20 000	35 000

表 8　2016 年四川省软件产业人员构成情况

企业类别	企业数（家）	年末从业人员总数（人）	人员构成			
			管理人员（人）	在总人数中所占比例（%）	软件开发研究人员（人）	在总人数中所占比例（%）
内资企业	1 117	254 873	17 911	7.0	53 449	21.0
国有企业	31	59 167	3 869	6.5	9 635	16.3
集体企业	1	12 905	660	5.1	2 080	16.1
股份合作企业	3	179	29	16.2	101	56.4
联营企业	1	87	5	5.7	17	19.5
有限责任公司	446	83 226	7 188	8.6	22 413	26.9
股份有限公司	121	49 472	2 557	5.2	9 079	18.4
私营企业	503	47 833	3 474	7.3	9 862	20.6
其他内资企业	11	2 004	129	6.4	262	13.1
港、澳、台商投资企业	21	7 538	276	3.7	2 406	31.9
三资企业	63	22 099	832	3.8	5 030	22.8

表 9　2014—2016 年四川省软件产业基本情况

项目名称	单位	2014 年	2015 年	2016 年
软件业务收入	万元	18 955 652	21 259 096	24 230 870
软件业务出口收入	万美元	133 263	139 414	147 393
软件产品销售收入	万元	7 166 321	8 297 108	9 586 500
流动资产平均余额	万元	6 772 233	7 628 517	8 751 771
固定资产投资额	万元	512 575	658 235	505 497
资产合计	万元	22 208 445	16 480 077	15 815 884
负债合计	万元	9 723 979	11 286 355	7 056 853
税金总额	万元	34 091	47 401	1 080 499
利润总额	万元	2 798 245	3 152 583	2 761 702
应交所得税	万元	329 809	176 742	302 994
从业人员年末人数	人	212 825	251 851	284 510
从业人员工资总额	万元	2 381 027	2 331 643	3 019 178

表 10　2014—2016 年四川省软件产业三资企业基本情况

项目名称	单位	2014 年	2015 年	2016 年
软件业务收入	万元	1 823 664	1 552 231	1 341 266
软件业务出口收入	万美元	105 410	102 237	104 354
软件产品销售收入	万元	430 368	396 832	193 841
流动资产平均余额	万元	458 255	430 821	477 821
固定资产投资额	万元	239 253	228 240	86 545
资产合计	万元	1 049 297	712 316	898 341
负债合计	万元	418 153	316 297	339 652
税金总额	万元	2 605	7 074	51 470
利润总额	万元	261 260	338 560	315 256
应交所得税	万元	149 986	11 966	16 178
从业人员年末人数	人	23 282	20 122	22 099
从业人员工资总额	万元	284 389	265 844	291 432

注：表 1 ~表 10 数据来源于四川省经济和信息化委员会。

[供稿：四川省经济和信息化委员会]

贵　州　省

【电子信息制造业】 2016 年，贵州省规模以上电子信息制造业工业增加值同比增长 66.6%，拉动全省工业增长 0.9 个百分点。

产业结构加快转型升级，以手机、平板电脑、平板电视为代表的智能终端行业快速起步，实现迅猛增长。累计生产手机 13 031 万部，同比增长 546.8%，其中，智能手机 1 975.3 万部，同比增长 1 388.6%；平板电脑 317 万台，同比增长 51.5%；平板电视 191.2 万台，同比增长 43%。

市场主体加快培育壮大，规模以上企业 108 家，其中亿元以上骨干企业 27 家，较上年年底新增 17 家。富士康公司、以晴光电集团等龙头企业运行态势稳定，富泰通信公司、财富之舟公司等新增企业实现产能快速释放。

重点项目建设加快推进，富士康第四代绿色产业园、华芯通 ARM 架构服务器处理器芯片研发设计、遵义手机生产线建设等项目运行进展顺利。

产业集聚加快形成，在贵阳市、遵义市、贵安新区、六盘水市等地，以引进企业为带动，打造形成智能终端产业集聚区。

【软件和信息技术服务业】 2016 年，贵州省软件和信息技术服务业实现收入 127.83 亿元。其中，软件产品收入 50.27 亿元，信息技术服务收入 76.78 亿元，嵌入式系统软件收入 0.79 亿元。实现利润总额 7.17 亿元，从业人员 2.18 万人。

软件和信息技术服务业企业纳入统计222家。企业分布以贵阳市为主，约为60%，遵义占比20%左右，其他市州占比20%。贵阳货车帮科技有限公司已有超过300万会员，ETC每日充值额为3 000万元，已经入选科技部火炬中心联合长城企业战略研究所发布的“独角兽”企业榜单，成为贵州本土唯一一家“独角兽”企业。白山云科技有限公司作为国内首家做云分发、云存储、云聚合的服务提供商，已积累包括微软、腾讯、搜狐在内的100多家知名互联网企业客户，注册在贵安新区两年来销售额增长50多倍。贵州易鲸捷信息技术有限公司打造具有中国自主知识产权的大数据平台和技术，致力于解决企业、政府、互联网在大数据时代面临的复杂数据分析与应用问题，在大数据产业链最核心的存储管理领域抢占到市场高地。贵州数联铭品科技有限公司制作企业全息画像系统，对企业征信进行评级，助力解决中小企业融资难问题，帮助金融机构降低坏账率。贵阳大数据交易所作为全国首个大数据交易所，可交易数据品种30多类，会员单位突破1 000家。

【信息基础设施】 2016年，贵州省互联网出省带宽能力达到4 580Gbps，新增1 520Gbps。光缆（含广电网络）达到104.81万千米，新增31.81万千米。其中，通信光缆总长度达到80.6万千米，新增15.7万千米；广电光缆总长度为24.21万千米，新增8.51万千米。光纤到户覆盖家庭累计达到1 836.43万户，新增736.43万户。

多彩贵州“广电云”村村通工程完成投资17.82亿元，新增通有线电视网络行政村11 103个，总数达到16 906个，实现全省行政村村村通“广电云”。全省数据中心服务器承载能力达到40.07万台，安装使用服务器5.36万台。

印发《贵州省三网融合推广实施方案》（黔府办函〔2016〕84号），指导推动广电、电信业务双向进入扩大到全省。建成IPTV集成播控平台、视/音频集成播控平台、视频编码器系统、视频内容生产服务平台等6个子系统，实现省电信传输平台和广电局监管平台的对接。探索三网融合工作的创新模式，中国电信贵州分公司开发天翼宽带影信通信息超市融合平台，贵州广电网络公司推进贵州多彩“广电云”平台建设和使用。截至2016年年底，全省三网融合用户80.25万户，同比增长113.6%。

【两化融合】 2016年，贵州省推进信息技术在研发设计、生产制造、售后服务等各环节的普及渗透和集成应用，企业数字化、网络化、智能化水平大幅提升。2016年，贵州数字化研发设计工具普及率为39.57%，关键业务信息系统集成应用率为6.55%，关键工序数控化率为28.22%，数字化设备联网率为24.36%，1.84%的企业在新型制造模式应用上实现有效突破，企业应用电子商务比例为35.3%。

组织开展两化融合评估和管理体系贯标，组织650多家企业共计1 100多人开展宣贯培训，组织418家企业进行区域两化融合数据优化和采集，组织835家企业开展两化融合评估诊断。全年新增7家企业列入国家第三批试点，共有27家企业列入国家试点，新增3家企业提交第三方评定机构评定。

推动贵州工业云升级改造，企业数据资源逐步向云端汇聚，数据“聚通用”加快推进，共发布产业政策、产品信息、物料信息约2万余条，注册登云企业5万余家，工业品商城成交金额超过5亿元，云供应链完成上线订单120多个。

【信息安全】 2016年，贵州省成立省大数据安全领导小组，提出大数据安全战略“1+1+3+N”总体思路和大数据安全“八大体系”保护框架。一是强化云上贵州系统平台安全能力。丰富线上安全产品，通过7×24小时运维值班对平台用户问题进行实时响应和处置。制定安全总体解决方案，形成平台纵向跨层级、横向跨部门的安全管理规范体系。二是强化重要网站监测、通报预警和恢复处置。对1 000个重要党政、新闻、高等院校、公共服务及企事业单位等门户网站进行24小时外部远程监测，对采集的安全隐患指标数据进行统计、分析和研判，对问题较为严重的98家单位下发《网络与信息安全隐患督查整改通知书》，要求限期整改。三是强化突发安全事件处置。针对六盘水市人民政府邮件系统首页被篡改等10余起突发性网络信息安全事件，迅速响应，及时处置，把隐患漏洞尽可能消灭在萌芽状态。

开展网络与信息安全检查评估。在全省范围内筛选

55 家重要的政府门户网站、政府信息系统、工业控制系统和社会公共服务信息系统，开展网络与信息安全现场检查评估，并形成一对一检查评估报告。一是推动电子证书应用。省数字证书互认互通系列标准规范通过国家评审；贵州 CA 与黑龙江省发改委签订为该省 15 个公共资源交易中心网上招投标平台提供数字认证服务合同，实现电子认证服务向省外拓展业务；取得国家卫计委电子认证服务行业许可资质，可在省医疗卫生系统中开展电子认证服务。二是发展大数据安全产业。开展大数据安全企业调研，全省共有大数据安全企业 38 家，产值达 5.7 亿元。跟踪推进贵阳市大数据安全产业基地和大数据安全靶场建设，贵阳市大数据安全产业基地已引进大数据安全企业 14 家。

【云计算与大数据】 2016 年，贵州省建成全国首个全省政府数据统筹存储、共享开放和开发利用的云服务平台——“云上贵州”系统平台，开展“聚通用”攻坚会战，推进数据共享开放试验。“云上贵州”平台一是将省级政府部门应用系统和数据 100% 迁上平台实现物理集聚，市县两级政府应用系统和数据 100% 接入实现逻辑集聚；二是建成全国首个省级政府数据共享交换平台，全省三级政府部门数据在此共享交换，实现跨部门数据共享和业务协同应用；三是承载贵州电子政务云、中国 · 贵州门户网站云平台、网上办事大厅、云上贵州 APP 平台、筑民生 APP 等应用系统和 APP 应用，电子政务网、政府门户网、网上办事大厅、云上贵州 APP 平台“四网互通”，满足群众衣食住行、学游娱购等需要；四是包括政务部门在互联网的服务门户和全国首个省级政府数据开放平台，面向公众开放政务信息数据。

创新大数据应用，加快提升政府治理能力，服务社会民生。一是强化政府自身监管。通过制定统一的数据技术标准，优化、细化、固化权力运行流程和办理环节，实现数据留痕、权力可视、规范运行。二是丰富社区管理手段。贵阳“社会和云”的“一图一库四应用”建立针对人、地、事、物、情、组织等多维度相互关联的块数据库，发挥标签画像技术在精细化社会治理中的应用。三是服务社会公共安全。贵阳公安块数据指挥中心实时对全市的人、事、物进行三维立体画像，以全新模式实现立体化管控，全年刑事发案下降 5.99%。四是提升政法决策水平。“政法平安云”把大数据手段充分运用到政法工作的打防管控、执法司法、服务管理等领域和环节。省高级人民法院“智慧法院”大数据智能分析平台着力于人工智能功能的发挥，对海量案件数据进行采集分析，精确推送典型案例、文书模板、裁判结果参考。五是提升防灾减灾水平。“东方祥云”水库洪灾预警大数据应用可将洪涝灾害预测期从传统的 20 分钟提高到 72 小时。“电梯应急处置服务平台”自 2015 年年底运行以来，累计救援 14 578 次，日均救援 26 次，到达现场平均时间 11.6 分钟，比国家标准缩短 18.4 分钟，解救受困群众近 4 万人次。六是为宏观经济决策提供参考。“贵州省大数据产业地图”能够从地理空间分布角度直观了解各区域各行业企业的发展情况，实现对企业数量、企业基本信息、经营情况、产业园区入住率、行业细分类型等信息进行实时查询。七是构建推动“放管服”改革的“三平台”，即构建公共服务平台、政务工作平台和公共资源交易平台。八是实现并优化便民“五全服务”，即全覆盖服务、全联通服务、全方位服务、全天候服务和全过程服务。

【产业热点】 2016 年，贵州省用大数据助推传统企业转型升级。一是推动工业转型。开展“千企改造 · 大数据助力企业转型升级专项行动”，形成一批试点示范项目。全省两化融合指数全国排名上升，重点行业数字化研发设计工具普及率达到 40.5%，提高 4.8 个百分点，关键工序数控化率达到 23.4%，提高 3.4 个百分点。二是推动服务业转型。发展智慧旅游，打造全域旅游全平台。发展电子商务，完善与阿里巴巴、京东等全国知名第三方电商平台合作；发展智慧物流，打造省级物流综合公共信息服务平台、专业物流公共信息平台；发展大数据金融，成立全国第一家从事数据资产投资业务的大数据投资机构——贵阳数据投行有限公司，发展大数据普惠金融、互联网征信数据、区块链金融、第三方支付等新金融业态。三是推动农业转型。建设农业云服务平台，完善农副产品质量安全追溯体系，推动“网货下乡”“农货进城”“黔货出山”，吸引淘宝、京东等大型电商运营企业入驻，带动农村电商遍地开花。“贵农网”农村电商平台覆盖 420 万农村居民。“农经云”建成 94 个大数据村域经济服务社，平台汇聚七大类 8 000 多万条涉农数据，日均发布信息 1.5 万条。全省乡镇和行政村全部实现“一乡一网页”和“一村一网页”，开展涉农大数据服务和农村公共信息服务。

【产业环境】 2016年，贵州省颁布全国首个省级大数据地方法规——《贵州省大数据产业发展应用条例》，对大数据发展利用、共享开放、安全管理、法律责任等方面进行规范；发布全国首部政府数据共享开放地方性法规——《贵阳市政府数据共享开放条例》，对政府数据共享开放管理机制、部门职责、平台建设维护、采集汇聚、共享开放范围边界及使用具体要求、监督管理、安全保障等措施进行规范。

成立全国首个大数据标准委员会——贵州省大数据标准化技术委员会，参与制定4项地方标准和2项国家标准。

编制《云上贵州系统平台使用管理规范》《贵州省数据铁笼工程建设规范》《云上贵州APP应用建设规范》《贵州省政府数据资源管理登记制度》等一批制度规范。

【主要问题】 贵州省软件和信息技术服务业发展整体竞争力不强，支撑性、带动性不够。纵向比，贵州省软件和信息技术服务业发展增速较快，但横向比，软件和信息技术服务业体量不大，规模达不到东部很多地级市甚至县级市或一个开发区的量级。从发展后劲来看，软件和信息技术服务业引领性、应用性、支撑性项目不多，总部在贵州的有区域性、全国性影响的龙头企业、大企业少，中小企业总量小，软件和信息技术服务业新动能作用未能充分显现。

大数据发展要素保障不足。存在人才总量不足和产业需求不足的双重困境，一方面没有足够的人才来支撑产业和应用的发展，另一方面现有产业和应用对更多人才难以形成吸引和集聚。科技创新能力不足。人才、技术、资本等要素制约，整体创业创新能力较弱。

【统计数据】

表1　2016年贵州省电子信息制造业人员构成情况

企业类别	企业数（家）	年末从业人员总数（人）	企业类别	企业数（家）	年末从业人员总数（人）
内资企业	107	27 263	私营企业	5	836
国有企业	14	9 432	其他内资企业	2	742
股份有限公司	86	16 253	三资企业	1	190

表2　2014—2016年贵州省电子信息制造业基本情况

项目名称	单位	2014年	2015年	2016年
工业总产值（现行价）	亿元	350	426	509
主营业务收入	亿元	316	383	412
税金总额	亿元	9.4	14.7	4.6
利润总额	亿元	13.7	18.9	15.8
从业人员年末人数	人	36 507	39 765	27 453

表 3　2014—2016 年贵州省主要电子信息产品产销量情况

产品名称	单位	产量			销量		
		2014 年	2015 年	2016 年	2014 年	2015 年	2016 年
手机	万部	1 813	2 430	13 031	1 813	2 430	13 031
电子元件	亿只	19.3	43.8	23.6	18.9	42.1	21.9
集成电路	万块	2 036.8	3 079.7	12 051	1 986.3	2 981.2	11 394.6
电视机	万台	115.7	174.1	191.2	106	165.7	189.4
电冰箱	万台	147.5	138.6	147.0	141	132.7	144.7
平板电脑	万台		218	317		218	317

注：表 1 ～表 3 数据来源于贵州省经济和信息化委员会。

表 4　2016 年贵州省软件产业人员构成情况

企业类别	企业数（家）	年末从业人员总数（人）	人员构成			
			管理人员（人）	在总人数中所占比例（%）	软件开发研究人员（人）	在总人数中所占比例（%）
内资企业	222	19 112	1 953	10.2	8 300	43.4
国有企业	33	2 075	233	11.2	1 148	55.3
集体企业	2	35	4	11.4	22	62.9
股份合作企业	5	566	71	12.5	224	39.6
联营企业	2	41	8	19.5	26	63.4
有限责任公司	71	8 405	971	11.6	4 391	52.2
股份有限公司	21	3 225	201	6.2	802	24.9
私营企业	73	3 643	349	9.6	979	26.9
其他内资企业	15	1 122	116	10.3	708	63.1

表 5　2014—2016 年贵州省软件产业基本情况

项目名称	单位	2014 年	2015 年	2016 年
软件业务收入	万元	889 104	1 102 422	1 278 329
软件产品销售收入	万元	351 392	424 495	502 687
流动资产平均余额	万元	742 934	714 995	668 253
固定资产投资额	万元	20 377	17 064	48 163

续表

项目名称	单位	2014 年	2015 年	2016 年
资产合计	万元	1 232 256	1 265 246	1 518 515
负债合计	万元	610 333	572 260	747 692
税金总额	万元	37 395	42 077	47 973
利润总额	万元	36 094	43 247	71 665
应交所得税	万元	6 036	6 186	6 326
从业人员年末人数	人	14 574	19 312	21 764
从业人员工资总额	万元	72 494	90 959	95 226

表 6　2014—2016 年贵州省软件产业主要经济效益指标完成情况

项目名称	单位	2014 年	2015 年	2016 年
全员劳动生产率	万元 / 人	61.0	67.8	63.6
流动资产周转率	次	1.2	1.6	1.9
总资产贡献率	%	10.9	8.5	13.4
资产保值增值率	%	139.7	109.9	108.9
资产负债率	%	49.5	45.2	33.6

注：表 4 ~表 6 数据来源于贵州省大数据发展管理局。

[供稿：贵州省经济和信息化委员会　贵州省大数据发展管理局]

云　南　省

【概况】　2016 年，云南省信息产业发展水平稳步提升，产业集聚发展成效显著，逐步形成以园区、基地为载体，骨干企业为引领的产业发展格局，在电子材料、光电子、行业应用电子等领域发展基础较好；产业配套能力不断增强，先后组建高端装备制造、新材料、光电子、新能源等技术产业创新联盟，以及国家级重点实验室、研发中心和技术创新平台等，在市场开拓、技术攻关、标准制定等方面取得成效。

【电子信息制造业】　2016 年，云南省电子信息制造业产业实现工业总产值（现价）169.99 亿元，同比增长 101.9%；主营业务收入 181.87 亿元，同比增长 71.7%；出口交货值 47.25 亿元，同比增长 2 735.0%；利润总额 7.75 亿元，同比增长 5.8%。

全省电子信息制造业初步形成以红外及微光夜视、光电子信息材料、太阳能电池等为主导，以光机电一体化设备、半导体照明、OLED、通信产品等产业为补充的光电子产业发展格局。昆明、玉溪、红河、保山、文山、德宏、曲靖等有条件的州市进一步完善信息产业园区规划布局，围绕光电子产品制造、数控机床、锂离子电池、智能终端制造等产业进行区别化发展。北方夜视科技有限集团公司是国内规模最大的红外科研生产基地和该行业的领军企业，技术水平已处于世界先进行列。

【软件和信息技术服务业】 2016 年，云南省软件和信息技术服务业实现主营业务收入 67.9 亿元，同比增长 10.1%；软件业务收入 50.3 亿元，同比增长 13.7%，其中，软件产品收入 12.36 亿元，信息技术服务收入 37.78 亿元；利润总额 2.73 亿元，同比增长 2.3%；工资总额 10.94 亿元，同比增长 80.5%；从业人员 10 985 人，同比增长 2.3%。

传统的软件和信息技术服务业企业主要集中在云南软件园、昆明软件园、昆明科技创新园、国家科技部 863 软件孵化器昆明基地、昆明高新五华科技园、昆明信息产业基地等软件园区。云南官房电子科技有限公司的智能化管理系统，东讯科技有限公司、新锐合达信息产业有限公司的政府管理平台都具有自己的核心产品并已推向市场；金峰软件 JReport 产品 98% 以上出口；云南思普投资有限公司研发的国产操作系统及多语种操作系统销往中东多国。南天电子信息产业股份有限公司、昆船物流信息产业有限公司、金隆伟业科技有限公司、中通服网络信息技术有限公司、云南邮电工程有限公司、科海电子股份有限公司、盛云科技有限公司、云电同方科技有限公司、昆明飞利泰电子系统工程有限公司、云南科威电子科技有限公司 10 家企业软件业务收入上亿元。

【信息基础设施】 2016 年，云南省信息基础设施建设不断完善。全通信业光缆总长度达到 76 万千米，5 条出省光缆汇入国家光缆网。已全面建成“全光网省”，4G 无线网络对全省城区、乡镇、行政村、风景区、公共交通干线全覆盖，实现光纤和 4G 网宽带接入城乡全覆盖。行政村光缆通达率 100%，城镇光网覆盖率 100%，光端口占比超过 80%，家庭宽带接入能力超过 100Mbps，部分家庭用户可达 1Gbps，所有光宽带用户全部支持 4K 视频业务需求。全省互联网出省带宽提升至 4.8Tb，为推动全省信息化建设、服务经济社会发展和促进“大众创业、万众创新”，惠及百姓民生提供保障。

昆明区域性国际通信业务出入口建设有序开展，以全省信息化中心、华为西南云计算中心、浪潮云计算中心为代表的一批云计算大数据基础设施建设正快速推进。三大运营商在昆明市的国际通信出入口建设取得进展。昆明市将在不久的将来成为全国继北京、上海、广州以后第四个同时建有通信出入口局的城市。通往南亚、东南亚的跨境陆地光缆正在建设中，云南省作为面向南亚、东南亚的国际通信枢纽与区域信息汇集中心的地位进一步突显。

【信息产业基地和园区】 2016 年，云南省信息产业布局不断优化，初步构建特色突出、优势互补、错位发展的空间格局。在制造业方面，在光电子器件、金融电子、电子专用材料及元器件、企业综合自动化物流系统、半导体照明衬底材料、工业电子装备等传统特色优势产业基础上，昆明、玉溪、红河、保山、文山、德宏、曲靖等有条件的州市进一步完善信息产业园区规划布局。昆明市呈贡区打造新一代信息技术产业、经济开发区着力发展高端光电子产品制造业集群；玉溪市重点发展太阳能光伏、LED 蓝宝石基片、数控机床、锂离子电池、生物制药和云计算、大数据、移动电子商务等为代表的战略性新兴产业集群；保山市致力于打造“国际数据服务贸易区”；红河州打造集成电路、软件、光电显示、计算机制造和网络通信产品重要生产基地和外向型产业集群；德宏州构建外向型新型显示器制造业集群；文山州重点布局以砚山电子信息产业园等为主的智能终端制造集群；曲靖市重点打造以冶研新材料股份有限公司等企业为主的电子材料及装备制造集群。在服务业方面，昆明高新区重点布局软件和信息技术服务业，玉溪市、红河州、保山市也在加快布局信息技术服务类企业，努力延长产业价值链条，推进集群化发展。融创天下、华唐教育、亿赞普、掌云天、神州买买提、苏宁易购等信息服务业企业纷纷入驻园区，打造一批双创基地和孵化平台。

昆明呈贡信息产业园是全省唯一以大数据、云计算信息产业为特色的专一园区。园区位于呈贡新区大学城，总体规划面积约 30.3 平方千米，呈“一园三区”的开发格局，即呈贡信息产业园万溪核心区、高校片区、宝相大健康产业园区。随着园区基础设施配套的不断完善和招商引资工作的不断深入，昆明浪潮云计算产业园、昆明呈贡科技信息产业创新孵化中心、云上云 · 云南省信息化中心、云南移动大数据中心 4 个重点产业项目落户园区并正在推进建设中。

保山国际数据服务产业园以 IDC 产业布局为核心，

运用市场化手段，建设面向全国的云存储仓库、数据灾备中心和辐射南亚、东南亚的大数据存储、备份及信息交换枢纽。产业园总体规划2 000亩，建成后可形成1.5万台机柜容量，实现12万台服务器的装机规模。园区以建设成为一个全国最低运营成本的云存储产业基地，一个存储中国、备份中国，辐射南亚、东南亚的大数据存储备份中心，一个孟中印缅经济走廊的“数聚”中心和信息经济示范区为目标。

红河州以国家级蒙自经济技术开发区、红河综合保税区、中国河口—越南老街跨境经济合作区为载体，重点培育惠科、以晴、鑫顺祥等龙头骨干企业，引进大企业大集团，完善产业链、增强产业本地配套能力、建立起完整的产品体系，建设成为省内领先的信息产业（制造业）基地。重点推进以晴集团产业园、惠科电子经开区产业园等项目。

文山州砚山工业园作为东部电子信息产品加工基地，承接国内外电子信息产品制造业转移，重点发展广播电视设备及数字视听产品、汽车导航、音响、液晶显示屏等。

【电子政务】 2016年，云南省成立电子政务领导小组，采取“企业投资、政府购买服务”的方式，统筹、集约建设省政务中心云计算中心、大数据中心、网络信息安全管理中心及同城备份中心。制定云南省《政务信息资源共享体系》等地方标准（已颁布8个标准）。启动《云南省电子政务管理办法》（省政府令第137号）的修订工作，同时还将从政务数据管理、政务数据开放、政务数据安全等方面制定一系列管理办法，以加强对政务数据的统筹管理和交换共享，推进数据向社会开放。自2016年8月起，省电子政务协调工作领导小组办公室先后多次针对16州（市）和省级部门开展调研工作，并对85个省级部门的政务数据进行梳理，梳理的数据资源共527类，预计汇聚的数据总量达到130亿条、4 000TB，为下一步实施政务数据汇聚共享和迁移工作奠定基础。

【两化融合】 2016年，在工业领域，云南省形成以应用、嵌入、工具等软件开发为主要特色的系统集成和信息服务业体系，产业链数字化技术在烟草、钢铁、化工、有色、能源、装备制造等优势行业中得到普遍应用，信息技术在推动工业、建筑、交通运输等领域节能减排等方面得到普及。在商贸领域，互联网与传统零售业、金融业、服务业等纵深跨界融合，衍生出更多新的商业模式和服务业态。GMS贸易便利化信息平台和越、缅、泰小语种网站基本建成，“中国—东南亚、南亚国际电子商务港”全面整合全国中小企业相关信息资源，为国家电子商务示范城市跨境电子商务示范项目。“互联网＋旅游”带动贫困群众发展生产、增收脱贫成效显现。在民生领域，远程教育、远程医疗、健康养老、交通出行、社会保障、社区服务、旅游文化、社会治安等领域信息化水平大幅提升，优化社会资源配置，方便人们生产生活。信息化发展促进大众创业、万众创新，既解决更多人的就业问题，又打造经济增长新引擎。

初步探索建立适合云南省的“互联网＋”定制订单高原特色农产品的新型生产方式。其中，阿里巴巴农村电商项目，云南省在阿里平台农产品销售额达29亿元，成为西部地区“领头羊”。开创农产品上网销售新模式，让云南省的优质农产品走出大山，走向世界，提高农产品的附加值，增加农民收入。

遴选推荐24家省内企业参加工业和信息化部2016年两化融合管理体系贯标试点企业参评，有7家企业被选定为第三批贯标试点企业，全省参与工业和信息化部两化融合管理体系贯标试点企业达到21家。

【云计算与大数据】 2016年，云南省推动重点行业和领域大数据开放开发。落实国家大数据战略和公共信息资源开放有关要求，统筹制定《云南省重点行业和领域大数据开放开发工作指导意见》和《云南省重点行业和领域大数据开放工作实施办法》，引导12个重点行业、5个基础数据库等重点领域率先开放大数据资源。首次创新提出，赋予行业主管部门整合本行业大数据的职责，向全社会开放行业大数据，推动建立行业大数据平台公司，建立政府、行业、企业和个人共享共建、互利共荣、协同开放的市场化发展新机制，推动全省大数据产业发展。依托云南电信泛亚云计算中心、云南移动大数据中心、保山国际数据服务产业园、昆明浪潮云计算产业园、玉溪华为云计算中心、丽江云计算数据中心、中国普洱云等项目，夯实大数据基础设施建设。

【重点信息化项目】 云上云·云南省信息化中心项目占地约115亩，总建筑面积13.4万平方米，主要建设维护支撑中心、智慧云南指挥中心、北斗卫星应用中心、云南省政务信息中心、国家部委及州（市、县）数据中心、云计算中心、动力中心及相关办公业务用房等。

云南移动大数据中心项目用地 118 亩，建设四层楼机房 4 栋，建筑面积 8.54 万平方米，可提供 1.1 万个机架，主要包括建设大型绿色数据中心、国际出口局、政府企业电子政务网管中心、灾备中心、云计算中心，以及面向南亚、东南亚信息汇集中心。

以晴集团红河州项目，其一是蒙自经济技术开发区区智能机器人及智能家电生产基地建设项目，建设高洁净标准厂房 12.46 万平方米、年产 1 000 万台智能家电生产线、年产 1 万台工业机器人和服务行业机器人生产线及其配套设施；其二是红河综合保税区光电产业园项目，液晶电视、手机、集成电路、玻璃盖板、平板电脑生产线已投产。

惠科集团红河州项目，其一是蒙自经济技术开发区电子设备及元件制造项目，主要建设集成电路、电感、电子元器件、PCB 板、遥控器及小家电、手机生产线；其二是河口电子信息产业园项目，项目占地 555 亩，建设厂房 10 万平方米，主要从事电感、线材、PCB 板、三极管、手机及配件、各类型电源及家用电器等产品的生产、研发及销售。

昆明广田智控设备生产项目用地约 198 亩，建设产品自动化包装生产线、配料智能控制机械的生产制造基地、智能控制软件系统检测基地等。

云南凝慧电子科技有限公司氮化镓微波功率器件产业化项目拟占地 300 亩，建筑面积 3 万平方米，其中生产车间和实验室 2 万平方米，项目达产后年产 4G 通信用功率器 25 万枚。

【产业环境】 2016 年，云南省进一步加强顶层设计，完善政策体系。在以《云南省人民政府关于加快信息化和信息产业发展的指导意见》为核心的“1+8”政策文件的基础上，进一步健全完善政策体系。进一步修改完善《云南省加快信息化和信息产业发展“十三五”专项规划》，印发《云南省信息产业发展规划（2016—2020 年）》《中共云南省委办公厅、云南省人民政府办公厅关于贯彻落实国家信息化发展战略纲要的通知》《云南省人民政府关于印发云南省深化制造业与互联网融合发展实施方案的通知》，即将印发《云南省人民政府关于推进重点行业和领域大数据开放开发的指导意见》，正在编制《云南省信息产业发展重点及招商引资指南》《云南省信息产业发展三年行动计划》等政策文件，进一步加强顶层设计，指导各级各部门更好地开展工作。

【主要问题】 云南省产业基础相对薄弱、产业链条不完整。信息产业整体规模与周边省份相比偏小，尚未形成具有较强竞争力的产业集群，产业布局多以产业链和价值链中低端为主，产品附加值相对较低。高端人才匮乏，信息产业属于知识和技术密集型产业，云南省对产业领军和高端技术人才的吸引力相对较弱，极大制约企业研发水平和创新能力的提升。

【统计数据】

表 1　2016 年云南省电子信息制造业人员构成情况

企业类别	企业数（家）	年末从业人员总数（人）	其中：研发人员（人）
内资企业	18	14 952	4 735
国有企业	2	1 068	198
有限责任公司	7	6 215	1 329
股份有限公司	4	6 356	3 206
私营企业	5	1 313	2
港、澳、台商投资企业	2	2 107	20
三资企业	1	46	

表 2　2014—2016 年云南省电子信息制造业基本情况

项目名称	单位	2014 年	2015 年	2016 年
工业总产值（现行价）	万元	749 902	842 149	1 699 912
工业销售产值	万元	706 001	842 149	1592 971
出口交货值	万元	27 489	16 665	472 452
流动资产平均余额	万元	905 600	1 035 906	1 123 750
固定资产净值平均余额	万元	265 553	324 254	686 208
资产总计	万元	1 566 671	1 773 966	2 342 383
负债合计	万元	539 724	670 614	1 081 745
主营业务收入	万元	894 281	1 059 381	1 818 666
税金总额	万元	4 586	4 455	4 315
利润总额	万元	84 115	73 286	77 526
应交所得税	万元	6 100	10 425	7 282
从业人员年末人数	人	13 620	13 493	17 105
从业人员工资总额	万元	46 075	70 501	128 046

表 3　2014—2016 年云南省电子信息制造业三资企业基本情况

项目名称	单位	2014 年	2015 年	2016 年
工业总产值（现行价）	万元	5 258	5 063	6 345
工业销售产值	万元	5 258	5 063	6 345
流动资产平均余额	万元	4 950	5 364	6 612
固定资产净值平均余额	万元	45	71	62
资产总计	万元	4 996	5 436	6 674
负债合计	万元	1 493	1 633	2 318
主营业务收入	万元	5 021	5 063	6 129
税金总额	万元	46	36	45
利润总额	万元	521	364	660
应交所得税	万元	147	62	107
从业人员年末人数	人	53	51	46
从业人员工资总额	万元	394	173	173

表 4　2014—2016 年云南省电子信息制造业主要经济效益指标完成情况

项目名称	单位	2014 年	2015 年	2016 年
全员劳动生产率	万元 / 人	55.1	64.2	108.2
流动资产周转率	次	0.99	1.0	1.6
产品销售率	%	94.2	100	93.7
总资产贡献率	%	2.6	6.5	4.7
资产保值增值率	%	7.4	5.9	3.9
资产负债率	%	34.5	37.8	46.2

表 5　2014—2016 年云南省电子信息制造业三资企业主要经济效益指标完成情况

项目名称	单位	2014 年	2015 年	2016 年
全员劳动生产率	万元 / 人	99.2	103.3	132.2
流动资产周转率	次	1.0	0.9	0.9
产品销售率	%	100	100	100
总资产贡献率	%	22.0	8.8	10.6
资产保值增值率	%	–0.5	8.6	14.5
资产负债率	%	28.8	30.0	34.7

表 6　2014—2016 年云南省主要电子信息产品产销量情况

产品名称	单位	产量			销量		
		2014 年	2015 年	2016 年	2014 年	2015 年	2016 年
其他数字程控交换机	线	52 597	57 749	53 015	52 597	57 749	53 015
台式微机	台	7 600	4 300	1 700	7 600	4 300	1 700
针式打印机	台	66 040	55 419	51 293	58 061	55 662	55 157
有线电视机顶盒	部	174 610	69 282	8 300	174 610	69 282	8 300
传感器	万只	6.3	6.3	12.6	6.2	6.2	12.5
荧光灯	万只	53	40.8	53.0	52	37.5	52.6

表 7　2014—2016 年云南省三资企业主要电子信息产品产销量情况

产品名称	单位	产量			销量		
		2014 年	2015 年	2016 年	2014 年	2015 年	2016 年
其他数字程控交换机	线	52 957	57 749	53 015	52 957	57 749	53 015

表 8　2016 年云南省软件产业人员构成情况

企业类别	企业数（家）	年末从业人员总数（人）	人员构成			
			管理人员（人）	在总人数中所占比例（%）	软件开发研究人员（人）	在总人数中所占比例（%）
内资企业	90	10 892	1 315	12.1	5 120	47.0
国有企业	6	830	109	13.1	444	53.5
有限责任公司	24	2 304	422	18.3	913	39.6
股份有限公司	9	4 903	452	9.2	3 019	61.6
私营企业	51	2 855	332	11.6	744	26.1
三资企业	1	93				

表 9　2014—2016 年云南省软件产业基本情况

项目名称	单位	2014 年	2015 年	2016 年
软件业务收入	万元	469 826	442 407	502 951
软件业务出口收入	万美元	240	260	198
软件产品销售收入	万元	112 616	114 548	123 645
流动资产平均余额	万元	624 424	1 788 277	611 848
固定资产投资额	万元	10 522	6 970	8 333
资产合计	万元	870 763	866 812	862 893
负债合计	万元	465 451	469 519	445 414
税金总额	万元	7 445	7 556	5 798
利润总额	万元	24 648	26 725	27 339
应交所得税	万元	4 043	5 128	5 605
从业人员年末人数	人	10 785	10 741	10 985
从业人员工资总额	万元	68 995	60 581	109 371

表 10　2014—2016 年云南省软件产业三资企业基本情况

项目名称	单位	2014 年	2015 年	2016 年
软件业务收入	万元	1 481	1 648	1 508
软件业务出口收入	万美元	240	260	198
软件产品销售收入	万元	1 481	1 648	1 508
流动资产平均余额	万元	874	804	944

续表

项目名称	单位	2014 年	2015 年	2016 年
资产合计	万元	916	804	1 329
负债合计	万元	203	125	648
从业人员年末人数	人	95	102	93
从业人员工资总额	万元	275	946	258

表 11　2014—2016 年云南省软件产业主要经济效益指标完成情况

项目名称	单位	2014 年	2015 年	2016 年
流动资产周转率	次	13.1	36.5	1.1
总资产贡献率	%	8.0	7.1	4.2
资产保值增值率	%	100.1	9.6	100.2
资产负债率	%	51.7	54.2	51.6

表 12　2014—2016 年云南省软件产业三资企业主要经济效益指标完成情况

项目名称	单位	2014 年	2015 年	2016 年
流动资产周转率	次	12.4	2.1	1.6
总资产贡献率	%	-0.97	-4.2	-0.2
资产保值增值率	%	99.96	-4.8	100.0
资产负债率	%	32.9	15.6	48.8

注：表 1 ~表 12 数据来源于云南省电子工业行业协会。

[供稿：云南省工业和信息化委员会]

西藏自治区

【概况】 2016 年，西藏自治区加快推进电子政务、电子商务、农村综合信息服务站等重点领域信息化项目建设，研究部署两化深度融合、“互联网 +”行动计划，支持和培育本地软件和信息技术服务企业发展壮大。

【软件和信息技术服务业】 2016 年，西藏自治区现有专业从事软件开发、系统集成和信息技术服务的企业 54 家，其中，本地企业 39 家，内地公司在藏设立的分公司或子公司 15 家。自治区继续推进藏文信息技术标准、藏文软件研发与应用推广，培育西藏特色信息产业，自治区电子信息行业协会帮助本地软件和信息技术服务企业提高相关服务资质等级水平。西藏华盛信息系统有限公司获得信息系统工程监理甲级资质，西藏珂尔信息技术有限公司等4家信息技术服务企业获得信息系统集成3级资质。全区规模以上企业全年实现销售收入30 489万元。

【信息基础设施】 2016年，西藏自治区电话用户323.2万户，同比增长6.5%。其中，固定电话用户38.9万户，同比增长11.4%；移动电话用户284.4万户，同比增长5.8%。电话用户普及率99.8%，其中，固定电话用户普及率56.4%，移动电话普及率87.8%。

全年完成300个自然村移动通信信号覆盖和200个行政村通宽带任务。行政村通宽带率83.8%，比上年年末增长3.8%。全区（固定）互联网宽带接入用户40.2万户，移动互联网用户176.2万户。

“宽带西藏”专项行动在提速方面，20Mbps及以上带宽用户占比达到82.0%，高速率宽带用户规模占比得以快速提升；在降费方面，截至2016年12月月末，自治区移动互联网接入流量资费水平依然是全国最高，且降幅仅有13.4%；固定宽带方面，实现固定宽带业务的“提速降费”目标，全区固定互联网宽带接入资费水平比上年同期下降30.4%。

【信息技术应用】 截至2016年年底，西藏自治区基本完成自治区电子商务（一期）工程建设，形成“一窗口四平台”“一基地四中心”的电子商务工程建设成果。其中，“一窗口四平台”指以西藏大型综合型电子商务平台为统一窗口，搭建零售、批发、资产及第三方平台；“一基地四中心”指以拉萨电子商务工程总部为基地，建立北京、上海、杭州、成都四地运营分中心。

自治区电子政务（一期）工程项目自2014年6月开工建设以来已基本完成。截至2016年年底，完成914家接入点硬件设备安装和网络联通工作，完成率达100%，建成覆盖自治区、地（市）、区县三级的自治区电子政务外网，并与国家电子政务外网成功对接，实现国家、自治区、地市、区县一纵三横互联互通；同时，完成中心机房、备份机房、预警一体化平台建设并上线试运行，实现对914家接入点位的网络攻击情况的实时监控、及时定位和解决网络故障；电子政务应用系统基本开发完成，对82家区直单位开展两期办公管理系统培训，10家厅局门户网站建设完成，5家单位上线运行。

制订出台《西藏自治区信息化和工业化深度融合专项行动计划（2017—2020）》，明确全区制造业与互联网融合发展的主要目标、重点措施及7个专项行动。组织举办“2016全国制造业与互联网融合发展深度行活动（西藏站）暨全区两化融合和电子商务培训会议”。开展两化融合评估和管理体系贯标工作，全区5家企业成功申报成为国家贯标试点企业，其中，2家通过国家贯标评定。

开展农村综合信息服务平台升级改造工作，农信网访问量突破百万，手机APP访问量达50万人次以上。与农牧厅联合研究制订《“互联网+现代农牧业”三年行动计划》《农牧区信息进村入户助推网络扶贫试点方案》，为农牧区信息化建设奠定基础。

指导支持西藏大学等科研院所研制藏文信息技术标准、进行藏文软件研发与应用推广。截至2016年年底，藏文信息技术最新研究系列成果包括阳光多文种搜索引擎、基于云计算的藏语键盘手写语音三位一体输入系统、中国藏文文献资源网、面向移动互联网的藏汉语音翻译系统和面向互联网的藏汉双向机器翻译系统。

【产业热点】 2016年，西藏华泰龙矿业开发有限公司获得“全国十佳两化融合管理者代表奖”。

联合自治区文化厅、阿里巴巴集团在杭州举办“互联网+西藏非遗”阿里巴巴行活动；联合自治区交通厅、四川省有关部门和中国车载联盟共同举办中国“互联网+智慧川藏”论坛。

组织参加第三届“世界互联网大会”，自治区又有两项信息化成果入选大会进行展示汇报。

已投入运营的“淘宝特色中国——西藏馆”实现销售收入1.3亿元，是上年全区电子商务销售收入的3倍。

联合阿里巴巴集团组织全区74个县的分管县长、各地（市）工信和商务部门负责人在杭州举办两期“全区电子商务工程县长研修班”。

【产业环境】 2016年，西藏自治区与专业机构共同编制拟定《自治区“十三五”信息化发展规划》，对自治区“十三五”时期信息化发展思路、主要目标、重点任务及保障措施进行统一规划，在此基础上深化提炼提出

《自治区“十三五”时期信息化建设整体思路》。

抓住国家实施“互联网+”行动计划、大数据发展战略、构建网络强国的契机，研究起草《关于加快推进自治区大数据发展的报告》《关于加快云计算、大数据发展的指导意见》《西藏自治区电子政务（二期）暨政务云工程建设初步方案》，统筹谋划“十三五”时期基于电子政务工程，构建覆盖全区、整体联动、部门协同，跨部门、跨行业、跨层级的政务云平台、大数据中心，形成推动全区政务信息化建设的一揽子工作计划与实施方案。

强化行业管理手段，自治区工业和信息化厅对政府投资信息化项目进行政策合规性、技术符合性、投资合理性前置审查，据此安排财政预算与中央投资，进一步完善自治区信息化体制机制。完成对 2017 年各委办厅局申报财政预算的信息化项目的集中审查。同时，研究制定《西藏自治区政务信息化项目管理办法》，在管理办法中进一步固化和理顺工信、网信、财政、发改部门在信息化建设中的职能。

［供稿：西藏自治区工业和信息化厅］

陕 西 省

【概况】 2016 年，陕西省电子信息产业开展稳增长、调结构、增效益工作，进一步加强重大项目招商力度，推动重点新开工项目加快建设，促进重大项目扩能达效，组织实施北斗应用示范，推动全省电子信息行业稳定快速增长。

2016 年，陕西省电子信息产业实现主营业务收入 2 414.15 亿元，同比增长 24.4%，实现较高的增长速度。其中，电子信息制造业规模以上企业实现销售产值 1 113.5 亿元，同比增长 43.1%，进入全国电子信息制造产业千亿级梯队行列；软件服务业实现业务收入 1 300.65 亿元，同比增长 14.1%。其中，软件产品收入 420.61 亿元，同比增长 32.9%，占软件业务收入的 32.3%；信息技术服务收入 770.54 亿元，同比增长 8.3%，占软件业务收入的 59.2%；嵌入式系统软件收入 109.50 亿元，同比增长 1.9%，占软件业务收入的 8.4%。

2016 年，陕西省电子元器件生产 37.4 亿只，同比下降 8.2%；集成电路原片生产 127 万片，同比增长 79%。

【电子信息制造业】 2016 年，陕西省全面推进信息产业发展。在完善《陕西省电子信息产业“十三五”发展规划》的基础上，2016 年 3—4 月，编制完成《陕西省集成电路产业发展五年行动计划》《陕西省智能终端产业发展五年行动计划》《陕西省平板显示产业发展五年行动计划》。为落实《中国制造 2025》的重大战略部署，推进全省产业结构调整和新兴产业发展，打造工业经济新引擎。2016 年 12 月 6 日，召开全省集成电路产业发展推进大会，省工业和信息化厅代表省政府与西安高新区、西安经开区、陕西电子信息集团有限公司签订“十三五”目标任务书。

牵头设立集成电路基金。根据 2016 年 4 月 25 日陕西省政府专题会议精神，省工业和信息化厅负责陕西省集成电路产业投资基金组建工作。2016 年 5 月 24 日，省工业和信息化厅组织编写的《陕西省集成电路产业投资基金组建方案》经省政府审定同意。2016 年 9 月 12 日，举行陕西省集成电路产业投资基金揭牌仪式，基金正式宣告成立。基金首期 33 亿元资金已经到位，国家基金和社会出资人共 27 亿元将以增资的方式逐步进入。

加强项目招商引资工作。2016 年 6 月和 11 月，省工业和信息化厅会同西安高新区赴深圳招商，以引进华为西安二期基地、中兴微电子基地项目为重点，围绕新一代信息技术产业加强项目引进工作，分别与华为技术有限公司、中兴通讯股份有限公司、腾讯公司等取得重大进展。其中，引进中兴微电子设计基地项目、比亚迪电子代工生产线项目（5 000 万部手机）均已完成签约，同时，与华为公司协商确定二期技术研发中心等相关建设项目。

组织企业参展交流。2016 年 4 月，组织西咸新区等相关园区和企业参加第四届中国电子信息博览会，牵头组织紫光国芯半导体有限公司等企业组成陕西展团，首次赴香港特别行政区参加第 13 届香港春季电子产品展览会；5 月，组织中国电子科技集团公司第 20 研究所等企业参加第七届中国卫星导航学术年会，组织西安交大捷普网络科技有限公司等企业参加第 20 届中国国际软件博览会；11 月，组织召开陕西省电子信息制造业统计分析会议和用户单位信息技术服务标准（ITSS）宣贯培训会。

典型企业　陕西电子信息集团有限公司是陕西省发展电子信息、太阳能光伏和半导体照明产业的龙头企业，现有一级企业 22 家，在岗职工 3 万余人，拥有国家级企业技术中心 1 个、国家地方联合工程研究中心 2 个、国家级科技企业孵化器 1 个、院士专家工作站 3 个、博士后创新基地 1 个、博士后科研工作站 4 个、省级企业技术中心 13 个、省级工程研究中心 6 个、省级工程技术研究中心 7 个。截至 2016 年年底，集团累计获权专利 996 件，其中发明专利 187 件，获得中国驰名商标认定 2 件，获得省级著名商标认定 6 件，获得软件著作权 13 件，获得集成电路布图设计权 3 件。2016 年，集团实现营业收入 143.23 亿元，资产总额 302.64 亿元，在第 30 届电子百强排名中居第 50 位。

彩虹集团公司是中国首家从事彩色显像管及其玻壳、荧光材料等全套零部件配套的企业，也是中国生产量最大、配套能力最强的彩色显像管生产企业，在电子信息产业重要产品技术领域相继创造出中国第一只彩色显像管、第一套彩色玻壳、第一只彩色投影管、第一块等离子显示屏、第一块 OLED（有机发光二极管）显示屏、第一块液晶玻璃基板、第一块溢流下拉盖板玻璃等 7 项“中国第一”，取得科技成果 330 多项，获得专利授权 1 400 多项，累计实现销售收入 1 800 多亿元，实现利税逾百亿元。近年来，彩虹集团推进企业战略转型，建立平面显示、新能源、现代服务业三大主业，重点发展液晶玻璃基板、液晶面板、盖板玻璃、光伏玻璃及电站、LED、智慧医疗等战略性产业。其中，液晶玻璃基板填补国内空白，打破国外垄断；盖板玻璃达到国际先进水平；光伏玻璃全球领先，规模跃居全球前三；LED 技术水平进入国内第一梯队。现有全资、控股、参股公司 40 余家，拥有 2 家上市公司。截至 2016 年年底，员工约 7 300 人，总资产 204.76 亿元。

西安中兴新软件有限责任公司是中兴通讯股份有限公司在西安设立的全资运营公司，主要从事通讯设备及终端设备、业务应用、网管系统、通讯设备系统驱动、通讯服务性业务软件开发、生产、销售和咨询业务。中兴西安一区于 2007 年入驻办公，中兴西安二区即中兴通讯西安研发生产基地一期工程于 2012 年投入使用，基地占地面积 217 亩、建筑面积 21 万平方米。包括终端研发、无线系统产品研发、IC 芯片产品研发及全球云服务中心等多部门在其中投入办公，其中西安全球数据中心是中兴通讯四大全球数据中心之一。

华天科技（西安）有限公司主要从事高端集成电路封装测试研发、生产及销售业务。年封装能力 35 亿块，封装良率 99.9%；集成电路产品年测试能力 30 亿块，是陕西省最大的封装测试企业，也是西部最大的高端集成电路封测企业。截至 2016 年年底，公司拥有员工 2 900 人，总资产 263 683 万元，负债 67 807 万元，总产值 161 106 万元，营业收入 159 044 万元，利润总额 12 476 万元，纳税 2 273 万元，进出口总值 206 045 万元，其中出口创汇 84 171 万元。预计到 2020 年，企业集成电路封装规模可达到 60 亿只，可实现销售额 30 亿元。

【软件和信息技术服务业】　2016 年，陕西省软件业务收入增速趋缓，产业结构加速升级。实现软件业务收入 1 300.65 亿元，同比增长 14.1%，在经历连续 11 年高速增长后，首次跌破 15%，但在产业结构加速升级方面成绩显著。全年信息技术服务收入 770.54 亿元，占软件和信息技术服务业收入的 59.2%；云计算、大数据、移动互联网等新兴业态快速兴起、发展。软件从业人数近 17 万人。产业集聚效应进一步凸显，西安高新区、西咸新区、西安经开区、航天基地等重点软件企业集聚区的业务收入合计占全省 90% 以上。

【新兴技术产业】　新兴业态不断涌现，企业竞争力日益增强。扶持以云计算、物联网、移动互联网、大数据、人工智能、共享经济为重点的新技术研发、新应用模式及新业态的创新发展，一批在行业内具有核心竞争力的企业与产品脱颖而出。沣西新城西部云谷、艾润物联的“互联网 + 智能停车 4.0 系统”、美林数据的工业大数据、盈谷科技先进数字医学影像产品等均居国内行业领先地位。2016 年，大数据算法与分析技术、空天地海一体化大数据应用技术两家国家工程实验室落户陕西省，在大数据关键技术开发和创新应用方面居全国前列。

【技术创新】 创新能力大幅增强，部分领域实现突破。2016 年，软件企业研发投入 124.17 亿元，研发强度（研发经费占主营业务收入比例）达 6.8%。软件著作权登记数量超过 1 万件，是 2010 年的 2.8 倍。重点行业应用软件创新发展取得新成效，产品质量和解决方案成熟度显著提升，并在部分重要行业领域取得突破。紫光国芯公司同时拥有世界主流动态随机存储器和闪存存储器设计开发能力；华迅科技公司量产 GPS 导航芯片应用广泛；智多晶微电子公司成为中国第一大可编程逻辑电路（FPGA 与 CPLD）集成电路制造和应用供应商；中航工业计算研究所拥有国产嵌入式操作系统——天脉系统，解决国产战机缺少国产航空电子操作系统问题。

【两化融合】 两化融合持续推进，公共服务能力进一步提升。2016 年，陕西省印发《深化制造业与互联网融合实施意见》，在全省开展 3 批培训，省内国家级服务咨询机构增至 6 家。全省 85 家贯标试点企业有 15 家通过国家评定。参与两化融合能力与水平评估企业 1 500 多家。黄陵矿业集团获得中国工业大奖。陕鼓动力公司获得国家两化融合创新实践奖。软件名城、园区基地等建设取得进展，西安市创建软件名城工作进一步加速，软件测试评估、质量保障、知识产权、投融资、人才服务、企业孵化和品牌推广等专业化服务能力显著提升。

【发展预测】 做大集成电路产业。陕西省集成电路产业基础良好，已初步形成集成电路设计、芯片制造、封装测试到系统应用、器件设计及制造的产业集群。要进一步围绕集成电路制造抓生产线引进，带动设计、封装测试、设备材料等全产业链发展。在 IC 设计领域，培育和引进 5 ~ 10 家产品设计水平达到国内先进的企业；在制造生产领域，继续加大招商引资力度，力争三星闪存项目二期工程成功落地，力争建成 1 条 8 英寸半导体器件生产线；在封装测试领域，培育壮大 2 ~ 3 家技术先进的规模型企业；在设备材料方面，支持重要支撑设备如 300mm（12 英寸）大直径电子级单晶炉产业化的研发，以及电子级硅材料的生产；在先导性技术领域，引导西安电子科技大学合作建设陕西省集成电路先导技术中心。

做强智能终端产业。以打造千亿规模智能手机产业集群为目标，重点引进重量级制造品牌和代工企业，扩大智能终端产业，打造智能终端、支柱型产业链。建设西安—西咸新区智能手机产业集群创新发展示范区，使陕西省成为中国最大的智能手机制造产业基地之一。中兴通讯智能终端生产项目产能持续攀升，2017 年年产量预计超过 2 500 万部。同时，中兴微电子、中兴智能光电终端、中兴物联等上游及相关项目相继落户西安。比亚迪公司继金属外壳项目后，决定将智能终端代工项目落户高新区，项目达产后预计年产 5 000 万部智能终端。

构建平板显示产业。促进 8.6 代液晶面板生产线达产达效，带动液晶材料、玻璃基板、彩色滤光片、偏光片等上游配套原材料产业的发展，实现平板显示产业原辅材料企业的集聚；同时建立以企业为主体、产学研相结合的技术创新体系，重点建设平板显示基板玻璃工艺技术国家工程实验室和陕西省平板显示技术工程研究中心，加强与生产企业的合作，实现成熟工艺技术的产业化，突破液晶基板玻璃、液晶材料等关键技术瓶颈，布局新一代显示技术，加强知识产权保护和人才培养，形成核心竞争力。2017 年将初步完成“CEC 8.6 代液晶面板”项目建设，生产线进入整体调试阶段；建成两条 6 代盖板玻璃、两条 8.6 代液晶玻璃基板生产线，形成盖板玻璃年 367 万平方米、玻璃基板年 116 万片的生产能力。

推进软件和信息技术服务产业。依托国家科技重大专项，加强基础软件和应用软件核心技术研发，以及安全防护、安全管理、安全测评等关键技术的研发，面向通信网络、汽车电子、消费电子、医疗电子、交通运输、环保监测等重点领域，开发推广基于开放标准的嵌入式软件开发平台、操作系统和应用软件，进一步提高产品性能和产品竞争力。瞄准新一代信息技术，重点推进卫星导航、物联网、大数据、云计算等新兴软件与信息技术服务产业快速发展。加快实施基于北斗的 120 急救指挥系统等应用系统的应用示范，推动北斗导航在其他行业和民用领域的推广应用。贯彻实施信息技术服务标准化工作五年行动计划，完善和推广信息技术服务标准（ITSS），鼓励企业加快服务标准化和产品化。

加强产业支持力度。按照“聚焦重点、各有侧重、渠道不变、形成合力”的原则，争取国家部委相关产业政策和资金支持。在各部门现有的支持科技创新、产业发展的财政专项资金支持方向中，继续发挥好省级工业转型升级专项资金的引导作用，并争取中央各类财政资金支持。2017 年将重点加大对集成电路、智能终端、新型显示、高端软件、北斗卫星导航应用等领域的支持力度。发挥陕西省集成电路产业投资基金的作用，提升全省集成电路产业规模和竞争力，重点支持省内集成电路产业和半导体器件制造等重大项目建设，推动骨干企业提升产能和实行兼并重组。

【统计数据】

表 1　2016 年陕西省电子信息制造业人员构成情况

企业类别	企业数（家）	年末从业人员总数（人）	其中：研发人员（人）
内资企业	56	120 328	27 711
国有企业	29	53 125	9 876
有限责任公司	14	58 823	16 844
股份有限公司	8	6 464	623
私营企业	5	1 916	368
港、澳、台商投资企业	11	9 996	1 916

表 2　2014—2016 年陕西省电子信息制造业基本情况

项目名称	单位	2014 年	2015 年	2016 年
工业总产值（现行价）	万元	6 017 245	8 302 379	11 312 178
工业销售产值	万元	5 917 877	8 173 927	11 135 250
出口交货值	万元	1 402 769	2 568 134	3 489 058
流动资产平均余额	万元	6 308 245	8 207 287	9 594 366
固定资产净值平均余额	万元	2 765 125	3 621 577	4 251 236
资产总计	万元	11 223 524	15 024 639	19 624 533
负债合计	万元	7 520 360	9 908 765	10 585 263
主营业务收入	万元	5 801 079	7 868 571	9 865 502
税金总额	万元	90 846	135 594	176 272
利润总额	万元	337 976	544 295	986 725
应交所得税	万元	36 874	58 296	75 784
从业人员年末人数	人	101 756	129 399	130 324
从业人员工资总额	万元	501 338	601 605	705 905

表 3　2014 年—2016 年陕西省主要电子信息产品产销量情况

产品名称	单位	产量			销量		
		2014 年	2015 年	2016 年	2014 年	2015 年	2016 年
电子元件	亿只			37.4			
半导体电子器件	亿只	19.5	35.7	36.5	20.4	32.6	33.8
集成电路	万片			127			

表 4　2014—2016 年陕西省软件产业基本情况

项目名称	单位	2014 年	2015 年	2016 年
软件业务收入	万元	8 864 383	11 397 369	13 006 494
软件业务出口收入	万美元	65 228	73 950	91 054
软件产品销售收入	万元	2 709 425	3 165 409	4 206 155
流动资产平均余额	万元	5 953 073	8 632 805	10 603 792
固定资产投资额	万元	336 002	493 935	531 895
资产合计	万元	10 760 491	16 089 323	23 844 265
负债合计	万元	5 825 183	8 656 994	12 953 614
税金总额	万元	343 733	626 038	680 804
利润总额	万元	513 066	795 119	774 880
应交所得税	万元	88 243	92 733	149 004
从业人员年末人数	人	132 686	153 989	166 392
从业人员工资总额	万元	974 682	1 041 295	1 899 017

表 5　2014—2016 年陕西省软件产业三资企业基本情况

项目名称	单位	2014 年	2015 年	2016 年
软件业务收入	万元	1 563 251	1 849 151	2 073 299
软件业务出口收入	万美元	22 385	23 348	37 847
软件产品销售收入	万元	470 136	505 317	668 700
流动资产平均余额	万元	1 385 940	1 749 026	1 933 835
固定资产投资额	万元	81 238	99 868	115 996
资产合计	万元	1 992 583	2 541 006	2 831 718
负债合计	万元	1 053 727	1 340 700	1 418 173
税金总额	万元	72 585	91 622	111 146

续表

项目名称	单位	2014 年	2015 年	2016 年
利润总额	万元	91 704	120 748	169 014
应交所得税	万元	17 341	18 766	21 474
从业人员年末人数	人	28 523	30 455	32 074
从业人员工资总额	万元	229 911	245 973	260 338

表 6　2014—2016 年陕西省软件产业主要经济效益指标完成情况

项目名称	单位	2014 年	2015 年	2016 年
全员劳动生产率	元 / 人	552 197	637 503	781 678
流动资产周转率	次	0.9	1.1	1.2
产品销售率	%	29.3	27.8	32.3
总资产贡献率	%	7.5	8.8	6.1
资产保值增值率	%	149.6	106.4	154.3
资产负债率	%	53.3	53.8	54.3

表 7　2014—2016 年陕西省软件产业三资企业主要经济效益指标完成情况

项目名称	单位	2014 年	2015 年	2016 年
全员劳动生产率	元 / 人	452 999	482 371	646 411
流动资产周转率	次	0.7	0.7	1.1
产品销售率	%	28.9	29.5	31.0
总资产贡献率	%	7.7	8.2	9.9
资产保值增值率	%	146.8	149.2	117.8
资产负债率	%	52.0	54.2	50.1

注：表 1 ~表 7 数据来源于陕西省工业和信息化厅。

[供稿：陕西省工业和信息化厅]

甘 肃 省

【概况】 2016 年，甘肃省信息产业完成主营业务收入 334.1 亿元，同比增长 12.3%。其中，电子信息制造业完成主营业务收入 83 亿元，同比增长 14.5%；软件和信息技术服务业实现主营业务收入 58.9 亿元，同比增长 22.1%。甘肃省现有从事电子信息制造、软件和信息技术服务企业 2 500 多家。

全年集成电路产量 250.15 亿块、销量 244.97 亿块，同比分别增长 76.1%、73.0%；电真空器件产量 0.74 万只、销量 0.77 万只，同比分别下降 56.9%、45.3%；综合电缆产量 10 609 千米、销量 10 591 千米，同比分别下降 6.2%、7.1%；集成电路封装测试产量 186.91 亿只、销量 182.99 亿只。

【电子信息制造业】 2016 年，甘肃省电子信息制造业保持快速增长。全省电子信息制造业完成工业总产值 128.8 亿元，同比增长 52.7%；完成出口交货值 35.5 亿元，同比增长 48.7%。重点企业天水华天电子集团生产封装集成电路 150 亿块，同比增长 26.2%。

骨干企业实力增强。截至 2016 年年底，华天微电子公司、天水铁路电缆公司、甘肃长风公司 3 家重点企业实现主营业务收入 64.8 亿元，占全省电子信息制造业的 78%。其中，华天微电子公司完成主营业务收入 55 亿元，同比增长 17%；实现工业总产值 43 亿元，同比增长 16.8%；完成出口交货值 28.2 亿元，同比增长 14%，分别占全省电子信息制造业的 66.3%、33.4%、79.5%。

企业效益稳步提高。2016 年，甘肃省电子信息制造业实现利润 7.5 亿元，同比增长 17%，增速较上年同期上升 3.5 个百分点；上缴税金 2.3 亿元，同比增长 29%。其中，华天微电子公司利润总额 4.4 亿元，同比增长 25.8%。全省电子信息制造业从业人员 12 212 人。

企业经营成本有所缓解。2016 年，甘肃省电子信息制造业产成品存货达到 6.9 亿元，同比下降 11.9%，库存压力有所缓解；主营业务成本达到 66.7 亿元，同比增长 27%，环比回落 1.2 个百分点；管理费用 7.5 亿元，同比增长 12%，环比略有下降。

典型企业　天水华天电子集团是西部地区规模最大的集成电路封装企业，主要产品有塑封集成电路、模拟/混合集成电路、半导体功率器件等九大系列 1 000 多个品种，产品在航空、航天、兵器、船舶、工业自动化控制、计算机、网络通信及消费类电子等领域广泛应用。2016 年，公司完成工业总产值 60.1 亿元，同比增长 18.6%；销售收入 48.2 亿元，同比增长 19.3%；利润总额 5.8 亿元，同比增长 23.6%。

甘肃长风电子科技有限责任公司是省内大型电子工业企业集团，拥有比较完备的科研生产能力，工艺门类齐全，主要有铸造、机械加工、镀金冲压、焊接、齿轮加工等，现有各类普通设备 700 余台、精密加工设备 20 余台。2016 年，公司完成总产值 3.3 亿元，生产主要电子设备 4 万台。

天光半导体有限责任公司是国家重点工程的配套生产研制单位，现有 1 条 4 英寸 3 微米生产线，1 条 2 ~ 3 英寸 5 微米生产线。近年来为满足市场需求相继开发的大功率三极管、固体放电管、发光二极管、肖特基整流二极管等系列产品在用户中享有较高信誉。2016 年，公司实现营业收入 1.7 亿元，同比增长 12.3%；实现利润总额 315 万元、利税 860 万元，分别较上年增长 45% 和 33%。

天水华洋电子科技股份有限公司是西部地区唯一一家多工艺生产半导体集成电路引线框架和高精密光学蚀刻电子器件的微电子供应商。2016 年，公司完成销售收入 2.4 亿元，同比增长 19.1%；利润总额 2 631 万元，同比增长 8.6%；研发投入 1 313 万元，同比增长 13%；上缴税金 360 万元，同比增长 45%。

甘肃虹光电子有限责任公司是中国研制生产军用微波电真空器件的专业生产企业，有41种产品填补国内空白，54种产品达到国内先进水平，18种产品接近国际水平，4种产品获国家科技进步奖，18种产品获部级科技成果奖，40多种产品直接与国防工程相配套。2016年，公司完成工业总产值7.66亿元，同比增长13%；主营业务收入3.94亿元，同比增长16.1%。

甘肃大象能源科技有限公司是甘肃省规模最大的集锂电池正极材料研发、生产、销售为一体的国家级高新技术企业，公司拥有完全自主知识产权。公司生产和销售的锂离子电池正极材料规模居省内第一，改性锰酸锂的电性能指标达到国内领先。公司通过ISO9001/2015国际质量管理体系认证，先后获得国家级高新技术企业、AAA级信用等级企业等称号，并创建“白银市锂电池正极材料工程技术研究中心”“甘肃省省级企业技术中心”“甘肃省锂离子电池电解液材料工程实验室”。2016年，公司完成主营业务收入8 025万元，同比增长26%。

甘肃省广播电视网络产业园科技有限公司与富士康科技集团、芬兰泰来斯特公司、上海澳润信息科技有限公司、北京数码视讯科技股份有限公司进行合作，主要研发生产智能电视及面板、LED显示屏、智能手机、智慧教育屏等电子及家电产品，是富士康科技集团在中国西北、中亚、西亚区域的唯一生产基地。2016年，公司生产机顶盒33万台、光接收机2.33万台、无源器件10.5万只，产值1.13亿元。

【软件和信息技术服务业】 截至2016年年底，甘肃省软件和信息技术服务业通过认定及评估软件企业106家；评估登记软件产品45个，现有登记及评估软件产品561个；新增50家系统集成资质企业，累计达200家。其中，系统集成资质一级资质企业2家、二级资质8家，信息系统工程监理甲级资质1家、乙级2家。CMMI3级认证企业4家。

产业规模快速增长。2016年，甘肃省软件和信息技术服务业实现主营营业收入58.9亿元，较“十二五”末增长22.1%；实现利润2.9亿元；上缴税金总额2.5亿元，较“十二五”末增长7.4%。

产业结构不断优化。2016年，甘肃省软件产业结构在软件和信息技术服务业全面综合发展的格局上不断优化。全省实现软件业务收入41.6亿元，较“十二五”末增长19.5%。其中软件产品、信息技术服务收入仍是支撑行业发展的主要力量，两项合计占全行业的69.1%。运营服务收入、电子商务平台服务收入等服务类收入分别增长35%和18.5%。

企业社会贡献稳步提高。2016年，甘肃省软件和信息技术服务业从业人员平均人数达到9 809人，同比增长4.1%；从业人员工资总额近6亿元，同比增长24.2%。

骨干企业优势明显。2016年，甘肃省软件业务收入超千万元企业62家，过亿元企业8家。10家省内重点软件企业实现主营业务收入25.62亿元、软件业务收入17.02亿元，分别占全省软件和信息技术服务业的43.5%和40.9%。

典型企业　甘肃紫光智能交通与控制技术有限公司是甘肃省政府与清华大学省校合作项目，是国家认定的软件企业、高新技术企业、计算机信息系统集成一级企业和国家规划布局内重点软件企业，也是甘肃省首家从事智能交通化建设与高等级公路机电系统开发、建设、经营和维护的专业高科技企业。2016年，公司实现主营业务收入5.31亿元，全年完成合同收入总计5 861万元，维护总里程2 047千米。

甘肃万维信息技术有限责任公司是甘肃省首家通过CMMI3级评估、ISO20000服务体系认证、ISO9000质量体系认证3项国际标准的企业。2016年，公司及其所属外包公司缴纳税金1 970万元，同比增长21%，其中，万维公司纳税额982万元，同比增长26%；实现利润2 300万元，同比增长44%。公司R&D投入4 100万元，研发支出占收比达到9%，同比增长34%。

兰州北科维拓科技股份有限公司是一家致力于政务、事务、商务一体化的社会服务管理与公共信息软件产品开发、系统集成的高新技术企业。公司在全国首创研发三维数字社会服务管理系统，首家提出运用空间地理信息技术创新社会服务管理的先进理念，具有典型的产、学、研、用相结合的特色和优势。省内兰州、金昌、嘉峪关、平凉、武威、合作6个市州已建成或正在推广建设系统，全国范围内已在北京、山东、山西、四川、云南、贵州等15个省市自治区的市、区推广应用。

兰州大成科技股份有限公司是国家创新型试点企业、国家火炬计划重点高新技术企业、软件企业。2016年，公司实现产值 9 125 万元，净利润 1 842 万元，上缴税金 810 万元。公司“全电子化计算机联锁系统”通过国际安全等级最高的欧标 SIL4 级安全认证，为在国内外推广应用奠定基础，打破发达国家对中国的技术封锁。

甘肃成兴信息科技有限公司是一家集软件开发、销售、服务于一体的专业性软件企业，主要针对招投标活动中前期的“围标串标”、评标的公正性、中标后的分包行为等问题，自主研发《成兴电子招投标系统软件》。该软件集成电子签章、数字证书等第三方软件，登录、签名、加解密采用同一 Ukey，选择阿里云为系统运行平台，系统揉合各方交易主体间不可分割的办事流程，招标人、交易市场、监管方在系统上行使各自职责，使各环节招标人对招投标的组织、交易市场的服务、监管方审批监督的办理实现无缝对接。铁路建设工程下放地方交易市场后，公司针对铁路工程建设项目的特点开发铁路电子招投标系统软件。公司具有自主知识产权的《成兴电子招投标系统软件》和《成兴评标专家库管理系统软件》已获软件著作权。

【科技进步与应用】 甘肃省信息产业现有国家级企业（工程）技术中心 2 个、省级企业技术中心 21 个、省级重点实验室 6 个，软件产品 460 项，著作权 600 多项。先后获得省级以上科技奖励近 20 项、国家专利授权 120 多项，通过鉴定的新产品、新技术和新成果 100 余项，有 40 余种产品填补国内空白，50 多项技术和产品达到国内领先或接近国际先进水平。国家电子行业标准三维数字社会服务管理系统技术规范在第一部分已发布的基础上，基础数据库、业务办理、服务受理、网格化管理、辅助决策 5 个部分技术规范已起草完成，上报工业和信息化部。兰州万桥智能科技有限公司、兰州大方电子有限责任公司通过 2016 年省级企业技术中心评审。全省软件和信息技术服务业累计拥有国家级企业（工程）技术中心 1 个、省级企业技术中心 12 个、省级重点实验室 5 个。西北中小企业云平台作为甘肃省“中小企业公共服务示范平台”取得工业和信息化部“可信云服务认证”，上线各类应用 105 项，形成办公管理、沟通通信、网络安全、大数据应用等 10 大类 17 子类云服务产品体系，接入企业超过 1.8 万家，使用用户超过 60 万户。

【信息基础设施】 截至 2016 年年底，甘肃省固定电话用户 312 万户，其中，城市电话用户 241 万户，农村电话用户 71 万户；移动电话用户 2 203 万户，其中，3G 移动电话用户 334 万户，4G 移动电话用户 1 332 万户；固定互联网用户 403 万户，其中，固定互联网拨号用户 10 万户，固定互联网宽带接入用户 393 万户；移动互联网用户 1 804 万户。

【信息产业基地和园区】 经过多年发展，甘肃省信息产业发展集聚态势逐步形成。兰州市以兰州新区为依托，四联光电高新技术西北产业基地、正威集团兰州新区电子信息产业园、甘肃北斗卫星导航产业园及示范城市项目、信源软件产业园、联创智业园等一批电子信息产业基地园区重大项目建成投产，带动兰州市信息产业加快发展。天水市以华天电子集团、天光半导体有限责任公司等企业为龙头，通过实施华天电子科技园、甘肃省广播电视网络产业园等重点项目，发展集成电路封装、特种集成电路芯片制造、电子器件、半导体分立器件、移动终端设备及相关配套产品，逐步形成微电子、通信设备集聚发展态势。

甘肃省软件服务业发展以兰州、天水为重要节点城市带动甘肃省东、中、西区域软件服务业发展。兰州软件园以兰州高新区、兰州经济技术开发区、兰州新区为依托，兰州三维数字社会服务管理系统联盟推广中心、甘肃紫光大厦、万华互联网创业创新大厦基本建成，产业发展的基础载体进一步夯实。甘肃省 95% 以上的软件企业集中在兰州市，收入占甘肃省软件收入的 98%。兰州新区联创智业园投资建设电商基地创客空间、创业咖啡服务中心、OTO 体验店、员工公寓、健身中心等，使用面积达 1 万平方米，已入驻电子商务企业 30 多家。兰州经济开发区以兰州交通大学国家科技园为依托，重点发展科技创新与成果转化、高新技术企业孵化、创业人才培养和科技产业辐射。兰州市软件和信息技术服务业初步形成“一园三区”的发展格局。

【电子政务】 截至 2016 年年底，甘肃省电子政务外网基本建成，利用高速网络下联 14 个市（州）节点、86 个县（市、区）及部分乡镇近 1 万个接入点，承载近 30 个部门（系统）的核心业务，市县节点覆盖率达到 100%，实现甘肃省电子政务外网“纵向到底”的目标。甘肃省电子政务外网通过双链路与国家电子政务外网骨干网互联，实现与77个中央部委、31个省（市、区）和新疆建设兵团实现互联互通，统一网络平台初步构建。甘肃省级数据中心初步建成，已经开通省级部门节点20多家，并正在利用电子政务外网开通纵向业务。涉及民生领域的12358物价举报系统已开通，张掖市利用电子政务外网搭建的政务云平台开始运行辖区内的电子政务。

【电子商务】 截至2016年年底，甘肃省培育涉及电子商务业务企业2万余家。其中，个人经营C2C店铺4 000余家，法人自营B2B店铺40余家，阿里巴巴平台商家1.4万余家，支持团购的商家2 800余家。电子商务、物流配送、连锁经营、特许经营等现代流通模式在企业和企业间、企业和消费者之间广泛应用。餐饮、电影、摄影等行业众多商家利用“美团网”“58同城”等平台推销产品、推广业务。

陇南市农村产权确权抵押交易服务平台顺利建成并上线运行。该平台运用新一代信息技术，将农村产权的“确权登记、抵押贷款、流转交易”程序全部纳入统一平台管理，利用先进的技术手段进行收集、加工、整理、储存，实现“权证管理、信息发布、产权交易、抵押贷款、风控管理”等功能，具有“数据储存量大，系统操作性强，信息安全性高”等显著特点，为农村产权的确权抵押交易提供信息服务。

【两化融合】 2016年，甘肃省出台《甘肃省2016年两化深度融合工作要点》。甘肃工大电子科技有限公司被中国两化融合服务联盟推荐为两化融合管理体系贯标咨询服务机构，省内落地的具备国家授予资质的各类两化融合服务机构达到3家。酒泉汉武御酒业等4家企业成为国家级工业电子商务运行形势指数企业。组织开展两化融合管理体系对标引导和评估诊断，全省累计有1 100家企业参与两化融合对标引导和评估诊断工作。兰石集团等13家企业被工业和信息化部列为国家级两化融合管理体系贯标试点企业，国家级贯标试点企业总数达到22家，其中甘肃银光聚银化工有限公司成为甘肃省首个通过国家两化融合管理体系贯标的企业。西北中小企业云平台通过“以租代建、按需购买、即开即用”应用接入服务，实现1 300多家小微企业接入云平台，拥有企业自己的云服务器、门户网站、财务系统和办公软件，一站式解决小微企业的各类信息化需求，带动全省企业信息化水平提升。

【电子基金项目】 甘肃万维信息技术有限责任公司实施2013年国家电子信息产业振兴和技术改造项目——政务云公共服务平台建设。购置安装网络设备、安全设备、服务器设备、存储设备、基础支撑软件、工作流软件等各类软硬件设备合计263台（套），完成平台整体建设目标。平台承载兰州市人口信息基础数据库、法人信息数据库、宏观经济信息数据库、地理信息数据库四大库系统，以及三维数字社会系统、电子监察与行政审批系统、兰州市市民卡工程等。项目累计接入用户140个单位，实现销售收入2 800万元、利润680万元，上缴税金160万元，新增就业岗位15个。

兰州商源网络软件技术有限公司实施2011年国家电子信息产业振兴和技术改造项目——移动电子健康档案系统。项目于2011年4月开工建设，2016年6月完工，购置中心网络设备、数据处理设备、应用服务器等92台套，开发具有居民健康档案数据采集、组织管理、存储、查阅、数据分析等功能的信息服务系统。项目投产后在兰州、包头等市的305家医疗卫生机构和10家卫生行政主管部门投入使用。截至2016年6月，实现收入1 717.76万元，纳税10.75万元，实现利润640.33万元。

【主要问题】 甘肃省发展基础薄弱。受多种因素影响，全省信息产业在上一轮结构调整中和产业布局中没有能够取得好的发展，产业发展明显滞后于国内发达地区，在全国排名靠后。

人才制约严重。受地域、经济发展水平等影响，专业人才比较缺乏，高学历、高素质的专业人才较少，有研发能力的专业技术人才、高级管理人才、复合型人才缺乏，企业面临人才难招、人才难留等现实问题。引进人才、留住人才的机制还不健全，特别是软件企业人才流失严重。

企业资金紧缺与融资抵押困难。全省信息企业大多为中小企业，融资能力弱。由于企业资金匮乏，使得生产流动资金、技术改造投资、新产品开发投入不足，企业创新缺乏人才支撑，发展后劲不足。

【统计数据】

表 1 2016 年甘肃省电子信息制造业人员构成情况

企业类别	企业数（家）	年末从业人员总数（人）	其中：研发人员（人）
内资企业	14	12 212	2 745
国有企业	1	512	192
有限责任公司	7	3 158	546
股份有限公司	2	7 529	1 876
私营企业	4	1 013	131

表 2 2014—2016 年甘肃省电子信息制造业基本情况

项目名称	单位	2014 年	2015 年	2016 年
工业总产值（现行价）	万元	738 124	843 442	1 288 473
工业销售产值	万元	685 911	785 137	903 258
出口交货值	万元	193 548	235 828	354 806
资产总计	万元	1 438 446	1 825 943	1 570 295
负债合计	万元	558 100	538 172	558 717
主营业务收入	万元	630 988	725 778	830 086
税金总额	万元	31 016	43 802	35 953
利润总额	万元	54 451	69 745	75 373
应交所得税	万元	7 622	8 839	10 539
从业人员年末人数	人	13 574	13 657	12 212
从业人员工资总额	万元	25 876	53 258	52 144

表 3 2014—2016 年甘肃省主要电子信息产品产销量情况

产品名称	单位	产量			销量		
		2014 年	2015 年	2016 年	2014 年	2015 年	2016 年
集成电路	万块	1 156 942	1 422 191	2 501 554	1 158 463	1 417 256	2 449 731
综合电缆	千米	14 841	11 317	10 609	13 706	11 317	10 591
电真空器件	万只	1.8	1.3	0.74	1.7	1.2	0.77
集成电路封装测试	万只			1 869 137			1 829 918

表 4　2016 年甘肃省软件产业人员构成情况

企业类别	企业数（家）	年末从业人员总数（人）	人员构成			
			管理人员（人）	在总人数中所占比例（%）	软件开发研究人员（人）	在总人数中所占比例（%）
内资企业	104	9 746	1 282	13.2	2 890	29.7
国有企业	4	727	191	26.3	141	19.4
股份合作企业	1	38	4	10.5	7	18.4
有限责任公司	30	2 991	307	10.3	805	26.9
股份有限公司	6	1 957	224	11.4	613	31.3
私营企业	61	3 958	517	13.1	1 309	33.1
其他内资企业	2	75	39	52.0	15	20.0
三资企业	2	63	4	6.3	16	25.4

表 5　2014—2016 年甘肃省软件产业基本情况

项目名称	单位	2014 年	2015 年	2016 年
软件业务收入	万元	272 584	357 162	416 362
软件业务出口收入	万美元	30	519	18
软件产品销售收入	万元	76 668	114 796	107 352
流动资产平均余额	万元	422 979	503 950	390 148
固定资产投资额	万元	15 484	10 356	51 744
资产合计	万元	630 881	777 513	818 928
负债合计	万元	338 479	389 952	423 219
税金总额	万元	17 284	18 126	25 081
利润总额	万元	22 767	40 875	29 028
应交所得税	万元	3 346	4 658	7 659
从业人员年末人数	人	8 857	9 427	9 809
从业人员工资总额	万元	36 840		59 822

表 6 2015—2016 年甘肃省软件产业三资企业基本情况

项目名称	单位	2015 年	2016 年
软件业务收入	万元	808	598
软件业务出口收入	万美元	27	18
软件产品销售收入	万元	396	287
流动资产平均余额	万元	43	23
资产合计	万元	1 810	1 786
负债合计	万元	713	712
税金总额	万元	37	9
利润总额	万元	9	25
从业人员年末人数	人	65	63
从业人员工资总额	万元	194	162

注：表 1 ~表 6 数据来源于甘肃省工业和信息化委员会。

[供稿：甘肃省工业和信息化委员会]

青 海 省

【电子信息制造业】 2016 年，青海省电子信息制造业规模以上骨干企业 16 家，实现主营业务收入 90.11 亿元，同比增长 3.9%; 利润 4.64 亿元，同比增长 507%; 销售产值 88.07 亿元，同比增长 8.6%。从主要产品产量来看，单晶硅 3 189 吨，同比增长 63.6%；多晶硅 18 470 吨，同比增长 70.6%；电解铜箔 18 750 吨，同比增长 0.4%；化成箔 1511 万平方米，同比增长 109.2%；发光二极管 780 万只，同比下降 52.7%；单模光纤 170 万芯千米，同比下降 7.67%；蓝宝石晶体 34 吨，同比下降 26.4%，锂离子单体电池（电芯）77 万千瓦时，同比增长 156.2%；新投产的单晶硅电池组件 3 兆瓦，多晶硅电池组件 99 兆瓦，工交电子应用仪器 93 997 台。

【软件和信息技术服务业】 2016 年，青海省软件服务业总体保持平稳发展势头，产业结构发展均衡度进一步提升。根据工业和信息化部数据显示，骨干企业主营业务收入达到 4.86 亿。其中，软件开发收入 3 983.1 万元，同比增长 34%；信息技术服务收入 6 690.8 万元，嵌入式系统软件收入 867.1 万元。

【科技进步与应用】 截至 2016 年年底，青海省省级企业技术中心 35 个，国家级企业技术中心 1 个；省级工程技术研究中心 64 家，国家级工程技术研究中心 1 家，其中，依托工业企业组建的有 45 家，依托科研院校组建的有 14 家；另有 23 家工程技术研究中心处于组建期。

以“百项创新攻坚工程”和“百项改造提升工程”项目为抓手，引导企业加大科技研发投入，全年完成企业研发投入 3.85 亿元，实现技术改造投资 200 亿元。加快推进创新驱动，新兴产业领域取得“高海拔地区高压化成箔化成工艺技术”“动力电池专用电解铜箔技术研究及产业化”等25项科技成果和专利，制定“锂电池隔膜用高纯超细氧化铝”等15项技术标准和产品标准，突破“高效多晶硅电池生产”等关键技术，“850V超高压铝电解电容器用化成箔制造”技术填补国内空白。传统产业领域实现“铝电解槽用阳极优化综合研究与推广应用”“超声波低耗水染色技术产业化应用”等22项关键技术突破和产业化应用，获得“柴达木黑枸杞加工特性及产业开发研究”“废弃硼酸废渣综合回收利用”等18项科技成果和专利，电解槽电流效率、吨铝电耗和减排指标达到国内先进水平，烁华铁合金能耗及排放再创全省铁合金行业新低。

【信息基础设施】 截至2016年年底，青海省光缆线路总长度16.5万千米，互联网宽带接入端口259.7万个，光纤接入FTTH/O端口214.4万个，占互联网宽带接入端口总数的比重从上年同期的56%提高至82.6%，移动电话基站数累计达到3万个。西宁市成功申报“宽带中国”示范城市。电话用户641.83万户，普及率109.07部/百人，移动电话普及率91.73部/百人；移动宽带用户（3G/4G）383.99万户，占移动电话用户总数的71.1%，移动宽带用户发展迅速。

截至2016年年底，全省固定宽带用户99.66万户，20Mbps以上占比为72.1%，比上年同期提升38.2个百分点；全省固定宽带资费水平同比下降41.8%，移动流量资费水平同比下降27%。

用户消费从语音业务为主向数据业务为主转变，数据流量消费大幅提升。2016年，信息服务（非话音业务）收入的比重达到77.0%。三网融合工作稳步推进，2016年，IPTV用户31.95万户，同比增长71.8%。

【信息产业基地和园区】 2016年，青海中关村高新技术产业基地（以下称海东科技园）以建设“全国知名、青海领先、海东一流”的科技园区为目标，科学规划，合理布局，通过加强基础设施建设和不断加大招商引资力度，园区创新创业环境不断优化，入驻企业相继开工、竣工、投产和试运行。

在环境建设方面，2016年3月，通过科技部火炬中心评审，成为国家级科技企业孵化器，以道路交通、电力、通信、给排水、供热、供气、绿化等为主要内容的基础设施建设同步展开，“七通一平”的基础设施条件已基本完善。

在招商引资方面，以举办全国留学生创业园年会、各类全国性高端行业峰会为契机，汇聚优质企业；采取“走出去、请进来”的办法，组织参加青洽会、清食展、西博会等投资贸易洽谈会，加强在新材料、新能源、电子信息、农副产品加工、装备制造等领域重点招商。截至2016年年底，园区累计入驻企业152家。

在人才队伍方面，发挥与清华大学、北京大学等27家国内顶尖高校签订的合作协议的作用，开展联合课题研究、人才推荐、博士生服务团引进等工作，加大人才柔性引进力度。入驻企业有博士30人、硕士50人、本科150人，已申请各类专利202项，授权103项。

在服务体系建设方面，打造金融共同体，联合海东科技担保公司以担保融资为手段，整合多种途径的金融资源，为入驻企业提供“私人定制”的金融资源对接服务，截至2016年年底，完成企业融资和大学生创业项目融资68家，融资额6 200万元。加大服务企业力度，成立企业发展部，实现项目审批部门与企业之间的沟通协调，简化审批流程；建立联动服务机制，联合园区财政及国税、地税，开展税收政策宣讲、投融资指导等服务；联合市、区市场监管局，提供商标、品牌等申报辅导、培训服务；联合省人才服务中心、人才交流中心等机构，举办现场招聘会，提供人力资源服务；联合市人社局，举办劳动法培训会；关注发改、科技、人社等部门项目扶持政策，全年共帮助企业申报各类专项资金等项目多达30余项。

【电子政务】 2016年，青海省电子政务注重顶层设计，强化政策保障。印发《青海省人民政府办公厅关于印发2016—2017年政务信息化重点工作安排意见的通知》（青政办〔2016〕147号），从8个方面提出两年政务信息化23项主要任务；推动全省电子政务发展，增强政务信息化对推进“放管服”和构建“互联网+政务服务”体系的基础支撑作用，印发《全省电子政务“十三五”规划》实施细则；推进全省电子政务转变发展方式，逐步提高电子政务集约化建设和政务整体服务能力，编写《青海省电子政务云平台建设可行性研究报告》，同时，以“1+N+n”的建设模式，建设全省统一的电子政务云监管平台（“1”）、多个相对独立的电子政务云服务平台（“N”）、整合对接各部门已建的私有云平台（“n”），实现软硬件资源整合和资源池扩展。

加快平台建设，打造智慧政务。加快电子政务云平台建设，截至2016年年底，基本完成平台建设并投入试运行，基本具备支撑新建或改扩建信息系统的能力；有效提高省政府办公厅机关公文流转效率，改进现有的纸质公文交换方式，启动公文智能交换箱系统建设并于年底投入使用，为打造智慧政务奠定基础；持续深化公文传输等系统应用，将视频会议系统向乡镇延伸并进行改造，由目前标清升级为高清；为省三江源国家公园管理局等单位开通政务专网，扩大接入范围，发挥公文传输、视频会议、"金字工程"等20多项应用系统作用，节省行政成本。

加强技术防范措施，确保网络信息安全运行。提高互联网安全防范等级水平，购置防火墙、防病毒网关、流量负载均衡、上网行为管理等设备，实现防病毒传播、流量监测、攻击防护等功能，提高网络安全和防护等级，全年未发生一起网络安全事故；对承载政府专网普通密码系统设备机房进行升级改造，安装铁门、铁窗、铁柜、报警器相结合的"三铁一器"硬件防护措施，并对专用密码设备进行割接，移至保密屏蔽机柜中，由专人指纹开启，安全防护水平进一步提高。

【两化融合】 2016年，青海省制定印发《关于推动制造业与互联网融合发展的实施意见》（青政〔2016〕90号），为推动全省制造企业打造信息化环境下的新型竞争力奠定政策基础。

制定印发《关于做好2016年"互联网+"工业重点工作的通知》和10余项配套文件，提出五大"互联网+"工业创新示范工程，推进《大型荒漠化光伏发电基地智能巡检和光伏组件自动清洁示范》《工业机器人在有色冶金行业特殊工序上的应用》《重点地区工业和信息化运行监测平台》等试点示范项目建设，统筹安排2016年度信息服务专项资金4 150万元，集中支持《基于移动物联网的智慧矿山防灾减灾关键技术研究及"互联网+"应用示范》等44项两化融合重点项目，预计带动投资近7亿元。

研究建立全省两化融合发展水平评估指标体系，开发建设两化融合统计分析平台，并组织各市（州）、园区工业和信息化主管部门及重点工业企业开展两化融合统计培训，建立全省两化融合统计分析月报制，近200家重点工业企业纳入统计范畴，实现工业企业两化融合发展水平从定性评估到定量分析的转变。

青海时代新能源科技有限公司等7家企业被列为2016年度国家级两化融合管理体系贯标试点企业，民和天利硅业有限责任公司等5家企业为省级两化融合贯标试点企业，省生产力促进中心等2家单位为贯标咨询服务机构。召开企业贯标推进现场会10余次，10家国家级和5家省级试点企业贯标工作全面启动，其中，西部矿业股份有限公司获得全省首张国家级两化融合管理体系证书。

邀请中国两化融合服务联盟、国家级两化融合咨询服务机构和170余家省内重点工业和信息技术服务企业，组织召开全省信息化与工业化融合专题培训会，围绕国家"十三五"两化融合发展规划解读、两化融合贯标推进和统计分析等进行现场培训，推动信息技术服务企业与工业企业合作对接。

【信息安全】 2016年，青海省开展全省关键信息基础设施网络安全检查工作。成立省关键信息基础设施网络安全检查工作领导小组及办公室，召开阶段性工作协调会议4次，指派技术专家赴相关地区和单位开展6次培训学习，培训人数460余人次。共收到386家单位上报的数据，检查范围涉及全省关键信息基础设施465个，其中，网站类299个，平台类92个，生产业务类74个。对检查中发现的机构设置、制度建设、人才培养等方面存在的主要问题进行及时反馈和整改。

2016年11月，组织各市州工信部门开展全省工控系统安全情况摸底和自查工作，共检查工控系统运营单位129家、工控系统1 033套。

【信息消费】 2016年，青海省信息消费投入实现109亿元，信息消费规模达到267亿元，占地区生产总值的10.4%，对经济增长的拉动贡献为2.36个百分点。重点项目主要有光网推进工程完成投入14.4亿元，4G无线宽带推进工程完成投入29.2亿元，畅通安全网络工程完成投入8.2亿元，高原信息港工程完成投入3.1亿元，农牧区信息化推进工程完成投入1亿元，数字政务建设工程完成投入1.8亿元，数字民生建设工程完成投入8.4亿元，数字产业建设工程完成投入18.6亿元，数字城镇建设工程完成投入24.5亿元。

【云计算和大数据】 2016年，青海省西宁市制订《西宁市“十三五”信息产业发展规划》，将探索基于云计算的电子政务建设运行新机制，建设上联省、覆盖市、县(区)的电子政务交换系统，提升决策水平和服务能力。同时，多举措推动教育信息化建设，促进城乡学校一体化共同发展，通过购买服务的方式，建成西宁教育混合云数据中心，为全市教育信息化各项应用部署提供安全、稳定、高效的云服务环境。

省科技系统建设的青海省精准扶贫工作大数据平台已经建成覆盖海东市2区4县634个贫困村、17.55万贫困人口，能实现省、州（市）、县、乡、村5个层级的基础数据管理、动态监测、数据统计、监督管理在线指挥五大功能的综合性公共服务平台。

省工商系统建设的国家企业信用信息公示系统（青海）平台正式上线运行，对降低市场交易风险和社会成本、提高经济运行效率、建立信用监管机制将发挥作用。截至2016年年底，已归集全省47个政府部门企业信用信息10 930条。

省地税系统运用大数据开展大企业税收服务与管理。以大企业纳税人管理对象为前提，以强化数据管理为核心，以推行风险管理和创新个性化服务为目标，全面采集相关纳税人电子财务数据期相关各类涉税信息。经过采集阶段自查数据汇总，相关纳税人自查补交税款309.39万元。

省电力系统基于大数据平台初步建成全国首个“客户用电行为分析及风险预测”和“配网设备状态诊断与抢修辅助分析”应用平台。该平台具备多种数据处理算法并提供统计分析、多维分析、挖掘分析等多种数据分析功能。

阿里巴巴集团入驻中国移动（青海）高原大数据中心，将其淘宝、天猫商城等业务承载到该中心，成为其全国核心业务节点之一。2016年“双11购物节”当天，通过高原大数据中心承载的阿里巴巴业务数据流量达到近520TB，其中，向省内用户提供数据流量440TB，向省外用户提供数据流量近80TB。

【重点信息化项目】 2016年，青海省社会信息化重点项目中，国土资源系统持续推进以全省国土资源“一张图”为重点的信息化建设，实现国土资源全流程动态监测与监管，实时掌握土地和矿产资源开发利用状况，对每一宗土地的“批、供、用、补、查”和每一个矿业权的审批、勘查、开采等进行实时跟踪监管；水利系统完成青海省国家基础水文、省级实时雨水情、旱情、水土保持、水利普查成果等数据库，建成1 955个全省新（改）建水利信息自动采集站，全省水利信息采集体系初具规模；交通运输系统加快交通运输信息化建设步伐，实现省市县三级运管部门协同办公及部省联网、数据交换；卫生计生系统开展以区域卫生信息平台和跨行业省级综合平台为依托的人口健康信息化建设，建成8家省级医院远程医学中心；教育系统推动宽带网络校校通建设，利用网络视频方式技术开展“在线课堂”教育，实现城镇学校与农村牧区学校同上一堂课的教学新模式；科技系统建成科技计划项目申报、科学技术奖励管理、大型科学仪器共享服务平台、高层次人才学术成果共享与资源服务平台、创新发展研究网等一系列信息化平台，基本实现科技工作业务受理领域的全覆盖、多线路的信息化模式；人力资源社会保障系统建成省级数据中心，全面启动医疗保险社会保障卡发行应用工作，实现参保人员在省、市、县、乡、村五级定点医疗机构看病就医购药“一卡通”；文化新闻出版系统建设省级文化信息资源共享中心1个、州（市）支中心8个、县支中心43个、乡级服务点369个、村级服务点4 169个，初步形成覆盖全省的服务网点，基本满足基层群众对于科普、教育、文艺等多方面的资源需求；安全监管系统推进国家安全生产信息系统工程建设（“金安”工程），建成信息网络基础环境和系统支撑平台，部署服务器系统、安全系统、视频会议系统和相关应用系统，初步具备运行“金安”工程一期应用系统的条件。

信息产业重点项目中，在电子信息制造产业方面，全年安排信息服务专项资金440万元，支持《青藏高原基站充电桩云服务平台关键技术应用示范》等6项电子信息制造重点项目，预计带动投资近21亿元；省内首条藏文电子产品组装生产线投产运行，可穿戴智能电子产品、光电元器件等电子信息终端产品项目有序推进；联合实施《青藏高原通信基站用新型储能电池项目》，将为锂离子电池在青海省的规模化应用提供第一手的试验测试数据。在软件产业方面，重点培育发展少数民族语言软件产业，全年安排信息服务专项资金930万元，支持《藏文搜索引擎系统平台建设》等11项重点软件项目，预计带动投资近 1.5 亿元；全球首个藏文搜索引擎——“云藏”在海南州正式上线运行，藏文手写输入法和语音识别关键技术研发取得实质突破，《藏羚羊》等一批少数民族文化网络游戏和动漫产品相继上线。在大数据产业方面，安排 2016 年信息服务专项资金 475 万元，支持《智慧城市云数据平台》等 6 项大数据建设及应用项目，预计带动投资 8 720 万元。

【产业环境】 2016 年，青海省相继编制出台《青海省信息产业“十三五”发展规划》《青海省大数据产业发展规划》《青海省电子政务“十三五”规划》等信息产业专项规划。制定印发《信息化和宽带青海建设办公室工作职责》《信息化和宽带青海建设办公室会议制度》《信息化和宽带青海建设办公室信息报送制度》和《信息化和宽带青海建设办公室重点工作任务分解意见（2016—2020）》。“大数据应用”和“智慧青海”专题展区亮相第 17 届中国 · 青海绿色发展投资贸易洽谈会，举办“云计算和大数据产业发展”论坛，机器人、激光电影、全息影像、3D 打印、无人机、大数据机架模型等集中展示信息产业发展新成果。推动青海省国有资产投资管理有限公司和北京九次方大数据公司共同出资成立青海省大数据有限公司，并就成立青海省大数据产业研究院与青海大学、省测绘地理局及有关企业达成共识，阿里巴巴、浪潮集团等大数据中心项目也在抓紧实施。与中国智慧城市论坛、中国科学技术法学会智慧城市工作委员会联合举办 2016 第六届智慧城市全国行青海站活动。

【主要问题】 青海省信息化底子薄、起步晚，本土信息产业企业规模小、数量少、核心竞争力弱，产业链条短、产品附加值低，信息化支撑服务能力与全省经济社会发展水平不相适应。

信息化是一项涉及面广、技术要求高、协调难度大、投资回报期长的系统工程，省级财政信息服务专项资金十分有限，难以惠及经济社会各领域，企业实施信息技术改造的投资动力明显不足。

部分地区和部门对信息化工作的重要性和紧迫性认识不清、重视不足，导致信息化项目重复建设、信息和数据资源不能共建共享，信息“碎片化”和“信息孤岛”现象亟待解决。

作为资源性省份，加上产业结构偏重等因素叠加影响，招商引资企业和项目绝大多数集中在资源依赖型产业，很少涉及信息化领域，与日益增长的信息技术服务需求和信息化建设还有差距。

在一系列推进信息化与工业化深度融合的政策措施落实过程中，信息化技术创新及推广能力不足，在企业中应用的深度与广度不够，企业信息系统集成度待提升，两化融合水平参差不齐。

人才缺乏的局面仍未有效改善。由于经济发展落后，就业环境欠佳，无法吸引高端信息产业人才来青发展，而省内高校相关专业毕业学生较少，人才回流不足，使企业引进人才难度加大。吸引人才、培养使用技术骨干的机制和环境还不能适应产业快速发展的需要，企业员工培训制度尚未健全。

【统计数据】

表 1　2016 年青海省电子信息制造业人员构成情况

企业类别	企业数（家）	年末从业人员总数（人）	其中：研发人员（人）
内资企业	16	5 154	405

表 2 2015—2016 年青海省电子信息制造业基本情况

项目名称	单位	2015 年	2016 年
工业总产值（现行价）	万元	895 436	2 165 252
工业销售产值	万元	810 600	880 690
出口交货值	万元	7 149	2 208
流动资产平均余额	万元		349 199
固定资产净值平均余额	万元		187 020
资产总计	万元		1 341 621
负债合计	万元		856 688
主营业务收入	万元	867 300	901 050
税金总额	万元		133
利润总额	万元	-11 400	46 434
从业人员年末人数	人	5 274	5 154
从业人员工资总额	万元		29 051

表 3 2015—2016 年青海省主要电子信息产品产量情况

产品名称	单位	2015 年	2016 年
电解铜箔	吨	18 783	18 750
单晶硅	吨	1 949	3 189
多晶硅	吨	10 830	18 470
蓝宝石晶体	吨	46	34
数字千分尺	把	49 971	93 997
化成箔	万平方米	723	1 511
发光二极管	万只	1 650	780
锂电池	万千瓦时	30	77
单模光纤	万芯千米	184	170
单晶硅电池组件	兆瓦	6	3
多晶硅电池组件	兆瓦	86	99

注：表 1 ~表 3 数据来源于工业和信息化部。

表 4　2016 年青海省软件产业人员构成情况

企业类别	企业数（家）	年末从业人员总数（人）
内资企业	328	14 291
国有企业	20	2 487
集体企业	1	20
股份合作企业	1	10
联营企业	1	83
有限责任公司	36	5 294
股份有限公司	17	4 001
私营企业	242	2 302
其他内资企业	10	94
港、澳、台商投资企业	9	3
三资企业	2	

注：数据来源于青海省统计局。

表 5　2015—2016 年青海省软件产业基本情况

项目名称	单位	2015 年	2016 年
软件业务收入	万元	12 142	11 541
软件业务出口收入	万美元	147	82
软件产品销售收入	万元	2 962	3 983
流动资产平均余额	万元	11 387	5 966
资产合计	万元	13 448	13 494
负债合计	万元	5 508	5 921
税金总额	万元	28	9
利润总额	万元	-170	-154
应交所得税	万元	2	48
从业人员年末人数	人	876	861
从业人员工资总额	万元	2 630	4 953

注：数据来源于工业和信息化部。

［供稿：青海省经济和信息化委员会］

宁夏回族自治区

【电子信息制造业】 2016年，宁夏回族自治区（以下简称宁夏）电子信息制造业实现快速增长。全年全区电子信息制造业规模以上企业13家，完成工业总产值94.4亿元，同比增长43.2%，近三年的平均增速38.6%，工业增加值占规模以上工业的比重由2014年的1.8%提高到2.2%。近年来，国内外光伏市场需求旺盛，价格持续上升，利润率大幅提高，全区光伏制造企业引领行业快速增长，全年全区光伏制造企业实现工业总产值87亿元，同比增长47%。其中，银川隆基硅材料有限公司产值占全行业的比重37%以上，产品光电转换率达到19%以上，随着5GW单晶硅棒、5GW切片项目的投产，全年产值有望超过50亿元。银川市、中卫市集聚银川隆基硅材料有限公司、中卫银阳新能源有限公司、宁夏协佳光伏电力有限公司、宁夏协鑫晶体科技发展有限公司等光伏制造企业。2016年，全区单晶硅棒产能2.5万吨，多晶硅锭产能1.3万吨，多晶硅切片产能7 000万片，组件产能750兆瓦，已成为全球最大的单晶硅棒生产地。同时，工业蓝宝石、大容量动力锂离子电池、电池正极材料、电极箔等新项目已建成投产。

【软件和信息技术服务业】 2016年，宁夏软件和信息技术服务业平稳较快发展。全区现有软件企业230多家，是2010年的6.8倍。其中，软件业务收入500万元以上企业51家，完成软件业务收入13.2亿元，同比增长17%；实现利润1.7亿元，同比增长21.3%；近三年软件业务收入平均增速18.7%。全区软件企业新三板上市12家。主要软件企业已具备大数据、云计算应用产品的开发能力，已渗透到工业、商务、民生、教育、安全、交通等领域。宁夏希望信息产业股份有限公司开发的住房公积金管理电子政务系统在新疆全区应用，自主开发的“小事儿”智慧城市平台服务近千万人次；银川方达电子系统工程有限公司的社保一卡通软件在全区医院、药店广泛使用；宁夏计算机软件与技术服务有限公司的教育考试院和政府采购平台平稳高效，得到广泛肯定；宁夏亚视电子科技有限公司联合台湾网奕资讯集团公司开发Team Model智慧教室，已完成100多间；宁夏电通物联网科技股份有限公司自主开发的电梯物联网安全监管系统已推广到北京、上海、云南等13个省市；中阿跨境电商“优百贸”平台已经同埃及等国家电子商务平台实现信息互通；特色电商“宁夏红酒网”、全域旅游“丝路风情网”，以及智慧交通、数字社区、农业物联网、卫星导航等蓬勃发展。

【信息产业基地和园区】 银川IBI育成中心承载各种大数据、云计算创新应用功能，集中全区75%的软件企业。一期15万平方米全部入驻，包括宁夏希望信息产业股份有限公司、银川方达电子系统工程有限公司、宁夏亚视电子科技有限公司等软件企业100多家，逐步实现1平方千米建筑面积1万平方米实现产值1百亿元的“三个一”目标；二期39万平方米已引入东方国信科技股份有限公司、江苏润和软件股份有限公司等国内知名大数据应用企业；三期8万平方米已封顶。

西部云基地承载大数据存储和处理功能，亚马逊AWS数据中心一期3栋机房已建成，完成10.5万台服务器布局，2万台服务器正在安装调测；誉成云创数据中心两栋机房已建成，并与奇虎科技公司签订《IDC服务协议》，约定2栋机房、不少于8个模块、4 224个机柜的托管服务，其中，1栋机房4个模块已交付奇虎科技公司，安装运营服务器1万台，中国移动数据中心办公楼、数据中心及配套机房主体已封顶，计划于2017年建成投运。

银川滨河智慧产业园承载智慧城市功能，一期建成508个机柜，可承载1万台服务器，存储银川市24个单位的静态数据、9个单位的动态数据，提供各类信息化服务，覆盖整个银川市的行政审批和智慧城市管理工作；

二期已开工建设，规划安装 4 144 个机柜；园区已入驻中兴银川智慧产业公司、好大夫在线等智慧城市建设和“互联网 +”医疗服务企业。

【电子政务】 2016 年，宁夏以“云惠宁夏”为统领，加快“一网一库一平台”“八朵云”等电子政务建设。“一网”电子政务外网已建成区、市、县、乡四级骨干网，接入各级党政机关、事业单位和行政村（社区）共五级 6 500 多家单位，基本实现全覆盖。“一库”基础信息共享库中，人口和地理空间库已基本建成，整合公安、教育、人社等行业的人口数据和国土、水利、环保等部门的地理信息，为政府部门和社会公众提供空间测绘成果应用等信息查询服务；法人库和宏观经济库已启动建设。“一平台”电子政务公共云平台已完成银川和中卫云中心建设，建成 3 000 台云主机和 1 600T 存储空间，60 多家单位的 130 多个云应用系统已部署上线，网络平台覆盖率达到全国领先水平。“八朵云”已全部建成，推动跨地区、跨部门、跨层级的信息共享和业务协同，为老百姓提供更加便利的应用服务。

【两化融合】 2016 年，宁夏组织全区各市、县工信局，召开两化融合评估诊断与对标工作培训会，组织全区 600 多家规模以上工业企业参加两化融合水平评估，通过“中国两化融合服务平台”在线填报数据。2016 年，全区两化融合发展水平为 45.6，比上年提高 7 位。全区 46% 的企业处于起步建设阶段，41% 的企业处于单项覆盖阶段，12% 的企业处于集成提升及以上阶段，两化融合发展阶段分布较上年进一步优化。银川市和中卫市的数字化研发设计工具普及率和关键工序数控化率较高，装备、医药行业的数字化研发设计工具普及率较高，装备、食品、建材行业的关键工序数控化率较高。在智能制造方面，2016 年，宁夏食品行业和建材行业的智能制造就绪率分别为 7.4%、6.2%，高于全国平均水平。吴忠仪表公司智能制造水平达到国家先进水平，引领吴忠市成为“中国制造 2025”示范城市。2016 年，新增宁夏中利科技有限公司等 19 家国家级贯标试点企业。

【产业环境】 2016 年，宁夏制定《宁夏电子信息产业“十三五”发展规划》，明确云计算、大数据、光伏制造、新型锂电池、工业软件等发展重点。印发《自治区人民政府办公厅关于进一步加快云计算产业发展的若干意见》，从土地、电力、税收、财政、金融、人才等方面支持云计算产业的发展。自治区新型工业化资金给予信息技术企业贷款金额 1.3% 的贴息扶持。《中卫市大数据综合试验区》《中阿网上丝绸之路经济合作实验区建设方案》已报国家部委。《宁夏大数据产业发展条例》已通过法制办报送自治区人大。云计算、大数据发展所需基础设施大幅完善，中国联通公司已建成西部云基地 4×100G 直达太原、西安骨干网络，完成模拟北京、上海、深圳等城市用户到西部云基地骨干网络测试；中国电信公司已建成 4×100G 西部云基地直达北京、西安骨干网络，并完成出省电路调试；中国移动公司已建成西部云基地直达北京、西安、杭州、成都骨干网络路由。

【主要问题】 宁夏产业基础薄弱。全区电子信息产业总体规模依然较小，从事电子信息的企业数量有限，企业布局分散，产业关联度差，产业链关键环节缺失，产品附加值不高，未能形成集聚效应。电子信息制造“两头在外”情况严重，原辅材料与零部件等需外购，产成品需要外运，增加企业物流成本压力，综合成本优势不明显。电子信息产业结构相对单一，信息通信、视听电子等整机产品领域近乎空白。软件产业没有大型龙头企业，缺少知名软件产品，市场开拓艰难。云计算以大数据存储为主，大数据应用较少，带动效应缓慢。

两化融合水平有待提高。全区两化融合发展水平低于全国 5.1 个百分点，信息技术促进工业转型升级和工业投资拉动信息产业发展的作用未能充分发挥。自治区“八朵云”虽已建成，但数据共享不充分，应用普及程度较低，大数据应用氛围未能形成。各市智慧城市和信息化建设规划相对独立，可能形成区域性信息孤岛。大数据立法工作有待加快，数据权属、信息保护等方面缺乏法律支撑。

创新能力不足。全区电子信息企业大多轻资产，贷款比较难，资金投入不足。缺乏锂电池、智能电子、云计算、大数据、信息安全、系统测试等方面的技术创新人才，以及人力资源开发、市场营销、社会融资等方面的管理创新人才。企业、高校和科研院所缺少电子信息相关技术中心、重点实验室、产学研联盟、开源社区等创新平台。互动协同创新机制不健全，创新研发成果难以满足市场需求。

【统计数据】

表 1　2016 年宁夏回族自治区电子信息制造业人员构成情况

企业类别	企业数（家）	年末从业人员总数（人）	人员构成					
			工程技术人员（人）	在总人数中所占比例（%）	管理人员（人）	在总人数中所占比例（%）	研发人员（人）	技术工人（人）
内资企业	11	6 346	539	8.5	781	12.3	425	4 601
私营企业	8	5 677	449	7.9	653	11.5	425	4 150
其他内资企业	3	669	90	13.5	128	19.1		451
港、澳、台商投资企业	2	680	82	12.1	86	12.6	119	393

表 2　2014—2016 年宁夏回族自治区电子信息制造业基本情况

项目名称	单位	2014 年	2015 年	2016 年
工业总产值（现行价）	万元	451 200	658 838	943 523
工业销售产值	万元	430 000	567 478	884 966
出口交货值	万元	120 000	504	1 243
流动资产平均余额	万元	80 000	393 378	983 180
固定资产净值平均余额	万元	520 000	104 802	440 644
资产总计	万元	780 000	1 495 112	1 783 875
负债合计	万元	523 541	813 843	946 187
主营业务收入	万元	426 510	807 767	1 171 009
税金总额	万元	12 220	7 600	11 733
利润总额	万元	9 620	22 317	97 028
应交所得税	万元	1 055	2 837	7 761
从业人员年末人数	人	8 594	6 014	7 026
从业人员工资总额	万元	32 120	34 517	25 725

表 3　2014—2016 年宁夏回族自治区电子信息制造业主要经济效益指标完成情况

项目名称	单位	2014 年	2015 年	2016 年
全员劳动生产率	元 / 人	825 614	1 095 507	1 342 902
产品销售率	%	97.9	86.1	94.7
资产负债率	%	68.0	54.4	53.0

表 4　2014—2016 年宁夏回族自治区主要电子信息产品产销量情况

产品名称	单位	产量			销量		
		2014 年	2015 年	2016 年	2014 年	2015 年	2016 年
单晶硅棒	吨	9 604	19 000	22 800	9 604	16 360	21 600
多晶硅锭	吨	9 484	13 000	9 200	9 484	11 190	9 110

表 5　2016 年宁夏回族自治区软件产业人员构成情况

企业类别	企业数（家）	年末从业人员总数（人）	人员构成			
			管理人员（人）	在总人数中所占比例（%）	软件开发研究人员（人）	在总人数中所占比例（%）
内资企业	51	4 105	371	9.0	1 159	28.2
有限责任公司	42	2 770	252	9.1	831	30.0
股份有限公司	9	1 335	119	8.9	328	24.6

表 6　2014—2016 年宁夏回族自治区软件产业基本情况

项目名称	单位	2014 年	2015 年	2016 年
软件业务收入	万元	94 473	114 051	132 037
软件产品销售收入	万元	33 657	45 573	61 855
流动资产平均余额	万元	70 679	105 496	55 532
固定资产投资额	万元	7 123	3 639	8 450
资产合计	万元	140 498	192 145	245 671
负债合计	万元	65 743	97 335	118 406
税金总额	万元	5 322	5 532	8 621
利润总额	万元	13 796	14 386	17 442
应交所得税	万元	1 540	1 743	2 672
从业人员年末人数	人	3 611	3 848	4 105
从业人员工资总额	万元	18 954	25 531	22 365

表 7　2014—2016 年宁夏回族自治区软件产业主要经济效益指标完成情况

项目名称	单位	2014 年	2015 年	2016 年
全员劳动生产率	元 / 人	105 000	118 556	128 660
流动资产周转率	次	1.3	1.7	2.4
产品销售率	%	100.0	100.0	100.0
总资产贡献率	%	13.6	11.1	10.6
资产保值增值率	%	132.0	144.0	143.0
资产负债率	%	46.8	50.7	48.2

注：表 1 ~表 7 数据来源于宁夏回族自治区经济和信息化委员会。

[供稿：宁夏回族自治区经济和信息化委员会]

新疆维吾尔自治区

【概况】 2016 年，新疆维吾尔自治区（以下简称新疆）电子信息产业推进供给侧改革，利用资源、能源优势，推动“煤—电—硅”“煤—电—铝”两条产业链发展，发展云计算、大数据等新兴产业。电子信息产业实现主营业务收入 331.2 亿元，同比增长 5.4%；实现利润 21.37 亿元，同比增长 33.0%。其中，电子信息制造业实现主营业务收入 233.40 亿元，同比增长 6.5%，利润 15.15 亿元，同比增长 44.4%；软件和信息技术服务业实现主营业务收入 97.80 亿元，同比增长 3.0%，利润 6.22 亿元，同比增长 11.5%。

【电子信息制造业】 2016 年，新疆电子信息制造业硅产品生产和销售稳中有升。多晶硅产量 3.55 万吨，同比增长 16%，销售 3.49 万吨，同比增长 17.5%；碳化硅产量 6.73 万吨，同比增长 24%；工业硅产量 37.28 万吨，同比增长 23%，销售 35.61 万吨，同比增长 36%。

铝基电子材料平稳增长。电子铝箔产量 22 072 吨，同比增长 6.1%；电极箔产量 1 803 万平方米，同比增长 10.4%，销售 1 783 万平方米，同比增长 12.5%。

特色产业优势凸显。形成一批具有特色的电子信息产品，光伏系统集成能力、高纯铝产能居全国首位，工业硅产能居全国第二，多晶硅产能居全国第三，电子铝箔、电极箔产量处于全国前列，大尺寸蓝宝石晶体生产技术水平国内领先。

光伏系统集成业务收入、利润大幅增加。特变电工新疆新能源股份有限公司实现主营业务收入 83.32 亿元，同比增长 16%，利润 4.56 亿元，同比增长 56.4%；新疆嘉盛阳光风电科技股份有限公司实现主营业务收入 1.25 亿元，同比增长 219.8%，利润 146.24 万元，同比增长 104.1%。

龙头企业带动作用明显。特变电工新疆新能源股份有限公司、新疆众和股份有限公司、新疆西部合盛硅业有限公司、新特能源股份有限公司、新疆大全新能源股份有限公司 5 家企业实现主营业务收入 215.35 亿元、利润 13.89 亿元，分别占全区电子信息行业的 92.3% 和 91.7%。

【软件和信息技术服务业】 2016 年，新疆 129 家规模以上软件和信息技术服务企业实现营业收入 97.8 亿元，同比增长 3%；实现软件业务收入 73.4 亿元，同比增长 61%。其中，软件产品收入保持快速增长，高于上年同期水平，全年实现收入 10.5 亿元，同比增长 75%，占软件业务收入的 14.3%；信息技术服务收入增势强劲，实现收入 62.7 亿元，同比增长 59%，占软件业务收入的 85%；嵌入式系统软件收入 1 210 万元，占软件业务收入的 0.2%。软件外包服务收入实现 8 764 万元，同比增长 7%。实现利润总额 6.2 亿元，同比增长 10.7%；从业人员年末人数 14 602 人，同比增长 14.9%。截至 2016 年年底，新增 109 家计算机信息系统集成企业，累计计算机信息系统集成企业 647 家，其中，甲级 109 家，乙级 134 家，丙级 321 家，丁级 83 家。

终结软件业没有上市公司的历史。新疆熙菱信息技术股份有限公司、立昂技术股份有限公司 2 家企业成功上市，获得快速发展的新机遇。2016 年，新疆熙菱信息技术股份有限公司完成主营业务收入 2.9 亿元，实现软件业务收入 1.1 亿元，拥有著作权 35 项，主要业务涉及视频联网、模式识别、大数据分析、网络旁路采集、业务审计等技术领域，其中智慧安防系列产品和业务安全审计产品，已针对公安、财政、综保、交通、政府、企事业单位等众多领域客户提供整体解决方案；立昂技术股份有限公司完成主营业务收入 2.96 亿元，实现软件业务收入 1.5 亿元，主要参与新疆平安城市建设信息系统集成项目，收入 93% 来自安防类信息化项目，拥有著作权 22 项，全年软件产品登记 5 项，获得新疆创新示范企业称号。

【科技进步与应用】 2016 年，新疆电子信息制造业企业取得国家认定企业技术中心 1 个、国家重点实验室 2 个、新疆认定企业技术中心 2 个、国家级创新型企业 1 家、技术创新示范化企业 1 家，新增高新技术企业 6 家，参与国家及行业标准起草 6 项，各类专利授权 150 余项。全年企业研发投入增加，企业挖潜增效，多晶硅的单位能耗不断降低，低于国家行业标准 30%。创新水平提高，企业利润不断提高。

制定发布《软件企业评估规范》《软件产品评估规范》，重新启动软件产品、软件企业评估工作。按照新的评估规范，全年受理软件企业评估 29 家，软件产品 190 项。累积规模以上软件企业 124 家，软件产品 757 项。登记软件著作权 100 项，累积登记软件著作权 2 451 项。获得自治区科技进步奖 4 项，三等奖 2 项。

【信息基础设施】 2016 年，新疆建成乌鲁木齐到各地州中心城市的 80×100G 高速传输通道，出疆带宽达到 2.2T；3G 覆盖全疆所有城市和 100% 乡镇、团场；光纤到户宽带用户 372 万户，移动电话用户 2 132 万户；全区使用 8Mbps 及以上接入速率的宽带用户占比超过 88%。

完成亚欧信息高速公路基础设施建设研究工作。梳理新疆跨境通信建设现状、建设规划等内容，完成《亚欧信息高速公路基础设施建设研究报告》（新疆境内段）并通过专家评审。中巴光缆建设基本完成，中巴光缆（境内段）和中巴光缆巴方境内段（红其拉甫口岸至巴北部城市拉瓦尔品第）已建成，预计 2017 年完成试运行，具备承载业务能力实现业务落地。

乌鲁木齐区域性国际出入口局已经建成并开通部分国际通信业务。中国电信公司与周边国家 15 家国际通信运营商签署《亚欧信息高速公路互联互通论坛乌鲁木齐宣言》，建立多边合作机制，推动各国通信运营商之间互惠互利和共同发展，共同推进亚欧各国信息通信基础设施建设。

【信息产业基地和园区】 乌鲁木齐云计算产业基地建设取得新进展。完成整体规划，10 项重点项目同步开发，于 2016 年 10 月举行重点项目开工奠基仪式。乌鲁木齐云计算产业园区天山云大数据展示服务中心项目已经开工建设，"天山媒体云文化科技支撑基地"已完成土地招拍挂等手续的办理，具备开工条件。"高通云计算中心"机电部分已经进入初步设计评审及修改阶段。

乌鲁木齐市云计算中心建设进展顺利。云计算中心于 9 月投入运营。中国电信新疆公司丝路经济带云基地正式揭牌，占地面积约为 183 亩，拟建设机房总面积 4.5 万平方米、机柜 1 万个。

新疆软件园已注册企业 232 家，入园企业营业收入 13.2 亿元，税收收入近 4 000 万元。配套建设加快推进，融资渠道不断拓宽，已获得融资项目授信额度 8 亿元，园区建设资金得到保障。项目申报成果显著，获得国开发展基金 1.15 亿元，项目资金 1 021.5 万元。"新丝路众创空间"被科技部认定为国家级创客空间，已入驻 23 家创客团队，其中获得风投基金的有 3 家。

【电子政务】 2016年，新疆研究制定自治区电子政务内外网发展规划，出台自治区电子政务发展规划。印发《新疆维吾尔自治区政府系统电子政务“十三五”发展规划》，推进自治区政务信息资源交换中心建设和政务信息共享交换。

编制新疆“互联网＋政务服务”工作方案，依托政府网站，推进政府办事大厅建设，推动政府地州市、各部门网上办事大厅建设，严格网上办事程序，让群众少跑腿，让信息多跑路。推进政府网站绩效评估，落实为民服务力度。

【两化融合】 2016年，新疆两化融合发展水平指数达到59.8，比上年增加2.84。全年新增两化融合示范企业52家，总数达415家；两化融合实验区新增2个，总数达16家。推进物联网、两化融合示范工程，金风科技股份有限公司等4家企业成为国家智能制造试点示范企业，大明矿业集团股份有限公司等5家企业被确定为2016年国家两化融合管理体系贯标试点企业，新疆油田公司被工业和信息化部确定为首批国家级工业互联网项目试点单位。随着物联网、两化融合示范工程的深入推进，大中型企业的产品设计、生产制造、经营管理、商务营销等主要环节信息化水平不断提升。

【信息安全】 2016年，新疆开展网络安全地方立法工作。制定印发《新疆维吾尔自治区实施＜中华人民共和国网络安全法＞办法起草工作方案》，组织相关人员赴全国人大法工委、工业和信息化部、中央网信办和贵州省市进行调研，汇报新疆网络安全地方立法工作，争取国家相关机构的支持。

开展网络与信息安全宣传教育。举办新疆工业控制系统信息安全师培训班、党政机关网络与信息安全专员培训班和关键信息基础设施灾难备份工程师培训班等5期培训班，共培训人员420余人；举办第二届新疆网络安全宣传周活动，举办丝绸之路经济带网络安全高峰论坛、首届新疆网络安全技术博览会、优秀网络安全保护解决方案发布会等8场活动，参会人员1 000多人。

推进网络安全保障体系建设。加强应急支撑服务机构建设，启动网络安全公共服务平台建设。“工业控制系统信息安全监测、验证、审查平台开发与应用”“自治区网络与信息安全标准、法律公共服务平台”等项目已开工建设。

开展网络与信息安全检查。33个地区、部门和单位开展信息安全自查工作。组织网络与信息安全应急支撑机构对新疆69个部门和地州市县政府、企业、医院高校等单位的门户网站，进行远程动态技术检查，查出一批网络安全漏洞，发出网络安全问题通报42期。组织网络安全检查技术队伍，开展自治区关键信息基础设施网络安全检查。此外，还完成《自治区网络与信息安全“十三五”规划》的编制和论证工作。

【信息消费】 2016年，新疆信息消费总量610亿元，其中，信息产品消费80亿元，信息服务消费530亿。新疆信息技术带动产业融合升级发展，信息消费占新疆GDP的18%。

2016年，新疆电子商务发展迅速，实现网络零售交易额480亿元，拥有国家、自治区级电商进农村示范县45个，其中国家级示范县26个；中央财政资金投入6.01亿元，建设农村电子商务县级运营中心36个、仓储物流中心36个、乡村服务站点601个，带动创业就业2.28万人。

【物联网】 2016年，新疆印发《新疆维吾尔自治区物联网应用发展“十三五”发展规划》。采用云计算大数据等新一代信息技术，推动新疆物联网产业发展，推动电梯运维、钢瓶检测应用、民爆物品管控、加油站管控、振动光缆周界报警、矿山安全管控等多项物联网技术应用，推动技术和产业发展。在石河子等地采用温湿度采集、土壤墒情检测，智能灌溉、无人机植保、智能大棚、农耕机械自动化作业、农用车监控的解决方案，推动物联网在农业中的应用，促进设施农业发展。

【云计算与大数据】 2016年，新疆一批数据中心陆续建成投运。中国移动（新疆）数据中心、重要信息系统异地灾难备份中心、中科曙光乌鲁木齐云计算中心、中国电信丝路经济带云基地数据中心陆续建成并投入运行。新疆投运的大中型数据中心共有6个，数据中心规模和能力居全国前列。

云计算应用不断深化。“天山云”成功支撑克拉玛依的信息化建设，建设公安视频云、智能交通云、智慧医疗云、智慧教育云、数字城管云、行政审批云、电子政务云、智慧社区云、诚信体系云等“九朵云”。为阿勒泰市建设“阿勒泰城市云”，实现电子政务云、智慧社区云、智慧医疗云等一批应用。

【重点信息化项目】 2016 年，新疆红有软件股份有限公司承担《基于 IPv6+TD-LTE+ 大数据的新疆油田生产网络升级改造与智能油田应用》项目建设任务。该项目围绕 2016 年工业转型升级（中国制造 2025）的重点任务，拟采用蜂窝物联网、TD-LTE、IPv6、信息物理融合、云计算与大数据和新型人机交互等先进互联网技术，对新疆油田的采油和炼油生产设施进行网络化和智能化的升级改造与建设，解决新疆油田能源生产过程中设备 IPv4 地址枯竭、网络带宽不足、生产过程智能化程度低，以及制造过程资源和能源消耗大、污染严重、定制化服务比重低等问题。

中国移动公司投资 20 亿元，提供 1.2 万个机架服务能力的中国移动（新疆）云计算和大数据中心在克拉玛依正式运行，全国布局的西北大型核心云数据中心为新疆云计算产业提供基础资源保障，为新疆丝绸之路经济带核心区“五大中心”提供支撑服务。

【产业热点】 2016 年，新疆云计算大数据产业发展取得成效。新疆沿天山北坡经济带的云计算与大数据产业集聚区已经初具规模，乌鲁木齐、克拉玛依云计算产业园区建设步伐加快，“天山云”乌鲁木齐云计算产业基地开工建设，“天山云计算科技大厦”“丝绸之路天山云信息港”等 10 项重点项目同步开发。同时，新疆进一步加快城市云计算平台建设，为电子政务、区域医疗、平安城市等核心公共服务提供云计算服务，促进云计算、大数据产业发展。

多语种软件产业加快发展。基于移动互联网的多语种软件成为新热点，基于移动互联网的多语种各类生活服务手机 APP、网站平台、社交软件、维汉翻译类、维汉语音识别类软件需求旺盛，相应的软件产品数量有所增长。

安防领域软件化程度提升。新疆地方财政对公共安全的支出逐步增大，有效带动安防市场的增长。视频管理软件和分析软件成为安防项目的重点，运用云计算、大数据等技术手段实现安防投入的高效化，提升安防视频分析的数据处理能力和存储能力，为公共安防信息化建设提供支撑。

推动重大项目建设，促进硅、铝电子材料产业发展。西部合盛硅业公司在鄯善投资 42 亿元建设 2 × 35 万千瓦电厂、10 万吨硅氧烷、40 万吨工业硅项目；大全新能源公司新增 1.3 万吨多晶硅项目，于 2016 年年底全部投产；新特能源公司 3 × 1.2 万吨多晶硅项目正在建设，预计于 2018 年投产；东方希望公司 3 万吨多晶硅项目预计于 2017 年年底投产；协鑫集团公司的 6 万吨多晶硅项目已开工建设；鑫磊光电公司蓝宝石生产二期项目土建部分已经完成，蓝宝石晶体加工项目完成部分投产。

【产业环境】 2016 年，新疆编制并发布《新疆维吾尔自治区国民经济和社会发展信息化“十三五”规划》，以及《新疆维吾尔自治区电子信息产业“十三五”规划》等 13 个子规划。

企业人才培训求实创新。联合北京航空航天大学首次针对软件和信息技术企业高级管理人员举办专题培训班，从国家政策解读、创新战略、资本运营与投融资、人力资源等方面进一步提升企业高管的综合素质。

产业发展政策不断完善。印发《自治区软件和集成电路企业享受企业所得税优惠核查及软件产品核定管理办法》，推进优惠政策的贯彻落实。

【主要问题】 新疆产业结构有待调整，企业转型有待加强。信息化建设资金投资不足，传统计算机系统集成市场萎缩，部分企业效益明显下滑。企业技术人才流失、招工困难及人员工资上涨等原因，使得企业经营成本上升，经济效益受到一定影响。企业升级转型缓慢，不能满足“互联网 +”、云计算、大数据等新一代信息技术的发展。

产业发展环境有待进一步优化。电子信息产业扶持政策较少，企业获得的优惠扶持力度不够大，发展动力不强。

创新能力依然较弱。产品和技术的自主研发能力与国内外同行相比有较大差距，企业市场竞争能力弱，产品核心技术缺乏，关键领域原始创新和协同创新能力亟待提升。

企业融资困难。受政策等因素影响，金融机构对光伏产品和电子新材料的发展前景认识不足，造成电子信息制造业企业融资难度较大，影响部分新项目上马。

【统计数据】

表 1　2016 年新疆维吾尔自治区电子信息制造业人员构成情况

企业类别	企业数（家）	年末从业人员总数（人）	人员构成					
			工程技术人员（人）	在总人数中所占比例（%）	管理人员（人）	在总人数中所占比例（%）	研发人员（人）	技术工人（人）
内资企业	23	13 832	3 472	25.1	581	4.2	1 435	9 344

表 2　2014—2016 年新疆维吾尔自治区电子信息制造业基本情况

项目名称	单位	2014 年	2015 年	2016 年
工业总产值（现行价）	万元	1 940 005	1 990 454	2 263 672
工业销售产值	万元	1 774 645	1 859 360	2 167 768
出口交货值	万元	39 096	34 108	1 305
流动资产平均余额	万元	1 266 845	1 534 148	2 005 493
固定资产净值平均余额	万元	1 533 839	226 065	1 741 869
资产总计	万元	3 733 813	4 274 779	4 574 841
负债合计	万元	2 353 188	2 644 610	2 712 806
主营业务收入	万元	1 714 553	2 192 533	2 334 018
税金总额	万元	3 290	6 454	3 336
利润总额	万元	105 491	104 869	151 514
应交所得税	万元	996	4 922	13 703
从业人员年末人数	人	13 194	14 577	13 832
从业人员工资总额	万元	57 669	124 655	121 323

表 3　2014—2016 年新疆维吾尔自治区电子信息制造业主要经济效益指标完成情况

项目名称	单位	2014 年	2015 年	2016 年
流动资产周转率	次	1.4	1.2	1.2
产品销售率	%	91.5	93.4	95.8
总资产贡献率	%	5.3	2.4	5.0
资产保值增值率	%	191.7	153.3	120.7
资产负债率	%	63.0	61.9	59.3

表 4 2014—2016 年新疆维吾尔自治区主要电子信息产品产销量情况

产品名称	单位	产量			销量		
		2014 年	2015 年	2016 年	2014 年	2015 年	2016 年
热敏电阻	万只	1 137	506	721	905	590	222
硅片	万片	3 742	4 395	2 790	3 583	4 430	3 056
多晶硅	吨	23 631	31 429	3 5263	23 703	31 341	34 885
电子铝箔	吨	19 382	21 947	22 072	19 757	23 464	21 923
电极箔	万平方米	1 482	1 633	1 803	1 425	1 584	1 783
碳化硅晶片	万片	0.8	1.3	1	0.8	1.3	1
碳化硅	吨	72 446	48 056	67 313	68 088	57 828	59 613
太阳能组件	千瓦	2 609	4 483		2 617	4 427	
蓝宝石	千克	66 901	145 029	141 789		105 333	122 840

表 5 2016 年新疆维吾尔自治区软件产业人员构成情况

企业类别	企业数（家）	年末从业人员总数（人）	人员构成			
			管理人员（人）	在总人数中所占比例（%）	软件开发研究人员（人）	在总人数中所占比例（%）
内资企业	27	3 260	311	9.5	342	10.5
国有企业	2	378	39	10.3	141	37.3
有限责任公司	65	7 840	1 210	15.4	1 604	20.5
股份有限公司	4	267	37	13.9	57	21.3
私营企业	31	2 857	291	10.2	645	22.6

表 6 2014—2016 年新疆维吾尔自治区软件产业基本情况

项目名称	单位	2014 年	2015 年	2016 年
软件业务收入	万元	497 827	418 295	733 527
软件产品销售收入	万元	89 368	104 590	104 994
流动资产平均余额	万元	534 219	456 323	446 065
固定资产投资额	万元	21 611	21 112	7 053
资产合计	万元	843 729	791 271	894 736
负债合计	万元	486 055	475 780	494 607
税金总额	万元	34 374	27 308	6 434
利润总额	万元	54 066	55 796	62 223

续表

项目名称	单位	2014 年	2015 年	2016 年
应交所得税	万元	8 111	9 385	9 264
从业人员年末人数	人	12 953	12 887	14 602
从业人员工资总额	万元	91 901	101 328	114 647

表 7　2014—2016 年新疆维吾尔自治区软件产业主要经济效益指标完成情况

项目名称	单位	2014 年	2015 年	2016 年
流动资产周转率	次	1.7	2.4	2.2
总资产贡献率	%	10.8	14.9	7.6
资产保值增值率	%	108.8	118.8	117.6
资产负债率	%	57.6	55.7	55.3

注：表 1 ~表 7 数据来源于新疆维吾尔自治区经济和信息化委员会。

[供稿：新疆维吾尔自治区经济和信息化委员会]

大　连　市

【电子信息制造业】　2016 年，大连市 146 家规模以上电子信息制造业（主营业务收入 1 000 万元及以上）实现工业总产值 599.9 亿元，同比下降 2.2%；主营业务收入 679.9 亿元，同比增长 1.4%；出口交货值 296.7 亿元，同比下降 1.6%。全年生产集成电路 15 629 万块，同比增长 8.3%；雷达 3 277 部，同比增长 21.9%；移动通信基站 19.6 万信道，同比下降 26.2%；程控交换机 36 万线，同比下降 41%；激光视盘机 252 万台，同比下降 2.3%；半导体分立器件 13.7 亿只，同比下降 5.4%；汽车音响 1 023 万台，同比下降 18.2%；打印机 50.6 万台，同比下降 13.3%。

中国华录集团有限公司、大连辽无二电器有限公司两家国有及国有控股企业共完成主营业务收入 127.6 亿元，同比增长 10.3%，占全行业的 18.8%，所占比重同比增长 1.5 个百分点；出口交货值 40.2 亿元，同比下降 14.1%，占全行业的 13.5%，所占比重同比下降 2 个百分点。

70 家民营企业共实现主营业务收入 135.2 亿元，同比下降 20%，占全行业的 20.0%，所占比重同比下降 5.4 个百分点；出口交货值 7.87 亿元，占全行业的 2.7%，所占比重同比下降 1.6 个百分点。

74 家外资及港、澳、台企业共完成主营业务收入 384.2 亿元，占全行业的 656.5%，所占比重同比增长 4 个百分点；出口交货值 248.7 亿元，同比增长 2.9%，占全行业的 83.8%。其中，日资企业 56 家，完成主营业务收入 318.9 亿元，同比增长 2.5%；出口交货值 198.9 亿元，同比下降 6%，较去年同期收窄 16 个百分点。

典型企业　大连市数字视听行业有 7 家企业，主要产品有激光投影电视、激光视盘机整机及机芯、智能家居产品、音视频矩阵产品等。2016 年完成主营业务收入 174.9 亿元，占全市电子信息制造业总量的 25.7%。代表企业有中国华录集团有限公司、大连辽无二电器有限公司、大连科迪视频技术有限公司、大连鼎创科技开发有限公司。全市虚拟现实产业主营业务收入约 5 亿元（未纳入全市数字视听规模以上企业统计范围），虚拟现实产业相关企业近 20 家，包括大连新锐天地传媒有限公司、大连博涛文化科技股份有限公司等，但大部分企业处于研发初创和市场推广期。企业主要业务集中在虚拟现实应用与内容制作方面，涉及游戏、教育、安全生产、应急演练、生产培训等。

通信网络行业有 5 家企业，主要产品有程控交换机、移动通讯基站、对讲机及相关配套产品等。2016 年完成主营业务收入 40.72 亿元，占全市电子信息制造业总量的 6.0%。代表企业有大连环宇阳光集团、大连海创高科信息技术有限公司、大连贝斯特电子有限公司。

应用电子行业（含电子计算机及外设、电子测量仪器、电子信息机电产品等）有 40 家企业，主要产品有打印机及暗盒、微型电动机、医疗电子产品、通信线缆、锂电池等。2016 年完成主营业务收入 169.5 亿元，占全市电子信息制造业总量的 24.9%。代表企业有佳能大连有限公司、大连中盈科技有限公司、东芝大连有限公司、日本电产（大连）有限公司、大连现代高技术集团有限公司、大连通信电缆有限公司、大连比克动力电池有限公司、大连宏光锂业股份有限公司。

电子工业专用设备及材料行业有 37 家企业，主要产品有软焊料装片机、SOP 芯片装片机、大功率 LED 固晶机等集成电路封装设备和光引发剂树脂、高纯电子气体等电子工业专用材料、电子模具等。2016 年完成主营业务收入 92.5 亿元，占全市电子信息制造业总量的 13.6%。代表企业有大连佳峰自动化股份有限公司、大连连城数控机器股份有限公司、田菱精细化工（大连）有限公司、科利德化工科技开发有限公司、大久制作（大连）有限公司。

电子元器件行业有 57 家企业，主要产品有芯片、LED 芯片、传感器、电子印制电路板、LED 照明、液晶显示器等。2016 年完成主营业务收入 185.7 亿元，占全市电子信息制造业总量的 27.3%。代表企业有英特尔半导体大连有限公司、大连德豪光电科技有限公司、大连宇宙电子有限公司、大连阿尔卑斯电子有限公司、大连崇达电路有限公司、大连吉星电子有限公司、大连艾科科技开发有限公司、大连龙宁科技有限公司、大连藏龙光电子科技有限公司、大连芯冠科技有限公司、大连维德集成电路有限公司。

【软件和信息技术服务业】 2016 年，大连市软件和信息技术服务业规模以上企业实现销售收入 1 014.7 亿元，同比增长 4%；软件出口实现 27.1 亿美元，同比增长 1.9%。规模以上软件企业 600 余家，从业人员 20 余万人。

推动大连云计算公共服务平台向高端化发展。截至 2016 年年底，大连云计算公共服务平台已为全市 100 多家企业提供 15 项公共服务。同时，进一步加快华为软件开发云服务平台和云服务创新中心建设。重点协调推进，解决电力、带宽等问题，推动平台正式上线运营。安排 2 000 万元专项资金用于补贴本地企业使用华为软件开发云，引导应用客户快速聚集，截至 2016 年年底，已有 110 家企业的 600 多个项目使用华为软件云服务。华为云服务创新中心建设初步落成，50 人的研发团队全部到位。

贯彻《关于软件和集成电路产业企业所得税优惠政策有关问题的通知》（财税〔2016〕49 号）等软件和信息技术服务业有关政策文件精神，研究落实具体意见和办法，明确、规范有关程序和内容，确保核查工作准确、高效、合规。截至 2016 年年底，全市 24 家企业申请备案享受优惠政策，减免企业所得税 2 873 万元。

产业招商和产品宣传推广亮点纷呈。英特工程仿真技术（大连）有限公司的“复杂装备制造创新设计数字化平台”入选软博会信息发布会产品序列。推荐 11 个大数据优秀产品、服务和应用解决方案报送工业和信息化部，汇编成册进行宣传推广。推荐 6 个工业软件产品入选国产工业软件解决方案白皮书名录，9 家企业入选省智能制造支撑企业名录，46 家企业项目入选军民两用高技术项目。

2016 年 4 月，索尼株式会社在大连高新区软件园举行索尼信息系统（中国）有限公司揭牌仪式，索尼信息系统中国区总部正式落户大连高新区，增资至 5 000 万元，正式升级为索尼信息系统中国区总部，服务于日本、欧美等国家和地区，成为索尼全球重要的系统集成及软件交付中心。6 月，心医国际数字医疗系统（大连）

有限公司申报的“基于云计算的医疗大数据分析服务平台及应用示范”入选“互联网+”重大工程2016年中央预算内第二批投资计划项目，这是国家支持的唯一一个医疗领域的“互联网+”重大工程项目，对促进实现医院医疗数据共享、信息互联互通、助力政府打造分级诊疗及健康医疗大数据应用与发展新服务模式具有现实意义。12月，举办华为大连软件开发云上线大会，华为发布集华为研发实践、前沿研发理念、先进研发工具为一体的软件开发云平台，面向软件企业、高校和开发者提供云端研发工具服务。

【科技进步与应用】 2016年，大连市新认定省、市级企业技术中心19家。其中，新认定省级企业技术中心6家、市级企业技术中心13家。累计拥有市级以上企业技术中心163家，其中，国家级企业技术中心15家、省级企业技术中心89家、市级企业技术中心59家。

贯彻落实《中国制造2025大连行动计划》，加快以企业为主体、政产学研用相结合的技术创新体系建设，组织实施大连市制造业创新中心建设工程。制定并印发《大连市制造业创新中心建设工程（试点）实施方案》。2016年12月，认定首批大连市高端轴承创新中心、大连市冷热技术创新中心。

大连检验检疫局和大连市经济和信息化委员会推进大连出口工业产品质量安全示范区创建工作。继2015年12月月底大连省级出口轴承产品质量安全示范区成功创建之后，2016年7月，大连船舶质量安全示范区获批成为国内首个出口船舶质量安全示范区。

【信息基础设施】 2016年，大连市建设覆盖城乡的光纤宽带网络，新建居住建筑直接实现光纤到户。截至2016年年底，全市城乡宽带接入网络光纤化改造和建设覆盖率达到100%，城乡全域家庭宽带接入能力达到100Mbps，宽带用户平均接入速率超过20Mbps；4G网络全面覆盖城乡，移动通信基站9 801个，移动电话用户838.98万户，3G移动电话用户131.20万户，4G移动电话用户468.75万户，固定互联网宽带接入用户127万户，移动互联网用户684.93万户。无线Wi-Fi覆盖热点数2 493个，AP数79 335个，用户42万户。进一步推进三网融合工作，推进基础设施共建共享，推进无线城市建设。

【信息产业基地】 金州新区电子信息产业示范基地坐落在大连金普新区，形成产业链条较为完整、产业特色鲜明、产业规模较大的金州新区电子信息产业集群。2016年，金州新区电子信息产业集群销售收入、实现利润在全市电子信息行业中所占比重均达到60%以上。

金州新区电子信息产业在产业规模、吸引外资、出口创汇等方面持续保持国内开发区领先地位。区内规划建设有“IT产业园”和“光电产业园”，具备比较雄厚的装备能力和难得的产业基础条件。金州新区电子信息产业主要以外向型经营为主，在开拓市场空间、跟踪先进技术、提高企业管理水平等方面具有较大优势。

金普新区现有规模以上及重点电子信息企业101家，拥有国家级企业技术中心或研发机构3个、省级企业技术中心或研发机构1个，从业人员3.75万人，是大连市电子信息产业主要集聚区和战略性新兴产业发展核心区。主要以半导体集成电路、LED芯片、通信与电子设备、办公设备与家电、电子元器件生产为主，尤其在半导体芯片、LED芯片制造领域，英特尔、德豪光电等龙头企业处于领先地位。2016年，园区规模以上及重点电子信息企业实现主营业务收入398亿元，出口交货值169亿元，固定资产投资87亿元。

【两化融合】 2016年，大连智云自动化装备股份有限公司等5家企业成为2016年国家两化融合管理体系贯标试点企业；大连供电公司、大连华锐重工集团股份有限公司2家企业通过国家认定机构的复审。另外，中国华录集团有限公司、大连机床集团有限责任公司、辽宁红沿河核电有限公司等企业启动不同的贯标阶段。

引导传统工业企业不断提高互联网与制造业融合创新发展的认识。采取多种形式，对重点企业开展培训推广工作，引导工业企业实施由内向外的变革，成为融合创新的主力军。在道依茨一汽（大连）柴油机有限公司组织40家装备制造企业参加RFID技术在智能制造领域应用现场会；组织重点企业参加青岛“互联网+智能制造”研讨会，学习海尔集团、红领集团等全面转型互联网示范企业的经验；组织150家企业参加辽宁省工业互联网应用推广培训会（大连站）的活动。

【信息技术应用】 2016年，大连市智慧城市建设工作获得广泛认可，城市运转效率和市民生活便利化程度明显提升。大连市在2016年中国城市信息化50强评比中获得第九名，获得“宽带中国示范城市最佳实践奖”“2016中国智慧城市领军城市”称号。

完成《大连市智慧城市顶层设计方案》的编写，进一步明确夯实信息化基础设施、促进社会平安和谐、推动民生幸福便捷、打造陆海物流通畅、提升城市宜居宜游、加快产业创新发展6个方面的重点建设内容和实施路径。推进物联网、云计算、大数据、移动互联网等新一代信息技术与大连城市发展和产业繁荣的融合创新；促进全市经济社会发展基于互联网的网络互通化、信息共享化、业务融合化、产业智能化，实现全市优质资源、生产要素的互联互通、广泛共享、有效聚合和充分释放。

建设智慧商圈，打造城市级公共Wi-Fi网络，为商圈、景区、医院、学校、银行、4S店等各类典型场景提供免费Wi-Fi覆盖，无线接入点实现40多个大型商场和超市的全覆盖。

【“互联网+”政务服务】 2016年，大连市以建设和完善行政审批、市民诉求、公共资源交易、政务公开、电子政务“五大平台”为核心，打造全市最大政务服务综合平台。全面提供网上审批服务、网上受理市民诉求举报、网上受理招投标服务、网上主动公开政府信息和受理信息公开申请等，提升全市智慧化建设水平。行政审批平台全年受理审批服务事项15万件，平均每月1.2万余件，办结率100%，同比增长51%；12345市民服务平台整合70余条职能部门的诉求热线，率先在全省实现集政务咨询、民生诉求、政民互动、投诉举报、效能监察、公共服务、便民服务等于一体，提供电话、短信、网站、微信等多种方式的诉求渠道，日均受理市民诉求800余件；公共资源交易平台全年完成各类交易项目3 800个，约实现交易金额610亿元，节省财政资金50亿元，被评选为“2016全国公共资源交易改革十大创新型机构”；政务公开平台整合政府信息公开网和公共企事业单位办事公开网，最大限度满足公众查询和使用信息需求；电子政务平台以“一门两网”建设为载体，统筹推进电子政务平台建设。

【统计数据】

表1 2016年大连市电子信息制造业人员构成情况

企业类别	企业数（家）	年末从业人员总数（人）	其中：研发人员（人）
内资企业	72	22 378	2 117
国有企业	4	5 768	240
集体企业	1	1 962	
有限责任公司	19	6 603	659
股份有限公司	8	1 636	223
私营企业	40	6 409	995
港、澳、台商投资企业	10	2 776	266
三资企业	64	48 902	724

表 2　2014—2016 年大连市电子信息制造业基本情况

项目名称	单位	2014 年	2015 年	2016 年
工业总产值（现行价）	万元	7 450 937	6 132 352	5 999 215
工业销售产值	万元	7 369 275	6 156 004	6 049 892
出口交货值	万元	3 860 113	3 016 185	2 967 001
流动资产平均余额	万元	5 415 346	6 611 175	5 879 707
固定资产净值平均余额	万元	1 581 105	2 103 467	2 558 225
资产总计	万元	9 859 756	10 058 608	10 327 768
负债合计	万元	4 816 186	4 930 424	5 077 581
主营业务收入	万元	7 614 984	6 704 636	6 798 872
税金总额	万元	122 949	1 415 100	105 404
利润总额	万元	412 349	511 533	513 194
应交所得税	万元	82 551	56 211	81 829
从业人员年末人数	人	97 321	83 245	74 056
从业人员工资总额	万元	540 864	625 668	514 148

表 3　2014—2016 年大连市电子信息制造业三资企业基本情况

项目名称	单位	2014 年	2015 年	2016 年
工业总产值（现行价）	万元	4 619 240	3 885 548	3 822 659
工业销售产值	万元	4 546 194	3 927 405	3 868 199
出口交货值	万元	3 103 493	2 415 628	2 474 160
流动资产平均余额	万元	2 259 522	2 390 792	1 981 022
固定资产净值平均余额	万元	1 114 183	1 033 816	1 889 718
资产总计	万元	3 800 066	3 869 853	4 405 595
负债合计	万元	2 460 680	1 280 344	1 920 397
主营业务收入	万元	4 520 502	3 841 969	3 884 198
税金总额	万元	56 405	62 058	64 512
利润总额	万元	217 950	270 183	354 767
应交所得税	万元	40 292	31 559	65 228
从业人员年末人数	人	65 964	56 233	48 902
从业人员工资总额	万元	414 437	447 647	364 739

表 4　2014—2016 年大连市电子信息制造业主要经济效益指标完成情况

项目名称	单位	2014 年	2015 年	2016 年
全员劳动生产率	元 / 人	162 873	162 728	162 018
流动资产周转率	次	1.4	1.0	1.2
产品销售率	%	98.9	100.4	100.8
资产保值增值率	%	114.1	106.6	104.6
资产负债率	%	48.8	49.0	49.2

表 5　2014—2016 年大连市电子信息制造业三资企业主要经济效益指标完成情况

项目名称	单位	2014 年	2015 年	2016 年
全员劳动生产率	元 / 人	151 879	161 517	156 339
流动资产周转率	次	2.0	1.6	2.0
产品销售率	%	98.4	101.1	101.2
资产保值增值率	%	100.8	111.7	98.6
资产负债率	%	35.2	33.1	43.6

表 6　2014—2016 年大连市主要电子信息产品产销量情况

产品名称	单位	产量			销量		
		2014 年	2015 年	2016 年	2014 年	2015 年	2016 年
程控交换机	万线	63	61	36	63	61	36
移动通信基站	信道	138 780	266 280	196 470	138 780	266 280	196 470
激光视盘机	万台	189	253	252	188	251	248
打印机	万台	74.4	59.8	50.6	75	56	54.9
半导体分立器件	万只	111 430	144 475	136 660	124 787	133 099	129 706
集成电路	万块	17 703	14 428	15 629	17 704	13 239	16 031
汽车音响	万台	1 134	1 001	1 023	1 155	1 024	1 213
雷达	部	4 699	2 689	3 277	4 718	2 668	3 305

表 7　2014—2016 年大连市三资企业主要电子信息产品产销量情况

产品名称	单位	产量			销量		
		2014 年	2015 年	2016 年	2014 年	2015 年	2016 年
打印机	万台	61.4	40.8	32.6	62.2	40.3	34.3
集成电路	万台	17 703	14 428	15 629	17 704	13 239	15 031
汽车音响	万块	287	226	523	284	225	473

表 8　2016 年大连市软件产业人员构成情况

企业类别	企业数（家）	年末从业人员总数（人）	人员构成			
			管理人员（人）	在总人数中所占比例（%）	软件开发研究人员（人）	在总人数中所占比例（%）
内资企业	497	95 814	11 359	11.9	64 189	67.0
国有企业	17	2 312	295	12.8	1 630	70.5
集体企业	2	227	11	4.8	216	95.2
股份合作企业	1	66	9	13.6	44	66.7
有限责任公司	128	27 901	3 130	11.2	19 339	69.3
股份有限公司	50	18 660	2 037	10.9	13 157	70.5
私营企业	285	43 660	5 203	11.9	28 492	65.3
其他内资企业	14	2 988	674	22.6	1 311	43.9
港、澳、台商投资企业	20	4 477	440	9.8	2 327	52.0
三资企业	150	80 077	9 320	11.6	62 050	77.5

表 9　2014—2016 年大连市软件产业基本情况

项目名称	单位	2014 年	2015 年	2016 年
软件业务收入	万元	14 708 001	15 068 197	10 147 487
软件业务出口收入	万美元	462 723	373 881	271 334
软件产品销售收入	万元	5 797 192	6 084 642	4 051 052
流动资产平均余额	万元	7 749 470	4 642 652	2 289 806
固定资产投资额	万元	292 570	153 125	95 207
资产合计	万元	14 903 541	12 527 468	7 014 508

续表

项目名称	单位	2014 年	2015 年	2016 年
负债合计	万元	8 494 473	6 961 563	4 268 761
税金总额	万元	659 799	1 002 166	773 773
利润总额	万元	589 212	570 892	685 870
应交所得税	万元	257 613	196 106	160 837
从业人员年末人数	人	247 477	216 612	180 368
从业人员工资总额	万元	1 591 088	1 296 344	1 685 013

表 10　2014—2016 年大连市软件产业三资企业基本情况

项目名称	单位	2014 年	2015 年	2016 年
软件业务收入	万元	4 621 932	4 651 217	1 075 736
软件业务出口收入	万美元	317 773	249 798	203 504
软件产品销售收入	万元	1 545 202	1 279 825	1 075 736
流动资产平均余额	万元	1 008 119	734 306	610 203
固定资产投资额	万元	24 508	28 839	12 822
资产合计	万元	3 075 523	2 665 407	2 531 645
负债合计	万元	2 404 184	829 541	74 673
税金总额	万元	170 367	238 762	224 073
利润总额	万元	78 660	144 902	155 250
应交所得税	万元	69 532	61 605	59 237
从业人员年末人数	人	62 793	59 218	80 077
从业人员工资总额	万元	469 088	590 492	728 073

注：表 1 ~表 10 数据来源于大连市经济和信息化委员会。

[供稿：大连市经济和信息化委员会]

宁 波 市

【电子信息制造业】 2016年，宁波市规模以上电子信息制造业企业实现工业总产值1 688.13亿元、销售产值1 594.97亿元、出口交货值680.13亿元，分别同比增长3.5%、2.3%、-3.3%，分别比上年同期回升6.21个百分点、6.87个百分点和9.56个百分点；实现内销产值914.84亿元，同比增长6.9%;实现主营业务收入1 600.42亿元，同比增长2.3%；实现利税总额135.4亿元、利润总额102.31亿元，分别同比增长10.9%和14.8%，首次突破双百亿元。

通信设备制造、电子测量仪器、家电产品制造、电子专用材料、电子专用设备制造、电子元件6个分行业实现较大增长，增速分别为23.0%、21.6%、19.2%、14.8%、14.5%、12.9%；电子计算机行业及电子机电产品行业受到移动终端影响，增速出现下滑。

从企业划型标准来看，2016年，大型电子制造业企业产、销和出口增速分别为13.7%、9.3%和-7.0%；中型电子制造业企业产、销和出口增速分别为2.3%、2.7%和2.2%；小微型电子制造业企业产、销和出口增速分别为-3.3%、-2.9%和9.7%。其中，小微型电子制造业产、销和出口增速比上年增速均回升30个百分点以上，抵御市场风险能力得到显著提升。

全市规模以上电子信息制造业完成新产品产值801.82亿元，同比增长16.3%，新产品产值率达到47.5%，比上年提高5.2个百分点；完成科技活动经费支出42.43亿元，同比增长12.8%，增速比主营业务收入增速高出10.57个百分点；科技活动经费支出占主营业务收入的比重达到2.7%，比全市规模以上工业企业比重高出1.16个百分点；反映企业效益的全员劳动生产率全年同比增长11.4%。

典型企业　舜宇集团有限公司和宁波均胜电子股份有限公司被工业和信息化部评为“2016年（第30届）全国电子信息百强企业”。2016年，舜宇集团有限公司实现工业总产值188.69亿元，同比增长57%以上，光学摄像头模组CCM模组的出货量占全球市场份额的9%，居全球第二位；宁波均胜电子股份有限公司不仅成功跻身百亿级产值企业行列，实现工业总产值185.5亿元，同比增幅达129%，还积极布局汽车安全驾驶领域，相继收购美国汽车安全系统供应商KSS公司和智能车联厂商德国PCC公司，打造全球化的发展战略，跻身全球前100大汽车供应商之一；江丰电子材料股份有限公司、金瑞泓科技股份有限公司获评中国十大半导体材料企业，成为国内半导体材料的龙头企业；东方日升新能源股份有限公司、激智科技股份有限公司等电子信息制造业龙头企业均实现较快增长。

【软件和信息技术服务业】 2016年，宁波市实现软件业务收入450.51亿元，同比增长18.3%。实现信息技术服务收入207.53亿元，同比增长17.9%，其中，运营服务收入113.77亿元，电子商务平台服务收入93.76亿元。实现软件产品收入114.57亿元，同比增长17%。

鄞州区、高新区软件收入突破百亿元规模，分别为114.67亿元和112.82亿元；嵌入式系统软件收入128.21亿元，占软件业总收入的28.5%。宁波海天智造科技有限公司、舜宇智能科技有限公司、宁波紫藤信息科技有限公司等一批智能制造软件及系统集成的企业不断涌现；东蓝数码有限公司、宁波理工监测科技股份有限公司被评为2016（第16届）浙江省电子信息50家成长型特色企业；软件企业上市取得新进展，全市上市软件企业达30家，其中，主板上市企业2家，新三板上市企业28家，上市软件企业已成为行业的中坚分子。软件行业创新创业活跃，年度新设立注册资金千万元以上企业183家。全市重点监控100家企业实现利税17.7亿元，同比增长30.0%；实现利润总额14.03亿元，同比增长59.6%。其中，营业收入5 000万元以上企业32家，实现利润 13.25 亿元；营业收入 2 000 万元 ~ 5 000 万元企业 21 家，营业收入 2 000 万元以下企业 47 家，经济效益显著。

【新一代信息技术】 2016 年，宁波市新一代信息技术产业实现工业总产值 534.78 亿元，累计增速 25.2%；工业增加值同比增长 30.6%，全市新一代信息技术产业占全市战略性新兴产业工业增加值比重近三成。

【电子产品出口贸易】 2016 年，宁波市电子信息产品部分重点产品生产、销售、出口增长较快，其中，手机、4G 手机、智能手机、多晶硅电池组件出口增加较大。

主要电子产品出口情况：手机出口 690 万部，同比增长 77.8%，其中，4G 手机、智能手机分别出口 28 万部、234 万部，分别同比增长 64.7%、125.0%；电子元件出口 24.78 亿只，同比增长 2.0%；单晶硅电池组件出口 3 138 千瓦，同比增长 160.4%；多晶硅电池组件出口 606.94 兆瓦，同比增长 51.1%。

【信息基础设施】 截至 2016 年年底，宁波市固定电话用户 373.6 万户，移动电话用户 1 294.7 万户。移动数据用户 1 051 万户，其中 4G 用户 730 万户。互联网宽带接入用户 450 万户，互联网城域出口带宽 5 000Gbps。全市乡镇以上中心城市已全面覆盖 4G 网络，全市行政村已全部光网覆盖，城市大部分家庭接入能力达 100Mbps。

城市公共场所已全面覆盖免费无线宽带网络。纳入 iNingbo 平台统一运营的免费 Wi-Fi 无线热点有 1 321 个，10 条公交车线路覆盖免费 Wi-Fi。平台注册用户达 160 万，总认证次数 3 330 万次，日认证用户峰值同比增长 50%，平均网速达 2Mbps，故障服务热线响应率达 100%。

【电子政务】 2016 年，宁波市全面推进浙江政务服务网宁波平台建设，全市 10 个区（县）市、20 个开发园区和 153 个乡镇（街道）的 57 897 项权力事项清单、责任清单都在政务服务网公开；率先推出全省第一张公共服务事项清单，公开公共服务事项 17 020 项；推进全流程在线办理，实现可办理事项 5 万多项；推行网上政务服务“五星级”评价体系，推出四星级（一次上门）事项数量 187 项、五星级（无上门）事项数量 60 项，占总行政许可事项的 42.7%，办结满意度达 98.2%。

抓好政府网站建设，推出城市级移动应用平台“宁波政务”APP 和“宁波政务”微信服务号，全年市政府网站共添加整理中文信息 6 万余条，日均页面浏览量达 20 万次；完善市企业政策查询平台，累计已发布近 8 000 条政策文件，平台访问量达 500 多万人次；做好全国政府网站普查，全年对市管网站进行 4 次抽查整改，全市正常运行的政府网站共计 410 家，减少 210 家，关停并转工作取得实效。

【两化融合】 2016 年，宁波市两化融合发展水平总指数为 85.84，比上年提高 4.89，居全省第二位。鄞州区和慈溪市总指数分别为 94.51 和 93.56，分别跃升全省第三位、第四位；北仑区、慈溪市、镇海区、余姚市 4 个国家两化深度融合示范区的两化融合总指数也均在 80 以上，全市两化深度融合水平稳步提升。

开展企业信息化普及提升、两化管理体系贯标、区域两化融合发展提升等专题培训 27 期，实现轮训 2 060 余人次；组织参加“供应链 + 创新”高峰论坛、国际工业软件（宁波）高层论坛、制造业与互联网融合发展深度行（宁波）等活动，搭建与服务商对接的平台；成功推荐余姚市成为省两化融合示范区，建新赵氏集团有限公司、奥克斯集团有限公司两家企业通过国家贯标评定，全市已有国家级两化贯标试点企业 20 家，市级两化贯标试点企业 21 家；开展两化融合示范项目评选工作，合计完成软性投资 9 596 万元，安排补助资金 1 467 万元。

【信息安全】 2016 年，宁波市推进信息安全等级保护工作，全市有 711 个系统完成等级保护备份，通过等级保护专家评审的二级系统 272 个、三级系统 18 个；举办基础网络与重要信息系统安全管理人员培训班，开展网络安全事件（隐患）整改工作，成功处理 10 余起网络安全隐患；开展工业控制系统生产企业摸底调查，部署落实工控领域工业控制系统信息安全保障工作。

做好 G20 杭州峰会网络信息安全保障工作，组织开展网站安全联合检查，排查党政机关网站 736 个，事业单位和国有企业网站 886 个，消除僵尸网站 5 个，归并中小网站 371 个，清理关闭不合规、无标识网站 86 个；开展关键信息基础设施网络安全检查，开展全省关键信息基础设施网络安全检查，掌握 112 家单位 205 个关键信息基础设施风险和防护状况；做好第三届世界互联网大会网络信息安全保障工作。

【工业物联网】 2016年，宁波市工业物联网产业规模达170亿元，宁波柯力传感科技股份有限公司、中车时代传感技术有限公司、宁波三星电气股份有限公司、宁波水表股份有限公司等企业传感器和仪表企业居国内领先地位；控制装置及设备制造快速发展，均胜电子智能驾驶系统、江宸智能工业机器人、舜宇智能整体解决方案均已形成一定规模；工业软件及信息服务能力不断增强，全市从事工业物联网系统集成在内的系统集成企业达102家；工业物联网技术应用水平不断提高，中银（宁波）电池、欧琳电器应用物联网技术，提升智能化水平；江北区积极谋划工业物联网特色产业园，推进中国电信和中国联通NB-IoT网络试点应用，打造工业物联网产业基地。

【云计算与大数据】 截至2016年年底，宁波市政务云计算中心服务单位有57个，其中，市级部门40个，县市区及管委会政务服务网平台17个，比上年19个入驻部门增加38个。已使用和测试的系统有135个，比上年82个增加53个，增长64.6%。云资源使用率超过90%。市政务云计算中心汇聚83个表、3 436万条数据记录，包含全市实时更新的工商企业登记数据、定期更新的法人数据、育龄妇女数据和部分地区的基本人口数据及地理空间、国土、房屋、交通等19个相关单位数据。

【重点信息化项目】 2016年，宁波市推进市基层社会服务管理综合信息系统建设，PC平台端发布标准模块12个，移动端（E宁波）发布标准模块9个、快捷模块3个；推进社会治理大数据汇聚，可发布数据923万条、企业信息5.4万条、标准地址17.1万个、细分地址6 000个；制定《宁波市基层数据目录》，涉及21个部门共2 000余个数据项目。

推进宁波市政务数据开放平台建设和宁波市城市服务统一APP建设；拓展社会信用服务功能，在企业信用宁波平台的基础上，增加自然人信用信息，覆盖2 600万条自然人信用信息和6 400多万条企业信用信息；推进智慧城管平台建设，实现对全市13大类184小类城市管理事件问题进行主动采集发现和受理处置，问题解决（处置）率达99.94%；不动产登记信息平台全面上线运行。

2016年，全市共建50家远程会诊中心，开设云诊室240个，注册云医生1 629人；智慧教育学习平台汇聚优质资源140余万个，数据量近100TB，日均点击超12万次；重点完成行业车辆、人员、业务等数据资源整合，建立交通数据共享机制，完成交通指挥中心建设并成功试运行；推广公交电子站牌应用，支持知豆智能纯电动车、HelloBike、Mobike等新型市场化交通服务。

【产业环境】 2016年，宁波市相继出台《“中国制造2025”宁波行动纲要》《宁波市建设“中国制造2025”试点示范城市实施方案》《宁波市关于推进“中国制造2025”试点示范城市建设的若干意见》等政策文件，发布15个三年攻坚行动计划，基本形成“3+15+X”的政策体系，重点发展以新材料、高端装备和新一代信息技术为代表的三大战略产业，发展壮大稀土磁性材料、高端金属合金材料、石墨烯、专用装备、关键基础件、光学电子、集成电路、工业物联网八大细分行业；制定出台《加快推进集成电路产业发展的实施意见》，推进集成电路产业的跨越发展。

【统计数据】

表1　2016年宁波市电子信息制造业人员构成情况

企业类别	企业数（家）	年末从业人员总数（人）	其中：研发人员（人）
内资企业	62	47 438	4 357
国有企业	2	705	243

续表

企业类别	企业数（家）	年末从业人员总数（人）	其中：研发人员（人）
股份合作企业	2	185	14
有限责任公司	20	12 576	744
股份有限公司	15	18 409	1 553
私营企业	23	15 111	1 749
其他内资企业	1	452	54
港、澳、台商投资企业	23	10 870	1 043
三资企业	19	34 454	3 275

表 2　2014—2016 年宁波市电子信息制造业基本情况

项目名称	单位	2014 年	2015 年	2016 年
工业总产值（现行价）	万元	15 108 525	16 167 559	16 881 261
工业销售产值	万元	14 552 574	15 448 490	15 949 700
出口交货值	万元	7 109 238	7 016 049	6 801 269
流动资产平均余额	万元	8 755 935	10 355 469	11 358 592
固定资产净值平均余额	万元	1 133 785	5 346 833	5 948 412
资产总计	万元	13 932 314	15 702 301	17 307 004
负债合计	万元	7 743 571	8 755 187	9 114 452
主营业务收入	万元	14 543 371	15 486 970	16 004 195
税金总额	万元	255 469	331 339	330 863
利润总额	万元	964 578	876 577	1 023 130
应交所得税	万元	204 891	267 599	265 075
从业人员年末人数	人	214 648	237 987	230 240
从业人员工资总额	万元	1 079 278	1 303 906	1 389 416

表 3　2014—2016 年宁波市电子信息制造业三资企业基本情况

项目名称	单位	2014 年	2015 年	2016 年
工业总产值（现行价）	万元	2 830 539	2 998 832	3 699 389
工业销售产值	万元	2 747 795	2 703 293	3 182 359

续表

项目名称	单位	2014 年	2015 年	2016 年
出口交货值	万元	2 580 900	1 618 755	1 752 016
流动资产平均余额	万元	1 400 330	1 724 659	1 905 229
固定资产净值平均余额	万元	441 526	419 750	613 385
资产总计	万元	1 951 107	2 554 315	2 869 195
负债合计	万元	1 103 148	1 385 555	1 407 525
主营业务收入	万元	2 779 592	2 867 828	3 116 191
税金总额	万元	36 512	50 994	44 795
利润总额	万元	81 192	157 335	297 547
应交所得税	万元	7 782	18 952	31 258
从业人员年末人数	人	28 716	26 673	34 454
从业人员工资总额	万元	153 966	155 624	236 781

表 4　2014—2016 年宁波市电子信息制造业主要经济效益指标完成情况

项目名称	单位	2014 年	2015 年	2016 年
全员劳动生产率	元 / 人	119 854	127 956	145 032
流动资产周转率	次	1.6	1.5	1.6
产品销售率	%	96.3	95.6	97.6
总资产贡献率	%	8.3	8.9	9.0
资产保值增值率	%	104.5	104.1	108.9
资产负债率	%	55.6	54.7	52.0

表 5　2014—2016 年宁波市电子信息制造业三资企业主要经济效益指标完成情况

项目名称	单位	2014 年	2015 年	2016 年
全员劳动生产率	元 / 人	157 228	193 368	234 501
流动资产周转率	次	2.0	1.7	1.7
产品销售率	%	96.9	90.2	98.8
总资产贡献率	%	6.0	7.5	9.8
资产保值增值率	%	102.3	114.0	123.2
资产负债率	%	58.7	54.2	50.1

表 6　2014—2016 年宁波市主要电子信息产品产销量情况

产品名称	单位	产量			销量		
		2014 年	2015 年	2016 年	2014 年	2015 年	2016 年
手机	万部	441	562	759	438	576	746
液晶显示器	万台	1	1	1	1	1	1
电子元件	万只	419 351	576 087	547 033	423 365	579 369	541 682
其中：新型元件	万只	114 327	125 888	122 435	124 293	137 864	133 249
半导体分立器件	万只	4 713 138	7 012 599	7 126 973	4 715 681	6 243 373	7 091 167
太阳能电池	千瓦	324 879	132 382	1 473 942	328 057	109 350	1 354 776
液晶显示模组	万片	5 504	3 677	2 781	5 487	3 718	2 685
半导体发光二极管（LED）	万只	108 714	110 187	112 053	95 375	87 827	93 460

表 7　2014—2016 年宁波市三资企业主要电子信息产品产销量情况

产品名称	单位	产量			销量		
		2014 年	2015 年	2016 年	2014 年	2015 年	2016 年
手机模组	万套	19 815	23 532	33 114	20 364	25 947	25 496
触感屏	台			27 621 215			27 745 260
碱性锌锰电池	万只	210 430	211 225	216 246	211 828	213 907	213 180
平板电脑	台	11 218	20 913	6 713	11 218	20 913	6 713
晶体振荡器	万只	107 293	105 763	112 182	105 549	105 021	110 747
多晶硅电池	兆瓦	98.8	52.1	28.6	93.7	54.2	31.6
单晶硅电池组件	兆瓦	4.4	4.6	3.5	5.8	4.4	5
多晶硅电池组件	兆瓦	70.5	80.8	108.7	87.2	87.2	59.5
微机主机板	块	4 186 718	4 163 804	3 738 452	4 203 509	4 166 747	3 713 323
传感器	万只	4 039	3 015	3 806	4 060	3 011	3 719
液晶显示模组	万套	5 504	3 677	2 781	5 487	3 718	2 685

表 8　2016 年宁波市软件产业人员构成情况

企业类别	企业数（家）	年末从业人员总数（人）	人员构成			
			管理人员（人）	在总人数中所占比例（%）	软件开发研究人员（人）	在总人数中所占比例（%）
内资企业	635	102 638	8 549	8.3	9 850	9.6
国有企业	7	580	69	11.9	171	29.5

续表

企业类别	企业数（家）	年末从业人员总数（人）	人员构成			
			管理人员（人）	在总人数中所占比例（%）	软件开发研究人员（人）	在总人数中所占比例（%）
集体企业	2	219	3	1.4	35	16.0
股份合作企业	5	740	58	7.8	75	10.1
有限责任公司	243	39 528	1 426	3.6	2 570	6.5
股份有限公司	55	11 055	1 076	9.7	953	8.6
私营企业	311	49 897	5 757	11.5	5 883	11.8
其他内资企业	12	619	160	25.8	163	26.3
港、澳、台商投资企业	40	15 779	1 971	12.5	1 411	8.9
三资企业	42	10 647	943	8.9	868	8.2

表 9　2014—2016 年宁波市软件产业基本情况

项目名称	单位	2014 年	2015 年	2016 年
软件业务收入	万元	3 014 008	3 859 992	4 505 103
软件业务出口收入	万美元	53 388	56 778	90 678
软件产品销售收入	万元	800 177	979 287	1 145 695
流动资产平均余额	万元	1 812 847	2 695 802	4 819 496
固定资产投资额	万元	109 556	85 204	249 900
资产合计	万元	4 081 788	4 600 239	10 463 897
负债合计	万元	2 042 521	2 317 190	5 859 524
税金总额	万元	254 889	180 600	231 261
利润总额	万元	300 187	264 122	722 300
应交所得税	万元	47 498	58 228	87 117
从业人员年末人数	人	86 796	97 397	129 064
从业人员工资总额	万元	438 785	509 875	1 008 973

表 10　2014—2016 年宁波市软件产业三资企业基本情况

项目名称	单位	2014 年	2015 年	2016 年
软件业务收入	万元	302 587	371 121	687 246
软件业务出口收入	万美元	5 903	6 292	26 733

续表

项目名称	单位	2014 年	2015 年	2016 年
软件产品销售收入	万元	41 009	48 817	173 916
流动资产平均余额	万元	144 879	185 652	1 511 648
固定资产投资额	万元	3 150	4 375	95 168
资产合计	万元	326 448	418 800	2 582 898
负债合计	万元	206 095	267 999	1 394 039
税金总额	万元	16 748	21 195	45 191
利润总额	万元	9 470	11 935	127 550
应交所得税	万元	8 492	9 786	22 772
从业人员年末人数	人	9 904	6 432	26 426
从业人员工资总额	万元	25 939	32 640	182 954

表 11　2014—2016 年宁波市软件产业主要经济效益指标完成情况

项目名称	单位	2014 年	2015 年	2016 年
全员劳动生产率	万元 / 人	28.8	16.5	21.1
流动资产周转率	次	1.7	4.7	3.1
产品销售率	%	27.6	37.0	30.0
总资产贡献率	%	15.2	18.0	19.8
资产保值增值率	%	119.0	134.0	118.0
资产负债率	%	63.1	56.5	56.0

表 12　2014—2016 年宁波市软件产业三资企业主要经济效益指标完成情况

项目名称	单位	2014 年	2015 年	2016 年
全员劳动生产率	万元 / 人	32.0	19.8	22.9
流动资产周转率	次	2.1	1.9	1.9
产品销售率	%	24.6	33.8	24.3
总资产贡献率	%	15.1	7.6	11.4
资产保值增值率	%	119.0	110.0	112.4
资产负债率	%	55.9	51.8	54.0

注：表 1、表 3、表 5 ~表 12 数据来源于宁波市经济和信息化委员会，表 2、表 4 数据来源于浙江省经济和信息化委员会。

[供稿：宁波市经济和信息化委员会]

厦 门 市

【概况】 2016年，厦门市规模以上电子信息制造业实现产值1 984.82亿元，同比增长2.2%，占全市规模以上工业总产值的37.8%，是全市工业产值最大的行业。其中，平板显示产业链产值1 118.59亿元，计算机与通信设备产业链产值767.25亿元，现代照明和太阳能产业链产值87.21亿元。软件和信息技术服务业实现软件业务收入1 102亿元，同比增长19.6%。咪咕动漫公司、吉比特网络技术股份有限公司等龙头企业营业收入增长较快。

【电子信息制造业】 2016年，厦门市重点企业支撑作用较强，技改项目投产拉动作用显现。全市有5家电子信息制造企业产值超百亿元，分别是戴尔（中国）有限公司、宸鸿科技（厦门）有限公司、宸美光电（厦门）有限公司、友达光电（厦门）有限公司、冠捷显示科技（厦门）有限公司。

重点项目拉动作用明显。2016年，电子信息制造业（计算机、通信和其他电子设备制造业）完成投资212.18亿元，同比增长9.2%，占全市工业投资总额的53.3%。其中，三安LED厦门光电产业化项目本年计划投资60亿元，实际完成投资62.6亿元，完成年度计划的104.3%，一期正常接单生产；联芯（闽台合资）12英寸集成电路项目本年计划投资49.8亿元，实际完成投资77.5亿元，完成年度计划的155.6%，正式投产；法拉新型能源用电容器项目本年计划投资1.0亿元，实际完成投资1.5亿元，完成年度计划的150.0%；这3个重点项目完成投资占电子信息制造业投资总额的50%以上。

产业链建设成效显著。平板显示产业链利用全国唯一的光电显示产业集群试点，以及独有的对台区位优势，承接全球平板显示产业转移，推进与台湾平板显示产业在技术攻关、市场拓展、产业配套等方面的合作。2016年，平板显示产业全年完成投资78.89亿元，同比增长10.1%，完成产值1 118.59亿元。计算机与通信设备产业链以计算机整机、手机、手机镜头、微电机、柔性电路板、蓝牙及无线接入设备、定位导航等为龙头产品的集成制造产业为核心，聚集一批基础元器件、配套件、外设、IT服务等配套及产业链延伸企业。2016年，计算机通信产业全年完成投资133.29亿元，同比增长8.67%，完成产值767.25亿元。

高新区引领带动作用彰显。2016年，厦门火炬高技术产业园区（电子信息产业基地）完成工业投资234.77亿元，同比增长18.4%，占全市工业投资的59.0%。合同外资4.94亿美元，完成计划的165.0%；实际利用外资3.65亿美元，完成计划的101.5%。引进内资167亿元，完成计划的167%。完成规模以上工业总产值2 145.69亿元，同比增长8.0%；规模以上工业增加值增速高于全市增速2.9个百分点。

【软件和信息技术服务业】 2016年，厦门市软件和信息技术服务业企业创新能力进一步增强。国网信通亿力科技有限责任公司首次入围中国软件业务收入百强、首届中国软件和信息技术服务综合竞争力百强企业，四三九九网络股份有限公司等3家企业入选中国互联网企业100强。新增美亚柏科信息股份有限公司通过信息系统集成服务一级资质认定，厦门科华恒盛股份有限公司获得第五届福建省政府质量奖。新增路桥信息股份有限公司等27家软件和互联网信息服务类企业在新三板挂牌成功，累计共有42家企业在新三板成功挂牌。截至2016年年底，厦门市在港交所上市企业2家、A股主板1家、创业板3家、中小板1家，总市值超过1 000亿元。

软件和游戏企业移动化服务转型加快。智业软件发力“互联网+医疗”，推出智业互联网医院和艾嘉健康服务产品；吉比特《问道》4月手游上线，首月活跃用户超600万，月流水超4亿元，目前流水维持在3亿元左右；四三九九“4399游戏盒”上线，目标是成为国内最大移动小游戏平台，游戏企业从端游到手游转型基本完成。

布局新产业加快构建生态链。美亚柏科信息股份有限公司、信息集团有限公司等企业利用大数据构建产业生态链；四三九九网络股份有限公司、吉比特网络技术股份有限公司等企业研发电竞游戏和 VR 游戏，谋求在电竞和 VR 内容提供等新业务板块占优势；盈趣科技股份有限公司等企业布局 VR 装备和 VR 集成应用产业；风云科技股份有限公司运用"文化 + 科技 + 创意"新模式，致力于新媒体影视和新媒体电影 IP 的研发，搭建"投、创、展"平台。

动漫游戏企业跟进新领域。动漫企业利用咪咕手机动漫平台跟进 IP 授权交易的步骤，找到变现渠道。翔通信息公司、中天启航公司等在咪咕手机动漫平台收入超过 1 000 万元；翔通动漫、青鸟动画等老牌动漫企业通过 IP 授权在咪咕手机动漫平台的收入大幅增长。

传统软件企业融合步伐加快。美亚柏科公司瞄准智能硬件升级为"硬件 + 软件 + 服务"模式，布局"四大产品 + 四大服务"的全新战略体系；芯阳科技公司以集成电路设计为核心，通过智能控制器方案开发，延伸到现代化生产制造，形成集成"电路设计 + 应用 + 生产 + 销售"为一体的模式；雅迅网络公司则通过汽车智能终端生产，将产业生态延伸到汽车信息安全产品与应用等领域；美图公司围绕"美"将美图独有的美颜软件技术与硬件配置相结合，推出美图智能手机，同时创新性地将互联网营销手段与传统智能硬件相结合，打造全新销售模式；绿网天下公司通过打造"绿色上网服务 + 智慧课堂整体解决方案 + 智能移动终端解决方案"，将软件服务延伸到智能硬件制造，提升产品的变现能力。

【信息基础设施】 2016 年，厦门市固定电话用户 129.53 万户，同比减少 1.69 万户；移动电话用户 571.27 万户，同比减少 12.39 万户，其中，3G 移动电话用户 61.79 万户，4G 移动电话用户 392.29 万户；互联网用户 649.23 万户，其中，（固定）互联网宽带接入用户 168.81 万户，同比增加 24.36 万户，移动互联网用户 480.42 万户，同比增加 20.59 万户。截至 2016 年年底，全市固定电话用户普及率 33.56%，移动电话用户普及率 148%，互联网用户普及率 168.19%。

经过两年多的"宽带中国"示范城市创建，厦门市全面完成创建目标。全市城市地区基本实现家庭宽带 100Mbps 及以上宽带接入能力（100Mbps 家庭宽带端口占比为 88.4%）、农村地区基本实现家庭宽带 20Mbps 及以上宽带接入能力（20Mbps 家庭宽带端口占比为 96.3%），固定宽带家庭普及率 85.7%。

【技术改造】 2016 年，厦门市电子信息产业实施总投资 500 万元以上的技术改造项目 77 个，全年累计完成技术改造投资 125.62 亿元，占全市工业技术改造投资完成总量的 49.5%。

编印《厦门市先进制造业"十三五"发展规划》，将电子信息产业列入发展规划中的重点发展领域，主要包括平板显示、计算机与通信设备、半导体和集成电路等，提出"到'十三五'末，电子信息产业产值力争突破 4 500 亿元，成为国内重要的电子信息制造生产基地"的发展目标，并从组织领导、政务服务、生产要素等方面予以保障。

指导企业切实用好技术改造项目进口设备免税和重大技术装备及关键零部件进口免税、固定资产加速折旧、企业购进或自制设备等固定资产所发生的进项税额抵扣等优惠政策。组织企业申报省电子信息产业集群公共服务平台、省电子信息产业集群创新发展专项资金，厦门咪咕、弘信电子等 9 个项目获得资金补助或贴息；鼓励三安光电公司、天马微电子公司等一批电子信息企业申报市产业转型升级资金技术改造专项。

把抓好技改项目作为电子信息产业转型升级、结构调整的重头戏，帮助企业解决立项、环评、安评、用地、生产许可证等审批环节中的实际问题，加大项目指导、服务、管理督查工作力度，为项目业主提供全方位服务，协调解决项目建设中的具体困难和问题，督促、指导企业加快技改项目建设步伐。

【技术创新】 2016 年，厦门华联电子有限公司、金达威集团股份有限公司两家企业技术中心被认定为国家级企业技术中心，雅迅网络股份有限公司等 4 家企业技术中心被认定为省级企业技术中心，天马微电子有限公司等 11 家企业技术中心被认定为市级企业技术中心。厦门 ABB 开关有限公司"ABB 中压远程中心云服务的实践经验"获得 2016 年全国质量标杆称号，厦门盈趣科技股份有限公司"以 UMS 信息系统实现全面质量管理的经验"获得 2016 年福建省质量标杆称号。三安光电股份有限公司等 3 家企业被工业和信息化部授予全国工业企业知识产权标杆示范企业，大博医疗科技股份有限公司被工业和信息化部授予工业企业品牌培育示范企业。

【两化融合】 2016 年，厦门市通过两化融合管理体系贯标的企业有 11 家，累计开展贯标企业超过 30 家；新增 45 个市级、省级两化融合重点项目，总投资额 137 亿元；制造业与互联网加速融合，电子商务在工业企业采购和销售环节的应用比例逐步提高，90% 以上重点工业企业通过电子商务采购生产资料，75.3% 的企业通过电子商务销售产品，美图公司入选 2015—2016 年度国家电子商务示范企业。服务型制造新模式不断涌现，企业服务收入占比稳步提升，逐步实现从提供“产品”到“产品 + 服务”转变，松霖科技“创新设计服务”、金牌厨柜“大规模个性化定制服务”、林德叉车“产品全生命周期管理服务”等新模式均成为企业利润新增长点。智能制造向纵深推进，弘信电子科技股份有限公司获得国家级智能制造试点示范项目，全年新增 5 家省级智能制造企业试点示范、10 家市级智能制造企业试点示范，新增 3 家企业项目为市智能制造样板工厂（车间）。信息化与工业化融合促进中心、首席信息官协会等社会组织在推进两化融合对标诊断、水平评估中发挥积极作用。

【物联网】 2016 年，厦门市物联网产业初步形成包括射频识别及传感器、设备、软件、系统集成、电信运营、物联网服务在内较为完整的产业链体系。据不完全统计，厦门市拥有物联网企业近 300 家，2016 年营业收入 300 亿元，同比增长 25%；其中，规模以上企业 114 家，上市公司 27 家。

2016 年，厦门市举办第三届“中国（厦门）国际物联网博览会及高峰论坛”，搭建物联网技术交流、成果对接和推广应用平台，总展出面积达 1.3 万平方米，展位数 497 个，来自两岸三地共 196 家企业参展；2016 年产业转型升级专项资金 1 062 万元支持厦门盈趣科技股份有限公司物联网打印机应用示范与推广等多个物联网项目；建立市级物联网重点项目库，跟踪推进物之联城轨列车智慧运维管理平台等 30 个重点项目建设。

【重点信息化项目】 2016 年，厦门市在全国率先建设“城市公共安全管理平台”，汇聚全市 40 多个部门危险源、防护目标、物资储备等 111 类静态数据，“两客一危”车辆实时运行轨迹，以及视频综合平台等动态数据，并汇聚市长专线、数字城管、社区网格化平台、网络舆情监控等，实现城市公共安全“一张图”。平台通过交叉分析、统筹研判、统一调度，推动城市公共安全管理由事后处置向事前预警、事前防范、事前化解、事前管控、事中监管和转变，构建全市一体化的公共安全防控体系。

厦门市电子政务外网身份认证服务平台作为“互联网 + 政务服务”应用，通过“一个 ID、一次注册、一次登录”的认证方式，实现全市统一服务、统一访问入口、统一用户管理、统一安全控制。目前平台注册用户近 110 万，被评为第二届（2016）中国“互联网 + 政务”优秀实践案例 50 强。

厦门市市民卡服务体系被列入 2017 年市政府为民办实事项目之一，以“统一规划、统一标准、统一组织、统一管理”为原则，以公共服务和市民生活需求为出发点，以一站式服务、多领域一卡通用、线上线下结合为目标，充分运用厦门市统一实名身份认证服务体系、“i 厦门”一站式惠民平台等资源和民生应用的优秀成果，统筹建设市民卡数据核心平台，有计划、分步骤、分阶段地推进移动互联网应用、受理终端升级、行业系统关联、数据运维管理等环节，建立一套完善的服务体系，支撑市民卡应用。

厦门市电子证照共享库管理平台完成电子证照共享库管理平台的构建、功能开发和系统部署，实现和省电子证照库的对接工作，并完成部分证照和批文的收集、入库工作。各单位的行政审批系统和部门业务系统通过与电子证照库的接口对接，完成各单位存量电子证照元数据的推送，并可利用电子证照库的共享功能获取库中已有的电子证明元数据及电子证照，简化公众办事材料的提交。2016 年，厦门市电子证照目录共登记 34 个部门，发布 430 类证照，其中，证书 178 类，批文 252 类；录入数据 668 853 笔；制发电子证照 37 类 83 263 本，电子批文 26 类 1 207 本。

［供稿：厦门市经济和信息化局］

青 岛 市

【概况】 2016年，青岛市围绕打造先进制造业基地发展目标，加强政策引导、优化产业布局、推进重点项目、推动两化融合，电子信息制造业保持平稳运行，软件和信息技术服务业实现快速发展。全市规模以上电子信息制造业累计完成产值 2 271.7 亿元，同比增长 6.3%；实现软件业务收入 1 608.5 亿元，同比增长 23.6%。

【电子信息制造业】 2016年，青岛市电子信息制造业主要指标保持平稳增长。全年全市规模以上电子信息制造业累计完成产值 2 271.7 亿元（本地口径），同比增长 6.3%；完成出口交货值 411.7 亿元，同比增长 9.3%；实现利润 162.2 亿元，增长 11.6%，其中，视听设备制造、家电制造分别净增利润 7.9 亿元和 5.2 亿元。电子信息制造业主要产品中，生产电冰箱（冰柜）1 395.1 万台、空调 731.9 万台、洗衣机 606.7 万台、电视机 2 111.7 万台、移动电话 3 362.2 万台，分别增长 -3.4%、17.4%、1.95%、22.4%、-11.9%。

骨干企业品牌实力不断增强。2016年，海尔集团、海信集团、澳柯玛股份有限公司分别完成产值（本地口径）803.1 亿元、479.5 亿元、54.5 亿元，同比分别增长 1%、16%、5.4%。在 2016 年中国电子信息百强企业中，海尔集团、海信集团分列第四位和第八位。海尔集团以 55.8 亿美元收购美国通用电气家电业务，在全球家电市场跃居第五位，成为家电行业全球布局最完整的公司；海信电视出货量份额高居全球市场第三位，在智能交通、光通信模块、医疗电子领域继续保持国内领先；澳柯玛冷藏展示柜品牌网络口碑指数排名全国第一。

创新驱动引领产业升级。海尔构建全流程实时互联可视的互联工厂体系，将大规模制造升级为大规模定制，实现产品品质、运营效率全方位提升。由海尔集团牵头筹建的国家家用电器技术标准创新基地（青岛）启动建设，是国家标准委正式批准筹建的第四个创新基地，也是行业领域首个技术标准创新基地。海信集团率先实现激光家庭影院产品的产业化，海信智能交通系统市场占有率连续 7 年位居国内第一，在光通信行业内率先突破 EPON、GPON、10G PON、高速并行光互连传输领域光电混合集成核心技术的瓶颈。

新兴产业发展势头凸显。建设完成红岛区北斗地基增强站，北斗大厦正式启用，青岛卫星技术研究院等一批项目签约入驻。启动规划青岛 3D 打印创新产业园，全市 3D 打印企业达到 30 多家。布局虚拟现实产业，崂山区以北航青岛研究院为引领，以青岛国际创新园和歌尔青岛科技产业园等园区组成的 VR 产业谷为核心，打造“中国虚拟现实产业之都”。

【软件和信息技术服务业】 2016年，软件和信息技术服务业务收入稳步增长。全市列统企业 1 591 家，同比增长 22.6%；实现软件业务收入 1 608.5 亿元，同比增长 23.6%。软件产品、信息服务、嵌入式软件分别完成收入 501 亿元、582.5 亿元、525 亿元，保持较快增长。全年实现软件和信息技术服务业务出口收入 13.4 亿美元，其中，软件外包服务出口 5 017 万美元。重点监测的 70 家企业完成软件业务收入 764.2 亿元，增长 16.9%。

企业自主创新能力提升。企业加大研发投入，推进技术成果、产业模式创新。全年全市软件著作权申报产品新增 500 个，认定集成资质企业 55 家。培育引导涉软企业创立青岛名牌累计达 26 个，认定“专精特新”产品总数累计达 102 个，挂牌及上市企业累计达 23 家。海尔集团、海信集团分列国家 2016 年软件百强企业第三位和第五位。

互联网工业促进两化深度融合。获批“中国制造 2025”试点示范城市，启动互联网工业“555”试点示范专项行动，新认定互联网工业平台 7 个、智能（互联）工厂 8 个、数字化车间 30 个、自动化生产线 43 条。成立国内首个服务商（国际）联盟，囊括50家国内外方案解决商，组织开展服务商与制造企业交流对接会，分领域推出150个工业软件信息化解决方案，2个项目新入选国家智能制造试点示范项目，4个项目新获国家智能制造专项资金扶持。

【科技创新与应用】 2016年，青岛市电子信息产业领域新增市级以上企业技术中心8家，累计拥有市级以上企业技术中心55家，其中国家认定企业技术中心4家。实施市级企业技术创新重点项目312项，研发费预算总额15.4亿元，较上年均有较大幅度的增长。企业重点围绕集成电路芯片设计与应用、新型显示技术与应用、大数据、云计算、物联网、人工智能、移动智能终端、虚拟现实等开展技术研发和产品应用。

海尔集团下属公司参与完成的“DTMB系统国际化和产业化的关键技术及应用”项目获得2016年国家科技进步一等奖，这是家电行业获得的最高科技荣誉，也是2016年度家电行业唯一的获奖项目。海信网络科技“监控视频高效编码与智能分析技术及其在城市智能交通中的应用”项目获得中国电子学会科学技术奖技术发明奖一等奖。海信4K激光电视获得“2016年度科技风云榜”年度最佳显示技术突破奖，其拥有217项核心专利技术，实现从研发、设计到整机生产制造的完全自主运营。

【信息基础设施】 2016年，青岛市加快推进宽带网络建设，互联网出口带宽快速增大，完成ADSL和传统LAN用户的光纤改造，城市家庭宽带接入能力超过50Mbps，全面建成光网城市。全市固定互联网宽带接入用户超过290万户，互联网普及率进一步提升。5G联合创新中心青岛实验室揭牌，全市2G、3G、4G、WLAN互为补充的无线网络进一步升级，移动基站数超过3.7万个，4G基站超过1.5万个，AP接入设备数峰值超过17万个，在全国居于领先地位。编制出台《青岛市移动基站设施专项规划（2016—2020年）》，移动基站设施建设首次步入法治化、规范化轨道。“爱青岛”“掌上青岛”“智慧青岛”用户超过100万户。青岛市获得“宽带中国”示范城市最佳实践奖。

【信息产业基地和园区】 青岛市电子信息制造业以西海岸新区、崂山区、高新区（含蓝谷核心区）三点“品”字形为支撑，并向周边辐射。2016年，全市产值过百亿元的电子信息制造业集聚区达6个，总产值2 205.3亿元，同比增长7.7%。其中，黄岛家电电子产业集聚区产值首次突破千亿元，达1 028.3亿元，同比增长9.7%。崂山国家通信产业园、城阳电子信息产业集聚区、即墨家电电子产业集聚区、平度家电电子零部件产业集聚区等重点园区、集聚区产业集聚度不断提高。

实施“东园西谷北城”的软件产业发展战略，打造千万平方米的软件产业园区。2016年，园区58个支撑项目完成投资108.4亿元，施工面积370.8万平方米，竣工面积206.7万平方米。自2012年启动的“千万平米”软件及服务外包园区建设工程超额完成阶段性建设目标，累计完成总投资额320.3亿元，累计开工面积782.9万平方米，竣工面积583.4万平方米，入驻企业近500家，提前完成五年建设目标任务。

【两化融合】 2016年，青岛市举办2016世界互联网工业大会，促成中国工程院第一个制造业知识服务中心、全球家电业首个智能制造创新战略联盟落户青岛，设立总规模5.2亿元的互联网工业发展基金，有14家企业成为2016国家级两化融合管理体系贯标试点企业。全市两化融合发展指数超过75，继续居山东省首位。

实施《青岛市互联网工业行动方案》。开展互联网工业“555”试点示范专项行动（培育5个全国领先、行业主导的互联网工业平台，打造50个智能工厂或互联工厂，建设500个自动化生产线或数字化车间），制定认定标准，分行业选出首批50家互联网工业示范试点企业；认定7个互联网工业平台并补助资金1 908万元；完善协同推进工作机制，组建互联网工业发展专家咨询委员会和服务商（国际）联盟。

全市2个项目列入2016年国家智能制造试点示范项目，4个项目新获国家智能制造专项资金13 350万元支持，两类项目获批总数分别达到5个和7个，资金共16 250万元。新华社播发“解码青岛制造”系列报道，以青岛制造为样本，探寻中国制造之路，引起广泛关注。传统产业加快转型升级，海尔互联工厂、森麒麟轮胎智能工厂，红领服装个性化定制、德盛机械数字化车间等均处于行业领先水平；以海尔家电众创定制、三迪时空“3D智造云平台”、特来电电动汽车群智能充电服务为代表的新业态、新模式蓬勃发展；海尔工业智能研究院、宝佳那智机器人应用研究院、互联网工业创新中心等平台相继挂牌成立，创新能力持续加强。

【物联网】 青岛市聚集以海尔集团、海信网络科技股份有限公司、软控股份有限公司、东软载波科技股份有限公司、中电科仪器仪表有限公司等为代表的物联网企业 50 余家，其中省级重点物联网企业 17 家，涉及传感器、芯片设计、终端集成、嵌入式软件、网络设备制造、系统集成等产业链各环节。拥有青岛物联网应用技术研究院、青岛物联网协会、中国 RFID 产业联盟海尔开放实验室、国家城市道路交通装备智能化工程技术研究中心、数字化家电国家重点实验室、数字家庭网络国家工程实验室等创新平台。在数字家庭、智能制造、智能电网、智能交通、智慧物流、智慧健康养老等应用领域具有较强的国际和国内竞争力。

海尔集团在业内率先提出 U-home 平台战略，实现人与家电、家电与家电、家电与外部网络、家电与售后体系之间的无障碍通信。推出全球第一个全开放、全个性、全交互的“U+”智慧生活平台，通过建立统一的智慧协议标准，实现不同品类、不同品牌的智慧产品或服务的互联，为用户提供满足不同需求的智慧生活解决方案。同时，在智能制造领域，与全球一流资源合作打造智能制造云平台 Cosmo，帮助离散制造业实现大规模定制的解决方案。未来，基于 Cosmo 平台的数据和资源，可以对行业提供质量优化、设备优化等更专业的运营增值服务。

以海信网络科技股份有限公司为代表的物联网企业，研发城市交通综合管控平台、自适应交通控制系统、多功能电子警察系统、卡口、超速系统、视频监控与智能分析系统、交通信息采集系统等；海信集团快速公交（BRT）以 70% 以上的市场占有率在行业中领先；海信电子医疗首创 CAS 计算机辅助手术系统，帮助医生成功完成儿科高风险肝脏复杂巨大肿瘤切除手术。

【云计算与大数据】 2016 年，青岛市举办 2016 全球大数据应用研究论坛，来自国内外的 600 余位专家学者、行业精英，在青岛西海岸共同探讨大数据应用与研究，论坛搭建国际高端交流平台，开启大数据未来城市体验之旅，带动项目合作与创新发展，为推动青岛大数据产业发展、建设全国性的社会化大数据中心提供前沿理论支撑和实践案例。

云计算与大数据产业加速布局。与清华大学共建“清华—青岛数据科学研究院”“清华—青岛大数据工程研究中心”。引进投资 40 亿元的中国联通 IDC 项目、中国移动 5G 创新中心项目。与浪潮集团签署战略合作框架协议，在青岛市建设大数据云计算研发中心。与国际互联网巨头亚马逊 AWS 签署战略合作备忘录，共同建设中国首个亚马逊 AWS 联合创新中心，打造国内领先的互联网企业成长平台。此外，还与中国移动、百度、华为、中兴、金山、腾讯等公司签订战略合作协议，共同推动云计算与大数据产业发展。企业数据平台建设初具规模。3D 打印、工业机器人、智能交通、北斗导航、新能源汽车充电服务网络等数据平台相继建成。

【重点信息化项目】 2016 年，青岛市“1332”的智慧青岛建设基本架构基本形成，以 1 个总体规划为牵引、7 个专项规划相支撑的“1+7”的总体建设思路得到有效推进实施。青岛市以居第 11 位获得 2016 中国智慧城市建设五十强、“互联网 + 智慧城市”指数十强称号。

城市运行管理领域智慧化建设加快。黄岛区智慧政务从社会治理入手，打造城市管理、管网运行、安全生产、社会治安等一体化管理平台，实现数据、业务、平台的融合；智慧办税平台面向全市 35 万户纳税人开展国税的申报、票具、抄税、认证等业务服务。

民生领域智慧化服务突出。建设智慧教育中心平台和教育资源平台、教育管理平台，推进智慧校园，超过 600 所学校通过评估验收，探索翻转课堂，普及电子书包，形成青岛经验。

智慧社区建设模式日益成熟。通过政府引导、推动，企业探索立足各自特长开发产品化的智慧社区解决方案。基于电力载波的“众 e 通”智慧社区模式、基于楼宇对讲的阿波罗智慧社区模式等一批产品化的智慧解决方案得到推广，智慧社区覆盖超过 100 万人。

【产业环境】 2016 年，青岛市出台《关于印发青岛市建设国家东部沿海重要的创新中心、国家重要的区域服务中心、国际先进的海洋发展中心和具有国际竞争力的先进制造业基地行动计划的通知》（青发〔2016〕27 号），提出建设新一代信息技术、智能制造、虚拟现实等科技创新中心，超前布局量子信息、无人技术、人工智能等科技创新中心。构建起以蓝色制造高地、高端制造高地、新兴制造高地和互联网工业融合创新中心为支撑的先进制造体系与新型产业生态。推进新一代信息技术在制造业各领域的深度融合与创新应用，力争到2020年，培育5个全国领先、行业主导的互联网工业平台，打造50个智能工厂或互联工厂，建设500条（个）自动化生产线或数字化车间，工业企业两化融合发展指数达到85，关键工序数控化率达到55%，智能装备与智能终端产品的产值比重显著提高，个性化定制、服务型制造等新业态和新模式深入推广，打造互联共享、协同共创的新型产业生态圈，成为优势突出、特色鲜明的互联网工业领军城市。

【主要问题】 青岛市电子信息制造业面临经济下行压力依旧较大，外部的战略竞争更加激烈，集成电路、显示面板、电子器件等核心关键产业发展严重不足，自主创新能力亟须进一步提升，人才矛盾依然突出等问题。制造业增速减缓对软件行业影响增大。传统行业不景气，导致工业企业压缩信息化改造项目和经费，工业应用软件产品及解决方案订单缩减，相关领域软件企业发展受限制。

缺乏有实力的系统集成服务商。本地服务商企业与国内知名企业相比专业化程度不高，服务层级和技术含量参差不齐，为企业提供整体解决方案的能力有待提高。云计算与大数据产业缺少龙头企业，产业集聚尚未形成。本地大数据企业规模普遍较小，集中在底层硬件设备生产和产业链中间环节，企业数据挖掘和分析能力弱，缺少从事数据清洗、数据可视化的企业，没有设立大数据产业园区，未形成产业集聚。

【统计数据】

表1 2016年青岛市软件产业人员构成情况

企业类别	企业数（家）	年末从业人员总数（人）	人员构成			
			管理人员（人）	在总人数中所占比例（%）	软件开发研究人员（人）	在总人数中所占比例（%）
内资企业	1 547	128 994	9 300	7.2	15 964	12.4
国有企业	12	7 880	332	4.2	3 982	50.5
集体企业	4	13 442	3 271	24.3	16	0.1
联营企业	1	187	9	4.8	15	8.0
有限责任公司	680	45 210	2 376	5.3	4 679	10.3
股份有限公司	207	17 361	958	5.5	2 221	12.8
私营企业	637	44 379	2 318	5.2	4 703	10.6
其他内资企业	6	535	36	6.7	348	65.0
港、澳、台商投资企业	8	889	47	5.3	96	10.8
三资企业	36	2 367	121	5.1	222	9.4

表 2　2014—2016 年青岛市软件产业基本情况

项目名称	单位	2014 年	2015 年	2016 年
软件业务收入	万元	10 450 631	13 014 088	16 085 362
软件业务出口收入	万美元	55 443	78 291	133 724
软件产品销售收入	万元	3 682 776	4 150 229	5 009 730
流动资产平均余额	万元	16 187 384	10 340 960	11 740 820
固定资产投资额	万元	34 160	26 383	72 809
资产合计	万元	17 083 360	32 960 817	13 282 624
负债合计	万元	10 476 635	23 337 509	8 459 365
税金总额	万元	186 218	209 242	180 668
利润总额	万元	1 286 170	991 526	1 348 230
应交所得税	万元	76 079	304 674	156 535
从业人员年末人数	人	112 162	155 319	132 250
从业人员工资总额	万元	1 288 334	949 410	803 384

表 3　2014—2016 年青岛市软件产业三资企业基本情况

项目名称	单位	2014 年	2015 年	2016 年
软件业务收入	万元	441 391	464 689	215 848
软件业务出口收入	万美元	430	619	387
软件产品销售收入	万元	116 680	111 487	81 536
流动资产平均余额	万元	800 238	189 462	228 454
固定资产投资额	万元	990	327	1 517
资产合计	万元	443 882	133 213	96 947
负债合计	万元	279 100	76 196	50 178
税金总额	万元	5 385	9 260	6 131
利润总额	万元	45 983	8 471	15 889
应交所得税	万元	557	94	162
从业人员年末人数	人	9 120	2 710	2 367
从业人员工资总额	万元	114 109	23 096	14 464

表 4　2014—2016 年青岛市软件产业主要经济效益指标完成情况

项目名称	单位	2014 年	2015 年	2016 年
全员劳动生产率	元 / 人	356 627	386 302	401 324
流动资产周转率	次	1.65	1.26	1.33
产品销售率	%	99.1	99.2	99.2
总资产贡献率	%	9.1	11.6	11.3
资产保值增值率	%	107.2	107.9	107.8
资产负债率	%	53.3	52.5	52.8

表 5　2014—2016 年青岛市软件产业三资企业主要经济效益指标完成情况

项目名称	单位	2014 年	2015 年	2016 年
全员劳动生产率	元 / 人	276 213	451 475	4 612
流动资产周转率	次	1.52	1.45	1.46
产品销售率	%	99.1	99.2	99.2
总资产贡献率	%	8.5	9.3	9.2
资产保值增值率	%	108.6	107.9	108.1
资产负债率	%	54.2	54.8	54.7

注：表 1 ～表 5 数据来源于青岛市经济和信息化委员会。

[供稿：青岛市经济和信息化委员会]

深　圳　市

【电子信息制造业】　2016 年，深圳市电子信息制造业完成产值 16 055.4 亿元，同比增长 5.5%；工业增加值同比增长 9.2%，高于全市工业整体增速 2.2 个百分点，占全市规模以上工业增加值的 61%，对全市工业经济增长贡献率达 78.8%，支柱产业地位明显。

2016 年，深圳市通信设备制造业规模以上工业增加值同比增长 15.6%，较全市电子信息产业增速高出 6.3 个百分点；规模以上工业企业手机产量 3.89 亿台，生产企业约 200 家。其中，华为主打高端市场，品牌效应明显；传音针对非洲本地需求，创新开展自主产品研发，实现差异化胜出，2016 年出口销售约 8 000 万台手机。视听设备产业从技术研发、零部件生产制造、测试、集成形成由基础研究、应用研发到产业化生产优越的生态链条，全年累计生产彩色电视机 3 883.5 万台；电视机顶盒 5 959.3 万台，同比增长 6.9%；深圳高世代 TFT-LCD 面板生产技术和生产能力达到国际先进水平，形成国内外具有特色和影响力的平板显示产业链。计算机产业中的特种计算机、工业控制计算机、服务器、计算机显示器等从整机到关键零部件产量大、品种多，形成一批优秀企业，全年累计生产微型计算机设备 2 956.8 万台；长城公司已有自主设计、研发和制造自主可控计算机整机及系统的能力，神舟公司可自主研发高性能笔记本电脑、台式计算机、液晶显示器及计算机周边设备。集成电路企业及相关机构 170 家，其中，设计企业和机构 154 家，封装测试企业 13 家，制造企业 3 家；全年实现销售收入 420 亿元，增长 10.5%；海思半导体有限公司、中兴微电子技术有限公司等企业进入全国 IC 设计前十大企业，7 家企业通过国家规划布局重点集成电路设计企业核查。

深圳市有 18 家全国电子信息百强企业。华为技术有限公司营业收入仍保持 30% 以上的高速增长；腾讯公司持续加大移动互联网布局，与上海、天津、深圳等地签署战略合作协议，推进“互联网 +”战略；金证科技股份有限公司等企业抓住“互联网 +”机遇，开拓互联网金融、互联网教育、互联网能源新业务；大疆创新科技有限公司成为全球领先的无人飞行器控制系统及解决方案的研发和生产商。此外，深圳市还拥有远望谷信息技术股份有限公司等一批实力雄厚的物联网企业，其中 RFID 细分领域企业超过 330 家，以生产电子标签、读写器具、系统集成等产品为主；在移动互联网服务运营领域，拥有完整智能移动终端产业链；4G 产业链完善度领跑全国，芯片、射频器件、传输主设备、网络优化与维护等上下游厂商均表现突出。

深圳市推动智能制造试点示范，华星光电项目入选工业和信息化部试点示范，创维集团等 6 家企业的项目入选广东省试点示范；研祥智能公司等 4 家企业获得财政部、工业和信息化部 2016 年智能制造专项支持。建立市、区、协会、企业联动的项目挖掘新机制，形成一批战略性新兴产业和未来产业项目储备；申报创建国家石墨烯创新中心，已将规划方案报工业和信息化部。

深圳市全社会研发投入占 GDP 比重超过 4%。2016 年，PCT 国际专利申请累计 1.96 万件，同比增长 47.6%。全市以电子信息为主的 PCT 国际专利申请量连续 12 年居全国首位。全市 2016 年国内发明专利申请 5.63 万件，同比增长 40.7%，总累计 33.71 万件；国内发明专利授权量 1.77 万件，同比增长 4.2%，总累计 11.15 万件。在国家知识产权局公布的 2016 年国内企业发明专利授权量排名前十强中，华为、中兴、腾讯 3 家深圳市电子信息类企业入围。

【软件和信息技术服务业】 2016 年，深圳市软件产业实现软件业务收入 5 197 亿元，同比增长 15.4%；实现软件出口 224 亿美元；软件产业利润总额 1 454 亿元，同比增长 6.8%；税金总额 540 亿元，同比增长 29.5%；12 家企业入围全国软件百强企业。其中，软件产品收入 1 002 亿元，同比增长 12.9%；信息技术服务收入 2 070 亿元，同比增长 23.7%；嵌入式系统软件收入 2 125 亿元，同比增长 9.4%。

腾讯公司、云中飞电子有限公司等企业在云计算、下一代信息网络等新业务推动下持续发展，规模和效益增长较快。腾讯旗下腾讯计算机 2016 年营业收入将近 396 亿元，同比增长 43.6%，利润增长 51 亿元，同比增长 84.4%；云中飞营业收入突破 40 亿元，利润 34 亿元，收入和利润增长率均超 100%；金蝶集团营业收入首次突破 20 亿元，特别是云服务业务实现收入同比增长 138.3%；精斗云收购管易云，推出“新零售、新财务、新体验”三大创新特性的精斗云 V2.0，面向小微企业提供一站式云服务平台，已成为小微企业云服务市场领军品牌；金证科技公司营业收入 36 亿元，同比增长 37.6%，专注于金融领域，与平安集团签订战略合作协议，为“深港通”提供技术保障。

金蝶天燕中间件股份有限公司入选“2016 中国自主可靠企业核心软件品牌企业”，华为公司、中兴公司等 9 家企业入选“2017 中国电子信息行业创新能力五十强企业”。华为公司发布企业级大数据分析平台，针对金融、运营商等数据密集型行业的运行维护、应用开发等需求，打造高可靠、高安全、易使用的 OM 系统和建模中间件。腾讯公司在用户端和客户端重点打造“社会化营销平台”“腾讯视频”和“下一代腾讯网”等核心产品及解决方案，最终实现在大数据时代的跨越式发展。

【信息基础设施】 2016 年，深圳市光纤覆盖用户累计超过 1 000 万户，主流社区光网覆盖率 98%，城中村光网覆盖率 82%；全市互联网宽带接入用户 575.9 万户，其中光纤接入用户 298.41 万户，同比增长 97.9%；4G 电话用户 1 629.18 万户，同比增长 45.0%，4G 用户普及率 100%。建成 LTE 基站 5.68 万个、WLAN 无线接入点（AP）9 万个，全市重要公益性公共场所免费 WLAN

覆盖率达98%，基本实现“百兆到户、千兆到企、百米光接入”的目标，部分重点区域初步具备“万兆到企、千兆到户、百米光接入”的接入能力。全年通过实施信息基础设施建设扶持计划资助项目20个，下达资助资金6 000万元，重点支持共建共享及光纤到户难、基站选址难等市场配置无法解决、需政府对关键节点提供扶持的信息基础设施建设。相继出台《关于加快推进信息基础设施建设的通知》《深圳市2016年加快推进信息基础设施建设实施方案》，从光纤网络、4G基站、公共局域网建设等方面全面指导推进相关工作，同时针对难点突出问题提出细化措施，切实全面提升全市宽带网络能力。

2016年，全市有线电视覆盖用户412万户，有线数字电视家庭用户220万户。国家广电总局已批准深圳电信公司开展IPTV传输业务，IPTV集成播控平台进入全面商业运营阶段，是全国三网融合试点IPTV集成播控平台建设的典型示范平台。广电和电信合作发展IPTV用户规模超过74万户，累计提高深圳地区电视媒体影响力和传播力23%。在全国率先推出电脑IPTV，启动用电脑IPTV解决深圳“零电视”家庭看电视难问题的“650工程”。全市三网融合相关产业规模约达3 000亿元，基本实现深圳市三网融合试点工作预定目标。

【电子政务】 2016年，深圳市人口、法人、房屋、空间地理基础信息资源库现有资源目录共487类，归集29家单位近101亿多条业务数据，形成约1 844万人口、268万法人、84万栋楼、1 311万间房屋的公共基础信息资源，实现人口的身份证号码、法人的组织机构代码、房屋的房屋编码“三码关联”，结合空间地理信息，为公共资源配置、政务服务与管理提供数据支撑。全市统一的政务信息资源共享平台已接入市级单位69家，并与10个区（含新区）互联互通，实现与省政务信息资源共享平台对接，资源目录共2 847类，信息指标项共7.68万个，平台日平均交换量近500万条，最高峰日交换量近8 000万条。

建成全市统一的移动互联网惠民服务平台，以信息共享绩效评估为抓手，推动各部门充分利用信息共享减免证照材料。截至2016年年底，539项纳入考评的涉及跨部门共享利用的事项已实现533项无须办事人提交政府出具的证照、批复等证明材料原件，跨部门业务共享实现率从73%提高至96%。

制订印发《深圳市促进大数据发展行动计划（2016—2018年）》，推动政府数据资源共建共享共用。编制《深圳大数据案例读本》，提高党政机关工作人员大数据应用能力和意识。建成全市统一的政府数据开放平台，向社会开放道路交通、公共安全、经济建设等12个领域的550多项数据条目、450多万条数据。提高业务受理信息化水平，各业务审批系统与市政府电子证照系统对接率达到100%，实现40%以上网上申办事项零次跑动。

【两化融合】 2016年，深圳市在智能生产、智能设计、绿色制造、信息化综合集成创新等领域扶持一批两化融合项目，拉动相关企业信息化投入4.7亿元，支持25家规模以上工业企业开展“机器换人”；支持中小微企业、传统商贸企业、跨境电子商务协同发展，扶持“互联网+商贸”项目134个；南山、坂田2个“互联网+”小镇入选省“互联网+”小镇创建项目。

新增28家国家级、53家省级两化融合管理体系贯标试点企业和2家国家级贯标服务机构，通过国家两化融合管理体系评定的企业17家。13家企业入选广东省互联网与工业融合创新试点企业。参加两化融合评估诊断与对标企业的数量为900家，超额125%完成省下达的指标任务。财政扶持两化融合项目340个，拉动相关项目单位信息化投入超过6.7亿元。

【信息安全】 2016年，深圳市开展市党政机关信息安全联合检查，覆盖全市党政机关77家单位。落实2016年政府绩效评估信息安全指标评分工作，覆盖44家党政机关单位。建立信息安全事件通报机制，确保信息安全事件及时发现通报并整改，全年形成闭环的信息安全事件109起。继续完善信息安全应急管理工作，组织全市单位制定重要信息系统网络安全突发事件应急处置专项预案，扩充应急专业技术队伍和专家队伍至13支，与9家公司签订网络安全应急物资储备服务协议。组织全市信息安全专业技术人员培训和考试，两期培训共覆盖全市党政机关单位100多名信息安全员。

深圳市在国内率先将信息安全纳入政府绩效考核指标中，信息安全事件发生量以每年30%速度递减。制定出台《深圳市互联网信息服务安全管理若干规定》《深圳市网络与信息安全应急预案》等信息安全保障政策的系列法规，完善信息安全认证认可体系，推进全市信息安全保障工作的标准化和规范化。开展信息安全防御体系建设，逐步推进网络信任体系建设由政府公共服务向社会延伸，推动数字证书在重点领域和电子商务中的应用。

深圳市指导信息安全企业转型发展，召开两期网络与信息安全专家委员会活动。经调研编制形成《2015 年度深圳市网络与信息安全行业调查分析报告》《深圳市网络与信息安全产业发展规划》和《深圳市网络与信息安全产业发展政策》等文件。

【信息消费】 2016 年，深圳市信息消费规模 6 506 亿元，同比增长 25%。其中，信息通道服务消费 335 亿元，与上年持平；信息终端产品消费 3 079 亿元，同比增长 34%；软件技术服务消费 3 092 亿元，同比增长 21%。全年电子商务交易额 20 349 亿元，同比增长 18%。其中，网络零售交易额 2 295 亿元，同比增长 37%。

制定出台贯彻落实国务院大力发展电子商务意见的行动计划，促进电子商务与实体经济融合发展。推动电商年度盛会——“天猫双 11 狂欢夜”移至深圳，深圳市与阿里巴巴集团签订战略合作协议，提升深圳电子商务应用水平。

打造三大公共服务平台——“深商 e 天下”“众信网”和“电子商务大讲堂”，为电子商务企业提供高效、开放、公平、共享的公共服务资源。2016 年，“深商 e 天下”电子商务交易公共服务平台公共交易服务范围和服务能力进一步提高，“深商 e 天下”国际版也正式上线；“众信网”电子商务诚信公共服务平台可信公共服务水平不断提高；“电子商务大讲堂”宣传推广公共服务平台围绕跨境电子商务、移动电子商务、互联网金融、传统企业“互联网 +”转型升级等，开展论坛、沙龙、讲座等活动。实施电子商务发展专项资金扶持计划，重点支持电子商务集成创新、电子商务示范城市建设、跨境贸易电子商务建设、中小微企业电子商务普及应用。深圳市于 2016 年 1 月获得国务院批准成为跨境电子商务综合试验区，为此，制定实施《中国（深圳）跨境电子商务综合试验区实施方案》。推动深圳海关进一步扩大跨境电商通关试点范围，进一步完善通关服务平台各项功能。

【云计算与大数据】 2016 年，深圳市新一代信息技术产业增加值同比增长 9.6%，成为推动经济增长产业转型的主力军。全市云计算产业规模超 300 亿元，逐步形成留仙洞战略性新兴产业基地、南山云谷、天安云谷、蛇口网谷、南山智园等新一代信息技术产业基地。阿里、腾讯、百度等企业纷纷在深圳市建立云计算中心。华为、中兴、迅雷和创维等企业实施企业“云战略”，推出云平台、云存储、云安全和云终端等系列云产品和服务。创维、康佳等传统家电企业推动产品向网络化、智能化、平台化发展。

深圳市依托各类科技计划，不断推进大数据技术的发展及应用实施。一是加快大数据关键技术研究与核心系统研发。围绕大数据核心技术领域，在基础理论、关键技术、核心系统 3 个层面开展工作，突破大数据领域基础共性的理论问题和技术问题，推动适合大数据处理特点的新型分析系统与处理设备研制工作，为大数据应用提供软硬件载体。2016 年支持相关项目 10 多个，资金 2 000 多万元。二是加强大数据创新载体建设。依托深圳市“孔雀计划”，引进大数据方面的优秀人才，成立深圳市大数据研究院。同时，推动国内外领先企业和科研机构在深圳建立研发中心，力争形成大数据不同应用领域的专业研究力量。三是强化公共技术服务平台建设。面向重大应用领域大数据应用创新的基础共性需求，发挥国家超级计算（深圳）中心的核心资源与基础设施优势及统一运维能力，布局建设一批深圳市大数据公共技术服务平台，逐步形成统一完备的支撑服务力量。

根据深圳市云计算产业联盟统计和测算，2016 年全市大数据产业产值约为 450 亿元。全市有 30 家上市公司在大数据领域有明确布局或有明确投入计划，开展大数据业务的中小企业数量超过 200 家，但多处于产品开发阶段。

【智慧城市】 2016 年，深圳市成立市新型智慧城市建设领导小组，推动智慧城市建设的体制机制、项目审批和政府采购等各领域改革创新。制定出台《深圳市新型智慧城市建设工作方案（2016—2020 年）》，明确新型智慧城市建设的工作目标和任务分工。完成新型智慧城市顶层设计工作，加快构建互联互通、信息共享的全市一体化信息化建设格局。

组建新型智慧城市专家委员会，建立专家决策咨询机制。支持中国电子科技集团公司在深圳成立新型智慧城市研究院，组建新型智慧城市企业联盟，智慧城市运营管理中心正式建成并启用试运行。推进公共安全视频监控联网应用，会同中国电子科技集团公司开展前期调研，制定全市监控系统整合方案。

支持各区、各部门探索智慧城市建设经验，提升社会治理和公共服务水平。宝安区率先建成统一的“智慧宝安”管控指挥中心，建立巡办分离的基层网格化智慧管理体系，实现“一网式、一窗式、一号式”政务服务。

【对外合作】 2016年，深圳市经核准备案有181家企业对外直接投资设立200家电子信息企业（机构），同比下降5.2%，占深圳市同期的26.5%；协议投资总额30.98亿美元，同比下降90.9%，占深圳市同期的21.0%；中方协议投资额13.66亿美元，同比下降17.0%，占深圳市同期的12.7%。

深圳市对外直接投资覆盖25个国家（地区）。主要投资地区为中国香港特别行政区，设立企业（机构）135家；其次分别是美国、印度、韩国等国家，分别设立企业（机构）19家、6家、5家。主要投资国别（地区）为柬埔寨，中方协议投资额7.08亿美元；其次分别为中国香港特别行政区、开曼群岛、荷兰、韩国等地区，中方协议投资额分别为4.07亿美元、1.11亿美元、0.32亿美元和0.27亿美元。

深圳市电子信息行业企业共参加美国拉斯维加斯电子展、德国汉诺威国际信息通信展等19场境外知名品牌展会，带动深圳市电子信息行业对传统市场的贸易出口，支持深圳市高端新型电子信息产业开展跨国合作，打造具有国际影响力的自有品牌。

【主要问题】 深圳市大多数企业在研发创新能力方面存在技术储备和技术来源不足、核心竞争力不强的问题。重要信息系统、关键基础设施中使用的核心技术产品和关键服务还依赖国外，软件、芯片、标准等方面的自主研发水平与发达国家相比还存在较大差距，在IP核开发验证技术、高速高频低功耗SoC设计技术、基础软件技术等关键领域仍然较为薄弱，在移动终端操作系统、超高频芯片、虚拟化技术及分布式数据处理等新兴领域核心技术的竞争中依然处于弱势。

深圳市电子信息产业以中小企业居多，大型企业总量不足，大部分处于产业链和价值链的中低端，主要从事简单的组装加工，产品附加值低。触摸屏、电子元器件、手机、软件等产品同质化严重。随着产品的更新换代，传统产业面临利润下滑的困境。具备高附加值的高端软件、信息服务及新一代信息技术产业尽管发展迅速，但所占比重相对较低。

深圳市电子信息企业普遍存在人才缺乏情况，尤其在微电子、自动化、软件等领域的高端核心人才缺乏情况更加突出。由于深圳市生活居住成本大幅度提高，而其他城市发展水平也大大改善，深圳市出现高端技术人员回流其他城市创业现象。同时，由于缺乏与产业规模相配套的教育体系，人才培育落后于产业市场需求，教育扶持力度、人才引进制度有待完善，导致国际化、高层次、复合型集成电路人才缺乏。

[供稿：深圳市经济贸易和信息化委员会]

新疆生产建设兵团

【概况】 2016年，新疆生产建设兵团（以下简称兵团）加速开展“互联网+”行动，实施两化深度融合，不断完善信息基础设施，推进信息技术应用，保障网络与信息安全，各项工作取得成效。

【信息基础设施】 2016年，兵团“连连通电话、通广播电视”“宽带兵团”等惠民工程顺利实施，3G、4G网络向基层连队延伸。光纤宽带基本覆盖团场、连队、交通沿线和各类工业园区，通信质量明显提高。部分边境和偏远团场、连队打电话、看电视难问题得到切实解决。兵团城市区域商务楼宇光网覆盖率99.28%，兵团城市家庭光网覆盖率99.4%，团场及连队光网覆盖率

98%，光纤宽带用户占比 95%，4G 网络覆盖全部师团及 65% 的连队。兵团与中国电信集团公司联合举行“网络强国·光网兵团发布会”，会上签署《新疆生产建设兵团、中国电信集团公司加快“十三五”信息化建设战略合作框架协议》。新疆电信运营商和各师相关部门加速推进兵团连队开通光纤进连工程建设，光纤覆盖率不断提高。

【信息技术应用】 2016 年，兵团推进两化融合管理体系贯标评定工作，新疆天业（集团）有限公司通过两化融合管理体系贯标试点认定，取得工业和信息化部颁发的两化融合管理体系评定证书。创新企业管理水平，开展企业两化融合管理体系自评估工作，与工业和信息化部电子科学技术情报研究所沟通联系，对新疆生产建设兵团两化融合在线评估系统进行升级改造，对系统问卷进行更新调整，引导兵团工业主动参与两化融合能力评估工作，截至 2016 年年底，共有 309 家企业完成在线能力评估。开展两化融合评估诊断与对标引导工作，与工业和信息化部电子科学技术情报研究所开展合作，依托中国两化融合服务平台，完善兵团两化融合评估服务体系，挖掘兵团企业数据，形成兵团评估数据动态样本库，形成兵团两化融合发展水平评估报告，推动形成以数据为核心的精准施策新模式。推进互联网与制造业深度融合，培育信息技术产业，组织开展兵团工业云创新应用试点工作，拟在全兵团范围内选取符合条件的工业企业，以争取兵团相关资金后补贴的方式给予云服务费补贴。

软件和信息技术服务业得到快速发展。开展电子信息制造业和信息技术服务业定期统计工作，及时对信息技术企业的运行情况进行跟踪掌握，截至 2016 年 12 月，电子信息产业总产值达到 31.2 亿元，较上年同期有较大幅度提高。深入基层开展调研，对兵团工业企业两化融合发展情况进行调研，及时掌握兵团信息产业发展新动向。兵团与浪潮集团签署战略合作协议，根据协议，浪潮集团将在石河子国家级高新技术产业开发区投资开展云计算、大数据产业及创客中心建设。推进“兵团云”数据中心和基础信息共享服务平台建设。兵团工业云计算中心二期部署工作完成，已调试完成 300 台云主机组成的高性能云服务器集群，具有 20 万亿次计算能力和 10GB 网络带宽，可为 500 多家企事业单位提供云计算服务。

【网络与信息安全】 2016 年，兵团各级各部门网络与信息安全意识不断增强，安全管理体制逐步完善，网络信息安全责任制进一步落实。开展兵团工业控制系统信息安全检查工作，对兵团规模以上电力、煤炭、钢铁、有色、化工等重点行业的工业控制系统进行网络与信息安全检查和抽查。通过企业自查和现场抽查，帮助企业全面分析工业控制系统面临的安全隐患和风险，查找突出问题和薄弱环节，提出防范对策和改进措施，保障工业控制系统信息安全。依托新疆互联网应急中心的技术力量，对兵团辖区党政机关、学校、事业单位等的网站和计算机进行监测，对存在安全漏洞的单位及时通知整改。对兵团关键信息基础设施联合检查，对十二师、八师、兵团人社局和兵团电视台的重要信息系统进行现场检查。

【信息化基础工作】 2016 年，兵团结合自身实际和各师（市）、机关各相关部门的意见，起草并以兵团名义下发《新疆生产建设兵团关于促进云计算创新发展培育信息产业新业态的意见》（新兵发〔2016〕8 号）、《兵团贯彻〈国务院关于积极推进“互联网 +”行动的指导意见〉的实施意见》（新兵发〔2016〕40 号）、《兵团贯彻落实〈国务院关于深化制造业与互联网融合发展的指导意见〉的实施方案》（新兵发〔2016〕60 号），组织编制并印发《兵团“十三五”信息化发展规划》等一系列文件。

[供稿：新疆生产建设兵团工业和信息化委员会]

附　录①

2016年世界电子信息产业发展态势与特点

【综述】

2016年，世界经济延续复苏态势，但增长的不稳定性依然存在。发达经济体增速放缓，新兴和发展中经济体的增长抵消部分发达经济体的损失，世界经济总体保持低速增长态势。根据2016年10月国际货币基金组织（IMF）发布的《世界经济展望》，2016年全球经济增长率约为3.1%，低于此前1月（3.4%）和4月（3.2%）的预测，与7月的预测持平。发达经济体的增长率约为1.6%，比7月的预测下调0.2个百分点，远低于上年的2.1%。发达经济体持续停滞可能进一步助长反贸易情绪。受疲软的商业投资和去库存的影响，美国经济增长率下调0.5个百分点，为1.6%；受英国脱欧的影响，欧元区经济增长率为1.7%，落后于上年的2.0%，而英国脱欧导致投资者对英国投资丧失信心，增长率持续走跌；日本经济在政府支出和宽松货币政策支持下保持0.5%的增长率，长期看人口萎缩将阻碍经济增长。新兴和发展中经济体正处于加速增长态势，经济增长率为4.2%，中国经济进入新常态，保持中高速增长，印度成为增长最快的主要经济体，新兴和发展中经济体成为驱动全球经济增长的主要力量。

2016年，美国、日本、欧盟、中国等世界主要国家和地区都将信息技术产业作为加快经济增长、保持长期竞争力的先导产业，出台一系列政策措施推动产业发展。集成电路、电子元器件、视听、通信、计算机及网络，以及新兴的物联网、云计算、大数据等重点产业快速成长，技术创新不断取得新突破。受新兴市场快速增长的影响，2016年世界电子信息产品市场保持增长态势，在美国、日本等发达经济体电子信息产品产值陷入衰退、市场增长趋缓的情况下，新兴经济体成为拉动产业产销值增长的主导力量。

一、世界电子产品制造业复苏，回归低速增长态势

2016年，全球经济保持低速增长，然而经济增长的不稳定因素依然存在。英国脱欧为欧元区经济复苏带来不确定性，以美国为代表的发达经济体增势放缓，新兴和发展中经济体成为产业成长的主要拉动力量。受全球经济复苏及新兴经济体快速增长的影响，2016年，世界电子信息产品制造业摆脱上年衰退局面，呈现低速增

注①　本栏目文章收录在社会科学文献出版社2017年6月出版的“工业和信息化蓝皮书”《世界信息技术产业发展报告（2016—2017）》中。

长态势，产销值均保持增长。根据《世界电子数据年鉴2016》（*The Yearbook of World Electronics Data 2016*）测算，2016 年世界电子产品产值为 17 276 亿美元，同比增长 0.24%，销售额为 17 217 亿美元，同比增长 1.04%，与 2014 年相比，产销值增长尚处于复苏过程中。

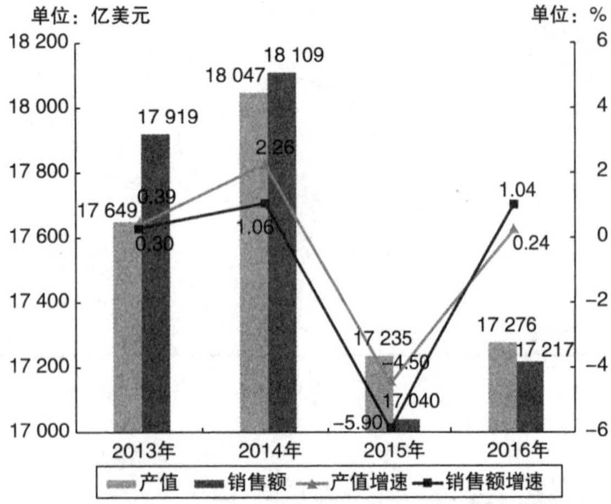

图 1　2013—2016 年世界电子产品产销值及增速

注：2016 年为预测值

数据来源：*The Yearbook of World Electronics Data 2016*

在各类产品中，市场份额最大的是电子元器件，市场份额为 32.04%，其次是电子数据处理设备、无线通信设备、控制与仪器设备，市场份额分别为 25.23%、18.76% 和 8.27%。与 2015 年相比，各产品门类的市场份额保持稳定，其中增幅最大的是无线通信设备，市场份额同比上升 0.82 个百分点，降幅最大的是电子数据处理设备，市场份额同比下降 0.7 个百分点。

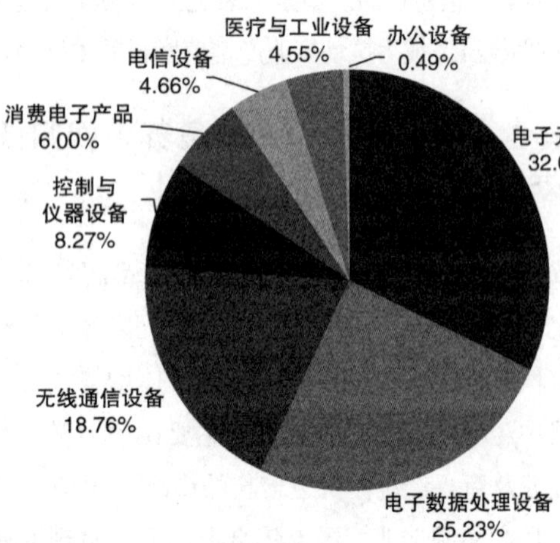

图 2　2016 年各类电子产品市场份额

数据来源：*The Yearbook of World Electronics Data 2016*

2016 年，在 4G 通信网络和新兴应用带动下，无线通信设备、医疗与工业设备成为增长最快的产品门类。产值方面，办公设备、电子数据处理设备、消费电子产品出现下滑，其他各产品门类均实现增长。其中，医疗与工业设备、控制与仪器设备产值分别增长 3.86% 和 3.71%，增长势头最强劲，办公设备、电子数据处理设备产值分别下降 4.83% 和 4.62%，下滑势头最为严重。销售额方面，除办公设备、消费电子产品外，其他各产品门类均实现增长，无线通信设备销售额增长 2.81%，增速最快，办公设备销售额下降 4.94%，下滑最严重，电子数据处理设备产值下滑，但销售额仍增长 0.3%。

二、各经济体发展与风险同在，面临增长机遇与衰退挑战

受全球经济增长不稳定因素影响，发达国家和新兴经济体中均出现产销值的增长和衰退情况。中国、印度、美国、德国、越南成为拉动全球电子产品产销值增长的主要力量，而日本、韩国、英国、巴西则面临产值或市场的衰退挑战。

在电子产品产值方面，受全球经济不稳定因素影响，2016 年世界排名前十的国家和地区同时存在增长与衰退情况。中国依然位居产值榜首，2016 年产值达到 6 757.79 亿美元，同比增长 1.11%，产值规模约是排名第二的美国电子产品产值的 3 倍，世界第一大电子产品制造国的地位稳定。越南成为排名前十的国家和地区中电子产品产值增长最快的国家，2016 年电子产品产值增长率达到 3.95%，德国电子产品产值增速排名第二位，2016 年电子产品产值增长 2.47%，成为发达经济体成长的重要动力。在榜单中，韩国和中国台湾地区产值衰退最为严重，分别下降 3.47% 和 3.10%，新加坡、墨西哥和日本电子产品产值也出现不同程度的下滑。

在电子产品市场规模方面，除巴西、英国和日本外，世界主要国家和地区市场均保持增长态势。中国电子产品市场规模达到 4 361.78 亿美元，同比增长 2.21%，继上年超过美国成为全球最大电子产品市场以来，市场地位进一步稳固。美国市场规模为 4 240.38 亿美元，同比增长 0.54%。巴西成为衰退最为严重的国家，电子产品市场规模下降 11.87%，排名滑落到榜单最后一位，仍然位居前十，英国排名下降严重，市场规模下降 1.42%，

被印度超越，印度成为本年度电子产品市场规模增长最快的国家，增速高达 7.92%，超过英国排名全球第七位。在前十名的国家和地区中，中国增长速度仅次于印度，德国电子产品市场增长 1.69%，增速位居第三。

三、技术创新与并购重组活跃，推动产业格局激烈变革

当前，世界正处在新科技革命和产业革命的交汇点上。信息技术产业是当前全球创新最活跃、带动性最强、渗透性最广的领域，新一代信息技术正在步入加速成长期，新的信息产品和服务不断涌现，带动产业格局深刻变革。随着信息化、工业化不断融合，以机器人科技为代表的智能产业蓬勃兴起，新一代信息技术与传统制造业的结合，为制造业发展提供新动能，为信息产业发展提供新方向，世界各国都将互联网、信息技术与本国制造业深度融合，推动产业转型升级作为当前发展的重心。信息经济浪潮正在席卷全球，新技术的持续扩散推动一系列新兴市场成长和爆发，信息产业发展的焦点正在从智能手机市场向新兴市场转移。随着云计算、大数据、物联网、人工智能等下一代信息技术的快速发展，新业态、新商业模式不断涌现，大数据分析和处理技术将成为产业发展的重要推动力；基于互联网开发及应用的产业迅猛发展；新型移动显示设备、3D 打印设备、智能家居等持续快速增长；人工智能产品不断成熟；虚拟现实等智能硬件市场将持续爆发；以汽车电子、医疗电子为代表的新兴应用市场不断崛起，成为推动信息产业发展的重要推动力。

随着产业不断走向成熟，产业竞争进一步加剧，并购重组成为企业快速提升市场份额、降低生产成本的重要选择，同时也是跨界布局新兴产业的有效手段。2016 年，世界电子信息产业并购事件频发，半导体并购更是创下超过 1 400 亿美元的历史新高，在上一年度并购潮基础上进一步加剧。2016 年 9 月，戴尔公司以 670 亿美元收购 EMC，集团总营收达到 740 亿美元，成为全球最大的私人控股科技公司。10 月 27 日，美国半导体大厂高通以 470 亿美元并购汽车电子龙头恩智浦半导体，成为最大规模的半导体并购案，高通凭借此次收购，从移动领域芯片设计企业跨界成为汽车电子巨头，值得注意的是，此前恩智浦刚收购飞思卡尔，成为全球最大的汽车半导体企业。7 月 28 日，软银集团以 320 亿美元收购英国芯片 IP 公司 ARM，致力于确立 ARM 在未来物联网领域的潜在领先地位。7 月 27 日，模拟芯片大厂 ADI 以 148 亿美元收购同行业的凌力尔特，合并后市值接近 300 亿美元，瞄准模拟半导体产品的未来成长前景。11 月 14 日，三星以 80 亿美元收购美国汽车零组件供应商哈曼国际，近年来哈曼国际进军汽车市场，接连获得通用等公司约 240 亿美元订单，三星通过一系列收购逐渐整合形成自有汽车产业链，发力未来智能汽车等领域。并购重组已经成为当前电子信息企业未来成长和布局的重要且有效的手段，持续的并购潮深刻改变了现有产业格局。

【统计数据】

表 1　2013—2016 年世界电子产品产销值统计

单位：亿美元

产品名称	2013 年		2014 年		2015 年		2016 年		2016 年增长率（%）	
	产值	销售额	产值	销售额	产值	销售额	产值	销售额	产值	销售额
电子数据处理设备	4 682.27	4 848.25	4 609.89	4 773.82	4 187.08	4 331.22	3 993.52	4 344.34	–4.62	0.30
办公设备	86.47	109.54	82.14	101.31	78.48	88.21	74.69	83.85	–4.83	–4.94
控制与仪器设备	1 408.13	1 451.68	1 455.95	1 476.96	1 377.01	1 391.52	1 428.12	1 423.68	3.71	2.31
医疗与工业设备	866.44	796.40	878.43	806.36	846.89	765.45	879.62	783.73	3.86	2.39
无线通信设备	3 467.18	3 139.16	3 665.62	3 230.86	3 666.24	3 140.95	3 776.50	3 229.09	3.01	2.81
电信设备	782.33	837.24	764.33	837.88	737.39	786.76	752.51	802.95	2.05	2.06

续表

产品名称	2013 年		2014 年		2015 年		2016 年		2016 年增长率（%）	
	产值	销售额	产值	销售额	产值	销售额	产值	销售额	产值	销售额
消费电子产品	1 272.67	1 248.04	1 247.13	1 183.79	1 141.81	1 053.61	1 120.31	1 033.08	−1.88	−1.95
电子元器件	5 083.48	5 488.48	5 343.32	5 698.49	5 200.41	5 482.42	5 250.98	5 516.15	0.97	0.62
总计	17 648.96	17 918.77	18 046.81	18 019.47	17 235.31	17 040.14	17 276.25	17 216.86	0.24	1.04

表 2　2016 年世界电子产品产值排名前十的国家和地区

单位：亿美元

国家和地区	2013 年	2014 年		2015 年		2016 年	
	产值	产值	增长率（%）	产值	增长率(%)	产值	增长率(%)
中国	6 229.00	6 662.85	6.97	6 683.70	0.31	6 757.79	1.11
美国	2 329.66	2 348.52	0.81	2 310.50	−1.62	2 313.52	0.13
日本	1 344.67	1 263.30	−6.05	1 138.02	−9.92	1 136.05	−0.17
韩国	1 111.79	1 150.54	3.49	1 119.11	−2.73	1 080.30	−3.47
中国台湾地区	683.29	717.56	5.02	681.62	−5.01	660.47	−3.10
德国	627.24	643.57	2.60	543.12	−15.61	556.53	2.47
新加坡	603.61	592.96	−1.76	564.28	−4.84	553.89	−1.84
马来西亚	593.57	594.43	0.14	517.97	−12.86	520.66	0.52
墨西哥	511.53	508.76	−0.54	497.37	−2.24	495.21	−0.43
越南	260.73	291.36	11.75	311.23	6.82	323.51	3.95

表 3　2016 年世界电子产品市场规模排名前十的国家

单位：亿美元

国家	2013 年	2014 年		2015 年		2016 年	
	市场规模	市场规模	增长率（%）	市场规模	增长率（%）	市场规模	增长率（%）
中国	3 939.77	4 208.59	6.82	4 267.63	1.40	4 361.78	2.21
美国	4 096.24	4 213.54	2.86	4 217.45	0.09	4 240.38	0.54
日本	1 478.07	1 416.60	−4.16	1 227.44	−13.35	1 223.53	−0.32
德国	736.81	742.19	0.73	616.67	−16.91	627.07	1.69
韩国	523.56	516.17	−1.41	512.55	−0.70	514.56	0.39
墨西哥	425.40	443.52	4.26	446.64	0.70	452.60	1.33

续表

国家	2013 年	2014 年		2015 年		2016 年	
	市场规模	市场规模	增长率（%）	市场规模	增长率（%）	市场规模	增长率（%）
印度	371.13	371.74	0.16	393.05	5.73	424.18	7.92
英国	428.53	453.59	5.85	423.96	−6.53	417.96	−1.42
法国	384.39	378.68	−1.49	314.00	−17.08	318.42	1.41
巴西	540.69	473.31	−12.46	322.41	−31.88	284.14	−11.87

注：表 1 ~ 表 3 数据来源于 *The Yearbook of World Electronics Data 2016*。2016 年为预测值。

2016 年美国电子信息产业发展情况

【综述】

美国经济近几年来保持缓慢复苏态势，2016 年 GDP 增速达到 2.4%，与上年持平，尽管美元走强、贸易伙伴增长放缓、能源投资下降对经济增长造成阻力，但在财政紧缩状况好转、住房市场改善以及劳动力市场活跃的带动下，未来将保持较强的增长态势。对美国电子信息产业来说，2016 年电子产品产值和市场规模缓慢增长，细分行业发展格局稳定，无线通信与雷达设备产值及市场规模仍居首位，电子产品创新不断涌现，各大企业积极转型布局，开拓新兴业务领域。

一、电子信息产业持续复苏，实现缓慢增长

2016 年，在国际经济特别是新兴市场持续不稳定的情况下，美国电子信息产业保持稳定的发展态势。根据《世界电子数据年鉴 2016》（*The Yearbook of World Electronics Data 2016*）预测，2016 年，美国电子产品产值为 2 313.53 亿美元，同比增长 0.1%；美国电子产品市场总额为 4 240.38 亿美元，较上年增长 0.5%。美国规模制造的外迁对美国电子工业造成较大的冲击。2015 年相比 2000 年，美国电子产品产量下降 39.5%。不过近五年来，美国电子工业保持相对稳定的发展态势，美国制造业“回流”势头渐劲。

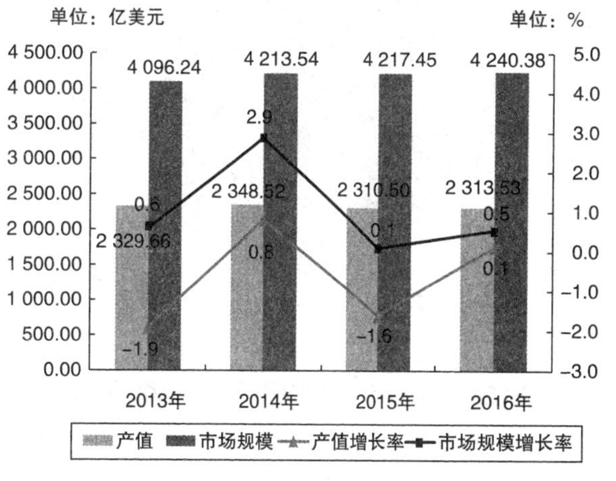

图 1　2013—2016 年美国电子产品产值与市场规模情况

注：2016 年为预测值

数据来源：*The Yearbook of World Electronics Data 2016*

二、细分行业发展格局稳定，无线通信与雷达设备规模领先

2016 年，从美国电子产品细分行业产值来看，无线通信与雷达设备产值所占电子产品总产值比例仍居于首位，产值为 762.50 亿美元，受国防开支增加影响，同比增长 2.5%，占全行业产值总额的 33.0%，较上年增长 0.8 个百分点。电子元器件产值为 553.85 亿美元，同比下降

2.1%，占产值总额的 23.9%，比上年下降 0.6 个百分点。美国在全球半导体产业发展中占据重要的地位，其拥有众多的半导体设计公司以及支持初创企业发展的基础设施。控制与仪器设备产值为 429.72 亿美元，占产值总额的 18.6%，较上年的 18.1% 增长 0.5 个百分点。电子数据处理设备产值受生产外包比例扩大影响持续下降，2016 年为 197.08 亿美元，同比下降 10%，占产值总额的 8.5%，占比较上年下降 1.0 个百分点。医疗与工业设备的产值占比较上年增长 0.3 个百分点，达到 12.7%，办公设备的产值占比较上年下降 0.1 个百分点，为 0.5%。电信设备和消费类电子产品产值比例则保持稳定，分别占 2.5% 和 0.3%，消费类电子产品产值极小是由于目前美国本土几乎没有电视机产量，电视机制造大多迁往墨西哥。

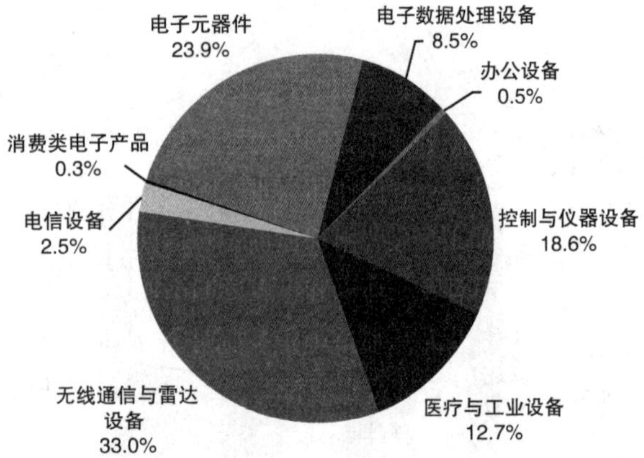

图 2　2016 年美国各类电子产品产值份额情况

注：2016 年为预测值

数据来源：*The Yearbook of World Electronics Data 2016*

2016 年，从美国电子产品细分行业市场规模来看，电子数据处理设备、办公设备、消费类电子产品和电子元器件市场规模较上年有所下滑，其他细分行业市场规模实现增长。无线通信与雷达设备市场规模所占电子产品市场规模总额的比重仍居于首位，市场规模为 1 239.26 亿美元，占市场总额的 29.2%，比上年增长 0.4 个百分点；电子数据处理设备市场规模为 1 039.51 亿美元，市场份额由上年的 24.8% 下降至 24.5%；电子元器件市场规模为 800.69 亿美元，占市场总额的 18.9%，较上年下降 0.1 个百分点。

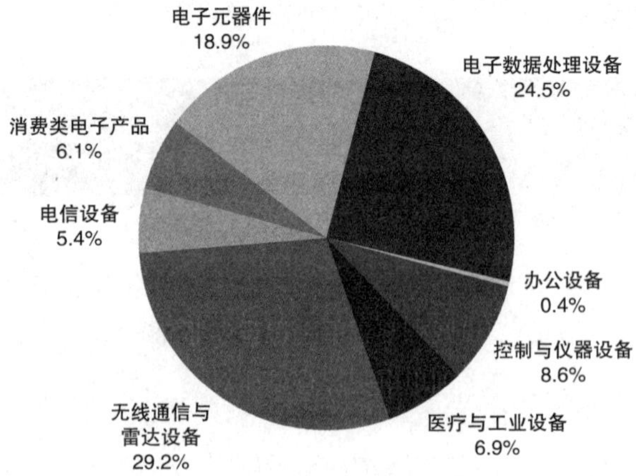

图 3　2016 年美国各类电子产品市场份额情况

注：2016 年为预测值

数据来源：*The Yearbook of World Electronics Data 2016*

三、电子产品创新不断涌现，新技术发展步伐加快

美国作为电子信息产业第一强国，引领着世界信息技术的发展。美国企业发布的电子产品创新不断涌现，2016 年，美国电子产品四大领域发展较快。

一是智能家居。作为全球智能家居市场容量最大的国家，美国企业在灯具、家电、园艺、医疗健康、家居机器人、宠物 / 婴儿监测、安全等多个细分领域推出相关产品，比如 LIFX 公司的智能灯泡、Sonos 公司的智能流媒体音箱、Edyn 公司的智能土壤检测器、MedMinder 公司的智能提醒药盒、Petcube 公司的智能宠物监测仪、Canary 公司的智能安防摄像头等等。

二是虚拟现实。虚拟现实产业近几年发展迅速，美国企业也积极涉足这一领域，推出诸多产品，如 Oculus VR 的 Oculus Rift 头戴式显示器、Forge FX 的虚拟现实工业模拟训练、VREA 的虚拟现实视频直播平台、VRecover 的康复虚拟现实产品、Infinideck 的全方位虚拟现实跑步机、VRCommerce 的虚拟零售平台等。

三是无人驾驶。美国传统车厂和互联网汽车公司，包括特斯拉、福特、通用、Uber、谷歌、苹果在内均推出无人驾驶汽车相关的研究计划。美国初创企业也积极进军这一新兴领域，如 Cruise Automation 推出加装在汽车上的传感器及控制装置，通过对汽车周围的交通情况实时感知，控制器可对方向盘、油门、刹车进行控制，以实现自动驾驶功能；Renovo Motors 致力于研究自动驾驶的操作系统；Nauto 将摄像头改装到已有车辆上，可监控车内车外情况，并且记录可被上传到云端，可为出租车服务与管理者提供监看车队情况的服务。

四是人工智能。近几年美国政府和企业在大数据、云计算方面的投入，驱动人工智能的兴起。尽管目前美国涉及人工智能领域的公司少于 1 500 家，在各个行业里所有中型到大型企业中，只有不到 1% 的企业使用人工智能，但使用人工智能的企业一般都是各自行业的领导者，谷歌、Facebook、IBM、亚马逊、雅虎、英特尔、微软等巨头均积极在人工智能领域展开投资。

四、产业巨头顺应发展趋势，积极转型布局

2016 年，微软、IBM、苹果、英特尔等美国电子信息产业巨擎的发展有喜有悲，但是发展战略均呈现一个共同的特征，即注重新兴领域布局，积极顺应电子信息产业发展趋势。

受个人计算机市场下滑影响，微软积极转型，多领域发力并取得显著成果，尽管智能手机业务呈坠崖趋势，但是 Office、云、Surface 业务均实现较强增长，Office 365 消费用户订阅达到 2 400 万，Azure 云业务营收大幅增长，Surface Pro 4 和 Surface Book 销量表现强劲，Xbox Live 每月活跃用户总数增至 4 700 万。此外，2016 年，微软还正式发售 HoloLens 开发者版，并推出代工版 VR 头戴显示器，积极进军增强现实设备领域。

IBM 目前正努力从硬件制造公司转型为提供解决方案的云平台公司，公司正在剥离现金出纳机、低端服务器和半导体等低利润的业务，同时将重点放在安全软件、云服务以及数据分析等新兴领域中。2016 年，IBM 来自云计算与移动计算、数据分析、社交软件与安全软件等业务的收入实现平稳增长。

由于 iPhone 销量下降，2016 年苹果的营收并不乐观，截至 2016 财年第三财季，营收和利润连续三个季度出现下滑。尽管如此，苹果的服务收入成为新的增长亮点，2016 财年第三财季，服务性业务收入占到苹果总收入的 11%，苹果 App Store 收入增长 37%，创下有史以来最大增幅，iTunes Store 中用户交易也创新纪录。此外，苹果正积极推进移动支付业务，Apple Pay 目前已支持 9 个主要市场，其于 2016 年 2 月正式在中国上线。

英特尔旗下最大的个人计算机芯片业务持续下滑，但得益于云服务和数据分析需求的持续增长，数据中心和物联网业务实现较快增长，缓解个人计算机芯片业务下滑带来的损失。此外，2016 年，英特尔正积极在多领域尝试转型，与宝马、Mobileye 联合开发无人驾驶汽车，推出自主研发的虚拟现实原型装置 Project Alloy，还收购深度学习企业 Nervana Systems 以及计算机视觉处理芯片公司 Movidius 等。

2016 年日本电子信息产业发展情况

【综述】

2016 年，日本整体经济形势持续好转，据《世界电子数据年鉴 2016》（*The yearbook of World Electronics Data 2016*）的统计，2016 年日本 GDP 预计保持 0.5% 的增长。受消费税上调因素影响，2017 年预计会有 0.1% 的负增长。日本电子信息产业在 2016 年呈现下行态势，产业产值、进出口贸易规模、消费电子产值均有所缩减。日本电子信息产业在消费市场上逐年衰退，电子元器件产业逐渐丧失优势，汽车电子有望成为日本企业新的消费电子增长点。

一、电子信息产值小幅下降，占全球比重持续下滑

日本电子信息产业产值在经历 2014—2015 年的上升之后，再次出现小幅下行的态势。2013—2015 年的产值分别为 113 540.86 亿日元、117 961.75 亿日元、124 040.35 亿日元。2016 年总产值预计达到 123 842.17 亿日元，同比下降 0.16%。

日本电子信息产业产值在全球电子信息产业产值中所占比重延续近三年来的下滑趋势。2016 年，日本电子信息产业产值约占全球电子信息产业产值的 6.58%，2013—2015 年该占比分别是 7.62%、7.00%、6.60%，下滑幅度有逐年收窄的趋势。

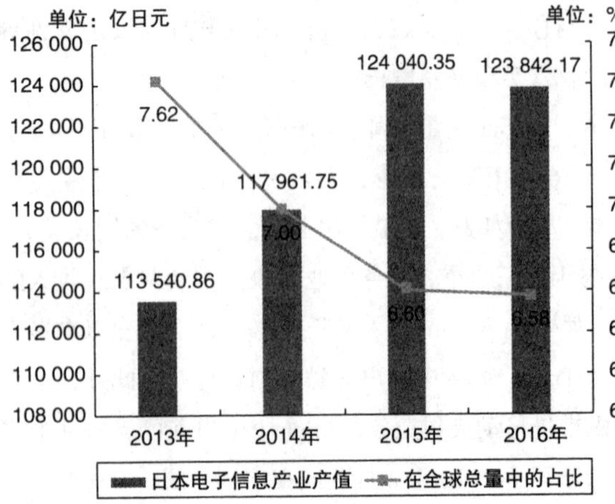

图 1 2013—2016 年日本电子信息产业产值及其在全球总量中的占比

注：2016 年为预测值

数据来源：根据日本电子信息技术产业协会与 *The Yearbook of World Electronics Data 2016* 的数据整理

二、细分领域全面缩减，消费电子占比提升

2016 年，日本电子信息产业产值一改上年的增长形势，各细分领域几乎都出现不同程度的下降。其中，电子元器件在所有电子产品产值中所占比重超过 2/3，也是所有电子产品中产值缩减程度最大的领域，2016 年 1—9 月的产值为 52 757.00 亿日元，同比下降 12.43%；工业电子设备产值为 25 210.50 亿日元，同比下降 9.53%；消费电子产值为 4 829.39 亿日元，同比下降 2.05%，但下降幅度较上年同期减少约 2 个百分点。

从细分领域产值所占比例来看，相对 2015 年 1—9 月而言，2016 年 1—9 月计算机信息终端产值超过通信设备产值，与电子装置、电子元件成为日本电子信息产业中所占比重排前三的产品，占比分别为 9.64%、41.03% 和 22.69%。

消费电子产值持续下滑，但下滑幅度逐年收窄。与

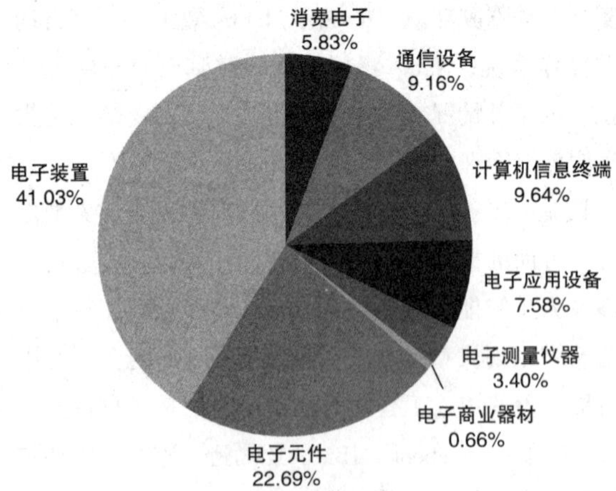

图 2 2016 年 1—9 月日本电子产业各细分领域产值所占比重

数据来源：日本电子信息技术产业协会，2016 年 12 月

其他细分领域产值的下滑幅度相比，消费电子产值的下滑幅度是最小的，这使 2016 年日本消费电子产值在电子信息产业产值中的比重得到提升，由上年的 5.39% 上升为 5.83%。

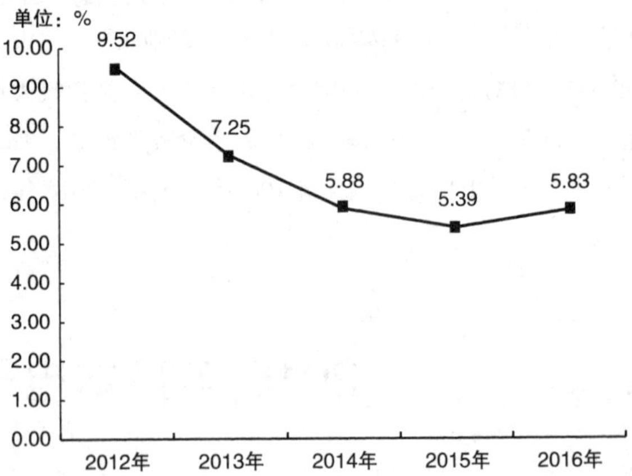

图 3 2012—2016 年日本消费电子产值在电子信息产业产值中的比重

注：2016 年为预测值

数据来源：日本电子信息技术产业协会

三、进出口同比均下滑，消费电子下滑幅度最大

日本电子信息产业出口总额在经历 2015 年的反弹增长后，2016 年重新出现下行态势。2016 年 1—8 月，

日本电子产品出口总额为 57 317.15 亿日元，同比下降 12.82%。各细分领域呈现全体下滑的态势，其中消费电子产品下降的幅度最大，达到 15.33%。工业电子设备产品和电子元器件产品出口同比降幅均达到 10 个百分点以上，分别是 10.70%、13.06%。从占比情况来看，与 2015 年 1—8 月相比，电子装置、电子零配件、电子元件仍然是占日本电子产品出口比重最大的三项，分别为 34.79%、25.77%、18.59%，约占出口总额的 80%。

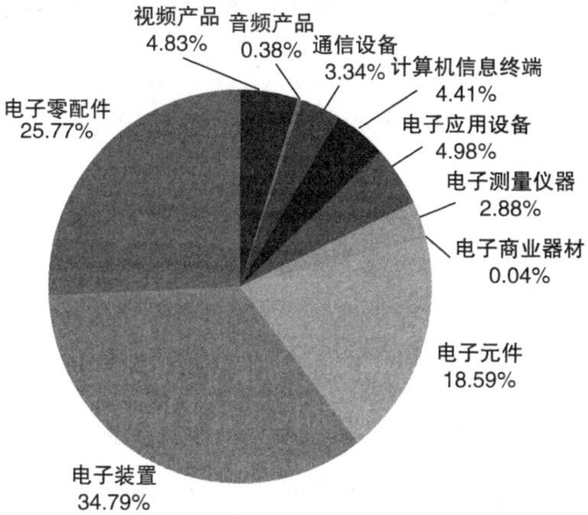

图 4　2016 年 1—8 月日本电子产品出口分类比重

数据来源：日本电子信息技术产业协会，2016 年 12 月

日本电子信息产业进口总额在 2016 年同样有所下滑。2016 年 1—8 月，日本电子产品进口总额为 62 174.00 亿日元，同比下降 13.08%。各细分领域中，消费电子产品的下降幅度最大，达到 15.32%。工业电子装备产品和电子元器件产品进口同比降幅均达到 10 个百分点以上，分别是 11.11%、14.77%。从占比情况来看，与 2015 年 1—8 月相比，电子装置、通信设备、计算机信息终端仍然是占日本电子产品进口比重最大的三项，分别为 26.00%、22.20%、19.40%，约占进口总额的 68%。

四、发展模式亟待转型，汽车电子前景看好

日本电子信息产业在消费市场上逐年下滑，半导体产业衰退明显。日本一些大型企业陷入经营不善的困境。多次曝出财务造假的东芝，在家电业务上连年亏损，不得不裁减半导体部门、家电部门以及公司员工；近三年

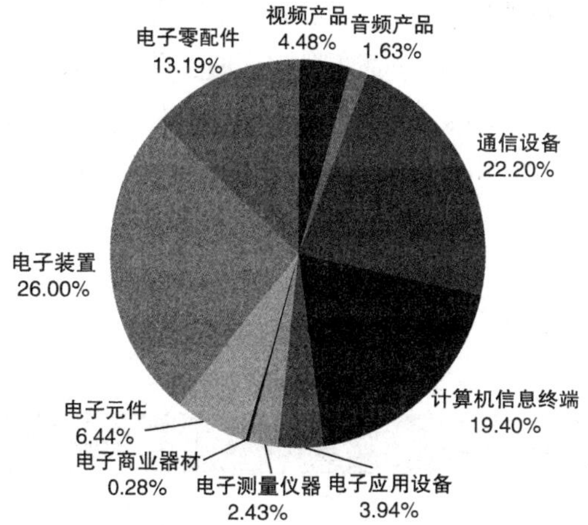

图 5　2016 年 1—8 月日本电子产品进口分类比重

数据来源：日本电子信息技术产业协会，2016 年 12 月

来，索尼一直以出售公司大楼、PC、锂电池等业务的方式缓解亏损。2011 年开始，联想收购日本 NEC 的 PC 事业部，到 2016 年 7 月，NEC 90% 的股份被联想以 200 亿日元收购。夏普对液晶显示器 LCD 的巨额投资未能获得回报，自 2012 年起持续出现严重亏损，到 2016 年，夏普 66% 的股权已被鸿海收购。据日本电子信息技术产业协会（JEITA）统计，2005 年日本企业在全球电子元器件生产中所占的市场份额为 44%，到 2015 年已降为 38%。日本的电子元器件产品中，半数以上的中小型液晶元件和存储器都面向智能手机，尤以对苹果手机的依赖度为盛，液晶生产指数的快速升高往往伴随着 iPhone 新机型的上市。但 2016 年，苹果公司公布的前 200 名客户企业名单中没有上年上榜的两家日本大型电子元器件企业。1990 年位列全球十大半导体公司行列的日本公司有 6 家，到 2015 年仅剩东芝 1 家，日本半导体产业的衰退已经非常明显。

汽车电子有望成为日本电子信息企业的新增长点。在汽车领域，电子控制元件、电子控制模块及自动变速器这三大关键零部件几乎被日本垄断。日本“3 · 11”大地震后，生产半导体、微芯片的高附加值零部件企业的停产曾造成全球微芯片、发动机控件、ABS、安全气囊等系统的关键零部件供应紧张。日本作为汽车制造强国，其本土电子信息企业可将优势扩展到汽车电池和车载系统等领域。日本电装公司作为丰田汽车的主要供应商，是全球最主要的汽车零部件生产厂家之一。松下的消费型电动汽车锂电池近两年所占市场份额最高，是特

斯拉的电池供应商。当前，日本电子信息企业纷纷寻求转型升级，日本在汽配零件方面的重要地位也有助于汽车电子成为其电子信息企业的新增长点。富士通已在德国建造设计中心，负责汽车电子芯片的设计和系统参考方案，主要客户有宝马和沃尔沃。日本瑞萨电子以32亿美元现金收购美国芯片制造商Intersil，计划将业务重点放在汽车芯片领域。

【统计数据】

表 1　日本电子产品细分领域产值情况

单位：百万日元

细分领域	2015 年 1—9 月	2016 年 1—9 月	同比增长（%）
消费电子	493 059	482 939	-2.05
工业电子设备	2 786 651	2 521 050	-9.53
通信设备	942 593	758 829	-19.50
计算机信息终端	829 011	798 478	-3.68
电子应用设备	670 509	627 861	-6.36
电子测量仪器	292 239	281 573	-3.65
电子商业器材	52 299	54 309	3.84
电子元器件	6 024 534	5 275 700	-12.43
电子元件	1 966 263	1 878 931	-4.44
电子装置	4 058 271	3 396 769	-16.30
合计	9 304 244	8 279 689	-11.01

表 2　日本电子产品出口情况

单位：百万日元

细分领域	2015 年 1—8 月	2016 年 1—8 月	同比增长（%）
消费电子	352 668	298 592	-15.33
视频产品	328 734	276 632	-15.85
音频产品	23 934	21 960	-8.25
工业电子装备	1 004 361	896 941	-10.70
通信设备	209 582	191 557	-8.60
计算机信息终端	279 115	253 036	-9.34
电子应用设备	319 034	285 191	-10.61
电子测量仪器	195 240	165 109	-15.43
电子商业器材	1 390	2 048	47.34
电子元器件	5 217 763	4 536 182	-13.06
电子元件	1 191 585	1 065 495	-10.58
电子装置	2 291 142	1 993 848	-12.98

续表

细分领域	2015 年 1—8 月	2016 年 1—8 月	同比增长（%）
电子零配件	1 735 037	1 476 839	-14.88
总计	6 574 793	5 731 715	-12.82

表 3　日本电子产品进口情况

单位：百万日元

细分领域	2015 年 1—8 月	2016 年 1—8 月	同比增长（%）
消费电子	448 963	380 171	-15.32
视频产品	329 797	278 658	-15.51
音频产品	119 166	101 513	-14.81
工业电子装备	3 375 066	3 000 189	-11.11
通信设备	1 545 514	1 380 450	-10.68
计算机信息终端	1 400 336	1 206 309	-13.86
电子应用设备	254 390	245 030	-3.68
电子测量仪器	161 763	151 220	-6.52
电子商业器材	13 063	17 179	31.51
电子元器件	3 328 880	2 837 040	-14.77
电子元件	438 837	400 358	-8.77
电子装置	1 940 061	1 616 529	-16.68
电子零配件	949 982	820 153	-13.67
总计	7 152 909	6 217 400	-13.08

注：表 1 ~表 3 数据来源于日本电子信息技术产业协会，2016 年 12 月。

2016 年欧盟电子信息产业发展情况

【综述】

2016 年，受全球贸易萎靡不振及欧盟一体化进程遭遇挫折等因素的影响，欧盟国家经济复苏缓慢。根据 2016 年 11 月欧盟委员会发布的数据预计，2016 年欧盟的 GDP 增速将为 1.7%，2017 年将进一步放缓至 1.5%。其电子信息产业也呈现微弱回暖态势，电子产品产值及市场规模均较上年小幅增长。

一、电子产品产值稳步增长，销售规模小幅提升

根据《世界电子数据年鉴 2016》统计，2016 年，欧盟主要成员国电子产品产值为 1 707.86 亿美元，较上

年的 1 680.87 亿美元增长 1.61%。市场规模方面，2016 年欧盟主要成员国电子产品销售值达到 2 498.39 亿美元，较上年的 2 474.84 亿美元增长 0.95%。

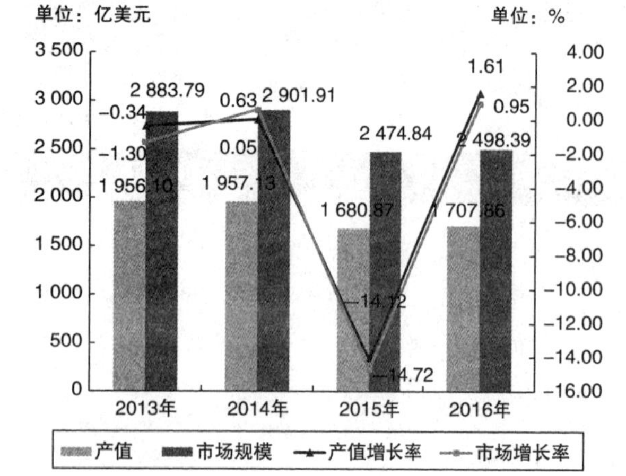

图 1　2013—2016 年欧盟主要成员国电子产品产值和市场情况

注：2016 年为预测值

数据来源：*The Yearbook of World Electronics Data 2016*

从各个国家电子产品产值具体情况来看，2016 年，德国产值达到 556.53 亿美元，居首位，较上年增长 2.47%，占欧盟主要成员国总产值的 32.59%；法国产值为 233.61 亿美元，较上年增长 1.42%，居第二位，占欧盟主要成员国总产值的 13.68%；英国产值为 222.07 亿美元，较上年增长 0.95%，占欧盟主要成员国总产值的 13.00%，仅次于德国、法国，居第三位。

二、各细分领域产销值份额保持稳定，电子数据处理设备仍为市场热点

从电子信息产品产值来看，2016 年控制与仪器设备、电子元器件及无线通信与雷达设备共占比 69.88%。其中，控制与仪器设备产值达到 512.18 亿美元，占整个电子信息产业产值的 29.99%；电子元器件产值达到 395.15 亿美元，占比 23.14%；无线通信与雷达设备产值为 286.11 亿美元，占比 16.75%。

从电子信息产品的市场份额来看，2016 年电子数据处理设备、电子元器件及无线通信与雷达设备共占比 65.78%。其中，电子数据处理设备市场销售额达 771.62 亿美元，占整个电子信息产品销售额的 30.88%；电子元器件销售额为 463.47 亿美元，占比 18.55%；无线通信与雷达设备销售额为 408.58 亿美元，占比 16.35%。

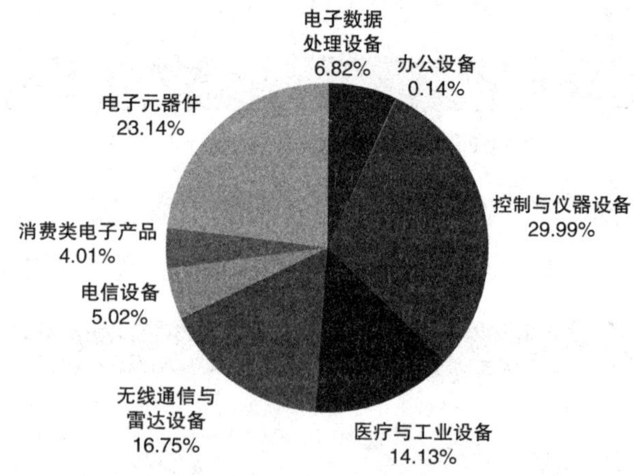

图 2　2016 年欧盟主要成员国各类电子产品产值份额

注：2016 年为预测值

数据来源：*The Yearbook of World Electronics Data 2016*

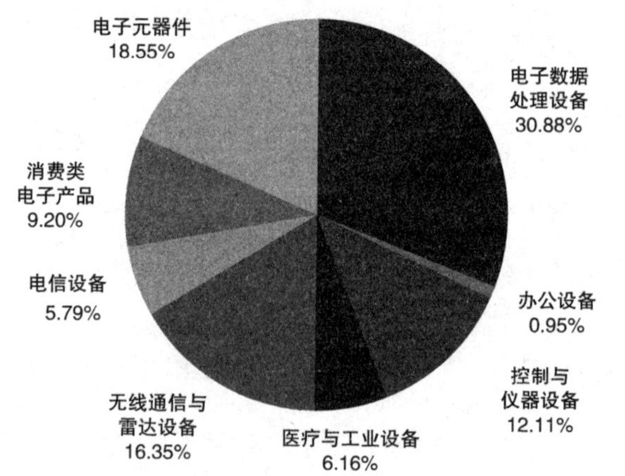

图 3　2016 年欧盟主要成员国各类电子产品市场份额

注：2016 年为预测值

数据来源：*The Yearbook of World Electronics Data 2016*

三、主要成员国聚焦数字化发展，推动重点领域项目建设

2016 年，以德国、英国、法国为代表的欧盟成员国重点聚焦数字化发展，在促进数字基础设施建设，推动移动通信、增材制造和物联网等领域提升方面出台相关政策。

作为欧盟经济的龙头，2016 年德国经济持续平稳发展，就业人口达到 4 370 万，为两德统一以来最多的

就业人口数；企业申请破产件数下降5.2%，创自1999年实行破产法以来的新低。德国央行2016年12月发布的数据预计，2016年德国GDP增幅将为1.8%。《世界电子数据年鉴2016》的统计数据显示，2016年德国电子产品产值将达556.53亿美元，较上年增长2.47%；市场销售值为627.07亿美元，较上年增长1.69%。2016年3月，德国联邦政府发布"数字化战略2025"，在国家战略层面明确德国数字化转型的基本路径，并提出十大行动步骤，包括：在2025年之前建成千兆级的光纤网络；投资初创企业并促进初创企业与成熟企业之间的合作；建立促进投资和创新的监管框架；推动智能电网、智能电表、智能家居、智能交通、智慧城市、电子医疗、电子政务等智能网络化建设；加强数据安全并发展信息化主权；建设适用于中小企业发展的新型商业模式；利用"工业4.0"推进德国的现代化；加强对数字化技术的研究和创新；加强数字化教育；建立一个高效、与国际接轨的数字化机构。

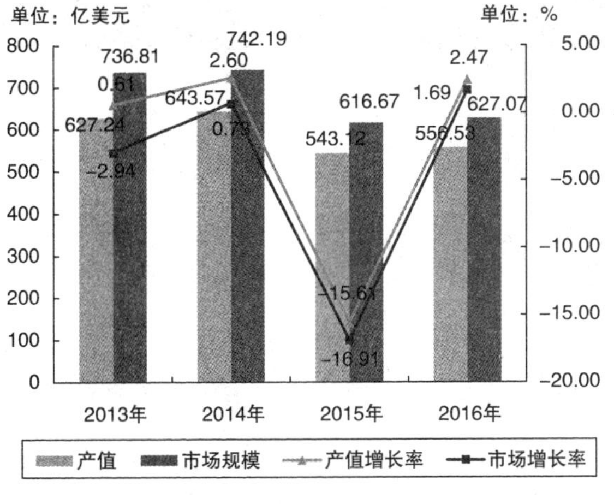

图4　2013—2016年德国电子产品产值与市场规模情况

注：2016年为预测值

数据来源：*The Yearbook of World Electronics Data 2016*

2016年，英国脱欧给自身经济带来的不确定性超出预期，影响继续发酵。英国脱欧导致其投资环境受到影响，对外资的吸引力减弱，伦敦国际金融服务中心的地位也面临挑战。根据2016年12月英国央行发布的数据预计，2016年英国GDP增速将为2%。《世界电子数据年鉴2016》的统计数据显示，2016年英国电子产品产值将达222.07亿美元，较上年增长0.95%；市场销售值为417.96亿美元，较上年降低1.42%。2016年11月，英国财政部计划通过基金和拨款的方式投入10亿英镑用于推动英国"全光"宽带建设和5G的发展。投资主要用来促进英国的数字基础设施建设，首批至少200万户家庭将受益，主要体现为网速更快。这10亿英镑投资分为两个部分：一部分是设立数字设施基金，用于发展全光宽带；另一部分是英国政府将拨款7.4亿英镑用于推动5G的发展。

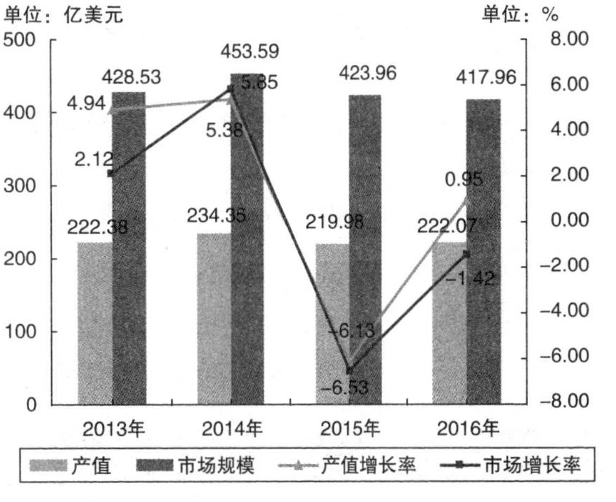

图5　2013—2016年英国电子产品产值与市场规模情况

注：2016年为预测值

数据来源：*The Yearbook of World Electronics Data 2016*

在罢工、恐怖袭击及农业收成欠佳等因素的影响下，法国经济复苏缓慢。2016年12月法国央行发布的数据预计，2016年法国GDP增速将为1.3%。《世界电子数据年鉴2016》的统计数据显示，2016年法国电子产品产值将达233.61亿美元，较上年增长1.42%；市场销售值318.42亿美元，较上年增长1.41%。2016年11月，法国宣布两个旨在推进国内数字技术的新行动计划，特别强调增材制造和物联网两个领域。两个新计划将通过在国内建立"未来的工业"，使法国成为全球数字革命的领先者，同时，法国政府还将投入1亿欧元用于培训员工，以帮助其适应数字革命变化。

四、部分厂商实现快速增长，通信企业利润大幅下滑

2016年，得益于汽车电子、能源管理、健康医疗等领域的快速发展，欧盟地区部分电子信息厂商实现增

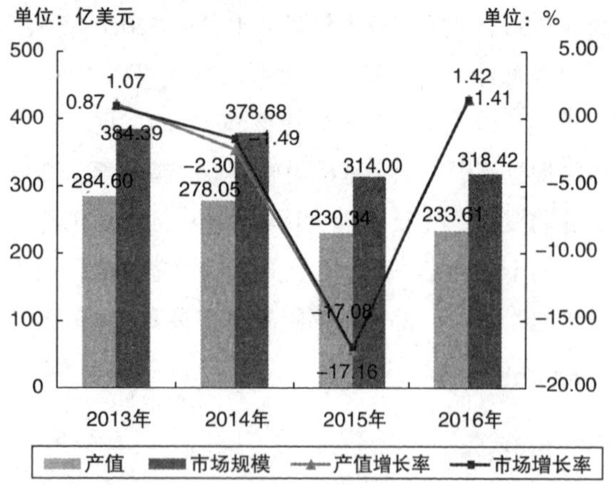

图 6　2013—2016 年法国电子产品产值和市场情况

注：2016 年为预测值

数据来源：*The Yearbook of World Electronics Data 2016*

长。2016 财年受可再生能源与医疗业务增长的带动，西门子公司的新订单额和营收均实现 5% 的增长，分别达到 865 亿欧元和 796 亿欧元，净利润为 87 亿欧元，较上财年增长 13%。英飞凌公司在电动汽车与自动驾驶、可再生能源、高效用电、移动通信和数据安全等业务的带动下，2016 财年也实现增长，营业收入达到 64.73 亿欧元，较上年同期增长 12%。

与此同时，欧洲通信企业发展势头减弱，2016 年盈利能力有所下降。爱立信公司 2016 年前三季度销售额为 1 574.1 亿瑞典克朗，较上年同期下降 9.2%，实现净利润 33.37 亿瑞典克朗，较上年同期的 65.2 亿瑞典克朗大幅下降 48.8%。诺基亚公司 2016 年第三季度实现销售额 60 亿欧元，同比下降 7%，运营利润为 5.56 亿欧元，同比下降 18%。

【统计数据】

表 1　2016 年欧盟主要成员国各类电子产品产值及市场情况

单位：亿美元

电子产品分类	产值	占比（%）	销售值	占比（%）
电子数据处理设备	116.56	6.82	771.62	30.88
办公设备	2.37	0.14	23.68	0.95
控制与仪器设备	512.18	29.99	302.62	12.11
医疗与工业设备	241.33	14.13	153.84	6.16
无线通信与雷达设备	286.11	16.75	408.58	16.35
电信设备	85.76	5.02	144.68	5.79
消费类电子产品	68.40	4.01	229.90	9.20
电子元器件	395.15	23.14	463.47	18.55

注：数据来源于 *The Yearbook of World Electronics Data 2016*。2016 年为预测值。

2016 年韩国电子信息产业发展情况

【综述】

韩国得益于在移动设备、芯片和电器方面的卓越成就，获得全球信息通信技术的强国地位。当前，韩国以信息通信领域的成功为基础，致力于“第四次工业革命”，寻求在人工智能、物联网、自动驾驶、3D 打印和生物技术等领域的技术突破。

一、电子信息产品增长乏力，出口呈现下滑态势

2016 年，全球经济不确定性依旧存在，电子信息制造业发展再次陷入低迷。受 PC 市场饱和、智能手机市场增速放缓等因素的影响，韩国电子信息产品增长乏力。根据《世界电子数据年鉴 2016》（*The Yearbook of World Electronics Data 2016*）的数据，2016 年，韩国电子产品产值为 1 080.3 亿美元，较上年下滑 3.47%；韩国电子产品的销售额为 514.56 亿美元，较上年增长 0.39%。

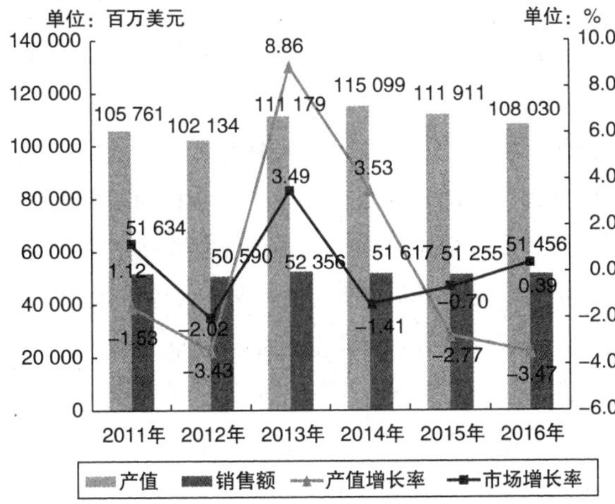

图 1　2011—2016 年韩国电子产品产值与销售情况

注：2016 年为预测值

数据来源：*The Yearbook of World Electronics Data 2016*

2016 年，韩国信息通信技术产品出口形势并不乐观。由于显示面板、移动设备及组件全球供应过剩和需求严重下滑，韩国信息通信技术产品出口急剧减少，一直处于衰减态势。2016 年 11 月，韩国信息通信技术产品出口首次出现增长，主要得益于市场对韩国半导体、显示器和计算机的需求增长，抵消手机出口疲软，促使出口呈现回升势头。

韩国财政部表示，作为实施全球贸易协定的一部分，12 月开始实施对 834 项信息技术产品的关税削减计划。包括视听、半导体制造机械、医疗设备和光学仪器。其中，381 项即刻实行关税削减；365 项将在未来三年内实施关税削减；剩余产品将在 5 ~ 7 年内实行关税削减。

二、主要产品处于世界领先地位，市场占有率较高

2016 年，从产品占全球市场份额来看，韩国在半导体、移动通信和消费电子产品领域处于领先地位。

在半导体产品领域，三星和 SK 海力士的 DRAM 产品营业收入分别位列全球营业收入前两名，市场占有率合计达 74.2%，合计营业收入达 209.19 亿美元，在移动 DRAM 产品方面，二者合计市场份额更是高达 87.2%，垄断全球市场；三星和 SK 海力士的 NAND 产品营业收入分别居于全球营业收入第一和第五位，全球市场占有率合计达 45.7%，合计营业收入达 122.6 亿美元。

在液晶电视领域，三星电子和 LG 产量分列全球产量前两名的位置，二者合计出货量达 5 360 万台，市场份额占 34.4%。

在移动设备领域，三星电子和 LG 智能手机产量分列全球产量第一和第五位，二者合计出货量达 2.88 亿部，市场份额达 30.1%；此外，2016 年三星平板电脑出货量预计达到 2 688 万台，全球市场占有率为 17.4%。

此外，尽管中国大陆和中国台湾面板厂的全球市场份额不断攀升，韩国的显示面板企业依然占据主要位置。LG 显示器公司在大尺寸面板领域一直居于榜首，是全球最大的智能手机和电视显示面板生产商；三星显示器公司目前是全球最大的中小型面板供应商，也是第一家量产 OLED 屏幕的公司。据 IHS 公司统计，2016 年第三季度三星显示器公司销售额达到 36.68 亿美元，占据小型、中型（9 寸以内）面板市场 31.8% 的市场份额，细分到 OLED 市场，三星的份额高达 96.2%，销售额达到 10.53 亿美元，突破 10 亿美元大关，更是垄断全球智能手机 OLED 屏幕市场 99% 的市场份额。

三、18 纳米内存技术即将放量，OLED 产品良品率不断提升

从产品技术水平来看，三星、LG、SK 海力士等公司拥有 DRAM、OLED 等关键技术。

在 DRAM 领域，三星仍然占据移动内存霸主地位，技术领先优势明显。除 20 纳米工艺已经进入成熟阶段外，2016 年第四季度其 LPDDR4 16GB mono die 正接受客户的验证，如果验证成功，2017 年的高端手机将有望搭载 8GB 内存。此外，三星 18 纳米工艺技术也将于 2017

年开始放量，届时将有望进一步提升三星半导体部门的获利能力；SK 海力士 21 纳米工艺良品率正逐步提升，2017 年下半年 SK 海力士将导入 18 纳米的试产，以提高自身竞争力。

在 OLED 显示技术方面，LG 正在加速智能手机和电视产品线向 OLED 显示屏过渡，LG 显示器公司在技术、良品率及成本方面优势明显，已经将其生产良品率稳定在 80% 以上，每月保有 10 万片以上的产能。三星显示器公司致力于开拓 OLED 市场，不断加大对 OLED 的投资，将部分液晶面板产线改造为 OLED 面板产线。三星显示器公司计划将提高硬式 OLED 产能。预计 A2 厂的硬式 OLED 产量，将从当前的每月生产 18 万片增至 2017 年的每月生产 19 万片。苹果下一代产品有望采用三星的 OLED 曲面屏。

在通信技术方面，韩国移动运营商 SK 电信和三星电子两家公司联合宣布，已成功完成室外环境下 28GHz 频段上 5G 基站之间的切换测试。而另一家移动运营商 KT 计划在 2017 年 9 月之前在平昌和首尔部分地区的体育赛事现场完成 5G 网络基础设施的建设。KT 计划于 2018 年 2 月激活启用 5G 试验网络。

此外，韩国政府注重培育新兴技术。2016 年，韩国政府继续实施创意经济与创新中心（CCEI）计划，在三星和 LG 等企业的支持下，开办创业孵化器以培养本地人才。与 IT、机器人学、生物、医疗、智能汽车、能源和新材料相关的企业也将有资格获得援助。一个包括全息图、虚拟现实（VR）、计算机图形学（CG）和 3D 媒体在内的文化产业中心将落地首尔。

四、打造创意经济新引擎，推动信息安全和量子产业发展

2016 年，韩国政府公布名为“韩国 ICT 2020”（K-ICT 2020）的信息安全产业五年战略规划，旨在将韩国打造为全球信息安全行业领导者，在新一代核心技术方面，将韩国与美国等发达国家的差距缩短至 0.2 年内，将信息安全培育成韩国经济增长的新引擎。韩国政府将扩大在信息通信技术领域的投资，使其成为韩国创新经济推动下的新“蓝海”。韩国将要实行的信息安全产业政策主要涵盖全球创业项目、智能融合信息安全技术、增加信息安全预算、加强传统行业信息通信技术与信息安全技术融合、发展新兴信息安全技术、进军海外信息安全市场、推进“K-Security”品牌化、构建海外战略基地并建立网络安全合作联盟、提高应对网络入侵能力、推进信息保护法制定及制度等十大课题。

韩国国会还决定通过推出量子产业特别法来重点推广其量子产业。韩国认为，量子产业需要通过特殊法律来得到全力支持，同时要制定量子信息通信的中长期发展战略，不仅要增强量子信息通信技术的竞争优势，而且要创造工业生态系统，使韩国成为量子工业强国。量子产业可以应用于各种行业，比如，量子传感器和量子组件被认为是信息通信技术领域的“蓝海”。韩国提出的量子产业特别法案由 5 个章节和 4 个条款组成，包括量子信息通信技术的工业推广系统，如量子计算机、量子应用测量基地的形成和新产业的推广。

【统计数据】

表 1　2016 年前三季度韩国电子信息产品全球市场份额

产品名称	项目名称	单位	企业	排名	2016 年前三季度	市场份额（%）
DRAM	营业收入	亿美元	三星	1	135.76	48.1
			SK 海力士	2	73.43	26.0
			总计		281.99	
移动 DRAM	营业收入	亿美元	三星	1	74.04	62.4
			SK 海力士	2	29.38	24.8
			总计		118.7	

续表

产品名称	项目名称	单位	企业	排名	2016 年前三季度	市场份额（%）
NAND	营业收入	亿美元	三星	1	96.772	36.1
			SK 海力士	5	25.834	9.6
			总计		268.389	
液晶电视	产量	万台	三星电子	1	3 240	20.8
			LG	2	2 120	13.6
			总计		15 541.5	
智能手机	产量	万部	三星	1	23 591.21	24.7
			LG	5	5 207.5	5.4
			总计		95 562.2	

注：数据来源于 DRAMeXchange、IHS、Display、WitsView 等研究机构数据综合整理。“总计”指各产品总体收入。

2016 年印度电子信息产业发展情况

【综述】

在莫迪政府一系列改革措施的积极推动下，2016年，印度经济仍保持快速增长态势，2016 年第一季度印度经济增长速度达到 7.9%，多家研究机构预测，2016 年印度经济增长速度将超过 7.5%。2016 年 11 月，印度政府宣布废除大额面值纸币，尽管目前尚不能明确评估废钞对经济可能产生的影响，但市场普遍认为，此举大大减弱消费者的购买能力，造成市场流动性缺失，对印度经济增长将产生一定的负面影响。2016 年 12 月，印度中央银行——印度储备银行宣布将 2016—2017 财年（2016 年 4 月至 2017 年 3 月）印度经济增长预期从原先的 7.6% 下调至 7.1%。尽管经济增长预期值有所下调，但 7.1% 的增速仍位居世界前列。经济的快速增长为印度电子信息产业的发展营造良好的氛围，2016 年，印度电子信息产业规模继续扩大，国内市场快速增长，产业发展环境不断改善，产业发展态势持续向好，智能手机、电子支付、太阳能光伏等产业取得新突破。

一、产销规模持续扩大，产业发展态势向好

2016 年，在莫迪政府“印度制造”“数字化印度”等一揽子政策的积极推动下，印度电子信息产业延续自 2015 年以来的增长态势，产业规模继续扩大，国内市场需求进一步释放，销售额不断提升，产业发展态势持续向好。根据《世界电子数据年鉴 2016》（*The Yearbook of World Electronics Data 2016*）的测算，2016 年印度电子产品产值为 223.54 亿美元，同比增长 12.5%，销售额为 424.18 亿美元，同比增长 7.92%。

二、细分领域快速增长，无线通信设备成为产业发展的主要动力

在印度政府一系列政策措施的推动下，2016 年，除办公设备外，印度细分电子产品产销值均呈现增长态势。在产值方面，无线通信设备、控制与仪器设备以及电子数据处理设备增长最为突出，产值分别增长 20%、

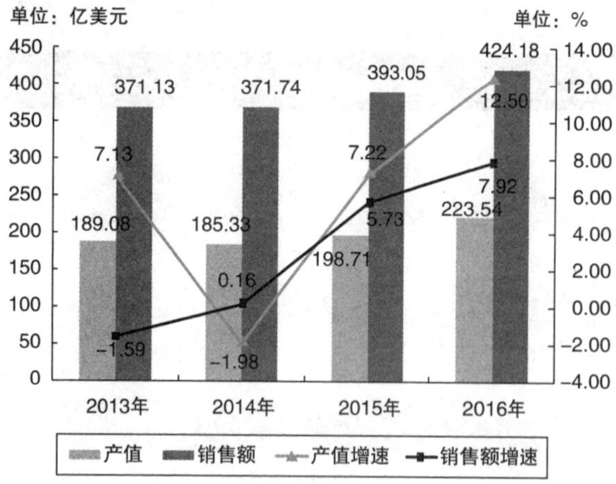

图 1　2013—2016 年印度电子信息产业产销值及其增长率

数据来源：*The Yearbook of World Electronics Data 2016*

11.97%、8%。在销售额方面，电子元器件、医疗与工业设备以及控制与仪器设备增长最快，销售额分别增长 14.88%、11.33% 和 10%。

从电子信息产品产值来看，随着印度制造业的快速发展，移动通信产业的崛起以及本土消费市场潜力的不断释放，无线通信设备、电子数据处理设备和消费电子产品产值占据总产值的 71.1%，成为印度电子信息产品的主要组成部分。其中，无线通信设备产值 97.5 亿美元，占总产值的 43.62%；电子数据处理设备产值 33.75 亿美元，占总产值的 15.10%；消费电子产品产值 27.68 亿美元，占总产值的 12.38%。

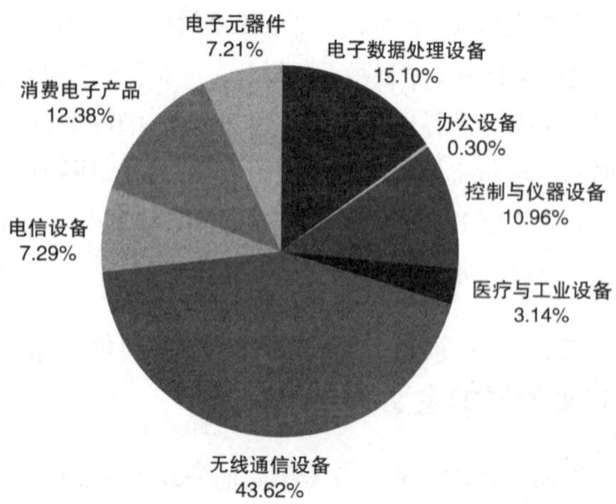

图 2　2016 年印度电子信息产品产值占比

数据来源：*The Yearbook of World Electronics Data 2016*

从电子信息产品销售额来看，无线通信设备、电子数据处理设备和电子元器件销售额占据总销售额的 68.39%，三大产业所占市场份额继续上升。其中，无线通信设备销售额 145.89 亿美元，占总销售额的 34.39%；电子数据处理设备销售额 74.28 亿元，占总销售额的 17.51%；电子元器件销售额 69.93 亿美元，占总销售额的 16.49%。

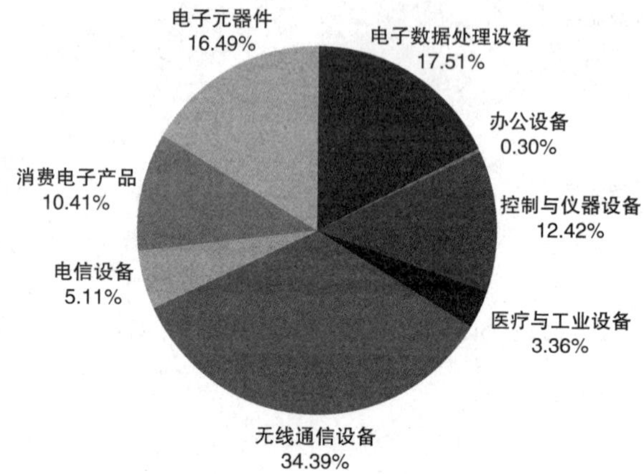

图 3　2016 年印度电子信息产品销售额占比

数据来源：*The Yearbook of World Electronics Data 2016*

三、智能手机市场快速增长，借机打造全球手机制造中心

随着全球智能手机市场增长放缓，印度正成为智能手机产业发展的“新大陆”。2016 年，印度已成为全球智能手机增长最快的市场，吸引诸多行业目光。根据用户数计算，2016 年印度将超过美国，成为全球第二大智能手机市场，预计未来五年智能手机销量将达到 10 亿部。但与中国和韩国等国家相比，印度手机通过本土制造带来的附加值较低。在中国和韩国，分别有 70% 和 50% 的手机制造工作是在国内完成，而由市场研究机构 Counterpoint Research 和印度著名学府班加罗尔管理学院联合开展的研究表明，当前印度本土制造或组装的手机只占到该国所售出手机总价值的 6% 左右，不过这一数据将在未来五年内增长至 30% 左右。

莫迪政府一直将“印度制造”视为其经济政策的重要组成部分，印度正通过提升对进口零部件和设备的税率等政策措施，吸引电池、摄像头、半导体等高附加值产品的生产企业到该国设厂，力图将印度打造为手机制造生态链中的领头羊。2016 年 7 月，印度政府决定放宽针对海外直接投资（FDI）的相关标准限制，以便特定地区的外国公司在印度开展运营业务，包括建立单一品牌的零售店在内。印度政府新一轮的政策改革，以及巨大的智能手机市场需求，已成功吸引诸多手机制造商在印度投资设厂。富士康、金立、联想、小米、华为已陆续在印度设厂，苹果首席执行官蒂姆・库克于 2016 年 5 月首次访问印度，这被誉为苹果对印度市场具有浓厚兴趣的象征，苹果也一直在与印度政府洽谈设立专卖店事宜。“诺基亚”品牌也把印度选为其手机业务重新复出的重要场所，2016 年 12 月，由原诺基亚手机业务组建的芬兰 HMD 公司计划与富士康集团合作，推出功能手机，这些手机产品将在印度工厂进行生产。

目前，印度政府在吸引更多手机组装工厂落地方面正逐渐取得成效。在推出“印度制造”系列政策之前，印度只有两家手机组装工厂，2016 年增至 50 家，其中本土企业占到八成，中国企业占到两成，这些工厂的客户包括三星电子和华为等全球领先智能手机制造商。据 Counterpoint 预计，2016 年在印度组装的手机将超过 1.8 亿部，占到该市场售出的 2.67 亿部手机的 67%，这一比例较 2014 年的 14% 有明显提升。

四、一揽子政策力推电子支付，打造无现金国家

2016 年以来，印度政府积极推动电子支付，力图打造无现金国家。长期以来，印度一直坚持使用现金。五年前，印度现金的使用比例是 89%，2015 年印度 78% 的消费者是用现金完成交易的，这一比例是发达经济体的 3 ~ 4 倍。

2016 年 11 月 8 日，印度总理莫迪宣布，为打击腐败，断绝假币流通渠道和恐怖团体资金链，从即日零时起，废除 500 卢比和 1 000 卢比两种最大面额纸币的流通，并发行新的 500 卢比和 2 000 卢比面值的钞票。截至 2016 年 12 月 30 日，上述两种纸币将正式停止流通，这也是 38 年来，印度首次废除流通中的纸币。随后，2016 年 12 月，印度财政部长阿伦・贾伊特利公布“一揽子政策”，通过折扣和减免刷卡手续费等手段，推动电子支付方式的发展。

这一系列政策的实施，为印度电子支付产业的发展起到推动作用。2010 年以来，印度成立数十家数字化支付企业，在这些企业中，最大的两家是 Paytm 和 MobiKwik。Paytm 最近的估值达到 50 亿美元，MobiKwik 也得到一系列投资者的投资，包括红杉资本、美国运通、思科等。“废钞令”公布后 Paytm 开业的第一个小时内，全国各地账号上的资金增加近 200 万美元，而在通常情况下每日只会增加 20 万美元。Paytm 称，自“废钞令”实施以来，截至 2016 年 12 月，已有 400 万人开始使用 Paytm 钱包。该公司网站的流量飙升 7 倍，其智能客户端应用的下载次数也增加 3 倍。MobiKwik 的情况与 Paytm 类似，应用下载次数增加两倍，其虚拟钱包中充入的资金增加近 20 倍。

印度电子支付促进政策的颁布，也为国外移动支付提供商进军印度市场提供机遇。2016 年 12 月，据外媒报道，三星电子计划于 2017 年上半年在印度推出支付服务。目前，三星电子在印度智能手机市场中的占有率排名第一，按照惯例，三星将会在自有品牌的智能手机上预装支付客户端，并且进行整合推广。三星电子也将成为第一家在印度落地的移动支付服务商，鉴于 NFC 收款设备严重不足，安卓支付和苹果支付进入印度市场仍需较长时间。

五、建成全球最大的太阳能光伏电站，积极推动太阳能光伏产业发展

随着光伏安装成本的下降和国内需求的增长，2016 年，印度光伏市场呈现繁荣景象。据 2016 年 11 月 30 日的消息，印度建成全球装机容量最大的太阳能光伏电站。该太阳能光伏电站位于印度南部泰米尔纳德邦卡穆蒂，电站装机容量为 648MW，占地面积为 10 平方千米，这使得它取代加利福尼亚州装机容量为 550MW 的 Topaz 太阳能农场，成为全球最大的太阳能光伏电站。该电站由 250 万块光伏太阳能模块组建而成，成本为 6.79 亿美元，在满负荷运行时，其产生的电力能够满足 15 万户家庭的需要。值得一提的是，这座电站仅耗时 8 个月就建造完成，每天由机器人进行系统清洁，所有机器人均配备太阳能电池板进行自主充电。根据市场研究机构 Bridge to India 的报告显示，该电站已帮助印度实现 10GW 的太阳能累计装机容量，目前仅有少数国家能达到这个水平。

一直以来，印度的太阳能产品主要依赖进口，印度政府为鼓励国内生产，大力支持海外厂商与本国厂商合

作，并在印度建设生产基地，目前印度国内已有约1 212MW 的电池产能与 5 620MW 的模组产能。由于对海外产能的依赖度仍高，印度暂时放弃对海外产品征收双反税的保护政策，光伏关税在 2015—2016 年降低将近 33%。因中国内需增速放缓，部分厂商把出口目标放在印度，有可能进一步刺激印度的装机量。根据相关统计数据，2016 年，印度将超越英国、德国和法国成为全球第四大光伏市场。

【统计数据】

表 1　2013—2016 年印度电子产品产销值情况

单位：百万美元

产品名称	2013 年		2014 年		2015 年		2016 年		2016 年增长率（%）	
	产值	销售额	产值	销售额	产值	销售额	产值	销售额	产值	销售额
电子数据处理设备	2 637	7 153	3 016	7 139	3 125	7 142	3 375	7 428	8.00	4.00
办公设备	86	132	78	124	70	127	68	129	–2.86	1.57
控制与仪器设备	1 877	4 261	2 049	4 571	2 188	4 788	2 450	5 267	11.97	10.00
医疗与工业设备	644	1 086	705	1 110	680	1 280	702	1 425	3.24	11.33
无线通信设备	7 884	11 914	6 967	12 198	8 125	13 533	9 750	14 589	20.00	7.80
电信设备	1 519	2 116	1 508	2 096	1 523	2 076	1 630	2 169	7.03	4.48
消费电子产品	2 580	4 363	2 651	4 325	2 639	4 271	2 768	4 417	4.89	3.42
电子元器件	1 681	6 088	1 558	5 611	1 521	6 087	1 611	6 993	5.92	14.88
总计	18 908	37 113	18 533	37 174	19 871	39 305	22 354	42 418	12.50	7.92

注：数据来源于 *The Yearbook of World Electronics Data 2016*。

2016 年中国台湾地区电子信息产业发展情况

【综述】

2016年，随着新技术（云计算、人工智能、智能驾驶）的逐步兴起，全球电子信息产业在经历上年的短暂衰退后逐步回暖。中国台湾地区国际化程度深，受全球电子信息产业格局变动影响较大，尤其是近年来中国大陆电子信息产业的崛起，更是对中国台湾地区电子信息产业的发展产生较大影响。尤其是在面板产业，中国台湾地区近五年来衰退幅度超过 40%。中国台湾地区电子产品产值及市场也连续两年衰退，但由于中国台湾地区 IC 产业的强劲表现，衰退幅度收窄，尤其是高端芯片代工产业更是成为中国台湾地区电子信息产业发展的主要驱动力。中国台湾地区 LED 产业依然面临产品供过于求的压力，厂商急于谋求转型。

一、电子产品产值和市场下滑趋缓，各产品门类份额稳定

据《世界电子数据年鉴 2016》（*The yearbook of World Electronics Data 2016*）的统计，2016 年，中国台

湾地区电子产品产值为660.47亿美元，同比下降3.1%，降速趋缓，延续近年来的下滑趋势。其中，电子元器件仍然是最大种类，产值为521.67亿美元，占产值总额的78.98%；无线通信与雷达设备位居第二，产值为46.06亿美元，占产值总额的6.97%；医疗与工业设备紧随其后，产值为36.22亿美元，占产值总额的5.48%。与上年相比，各产品门类产值规模和市场份额变化不大。

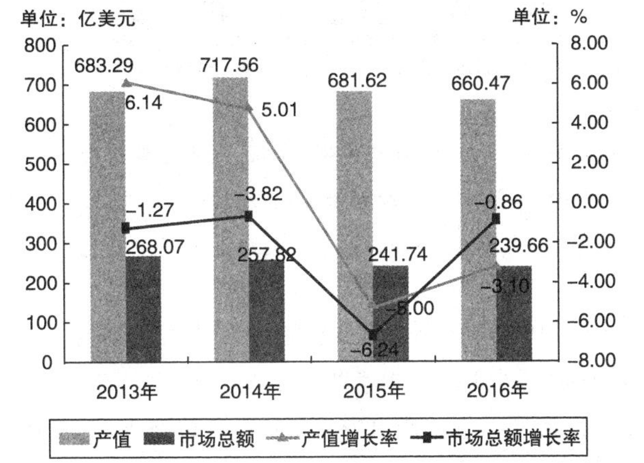

图1　2013—2016年中国台湾地区电子产品产值与市场总额情况

注：2013—2014年数据采用当年汇率，2015—2016年数据采用2015年汇率

数据来源：*The Yearbook of World Electronics Data 2016*

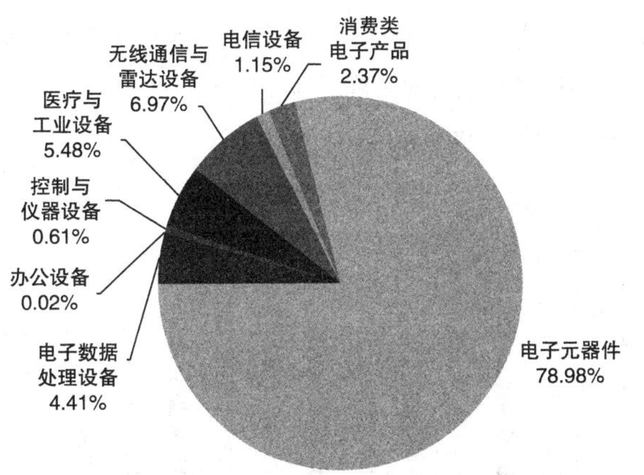

图2　2016年中国台湾地区各类电子产品产值份额情况

数据来源：*The Yearbook of World Electronics Data 2016*

2016年，中国台湾地区电子产品市场总额为239.66亿美元，同比下降0.87%，较上年回升5.78个百分点，产业回暖迹象明显，但仍然保持自2012年以来的负增长态势。从产品门类看，电子元器件稳居首位，市场规模为130.91亿美元，占市场总额的54.62%；电子数据处理设备位居第二，市场规模为42.45亿美元，占市场总额的17.71%；控制与仪器设备和无线通信与雷达设备紧随其后，市场规模分别为26.07亿美元和23.55亿美元，分别占市场总额的10.88%和9.83%。与上年相比，各产品门类市场份额保持稳定。

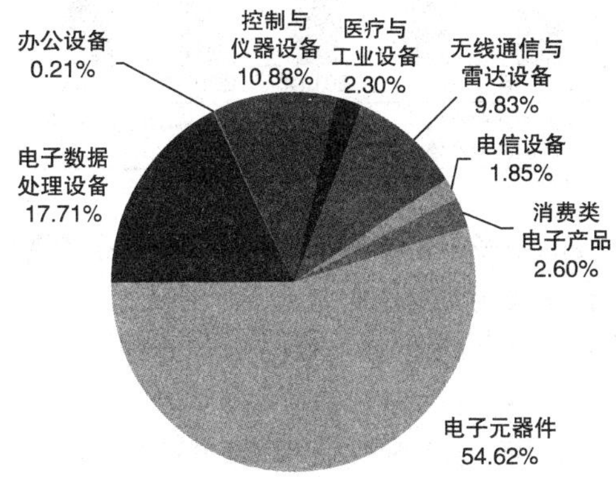

图3　2016年中国台湾地区各类电子产品市场份额情况

数据来源：*The Yearbook of World Electronics Data 2016*

二、IC产业发展景气，产值逐年攀升

自2012年起，中国台湾地区IC产业一直保持平稳增长态势。2013—2014年，随着智能手机及平板电脑等产品的热销，中国台湾地区IC产业发展形势大好，年产值增长率达15%以上。2015年，受中国大陆IC产业的迅猛发展、智能终端出货趋缓的影响，中国台湾地区IC产业增长幅度锐减至2.8%。2016年，中国台湾地区IC产业整体形势向好，据台湾工业技术研究院（IEK）预估，全年产值为新台币2.4 328万亿元（折合人民币5 255亿元），同比增长7.5%。

IC设计业强势复苏。尽管中国大陆IC设计业迅猛崛起，但受益于联发科转投汇顶在中国大陆挂牌，市值一度超越自身价值，加之装有联发科芯片的智能手机品牌OPPO、魅族手机大卖，中国台湾地区IC设计业发展形势大好。IEK预测，2016年IC设计业产值为新台币6 601亿元（折合人民币1 426亿元），同比增长近11.37%。

IC制造业总体保持增长。其中，芯片代工产业依旧是带动中国台湾地区半导体产业增长的主力，在全球前十大IC制造企业中，中国台湾地区占据四席，包括台

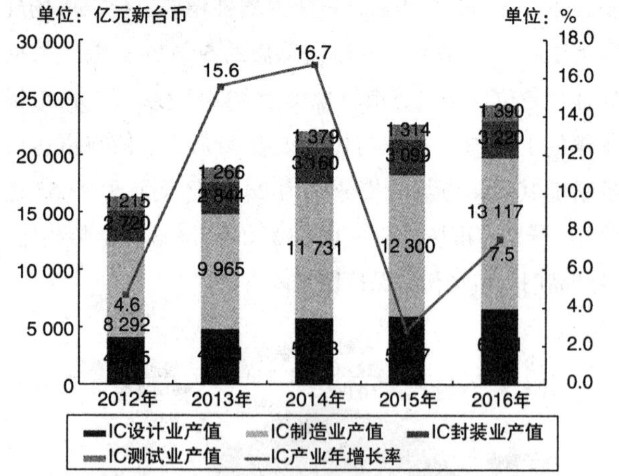

图 4　2012—2016 年中国台湾地区 IC 产业产值情况

注：2016 年数据为预测值

数据来源：台湾工业技术研究院（IEK）

积电、台联电、力晶半导体和先进半导体。IEK 预测，2016 年 IC 制造业产值为新台币 1.3 117 万亿元（折合人民币 2 833 亿元），同比增长 6.64%。

IC 封装测试业缓步回暖，弥补上年负增长的空缺。IEK 预计，2016 年 IC 封装测试业产值为新台币 4 610 亿元（折合人民币 995 亿元），同比增长 4.46%。其中，IC 封装业产值新台币 3 220 亿元（折合人民币 695 亿元），同比增长 3.9%，IC 测试业产值新台币 1 390 亿元（折合人民币 300 亿元），同比增长 5.78%。

2016 年全球半导体产业产值将持续衰退，在这一形势下，中国台湾地区的半导体产业仍能保持 7% 以上的增长，约占全球总产值的 1/4，占中国台湾地区 GDP 的 13% 左右，未来中国台湾地区半导体前景大好。

三、智能手机需求拉动，芯片代工产业表现强劲

2016 年，中国台湾地区芯片代工产业第一季度市场出现回暖，到了第二季度迅速反弹，直至第三季度产值再创新高，实现快速增长，第四季度保持淡季不淡的发展态势。DIGITIMES 提供的数据显示，中国台湾地区前三大代工厂（即台积电、联华电子和世界先进）2016 年四个季度营业收入分别为 74 亿美元、81.9 亿美元、96.2 亿元和 95.6 亿美元，季度环比增长分别为 -0.5%、10.7%、17.5% 和 -0.6%。

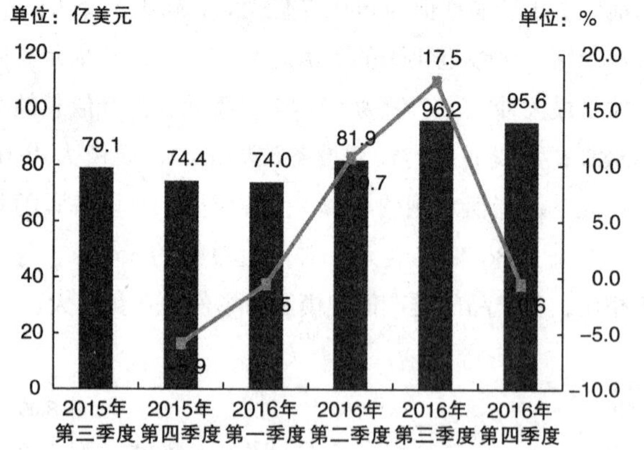

图 5　中国台湾地区芯片代工产业发展情况

注：2016 年第四季度数据为预测值

数据来源：DIGITIMES Research

中国台湾地区芯片代工产业表现强劲主要得益于智能手机的需求拉动，如苹果 A10 应用处理器大量出货、联发科智能手机芯片出货大幅增长，以及中国大陆的 4G 布局和新兴市场 4G 升级需求推动终端需求的增长，加上受 TV、手机面板驱动 IC 需求上升，工业用车用电源管理 IC 需求也升温，这一形势拉动 28 纳米、16 纳米及 8 纳米制程营收的提升。

四、受全球竞争冲击，面板产业持续下滑

2016 年，受全球经济增长疲软、终端市场需求疲弱，以及年初台南地震的影响，预计中国台湾地区面板业产值同比下降 31.9%。

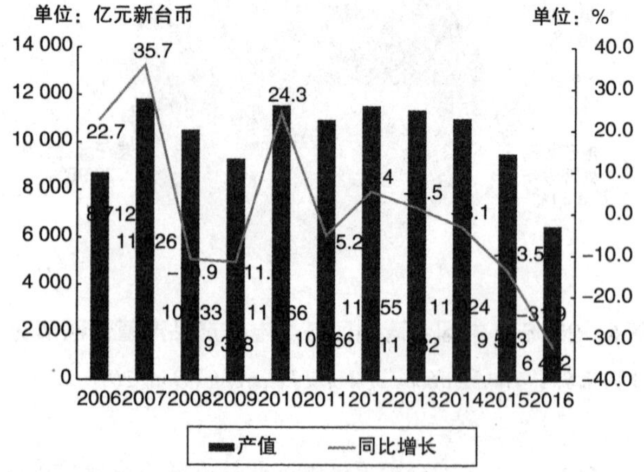

图 6　2006—2016 年中国台湾地区液晶面板及组件产值

注：2016 年数据为预测值

数据来源：中国台湾地区"经济部"

中国台湾地区面板产业在液晶电视、笔记本电脑、手机等终端产品需求的带动下，于2007年产值突破万亿元大关，并创下新台币1.18万亿元的历史新高。得益于全球智能手机及平板电脑销售旺盛，以及市场对大尺寸电视面板的需求，自2010年起，中国台湾地区面板产业连续五年产值维持在1.1万亿元左右。2015年，随着智能手机市场增长缓慢以及平板电脑销售下滑，中国台湾地区面板产业产值下降至新台币9 533亿元，同比下降13.5%，并且这一影响持续到2016年。

2016年年初，台南大地震冲击面板企业的生产，且近年来中国大陆面板产能不断增强，竞争加剧，促使中国台湾地区面板产业衰退严重。为了减缓冲击，中国台湾地区面板厂商已逐渐朝着高端化、差异化方向发展。中国台湾地区当局也针对中国台湾地区及全球面板产业的发展形势，着力推动中国台湾地区面板厂商与东南亚等新兴市场进行中下游整合，以减少对中国大陆市场的依赖，并积极推动合作，以深化与国际大厂的产业链合作关系。

五、LED产业供过于求，市场规模再创新高

中国台湾地区作为全球第二大LED制造基地，2016年整体市场规模将突破新台币8 000亿元（约合人民币1 599.2亿元），年均复合增长率基本维持在5%的水平。其中，LED照明占据1/3的市场份额；LED背光的产值有所减少，未来三年还将会有3%~5%的衰退；汽车应用的增长率每年维持在6%左右；移动终端和LED户外显示屏的增长率则保持稳定。

目前，LED照明的市场渗透率只有35%，未来还有很大的发展空间；汽车应用是一个很好的着力点，无论是可见光还是红外线LED，在电动车、无人驾驶车中都扮演着重要的角色；在LED背光方面，尽管当前LED磊晶、封装存在一定的产能过剩压力，但是随着OLED的逐步发展，其将会取代一些小的LCD面板，这对于背光厂商而言不失为一个好的发展契机。因此，尽管近年来中国台湾地区LED产业产能供过于求，产业形势较为严峻，但是只要中国台湾地区厂商重新调整定位，大力转型，未来LED产业仍有着广阔的发展前景。

2016年世界集成电路产业发展回顾与展望

【综述】

2016年，PC出货量持续疲软，智能手机出货量减缓，新兴应用尚未成长为拉动行业增长的主要力量，全球半导体产业仍未能摆脱衰退实现增长。受年内存储器价格长期处于低位的影响，集成电路持续小幅衰退态势。随着亚太市场增长放缓以及美国市场陷入衰退，日本和欧洲市场的好转未能拉动整体市场摆脱颓势。产业的持续衰退进一步加剧行业并购，并购金额再创历史新高，众多行业龙头积极跨界布局未来增长点，产业格局发生深刻变化。为抢夺高端产品订单，代工厂积极部署前沿工艺开发，10纳米节点在本年度实现量产，英特尔的领先地位迎来真正挑战。

一、2016年集成电路产业发展态势

（一）半导体市场基本持平，集成电路市场略有下滑

2016年全球集成电路市场继续保持负增长态势，增速为–0.7%，虽然比上年的–1%有所缓和，但仍未能实现增长。存储器市场的负增长态势进一步加剧。

根据WSTS统计，2016年全球半导体市场规模达到3 350亿美元，较上年（3 352亿美元）衰退0.1%，自2014年的高速增长9.9%以来，连续两年未能实现正增长。从地区上看，作为全球最大市场的亚太地区继续保持增长，增速为2.5%，比上年的3.5%有所回落；日本市场强势逆转，摆脱上年的负增长（–10.7%）态

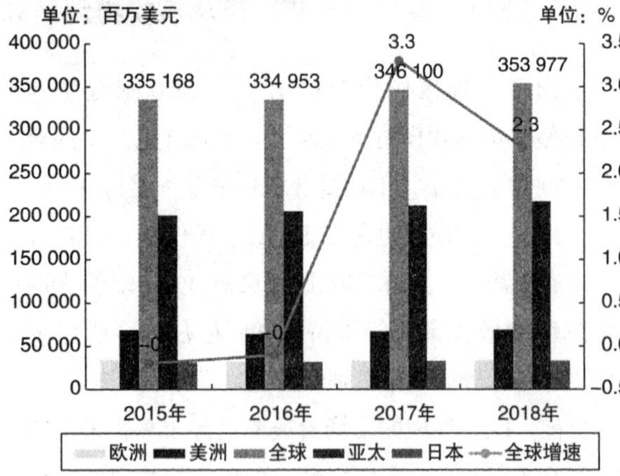

图 1　2015—2018 年全球半导体市场规模和增速

数据来源：WSTS，2016 年 11 月

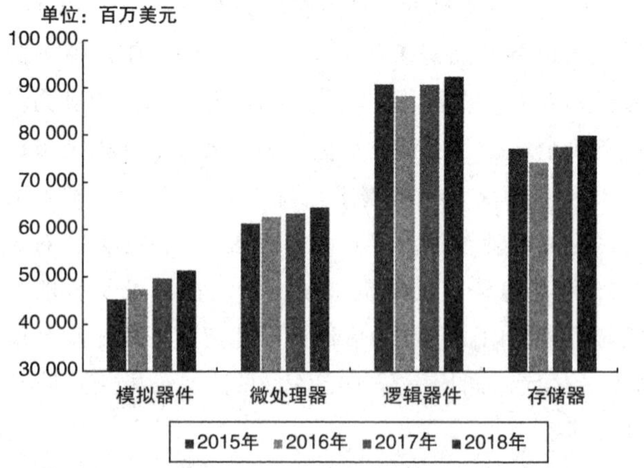

图 2　2015—2018 年集成电路细分市场规模

数据来源：WSTS，2016 年 11 月

势，增速为 3.2%；欧洲市场虽然未能摆脱负增长，增速为 -4.9%，但是比上年的 -8.5% 已经有所好转；美洲市场则陷入衰退，增速为 -6.5%，在上年 -0.8% 的基础上进一步大幅下滑。受制于美洲市场的颓势和亚太市场增长的放缓，全球半导体市场未能实现增长，日本和欧洲市场的好转止住全球市场的较大衰退。从产品门类上看，全球半导体市场的增长动力主要来自传感器市场（22.6%）的爆发和分立半导体市场的扭负（上年增速为 -7.7%）为正（4.2%）；相比之下，第二大细分市场的光电半导体则大幅下滑，增速由上年的 11.3% 下滑到 -3.6%，基本抵消传感器和分立半导体市场的增长；集成电路市场则略有好转，增速由上年的 -1% 提升为 -0.7%，但仍未摆脱负增长态势。受制于光电半导体的颓势，全球半导体市场未能摆脱负增长形势。

作为规模最大的半导体细分市场，2016 年集成电路市场规模为 2 727 亿美元，同比下降 0.7%，仍然未能摆脱负增长颓势。其中，前两大产品门类逻辑器件（同比下降 2.7%）和存储器（同比下降 3.8%）的进一步衰退是集成电路整体衰退的主要原因，而模拟器件的扩大增长（同比增长 4.8%）和微处理器的扭负为正（同比增长 2.3%）是本年度集成电路市场衰退有所减缓的利好因素。存储器价格的低位状态在第四季度有所好转，但从全年看市场规模下滑态势仍然持续。

（二）领先企业排名波动，存储器企业业绩下滑

2016 年，全球半导体领先企业营业收入小幅增长，据 IC Insights 2016 年 11 月中旬的预计，2016 年全球前 20 大半导体厂总营收将逾 2 821 亿美元，比上年增长 3%。企业排名发生较大变化，五家企业（英伟达、联发科、苹果、东芝、台积电）以两位数增长，而四家企业（SK 海力士、美光、格罗方德、恩智浦）则陷入两位数衰退中。

2016 年全球半导体企业中，英特尔、三星、台积电稳居前三；高通超越 SK 海力士重返第 4 位，SK 海力士营收大幅下滑，排名跌落两个位次，居第 6 位；博通则跃居第 5 位；美光、德州仪器排名保持在第 7、8 位；东芝业绩上扬，排名上升一位至第 9 位；恩智浦收购飞思卡尔后营收下滑 10%，勉强保住第 10 的位置。在第 11 ~ 20 位的企业中，排名变化较大的是联发科、苹果、英伟达和格罗方德，联发科借中国大陆市场摆脱颓势，营收大涨 29%，排名上升两个位次至第 11 位，苹果则上升三个位次排名升至第 14 位，自纳入统计以来表现强势，本年度营收增长 17%，英伟达凭借强大的 GPU 和处理器产品成为营收增长最快的前 20 强企业，增速达到 35%，排名上升两个位次至第 16 位，格罗方德则成为衰退的代表之一，本年度营收下滑 11%，排名下跌三个位次至第 18 位。上述排名中包含三家纯代工厂——台积电、格罗方德和台联电，若不计入统计，超微（42.28 亿美元）、华为海思（37.62 亿美元）和夏普（37.06 亿美元）将递补进入前 20 强序列。

榜首三强地位稳固，英特尔营收将达到 563.13 亿美元，对三星的领先优势由上年的 24% 扩大到 29%；受益于稳定的工艺，台积电业绩增长 11% 强于三星。瑞萨和高通成为表现扭转的企业，2016 年瑞萨实现增长 1%，高通仍下降 4% 但回升态势显著。英伟达、联发科分别以 35%、29% 的增速领跑。苹果、东芝分别实现

17% 和 16% 的高速增长，SK 海力士业绩下滑最大，-15% 的增速使其在超越高通仅一年后迅速让出位置，并被博通超越，同为存储器大厂的美光也大幅下滑 11%，本年度（尤其是上半年）存储器行业的萎靡可见一斑，格罗方德在工艺演进竞争中处于不利地位，业绩大幅下滑 11%。恩智浦收购飞思卡尔，整体营收迈上新台阶，但营收下滑严重，同比下降 10%，被强势增长的东芝超越。苹果的芯片全部自用，凭借手机产品的热卖而跻身前 20 强，并保持高速增长。安森美则在收购飞兆半导体后超越台联电排名第 19 位，反映了模拟半导体的成长势头。

（三）企业并购持续爆发，跨界布局特点凸显

继上年全球半导体并购规模超过 1 300 亿美元，达到历史最高点后，2016 年，半导体企业的并购态势持续火爆，在范围覆盖、涉及企业及并购金额等方面都超过上一年度。据统计，2016 年，全球半导体产业并购案达到 40 多起，产业链覆盖上游环节的 IC 设计、IC 制造以及下游环节的元器件分销企业，涵盖多个国家和地区，涉及金额近 1 400 多亿美元（其中还有多起并购金额不详），应用领域涉及消费电子、通信、汽车电子、物联网等。在延续上一年度业内企业强强联合的特点之外，在本年度的大规模并购中跨界布局的案例更加突出。

根据统计，2016 年全球半导体十大并购案例涉及的总收购金额高达到 1 265.9 亿美元，高通以 470 亿美元收购恩智浦，创下半导体收购金额新高。从时间上看，经过 2016 年上半年的相对沉寂后，半导体收购在下半年快速爆发，软银收购 ARM、亚德诺半导体收购凌力尔特、高通收购恩智浦三大并购案奠定本年度并购大年的基本走向。与上年安华高收购博通、西部数据收购闪迪、恩智浦收购飞思卡尔等不同的是，高通收购汽车电子企业恩智浦、软银收购芯片 IP 设计企业 ARM 都体现出收购企业跨界布局的特点：高通本是移动芯片霸主，通过收购恩智浦，一举成为汽车芯片龙头；软银通过收购 ARM，一举进入芯片产业链，并掌控低功耗芯片技术源头，预期将在物联网等新兴领域开创新局面。此外，三星凭借收购哈曼集团重返汽车电子领域，成为跨界布局的另一个典型案例，配合收购智能语音技术企业 Viv Labs 以及投资无人驾驶技术企业 nuTonomy，三星的汽车产业布局不断完善。

以跨界布局为特点的大规模并购反映出半导体产业正迎来转型，在主要应用产品智能手机增长放缓的情况下，寻找下一个市场爆发点成为领先企业的当务之急，而跨界并购则是卡位、布局的有效手段。跨界并购案例表明，汽车电子、物联网正成为拉动未来市场增长和企业成长的热门领域。

（四）10 纳米工艺进入量产，代工厂借重先进封装

半导体制造工艺演进正在进入 10 纳米量产阶段。2016 年，处理器最新工艺仍然停留在 14/16 纳米节点，苹果的 A10 处理器由台积电 16 纳米 FinFET 工艺代工，高通的骁龙 820、821 采用三星的 14 纳米 FinFET 工艺，10 纳米工艺将应用在下一代的 A11 处理器和骁龙 835 处理器上。相比代工厂，英特尔的 14 纳米工艺屡遭推迟，2016 年推出 14 纳米产品完成更新换代。由于代工厂的 14/16 纳米工艺并未使真实线宽达到 14/16 纳米，英特尔与两大代工厂的工艺竞争转向 10 纳米和 7 纳米。2016 年第四季度，三星宣布 10 纳米工艺进入量产，根据台积电的计划，其 10 纳米工艺也将在年底量产，并于 2017 年第一季度开始贡献营收，总体上看，先进工艺已经进入 10 纳米量产节点，苹果、高通采用 10 纳米工艺的新一代处理器也将陆续推出。英特尔的 10 纳米工艺开发再次遭遇困难，14 纳米节点将延长。格罗方德则宣布跳过 10 纳米节点，直接开发下一代 7 纳米工艺，一直采用格罗方德工艺的 AMD 处理器面临工艺跳票或转换代工厂的选择。

英特尔 10 纳米工艺的延迟推出集中体现当前工艺演进的困难，摩尔定律正遭受严重挑战。虽然在先进工艺的开发中，三星和台积电走在前列，10 纳米量产之后，台积电宣布将于 2017 年试产 7 纳米工艺，2018 年年初实现量产，然而工艺微缩的成本不断推高，如 10 纳米已经采用三重曝光，未来节点的实现或将借助极紫外光科技的协助，促使代工厂向后道延伸，开发先进封装技术以降低芯片尺寸和功耗。台积电的整合扇出型封装（inFO-WLP）技术应用于 A10 处理器，可减少 20% 的体积、降低 40% 的功耗，成为台积电独得 A10 处理器订单的重要原因。

二、未来发展趋势

（一）半导体市场迎来复苏，集成电路市场回归增长

随着汽车电子、云计算、虚拟现实、物联网等新兴应用市场的逐渐成长，全球半导体市场即将迎来增长期。集成电路市场增长态势的回归已成定局，2016 年第四季度存储器价格回温的效应将在 2017 年显现。然而受到全球宏观经济不稳定性，以及半导体产业内部调整的影响，这种增长势头将呈现波动性特点，未来的形势仍有待进一步观察。

据 WSTS 的预测，全球半导体市场规模在 2016 年基本持平的基础上，将于 2017 年和 2018 年迎来增长期，预计 2017 年全球市场规模达到 3 461 亿美元，2018 年增长 2.3%，规模达到 3 540 亿美元。从地区看，预计 2017 年全球各主要地区市场都将迎来正增长，特别是美洲市场将强势扭转负增长局面，亚太地区的进一步增长将带动全球市场增长迅速回归，2018 年全球市场保持正增长但增速略有回落，反映全球经济形势的不稳定性。细分市场上看，2017 年，主要产品门类都将增长，传感器爆发式增长态势有所缓和，但仍保持最高增速，2018 年，除光电半导体出现负增长外，其他细分市场仍将保持增长态势。

集成电路市场将迎来正增长，预计 2017 年集成电路市场规模达到 2 814 亿美元，2018 年增长 2.5%，规模达到 2 885 亿美元。从产品门类看，各主要产品市场未来两年保持增长态势，模拟芯片将保持强势增长态势，存储器价格提振的效应将显现，呈现强势逆转态势。

（二）整合并购效果初显，新兴应用市场爆发在即

经过 2015—2016 年全球半导体企业并购的持续爆发，产业布局的态势逐渐明朗，整合并购从业内企业的强强联合，或抱团取暖保持竞争力，或集中市场份额提升利润率，逐渐发展到面向新兴应用市场的跨界布局。在全球智能手机市场进一步放缓的情况下，新兴应用市场的产业布局愈发成为龙头企业和国际资本转型和投资的焦点，英特尔、高通、ARM、三星等行业巨头纷纷发起或卷入大规模并购案。

随着云计算和大数据的发展，数据中心不断成长，带动存储器和服务器芯片市场增长，中国资本强势加入存储器芯片产能竞争，ARM 架构欲抓住机遇挑战 x86 架构在服务器芯片上一家独大的局面，以 ARM、高通为代表的先进企业积极推动芯片研发，并不断开拓新的生态系统。物联网技术不断成熟，华为、高通等积极推进 5G 国际标准落地，软银强势收购 ARM，看好 ARM 芯片在物联网等市场中的巨大前景；汽车电子成为下一个巨型市场，车联网、新能源汽车电子、自动驾驶等技术将改变未来汽车的概念，使之成为半导体产品的下一个载体，恩智浦、高通、三星等通过并购拓展汽车电子布局；虚拟现实的开发和应用不断成熟，未来芯片设计中异构计算的优势愈发凸显，英伟达凭借强大的 GPU 技术实现业绩暴涨，AMD 急速跟进；以深度学习、语音识别为代表的人工智能技术不断发展，神经网络芯片成为研发新热点。

（三）工艺竞争迎来转折，摩尔定律逼近极限

英特尔在工艺竞争中的领先地位迎来真正挑战。近年来，英特尔 14 纳米工艺屡遭延迟，这一情形再次发生在 10 纳米工艺上，未来一段时间 14 纳米仍将成为英特尔的前沿工艺；与此同时，代工厂的工艺演进不断推进，三星和台积电已经实现 10 纳米量产，7 纳米的研发也有清晰的时间表，台积电有望 2017 年年底试产 7 纳米工艺，并于 2018 年年初实现量产，5 纳米、3 纳米的研发布局已经展开。考虑到真实的沟道宽度，英特尔推迟 14 纳米节点尚未动摇其领先地位，10 纳米、7 纳米节点将成为代工厂与英特尔工艺较量的真正转折点。

英特尔 14 纳米工艺推迟，摩尔定律开始受到挑战，工艺演进遭遇技术难关，摩尔定律能否继续指引产业发展方向引发质疑。代工厂不断开发新工艺，正从 10 纳米转向 7 纳米，这表明摩尔定律指导下的工艺演进仍在继续。然而在技术难关之外，经济效益成为重要因素，10 纳米节点采用三重曝光，7 纳米或将需要极紫外光刻机的支持，先进工艺制造的成本急速推高，重新挖掘成熟工艺的产能，或者采用先进封装、3D 封装改善芯片集成度和功耗的思路逐渐受到重视。

【统计数据】

表 1　2016 年全球半导体产业排名前 20 强企业

单位：百万美元

2016 年预计排名	2015 年排名	企业名称	2015 年收入	2016 年预计收入	2015 年增长率（%）	2016 年预计增长率（%）
1	1	英特尔	52 144	56 313	–2	8
2	2	三星	42 043	43 535	10	4
3	3	台积电	26 439	29 324	6	11
4	5	高通	16 008	15 436	4	–4
5	6	博通	15 183	15 332	–19	1
6	4	SK 海力士	16 649	14 234	–11	–15
7	7	美光	14 483	12 842		–11
8	8	德州仪器	12 112	12 349	12	2
9	10	东芝	9 429	10 922		16
10	9	恩智浦	10 563	9 498	23	–10
11	13	联发科	6 699	8 610	16	29
12	11	英飞凌	6 916	7 343	–7	6
13	12	意法半导体	6 873	6 944	–8	1
14	17	苹果	5 531	6 493	11	17
15	14	索尼	6 263	6 466	3	3
16	18	英伟达	4 696	6 340	–22	35
17	16	瑞萨	5 682	5 751	15	1
18	15	格罗方德	5 729	5 085	6	–11
19	19	安森美	4 866	4 858	3	
20	20	台联电	4 464	4 455	–3	
	全球 20 强		272 772	282 130		3

注：数据来源于 IC Insights，2016 年 11 月。

表 2　2016 年全球半导体十大并购

排名	收购方	被收购方	收购金额（亿美元）	宣布时间
1	高通	恩智浦	470	10 月 27 日
2	软银	ARM	320	7 月 18 日

续表

排名	收购方	被收购方	收购金额（亿美元）	宣布时间
3	亚德诺半导体	凌力尔特	148	7月26日
4	三星	哈曼集团	80	11月14日
5	博通	博科	59	11月2日
6	思佳讯	美高森美	53	11月4日
7	西门子	明导	45	11月14日
8	瑞萨	Intersil	32	8月22日
9	ASML	汉威科	31.4	6月16日
10	建广资本 & 智路资本	恩智浦标准产品业务	27.5	6月14日

注：数据来源于新闻数据整理。

2016 年世界电子元器件产业发展回顾与展望

【综述】

2016 年电子元器件产值在上年出现较大跌幅后企稳回升，中国电子元器件产值仍然领跑全球，成为重要的带头力量。氮化镓器件可提供其他器件所不具备的功率、功率附加效率和增益，成为功率器件领域的研究热点。2016 年众多厂商推出多个氮化镓器件产品，性能指标继续提升，应用范围不断扩大。硅光电集成器件既可充分引入光传输优势，又可克服光电器件体积大、难集成等缺点，在各国的高度重视下，可集成器件的种类和集成度进一步提升，未来将逐步应用于数据中心、芯片级光通信。

一、2016 年电子元器件产业发展态势

（一）全球产值企稳回升，中国大陆领跑发展

在经历 2013—2014 年的高速增长后，全球电子元器件产值规模在 2015 年出现回落，2016 年略有上升，但未回到 2014 年的峰值水平。2013—2016 年产值分别达到 5 083.48 亿美元、5 343.32 亿美元、5 200.41 亿美元和 5 250.98 亿美元，产值增速分别为 5.11%、−2.67% 和 0.97%。

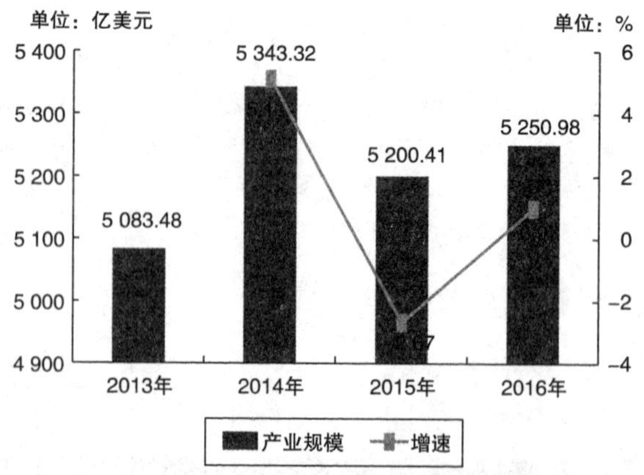

图 1　2013—2016 年全球电子元器件产值规模及增速

数据来源：*The Yearbook of World Electronics Data 2016*

从地区来看，与往年全球电子元器件产业增长主

要得益于除日本外亚太各国电子元器件产业的复苏或增长不同，2016 年亚太地区各国除中国大陆和马来西亚保持上升外，其他地区均呈现下降趋势。中国大陆仍是唯一产值规模超过 1 000 亿美元的地区，2016 年产值达到 1 408.14 亿美元，较上年增长 8%，在全球总产值规模中的占比进一步上升，达到 27%，远超过排名第二位的韩国（12%）。中国大陆也是产值规模增长最快的，2013—2016 年复合年增长率（CAGR）达到 9.28%。中国台湾地区、韩国和马来西亚分别是产值规模增速居第二、第三和第四位的地区，2013—2016 年的 CAGR 分别达到 1.56%、-0.28% 和 -1.86%。日本出现较大衰退，2016 年产值规模仅有 631.71 亿美元，仍不及 2013 年的 677.77 亿美元，2013—2016 年的 CAGR 为 -2.32%。美国和新加坡保持 CAGR 为 -1% ~ -2%的速度缓慢发展，西欧则刚遏制住连年下滑态势，企稳复苏，2015—2016 年增长率为 0.91%，但 2013—2016 年的 CAGR 为 -5.44%。

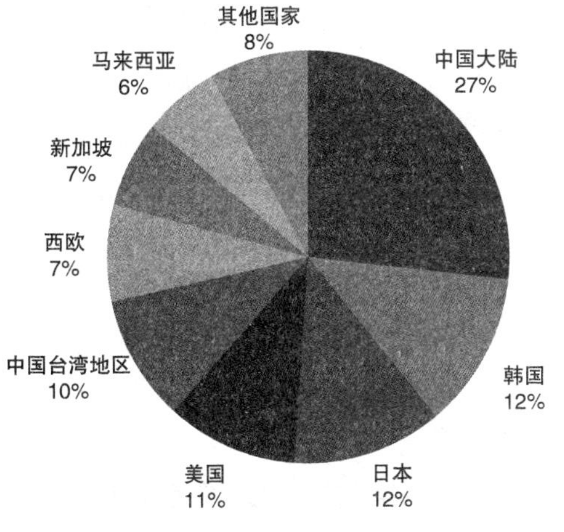

图 2　2016 年全球主要地区电子元器件产值占比

数据来源：*The Yearbook of World Electronics Data 2016*

（二）氮化镓器件性能持续提升，应用范围显著扩大

氮化镓（GaN）器件可提供其他器件所不具备的功率、功率附加效率和增益，可显著改进军用雷达、通信和电子战系统的性能，并减少尺寸和成本，成为功率器件领域的研究热点。2016 年，众多功率器件厂商纷纷推出 GaN 器件产品，且性能指标不断提升，应用范围持续扩大。

器件研制　3 月，美国 Navitas 公司研制出全球首个单片集成 GaN 功率场效应晶体管（FET）及配套的 GaN 逻辑和驱动电路，电压达到 650V，开关频率是现有硅基电路的 10 ~ 100 倍，成为更小、更轻和更低成本的功率电子器件。7 月，日本丰田合成株式会社（Toyoda Gosei）通过重新设计沟道厚度和漂移层的掺杂浓度，研发出全球首个 GaN 基 1 200V 功率晶体管芯片，工作电流超过 20A，体积仅有 1.5 平方毫米。9 月，欧空局“基于氮化镓技术的高功率固态功率放大器的宇航验证”（SLOGAN）项目研制出可用于伽利略卫星、技术成熟度达到 6 的 GaN 固态功率放大器，平均失效时间大约是 60 万小时，寿命超过 12 年的可能性超过 83.8%。

散热技术研究　10 月，美国伊利诺伊大学表示，通过将 GaN 层厚度减薄至 1 微米，可将高功率 GaN 晶体管热点温度减少约 50℃；新加坡科学、技术和研究局（A*STAR）微电子研究所则表示，金刚石导热层可显著改善氮化镓器件中存在的热效应问题，在对比试验中，使用金刚石导热层的测试芯片比使用铜导热层的测试芯片温度低 27.3%，比没有使用任何导热层的测试芯片温度低 40%。

产品　2016 年 4 月，美国 Wolfspeed 公司联合 KCB 解决方案公司对其碳化硅基氮化镓（GaN-on-SiC）射频功率晶体管进行全面测试，证实符合美国国家航空航天局（NASA）EEE-INST-002 中 1 级可靠性和性能标准。在 5 月召开的 2016 国际微波会议上，包括 Qorvo、恩智浦（NXP）、金刚石微波（Diamond Microwave）、美高森美（Microsemi）、MACOM、GaN System 等公司在内的多家 GaN 生产商均推出新的 GaN 产品。Qorvo 和 NXP 公司的碳化硅基氮化镓（GaN-on-SiC）产品均满足军用雷达、通信和电子战领域的应用标准。Microsemi 也推出 6 款基于 GaN-on-SiC 的 L 波段（1GHz ~ 2GHz）射频功率晶体管和驱动器，功率输出范围在 120 ~ 750W，适用于雷达、航空和通信应用。

应用　基于 GaN 器件技术的射频系统可探测和跟踪更远距离的目标，并能减小天线尺寸、增加灵活性、改善传输性能、减少采购和全寿命周期成本。GaN 器件已在性能、能效、尺寸、可靠性和成本间取得平衡，正加速进入军事和宇航、无线基础设施、卫星通信、有线宽带（有线电视和光纤到户），以及其他 ISM 频段等应用领域。3 月，英国科巴姆（Cobham）公司和韩国 RFHIC 公司合作，共同推进以氮化镓（GaN）技术为基

础的 175kW 固态传输器的研发，满足军 / 民用雷达应用需求。7 月，美国陆军研究实验室授予美国雷神公司价值 110 万美元的合同，为陆军的“下一代雷达”（NGR）研发基于雷神 GaN 技术的可微缩、敏捷、多模射频前端技术（SAMFET），雷神公司的 GaN 器件产生每瓦射频信号的成本是同等砷化镓（GaAs）器件的 1/3，已验证平均失效时间达到超乎意料的 1 亿小时。9 月，美国海军陆战队与诺格公司签订价值 3.75 亿美元的合同，用于采购 9 部基于氮化镓（GaN）技术的地 / 空任务导向雷达（G/ATOR）低速率初始生产（LRIP）系统，基于氮化镓（GaN）技术可拓展 G/ATOR 系统四大功能的威胁探测和跟踪范围，并使单个系统全寿命周期内的成本节约超过 200 万美元。与此同时，法国空客国防和宇航公司和加拿大研华无线公司先后于 7 月和 9 月表示，其卫星用 GaN 基固态功率放大器（SSPA）和海事用 GaN SSPA 出货量加速上升。

（三）硅光电集成技术受各国重视，技术不断取得突破

硅光电集成技术可充分将硅互补金属氧化物（CMOS）集成电路制造过程中的成本优势引入光电器件中，有效克服光电器件难微缩、难集成的缺点，为各国政府和企业高度重视。例如，美国于 2015 年 7 月在“美国创新业制造中心”下设启动“美国光电集成制造中心”（AIM Photonics），欧盟将光电视为欧盟产业成功实现数字化的核心。

政府举措　2015 年 12 月，欧盟启动为期三年的“以极低成本实现突破性互连的板级集成收发机的 CMOS 解决方案”（COSMICC）项目，聚焦于电路板级硅光电收发器的研发和商业化，目标是数据速率达到 2.4Tb/s（采用 12 根光纤，每根光纤的数据速率是 200Gb/s），功耗小于 2pJ/bit，成本大约是 0.2 欧元 /Gb/s，满足数据中心和超级计算系统的使用需求。2016 年 2 月，欧盟启动“硅基直接调制激光”（DIMENSION）项目，分别在硅前道和后道工艺线中生长超薄Ⅲ -V 族材料结构和嵌入有源光功能，使硅 CMOS 平台能够制造Ⅲ -V 族光电器件，实现在硅芯片上制造有源激光组件的目标，通信速率可达 25Gb/s，并显著降低制造成本。9 月，AIM Photonics 研发出硅光电集成工艺设计工具包（PDK），降低硅光电器件集成制造实现难度。10 月，欧盟委员会资助英国 HiLight 半导体有限公司 177.4 万欧元（约 200 万美元），开发 100-Gb/s 传输速率的超低功耗硅光电集成电路，满足数据中心网络领域应用。

技术进展　2016 年 2 月，美国国防先期研究计划局“光学优化嵌入式微处理器”（POEM）和“嵌入式计算技术能量效率革命”（PERFECT）项目研发出首个光电集成微处理器，标志着芯片级光电系统的出现。3 月，比利时微电子研究中心（IMEC）在 2016 年光网络和通信（OFC）会议上展示其基于晶圆级集成硅光电平台（iSiPP）上的多种硅光电集成器件的研究进展，该器件可有效支持 50Gb/s 不归零（NRZ）通路数据速率通信的发展，满足高密度、高带宽、低功耗远程通信和数据通信收发机以及传感器或激光雷达等低成本、大批量应用需求。法国纳米科技（Nanoelec）技术研究所（IRT）宣布实现Ⅲ - Ⅴ / 硅基激光器和硅基马赫 - 曾德尔（Mach Zehnder）调制器的首次单片集成，单信道内数据传输速率达到 25Gb/s。4 月，美国加州大学圣芭芭拉、美国海军实验室和美国威斯康星大学合作，通过研发出被称为“SONOI”（绝缘层上氮上硅）的新型波导和对应的硅上激光器，研制出世界首个硅基量子级联激光器。11 月，美国普林斯顿大学在全球首次使用调制器作为神经元，基于硅光电集成技术，以模拟神经网络的方式，研制出“全球首个光电神经形态芯片”，并用“神经编译器”仿真一个带有 49 个节点的光电神经网络，在完成一个实验性差分系统仿真任务时，计算速度比传统方法快 1 960 倍。

二、未来发展趋势

（一）市场需求持续放大，产值继续提升

对比 2013—2016 年全球电子元器件产值规模和 2013—2019 年已有和预期市场需求可以看出，产业规模一直未能有效满足市场需求。未来，在物联网、电子信息产业技术的发展带动下，电子元器件的市场规模将持续增大，预计在 2019 年达到 6 062.36 亿美元，2013—2019 年的 CAGR 达到 3.2%。

就地区来看，中国大陆的市场规模和增速仍将领跑全球，2019 年达到 2 343.61 亿美元，2013—2019 年 CAGR 将达到 3.72%。美国占据市场规模第二的位置，2019 年达到 865.16 亿美元。韩国则是增速第二的国家，以 2013—2019 年 CAGR 2.96% 的速度增长到 2019 年的 296.85 亿美元。全球主要地区的市场规模增长总体呈现趋缓态势。

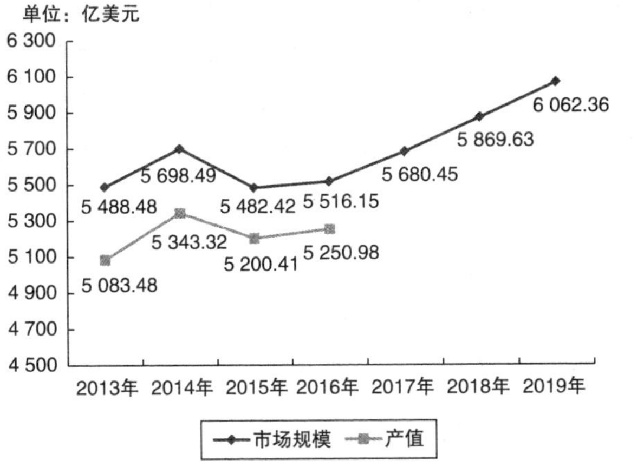

图 3　2013—2019 年全球电子元器件市场规模和产值情况

数据来源：*The Yearbook of World Electronics Data 2016*

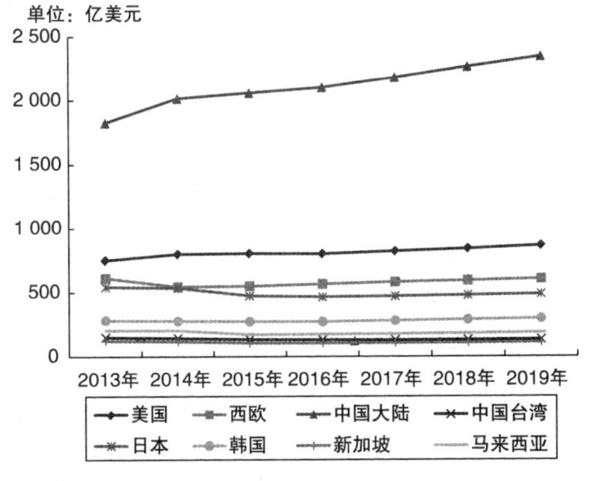

图 4　2013—2019 年全球主要地区电子元器件市场规模

数据来源：*The Yearbook of World Electronics Data 2016*

（二）氮化镓器件保持指数级增长，消费类充电器占比将增加

随着高频率 GaN 功率器件对低频率硅功率器件的替代，市场将再一次被颠覆，密度、效率都将再次得到显著提升，GaN 器件将越来越多地应用于重要宇航、军事和卫星电子系统中，迎来高速发展。

2016 年 3 月，法国著名咨询公司 Yole 在《2016—2020 年 GaN 射频市场：应用、企业、技术和衬底》的报告中预测，2016—2020 年 GaN 射频器件市场将扩大至目前的 2 倍，CAGR 将达到 4%；2020 年年末，市场规模将扩大至目前的 2.5 倍。2015 年受益于中国 LTE 网络的大规模应用，无线基础设施市场规模大幅增长，有力地刺激 GaN 射频产业。2015 年年末，整个 GaN 射频市场规模接近 3 亿美元。2017—2018 年，在无线基础设施及国防应用市场需求增长的推动下，GaN 市场规模会进一步增大，但增速较 2015 年有所放缓。2019—2020 年，5G 网络的实施将进一步推动氮化镓市场规模的增长。下一步，GaN-on-SiC 和硅基 GaN 技术将继续并行发展。目前，GaN-on-SiC 占 GaN 商用器件总量的 95% 以上，成熟度远高于 GaN-on-Silicon。但 GaN-on-Silicon 对成本敏感的应用领域而言将具有吸引力，如 LTE、卫星通信终端、有线电视和射频能量收集等，并对 GaN-on-SiC 市场形成挑战。

9 月，美国市场研究咨询机构透明市场研究（TMR）公司预测，2016—2024 年，全球 GaN 半导体器件市场 CAGR 将达到 17.0%，呈指数级增长；2015 年全球 GaN 半导体器件市场总值为 8.7 亿美元，预计 2024 年将达到 34.4 亿美元。同月，美国 Point the power 公司发布的《GaN 功率电子应用和市场》表示，GaN 器件在消费类电源领域的应用将不断增加，增长最快的是笔记本和电子设备的充电器，到 2022 年消费类设备用充电器占据 GaN 功率市场的 30%。

（三）硅光电器件首先应用于数据中心，未来实现芯片内光通信

硅光电器件将有力推动光互连、光通信、光信号处理等器件的发展，数据传输速度有望达到每秒太比特，突破现有计算机、超大容量和超高速信息传输处理的发展瓶颈，带动从网络基础设施到数据中心，再到超级计算机的全方位发展，硅光电器件短期和中期目标将聚焦于数据中心和网络内的应用，以满足这些领域大数据量的传输需求。长期目标是封装内芯片间和芯片内的通信，最终将替代现有高速接口，甚至传统晶体管，但可能需要十年或更长的时间。众多器件和模块供应商已将硅光电技术纳入其发展路线图，并开始增加研发资金，极力避免因忽视该技术所带来的后果。

2016 年 2 月，美国行业研究公司 LightCounting 在《包括硅光电（SiP）在内的光集成技术的市场机会》中指出，2016—2021 年，硅光电技术将与磷化铟和砷化镓技术进行激烈竞争，若能胜出，未来有望在下一个十年对市场带来颠覆性影响，但需开发出晶圆级光制造、封装和测试技术，以及实现与电子器件集成的三维晶圆堆叠技术。

10 月，法国市场研究公司悠乐（Yole）在《用于数据中心和其他应用的硅光电器件》中指出，硅光电器件市场即将引爆，出现巨大增长，硅光电器件当下最好的应用领域是数据中心，也包括其他硅光电器件可以支撑的应用，如高性能计算机、远程通信、传感器、生命科学、量子计算机和其他高端应用；到 2025 年，硅光电器件在数据中心和其他几个新兴应用领域的市场销售总值将达到数十亿美元。2020 年及以后，硅光电器件的传输能力将远超过铜电缆，并用于高速信号传输；2025 年及以后，硅光电器件将更多地用于信号处理，如处理器芯片中多个处理核之间的互连。硅光电器件未来发展面临的挑战包括激光源的集成、降低功耗、从并行光纤到波分复用（WDM）、降低成本、先进封装技术和建立硅光电供应链等。

【统计数据】

表 1　2013—2016 年全球主要地区电子元器件产值情况

单位：亿美元

项目名称	2013 年	2014 年	2015 年	2016 年	2015—2016 年增长率（%）	CAGR（%）
美国	571.34	592.24	565.95	553.85	–2.14	–1.03
西欧	467.29	456.80	391.58	395.15	0.91	–5.44
中国大陆	1 079.15	1 202.80	1303.80	1 408.14	8.00	9.28
中国台湾地区	498.00	555.09	534.76	521.68	–2.45	1.56
日本	677.77	681.60	633.22	631.71	–0.24	–2.32
韩国	649.91	698.30	676.84	644.55	–4.77	–0.28
新加坡	379.29	381.85	367.19	359.70	–2.04	–1.75
马来西亚	334.41	346.30	310.75	316.14	1.73	–1.86
世界总和	5 083.48	5 343.32	5200.41	5 250.98	0.97	1.09

表 2　2013—2019 年全球主要地区电子元器件市场情况

单位：亿美元

项目名称	2013 年	2014 年	2015 年	2016 年	2017 年	2018 年	2019 年	2013—2019 CAGR（%）
美国	751.04	799.05	803.38	800.69	820.88	841.15	865.16	2.61
西欧	611.25	544.10	549.80	565.52	580.66	592.96	605.02	2.28
中国大陆	1 825.51	2 014.69	2 058.12	2 100.51	2 177.99	2 262.59	2 343.61	3.72
中国台湾地区	149.55	143.05	134.01	130.92	129.27	130.94	133.33	0.61
日本	542.01	534.53	472.73	464.64	470.13	478.18	486.95	1.58
韩国	282.35	277.25	273.62	272.01	279.39	288.23	296.85	2.96
新加坡	122.29	117.61	106.42	104.33	106.23	108.51	110.71	2.00
马来西亚	204.11	203.01	173.03	173.37	177.41	181.76	186.21	2.41
世界总和	5 488.48	5 698.49	5 482.42	5 516.15	5 680.45	5 869.63	6 062.36	3.20

注：表 1 ~表 2 数据来源于 *The Yearbook of World Electronics Data 2016*。

2016 年世界视听产业发展回顾与展望

【综述】

2016 年，全球经济除美国出现复苏外，欧洲、日本全在泥潭里，新兴市场国家更危险，如金砖四国里的巴西和俄罗斯甚至有可能出现政治危机。全球经济的不确定性，使得原本就低迷的视听产业呈持续下滑态势。但电视市场有所回暖，中国电视品牌首次超越韩国成为全球销量冠军。尽管如此，随着新技术、新产品、新商业模式的出现，产业链创新不断，未来视听产业仍有新机遇。

一、2016 年视听产业发展态势

（一）消费电子市场需求不振，行业进入下行通道

近年来，全球消费电子产业发展形势严峻，市场需求萎靡不振，加之全球经济低迷，经济增长依旧存在不确定性，行业创新步伐放缓，导致消费电子行业下行趋势凸显。据《世界电子数据年鉴 2016》（*The Yearbook of World Electronics Data 2016*）统计，2016 年，消费电子产品产值预计为 1 120.31 亿美元，比上年的 1 141.81 亿美元小幅下滑 1.88%。从市场情况来看，2016 年，消费电子产品销售值为 1 033.08 亿美元，同比下降 1.95%。

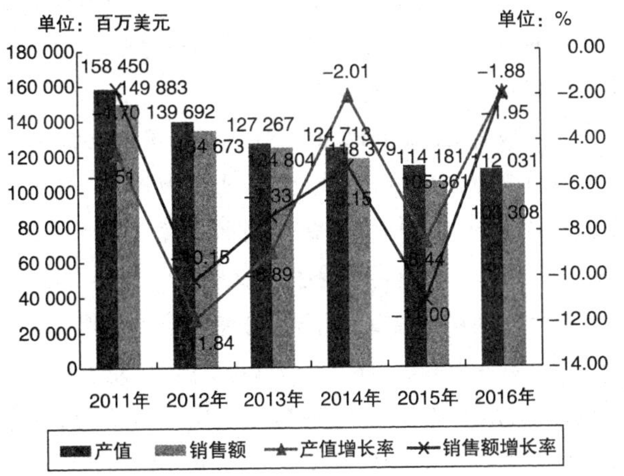

图 1　2011—2016 年消费电子产品产值与销售情况

注：2016 年为预测值。消费电子产业涵盖音视频设备、个人消费电子、彩电、数码相机、DVD 等产品

数据来源：*The Yearbook of World Electronics Data 2016*

（二）视听产业规模持续萎缩，中国制造的产值份额有所提升

视听产业规模持续萎缩。据《世界电子数据年鉴 2016》（*The Yearbook of World Electronics Data 2016*）统计，2016 年，视频设备产值规模达 787.23 亿美元，同比下降 1.55%；音频设备产值规模达 197.23 亿美元，同比下降 4.95%。

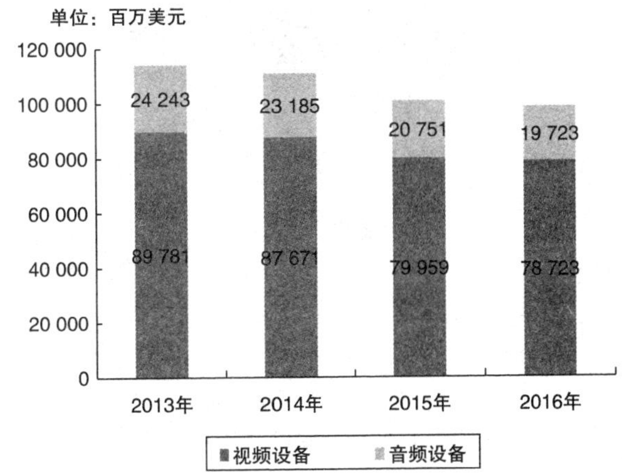

图 2　2013—2016 年视频和音频设备产值

注：2016 年为预测值

数据来源：*The Yearbook of World Electronics Data 2016*

视听设备生产主要集中在东亚，所占份额高达 52%。其中，中国是世界最大的视听设备生产国，产值规模达到 422.73 亿美元，占全球产值的 42.9%，这一数值较上年增长 3.44 个百分点；其后是墨西哥、斯洛伐克和马来西亚，占全球产值的比重分别为 17.5%、4.3% 和 3.8%。

北美是最大的视听设备市场，市场规模达到 244.13 亿美元，市场占有率达 26.7%。其后是中国、日本、德国和印度，所占全球份额分别为 15.3%、6.2%、5.3% 和 4.6%。

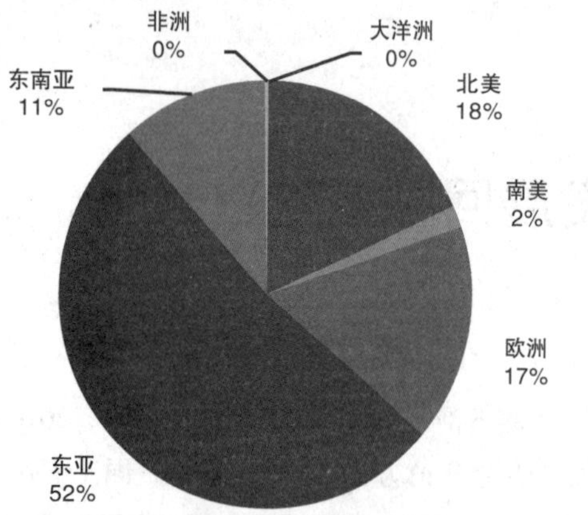

图 3 2016 年按区域划分视频和音频设备产值规模

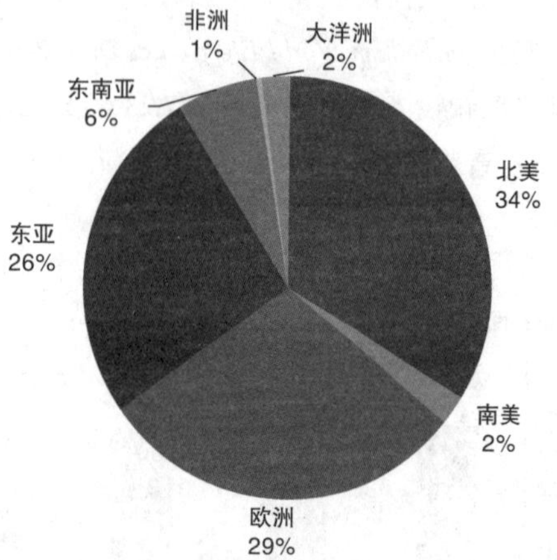

图 4 2016 年按区域划分视频和音频设备市场规模

注：2016 年为预测值

数据来源：*The Yearbook of World Electronics Data 2016*

（三）电视市场出现回暖趋势，中国电视品牌首次成为全球销量冠军

电视市场 2016 年出现回暖趋势。据 Futuresource Consulting 统计，2016 年全球电视出货量预计可达到 2.25 亿台，市场规模达到 860 亿美元。尽管全球电视市场整体较为稳定，但个别国家波动较大。受俄罗斯经济衰退影响，东欧电视市场发展停滞，除法国、德国和英国外，西欧其他国家的电视市场也面临阵痛，法国市场 2016 年预计增长 20%；拉美市场销售正在下滑，墨西哥和巴西市场预计将出现逾 10% 的下滑幅度；中国市场将增长至少 5%，电视出货量占据全球的 1/5；印度和其他亚太地区国家也将推动全球电视出货量的增长。

中国电视品牌的全球出货量将首次超越韩国，拿下全球电视出货量冠军的头衔。据群智咨询统计，2016 年中国品牌彩电出货量将达到 8 360 万台，较上年增长 15%，全球市场占有率达到 33.9%，较上年提高 4 个百分点；韩国品牌市场占有率预计下降 1.2 个百分点，降至 31.3%；日本企业预计只有 9.4% 的市场占有率。中国内外销市场增势迅猛。2016 年，中国品牌内销市场的出货量将较上年增长 12.5%，高达 5 120 万台；中国品牌出口电视达到 3 240 万台。其中，TCL 在北美市场年销量增长突破 50%。此外，创维电视成为非洲和德国市场的热销品牌。同时，长虹电视借助在捷克的电视工厂在欧洲的销量大幅提升。

从品牌销量来看，韩国厂商依然位居前两名，高端产品竞争优势明显。其中，三星和 LG 的市场占有率分别为 19.7% 和 11.6%；中国品牌 TCL、海信和创维分列第三、第四、第五位，市场占有率分别为 7.6%、7.1% 和 6.6%；索尼位列第六，市场占有率 5%。目前彩电高端品牌领域仍被日韩品牌所占据，国内品牌的竞争优势更多的是价格优势。在品牌市场布局方面，三星和 LG 继续主宰欧洲市场。在美国市场，LG 排在三星和 Vizio 之后，位列第三。在日本，夏普处于领军地位，而创维和海信等国产品牌主要还是在中国大陆市场较具竞争力。

（四）超高清大尺寸产品需求旺盛，OLED 市场潜力强劲

电视产品大尺寸化和超高清化的需求旺盛。尽管 4K 超高清电视增长低于预期，但其增长势头仍然强劲，预计 2016 年 4K 电视出货量将增长 75%，占据全球电视出货量的 25%，达 5 625 万台；智能电视将占据 2016 年全球出货量的 59%，达到 1.33 亿台；4K 超高清液晶电视占有份额最大且最具潜力的目标市场在中国，2016 年市场占有率超过 40%；其次北美、西欧及日本等地区的占有份额在 2016 年均超过 20%。据统计，2016 年 55 英寸以上大尺寸电视出货比重达到 17.8%。

虽然 OLED 电视目前仍属于小众市场，但其发展前景逐渐被行业看好，生产 OLED 电视的供应商数量也有所增加。据 Futuresource 数据，预计 2016 年 OLED 电视出货量将达到近 100 万台，但占市场总量的比重不到 0.5%。由于 OLED 的高端定位和较高售价，从市场销售总额上看，OLED 占据 3% 的份额。从美国市场来看，65 英寸 OLED 电视在高端产品中销量占比 74%，而 55 英寸的占比则高达 77%。考虑到美国市场作为全球高端市场的风向标，这或意味着全球高端彩电 OLED 化日趋明显。

二、未来发展趋势

全球视听产业市场已经从增量市场变为存量市场，在新的市场环境下，视听产品形态多样化发展，可穿戴、智能化产品融入视听产业。彩电产业正在步入发展的新拐点，传统的液晶显示技术面临挑战，OLED 和量子点作为下一代显示技术被寄予希望，在技术驱动下彩电产品将向品牌高端化发展。

（一）产业总体下滑态势有所收敛，亟待寻求新的增长点

受全球经济形势影响，消费电子产业延续低迷态势，2019 年将实现销售额 988.29 亿美元，较上年下滑 1.42%，降幅有所收窄。视听产业规模继续萎缩，已经从增量市场变为存量市场。

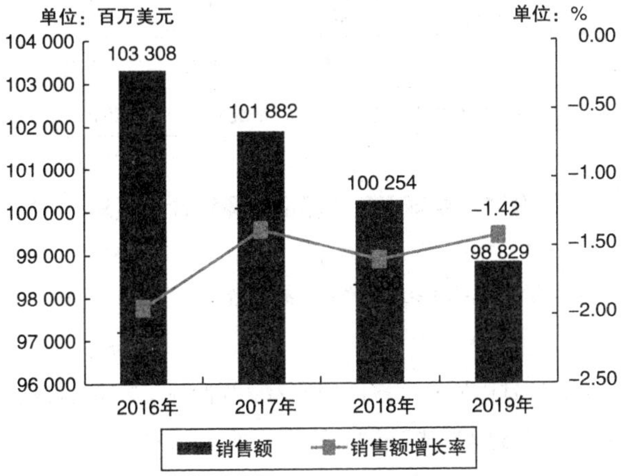

图 5　2016—2019 年世界消费电子产业销售额变化趋势

注：2016—2019 年为预测值

数据来源：*The Yearbook of World Electronics Data 2016*

（二）未来液晶面板价格或上涨，彩电产品成本上涨

随着近两年互联网电视的崛起，电视行业净利润减少。加上韩国三星、LG 等上游面板商不断关闭液晶面板生产线，尤其是韩国三星宣布将关闭占全球大尺寸面板产能 4% 的 G7 生产线，中国台湾地区面板企业也受到 2 月 6 日地震影响减产，液晶面板的价格自 2016 年持续上涨，11 月面板价格直接上调 6% ~ 8%，全年面板价格报复性反弹约 40%；原材料、大宗材料、人工成本等持续上涨，线路板、塑胶硅胶等的涨幅均超过 10%，促使彩电企业生产成本上涨。未来液晶面板价格或延续上涨，电视整机企业面临的成本压力加大，多个品牌的彩电机型价格已经上调，互联网品牌乐视超级电视已经先后在 9 月和 11 月上调电视价格，传统 32 英寸的电视价格普遍上涨 100 ~ 200 元，TCL、创维和康佳等彩电厂商均表示 2017 年年初还会对电视价格进行调整，预计 2017 年彩电平均售价相较 2016 年第四季度还会高出 15% ~ 20%，电视产业或将迎来新一轮的洗牌。

（三）超高清大尺寸电视势头迅猛，智能电视驱动产品更新换代

大尺寸面板市场以“大尺寸化、高清化”为趋势，中小尺寸面板市场以“技术多元化”为趋势，不断引领显示技术和产品发展创新。超高清电视、大尺寸电视、智能电视已然成为彩电市场的主流产品。从面板尺寸来看，市场对于 50 英寸以上的产品需求旺盛。从清晰度来看，4K 液晶电视面板渗透率不断攀升。根据群智咨询和 IHS 预测，2017 年和 2018 年全球 4K 液晶电视面板渗透率预计分别提升到 31% 和 39%。8K 面板也将步入市场，预计 8K 产品将在 2020 年前后出现爆发式增长。目前面板厂商、电视品牌厂商对 8K 产品非常积极，尺寸布局从 65 英寸覆盖到 110 英寸。随着智能电视的发展，未来会形成新的替换高峰期。智能电视让用户回归客厅娱乐。智能电视的普及，为互联网智能电视产业生态奠定坚实基础。依托智能电视而衍生出的家庭互联网生态内容、服务和应用将越来越深入到用户家庭中，成为智能家庭的枢纽。

（四）OLED、量子点、全息技术日新月异，新技术驱动产业发展

以 OLED、量子点、全息技术为代表的新兴技术正逐步登上平板显示的大舞台，产品性能优势凸显，逐渐成为行业发展的主流方向。OLED 技术发展趋于成熟，显示性能优异。OLED 市场逐渐形成完整的产业链，随着技术提升、产线良率提高以及供应链的成熟，OLED 在销量和应用方面实现快速突破。OLED 对于 LCD 的替代将首先从高端产品展开，OLED 电视的市场占有率将有望提升至 5% ~ 8%。在大尺寸面板方面，LG Display 拥有最成熟的 OLED 技术。LG 预计 2017 年可生产 200 万片 OLED 电视面板，2018 年的产量可达 250 万片以上；

量子点技术电视在 2014 年进入大众视野，通过 TCL、三星等品牌的持续丰富产品，经过近三年的发展，已经成为中高端市场的一个重要品类，预计到 2018 年量子点电视出货量将增至 1 870 万台。韩国开发出 360 度全息显示技术，日本 NHK 计划 2030 年推出全息立体电视，英国 BBC 也宣布开始研制全息投影电视。

2016 年世界计算机及网络产业发展回顾与展望

【综述】

2016 年，计算机行业整体仍处在调整期，PC 市场持续低迷，预计全年出货量仅为 2.65 亿台，是近几年出货量最低的一年；服务器市场出现下滑态势，x86 架构设备在市场上仍占有绝对优势；高性能计算技术增速稳定，神威太湖之光为中国赢得全球超级计算机 500 强排行榜的八连冠；受大数据、云计算等快速发展的影响，以太网交换机与路由器市场稳步增长。

一、2016 年计算机产业发展态势

（一）PC 行业继续下滑，市场持续向大厂商集中

2016 年，全球 PC 市场持续下滑。多家机构不断调低对 PC 市场的预期，研究机构 Gartner 预计，2016 年全球 PC 出货量仅有 2.65 亿台，同比下降 8%。PC 市场不景气主要是因为过多消费类设备导致 PC 产品生命周期不断延长，以及来自新兴市场的消费需求表现疲软，此外，成熟市场中大部分消费者至少拥有并使用 3 种不同计算设备，PC 并非大部分消费者心目中优先的使用设备，因此像以往那样经常升级 PC 的需求持续下降。

PC 市场持续出现集中化现象。前六大厂商（联想、惠普、戴尔、华硕、苹果、宏碁）的 PC 出货量在 2016 年第三季度达到全球总出货量的 78%，创下历史新高。联想仍是全球最大的 PC 厂商，2016 年的出货量占全球 PC 市场的 20% 以上，惠普以近乎相同的出货量紧随其后，但是，联想出货量已连续 6 个季度出现同比下滑，惠普及戴尔则自 2016 年第二季度开始出现持续增长。

Windows 仍是 PC 市场的主流操作系统，占据着 PC 市场 90.89% 的份额，比上年同期的 91.39% 略有下降，苹果 Mac 操作系统的市场份额由上年同期的 6.99% 增至

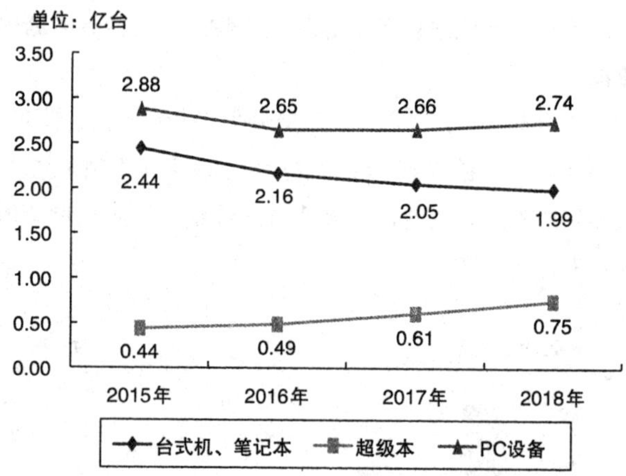

图 1　全球 PC 产品出货量统计与预测

注：2016—2018 年为预测值

数据来源：根据 Gartner 统计数据整理，2016 年 10 月

7.5%。从具体操作系统的版本看，Windows 7 的市场份额从年初的 52.47% 降至 11 月月底的 47.17%，Windows 10 的市场份额从年初的 11.85% 增至 23.72%，预计未来 1 ~ 3 年将继续保持快速增长，成为全球用户最多的操作系统。

（二）服务器行业增长乏力，市场格局进一步调整

受大规模数据中心增长放缓、高端服务器销售下滑，以及虚拟化与云服务的使用增多等因素的影响，服务器市场难以维持增长态势。市场研究机构 Gartner 的统计数据显示，2016 年第一季度，全球服务器的出货量同比增长 1.7%，但销售收入同比下降 2.3%；第二季度出货量同比增长 2%，销售收入同比下降 0.8%；第三季度双双出现下滑态势，出货量同比下降 2.6%，销售收入同比下降 5.8%。

从地区看，在数据中心细分领域增长的多样化，以及汇率等因素的影响下，2016 年，东欧等地区出货量增

长，其他地区均出现下滑态势，销售收入方面，除了日本之外的所有地区也都在下降。

惠普依然是全球最大的服务器厂商，市场份额始终保持在全球的25%以上，遥遥领先于排在第二位的戴尔，联想与思科已经超过IBM，分别排在第三和第四的位置。五大服务器厂商均出现不同程度的下滑，仅保留高端服务器业务的IBM下滑幅度最大，第一至第三季度分别同比下降32.7%、34.4%和33.0%。

（三）高性能计算能力持续提升，中国实现八连冠

2016年，全球高性能计算能力大幅提升。11月的全球超级计算机500强排行榜显示，其总的计算能力为每秒672千万亿次，比上年同期的421千万亿次增长60%，增速提高近24个百分点。

由国家并行计算机工程技术研究中心研制，位于国家超算无锡中心的神威·太湖之光第二次位居全球超级计算机500强排行榜首位，实现中国超算在500强的八连冠，其峰值性能达到每秒125.43千万亿次，持续性能为每秒93.01千万亿次。

中国在超级计算机500强中的上榜数量大幅上升，11月的榜单中，中国和美国各占171个席位，并列第一，排在第三到第六位的依次是德国、日本、法国和英国。

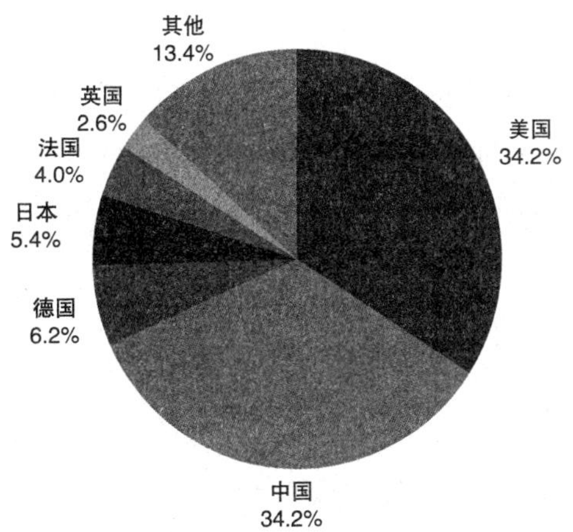

图2　全球超级计算机500强国家与地区装机数量分布

数据来源：http://www.top500.org，2016年11月

惠普仍是最大的供应商，在全球超级计算机500强中有140个为惠普制造，但较上年同期的155个有所下降，联想大幅增至96个，排名第二，克雷由上年同期的69个降至56个，排名第三。

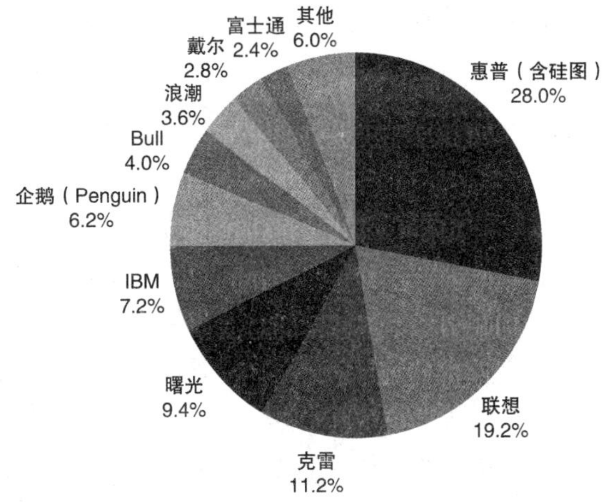

图3　全球超级计算机500强供应商分布

数据来源：http://www.top500.org，2016年11月

英特尔处理器仍在超级计算机中广泛使用，500强中使用英特尔处理器的个数由上年同期的445个增至462个，使用IBM处理器的有22个，使用AMD处理器的由上年的21个降至7个。Linux操作系统在超级计算机的使用率继续升高，本次超级计算机500强中有两个使用UNIX系统的，其余498个全部使用Linux操作系统。

（四）大数据等需求增长，以太网设备市场增速平稳

云存储、移动互联网、大数据等的发展仍是推动以太网交换机与路由器市场增长的主要动力。市场研究机构IDC的数据显示，2016年，全球2～3层以太网交换机市场保持稳定增长，前三季度的销售收入分别达到54.8亿美元、59.7亿美元和62.9亿美元，同比分别增长1.4%、3%和2.0%。

以太网交换机市场的增长主要来自40Gb及100Gb设备。第三季度，40Gb交换机的销售收入同比增长20.5%，端口数量同比增长68.5%，100Gb交换机的销售收入同比增长330.1%，端口数量同比增长高达447.5%。

以太网路由器的销售收入主要来自运营商和企业市场，前三季度以太网路由器的销售收入分别为34.7亿美元、36.7亿美元和35.6亿美元，同比增长3.3%、-2%和2.6%。

思科仍然是全球最大的以太网设备商。市场研究机构IDC的数据显示，在2～3层以太网交换机领域，思科仍占据着60%左右的市场份额，华为超过惠普成为第二大以太网交换机厂商。路由器市场由思科、华为和瞻博控制着全球 90% 以上的市场份额，但思科的市场份额已经下降到 45% 左右。

二、未来发展趋势

（一）计算机市场仍将处于持续调整阶段

受经济形势等因素影响，全球计算机市场将持续调整。PC 领域的出货量向大厂商集中的趋势会进一步加强，PC 市场低迷状态短期内未见改变迹象，尽管华为等厂商开始进入 PC 市场，但与 PC 大厂相比，其市场份额仍十分微小，全球总的出货量仍会继续向六大 PC 厂商集中，联想、惠普和戴尔的市场份额仍将领先与其他厂商，苹果依靠品牌效应，具备超过华硕与宏碁成为第四大 PC 厂商的潜力。服务器市场中 x86 设备的出货量将继续扩大相对于其他架构服务器的领先地位，POWER 与 ARM 等架构的服务器的生存环境将继续受到挤压；未来 1 ~ 2 年内，数据中心等仍将虚拟化与云计算作为首选，服务器市场难以再现高增长态势。随着中国在高性能计算领域的快速发展，日本、韩国、欧盟等国家与地区加大在这一领域的研发与投入，受此影响，高性能计算仍是未来几年的关注热点。

（二）如何创新发展仍是未来几年亟须解决的问题

未来几年，如何创新发展仍是计算机行业亟须解决的问题。目前，个人计算机领域缺乏创新亮点，近期也并未看到好转迹象。笔记本电脑方面，虽然有二合一设备、超薄本等形式的产品，但并没有明显改善 PC 市场的动力，创新不足或者说创新不到位制约个人计算机市场的发展，与智能设备、可穿戴设备的快速发展相比，计算机市场在未来 1 ~ 3 年内回暖的希望不大，如何创新发展将是各大厂商重点解决的问题。长期主导计算机产业的英特尔芯片产品更新速度将继续减缓，受苹果、谷歌等操作系统冲击，以及操作系统从 PC 到平板的统一趋势影响，微软的 Windows 操作系统的绝对优势也将进一步削弱，市场仍需要新形态和新技术来拉动。创新发展在服务器领域更加迫切。x86 架构处理器仍是服务器领域的主流产品，POWER 架构与 ARM 架构的服务器在未来几年也只能保持其小众产品的地位，受虚拟化与云存储的影响，大型服务器市场的下滑态势难以在短时间内有所缓和，怎样通过新技术和新产品来改变目前的颓势将是整个行业共同面临的难题。

【统计数据】

表 1　超级计算机 500 强排行榜前十名

排名	名称	安装地点	制造商	处理器数（个）	运算速度（十亿次 / 秒）
1	神威 · 太湖之光	国家超算无锡中心，中国江苏	国家并行计算机工程技术研究中心	10 649 600	93 014 594
2	天河二号	国家超算中心，中国广州	国防科学技术大学	3 120 000	33 862 700
3	泰坦（Titan）	美国能源部橡树岭实验室	克雷	560 640	17 590 000
4	红杉（Sequoia）	劳伦斯 – 利弗莫尔国家实验室，美国	IBM	1 572 864	17 173 224
5	Cori	国家能源研究科学计算中心，美国	克雷	622 336	14 014 700
6	Oakforest-PACS	东京大学高性能计算联合中心（JCAHPC），日本	富士通	556 104	13 554 600
7	京（K）	理化高级研究所（AICS），日本神户	富士通	705 024	10 510 000
8	PizDaint	国家计算中心，瑞士	克雷	206 720	9 779 000
9	米拉（Mira）	伊利诺斯州阿贡国家实验室，美国	IBM	786 432	8 586 612
10	Trinity	美国能源部	克雷	301 056	8 100 900

注：数据来源于 http://www.top500.org，2016 年 11 月。

2016 年世界物联网产业发展回顾与展望

【综述】

2016 年，全球物联网设备的安装基数和连接设备数继续上升，工业物联网投资交易额在物联网行业中的占比持续增长。韩国、荷兰等国家进一步加强物联网基础设施建设，率先测试新的物联网连接技术。美国遭遇大规模 DDoS 攻击，引发全球关注物联网安全问题，物联网行业在安全投入上还有待加强。伴随着物联网市场的持续高涨，物联网用半导体行业也呈现稳步增长的态势。

一、2016 年物联网产业发展态势

（一）市场规模逐年扩大，工业物联网投资持续提升

全球物联网市场规模持续扩大。根据麦肯锡数据分析，2025 年之前，物联网的潜在经济影响力为 2.7 万亿美元～6.2 万亿美元。2016 年，全球企业在物联网技术的产品和服务上的支出预计达到 1 200 亿美元，2021 年这个数字将增长到 2 530 亿美元，达到 16% 的年复合增长率。物联网技术服务单独支出预计在未来五年将以 17% 的年均复合增长率增长，到 2021 年达到 1 430 亿美元。

全球物联网连接设备数逐年上升，Gartner 预计，到 2020 年这一数字将达到 208 亿。2014 年，全球物联网连接设备数为 38.07 亿，此后逐年稳步上升，预计 2016 年达到 63.92 亿。其中，消费类设备一直保持为占比最大的一部分，预计在 2020 年全球 208 亿物联网连接设备中有 135 亿是消费类设备。

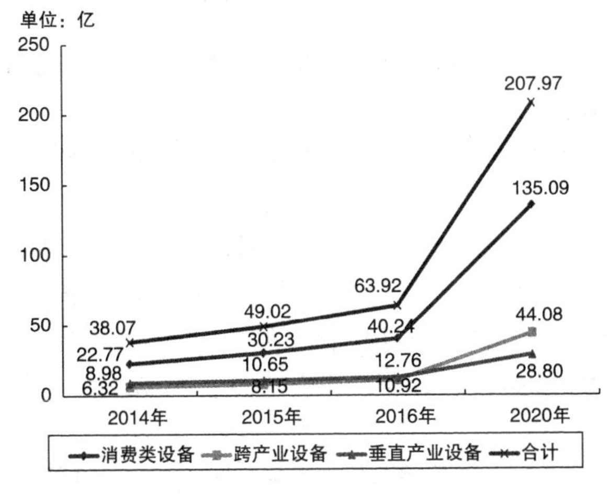

图 1　2014—2020 年全球物联网设备数

注：2016 年、2020 年为预测值

数据来源：Gartner，2015 年 11 月

工业物联网投资交易额占物联网行业的四成。物联网应用正向资产充裕的行业靠拢，如制造业、石油业、矿业等。据 CB Insights 数据分析，2012 年，工业物联网投资交易量占物联网行业的 35.08%，在经历 2013 年短暂的下滑后，自 2014 年起占比持续增长。截至 2016 年第三季度工业物联网投资交易量占物联网行业的 39.09%。工业物联网投资交易额在物联网行业中的占比

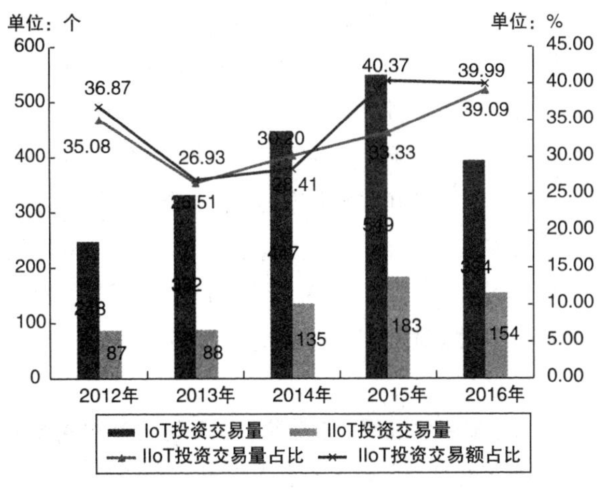

图 2　2012—2016 年工业物联网投资交易量、交易额在物联网行业中的占比

注：2016 年的数据截至第三季度，IoT 指物联网，IIoT 指工业物联网

数据来源：CB Insights，2016 年 10 月

也在持续增长。2012 年，工业物联网投资交易额占物联网行业的 36.87%，2013 年占比降至 26.93%，此后一直保持增长态势。截至 2016 年第三季度工业物联网投资交易额占物联网行业的 39.99%。此外，通用电气预测，在未来 15 年间工业物联网的投资额最高可达 60 万亿美元。

（二）各国加快物联网建设，营造良好产业生态

2016 年，发达国家持续加大对物联网的投入力度。美国发布物联网安全战略，为物联网的发展提供安全保障，韩国进一步加强物联网基础设施建设，新的物联网连接技术已率先在欧洲得到测试。

美国于 2016 年 11 月发布《保障物联网安全战略原则》，迈出物联网安全保障第一步。《保障物联网安全战略原则》指出，目前很多物联网产品未采取基本的安全措施。美国国土安全部（DHS）表示，物联网制造商必须在产品设计阶段构建安全屏障，否则可能会被起诉。

韩国电信 KT 进一步加强物联网基础设施建设以适应物联网大幅增长的 M2M 应用与通信的需求。2016 年 3 月，韩国电信 KT 联手诺基亚完成全球第一个 eMTC（增强型机器通信）场地测试，利用诺基亚通信的无线电技术与现有 LTE 网络，扩展无线信号的覆盖范围，以实现中等速率的物联网信息传输。韩国政府希望借助 2018 年平昌冬季奥运会率先商用 5G 网络服务，举办全球首个 5G 网络物联网奥运，借此抢占 5G 物联网制高点。

荷兰电信运营商 KPN 联合爱立信、高通在欧洲率先测试 LTE-M，为更广泛的物联网应用打下基础。LTE-M 是物联网连接的全新 3GPP 标准，能够通过 4G 网络实现，并支持更广泛的物联网应用，包括智能交通系统、可穿戴设备和实用程序的智能计量。在此之前，KPN 已经在荷兰推出 LoRa 网络，并表示 LTE-M 将通过其移动网络完善现有 M2M 服务。LTE-M 模块预计在 2017 年开始批量生产，KPN 计划在 2017 年提供 LTE-M 服务。

（三）窄带物联网标准冻结，全球运营商加快部署

2016 年 6 月，国际标准组织 3GPP 冻结窄带物联网（NB-IoT）标准核心协议。作为物联网领域新兴的无线通信技术，NB-IoT 标准化工作的完成也预示着各类物联网厂商的产品开发节奏将大大加快，物联网产业的发展将迎来新阶段。NB-IoT 能够使所有终端设备直接接入运营商网络，其广覆盖、支持海量连接、低功耗、低成本的特性更能为未来物联网的连接提供强大支撑，GSMA 预测 2017 年年底全球将有 20 家主流运营商部署 NB-IoT 网络。

NB-IoT 尚未正式商用，全球的运营商都在加快部署。在标准冻结之前，沃达丰已在英国构建全球首个 NB-IoT 开放实验室，并计划于 2017 年在德国、爱尔兰、荷兰及西班牙推出 NB-IoT 网络。目前，西班牙一些城市已经开始部署 NB-IoT 服务，荷兰地区正在推进对核心网的升级工作。2016 年 10 月，T-Mobile 荷兰抢在沃达丰之前推出世界首个 NB-IoT 网络，计划最初将部署在阿姆斯特丹、鹿特丹等地区，并于 2017 年实现全国覆盖。2016 年 11 月，韩国运营商 KT 与三星电子、Ericsson-LG 及诺基亚丰富合作协议，计划在 2017 年上半年建立全国性 NB-IoT 网络。

以华为为代表的中国企业正积极推进 NB-IoT 的技术实践，智能水表、智慧水务领先试商用。2016 年 6 月，华为联合苏州电信与苏州自来水表有限公司研发基于 NB-IoT 的智能水表；2016 年 11 月，华为联合南非跨国电信集团 MTN 在非洲推出智能水表计量（Smart Water Metering）解决方案，成为非洲首个 NB-IoT 解决方案；同期，作为中国首个 NB-IoT 规模商用的承接项目，福州市城市供水漏损治理项目即将进入实施阶段，项目建成后，一个基站可同时并发 5 万个水表数据。此外，中兴通讯联合浙江移动成功开通演示“五水共治”水质监测业务，成为中国率先使用 NB-IoT 的业务案例。

二、物联网产业未来发展趋势

（一）物联网产值持续扩大，相关电子信息产业稳步增长

根据 MIC 预估，全球物联网产业的产值到 2020 年将达到 1.45 兆美元。其中又以工业物联网的范畴更广、影响更大，到 2020 年产值将达到 8 699 亿美元，约占整个物联网产业产值的六成。根据麦肯锡数据分析，到 2025 年，物联网的应用包括个人、城市、工厂、汽车、家庭、零售、办公室等，对全球的经济贡献最高可能超过 11 万亿美元。

随着全球物联网架构越来越完善，大规模物联网应用服务将部署在城市环境中，相关电子信息产业将获得稳步增长。据 IC Insights 数据分析，2014—2019 年全球物联网用半导体销售额的复合年增长率预计为 19.9%。

在经历 2015 年 29.41% 的快速增长后，全球物联网用半导体销售额在 2016 年的增长率预计下降为 19.48%，销售额上升到 184 亿美元，此后增长率将保持在 10 多个百分点。到 2019 年，全球物联网用半导体销售额预计达到 296 亿美元。

（二）安全问题引发关注，安全市场有望扩大

近年来，物联网安全问题愈演愈烈，危害范围加速蔓延，保障安全已成为物联网持续发展的必要条件。2016 年 10 月 21 日，美国遭遇史上最严重“分布式拒绝服务”攻击。数十万个物联网设备被控制后持续发起网络攻击，导致美国超过半数互联网网站在 6 个小时之间无法访问，引发全球关注。物联网被入侵后将危害系统运行和数据安全。2016 年，由美国联邦贸易委员会主办的隐私大会指出，现存物联网设备极易泄露隐私，国际黑客大会也例证，美国数千个监测地质活动的地震感应系统可被入侵及篡改关键信息。

物联网行业在安全投入上还有较大上升空间。根据 Gartner 数据分析，2015 年物联网安全预算费用还未达到行业年度预算的 1%。如果按照 IT 行业每年 7% ~ 8% 的安全投入计算，2019 年全球物联网安全市场的规模将达到 910 亿美元 ~ 1 040 亿美元。在大规模物联网安全事件的推动下，随着公共安全的持续建设，物联网安全市场规模有望逐步扩大。

[供稿：国家工业信息安全发展研究中心]

索　引

使用说明：

1. 本索引采用内容分析索引法编制。除大事记外，年鉴中有实质检索意义的内容均予以标引，以便检索使用。

2. 本索引基本上按汉语拼音音序排列。具体排列方法如下：以数字开头的，排在最前面；汉字标目按首字的音序、音调依次排列，首字相同时，则以第二个字排序，并依此类推。

3. 索引标目后的数字，表示检索内容所在的年鉴正文页码；数字后面的英文字母 a、b，表示年鉴正文中的栏别，组合在一起即指该页码及左、右两个版面区域。年鉴中用表格反映的内容，则在索引标目后面用括号注明（表）字以区别于文字标目。

4. 为反映索引款目间的隶属关系，对于二级标目，采用在上一级标目下缩二格的形式编排，之下再按汉语拼音音序、音调排列。

0 ~ 9

A

B

C

D

F

G

H

J

L

M

N

S

T

X

Y

Z